KB217124

2025년 개정증보판

법인세법론

김완석 · 황남석 공저

SAMIL | 삼일인포마인

www.samili.com 사이트 **제품몰** 코너에서 본 도서 **수정사항**을 클릭하시면
정오표 및 중요한 수정 사항이 있을 경우 그 내용을 확인하실 수 있습니다.

제25판 증보판을 내면서

제24판이 출간된 이후 작년 연말부터 금년 2월 사이에 예년과 다를 바 없이 법인세법, 조세특례제한법, 「국제조세조정법」 및 각 시행령의 개정이 있었으며, 법인세법 분야에서 여러 건의 대법원 판결이 선고되었다. 이와 같은 법령의 개정부분과 그 동안 선고·공표된 판례, 결정례, 행정해석 등을 소재로 하여 그 내용을 수정·보완하면서 평소에 미흡하다고 생각했던 부분도 바꾸고 다듬었다.

저자가 이번 제25판에서 특히 역점을 둔 부분은 다음과 같다.

첫째, 2024년 1월부터 2025년 2월 말까지 선고된 대법원 판결과 헌법재판소 결정들을 빠짐없이 검토하고 그 중 법리적으로 의미 있는 판례들을 정리하여 수록하였다. 이번 판을 개정할 때에는 특히 심리불속행으로 확정된 하급심 판결의 경우에도 법리적으로 의미가 있다고 판단되는 것들은 광범위하게 검토하여 소개하였다. 조세심판원의 인용 결정은 해당 쟁점에 관하여 사실상 종국적인 결정의 의미를 갖기 때문에 이번 판에서 특히 중요한 결정의 선별과 소개에 주력하였다. 이런 개정 사항은 특히 실무에 계신 분들께 의미가 있을 것이라고 생각해 본다.

둘째, 2024년 12월 개정된 법인세법, 조세특례제한법, 「국제조세조정법」 및 2025년 2월에 개정된 각 시행령의 내용을 반영하였다. 특히 입법취지에 대한 이해가 필요한 부분은 국회에 제출된 입법자료를 충분히 검토하여 알기 쉽게 설명하고자 하였다. 이번 법인세법 개정시에는 법인세 과세표준 구간 및 세율 조정, 공시대상기업집단에 대한 법인세 중간예납세액 계산 방법 합리화, 연결법인에 대한 중소기업·중견기업 관련 규정 방식 합리화, 국외투자기구의 비과세 신청 및 원천징수 절차 간소화 등이 행해졌다.

셋째, 부당행위계산부인 부분은 별도의 단행본으로 출간될 예정으로 그 내용 중 상당 부분을 이번 판에 반영하였다. 새로 출판될 단행본에도 많은 관심을 부탁드린다.

당초 법령 개정사항이 적어서 개정 작업이 수월할 것으로 생각하였으나 판결 및 결정을 폭넓게 반영하는 과정에서 상당한 시간이 소요되어 오히려 제25판은 예년보다 늦게 출간되었고 분량도 30면 정도 늘었다. 애독자 여러분께 양해 말씀을 드린다.

이번 개정판을 준비하는 과정에서도 실무에 종사하시는 독자 여러분의 여러 고견과 질의가 책의 내용을 풍부하게 하는 데 큰 도움이 되었다. 특히 이천주 회계사님께서 제23판에 이어 제24판도 꼼꼼하게 읽어보시고 여러 개선 방안을 제안해 주셨고, 박설아 부장판사님께서는 중요한 의미가 있는 하급심 판례들을 여럿 지적해주셔서 책의 내용이 한층 더 충실해질 수 있었다. 이 자리를 빌어 두 분께 감사드린다.

출판과정에서 애써 주신 삼일피더블유씨솔루션 이희태 대표이사님과 관계자 여러분들께 진심으로 감사의 마음을 표하고자 한다.

2025년 3월

공저자 識

제13판 증보판을 내면서

제12판이 출간된 이후 법인세법 및 조세특례제한법에서 상당한 부분의 개정이 이루어졌다. 이와 같은 법령의 개정부분과 그 동안 집적된 판례 등을 소재로 하여 법인세법론의 내용을 수정·보완하면서, 평소에 미흡하다고 생각하던 부분의 내용도 바꾸고 다듬었다. 짧은 시간 안에 개정작업을 마무리하다 보니 미흡한 부분이 적지 않을 것으로 생각된다.

이 책이 어느덧 제13판으로 세상에 나오게 되었다. 이 책의 특징으로서는 다음과 같은 점을 들 수 있다.

첫째, 이 책은 법인세법령을 중심으로 하여 법인세법의 기본원리 및 실정세법의 해석론을 제시하는 데에 초점을 맞추려고 하였다. 그리고 최근까지의 헌법재판소의 판례 및 대법원 판례를 모두 반영하려고 노력하였다. 법인세법 기본통칙을 비롯한 행정해석은 특히 중요하다고 판단되는 것만을 골라서 다루었다.

둘째, 지면을 800쪽 안팎에 맞추었다. 따라서 지엽적인 사항, 지나치게 실무적이거나 기술적인 사항들은 기술에서 제외하였다. 그리고 세액의 감면·세액공제·준비금 등과 같은 각종 우대조치의 법적성질, 최저한세 제도 등과 같은 기본적인 원리를 제외하고는 조세특례제한법상의 개별적인 각종 우대조치들은 본서의 기술범위에서 제외하였다.

셋째, 이 책은 같은 출판사에서 출간하는 소득세법론(제19판)과 짝을 이루어 출판하는 것이다. 그런데 법인세와 소득세는 모두 강학상의 소득세(Income Tax)로서 많은 부분에 있어서 그 원리는 물론이고 실정세법상의 개개의 규정에 이르기까지 그 내용을 같이 하고 있다.

그러므로 법인세법론을 집필함에 있어서는 지면상의 제한 때문에 소득세법론과 다음과 같이 그 역할을 분담하였다.

• 소득과세의 원리와 그 이론적 고찰에 관하여는 주로 소득세법론에서 다루었다. 소득세의 과세원칙·과세소득의 개념과 범위·과세단위·누진세율구조 및 자본이득 등은 소득세법론에서 다루되, 법인세법론에서는 법인세의 성격과 배당소득에 대한 이중과세 조정에 관하여 다루었다. 다음으로 동업기업에 대한 조세특례제도(조세특례제한법 제10절의3)는 법인세법론에서 다루었다.

• 감가상각비의 손금산입 · 충당금 및 준비금의 손금산입 등을 비롯한 소득금액 계산과 관련된 부분은 특히 소득세에 특유한 사항을 제외하고는 법인세법론에서 깊이 다루었다. 그러므로 소득세에 있어서 감가상각비의 필요경비산입 · 재고자산의 평가 · 충당금 및 준비금의 필요경비산입 등을 비롯한 소득금액 계산과 관련된 부분은 법인세법론을 참고하길 바란다.

• 원천징수제도 및 토지 등의 양도소득에 대하여는 주로 소득세법론에서 상세히 다루었다. 법인세의 원천징수와 토지 등 양도소득에 대한 법인세의 이론부분은 소득세법론을 참고하길 바란다.

그 동안 단독으로 출간하여 오던 본서를 제13판부터는 경희대학교 법학전문대학원의 황남석 교수와 공저로 출간하게 되었다.

바쁘신 중에서도 이 책의 개정판을 출판하여 주신 (주)광교이택스 고병숙 대표이사, 편집 및 교정에 수고하신 이지숙 과장님을 비롯한 편집부 여러분에게 진심으로 감사의 마음을 표시하고자 한다.

2013년 2월 20일
저 자

머리말

현대의 경제사회에 있어서 법인은 지배적인 企業經營의 형태를 이루고 있다. 즉 법인은 현대의 자본주의 경제체제를 이끌어 가고 있는 支柱라고 말할 수 있을 정도로 國民經濟에 미치는 영향은 현저한 것이다.

그리고 法人稅는 所得稅와 나란히 各國의 稅制에서 중추적인 지위를 차지하고 있으며, 稅收寄與度 또한 매우 높은 편에 속한다.

법인세법의 학문영역은 租稅法·會計理論 및 商法의 접점에 놓여 있다. 그러므로 그 이론적인 접근 또한 쉽지 않다.

이 책의 출판은 강의할 法人稅法의 교재를 마련하여야 한다는 현실적인 필요성의 충족과 법인세법의 이론의 구축에 작은 디딤돌이 되었으면 하는 소박한 바람에 터잡고 있다. 그러나 뒤의 동기를 충족하기에는 턱없이 미흡함을 시인하지 않을 수 없다.

이 책을 집필하기 위하여 1997년 말부터 文獻과 資料를 수집하고, 그 수집한 자료들을 읽으면서 정리하여 왔다. 그런데 1998년 12월에 法人稅法의 전문개정이 있었다. 1967년에 법인세법이 제정된 이래 실로 30여 년 만에 이루어진 전문개정이었다.

그 동안 정리하고 다듬어 왔던 내용의 대부분을 폐기처분하지 않으면 안될 정도로 전면적인 개정이 이루어진 것이다.

1999년 제2학기부터 다시 집필에 착수하였으나, 講義·論文發表·研究課題의 수행 등 이미 잡혀진 일정 때문에 출판을 1년 뒤로 미루려고 생각하였다.

그러나 강의교재의 필요성 때문에 짧은 준비기간을 거쳐 미숙아의 상태로 세상에 내어 놓게 되었다. 참으로 부끄럽지만 미흡한 부분은 다음 개정판에서 보완할 것을 약속드린다.

이 책은 다음과 같은 기본구도 아래에서 저술하였다.

첫째, 法人稅法의 해석론을 중심으로 하여 기초적이고 원론적인 서술에 치중하였다. 특히 2000년 1월까지의 판례 중 기본적이고 중요한 것은 모두 교과서의 내용 안에 수용하였다.

둘째, 實定稅法의 해석상 다툼이 있는 부분을 중점적으로 다루었다. 다만, 교과서의 분량 관계로 쟁점 중에서 충분한 討論과 結論을 전개 또는 유도하지 못한 부분도 있음을 지적하여 둔다.

셋째, 이 책은 같은 출판사에서 출판하고 있는 「所得稅法論」과 짝을 이루어 출판한 것이다. 따라서 소득세법에서 깊이 다루어야 할 부분들, 예를 들면 양도소득에 대한 과세(특별부가세)·원천징수제도·지급조서 및 계산서제도에 관한 부분들은 「소득세법론」에서 상론하는 대신에 「法人稅法論」에서는 기본적인 서술에 그쳤다.

그리고 의제배당·감가상각제도·각종 준비금 및 충당금제도 등에 관하여는 「법인세법론」에서 상론하고, 「소득세법론」에서는 기본적인 서술에 그쳤다. 서로 보완하기 바란다.

이 책을 출간함에 있어서 恩師 김이열 선생님과 작년 하반기에 경희대 법대로 옮기신 최명근 교수님에게 뜨거운 감사를 표시하며, 여생이 지금까지와 같이 늘 보람 있고 힘차도록 기도드린다.

그리고 이 책의 出版을 허락하여 주신 (주)광교이택스 고병숙 사장과 편집·조판 및 교정 등에 수고하신 편집부 여러분에게 진심으로 감사의 마음을 전하고자 한다. 또한 자료수집과 교정을 도와 준 서울시립대 대학원 세무학과 최천규·정지선 군에게 감사드린다.

2000년 2월

著 者

법령약어표

기 법 … 국세기본법	상 증 통 … 상속증여세법기본통칙
기 령 … 국세기본법시행령	상 증 행 … 상속증여세집행기준
법 법 … 법인세법	처 법 … 조세범처벌법
법 령 … 법인세법시행령	주 등 법 … 주민등록법
법 칙 … 법인세법시행규칙	표준분류 … 한국표준산업분류
법 통 … 법인세법기본통칙	국 조 법 … 국제조세조정에관한법률
법 행 … 법인세집행기준	국 조 령 … 국제조세조정에관한법률시행령
부 법 … 부가가치세법	공정거래법 … 독점규제 및 공정거래에 관한 법률
부 령 … 부가가치세법시행령	부동산실명법 … 부동산실권리자명의등기에 관한 법률
소 법 … 소득세법	금융실명법 … 금융실명거래 및 비밀보장에 관한 법률
소 령 … 소득세법시행령	
소 칙 … 소득세법시행규칙	채무자회생법 … 채무자회생 및 파산에 관한 법률
소 통 … 소득세법기본통칙	자본시장법 … 자본시장과 금융투자업에 관한 법률
조 특 법 … 조세특례제한법	외부감사법 … 주식회사 등의 외부감사에 관한 법률
조 특 령 … 조세특례제한법시행령	특정금융정보법 … 특정 금융거래정보의 보고 및 이용 등에 관한 법률
지 법 … 지방세법	
지 령 … 지방세법시행령	기회기 … 舊 기업회계기준
상 증 법 … 상속세및증여세법	국회기 … 한국채택국제회계기준
상 증 령 … 상속세및증여세법시행령	일회기 … 일반기업회계기준

AO … Abgabenordnung(독일조세기본법)
EStG … Einkommensteuergesetz(독일소득세법)
KStG … Körperschaftsteuergesetz(독일법인세법)
CTA … Corporation Tax Act(영국법인세법)
IRC … Internal Revenue Code(미국연방세법)
TCGA … Taxation of Capital Gains Act(舊 영국자본이득과세법)
日本 所法 … 日本所得稅法
日本 法法 … 日本法人稅法
日本 國通 … 日本國稅通則法
日本 法令 … 日本法人稅法 施行令
*편의상 조문을 인용할 때 원칙적으로 '조'는 표시하지 않고 법명 뒤에 아라비아 숫자로, 항은 원문자로, 호는 로마숫자로 표시하였다.

차례

제2편 **법인세법 총론**

제1장 **납세의무자** ·· 71

제2장 **실질과세원칙** ·· 102

제3편 내국법인의 각 사업연도 소득에 대한 법인세

제6편   내국법인의 청산소득에 대한 법인세

제7편 외국법인의 각 사업연도의 소득에 대한 법인세

제 1 편

서 론

법인세의 의의

법인세(Corporation Tax or Corporate Income Tax, Körperschaftsteuer)란 법인이 가득한 소득을 과세물건으로 하여 부과하는 조세로서 광의의 소득세(Income Tax)에 포함된다. 그러므로 법인세를 법인소득세라고 부르기도 한다. 이에 비하여 개인이 가득한 소득에 대하여는 개인소득세(Individual Income Tax, Einkommensteuer)가 부과된다. 개인소득세를 실정세법에서는 「소득세」라고 부르고 있다.

법인세의 납세의무자는 회사와 같은 영리법인이다. 현대의 경제사회에서 회사는 지배적인 기업경영의 형태이다. 특히 주식회사는 현대의 자본주의 경제체제를 이끌어 가고 있는 지주라고 말할 수 있을 정도로 국민경제에 지대한 영향을 미치고 있다.

이에 따라 법인세는 소득세와 나란히 각국의 세제에서 중추적인 지위를 차지하고 있으며, 세수기여도 또한 매우 높은 편에 속한다. 우리나라의 2018년 법인세 징수실적은 70조 9천억여 원으로 전체 내국세 징수실적의 25퍼센트를 차지하고 있다.[1]

이 밖에 법인세가 조세체계상 차지하고 있는 위치를 살펴보면 다음과 같다.

첫째, 과세권의 주체가 국가이므로 국세에 해당한다. 그리고 법인세는 재화의 수입 등에 부과하는 관세와는 달리 내국세에 속한다.

둘째, 법인세는 법인이 가득한 소득을 과세물건으로 하는 조세로서 입법자가 세액의 전가를 고려하지 않고 납세의무자와 담세자가 일치할 것을 예정한 조세이므로 직접세에 해당한다.

셋째, 법인세는 조세수입의 용도를 특정하지 않은 조세이므로 보통세에 해당한다.

넷째, 법인세는 과세물건을 측정하는 척도가 화폐단위로 표시되는 소득금액이기 때문에 종가세에 속한다. 그리고 그 세율은 백분비로 표시된 정률세이다.

다섯째, 법인세는 법인형태로 기업활동을 함으로써 가득한 소득금액에 대하여 과징하는 조세로서 기업과세의 전형을 이룬다. 이에 대하여 개인기업(Einzelunternehmen)이 가득한 소득금액에 대하여는 소득세가 과세된다.

---

1) 국세청, 「2019 국세통계연보」, 국세청, 2019.

제2장

법인세의 과세요건

제1절 납세의무자

　법인세의 납세의무자는 법인이다. 국세기본법 제13조 제1항 및 제2항에 따라 법인으로 보는 법인 아닌 사단·재단도 법인세의 납세의무를 진다. 내국법인 중 국가와 지방자치단체(지방자치단체조합을 포함)는 법인세의 납세의무를 지지 않는다(법법 3 ②).

　법인세법은 납세의무자인 법인을 내국법인과 외국법인으로 구분하고 소득발생지에 따라 과세소득의 범위와 과세방법에 차이를 두고 있다. 내국법인은 전세계소득, 즉 전세계에서 발생한 모든 소득에 대하여 법인세의 납세의무를 진다. 그러나 외국법인은 국내원천소득(inlandsradizierte Einkünfte), 즉 국내원천에서 발생한 소득에 한하여 제한납세의무를 진다.

　내국법인 또는 외국법인에 따라서 청산소득에 대한 법인세의 납세의무의 유무가 달라진다. 외국법인의 경우에는 그 청산이 거주지국에서 이루어진다는 점을 고려하여 청산소득에 대한 법인세의 납세의무를 지우지 않는다(법법 4 ④).

　다음으로 법인세법은 법인을 영리법인과 비영리법인으로 구분하고 그 구분에 따라 소득 발생원천별 과세소득의 범위에 차등을 둔다. 영리법인은 소득의 발생원천을 가리지 않고 모든 소득에 대하여 법인세의 납세의무를 부담시키지만, 비영리법인은 특정한 발생원천, 즉 수익사업에서 생긴 소득에 한정하여 법인세의 납세의무를 지운다(법법 4 ③).

　비영리법인이 해산하는 경우에 그 재산은 정관으로 지정하는 자에게 귀속시켜야 하고 만일 정관에서 귀속자를 정하고 있지 않으면 주무관청의 허가를 얻어 그 법인의 목적과 유사한 목적을 위하여 처분하거나 국고에 귀속시켜야 한다. 즉 비영리법인은 해산하더라도 그 잔여재산을 사원 또는 출연자에게 분배하지 않는다. 따라서 비영리법인에 대하여는 청산소득에 대한 법인세 납세의무를 지우지 않는다(법법 4 ① 但).

과세물건

법인세의 과세물건은 소득(Income, Einkommen)이다. 법인세의 과세물건인 소득의 개념 및 범위를 둘러싸고 전통적으로 소득원천설과 순자산증가설이 대립하여 왔다. 소득원천설은 소득의 개념을 제한적으로 파악하여야 한다고 주장하는 견해로서 소득을 사업·재산(예: 부동산·대여금 또는 출자금) 등과 같은 특정한 원천으로부터 주기적·반복적으로 유입되는 경제력이라고 정의한다.

이에 대하여 순자산증가설 또는 포괄적 소득개념은 과세소득을 포괄적으로 파악하여야 한다고 주장한다. 이 견해는 기말의 재산가액과 기중의 소비액과의 합계액에서 기초의 재산가액을 공제하여 얻은 결과를 소득으로 정의한다.[1]

현행 법인세법상의 각 사업연도의 소득은 순자산증가설 내지 포괄적 소득개념의 바탕 위에서 구성되어 있다. 다만, 비영리법인에 있어서는 소득원천설 또는 제한적인 소득개념 아래에서 법인세법 제4조 제3항에서 제한적으로 열거하고 있는 소득(수익사업에서 생기는 소득)만으로 한정하여 과세대상으로 삼고 있다.

과세표준

법인세의 과세표준은 그 과세물건인 소득의 구체적인 크기, 즉 소득금액이다. 각 사업연도의 소득, 청산소득, 토지등 양도소득, 미환류소득 및 지점세의 과세대상소득금액에 따라서 구체적인 산정방법을 달리하고 있다. 이를 요약하면 [별표 1]과 같다.

---

1) 과세소득의 범위와 관련한 상세한 논의는 '과세소득의 범위에 관한 학설과 포괄적 소득개념'(135면)에서 다룬다.

[별표 1] 법인세 과세표준의 계산구조 요약

구 분	과세표준의 산정방법
각 사업연도의 소득	각 사업연도의 소득금액 = 익금 – 손금 과세표준 = 각 사업연도의 소득금액 – (이월결손금 + 비과세소득 + 소득공제)
청산소득	청산소득금액 = 잔여재산의 가액 – 해산등기일 현재의 자기자본의 총액
토지등 양도소득	양도차익 = 양도가액 – 장부가액
미환류소득	미환류소득 – 차기환류적립금 – 이월 초과환류액
지점세의 과세대상 소득금액*	과세대상소득금액 = 각 사업연도의 소득금액 – 법인세(세액공제 및 공제감면세액을 빼고 가산세 및 추가 납부세액을 더한 것) – 법인지방소득세 – 사업 재투자 인정금액 – 과소자본세제에 의한 손금불산입액

* 조세조약상 이윤의 송금액에 대하여 지점세를 과세할 수 있도록 규정하고 있는 경우에는 '이윤의 송금액'을 과세대상소득금액으로 한다.

법인세 과세표준의 산정과정에서 준거하여야 할 원칙 및 그 산정의 특색은 다음과 같다.

1) 순소득과세의 원칙

법인세는 순소득과세의 원칙(Nettoprinzip, Grundsatz der Besteuerung der Reineinkünfte)에 의하여 익금에서 그 익금을 획득하기 위하여 소요되거나 지출된 손금을 공제한 순소득을 과세표준으로 삼는다. 순소득만이 객관적 담세력 또는 급부능력을 나타내기 때문이다. 그러므로 합리적 사유없이 익금을 획득하기 위하여 소요되거나 지출된 손금의 공제를 배제하거나 순소득이 아닌 것을 과세표준으로 의제하여 법인세를 과세하는 것은 허용되지 않는다.[1]

2) 기간과세의 원칙

법인세는 법인의 전 존속기간 중에 가득한 소득에 대하여 단 1회 과세하는 것이 이론적으로 타당하겠지만 과세의 편의 및 실효성을 고려하여 인위적으로 과세기간을 가르고, 그 가른 과세기간을 단위로 하여 세액을 산정·과세하는 기간세(Periodische-Steuer)의 형태를 취하고 있다.

이에 따라 법인세는 사업연도(보통 12개월)를 시간적 단위로 하여 해당 기간에 획득한 소득을 기준으로 하여 법인세를 산정한다. 이를 기간과세의 원칙이라고 한다. 이와 같은 기간과세의 원칙(Periodizitätsprinzip)은 가치원칙(Wertungsprinzip)이 아니라 단순한 기술

---

1) *Tipke/Lang*, Steuerrecht, 24.Aufl., 2021, Rn. 3.14.

상의 원칙(technisches Prinzip)에 해당한다.[2]

법인의 존속기간을 인위적인 기간 단위로 구획하여 과세표준을 산정하도록 하고 있는 기간과세의 원칙은 그 산정과정에 자의적인 요소가 개입될 수 있는 소지를 부정하기 어렵다. 이와 같은 자의적인 요소를 완화하기 위하여 제한적이기는 하나 결손금 소급공제(Verlustrücktrag) 또는 결손금 이월공제(Verlustvortrag)를 허용하고 있다.

3) 인적사정의 불고려

법인은 살아 숨쉬는 자연인과는 달라서 가족을 부양하거나 생활비를 지출할 필요가 없으며, 따라서 그 과세표준을 산정하는 과정에도 인적사정을 고려하지 않는다. 반면 소득세는 최저생활비면세의 원칙에 따라 자신과 가족의 생존을 위하여 불가피하게 소비하지 않으면 안 될 최저한의 지출(인적공제)을 공제하여 그 과세표준을 산정한다.

4) 기업회계존중의 원칙

법인의 각 사업연도의 소득금액 계산에 있어서 해당 법인이 익금과 손금의 귀속사업연도와 자산·부채의 취득 및 평가에 관하여 일반적으로 공정·타당하다고 인정되는 기업회계의 기준을 적용하거나 관행을 계속적으로 적용하여 온 경우에 법인세법 등에서 달리 규정하고 있는 경우를 제외하고는 해당 기업회계의 기준 또는 관행에 따라야 한다.

즉, 내국법인의 익금과 손금의 귀속사업연도와 자산·부채의 취득 및 평가에 관하여는 원칙적으로 법인세법 및 조특법의 규정을 우선적으로 적용하지만, 법인세법 및 조특법에서 특별한 규정을 두고 있지 않은 범위 안에서 기업회계의 기준 또는 관행을 보충적으로 적용한다.

제**4**절　세　율

법인의 각 사업연도의 소득 및 청산소득에 대한 법인세의 세율은 법인의 구별(영리법인과 비영리법인, 내국법인과 외국법인) 없이 4단계 초과누진세율로 이루어져 있다(법법 55 ① I, 83).[1]

---

2) *Tipke/Lang*, Steuerrecht, 24.Aufl., 2021, Rn. 8.44.
1) 법인세는 소득세와 달리 누진의 필요성이 적기 때문에 누진의 정도도 낮다. 법인은 개인과 달리 심리적 만족 이라는 것이 없고 소비행위를 할 수 없으므로 소득세법에서처럼 수직적 공평을 추구할 필요가 없기 때문이

과세표준	세율
2억원 이하	과세표준의 9%
2억원 초과 200억원 이하	1천800만원 + (2억원을 초과하는 금액의 19%)
200억원 초과 3천억원 이하	37억8천만원 + (200억원을 초과하는 금액의 21%)
3천억원 초과	625억8천만원 + (3천억원을 초과하는 금액의 24%)

다만 부동산임대업을 주된 사업으로 하는 등 대통령령(법령 97의4 ②)으로 정하는 요건에 해당하는 내국법인(법법 60의2 ① I)의 경우 다음의 세율을 적용한다(법법 55 ① II, 83).[2]

과세표준	세율
200억원 이하	과세표준의 19%
200억원 초과 3천억원 이하	38억원 + (200억원을 초과하는 금액의 21%)
3천억원 초과	626억원 + (3천억원을 초과하는 금액의 24%)

한편, 농업협동조합 등과 같은 조합법인으로서 당기순이익과세를 선택한 경우에는 9퍼센트로 한다(조특법 72 ①).[3]

토지등 양도소득에 대한 법인세의 세율은 10퍼센트(미등기 토지등의 양도소득에 대하여는 40퍼센트)이다(법법 55의2 ①).

미환류소득에 대한 법인세의 세율은 20퍼센트이다(조특법 100의32 ①).

마지막으로 지점세의 세율은 원칙적으로 20퍼센트로 한다(법법 96 ③, 98 ① II).

다. 설령 누진세율을 소득세와 동일하게 적용하더라도 자회사를 설립하는 방법으로 쉽게 이를 회피할 수 있으므로 실제 의미는 적다. 渡辺徹也, 「スタンダード 法人税法」 第2版, 弘文堂, 2019, 13-14면.

2) 위 규정은 2024. 12. 31. 법률 제20613호로 개정될 때 신설된 것으로서 내국법인인 성실신고확인대상 소규모 법인과 소득구조가 유사한 개인사업자 간의 과세불공평을 시정하기 위하여 성실신고확인대상 소규모 법인에 대하여 과세표준 2억원 이하 구간의 법인세 세율을 19%로 조정한 것이다. 이정은, "법인세법 일부개정법률안 검토보고", 기획재정위원회, 2024. 11., 39-40면.

3) 해당 금액이 20억원을 초과하는 경우 그 초과분에 대하여는 12퍼센트로 한다(조특법 72 ① 괄호).

제3장

법인세의 성격

제1절 법인세의 성격에 관한 논쟁

1 개 요

법인세의 성격 또는 과세근거에 관한 견해는 크게 두 가지로 구별할 수 있다. 법인은 독자적으로 조세를 부담할 능력이 없기 때문에 법인세는 소득세의 선납액(prepayment)으로 보아야 한다는 견해와 법인의 담세력에 착안하여 법인세는 소득세와는 별개·독립의 조세라고 주장하는 견해가 그것이다.

이와 같은 법인세의 성격 또는 과세근거에 관한 논의는 법인이 얻은 소득에 대하여 법인세를 과세하고 다시 해당 소득이 주주에게 배당되었을 때에 소득세를 과세하는 것이 동일한 소득에 대한 이중과세(double taxation, Doppelbesteuerung)에 해당하는지의 여부와 관련한 논의와 표리관계에 있다.

법인에게 담세력이 있다는 사실을 근거로 하여 법인세가 소득세와는 별개·독립의 조세라고 주장하는 견해, 즉 법인이 가득한 법인원천소득에 대하여 법인세를 과세하고 다시 주주에게 배당소득에 대한 소득세를 과세하더라도 이중과세가 아니라고 주장하는 견해를 독립과세론·분리과세론 또는 법인세긍정론이라고 부른다.

이에 대하여 법인은 독자적으로 조세를 부담할 능력이 없기 때문에 법인세는 소득세의 선납액으로 보아야 한다는 견해, 즉 법인의 소득에 대한 법인세와 주주의 배당에 대한 소득세의 과세가 동일한 소득에 대한 이중과세에 해당하는 것이므로 이와 같은 이중과세를 조정하기 위하여 일정한 법적 장치를 마련할 필요가 있다고 주장한다. 이를 통합과세론·이중과세론 또는 법인세반대론이라고 한다.

이와 같은 법인세의 성격 또는 배당소득에 대한 이중과세 논쟁은 법인의 본질론에서 시작되었으나 근래에는 그 초점이 경제적 관점으로 옮겨지게 되었다.

2 법인본질론에서의 논의

법인이 그 법인을 구성하는 자연인 또는 재산과는 별개의 단체로서의 독자적인 실체를 가지고 있는지의 여부, 즉 법인의 본질론 또는 법인이론에 관하여는 법인의제설과 법인실재설이 대립하여 왔다. 법인세의 성격 또는 배당소득에 대한 이중과세 논의도 처음에는 이와 같은 법인본질론에서 비롯되었다.

먼저 법인의제설은 법인을 그 구성원인 주주로부터 분리하여 별개의 법인격체로 보는 것은 법적 사고의 편의적 허구(fiction)에 불과하다고 비판하면서 법인이 가득한 소득에 대하여 법인단계에서 법인세를 과세하고 다시 주주단계에서 소득세를 과세하는 것은 이중과세라고 주장한다.

이에 대하여 법인실재설은 법인이 그 구성원인 주주와는 완전히 분리·독립된 법적 실재(legal entity)이기 때문에 법인도 자연인과 마찬가지로 권리의무의 주체가 될 수 있다고 주장한다. 따라서 법인의 소득에 대하여 법인단계에서 법인세를 과세하고 주주단계에서 소득세를 과세하더라도 이중과세가 아니라고 한다.

생각건대 법인의 능력, 특히 불법집위능력의 규명에 초점을 둔 법학상의 법인본질론[1]은 법인의 소득에 대한 이중과세문제를 해결하는 데에 별로 도움이 되지 않는다.[2]

즉 법인의 본질이 자연인의 의제인가 또는 개인과 독립된 법적 실재인가에 따라서 법인세의 과세나 과세방법의 선택이 달라져야 한다는 논리의 전개는 조세의 본질을 떠난 무용한 이론의 유희에 지나지 않는다.

3 경제적 관점에서의 논의

법인세의 성격 또는 배당소득에 대한 이중과세의 문제는 경제적 관점에서 접근할 필요가 있다. 즉 이중과세의 문제는 법인이 가득한 소득에 대하여 법인과 주주의 두 단계(two tier)에 걸쳐 이중적으로 과세함에 따라 발생하는 경제적 효과와 과세의 공평성에 미치는 영향이라는 조세정책적 측면에서 접근·검토되지 않으면 안 된다. 뿐만 아니라 법인세의 전가 가능성을 고려하지 아니한 채 이중과세에 해당하는지의 여부를 검토하는 것도 적절하지 않다.

---

1) 곽윤직/김재형, 「민법총칙」, 제8판, 박영사, 2012, 149면 이하.
2) 최명근, 「법인세법」, 세경사, 1998, 47면. 일본에서도 비판론이 우세하다. 법인본질론이 기업과세와 관련된 문제를 분석할 수 있는 이론적 틀을 제공할 수 없는 불모(不毛)의 논쟁이라는 것이다. 따라서 이를 '신학논쟁(神學論爭)'에 비유하기도 한다. 鈴木一水, 「稅務会計分析―稅務計画と稅務計算の統合」, 森山書店, 2013, 95면.

가. 독립과세론

법인원천소득에 대하여 법인세와 소득세를 각각 독립적으로 과세하는 것이 정당하다고 보고 이중과세의 조정에 반대하는 견해이다. 독립과세론의 논거로서는 다음과 같은 점을 들 수 있다.

① 이중과세의 조정은 법인세가 전가되지 않고 법인에게 귀착된다는 가정 위에 존립한다. 그러나 최근에 이르러서는 법인세도 전가된다고 하는 점에 견해가 일치하고 있다.[3] 만일 법인세가 전가된다고 한다면 법인원천소득에 대한 이중과세란 존재하지 않으며, 또한 이중과세의 조정도 그 논거를 상실하게 된다고 한다.

② 법인의 규모 또는 성질을 고려하여 독립과세를 긍정하여야 한다고 주장하기도 한다. 법인 중에는 실체가 개인기업과 다를 바 없는 소규모법인으로부터 전형적으로 소유와 경영을 분리한 대(大)법인에 이르기까지 다종다양하다. 소규모법인은 자연인이 법인형태를 이용하여 사업을 영위한다는 요소가 강하여 단순한 개인의 집합체로 보는 것이 적합한 경우가 많다. 이와 같은 소규모법인에 대하여는 독립과세가 타당하지 않다고 본다.

이에 대하여 대(大)법인의 경우에는 그 운영과 활동이 거의 주주의 의사와는 관계없이 이루어지고 있고, 특히 법인의 경영방침이나 배당정책에 미치는 주주의 영향력은 현저히 저하되고 있는 실정이다. 즉 대(大)법인의 경우 주주의 지위는 법인의 소유자라고 하기보다는 오히려 사채권자(社債權者)에 가깝다고 할 수 있으며, 따라서 독립과세를 긍정할 여지가 있다.

③ 이중과세의 조정으로 인하여 상당한 조세수입의 감소가 예상된다는 점이다. 달리 표현한다면 법인원천소득에 대하여 법인세와 소득세를 이중적으로 과세하는 현행 제도는 세수를 증가시키는 편리한 방법이다.

④ 법인에게 부여된 법적 또는 사실상의 특권, 특히 유한책임의 이익·법인의 우위성 및 강력한 경제력(wirtschaftlichen Machtfaktor) 등은 법인기업에게 부가적인 조세부과를 정당화시킬 수 있다고 주장한다.[4] 또는 법인세를 법인의 행동에 대한 규제수단, 예를 들면 독점의 규제·기업의 절대규모·자본형성 및 성장의 자극 등과 같은 규제목적 (regulatory objectives)을 위하여 이용할 수도 있다.[5]

---

3) 최근의 국내외 연구결과는 근로자에게 귀착되는 비중이 상당한 것으로 밝혀지고 있다. 안종석/김성태, 「법인세 과세체계의 근본적 개혁에 관한 연구」, 한국조세연구원, 2012, 105–106면; 渡辺徹也, 「スタンダード 法人税法」 第2版, 弘文堂, 2019, 10–11면.

4) Begründung zum Entwurf eines Körperschaftsteuergesetzes, Drucksache der Nationalversammlung 1920, Bd.341, Nr. 1976, S. 14. 그 밖에도 주주는 주식의 유동성, 대리인비용의 절감이라는 이익을 얻는다고 볼 수 있다. 渡辺徹也(註3), 8–9면.

나. 통합과세론

통합과세론은 법인을 법인원천소득(corporate source income)이 주주에게로 흘러가는 도관(conduit)으로 파악한다. 즉 법인은 주주와 별개로 조세를 부담할 능력이 없기 때문에 법인의 소득에 대한 법인세와 주주의 배당소득에 대한 소득세의 과세는 동일한 소득에 대한 경제적 이중과세(double taxation, Doppelbesteuerung)에 해당한다고 주장한다. 그 논거로서 법인은 주주에 의하여 설립된 것이고 법인세는 주주에게 배당되어야 할 이익, 즉 배당가능이익을 감소시키는 것이므로 결국은 법인세의 부담을 지는 자는 주주라는 점을 든다. 그러므로 법인의 소득에 대하여 법인세를 과세하더라도 그 법인세는 궁극적으로 그 주주가 부담하여야 할 소득세의 선납액 또는 소득세의 원천징수세액[6]으로서 주주가 부담하여야 할 소득세에서 공제·정산할 금액이라고 하는 것이다.

법인은 법인원천소득이 주주에게 흘러가는 도관(conduit)으로서 주주와 별개로 조세를 부담할 능력이 없으므로 법인세와 소득세의 완전조정(full integration)이 이루어져야 한다고 주장한다.[7]

통합과세론을 지지하는 논거로서는 다음과 같은 점을 들 수 있다.

① 법인의 소득에 대한 법인세와 소득세의 독립과세는 개인간의 수평적 공평 및 수직적 공평을 침해하기 때문에 이중과세의 조정이 필요하다고 주장한다.

먼저 배당소득에 대하여는 법인세와 소득세를 이중으로 과세하나, 배당소득 이외의 다른 소득(예: 부동산소득이나 이자소득 등)에 대하여는 소득세만을 과세한다. 이로 말미암아 같은 금액의 소득을 얻더라도 소득의 종류 또는 내용에 따라 과세상 취급을 달리하게 되며, 따라서 수평적 공평을 침해한다.

다음으로 법인세는 개인의 소득세 한계세율과는 관계없이 일률적으로 법인세율에 의하여 과세되기 때문에 법인원천소득에 대한 세율의 크기(법인세와 소득세를 합한 세율의 크기)가 저소득층의 경우에는 상대적으로 높아지고 고소득층의 경우에는 상대적으로 낮아져서 수직적 공평을 침해하게 된다.[8]

② 독립과세는 조세의 중립성을 저해하여 자원배분의 왜곡을 초래한다고 지적한다. 즉 법

---

5) Musgrave/Musgrave, *Public Finance in the theory and practice*, 5.ed., 1989, pp. 374-375.

6) Stiglitz, *Economics of the Public Sector*, 1986, p. 442.

7) McLure, "Integration of the Personal and Corporate Income Taxes: The Missing Element in Recent Tax Reform Proposals," 88 *Harv. L. Rev.* 532 (1975), pp. 535-536; Carter et al, *Report of the Royal Commission on Taxation*: Vol.4 Taxation of Income, 1966, pp. 19-25; Feldstein, *Capital Taxation*, 1983, p. 158.

8) McLure(註7), p. 536.

인원천소득에 대한 이중과세는 법인부문에로의 자원배분에 부정적 영향을 미침으로써 보다 자원을 생산적으로 사용하는 법인부문의 경제활동을 저해한다.

③ 독립과세는 주식발행에 의한 재원조달보다 타인자본에 의한 재원조달을 우대하는 결과로 되어 기업의 재무구조를 악화시키는 요인이 되고 있다. 왜냐하면 타인자본에 대한 비용(이자비용)은 과세소득을 산정할 때 손금으로 산입되지만, 자기자본에 대한 비용(배당)은 손금산입이 배제되기 때문이다.

④ 법인은 대외적 관계에서는 그 구성원으로부터 독립된 조직을 갖고 별개의 법주체로서 활동하고 있기 때문에 독립된 사회적 실체로 보아야 할 것이나, 법인과 구성원과의 대내적 관계에서는 반드시 구성원과 별개·독립의 존재라고 하기는 어렵다. 회사와 그 구성원인 사원에 대하여 분리원칙(Trennungsprinzip)을 채택하여 회사에 그 사원과 별개의 법적 독립성(rechtliche Selbständigkeit)을 부여하는 것은 회사가 사회적으로 유용한 기능을 수행할 것을 예정하여 창안한 하나의 법적 기술에 지나지 않는다.

영리법인은 그 소유주인 주주의 이익을 위하여 영리활동을 수행하고 그 영리활동으로 인하여 얻은 이득을 주주에게 분배하는 것을 목적으로 하여 존재하고 있는 것이다. 이와 같은 의미에서 법인의 소득은 주주의 것이고 법인세는 주주에게 분배되어야 할 이익을 감소시키는 것이므로 주주의 부담으로 귀착하는 것이라고 하겠다. 그렇다면 법인세는 소득세의 선납액으로 보아야 한다.[9]

⑤ 기업형태에 따라 조세부담에 차이가 발생하는 것은 조세평등주의에 위배될 소지가 있다. 독일의 경우 개인기업이나 인적회사(합명회사 및 합자회사)의 소득에 대하여는 소득세만 과세하고 자본회사의 소득에 대하여는 법인세와 소득세(배당소득)를 이중적으로 과세하도록 하고 있는데, 이와 관련하여 동일한 경제적 사실에 대하여 동일한 조세부담을 지워야 한다는 조세평등주의의 관점에서 문제가 제기되고 있다.[10]

다. 결 어

이상에서 독립과세론과 통합과세론의 논거에 관하여 구체적으로 살펴보았다. 결론적으로 법인의 소득에 대한 과세는 그 법인의 존재·활동으로부터 이익을 얻고 있는 어떤 개인에 의하여 부담된다고 하지 않을 수 없다.[11] 그 중에서 상당한 부분이 주주의 부담으로 귀착될 것은 분명하나, 그 정도는 시장의 경쟁상태·법인의 규모 및 형태 등에 따라 다르다.

---

9) 金子宏, 「所得課税の法と政策」, 有斐閣, 1996, 431면.
10) *Wöhe*, Die Steuern des Unternehmens, 6. Aufl., 1991, S. 131.
11) 中里実, "法人課税の再検討に関する覺書", 租税法学会編, 「租税特別措置と法人税制(租税法研究租税法研究第19号)」, 有斐閣, 1991, 8면.

법인세의 성격을 어떻게 규명하는가 하는 문제는 특정한 국가의 조세제도의 구성에 큰 영향을 미치게 된다.

현재 대부분의 국가들은 정도에 있어서 차이가 있기는 하나 이중과세 조정을 위한 제도를 두고 있다. 그런데 이중과세 조정장치를 도입하는 배경은 배당소득에 대한 이중과세의 조정보다는 오히려 투자의 촉진·주식시장의 활성화 등에 초점이 맞추어지는 경우가 적지 않다. 즉 이중과세조정장치의 도입은 법인세의 성격을 통합과세론으로 자리매김한 결과로서의 산물이라기보다는 오히려 투자의 촉진이나 주식시장의 활성화 등과 같은 정책목적을 달성하려는 수단으로서의 인식에 바탕을 둔 것이라고 하겠다.

제2절 법인의 소득에 대한 이중과세의 조정방법

1 개 요

법인세의 성격에 관한 논의의 연장선에서 법인의 소득에 대한 법인세와 소득세의 이중과세문제가 제기되고,[1] 이를 배제 또는 조정하기 위한 방법들이 제시되고 있다. 배당소득에 대한 이중과세의 조정방법으로서는 그 조정을 행하는 단계에 따라서 법인단계에서의 조정방법과 주주단계에서의 조정방법으로 구분할 수 있다.

또한 배당소득에 대한 이중과세의 조정방법은 그 배당소득을 얻는 주주가 개인인가 또는 법인인가에 따라서 그 조정방법을 달리하는 것이 일반적이다.

주주가 법인인 경우의 조정방법에 관한 상세한 논의는 '익금불산입 항목' 중 '내국법인 수입배당금액의 익금불산입'(273면)에서 다루기로 하고, 이하에서는 주주가 개인인 경우의 조정방법을 법인단계에서의 조정방법과 주주단계에서의 조정방법으로 구분하여 설명하고자 한다.

2 법인단계 조정방법

가. 법인세 단순폐지법

단순히 법인세를 폐지하여야 한다는 견해로서 오래 전부터 끊임없이 제기되어 온 주장이기도 하다. 법인의 소득에 대한 이중과세를 가장 근본적으로 해결할 수 있는 방법이다.

---

1) 법인의 소득 중 배당한 부분, 즉 배당소득에 대하여 이중과세의 문제가 제기되고 있다.

그러나 자본이득 및 배당이득에 대한 소득세의 과세제도가 제대로 갖추어지지 않은 상태에서 단순히 법인세만을 폐지하게 되면 사내에 유보하고 있는 법인소득은 물론이고 그 주주가 주식의 양도를 통하여 실현한 자본이득에 대하여도 그에 상응하는 적정한 과세를 행할 수 없다. 이로 인하여 법인제도는 개인주주의 소득세의 피난처로 악용될 개연성이 높게 된다.

나. 조합과세법

조합과세법(partnership method)이란 법인을 조합(partnership)으로 취급하여 법인세를 과세하지 않고 각 주주에게 법인의 소득을 배분하여 소득세만을 과세하는 방법이다. 법인이 과세소득을 실제로 주주에게 배당하였는지의 여부와 관계없이 각 주주에게 소득을 배분하고, 그 배분된 소득을 해당 주주의 다른 소득과 합산하여 종합과세하는 것이다. 물론 법인세는 과세하지 않는다.

조합과세법은 현재 미국에서 소규모사업법인[2](small business corporation)에 한하여 적용을 허용하고 있다. 즉 소규모사업법인은 통상의 법인세(regular corporate tax)와 소득세(배당소득)를 과세받거나 조합과세법에 의하여 소득세를 과세받는 것을 임의적으로 선택할 수 있도록 하고 있다.

다. 지급배당금손금산입법

지급배당금손금산입법(dividend-paid-deduction method)이란 법인의 소득 중 배당으로 지급되는 금액을 법인의 과세소득을 산정하는 과정에서 손금으로 공제하여 주는 방법이다. 이 경우에 법인세는 법인의 소득 중에서 배당금으로 지급하지 않고 법인이 유보하고 있는 부분, 즉 미배당소득에 대해서만 과세하는 결과가 된다. 지급배당금의 전액을 손금산입하는 경우에는 완전조정방법에 해당한다.

이와 같은 조정방법은 집행상 간편하고 법인의 자금조달방법 또는 자본구성(capital structure)에 대하여 중립적이라는 장점이 있다. 반면에 법인에 대하여 배당을 유인함으로써 법인의 투자활동을 저해할 소지가 있다.

라. 이중세율법

이중세율법(split-rate method)이란 법인세의 세율을 유보소득 또는 배당한 소득에 따라

---

2) 조합과 세법은 미국연방세법 Subchapter S(IRC 1361–1379)에서 규정하고 있기 때문에 해당 규정을 적용받는 법인을 'Subchapter S Corporation' 또는 단순히 'S Corporation'이라고 부른다.

서 달리 정하는 방법이다. 즉 법인의 유보소득에 대하여는 높은 세율로 과세하지만, 배당한 부분에 대하여는 낮은 세율로 과세하는 것이다. 지급배당금경과법이라고도 한다.

미국의 유보이익세 및 인적지주회사세·일본의 동족회사의 초과유보소득에 대한 법인세 등과 같은 과다유보소득에 대한 추가과세가 이에 해당한다.

3 주주단계 조정방법

가. 법인세주주귀속법

법인세주주귀속법(imputation method)은 법인세와 소득세를 각각 과세하되, 법인세를 소득세의 원천징수세액 또는 소득세예납액으로 취급하여 주주의 소득세에서 공제·정산함으로써 이중과세를 조정하는 방법이다. 즉 법인의 소득에 대하여 법인세를 과세하되, 해당 법인이 법인세 과세 후 소득에서 배당을 행하게 되면 실제로 받은 배당금을 그로스업한 배당소득(grossed-up dividend), 즉 실제로 받은 배당금과 그 배당금에 귀속되는 법인세(이하 '귀속법인세'라고 한다)의 합계액을 해당 주주의 배당소득으로 하여 소득세를 과세한다. 실제로 받은 배당금을 그로스업(gross-up)[3]하기 위해서는 실제로 받은 배당금에 '100/(100 – 법인세율)'을 곱하면 된다. 물론 귀속법인세는 실제로 받은 배당금에 '법인세율/(1 – 법인세율)'을 곱하여 산출한다.[4] 이와 같이 그로스업한 배당소득을 주주의 배당소득으로 하여 소득세를 산정하고 해당 소득세에서 귀속법인세를 세액공제한다. 만일 귀속법인세가 소득세를 초과하는 경우에 해당 초과세액은 주주에게 환급한다. 즉 법인이 납부한 귀속법인세는 사실상 주주의 소득세예납액이나 다를 바 없는 것이다. 법인세주주귀속법을 배당금그로스업법이라고 부르기도 한다.[5] 법인세주주귀속법을 적용할 때 법인세율을 실제의 법인세율에 의하여 그로스업하는 경우에는 완전조정방법에 해당하게 된다. 법인세주주귀속법은 법인의 소득 중 실제로 배당하지 않는 부분, 즉 법인이 유보하고 있는 소득에 대하여는 간섭하지 않는다. 실제로 배당하지 않은 소득부분에 대하여는 법인세만이 과세되기 때문에 아예 이중과세의 문제가 발생하지 않는 것이다. 이 점에서 실제로 배당하였는지의 여부와 관계없이 모든 소득에 대하여 이중과세를 조정하는 카터법(Carter method)과 차이가 있다.

---

3) 이를 '가산배당'으로 번역하기도 한다. 이준규/박성욱, 「세법개론」, 12판, 영화조세통람, 2012, 560면.

4) 예를 들면 실제로 받은 배당금이 700원이고 법인세율이 30퍼센트인 경우의 그로스업한 배당소득은 1,000원 (700 × 100 / 70)이다. 그리고 귀속법인세는 300원(700 × 30 / 70)이다.

5) 1993년 3월 미국법률협회의 위촉에 따라 Harvard Law School의 Alvin C. Warren 교수가 작성한 "소득세와 법인세의 통합(Integration of the individual and Corporate Income Taxes)"이라는 보고서에서도 법인세주주귀속법의 채택을 제안한 바 있다(Warren, *Integration of the individual and Corporate Income Taxes*, The American Law Institute, 1993).

나. 카터법

카터법(Carter method)은 조합과세법과 결과적으로는 매우 비슷하다. 다만, 카터법은 법인에게 먼저 법인세를 과세하고 해당 법인세를 소득세에서 세액공제하도록 하고 있으나, 조합과세법에서는 아예 법인세를 과세하지 않는다는 점에서 차이가 있을 뿐이다.

카터법에서는 법인세와 소득세를 모두 존치하되, 법인세의 세율은 50퍼센트의 비례세율구조로, 그리고 소득세의 세율은 최고한계세율이 50퍼센트인 누진세율구조로 할 것을 제안한다. 이미 납부한 법인세를 포함한 법인의 소득금액을 실제 배당 여부와 관계없이 각 주주에게 배분하여 소득세를 산정한다. 그리고 각 주주에게 배분된 법인세는 해당 주주의 소득세에서 세액공제하되, 세액공제액(배분된 법인세액)이 그 주주의 소득세를 초과하는 경우에 초과금액은 환급한다.[6] 카터보고서에서는 법인과 같은 매개기관(intermediaries)을 독립된 과세단위로 취급하지 아니하고 그 매개기관의 소득을 주주에게 귀속시켜 소득세만을 과세하도록 함으로써 법인세와 소득세의 완전통합을 주장하고 있는 것이다.[7]

다. 수입배당금불산입법

수입배당금불산입법(dividend-exclusion or deduction method)은 법인세가 과세된 법인의 소득을 실제로 배당하는 경우에 그 배당금을 주주의 과세소득에 산입하지 아니하거나 배당금 중의 일정액을 주주의 과세소득에서 공제하는 방법이다. 전자가 수입배당금불산입법 또는 수입배당금비과세방법이고, 후자가 수입배당금공제법이다. 수입배당금의 전액을 불산입하는 수입배당금불산입법은 완전조정방법에 해당한다.

라. 수입배당금세액공제법

수입배당금세액공제법(dividend-received-credit method)이란 법인으로부터 받은 배당금을 주주의 과세소득에 합산하여 소득세를 산정하고 해당 소득세에서 과세소득에 합산된 배당금에 일정률을 곱하여 계산한 금액을 세액공제하는 방법이다. 주주의 과세소득에 합산되는 배당소득은 실제로 받은 배당금으로 한정한다. 배당세액공제액이 소득세액을 초과하는 경우에는 그 초과액을 환급하지 않는다.

---

6) Carter et al, *Report of the Royal Commission on Taxation*: Vol.4 Taxation of Income, 1966, pp. 6-7.
7) *Ibid.*, pp. 51-53.

마. 포괄사업소득세법

포괄사업소득세법[8](Comprehensive Business Income Tax: CBIT)이란 법인을 비롯한 조합·개인 및 기타 단체(이하 '법인 등'이라 한다)가 얻는 사업소득에 대하여 비례세율에 의하여 포괄사업소득세로서 과세하는 방식이다. 특기할 것은 법인 등이 지급한 차입금에 대한 이자나 배당금에 대하여는 손금산입을 허용하지 않고 모두 사업소득에 포함하여 포괄사업소득세로서 과세하되, 반면에 채권자나 주주가 해당 법인 등으로부터 받는 이자소득이나 배당금에 대하여는 과세소득으로 보지 않는다. 즉 이자와 배당을 다 같이 법인 등의 자본비용으로 취급하여 손금불산입하되, 그 이자 및 배당의 귀속자에 대하여는 별도로 소득세를 과세하지 않는 것이다.

미국 연방재무부는 1992년 1월에 공표한 개인소득세와 법인세의 통합이라는 보고서에서 장기적인 관점에서의 이중과세의 조정장치로서 포괄사업소득세법을 채택할 것을 제안한 바 있다.[9] 이와 같은 포괄사업소득세법은 기업형태에 관계없이 같은 방법에 따라 과세를 행할 뿐만 아니라 자기자본에 대한 비용(배당)과 타인자본에 대한 비용(이자비용)의 과세상의 취급에 있어서 형평을 도모할 수 있는 포괄적인 조정방법이다. 배당소득에 대하여 별도로 소득세를 과세하지 않기 때문에 완전조정방법에 해당한다.

제**3**절 주요 외국의 이중과세 조정방법

1 독 일

독일은 1920년 이래 법인세 독립과세론의 입장에서 완전한 이중과세(Doppelbelastung)를 견지하여 오다가 1977년부터 완전한 법인세 주주귀속법(Vollanrechnungsverfahren, imputation method)[1]을 도입하여 이중과세를 전액 조정하여 왔다.[2]

---

8) 포괄사업소득세법은 주주의 배당소득에 대하여 별도로 소득세를 과세하지 않는다는 점에서 주주단계조정방법으로 분류한다.

9) U. S. Department of the Treasury, *Report of the Department of the Treasury on Integration of the Individual and Corporate Tax System: Taxing Business Income once*, 1992.

1) 과거 독일은 법인세의 세율을 유보이익(nicht ausgeschüttete Gewinn)에 대한 세율과 배당이익(ausgeschüttete Gewinn)에 대한 세율로 구분하여 각각 45퍼센트와 30퍼센트로 이원화하고 있었다. 그리고 배당이익에 대한 법인세는 해당 배당이익을 주주의 소득에 포함하여 소득세를 산정하는 과정에서 세액공제의 형태로 정산되어 이중과세가 완전히 제거되었다. 즉 배당이익에 대하여는 종국적으로 소득세만이 과세되는 결과로 되어 법인세는 유보이익에 한하여 과세하였던 것이다. 배당이익에 대한 법인세율이 30퍼센트이기 때문에 주주에

그러나 독일은 2001년부터 법인세의 세율을 25퍼센트로 인하하면서 종전의 완전한 법인세 주주귀속법을 폐지하고 반액법(Halbeinkünfteverfahren)으로 전환하여 배당수입금액의 50퍼센트만을 과세소득금액에 산입하여 과세하도록 변경하였다(EStG §3 Nr. 40).[3] 이어서 2009년부터 비상인인 개인에 대하여는 25퍼센트의 원천징수비례세(Abgeltungssteuer)를 과세하고 인적회사 또는 상인인 개인에 대하여는 배당수입금액의 60퍼센트에 상당하는 금액을 과세하도록 하였다(EStG §32d, §3 ⑩ c). 예를 들어 과세소득이 100유로인 법인이 법인세 25유로(세율: 25퍼센트)를 공제한 75유로를 전액 배당하였다고 가정하자. 지분율이 50퍼센트인 개인상인 A는 배당금으로 37.5유로를 수령하게 된다. 이 경우 A는 배당금 중 60퍼센트에 상당하는 22.5유로만을 과세소득금액에 산입하여 소득세를 과세받게 된다.

2 미 국

미국은 변형된 지급배당금경과법에 의하여 배당소득에 대한 이중과세를 조정하고 있다. 즉 특정법인의 미분배이윤에 대하여는 통상적인 법인세 이외에 유보이익세와 인적지주회사세를 추가로 과징함으로써 배당한 이윤과의 세부담의 균형 또는 이중과세의 조정을 기도하고 있다. 다만, 소규모사업법인에 대하여는 법인세를 과세하지 아니하고 주주에 대한 소득세만을 과세하는 조합과세법을 선택할 수 있도록 함으로써 이중과세를 조정하고 있다.

가. 유보이익세

유보이익세(Accumulated Earnings Tax: AET)는 법인이 주주의 배당금에 대한 소득세의 부담을 회피하기 위하여 법인의 이윤을 전혀 배당하지 아니하거나 과소하게 배당하는 경우에 적정수준을 초과하여 유보하는 소득에 대하여 부과하는 특수한 징벌적인 조세(penalty tax)이다.[4]

게 지급하는 배당금은 배당이익의 70퍼센트에 상당하는 금액이다. 따라서 주주의 배당소득금액은 주주가 받는 배당금과 그 배당금의 30/70에 상당하는 금액(배당이익에 대한 법인세)을 합산한 금액, 즉 배당이익인 것이다. 이와 같은 배당소득금액과 기타의 소득금액을 합산하여 산정한 과세표준에 의하여 세액을 산출하고 해당 세액에서 배당이익에 대한 법인세(배당금의 30/70에 상당하는 금액)를 공제하여 납부세액 또는 환급세액을 산정하였다. 배당이익에 대한 법인세는 주주의 배당소득금액을 구성함과 아울러 주주의 배당소득에 대한 원천징수세액의 성격을 지니고 있었다. 따라서 배당이익에 대한 법인세가 주주가 납부할 세액을 초과하는 경우에는 그 초과하는 법인세액은 주주에게 환급하였던 것이다.

2) *Tipke/Lang*, Steuerrecht, 24. Aufl., 2021, Rn. 11.8.

3) *Schaumburg/Rödder*, Unternehmenssteuerreform 2001, 2000, S. 200–205. 이에 관한 상세한 내용에 관하여는 *Schmidt*, Einkommensteuergesetz 20. Aufl., 2001, S. 104–111.을 참조하라.

4) Burke, *Federal Income Taxation of Corporations and Stockholders*, 6.ed., 2007, pp. 49–51.

유보이익세의 납세의무자는 인적지주회사·면세법인 및 S Corporation을 제외한 모든 법인이다. 그러나 유보이익세는 주로 주주의 소득세부담을 경감하기 위하여 배당정책을 활용하는 것이 가능한 소수의 특수관계주주법인(closely held corporation)에게 적용되고 있다. 인적지주회사에 대하여는 인적지주회사세(Personal Holding Company Tax)가 부과된다.

유보이익세는 과세유보소득(accumulated taxable income)에 20퍼센트의 세율을 적용하여 산출한다(IRC § 531). 즉 법인의 소득 중 과세유보소득에 대하여는 통상적인 법인세(the regular corporate tax) 이외에 개인소득세의 최고세율에 의하여 유보이익세를 추가과세함으로써 실지로 배당되는 소득에 대한 소득세의 부담과의 형평을 도모하고 있다.

과세유보소득은 과세소득(taxable income)에 수입배당금 공제액 및 이월결손금 공제액 등을 가산하고 연방소득세·자선기부금 초과액 및 공제불가능한 자본손실 등과 같은 특정항목을 공제하여 조정과세소득(adjusted taxable income)을 계산한 다음 다시 여기에서 지급배당공제(dividends-paid deduction)와 유보이득공제(accumulated earnings credit)를 차감하여 산정하는 것이다.

이를 계산식으로 표시하면 아래와 같다.

```
과세소득
+이월결손금 공제액
+수입배당금 공제액
+자본손실의 이월공제액
+전년도 한도초과액으로서 이월공제된 자선기부금
-연방소득세와 외국의 소득세
-자선기부금의 한도초과액
-공제받지 못한 자본손실
-순자본이득에서 이에 대한 소득세를 차감한 금액
=조정소득
-지급배당
-유보이득공제
=과세유보소득
```

위의 계산식에서 유보이득공제란 다음의 금액 중 큰 금액을 말한다[IRC 535(c)].
① 250,000달러에서 직전 과세연도 말일 현재의 누적유보이익금액을 공제한 금액
② 사업상 합리적인 필요(reasonable needs of the business)에 의하여 유보한 해당 과세연도의 유보이익금액

사업상 합리적인 필요에는 다음의 경우를 포함한다[IRC 537(a)].

㉮ 합리적으로 예상되는 사업상의 필요가 있는 경우

　미래의 사업상 필요성이 합리적으로 예상되는 경우에 한하여 장래의 사업을 위한 이익유보가 정당화될 수 있다. 이익유보가 정당화되는 합리적인 필요성의 예로서는 사업설비의 확장 또는 기계설비의 대체, 새로운 사업으로의 진출을 위한 기업의 취득, 필요한 운전자본의 확보, 부채의 변제 등을 들 수 있다.

㉯ 사업상 피상속인의 지분 또는 초과지분을 상환(redemption)할 필요가 있는 경우

나. 인적지주회사세

　인적지주회사세(personal holding company tax)란 배당금 등과 같은 수동적인 소득에 대한 조세를 회피하기 위한 수단으로 설립된 법인의 유보소득에 대하여 추가로 부과하는 징벌적인 조세이다.[5] 인적지주회사란 5인 이하의 주주가 발행주식의 50퍼센트 이상을 소유하고 인적지주회사소득이 조정 후 일반소득금액(adjusted ordinary gross income)의 60퍼센트 이상인 법인을 가리킨다.

　위에서 인적지주회사소득이란 배당금, 이자, 임대료, 로열티, 연금 및 인적용역소득 등과 같은 수동적인 소득(passive income)을 말한다.

　이와 같은 인적지주회사에 대하여는 통상적인 법인세 외에 미분배 인적지주회사소득(유보된 인적지주회사소득)에 20퍼센트의 세율을 적용하여 계산한 인적지주회사세를 추가로 과세한다(IRC §541). 미분배 인적지주회사소득이란 인적지주회사소득에서 지급배당금을 공제한 금액이다.

다. 소규모사업법인에 대한 조합과세법의 선택

　소규모사업법인(small business corporation)에 대하여는 주주 전원이 동의하는 경우에 한하여 법인세를 과세하지 아니하고 해당 주주에게 소득세를 과세하는 조합과세법을 허용하고 있다. 소규모사업법인이란 다음의 요건을 갖춘 법인으로서 주주 전원의 동의를 받아 적용연도의 전년도 또는 그 연도의 개시일로부터 3개월이 되는 달의 15일까지 신청한 법인을 가리킨다. 내국세법 Subchapter S(IRC § 1361-§ 1379)에서 규정하고 있기 때문에 해당 규정을 적용받는 법인을 'Subchapter S Corporation'이라고 부른다.

① 한 종류의 주식만을 발행한 내국법인일 것

---

5) Burke, *Federal Income Taxation of Corporations and Stockholders*, 6.ed., 2007, pp. 51-53.

② 주주가 100명을 초과하지 아니할 것

③ 주주는 개인이거나 유산재단 또는 신탁재단일 것

④ 비거주 외국인인 주주가 없을 것

소규모사업법인의 과세소득은 주주의 주식소유비율에 의하여 각 주주에게 배분되어 다른 소득과 합산되어 소득세가 과세된다. 다만, 소규모사업법인이라 할지라도 배당금·이자·임대료·로열티 및 연금 등과 같은 수동적 투자소득(passive investment income)이 총수입금액의 25퍼센트를 초과할 경우에는 그 초과 수동적 순소득(excess net passive income: ENPI)에 대하여 법인세의 최고세율로서 추가적인 과세를 행한다(IRC §1375). 이는 징벌적인 조세로서의 성격을 갖는다.[6]

3 일 본

일본은 초과유보소득에 대한 추가과세제도와 배당세액공제제도에 의하여 이중과세를 조정하고 있다.

가. 특정동족회사에 대한 추가과세

특정동족회사[7]에 대하여는 통상적인 법인세 외에 과세유보금액에 대하여 특별세율을 적용하여 계산한 법인세를 추가적으로 과세한다(일본 법법 67).[8] 이 제도는 이중과세조정의 기능과 함께 유보금과세제도로서의 기능도 갖고 있다.[9]

특정동족회사란 주주 3명 이하와 그들과 동족관계가 있는 개인 및 법인(주주와 친족관계에 있는 자, 주주와 근무관계 또는 생활의존관계를 맺고 있는 자, 주주등이 출자관계를 맺

---

6) *Ibid.*, pp. 414-415.

7) 중소기업(자본금 등이 1억엔 이하의 회사)은 제외한다. 산업경쟁력을 높여 중소기업의 재무기반을 강화하기 위한 것이다. 중소기업은 외부로부터의 자금조달이 쉽지 않기 때문이다. 다만 2010년(平成 22년) 개정으로 자본금이 5억엔 이상인 대기업 등과의 사이에 해당 대기업 등에 의한 완전지배관계가 있는 회사에 대하여는 자본금이 1억엔 이하이더라도 유보금과세의 적용대상에서 제외되지 않게 되었다(일본 법법 제67조 제1항 괄호). 기업집단으로서 완전지배관계를 갖기 때문에 적격분할 등의 방법에 의하여 기업집단 내의 자회사를 분할하고 자본금을 1억엔 이하로 함으로써 유보금과세를 회피하는 행위등에 대처하기 위한 조치이다. 渡辺徹也, 「スタンダード法人税法」, 第2版, 弘文堂, 2019, 56면.

8) 山本守之, 「法人税の理論と実務」, 第3版, 中央経済社, 1998, 400-402면.

9) 이 제도에 관한 상세는 金田直之, "留保金課税制度と法人税のあり方", 税務弘報 2009. 12, 121면 이하. 후술하는 바와 같이 특정동족회사는 실질적으로 개인기업과 다르지 않은 경우가 많아 소유와 경영이 분리되지 않으므로 그렇지 않은 법인에 비하여 조세부담을 경감시키기 위한 행위를 행하기 쉽다는 점을 고려한 제도이다. 즉, 이런 법인은 이익을 배당하는 대신 법인내부에 유보함으로써 배당과세를 쉽게 이연할 수 있다. 渡辺徹也 (註7), 55-56면.

고 있는 다른 회사 등[10])이 소유한 주식등의 총수의 합계액이 그 회사의 발행주식총수의 50퍼센트 이상인 회사를 말한다. 다만, 자본금이 1억엔 이하인 특정 동족회사는 제외한다.

과세유보금액은 다음 계산식과 같이 산정한다.

> 과세유보금액 = 당기유보금액 − 유보공제액
> 당기유보금액 = 당기의 소득금액 등 중 유보한 금액 − (당기의 소득에 대한 법인세액 + 법인
> 　　　　　　　세액에 대한 주민세액)

당기의 소득금액 등이란 해당 사업연도의 소득금액에 수취배당 등 익금불산입액·환부금 등 익금불산입액·이월결손금의 손금산입액·기술 등 해외거래에 관한 소득의 특별공제액 등을 가산한 금액으로 한다. 이와 같은 당기의 소득금액 등에서 사외유출한 금액과 당기의 소득에 대한 법인세액 및 법인세액에 대한 주민세액을 공제하여 당기유보금액을 계산하는 것이다.

그리고 유보공제액이란 다음의 금액 중 큰 금액으로 한다.

① 소득기준액 = 당기 소득금액 등 × 40퍼센트
② 적립금기준액 = 기말 자본금액 × 25퍼센트 − 기말 이익적립금액[11]
③ 정액기준 = 연 2,000만엔

과세유보소득에 대한 세율은 다음과 같은 3단계의 초과누진세율을 적용한다.[12]

과세유보 금액	세 율
3,000만엔 이하의 금액	10퍼센트
3,000만엔 초과 1억엔 이하의 금액	15퍼센트
1억엔 초과의 금액	20퍼센트

이 제도는 유보금을 배당으로 의제하여 과세하는 제도가 아니므로 과세된 유보금에서 실제로 배당이 이루어지더라도 과거의 유보금 과세를 환급하는 등의 조정을 해 주지 않는다. 이런 측면에서는 일종의 징벌적 성격을 갖는 제도라는 평가도 있다.[13]

---

10) 일본 법인세법 시행령 제139조의7 제1항 참조.
11) 기말 이익적립금액은 다음과 같이 계산한다.
　　기초 이익적립금액＋합병에 의하여 승계한 이익적립금액 − 감자에 의하여 환급한 이익적립금액 − 자본에 전입한 이익적립금액
12) 누과누진세율제도를 채택한 것은 높은 소득세율을 회피하고자 하는 행위에 대처하기 위한 것이라고 한다.
　　渡辺徹也, 「スタンダード法人税法」, 第2版, 弘文堂, 2019, 56면.

나. 배당세액공제

일본의 배당세액공제제도는 부분적인 이중과세의 조정장치의 성격을 지니고 있다. 즉 주주의 소득에 배당소득이 포함되어 있는 경우에는 그 배당소득에 다음의 각 공제율을 곱하여 계산한 금액을 세액공제하는 것이다. 이를 배당공제라 한다.[14]

① 과세 총소득금액 등의 합계액이 1,000만엔 이하인 경우: 배당소득금액 × 10퍼센트

② 과세 총소득금액 등의 합계액이 1,000만엔을 초과하는 경우

   ㉮ 과세 총소득금액 등의 합계액에서 배당소득금액을 공제한 금액이 1,000만엔을 초과하는 경우: 배당소득금액×5퍼센트

   ㉯ 기타의 경우: (과세 총소득금액 등의 합계액−1,000만엔)×5퍼센트＋{배당소득금액−(과세 총소득금액 등의 합계액−1,000만엔)}×10퍼센트

배당공제는 해당 연도의 소득세액을 한도로 한다. 즉 소득세액을 초과하는 배당공제액은 환급하지 않는다.

제4절 한국의 이중과세 조정방법

1 개 요

한국은 개인주주의 배당소득에 대하여 불완전한 법인세주주귀속법[1](imputation method)에 의하여 이중과세를 조정한다. 그리고 배당가능이익의 90퍼센트 이상을 배당하는 유동화전문회사 등과 같은 도관회사에 대해서는 지급배당금손금산입법(dividend-paid- deduction method)에 의하여 이중과세를 조정하도록 하고 있다.

이에 대하여 법인주주에 대해서는 이중과세의 조정을 위하여 다른 내국법인에 대한 지분비율에 따라 수입배당금의 일정비율을 익금불산입하도록 하고 있다(수입배당금 익금불산입).

법인주주에 대한 이중과세 조정방법에 관한 상세한 논의는 '익금불산입항목' 중 '내국법인 수입배당금액의 익금불산입'(273면)에서 다루기로 하고, 이하에서는 개인주주에 대한 이중과세 조정방법에 관하여 설명한다.

---

13) 渡辺徹也(註12), 56면.
14) 野水鶴雄, 「要説 所得税法」, 税務経理協会, 1999, 314−315면.
1) '배당금그로스업법'이라고도 부른다.

2 배당세액공제제도

가. 의 의

개인주주의 배당소득에 대하여는 불완전한 법인세주주귀속법에 의하여 이중과세를 조정하도록 하고 있다. 즉 개인이 내국법인으로부터 배당금을 받은 경우에는 배당소득금액에 그 배당금에 대한 귀속법인세를 더하여 종합소득산출세액을 계산하고, 이와 같은 종합소득산출세액에서 귀속법인세를 세액공제하여 소득세 결정세액을 산정한다. 법인단계에서 부담한 법인세를 주주단계의 종합소득산출세액에서 세액공제를 통하여 조정하는 것인데, 이와 같은 세액공제를 배당세액공제라고 부른다.

이를 계산식으로 표시하면 다음과 같다.

- 배당소득의 총수입금액[2] = 배당금 + 귀속법인세
- 종합소득결정세액 = 종합소득산출세액 − 귀속법인세(배당세액공제)

위의 계산식에서 귀속법인세는 법인세율을 10퍼센트로 의제하여 산정하도록 하고 있다. 그리고 해당 과세기간의 소득에 대한 소득세의 감면액과 배당세액공제를 포함한 세액공제액 (이월공제가 허용되지 않는 세액공제액을 말한다)의 합계액이 납부할 세액(가산세를 제외한다)을 초과하는 때에는 그 초과하는 금액은 없는 것으로 하여 그 초과액의 환급을 배제하고 있다. 이와 같은 배당세액공제제도는 법인세주주귀속법에도 해당하지 않고, 그렇다고 하여 수입배당세액공제법도 아닌 혼합형의 형태를 띠고 있는 불완전한 이중과세조정방법이다.

나. 공제요건

1) 거주자 등의 배당소득금액

거주자 등의 종합소득금액에 특정한 배당소득이 포함되어 있어야 한다(소법 56 ①).

가) 거주자 등의 범위

거주자와 국내사업장 등이 있는 비거주자가 그 적용대상이 된다.

---

2) 배당소득금액의 산정과정에서는 필요경비의 공제를 허용하지 않으므로 배당소득의 총수입금액은 그대로 배당소득금액이 된다.

나) 특정한 배당소득의 범위

배당세액공제의 적용대상이 되는 특정한 배당소득이란 내국법인으로부터 법인세가 과세된 소득을 재원으로 하여 지급받는 배당소득으로서 종합소득과세표준에 포함되는 종합과세기준금액 초과액을 가리킨다. 내국법인으로부터 받는 이익이나 잉여금의 배당 또는 분배금과 건설이자의 배당·법인으로 보는 단체로부터 받는 배당 또는 분배금·의제배당·법인세법에 의하여 배당으로 처분된 금액 중 법인세가 과세된 소득에서 지급되는 배당소득으로서 종합소득과세표준에 포함되는 종합과세기준금액 초과액이 그 대상이 된다. 그러므로 외국법인으로부터 받는 이익이나 잉여금의 배당 또는 분배금과 건설이자의 배당·집합투자기구로부터의 이익·공동사업에서 발생한 소득금액 중 출자공동사업자에 대한 손익분배비율에 상당하는 금액·법인세가 과세되지 않은 소득을 재원으로 한 배당소득 등은 배당세액공제의 적용대상이 되는 특정한 배당소득에 해당하지 않는 것이다(소법 17 ③).

배당세액공제의 적용대상이 되는 특정한 배당소득이란 다음의 요건을 모두 충족한 배당소득을 가리키는데, 이를 배당세액공제대상 배당소득 또는 그로스업(gross-up)대상 배당소득(이하에서 '그로스업대상 배당소득'이라 한다)이라고 부른다.

(1) 내국법인으로부터 법인세가 과세된 소득을 재원으로 하여 지급받는 배당소득일 것

① 내국법인으로부터 받는 배당소득

내국법인으로부터 받는 배당소득에 한하여 배당세액공제를 적용한다. 따라서 외국법인으로부터 받는 이익이나 잉여금의 배당 또는 분배금과 해당 외국의 법률에 의한 건설이자의 배당 및 이와 유사한 성질의 배당에 대하여는 배당세액공제를 하지 않는다.

② 법인세가 과세된 소득에서 지급되는 배당소득

내국법인이 지급하는 배당금은 법인세가 과세된 소득에서 지급되는 것이어야 한다. 법인세가 과세된 소득이란 법인세의 과세대상이 되는 소득이라는 의미이고 실제로 법인세를 과세하였는지의 여부와는 관계가 없다. 법인세가 과세되지 않는 소득을 재원으로 하여 지급되는 배당소득의 경우에는 해당 소득에 대하여 소득세만이 과세되는 것이므로 이중과세의 문제가 발생하지 않기 때문이다.

따라서 다음과 같이 법인세가 과세되지 아니한 소득을 배당재원으로 하여 실제로 지급하였거나 또는 지급한 것으로 의제하는 배당소득에 대하여는 배당세액공제를 하지 않는 것이다.

㉮ 자기주식소각이익의 자본금전입에 따른 의제배당

소각일로부터 2년 이내에 자기주식소각이익을 자본금에 전입하거나 소각당시의 시가가 취득가액을 초과하는 경우의 자기주식소각이익을 자본금에 전입함으로써 무상으로 받은 주식의 가액을 말한다. 자기주식소각이익(감자차익)은 익금불산입 항목이므로 이중과세의 문제가 생기지 않는다.

㉯ 토지의 재평가적립금의 자본금전입에 따른 의제배당

재평가세의 세율이 1퍼센트인 토지의 재평가적립금의 자본금전입으로 인한 의제배당을 말한다. 재평가세의 세율이 1퍼센트인 토지의 재평가적립금의 경우에는 법인세가 과세되기는 하나, 대부분 압축기장충당금을 설정하여 손금산입함으로써 해당 토지의 처분시까지는 과세가 이연되는 경우가 일반적일 것이므로 배당세액공제의 적용을 배제하도록 하고 있다. 그러나 위의 재평가적립금에 대하여는 단순히 과세시기가 토지의 재평가일이 속하는 사업연도인가 또는 처분일이 속하는 사업연도인가라는 차이만 있을 뿐이지 어느 경우이든 법인세가 과세되는 점에는 다름이 없고, 따라서 이중과세의 조정 필요성은 여전히 존재하는 것이다.

그렇다면 위의 재평가적립금에 대하여도 배당세액공제를 허용하도록 입법적인 개선이 이루어지는 것이 마땅하다고 하겠다.

㉰ 자기주식보유법인의 주식발행액면초과액 등의 자본전입에 따른 의제배당

법인이 자기주식 또는 자기출자지분을 보유한 상태에서 의제배당을 구성하지 않는 자본잉여금을 자본전입함에 따라 해당 법인 외의 주주등의 지분비율이 증가한 경우 증가한 지분비율에 상당하는 주식등의 가액(의제배당액)은 배당세액공제의 대상이 되지 않는다. 위에서 의제배당을 구성하지 않는 자본잉여금이란 주식발행액면초과액(채무의 출자전환으로 주식등을 발행하는 경우로서 해당 주식등의 시가를 초과하여 발행한 금액은 제외한다) · 주식교환차익 · 주식이전차익 · 감자차익(자기주식소각이익은 소각 당시 시가가 취득가액을 초과하지 아니하는 경우로서 소각일부터 2년이 경과한 후 자본에 전입하는 것에 한한다) · 합병차익 · 분할차익 및 재평가적립금(재평가세의 세율이 1퍼센트인 토지의 재평가적립금은 제외한다)을 말한다.

주식발행액면초과액 등은 법인세법상 익금불산입하기 때문에 법인세와 소득세의 이중과세의 문제가 발생하지 않는다.

㉱ 법인세의 비과세 등을 받은 법인으로부터 받은 배당소득 중 일정액

조특법에 따른 최저한세가 적용되지 않는 법인세의 비과세 · 면제 · 감면 또는 소득공제(조세특례제한법 외의 법률에 따른 비과세 · 면제 · 감면 또는 소득공제를 포함한다)를 받은 법인 중 다음 법인으로부터 받은 배당소득이 있는 경우에는 해당 배당소득금액에 일정비율을 곱하여 산출한 금액에 대하여는 배당세액공제를 적용하지 않는다.

(i) 유동화전문회사 등에 대한 소득공제

유동화전문회사·투자회사·투자목적회사·투자유한회사·투자합자회사·기업구조조정투자회사·기업구조조정 부동산투자회사·위탁관리 부동산투자회사·선박투자회사·임대사업을 목적으로 설립된 특수목적법인·문화산업전문회사·해외자원개발투자회사 및 일정한 요건을 갖춘 투자회사 등과 같은 도관회사가 배당가능이익의 90퍼센트 이상을 배당한 경우에 그 배당금액은 그 유동화전문회사 등의 해당 사업연도의 소득금액에서 공제한다(법법 51의2).[3]

이와 같은 소득공제를 적용받은 도관회사로부터 받은 배당소득에 대해서는 배당세액공제를 적용하지 않는다. 소득공제에 의하여 이중과세의 문제가 해소되기 때문이다.[4]

(ii) 동업기업과세특례를 적용받는 법인

조특법 제100조의 16(동업기업 및 동업자의 납세의무)에 따라 조세특례를 적용받는 동업기업에 대해서는 법인세를 부과하지 않는다. 이와 같이 조세특례를 적용받는 동업기업으로부터 받은 배당소득에 대하여는 배당세액공제를 적용하지 않는다. 동업기업에 대하여 법인세를 부과하므로 이중과세의 문제가 없기 때문이다.

(iii) 법인의 공장 및 본사의 수도권생활지역 외의 지역으로의 이전에 대한 임시특별세액감면 등

법인의 공장 및 본사의 수도권생활지역 외의 지역으로의 이전에 대한 임시특별세액감면 등·외국인투자에 대한 법인세의 감면 및 외국인투자기업의 증자에 따른 조세감면·제주첨단과학기술단지 입주기업에 대한 법인세의 감면·제주투자진흥지구 및 제주자유무역지역 입주기업에 대한 법인세의 감면(조특법 63의2, 121의2, 121의4, 121의8, 121의9)을 적용받는 법인으로부터 받은 배당소득에 대하여는 그 배당소득금액에 다음의 계산식에 따른 비율(감면규정을 적용받는 사업연도가 1개 사업연도인 경우에는 해당 사업연도의 소득금액을 기준으로 계산하며, 그 비율이 100퍼센트를 초과하는 경우에는 100퍼센트로 한다)을 곱한 금액에 대하여 배당세액공제를 적용하지 않는다.

---

3) 유동화전문회사는 재무제표상 배당가능이익을 초과하여서 배당할 수 있는데(「자산유동화에 관한 법률」 제30조 제3항), 이 경우에도 그 전액을 소득공제할 수 있다. 또한 유동화전문회사는 배당금을 지급할 때 수 개의 미지급 배당금 중 어느 하나를 지정하여 충당할 수 있다. 대법원 2015. 12. 23. 선고 2012두3255 판결.
4) 유동화전문회사 등에 대한 소득공제제도에 관한 상세한 논의는 '도관회사에 대한 소득공제'(767면) 참조.

$$\frac{\text{직전 2개 사업연도 감면대상 소득금액의 합계액} \times \text{감면비율}}{\text{직전 2개 사업연도 총소득금액의 합계액}}$$

(2) 종합소득과세표준에 포함되는 종합과세기준금액의 초과액일 것

종합소득과세표준에 산입된 금융소득 중 종합과세기준금액의 초과액에 한하여 배당세액 공제를 적용한다.

종합소득과세표준에 포함되는 배당소득에 한하여 배당세액공제를 적용하는 것이므로 비실명배당소득과 같은 당연분리과세배당소득의 경우에는 배당세액공제의 적용 여지가 전혀 없는 것이다.

① 종합소득과세표준에 산입된 배당소득 중 종합과세기준금액의 초과액이란 거주자의 당연분리과세이자소득등[5] 외의 이자소득등과의 합계액이 2천만원(이를 '종합과세기준금액'이라고 한다)을 초과하는 경우의 그 초과금액[6]을 말한다. 따라서 배당소득이라 할지라도 종합과세기준금액에 상당하는 금액(2천만원)이나 종합과세기준금액에 미달하여 분리과세하는 배당소득에 대해서는 배당세액공제를 하지 않는다.

종합과세기준금액에 상당하는 배당소득이나 종합과세기준금액에 미달하여 분리과세하는 배당소득도 종합소득과세표준에 산입된 배당소득 중 종합과세기준금액의 초과액과 마찬가지로 법인세와 소득세와의 이중과세의 문제가 생긴다. 그럼에도 불구하고 종합과세기준금액에 상당하는 배당소득이나 종합과세기준금액에 미달하여 분리과세하는 배당소득에 대하여는 배당세액공제에 관한 규정의 적용을 배제하고 있다. 그 이유는 다음과 같다.

첫째, 종합과세기준금액에 미달하여 분리과세하는 배당소득은 원천징수절차에 의하여 납세의무가 종결되기 때문에 복잡하고 번거로운 배당세액공제절차를 원천징수의 과정에까지 도입하기에는 실행상 어려움이 있다. 이를 이유로 분리과세하는 배당소득에 대하여는 배당세액공제의 적용을 배제하고 있다.

둘째, 종합과세기준금액에 상당하는 배당소득에 대하여는 종합소득과세표준을 확정신고하거나 종합소득과세표준과 세액을 결정 또는 경정하는 과정에서 그 공제가 가능할

---

5) 당연분리과세이자소득등이란 비실명이자 및 배당소득·법원에 납부한 보증금 등에서 발생하는 이자소득·분리과세를 신청한 장기채권 등의 이자소득·직장공제회 초과반환금·법인 아닌 단체가 금융회사 등으로부터 받는 이자소득과 조세특례제한법상의 분리과세소득을 말한다. 이하 '이자소득등'이란 이자·할인액 및 이익(비영업대금의 이익은 제외하고, 투자신탁수익의 분배금은 포함한다)을 말한다.
6) 그로스업대상 배당소득의 경우에는 그로스업하지 않은 배당금 등을 기준으로 하여 종합과세기준금액의 초과여부를 판단한다(소법 14 ④).

수 있다. 그럼에도 불구하고 종합과세기준금액에 상당하는 배당소득에 대하여 배당세액 공제의 적용을 배제하고 있다. 그 이유는 종합과세기준금액에 미달하여 분리과세하는 배당소득과의 과세형평을 고려한 것으로 보인다.

② 당연분리과세이자소득등 외의 이자소득등의 합계액이 2천만원을 초과하면서 그 이자소 득등의 합계액이 모두 배당세액공제대상이 되는 그로스업대상 배당소득만으로 이루어 져 있는 경우에는 종합과세기준금액의 초과액이 모두 배당세액공제의 대상이 된다. 그런데 종합소득과세표준에 합산하는 이자소득등에는 이자소득·그로스업대상이 아닌 배당소득(외국법인으로부터 받는 배당금, 소각일로부터 2년 이내에 자기주식소각이익 을 자본에 전입하거나 소각당시의 시가가 취득가액을 초과하는 경우의 자기주식소각이 익을 자본에 전입함에 따라 취득한 무상주의 가액 등을 말하며, 이하에서 '그 밖의 배당 소득'이라 한다) 및 그로스업대상 배당소득이 혼재하고 있는 경우가 일반적이다. 이 경 우에는 종합과세기준금액의 초과액에 포함되어 있는 그로스업대상 배당소득의 범위가 문제가 된다.
당연분리과세이자소득등 외의 이자소득등의 합계액이 종합과세기준금액을 초과하면서 그 이자소득등이 이자소득·그로스업대상 배당소득 및 그 밖의 배당소득이 혼재하고 있 는 경우에 그 종합소득과세표준에 포함되는 이자소득등의 금액(종합과세기준금액을 포 함한다)은 다음의 순서대로 합산한 것으로 한다(소령 116의2).
첫째, 이자소득과 배당소득이 함께 있는 경우에는 이자소득부터 먼저 합산한다.
둘째, 그로스업대상 배당소득과 그 밖의 배당소득이 함께 있는 경우에는 그 밖의 배당소 득부터 먼저 합산한다.

　위의 내용을 다시 부연한다면 종합소득과세표준에 산입하는 이자소득등(종합과세기 준금액을 포함한다)은 다음의 순서대로 구성된 것으로 본다.
　　㉮ 이자소득
　　㉯ 그 밖의 배당소득(그로스업대상이 아닌 배당소득)
　　㉰ 그로스업대상 배당소득
　예를 들어 거주자의 이자소득등이 은행으로부터 받은 정기예금의 이자 3천만원, 주권 상장법인으로부터 받은 현금배당금 3천만원 및 주권상장법인으로부터 받은 무상주(소각 일로부터 1년이 된 자기주식소각익을 자본금전입함에 따라 교부한 주식)의 가액 2천만 원으로 이루어진 경우에 그로스업대상 배당소득금액을 산정하여 보기로 한다. 이자소득 등의 합계액이 8천만원이므로 종합과세기준금액을 초과하고 있다.

이 중에서 종합과세기준금액은 다음의 소득으로 이루어진 것으로 본다.

　㉮ 이자소득 3천만원 중 2천만원

그리고 종합과세기준금액의 초과액은 다음의 이자소득등으로 이루어진 것으로 본다.

　㉮ 이자소득 3천만원 중 1천만원
　㉯ 그 밖의 배당소득인 무상주의 가액 2천만원
　㉰ 주권상장법인으로부터 받은 현금배당금 3천만원

그러므로 주권상장법인으로부터 받은 현금배당금 3천만원은 모두 종합과세기준금액의 초과액에 해당하여 배당세액공제의 대상이 된다.

2) 분리과세를 하는 경우의 세액과의 비교

통상적인 방법에 따라 계산한 종합소득산출세액[7]에서 배당세액공제를 한 금액이 소득세법 제62조 제2호에 따라 계산한 세액[8]과 같거나 그 세액을 초과하여야 한다. 즉 배당세액공제액은 통상적인 방법에 따라 계산한 종합소득산출세액에서 소득세법 제62조 제2호에 따라 계산한 세액을 공제한 차액을 그 한도로 하는 것이다. 배당세액공제가 있는 경우의 종합소득결정세액은 통상적인 방법에 따라 계산한 종합소득산출세액에서 배당세액공제를 한 금액과 소득세법 제62조 제2호에 따라 계산한 금액을 비교하여 큰 금액에서 배당세액공제 외의 그 밖의 세액공제와 감면세액을 공제하여 계산하기 때문이다(소법 15 II).

위의 규정은 통상적인 방법에 따라 계산한 종합소득산출세액에서 배당세액공제액을 차감한 후의 세액이 최소한 원천징수세율을 적용하여 산출한 세액보다 많거나 같도록 함으로써 분리과세를 적용받는 거주자와의 과세형평을 도모하기 위한 장치이다.

다. 세액공제액

그로스업대상 배당소득의 경우 그 배당소득에 대한 귀속법인세를 총수입금액, 즉 배당소득금액(이하에서 '총수입금액'이라 한다)에 더한 후에, 배당세액공제액으로서 종합소득산출세액에서 공제하여 소득세 결정세액을 산정한다. 그러므로 귀속법인세는 배당소득금액

---

7) 통상적인 방법에 의하여 계산한 종합소득산출세액＝(종합과세기준금액 초과금액＋다른 종합소득금액－종합소득공제)×기본세율＋종합과세기준금액(2,000만원)×14퍼센트
8) 소득세법 제62조 제2호에 의한 세액＝이자소득등의 금액×원천징수세율＋(다른 종합소득금액－종합소득공제)×기본세율

에 더하는 항목이면서 동시에 산출세액에서 **빼는** 항목이다.

1) 총수입금액의 계산특례

그로스업대상 배당소득에 대해서는 실제로 받았거나 받을 배당금 및 의제배당액(이하에서 '배당금등'이라 한다)을 그로스업한 금액, 즉 배당금등에 그 배당금등에 대한 귀속법인세(가산금액)를 더한 금액을 총수입금액으로 한다. 현행 소득세는 법인세율을 9퍼센트로 의제한 불완전한 법인세주주귀속법을 채택하고 있기 때문에 실제로 받았거나 받을 배당금등에 12퍼센트를 곱하여 산정한 금액을 배당소득에 대한 총수입금액에 더하도록 하고 있다.

> 총수입금액 = 배당금등 + 귀속법인세

법인세율(r)이 10퍼센트인 경우에 배당금등을 그로스업하기 위한 계산식은 다음과 같다.

> 그로스업한 배당소득의 총수입금액 = 배당금등 × 1 / 1 − r = 배당금등 × 100 /89
> ≒ 배당금등 × 112 / 100

2) 공제액의 계산

배당세액공제액은 배당소득의 총수입금액에 더한 귀속법인세이다. 배당금 및 의제배당액에 대한 귀속법인세는 그 배당금 및 의제배당액에 11퍼센트를 곱하여 계산한다.

법인세율(r)이 10퍼센트인 경우에 귀속법인세를 산정하기 위한 계산식을 표시하면 다음과 같다.

> 귀속법인세(가산금액) = 배당금등 × r / 1−r = 배당금등 × 10 / 90
> = 배당금등 × 11/ 100

그러나 배당세액공제액을 포함한 감면 및 세액공제액의 합계액이 납부할 세액(가산세를 제외한다)을 초과하는 경우에는 그 초과하는 금액은 없는 것으로 본다(소법 60 ②).

3　지급배당금손금산입제도

유동화전문회사, 투자회사, 투자목적회사, 투자유한회사, 투자합자회사(기관전용 사모집합투자기구 제외), 투자유한책임회사, 기업구조조정투자회사, 기업구조조정 부동산투자회사, 위탁관리 부동산투자회사, 선박투자회사, 민간임대사업을 목적으로 설립된 특수목적법인, 문화산업전문회사, 해외자원개발투자회사 및 일정한 요건을 갖춘 투자회사 등(이하 '도관회사')과 같은 도관회사가 배당가능이익의 90퍼센트 이상을 배당한 경우에는 그 배당금액의 전액을 그 도관회사의 해당 사업연도의 소득금액에서 공제한다(법법 51의2). 도관회사가 주주에게 배당한 금액은 해당 법인의 각 사업연도의 소득금액에서 공제하기 때문에 그 배당금 부분에 상당하는 각 사업연도의 소득금액에 대해서는 법인세가 과세되지 않고 사원에게만 소득세가 과세된다.

도관회사는 법령에서 정하는 특정한 투자 및 이익분배를 목적으로 설립된 특정목적회사(special purpose company)로서 납입받은 자금을 특정한 방법으로 투자 또는 운용하고 그를 통하여 얻은 이익을 그대로 투자가인 그 주주 또는 사원(이하에서 '주주등'이라 한다)에게 분배하는 것을 목적으로 하여 설립된 회사이다. 즉 도관회사는 일반법인과는 달리 가득한 투자수익을 그대로 주주등에게 배당할 것을 목적으로 하여 설립된 도관(導管: conduit) 또는 통과체(通過體: pass-through)의 성격을 띤다.

이와 같은 도관회사에 대한 소득공제제도는 도관회사의 소득에 대한 법인세와 소득세의 이중적인 과세를 방지하기 위하여 마련된 법적 장치인데, 지급배당금손금산입법에 해당한다. 현행법상 이 제도에 관한 상세한 논의는 '도관회사에 대한 소득공제'(767면) 부분을 참조하라.

4　동업기업과세특례제도

합자회사·합명회사 및 일정한 인적용역을 제공하는 유한회사의 각 사업연도의 소득에 대해서는 법인세를 과세하면서 그 합자회사 등이 사원에게 배당금을 지급하는 경우에는 그 배당금에 대하여 소득세를 과세하고 있다. 그리고 민법상의 조합이나 특별법상의 조합(예: 변호사법에 의한 법무조합, 중소기업창업지원법에 따른 중소기업창업투자조합 등) 등은 독립된 별개의 납세의무자로 취급하지 않고 도관(conduit)으로 본다. 따라서 민법상의 조합이나 특별법상의 조합 등이 번 소득금액은 각 조합원의 손익분배비율 또는 출자지분에 따라 각 조합원에게 배분하여 그 조합원에게 법인세(조합원이 법인인 경우) 또는 소득세(조합원이 개인인 경우)를 과세하도록 하고 있다.

　　2009년 1월 1일 이후 시작되는 사업연도부터 동업기업과세특례제도(Partnership 과세제도)를 도입하여 합자회사·합명회사 및 일정한 인적용역을 제공하는 유한회사에 대해서는 현행의 과세방식(합자회사 등에 대하여 법인세를 과세하고, 합자회사 등이 그 사원에게 배당금을 지급하는 경우에는 그 배당금에 대하여 소득세를 과세하는 방식)과 동업기업과세특례제도(조특법 100의14부터 100의26까지)에 따른 과세방식을 선택적으로 적용받을 수 있도록 하고 있다. 그리고 민법상의 조합이나 특별법상의 조합 등에 대해서는 현행의 공동사업에 대한 과세방식과 동업기업과세특례제도(조특법 100의14부터 100의26까지)에 따른 과세방식을 선택적으로 적용받을 수 있도록 하고 있다. 이에 관한 상세한 논의는 '동업기업에 대한 과세특례'(888면)에서 상세하게 다루기로 한다.

제4장

법인세법의 연혁

제1절 일제시대의 법인소득과세

1 법인소득과세의 도입

우리나라에 법인에 대한 소득과세가 처음 도입된 것은 일제시대였다. 일제는 대한제국 병합 후인 1916년 7월 칙령 제183호에 의하여 그 해 8월 1일부터 일본소득세법 중 법인의 소득세에 관한 규정을 조선에 의용시행하였다.[1] 이에 따른 조세를 '법인소득세'라고 하였는데 ① 조선반도 내에 본점 또는 주된 사무소를 둔 법인의 소득, ② 조선반도 이외의 곳에 본점 또는 주된 사무소를 둔 법인으로서 조선에 자산 또는 영업을 가진 때 그 자산 또는 영업으로부터 생긴 소득에 대하여 과세하도록 하였다. 과세소득은 법인의 각 사업연도 총소득 중에서 비과세소득을 제외한 것으로 하고 이를 초과소득, 유보소득, 배당소득으로 분류하여 세율을 적용하도록 하며 청산소득에 대하여도 과세하였다.[2] 당시 조선에 투자를 한 자본가들은 대부분 일본에 주소를 두고 있었고 출자에 대한 배당금을 개인소득에 합산하여 법인소득세의 세율보다 높은 제3종소득세의 세율을 적용받고 있었으므로 조선에서 법인소득세를 과세하는 대신 일본 본토에서 제3종소득세의 과세를 면제한다면 일본 자본의 조선 유치를 촉진하고 조선총독부의 재정자립에 기여할 수 있다는 의도에 따른 것이었다.[3] 그후 1920년 일본 본토에서의 소득세법 개정을 계기로 같은 해 7월에 제령(制令) 제16호로 조선소득세령을 제정·공포하였다.[4]

---

1) 大藏省, 「明治大正財政史」第13卷 外地財政(上), 財政経済学会, 1939, 359－360면. 다만, 조세불복에 관한 같은 법 제36조부터 제39조의 규정까지는 의용되지 않았다.
2) 국세청, 「세정100년약사」, 국세청, 1996, 236면.
3) 大藏省(註1), 359면. 조선총독부는 1916년 8월 7일 조선에서의 사정을 반영하여 법인소득세를 과세하기 위하여 조선총독부령 제65호로 소득세법 시행규칙을 제정하였다. 같은 책, 360면.
4) 김옥근, 「일제하 조선재정사논고」, 일조각, 1994, 95면.

2 제1차 세제정리

일제는 조선총독부의 경비가 급속하게 팽창하자[5] 식민지 조선에서 재원을 조달하기 위하여 1923년에 조선총독부 내에 재정조사위원회를 설치하고 세제를 정비하고자 하였으나 위 위원회는 특별한 성과없이 해체되었고,[6] 다시 1926년 6월에 세제조사위원회를 설치하여 세제를 근본적으로 개혁하려고 하였다.[7][8] 세제조사위원회의 제1차 실행안 중 일반소득세를 조세체계의 중추로 한다는 내용에 따라 1927년 조선소득세령이 개정되어 유보소득과 배당소득의 구별이 폐지되고 보통소득으로 과세하도록 하였다.[9]

3 제2차 세제정리

일제는 만주사변의 확대에 따른 경비의 조달을 위하여 1934년 제2차 세제정리를 실시하였다. 제2차 세제정리는 제1차 세제정리 방침 중 실시하지 못한 사항을 시행하는 데 중점을 두었으며 특히 징세액이 가장 클 것을 예상되었던 일반소득세의 창설에 초점이 맞추어졌다.[10] 이에 따라 일반소득세가 창설되어 소득세는 제1종소득세, 제2종소득세, 제3종소득세로 구성되게 되었다. 그 중 법인의 소득에 대하여 과세하는 것이 제1종소득세로서 종래의 법인소득세에 해당하던 것이었다. 제1종소득세의 과세소득은 다시 보통소득, 초과소득, 청산소득으로 구성되어 있었다. 제2종소득세는 법인·개인을 불문하고 공·사채이자, 은행예금이자, 대부신탁이익과 비거주자가 조선 내 법인으로부터 받는 이익배당 및 특정소득에 대한 원천세였으므로 역시 법인세에 포함되는 것으로 볼 수 있었다.[11] 일본은 1940년 세제개혁에서 법인소득에 대한 과세를 분리하여 법인세를 신설하는 한편 종래의 소득세를 분류소득세와 종합소득세로 개편하였으나 조선에서는 특수사정을 이유로 기존의 제도를 유지하였고,[12] 이러한 소득세체계는 해방될 때까지 계속 유지되었다.[13]

---

5) 그 이유는 한민족의 저항을 탄압하기 위한 사법·경찰기구의 강화, 식량약탈을 위한 산미증식계획의 강행, 식민지 지배의 기반을 조성하기 위한 철도·통신 등 사회간접자본의 확충 등 때문이다. 국세청, 「세정100년 약사」, 국세청, 1996, 280면.
6) 상세는 김옥근, 「일제하 조선재정사논고」, 일조각, 1994, 85면 및 같은 면의 각주 13.
7) 이하 1, 2, 3차 세제정리의 시대구분은 국세청(註5), 280면 이하에 따른 것이다.
8) 김원주, "한국 조세법제의 발전방향", 「한국조세법학의 어제·오늘·내일」, 문연 김원주 교수 정년기념논문집 간행위원회, 2000, 60면.
9) 국세청(註5), 285면.
10) 국세청(註5), 288-289면.
11) 제3종소득세는 개인에 대한 소득세였다.
12) 일본에서의 세제개혁은 조세부담의 균형 및 보편화를 도모하고 세제에 탄력성을 부여하며 세제의 간소화를 도모하기 위한 것이었으므로 조세수입을 감소시킬 개연성이 있었다. 따라서 식민지인 조선에서는 이를 실시하지 않은 것이었다. 정덕주, "일제 강점기 세제의 전개 과정에 관한 연구-식민지배 정착을 위한 세제 변화

4　제3차 세제정리

일제는 1939년 9월 조선총독부 내에 세제조사위원회를 설치한 후 1940년 조세체계 전반을 전시화(戰時化)하여 조세징수를 증대하기 위한 제3차 세제정리를 실시하였다.[14] 이에 따라 법인세에 해당하는 제1종소득세의 세율이 인상되고 초과이득세는 임시이득세와 통합되었다.[15]

제2절　미군정시기의 법인소득과세

미군정청은 1945년 11월 2일 군정명령(Ordinance) 제21호로 종래의 법령은 미군정청이 특수명령으로 이를 폐지할 때까지 효력을 계속되도록 하였다. 따라서 미군정기에도 일단 일제시대의 법인세제가 효력을 유지하게 되었다. 전체적인 조세정책의 관점에서 보면, 미군정청은 일부 세목의 폐지와 과세범위의 축소 및 세율의 조정 등 단편적인 세제개혁을 단행하여 일제말기의 무질서한 조세체계를 부분적으로 정비하면서 일부 세목의 세율을 상향조정하였다. 이는 세수를 증가시키고 동시에 인플레이션을 억제하기 위한 것이었다.[1] 그러나 군정기간 중의 세제정비는 사회·경제여건의 변동에 대응하는 근본적인 세제개혁은 아니었다.[2] 미군정기의 세제정비 중 법인세제와 관련이 있는 것은 일제가 한시세로 과세하였던 임시이득세와 특별법인세가 기한만료로 자동폐지된 것이다. 미군정청은 1945년 10월 9일 법무국 안에 법전편찬부를 설치하였고, 1946년 10월 12일 군정법령 제118호로 남조선과도입법의원을 설치하였으나 세법의 편찬과 관련된 구체적인 움직임은 나타나지 않는다. 1947년 6월 3일 미군정청이 남조선과도정부로 개편되면서 그 사법부 산하에 법전기초위원회(法典起草委員會)가 구성되었으나 역시 세법의 입법작업은 그 임무범위에서 제외되어 있었다.[3]

를 중심으로-", 「세무학연구」 제23권 제4호, 2006, 212면.

13) 이상 국세청, 「세정100년약사」, 국세청, 1996, 291-292면. 우리 법인세법상 소득계산구조에 미친 일본세법의 영향에 관하여는 황남석, "우리 법인세 소득계산구조의 성립과 계수", 「세무와 회계저널」 제16권 제4호, 2015, 123면 이하.

14) 국세청(註13), 343면.

15) 이 시기에 금융조합, 산업조합 등의 잉여금에 대하여 과세하는 특별법인세가 신설되었다. 상세는 국세청(註13), 345면.

1) 송쌍종, "조세실체법의 회고와 전망", 「한국 법학 50년-과거·현재·미래」, 한국법학교수회, 1998, 527면. 구체적인 내용에 관한 상세는 재무부, 「재정금융의 회고」, 재무부, 1958, 55-57면.

2) 국세청, 「세정100년약사」, 국세청, 1996, 391면; 이형구/전승훈 편, 「조세·재정정책 50년 증언 및 정책평가」, 한국조세연구원, 2003, 649면.

제3절 법인세법의 제정 및 개정연혁

1 법인세법의 제정과정

법인세법전의 편찬은 정부수립 이후 1948년 10월 3일에 발족한 세제개혁위원회의 주도 하에 진행되었다. 세제개혁위원회는 당시 재무부 산하에 설치되었으며 실제 세제개혁안은 재무부 산하의 사세국(司稅局)에서 기초하였다.[1] 세제개혁위원회는 세제개혁안을 작성하는 과정에서 세제개혁기본요강을 확정하였으며 이에 입각하여 조선소득세령과는 다르게 소득세법과는 별도로 법인세법안을 성안하여 1949년 3월 8일 국회에 회부하였다. 정부가 1949년 4월 6일자로 국회에 제출한 법인세법안(의안번호 010084)의 제안이유는 '현재까지 시행되고 있는 조선소득세령은 제1종소득과 제3종소득으로 구분이 되어 있어서 법인에게는 제1종 소득세라는 종목으로 과세하고 있는데 이것은 일반국민이 이해하기에 대단히 곤란하게 되어 있으므로 조선소득세령 중에서 법인에 관한 사항을 분리하여 법인세법으로 제정하려는 것인바 이는 법을 간소화하는 동시에 과세대상 및 면세의 범위를 확정하고 신고 납세제도를 창설함으로써 조세의 민주화와 세수입의 증가 및 민족자본육성을 기하려는 것' 으로 되어 있다.[2]

법인세법안은 국회의 심의과정에서 법인세율과 관련하여 당초 정부안이었던 40퍼센트가 재정경제위원회의 수정안인 35퍼센트로 변경된 것 이외에는 별다른 논의없이 의결되었고 정부는 1949년 11월 7일 법인세법을 법률 제62호로 공포하였다.[3] 제정 법인세법의 주요 내용은 다음과 같은데[4] 기본 구조는 현행 법인세법과 다르지 않다. 제정 법인세법은 1940년 제정된 일본법인세법의 내용과 거의 일치하므로 우리 법인세법의 제정과정에는 일본법인세법의 영향이 강하게 작용하였다고 할 수 있다.[5]

---

3) 최종고, "해방후 기본법제의 제정과정", 「법제연구」 제8호, 1995, 106-108면.
1) 동아일보 1948. 11. 25. 1면.
2) 국회사무처, 「대한민국 법률안연혁집」 제5권, 국회사무처, 1992, 4859면.
3) 구체적인 법인세법 제정과정에 관하여는 황남석, "법인세법의 성립과정 연구 서설", 「세무사」, 2012년 가을 호, 2012, 42면 이하.
4) 한국조세연구원, 「한국 조세정책 50년(제4권·법인세 자료집)」, 한국조세연구원, 1997, 24-27면.
5) 황남석(註3), 46면. 일본의 법인세제는 초기에는 독일의 강한 영향을 받았지만 1920년대를 전후로 하여 독자적으로 발전한다. 우리 법인세법의 비교법적 계보에 관하여는 황남석, 「우리 법인세법의 성립과정 연구」, 마인트탭, 2017. 참조.

가. 납세의무자

납세의무자로 내국법인, 외국법인, 비영리법인을 규정하였다(제1조).

나. 과세소득의 범위

각 사업연도소득과 청산소득을 과세소득으로 규정하고 기타 비과세 소득에 관한 규정을 두었다(제3조, 제13조, 제15조).

다. 납세지

법인세는 법인의 본점 또는 주사무소의 소재지, 자산 또는 사업장의 소재지를 그 납세지로 한다(제30조).

라. 각 사업연도소득 및 과세표준

총익금에서 총손금을 공제하여 계산한 금액이 각 사업연도소득이고 그 금액에서 각 사업연도개시의 직전 사업연도에서 발생한 이월결손금을 공제한 금액이 과세표준이다(제4조, 제16조).

마. 부당행위계산부인 규정

부당행위계산에 관하여 정부가 인정하는 바에 따라 소득금액을 계산할 수 있다(제33조).

2 법인세법의 주요 개정연혁

법인세법은 제정된 이후 사회·경제환경의 변화에 발맞추어 거의 매년 개정되었고 그 중 4회는 전면개정이었다. 우리 법인세법은 제정 이후에도 일본법인세법의 영향을 많이 받아왔으며 1997년의 외환위기 이후에는 미국법인세제의 영향도 적지 않다. 전면개정의 주요 내용을 정리하면 다음과 같다.[6]

가. 1954년 개정

1954년 3월 31일 법률 제320호로 전면개정된 법인세법의 주요 내용은 다음과 같다.
① 비례세율제도로 환원[7]

---

6) 한국조세연구원, 「한국 조세정책 50년(제4권·법인세 자료집)」, 한국조세연구원, 1997, 32-34면.

② 조세 감면제도 정비

③ 부당행위계산부인제도의 동족회사(특수관계인) 범위 조정

나. 1961년 개정

1961년 12월 8일 법률 제823호로 전면개정된 법인세법의 주요 내용은 다음과 같다.
① 조문체계 정비
② 장부의 비치와 기장을 강제하고 재무상태표의 공개의무를 규정
③ 중요사업 등에 대한 조세 감면제도의 확대
④ 기부금과 기업업무추진비의 구분

다. 1967년 개정

1967년 11월 29일 법률 제1964호로 전면개정된 법인세법의 주요 내용은 다음과 같다.
① 비공개법인에 대한 차별세율 적용
② 투자공제제도 및 외화획득소득에 대한 감면 확대
③ 기업회계와 세무회계의 차이를 줄이기 위하여 기부금과 기업업무추진비에 관한 규정 정비
④ 퇴직급여충당금, 대손충당금, 감가상각제도, 외국법인 규정 정비

라. 1998년 개정

1998년 12월 28일 법률 제5581호로 전면개정된 법인세법의 주요 내용은 다음과 같다.
① 조문체계 정비
② 합병 및 분할 등 기업조직재편세제 정비
③ 각종 경비의 손비인정기준 정비
④ 법인세의 신고·납부절차 간소화

3 2025년 법인세법의 주요 개정사항

가. 법인세 과세표준 구간 및 세율 조정

부동산 임대업을 주된 사업으로 하는 법인 등에 대한 법인세 과세표준 구간 중 '2억원

---

7) 1950년 12월 1일 법률 제161호로 개정된 법인세법은 누진세율제도를 채택한 바 있었다.

이하' 및 '2억원 초과 200억원 이하' 구간을 '200억원 이하' 구간으로 통합하고, 해당 구간은 19퍼센트의 세율을 적용하도록 하였다(법법 55 ①).

나. 공시대상기업집단에 대한 법인세 중간예납세액 계산 방법 합리화

공정거래법에 따른 공시대상기업집단에 속하는 내국법인은 해당 중간예납기간의 법인세액을 기준으로 중간예납세액 또는 연결중간예납세액을 계산하도록 하였다(법법 63의2 ①, ②, 76의18 ①, ②).

다. 연결법인에 대한 중소기업·중견기업 관련 규정 적용 방식 합리화

연결사업연도의 소득에 관한 법인세액을 계산할 때 연결집단이 중소기업에 해당하는 경우에는 중소기업에 해당하는 연결법인에 중소기업에 관한 규정을, 중견기업에 해당하는 연결법인에 중견기업에 관한 규정을 적용하고, 연결집단이 중견기업에 해당하는 경우에는 중소기업에 해당하는 연결법인과 중견기업에 해당하는 연결법인에 각각 중견기업에 관한 규정을 적용하기로 하였다. 또한 연결사업연도 직전 사업연도 당시 중소기업에 해당하는 법인이 연결납세방식의 적용으로 중소기업에 관한 규정을 적용받지 못하게 되는 경우 연결납세방식의 최초 적용 후에도 중소기업으로 인정해주는 유예기간을 3년에서 5년으로 연장하였다(법법 76의22).

라. 국외투자기구의 비과세 신청 및 원천징수 절차 간소화

우리나라 국채 등에 투자하는 투자자의 편의를 제고하기 위하여 국외투자기구가 국채 등에 투자하는 경우 그 국외투자기구를 이자·양도소득의 실질귀속자로 보아 비과세 적용을 직접 신청할 수 있도록 하고, 내국법인이 국외투자기구를 통하여 지급받는 국채 등에 관한 이자·양도소득의 경우 원천징수를 하지 않도록 하였다(법법 93의3 ③, ④, ⑤).

마. 전자기부금영수증 발급 활성화

직전 사업연도에 받은 기부금에 관하여 발급한 기부금영수증의 총 발급금액이 3억원 이상인 법인은 해당 사업연도에 받는 기부금에 관하여 그 기부금을 받은 날이 속하는 연도의 다음 연도 1월 10일까지 전자기부금영수증을 발급하도록 하였다(법법 112의2 ④).

바. 가상자산 거래내역 미제출시 시정명령 및 과태료 부과 근거 신설

가상자산 거래내역 등 법인세 부과에 필요한 자료를 제출하지 않은 가상자산사업자에 대한 시정명령 및 과태료 부과 근거를 마련하였다(법법 120의4 ②, 124 Ⅲ).

제2편

법인세법 총론

제**1**장

납세의무자

제**1**절 **납세의무자의 의의**

납세의무자(taxpayer, Steuerschuldner)라 함은 세법에 따라 국세를 납부할 의무가 있는 자를 말한다. 납세의무가 성립하기 위하여는 납세의무자·과세물건·과세표준 및 세율 등과 같은 과세요건을 충족하여야 하는데, 납세의무자는 과세요건 중 인적요건에 해당한다. 납세 의무자는 자연인과 법인으로 구분할 수 있으며, 예외적으로 법인 아닌 사단·재단·그 밖의 단체도 납세의무자가 될 수 있다.

법인세의 납세의무자는 법인이다. 그리고 국세기본법 제13조 제1항 및 제2항에 의하여 법인으로 보는 법인 아닌 사단·재단·그 밖의 단체도 법인세의 납세의무를 진다.

내국법인 중 국가와 지방자치단체(지방자치단체조합을 포함)는 법인세의 납세의무를 지지 않는다(법법 3 ②). 또한 법인세법에 따라 법인세를 원천징수하는 자는 해당 법인세를 납부할 의무가 있다(법법 3 ④).

1 법 인

가. 법인의 개념

법인세법에서는 법인세의 납세의무자인 법인에 대하여 별도의 정의규정을 두고 있지 않다. 일반적으로 법인(juristische Person)이란 자연인이 아니면서 권리능력[1]이 인정된 법적 주체를 말한다.[2] 현행법상 일정한 목적과 조직하에 결합한 사람의 집단(사단)과 일정한 목적에 바쳐진 재산의 집단(재단)이라는 실체에 대하여 법인격이 부여되는 때에 법인이 된다. 법인격이 부여된 사단을 사단법인(Verein)이라고 하고, 법인격이 부여된 재단을 재단

---

1) 권리의 주체가 될 수 있는 자격 또는 지위를 권리능력(Rechtsfähigkeit)이라 한다. 인격 또는 법인격이라고도 한다.
2) 곽윤직/김재형, 「민법총칙」, 제8판, 박영사, 2012, 147면.

법인(Stiftung)이라고 한다.

법인은 법률의 규정에 의하지 않고서는 성립할 수 없다(민법 31). 법인의 설립에 관한 근거법률로서는 민법 및 상법을 비롯하여 사립학교법·의료법·은행법·한국은행법·한국산업은행법 등을 들 수 있다.

법인은 한국은행·대한상공회의소와 상공회의소·대한변호사회 등과 같이 법률의 규정에 따라 설립한 때(설립인가를 받은 때[3]를 포함한다)에 직접 법인격을 취득하는 경우도 있으나, 일반적으로는 법률의 규정에 따라 설립한 후에 설립등기를 함으로써 비로소 법인격을 취득하게 된다(민법 33, 상법 172, 건설산업기본법 54 ③, 한국전력공사법 7 ①). 즉 극히 일부의 법인을 제외하고는 원칙적으로 법인의 설립등기를 법인의 성립요건으로 하고 있는 것이다.

따라서 어떤 단체가 법인세법상의 법인에 해당하는지는 그 단체의 성격이나 실체 등을 고려하여 판단하는 것이 아니고 그 단체를 설립할 때 준거가 된 법률에서 요구하고 있는 법인의 성립요건을 충족하고 있는지의 여부에 따라 판단하는 것이다. 한국법은 법인설립에 관하여 준칙주의·허가주의·인가주의·특허주의 또는 강제주의를 채택하고 있는데, 어떤 입법주의를 취하든 그 준거가 되는 법률의 규정에 의하여 법인격을 취득하여야만 법인세법상 법인으로 취급하는 것이다.

예를 든다면 합명회사는 원칙적으로 사원 모두가 회사의 업무집행에 참여함으로써 소유와 경영이 분리되지 않고 있으며, 또한 사원은 회사의 채무에 대하여 직접·연대·무한책임을 지므로 그 실체는 조합에 해당한다고 할 수 있다. 합자회사도 그 성격이나 실질은 조합과 다르지 않다. 그럼에도 불구하고 그 설립의 준거가 되는 상법상의 설립절차를 거쳐 설립등기를 마침으로써 법인격을 취득하였다면 법인세법상 법인에 해당한다.

다음으로 명칭은 조합이라고 부르고 있지만 법률에 의하여 법인격이 부여된 단체가 있다. 이와 같은 단체도 법인세법상 법인에 해당함은 물론이다. 건설공제조합·해운조합·자동차운수사업조합·노동조합·정비사업조합 및 농업협동조합을 비롯한 각종의 특별법에 의한 협동조합 등이 이에 해당한다.

나. 조합과의 구별

소득활동의 주체, 특히 기업조직은 자연인이 단독으로 영위하는 개인기업과 자본의 형성 및 경영에 다수인이 참여하는 공동기업으로 구분할 수 있으며, 공동기업은 다시 법인과 법인 아닌 사단 및 재단·민법상의 조합[4](민법 703-724)으로 구분할 수 있다.

---

3) 예컨대, 상공회의소법 제8조 제1항.
4) 이 밖에도 공동사업의 형태에는 상법상의 익명조합(상법 78-86)과 해상기업에 특유한 선박공유(상법 753-760)

법인 아닌 사단 및 재단에 관하여는 항을 달리하여 살펴보기로 하고, 이하에서는 조합과의 구별에 관하여 설명하기로 한다.

1) 조합의 개념

조합(Gesellschaft)이란 2인 이상의 특정인이 서로 출자하여 공동사업을 경영할 목적으로 결합한 단체이다. 조합에 대하여는 법인격을 부여하고 있지 않다.

① 공동사업에서의 사업에는 그 종류나 성질에 제한이 없다. 영리적인 것이든 또는 비영리적인 것이든, 그 사업이 계속적인 것이든 또는 일시적인 것이든 상관이 없다.

② 조합원은 출자의무를 부담하는데, 출자의 종류나 성질에는 제한이 없다. 즉 출자는 반드시 금전으로만 하여야 하는 것은 아니며, 그 밖의 물건·물권·무체재산권·채권은 물론이고 노무·상호·신용 등도 출자의 목적물이 된다(민법 703 ②).

③ 각 조합원은 업무집행권을 갖는다. 그리고 조합이 외부의 제3자와 법률행위를 하는 때에는 조합 자신의 이름으로서가 아니고 언제나 조합원 전원의 이름으로 하여야 한다.

④ 조합은 그 자신의 고유의 재산, 즉 조합재산(Gesellschaftsvermögen)을 가질 수 있다. 그러나 조합 자신의 고유의 재산인 조합재산이라는 관념을 인정한다고 하더라도 법이론상으로는 그 재산이 법률상 권리의무의 주체가 되지 못하는 조합 자체에 귀속한다고는 할 수 없기 때문에 그 재산 전체가 조합원 전원에게 공동으로, 즉 합수적(合手的)으로(zur gesamten Hand) 귀속한다고 새긴다.

민법은 조합재산의 소유관계를 합유(合有: Eigentum zur gesamten Hand)로 한다고 정하고 있다(민법 704).

⑤ 조합의 사업으로 인하여 생기는 이익과 손실은 각 조합원에게 돌아가게 된다. 손익분배의 비율은 조합계약에서 정한 바에 의하되, 만일 해당 계약에서 손익분배의 비율을 약정하지 않은 경우에는 각 조합원의 출자가액에 비례하여 정하여진다(민법 711 ①).

⑥ 조합의 채무에 대하여는 각 조합원이 그의 개인재산으로 책임을 지는 외에 조합원 전원이 조합재산을 가지고 공동으로 책임을 진다.

2) 법인과의 차이점

동일한 목적을 위하여 결합된 사람의 단체에는 사단과 조합의 두 유형이 있다. 사단과 조합은 그 구성원들이 동일한 목적을 갖고 공동의 사업을 경영한다는 점에서는 유사성을 갖는다. 즉 사단과 조합은 공동재산을 갖는 재산공동체이면서 동시에 공동사업을 경영하는

등이 있다.

이익공동체인 것이다.

그러므로 법인과 조합과의 구별문제는 결국 사단법인 또는 사단과 조합과의 구별문제로 돌아간다. 이하에서는 사단과 조합의 차이점에 관하여 살펴보기로 한다.

① 사단이란 다수의 사람들이 공동목적의 사업을 영위하기 위하여 결성된 인적단체로서 설립등기에 의하여 법인격을 취득하면 사단법인이 되나, 그렇지 않은 경우에는 법인격없는 사단으로 남는다. 이에 대하여 조합은 다수의 조합원이 서로 출자하여 공동사업을 경영할 것을 약정함에 따라 생기는 조합원 사이의 법률관계로서 조합에게 법인격을 부여하고 있지 않다. 그러나 어떤 단체에게 법인격을 부여할 것인가 여부는 본질적으로 입법정책상의 문제이다.[5]

② 사단은 그 구성원과는 별개의 법적주체로서 존재한다. 즉 사단은 통일적인 조직과 기관을 가지고 그 기관에 의하여 업무를 수행하게 된다. 그리고 그 기관의 행위는 사단 자신의 행위로 되기 때문에 그 기관의 행위의 효과는 모두 사단 자체에 귀속하게 되는 것이다. 그러나 조합은 단순한 조합원의 집합체로서 모든 행위는 전원이 참가하여 전원의 이름으로 행하게 된다. 그리고 그 법률효과는 각 조합원에게 귀속한다.

③ 사단의 구성원은 총회라는 단체의 의사결정기관을 통하여 다수결의 원리에 따라서 단체의 운영에 참가하게 된다. 그러나 조합에서는 조합원 각자가 직접 단체의 운영에 참여할 권한을 갖는다.

④ 사단의 재산은 사단 자체에 귀속한다. 그리고 구성원은 정관이 정하는 바에 따라 사단의 재산으로부터 이익을 얻으며, 사단의 채무에 대하여는 출자 등을 한도로 하여 유한책임을 지는 것이다. 이에 대하여 조합의 재산은 모두 각 조합원의 소유(단체적 구속을 받는 합유)이다. 그리고 조합의 채무는 각 조합원의 채무이기 때문에 조합원으로 소유하는 조합재산 외에 각자의 개인재산으로 무한책임을 져야 한다.

3) 조합의 취급[6]

① 소득세법의 규정

소득세법은 조합을 조합원의 소득도관(income conduit)으로 이해한다. 따라서 조합이 사업을 영위함에 따라 소득을 얻은 경우에는 조합 자체는 납세의무를 지지 않고 조합단위로 산정한 과세소득금액을 손익분배의 비율에 따라 각 조합원에게 배분하여 각자에게

---

5) 곽윤직, 「채권각론」, 제6판, 박영사, 2003, 292면 이하.
6) 2009년 1월 1일 이후 개시하는 사업연도부터 동업기업과세특례제도(파트너십 과세제도)가 도입됨에 따라 민법상의 조합이나 특별법상의 조합 등은 현행의 공동사업에 대한 과세방식과 동업기업과세특례제도(조특법 100의14부터 100의26까지)에 따른 과세방식을 선택적으로 적용받을 수 있게 되었다.

소득세 납세의무를 지우는 것이다. 즉 사업자가 공동으로 사업을 경영하는 경우에는 그 손익분배비율에 따라 분배되었거나 분배될 소득금액에 따라 각 거주자(조합원) 별로 그 소득금액을 계산하도록 하고 있다. 다만, 소득금액계산에 있어서의 편의를 고려하여 조합을 소득금액의 계산단위로 하며, 그 조합의 사업장(공동사업장)을 1거주자로 의제하여 소득금액을 계산하게 된다(소법 43).

② 법인세법의 규정

법인세법은 조합을 조합원인 법인의 소득도관(conduit)으로 이해하고 있다. 즉 법인이 해당 법인 외의 자와 동일한 조직, 자산, 사업 등을 공동으로 영위함에 따라 발생되거나 지출된 손비로서 출자총액 중 해당 법인이 출자한 금액의 비율을 곱하여 계산한 금액을 초과하는 금액은 해당 법인의 소득금액을 계산할 때 손금에 산입하지 않도록 하고 있다(법령 48).

다. 외국법인의 범위

법인세법이 법인에 관하여 그 성격 또는 실체를 기준으로 한 정의규정을 두지 않고 있을 뿐만 아니라 각국의 법인제도 및 법인에 대한 과세제도가 상이하기 때문에 외국법인 및 공동사업체를 법인세법상 어떻게 취급할 것인지가 문제가 된다. 예를 들면 독일의 세법에서 공동사업체(Mitunternehmerschaft)로 보고 있는 합명회사(Offene Handelsgesellschaft: OHG)와 합자회사(Kommanditgesellschaft: KG)[7]를 우리 법인세법에서 법인으로 취급할 것인가 하는 문제가 이에 해당한다.

대법원은 법인세법상 외국법인의 구체적 요건에 관하여 본점 또는 주사무소의 소재지 외에 별다른 규정이 없는 이상 단체가 설립된 국가의 법령 내용과 단체의 실질에 비추어 우리나라의 사법(私法)상 단체의 구성원으로부터 독립된 별개의 권리·의무의 귀속주체로 볼 수 있는지에 따라 판단하여야 할 것이라는 입장을 취하고 있다.[8]

---

7) 독일에서는 인적회사인 합명회사와 합자회사의 소득금액에 대하여 법인세를 과세하지 않고 해당 인적회사의 소득금액을 출자자의 지분에 따라 각 출자자에게 귀속시킨 후 각각 소득세를 과세하고 있다.

8) 대법원 2013. 9. 26. 선고 2011두12917 판결; 대법원 2013. 7. 11. 선고 2011두4411 판결; 대법원 2012. 10. 25. 선고 2010두25466 판결[영국령 케이만군도의 유한 파트너십(limited partnership)인 甲이 케이만군도 법인 乙을, 乙은 룩셈부르크 법인 丙을, 丙은 벨지움국 법인 丁을 각 100퍼센트 출자하여 설립하고, 丁은 다른 투자자들과 합작으로 내국법인 戊를 설립하여 다른 내국법인 己의 사업 부분을 인수한 후, 戊가 丁에게 배당금을 지급하면서 丁이 벨지움국 법인이라는 이유로 '대한민국과 벨지움국 간의 소득에 관한 조세의 이중과세 회피 및 탈세방지를 위한 협약'이 정한 제한세율을 적용하여 법인세를 원천징수하여 납부하자, 과세관청이 甲을 배당소득의 실질적 귀속자로 보아 국내 세법상 배당소득 원천징수세율을 적용하여 원천징수의무자 戊에게 법인세부과처분을 한 사안에서, 대법원은 제반 사정에 비추어 丙, 丁 등은 명목상의 회사일 뿐 위 배당소득의 실질적 귀속자는 甲이어서 위 소득에 대하여는 위 조세조약이 적용될 수 없고, 甲은 펀드 운영의 전문

외국의 사단·재단 그 밖의 단체가 국내원천소득(법법 93)을 얻어 이를 구성원인 개인들에게 분배하는 영리단체에 해당하는 경우, 다시 법인세법상 외국법인으로 볼 수 있다면 그 단체를 납세의무자로 하여 국내원천소득에 대하여 법인세를 과세하여야 하고, 법인세법상 외국법인으로 볼 수 없다면 거주자의 경우와 동일하게 단체의 구성원들을 납세의무자로 하여 그들 각자에게 분배되는 소득금액에 대하여 법인세 또는 소득세를 과세하여야 한다.[9]

한편 법인세법 시행령 제2조 제2항은 외국법인의 판단기준으로서 다음과 같은 사항을 제시하고 있다. 즉, 외국법인이란 외국에 본점 등을 둔 법인으로서 다음 중 어느 하나에 해당하는 법인을 말한다.[10]

① 설립된 국가의 법에 따라 법인격이 부여된 단체

② 구성원이 유한책임사원으로만 구성된 단체

③ 그 밖에 해당 외국단체와 동종 또는 유사한 국내의 단체가 상법 등 국내의 법률에 따른 법인인 경우 그 외국단체

그러나 법인세법 시행령 제2조 제2항에 따른 외국법인 판정기준과 기존 대법원 판례의 판정기준이 정합적인 것은 아니다.[11]

성을 보유하고 펀드의 일상업무를 집행하며 무한책임을 지는 무한책임사원(general partner)과 펀드 운영에 적극적으로 관여하지 않는 소극적 투자자로서 투자한도 내에서만 책임을 지는 유한책임사원(limited partner)으로 구성되어 있고, 고유한 투자목적을 가지고 자금을 운용하면서 구성원인 사원들과는 별개의 재산을 보유하며 고유의 사업활동을 하는 영리 목적의 단체로서, 구성원의 개인성이 강하게 드러나는 인적 결합체라기보다는 구성원의 개인성과는 별개로 권리·의무의 주체가 될 수 있는 독자적 존재로서의 성격을 가지고 있다는 이유로, 甲은 법인세법상 외국법인에 해당하여 법인세 과세대상이 된다고 본 사안]; 대법원 2012. 1. 27. 선고 2010두5950 판결[미국 델라웨어주 법률에 따라 유한 파트너십(limited partnership)으로 설립된 甲 등을 그 일원으로 하는 국제적 사모펀드 '론스타펀드III'가, 벨기에 법인인 乙 법인을 설립한 뒤 乙 법인을 통해 丙 주식회사의 주식을 전부 인수하고, 丙 회사를 통해 국내 부동산을 매입한 뒤 丙 회사 주식을 매각하는 방식으로 막대한 양도소득이 발생하자, 과세관청이 甲 등을 양도소득의 실질적 귀속자로 보아 甲에게 소득세법 제119조 제9호 등에 따른 양도소득세 부과처분을 한 사안에서, 甲은 고유한 투자목적을 가지고 자금운용을 하면서 구성원들과는 별개의 재산을 보유하고 고유의 사업활동을 하는 영리단체로서 구성원의 개성이 강하게 드러나는 인적 결합체라기보다는 구성원들과는 별개로 권리·의무의 주체가 될 수 있는 독자적 존재이므로 법인세법상 외국법인으로 보아 법인세를 과세하여야 하며, 가사 외국법인으로 볼 수 없다고 하더라도 구성원들에게 약정에 따라 이익을 분배하는 영리단체이므로 甲 자체를 하나의 비거주자나 거주자로 보아 소득세를 과세할 수는 없다고 사안].

9) 위 대법원 2012. 1. 27. 선고 2010두5950 판결.

10) 참고로 국조법 제27조 제3항은 유보소득 배당간주제도의 적용범위와 관련하여 외국신탁을 신탁재산별로 각각 하나의 외국법인으로 의제하는 규정을 두고 있다.

11) 예를 들어 그 동안 대법원 판례와 과세실무가 외국법인에 해당하는 것으로 판단해 온 케이만 유한파트너십 형태의 사모펀드는 법인세법 시행령 제2조 제2항에 따라 판단할 때 외국법인에 해당하지 않는 것으로 판단될 가능성이 높다. 법인세법 시행령 제2조 제2항 제4호와 관련하여 유한파트너십은 우리 상법상 회사보다는 합자조합(상법 86의2)에 가깝다고 판단되는데 합자조합은 상법상 법인격이 없기 때문이다. 2019년말을 기준으로 위 규정이 적용되는 사실관계에 관한 대법원 판결은 아직까지 선고된 바 없으나 향후 그러한 판결이 선고될 경우 기존 대법원 판례의 입장이 유지될 수 있을지 의문이다. 이에 관한 상세는 김정홍, "케이만 유한 파트너쉽의 외국법인 해당 여부에 대한 검토 및 향후 과제", 「조세학술논집」 제36집 제1호, 2020, 75면 이하.

국세청장은 외국법인의 유형별 목록을 고시할 수 있고, 각 외국법인 기준의 적용은 조세조약 적용대상의 판정에는 영향을 미치지 않는다(법령 2 ③, ④). 이는 외국단체가 법인세법상 법인에 해당하여 소득의 귀속자로 취급되더라도 곧바로 조세조약의 적용대상인, 포괄적 납세의무를 부담하는 거주자로 보아야 하는 것은 아니라는 뜻이다.[12]

외국법인의 판정기준에 관한 법인세법 시행령 제2조 제2항이 국내 거주자 및 내국법인의 대외(outbound) 투자거래시에도 적용될 것인지에 관하여 명문의 규정은 없으나 판례와 유권해석은 동일하게 해석하는 입장이다.[13]

라. 법인의 구분

법인은 여러 가지 기준에 따라 사단법인과 재단법인, 영리법인과 비영리법인, 내국법인과 외국법인 등으로 구분할 수 있다. 이에 관하여는 뒤에서 설명한다.

2 법인 아닌 사단 등

법인 아닌 사단 등[14]이란 법인 아닌 사단·재단 그 밖의 단체(이하에서 '법인 아닌 단체'라 한다)를 말한다. 법인 아닌 사단(nichtrechtsfähiger Verein)이란 그 실체가 사단임에도 불구하고 권리능력을 취득하지 못한 것을 의미한다. 즉 법인 아닌 사단이란 고유의 목적을 가지고 사단적 성격을 가지는 규약을 만들어 이에 근거하여 의사결정기관 및 집행기관인 대표자를 두는 등의 조직을 갖추고 있고, 기관의 의결이나 업무집행방법이 다수결의 원칙에 의하여 행하여지며, 구성원의 가입·탈퇴 등으로 인한 변경에 관계없이 단체 그 자체가 존속되고, 그 조직에 의하여 대표의 방법·총회나 이사회 등의 운영·자본의 구성·재산의 관리나 그 밖의 단체로서의 주요사항이 확정되어 있는 단체를 말한다. 그리고 법인 아닌 재단이란 재단법인의 실체가 되는 재단으로서의 실질을 갖추고 있으면서 권리능력을 취득하지 못한 것을 가리킨다. 이와 같은 법인 아닌 사단 등은 주로 비영리를 목적으로 하는 단체에서 찾아볼 수 있다.

법인 아닌 사단과 조합과의 구별이 문제인데, 이에 관해서는 앞에서 살펴본 법인(사단)

---

12) 그 법리가 잘 드러난 것으로 대법원 2015. 3. 26. 선고 2013두7711 판결. 위 판결에 대한 평석으로는 윤지현, "혼성단체에 대한 조세조약 적용과 '가분적 거주자 이론'", 「조세학술논문집」 제32집 제3호, 2016, 1면 이하.

13) 대법원 2016. 1. 14. 선고 2015두3393 판결; 국제조세제도과-86(2020. 2. 7.); 김정홍, "케이만 유한 파트너쉽의 외국법인 해당 여부에 대한 검토 및 향후 과제", 「조세학술논집」 제36집 제1호, 2020, 106면. 위 대법원 판결에 관한 해설은 김희철, "내국법인 외국납부세액공제의 요건", 「대법원판례해설」 제108호, 법원도서관, 2016, 70면 이하.

14) 권리능력 없는 사단 등·인격 없는 사단 등 또는 비법인사단 등이라고도 한다.

과 조합의 구별기준이 대체로 타당하다.[15]

조세법에서는 권리능력(또는 의무능력)이 없는 법인 아닌 단체에게도 세부담의 공평성 등을 고려하여 납세의무를 지우고 있다. 다만, 단체성의 강약을 기준으로 하여 상대적으로 단체성이 강한 법인 아닌 단체는 법인으로 의제하고, 그 밖의 법인 아닌 단체는 개인으로 취급하고 있다.

가. 법인으로 보는 법인 아닌 단체

1) 당연의제법인

다음의 요건 중 어느 하나에 해당하는 것으로서 수익을 구성원에게 분배하지 않는 법인 아닌 단체는 법인으로 의제한다(기법 13 ①). 이를 당연의제법인이라고 부르기로 한다.

① 주무관청의 허가 또는 인가를 받아 설립되거나 법령에 따라 주무관청에 등록한 사단·재단 그 밖의 단체로서 등기되지 않은 것[16]

법인 아닌 단체는 주로 비영리를 목적으로 하는 단체에서 흔하게 찾아볼 수 있는데, 비영리법인은 설립행위(사단법인은 정관의 작성, 재단법인은 재산의 출연과 정관의 작성)와 주무관청의 허가(특별법에 의하여 인가를 받거나 법령에 의하여 주무관청에 등록하도록 되어 있는 때에는 그 인가 또는 등록을 필한 경우를 포함한다)를 얻어 주된 사무소의 소재지에서 설립등기를 함으로써 비로소 성립하게 된다. 세법상으로는 설립행위와 주무관청을 허가를 받았으나 설립등기를 마치지 않은 단계에서도 법인으로 의제한다.[17]

---

15) 대법원 1992. 7. 10. 선고 92다2431 판결: 「민법상의 조합과 법인격은 없으나 사단성이 인정되는 비법인사단을 구별함에 있어서는 일반적으로 그 단체성의 강약을 기준으로 판단하여야 하는 바, <u>조합은 2인 이상이 상호간에 금전 기타 재산 또는 노무를 출자하여 공동사업을 경영할 것을 약정하는 계약관계에 의하여 성립하므로(민법 제703조), 어느 정도 단체성에서 오는 제약을 받게 되는 것이지만 구성원의 개인성이 강하게 드러나는 인적 결합체인 데 비하여 비법인사단은 구성원의 개인성과는 별개로 권리의무의 주체가 될 수 있는 독자적 존재로서의 단체적 조직을 가지는 특성이 있다</u> 하겠는데, 민법상 조합의 명칭을 가지고 있는 단체라 하더라도 고유의 목적을 가지고 사단적 성격을 가지는 규약을 만들어 이에 근거하여 의사결정기관 및 집행기관인 대표자를 두는 등의 조직을 갖추고 있고, 기관의 의결이나 업무집행방법이 다수결의 원칙에 의하여 행해지며, 구성원의 가입·탈퇴 등으로 인한 변경에 관계없이 단체 그 자체가 존속되고, 그 조직에 의하여 대표의 방법, 총회나 이사회 등의 운영, 자본의 구성, 재산의 관리 기타 단체로서의 주요사항이 확정되어 있는 경우에는 비법인사단으로서의 실체를 가진다고 할 것이다.」(강조는 저자)

16) 대법원 2005. 6. 10. 선고 2003두2656 판결: 「구 주택건설촉진법에 의한 인가를 받아 설립된 주택조합은 이른바 비법인사단으로서 주택건설촉진법 제44조의 규정에 따라 관할구청장의 설립인가를 받아 설립되었고, 그 인가는 국세기본법 제13조 제1항 제1호 소정의 인가에 해당하므로 위 규정 소정의 '법인으로 보는 법인 아닌 단체'로서 비영리내국법인에 해당한다.」

17) 관할 세무서장이 국세기본법 제13조 제2항, 같은 법 시행령 제12조 제2항에 따라 법인으로 보는 단체를 승인한 후에 부가가치세법 시행령 제12조 제2항에 따른 고유번호를 부여하였다 하더라도 이는 과세자료를 효율적으로 처리하기 위한 목적에 불과하므로 국세기본법 제13조 제1항에서 규정한 주무관청에 등록한 경우에

② 공익을 목적으로 출연된 기본재산이 있는 재단으로서 등기되지 않은 것

공익을 목적으로 출연된 기본재산이 있는 재단의 경우에는 주무관청의 허가 등을 얻지 않은 경우에도 법인으로 의제한다. 이 경우에는 설립행위만 있으면 당연히 법인으로 의제한다.

위에서 공익을 목적으로 하는 경우란 사회일반의 이익에 공여하기 위한 학자금·장학금 또는 연구비의 보조나 지급, 학술 또는 자선에 관한 사업을 목적으로 하는 경우 등을 가리킨다(「공익법인의 설립·운영에 관한 법률」 2).

2) 승인의제법인

위와 같은 당연의제법인 외의 법인 아닌 단체로서 다음의 요건을 모두 갖추고 대표자나 관리인이 관할 세무서장에게 신청하여 승인을 받은 법인 아닌 단체는 법인으로 본다(기법 13 ②). 이를 승인의제법인이라고 부르기로 한다. 주로 단체로서의 실체를 갖춘 종교단체나 종중 등이 그 대상이 된다.

① 사단·재단의 조직과 운영에 관한 규정을 가지고 대표자나 관리인을 선임하고 있을 것

즉, 사단 등은 정관을 갖추고 그 대표자나 관리인을 선임하고 있어야 한다.

② 사단·재단 자신의 계산과 명의로 수익과 재산을 독립적으로 소유·관리할 것

③ 사단·재단의 수익을 구성원에게 분배하지 않을 것

종중이 그 소유부동산에 관하여 매매계약을 체결하고 매수인으로부터 받은 계약금 등을 종중원에게 증여하였다면 설사 수증자가 종중원 전원이 아니더라도 '수익을 구성원에게 분배한 경우'에 해당한다.[18]

관할 세무서장으로부터 승인을 받은 법인 아닌 단체는 그 승인을 받은 날이 속하는 과세기간과 그 과세기간이 끝난 날부터 3년이 되는 날이 속하는 과세기간까지는 거주자로 변경할 수 없다. 다만, 승인요건을 갖추지 못하게 되어 승인취소를 받는 경우에는 예외로 한다.

나. 개인으로 보는 법인 아닌 사단 등

법인으로 의제하는 법인 아닌 단체 외의 법인 아닌 단체는 거주자 또는 비거주자로 보되, 이 경우에도 다시 단체성의 강약에 따라 1거주자 또는 1비거주자로 취급하는 경우와 공동

해당하지 않는다[수원지방법원 2015. 7. 9. 선고 2014구합5447 판결(대법원 2016. 8. 18. 자 2016두39795 판결로 심리불속행 종결)].

18) 수원지방법원 2015. 7. 9. 선고 2014구합5447 판결(대법원 2016. 8. 18. 자 2016두39795 판결로 심리불속행 종결)]

사업자로 취급하는 경우로 나눈다. 법인으로 보지 않는 법인 아닌 단체로서 그 단체의 대표자 또는 관리인이 선임되어 있고, 아울러 이익의 분배방법이나 분배비율이 정하여져 있지 아니한 것은 그나마 단체로서의 속성이 강하기 때문에 1거주자 또는 1비거주자로 취급한다. 이 경우에 명시적으로 이익의 분배방법이나 분배비율이 정하여져 있지 아니하더라도 사실상 이익이 분배되는 경우에는 1거주자 또는 1비거주자로 보지 않고 그 단체의 구성원이 공동으로 사업을 영위하는 것으로 본다(소법 2 ③).

제2절 납세의무자의 구별

1 개 요

가. 법인구분별 납세의무의 범위

법인세법은 납세의무자인 법인을 내국법인과 외국법인으로 구분하고 소득발생지에 따른 과세소득의 범위에 차이를 두고 있다(법법 2 Ⅰ 및 Ⅲ, 3 ①, ③). 내국법인은 전세계소득, 즉 전세계에서 발생한 전체소득에 대하여 법인세의 납세의무를 진다. 그러나 외국법인은 국내원천소득(inlandsradizierte Einkünfte), 즉 국내원천에서 발생한 소득에 한하여 제한납세의무를 지게 된다. 즉 내국법인인가 또는 외국법인인가를 기준으로 하여 소득발생지에 따른 과세소득의 범위에 차이를 두고 있다.

또한 법인세법은 법인을 영리법인과 비영리법인으로 구분하고 소득발생원천에 따른 과세소득의 범위에 있어서 차등을 두고 있다. 영리법인은 소득의 발생원천을 가리지 않고 모든 소득에 대하여 법인세의 납세의무를 부담하지만, 비영리법인은 특정한 원천, 즉 수익사업에서 생긴 소득만으로 한정하여 법인세의 납세의무를 진다.[1][2]

---

1) 대법원 2005. 9. 9. 선고 2003두12455 판결: 「비영리 내국법인에 대하여는 소득이 있더라도 그 소득이 수익사업으로 인한 것이 아닌 이상 법인세를 부과할 수 없는 것이고, 어느 사업이 수익사업에 해당하는지의 여부를 가림에 있어 그 사업에서 얻는 수익이 당해 법인의 고유목적을 달성하기 위한 것인지의 여부 등 목적사업과의 관련성을 고려할 것은 아니나 그 사업이 수익사업에 해당하려면 적어도 그 사업 자체가 수익성을 가진 것이거나 수익을 목적으로 영위한 것이어야 한다.」(강조는 저자)

2) 비영리법인의 경우 법인세법상의 부당행위계산부인이나 업무무관 가지급금의 손금불산입 관련 규정은 수익사업에 관한 거래에 대하여만 적용된다. 따라서 비영리법인이 고유목적사업에 사용하기 위하여 수익사업에 속하는 차입금을 특수관계인에게 무상으로 대여한 경우는 수익사업에 속하는 거래로 보기 어려우므로 부당행위계산부인이나 업무무관 가지급금의 손금불산입 규정이 적용되지 않는다(대법원 2013. 11. 28. 선고 2013두12645 판결). 여기서 '특수관계인'이란 법인과 경제적 연관관계 또는 경영지배관계 등 법인세법 시행령 제2

이를 도표로 요약하여 보면 [별표 2]와 같다.

[별표 2] 법인의 구분

위의 법인 중 각 사업연도의 소득에 대한 법인세에 관하여 소득발생지 및 소득발생원천을 묻지 않고 무제한납세의무를 지는 법인은 영리내국법인이다. 즉 영리내국법인은 소득발생지 및 소득발생원천을 가리지 않고 전세계(국내 및 국외)의 모든 원천에서 발생하는 소득에 관하여 법인세 납세의무를 부담한다.

비영리내국법인은 전세계(국내 및 국외)의 수익사업에서 생긴 소득에 관하여, 영리외국법인은 각 사업연도의 국내원천소득 및 토지등 양도소득(법법 95의2)에 관하여, 그리고 비영리외국법인은 각 사업연도의 국내원천소득 중 수익사업에서 생긴 소득 및 토지등 양도소득(법법 95의2)에 관하여 제한적인 법인세의 납세의무를 부담하는 제한납세의무자에 해당한다(법법 4 ④, ⑤).

이를 도표로 표시하면 [별표 3]과 같다.

[별표 3] 법인구분별 납세의무의 범위

법인 구분	과세대상소득	납세의무의 범위
영리내국법인	전세계의 모든 소득	무제한납세의무자
비영리내국법인	전세계의 수익사업소득	제한납세의무자
영리외국법인	국내원천소득	
비영리외국법인	국내원천소득 중 수익사업소득	

조 제5항에서 정하는 관계에 있는 자를 말한다. 이 경우 본인을 기준으로 하여 특수관계에 있지 않더라도 상대방을 기준으로 하여 본인이 특수관계에 있으면 그 상대방을 본인의 특수관계인으로 본다(법법 2 XII).

나. 법인구분별 과세소득의 범위

법인은 각 사업연도의 소득에 대한 법인세 외에도 청산소득에 대한 법인세, 토지등 양도소득에 대한 법인세를 납부할 의무가 있다. 그러나 비영리내국법인과 외국법인(영리외국법인과 비영리외국법인을 모두 포함한다)은 청산소득에 대한 법인세의 납세의무가 없다(법법 4 ① 但).

비영리법인의 경우에는 해당 법인이 해산하더라도 그 사원에게 잔여재산을 분배하는 경우가 있을 수 없으므로 청산소득이 발생할 여지가 없다. 해산하는 비영리법인의 잔여재산은 정관으로 지정한 자에게 귀속되거나 이사 또는 청산인이 주무관청의 허가를 얻어 그 법인의 목적과 유사한 목적을 위하여 처분하여야 한다. 위의 방법에 의하여 처분되지 않은 잔여재산은 국고에 귀속된다. 그러므로 비영리법인에 대하여는 청산소득에 대한 법인세를 과세하지 않는 것이다.

외국법인은 그 본점소재지국의 법령에 준거하여 청산절차가 이루어지므로 우리나라의 과세권이 미치지 않는다.

이를 도표로 표시하면 [별표 4]와 같다.

[별표 4] 법인구분별 과세소득의 범위

법인 구분	각 사업연도의 소득에 대한 법인세	토지등 양도소득에 대한 법인세	청산소득에 대한 법인세
영리내국법인	전세계소득	납세의무 있음	납세의무 있음
비영리내국법인	전세계 수익사업소득	납세의무 있음	납세의무 없음
영리외국법인	국내원천소득	납세의무 있음	납세의무 없음
비영리외국법인	국내원천소득 중 수익사업소득	납세의무 있음	납세의무 없음

2 내국법인과 외국법인

가. 구별의 기준

1) 구별에 관한 기준

법인세의 납세의무자인 법인을 내국법인(domestic corporation, inländische Gesellschaft)과 외국법인(foreign corporation, ausländische Gesellschaft)으로 구별하는 기준에는 관리지배지주의·본점소재지주의 및 설립준거법주의가 있다.[3]

가) 관리지배지주의

관리지배지주의란 법인의 업무를 실제로 관리·지배하는 장소(place of management and control, Geschäftsleitung)를 기준으로 하여 내국법인 또는 외국법인을 판정하는 방법으로서 실질을 중시하는 기준이라고 할 수 있다. 법인의 관리지배지란 법인의 업무를 수행하기 위하여 이사회를 개최하고 업무의 지휘감독권을 행사하는 장소를 가리키는데, 위의 장소 이외에도 임원의 주소지·주주총회가 열리는 장소 또는 회계장부의 소재지 등도 관리지배지를 판정할 때 중요한 기준이 된다. 독일·캐나다 및 우리나라 등은 관리지배지주의와 본점소재지주의를 병용하여 국내에서 관리·지배가 행하여지거나 국내에 주소를 두고 있는 법인은 내국법인에 해당한다고 규율하고 있다. 그리고 영국은 관리지배지주의와 설립준거법주의를 절충한 형태를 취하고 있다.[4]

나) 본점소재지주의

본점소재지주의란 본점 또는 주사무소 소재지를 기준으로 하여 내국법인 또는 외국법인을 구별하는 견해로서 일본 등이 이 방법을 채택하고 있다. 일본 법인세법은 내국법인을 국내에 본점 또는 주된 사무소를 둔 법인이라고 규정하고, 아울러 외국법인이란 내국법인 이외의 법인을 말한다고 정의하고 있다(일본 법법 2 Ⅲ. 및 Ⅳ).

다) 설립준거법주의

설립준거법주의란 법인을 설립할 때 준거한 법률이 어느 나라의 법률인가에 따라 내국법인 또는 외국법인을 구별하는 견해이다. 자국의 법률에 근거하여 설립된 법인이 내국법인인 것이다. 미국이 이 방법을 따르고 있는데, 미국 내에서 창설 또는 설립되거나 연방법 또는 주법(州法)에 근거하여 인가된 법인을 내국법인이라고 정의하고 있다[IRC 7701(a)(4)].

본점소재지주의 및 설립준거법주의는 법형식을 중시하는 입장을 따르는 기준이라고 하겠다.[5]

---

3) 상법상 내국법인과 외국법인을 구별하는 기준에 관하여는 설립준거법설, 주소지설, 사원국적설, 기관구성원 국적설, 주식인수지설, 영업중심지설 등이 대립하고 있으나, 설립준거법설이 통설이다(최기원, 「신회사법론」, 제14대정판, 박영사, 2012, 1321면).

4) 영국 외의 국가에서 설립된 법인이라고 하더라도 그 업무를 실제로 관리·지배하는 장소가 영국 안에 있는 경우에는 영국의 내국법인으로 취급한다.

5) 矢内一好, 「租税条約の論点」, 中央経済社, 1997, 34면.

2) 우리나라에서의 구별기준

가) 법인세법상의 구별기준

우리나라 법인세법은 본점소재지주의 및 관리지배지주의를 절충한 기준에 따라 내국법인과 외국법인을 구별하도록 하고 있다. 즉 내국법인이란 본점, 주사무소 또는 사업의 실질적 관리장소가 국내에 있는 법인을 가리키고, 외국법인은 본점 또는 주사무소가 외국에 있는 단체(사업의 실질적 관리장소가 국내에 있지 않은 경우만 해당)로서 대통령령으로 정하는 기준에 해당하는 것을 말한다(법법 2 I 및 III).

(1) 본점 등의 개념

① 본점 또는 주사무소의 정의에 관하여는 법인세법에서 명문의 규정을 두고 있지는 않으나, 상법 제171조(회사의 주소) 및 민법 제36조(법인의 주소)의 규정에 비추어 보아 법인의 주소를 가리킨다고 해석하여야 할 것이다. 즉 본점이란 회사 등의 본점을, 그리고 주사무소란 비영리법인의 주된 사무소를 가리킨다.[6]

여기서 본점(주사무소를 포함한다. 이하에서도 같다)의 개념은 실질적 개념과 형식적 개념으로 나누어서 살펴볼 수 있다.

실질적 개념으로서의 본점이란 법인의 전 영업을 통괄하는 주된 영업소를 가리킨다고 새긴다.[7] 즉 법인이 수개의 영업소(place of business, Handelsniederlassung)를 두고 있는 경우에 각 영업소간에는 주종관계가 생기게 되며, 그 중에서 주된 영업소를 본점이라고 하는 것이다.

이에 대하여 형식적 개념으로서의 본점이란 설립근거법률에 의하여 본점으로 등기된 장소를 의미한다고 새긴다. 상법에 의하여 회사를 설립하는 경우에는 본점소재지에서 등기함으로써 성립하며, 따라서 등기부에 본점으로 등재된 장소가 본점소재지가 되는 것이다(상법 172, 180, 271, 317 및 549).

법인의 등기부상의 본점과 실질상의 본점은 일반적으로 일치한다. 그러나 법인의 등기부상의 본점과 실질상의 본점이 현실적으로는 일치하지 않는 경우도 있을 수 있다. 이 경우에 법인세법 제2조 제1호 또는 제3호에서의 본점을 실질적 개념으로 이해할 것인지 또는 형식적 개념으로 파악할 것인지가 문제가 되는 것이다.

법문에서의 본점을 형식적 개념으로서의 본점, 즉 등기부상의 본점으로 해석하여야 할

---

6) 日本 오사카지방재판소 1966(昭和 41). 4. 27. 판결(税務訴訟資料 44号 437면). 본점, 주사무소, 실질적 관리장소 등과 같이 국가가 과세권을 행사할 수 있게 해 주는 관련요소를 연결점(nexus)이라고 부른다. Traversa (ed.), *Tax Nexus and Jurisdiction in International and EU Law*, 2022, p. 4.

7) 최기원, 「신회사법론」, 제14대정판, 박영사, 2012, 157면.

것이다. 법문이 내국법인의 판단기준으로서 법인의 본점 또는 주사무소와 사업의 실질적 관리장소를 병렬적으로 열기하고 있기 때문이다.

② 사업의 실질적 관리장소[8]란 법인의 관리지배지, 즉 법인의 사업수행에 필요한 중요한 관리 및 상업적 결정이 실제로 이루어지는 장소를 가리킨다(법행 1-0-1).[9] 법인의 사업수행에 필요한 중요한 관리 및 상업적 결정이란 법인의 장기적인 경영전략, 기본 정책, 기업재무와 투자, 주요 재산의 관리·처분, 핵심적인 소득창출 활동 등을 결정하고 관리하는 것을 말한다. 이러한 법인의 실질적 관리장소가 어디인지는 주주총회, 이사회 또는 그에 상당하는 의사결정기관의 회의가 통상 개최되는 장소, 최고경영자 및 다른 중요 임원들이 통상 업무를 수행하는 장소, 고위 관리자의 일상적 관리가 수행되는 장소, 임원의 주소지, 회계서류가 일상적으로 기록·보관되는 장소 등의 제반 사정을 종합적으로 고려하여 구체적 사안에 따라 개별적으로 판단하여야 한다.[10] 실질적 관리장소 유무를 판단할 때 조세회피 목적도 고려될 수 있겠지만 조세회피 목적이 있어야 실질적 관리장소로 인정할 수 있는 것은 아니다.[11] 다만 실질적 관리장소를 기준으로 할 경우 해외에서의 사업활동을 위하여 해외에 설립되었으나 그 의사결정이 국내에서 이루어지는 특수목적법인(SPC)은 내국법인에 해당하게 되어 특수목적법인을 이용하는 실익을 거둘 수 없게 되는 문제가 있을 수 있으므로 입법적인 보완이 요구된다.

(2) 외국법인의 판단기준

어떤 단체가 내국법인의 요건을 충족하지 않을 경우에도 외국법인으로 취급받으려면 외국법인의 판단기준을 충족하여야 한다. 외국법인의 판단기준에 관하여는 법인세법 시행령

---

8) 법문 중 '사업의 실질적 관리장소' 부분이 조세법률주의, 과잉금지원칙, 조세평등주의에 위반하여 위헌인지 여부가 헌법재판소에서 다투어진 바 있으나 헌법재판소는 합헌으로 판단하였다. 헌법재판소 2020. 2. 27. 선고 2017헌바159 전원재판부 결정.

9) 실질적 관리장소의 판단문제와 고정사업장의 판단문제가 서로 어떤 관계에 있는지에 관하여 검토한 문헌으로 백제흠, "법인세법상 '실질적 관리장소'의 의미와 판단기준", 「조세실무연구 11」, 김·장 법률사무소, 2020, 33~34면. 헌법재판소 2020. 2. 27. 선고 2017헌바159 전원재판부 결정에서는 외국법인의 고정사업장으로 인정할 수 있다는 사정이 사업의 실질적 관리장소의 인정을 배척하는 것은 아니라고 판단하였다.

10) 대법원 2016. 1. 14. 선고 2014두8896 판결. 위 판결에서 대법원은 법인의 실질적 관리장소는 그 결정·관리 행위의 특성에 비추어 어느 정도의 시간적·장소적 지속성을 갖출 것이 요구되므로, 실질적 관리장소를 외국에 두고 있던 법인이 이미 국외에서 전체적인 사업활동의 기본적인 계획을 수립·결정하고 국내에서 단기간 그 사업활동의 세부적인 집행행위만을 수행하였다면 종전 실질적 관리장소와 법인 사이의 관련성이 단절된 것으로 보이는 등의 특별한 사정이 없는 한 그 법인이 실질적 관리장소를 국내로 이전하였다고 쉽사리 단정할 것은 아니라고 판시했다.

11) 같은 취지 대법원 2021. 2. 25. 선고 2017두237 판결; 서울고등법원 2021. 8. 25. 선고 2020누39268 판결(대법원 2022. 1. 27. 자 2021두52471 판결로 심리불속행 종결); 서울고등법원 2019. 12. 20. 선고 2019누30739 판결(대법원 2020. 4. 29. 자 2020두31842 판결로 심리불속행 종결).

제2조 제2항이 규정하고 있다. 이처럼 외국법인의 판단기준을 규정한 것은 외국투자자들의 예측가능성과 법적 안정성을 제고하기 위한 것으로서 위 기준에 해당하지 않는 국외 공동사업체에 대하여는 소득세법이 적용된다. 국세청장은 위 기준에 따른 외국법인의 유형별 목록을 고시할 수 있으나, 기준의 적용은 조세조약 적용대상의 판정에 영향을 미치지 않는다(법령 2 ③, ④). 외국법인의 판단기준에 관한 상세한 논의는 '외국법인의 범위'(75면)를 참조하라.

(3) 구체적 적용례

외국의 법률에 준거하여 설립되고 외국에 본점등기가 된 법인이라 할지라도 우리나라에 사업의 실질적 관리장소를 둔 경우에는 내국법인으로 보아야 한다. 이와 반대로 우리나라의 법률에 준거하여 설립되고 우리나라에 등기부상의 본점을 두고 있는 법인은 설령 외국에 사업의 실질적 관리장소를 두고 있다고 하더라도 내국법인에 해당하는 것이다.

나) 「국제조세조정에 관한 법률」의 특례

조세피난처에 본점 또는 주사무소를 둔 특정외국법인[12]에 대하여 내국인이 출자한 경우로서 그 내국인과 특수관계가 있는 외국법인의 각 사업연도 말 현재 배당 가능한 유보소득 중 내국인에게 귀속될 금액은 내국인이 배당받은 것으로 본다(국조법 27 ①). 이 경우 사업의 실질적 관리장소가 조세피난처에 있는 경우 과세당국은 그 사업의 실질적 관리장소를 본점 또는 주사무소로 보고 특정외국법인의 유보소득의 배당간주의 요건을 판정할 수 있도록 하고 있다(국조법 27 ③).

나. 구별의 실익

법인이 내국법인인가 또는 외국법인인가에 따라서 과세소득의 범위와 과세방법 등에 차이를 두고 있다. 내국법인은 전세계소득(world-wide income, Welteinkommen)에 대하여 무제한 납세의무(unlimited tax liability, unbeschränkter Steuerpflicht)를 진다. 이와 같이 내국법인에 대하여 무제한납세의무를 지우는 것은 거주지국과세원칙에 바탕을 둔 것이다.[13] 이에 대하여 외국법인은 국내원천에서 발생한 소득, 즉 국내원천소득(inlandsradizierte

---

12) 특정외국법인의 완전자법인이 조세피난처가 아닌 국가의 거주자라고 하더라도 그 완전자법인의 이익잉여금을 특정외국법인의 배당 가능한 유보소득에서 공제할 수 없다는 것이 판례이다. 부산고등법원 2023. 12. 21. 선고 (울산)2022누11169 판결(대법원 2024. 5. 30. 자 2024두34207 판결로 심리불속행 종결).

13) 이 원칙의 기원은 1799년 영국소득세법(39 Geo. 3, c. 13, s. 2)이다. Emory, "The Early English Income Tax: A Heritage for the Contemporary", *The American Journal of Legal History*, Vol. 9, No. 4, 1965, pp. 301–302.

Einkünfte)에 한하여 제한납세의무(limited tax liability, beschränkter Steuerpflicht)를 지게 된다. 다시 말하면 제한납세의무자에 대하여는 원천지국과세원칙에 의하여 과세소득을 파악하는 것이다.

내국법인에 대하여는 모든 소득을 종합하여 과세한다. 그러나 외국법인에 대하여는 국내사업장의 설치 또는 국내에서의 부동산소득의 발생 여부에 따라 종합과세하거나 분리과세한다. 즉 국내사업장을 가진 외국법인과 국내원천소득 중 부동산소득이 있는 외국법인에 대해서는 국내원천소득의 총합계액(국내사업장과 실질적으로 관련되지 않거나 그 국내사업장에 귀속되지 않는 소득의 금액으로서 원천징수의 특례규정이 적용되는 국내원천소득금액은 제외한다)에 대하여 종합과세하지만, 그 밖의 외국법인에 대해서는 분리과세한다.

3 영리법인과 비영리법인

가. 구별의 기준

1) 비영리법인

법인은 설립목적에 따라 영리법인과 비영리법인으로 구별할 수 있다. 일반적으로 영리법인은 영리를 목적으로 하는 사단법인을 말한다. 반면 비영리법인은 영리 아닌 사업을 목적으로 하는 사단법인 또는 재단법인을 말한다.

법인세법은 비영리법인을 민법 제32조에 따라 설립된 법인·사립학교법이나 그 밖의 특별법에 따라 설립된 법인으로서 민법 제32조에 규정된 목적과 유사한 목적을 가진 법인, 법인으로 보는 법인 아닌 단체, 외국의 정부·지방자치단체 및 영리를 목적으로 하지 아니하는 법인이라고 정의하고 있다(법법 2 Ⅱ 및 Ⅳ).

이하에서는 비영리법인의 유형에 관하여 구체적으로 살펴보기로 한다.

가) 민법 제32조에 따라 설립된 법인

(1) 개 념

민법 제32조에 따라 설립된 법인이란 학술·종교·자선·기예·사교 기타 영리 아닌 사업을 목적으로 하는 사단 또는 재단으로서 주무관청의 허가를 얻어 주된 사무소의 소재지에서 설립등기를 마친 법인(이하에서 '민법 제32조 법인'이라고 부른다)을 가리킨다. 이와 같은 민법 제32조 법인이 비영리법인의 주종을 이루고 있다.

(2) 비영리법인의 설립

민법은 비영리법인의 설립에 있어서 허가주의를 채택하여 법인을 설립하고자 하는 경우에는 행정관청의 허가를 받도록 하고 있다.

그러므로 비영리사단법인은 정관을 작성하고 주무관청의 허가를 받은 후에 주된 사무소의 소재지에서 설립등기를 함으로써 성립한다. 설립등기는 사단법인의 성립요건이다.

(3) 비영리법인과 이익의 분배

① 비영리법인은 목적의 비영리성을 그 설립의 요건으로 한다. 즉 민법 제32조 법인이란 학술·종교·자선·기예·사교 등과 같이 영리 아닌 사업을 목적으로 하는 법인을 가리킨다.

'영리 아닌 사업'이란 법인의 구성원인 사원의 이익을 목적으로 하지 않는 사업이라는 의미이다. 부연하면 사원에 대한 이익의 분배 또는 잔여재산의 분배를 목적으로 하는 사업이 아니라는 의미이다. 그러므로 민법 제32조 법인도 목적사업의 수행에 필요한 범위 안에서는 수익을 얻는 영리활동(예를 들어 제조업 등을 영위하는 활동)을 수행할 수 있다. 목적사업의 수행에 필요한 범위란 영리행위에 의하여 얻은 수익의 전액을 목적사업에 충당함을 의미한다. 즉 법인이 영리행위를 수행하더라도 그 행위가 비영리사업을 수행하기 위한 수단에 불과하다면 비영리법인으로 취급한다.

② 비영리법인이 해산하고자 할 경우에는 청산절차를 거쳐야 한다. 해산한 비영리법인의 잔여재산은 정관으로 지정한 자에게 귀속하며, 만일 정관에서 귀속권리자를 지정하지 않거나 그 지정방법을 정하지 않았다면 이사 또는 청산인은 주무관청의 허가를 얻어 그 법인의 목적과 유사한 목적을 위하여 그 재산을 처분할 수 있다. 위의 방법에 의하여 처분되지 않은 재산은 국고에 귀속한다. 즉 어떤 경우에도 해산하는 비영리법인의 잔여재산이 사원에게 분배될 수 없다.

나) 사립학교법이나 그 밖의 특별법에 따라 설립된 법인

사립학교법이나 그 밖의 특별법에 따라 설립된 법인으로서 민법 제32조에 규정된 목적과 유사한 목적을 가진 법인은 비영리법인으로 한다.

(1) 학교법인

학교법인이란 사립학교를 설치·경영할 목적으로 사립학교법에 따라 일정한 재산을 출연하고, 설치하고자 하는 사립학교의 종류와 명칭 등[14]을 기재한 정관을 작성하여 교육과

---

14) 정관의 기재사항에는 법인의 목적 및 명칭·설치하고자 하는 사립학교의 종류와 명칭·사무소의 소재지·

학기술부장관의 허가를 받은 후에 그 주된 사무소의 소재지에서 설립등기를 경료한 법인을 말한다(사립학교법 10, 13).

학교법인이 설치·운영할 수 있는 사립학교에는 유치원, 초등학교, 중학교, 고등학교, 대학, 산업대학, 개방대학, 기술대학, 전문대학, 방송대학, 통신대학, 방송통신대학, 특수학교, 각종학교가 포함된다.

(2) 특별법에 의하여 설립된 법인

특별법에 의하여 설립된 법인으로서 민법 제32조에 규정된 목적과 유사한 목적을 가진 법인은 비영리법인으로 한다.

어떤 법인이 민법 제32조에 규정된 목적과 유사한 목적을 가진 법인에 해당하는지는 영리활동의 수행 여부·영리활동을 수행하는 법인의 주목적 및 구성원에 대한 이익배당 여부 등을 종합적으로 고려하여 판정하여야 한다.[15]

첫째, 법인의 주된 설립목적이 이윤추구에 있는가, 아니면 학술·종교·자선·기예·사교 등과 같은 비영리활동의 수행에 있는가는 법인의 성격을 판단하는 중요한 기준이 된다.

학술·종교·자선·기예·사교 등과 같은 비영리사업만을 영위하는 법인은 당연히 비영리법인에 해당한다.

다음으로 법인이 학술·종교·자선·기예·사교 등과 같은 고유의 목적사업활동과 함께 영리활동을 수행하는 경우에는 그 법인의 목적에 비추어 어떤 활동이 중심적인 내용을 이루는가를 판단하여야 한다. 그러므로 법인이 영리를 위한 경제활동을 하더라도 그 활동이 비영리사업을 수행하기 위한 수단에 불과하다면 비영리법인으로 취급하여야 한다.

둘째, 어떤 법인의 설립목적이 이윤추구에 있는지의 여부를 판단할 때 법인이 영리활동에 의하여 얻은 이익을 그 구성원에게 분배하는지 또는 법인이 해산할 때에 잔여재산을 그 구성원에게 분배하는지의 여부가 결정적인 기준이 된다.

자산 및 회계에 관한 사항·임원의 정원 및 그 임면에 관한 사항 등이 포함된다.

15) 대법원은 건설공제조합의 구분에 관하여 다음과 같은 논거로 비영리내국법인으로 볼 수 없다고 판시한 바 있다(대법원 1983. 12. 13. 선고 80누496 판결; 대법원 1976. 11. 23. 선고 75누258 판결; 대법원 1976. 6. 8. 선고 74누248 판결; 대법원 1975. 1. 14. 선고 74누252 판결).
첫째, 원고 조합원의 자격을 건설업자로 한정하고 있고(건설공제조합법 제2조 제1항, 건설법 제4조 및 제4조의2),
둘째, 원고 조합의 목적은 이러한 특정된 조합원들의 자주적인 경제활동과 경제적인 지위 향상을 위하는 데 있으며(건설공제조합법 제1조),
셋째, 건설공제조합법 제29조 및 제30조의 규정에 의하여 원고조합이 영리사업을 한 결과 얻은 잉여금을 배당하지는 못한다 할지라도 이렇게 누적된 잉여금을 포함한 전재산에 대하여 각 조합원이 지분권을 가지고 있고(같은 법 제9조), 종국적으로는 이 잉여금도 조합원에게 분배될 성질의 것이고(같은 법 제6조 제4호, 정관 제61조),
넷째, 조합은 조합을 이용하는 자로부터 수수료를 징수할 수 있다는 점이다(같은 법 제42조 제1항).

어떤 법인이든 영리활동에 의하여 얻은 이익을 그 구성원에게 분배 또는 배당한다거나 법인이 해산하면서 잔여재산을 그 구성원에게 분배한다면 그 법인은 영리법인으로 보아야 한다(법법 2 Ⅱ 나).[16]

다만, 특정한 조합법인은 출자자 등에게 이익을 배당할 수 있는 경우에도 비영리법인으로 본다(법법 2 Ⅱ 나, 법령 1).

다) 법인으로 보는 법인 아닌 단체

이에 관하여는 이미 앞에서 설명하였다.

라) 외국의 정부 및 지방자치단체 등

외국의 정부·지방자치단체 및 영리를 목적으로 하지 아니하는 법인(법인으로 보는 법인 아닌 단체를 포함한다)은 비영리법인에 포함된다.[17]

2) 영리법인

영리법인이란 영리를 목적으로 하는 사단법인으로서 비영리법인을 제외한 법인이 이에 해당한다. 영리법인의 전형적인 예는 주식회사, 유한회사, 유한책임회사, 합명회사 및 합자회사와 같은 상법상의 회사이다. 이 밖에도 특별법의 규정에 의하여 설립된 법인으로서 그 구성원이 법인의 전재산에 대하여 지분을 갖고, 그 잉여금이 종국적으로 그 구성원에게 분배된다면 영리법인으로 보아야 할 것이다. 특별법은 다시 특정업종을 목적으로 하는 회사에 일반적으로 적용되는 특별법(은행법·장기신용은행법·보험업법 및 신탁업법 등)과 특수회사에 관한 특별법(중소기업은행법·한국도로공사법 등)으로 나눌 수 있다.

---

16) 같은 취지: 대법원 1978. 3. 14. 선고 77누246 판결.
　　위 판결은 수산업협동조합을 비영리법인으로 의제하도록 하는 규정을 신설하기 전에 행한 판결인데, 수산업협동조합이 영리법인에 해당한다고 판시한 것이다. 특별법에 의하여 설립된 법인의 영리법인성 여부를 판단하는 기준을 제시하고 있으므로 그 요지를 소개한다.
　　「수산업협동조합은 수산업협동조합법에 의하여 구매사업·보관판매사업·신용사업·운송사업 등 수익사업을 할 수 있고, 조합의 회계연도에 있어서의 손실을 보전하고 법정적립금·사업준비금 및 이월금을 공제하고 잉여금이 있으면 정관의 정하는 바에 의하여 연 10푼을 초과하지 아니하는 범위 안에서 납입출자에 따라 이를 조합원에 배당하고 그리고도 잉여가 있을 때에는 조합원의 사업비용 분량의 비율에 의하여 이를 배당한다고 규정하고 있다. 또한 조합해산의 경우 잉여재산이 있을 때에는 정관의 정하는 바에 의하여 처분하도록 규정하고 있다. 원고조합은 1975년도에 신용사업에 의한 자금의 대출 또는 예치로 이자수익이 있었고 잉여금을 조합원에게 배당한 사실이 엿보이는 점을 아울러 고찰하여 볼 때 원고조합이 법인세법 제1조에서 말하는 '특별법에 의하여 설립된 법인으로서 민법 제32조의 규정에 의한 법인과 유사한 설립목적을 가진 비영리 내국법인'에 해당한다고 할 수 없다고 봄이 상당하다.」
17) 대법원 1986. 10. 14. 선고 84누430 판결(국영이란석유회사는 우리나라에서 사경제의 주체로서 수익사업을 위하여 영리목적으로 내국영리법인인 쌍용정유주식회사에 합작투자하였으므로 법인세법상 비영리 외국법인에 해당한다고 할 수 없다고 본 사안).

특별법에 의하여 설립된 법인이 영리법인에 해당하는가 또는 비영리법인에 해당하는가를 구별하는 구체적인 기준은 비영리법인에서 이미 설명한 바와 같다.

나. 구별의 실익

영리법인과 비영리법인에 따라 과세소득 및 납세의무의 범위, 납세절차에서의 차이가 있다.

1) 과세소득의 범위에서의 차이

영리법인은 각 사업연도의 소득에 대한 법인세는 물론이고 청산소득에 대한 법인세를 납부할 의무를 진다.

반면 비영리법인의 경우에는 각 사업연도의 소득에 대한 법인세의 납세의무만을 질 뿐이다. 그리고 각 사업연도의 소득에 대한 법인세라고 하더라도 영리법인은 소득의 발생원천을 가리지 아니하고 모든 소득을 과세대상으로 삼고 있는 데 비하여, 비영리법인의 경우에는 특히 법인세법에서 과세소득으로 한정하여 열거하고 있는 특정한 소득, 즉 수익사업에서 생긴 소득만을 과세대상으로 한다.[18] 수익사업에서 생긴 소득의 범위에 관한 상세한 논의는 비영리법인의 '과세소득의 범위'(139면)을 참조하라.

2) 소득금액 계산상의 특례

비영리내국법인의 수익사업에서 발생한 과세소득에 관하여는 고유목적사업준비금의 손금산입(법법 29) 및 기부금의 의제(법령 36 ②)에 관한 특례를 인정하고 있다.

또한 임대보증금 등에 대한 간주익금에 관한 규정(조특법 138)도 적용하지 않는다.

3) 가산세 등의 적용에 관한 특례

사업소득과 채권매매이익에 해당하는 수익사업을 영위하는 비영리법인 외의 그 밖의 비영리법인은 기장의무를 지지 않으며, 기장의무가 있는 사업소득과 채권매매이익에 해당하는 수익사업을 영위하는 비영리법인이 기장의무를 이행하지 않더라도 무기장가산세를 적용하지는 않는다(법법 75의3 ①). 그리고 비영리법인(기장의무가 있는 사업소득과 채권매매이익에 해당하는 수익사업을 영위하는 비영리법인을 제외한다)이 법인세 과세표준과 세액을 신고할 때 재무상태표·포괄손익계산서·이익잉여금처분계산서(또는 결손금처리계산서) 및 세무조정계산서를 제출하지 않더라도 무신고로 보지 않는다(법법 60 ⑤).

---

18) 다만 비영리법인이 수익사업과 무관하게 증여받은 재산에 대하여는 증여세가 과세된다. 수익사업과 관련하여 증여받은 재산에 대하여는 법인세가 과세된다.

4) 납세절차에서의 차이

가) 자산양도소득에 대한 과세특례

비영리내국법인이 토지·건축물·부동산에 관한 권리·주식등과 기타자산을 양도한 경우에 그 토지 등의 양도로 발생하는 소득은 비영리내국법인의 수익사업에서 생기는 소득에 해당하므로 그 소득에 대해서는 각 사업연도의 소득에 대한 법인세가 과세된다.

이때 10퍼센트부터 22퍼센트까지의 초과누진세율에 의한 각 사업연도의 소득에 대한 법인세의 부담이 10퍼센트 또는 20퍼센트의 비례세율 또는 6퍼센트부터 35퍼센트까지의 초과누진세율에 의한 양도소득세의 부담보다 높은 경우가 있을 수 있다. 즉 비영리내국법인이 번 토지 등의 양도소득에 대한 법인세의 부담이 거주자 등이 번 토지 등의 양도소득에 대한 양도소득세의 부담보다 과중한 경우가 있을 수 있다.

그러므로 제조업 등과 같은 사업을 경영하는 비영리내국법인 외의 그 밖의 비영리내국법인의 토지 등 양도소득에 대한 법인세는 그 비영리내국법인에게 각 사업연도의 소득에 대한 법인세의 과세방식(이하에서 '법인세 과세방법'이라 한다)과 양도소득세의 과세방식(이하에서 '양도소득세 과세방법'이라 한다) 중 어느 하나를 선택할 수 있도록 특례규정을 두고 있다. 토지 등 양도소득에 대한 과세특례를 적용받으려는 비영리내국법인은 그 토지 등 양도소득에 대하여 각 사업연도의 소득에 대한 법인세 과세표준신고를 하지 않아야 한다. 즉 법인세 과세표준신고를 하지 않은 소득은 통상적인 법인세 과세방법 대신에 양도소득세 과세방법을 선택한 것으로 본다(법법 62의2 ①).

그리고 제조업 등과 같은 사업을 경영하지 않는 비영리내국법인은 장부의 기록이나 및 신고 등에서 납세순응력이 떨어지기 때문에 그 납세절차를 간소화할 필요가 있다. 그러므로 비영리내국법인이 자산양도소득에 대하여 양도소득세 과세방식을 선택하는 경우에는 간편한 양도소득과세표준 예정신고 및 납부로써 법인세 과세표준신고 및 납부에 갈음하도록 하고 있다.

나) 이자소득등에 대한 신고 특례

비영리내국법인은 이자·할인액 및 이익(비영업대금의 이익은 제외하고, 투자신탁수익의 분배금은 포함한다. 이하에서 '이자소득등'이라 한다)으로서 원천징수된 이자소득등에 대해서는 법인세 과세표준신고를 하지 않을 수 있다. 이 경우 과세표준의 신고를 하지 아니한 이자소득등은 각 사업연도의 소득금액을 계산할 때 소득금액에 포함하지 않는다(법법 62 ①).

4 그 밖의 구분

가. 주권상장법인 및 주권비상장법인

1) 구별의 기준

주권상장법인이란 증권시장에 상장된 주권을 발행한 법인(주권과 관련된 증권예탁증권이 증권시장에 상장된 경우에는 그 주권을 발행한 법인을 포함한다)을 말한다(자본시장법 9 ⑮ Ⅲ). 위에서 증권시장이란 증권의 매매를 위하여 거래소가 개설하는 유가증권시장과 코스닥시장을 말한다(자본시장법 9 ⑬). 그 밖의 법인을 주권비상장법인이라 한다.

2) 구별의 실익

주권상장법인의 주식 중 대주주가 아닌 그 밖의 주주가 증권시장에서 양도하는 주식의 양도차익에 대하여는 양도소득세를 과세하지 아니한다. 그러나 주권비상장법인의 주식은 대주주가 아닌 그 밖의 주주가 양도하더라도 양도소득세를 과세한다.

나. 중소기업법인과 그 밖의 법인

1) 구별의 기준

중소기업법인이란 중소기업에 해당하는 법인을 말한다. 법인 중 중소기업법인 외의 법인을 그 밖의 법인이라고 부르기로 한다.

가) 중소기업의 정의

중소기업이라 함은 중소기업대상업종을 주된 사업으로 경영하는 기업으로서 다음의 요건을 모두 갖춘 기업을 말한다(조특법 6 ①). 위에서 둘 이상의 서로 다른 사업을 경영하는 경우에는 사업별 사업수입금액이 큰 사업을 주된 사업으로 본다. 다만, 자산총액이 5천억원 이상인 경우에는 중소기업으로 보지 않는다(조특령 2 ①, ③).

① 매출액이 업종별로 중소기업기본법 시행령 별표의 규모기준(이하에서 '중소기업기준'이라 한다) 이내일 것[19]

② 실질적인 독립성이 중소기업기본법 시행령 제3조 제1항 제2호에 적합할 것

---

19) '중소기업기본법 시행령 개정으로 새로이 중소기업에 해당하지 아니하게 되는 때'란 가정 전 기준에 의할 때에는 시행령 개정 후의 사업연도에도 여전히 중소기업에 해당하는데 시행령 개정에 따른 변경된 기준에 의할 경우 새로이 중소기업에 해당하지 않게 된 경우를 의미한다. 수원고등법원 2023. 12. 8. 선고 2023누 11876 판결(대법원 2024. 4. 12. 자 2024두30502 판결로 심리불속행 종결).

이 경우 중소기업기본법 시행령 제3조 제1항 제2호 나목에 따른 주식의 소유는 직접소유 및 간접소유(자본시장법에 따른 집합투자기구를 통하여 간접소유한 경우는 제외한다)를 포함한다.

나) 중소기업대상업종의 범위

중소기업은 조특법 제29조 제3항에 따른 소비성서비스업을 주된 사업으로 영위해서는 안 된다(조특령 2 ① IV).

다) 중소기업의 규모확대 등에 따른 특례

중소기업이 그 규모의 확대 등으로 인하여 자산총액이 5천억원 이상인 경우에 해당하여 중소기업에 해당하지 아니하게 된 때에는 최초로 그 사유가 발생한 날이 속하는 과세연도와 그 다음 3개 과세연도까지는 이를 중소기업으로 보고, 같은 기간(이하에서 '유예기간'이라 한다)이 경과한 후에는 과세연도별로 중소기업 해당 여부를 판정한다. 다만, 중소기업이 다음 사유 중의 어느 하나에 해당하여 중소기업에 해당하지 않게 된 경우에는 유예기간을 적용하지 않고, 유예기간 중에 있는 기업에 대해서는 해당 사유가 발생한 날이 속하는 과세연도부터 유예기간을 적용하지 않는다(조특령 2 ②).

① 중소기업기본법의 규정에 의한 중소기업 외의 기업과 합병하는 경우
② 유예기간 중에 있는 기업과 합병하는 경우(합병일부터 유예기간을 적용하지 않음)
③ 실질적인 독립성이 중소기업기본법 시행령 제3조 제1항 제2호에 적합한 기업 외의 기업에 해당되는 경우
④ 창업일이 속하는 과세연도 종료일부터 2년 이내의 과세연도 종료일 현재 중소기업기준을 초과하는 경우

라) 중소기업기준의 개정에 따른 특례

기업이 중소기업기본법 시행령 제3조 제1항 제2호, 별표 1 및 별표 2의 개정으로 인하여 새로이 중소기업에 해당하게 되는 때에는 그 사유가 발생한 날이 속하는 과세연도부터 중소기업으로 보고, 중소기업에 해당하지 아니하게 되는 때에는 그 사유가 발생한 날이 속하는 과세연도와 그 다음 3개 과세연도까지 중소기업으로 본다(조특령 2 ⑤).

2) 구별의 실익

중소기업법인에 대하여는 그 밖의 법인보다 손금산입범위의 확대·세액공제·세액감면·결손금 소급공제 등 각종 세제상 우대조치를 적용하도록 하고 있다. 기업업무추진비 범

위액의 확대(법법 25), 결손금 소급공제의 허용(법법 72), 대손금 범위의 확대(법령 19의2 ①
IX), 중소기업 등 투자 세액공제(조특법 5), 중소기업 정보화 지원사업에 대한 과세특례(조특
법 5의2), 창업중소기업 등에 대한 세액감면(조특법 6), 중소기업에 대한 특별세액감면(조특법
7), 기업의 어음제도개선을 위한 세액공제(조특법 7의2), 상생결제 지급금액에 대한 세액공
제(조특법 7의4), 중소기업 지원설비에 대한 손금산입 특례(조특법 8), 상생협력 중소기업으로
부터 받은 수입배당금 익금불산입(조특법 8의2), 상생협력을 위한 기금 출연 등에 대한 세액
공제(조특법 8의3), 연구·인력개발비에 대한 세액공제(조특법 10),[20]기술이전 및 기술취득
등에 대한 과세특례(조특법 12), 생산성향상시설 투자 등에 대한 세액공제(조특법 24), 중소기
업 취업자에 대한 소득세 감면(조특법 30), 정규직 근로자로의 전환에 따른 세액공제(조특법
30의2), 고용유지중소기업 등에 대한 과세특례(조특법 30의3), 중소기업 사회보험료 세액공
제(조특법 30의4), 창업자금에 대한 증여세 과세특례(조특법 30의5), 중소기업 간의 통합에 대
한 양도소득세의 이월과세 등(조특법 31), 사업전환 중소기업 및 무역조정지원기업에 대한
세액감면(조특법 33의2), 물류기업의 전략적 제휴를 위한 주식교환 등에 대한 과세특례(조특
법 46의3), 자가물류시설의 양도차익에 대한 법인세 과세특례(조특법 46의4), 수도권과밀억제
권역 밖으로 이전하는 중소기업에 대한 세액감면(조특법 63), 농공단지 입주기업 등에 대한
세액감면(조특법 46), 중소기업의 공장이전에 대한 과세특례(조특법 85의8), 중소기업 최대주
주 등의 주식 할증평가 적용특례(조특법 101) 및 최저한세액에 미달하는 세액에 대한 감면
등의 배제(조특법 132) 등이 이에 해당한다.

　그 밖에 법인세 분납기간에 있어서도 특례(분납기간: 2개월)를 인정하고 있다(법법 64
②). 그리고 대주주가 아닌 자에 의한 중소기업법인의 주식등의 양도에 대해서는 낮은 양도
소득세율(10퍼센트)을 적용하도록 하고 있다(소법 104 ① XI).

---

20) 대법원 2014. 3. 13. 선고 2013두24310 판결: 「조세특례제한법상 연구·인력개발비 세액공제 제도는 기업의
　　연구개발전담부서에서 소요되는 일정 범위의 인건비 등이 있는 경우에는 기업의 기술인력개발을 장려하려
　　는 목적에서 일정 범위의 금액을 해당 과세연도의 소득세 또는 법인세에서 공제하도록 하는데 그 취지가
　　있으므로(대법원 2001. 1. 19. 선고 99두8718 판결 참조), 해당 과세연도의 연구 및 인력개발에 직접적으로
　　대응하는 비용만을 세액공제 대상으로 삼아야 할 것이다. 그런데 퇴직금과 같이 장기간의 근속기간을 고려
　　하여 일시에 지급하는 성격의 비용으로서 근로계약이 종료되는 때에야 비로소 그 지급의무가 발생하는 후
　　불적 임금은 해당 과세연도의 연구 및 인력개발에 직접적으로 대응하는 비용이라고 볼 수 없을 뿐만 아니라,
　　퇴직급여충당금은 법인세법상 당해 사업연도의 소득금액계산에 있어서 손금에 산입될 수 있다고 하더라도
　　이는 적정한 기간손익의 계산을 위하여 합리적으로 그 비용액을 추산한 것에 불과한 것이어서 이를 반드시
　　정책적 목적의 조세특례제한법상 세액공제 대상인 인건비에 해당한다고 볼 것은 아니다.」(강조는 저자)

제**3**절 합병 등에 따른 양도손익 등에 대한 납세의무의 특례

법인이 합병 또는 분할로 인하여 소멸한 경우 합병법인[1] 등은 피합병법인[2] 등이 납부하지 아니한 각 사업연도의 소득에 대한 법인세(합병·분할에 따른 양도손익에 대한 법인세를 포함한다)를 납부할 책임을 지도록 하고 있다(법령 85의2). 이 경우 합병법인 등이 부담하는 피합병법인 등에 대한 법인세 납부책임은 법적 성질이 문제가 된다. 그 법문에 비추어 볼 때 제2차 납세의무에 가까운 것으로 보인다.

이와는 달리 국세기본법 제23조에서는 합병의 경우의 납세의무의 승계, 같은 법 제25조에서는 분할의 경우의 연대납세의무에 관하여 정하고 있다.

법인이 합병한 때에 합병 후 존속하는 법인 또는 합병으로 인하여 설립된 법인은 합병으로 인하여 소멸된 법인에게 부과되거나 그 법인이 납부할 국세와 강제징수비를 납부할 의무를 진다. 피합병법인에게 부과되거나 그 법인이 납부할 법인세 등의 납세의무를 합병법인이 승계하는 것이다(기법 23).

그리고 법인이 분할 또는 분할합병되는 경우(불완전분할의 경우)로서 분할법인[3]에 대하여 분할일 또는 분할합병일 이전에 부과되거나 납세의무가 성립한 국세와 강제징수비는 분할법인·분할신설법인[4] 및 분할합병의 상대방법인이 연대하여 납부할 책임을 진다. 그리고 법인이 분할 또는 분할합병으로 인하여 해산되는 경우(완전분할의 경우)로서 해산되는 법인에 대하여 부과되거나 그 법인이 납부할 국세·가산금 및 강제징수비는 분할신설법인 또는 분할합병의 상대방법인이 연대하여 납부할 책임을 진다(기법 25 ②, ③).

생각건대 법인이 합병 또는 분할로 인하여 소멸한 경우로서 피합병법인 등이 납부하지 아니한 각 사업연도의 소득에 대한 법인세(합병·분할에 따른 양도손익에 대한 법인세를 포함한다)와 그 밖의 국세 등에 대해서 국세기본법과 법인세법에서 각각 규정할 것이 아니고 하나의 규정에 의하여 규율하는 것이 바람직하다.

---

1) '합병법인'이란 합병에 따라 설립되거나 합병 후 존속하는 법인을 말한다(법법 2 XIII).
2) '피합병법인'이란 합병에 따라 소멸하는 법인을 말한다(법법 2 XIV).
3) '분할법인'이란 분할(분할합병을 포함한다. 이하 같다)에 따라 분할되는 법인을 말한다(법법 2 XV).
4) '분할신설법인'이란 분할에 따라 설립되는 법인을 말한다(법법 2 XVI).

1 **소득의 귀속**

법인세의 납세의무자를 판정할 때에는 실질소득자과세의 원칙에 따라야 한다. 즉 자산 또는 사업에서 생기는 수입의 전부 또는 일부가 법률상 귀속되는 법인과 실질상 귀속되는 법인이 서로 다른 경우에는 그 수입이 실질상 귀속되는 법인을 납세의무자로 하여 법인세를 부과하여야 한다(기법 14 ①). 실질소득자과세의 원칙은 소득의 귀속에 있어서의 명의 또는 외관과 관계없이 실질적으로 그 소득이 귀속되는 자에게 법인세 또는 소득세 납세의무를 지워야 한다는 조세법의 기본원칙이다. 이에 관한 상세한 논의는 '실질과세원칙'(102면)에서 살펴본다.

2 **신탁소득의 귀속**

신탁재산에 귀속되는 소득은 원칙적으로 그 신탁의 수익자를 해당 신탁재산의 소유자로 보고 법인세를 과세한다. 이를 수익자과세 원칙이라고 한다(법법 5 ①). 그러나 수탁자과세 및 위탁자과세를 부분적으로 수용하여 신탁의 기능과 역할에 맞추어 각각 납세의무자를 정한다(법법 5 ②, ③).

가. 신탁의 개념

신탁이라 함은 신탁을 설정하는 자(위탁자)와 신탁을 인수하는 자(수탁자)간의 신임관계에 기하여 위탁자가 수탁자에게 특정한 재산(영업이나 저작재산권의 일부를 포함한다)을 이전하거나 담보권의 설정 또는 그 밖의 처분을 하고 수탁자로 하여금 일정한 자(수익자)의 이익을 위하여 또는 특정한 목적을 위하여 그 재산의 관리, 처분, 운용, 개발, 그 밖에 신탁 목적의 달성을 위하여 필요한 행위를 하게 하는 법률관계를 말한다(신탁법 2). 즉 위탁자가 법률행위(신탁행위)에 의하여 상대방(수탁자)에게 재산권(신탁재산)을 귀속시킴과 동시에 그 재산을 일정한 목적(신탁목적)에 따라서 자기 또는 타인(수익자)을 위하여 관리 · 처분하여야 할 구속을 계약 또는 유언으로써 설정하는 법률관계이다.[5]

---

[5] 양당사자 간에 체결된 양해각서에 신탁 법률관계가 갖는 성격인 '소유권의 이전', '수탁자의 배타적 관리 · 처분권', '신탁재산의 분별관리 의무' 등의 요소가 모두 포함되어 있다면 신탁 또는 그와 유사한 성질을 가진 비전형계약으로 인정하고 신탁에 관한 법인세법 규정을 적용할 수 있다. 서울고등법원 2023. 11. 10. 선고 2023

나. 신탁소득의 귀속 및 납세의무자

1) 법인세법의 규율체계

신탁소득에 대한 소득과세의 취급례에 관하여는 다음과 같은 상반된 입장의 대립이 있다. 신탁소득에 대한 과세의 측면에서 신탁 자체를 한 개의 재산으로 간주하고, 신탁재산을 독립된 납세주체로 보아 과세하여야 한다는 입장이 있다. 이를 신탁주체이론(trust entity theory)이라고 한다. 신탁주체이론의 관점에서 신탁소득은 신탁재산에 대하여 과세하기 때문에 수익자가 받는 신탁운용수익에 대하여는 과세하면 안 된다고 한다.

이에 대하여 신탁을 수익자를 위한 소득의 가득 및 분배의 수단 또는 도관으로 이해하여야 한다는 신탁도관이론(trust conduit theory)이 있다. 신탁도관이론은 신탁의 수익을 분배할 때에 해당 신탁의 수익자에게 과세하여야 한다고 본다.

현행 법인세법에 따르면 신탁재산에 귀속되는 소득에 관하여는 원칙적으로 그 신탁의 수익자를 해당 신탁재산의 소유자로 보고 법인세를 과세한다. 이는 신탁을 단순한 소득의 도관(conduit)으로 보는 입장에 입각한 것이다. 그러나 신탁이 적극적으로 법인의 역할을 수행하는 경우 및 수익자(위탁자 포함)에게 과세할 수 없거나 과세하기 적절하지 않은 경우에는 수탁자를 납세의무자로 할 수 있고, 위탁자가 신탁에 대한 지배권과 통제권을 보유하고 있는 경우에는 위탁자를 납세의무자로 한다.[6]

자본시장법의 적용을 받는 법인(신탁법상의 수탁자인데, 이하에서 '신탁회사'라고 부르기로 한다)의 신탁재산(자본시장법 251 ①에 따른 보험회사의 특별계정은 제외한다)에 귀속되는 수입과 지출은 그 법인에 귀속되는 수입과 지출로 보지 않는다(법법 5 ④). 그러므로 신탁회사는 각 사업연도의 소득을 계산할 때 신탁재산에 귀속되는 소득과 그 밖의 소득(집합투자업자의 소득)을 구분하여 경리하여야 한다.

2) 수익자과세신탁

신탁재산에 귀속되는 소득에 대해서는 원칙적으로 그 신탁의 이익을 받을 수익자가 그 신탁재산을 가진 것으로 보고 법인세법을 적용한다(법법 5 ①). 신탁이 위탁자가 지정한 수익자에게 신탁소득을 분배하는 단순한 도관의 역할을 수행하는 경우에는 수익자를 납세의무자로 하는 것이다. 신탁이 위탁자가 지정한 수익자에게 단순히 신탁소득을 분배하는 역할만 수행하는 경우에는 신탁을 도관으로 보아 수익자를 납세의무자로 정하는 것이 실질과

누44759 판결(대법원 2024. 2. 29. 자 2023두61059 판결로 심리불속행 종결).

6) 신탁 관련 소득세제에 관한 미국, 영국, 일본의 입법례에 관한 개관으로는 이중교, "신탁 관련 소득과세의 문제점 및 개편방안",「세무와 회계연구」통권 제22호, 2020, 106 – 118면.

세원칙에 부합하고, 신탁단계(또는 수탁자단계)와 수익자단계의 이중과세를 조정할 필요가 없어 법률관계의 적용과 세무처리가 간명한 장점이 있다.[7]

3) 수탁자과세신탁

수탁자가 영리를 목적으로 운용하는 신탁으로서 신탁을 단순히 도관으로 볼 수 없고 신탁이 법인과 유사한 기능을 수행하는 경우 또는 수익자(위탁자 포함)에게 과세할 수 없거나 수익자에게 과세하는 것이 적절하지 않은 경우 신탁재산을 독립된 내국법인으로 보고 수탁자에게 법인세의 납세의무를 지운다(법법 5 ②, 법령 3의2 ①).

2020년에 개정된 법인세법은 수탁자과세신탁을 처음으로 도입하면서 신탁업계 및 신탁실무에 미치는 영향의 추이를 지켜보면서 점진적으로 제도의 적용범위를 확대하기 위하여 납세의무자에게 선택권을 부여하였으나 납세의무자에게 선택권을 부여한 것은 법인과세신탁의 본질 및 비교법적 관점에서 타당하지 않다는 점을 고려하여[8] 2023년말 개정을 통하여 요건을 충족하면 수탁자가 법인세 납세의무를 지도록 변경하였다.

가) 수탁자과세신탁에 해당하는 신탁의 범위

구체적으로 다음에 해당하는 신탁에 한하여 신탁재산에 귀속되는 소득에 관하여 그 신탁의 수탁자[9]가 법인세의 납세의무를 진다. 이 경우 신탁재산별로 각각을 하나의 내국법인으로 본다. 다만 「자본시장법」 제9조 제18항 제1호에 따른 투자신탁(신탁형 집합투자기구) 및 「소득세법」 제17조 제1항 제5호에 따른 수익증권이 발행된 신탁(조각투자상품인 수익증권을 발행하는 신탁)은 제외한다.[10]
① 신탁법 제3조 제1항 각 호 외의 부분 단서에 따른 목적신탁[11]

---

7) 이중교, "신탁 관련 소득과세의 문제점 및 개편방안", 「세무와 회계연구」 통권 제22호, 2020, 122면.
8) 이전오, "2020년 개정 신탁세제에 대한 평가와 향후 과제", 「세무와 회계연구」 통권 제34호, 2023, 99 – 110면. 입법례는 위 논문 100 – 102면.
9) 내국법인 또는 소득세법에 따른 거주자인 경우에 한정한다.
10) 두 가지 예외를 둔 이유에 관하여 살펴본다.
　　첫째, 투자신탁의 경우 수탁자과세신탁을 적용하면 수익자에 대한 과세이연의 문제를 해결할 수 있다는 지적이 있었으나 국민들 다수가 이용하는 펀드의 세부담이 높아질 우려가 있다는 지적을 고려하여 수탁자과세신탁의 예외로 하였다. 한국세무학회, 「신탁세제의 현황과 개편방안 공청회」 자료집, 한국세무학회, 2020, 17면. 따라서 종래와 같이 일반적으로는 수익자과세신탁에 의하게 될 것이나 경우에 따라서는 위탁자과세신탁의 대상이 될 여지도 있다.
　　둘째, 조각투자상품인 수익증권을 발행하는 신탁을 수탁자과세대상에서 제외한 것은 투자계약증권 형태의 조각투자상품 투자와 비교하여 비금전신탁 수익증권 형태의 조각투자상품 투자가 과세상 불리하지 않게 하려는 것이다. 이정은, "법인세법 일부개정법률안 검토보고", 기획재정위원회, 2024. 11., 10면.
11) 수익자가 없는 특정의 목적을 위한 신탁을 목적신탁이라고 한다. 신탁법 제3조 제1항은 신탁계약이나 유언의 방법으로 목적신탁을 설정할 수 있도록 규정하고 있다. 목적신탁의 경우 신탁은 법인과 유사한 기능을

② 신탁법 제78조 제2항에 따른 수익증권발행신탁[12]

③ 신탁법 제114조 제1항에 따른 유한책임신탁[13]

④ 그 밖에 위 ①부터 ③까지의 신탁과 유사한 신탁으로서 대통령령[14]으로 정하는 신탁

나) 수탁자과세신탁의 배제

위 요건에 해당하더라도 위탁자가 신탁재산을 실질적으로 통제하거나 지배하는 경우에는 수탁자과세신탁의 적용을 배제하고 위탁자과세신탁의 규정을 적용한다(법법 5 ②, 법령 3 의2 ①).

4) 위탁자과세신탁

위탁자가 신탁재산을 실질적으로 통제·지배하는 경우에는 신탁재산에 귀속되는 소득에 대하여 그 신탁의 위탁자가 법인세를 납부할 의무가 있다(법법 5 ③).

위탁자가 신탁재산을 실질적으로 통제 또는 지배한다는 것은 ① 위탁자가 신탁을 해지할 수 있는 권한, 수익자를 지정하거나 변경할 수 있는 권리, 신탁 종료 후 잔여재산을 귀속받을 권리 등을 보유하는 등 신탁재산을 실질적으로 지배·통제하거나, 또는 ② 신탁재산 원본을 받을 권리에 대한 수익자는 위탁자로, 수익을 받을 권리에 대한 수익자는 위탁자의 지배주주등(법령 43 ⑦)의 배우자 또는 같은 주소 또는 거소에서 생계를 같이 하는 직계존비속(배우자의 직계존비속을 포함한다)으로 설정한 것을 말한다(법령 3의2 ②).

위탁자가 신탁을 철회하거나 수익자를 변경할 수 있는 권한을 가지고 있어 실질적으로 신탁에 대한 지배권과 통제권을 보유하는 위탁자신탁의 경우에는 위탁자가 신탁을 이용하여 조세회피를 하는 것을 방지하기 위하여 위탁자를 납세의무자로 정한 것이다.[15]

수행한다. 광장신탁법연구회,「주석 신탁법」, 박영사, 2013, 574-575면.

12) 신탁법 제78조 제1항은 수익권을 표시하는 수익증권의 발행을 일반적으로 허용하고 있다. 이에 따라 수익증권을 발행하기로 정한 신탁을 수익증권발행신탁이라고 한다. 수익증권발행신탁은 신탁소득을 장기간 신탁에 유보할 가능성이 높고 수익증권이 유통되어 신탁이 단순히 도관의 역할만 수행한다고 볼 수 없으므로 수탁자에게 과세하는 것이 타당하다. 광장신탁법연구회,「주석 신탁법」, 박영사, 2013, 320면, 574면; 한국세무학회,「세법상 신탁제도 관련 개편방안」, 2019, 한국세무학회, 267면.

13) 유한책임신탁이란 수탁자가 해당 신탁에 관하여 발생한 신탁채무를 수탁자의 지위에서 신탁재산만으로 변제책임을 지며 수탁자의 고유재산으로는 변제책임을 지지 않는 신탁을 의미한다. 광장신탁법연구회(註12), 410-411면. 이와 같은 경우 수익자가 정해지지 않거나 존재하지 않으므로 신탁법에 의하면 위탁자는 이해관계를 갖지 않는다. 따라서 신탁법과의 체계정합성을 높이기 위하여 신탁재산의 법률상 소유자이면서 신탁을 운용하는 수탁자를 납세의무자로 정하는 것이 타당하다. 한국세무학회(註12), 267면.

14) 2022. 2. 현재까지 법인세법 시행령은 제정된 바 없다.

15) 한국세무학회,「세법상 신탁제도 관련 개편방안」, 2019, 한국세무학회, 220면.

제**5**절 　법인세의 과세단위

법인세는 법인단위로 과세한다. 법인이 여러 개의 사업장을 두고 있는 경우에 사업장마다 법인세를 과세하는 것이 아니고 법인단위로 법인세를 과세한다.

다음으로 모회사와 자회사 관계와 같이 둘 이상의 법인이 경제적으로 서로 결합되어 있는 경우 법인세의 과세단위를 각각의 법인단위로 할 것인지 또는 연결집단 전체로 할 것인지가 문제이다. 앞의 경우가 개별납세제도(separate tax return system)이고, 뒤의 경우가 연결납세제도(consolidated tax return system)이다.

현행 법인세법은 법률적으로 독립된 개개의 법인을 과세단위로 하는 개별납세제도를 원칙으로 하되, 예외적으로 완전지배관계에 있는 법인에 한정하여 연결집단단위의 연결납세제도를 선택하여 적용받을 수 있도록 하고 있다.

연결납세제도는 모회사와 자회자가 경제적으로 결합되어 있는 경우 해당 모회사와 자회사를 하나의 법인세 과세단위로 보아 각 법인의 소득을 통산하여 과세하는 제도이다. 이러한 연결납세제도를 도입한 이유는 기업의 조직형태에 대한 조세중립성을 보장하여 기업경영의 효율성을 제고하기 위해서이다.

제2장

실질과세원칙

제1절 서 론

1 실질과세원칙의 의의

실질과세원칙이라 함은 조세부담의 공평이 이루어지도록 경제적 의의 또는 실질을 기준으로 하여 조세법을 해석하고 과세요건사실을 인정하여야 한다는 원칙이다. 실질과세원칙은 조세법의 기본원칙인 조세평등주의를 실현하기 위한 실천적 원리이다. 조세법의 규율대상이 되는 경제거래는 형식 또는 외관과 실질 또는 실체가 부합하는 것이 일반적이기는 하나, 경제구조의 복잡화와 조세회피현상 등으로 말미암아 때로는 형식 또는 외관과 실질 또는 실체가 일치하지 않는 경우가 생길 수도 있다. 이때에 단순히 경제거래의 형식 또는 외관을 기준으로 하여 과세를 행하게 되면 담세력이 없는 곳 또는 담세력과 무관한 것에 과세하는 결과로 되어 조세부담의 공평을 실현할 수 없게 된다. 이와 같이 경제거래의 형식 또는 외관과 실질 또는 실체가 다를 경우에는 형식 또는 외관에 관계없이 거래의 실질 또는 실체에 따라 과세를 행하지 않으면 안 된다.

실질과세원칙은 소득의 크기에 따라 누진세율에 의하여 과세하는 소득과세의 영역에서 가장 활발하게 작동하고 있다.

2 법적 근거

실질과세원칙은 헌법 제11조가 보장하는 평등의 원칙을 조세법률관계에 구현하기 위한 실천적 원리로서[1] 세법에 본원적으로 내재하고 있는 법원칙이라고 이해하는 것이 통설의 입장이다. 따라서 실정법에서 실질과세원칙에 관하여 명문의 규정을 둔 경우에도 해당 조항은 창설적 효력을 갖는 것이 아니라 이미 조세법에 내재하고 있는 법원칙을 단순히 확인

---

1) 대법원 2012. 1. 19. 선고 2008두8499 전원합의체 판결.

또는 선언하는 것에 지나지 않는다.

실질과세원칙에 관하여는 국세기본법 제14조가 규정하고 있다. 2018. 12. 24. 법률 제16008호로 개정되기 전의 舊 법인세법 제4조는 실질과세원칙을 두고 있었으나 위 국세기본법 제14조와 중복되므로 이를 삭제하였다. 따라서 현행 법인세법은 실질과세원칙에 관한 규정을 두고 있지 않지만 법인세법에 실질과세원칙이 적용됨은 다툼의 여지가 없다.

구체적으로 국세기본법 제14조 제1항은 귀속에 관한 실질과세원칙 또는 실질소득자과세의 원칙을, 같은 법 제14조 제2항은 거래내용에 관한 실질과세원칙 또는 실질소득과세의 원칙을, 같은 법 제3항은 우회거래 또는 단계거래 부인의 원칙에 관한 규정을 두고 있다.

제2절 실질의 개념

1 법적 실질설과 경제적 실질설의 대립

실질과세원칙에서의 실질의 개념을 둘러싸고 종래부터 법적 실질설과 경제적 실질설이 대립하여 왔다.[1]

법적 실질설은 조세법률주의의 법적안정성과 예측가능성을 중시하는 관점에서 '형식'과 '실질'을 '법적 형식'과 '법적 실질'로 이해하면서, 법적 형식과 법적 실질 사이에 괴리가 발생한 경우에는 법적 실질을 기준으로 하여 세법을 해석하고 적용하여야 한다는 견해이다. 여기서 법적 실질을 기준으로 한다는 것은 거래의 내용과 당사자를 '사법 질서'에 따라 포섭한다는 의미이다.[2] 예를 들어 甲이 乙의 명의로 거래를 한 경우에 형식, 명의, 외관의 관점에서 보면 그 거래의 법률 효과는 乙에게 귀속하는 것처럼 보인다. 그러나 사법의 관점에서는 계약의 해석에 의해 그 거래당사자를 확정하게 된다. 우리 판례는 위와 같은 경우 법률행위의 해석방법에 따라 순차적으로 자연적 해석방법, 규범적 해석방법, 보충적 해석방법을 적용하여 거래당사자를 확정한다.[3] 이와 같이 형식, 명의, 외관이 아닌 사법질서에 따

---

1) 한국에서의 법적 실질설과 경제적 실질설의 대립은 독일에서의 「형식적·법적 관찰방법(Die formalrechtliche Betrachtungsweise)」과 「경제적 관찰방법(Die wirtschaftliche Betrachtungsweise)」의 대립에서 유래한 것이라고 보는 견해도 있다. 이동식, 「일반조세법」, 제8판, 준커뮤니케이션즈, 2021, 179–181면.
2) 김완석, "거래내용에 관한 실질과세의 원칙의 적용 범위", 「조세논총」 제1권, 2016, 40면; 황남석, "실질과세원칙의 적용과 관련된 최근 판례의 동향 및 쟁점", 「조세법연구」, 제23집 제1호, 2017, 59면.
3) 대법원 1998. 3. 13. 선고 97다22089 판결; 대법원 1995. 9. 29. 선고 94다4912 판결; 김천수/김홍화, "계약의 주관적 합치와 당사자 확정", 「성균관법학」 제25권 제4호, 2013, 173면; 송덕수, 「민법총칙」 제2판, 박영사, 2013, 383면.

라 거래의 내용과 당사자를 확정한 후에 그에 따라 세법을 적용하는 입장을 법적 실질설이라고 하는 것이다. 그러나 법적 실질설은 그 이상 나아가 사법질서를 벗어나서 세법의 관점에서 거래의 내용과 당사자를 확정하지는 않는다.

이와는 달리 경제적 실질설은 '형식'과 '실질'을 '법적 실질'과 '경제적 실질'의 대립관계로 이해하면서 법적 실질과 경제적 실질 사이에 괴리가 발생한 경우에는 경제적 실질을 기준으로 하여 세법을 해석하고 적용하여야 한다는 견해이다.[4] 이와 같은 경제적 실질설에 따르면 사법상의 법률관계를 그 경제적 실질을 기준으로 하여 세법상 무시하거나 재구성하여 과세할 수 있다고 보기 때문에 담세력에 따른 응능부담의 원칙과 조세평등주의의 실현에 기여한다. 경제적 실질설 중에서는 이를 제한없이 적용할 수 있다는 입장(경제적 효과기준설)과 예외적으로 조세회피의 목적이 인정되는 경우에만 적용할 수 있다는 입장(절충설)이 있을 수 있다.[5]

생각건대 실질과세원칙에서의 실질의 개념은 경제적 실질로 이해하고자 한다. 그 중에서도 사적 자치의 원칙을 최대한 존중한다는 관점에서 절충설의 입장이 타당하다고 본다. 현행 국세기본법 제14조 제3항은 우회거래 및 다단계거래를 통한 조세회피행위를 부인할 수 있다고 규정함으로써 일반적 부인규정으로서의 성격을 분명히 하고 있어 우리 세법상의 실질과세원칙이 경제적 실질설, 특히 절충설에 터 잡고 있음을 잘 보여준다.

2 판례 입장의 변화 및 최근의 동향

가. 경제적 실질설로의 전환

종래 대법원의 판결은 법적 실질설의 입장을 견지하여 납세의무자가 경제활동을 할 때에는 동일한 경제적 목적을 달성하기 위하여서도 여러 가지의 법률관계 중 하나를 선택할 수 있으므로 그것이 가장행위[6]에 해당한다고 볼 특별한 사정이 없는 한 과세관청으로서는 납세의무자가 선택한 법률관계를 존중하여야 하고, 납세의무자의 거래행위를 그 형식에도 불구하고 조세회피행위라고 하여 그 효력을 부인할 수 있으려면 법률에 개별적이고 구체적인 부인 규정이 있어야 한다고 판시하여 왔다.[7]

---

4) 강석규, 간주취득세와 실질과세의 원칙, 「대법원 판례해설」 2012년 상반기(통권 제92호), 법원도서관, 2012, 33면.
5) 이태로/한만수, 「조세법강의」 신정14판, 박영사, 2020, 36 – 37면.
6) 다만 종래의 판례도 여기서의 가장행위가 반드시 민사법상의 가장행위 정도에 해당해야 하는 것으로 본 것은 아니다. 대법원 2012. 1. 19. 선고 2008두8499 전원합의체 판결(대법관 박병대의 다수의견에 대한 보충의견); 김완석, "거래내용에 관한 실질과세의 원칙의 적용 범위", 「조세논총」 제1권, 2016, 69면.
7) 대법원 2011. 5. 13. 선고 2010두5004 판결; 대법원 2009. 4. 9. 선고 2007두26629 판결; 대법원 2011. 5. 13. 선고

그러나 대법원은 대법원 2012. 1. 19. 선고 2008두8499 전원합의체 판결에서 "…주식이나 지분의 귀속 명의자는 이를 지배·관리할 능력이 없고 명의자에 대한 지배권 등을 통하여 실질적으로 이를 지배·관리하는 자가 따로 있으며, 그와 같은 명의와 실질의 괴리가 위 규정의 적용을 회피할 목적에서 비롯된 경우에는, 당해 주식이나 지분은 실질적으로 이를 지배·관리하는 자에게 귀속된 것으로 보아 그를 납세의무자로 삼아야 할 것이다. 그리고 그 경우에 해당하는지는 해당 주식이나 지분의 취득 경위와 목적, 취득자금의 출처, 그 관리와 처분과정, 귀속명의자의 능력과 그에 대한 지배관계 등 제반 사정을 종합적으로 고려하여 판단하여야 할 것"이라고 판시하여 해당 주식의 귀속 명의자인 완전자회사의 법인격을 사법적으로 부인하지 않으면서도 세법상으로는 그 주식이 귀속 명의자의 완전모회사에 귀속된 것으로 파악함으로써 세법의 관점에서 주식의 귀속 관계를 재구성하였다. 따라서 위 전원합의체 판결은 대법원이 종래의 법적 실질설에서 탈피하여 경제적 실질설의 입장으로 전환한다는 점을 천명한 것이라고 생각된다. 또한 위 전원합의체 판결은 '명의와 실질의 괴리가 위 규정의 적용을 회피할 목적에서 비롯된 경우'에 세법상 귀속 관계를 재구성할 수 있다는 점을 밝히고 있어 경제적 실질설 중에서도 절충설의 입장을 취한 것으로 보인다.[8] 위 전원합의체 판결 이후 법원은 적극적으로 경제적 실질설을 적용하고 있다. 이런 추세는 하급심에서도 두드러진다.[9]

다만 위 전원합의체 판결 이후에 선고된 판례 중에도 실질과세원칙을 적용한다고 설시하면서도 조세회피 목적을 전제로 하지 않고 판단한 사례들이 있는데, 내용을 살펴보면 대체로 법적 실질설에 입각하여 실질과세원칙을 적용한 것들이다. 대법원이 경제적 실질설의 입장을 취하고 있는 이상, 이런 경우까지 실질과세원칙을 적용한다는 표현을 사용하는 것은 실질과세원칙의 내용에 관한 오해를 초래할 수 있으므로 바람직하지 않다.

나. 조세회피목적과 사업상 목적 간의 관계

대법원 판례가 국세기본법 제14조의 적용 요건으로 조세회피목적을 요구함에 따라 납세

2010두5004 판결; 대법원 2011. 5. 13. 선고 2010두5257 판결; 대법원 2011. 4. 28. 선고 2010두3961 판결; 대법원 2009. 4. 9. 선고 2007두26629 판결; 대법원 2005. 1. 27. 선고 2004두2332 판결; 대법원 2000. 9. 29. 선고 97누18462 판결; 대법원 1998. 5. 26. 선고 97누1723 판결; 대법원 1991. 5. 14. 선고 90누3027 판결 등.

8) 송동진/전병욱, "실질과세원칙과 거래의 재구성", 「조세법연구」 제19권 제1호, 2013, 83면.

9) 상세는 김완석, "거래내용에 관한 실질과세의 원칙의 적용 범위", 「조세논총」 제1권, 2016, 60면 이하; 황남석, "실질과세원칙의 적용과 관련된 최근 판례의 동향 및 쟁점", 「조세법연구」, 제23집 제1호, 2017, 69면 이하; 황남석, "2017년 이후 실질과세원칙에 관한 판례의 동향", 「계간 세무사」, 2020년 겨울호, 2021, 87면 이하. 다만, 여전히 종래의 법적 실질설에 입각하여 판단한 판례도 있다. 예를 들면 대법원 2015. 3. 26. 선고 2013두9267 판결; 대법원 2014. 4. 10. 선고 2013두20127 판결 등을 들 수 있다.

자의 입장에서는 사업상 목적이 존재함을 이유로 들어 조세회피목적을 다투는 사례가 적지 않다.[10] 이와 관련하여 조세회피목적과 사업상 목적 간의 관계가 문제가 된다. 특히 실무상 문제가 되는 것은 양자가 모두 인정될 경우에 어떻게 판단하여야 할 것인가이다. 즉, 사업 목적이 존재하는 것으로 인증되면 바로 조세회피목적이 부인되는가 아니면 사업목적 이 존재하더라도 두 요소를 형량하여 사업목적이 압도적인 경우에 한하여 조세회피목 적을 부인할 것인지가 문제이다. 비교법적으로는 미국의 실무는 전자의 입장에 가깝고 독일의 실무는 후자의 입장에 가깝다.[11]

대법원은 이 문제와 관련하여 대법원 2012. 1. 19. 선고 2008두8499 전원합의체 판결 이외 에 대법원 2012. 10. 25. 선고 2010두25466 판결, 대법원 2013. 7. 11. 선고 2011두7311 판결 등에서, 문제가 된 거래가 "오로지 조세회피의 목적에서 비롯된 것인지" 여부에 관하여 판 단하고 있어 마치 사업목적만 인정된다면 실질과세원칙의 적용이 부인되는 듯한 인상을 주 고 있다. 그러나 위 판결들은 전부 사업목적과 조세회피목적의 갈등관계가 주된 쟁점으로 다투어진 사안이 아니었고 실제로 실질과세원칙의 적용이 부인된 사안도 아니었기 때문에 대법원의 입장을 그렇게 단정하기는 어렵다고 생각된다. 한국의 재판 실무가 전통적으로 법관의 형평 감각에 크게 의존해 왔다는 점, 판례는 조세회피목적이 있는지 여부는 거래를 하게 된 경위와 목적, 그와 같은 거래가 통상적인 것인지, '사업목적상 합리성이 있는지 여 부', 각각의 거래 또는 행위 사이의 시간적 간격, 그러한 거래형식을 취한데 따른 손실 및 위험부담 가능성 등을 주로 고려하여 종합적으로 판단한다고 판시하고 있는 점[12] 등을 고 려하면 양자를 비교형량하여 판단하는 입장이라고 보아도 무방할 것이다.

---

10) 2019년에 개정된 국조법 제2조의2는 국제거래에 관한 실질과세원칙을 규정하면서 제4항에 "우회거래를 통 하여 우리나라에 납부할 조세부담이 대통령령으로 정하는 비율 이상으로 현저히 감소하는 경우(해당 우회 거래의 금액 및 우리나라에 납부할 조세부담의 감소된 금액 등이 대통령령으로 정하는 요건에 해당하는 경 우는 제외한다) 납세의무자가 해당 우회거래에 정당한 사업목적이 있다는 사실 등 조세를 회피할 의도가 없음을 입증하지 아니하면 조세조약 및 이 법의 혜택을 부당하게 받기 위하여 거래한 것으로 추정하여 제3 항을 적용한다"라고 규정하여, '사업목적'이라는 개념을 정면으로 도입하고 있다.

11) 이 문제에 관한 미국 세법학계의 입장은 최정희/황남석, "미국의 경제적 실질원칙의 발전과정에 관한 연구", 「조세학술논집」 제36집 제4호, 2020, 34~35면, 독일 세법학계의 입장은 황남석, "더블 아이리시 구조와 실 질과세원칙", 「조세법연구」 제24집 제3호, 2018, 30~31면.

12) 대법원 2019. 1. 31. 선고 2014두41411 판결; 대법원 2017. 2. 15. 선고 2015두46963 판결; 대법원 2017. 1. 25. 선고 2015두3270 판결 등.

제3절　실질과세원칙의 구체적인 내용

1　실질소득자과세의 원칙

대부분의 경우에는 소득의 법률상 귀속자와 경제적 귀속자가 일치한다. 그러나 비록 예외적이기는 하나 소득의 법률상 귀속자와 경제적 귀속자가 다른 경우가 있을 수 있다. 이 경우에 법률상 귀속자를 납세의무자로 할 것인가 아니면 경제적 귀속자를 납세의무자로 할 것인가가 문제이다. 전자의 입장을 명의자과세의 원칙이라고 하고, 후자의 입장을 실질소득자과세의 원칙이라고 한다.

국세기본법은 "과세의 대상이 되는 소득…의 귀속이 명의(名儀)일 뿐이고 사실상 귀속되는 자가 따로 있는 때에는 사실상 귀속되는 자를 납세의무자로…한다(기법 14 ①)"고 규정하여 귀속에 관한 실질과세원칙 또는 실질소득자과세의 원칙을 채택하고 있음을 분명히 하고 있다. 판례를 보면 다음과 같다.

① 외국법인 甲이 완전자회사인 외국법인 乙, 丙을 통하여 내국법인 丁의 지분을 50퍼센트씩, 내국법인 戊의 지분을 각각 75퍼센트, 25퍼센트씩 취득한 사안에서 대법원은 甲을 丁, 戊의 과점주주로 보아 간주취득세 납세의무가 있다고 보았다.[1]

② 조세조약의 적용과 관련하여 소득의 형식적인 귀속자인 법인이 도관(또는 명목회사, 특수목적회사)에 불과하고 그 형식과 실질의 괴리가 조세를 회피할 목적에서 비롯된 경우 등 예외적 사정이 인정될 때에는 사법상 법인격 부인에 이르지 않더라도 그 배후에 있는 소득의 귀속자에 대해 과세하여야 한다고 한다.[2]

③ 차입금의 명의인과 실질적인 차용인이 다른 경우에는 실질적인 차용인의 차입금으로 하되, 실질적인 차용인에 해당하는지의 여부는 금전대차계약의 체결·담보의 제공·차입

---

1) 대법원 2012. 1. 19. 선고 2008두8499 전원합의체 판결.

2) 대법원 2015. 8. 19. 선고 2014두40166 판결; 대법원 2015. 7. 23. 선고 2014두39043 판결; 대법원 2015. 5. 28. 선고 2013두7704 판결; 대법원 2015. 3. 26. 선고 2013두7711 판결; 대법원 2014. 7. 10. 선고 2012두16466 판결; 대법원 2013. 7. 11. 선고 2010두20966 판결; 대법원 2013. 7. 11. 선고 2011두4411 판결; 대법원 2013. 7. 11. 선고 2011두7311 판결; 대법원 2013. 4. 11. 선고 2011두3159 판결 등. 이와 관련하여 조세조약에 관하여도 국내세법상의 실질과세원칙이 적용될 수 있는지 여부가 다투어졌으나 대법원은 법률과 같은 효력을 가지는 조세조약의 해석과 적용에 있어서도 이를 배제하는 특별한 규정이 없는 한 실질과세원칙이 그대로 적용된다고 판시하였다(대법원 2012. 4. 26. 선고 2010두11948 판결 외 다수). 기지회사(Base Company)의 경우에 국세기본법 제14조 제1항을 적용하여 실질소득자인 내국법인에게 과세한 사례로 대법원 2015. 11. 26. 선고 2014두335 판결; 부산고등법원 2021. 5. 28. 선고 2020누23124 판결(대법원 2021. 10. 28. 자 2021두45022 판결로 심리불속행 종결). 기지회사의 성립을 부인한 사례로는 서울고등법원 2021. 11. 12. 선고 2021누36839 판결(대법원 2022. 3. 31. 선고 2021두62232 판결로 심리불속행 종결).

금의 수령·각종 비용의 부담 등 차입에 관한 업무의 실질적인 행위내용과 차입한 금액의 용도 등을 기준으로 판단한다.[3]

2 실질소득과세의 원칙

국세기본법 제14조 제2항에서 "세법 중 과세표준의 계산에 관한 규정은 소득…의 명칭이나 형식에 관계없이 그 실질내용에 따라 적용한다"고 규정하고 있다.

실질소득과세의 원칙은 내용에 관한 실질과세원칙으로 과세물건의 해당성과 그 구분·과세표준의 산정·세율의 적용구분 등을 판단할 때 실질 또는 실체에 따르도록 요구하는 원칙이다. 그 대표적인 사례를 들어 보면 다음과 같다.

① 콘도미니엄의 건축분양회사가 피분양자로부터 공유지분의 매매계약과는 별도로 시설관리운영계약에 기하여 수납한 20년간의 시설관리료는 그 명목 여하에 불구하고 실질적으로는 분양대금의 일부에 속한다고 보아야 한다.[4]

② 한도액 규제의 대상이 되는 기업업무추진비란 기업업무추진비계정에 계상하고 있는 금액에 한정하지 않고 그 실질이 기업업무추진비에 해당하는 것이라면 계정과목의 명칭이나 형식(예: 복리후생비·잡비 등)에 불구하고 모두 기업업무추진비에 포함하여 그 한도초과액을 계산하여야 한다. 기부금·광고선전비·감가상각비 등도 마찬가지이다.

③ 조특법의 중소기업에 대한 특례규정들은 중소기업 육성이라는 조세정책적 차원에서 제정된 것이므로 그 적용의 전제가 되는 중소기업 해당 여부의 판단은 그 형식보다는 실질에 의하여야 한다. 따라서 기업이 종업원 수를 위 법령 소정의 중소기업 규모로 줄이기 위하여 관계회사에 종업원을 대규모로 전출발령하고 같은 날 관계회사와 인적용역계약을 체결하여 전출발령한 종업원을 그대로 위 기업의 사업장에서 계속 근무하도록 하였다면 같은 법에서 정하는 중소기업이라 할 수 없다.[5]

④ 공부상의 등기가 법인의 명의로 되어 있지 않더라도 사실상 해당 법인이 취득하였음이 확인되는 경우에는 이를 법인의 자산으로 본다.[6]

⑤ 해외수출자가 해외수입자에게 재화를 매도하고 해외수입자로부터 매도대금을 지급받는

---

3) 대법원 2013. 1. 24. 선고 2012두21536 판결. 반면 사법상으로는 타인 명의의 대출은 원칙적으로 유효하고 예외적으로 금융기관이 명의대여자와 사이에 해당 대출에 따르는 법률상의 효과까지 실제 차주에게 귀속시키고 명의대여자에게는 그 채무부담을 지우지 않기로 약정 또는 양해하였음이 적극적으로 입증되는 경우에만 통정허위표시로서 무효가 된다고 한다(대법원 2014. 9. 4. 선고 2014다207092 판결).
4) 대법원 1993. 7. 27. 선고 90누10384 판결.
5) 대법원 1997. 5. 7. 선고 96누2330 판결; 이동식, "중소기업에 대한 조세특례와 종업원의 전출·파견",「행정판례연구 Ⅵ」, 서울대학교출판부, 2001. 327-352면.
6) 법통 4-0…7.

것이 이미 정해져 있는 상태에서 해외수출자로부터 자금을 차입하려는 자가 중계무역자인 것처럼 가장하여 해외수입자로부터 위 매도대금을 지급받는 형식으로 해외수출자로부터 위 매도대금 상당액의 자금을 차입한 다음, 해외수출자에게 재화의 매입에 따른 매입대금 및 유산스 이자를 지급하는 형식으로 위 차입금에 대한 원금 및 이자를 변제하는 거래를 한 경우 이는 형식상 중계무역의 외관을 띤 자금차입 거래행위에 불과하므로 자금을 차입하려는 자가 해외수출자에게 지급한 유산스 이자는 외국법인인 해외수출자의 국내원천 이자소득으로서 법인세 원천징수 대상에 포함된다.[7]

⑥ 甲 법인(이하 '甲')은 상가건물을 소유하고 있었는데, 1997. 11.경 부도처리되었고 위 상가건물의 임차인들이 설립한 임차인조합은 2001. 7. 1. 상가건물에 대한 임의경매절차에서 853억 원의 매수대금으로 매각허가결정을 받았다. 한편 乙 법인(이하 '乙')은 2002. 7. 16. 甲과 사이에 상가건물을 1,400억 원에 매수하기로 하는 매매계약을 체결하고(이하 '이 사건 매매계약') 같은 날 소유권이전등기를 마친 다음, 상가건물에 대한 경매절차를 중지시키고 임차인조합을 상대로 근저당권의 말소청구소송 등을 제기하였다. 乙은 2003. 9. 27.경 임차인조합으로부터 합의금 등을 지급받기로 한 데에 이어 2003. 12. 9. 甲과 사이에 이 사건 매매계약을 합의해제하는 내용의 약정을 체결하였고, 이에 임차인조합은 2003. 12. 10. 다시 진행된 상가건물에 대한 경매절차에서 매수대금을 완납하여 그 소유권을 취득하였다. 과세관청은 2006. 1. 13. 乙에 대하여 실질과세원칙에 기하여 그 거래의 형식에도 불구하고 실질적으로는 乙이 甲으로부터 상가건물을 매매대금 1,400억 원에 취득한 다음 2003. 12. 10. 임차인조합에 이를 2,128억 원에 양도하여 양도차익을 얻은 것으로서 원고의 임차인조합에 대한 상가건물의 양도가 부가가치세법상의 재화의 공급에 해당한다고 보아 2003년 제2기분 부가가치세의 부과처분을 하였다. 대법원은 실질과세원칙을 근거로 이 사건 거래의 실질은 상가건물의 소유권이 甲으로부터 乙을 거쳐 임차인조합에게로 순차적으로 이전된 것임에도 불구하고 당사자들의 조세부담을 경감시키고자 甲과 乙 법인이 매매계약을 해제하고 甲으로부터 임차인조합에게로 직접 소유권이 이전되는 형식을 취한 것에 불과하다고 판단하였다. 또한 이 사건 합의해제는 외관과 실질이 괴리되어 있고 그 실질을 외면하는 것이 심히 부당하다고 볼 수 있는 경우에 해당하여 실질적으로 그 효력을 인정할 수 없다고 하여, 이 사건 거래의 실질이 甲과 乙 사이의 유효한 합의해제와 임차인조합의 부동산임의경매절차에서의 경락으로 이루어졌다는 주장을 배척하였다.[8]

7) 대법원 2011. 5. 26. 선고 2008두9959 판결.
8) 대법원 2012. 8. 30. 선고 2012두7202 판결; 원심 판결인 서울고등법원 2012. 2. 9. 선고 2011누14731 판결은

⑦ 원고 회사는 자기발행 외화표시 전환사채를 현물출자 당시의 기준환율로 평가하여 현물 출자받고 당초 전환사채 발행계약에서 정해진 전환가액을 발행가액으로 하여 발행주식 수를 산정하여 신주를 발행하였다. 그 과정에서 발생한 외화차손 및 미상각 사채할인발 행차금 등 사채상환손실을 손익거래로 보아 손금에 산입할 수 있는지가 문제되었는데 원심은 위 거래의 실질이 사채권자의 전환권 행사와 동일하므로 세무조정을 통하여 손 익을 인식할 수 없다고 보았다. 반면 대법원은 위 거래의 내용이나 형식, 당사자의 의사, 현물출자의 목적과 경위 등 거래의 전체 과정에 비추어 보면, 원고 회사가 위 전환사채 를 현물출자받은 것으로 보는 것이 타당하고, 따라서 위 사채상환손실은 세법상 손금으 로 인정될 수 있다고 보아 실질과세원칙의 적용할 수 없다고 보았다.[9]

⑧ 원고 법인과 캐나다 소재 N사는 투자계약을 체결하여 소외 내국법인을 설립하였다. 원 고 법인은 네트워크 사업부문 전부를 소외 내국법인에 현물출자하는 방식으로 사업을 양도하고 그 대가로 소외 내국법인으로부터 보통주 999,999주(지분율 50퍼센트에 해당 하는 주식수에서 1주를 뺀 것)와 우선주 4주, 현금을 지급받았다. 원고 법인과 N사는 우선주 4주 중 2주의 환매절차와 감자절차에 관하여 우선주 약정을 체결하였는데, 그에 따르면 원고 법인이 우선주 환매대가를 받을 조건(이 조건은 소외 내국법인이 설립 후 2년간 내수매출액이 각가 4,800억원 이상을 달성하는 것이다)이 충족되면 우선주를 소 외 내국법인에게 환매하고 소외 내국법인은 이를 매입하여 소각하며 우선주 환매가격이 0원이면 원고 회사는 N사에 우선주 1주를 무상이전하기로 하였다. 소외 내국법인의 2006년, 2007년 내수매출액은 모두 원고 법인이 우선주 환매가격을 받을 수 있는 조건을 초과하였으므로 소외 내국법인은 2007년 원고 법인이 가진 우선주 1주를 2,940만 달러 에 유상소각하되 같은 금액으로 N사에 우선주 1주를 발행하였고, 2008년 원고 법인이 가진 우선주 1주를 5,000만 달러에 유상소각하되 같은 금액으로 N사에 우선주 1주를 발 행하였다. 원고 법인은 소외 내국법인으로부터 위 우선주 감자대가로 지급받은 금원을 투자자산 처분이익으로 계상한 후 이를 자본금감소에 따른 의제배당액으로 보아 수입배 당금 익금불산입 규정에 따라 익금불산입하였다. 과세관청은 위 유상소각대금이 네트워

명시적으로 다음과 같이 설시하고 있다.「당사자가 선택한 법률관계에 대하여 그것이 가장행위에 해당하지 않는 한 개별적이고 구체적인 부인 규정 없이 실질과세의 원칙에 의하여 조세회피행위에 해당한다는 이유로 그 효력을 부인할 수 없으나, 거기에서 언급하고 있는 가장행위를 민법 제108조 등에서 그 효력을 인정하지 않는 가장행위와 동일한 개념으로 이해할 필요는 없다. 당사자들 사이에 내심의 의사가 결여된 민법상의 통 정허위표시는 그 사법상의 효력도 없으므로 굳이 실질과세의 원칙을 적용할 필요도 없이 그 과세요건 해당성 은 가장행위의 배후에 은닉된 실제거래행위를 기준으로 판단하면 된다.
정작 실질과세의 원칙을 적용할 필요가 있는 영역은 그와 같은 민법상 가장행위의 정도에는 이르지 못하지만 외관과 실질이 괴리되어 있고 그 실질을 외면하는 것이 심히 부당하다고 볼 수 있는 경우이다.」
9) 대법원 2018. 7. 24. 선고 2015두46239 판결.

크 사업부의 양도대금에 해당한다고 보아 수입배당금 익금불산입 규정의 적용을 배제하였다. 대법원의 위 사안의 경우 우선주 약정의 체결에 뚜렷한 사업상 목적이 인정되고 조세회피 목적은 인정되지 않는다고 보아 국세기본법 제14조 제2항을 적용할 수 없다고 판단하였다.[10]

3 우회거래 또는 단계거래 부인의 원칙

국세기본법 제14조 제3항은 "제3자를 통한 간접적인 방법이나 둘 이상의 행위 또는 거래를 거치는 방법으로 이 법 또는 세법의 혜택을 부당하게 받기 위한 것으로 인정되는 경우에는 그 경제적 실질 내용에 따라 당사자가 직접 거래를 한 것으로 보거나 연속된 하나의 행위 또는 거래를 한 것으로 보아 이 법 또는 세법을 적용한다."라고 규정하고 있다. 위와 같은 원칙을 우회거래 또는 단계거래 부인의 원칙이라고 한다.[11]

여기서의 거래는 회계상의 거래를 의미하며 반드시 법률행위에 한정되는 것은 아니다. 회계상의 거래는 기업의 재무상태에 영향을 미치는 모든 경제적 사건(economic events)을 의미한다.[12] 법인세법상의 과세소득은 순자산증가설에 입각하여 과세기간별 기업의 재무상태 변동으로부터 도출되고 재무상태 변동은 거래가 집적된 결과이므로 거래를 인위적으로 조작하면 과세요건[13] 충족을 회피할 수 있기 때문이다.

우회거래 또는 단계거래 부인의 원칙이 적용된 대표적인 판례를 살펴보면 다음과 같다.
① 대법원 2019. 1. 31. 선고 2014두41411 판결은 A가 스스로 지배·운영하는 甲 법인 중 일부 부서의 인적, 물적 설비를 자식들과 함께 설립한 기업가치가 미미한 乙 법인에게 무상으로 넘기는 영업양도의 외형을 만든 후, 甲 법인에 불리하고 乙 법인에 전적으로 유리한 공급거래와 영업대행거래를 통하여 甲 법인의 부(富)를 乙 법인에 2년 8개월간 이전한 후 다시 乙 법인을 합병하는 외형을 갖추어, 건실한 회사인 甲 법인에 대한 A와 A의 특수관계법인 丁의 지분율을 낮추고 자식들의 지분율을 높이는 결과를 만들어 낸 사실관계에 관한 것이다. 위 사실관계에 관하여 대법원은 국세기본법 제14조 제3항을 원용하면서 영업양도부터 합병까지의 일련의 행위를 하나의 거래로 파악하여 증여세 과

---

10) 대법원 2023. 11. 30. 선고 2020두37857 판결.
11) 위 규정의 입법경위에 관하여는 이동식, 「일반조세법」 제4판, 준커뮤니케이션즈, 2016, 228면.
12) 신현걸, 「IFRS 밀레니엄 회계원리」, 제10판, 탐진, 2019, 6면.
13) 일반적으로도 세법의 과세요건이 반드시 법률행위를 대상으로 하는 것은 아니다. 예를 들어 인지세법은 과세요건으로 문서의 작성을(인지세법 제1조 제1항), 지방세법은 취득세의 과세요건으로 사실상 취득을 규정하고 있다(지방세법 7 ②). 같은 취지로 谷口勢津夫, 「税法基本講義」, 第5版, 弘文堂, 2016, 62면(주소의 이전도 조세회피행위에 해당할 수 있다는 취지).

세대상인 증여행위가 있었다고 판단하였다.

② 대법원 2022. 8. 25. 선고 2017두41313 판결은 합병 및 분할과 같은 자본거래가 연속된 거래에 관하여도 국세기본법 제14조 제3항이 적용된 사안이다. 대부업 및 부동산임대업을 영위하던 甲 회사는 소유 부동산을 390억원에 매도하기로 하는 계약을 체결하고 계약금 및 중도금을 받은 다음 대부업 부문을 분할하여 丙 회사를 설립하면서 위 계약금 및 중도금 중 269억원을 포함하여 자산 332억원을 이전하였다. 위 분할의 결과 甲 회사는 막대한 자산이 유출된 반면 기존의 유동부채는 그대로 남아 있게 되어 자본결손 상태에 빠지게 되었다. 다시 甲 회사의 주주들은 경영컨설팅업을 영위하던 乙 회사(원고)의 주식 전부를 인수하여 乙 회사를 인수한 후 乙 회사로 하여금 甲 회사를 흡수합병하도록 하였다. 乙 회사는 위 부동산을 감정가액인 339억원으로 평가하여 승계함에 따라 합병평가차익 295억원이 발생하였으나 甲 회사가 자본결손 상태에 있었으므로 합병차익은 1억원에 불과하였다. 乙 회사는 당시 적용되던 법인세법상 합병평가차익은 합병차익의 범위 내에서 익금에 산입하도록 하고 있다고 해석하여 합병평가차익을 1억원의 범위 내에서 익금에 산입하여 법인세를 신고하였다. 그 후 乙 회사는 위 부동산을 매수자에게 이전하여 매매잔금을 지급받은 후에 양도금액 390억원을 익금에 산입하고 감정가액인 339억원을 손금에 산입하였다. 결국 甲 회사 겸 乙 회사의 주주들은 위와 같은 일련의 거래를 통하여 조세부담을 최소화하면서 부동산의 장부가액을 평가증한 것이다. 과세관청은 위 일련의 분할 및 합병을 조세회피로 보고 국세기본법 제14조 제3항을 적용하여 甲 회사가 직접 부동산을 양도하였을 경우의 과세소득을 계산하여 乙 회사에 대하여 부과하였다. 대법원은 위 분할과 합병에 법인세 회피의 목적 외 사업상의 필요 등 다른 합리적인 이유가 있다고 보기 어렵고, 부동산의 양도와 분할 및 합병의 시간적 간격 등 제반 사정까지 더하면 국세기본법 제14조 제3항을 적용하여 위 각 거래를 그 실질에 따라 재구성할 수 있다고 판단하였다.

③ 서울행정법원 2020. 9. 11. 선고 2019구합64068 판결[14]은 '주식양수도 후 합병' 거래를 국세기본법 제14조 제3항에 의해 부인하여 바로 합병으로 과세할 수 있는지 여부가 다투어진 사안이 있었는데 법원은 그와 같은 거래형식을 취한데 사업상 목적이 인정된다고 보아 단계거래 부인의 원칙이 적용되지 않는다고 판단하였다.

---

14) [각공 2021상, 171](항소심 계속 중 원고 소취하로 종료).

제4절 위법소득 등에 대한 과세

1 위법소득 등의 개념

실질과세원칙과 관련하여 위법소득 또는 무효인 법률행위 등으로부터 생긴 소득이 과세소득을 구성하는지의 여부가 문제된다. 위법소득이란 위법집위에 의하여 획득한 경제적 이익을 가리킨다. 그리고 무효인 법률행위 등으로부터 얻은 소득이란 반사회질서의 법률행위·불공정한 법률행위·진의 아닌 의사표시 및 허위표시 등과 같이 무효인 법률행위로부터 얻은 소득, 무능력자의 행위와 사기·강박에 의한 의사표시 등과 같이 취소할 수 있는 법률행위 등으로부터 얻은 소득을 말한다. 이하에서는 위법소득과 무효인 법률행위 등으로부터 생긴 소득을 총칭하여 위법소득이라고 부르기로 한다.

2 위법소득의 과세에 관한 입법례

가. 독 일

독일은 위법소득의 취급에 관하여 조세기본법(Abgabenordnung : AO) 제40조 및 제41조가 명시적인 규정을 두고 있다. 즉 과세요건을 충족하고 있는 행위가 법률의 명령 또는 금지나 양속에 위반하는가의 여부는 과세에 대하여 관계가 없으며 무효인 법률행위라 할지라도 경제적 결과가 발생·존속하고 있는 범위와 기간 안에서는 과세에 대하여 영향을 미치지 않는다. 그리고 가장법률행위 및 가장행위도 과세에 대하여 관계가 없으며, 가장법률행위에 의하여 다른 법률행위를 숨긴 때에는 그 숨긴 행위를 기준으로 과세하여야 하는 것이다. 이는 경제적 관찰법의 표현으로서 과세가 가치중립적임을 분명히 한 규정이라고 하겠다.[1]

나. 미 국

미국은 1913년의 연방소득세법(Income Tax Act of 1913)에서 적법한 거래(lawful business)로부터 얻은 소득에 한하여 소득세를 과세하도록 규정하였으므로 위법소득에 대하여는 소득세의 과세 여부가 아예 문제가 되지 않았다. 이와 같은 태도는 1916년에 이루어진 연방소

---

[1] *Tipke/Kruse*, Abgabenordnung Finanzgerichtsordnung Kommentar, 13.Aufl., 2001, S. 90; *Ratschow* in Klein, Abgabenordnung, 13. Aufl., 2016., AO § 40 Rn. 1-21.

득세법의 개정시 '적법한 거래(lawful business)'라는 문언 중 '적법한(lawful)'이란 단어를 삭제한 후에도 그대로 유지되었다. 즉 연방대법원은 횡령금의 과세소득 구성 여부를 다룬 Commissioner v. Wilkox 사건[2]에서 대법원은 횡령자가 문제로 된 금액(횡령금)에 대한 법적인 권리(claim of right)를 갖지 않고 있음을 이유로 과세소득이 아니라고 판시하였다.[3]

그러나 연방대법원은 1952년에 Rutkin v. United States사건[4]에서 금품강요죄(extortion)를 범하여 취득한 금품은 피해자가 피해사실을 알지 못하는 횡령과는 달라서 원상회복의 개연성이 낮기 때문에 과세소득을 구성한다는 판결을 내렸다. 이어서 1961년에 연방대법원은 횡령금의 과세 여부를 다툰 James v. United States사건[5]에서 반환의무에 관한 명시적 또는 묵시적인 합의가 없고 그 금액의 처분에 관하여 아무런 제한이 없는 한 적법한 수입이거나 위법한 수입이거나를 묻지 아니하고 모두 과세소득을 구성한다고 판시하여 횡령금에 대한 과세를 긍정하였다. 이후에는 위법소득에 대한 소득세의 과세가 일반화되기에 이르렀다.

다. 일 본

실정법상 명문의 규정은 없으나 위법소득에 대한 과세를 긍정하고 있다.[6] 일본 소득세기본통달은 수입금액의 인정에 있어서 그 수입원인의 여하를 묻지 않는다고 규정하여 위법소득도 과세소득을 구성함을 명확히 하고 있다.

판례도 위법소득에 대한 과세를 지지하고 있다. 즉 물가통제령에 위반한 거래로 인한 수입,[7] 암거래에 의한 수입,[8] 횡령에 의한 수입,[9] 폭력도박단의 도박개장수입[10] 등도 모두 과세소득에 포함된다고 판시하였다.

3 위법소득에 대한 과세 여부

법인세법은 법인세의 과세소득을 포괄적으로 정의(법법 14 ①, 15 ①)하여 법인의 순자산의 증가를 가져오는 수익의 금액에 해당하기만 하면 해당 소득의 종류·발생원천·주기성의

---

2) 327 U.S. 404 (1946).
3) McNulty, *Federal Income Taxation of Individuals*, 4.ed., 1988, p. 42.
4) 343 U.S. 130 (1952).
5) 366 U.S. 213 (1961).
6) 吉良実, "違法所得と権利確定主義",「税法学」第200号, 1967, 130-131면.
7) 도쿄고등재판소 1952년(昭和 27년) 1월 31일 판결(高刑集 2호 1輯, 560면).
8) 오사카고등재판소 1968년(昭和 43년) 3월 13일 판결.
9) 오사카고등재판소 1965년(昭和 40년) 4월 27일 판결(「租税訴訟資料」 46号, 552면).
10) 金子宏, "テラ銭と所得税",「ジュリスト」316号, 1965, 31면.

유무와 가득한 소득의 위법 여부 등을 묻지 않고 모두 과세소득을 구성함을 분명하게 하고 있다.

　소득세법은 뇌물, 알선수재 및 배임수재에 의하여 받는 금품이 소득세의 과세대상이 되는 기타소득에 속한다고 명시적으로 규정하고 있다. 그리고 소득세법은 위법소득 또는 적법소득임을 명시하지 않고 과세소득의 종류를 열거하고 있는데, 위법소득이라고 할지라도 소득세법상 과세소득으로 열거하고 있는 소득에 해당하는 경우에는 과세소득에 포함된다고 새기고 있다.

　이 밖에도 법인의 과세표준을 신고·결정 또는 경정할 때 익금에 산입한 금액(예: 매출누락액, 업무용 승용차 관련비용으로 사적 사용에 따른 손금불산입액 등)이 그 법인의 주주 또는 대표자 등과 같은 특정인에게 귀속된 것이 확인되는 경우[11]에는 그 귀속자에 대한 배당 또는 상여 등으로, 사외로 유출되었으나 귀속이 불분명한 경우에는 대표자에게 귀속된 것으로 의제하여 그 자에 대한 상여로 소득처분하여 소득세를 과세하도록 하고 있다(법법 67, 법령 106 ① I 但, 소법 17 ① 및 20 ①).[12] 위의 규정에 따라 임원 등의 횡령금 등에 대하여 소득세를 과세하고 있다. 또한 법인의 출자자가 사외유출된 법인의 소득을 확정적으로 자신에게 귀속시켰다면 원칙적으로 주주총회 결의 여부, 배당가능이익 존부, 출자비율에 따른 것인지 여부 등과 무관하게 출자자에 대한 배당소득으로 과세한다.[13]

　결론적으로 위법소득이라고 할지라도 법인이 담세력을 표상하는 경제적 이익을 사실상 향유하고 있는 경우에는 마땅히 해당 법인의 과세소득을 구성한다고 해석하고자 한다.[14]

　대법원도 범죄행위로 인한 위법소득이라 하더라도 경제적 측면에서 보아 현실로 지배·관리하면서 이를 향수하고 있어 담세력이 있는 것으로 판단되면 과세소득에 해당된다고 판시하여 위법소득에 대한 과세를 긍정하고 있다.[15]

　그런데, 형법은 뇌물에 관한 죄에 있어서 범인 또는 정(情)을 아는 제3자가 받은 뇌물,

---

11) 주로 횡령에 해당한다.

12) 불법정치자금에 대하여는 상속세 또는 증여세를 과세한다. 즉 「정치자금에 관한 법률」에 의하여 기부하는 정치자금에 대하여는 상속세 또는 증여세를 비과세하지만, 「정치자금에 관한 법률」에 의한 정치자금 외의 정치자금에 대하여는 그 기부받은 자가 상속 또는 증여받은 것으로 보아 상속세 또는 증여세를 부과하도록 하고 있다(조특법 76 ②, ③).

13) 대법원 2018. 11. 9. 선고 2014도9026 판결; 대법원 2004. 7. 9. 선고 2003두1059·1066 판결.

14) 이종남, 「조세법연구」, 법조문화사, 1975, 411-412면; 이태로/한만수, 「조세법강의」, 신정8판, 박영사, 2012, 197-198면; 최명근, 「세법학총론」, 세경사, 1999, 11면. 부산고등법원 2022. 3. 25. 선고 2021누23763 판결(대법원 2022. 8. 12. 자 2022두41577 판결로 심리불속행 종결)은 토지거래허가 대상인 토지의 양도로 인한 익금의 귀속시기는 토지거래허가가 불허되지 않은 이상 그 대금을 청산한 날이 속하는 사업연도라고 한다. 위 판결은 그 근거로서 토지를 양도한 법인이 그 매매대금을 보유하고 있는 이상 현실적으로 이득을 지배·관리·향수하고 있음을 들고 있다.

15) 대법원 1994. 12. 27. 선고 94누5823 판결; 대법원 1983. 10. 25. 선고 81누136 판결.

배임수증죄의 범인이 받은 재물은 모두 필요적 몰수의 대상으로 규정하고 있다. 즉 뇌물·알선수재 및 배임수재에 의하여 받은 금품은 모두 몰수 또는 추징에 의하여 그 경제적 이익이 소멸하게 되어 있다. 뇌물 등이 몰수 또는 추징에 의하여 그 경제적 이익이 소멸한 경우에 해당 뇌물 등에 대한 과세 여부가 문제될 수 있다. 종래의 학설은 과세가능론과 과세불가론으로 양분되어 있다.

대법원은 종래 과세된 위법소득이 몰수 또는 추징되었다고 하더라도 원귀속자에게 환원조치 되지 않은 이상 소득이 실현되지 않았다고 할 수 없고, 몰수는 부가적인 형벌로서 소득의 실현과는 별개라는 점을 내세워 몰수 또는 추징된 위법소득에 대해서도 소득세를 과세하여야 한다는 견해를 지지하고 있었으나,[16] 대법원 2015. 7. 16. 선고 2014두5514 전원합의체 판결에서 위법소득의 지배·관리라는 과세요건이 충족되어 납세의무가 성립한 후 몰수나 추징과 같은 후발적 사유가 발생하여 소득이 실현되지 아니하는 것으로 확정됨으로써 당초 성립하였던 납세의무가 전제를 잃게 된 경우, 후발적 경정청구를 하여 납세의무의 부담에서 벗어날 수 있고 이러한 후발적 경정청구사유가 존재하는데도 당초에 위법소득에 관한 납세의무가 성립하였던 적이 있음을 이유로 과세처분을 한 경우, 항고소송을 통해 취소를 구할 수 있다는 입장으로 변경하였다.[17]

또 대법원은 과세소득은 경제적 측면에서 보아 현실로 이득을 지배·관리하면서 이를 향수하고 있어 담세력이 있다고 판단되면 족하고 그 소득을 얻게 된 원인관계가 법률적으로 반드시 적법·유효하여야 하는 것은 아니라고 한다.[18] 하급심 판결 중에서는 위법배당으로서 상법상 효력이 문제되는 배당이더라도 법인의 이익이 주주에게 분여되어 귀속된 이상 실질적인 배당소득의 성격을 갖는다고 본 것이 있다.[19]

---

16) 대법원 2002. 5. 10. 선고 2002두431 판결; 대법원 1998. 2. 27. 선고 97누19816 판결.
17) 대법원 2015. 7. 23. 선고 2012두8885 판결도 같은 취지이다.
18) 대법원 2023. 11. 30. 선고 2019두58445 판결.
19) 서울고등법원 2019. 11. 6. 선고 2018누55359 판결(대법원 2020. 3. 27. 자 2019두62307 판결로 심리불속행 종결).

제3장

사업연도

제1절 사업연도의 의의

법인의 사업연도라 함은 법인세 과세표준과 세액을 산정하기 위한 시간적 단위를 말한다. 즉 법인세의 과세기간이 사업연도인 것이다(기법 2 XIII).

법인세는 과세의 편의 또는 기술적인 필요에 의하여 기간과세의 원칙(Periodizitätsprinzip)을 채택하고, 인위적으로 나눈 기간을 단위로 하여 과세표준과 세액을 산정하도록 하고 있다. 즉 법인세는 법인의 전 존속기간의 소득금액을 대상으로 하여 단 1회에 한하여 과세표준과 세액을 산정하는 것이 아니라 그 전 존속기간을 일정한 시간적인 크기의 단위로 나누고 그 나눈 기간의 소득금액을 기준으로 하여 각각 과세표준과 세액을 산정하도록 하고 있다.

제2절 본래의 사업연도

1 사업연도의 선택

법인세의 과세기간인 사업연도는 원칙적으로 납세의무자가 스스로 선택한 기간에 의한다. 소득세법이 소득세의 과세기간을 획일적으로 역년주의(曆年主義: Annuitätsprinzip)에 따르도록 규정하고 있는 것과는 대조적이다.

법인의 사업연도란 법령이나 법인의 정관 등에서 정하는 1회계기간을 말하되, 법령이나 정관 등에 사업연도의 규정이 없는 법인의 경우에는 납세지 관할 세무서장에게 신고한 기간을 의미한다(법법 6 ①).

법령이나 정관 등에 사업연도에 관한 규정이 없는 경우의 신고절차는 다음과 같다(법법 6 ②부터 ④까지).

① 법령이나 정관 등에 사업연도에 관한 규정이 없는 내국법인은 따로 사업연도를 정하여 법인설립신고 또는 사업자등록과 함께 납세지 관할 세무서장에게 신고하여야 한다.

② 국내사업장이 있는 외국법인으로서 법령이나 정관 등에 사업연도에 관한 규정이 없는 법인은 따로 사업연도를 정하여 국내사업장 설치신고 또는 사업자등록과 함께 납세지 관할 세무서장에게 신고하여야 한다.

③ 국내사업장이 없는 외국법인으로서 부동산소득 또는 양도소득이 있는 법인은 따로 사업연도를 정하여 그 소득이 최초로 발생하게 된 날부터 1개월 이내에 납세지 관할 세무서장에게 이를 신고하여야 한다.

위에서 법인이 사업연도를 스스로 선택한다는 것은 법인이 사업연도의 개시일과 종료일을 임의로 정할 수 있다는 것과 사업연도의 장단을 임의로 선택할 수 있다는 두 가지 의미를 포함하고 있다.

첫째, 법인은 사업연도의 개시일과 종료일을 임의로 선택할 수 있다. 예를 들면 매년 3월 1일부터 익년도 2월 말일까지를 1사업연도로 선택하거나 매년 1월 15일부터 익년도 1월 14일까지를 1사업연도로 선택할 수 있다.[1)]

둘째, 법인은 사업연도의 장단을 임의로 정할 수 있다. 다만, 사업연도의 선택을 법인의 임의에 맡기는 경우에도 사업연도의 최장기간은 제한하고 있다. 왜냐하면 법인이 법인세 부담을 회피 또는 이연할 목적으로 전 존속기간 또는 장기간의 사업연도를 설정할 개연성이 높기 때문이다. 이로 말미암아 사업연도를 설정한 본래의 취지에 배치되는 결과를 초래하고, 또한 법인간의 세부담의 불공평을 야기하게 된다. 따라서 법인세법은 사업연도의 기간이 1년을 초과하지 못하도록 제한한다(법법 6 ①).

법인은 최장 1년의 범위 안에서 사업연도의 기간을 임의로 선택할 수 있다는 점이다. 예를 들면 1년·6개월·4개월·3개월·2개월 또는 1개월 등을 사업연도의 기간으로 선택할 수 있는 것이다.

다만, 사업연도의 기간을 1년 미만으로 정한 경우에는 법인세 산출세액을 계산할 때의 특례(법법 55 ②), 감가상각범위액을 산정할 때 내용연수의 특례(법령 28 ②) 등이 적용됨에 유의하여야 한다.

---

1) 2018년 말 현재 전체 외부감사대상 법인 중 91.1퍼센트에 해당하는 법인이 12월 말(1.1.–12.31.) 법인에 해당한다.

2 신설법인 등의 최초사업연도 개시일

가. 신설법인

신설법인의 최초사업연도의 개시일은 법령·정관 등에서 정한 사업연도 또는 신고한 사업연도에 관계없이 설립등기일로 한다. 다만, 최초사업연도의 개시일 전에 생긴 손익을 사실상 그 법인에게 귀속시킨 것이 있는 경우에 조세포탈의 우려가 없을 때에는 최초사업연도의 기간이 1년을 초과하지 않는 범위 내에서 이를 해당 법인의 최초사업연도의 손익에 산입할 수 있다. 이 경우에 최초사업연도의 개시일은 해당 법인에 귀속시킨 손익이 최초로 발생한 날로 한다(법령 4 ②).

나. 신설한 법인 아닌 단체

법인으로 보는 법인 아닌 단체의 최초사업연도의 개시일은 다음의 날로 한다(법령 4 ① I 但).

① 법령에 의하여 설립된 것에 있어서 해당 법령에 설립일이 정하여진 경우에는 그 설립일
② 설립에 관하여 주무관청의 허가 또는 인가를 요하는 것과 법령에 의하여 주무관청에 등록한 것의 경우에는 그 허가일·인가일 또는 등록일
③ 공익을 목적으로 출연된 기본재산이 있는 재단으로서 등기되지 아니한 것에 있어서는 그 기본재산의 출연을 받은 날
④ 국세기본법 제13조 제2항의 규정(법인으로 보는 단체의 승인)에 의하여 관할 세무서장의 승인을 얻은 단체의 경우에는 그 승인일

다. 국내사업장 등을 설치한 외국법인

외국법인의 경우에는 국내사업장을 가지게 된 날(국내사업장이 없는 경우에는 부동산소득 또는 양도소득이 최초로 발생한 날)을 최초사업연도의 개시일로 한다(법령 4 ① II).

제3절 의제사업연도

1 법인해산의 경우와 청산회사가 사업계속등기를 하는 경우

가. 법인해산의 경우

① 내국법인이 사업연도기간 중에 해산(합병·분할 또는 분할합병에 따른 해산 및 조직변경은 제외한다)한 경우에는 그 사업연도 개시일부터 해산등기일(파산으로 인하여 해산한 경우에는 파산등기일, 법인으로 보는 법인 아닌 단체의 경우에는 해산일을 말한다. 이하 같다)까지의 기간과 해산등기일 다음 날부터 그 사업연도 종료일까지의 기간을 각각 1사업연도로 본다(법법 8 ① I, II).

② 청산 중에 있는 내국법인, 즉 청산회사[1]의 잔여재산의 가액이 사업연도 중에 확정된 경우에는 그 사업연도 개시일부터 잔여재산의 가액이 확정된 날까지의 기간을 1사업연도로 본다(법법 8 ④ I).

나. 청산회사가 사업계속등기를 하는 경우

청산회사가 상법 제229조, 제285조, 제287조의40, 제519조 또는 제610조에 따라 사업을 계속하는 경우에는 그 사업연도 개시일부터 계속등기일(계속등기를 하지 아니한 경우에는 사실상의 사업계속일. 이하 같다)까지의 기간과 계속등기일 다음 날부터 그 사업연도 종료일까지의 기간을 각각 1사업연도로 본다(법법 8 ④ II).

2 법인이 합병 또는 분할하는 경우

내국법인이 사업연도 중에 합병 또는 분할에 따라 해산한 경우에는 그 사업연도 개시일부터 합병등기일 또는 분할등기일까지의 기간을 그 해산한 법인의 1사업연도로 본다(법법 8 ②).

3 법인이 연결납세방식을 적용받는 경우

내국법인이 사업연도 중에 연결납세방식을 적용받는 경우에는 그 사업연도 개시일부터 연결사업연도 개시일 전날까지의 기간을 1사업연도로 본다(법법 8 ⑤).

---

1) 청산 중의 회사라고도 한다.

4 외국법인이 사업장을 폐쇄하는 경우

국내사업장이 있는 외국법인이 그 사업연도 중에 국내사업장을 가지지 아니하게 된 경우에는 그 사업연도 개시일부터 사업장을 가지지 않게 된 날까지의 기간을 1사업연도로 본다. 다만, 국내에 다른 사업장을 계속하여 가지고 있는 경우에는 예외로 한다(법법 8 ⑥).

한편, 국내사업장이 없는 외국법인이 부동산소득 또는 양도소득이 발생하지 않게 되어 납세지 관할 세무서장에게 이를 신고한 때에는 사업연도 개시일부터 그 신고일까지를 1사업연도로 본다(법법 8 ⑦).

5 사업연도를 신고하지 않은 경우

법령이나 법인의 정관 등에서 사업연도에 관한 규정을 두고 있지 않기 때문에 법인설립신고·국내사업장설치신고 또는 사업자등록과 함께 사업연도를 신고하여야 할 법인이 사업연도신고서를 제출하지 않은 경우에는 매년 1월 1일부터 12월 31일까지, 즉 역년(曆年: calendar year, Kalenderjahr)을 그 법인의 사업연도로 본다. 다만, 그 법인의 첫 사업연도는 내국법인인 경우에는 설립등기일, 법인 아닌 단체인 경우에는 설립일 등, 외국법인인 경우에는 국내사업장을 가지게 된 날(국내사업장이 없는 외국법인으로서 부동산소득 또는 양도소득이 발생한 법인의 경우에는 해당 소득이 최초로 발생하게 된 날)부터 그 날이 속하는 해의 12월 31일까지로 한다(법법 6 ⑥, 법령 4 ①).

6 사업연도를 변경한 경우

법인이 사업연도를 변경한 경우에는 종전의 사업연도 개시일부터 변경한 사업연도 개시일 전날까지를 1사업연도로 한다. 다만, 그 기간이 1개월 미만인 때에는 변경된 사업연도에 그 기간을 포함한다(법법 7 ③).

제4절 사업연도의 변경

법인은 사업연도를 변경할 수 있다. 사업연도를 변경하려는 법인은 그 법인의 직전 사업연도 종료일부터 3개월 이내에 이를 납세지 관할 세무서장에게 신고하여야 한다(법법 7 ①).

예를 들면 사업연도가 7월 1일부터 다음 해 6월 30일까지인 법인이 2022년부터 사업연도를 1월 1일부터 12월 31일까지로 변경하고자 할 경우에는 그 직전 사업연도 종료일부터 3개월이 되는 날인 2021년 9월 30일까지 납세지 관할 세무서장에게 사업연도변경신고서를 제출하여야 한다. 사업연도를 위와 같이 변경하게 되면 2021년 7월 1일부터 12월 31일까지는 의제사업연도가 된다.

종전의 사업연도의 개시일부터 변경된 사업연도의 개시일 전일까지의 기간이 1개월 미만인 때에는 이를 변경된 사업연도에 포함한다. 이 경우에는 사업연도가 1년을 초과할 수 있게 된다.

법인이 사업연도의 변경신고를 기한 내에 하지 않은 경우에는 그 법인의 사업연도는 변경되지 않은 것으로 본다. 위에서 "그 법인의 사업연도는 변경되지 아니한 것으로 본다"는 의미는 변경신고한 해당 사업연도에는 변경되지 않은 것으로 본다는 것이다. 따라서 변경신고한 사업연도의 다음 사업연도부터는 변경신고한 사업연도를 적용한다.[1] 다만, 법령에 의하여 사업연도가 정하여지는 법인의 경우 관련법령의 개정에 따라 사업연도가 변경된 경우에는 사업연도의 변경신고가 없더라도 해당 법령의 개정내용과 같이 사업연도가 변경된 것으로 본다(법법 7 ②).

제5절 회사의 조직변경과 사업연도

회사의 조직변경이란 회사가 그 인격의 동일성을 유지하면서 그 법률상의 조직을 변경하여 다른 종류의 회사로 바꾸는 것을 말한다. 상법은 조직변경의 남용을 규제함과 아울러 그 법률관계를 명료하게 하기 위하여 그 조직이 비슷한 회사 사이에서만 조직변경을 허용하고 있다. 즉 인적회사는 다른 인적회사로, 그리고 물적회사는 다른 물적회사로의 조직변경만을 인정하고 있는데, 그 구체적인 유형에는 합명회사로부터 합자회사로, 합자회사로부

---

1) 법통 7-4…3.

터 합명회사로, 주식회사로부터 유한회사로, 유한회사로부터 주식회사로, 유한책임회사로부터 주식회사로, 주식회사로부터 유한책임회사로의 6가지가 있다.

회사의 조직변경은 기존의 회사의 소멸과 새로운 회사형태의 탄생을 가져오므로 이에 따른 해산등기와 설립등기가 수반된다. 그러나 회사의 조직변경이 있더라도 해당 회사의 인격은 동일성이 유지되기 때문에 그 회사의 사업연도와 법인세법상의 과세소득의 계산에 영향을 미치는 것은 아니다. 그러므로 법인이 조직을 변경한 경우에도 해당 법인의 사업연도는 조직변경 전의 사업연도가 계속된다(법법 8 ③).

제**6**절 소득의 변동과 사업연도와의 관계

특정법인의 가득기간의 전체, 즉 전 존속기간을 통하여 얻은 소득금액을 대상으로 하여 법인세를 산정하지 않고 인위적으로 획정한 기간을 단위로 하여 법인세를 산정하기 때문에 기간단위의 소득산정에 자의적이고 불합리한 요소가 개재될 수 있음을 부정하기 어렵다. 이와 같은 불합리한 요소를 시정 또는 완화하기 위하여 결손금의 소급공제 또는 이월공제를 허용하고 있다. 이에 관하여는 관련되는 부분에서 구체적으로 살펴본다.

제**7**절 사업연도 중의 법령의 개정과 소급과세금지의 원칙과의 관계

조세법령의 효력발생 전에 완결된 사실에 대하여 새로 제정하거나 개정한 법령을 소급적용하여 조세를 부과·징수하여서는 안 된다. 이를 소급과세금지의 원칙이라고 한다. 소급과세금지의 원칙은 조세법률관계에서 법적 안정성의 보장과 납세의무자의 신뢰이익의 보호에 기여한다.

법률의 소급적용에는 법률시행 전에 완결된 사실에 대하여 새로 제정하거나 개정한 신법령을 적용하는 경우인 진정소급과 신법령의 시행 전부터 계속되고 있는 사실 내지 법률관계에 대하여 신법령을 적용하는 경우인 부진정소급의 경우로 나누는 것이 보통이다.

진정소급은 납세의무자의 법적지위를 악화시킬 뿐만 아니라 납세의무자의 신뢰를 해치기 때문에 허용되지 않는다고 새긴다.

그러나 부진정소급에 대하여는 그 허용 여부를 둘러싸고 견해가 서로 엇갈려 왔다. 부진정소급의 예로서는 법인세와 같은 기간세에 있어서 사업연도의 진행도중에 납세의무자에게 불리하게 법령을 개정하고 이를 사업연도 개시일부터 소급하여 적용하는 경우에서 찾아볼 수 있다.

부진정소급은 소급과세금지의 원칙에 저촉된다는 견해와 저촉되지 않는다고 하는 견해가 서로 대립하여 왔다.

판례는 법인세와 같은 기간세에 속하는 조세에 있어서 사업연도 중에 법령을 개정하면서 사업연도 개시일부터 소급하여 적용한다고 하더라도 소급과세금지의 원칙에 위반하지 않는다는 견해를 취하고 있다.[1] 그 논거로서 해당 기간세의 납세의무가 사업연도 종료일에 성립한다는 점과 납세의무의 성립당시의 조세법령을 적용하도록 규정하고 있는 국세기본법 제18조 제2항을 든다.

조세법령에 있어서의 소급효를 진정소급(echte Rückwirkung)과 부진정소급(unechte Rückwirkung)으로 구분하면서 획일적으로 부진정소급은 소급과세금지의 원칙에 위배되지 않는다고 하는 견해는 납세자의 법적안정성과 신뢰이익을 현저히 침해할 수 있다. 즉 사업연도 개시일로부터 새로운 법령의 개정공포일까지의 기간 동안에 발생되거나 형성된 법률사실에 대하여 새로운 법령을 소급하여 적용하는 것은 납세자의 신뢰이익을 현저하게 침해하고 법적안정성을 위태롭게 하는 것이다.

부진정소급의 인정 여부는 그 소급효로 인하여 달성하고자 하는 공익과 그 소급효로 인하여 침해되는 납세의무자의 신뢰이익을 비교형량하여 결정함이 타당하다고 생각한다.[2]

나아가 사업연도 중에 기간세에 관한 법령을 개정하는 경우에는 경과규정에서 개정 법령의 시행일 이후 발생되거나 형성된 법률사실부터 적용하도록 명문의 규정을 두는 것이 바람직하다고 생각한다.[3]

---

1) 대법원 1964. 12. 15. 선고 64누93 판결.
2) 헌법재판소 1995. 10. 26. 선고 94헌바12 결정도 같은 문제의식을 갖고 있는 것으로 보인다:「… 이 사건에서 문제된 규정과 같이 세법에 있어 과세연도 도중에 세법이 개정된 경우 이를 부진정 소급입법으로 나누는 척도는 개념상으로는 쉽게 구분되나 사실상 질적 구분이 아닌 양적 구분으로, 단순히 법기술적 차원으로 이루어질 가능성이 있으나 현재로서는 이를 대체할 새로운 대안을 찾기 어려우므로 종전의 구분을 유지하도록 한다. 다만, 부진정 소급입법의 경우, 일반적으로 과거에 시작된 구성요건사항에 대한 신뢰는 더 보호될 가치가 있는 것이므로, 신뢰보호의 원칙에 대한 심사는 장래 입법의 경우보다 일반적으로 더 강화되어야 한다.」 우리 판례의 형성에 영향을 미친 독일의 헌법재판소도 입장을 바꾸었다. 즉, 독일헌법재판소 2010. 7. 7. 결정은 처음으로 부진정소급효가 있는 조세법 규정에 관하여 위헌을 선고하였다. 즉, 독일헌법재판소는 진정소급과 부진정소급의 이분론을 유지하면서도 개별 사안마다 비례의 원칙을 기준으로 하여 처분행위에 관한 납세자의 신뢰를 보호할 가치가 있는지 여부를 고려하여 위헌여부를 판단하고 있다. 이에 따라 부진정소급의 경우에도 입법목적을 촉진할 목적으로 필요하고 침해된 신뢰와 법률변경을 정당화할 수 있는 이유의 중요성 및 긴급성을 전체형량하여 합리성의 한계 내에 있는 경우에만 기본권 보장과 법치국가원리에 부합한다고 한다. 상세는 *Tipke/Lang*, Steuerrecht, 24.Aufl., 2021, Rn. 3.266.
3) 김용진, "조세법률주의 및 이와 관련된 문제점의 고찰",「월간조세」1992. 6., 29면.

제4장

납 세 지

제1절 의 의

법인세의 납세지라 함은 납세의무자가 법인세에 관한 신고·신청 또는 납세 등의 행위를 하는 경우와 과세관청이 납세의무자에 대한 법인세의 결정 및 징수 등의 처분을 하는 경우에 관할 관청(관할 세무서장)을 결정하는 기준이 되는 장소를 말한다. 납세지를 과세처분의 권한을 갖는 과세관청을 결정하는 기준이 되는 장소라는 측면에서 과세지라고 부르기도 한다.

납세지는 조세법률관계의 발생·변경·소멸과 관련하여 중요한 의미가 있는데, 특히 과세관청이 관할을 위반하여 과세처분을 행하는 경우에 해당 과세처분은 무권한행위, 즉 지역적 무권한행위에 해당하여 위법하게 된다.[1]

제2절 일반적인 납세지

1 내국법인의 납세지

내국법인의 법인세 납세지는 해당 법인의 등기부에 따른 본점이나 주사무소의 소재지(국내에 본점이나 주사무소가 소재하지 않는 경우에는 사업을 실질적으로 관리하는 장소의 소재지)로 한다. 그리고 법인으로 보는 법인 아닌 단체의 납세지는 해당 단체의 사업장 소재지로 하되, 주된 소득이 부동산소득인 단체의 경우에는 그 부동산의 소재지로 한다. 이 경우 2 이상의 사업장 또는 부동산을 가지고 있는 단체의 경우에는 주된 사업장 또는 주된 부동산의 소재지를 말하며, 사업장이 없는 단체의 경우에는 해당 단체의 정관 등에 기재된 주사무소의 소재지(정관 등에 주사무소에 관한 규정이 없는 단체의 경우에는 그 대표자 또

---

1) 대법원 1988. 2. 23. 선고 87누131 판결; 대법원 1983. 9. 27. 선고 83누300 판결.

는 관리인의 주소를 말한다)를 말한다(법법 9 ①, 법령 7 ①).

위에서 '주된 사업장 또는 주된 부동산의 소재지'라 함은 직전 사업연도의 사업수입금액이 가장 많은 사업장 또는 부동산의 소재지를 말한다. 그리고 사업수입금액은 한국표준산업분류에 의한 각 사업에서 생기는 수입금액(도급금액·판매금액과 보험료액을 포함하되, 기업회계기준에 따른 매출에누리금액 및 매출할인금액을 제외한다)으로 하되, 법인세 과세표준과 세액을 추계결정 또는 경정할 때 부동산임대에 의한 전세금 또는 임대보증금에 대한 수입금액은 정기예금이자율을 감안하여 국세청장이 정하는 이자율을 적용하여 계산한 금액으로 한다(법령 7 ②).

2 외국법인의 납세지

가. 국내사업장이 있는 외국법인의 납세지

1) 국내사업장 소재지 기준

외국법인의 법인세 납세지는 국내사업장의 소재지로 한다. 2 이상의 국내사업장이 있는 외국법인에 대하여는 주된 사업장의 소재지를 그 납세지로 한다. 이 경우 주된 사업장의 소재지라 함은 직전 사업연도의 사업수입금액이 가장 많은 사업장의 소재지를 말한다(법법 9 ③). 다만, 주된 사업장 소재지의 판정은 최초로 납세지를 정하는 경우에만 적용한다.

2) 국내사업장의 범위

국내사업장이란 외국법인이 그 사업의 전부 또는 일부를 수행하기 위하여 국내에 둔 고정된 장소를 가리킨다. 국내사업장의 범위에 관한 상세한 논의는 이 책의 '국내사업장의 개념'(998면)에서 살펴본다.

나. 국내사업장이 없는 외국법인의 납세지

국내사업장이 없는 외국법인으로서 부동산소득 또는 양도소득이 있는 외국법인의 납세지는 각각 그 자산의 소재지로 한다(법법 9 ② 但). 2 이상의 자산이 있는 외국법인에 대하여는 국내원천소득이 발생하는 장소 중 해당 외국법인이 납세지로 신고하는 장소를 그 납세지로 한다.

위의 납세지의 신고는 2 이상의 국내원천소득이 발생하게 된 날부터 1개월 이내에 납세지신고서에 의하여 납세지 관할 세무서장에게 신고하여야 한다(법령 7 ④ 後).

제**3**절 납세지의 특례

1 피합병법인의 납세지

내국법인이 사업연도 중에 합병으로 인하여 소멸한 경우 피합병법인의 각 사업연도의 소득에 관한 법인세 납세지는 합병법인의 납세지로 할 수 있다. 이 경우에는 합병등기일로부터 15일 이내에 변경 후의 납세지 관할 세무서장에게 납세지의 변경을 신고하여야 한다(법령 9 ③).

만일 납세지 변경신고가 없는 경우에는 본래의 피합병법인의 납세지를 그 납세지로 한다.

2 분할법인등의 납세지

내국법인이 사업연도 중에 합병 또는 분할로 인하여 소멸한 경우 피합병법인·분할법인 또는 소멸한 분할합병의 상대방법인의 각 사업연도의 소득(합병 또는 분할에 따른 양도손익을 포함한다)에 관한 법인세 납세지는 합병법인·분할신설법인 또는 분할합병의 상대방법인의 납세지(분할의 경우에는 승계한 자산가액이 가장 많은 법인의 납세지를 말한다)로 할 수 있다. 이 경우에는 합병등기일 또는 분할등기일로부터 15일 이내에 변경 후의 납세지 관할 세무서장에게 납세지의 변경을 신고하여야 한다(법령 9 ③).

만일 납세지 변경신고가 없는 경우에는 본래의 분할법인등의 납세지를 그 납세지로 한다.

3 원천징수한 법인세의 납세지

원천징수한 법인세의 납세지는 해당 원천징수의무자의 소재지로 한다(법법 9 ④). 이 경우 원천징수의무자의 소재지란 다음의 장소를 말한다(법령 7 ⑥).

가. 원천징수의무자가 개인인 경우

원천징수의무자가 거주자인 경우에는 그 거주자의 주된 사업장의 소재지로 한다. 다만, 주된 사업장 외의 사업장에서 원천징수를 하는 경우에는 그 사업장의 소재지, 사업장이 없는 경우에는 그 거주자의 주소지 또는 거소지로 한다.

그리고 원천징수하는 자가 비거주자인 경우에는 그 비거주자의 주된 국내사업장의 소재지로 한다. 다만, 주된 국내사업장 외의 국내사업장에서 원천징수를 하는 경우에는 그 국내사업장의 소재지, 국내사업장이 없는 경우에는 그 비거주자의 거류지 또는 체류지로 한다.

나. 원천징수의무자가 법인인 경우

해당 법인의 본점·주사무소 또는 국내에 본점 또는 주사무소가 소재하지 않는 경우 사업의 실질적 관리장소의 소재지(법인으로 보는 단체의 경우 해당 단체의 주된 사업장소재지로, 외국법인의 경우에는 해당 법인의 주된 국내사업장의 소재지로 한다)로 한다. 다만, 법인의 지점·영업소 그 밖의 사업장이 독립채산제에 의하여 독자적으로 회계사무를 처리하는 경우에는 그 사업장의 소재지(그 사업장의 소재지가 국외에 있는 경우를 제외한다)로 한다. 또한 법인이 지점·영업소 그 밖의 사업장에서 지급하는 소득에 대한 원천징수세액을 본점 등에서 전자계산조직 등에 의하여 일괄계산하는 경우로서 본점 등의 관할 세무서장에게 신고하거나 부가가치세법 제8조 제3항에 따라 사업자단위로 관할 세무서장에게 등록한 경우에는 해당 법인의 본점 등을 해당 소득에 관한 법인세 원천징수세액의 납세지로 할 수 있다. 이 경우 해당 법인의 본점 등에서의 일괄납부의 신고절차에 관하여 필요한 사항은 기획재정부령(법칙 2의2)으로 정한다.

다. 원천징수의무자가 국내에 그 소재지를 가지지 아니한 경우

외국법인으로서 법인세의 원천징수의무를 지는 자가 국내에 그 소재지를 가지지 않은 경우에는 다음의 장소를 그 납세지로 한다(법법 9 ④ 但, 법령 7 ⑦).

① 법인세법 제93조 제7호 나목에 해당하는 국내원천 부동산등양도소득 및 법인세법 시행령 제132조 제8항 각 호의 어느 하나에 해당하는 소득이 있는 경우에는 해당 유가증권을 발행한 내국법인 또는 외국법인의 국내사업장의 소재지

② 그 밖의 경우에는 국세청장이 지정하는 장소

제4절   납세지의 지정

    지방국세청장 또는 국세청장은 법인의 납세지가 부적당하다고 인정되는 경우로서 일정한 지정요건을 충족하는 때에는 그 납세지를 지정할 수 있다(법법 10 ①).

1   지정요건

    납세지가 그 법인의 납세지로 적당하지 아니하다고 인정되는 경우로서 다음의 사유에 해당하는 경우에는 납세지를 지정할 수 있다(법법 10 ①, 법령 8 ①).

① 내국법인의 본점 또는 주사무소의 소재지가 등기된 주소와 동일하지 않은 경우
② 내국법인의 본점 또는 주사무소의 소재지가 자산 또는 사업장과 분리되어 있어 조세포탈의 우려가 있다고 인정되는 경우
③ 2 이상의 국내사업장을 가지고 있는 외국법인의 경우로서 법인세법 시행령 제7조 제3항에 따라 주된 사업장의 소재지를 판정할 수 없는 경우
④ 2 이상의 자산이 있는 외국법인의 경우(법법 9 ② 但)로서 법인세법 시행령 제7조 제4항에 따라 납세지 관할 세무서장에게 납세지를 신고하지 않은 경우

2   지정절차

가. 지정권자

    납세지의 지정권자는 관할 지방국세청장이다. 다만, 새로 지정할 납세지와 종전의 납세지가 그 관할을 달리하는 경우에는 국세청장이 그 납세지를 지정할 수 있다(법령 8 ②).

나. 지정통지

    관할 지방국세청장 또는 국세청장이 납세지를 지정한 때에는 그 법인의 해당 사업연도 종료일부터 45일 이내에 해당 법인에게 이를 알려야 한다. 위의 기한 내에 알리지 않은 때에는 종전의 납세지를 그 법인의 납세지로 한다(법법 10 ②, 법령 8 ③, ④).

제5절 납세지의 변경신고

1 납세지의 변경신고

가. 납세지 변경신고의 요건과 절차

법인의 납세지가 변경된 경우에는 그 변경된 날부터 15일 이내에 변경 후의 납세지 관할 세무서장에게 이를 신고하여야 한다. 납세지가 변경된 법인이 부가가치세법 제8조에 따라 사업자등록정정신고를 한 경우에는 납세지 변경신고를 한 것으로 본다(법법 11 ①).

① 법인의 납세지가 변경된 경우라 함은 법인의 본점이나 주사무소의 변경등기를 한 경우를 가리킨다. 그러나 법인 아닌 사단 등의 경우에는 사업장소재지, 외국법인의 경우에는 국내사업장의 소재지를 이전한 경우를 가리킨다고 새겨야 할 것이다.

② 법인이 납세지를 변경한 날부터 15일을 경과하여 납세지 변경신고를 한 경우에 해당 납세지 변경신고는 납세지 변경으로서의 효력을 발생하는지 여부가 문제이다. 납세지 변경신고에서의 신고기한은 단순한 주의적 규정에 지나지 않고, 따라서 그 신고기한을 경과하여 신고하였다고 하더라도 그 신고한 날부터는 납세지 변경의 효력이 발생하는 것으로 본다(법칙 3).[1]

③ 납세지 변경신고는 변경 후의 납세지 관할 세무서장에게 하여야 한다. 납세지의 변경신고를 받은 세무서장은 그 신고받은 내용을 변경 전의 납세지 관할 세무서장에게 통보하여야 한다(법령 9 ②).

나. 납세지 변경신고의 효력

법인이 납세지변경신고서를 제출한 경우에는 해당 납세지변경신고서가 납세지 관할 세무서장에게 도달한 날에 납세지 변경의 효력이 발생한다고 새긴다.

법인이 본점 또는 주사무소를 이전하고서도 납세지 변경신고를 하지 않은 경우에는 종전의 납세지를 그 법인의 납세지로 한다. 이 경우에는 납세지의 지정사유에 해당한다.

---

1) 대법원 1983. 9. 27. 선고 83누300 판결.

2　외국법인의 사업장 폐쇄신고

외국법인이 그 납세지를 국내에 가지지 않게 된 경우에는 그 사실을 납세지 관할 세무서장에게 신고하여야 한다(법법 11 ③).

제**6**절　과세관할

법인세의 납세의무자는 국가에 대하여 법인세의 과세표준과 세액을 신고·납부하고, 교부하였거나 교부받은 세금계산서 또는 계산서를 제출하며, 지급명세서를 제출하거나 원천징수한 세액을 납부하여야 한다. 그리고 국가는 납세의무자에 대하여 과세표준과 세액을 결정 또는 경정하고, 확정된 법인세를 징수한다.

한편 국가는 행정청을 통하여 국가의 의사를 결정하고 외부에 표시하게 된다. 이처럼 과세권을 행사하는 행정청을 과세관청이라고 부르고, 과세관청이 유효하게 직무를 수행할 수 있는 범위를 과세관청의 권한 또는 관할이라 한다.

법인세의 부과 및 징수에 관하여는 납세지를 관할하는 세무서장 또는 지방국세청장이 그 관할권을 갖는다(법법 12).

제3편

내국법인의 각 사업연도 소득에 대한 법인세

제**1**장

내국법인의 각 사업연도의 소득에 대한 법인세

제1절 과세소득의 범위에 관한 학설과 포괄적 소득개념

법인세는 법인의 소득을 과세물건으로 하고 있으므로 소득(income, Einkommen)은 법인세의 중심개념이다. 그러므로 법인세의 이론적 고찰은 당연히 소득개념의 검토로부터 시작되지 않으면 안 된다.

소득의 개념 또는 범위는 경제학·회계학 및 법학 등 학문별 관점에 따라 상이하며, 같은 학문분야라 할지라도 학자에 따라 현저한 견해의 차이를 드러내고 있다. 법인세의 과세물건인 과세소득의 개념에 관하여도 견해가 일치하지 않고, 과세소득의 범위에 관한 각국의 입법례 또한 그 나라의 정치적·사회적·경제적 또는 문화적 지반의 차이에 따라 서로 다르게 규정하고 있다. 따라서 시대와 공간을 초월하여 과세소득의 개념을 일의적으로 규정짓는 것은 사실상 불가능하다.

과세소득의 개념 또는 범위를 둘러싸고 전통적으로 소득원천설과 순자산증가설이 대립하여 왔다. 소득원천설(Quellentheorie)은 소득의 개념을 제한적으로 파악한 학설로서 노이만(Neumann)과 푸이스팅(Fuisting) 등에 의하여 주창되었다. 소득원천설에서는 소득을 노동·사업 또는 재산과 같은 특정의 원천으로부터 주기적 또는 반복적으로 유입되는 수입이라고 정의한다. 소득원천설에 따르게 되면 주로 요소소득만이 과세소득을 구성하는 것으로 된다. 주기설(Periodizitätstheorie)라고도 한다.

이에 대하여 순자산증가설(Reinvermögenszugangstheorie) 또는 포괄적 소득개념(comprehensive income concept, einheitliche Einkommensbegriff)은 샨츠(Schanz)·헤이그(Haig) 및 사이몬스(Simons) 등에 의하여 주창된 것으로서 과세소득을 포괄적으로 파악하려고 하였다.

샨츠는 소득을 일정한 기간 동안의 순자산 증가(Zugang von Reinvermögen)[1]라고 정의하였다. 이 견해에 따르면 유형자산 및 무형자산의 양도차익·복권당첨소득·상속 또는 증여로 인하여 취득한 재산 등과 같은 일시적 또는 우발적인 성격의 소득까지 모두 과세소득의 범위에 포함하게 된다.

헤이그는 소득을 만족(satisfaction)의 유입이라는 측면에서 이해하였다. 그러나 헤이그는 소득을 단순히 만족 그 자체로서가 아니고 경제적 욕구를 충족시킬 수 있는 힘(Power)의 증가라는 형태로 이해하여 소득을 일정한 두 시점 사이에 증가된 경제력의 평가액이라고 정의하였다.[2] 그리고 사이몬스는 소득을 소비에 충당된 권리의 시장가치와 특정한 기간에 있어서의 기초와 기말 사이의 축적된 재산권 가치의 변화의 합계액이라고 정의하였다.[3]

즉 소득이란 기말의 재산권 가액에 해당 기간 동안의 소비액을 가산하고 기초의 재산권 가액을 공제하여 얻은 결과를 가리키는 것이다.

일정기간에 있어서의 소비를 c, 기말과 기초의 축적된 재산권의 가치를 각각 W1, W0라고 할 때 사이몬스의 정의는 다음과 같이 정식화할 수 있다.[4]

$$Y = c + (W1 - W0) = c + \Delta W$$

이상에서 살펴본 바와 같이 포괄적 소득개념에 있어서는 원천을 달리하는 사업소득·자산소득 및 이전소득 등이 그 형태나 실현 여부에 관계없이 모두 과세베이스에 산입되게 된다.

과세소득을 담세력(steuerliche Leistungsfähigkeit)의 지표로 파악할 때에 순자산증가설 또는 포괄적 소득개념이 소득원천설보다 훨씬 담세력의 포착이라는 목적에 부합하는 우월한 소득개념이라고 하지 않을 수 없다.[5]

포괄적 소득개념이 소득원천설보다 우월한 이유로서는 다음과 같은 점을 지적할 수 있다.

---

1) *Schanz*, "Der Einkommensbegriff und die Einkommensteuergesetze", Finanzarchiv 13. Jg., 1896, S.7.
2) Haig, "The Concept of Income-Economic and Legal Aspects", in Haig (ed.), *The Federal Income Tax*, 1921, p. 7.
3) Simons, *Personal income taxation : The Definition of the Income as a Problem of Fiscal Policy*, 1938, p. 50. 「personal income may be defined as the algebraic sum of (1) the market value of rights exercised in consumption and (2) the change in the value of the store of property rights between the beginning and end of the period in the question.」
4) 다만 법인은 소비를 할 수 없기 때문에 포괄적 소득개념에 관한 공식에서 소비(c)에 기한 소득부분을 관념할 수 없다는 점이 자연인과의 중요한 차이이다. 위 산식에서 소비(c)를 제외하면 현행 법인세법상의 순자산증가설과 같게 된다. 渡辺徹也,「スタンダード 法人税法」第2版, 弘文堂, 2019, 3면.
5) 미국 법인세법상 소득 개념의 역사적 발달과정에 관하여는 McCombs, "An Historical Review and Analysis of Early United States Tax Policy Scholarship: Definition of Income and Progressive Rates", 64 St. John;s Law Rev. 471(1990), 473~499.

① 포괄적 소득개념에서는 과세소득의 범위에 자본이득과 같은 비주기적 소득이 포함되는 것으로 이해한다. 자본이득(capital gains)과 같은 비주기적 소득도 경제력의 증가에 기여하기 때문에 과세소득을 구성하는 것이며, 특히 자본이득에 대하여 비과세하는 것은 조세회피행동을 자극하게 되어 불합리한 결과를 초래하게 된다. 즉 자본이득에 대하여 비과세하게 되는 경우에는 배당소득 등과 같은 자산소득을 자본이득으로 전환시켜 소득세의 부담을 회피하는 것이다.

② 원천을 달리하는 이질적인 소득이라 하더라도 같은 금액의 소득은 같은 경제력 또는 소비능력을 갖는다. 즉 '1원은 어디까지나 1원'인 것이다. 반면에 원천을 같이하는 소득이라 하더라도 서로 다른 금액의 소득은 다른 금액의 경제력 또는 소비능력을 갖는다.

③ 경제의 성장과 발전에 따라 소득원천의 다양화가 진행되고 있고, 동일한 납세자가 복수의 소득을 획득하는 경우가 일반화되고 있다. 따라서 과세소득을 일정한 원천으로부터 주기적 또는 반복적으로 유입되는 소득만으로 한정하는 경우에는 담세력을 표징하는 소득의 상당한 부분이 과세에서 제외되는 결과로 되어 부담의 불공평을 초래할 뿐만 아니라 증대하는 조세수요에도 응답할 수 없어 타당하지 않다.

④ 과세베이스의 포괄화와 각종 소득의 동등한 과세상의 취급에 의하여 수평적 공평을 달성할 수 있다. 그리고 과세베이스의 포괄화는 평균세율의 인하와 세율누진도의 완화를 가져올 수 있으며, 이로 인하여 노동공급·저축·사업의욕 등과 같은 경제적 저해효과를 극소화하고 탈세유인을 약화시킬 수 있는 이점이 있다.

이상과 같은 이유로 각국의 법인세제는 정도의 차이가 있기는 하나 모두 포괄적 소득개념에 입각하여 구축하고 있는 것이다. 단지, 실행가능성이나 공익 또는 국가정책상의 필요 등을 고려하여 인정하고 있는 과세제외항목의 다과에 차이가 있을 뿐이다.[6]

우리나라의 법인세법도 법인세의 과세소득을 포괄적 소득개념의 바탕 위에 구성하고 있다. 다만, 비영리법인의 경우에는 제한적인 소득개념 아래 특히 법인세법에서 제한적으로 열거하고 있는 소득만을 과세대상으로 삼고 있다.

따라서 이하에서는 법인세의 과세소득의 범위를 영리법인과 비영리법인으로 구분하여 살펴보기로 한다.

---

6) 엄밀한 의미에서의 포괄적 소득개념에 입각한 입법례는 찾아볼 수 없으며, 시장소득설(Markteinkommens-theorie) 등과 같은 완화 또는 변형된 포괄적 소득개념에 터잡아 과세소득을 규정하고 있다(김완석/정지선, 「소득세법론」, 제26판, 삼일인포마인, 2020, 50면 이하 참조).

제**2**절 영리법인

1 과세소득의 범위

법인세법은 법인세의 과세소득의 범위에 관하여 정의[1]하고 있다(법법 14 ①, 15 ①, 19 ①). 즉 법인세법은 법인세의 과세소득(각 사업연도의 소득)을 그 사업연도에 속하는 익금의 총액에서 그 사업연도에 속하는 손금의 총액을 뺀 금액이라고 규정하면서(법법 14 ①) 익금 (법법 15 ①), 손금(법법 19 ①)에 관하여 각각 정의하고 있다.

위의 법인세법 규정들은 법인세의 과세소득을 포괄적으로 정의하여 법인의 순자산의 증가를 가져오는 수익의 금액이기만 하면 소득의 종류·발생원천 또는 주기성의 유무 등을 묻지 않고 모두 과세소득을 구성함을 명백히 하고 있다.

2 과세소득의 규정방식

법인세법은 법인세의 과세소득을 포괄주의방식에 따라 규정하고 있다. 앞에서 살펴본 바와 같이 법인세법은 과세소득을 하나하나 열거하여 규정하지 않고 포괄적인 정의규정(定義規定 : 법법 14 ①, 15 ①, 19 ①)에 의하여 규율하고 있는 것이다.

따라서 수익과 손비의 범위를 정하고 있는 법인세법 시행령 제11조(수익의 범위)와 제19조(손비의 범위)는 익금(수익)항목과 손금(손비)항목의 예시규정에 지나지 않는 것이다. 해당 조항에서 열거하고 있지 않는 항목이라 할지라도 법인의 순자산의 증가를 가져오는 항목이면 익금, 법인의 순자산의 감소를 초래하는 항목이면 손금을 구성하는 것이다.

반면 소득세법은 열거주의방식에 따라 소득의 원천별로 소득세의 과세대상을 규율하고 있다.[2]

---

1) 법인세법 제14조 제1항·제15조 제1항 및 제19조 제1항은 법인세의 과세소득의 범위를 정하는 정의규정이면서 아울러 과세소득의 산정을 위한 도구규정이기도 하다. 즉 법인세법 제14조 제1항 등은 법인의 순자산의 증가액이 법인세의 과세소득이라고 정의하여 과세소득의 범위를 정하고 있다. 그리고 익금총액에서 손금총액을 공제하여 과세소득금액(각 사업연도의 소득)의 크기를 산정한다고 정함으로써 과세소득의 산정방법을 제시하고 있는 일종의 도구규정인 것이다.
2) 김완석/정지선, 「소득세법론」, 제26판, 삼일인포마인, 2020, 66면.

제**3**절　비영리법인

1　과세소득의 범위

가. 과세소득의 계산구조

비영리법인은 소득원천설의 입장을 취하여 과세소득의 범위를 제한적으로 열거하고 있는데, 일정한 수익사업에서 생기는[1] 소득을 그 대상으로 하고 있다.

비영리법인은 출연금·기부금·헌금·회비·등록금(학교법인) 등을 주된 재원으로 하나, 비영리사업의 목적을 달성하기 위하여 필요한 한도 안에서 일정한 영리행위, 즉 수익사업을 영위하는 경우도 있다. 이와 같은 수익사업에서 생긴 소득에 대하여는 각 사업연도의 소득에 대한 법인세를 과세한다. 수익사업에서 생기는 소득이란 아래에서 열거하는 사업 또는 수입(이하에서 '수익사업'이라고 부른다)에서 생기는 수입금액(해당 수익사업과 직접 관련하여 생기는 부수수익을 포함한다[2])에서 이에 대응하는 손금[3]을 뺀 금액을 말한다(법법 4 ③, 법령 3).

비영리법인이 수익사업에서 얻은 소득을 고유목적사업 등에 지출하더라도 특별한 사정이 없는 한 이를 수익사업의 소득을 얻기 위하여 지출한 비용으로 볼 수 없으므로 고유목적사업준비금의 손금산입 한도액 범위 안에서 손금산입할 수 있을 뿐이고, 이와 별도로 비영리법인의 선택에 따라 그 지출금을 수익사업의 수익에 대응하는 비용으로 보아 손금에 산입할 수는 없다.[4] 즉, 수익사업에서 생긴 소득이라면 비영리사업의 재원조달을 위한 것이라도 과세의 대상이 된다.[5]

---

1) 여기서의 '생기는'이라는 표현은 순자산증가설의 관점에서 해석하여야 한다. 그러나 대법원 판례는 관련 규정의 문언 내용과 체계, 조세법규의 엄격해석 원칙 등을 근거로 원칙적으로 수익사업 활동에서 직접 발생한 소득만이 수익사업에서 생기는 소득으로서 법인세 과세대상이므로 타인으로부터 증여받은 수익사업용 재산은 법인세 과세대상이 아니라 증여세 과세대상이라고 해석한다. 따라서 사설묘지 조성·관리 등을 목적으로 설립된 비영리재산법인이 수익용 기본재산이 되는 토지를 증여받은 경우 증여세의 납세의무가 있다고 한다. 대법원 2025. 1. 23. 선고 2023두47893 판결.
2) 따라서 비영리외국법인의 외환차익 등이 수입금액에 해당할 수 있다. 서면-2023-국제세원-1128, 2023. 6. 16; 국제세원관리담당관실-277. 2013. 8. 7.
3) 비영리법인이 수익사업과 비수익사업을 영위하는 경우 개별 손금은 수익사업과 비수익사업에 각각 귀속시키고 공통손금은 법인세법 시행규칙 제76조 제6항 제2호에 따라 수익사업과 비수익사업이 동일한 업종이면 수입금액에 비례하여 안분하며, 수입금액에 비례하여 안분하는 것이 불합리한 경우에는 국세청장이 정하는 작업시간, 사용시간, 사용면적 등의 기준에 의하여 안분계산할 수 있다. 기획재정부 법인세제과-586, 2023. 10. 12.
4) 대법원 2020. 5. 28. 선고 2018두32330 판결. 위 판결에 반대하는 평석으로 정기상, "비영리법인의 고유목적사업준비금 손금산입에 관한 고찰", 「세무와 회계 연구」 제11권 제4호, 2022, 157면 이하.

나. 일정한 사업소득

제조업, 건설업, 도매 및 소매업 등 통계법 제22조에 따라 통계청장이 작성·고시하는 한국표준산업분류에 따른 사업 중 수익이 발생하는 것으로 한다고 규정하고 있다(법법 4 ③ I, 법령 3 ① 本).[6]

위에서 사업(business, Gewerbebetrieb)이란 일의적으로 정의하기는 어려우나, 독립적인 지위에서 영리를 목적으로 계속·반복적으로 행하는 사회적 활동이라고 정의하고자 한다. 즉 사업이란 독립성·영리목적성 및 계속반복성을 기본적 속성으로 한다.

첫째, 독립성이란 자기의 계산과 위험에 의거한 행위를 의미한다. 위에서 자기의 계산과 위험에 의거한 행위(Handeln auf eigene Rechnung und Gefahr)란 사회적 활동의 내용과 태양을 본인이 스스로 결정하고, 그와 같은 활동의 성과를 본인이 향수함과 아울러 그 위험부담도 스스로 진다는 의미이다.

둘째, 사업은 영리목적, 즉 경제적 성과(wirtschaftlichen Erfolg)를 얻을 목적으로 행할 것을 그 요건으로 한다. 다만, 영리목적을 부수적 목적(Nebenzweck)으로 하더라도 상관이 없다.[7]

이와 같은 영리목적의 충족 여부는 개개의 행위 단위로 판정할 것이 아니고 반복되는 일련의 행위로 판단하여야 한다.

셋째, 사업은 동종의 행위를 계속적으로 반복하여야 한다. 활동의 계속성(Nachhaltigkeit)이란 같은 시기 또는 동일한 계속적 관계를 통하여 동종의 복수의 행위가 행하여지거나 하나의 계속적 관계가 형성되는 경우를 가리킨다.[8] 법인세법 시행규칙은 사업활동에 각 사업연도의 전 기간 동안 계속하는 사업 외에 상당 기간 동안 계속하는 사업 외에 상당 기간 동안 계속하거나 정기적 또는 부정기적으로 수차례에 걸쳐 하는 사업을 포함한다(법칙 2).

그러나 법인세법 시행령은 일정한 사업을 수익사업에 포함되는 사업의 범위에서 제외하고 있다(법령 3 ①).

다. 이자소득

소득세법 제16조 제1항에 따른 이자소득을 말한다(법법 4 ③ II).

---

5) 대법원 1991. 5. 10. 선고 90누4327 판결; 대법원 1984. 12. 26. 선고 81누266 판결.
6) '지상권을 설정하여 주고 그 대가를 받는 행위'도 한국표준산업분류상의 부동산 임대업에 포함된다. 광주고등법원 2022. 6. 22. 선고 (제주)2021누2294 판결(확정).
7) 대법원 1996. 6. 14. 선고 95누14435 판결; *Tipke/Lang*, Steuerrecht, 24.Aufl., 2021, Rn. 8.414.
8) 독일의 판례의 태도이기도 하다. BFH BStBl. 1969, 282; BFH BStBl. 1979, 530.

라. 배당소득

소득세법 제17조 제1항에 따른 배당소득을 말한다(법법 4 ③ III).

마. 주식·신주인수권 또는 출자지분의 양도로 인한 수입

주식·신주인수권 또는 출자지분의 양도로 인한 수입을 말한다(법법 4 ③ IV).

바. 유형자산 및 무형자산의 처분으로 생기는 수입

유형자산 및 무형자산의 처분으로 인하여 생기는 다음의 각 구분에 따른 수입을 말하며 다음의 각 구분에 모두 해당하는 경우에는 큰 수입을 말한다(법법 4 ③ V, 법령 3 ②). 이 경우 해당 자산의 유지·관리 등을 위한 관람료·입장료 수입 등 부수수익이 있는 경우에도 이를 고유목적사업에 직접 사용한 자산으로 본다.

① 유형자산 및 무형자산의 처분일[9] 현재 3년 이상 계속하여 고유목적사업에 직접 사용한 경우:

　해당 자산의 처분으로 인하여 생기는 수입[10]

② 유형자산 및 무형자산을 10년 이상 고유목적사업에 직접 사용한 경우:

　다음 계산식에 따라 계산한 수입

$$
\text{해당 자산의 처분으로 인하여 생기는 수입} \times \frac{\text{해당 자산을 고유목적사업에 직접 사용한 일수}}{\text{해당 자산을 보유한 일수}}
$$

이 경우 비영리내국법인이 수익사업에 속하는 자산을 고유목적사업에 전입한 후 처분하는 경우에는 전입시 시가로 평가한 가액을 그 자산의 취득가액으로 보고, 처분으로 인하여 생기는 수입을 계산한다(법법 4 ③ V, 법령 3 ②). 즉 비영리법인의 유형자산 및 무형자산 등을 수익사업에서 고유목적사업으로 전입한 후 처분하는 경우 비과세되는 양도소득의 범위

---

9) 「지방자치분권 및 지역균형발전에 관한 특별법」 제25조에 따라 이전하는 공공기관의 경우에는 공공기관 이전일을 말한다.

10) 이 경우 비영리내국법인이 수익사업에 속하는 자산을 고유목적사업에 전입한 후 처분하는 경우에는 전입 당시의 시가로 평가한 가액을 그 자산의 취득가액으로 한다. 즉 비영리법인의 유형자산 및 무형자산 등을 수익사업에서 고유목적사업으로 전입한 후 처분하는 경우 비과세되는 양도소득의 범위는 고유목적사업 전입 이후 발생한 부분에 한정된다.

는 고유목적사업 전입 이후 발생한 부분에 한정된다.

법문상 고유목적사업에 직접 사용하지 못한 데 정당한 사유가 있으면 달리 본다고 규정하고 있지 않으므로 자산의 처분대금을 법인세 과세소득으로 보아야 하는지를 결정할 때 해당 비영리법인이 토지를 직접 사용하지 못한 데 정당한 사유가 있는지 여부는 따지지 않는다.[11]

사. 부동산에 관한 권리와 기타자산의 양도로 인하여 생기는 수입

부동산에 관한 권리와 기타자산의 양도로 인하여 생기는 수입을 말한다(법법 4 ③ VI). 부동산에 관한 권리란 부동산을 취득할 수 있는 권리(건물이 완성되는 때에 그 건물과 이에 부수되는 토지를 취득할 수 있는 권리를 포함한다), 지상권, 전세권과 등기된 부동산임차권을 말한다(소법 94 ① II).

그리고 기타자산이란 다음 중 어느 하나에 해당하는 자산을 말한다(소법 94 ① IV).

① 사업용 고정자산과 함께 양도하는 영업권(영업권을 별도로 평가하지 않았으나 사회통념상 영업권이 포함되어 양도된 것으로 인정되는 것과 행정관청으로부터 인가·허가·면허 등을 받음으로써 얻는 경제적 이익을 포함한다)

② 이용권·회원권 그 밖에 그 명칭과 관계없이 시설물을 배타적으로 이용하거나 일반이용자에 비하여 유리한 조건으로 이용할 수 있도록 약정한 단체의 일원이 된 자에게 부여되는 시설물이용권(법인의 주식등을 소유하는 것만으로 시설물을 배타적으로 이용하거나 일반이용자에 비하여 유리한 조건으로 시설물이용권을 부여받게 되는 경우 그 주식등을 포함한다)

③ 다음의 '㉮' 및 '㉯'에 해당하는 법인의 주주 1인 및 기타 주주가 그 법인의 주식등의 합계액의 50퍼센트 이상을 주주 1인 및 기타 주주 외의 자에게 양도하는 경우의 해당 주식등
㉮ 해당 법인의 자산총액 중 토지·건물 및 부동산에 관한 권리의 합계액이 차지하는 비율이 50퍼센트 이상인 법인
㉯ 해당 법인의 주식등의 합계액 중 주주 1인과 기타 주주가 소유하고 있는 주식등의 합계액이 차지하는 비율이 50퍼센트 이상인 법인

④ 다음의 '㉮' 및 '㉯'에 해당하는 법인의 주식등을 양도하는 경우의 해당 주식등
㉮ 해당 법인의 자산총액 중 토지·건물 및 부동산에 관한 권리의 합계액이 차지하는 비율이 80퍼센트 이상인 법인

---

11) 대법원 2017. 7. 11. 선고 2016두64722 판결.

⑭ 골프장·스키장·휴양콘도미니엄 및 전문휴양시설을 건설 또는 취득하여 직접 경영
하거나 분양 또는 임대하는 사업을 영위하는 법인

아. 그 밖에 대가를 얻는 계속적 행위로 인한 수입

그 밖에 대가를 얻는 계속적 행위로 인한 수입으로서 대통령령으로 정하는 것도 수익사
업에서 생기는 소득에 포함된다(법법 4 ③ Ⅶ, 법령 3 ③).

자. 채권 등의 매매익

채권 또는 증권(그 이자소득에 대하여 법인세가 비과세되는 것을 제외한다)의 매도에 따
른 매매익을 말한다. 위에서 채권 등의 매매익이란 채권 등의 매각익에서 매각손을 뺀 금액
을 말한다. 다만, 예금보험기금을 통한 예금보험제도를 운영하는 사업 등(법령 3 ① Ⅷ에
따른 사업)에 귀속되는 채권등의 매매익은 제외한다(법령 3 ③).

2 과세소득의 규정방식

비영리법인에 대한 과세소득의 규정방식은 영리법인과는 달리 열거주의방식을 채택하고
있다. 따라서 법인세법에서 비영리법인의 과세소득으로 열거하지 않은 소득에 대하여는 법
인세를 과세할 수 없다. 과세소득의 규정방식을 열거주의방식에 의하면서 과세대상으로 열
거하지 않은 소득은 법률의 공백영역(steuerrechtsfreier Raum)에 해당하게 되어 사실상 과
세제외소득(비과세소득)을 이룬다.

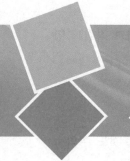

제2장

과세표준의 계산

제1절 과세표준의 계산구조

　내국법인의 각 사업연도의 소득[1])에 대한 법인세의 과세표준은 각 사업연도의 소득[2])의 범위에서 이월결손금·비과세소득 및 소득공제액을 순서대로 공제하여 산정한다(법법 13). 즉 각 사업연도에 속하는 익금의 총액에서 그 사업연도에 속하는 손금의 총액을 빼서 각 사업연도의 소득을 산정하고, 이와 같이 산정한 각 사업연도의 소득에서 이월결손금·비과세소득 및 소득공제액을 순서대로 공제하여 과세표준을 산정하는 구조이다.

　이때 이월결손금은 각 사업연도 소득의 80퍼센트 범위에서만 공제할 수 있다(법법 13 ① 但). 과거에는 각 사업연도 소득 전부에서 공제할 수 있었으나 2015. 12. 15. 법인세법 개정 시에 이월결손금 공제가 특정 사업연도에 집중되지 않도록 하고 기업 조세부담의 형평성을 제고하기 위하여 공제한도를 신설하였다.[3]) 중소기업과 회생계획을 이행 중인 기업, 유동화전문회사, 사업재편계획을 이행중인 법인 등 대통령령으로 정하는 법인(법령 10 ① 각 호)은 종전과 같이 100퍼센트 공제된다(법법 13 ① 但 괄호).[4]) 한편, 비과세소득 및 소득공제액은 각 사업연도의 소득을 한도로 하여 공제하고 그 사업연도에 미처 공제받지 못한 비과세소득 및 소득공제액은 이월되지 않고 소멸한다.

---

1) 이곳에서의 '각 사업연도의 소득'이란 '청산소득'과 대비적으로 사용한 것으로서, 법인의 해산에 따라 발생한 청산소득 외의 일반적인 법인(계속법인)의 소득활동에 따라 번 소득을 가리킨다.
2) 이곳에서의 '각 사업연도의 소득'이란 특정 사업연도의 소득금액이란 의미이다. 법인세법 시행규칙 별지 제3호 서식(법인세과세표준및세액조정계산서)에서는 '각 사업연도 소득금액'이라고 쓰고 있다.
3) 이 개정안은 흑자법인으로 하여금 매년 최소한의 법인세를 부담하도록 하려는 것이라고 한다[제337회 국회(정기회) 기획재정위원회회의록(조세소위원회) 제2호, 2015. 11. 11, 55면(전문위원 권영진 진술부분)].
4) 헌법재판소는 법인세법 제13조 단서가 포괄위임금지원칙, 조세평등주의, 신뢰보호원칙 등에 위반하지 않는다고 판단하였다. 헌법재판소 2022. 5. 26. 선고 2020헌바240·272(병합).

법인세 과세표준의 계산과정을 계산식으로 표시하면 다음과 같다.

> • 각 사업연도의 소득 = 익금의 총액 − 손금의 총액
> • 법인세 과세표준 = 각 사업연도의 소득 − 이월결손금 − 비과세소득 − 소득공제액

판례는 법인세 부과처분 취소소송에서 과세표준의 기초가 되는 각 사업연도의 익금과 손금에 대한 증명책임은 원칙적으로 과세관청에 있다고 한다. 과세처분의 적법성 및 과세요건 사실의 존재에 대한 증명책임이 과세관청에 있기 때문이다. 그러나, 납세의무자가 신고한 어느 손금의 용도나 지급의 상대방이 허위라거나 손금으로 신고한 금액이 손비의 요건을 갖추지 못하였다는 사정이 과세관청에 의하여 상당한 정도로 증명된 경우에는 증명의 난이, 공평의 관념 등에 비추어 그런 비용이 실제로 지출되었다거나 다른 사정에 의하여 손비의 요건이 충족된다는 점에 관한 증명의 필요는 납세의무자에게 돌아간다고 본다.[5]

제2절 과세표준의 계산과 세무조정

1 세무조정의 의의

내국법인의 각 사업연도의 소득에 대한 법인세의 과세표준은 각 사업연도의 소득에서 이월결손금·비과세소득 및 소득공제액을 순서대로 공제하여 계산한다. 그리고 각 사업연도의 소득은 그 사업연도에 속하는 익금의 총액에서 그 사업연도에 속하는 손금의 총액을 빼서 산정한다.

그런데 법인세법은 법인세의 과세표준, 특히 각 사업연도의 소득을 산정하기 위한 독자적인 계산기구를 갖고 있지 않다. 즉 법인세법은 각 사업연도의 소득을 계산하기 위한 독자의 자기완결적인 계산기구를 갖추지 않고 법인의 기업회계상의 당기순손익을 출발점으로 하여 세무회계(법인세법상의 규정)와의 차이를 조정하도록 함으로써 유도적으로 각 사업연도의 소득을 산출하는 구조를 취하고 있다(간접법).[1]

---

5) 대법원 2015. 2. 12. 선고 2014두43028 판결; 대법원 2014. 8. 20. 선고 2012두23341 판결.
1) 최명근, 「법인세법」, 세경사, 1998, 177면; 岸田貞夫, 「現代税法解釈: 手続法·実体法·争訟法における課題と考察」, ぎょうせい, 1992, 308면; 渡辺淑夫, 「法人税法」, 平成7年度版, 中央経済社, 1995, 95면; 吉牟田勲, 「新版 法人税法詳説」, 中央経済社, 1995, 28면; 山本守之, 「法人税の理論と実務」, 第3版, 中央経済社, 1998, 40면.

이와 같이 기업회계상의 당기순손익을 출발점으로 하여 법인의 각 사업연도의 소득을 유도산정하는 과정을 세무조정이라 한다.

2 세무조정의 기본구조

기업회계상의 당기순손익을 출발점으로 하여 각 사업연도의 소득(과세소득)을 산정하기 위한 세무조정의 기본구조를 요약하여 표시하면 다음과 같다.

> 결산서상의 당기순손익
> + 익금산입 및 손금불산입
> − 손금산입 및 익금불산입
> = 각 사업연도의 소득(과세소득)

가. 결산서상의 당기순손익

결산서[2]상의 당기순손익이란 포괄손익계산서상의 당기순손익(법인세비용차감전순손익에서 법인세비용을 뺀 금액을 말한다)을 가리킨다.

나. 익금산입 및 손금불산입

익금산입 및 손금불산입은 당기순손익에 더하는 형태의 세무조정이다. 이와 같은 세무조정을 가산조정이라고도 부른다.[3]

1) 익금산입

법인세법상 익금을 구성함에도 결산서상 수익으로 계상하고 있지 않기 때문에 결산서상의 당기순손익에 가산(익금산입)하는 금액이다.[4] 기업회계상의 수익은 아니지만 법인세법상의 익금을 구성하는 금액(예: 자기주식처분이익, 임대보증금 등에 대한 간주임대료 등), 기업회계상의 수익에 해당함에도 결산서상에 수익으로 계상하지 않고 누락한 금액 등이 이에 해당한다.[5]

---

2) 세법문헌에서의 결산서는 일반적으로 재무제표를 가리킨다.
3) 斎藤奏, "「確定決算基準主義」の意義", 「税務会計研究」 第6号, 1995, 64면.
4) 익금, 손금은 1899년 일본소득세법 제4조 제1항에 규정되면서 사용된 개념을 계수한 것이다. 익금, 손금은 그 당시 일본상법이 회사에게 작성의무를 지우던 손익계산서의 이익, 손실 계정에서 유래한 것이라고 한다. 矢内一好, 「日本・税務会計形成史−法人税・企業会計・商法の関連性」, 中央経済社, 2019, 59−60면.

2) 손금불산입

결산서상의 손비로 계상하고 있지만 법인세법상의 손금에 해당하지 않은 금액(예: 법인 세비용, 벌금, 기업업무추진비 한도초과액 등)에 대하여 당기순손익에 가산(결산서상의 손 비에서 공제)하는 세무조정이다.

다. 손금산입 및 익금불산입

손금산입 및 익금불산입은 당기순손익에서 공제하는 형태의 세무조정이다. 이와 같은 세 무조정을 감산조정[6] 또는 차감조정이라고 부른다.

1) 손금산입

결산서상의 손비로 계상하고 있지 않지만 법인세법상 손금을 구성하는 금액에 대하여 결 산서상의 당기순손익에서 공제(손금산입)하는 세무조정이다. 기업회계상의 손비(세금과 공과, 이자비용 등과 같은 외부적 거래에 따른 손비)에 해당하면서 법인세법상의 손금을 구성하는 항목(신고조정항목에 한한다)의 금액을 결산서상의 손비로 계상하지 않고 누락 한 경우의 그 금액, 기업회계상의 비용은 아니지만 법인세법상의 손금을 구성하는 금액 (예: 조세특례제한법상의 준비금 등으로서 해당 사업연도의 이익처분을 할 때 그 준비금으 로 적립한 금액) 등이 이에 해당한다.

2) 익금불산입

결산서상의 수익으로 계상하고 있지만 법인세법상의 익금에 해당하지 않은 금액(예: 법 인세비용의 환급액, 국세환급가산금 등)을 결산서상의 당기순손익에서 공제(결산서상의 수익에서 공제)하는 세무조정이다.

이와 같은 세무조정사항은 세무조정의 과정을 통하여 소득금액조정합계표(법칙 별지 제15 호 서식)[7] 서식에 기재하며, 이곳에서 집계된 세무조정금액(익금산입 및 손금불산입금액,[8]

---

5) 따라서, 법인의 실질적 경영자가 적법한 회계처리를 하지 않고 법인의 자금을 횡령한 경우 위 횡령금이 법인 의 장부상 자산으로 계상되어 있던 것이라면 횡령에 따른 손금산입을 부인하거나 업무무관 가지급금으로 처 리할 수는 있지만 추가로 익금에 산입할 수는 없다(대법원 2012. 6. 28. 선고 2012두4715 판결).
6) 斎藤奏, "「確定決算基準主義」の意義", 「税務会計研究」第6号, 1995, 64면.
7) 법인세법 시행규칙상의 작성요령은 법률의 위임을 받은 것이기는 하나, 법인세의 부과징수라는 행정적 편의 를 도모하기 위한 절차적 규정으로서 단순히 행정규칙의 성질을 갖는데 불과하여 과세관청이나 일반국민을 기속하는 것이 아니라는 것이 판례의 입장이다. 대법원 2003. 9. 5. 선고 2001두403 판결. 따라서 법인세를 신고하면서 법인세법 시행규칙에 따른 서식이 아닌, 같은 내용으로 되어 있는 소득세법 시행규칙에 따른 서 식을 사용한 경우에도 납세자 및 과세관청 모두 그 서식에 따른 신고를 법인세에 관한 것으로 인식하였다면 신고는 유효하다고 보아야 한다. 서울고등법원 2024. 8. 20. 선고 2024누37529 판결(대법원 2024. 12. 26. 자

손금산입 및 익금불산입금액)은 법인세과세표준 및 세액조정계산서(법칙 별지 제3호 서식) 서식으로 옮겨서 각 사업연도의 소득금액을 산정한다.

3 세무조정의 시기와 주체

법인세의 과세표준을 신고하거나 법인세의 과세표준을 결정 또는 경정할 때 세무조정을 한다. 왜냐하면 세무조정은 법인세의 과세표준의 계산과정을 이루고 있기 때문이다.

가. 법인세의 과세표준을 신고하는 경우

납세의무 있는 법인이 각 사업연도의 소득에 대한 법인세 과세표준과 세액을 신고(수정 신고를 포함한다. 이하 같다)할 때 그 납세의무 있는 법인 또는 세무사(세무사법 제20조의2 에 따라 등록한 공인회계사 및 변호사를 포함한다. 이하 같다)가 세무조정을 하도록 하고 있다(법법 60 ①, ②). 즉 법인세의 과세표준을 신고할 때 하는 세무조정은 법인세의 납세의 무자인 법인 또는 그 법인으로부터 세무조정업무를 위탁받은 세무사가 하여야 한다.

법인세 과세표준과 세액을 신고할 때 하는 세무조정 중 납세의무자인 법인이 스스로 하 는 세무조정을 자기조정, 그 법인으로부터 세무조정업무를 위탁받은 세무사가 하는 세무조 정을 외부조정 또는 제3자조정이라고 부른다.[9]

나. 법인세의 과세표준을 결정 또는 경정하는 경우

납세지 관할 세무서장 또는 관할 지방국세청장이 법인세의 과세표준을 결정 또는 경정할 경우에는 그 납세지 관할 세무서장 또는 관할 지방국세청장이 세무조정을 한다. 즉 법인세 의 과세표준과 세액을 결정 또는 경정할 경우의 세무조정의 주체는 그 법인에 대한 법인세 의 관할 관청(납세지 관할 세무서장 또는 관할 지방국세청장)인데, 이와 같이 관할 관청이 하는 세무조정을 정부조정이라고 부른다.

2024두53627 판결).
8) 특례기부금과 일반기부금 한도초과액은 소득금액조정합계표에 적지 않고 법인세 과세표준 및 세액조정계산 서의 기부금 한도초과액란에 직접 적도록 되어 있다.
9) 일정한 경우에는 외부조정이 강제가 된다. 즉, 기업회계와 세무회계의 정확한 조정 또는 성실한 납세를 위하 여 필요하다고 인정하여 대통령령으로 정하는 내국법인의 경우 세무조정계산서는 ① 「세무사법」에 따른 세 무사등록부에 등록한 세무사 ② 「세무사법」에 따른 세무사등록부 또는 세무대리업무등록부에 등록한 공인회 계사 ③ 「세무사법」에 따른 세무사등록부에 등록한 변호사로서 대통령령으로 정하는 조정반에 소속된 자가 작성하여야 한다(법법 60 ⑨).

4 세무조정의 유형

가. 개 요

세무조정의 유형은 세무조정의 주체에 따라 자기조정(외부조정을 포함한다)과 정부조정으로, 과세소득의 증가 또는 감소를 기준으로 하여 가산조정(익금산입과 손금불산입조정)과 감산조정(손금산입과 익금불산입조정)으로, 손익의 항목을 기준으로 하여 익금조정(익금산입과 익금불산입조정)과 손금조정(손금산입과 손금불산입조정)으로, 그리고 조정의 방법에 따라 결산조정과 신고조정으로 구분할 수 있다.

이하에서는 결산조정과 신고조정에 관하여 살펴보기로 한다.

나. 결산조정과 신고조정의 개념

결산서에 수익 또는 비용으로 계상하는 형식에 의한 조정을 결산조정이라고 하고, 결산서에 수익 또는 비용으로 계상하지 않고 세무조정계산서에서 익금 또는 손금에 산입하는 조정을 신고조정이라 한다.

결산조정은 결산절차의 일부를 이루는 것으로서 엄밀한 의미에서는 세무조정이라고 보기 어렵다. 즉 본래의 세무조정이란 신고조정만을 가리키는 것이다.

결산조정은 주로 손금항목의 손금산입요건과 관련하여 문제가 된다. 결산조정사항에 해당하는 손금항목을 결산서에 비용으로 계상하지 않은 경우에는 비록 세무조정계산서에서 손금으로 가산하였다고 하더라도 손금으로 용인하지 않는다. 즉 결산조정사항에 해당하는 항목은 결산서에 비용으로 계상하는 것을 손금산입의 요건으로 한다.[10]

다. 결산조정사항

1) 확정결산주의

법인세법은 결산조정사항에 관하여 "…내국법인이 각 사업연도의 결산을 확정할 때…감가상각비를 손비로 계상한 경우에는…손금에 산입…"한다는 규정을 두고 있다(법법 23 ①). 위의 '손비로 계상한 경우'에서 '계상'이란 결산을 확정할 때 손비로 계상한다는 의미이다(법법 20 I). 그리고 '결산을 확정할 때 손비로 계상'한다는 것은 장부상 해당 계정과목에 손비로 적고 그 장부에 근거하여 재무제표를 작성하여 결산을 확정한다는 의미이다. 다시 말하면

---

[10] 여신전문금융회사인 법인이 대손충당금의 설정을 강제한 관련 규정을 위반하여 대손충당금을 설정하지 않은 경우라도 실제로 대손충당금을 설정하지 않은 이상 실질과세의 원칙을 들어 손금이 발생한 것으로 볼 수는 없다. 대법원 2015. 1. 15. 선고 2012두4111 판결.

확정된 재무제표(포괄손익계산서, 이익잉여금처분계산서 또는 결손금처리계산서)에 그 손비로 계상한 금액이 표시되어야 하는 것이다.

이와 같이 결산조정사항은 장부 및 결산서에서 손비로 계상하는 것을 손금산입의 요건으로 하고 있다. 법인이 결산을 확정할 때 손비로 계상한 금액에 한정하여 손금산입을 허용하는 원칙을 확정결산주의라 한다.[11] 좁은 의미로 법인이 확정한 결산에서 비용 또는 손실로 경리처리하는 것을 가리킬 때에는 '손금경리(損金經理)'라고 한다.[12] 이처럼 결산조정의 대상이 되는 사항은 내부적 계산항목과 손익의 귀속사업연도의 선택항목으로서 외부거래와 달리 법인의 자의적 요소가 개입하기 쉽기 때문에 법인의 최고의사결정인인 주주총회의 승인을 거쳐 법인의 의사를 판단하고자 하는 것이다.[13]

2) 결산조정사항의 범위

결산조정사항에는 내부적 계산항목과 손익의 귀속사업연도의 선택항목이 포함된다.

가) 내부적 계산항목

내부적 계산항목이란 감가상각비·대손금·충당금 및 준비금 등과 같이 외부와의 거래 없이 법인의 내부적인 의사결정에 따라 손비의 계상 여부나 계상할 손비의 크기가 결정되는 항목이다. 내부적 계산항목을 열거하여 보면 다음과 같다.

① 유형자산 및 무형자산에 대한 감가상각비의 손금산입(법법 23 ①)

② 소액 자본적 지출의 손금산입

개별자산별로 수선비로 지출한 금액이 600만원 미만이거나 직전 사업연도 종료일 현재 재무상태표상의 자산가액의 5퍼센트에 미달하는 경우 또는 3년 미만의 기간마다 주기적인 수선을 위하여 지출하는 경우로서 그 수선비를 해당 사업연도의 손비로 계상한 경

---

11) 확정결산주의는 독일법에서 유래하여 일본을 거쳐 한국법에 수용된 법원리이다. 확정결산주의에 관한 상세는 吉牟田勳, "確定決算主義", 「日税研論集」 第63号, 1994, 259면. 다만 확정결산주의의 취지는 결산에서의 법인의 의사를 존중하라는 것이므로 예컨대 주주총회의 승인을 얻지 않았더라도 그에 상당한 이유가 있고 확정신고서에 법인의 의사를 확인할 수 있다면 확정결산주의에 위배되지 않는다. 일본의 판례는 주주총회의 승인을 얻지 않았음을 이유로 법인이 결산과 다른 내용을 신고·주장하는 것은 원칙적으로 인정되지 않는다고 한다. 후쿠오카 고등재판소 2007년(平成 19년) 6월 19일 판결(訟務月報 53卷 9号 2728면); 오사카 고등재판소 1978년(昭和 53년) 6월 29일 판결(行集 29卷 6号 1230면); 오사카 지방재판소 1987년(昭和 62년) 9월 16일 판결(日税資 159号 638면). 그러나 주주총회의 승인은 과세까지를 고려하여 행해지는 것이 아니기 때문에 주주총회 승인이 있었다고 하여 과세소득 계산의 적정성까지 확보되는 것은 아니다. 渡辺徹也, 「スタンダード 法人税法」 第2版, 弘文堂, 2019, 37면.
12) 일본법인세법 제2조 제25호는 '손금경리'의 정의 규정을 두고 있다. 한편 손금경리에 의해 세무회계가 오히려 기업회계에 영향을 미치는 현상이 관찰되는데 이를 역기준성(逆基準性)이라고 한다. 渡辺徹也(註11), 39면.
13) 末永英男, 「法人税法会計論」, 第8版, 中央経済社, 2016, 28면.

우이다(법령 31 ③).

③ 소액자산 및 어구 등의 손금산입

고유업무의 성질상 대량으로 보유하는 자산과 사업의 개시 또는 확장을 위하여 취득한 자산을 제외하고 그 취득가액이 거래단위별로 100만원 이하인 감가상각자산에 대해서는 그 사업에 사용한 날이 속하는 사업연도의 손비로 계상한 것에 한정하여 손금에 산입한다(법령 31 ④).

또한 어업에 사용되는 어구(어선용구를 포함한다), 영화필름·공구·가구·전기기구·가스기기·가정용 기구 및 비품·시계·시험기기·측정기기 및 간판, 대여사업용 비디오테이프 및 음악용 콤팩트디스크로서 개별자산의 취득가액이 30만원 미만인 것, 전화기(휴대용 전화기를 포함한다) 및 개인용 컴퓨터(그 주변기기를 포함한다)에 대해서는 그 사업에 사용한 날이 속하는 사업연도의 손비로 계상한 것에 한정하여 손금에 산입한다(법령 31 ⑥). 그리고 장식·환경미화 등을 위해 사무실복도 등 여러 사람이 볼 수 있는 공간에 상시 비치하는 미술품으로서 그 취득가격이 거래단위별로 1천만원 이하인 것에 대하여는 그 취득한 날이 속하는 사업연도의 손비로 계상한 것에 한정하여 손금에 산입한다(법령 19 XVII).

④ 시설의 개체 등에 따른 생산설비의 폐기손실의 손금산입

시설의 개체 또는 기술의 낙후로 인하여 생산설비의 일부를 폐기한 경우에는 그 자산의 장부가액에서 1천원을 뺀 금액을 폐기일이 속하는 사업연도의 손금에 산입할 수 있다(법령 31 ⑦).

⑤ 법인세법상의 준비금과 충당금

고유목적사업준비금(법법 29 ①)[14]·책임준비금과 비상위험준비금(법법 30 ①)·퇴직급여충당금(법법 33 ①)·대손충당금(법법 34 ①) 및 구상채권상각충당금(법법 35 ①)이 이에 해당한다. 다만, 퇴직연금등 부담금 등은 신고조정사항이다.

⑥ 대손금의 손금산입

채권에 대한 대손금은 원칙적으로 대손사유가 발생하여 손금으로 계상한 날이 속하는 사업연도의 손비로 한다(법령 19의2 ③ II). 즉 결산조정사항에 해당한다.

그러나 다음의 대손금은 신고조정사항으로 규정하고 있다(법령 19의2 ③ II).[15]

---

14) 외부감사법 제4조의 규정에 의한 감사인의 회계감사를 받는 비영리내국법인에 대해서는 결산조정 외에도 신고조정을 허용한다. 즉 외부감사법 제4조에 따른 감사인의 회계감사를 받는 비영리내국법인이 손금에 산입하는 고유목적사업준비금(법법 29 ①)은 세무조정계산서에 계상함과 아울러 그 금액에 상당하는 금액이 해당 사업연도의 이익처분할 때 그 준비금으로 적립되어 있는 경우에는 그 금액을 결산확정시에 손비로 계상한 것으로 보아 해당 사업연도의 소득금액 계산시 손금에 산입한다(법법 61 ①).

15) 이 경우들은 대손 여부가 비교적 분명하기 때문이다.

　　㉮ 상법・어음법・수표법 및 민법에 의한 소멸시효가 완성된 외상매출금・미수금・어음・수표・대여금 및 선급금

　　㉯ 채무자회생법에 따른 회생계획인가의 결정 또는 법원의 면책결정에 따라 회수불능으로 확정된 채권

　　㉰ 「서민의 금융생활 지원에 관한 법률」에 따른 채무조정을 받아 같은 법 제75조의 신용회복지원협약에 따라 면책으로 확정된 채권

　　㉱ 민사집행법 제102조의 규정에 의하여 채무자의 재산에 대한 경매가 취소된 압류채권

⑦ 파손된 재고자산 등의 감액손실의 손금산입

　재고자산으로서 파손 등의 사유로 정상가액으로 판매할 수 없는 것, 유형자산으로서 천재 등으로 파손 또는 멸실된 것, 주권상장법인이 발행하는 주식등과 중소기업창업투자회사 또는 신기술사업금융업자가 보유하는 창업자 또는 신기술사업자가 발행한 주식등으로서 그 발행법인이 부도가 발생한 경우 또는 채무자회생법에 의한 회생계획인가의 결정을 받았거나 「기업구조조정 촉진법」에 의한 부실징후기업이 된 경우 그 주식등의 감액손실, 주식등을 발행한 법인이 파산한 경우 그 주식등의 감액손실이 이에 해당한다(법법 42 ③).

⑧ 조특법상 준비금의 손금산입

　연구・인력개발준비금(조특법 9 ①) 및 고유목적사업준비금(조특법 74 ①)이 이에 해당한다. 그러나 위의 연구・인력개발준비금 등과 같은 조특법상의 준비금은 기업회계기준상의 비용이 아니므로 그 준비금의 전입액을 장부상에 비용으로 계상하도록 강제하는 것은 바람직하지 못하고 현실적이지도 않다. 그러므로 조특법에 따른 준비금에 관해서는 내국법인이 해당 준비금을 세무조정계산서에 계상하고 그 금액 상당액을 해당 사업연도의 이익처분시에 그 준비금으로 적립하면 그 금액을 결산을 확정할 때 손비로 계상한 것으로 보아 해당 사업연도의 소득금액을 계산할 때 손금에 산입한다(법법 61 ①). 즉 조특법에 따른 준비금의 경우 결산조정의 방법과 이익잉여금을 처분할 때 해당 준비금의 적립금으로 적립하는 것을 전제로 한 신고조정의 방법 중에서 어느 한 방법을 선택할 수 있다.

나) 손익의 귀속사업연도의 선택항목

　법인세법상 손익의 귀속사업연도와 관련하여 법인에게 선택권을 부여하고 있는 경우가 있다. 장기할부조건부 판매의 손익・금융 및 보험업의 선수이자 등・이자비용 및 임대료 등에 대한 귀속사업연도의 특례가 이에 해당한다. 이와 같은 특례규정을 적용받으려는 법

인은 그 적용받고자 하는 특례규정에 따라 해당 익금 또는 손금을 장부상에 수익 또는 손비로 계상하여야 하며, 신고조정은 허용되지 않는다.[16)

① 장기할부조건부 판매의 수익과 비용

법인이 자산을 판매하거나 양도한 경우(장기할부조건으로 자산을 판매하거나 양도한 경우를 포함한다)에는 그 자산을 인도한 날 또는 대금을 청산한 날이 속하는 사업연도의 익금과 손금으로 한다. 그러나 법인이 장기할부조건으로 자산을 판매하거나 양도한 경우로서 그 자산의 인도일이 속하는 사업연도의 결산을 확정할 때 해당 사업연도에 회수하였거나 회수할 금액과 이에 대응하는 비용을 각각 수익과 비용으로 계상한 경우에는 각 사업연도에 회수하였거나 회수할 금액과 이에 대응하는 비용을 각각 해당 사업연도의 익금과 손금에 산입한다. 즉 회수기일도래기준을 적용받기 위해서는 결산조정을 그 요건으로 하는 것이다. 다만, 중소기업인 법인의 경우에는 장부상 인도기준에 따라 수익과 비용을 계상하고 있는 경우에도 신고조정에 의하여 회수기일도래기준을 적용받을 수 있다(법령 68 ②).

또한 장기할부조건 등에 따라 자산을 판매하거나 양도함으로써 발생한 채권에 대하여 기업회계기준이 정하는 바에 따라 현재가치로 평가하여 현재가치할인차금을 계상한 경우 그 현재가치할인차금 상당액은 해당 채권의 회수기간 동안 기업회계기준이 정하는 바에 따라 환입하였거나 환입할 금액을 각 사업연도의 익금에 산입한다(법령 68 ⑥).

② 금융 및 보험업을 영위하는 법인의 수입이자 등

한국표준산업분류상 금융 및 보험업을 경영하는 법인이 수입하는 이자 및 할인액과 보험료・부금・보증료 또는 수수료는 그 이자 등 또는 보험료 등이 실제로 수입된 날이 속하는 사업연도의 익금으로 하되, 선수입이자 등과 선수입보험료 등은 제외한다. 그러나 결산을 확정할 때 이미 경과한 기간에 대응하는 이자 등(법법 73, 73의2에 따라 법인세가 원천징수되는 이자 등을 제외한다)과 보험료 등을 해당 사업연도의 수익으로 계상한 경우에는 그 계상한 사업연도의 익금으로 한다(법령 70 ① I 및 ③).

③ 이자비용

법인이 지급하는 이자 등은 소득세법 시행령 제45조에 따른 수입시기에 해당하는 날이 속하는 사업연도의 손비로 하되, 결산을 확정할 때 이미 경과한 기간에 대응하는 이자 등을 해당 사업연도의 손비로 계상한 경우에는 그 계상한 사업연도의 손비로 한다(법령

---

16) 일본에서도 장기할부판매 등의 연불기준・장기대규모공사 이외의 공사의 공사진행기준은 법인이 선택적용하여야 할 사항이기 때문에 결산조정사항으로 하고 있다(山本守之, 「体系法人税法」, 12年度版, 稅務経理協会, 2000, 194-195면; 富岡幸雄, 「稅務会計学講義」, 中央経済社, 2003, 38-39면).

70 ① Ⅱ).

④ 임대료 등

자산의 임대로 인한 익금과 손금의 귀속사업연도는 그 지급일(계약 등에 의하여 임대료의
지급일이 정하여진 경우)이나 그 지급을 받은 날(계약 등에 의하여 임대료의 지급일이 정하
여지지 않은 경우)이 속하는 사업연도로 한다. 다만, 결산을 확정할 때 이미 경과한 기간에
대응하는 임대료 상당액과 이에 대응하는 비용을 해당 사업연도의 수익과 손비로 계상한
경우에는 각각 그 계상한 사업연도의 익금과 손금으로 한다(법령 71 ①).

라. 신고조정사항

법인이 확정결산을 할 때 수익 또는 비용으로 계상하지 않고 세무조정계산서에서 익금
또는 손금에 산입하는 조정을 신고조정이라고 한다. 손금불산입 및 익금불산입사항은 예외
없이 신고조정사항에 해당한다. 그러나 익금산입 및 손금산입사항은 앞에서 설명한 결산조
정사항 외의 그 밖의 사항만이 신고조정사항이다.

손금산입사항은 앞에서 살펴 본 내부적 계산항목을 제외하고는 모두 신고조정사항에 속
한다. 다시 말하면 손금항목 중 내부적 계산항목 이외의 것, 즉 외부거래로 인하여 발생하
는 항목은 모두 신고조정사항에 해당하는 것이다.[17]

손금항목에 관한 신고조정은 법인이 법인세의 과세표준과 세액을 신고할 때 세무조정계산
서에서 손금산입조정을 하였는지의 여부와 관계없이 손금에 산입하는 당연신고조정[18]이 대
부분이지만 법인이 세무조정계산서에서 손금산입조정을 한 경우에 한정하여 손금산입이 허
용되는 임의적 신고조정사항[19]도 있다. 임의적 신고조정사항의 예로서는 조특법상의 준비금
의 손금산입과 일시상각충당금 또는 압축기장충당금의 손금산입을 들 수 있다.

다음으로 손익의 귀속사업연도에 관한 사항은 법인이 임의로 선택한 특례규정(예: 장기할
부판매에 있어서의 회수기일도래기준 등)에 관한 사항을 제외하고는 모두 신고조정사항에

---

17) 대법원 1995. 5. 23. 선고 94누9283 판결: 법인세 납세의무자인 원고가 손금에 산입할 비용으로 신고한 소모
품비에 대하여 스스로 그 신고내역대로의 비용 지출은 아님을 시인하면서 같은 금액만큼의 인건비를 지출
하였다고 주장하는 경우에도 그 인건비의 존재와 금액을 납세의무자 측에서 입증하면 이는 손금으로 인정
하여야 할 것이다. 그리고 인건비는 법인세법상 결산조정사항으로 규정되어 있지 않고, 그 성질도 결산조정
사항에 해당하지 않으므로 그 존재와 금액이 입증된 인건비를 손금으로 인정할 수 없는 것은 아니라 할 것
이다(같은 취지: 대법원 1994. 10. 28. 선고 94누5816 판결; 대법원 1992. 3. 27. 선고 91누12912 판결).
18) 법인이 법인세 과세표준과 세액을 신고할 때 세무조정계산서에 손금산입의 세무조정을 하지 않았다고 하더
라도 과세관청이 해당 법인의 과세표준과 세액을 결정 또는 경정할 때 손금산입의 조정을 하는 사항을 가리
키므로 필수적 조정사항이라고도 부른다(山本守之, 「体系法人稅法」, 13年度版, 税務経理協会, 2001, 176면;
中村利雄, 「法人稅法要論」, 税務研究会出版局, 2000, 40면).
19) 山本守之(註18), 176면; 中村利雄(註18), 39-40면.

해당한다. 이와 같은 손익의 귀속사업연도에 관한 신고조정은 당연신고조정사항에 해당한다.

임의적 신고조정사항은 본질적으로는 결산조정사항이지만 기업회계기준이 결산조정을 허용하지 않기 때문에 세법이 예외적으로 신고조정을 허용하는 사항이다. 따라서 본래의 의미의 신고조정사항은 당연신고조정사항에 국한된다고 할 수 있다. 당연신고조정사항은 법인세법이 법인의 의사를 고려하지 않고 일률적인 과세상의 취급을 하는 항목이라고 할 수 있다.

제3절 소득처분

1 소득처분의 법적 성질

가. 소득처분의 개념과 법적 성질

법인세법상 각 사업연도의 소득금액은 익금의 총액에서 손금의 총액을 빼서 산정한다(법법 14 ①). 그러나 법인세법은 각 사업연도의 소득금액을 기업회계상의 손익계산구조와는 전혀 다른 별개의 계산조직에 의하여 행할 것을 요구하지 않고, 기업회계상의 당기순손익을 출발점으로 하여 익금산입항목 및 손금불산입항목을 가산하고 손금산입항목 및 익금불산입항목을 공제하여 산정하도록 하고 있다.

기업회계상의 당기순손익과 법인세법상의 각 사업연도의 소득금액과의 차액에 대하여는 그 귀속을 확인하여 해당 금액에 대한 귀속자를 특정할 필요가 있다. 즉 기업회계상의 당기순손익[1]과 법인세법상의 각 사업연도의 소득금액의 차액이 법인의 내부에 유보되어 그 법인의 세무계산상 자본의 증가 또는 감소를 가져오는 것인지 또는 법인의 세무계산상 자본의 증감에 영향을 미침이 없이 사외로 유출된 것인지를 확정하여야 하고, 만일 해당 금액이 사외로 유출된 것이라면 누구에게 어떤 소득의 형태로 언제 귀속된 것인지를 특정할 필요가 있다.

따라서 납세의무자가 법인세의 과세표준과 세액을 신고·수정신고하거나 또는 과세관청이 그 과세표준과 세액을 결정 또는 경정할 때 기업회계상의 당기순손익과 법인세법상의 각 사업연도의 소득금액과의 차액을 익금에 산입하거나 손금불산입하면서 그 실질귀속을 가려서 그 귀속자 등에게 상여·배당·기타소득·기타사외유출 및 유보로 처분한다(법법

---

1) 법인은 회계기준에 따라 산출된 기업회계상 당기순이익을 정기주주총회 결의에 의하여 배당·상여·퇴직급여 등과 같이 사외로 유출하는 처분과 적립금의 적립, 잉여금의 차기이월 등과 같이 사내로 유보하는 처분을 함으로써 해당 사업연도 경영성과에 대한 회계업무를 마치게 된다. 이를 상법상의 이익처분이라고 한다. 기업회계상 당기순손익은 상법 제449조에 의하여 정기총회의 승인을 얻어 처리(이익잉여금처분계산서 또는 결손금처리계산서)한 것이므로 다시 그 귀속을 확인할 필요가 없다.

67, 법령 106). 여기서 소득자, 소득의 종류, 소득금액 및 소득의 귀속시기를 확정하는 행위를 소득처분이라고 한다. 소득처분은 준법률행위적 행정행위인 확인행위에 해당하며 과세관청의 익금산입 등에 따른 법인세 부과처분과는 구별되는 별개의 처분이다.[2) 한편 법인이 법인세의 과세표준을 신고할 때 스스로 행하는 소득처분은 사인의 공법집위이다.[3)

소득처분은 법인세의 과세표준과 세액의 신고나 결정 또는 경정과 동시에 행하여지는 것이 원칙이지만, 법인세의 과세표준과 세액의 신고나 결정 또는 경정과는 별개의 행위(확인행위 또는 사인의 공법집위)임에 유의하여야 한다.

소득처분에 의하여 소득자 및 소득의 종류 등이 확정됨과 동시에 해당 소득자에게 소득세의 추가신고납부의무가 발생하게 된다. 그리고 소득처분의 대상법인에게는 소득세의 원천징수의무가 성립한다.[4)

---

2) 대법원 2020. 10. 29. 선고 2017두51174 판결. 따라서 과세관청이 법인의 회생계획인가결정 전까지 회생법원에 익금산입 등에 따른 법인세를 신고하지 않아 법인세 부과처분이 취소되더라도 당연히 동일한 익금산입 등에 따른 소득금액변동통지의 효력에 영향을 미치는 것은 아니다[대구고등법원 2021. 10. 8. 선고 2021누2484 판결(대법원 2022. 2. 17. 자 2021두56114 판결로 심리불속행 종결)]. 소득금액변동통지를 하는 경우 그에 따른 원천징수분 소득세의 납세의무는 소득금액변동통지가 송달될 때에 성립과 동시에 확정되므로 소득금액변동통지가 해당 법인에 대한 회생절차개시 후에 송달되었다면 그 원천징수분 소득세 채권은 회생절차개시 후의 원인으로 생긴 것으로서 채무자회생법에서 정한 회생채권에 해당하지 않는다(대법원 2015. 6. 11. 선고 2015두844 판결; 대법원 2013. 2. 28. 선고 2012두23365 판결).

3) 과세실무는 소득처분에 의해 소득의 귀속이 의제된다고 보기 때문에 과세관청은 ① 익금에 산입할 금액이 있다는 사실, ② 그 금액이 사외로 유출된 사실, ③ 사외유출된 금액에 관하여 법인세법 제67조, 같은 법 시행령 제106조가 정하는 절차와 방법에 따라 소득처분을 한 사실만을 주장·입증하면 된다고 본다. 특히 대표자 인정상여처분(법령 106 ① Ⅰ 但)의 경우 과세관청은 위 ③에 갈음하여 '사외유출된 금액의 귀속이 불분명한 사실'만 주장·입증하면 된다는 것이 실무이다. 서울행정법원, 「조세소송실무」 개정판, 사법발전재단, 2016, 157면.

4) 그렇다면 소득처분에 의하지 않고 실제로 같은 금액이 법인으로부터 유출되어 특정인에게 귀속되었음을 주장, 입증하여 법인에게 원천징수의무를 지울 수 있는가? 아래 註5에서 살펴보는 바와 같이 헌법재판소 1995. 11. 30. 선고 93헌바32 결정에서 소득처분에 관한 법인세법 규정이 위헌결정을 받자, 과세관청은 소득처분과 관련된 소송에서 실제로 소득처분에서와 같은 금액이 법인으로부터 유출되어 법인의 대표이사에게 현실귀속되었다는 취지로 처분사유를 변경하였고 대법원은 처분사유의 변경과 과세처분이 모두 적법하다고 판단한 바 있다(대법원 1999. 12. 24. 선고 98두16347 판결; 대법원 1999. 9. 17. 선고 97누9666 판결; 대법원 1997. 12. 26. 선고 97누4456 판결; 대법원 1997. 10. 24. 선고 97누2429 판결; 대법원 1997. 10. 24. 선고 97누447 판결). 이 경우 과세관청은 소득처분에 의한 경우와 달리 대표이사 등에 대한 소득의 현실적 귀속 및 소득의 종류를 주장·입증하여야 한다. 과세관청의 입장에서는 원칙적으로 소득처분제도가 유효하게 존속하는 한 위와 같은 방법으로 법인에게 원천징수의무를 지워야 할 실익은 없다.
한편, 대법원 2005. 5. 12. 선고 2003두15300 판결은 소득금액변동통지의 송달 하자가 문제되자 과세관청이 사외유출 소득의 현실귀속을 이유로 대표자 등에 대한 소득세 부과처분이 적법하다고 처분사유를 변경한 사안인데 대법원은 마찬가지 법리, 즉 대표자 등에 대한 소득세 부과처분이 적법하다고 하려면 과세관청이 사외유출 소득이 대표자 등에게 현실귀속된 사실 및 그 소득의 종류를 주장·입증하여야 한다고 판시하였다. 그 외에도 대법원은 소득처분제도가 규정되어 있지 않은 외국영리법인에 대하여도 동일한 법리를 설시하고 있다(대법원 2018. 12. 13. 선고 2018두128 판결). 이상 윤진규, "조세피난처의 특수목적 법인을 이용한 역외탈세 여부와 관련한 실질과세 원칙, 출자자에게 귀속된 사외유출소득의 배당소득 해당 여부, 사기 기타 부정한 행

나. 소득처분의 실정법상 근거

소득처분의 실정법상 근거는 법인세법 제67조이다. 위의 법인세법 제67조와 관련하여 해당 조항이 위임입법의 한계에 관하여 정하고 있는 헌법 제75조에 위배되는 것이 아닌가 하는 의문이 제기되고 있다. 즉 법인세법 제67조가 단순히 "그 귀속자 등에게 상여·배당·기타사외유출·유보 등 대통령령으로 정하는 바에 따라 처분한다"고 하여 어떤 자에게 어떤 성격의 익금산입액을 상여·배당·기타사외유출로 처분할 것인지에 관하여 구체적으로 특정하지 않고 그 규율을 대통령령에 포괄적으로 위임하고 있기 때문이다. 위의 소득처분에 관한 근거규정은 이미 위헌결정을 받은 舊 법인세법 제32조 제5항의 규율내용[5]과 크게 다를 바 없다.[6]

다음으로 국제거래와 관련된 세무조정사항의 소득처분에 대하여는 국조법 제13조(소득처분 및 세무조정)와 제22조(출자금액 대비 과다차입금 지급이자의 손금불산입) 등에서 특례규정을 두고 있다.

본서에서는 법인세법상의 소득처분만으로 범위를 한정하여 그 구체적인 내용에 관하여 살펴보기로 한다.

위", 「대법원판례해설」 제118호, 2019, 810면 이하.

　다만 이 경우 개인에게 귀속되는 금액은 소득세법상 과세소득에 해당하여야 할 것이다. 따라서 법인의 자금을 횡령한 금액이 현실귀속되었다는 이유로 법인에 원천징수의무를 지울 수는 없다고 보아야 할 것이다. 횡령한 금액은 소득세법상 과세소득으로 열거되어 있지 않기 때문이다. 다만 판례입장은 반대이다(대법원 1999. 9. 17. 선고 97누9666 판결).

5) 헌법재판소는 1994년 12월 22일 법률 제4804호로 개정하기 전의 법인세법 제32조 제5항의 규정에 관하여 위헌임을 선고한 바 있다(헌법재판소 1995. 11. 30. 선고 93헌바32 결정). 즉 "제26조의 규정에 의하여 법인세의 과세표준을 신고하거나 제1항 내지 제4항의 규정에 의하여 법인세의 과세표준을 결정 또는 경정함에 있어서 익금에 산입한 금액의 처분은 대통령령이 정하는 바에 의한다"고 규정한 舊 법인세법 제32조 제5항은 위임입법의 주제에 관하여 '익금에 산입한 금액의 처분'이라는 점만을 제시하고 있을 뿐 수임자가 따라야 할 기준인 소득의 성격과 내용 및 그 귀속자에 관하여 아무런 규정을 두고 있지 않아, 결국 납세의무의 성부 및 범위와 직접 관계있는 소득처분에 관련된 과세요건을 정할 때 아무런 기준을 제시하지 않고 하위법규인 대통령령에 포괄적으로 위임하고 있으므로 조세법률주의와 위임입법의 한계의 법리에 위배된다고 판시하였다.

6) 그러나 헌법재판소는 상여처분의 귀속자를 법률에서 규정하지 않고 법인세법 시행령 제106조에 위임하였다고 하더라도 포괄위임금지원칙에 위배되지 않는다고 판단하였다. 그 이유로 「...일반적으로 상여라 함은 근로자의 신분을 가진 임직원들에 대하여 회사가 정규 급여와 별도로 지급하는 금원으로 정의할 수 있을 것이며, 상여라는 용어는 일상생활 속에서도 그와 같은 의미로 사회일반인에게 널리 받아들여지고 있고, 舊 소득세법 제20조에서도 근로소득을 정의하면서 그 정의에서 상여란 용어를 사용하고 있다. 그렇다면 상여로 소득처분될 대상이 누구인지에 대해 상여처분 규정에서 명문으로 규정하고 있지는 아니하지만, 귀속자가 주주면 배당으로, 귀속자가 임직원이면 상여로 처분될 것임은 쉽게 예측할 수 있다 할 것이므로 이 조항은 포괄위임금지의 원칙에 위배되지 않는다.」라고 판시하였다(헌법재판소 2016. 9. 29. 선고 2014헌바332 결정; 헌법재판소 2010. 11. 25. 선고 2009헌바107 결정; 헌법재판소 2009. 2. 26. 선고 2006헌바65 결정).

2 소득처분의 시기 및 대상금액

가. 소득처분의 대상법인과 시기

소득처분을 행하여야 할 법인은 내국법인과 비영리내국법인이다. 영리외국법인은 그 대상에서 제외되어 있다(법령 106 ① 각 호 외의 부분 後). 따라서 영리외국법인의 출자자(거주자)가 사외유출된 법인의 소득을 확정적으로 자신에게 귀속시켰다면 과세관청은 소득처분에 의할 수는 없고 그 현실귀속을 주장, 입증함으로써 배당소득으로 과세할 수 있다는 것이 대법원 판례의 입장이다.[7]

소득처분의 시기는 법인세의 과세표준을 신고하거나 결정 또는 경정하는 때이다(법법 67).

1) 법인세의 과세표준을 신고하는 경우

납세의무 있는 법인은 각 사업연도의 종료일이 속하는 달의 말일부터 3개월 이내에 해당 사업연도의 소득에 대한 법인세 과세표준과 세액을 관할 세무서장에게 신고하여야 하는데, 이 때에는 그 납세의무 있는 법인이 소득처분을 행하여야 한다(법법 60 ①, ②). 즉 법인세의 과세표준을 신고할 때 행하는 소득처분은 법인세의 납세의무자인 법인이 행하게 된다.[8]

이와 관련하여 '법인세의 과세표준을 신고하는 때'에 있어서 그 신고 안에 국세기본법 제45조에 의하여 행하는 과세표준의 수정신고가 포함되는지가 문제이다. 법문은 "법인세법 제60조의 규정에 의하여 … 법인세의 과세표준을 신고 … 함에 있어서 … 처분한다"고 표현하여 수정신고를 제외하고 있다. 다만, 법인세법 기본통칙 67-106…14(수정신고에 따른 소득처분)에서 "법인세 과세표준을 수정신고하는 경우 익금에 산입한 금액은 그 실질내용에 따라 令 제106조의 규정에 의하여 처분한다"고 정하고 있다. 그러나 소득처분과 같이 국민에게 부담을 지우는 행정행위는 법률에서 그 근거를 명확하게 규정하는 것이 바람직하다.

2) 법인세의 과세표준을 결정 또는 경정하는 경우

법인세의 과세표준을 결정 또는 경정할 때에는 법인세의 납세지 관할 세무서장 또는 관할 지방국세청장이 소득처분한다(법법 67).[9] 위의 법인세 과세표준의 결정에는 수시부과결

---

7) 대법원 2018. 12. 13. 선고 2018두128 판결. 이 판결에 관한 평석은 임재혁, "내국법인 및 외국법인의 횡령금 과세체계", 「국제조세연구」 제1집, 2020, 241면 이하.

8) 소득처분의 내용을 소득금액조정합계표에 기재하고 그 중 유보에 해당하는 세무조정액은 「자본금과 적립금 조정명세서(을)」에 옮겨 적는다.

9) 실무상 소득처분을 포함하여 과세관청의 조사결과 법인이 세무조정을 하여야 할 것으로 결정된 사항은 「세무 조사 결과 통지」의 첨부서류인 「조사 항목별 조사 결과 및 세무조사 결과 사후 관리할 사항」에 기재가 되어 납세자에게 통지된다. 소득처분 중 사외유출 항목(배당, 상여, 기타소득에 한한다)이 있는 경우에는 소득처분

정이 포함된다.

나. 소득처분의 대상금액

소득처분의 법리상 그 대상이 되는 금액은 기업회계상의 당기순이익과 법인세법상의 각 사업연도의 소득과의 차액이다. 따라서 그 대상은 과세표준의 신고·결정 및 경정이 있는 때의 익금산입액과 손금불산입액이다(법법 67). 이하에서는 문제가 되는 경우를 살펴본다.

1) 기업회계상 잉여금으로 계상한 금액

법인세법상 소득처분의 대상이 되는 금액은 기업회계상의 당기순이익과 법인세법상의 각 사업연도 소득과의 차액이다. 그런데 익금산입액 또는 손금불산입액이라 하더라도 이미 이익 잉여금 또는 자본잉여금으로 계상하고 있는 금액의 경우(예: 자본잉여금으로 계상하고 있는 자기주식처분이익)에는 소득처분의 필요성이 없다. 해당 금액은 이미 기업회계상 자본으로 계상되어 있으므로 사외유출된 것도 아니고 기업회계와 법인세법간에 자본의 차이도 없기 때문이다.[10]

그러므로 잉여금으로 계상하고 있는 금액으로서 익금에 산입하거나 손금불산입한 금액에 대한 소득처분은 '기타(잉여금)'로 한다.[11]

2) 매출누락액

법인이 매출액을 장부에 계상누락함으로써 해당 매출누락액을 익금에 산입하여 그 귀속자 또는 대표자[12]에 대한 상여 등으로 처분하는 경우에 그 귀속자 또는 대표자에게 상여 등으로 처분하여야 할 대상금액이 매출누락액 전액인지, 아니면 매출누락액에서 원가상당 액 등을 공제한 차액(매출총이익 또는 소득)인지에 관하여 다툼의 여지가 있다.

의 내용을 다시 소득금액변동통지를 통하여 납세자에게 통지하고(조사사무처리규정 제53조) 유보에 해당하는 세무조정액은 법인이 위 「조사 항목별 조사 결과 및 세무조사 결과 사후 관리할 사항」으로부터 「자본금과 적립금조정명세서(을)」에 옮겨 적어 관리한다.

10) 위 예에서 자기주식처분이익은 기업회계상 자본잉여금으로서 당기순이익을 구성하지 않는다. 하지만 법인세법상으로 자기주식처분이익은 익금을 구성한다. 따라서 익금산입이 필요하지만 잉여금이 사외유출되지도 않았으므로 사외유출로 소득처분할 수 없고, 기업회계상의 자본과 법인세법상의 자본에 간에 차이가 없으므로 유보로 소득처분할 수도 없다.

11) 법인세법 시행규칙 별지 제15호 서식(소득금액조정합계표) 작성요령 참조.

12) 사외로 유출된 매출누락액의 귀속자가 불분명한 경우이다.

가) 학설의 개관

(1) 매출누락액 전액이라는 견해

법인이 매출액을 장부에 계상하지 아니함으로써 해당 매출누락액을 익금에 산입한 경우에는 그 원가상당액 등을 공제함이 없이 매출누락액 전액에 대하여 상여 등으로 처분하여야 한다고 주장하는 견해이다.

소득처분은 소득세법상의 과세소득에 관한 문제로서 법인세법상의 과세표준의 크기와는 관계가 없는 별개의 문제라는 데에 그 논거를 두고 있다.[13] 유권해석도 ① 계상이 누락된 외상매출금과 ② 매출누락액의 사실상 귀속자가 별도로 부담한 매출누락액에 대응하는 원가상당액으로서 부외처리되어 법인의 손금으로 계상하지 않았음이 입증되는 금액을 제외하고는 그 총액(부가가치세 등 간접세를 포함)을 귀속자에 따라 상여 등으로 처분하도록 하고 있다.[14]

(2) 매출총이익이라는 견해

법인이 매출액을 계상누락함으로써 해당 매출누락액을 익금에 산입하는 경우에도 그 매출누락액에서 원가상당액 등을 공제한 차액, 즉 매출총이익 등에 한하여 상여 등으로 처분하여야 한다고 주장하는 견해이다.

이에 관한 논거로서는 다음과 같은 점을 든다.

첫째, 매출누락액에 대응하는 원가상당액을 공제함이 없이 매출누락액 전액을 상여 등으로 처분하여야 할 근거가 없으므로 매출누락액에서 원가상당액 등을 공제한 차액만을 상여 등으로 처분하는 것이 합리적이라고 주장한다.[15] 특히 소득처분제도가 소득금액의 귀속을 가리기 위한 법적 장치라는 점, 소득처분의 대상을 소득금액으로 새기는 것이 당기순이익을 이익처분의 대상으로 삼고 있는 상법 규정(제447조)과 부합하는 점 등을 든다.

둘째, 매출누락액을 익금에 산입할 때 상여 등으로 처분하여야 할 대상금액은 법인세법상의 소득계산구조와 관련하여 정하여야 하기 때문에 매출누락액의 전액을 상여 등으로 처분하여서는 안 된다고 주장한다.[16] 즉 법인세법상 소득금액을 익금총액에서 손금총액을 공제한 금액으로 정의하고 있는 점(법법 14 ①)에 비추어 볼 때 익금에 산입한 금액이란 익금

---

13) 이상원, "인정상여의 근거와 범위", 「사법집정」 1984년 6월호, 65면; 신동윤, "익금산입액의 소득처분", 「조세사건에 관한 제문제(하): 재판자료 제61집」, 법원행정처, 1993, 296면; 전수안, "소득처분의 대상과 범위", 「사법집정」 통권 374호, 1992, 91면.

14) 법통 67-106…11.

15) 전정구, 「한국조세법의 제문제」, 조세통람사, 1989, 200-201면.

16) 임완규, "매출누락액의 대표자인정상여의 범위", 「조세법의 논점」 행솔 이태로 교수 화갑기념논문집, 조세통람사, 1992, 224-226면.

에 산입한 금액 중 손금을 공제한 소득금액으로 새기는 것이 설득력이 있다고 주장한다.

나) 판례의 태도

판례는 원칙적으로 매출누락액 전액을 소득처분의 대상으로 하여야 한다는 입장을 견지하고 있다. 즉 매출누락이 있는 경우로서 매출누락액뿐만 아니라 그 대응경비(원료매입비 등 원가상당액이나 그 밖의 손비 등)의 누락액까지 밝혀져[17] 그 금액을 손금에 산입하였다고 하더라도 다른 사정이 없는 한 그 대응경비를 포함한 매출누락액 전액이 사외유출된 것으로 보는 것이다.[18] 대법원은 부외처리된 대응경비(대응경비에 관한 외상매입금 및 미지급금을 포함한다)가 매출누락액에서 직접 지급 또는 변제된 경우와 같이 매출누락액과 대응경비가 직접 대응되는 경우에만 소득처분 대상금액에서 제외한다는 입장을 취하고 있다.

다) 결 어

매출누락액 중 귀속자에게 상여 등으로 처분할 금액은 매출의 형태에 따라 달리 취급하여야 할 것이다.[19]

(1) 매출누락에 대응하는 매출원가 등을 전액 손비로 계상하고 있는 경우

매출누락에 대응하는 매출원가 또는 비용을 이미 손익계산서상에 전액 손비로 계상하고 있는 경우에는 매출누락액의 전액을 익금에 산입하고, 그 전액을 귀속자(귀속자가 불분명한 경우에는 그 대표자)에 대한 상여 등으로 처분하여야 할 것이다. 이에 관해서는 다툼의 여지가 없다.

---

17) 한편 판례는 대응경비가 누락된 것인지 여부에 관하여는 납세의무자가 입증하여야 한다는 입장을 취하고 있다. 이는 납세의무자가 그 수입 중 일부를 누락하여 과소신고하는 경우에도 비용만큼은 누락없이 전부 신고하는 것이 통상적이라는 경험칙에 따른 것이다. 그러므로 그와 같은 경험칙과 다른 이례적 사정, 즉 납세의무자가 손금에 산입할 비용 중 일부를 스스로 누락하여 과소신고하였다는 특별한 사정에 관하여는 입증책임 일반의 원칙에 따라 납세의무자로 하여금 입증하도록 하고 있는 것이다(대법원 2003. 3. 11. 선고 2001두4399 판결, 대법원 1992. 7. 28. 선고 91누10695 판결). 이 경우 수입누락 부분에 대응하는 손금만을 실지조사가 아닌 추계조사방법에 의하여 산출·공제할 수는 없다고 한다(이상 대법원 2003. 11. 27. 선고 2002두2673 판결; 대법원 1999. 11. 12. 선고 99두4556 판결; 대법원 1998. 4. 10. 선고 98두328 판결).

18) 대법원 2002. 12. 6. 선고 2001두2560 판결: 「법인이 매출사실이 있음에도 불구하고 그 매출액을 장부에 기재하지 아니한 경우에는 특별한 사정이 없는 한 원료매입비 등 원가상당액을 포함한 매출누락액 전액이 사외로 유출된 것으로 보아야 하고, 이 경우 그 매출누락액이 사외로 유출된 것이 아니라고 볼 특별사정은 이를 주장하는 법인이 입증하여야 하는 것이다.」 같은 취지: 대법원 1999. 5. 25. 선고 97누19151 판결; 1993. 6. 25. 선고 91누8647 판결; 대법원 1993. 5. 14. 선고 93누630 판결; 대법원 1991. 12. 10. 선고 91누5303 판결; 대법원 1990. 12. 26. 선고 90누3751 판결; 대법원 1990. 2. 13. 선고 89누152 판결; 대법원 1987. 4. 14. 선고 85누807 판결; 대법원 1987. 3. 24. 선고 86누897 판결; 대법원 1986. 9. 9. 선고 85누556 판결; 대법원 1984. 2. 28. 선고 83누381 판결 등.

19) 같은 취지: 김두천, 「법인세법의 이론과 실제」, 조세통람사, 1988, 647-649면.

(2) 매출누락에 대응하는 매출원가 등을 손비로 계상하고 있지 않은 경우

매출누락에 대응하는 매출원가 또는 비용을 손익계산서에 계상하지 않고 있는 경우에는 다음의 유형에 따라 소득처분을 달리하여야 할 것이다.

첫째, 매출누락한 상품 또는 제품의 취득원가를 매출원가로 대체하지 않고 상품 또는 제품(재고자산)으로 계상하고 있는 경우에는 매출누락액 전액을 익금에 산입하되, 그 원가상당액이나 비용은 손금에 산입하여야 한다. 이 경우에는 매출누락액 전액에 대하여 상여 등으로 처분하여야 한다.

둘째, 법인이 상품을 외상으로 매입하여 매출함에 따른 외상매입금이나 그 매출과 관련하여 발생한 미지급비용을 그 매출액(기장누락한 매출액)에서 상환 또는 지출한 것이 밝혀지는 경우에는 매출누락액에서 외상매입금 또는 미지급비용의 상환액을 공제한 차액에 대해서만 상여 등으로 처분하여야 한다. 매출누락액의 사실상 귀속자가 그 매출누락액에 대응하는 원가상당액을 스스로 부담한 경우도 마찬가지이다.[20] 부외로 처리한 대응경비(대응경비에 관한 외상매입금 및 미지급금을 포함한다)가 매출누락액에서 직접 지급 또는 변제된 사실이 금융거래 등에 의하여 입증되는 경우 또는 납세자가 매출누락액에 대응하는 부외의 대응경비를 일일이 구분하여 별도의 장부에서 기장한 경우로서 매출누락액에서 대응경비가 지출된 사실이 그 장부와 증빙 등에 의하여 입증되는 경우 등이 이에 해당한다고 하겠다.[21]

셋째, 부외의 대응경비가 매출누락액에서 직접 지출되거나 변제된 사실이 밝혀지지는 않지만 그 대응경비가 법인의 장부상 손비로 계상되지 않았음이 입증되는 경우가 문제이다. 이 경우에는 매출누락액 전액을 상여 등으로 처분하되 대응경비는 손금산입하여야 할 것이다.

참고로, 행정해석은 각 사업연도의 소득금액 계산상 익금에 산입하는 매출누락액 등의 금액은 ① 계상이 누락된 외상매출금과 ② 매출누락액의 사실상 귀속자가 별도로 부담한 매출누락액 대응 원가상당액으로서 부외처리되어 법인의 손금으로 계상하지 않았음이 입증된 것을 제외하고는 그 매출누락액 총액(부가가치세 등 간접세 포함)을 소득처분의 대상으로 한다는 입장이다.[22]

---

20) 법통 67-106…11; 법행 76-106-11 ① 2.

21) 매출누락에서 대응경비가 지출된 사실에 관한 입증책임은 납세의무자인 법인이 지고(대법원 2003. 11. 27. 선고 2002두2673 판결; 대법원 2002. 1. 11. 선고 2000두3726 판결; 대법원 1999. 5. 25. 선고 97누19151 판결 등), 그 대응경비가 매출누락액이 아닌 다른 원천에서 지출된 것이라는 점에 대하여는 과세관청에게 입증책임이 있다(대법원 2008. 1. 31. 선고 2007두23224 판결).

22) 법행 76-106-11.

3 소득처분의 유형

가. 실액방법에 의하는 경우

1) 익금산입 및 손금불산입액에 관한 소득처분

법인은 각 사업연도의 소득을 실액방법에 의하여 신고·결정 또는 경정할 때 '익금에 산입한 금액'은 법인 밖으로의 유출 여부에 따라서 사외유출과 사내유보(재무회계와 세무회계 간에 순자산의 차이가 없을 경우에는 기타)로 구분하고, 사외유출은 다시 그 귀속자에 따라서 배당·상여·기타소득 또는 기타사외유출로 처분하여야 한다(법법 67, 법령 106).

그러나 기타소득(법령 106 ① I)에 관하여는 법인세법 제67조에서 소득처분의 유형으로 열거하고 있지 않다. 법인세법 제67조에서 '…그 귀속자에 따라 상여·배당·기타사외유출·사내유보 등…'으로 처분하도록 하고 있으므로 '…등…'에 기타소득이 포함된다는 견해도 있을 수 있으나, 귀속자의 소득세부담에 영향을 미치는 소득처분의 유형을 법률에서 구체적으로 특정하지 않고 대통령령에 일임하는 입법태도는 타당하다고 보기 어렵다.

가) 사내유보

(1) 사내유보의 의의와 그 구별기준

(가) 사내유보의 의의

익금에 산입한 금액이 사외에 유출되지 않고 사내에 남아 있는 것은 사내유보로 한다(법령 106 ① I). 실무상으로는 단순히 유보라고 부른다.

즉 익금에 산입한 금액이 법인 안에 남아 있으면서 그 법인의 세무계산상의 자본(잉여금)의 크기[23]를 증가시키는 금액이다. 법인의 세무계산상의 자본의 증가는 법인의 세무계산상의 자산의 증가 또는 부채의 감소로 나타난다.[24]

이와 같이 사내유보로 처분된 금액은 왜곡표시된 자산 또는 부채가 손익으로 대체되는 사업연도의 소득금액을 산정할 때에 처음의 세무조정과는 반대의 세무조정[25]을 행한다.

---

[23] 기업회계상 자본으로 계상하지 않은 금액으로서 세무계산상 자본을 구성하는 금액을 가리킨다. 이는 바로 법인의 비밀적립금(secret reserves, stille Reserven)에 해당하는 것이다.

[24] 법인의 세무계산상의 자산 또는 부채가 그 법인의 재무상태표상의 자산 또는 부채보다 크거나 적게 표시된 것을 가리킨다. 이는 재무상태표상의 자산 또는 부채가 왜곡되어 있다는 의미이다.

[25] 이때의 소득처분의 유형은 소극적 유보, 즉 부의 유보(△유보)이다. 기업회계에 따라 부채 내지 비용이 발생하였더라도 권리의무확정주의를 취하고 있는 세무회계와의 차이로 인하여 기업회계에 따른 비용의 손금산입을 부인하고 부채를 '유보'로 세무조정 한 경우 나중에 사업양도로 그 부채를 처분할 때 해당 사업연도에 손금산입을 하면서 '부(-)의 유보'로 세무조정을 하여야 한다. 이러한 조정을 거치지 않으면 사업양도에 따른 세법상 양도차익이 과다하게 산정되기 때문이다. 대법원 2017. 10. 12. 선고 2017두169 판결.

(나) 사내유보와 사외유출의 구별기준

법인세법은 사내유보와 사외유출의 구별기준을 별도로 규정하고 있지 않으며 학설상으로는 다음의 견해들이 주장되고 있다.

① 익금에 산입한 금액에 관하여 법인 이외의 종국적 귀속자가 있으면 사외유출이고 그렇지 않으면 사내유보라고 보는 견해[26]

② 권리확정주의에 입각하여 권리의 실현가능성이 법이 보장하는 바에 의해 객관적으로 인식될 수 있으면 사내유보로, 그렇지 않으면 사외유출로 보는 견해[27]

우선 ①의 견해는 어떤 경우에 종국적 귀속자가 있는지 여부에 관하여 실질적인 기준을 제시하지 않고 있으며 ②의 견해는 '권리'라고 하는 법적 기준을 고려한다는 점에서 사실상의 지배를 전제로 하는 법인세법의 입장에 맞지 않는다. 익금에 산입한 금액은 법적 측면에서는 본래 '법인에 귀속되어야 할' 금액이므로 사내유보와 사외유출을 구분하는 기준이 될 수 없기 때문이다.

생각건대 법인의 익금에 산입한 금액이 현실적으로 법인으로 재유입될 수 있는지 여부를 사회통념과 경제적 실질에 입각하여 판단하고 이를 긍정할 수 있다면 사내유보로, 그렇지 않다면 사외유출로 보는 것이 타당하다고 생각된다. 양자를 구별하는 이유는 결국 익금에 산입한 금액이 사외유출되었다면 그 귀속자에게 일차적으로 원천징수의 방식으로 소득과세를 하기 위함이므로 경제적 측면에서 보았을 때 해당 금액을 귀속자가 현실적으로 지배·관리하면서 이를 향수하고 있는지 여부가 중요한 판단기준이 되어야 하기 때문이다.[28] 특히 익금에 산입한 금액의 귀속이 불분명한 경우는 일단 법인으로 재유입될 가능성이 없다고 보아야 할 것이다.

판례의 입장은 분명하지 않으나 후술하는 대표자 횡령에 관한 판례를 살펴보면 익금에 산입한 금액의 현실적인 회수가능성 또는 법인으로의 재유입가능성을 기준으로 판단하는 것으로 보인다.[29]

---

26) 신동윤, "익금산입액의 소득처분", 「조세사건에 관한 제문제(하): 재판자료 제61집」, 법원행정처, 1993, 295면: 전수안, "소득처분의 대상과 범위", 「사법집정」 통권 374호, 1992, 92-93면. 소유관계, 약정채권채무관계, 관리관계 중 어느 하나라도 법인과의 연계가 남아 있으면 사내유보이고 그렇지 않으면 사외유출로 보는 견해도 이와 같은 견해라고 설명한다(조인호, "소득처분에 의한 의제소득과 현실귀속소득", 「특별법연구」 제6권, 2001, 263-264면).

27) 임승순, 「조세법」, 제20판, 박영사, 2020, 770면.

28) 대법원 1983. 10. 25. 선고 81누136 판결: 김완석/정지선, 「소득세법론」, 제26판, 삼일인포마인, 2020, 159면.

29) 상세한 논의는 '횡령 등에 관한 소득처분'(166면)을 참고하라.

(다) 사내유보의 예시

① 지출이 수반되지 않는 계산상의 손비를 부인한 금액

감가상각비 한도초과액(감가상각부인액)·퇴직급여충당금 한도초과액·대손충당금 한도초과액·각종 준비금의 한도초과액 등과 같이 지출을 수반하지 않고 단순히 손비로 계상한 계산상의 손비를 부인한 금액은 유보로 처분한다.

그리고 아직 지출이 이루어지지 않은 지급이자·인건비 및 기업업무추진비 등의 손비를 과대하게 미지급비용 또는 미지급금으로 계상한 경우로서 그 과대계상액을 부인한 금액(예: 과대계상한 미지급이자·미지급인건비 등의 부인액)도 사내유보로 처분하여야 한다. 다음으로, 미지급기부금은 이를 실제로 지출할 때까지는 기부금으로 보지 않는 것이므로 손금불산입한 미지급기부금은 당연히 유보로 처분하여야 한다.

② 자산의 평가에 따른 익금산입액 등

자산의 평가이익(예: 은행업을 영위하는 법인의 외화환산이익 등)을 과소계상함에 따라 익금에 산입하는 금액은 사내유보로 처분한다. 그리고 자산의 평가손실을 과다하게 계상함에 따라 손금불산입한 금액과 평가손실을 계상할 수 없는 자산의 평가손실의 부인액도 사내유보로 처분한다.

③ 자산의 계상누락 등

외상매출금의 누락액 및 사업용 유형자산의 처분에 따른 미수금의 누락액 등은 사내유보로 처분한다. 해당 금액이 사외에 유출되지 않았기 때문이다. 유보로 처분하였던 외상매출금 등을 회수하고서도 기장에서 누락한 경우에는 그 회수한 사업연도의 법인세의 과세표준과 세액을 신고·결정 또는 경정하면서 사외유출(상여 등)로 처분한다.

그리고 선급비용·건설자금이자·미사용 소모품이나 부외자산과 같은 자산계상누락액에 대하여도 사내유보로 처분하여야 한다.

④ 손익의 귀속사업연도 차이에 따른 익금산입액

손익의 귀속연도의 상이로 인하여 익금에 산입하는 금액(예: 작업진행률에 의한 수입금액 가산액)은 유보로 처분한다. 그리고 다음 사업연도 이후에 해당 금액을 매출액 등으로 계상한 때에는 이를 익금불산입하고 유보(△유보)로 처분한다.

(라) 사내유보의 관리

사내유보로 처분한 금액은 해당 법인의 다음 사업연도 이후의 각 사업연도의 소득금액의 산정에 영향을 미침[30]은 물론이고, 청산소득에 대한 법인세의 과세표준의 산정 및 주권비

---

30) 해당 사업연도에 익금산입 또는 손금불산입하여 유보로 처분한 금액은 다음 사업연도 이후에 익금불산입

상장법인의 주식의 1주당 가액의 평가와도 직접적인 관련이 있기 때문에 사후관리할 필요가 있다. 그러므로 사내유보(손금산입액 또는 익금불산입액에 대하여 유보로 처분하는 경우, 즉 부의 유보를 포함한다)로 처분한 금액은 법인세법 시행규칙 별지 제50호(을) 서식 [자본금과 적립금 조정명세서(을)]에서 별도로 관리하도록 하고 있다.

(2) 횡령 등에 관한 소득처분

횡령이란 형법상의 개념인데, 자기가 점유하는 타인 소유의 물건을 불법적으로 영득하거나 그 반환을 거부하는 행위를 말한다. 자기가 점유하는 타인 소유의 물건을 불법적으로 영득하거나 그 반환을 거부하는 경우 형법상 횡령죄가 성립한다(형법 335). 횡령행위는 소비·착복·은닉·점유의 부인·매매·증여 등의 태양으로 이루어진다.

법인의 물건에 대한 횡령은 주로 그 법인의 임원이나 직원에 의하여 저질러지는 경우가 대부분이다. 법인의 임원이나 직원에 의한 횡령의 예로서는 현금매출하거나 자산의 처분대가로 받은 금전을 소비 또는 착복한 경우, 자기가 점유하는 법인의 금전이나 그 밖의 재산을 소비 또는 착복한 경우, 손금의 지출 또는 자산의 취득을 가장하여 그 금액을 소비 또는 착복한 경우(가공손금 또는 가공자산의 취득가액) 등을 들 수 있다.

법인의 임원 또는 직원이 매출액이나 유형자산이나 무형자산 처분액의 전액 또는 일부를 횡령하거나 가공손금 등으로 경리한 금액을 횡령한 경우에 그 금액을 사외유출로 처분할 것인지, 아니면 유보로 처분할 것인지에 관해서는 견해의 대립이 있을 수 있다.

(가) 사외유출로 처분하여야 한다는 견해

법인의 대표자 등이 매출액 등을 횡령한 때에 그 대표자 등에게 횡령한 매출액 등이 귀속된 것으로 보아 상여 등으로 처분하여야 한다고 견해이다.[31]

(나) 유보로 처분하여야 한다는 견해

법인의 임원 또는 직원이 그 법인에게 귀속되는 소득을 횡령하여 그로 인하여 법인이 손해를 입은 경우에 그 법인은 임원 또는 직원에 대하여 횡령금에 대한 손해배상청구권 또는 부당이득반환청구권(이하에서 '손해배상청구권 등'이라 한다)을 취득하는 것이므로 해당 매출액 등에 대해서는 유보로 처분하여야 한다는 견해이다.[32] 법인의 임원 또는 직원이 법

또는 손금산입하여 유보(△유보)로 처분하게 된다. 즉 자동으로 추인되는 것이 원칙이다. 다만 토지 등의 비상각자산에 관련된 자본적 지출액의 손비처리액, 현금예금 등과 같이 사용·소비되지 않는 자산의 누락액, 가공부채의 부인액 등과 같이 예외적으로 법인이 결산상 장부에 적극적으로 수정처리하지 않는 한 추인되지 않고 계속 이월되는 항목도 있다. 삼일회계법인, 「법인세 조정과 신고 실무」, 제12판, 삼일인포마인, 2017, 100면.

31) 이창순, "사용자의 회사소득 횡령과 대표자에 대한 상여처분의 당부", 「월간조세」 1993년 1월호, 123면.

인의 매출액 등을 횡령하는 행위는 민법상의 불법집위 또는 부당이득의 요건을 충족하고, 따라서 매출액 등의 착복시에 그 임원 또는 직원에 대한 손해배상청구권 등을 취득하는 것이다. 그리고 법인이 횡령자에 대하여 취득한 손해배상청구권 등은 법인의 자산을 구성하는 것이므로 사내에 유보된 것으로 보아야 한다는 것이다.

(다) 검　토

① 횡령자에 따른 구별의 필요성

법인의 임원 또는 직원이 법인의 매출액 등을 횡령하였다고 하더라도 법인은 그 임원 또는 직원에 대하여 손해배상청구권 등을 취득하기 때문에 횡령시에 상여와 같은 사외유출로 처분하여서는 안 되며,[33] 다만 법인이 그와 같은 손해배상청구권 등을 포기한 경우, 손해배상채무 등을 면제한 경우 또는 법인이 임원 또는 직원의 횡령행위를 묵인하거나 추인하였다고 볼 수 있을 때에 비로소 사외유출(상여 등)로 처분할 수 있다고 해석하여야 할 것이다. 그러나 법인의 실질적인 경영자인 대표이사 등이 법인의 자금을 횡령한 행위는 특별한 사정이 없는 한 회수를 전제로 하여 이루어진 것이 아니기 때문에 그 금액에 대한 지출자체로서 이미 사외유출에 해당한다고 보아야 한다.[34]

따라서 임원 또는 직원의 횡령행위는 그 횡령자가 법인의 실질적인 경영자인 대표이사 등인 경우와 그 밖의 임원 또는 직원인 경우로 나누어서 달리 취급하여야 할 것이다.

㉮ 법인의 실질적 경영자인 대표이사 등이 횡령한 경우

법인의 실질적 경영자인 대표이사 등이 법인의 자금을 유용한 경우 그 유용행위는 '특별한 사정이 없는 한' 애당초 회수를 전제로 하여 이루어진 것이 아니기 때문에 그 금액에 대한 지출 자체로서 이미 사외유출에 해당한다고 해석해야 한다.[35] 그 논거를 부연하면 다음과 같다.

첫째, 현실적인 문제로서 회사의 지배주주인 대표이사 등이 매출금 등을 횡령하였다

---

32) 김두천, 「세법판결평석」, 박영사, 1992, 117면; 김두천, 「법인세법의 이론과 실제」, 조세통람사, 1988, 645면; 이상원, "위법소득과세에 관한 제문제", 「한국재정학회 학술발표논문집」 제2집, 129–130면, 133면.

33) 즉, 유보로 처분하여야 한다는 것이다.

34) 횡령자의 지위 대신 법인의 의사가 개재된 것인지 여부로 구별하여 법인의 의사가 개재되어 있으면 사외유출로, 그렇지 않다면 사내유보로 처리하는 것도 가능할 것으로 생각된다. 大淵博義, 「法人税法解釈の検証と実践の展開 第Ⅰ巻」(改訂増補版), 税務経理協会, 2013, 437–439면.

35) 대법원은 이와 같은 경우 설사 법인이 횡령자에 대한 손해배상채권을 계상하였다 하더라도 이는 장부에 계상하여서는 안 될 것이고, 따라서 위 손해배상채권을 대손처리하였다 하더라도 이는 존재하지 않는 채권에 기한 것이므로 세무조정상 손금부인된다고 판시하였다. 이에 대하여 원고 법인은 결국 소득처분에 관한 법인세법 제67조로 인하여 법인의 횡령자에 대한 손해배상채권이 부정되는 결과가 되므로 위 법인세법 제67조는 헌법상 과잉금지원칙에 반하여 법인의 재산권을 과도하게 침해하여 위헌이라고 주장하였으나 대법원은 받아들이지 않았다(대법원 2012. 6. 28. 선고 2011두32676 판결).

고 하더라도 회사가 그 대표이사 등을 상대로 한 손해배상청구권 등의 행사를 통하여 그 횡령금 등을 반환받을 가능성이 매우 희박하다는 점이다.

우리나라의 경우 법인의 구성분포를 살펴보면 전체법인 중 절대다수가 주권비상장법인이고, 그와 같은 주권비상장법인의 대부분이 사실상 1인 회사이거나 가족주주로 이루어져 있음을 보아 알 수 있다. 이와 같은 회사구조 아래에서 회사가 그 1인 주주 또는 가족주주의 매출금 등의 횡령금에 대하여 그 반환을 청구하거나 손해배상을 청구한다는 것은 경험칙상 기대하기 어렵기 때문이다.

둘째, 법인의 대표자 등이 매출을 기장 누락하거나 가공경비를 손비로 계상할 때에 사실상 해당 불법소득을 종국적으로 영득한 것이라고 해석하는 것이 합리적이라는 점이다. 즉 매출액을 장부에 계상하지 않고 누락시키거나 가공손금을 계상하여 해당 금액을 착복하는 것은 바로 해당 소득을 불법적으로 획득하는 것에 해당하기 때문이다.

셋째, 법인과 대표이사 등의 의사를 동일시할 수 있으므로 법인이 대표이사 등의 횡령 사실을 알고서도 사실상 묵인 또는 추인한 것으로 보는 것이 타당하다. 따라서 위와 같은 횡령행위는 애초에 그 회수를 전제하지 않은 것으로 보아야 한다.

여기서 예외에 해당하는 '특별한 사정'의 유무를 어떻게 판단할 것인지가 문제인데, 횡령의 주체인 대표이사 등이 법인 내에서 차지하는 실질적인 지위 및 법인에 대한 지배 정도, 횡령행위에 이르게 된 경위 및 횡령 이후의 법인의 조치 등을 통하여 횡령행위 당시에[36] 그 대표이사 등의 의사를 법인의 의사와 동일시하거나 대표이사 등과 법인의 경제적 이해관계가 사실상 일치하는 것으로 보기 어려운 경우인지 여부 등 제반 사정을 종합하여 개별적·구체적으로 판단하여야 하며 이러한 특별한 사정은 이를 주장하는 법인이 증명하여야 한다.[37]

판례는 대표이사 등이 변칙적인 회계처리를 동원하는 방법으로 횡령금액의 유용행위를 적극적으로 은폐하였고, 법인의 내·외부에서 대표이사 등의 위와 같은 자금유용행위를 실질적으로 통제하거나 감독할 만한 사람 등이 존재하지 않으며, 실제로 대표이사 등의 횡령 등 불법집위에 대하여 형사고발이 이루어지거나 민사상 손해배상청구소송이 제기된 적이 없는 경우에는 금액의 유용 당시부터 회수를 전제하지 않은 것으로 본다.[38] 반면 판례가 특별한 사정이 있다고 보아 횡령금액을 사내유보

---

36) 대법원 2012. 5. 9. 선고 2009두2887 판결: 「대주주인 대표이사가 법인의 자금을 횡령할 무렵에는 법인을 사실상 지배하고 있어 대표이사와 법인의 의사를 동일시할 수 있었던 경우에는 횡령행위와 동시에 횡령금액 상당액이 사외유출된 것으로 보아야 하고, 횡령행위 이후 상당한 기간이 경과한 후에 법인이 타의에 의해 횡령금액의 회수를 위한 조치를 취하였다고 해서 달리 볼 것은 아니다.」

37) 대법원 2015. 12. 23. 선고 2015두50085 판결: 대법원 2010. 1. 28. 선고 2007두20959 판결.

38) 대법원 2013. 2. 28. 선고 2012두23822 판결. 대법원 2010. 11. 25. 선고 2010두16974 판결은 1인 주주 겸 대표

로 본 사안으로는 소액주주의 비중이 높아 대표이사 등의 의사를 법인의 의사와 동일시하거나 양자의 경제적 이해관계가 사실상 일치하는 것으로 보기 어렵고, 법인이 대표이사 등의 횡령행위를 묵인하거나 추인하였다고 볼 사정이 없으며, 법인이 대표이사 등의 횡령사실을 알게 된 직후부터 권리행사에 착수하여 대표이사 등에 대한 손해배상채권을 확보하고 있는 경우를 들 수 있다.[39]

ⓒ 그 밖의 임원 및 직원이 횡령한 경우

법인의 실질적 경영자인 대표이사 등을 제외한 그 밖의 임원(실질상 피용자의 지위에 있는 대표이사를 포함한다)이나 직원이 법인의 재산을 횡령한 경우 법인은 그 임원이나 직원에 대하여 손해배상채권 등을 취득하기 때문에 그 횡령액이 곧바로 사외유출된 것으로 볼 수 없고, 따라서 그 횡령이 일어난 때에 상여로 처분하여서는 안 된다.[40]

이때에는 해당 법인이나 그 실질적 경영자 등의 사전 또는 사후의 묵인, 채권회수포기 등 법인이 그에 대한 손해배상채권을 회수하지 않겠다는 의사를 객관적으로 나타낸 것으로 볼 수 있는 등의 사정이 있는 경우에 비로소 사외유출된 것으로 보아 해당 임원 또는 직원에 대한 상여로 소득처분하여야 한다.

② 사외유출된 금액을 회수한 경우

위에서 본 논의는 사외유출된 금액을 취득한 자에 대하여 소득처분을 어떻게 할 것인지의 문제임에 유의하여야 한다. 법인의 과세소득은 손금불산입(또는 익금산입) 세무조정에 의해 확정된다. 따라서 사후적으로 사외유출된 금액을 회수하더라도 법인 단계에서

이사가 법인의 자금을 횡령한 경우 이를 감시 감독할 만한 통제수단이 없고, 손해배상청구권을 행사할 가능성도 없으며, 횡령자와 법인의 의사가 동일할 뿐만 아니라 경제적 이해관계도 사실상 일치하고 있었다고 보이므로 처음부터 회수를 전제로 하여 이루어진 것이 아니어서 사외유출(상여)에 해당한다고 판시했다(같은 취지: 대법원 2012. 6. 28. 선고 2011두32676 판결; 대법원 2001. 9. 14. 선고 99두3324 판결; 대법원 1999. 12. 24. 선고 98두7350 판결 등).

39) 대법원 2008. 11. 13. 선고 2007두23323 판결; 대법원 2008. 11. 13. 선고 2008두1009 판결도 같은 취지이다(법인의 자금을 횡령한 주권상장법인의 대주주 또는 실질적 경영자 지분이 발행주식총수의 45퍼센트에 그치고 소수주주 지분이 55퍼센트에 달하는 경우).

40) 대법원 2004. 4. 9. 선고 2002두9254: 「소외인이 대표이사라는 직함을 보유하더라도 실질적으로는 까르푸 그룹의 피용자의 지위에 있고, 원고가 그의 횡령 금원에 대해 그 가액 상당의 손해배상채권을 보유하고 있는 점, 원고가 횡령사실을 안 뒤 거액을 들여 우리나라, 홍콩, 스위스 등지에서 민·형사상 소송 등을 제기하고 예금계좌를 동결하는 등의 조치를 취함으로써 위 횡령행위를 추인하였다고 볼 수 없는 점 등에 비추어 위 횡령액 상당이 사외유출 되었다고 볼 수 없다.」 그러나 법인이 민사상 손해배상청구권을 취득하였다고 하여 곧바로 사외유출이 없었던 것으로 볼 수 있는지에 관하여는 의문이 있을 수 있다. 권리의무확정주의에 따라 법인이 손해배상청구권을 익금으로 인식할 수 있는 정도가 되어야 사외유출이 없었던 것으로 볼 수 있다는 견해도 있을 수 있다. 일본에서의 유사한 논의로 大淵博義, 「法人税法解釈の検証と実践的展開 第Ⅰ卷」(改訂増補版), 税務経理協会, 2013, 439-444면.

는 이미 과세소득에 포함된 금액이므로 이월익금으로서 익금불산입하여야 한다.[41)]

나) 사외유출

(1) 사외유출의 개념

사외유출이란 익금산입액 또는 손금불산입액이 법인의 세무계산상의 자본(잉여금)의 증감에 영향을 미치지 않고 종국적으로 사외로 빠져나간 것을 가리킨다. 판례는 법인이 매출액을 장부에 기재하지 않거나[42)] 가공의 비용을 장부에 계상한 경우 특별한 사정[43)]이 없는 한 그 매출누락액 또는 가공비용[44)] 상당의 법인의 수익은 사외로 유출된 것으로 보아야 하며, 이 경우 그 전액이 사외로 유출된 것이 아니라고 볼 특별한 사정은 이를 주장하는 법인측에서 입증하여야 한다고 한다.[45)] 또한 주금을 가장납입한 후 납입금을 인출하여 차입금을 변제한 경우 특별한 사정이 없는 한 납입금 상당액이 사외유출된 것으로 보아야 한다고 한다.[46)]

사외유출된 금액에 대하여는 그 귀속자가 밝혀지는 경우(귀속자가 분명한 경우)와 밝혀지지 않은 경우(귀속자가 불분명한 경우)에 따라서, 그리고 귀속자가 밝혀지는 경우에는 그 귀속자와 법인과의 관계 또는 법인에서의 지위에 따라서 소득처분의 유형을 달리하도록 정하고 있다.

사외유출과 관련하여 특히 특수관계(법법 2 XII)가 소멸할 때까지 회수하지 못한 가지급금

---

41) 이것이 과세실무이기도 하다. 법규과-687, 2014. 6. 30. 그러나 대법원 판결은 반대취지이다. 대법원 2021. 7. 29. 선고 2019두45975 판결. 한편 사외유출된 금액을 회수할 경우 소득처분 단계에서 고려하여 줄 수 있는지에 관한 상세한 논의는 후술하는 '사외유출액의 회수'(180면)에서 살펴보기로 한다.

42) 법인이 매출액을 대표이사 가수금으로 계상하였다가 가까운 기간 내에 전기손익수정익으로 대체한 경우에는 사외유출로 볼 수 없을 것이다. 대법원 1987. 6. 9. 선고 86누732 판결.

43) 이를테면 대표이사로부터의 가수금 채무가 계상되어 있는데 그 가수금 채무가 당초부터 반제(返濟)를 예정하지 않은 명목만의 가공채무인 경우가 이에 해당한다. 대법원 2002. 3. 1. 선고 2000두3726 판결.

44) 납세의무자가 신고한 비용 중의 일부가 실지비용인지 여부가 다투어지고 납세의무자가 주장하는 비용의 용도와 그 지급의 상대방이 허위임이 상당한 정도로 증명된 경우에는 그러한 비용이 실제로 지출되었다는 점에 관하여 장부와 증빙 등 자료를 제시하기가 용이한 납세의무자가 이를 증명할 필요가 있으나 위와 같은 경우에도 최소한 실지비용인지 여부가 다투어지는 비용의 액수는 과세관청이 특정하여야 한다[서울행정법원 2014. 6. 27. 선고 2013구합56805 판결(대법원 2015. 7. 23. 자 2015두41074 판결로 심리불속행 종결)].

45) 대법원 2012. 9. 27. 선고 2010두14329 판결; 대법원 2006. 12. 21. 선고 2005두2049 판결; 대법원 2006. 1. 12. 선고 2003두11797 판결; 대법원 2001. 4. 13. 선고 2001두434 판결; 대법원 1999. 12. 24. 선고 98두16347 판결 등.

46) 대법원 2016. 9. 23. 선고 2016두40573 판결. 가장납입의 경우에도 금원의 이동에 따른 현실의 납입이 있는 것이고, 설령 그것이 실제로는 주금납입의 가장수단으로 이용된 것이더라도 이는 그 납입을 하는 발기인 또는 이사들의 주관적 의도의 문제에 불과하므로 이러한 내심적 사정에 의하여 회사의 설립이나 증자와 같은 집단적 절차의 일환을 이루는 주금납입의 효력이 좌우될 수 없기 때문이라는 판례(대법원 2001. 3. 27. 선고 99두8039 판결 등)에 따른 것이다. 그러나 법인이 가공매입금액을 계상하면서 동시에 가공매출금액을 계상함으로써 두 금액이 서로 상계되어 실질적인 자산의 유출이 없는 것으로 보는 경우에는 사외유출에 따른 상여처분을 할 수 없다. 조심 2020. 2. 18. 자 2019서3742 결정.

및 그 이자(이하에서 '가지급금 등'이라 한다)에 대한 소득처분이 문제가 된다. 이에 관한 상세한 논의는 '특수관계가 소멸되는 날까지 회수하지 않은 가지급금 등'(220면)에서 후술한다.

(2) 사외유출된 금액의 귀속자가 불분명한 경우의 소득처분

익금에 산입한 금액이 사외에 유출된 것은 분명하지만, 그 귀속자가 불분명한 경우, 다시 말하면 그 귀속자를 특정할 수 없는 때에는 그 법인의 대표자에게 귀속된 것으로 본다(법령 106 ① I 但). 구체적인 예로는 현금매출액 중 기장 누락한 금액,[47] 법인이 매출에 의하여 수령한 대금으로서 가수금 계정에 계상한 금액,[48] 실제는 지출하지 않으면서 지출한 것처럼 손비로 가공 계상한 금액[49] 또는 부외부채에 의하여 조달된 금액[50]의 경우 등을 들 수 있다.

(가) 대표자의 개념

첫째, 본조에서의 대표자란 대외적으로 회사를 대표하고 대내적으로 업무집행을 담당하는 자를 지칭한다. 일반적으로는 법인등기부에 등재된 대표이사 또는 대표사원을 가리키지만, 등기된 대표자라 할지라도 법원의 가처분결정에 의하여 직무집행이 정지된 경우[51] 또는 사실상 법인의 대표자가 아님이 객관적인 증거나 법원의 판결 등에 의하여 입증되는 경우[52]에는 본조의 대표자에서 제외하여야 한다.

---

47) 대법원 2002. 1. 11. 선고 2000두3726 판결:「법인이 매출사실이 있음에도 불구하고 그 매출액을 장부에 기재하지 아니한 경우에는 특별한 사정이 없는 한 매출누락액 전액이 사외로 유출된 것으로 보아야 하고, …법인이 매출에 의하여 수령한 대금을 내용이 확정되지 아니한 임시계정인 가수금 계정에 계상함으로써 그 상대계정인 현금이 일단 법인에 들어온 것으로 회계처리를 하였다고 하더라도, 만일 그 가수금 계정의 내용이 대표이사로부터의 단기 차입금 거래를 기장한 것으로서 장차 이를 대표이사에게 반제해야 할 채무라는 것이 밝혀진 경우에는 그 가수금 거래는 법인의 순자산의 변동 내지 증가를 수반하지 아니하는 것으로서 법인의 수익이나 비용과는 무관한 것이므로, 그 가수금 채무가 애당초 반제를 예정하지 아니한 명목만의 가공채무라는 등의 특별한 사정이 없는 한, 장부에 법인의 수익으로서 기재되었어야 할 매출누락액은 이미 사외로 유출되어 위 가수금 거래의 상대방인 대표이사에게 귀속된 것으로 보아야 한다.」 같은 취지: 대법원 2011. 11. 24. 선고 2011두20659 판결; 대법원 2011. 7. 14. 선고 2011두7250 판결.

48) 대법원 2002. 1. 11. 선고 2000두3726 판결. 대표이사가 회사에 돈을 입금하면서 회사의 대표이사에 대한 일시적인 부채인 가수금으로 회계처리한 경우 입금한 돈의 성격이나 소유관계는 특별한 사정이 없는 이상 회계처리 내역대로 가수금으로 파악하여야 하는 것이 원칙이고, 회계처리 내역과 달리 가수금이 아니라 회사에 확정적으로 귀속된 돈으로 보기 위해서는 그와 같은 회계처리가 허위로 이루어졌다는 점 등에 관하여 수긍할 만한 반증이 있어야 한다(대법원 2019. 1. 10. 선고 2018도16469 판결).

49) 대법원 2002. 9. 4. 선고 2001두7268 판결:「가공노무비를 계상하거나 소비대차 관계가 있는 양 법적 형식을 취한 여부에 관계없이 실질적인 당사자의 의사나 사정 등에 비추어 사외유출 여부를 판단하여야 한다.」

50) 대법원 1989. 3. 14. 선고 87누797 판결.

51) 대법원 1994. 3. 8. 선고 93누1176 판결.

52) 비록 회사의 대표이사로 법인등기부상 등재되어 있었다고 하더라도 회사를 실질적으로 운영한 사실이 없다면 그 법인의 대표자로 볼 수 없다는 것이 대법원의 일관된 판례이다(대법원 1989. 4. 11. 선고 88누7289 판결; 대법원 1988. 4. 12. 선고 87누1238 판결). 정리회사의 관리인은 정리회사의 대표자의 지위에 있다기보

　　다음으로 등기된 대표자가 아니더라도 주주등(소액주주 등은 제외한다)인 임원으로서 그 임원과 그와 특수관계 있는 자가 소유하는 주식등을 합하여 해당 법인의 발행주식총수 또는 출자총액의 30퍼센트 이상이고, 그 임원이 법인의 경영을 사실상 지배하고 있다면 그 자를 대표자로 한다(법령 106 ① I 단서 괄호). 위와 같은 경우 다른 요건을 다 갖추었더라도 소액주주등이 아닌 주주등인 임원 및 그 특수관계인이 해당 법인 지분의 30퍼센트 이상을 보유하지 않는다면 여기서의 대표자에 해당할 수 없다는 것이 대법원의 입장이다.[53]

　　둘째, 대표자가 2명 이상이더라도 그 중 1명이 대표자로서의 권한을 행사하는 경우에는 그 사실상의 대표자를 본조에서의 대표자로 본다. 그러나 2명 이상의 대표자가 공동대표로서 사실상 공동대표권을 행사하였다면 그 공동대표자를 본조에서의 대표자로 보아야 할 것이다.

(나) 대표자를 귀속자로 본다는 문언의 의미

　　본조의 "대표자…에게 귀속된 것으로 본다"에서 '본다'는 법문의 구조상 '추정한다'는 의미로 새겨야 한다.[54] 이 경우에 귀속이 분명하다는 점에 관한 입증은 이를 주장하는 납세의무자가 하여야 한다.[55]

　　만일 법인(납세의무자)이 사외유출된 금액에 대하여 실지귀속자를 밝힌다면 그 자를 귀속자로 하여 소득처분을 하여야 한다.

　　사업연도 중에 대표자가 변경된 경우로서 대표자 각인에게 귀속된 것이 분명한 금액은 대표자 각인별로 구분하여 상여로 처분한다. 그러나 귀속이 분명하지 않은 경우에는 재직기간의 일수에 따라 구분계산하여 이를 대표자 각인에게 상여로 처분한다(법칙 54).

다는 정리회사, 채권자, 주주등으로 구성되는 이해관계인 단체의 관리자로서 그러한 자들을 위하여 정리법원의 감독 아래 회사경영 및 재산의 관리처분을 하는 일종의 공적수탁자의 지위에 있다 할 것이므로, 인정상여제도의 취지나 정리회사의 관리인의 법적 지위에 비추어 볼 때, 정리회사의 관리인은 특별한 사정이 없는 한 위와 같은 경우 인정상여로 소득처분 되는 법인의 대표자로는 볼 수 없다는 것이 판례이다(대법원 1992. 7. 14. 선고 92누3120 판결). 다만 회사의 대표이사가 정리회사의 관리인으로 선임되어 종전의 회사조직을 그대로 장악하여 스스로 공익적 수탁자의 지위에서 벗어나 적극적으로 매출의 은닉, 누락 및 원자재 매입의 가장을 지시하는 등으로 자금을 조성하여 그 상당액을 사외유출시켜 그 본연의 임무에 위배하여 부당행위를 저지른 사정이 존재하는 경우에는 비록 관리인의 지위를 갖고 있다고 하여 그를 인정상여로 소득처분되는 법인의 대표자와 달리 취급하여야 할 이유가 없다고 한다(대법원 1995. 6. 30. 선고 94누149 판결).

53) 법인세법 시행령 제106조 제1항 제1호 단서는 대표자가 아니면서 사실상 대표자로 간주할 수 있는 경우를 위 규정상의 괄호안의 사유로 제한하고 있기 때문이다. 대법원 2017. 9. 7. 선고 2016두57298 판결; 대법원 2010. 10. 28. 선고 2010두11108 판결.

54) '본다'라는 문구를 반드시 의제 혹은 간주의 의미로 해석하여야 하는 것은 아니다. "국내에 주소가 없는 것으로 본다."라고 규정하고 있는 소득세법 시행령 제2조 제4항이 의제 혹은 간주 규정인지 여부가 다투어진 사안에서 판례는 반드시 의제 혹은 간주의 의미로 해석할 것은 아니라고 보았다. 대법원 2021. 11. 25. 자 2021두48298 판결(서울고등법원 2021. 7. 23. 선고 2020누64899 판결); 대법원 2021. 10. 29. 자 2021두44500 판결(서울고등법원 2021. 6. 9. 선고 2020누52926 판결); 대법원 2020. 6. 11. 자 2020두34872 판결(서울고등법원 2020. 2. 7. 선고 2019누51132 판결).

55) 대법원 1992. 8. 14. 선고 92누6747 판결.

다음으로 사외유출된 금액의 귀속자가 불분명한 경우에 그 불분명한 금액을 대표자에게 귀속된 것으로 추정하는 논거로서는 다음과 같은 점을 들 수 있다.

첫째, 경험칙에 비추어 볼 때 사외유출된 금액의 귀속자가 불분명하다면 귀속이 불분명한 익금산입액 등은 그 법인의 대표자에게 귀속하였을 개연성이 가장 높다고 하겠다. 그러므로 법인의 대표자에게 그 불분명한 금액이 귀속된 것으로 추정하는 것이다.

둘째, 법인의 대표자에 대한 인정상여제도는 그 대표자에게 그와 같은 소득이 발생한 사실에 바탕을 두기보다는 법인에 의한 세법상의 부당행위를 방지하기 위하여 그와 같은 행위로 인정될 수 있는 일정한 사실이 있으면 그 실질에 관계없이 무조건 대표자에 대한 상여로 간주하도록 하는 데에 그 취지가 있다.[56]

(다) 소득처분의 내용 및 입증책임

사외유출된 금액의 귀속자가 불분명한 금액은 대표자에게 귀속된 것으로 본다.[57] 이와 관련하여 지출 금액별 귀속자가 누구인지에 관한 입증책임은 법인이 진다. 구체적인 비용 지출 사실에 관한 장부기장과 증빙 등 일체의 자료를 제시하기 용이하기 때문이다.[58]

한편 대표자에게 귀속된 것으로 보는 익금산입액 등은 그 귀속자로 보는 대표자에게 이익처분에 의한 상여로 처분하여야 한다(법령 106 ① I 나). 이 경우 법인은 인정상여처분에 따른 원천징수의무를 이행하여 납부한 근로소득세액 상당을 대표자에게 구상할 수 있는데,[59] 법인은 대표자에게 구상권을 행사할 때 원천징수세액을 납부한 사실 뿐만 아니라 원천납세의무자인 대표자의 해당 납세의무가 존재한 사실에 관하여 증명책임을 진다.[60] 한편 대표자는 인정상여로 처분된 소득금액이 자신에게 귀속되지 않았을 뿐만 아니라 귀속자가 따로 있음을 밝히는 방법으로 그 귀속이 분명하다는 점을 증명하여야만 이를 거절할 수 있다는 것이 판례의 입장이다.[61]

---

56) 대법원 1992. 7. 14. 선고 92누3120 판결.
57) 과세관청은 장부에 기재되지 않고 사외유출된 법인 수익금의 귀속이 분명하지 않은 이상 법인세법 제67조, 법인세법 시행령 제106조 제1항 제1호 단서의 규정에 따라 대표자에 대한 상여로 소득처분할 수 밖에 없다. 이 경우 귀속이 분명하다는 점에 관한 증명책임은 이를 주장하는 납세의무자에게 있다(대법원 2015. 6. 24. 선고 2015두38290 판결; 대법원 2013. 3. 28. 선고 2010두20805 판결).
58) 대법원 2017. 10. 26. 선고 2017두51310 판결; 대법원 2015. 1. 29. 선고 2014두4306 판결.
59) 대법원 2008. 9. 18. 선고 2006다49789 전원합의체 판결. 판례는 법인이 대표자에게 구상권을 가진다고 하더라도 일단 법인에게 민사상의 손해는 확정되었다고 본다(대법원 2014. 4. 10. 선고 2012다82220 판결).
60) 대법원 2016. 6. 13. 선고 2014다82491 판결.
61) 대법원 2008. 9. 18. 선고 2006다49789 전원합의체 판결: 대법원은 그 이유를 다음과 같이 설명한다. "원천징수제도는 원천납세의무자가 실체법적으로 부담하고 있는 원천납세의무의 이행이 원천징수라는 절차를 통하여 간접적으로 실현되는 제도로서 원천징수세액의 납부로 인하여 원천납세의무자는 국가에 대한 관계에서 당해 납세의무를 면하게 되므로, 원천징수의무자가 원천납세의무자로부터 원천징수세액을 원천징수함이 없이 이를 국가에 납부한 경우에는 원천납세의무자에 대하여 구상권을 행사할 수 있고, 이와 같은 구상권에

(라) 사외유출의 시기

사외유출의 시기를 언제로 볼 것인지는 그 사외유출된 금액의 귀속자에 대한 종합소득세의 부과제척기간의 기산점을 언제로 볼 것인지의 문제와 관련된 것이다. 이 문제는 일반론으로는 앞서 본 사내유보와 사외유출의 구별기준에 입각하여 판단함이 타당하다고 본다.[62]

우선 수익의 누락이 있는 경우에는 그 시점에서 사외유출이 있다고 보아야 할 것이다. 예를 들어 매출에 의하여 수령한 대금을 가수금 또는 예수금 계정에 계상한 경우에는 그 시점에서 누락된 금액 전액에 관하여 사외유출이 있다고 보아야 할 것이다.[63] 다음으로 가공의 비용을 계상한 경우에는 아직 법인의 자산이 현실적으로 유출되지 않았으므로 실질적인 당사자의 의사나 사정 등에 비추어 사외유출의 시점을 판단하여야 할 것이다.[64]

(마) 채권자가 불분명한 사채이자의 처분

채권자가 불분명한 사채이자는 손금불산입하되, 해당 이자 중 그 이자에 관한 원천징수세액에 상당하는 금액은 기타사외유출로 처분하도록 하고 있다(법령 106 ① Ⅲ 라). 원천징수세액 상당액은 국가에 귀속하기 때문이다. 그 나머지 이자는 대표자에 대한 상여로 처분하여야 한다고 새기고 있다.[65]

그런데 채권자가 불분명한 사채이자는 비록 채권자가 불분명하다고 하더라도 이자소득에 해당하는 것임에는 의문의 여지가 없다. 이 경우에 그 전액에 대하여 이자소득에 대한 소득세 등을 원천징수하면서 다시 그 사채이자에서 원천징수세액을 차감한 잔액에 대하여 대표자의 상여(근로소득)로 처분할 것인지가 문제이다.

이와 관련하여, 법인세법 시행령 제106조 제1항 제1호 단서 및 제3호 라목은 이자소득에 대한 소득세 등과 근로소득에 대한 소득세를 이중적으로 원천징수하도록 하고 있다. 즉 채권자가 불분명한 사채이자에 대하여는 이자소득에 대한 소득세 등을 원천징수하여야 하고, 사채이자에서 원천징수세액에 상당하는 금액을 차감한 잔액에 대하여는 다시 대표자에 대한 상여로 처분하여 그 자로부터 소득세를 원천징수하여야 한다는 것이다.[66]

관한 법리는 대표자 인정상여의 경우에도 그대로 적용되어야 할 것이다. 이와 달리 대표자 인정상여에 있어서 법인이 원천징수의무를 이행하였음에도 그 익금산입액의 귀속이 불분명하다는 사유만으로 법인의 대표자에 대한 구상권행사를 부정한다면, 이는 사실상 원천납세의무는 없고 원천징수의무만 있게 되어 원천징수제도의 기본 법리에 어긋나는 부당한 결과에 이르게 된다." 위 판결에 관하여는 홍용건, "법인세법상 대표자에 대한 인정상여로 처분된 소득에 관하여 법인이 대표자로부터 갑종근로소득세를 원천징수하지 않은 채 원천징수의무자로서 이를 국가에 납부한 후 대표자에 대하여 구상권을 행사한 경우에 그 대표자가 구상권 청구를 거절하기 위한 요건", 「대법원판례해설: 제78호(2008년하)」, 2009, 255면 이하.

62) 그 상세한 논의는 '사내유보와 사외유출의 구별기준'(164면)을 참고하라.
63) 대법원 2020. 8. 13. 선고 2019다300361 판결(매출액을 예수금 계정으로 계상한 사례).
64) 대법원 2002. 9. 4. 선고 2001두7268 판결.
65) 법통 67-106…3.

그러나 위와 같은 규정은 동일한 소득에 대한 이중과세를 용인하는 결과가 되어 불합리할 뿐만 아니라 실제로 소득이 귀속하지도 않은 대표자에게 소득이 귀속한 것으로 의제하여 소득세를 과세하기 때문에 실질과세원칙 및 순소득과세의 원칙에 위배되는 등의 문제가 있다.

사채이자로 지급되었음은 분명하지만 채권자를 알 수 없는 금액에 대하여는 이자소득에 관한 소득세 또는 법인세와 근로소득에 대한 소득세를 이중적으로 과징할 것이 아니라 소득세의 최고세율 또는 그보다 다소 높은 세율에 의하여 이자소득세로서 분리과세하도록 입법적으로 보완할 필요가 있다고 생각한다.[67]

(3) 사외유출된 금액의 귀속자가 분명한 경우의 소득처분

익금에 산입한 금액이 사외에 유출된 경우로서 그 귀속자가 분명한 때에는 그 귀속자 등에게 배당·상여·기타소득·기타사외유출로 한다(법령 106).

(가) 배 당

귀속자가 주주인 경우에는 그 귀속자에 대한 배당으로 한다. 귀속자가 주주이면 충분하고 배당의 본질적인 징표로서 '출자의 비율에 따른 것'이어야 하는 것은 아니다.[68]

귀속자가 주주이면서 동시에 임원 또는 직원인 경우에는 그 익금산입액이 주주의 출자비례에 따라 각 주주에게 배분되었다고 하더라도 배당으로 처분하지 않고 상여로 처분한다(법령 106 ① I 나).

법인세법에 의하여 배당으로 처분된 금액은 그 귀속자의 배당소득을 구성한다(소법 17 ① IV).

(나) 상 여

귀속자가 임원 또는 직원인 경우에는 그 귀속자에 대한 이익처분에 의한 상여로 소득처분한다. 이를 인정상여라 한다. 법인세법에 의하여 상여로 처분된 금액은 그 귀속자의 근로소득을 구성한다(소법 20 ① I 다).[69]

---

66) 같은 취지: 대법원 1993. 1. 26. 선고 92누1810 판결.

67) 김완석/정지선, 「소득세법론」, 제26판, 삼일인포마인, 2020, 224-225면.

68) 법인의 출자자가 사외유출된 법인의 소득을 확정적으로 자신에게 귀속시켰다면 특별한 사정이 없는 한 그 소득은 주주총회의 결의 여부, 배당가능이익의 존부, 출자비율에 따라 지급된 것인지 여부 등과 관계없이 출자자에 대한 배당소득에 해당한다는 것이 판례이다(대법원 2018. 12. 13. 선고 2018두128 판결; 대법원 2004. 7. 9. 선고 2003두1059·1066 판결).

69) 과세소득으로서의 근로소득은 '근로제공과의 대가성'과 '직원의 의사에 의한 지급'이라는 개념요소를 충족하여야 하는데, 상여로 처분된 금액에는 대표이사의 횡령금과 같이 이러한 개념요소가 충족되지 않는 소득이 포함되어 실제로 근로소득이 없음에도 근로소득 의제규정에 의하여 근로소득세의 과세대상이 되는 경우 실질과세의 원칙 위배 여부 및 재산권 침해 여부가 문제될 수 있다. 이와 관련하여 헌법재판소는 「(1) 과세현실에 있어서는 사외유출된 소득의 귀속은 대부분 법인 내부에서 은밀히 이루어져 그에 관한 대부분의 증거자료는 법인이나 소득이 귀속되는 임원 및 직원의 수중에 있을 것이므로, 과세관청으로서는 그 입증에 실패

(다) 기타사외유출

기타사외유출은 익금산입액 또는 손금불산입액이 사외로 유출된 금액이기는 하나, 납세의무 없는 자(국가 등)에게 귀속한 경우, 해당 금액이 이미 귀속자의 과세소득 등을 구성하고 있는 경우 또는 비과세소득에 해당하는 등 귀속자에게 소득세의 납세의무를 지우는 것이 적합하지 않은 경우에 행하는 소득처분의 유형이다.[70]

기타사외유출로 처분된 금액은 사외유출의 유형 중 귀속자에게 소득세가 과세되는 배당·상여 및 기타소득과는 달리 해당 귀속자에게 별도의 과세처분을 하지 않는다.

① 일반적인 경우

㉮ 귀속자가 납세의무 없는 자인 경우

법인세 등·벌금·과료·과태료·가산금 및 강제징수비 등과 같이 그 귀속자가 국가 또는 지방자치단체와 같은 비과세법인인 때에는 기타사외유출로 처분하여야 한다.

같은 논거로 채권자가 불분명한 사채이자와 채권 등의 이자 또는 할인액과 그 지급받은 자가 불분명한 채권 등의 이자 또는 할인액에 대한 원천징수세액에 상당하는 금액은 기타사외유출로 처분하도록 하고 있다(법령 106 ① III 라).

㉯ 귀속자가 법인이거나 사업을 영위하는 개인인 경우

귀속자가 법인이거나 사업을 영위하는 개인인 경우에는 기타사외유출로 한다. 다

하는 경우가 대부분일 것이다. 그리하여 조세회피의 방지와 조세정의의 실현 등을 위하여 익금에 산입한 금액 중 임원 또는 직원에게 귀속된 것에 대하여는 상여로 처분하고, 이와 같이 상여로 처분된 금액에 대하여는 임원 또는 직원이 법인의 업무에 종사하는 과정에서 근로에 대한 대가로 받은 근로소득으로 의제하여 과세관청의 입증부담을 덜어 줄 필요가 있고, 실제로 법인에게 애당초 회수의사가 있다고 보기 어려운 경우의 대표이사 횡령금 등은 명목 여하를 불문하고 은폐된 상여금(정규 급여와 별도로 지급되는 근로대가)일 가능성이 높다.

따라서, 위와 같이 상여처분 규정에 의하여 상여로 처분된 금액을 근로소득으로 의제하는 것에 충분히 합리성이 있다고 보이므로 상여로 처분된 금액을 근로소득으로 과세하는 것이 실질과세의 원칙에 위배된다고 볼 수는 없다.

(2) 그리고 법인세법에 의하여 상여로 처분된 금액을 근로소득으로 보아 이를 근로소득세의 과세대상으로 하더라도, 이것이 조세법률주의에 위배되는 것은 아니므로, 자의적인 과세처분권의 행사가 있을 수 없고, 따라서 임원 또는 직원에게 근로소득세를 부과·징수하는 것은 국민의 납세의무에 기초하는 것이므로 재산권이 침해되지 않는다.」라고 판시하였다(헌법재판소 2009. 2. 26. 선고 2006헌바65 결정).

70) 주식의 포괄적 교환에 의하여 완전자회사가 되는 회사의 주주가 얻은 이익은 '법인의 자본을 증가시키는 거래에 따른 이익의 증여'로서 舊「상속세 및 증여세법」제42조 제1항 제3호에 따라 증여세가 과세된다(대법원 2014. 4. 24. 선고 2011두23047 판결 참조). 따라서 주식의 포괄적 교환에 의하여 완전모회사가 되는 회사가 완전자회사가 되는 회사의 주식을 시가보다 높은 가액으로 양수함으로써 부당행위계산 부인에 따라 법인의 익금에 산입되는 금액에 대하여는 법인세법 시행령 제88조 제1항 제8호의 경우에 준하여 '기타사외유출'로 처분하여야 하고, 그 귀속자에게 배당, 상여 또는 기타소득의 처분을 할 수 없다(대법원 2014. 11. 27. 선고 2012두25248 판결).

만, 그 분여된 이익이 내국법인 또는 외국법인의 국내사업장의 각 사업연도 소득이나 거주자 또는 소득세법 제120조의 규정에 의한 비거주자의 국내사업장의 사업소득을 구성하는 경우에 한한다(법령 106 ① I 다). 동일한 소득에 대한 이중적인 과세를 배제하기 위하여 마련된 소득처분의 유형이다.[71]

첫째, 귀속자가 법인인 경우에는 그 분여된 이익이 내국법인 또는 외국법인의 국내사업장의 각 사업연도 소득을 구성하는 경우에 한하여 기타사외유출로 처분한다.

둘째, 귀속자가 사업을 영위하는 개인인 경우에는 그 분여된 이익이 거주자 또는 (소득세법 제135조의 규정에 의한) 비거주자의 국내사업장의 사업소득을 구성하는 경우에 한하여 기타사외유출로 한다. 그렇다면 분여된 이익이 개인의 양도소득을 구성하고 있다면 이 조항을 적용할 수 없고 그 귀속자에 따라서 상여 등으로 처분하여야 하는 것인가?

법문에서의 '…그 분여된 이익이 거주자…의 사업소득을 구성하는 경우…'에서 사업소득을 소득세가 과세되는 소득의 한 유형을 예시한 것으로 보고 그 분여된 이익이 양도소득을 구성하는 경우에도 기타사외유출로 처분하여야 한다고 새긴다. 만일 그렇게 해석하지 않으면 이미 양도소득세로서 과세된 소득에 대하여 기존의 과세처분을 취소하고 배당소득·근로소득 또는 기타소득에 대한 종합소득세로 다시 결정 또는 경정하는 번거로움이 따르고, 소득의 유형을 본래의 양도소득에서 배당소득·근로소득 또는 기타소득으로 변경시키는 등의 문제를 수반하게 된다. 그러나 거주자가 양도소득세의 과세대상자산을 특수관계있는 법인에게 고가양도한 경우로서 그 거주자에게 상여·배당 등으로 처분된 금액이 있는 때에는 위와는 달리 그 시가를 해당 자산의 양도당시의 실지거래가액으로 하여 양도소득금액을 계산하도록 하고 있다(소법 96 ③). 즉 양도소득자가 자산을 특수관계있는 법인에게 고가양도한 경우에는 그 양도가액과 시가와의 차액을 해당 거주자에 대한 상여·배당 등으로 처분하는데, 이와 같이 해당 거주자에게 상여·배당 등으로 처분된 금액은 양도가액에서 차감하도록 함으로써 동일한 소득에 대한 중복적인 과세를 배제하고 있다.

② 임대보증금 등에 대한 간주임대료 등

다음의 금액은 반드시 기타사외유출로 처분하여야 한다.

㉮ 임대보증금 등에 대한 간주임대료(법령 106 ① III 사)

㉯ 특례기부금·일반기부금 등의 한도초과액으로서 익금에 산입한 금액(법령 106 ①

---

71) 같은 취지: 대법원 2008. 12. 11. 선고 2006두11620 판결.

III 가)

법인세법 제24조에 따라 특례기부금·일반기부금의 손금산입한도액을 초과하여 익금에 산입한 금액은 기타사외유출로 처분한다.

㉠ 법인세법 제24조의 규정에 의하여 익금에 산입한 금액의 범위

위에서 법인세법 제24조의 규정에 의하여 익금에 산입한 금액의 범위를 둘러싸고 해석상 다툼이 있을 수 있다.

제1설은 특례기부금 및 일반기부금으로서 손금불산입된 금액, 즉 특례기부금 및 일반기부금의 손금한도초과액으로 이해하는 견해이다. 제2설은 특례기부금 및 일반기부금으로서 손금불산입된 금액은 물론이고 기타기부금으로서 손금불산입된 금액까지 포함된다는 견해이다.

생각건대 법문이 법인세법 제24조의 규정에 의하여 익금에 산입한 금액이라고 표현하고 있는 점에 비추어 제1설의 견해를 지지하고자 한다. 즉 일반기부금 및 특례기부금으로서 손금불산입된 금액에 한하여 기타사외유출로 처분하는 것이다.[72]

㉡ 기타기부금에 대한 소득처분

기타기부금의 소득처분에 관하여는 법령에서 아무런 규정을 두고 있지 않다. 다만, 법인세법 기본통칙에서 기타기부금에 대하여 그 기부받는 자의 구분에 따라 다음과 같이 처분하도록 규정하고 있다.[73]

(i) 출자자(출자임원 제외) : 배당

(ii) 직원(임원 포함) : 상여

(iii) 그 밖의 경우 : 기타사외유출

그런데 위의 기본통칙 중 출자자 및 직원(임원 포함)에 대한 소득처분(배당 및 상여)에 관한 규정은 기부금의 정의규정(법령 35)에 배치되는 위법한 해석이라고 하지 않을 수 없다. 즉 수증자(기부를 받은 자)가 특수관계 있는 자(예 : 주주 또는 직원 등)이면 그 무상으로 지출하는 재산적 증여의 가액은 이미 기부금이 아니기 때문이다.

따라서 기타기부금은 그 귀속자(수증자)가 법인이거나 사업을 영위하는 개인으로서 그 금액이 법인의 각 사업연도의 소득 또는 개인의 사업소득을 구성하는 경우에는 기타사외유출로 처분하여야 할 것이다. 그리고 법인 또는 사업을 영위하는 개인 외의 자가 기부금을 수령하였다면 그 기부금은 그 자의

---

72) 2020. 2. 11. 법인세법 시행령 개정으로 제1설의 입장이 보다 분명하게 되었다.
73) 법통 67 - 106…6.

증여재산을 구성하여 증여세가 과세되는 것이 일반적이라고 하겠다. 이와 같이 기부금을 수령한 자에게 증여세가 과세된다면 해당 기타기부금의 손금불산입액에 대하여는 기타사외유출로 처분하여야 할 것이다.

㉐ 기업업무추진비 한도초과액으로서 익금에 산입한 금액(법령 106 ① Ⅲ 나)

법인세법 제25조 및 조특법 제136조의 규정에 의하여 익금에 산입한 금액은 기타사외유출로 처분한다.

위에서 법인세법 제25조 및 조특법 제136조의 규정에 의하여 익금에 산입한 금액이란 적격증빙에 의하지 않은 기업업무추진비와 기업업무추진비 한도초과액을 가리킨다.

㉑ 업무용 승용차의 임차료 중 감가상각비 상당액 한도초과액 및 처분손실 초과액으로서 손금불산입액(법령 106 ① Ⅲ 다)

업무용 승용차별 감가상각비 및 임차료 중 대통령령으로 정하는 감가상각비 상당액이 한도를 초과하는 경우 및 업무용 승용차의 처분손실이 업무용 승용차별로 한도를 초과하는 경우 각 초과금액은 해당 사업연도의 손금에 산입하지 않고 이월하여 손금에 산입하는데, 이때 손금불산입하면서 기타사외유출로 처분하여야 한다.

㉒ 지급이자의 손금불산입액

법인이 비업무용 부동산·비업무용 동산 및 업무무관 가지급금의 취득 또는 보유와 관련하여 지급한 차입금의 이자로서 손금불산입된 금액은 기타사외유출로 처분한다(법령 106 ① Ⅲ 라).

㉓ 귀속자가 불분명하여 대표자에게 처분한 금액에 대한 소득세 등의 대납액

사외유출된 금액의 귀속자가 불분명하여 대표자에게 귀속된 것으로 보아 그 자에 대한 상여로 처분한 경우로서 해당 법인이 그 처분에 따른 소득세 등을 대납하고 이를 손비로 계상하거나 그 대표자와의 특수관계가 소멸될 때까지 회수하지 아니함에 따라 익금에 산입한 금액에 대하여는 기타사외유출로 처분한다(법령 106 ① Ⅲ 아). 그리고 위의 소득세 등의 대납액에 대하여는 특수관계가 소멸될 때까지의 기간에 대하여 인정이자의 계산을 배제하고 있다(법칙 44 Ⅴ).

㉔ 불공정합병 등을 통한 이익분여에 대하여 귀속자에게 증여세가 과세되는 금액

법인이 불공정합병 등과 같은 자본거래를 통한 이익분여, 그 밖의 자본거래를 통한 이익분여, 기타의 부당행위계산(불공정합병 등을 통한 이익분여, 그 밖의 자본거래를 통한 이익분여에 준하는 행위 또는 계산에 한한다)을 통하여 이익을 분여함으로써 부당행위계산부인 규정에 의하여 익금에 산입한 금액[74]에 대하여 그 귀

속자에게 증여세가 과세되는 경우에는 기타사외유출로 처분한다(법령 106 ① Ⅲ 자).

⑨ 외국법인의 본점 등에 귀속되는 소득 등

외국법인의 국내사업장의 각 사업연도의 소득에 대한 법인세의 과세표준을 신고하거나
결정 또는 경정할 때 익금에 산입한 금액 중 그 외국법인 등에 귀속되는 소득과 국조법
제6조, 제7조 및 제9조에 따른 과세조정으로 익금에 산입한 금액이 국외특수관계인으
로부터 반환되지 않은 소득은 기타사외유출로 처분한다(법령 106 ① Ⅲ 차).

(라) 기타소득

귀속자가 위의 (가)부터 (다)까지에 열거된 자 외의 자인 경우에는 그 귀속자에 대한 기
타소득으로 한다.

법인세법에 의하여 기타소득으로 처분된 금액은 그 귀속자의 기타소득을 구성한다(소법 21 ①).

(4) 사외유출액의 회수

매출누락액 등과 같은 사외유출액을 사후에 그 귀속자로부터 회수한 경우에 그 회수한
사외유출액에 대하여도 그 귀속자에 대한 상여 등으로 처분할 수 있는지의 여부에 관하여
는 다툼이 있다. 사외유출액의 회수시기가 언제인가에 따라서 상여 등으로 처분하거나 사
내유보로 처분하여야 한다.

(가) 해당 사업연도 중에 회수한 경우

매출누락액 등을 해당 사업연도 중에 회수하였다면 상여 등으로 처분할 수 없다.[75] 뿐만
아니라 사업연도가 종료한 후라 할지라도 해당 사업연도의 법인세 과세표준과 세액을 신고
하기 이전에 이를 회수하고 세무조정으로 익금에 산입하여 신고하는 경우에는 상여 등으로
처분할 수 없다고 해석하여야 한다. 다만, 그 사외유출액의 유용기간에 대하여는 가지급금
등에 대한 인정이자를 계산하여 익금에 산입하여야 할 것이다.

(나) 과세표준 수정신고기한 내에 회수한 경우

법인이 국세기본법 제45조의 수정신고 기한 내에 매출누락·가공경비 등 부당하게 사외유
출된 금액을 회수하고 세무조정으로 익금에 산입하여 신고하는 경우의 소득처분은 사내유보

---

74) 법인세법 시행령 제88조 제1항 제8호·제8호의2 및 제9호(제1항 제8호·제8호의2에 준하는 행위 또는 계산
에 한한다)의 규정에 의하여 익금에 산입한 금액이다.

75) 법인세법 시행령 제106조 제4항의 반대해석상 그렇다. 그렇게 해석하지 않으면 해당 사업연도의 법인세 과
세표준 및 세액을 신고하기 이전 시기에는 사외유출만 가능하다고 해석해야 하는데 그런 해석이 부당함은
물론이다. 사외유출처분도 허용되지 않는다고 해석하여야 할 것이다. 그와 같이 해석할 경우의 입법취지는
법인의 납세의무 확정시까지는 자기시정의 기회를 주겠다는 것으로 이해할 수 있을 것이다. 실제 실무도
그렇다.

로 한다. 다만, 세무조사의 통지를 받거나 세무조사에 착수된 것을 알게 된 경우 등 경정이 있을 것을 미리 알고 사외유출된 금액을 익금산입하는 경우에는 그렇지 않다(법령 106 ④).[76]

법인이 과세표준 수정신고기한 내에 사외유출된 금액을 회수할 때 사내유보로 소득처분하는 요건은 다음과 같다.

① 국세기본법 제45조의 수정신고기한 내에 사외유출된 금액을 회수하여야 한다. 국세기본법 제45조의 수정신고기한이란 관할 세무서장이 법인세의 과세표준과 세액을 경정하여 통지를 하기 전까지를 말한다(기법 45 ①). 위에서 '법인세의 과세표준과 세액을 경정하여 통지를 하기 전'이란 법인이 그와 같은 법인세의 과세표준과 세액의 경정통지를 받기 전의 의미로 새겨야 한다.[77]

② 회수대상이 되는 금액은 매출누락·가공경비의 계상 등 부당하게 사외유출된 일체의 금액이다. 사외유출의 원인 및 유형을 가리지 않는다.

③ 법인이 국세기본법 제45조의 수정신고 기한 내에 사외유출된 금액을 회수하고 세무조정으로 익금에 산입하여 신고하여야 한다. 즉 매출누락·가공경비의 계상 등에 의하여 소득금액을 부당하게 사외로 유출한 법인은 과세표준 수정신고기한 내에 그 사외유출된 금액을 회수한 후 세무조정으로 익금에 산입한 수정신고서를 제출하여야 한다.

④ 다음 중 어느 하나에 해당하는 경우로서 경정이 있을 것을 미리 알고 사외유출된 금액을 익금산입하는 경우에는 위의 규정을 적용하지 않는다. 이 경우에는 사내유보가 아니고 상여 등으로 소득처분하는 것이다.

㉮ 세무조사의 통지를 받은 경우

㉯ 세무조사가 착수된 것을 알게 된 경우

㉰ 세무공무원이 과세자료의 수집 또는 민원 등을 처리하기 위하여 현지출장이나 확인업무에 착수한 경우

㉱ 납세지 관할 세무서장으로부터 과세자료 해명 통지를 받은 경우

㉲ 수사기관의 수사 또는 재판 과정에서 사외유출 사실이 확인된 경우

㉳ 그 밖에 위의 사항과 유사한 경우로서 경정이 있을 것을 미리 안 것으로 인정되는 경우

---

76) 대법원 2011. 11. 10. 선고 2009두9307 판결: 「법인세법 시행령 제106조 제4항 본문은 해당 법인이 소정의 기한 내에 자발적인 노력에 의하여 그 금액을 회수한 경우에는 그 금액이 사외유출되지 아니한 것으로 보아 위 원칙에 따른 소득처분을 하지 아니함으로써 당해 법인에게 자발적인 자기시정의 기회를 준 것이다. 따라서 당해 법인이 사외유출된 금액을 회수하더라도 그것이 해당 법인의 자발적인 노력에 의한 것이 아닌 경우에는 다시 원칙으로 돌아가 소득처분을 하도록 한 것이 같은 항 단서이므로, 그것이 헌법상 보장된 재산권의 본질적인 내용을 침해한다거나 소득세법에 위반하여 소득의 귀속이 없음에도 과세하는 것이라고 볼 수 없다.」

77) 최명근, 「세법학총론」, 세경사, 2004, 394면.

(다) 소득처분이 있고 난 후에 회수한 경우

귀속자에 대하여 상여 등의 처분이 행하여지고 난 후에 해당 소득금액을 회수한 경우가 문제이다. 이와 같이 소득처분이 행하여진 후에는 해당 소득금액이 법인에게 환원되었다고 하더라도 소득처분의 취소 또는 경정이 불가능하다고 해석하는 것이 실무이다.

대법원도 소득처분에 따라 소득세의 납세의무가 발생한 경우에는 설사 귀속자가 사후에 해당 소득금액을 법인에게 환원시켰다고 하더라도 이미 발생한 소득세의 납세의무에는 아무런 영향을 미치지 않는다고 판시하고 있다.[78]

(5) 가공자산 등에 대한 소득처분

(가) 가공자산 등에 대한 소득처분

법인이 가공자산을 계상하고 있는 경우에는 다음과 같이 처분한다. 다만, 자산을 특정인이 유용하고 있는 것으로서 회수할 것임이 객관적으로 입증되는 경우에는 가공자산으로 보지 않고 그 특정인에 대한 가지급금으로 본다.[79]

㉮ 가공채권

　외상매출금·받을어음·대여금 등 가공채권은 익금에 산입하여 상여 등으로 소득처분하고, 같은 금액을 손금에 산입하여 사내유보(△유보)로 처분한다.[80] 그리고 위의 가공채권을 대손처리하여 손비로 계상할 때 손금불산입하여 사내유보로 처분함으로써 부의 사내유보를 추인한다.

㉯ 재고자산의 부족액

　재고자산의 부족액은 시가에 의한 매출액 상당액(재고자산이 원재료인 경우 그 원재료 상태로는 유통이 불가능하거나 조업도 또는 생산수율 등으로 미루어 보아 제품화되어 유출된 것으로 판단되는 경우에는 제품으로 환산하여 시가를 계산한다)을 익금

---

78) 대법원 2024. 6. 17. 선고 2021두35346 판결(실질적 경영자와 공모하여 법인의 자금을 횡령한 귀속자가 형사재판과정에서 그 횡령금 상당액을 피해법인에 지급하더라도 소득처분으로 성립한 소득세 납세의무에 관한 후발적 경정청구사유가 되지 않음); 대법원 2016. 9. 23. 선고 2016두40573 판결; 대법원 2001. 9. 14. 선고 99두3324 판결. 특히 대법원은 대법원 2015. 7. 16. 선고 2014두5514 전원합의체 판결에서 위법소득에 대하여 몰수나 추징이 이루어졌다면 이는 위법소득에 내재되어 있던 경제적 이익의 상실가능성이 현실화된 경우에 해당하여 소득이 종국적으로 실현되지 아니한 것이므로 납세의무 성립 후 후발적 경정청구사유가 발생한 것으로 보아야 한다는 입장을 밝힌 이후에도 소득처분에 관하여는 기존의 입장을 고수하고 있다. 이는 법인세법 시행령 제106조 제4항을 고려한 해석으로 보인다. 그러나 국세기본법상 납세의무자에게 보장된 후발적 경정청구에 관한 권리를 법인세법 시행령을 이유로 배제하는 것이 타당한지는 의문이 있다.

79) 법통 67-106…12.

80) 가공채권이 있다고 하여 법인의 과세소득에 어떤 차이가 있는 것은 아니다. 다만 법인에 가공채권을 계상하여 법인의 특수관계인이 소득을 취하는 경우에 그 자에게 소득처분을 하기 위하여 익금산입을 하도록 하는 것이다. 법인의 과세소득에는 차이가 없으므로 동시에 손금산입을 한다. 다른 형태의 가공자산도 마찬가지이다.

에 산입하여 대표자에 대한 상여로 처분하고 해당 가공자산은 손금에 산입하여 사내유보(△유보)로 처분한다.

익금에 가산한 가공자산가액 또는 매출액 상당액을 그 후 사업연도에 법인이 수익으로 계상한 경우에는 이미 익금에 산입한 금액의 범위 내에서 이를 이월익금으로 보아 익금에 산입하지 않는다. 그리고 손금에 산입한 위의 가공자산을 그 후의 사업연도에 있어서 손비로 계상하는 때에는 손금불산입하여 유보로 처분하여야 한다.

㉰ 가공계상된 유형자산 및 무형자산

가공계상된 유형자산 및 무형자산은 처분 당시의 시가에 상당하는 금액을 익금에 산입하여 상여 등으로 소득처분하고, 해당 자산의 장부가액을 손금에 산입하여 사내유보(△유보)로 처분한다.

익금에 가산한 가공자산가액을 그 후 사업연도에 법인이 수익으로 계상한 경우에는 이미 익금에 산입한 금액의 범위 내에서 이를 이월익금으로 보아 익금에 산입하지 않는다. 그리고 손금에 산입한 위의 가공자산의 장부가액을 그 후 사업연도에 있어서 손비로 계상하는 때에는 이를 손금불산입하여 사내유보로 처분하여야 한다.

(나) 고가매입에 따른 시가초과액에 대한 소득처분

특수관계있는 자로부터 자산을 시가를 초과하여 매입함으로써 부당행위계산부인의 규정을 적용하는 경우에도 그 매도자(주주·임원 또는 직원·법인 또는 사업을 영위하는 개인 등)에 따라서, 그리고 대금의 전부를 지급한 때·대금의 일부를 지급한 때 및 대금의 전부를 미지급한 때에 따라서 소득처분의 유형을 달리한다. 이에 관한 상세한 논의는 '부당행위계산의 부인' 중 '자산의 고가매입 등'(718면)에서 설명한다.

다) 기 타

손금불산입액 및 익금산입액으로서 법인의 자본의 증감과는 관계가 없는 금액, 즉 법인의 자본을 증가시키지 않는 금액은 '기타, 혹은 '잉여금'이나 '소득처분 없음'으로 처리하는 것이 실무례이다.[81]

---

81) 예컨대, 차량정비업을 영위하는 법인이 차량수리 고객에게 수리기간 동안 빌려주는 대차용 승용차에 관하여 업무전용자동차보험에 가입하지 않아(법령 50의2 ④ Ⅱ) 관련비용을 법인세법 제27조의2에 따라 손금불산입하는 경우 그 금액은 '기타'로 처분한다(서면 – 2022 – 법규법인 – 3401, 2023. 6. 14.).

2) 손금산입액 및 익금불산입액에 관한 소득처분

법인세법 제67조 및 법인세법 시행령 제106조에서는 손금산입액 및 익금불산입액에 대한 소득처분에 관하여 아무런 규정을 두지 않고 있다. 입법상의 미비이다. 다만, 법인세법 시행규칙 별지 제15호 서식(소득금액조정합계표)에서 손금산입액 및 익금불산입액에 대한 소득처분의 유형으로서 유보와 기타로 구분하고 있다.

가) 유 보

손금산입액 및 익금불산입액에 대한 유보를 실무상으로는 소극적 유보, 손금산입 유보 또는 부(負)의 유보(△유보)[82]라고도 부른다.

손금산입액 및 익금불산입액에 있어서 유보와 기타를 구별하는 기준은 손금산입액 또는 익금불산입액이 해당 법인의 자본(잉여금)을 감소시키는 것인지의 여부에 따라 구별하여야 한다. 즉 손금산입액 또는 익금불산입액이 법인의 자본을 감소시키는 경우가 부의 유보이고, 법인의 자본의 증감과는 관계가 없는 경우는 모두 기타로 하는 것이다.

법인의 자본을 감소시키는 경우란 자산을 감소시키는 경우와 부채를 증가시키는 경우를 총칭한다.

손금산입액 및 익금불산입액에 대한 유보항목을 예시하여 보면 아래와 같다.
① 건설자금이자의 과대계상액
② 상각부인액의 손금추인
③ 재고자산평가증
④ 가지급금으로 계상한 기부금의 손금산입
⑤ 퇴직연금등 부담금 등의 손금산입

나) 기 타

손금산입액 및 익금불산입액으로서 법인의 자본의 증감과는 관계가 없는 금액, 즉 법인의 자본을 감소시키지 않는 금액은 기타로 처분한다.

---

82) 예컨대, 법통 23-26…8 II. 이에 대하여 익금산입액 및 손금불산입액에 대한 유보를 단순히 유보, 익금산입 유보 또는 적극적 유보라고 부른다.

나. 추계방법에 의하는 경우

1) 상 여

추계방법에 의하여 결정된 과세표준과 법인의 재무상태표상의 당기순이익과의 차액(법인세 상당액을 공제하지 않은 금액을 말한다)은 대표자에 대한 이익처분에 의한 상여로 한다(법령 106 ②). 여기서 재무상태표상의 당기순이익은 당기분 법인세와 전기분 추가법인세 및 법인세환수액, 전기오류수정익 및 전기오류수정손 등을 각각 손금 또는 익금에 가산하지 않은 것을 말한다.[83]

추계방법에 의하여 결정된 과세표준과 법인의 재무상태표상의 당기순이익과의 차액에 대하여 대표자에 대한 상여로 처분할 때 법인이 결손이라면 그 결손은 없는 것으로 본다(법령 106 ③). 여기서 '그 결손은 없는 것으로 본다'는 것은 법인의 재무상태표상의 당기순이익이 결손인 때에는 법인의 재무상태표상의 당기순이익이 없는 것으로 보아 추계방법에 의하여 결정된 과세표준만을 대표자에 대한 상여로 처분하여야 한다는 의미이다.

2) 기타사외유출

천재지변 등으로 장부나 그 밖의 증명서류가 멸실되어 동업자권형 등에 의하여 과세표준을 추계하는 경우에는 추계방법에 의하여 결정된 과세표준과 법인의 재무상태표상의 당기순이익과의 차액에 대하여 기타사외유출로 처분한다. 이 경우에도 법인이 결손신고를 한 때에는 그 결손은 없는 것으로 한다.

4 소득처분에 따른 소득세의 납세의무 등

가. 소득처분과 귀속자에 대한 소득세와의 관계

익금산입액 및 손금불산입액으로서 배당·상여 또는 기타소득으로 처분된 금액은 그 귀속자의 배당소득·근로소득 또는 기타소득을 구성하여 종합소득세가 과세된다(소법 17 ① IV, 20 ① I 다, 21 ①).

뿐만 아니라 법인은 익금산입액 및 손금불산입액으로서 배당·상여 또는 기타소득으로 처분된 금액에 대하여 소득세를 원천징수하여 납부할 의무를 부담한다(소법 127 ①).

---

83) 법통 67-106…20.

나. 소득의 귀속시기와 추가신고

1) 소득의 귀속시기

소득처분에 따른 소득 귀속자의 원천납세의무는 소득금액변동통지가 송달되었는지 여부와 무관하게 그 소득이 귀속된 과세기간이 종료하는 때에 성립한다(기법 21 ①, 소법 17 ① IV, 20 ① III, 21 ① XX, 39 ①, 소령 46 VI, 49 ① III, 50 ① II).[84]

가) 법인세법에 의하여 배당으로 처분된 것

법인의 해당 사업연도의 결산확정일로 한다.

나) 법인세법에 의하여 상여로 처분된 것

해당 사업연도의 소득금액을 법인이 신고하거나 정부가 결정·경정할 때 발생한 그 법인의 임원 또는 주주·사원 그 밖의 출자자에 대한 상여는 해당 법인의 결산사업연도 중 근로를 제공한 날로 한다(소령 49 ① III).

다) 법인세법에 의하여 기타소득으로 처분된 것

법인세법에 의하여 처분된 기타소득의 귀속시기는 법인의 해당 사업연도의 결산확정일로 한다(소령 50 ①).

2) 소득세의 추가신고 자진납부

소득세의 과세표준확정신고를 한 원천납세의무자에 대하여 그 신고기한 경과 후에 법인세법에 따라 소득처분되는 금액이 있는 경우에는 해당 법인(거주자가 그 통지를 받은 경우에는 해당 거주자)이 소득금액변동통지서를 받은 날(법인세법에 의하여 법인이 신고함으로써 소득금액에 변동이 있는 경우에는 해당 법인의 법인세 신고기일)이 속하는 달의 다음 다음 달 말일까지 추가신고 자진납부할 수 있다.[85] 위의 기한 내에 추가신고·자진납부를

---

84) 대법원 2006. 7. 27. 선고 2004두9944 판결; 대법원 2006. 7. 13. 선고 2004두4604 판결. 이런 판례의 입장에 관하여는 사외유출된 소득의 경우 소득처분 이전까지는 잠재적 과세대상으로 있다가 소득처분에 의해 비로소 원천납세의무자의 납세의무로 확정된다는 점에서 비판을 제기하는 견해(임승순, 「조세법」, 2015년도판, 박영사, 2015, 501면 이하), 소득금액변동통지가 있었던 경우에는 그 받은 날을 기준으로 소득의 귀속시기가 정해진다고 해석하는 견해로 이창희, 「세법강의」, 제20판, 박영사, 2022, 871면.

85) 세무서장 또는 지방국세청장이 법인에게 소득금액변동통지서를 통지한 경우 통지하였다는 사실(소득금액변동내용은 포함하지 않는다)을 해당 주주 및 해당 상여나 기타소득의 처분을 받은 거주자에게 알려야 한다(소령 192 ④). 또한 소득세법 시행규칙 별지 제22호 서식(1) 유의사항 3.에 따르면 소득금액변동통지서를 받은 법인은 종합소득과세표준확정신고 대상 소득자의 소득금액이 변동됨으로써 소득세를 추가로 납부해야 하는 경우에는 즉시 해당 소득자에게 위 통지서를 받은 날이 속하는 달의 다음 다음 달 말일까지 주소지

한 경우에는 법정신고기한 내에 소득세의 과세표준확정신고 및 납부를 이행한 것으로 본다 (소령 134 ①).[86] 원천납세의무자가 추가 신고·자진 납부를 하지 않으면 과세관청이 부과처분을 할 수 있는데, 그 부과처분의 제척기간 기산일은 사외유출 소득의 귀속연도에 관한 부과제척기간의 기산일이다.[87]

다. 법인의 원천징수의무와 지급시기의 의제

1) 법인의 원천징수의무

법인세의 과세표준을 신고(수정신고 포함)하거나 결정 또는 경정할 때 익금산입액 및 손금불산입액 중 배당·상여 또는 기타소득으로 소득처분된 금액에 대해서는 해당 법인이 소득세를 원천징수하여 납부하여야 할 의무를 진다(소법 131 ② II, 135 ④, 제145조의2).[88]

원천징수세액은 배당·기타소득의 경우 소득처분액에 원천징수세율(배당소득 14퍼센트, 기타소득 20퍼센트)을 곱하여 계산하고, 상여의 경우 연말정산을 다시 하여 원천징수세액을 계산해야 한다(소통 135 – 192…3).

법인에게 원천징수의무를 부과하는 것은 법인으로 하여금 기업회계처리시 자산의 흐름을 투명하게 하여 조세포탈을 방지하도록 유도하고, 불법적인 절차에 의하여 법인의 자산을 사외유출시켜 조세를 포탈하는 등의 범죄행위에 대하여 제재를 가하며, 징수사무의 편의를 확보하기 위한 것이다.[89]

법인이 부담하는 원천징수의무의 위헌성을 다툰 헌법소원사건에서 헌법재판소는 위와 같은 경우 법인에게 원천징수의무를 부과한다고 하더라도 법인의 재산권을 침해한다고 볼

관할 세무서에 추가신고·자진납부해야 한다는 것을 알려주어야 한다.

86) 이 경우 원천납세의무자는 국세기본법 제45조의2 제1항 제1호에 따라 경정청구를 할 수 있으며 그 경정청구 기간은 추가신고·자진납부의 기한 다음 날부터 기산된다(대법원 2011. 11. 24. 선고 2009두20274 판결). 원천납세의무자가 경정청구할 수 있는 범위와 경정청구 인용시 환급금의 범위에 관하여는 대법원 2016. 7. 14. 선고 2014두45246 판결 참조.

87) 대법원 2020. 8. 13. 선고 2019다300361 판결 참조. 위 판결은 원천납세의무자인 소득 귀속자에 대한 소득금액변동통지에 관한 것이지만 동일하게 볼 수 있을 것이라고 생각한다.

88) 다만 법인이 채무자회생법에 따른 회생절차에 따라 특수관계인이 아닌 다른 법인에 합병되는 등 지배주주가 변경(이를 '인수'라고 한다)된 이후 회생절차 개시 전에 발생한 사유로 인수된 법인의 대표자 등에 대하여 사외유출로 상여처분하는 경우 그 상여처분된 소득에 대해서는 인수한 법인이 원천징수의무를 부담하지 않는다(소법 155의4 ①). 인수한 법인은 상여처분을 예상할 수 없었을 것이므로 원천징수 가능성도 없었을 것이기 때문이다. 이 경우에는 대표자 등이 소득세 납세의무를 부담한다.

89) 헌법재판소 2009. 7. 30. 선고 2008헌바1 결정; 헌법재판소 2009. 2. 26. 선고 2006헌바65 결정. 특히 법인의 소득이 사외유출된 후 그 법인에 대하여 회생절차가 개시된 경우에도 그 사외유출되어 상여로 처분된 금액에 대한 소득세를 원천징수의 대상으로 삼지 않으면 불법적인 절차에 의하여 법인의 자산을 사외유출시켜 조세를 포탈하는 등의 범죄행위를 조장할 우려가 있다고 한다. 위 헌법재판소 2009. 7. 30. 선고 2008헌바1 결정 참조.

수 없고, 법인의 임원(대표자 포함)이나 직원이 뇌물, 알선수재, 배임수재에 의하여 금품을 받는 경우와는 본질적으로 다르므로 평등원칙에도 반하지 않아 헌법에 위반되지 않는다고 보았다.[90]

법인이 부담하는 원천징수의무의 이행을 위하여 해당 법인의 납세지 관할 세무서장 또는 관할 지방국세청장은 소득처분의 일부로서 법인의 원천징수의무 이행과 관련된 사항을 기재하여 원천징수의무자에게 통지하는 소득금액변동통지를 한다(소령 192 ①).[91]

원천징수의무자인 법인에 대한 소득금액변동통지서에는 수령자의 법인명·주소·대표자 성명, 소득종류, 사업연도, 귀속연도, 소득금액, 소득자의 성명·주소·주민등록번호 등을 기재하여야 한다(소령 192 ①, 소칙 100 XXIV). 세무서장 또는 지방국세청장이 법인에 대하여 소득금액변동통지서를 통지한 경우 통지하였다는 사실(소득금액 변동내용은 포함하지 않는다)을 해당 주주 및 해당 상여나 기타소득의 처분을 받은 거주자에게 알려야 한다(소령 192 ④). 이처럼 법인에 대한 소득금액변동통지를 일정한 사항을 기재한 서면에 의하도록 한 이유는 소득종류, 소득자, 소득금액 및 그에 따른 원천징수세액을 특정하여 원천징수에 따른 법률관계를 명확히 하고 원천징수의무자가 이에 대하여 불복신청을 하는 데 지장이 없도록 하려는 것이다. 과세관청의 소득처분과 그에 따른 소득금액변동통지에 의하여 법인이 원천징수하는 소득세의 납세의무가 성립함과 동시에 확정되고, 원천징수의무자인 법인으로서는 소득금액변동통지서에 기재된 소득처분의 내용에 따라 원천징수세액을 납부할 의무를 부담하는 등의 법률효과가 뒤따르기 때문이다.[92] 따라서, 과세관청이 소득금액변동

---

90) 헌법재판소 2009. 7. 30. 선고 2008헌바1 결정. 당시 청구인은 다음과 같은 세 가지 주장을 하였다. ① 법인세법에 의한 상여처분은 과세관청의 세무조사에 따라 법인세 과세의 대상이 되는 거래관계가 사후적으로 부인되는 경우 과세관청의 과세표준 및 세액 경정에 의하여 이루어지는 것으로서, 상여로 처분된 금액에 대한 소득세가 원천징수의 대상이 되는지 여부 및 그 세액을 법인이 알 수가 없으므로 애당초 법인이 이를 원천징수를 하는 것은 불가능하다. 그럼에도 불구하고, 이 사건 심판대상규정이 법인세법에 의하여 상여로 처분된 금액에 대한 소득세를 원천징수의 대상으로 규정함으로써 법인은 원천징수의무 불이행에 따른 가산세나 형사처벌과 같은 불이익을 방지하기 위해 원천징수의무를 이행할 수밖에 없고, 이에 따라 원천납세의무자가 무자력일 경우 실효성 없는 구상권만을 가지게 될 위험이 있으므로, 이 사건 심판대상규정으로 인하여 원천징수의무를 부담하게 되는 법인의 재산권이 침해된다. ② 특히, 상여로 소득처분되는 금액 중 범죄행위로 취득한 이익에 대한 소득세를 이 사건 심판대상규정에 따라 원천징수의 대상으로 삼는 것은 범죄피해를 입은 법인에게 횡령한 자의 세금까지 부담하게 하는 것으로서, 헌법 제30조의 국가의 범죄피해자 구조의무에 위반된다. ③ 舊 소득세법은 형사상 범죄로 인하여 취득하는 뇌물이나 알선수재 및 배임수재에 의하여 받는 금품을 기타소득으로 규정하여 이에 대한 소득세를 원천징수의 대상에서 제외하고 있음에도(제127조 제1항 제5호), 이 사건 심판대상규정은 상여로 소득처분되는 금액 중 범죄행위로 취득한 이익에 대한 소득세를 원천징수의 대상으로 삼고 있어 평등의 원칙에도 위반된다.
91) 대법원 2012. 3. 29. 선고 2011두15800 판결(납세지 관할 세무서장 또는 관할 지방국세청장이 아닌 다른 세무서장 또는 지방국세청장이 한 소득금액변동통지처분은 관할 없는 과세관청의 처분으로서 위법하지만 당연무효는 아니라는 취지).
92) 즉, 소득금액변동통지는 과세관청이 법인의 사외유출된 소득에 관하여 내부적으로 소득처분을 한 다음 그

통지서에 소득의 귀속자나 소득의 귀속자별 소득금액을 특정하여 기재하지 않은 채 소득금액변동통지를 하였다면 특별한 사정이 없는 한 그 소득금액변동통지는 위법하다는 것이 판례의 입장이다.[93] 다만 과세관청이 소득금액변동통지서에 기재하여야 할 사항을 일부 누락하거나 잘못 기재하였더라도 그것이 사소한 누락 또는 명백한 착오에 해당하는 것이 소득금액변동통지서상 분명하거나 소득금액변동통지에 앞서 이루어진 세무조사결과통지 등에 의하여 원천징수의무자가 그러한 사정을 충분히 알 수 있어서 소득종류, 소득자, 소득금액 및 그에 따른 원천징수세액을 특정하고 원천징수의무자가 불복신청을 하는 데 지장을 초래하지 않는 경우라면 그 소득금액변동통지는 위법하다고 할 수 없다.[94]

판례는 소득처분에 따라 원천징수할 소득에 대한 원천징수가 누락된 경우 그 소득이 귀속자의 종합소득과세표준에 합산되어야 할 소득이라면 과세권자는 원천납세의무자인 귀속자에 대하여 종합소득세로서 이를 부과할 수 있다는 입장을 취하고 있다.[95] 이러한 판례의 입장에는 찬동하지 않는다. 이에 관한 상세한 논의는 「소득세법론」으로 미룬다.[96]

한편, 원천납세의무자의 소득세 부과권의 제척기간을 따질 때에 법인이 허위의 세금계산서를 수취하여 매입액을 과다계상하는 등 사기나 그 밖의 부정행위로 법인세를 포탈하거나 환급·공제받은 경우 그와 관련하여 소득처분된 금액에 대한 소득세 또는 법인세의 부과제척기간은 10년이다(기법 26의2 ① Ⅰ 但).[97]

소득처분의 내용 중 법인의 원천징수의무 이행과 관련된 사항을 기재하여 원천징수의무자에게 고지하는 절차이다.

[93] 대법원 2013. 9. 26. 선고 2011두12917 판결. 위 판결의 사실관계를 보면 과세관청이 원고에게 보낸 소득금액변동통지서에는 소득의 귀속자가 'Whitehall Street Real Estate Limited Partnership XIII 외 4개 펀드'로, 소득금액이 2001 사업연도분 '335,422,455원', 2002 사업연도분 '54,779,758원'으로 각 기재되어 있을 뿐 Whitehall Street Real Estate Limited Partnership XIII을 제외한 나머지 4개 유한 파트너십의 명칭이나 이 사건 파트너십별 소득금액은 기재되어 있지 않았다.

[94] 대법원 2014. 8. 20. 선고 2012두23341 판결. 소득의 종류를 잘못 기재한 경우로서 해당 소득금액변동통지를 당연무효로 본 판결로 서울고등법원 2024. 4. 24. 선고 2023누35359 판결(대법원 2024. 9. 13. 자 2024두42260 판결).

[95] 대법원 1981. 9. 22. 선고 79누347 전원합의체 판결; 대법원 2006. 7. 13. 선고 2004두4604 판결; 대법원 2001. 12. 27. 선고 2000두10649 판결. 위 판례는 예납적 원천징수의 경우에 적용되는 것으로서, 완납적 원천징수의 경우 원천징수가 누락되었다 하더라도 과세관청이 누락된 소득세를 원천납세의무자에게 부과할 수 없다는 점에 관하여는 다툼이 없다. 이중교, "소득금액변동통지에 대한 과세상 논점", 「저스티스」 제150호, 2015, 228면 주25.

[96] 김완석/정지선, 「소득세법론」 제26판, 2020, 822면 이하 참조. 소득세법 제80조 제2항 제2호는 연말정산 내용에 탈루 또는 오류가 있는 경우로서 원천징수의무자의 폐업·행방불명 등으로 원천징수의무자로부터 징수하기 어렵거나 근로소득자의 퇴사로 인하여 원천징수의무자의 원천징수이행이 어렵다고 인정되는 때에는 과세관청이 과세표준확정신고를 하지 않은 근로소득자등에 대하여도 직접 소득세 과세표준과 세액을 경정할 수 있도록 규정하고 있는데 이 규정은 판례의 입장을 따른 입법이다.

[97] 과거 대법원은 위와 같은 사안에 대하여 사기나 그 밖의 부정한 행위로 소득세를 포탈한 경우의 부과제척기간인 10년을 적용할 수 없다는 입장을 취하여 왔다(대법원 2010. 4. 29. 선고 2007두11382 판결; 2010. 1.

원천징수의무자는 소득처분에 따른 원천징수세액에 대하여 경정청구를 할 수 있다(기법 45의2 ④).[98]

2) 지급시기의 의제

법인은 배당 등으로 처분된 금액을 다음 각 시기에 지급한 것으로 의제한다.[99]

가) 과세관청이 법인세 과세표준을 결정·경정하는 경우

법인세법에 의하여 세무서장 또는 지방국세청장이 법인소득금액을 결정 또는 경정할 때 처분되는 배당·상여 및 기타소득의 경우, 해당 세무서장 또는 지방국세청장은 그 결정일 또는 경정일로부터 15일 내에 소득금액변동통지서에 의하여 해당 법인에게 통지하여야 한다(소령 192 ① 본문).[100] 이때 해당 법인은 배당·상여 및 기타소득은 소득금액변동통지서 를 받은 날에 배당소득 등을 지급한 것으로 본다(소법 131 ② I, 135 ④, 145의2).[101] 따라서

---

28. 선고 2007두20959 판결). 법인의 대표자가 장차 은닉된 소득이 사외유출되어 그 귀속자가 밝혀지지 아니함에 따라 자신이 그 법인의 대표자로서 인정상여처분을 받을 것까지 모두 예상하고 그로 인해 부과될 소득세를 포탈하려고 한 것으로 보기는 어렵기 때문이라는 이유에서였다. 이러한 경우 10년의 부과제척기간을 적용하기 위하여 2011. 12. 31. 국세기본법 개정시 제26조의2 제1항 제1호 단서가 신설되었다. 헌법재판소는 위 위 규정이 조세평등주의에 위반하지 않는다고 판단하였다. 헌법재판소 2021. 2. 25. 선고 2020헌바490 결정; 헌법재판소 2020. 5. 27. 선고 2018헌바420 결정.

98) 판례는 연말정산이 있은 후에 법인세법에 의하여 상여로 소득처분이 행해진 경우 그 소득금액변동통지를 받은 법인이 납부기한 내에 다시 연말정산을 거쳐 그에 따른 소득세를 원천징수하여 납부하고 지급조서를 제출한 경우 그에 대한 경정청구기간(기법 45의2 ④ I)의 기산점은 당초의 연말정산세액의 납부기한(근로소득이 귀속되는 해당 연도의 다음 연도 2월 10일)의 다음 날부터가 아니라 소득금액변동통지에 따른 소득세 납부기한(소득금액변동통지서를 받은 날이 속하는 달의 다음 달 10일)의 다음 날부터라고 한다. 대법원 2011. 11. 24. 선고 2009두23587 판결.

99) 판례는 과소자본세제에 위반하여 배당으로 처분되는 금액은 국조법 제22조 제2항에 의해 그 위반시점에 배당으로 처분된 것으로 간주하므로 원천징수의무자인 내국법인이 소득금액변동통지서를 받은 날에 원천징수의무가 성립하는 것은 아니라고 한다(대법원 2018. 2. 28. 선고 2015두2710 판결).

100) 여기서의 '15일' 부분은 훈시규정으로 보아야 할 것이다.

101) 서울고등법원 2013. 2. 15. 선고 2012누12961 판결(대법원 2013. 7. 25. 선고 2013두6596 판결로 확정):「소득처분에 의한 의제소득에 있어서, ① 소득처분의 절차와 방법에 관하여는 법인세법 제67조와 舊 법인세법 시행령 제106조가, ② 소득처분에 의한 의제소득이 소득세의 과세대상이 된다는 점은 舊 소득세법 제17조 제1항 제4호, 제20조 제1항 제1호 다목, 제21조 제1항 제20호가, ③ 소득처분에 의한 소득금액이 원천징수의 대상이 된다는 점은 舊 소득세법 제127조 제1항이 각 규정하고, 나아가 舊 국세기본법 제21조 제2항, 제22조 제2항은 원천징수하는 소득세는 소득금액을 지급한 때에 그 납세의무가 성립·확정된다고 규정하고 있는데, 소득처분에 의한 의제소득의 경우에는 당해 소득금액을 현실적으로 지급하였다는 객관적 사실에 과세근거를 두는 것이 아니어서 소득금액의 지급시기를 의제할 필요가 있고, 이에 따라 이 사건 법률조항(소득세법 제135조 제4항, 이하 같음: 저자)과 舊 소득세법 시행령 제192조 제2항이 그 지급시기를 소득금액변동통지서가 송달된 때로 의제한다고 규정하고 있으므로, 소득처분에 의한 소득금액에 대한 원천징수의무는 소득금액변동통지서가 송달된 때 성립·확정된다. 이러한 점에서 소득금액의 지급시기를 의제한 이 사건 법률조항과 舊 소득세법 시행령 제192조 제2항은 앞서 본 소득세 과세 및 원천징수에 관한 법률의 근거규정들에 따라 구체적으로 원천징수의무를 성립·확정시키기 위한 절차적 규정이라고 볼 수 있고, 따라서 이 사건

실제로 소득금액이 사외유출된 시점보다 늦은 시점에 해당 소득금액을 지급한 것으로 보게 되는데, 실제 사외유출이 일어난 시점을 정확하게 알기 어려우므로 불가피한 측면이 있고 납세자에게 불리하지 않으므로 위헌으로 볼 수 없다.[102]

나) 법인이 법인세 과세표준을 신고하는 경우

법인이 법인세 과세표준을 신고하는 경우에는 해당 법인의 법인세 과세표준 신고일 또는 수정신고일에 배당소득 등을 지급한 것으로 본다(소법 131 ② II, 135 ④, 145의2).

라. 원천납세의무와의 관계

후술하는 바와 같이 법인세법은 법인이 소득금액변동통지서를 받은 날에 배당소득 등을 지급한 것으로 의제하고 법인에 대하여 그 원천징수의무를 지운다. 그러나 원천납세의무는 원천징수의무의 성립과는 무관하게 권리의무확정주의와 소득세법 규정에 따라 성립한 다.[103] 따라서 법인이 소득금액변동통지서를 받은 날에 원천납세의무자의 소득세 원천납세의무가 그 소득세에 대한 부과권의 제척기간의 도과 등으로 말미암아 소멸하였다면 법인의 원천징수의무도 성립하지 않는다.[104] 반대로 법인이 소득금액변동통지서를 받은 날 원천납세의무자가 사망하였다면 어떻게 처리할 것인가. 그 경우 원천납세의무가 이미 성립하여 상속되었다면 소득세에 관한 부과제척기간이 도과한 경우와는 상황이 다르다. 판례는 귀속불분명에 따른 대표자 인정상여의 경우에는 법인의 원천징수의무가 성립하지 않는다고 보아 소득금액변동통지가 위법하다고 판단하고,[105] 귀속자에 대한 실지귀속이 인정되는 경우에는 유효하게 성립한 원천납세의무자의 소득세 납세의무를 전제로 할 수 있으므로

법률조항과 舊 소득세법 시행령 제192조 제2항을 앞서 본 법률의 근거규정들과 따로 분리하여 그 자체만 가지고 조세법률주의에 반하는 것이라고 말할 수는 없다. 뿐만 아니라, 이 사건 법률조항이 "법인세법에 의하여 처분되는 상여는 대통령령이 정하는 날에 지급하는 것으로 본다"고 규정하여 구체적인 위임의 범위와 한계를 설정하고 있고, 그 위임에 따라 舊 소득세법 시행령 제192조 제2항이 소득처분에 의한 배당·상여 및 기타소득은 소득금액변동통지서를 받은 날에 지급한 것으로 본다고 규정하고 있으므로, 이와 같이 소득세 과세 및 원천징수에 관하여는 법률에 그 근거규정을 두고 다만 그 소득금액의 지급의제시기에 관해서만 구체적으로 범위를 정하여 대통령령에 위임하고 있는 입법형식이 조세법률주의에 반하거나 위임입법의 범위와 한계를 벗어났다고 보기는 어렵다고 할 것이다.」

102) 헌법재판소 1995. 11. 30. 선고 93헌바32 결정; 이중교, "소득금액변동통지에 대한 과세상 논점", 「저스티스」 제150호, 2015, 221면 주9.
103) 대법원 1992. 7. 14. 선고 92누4048 판결.
104) 대법원 2010. 4. 29. 선고 2007두11382 판결; 대법원 2010. 1. 28. 선고 2007두20959 판결; 대법원 1989. 3. 14. 선고 85누451 판결.
105) 대법원 1992. 7. 14. 선고 92누4048 판결; 대법원 1992. 3. 13. 선고 91누9527 판결; 대법원 1987. 2. 24. 선고 85누775 판결.

원천징수의무도 유효하게 성립한다고 보아 소득금액변동통지도 적법하다고 해석한다.[106]

5 소득처분에 대한 불복

가. 소득금액변동통지의 처분성

1) 원천징수의무자인 법인에 대한 소득금액변동통지

법인에 대한 소득금액변동통지는 법인에게 원천징수의무를 지우기 위한 것이다. 소득처분에 대하여 취소소송을 제기할 수 있을 것인가에 관하여는 견해가 대립하고 있었으나, 대법원은 전원합의체 판결에서 소득처분에 따라 원천징수의무자인 법인에 대하여 한 소득금액변동통지가 항고소송의 대상이 되는 조세행정처분이라고 판시한 바 있다.[107] 대법원은 위의 판결에서 "…과세관청의 소득처분과 그에 따른 소득금액변동통지가 있는 경우 원천징수의무자인 법인은 소득금액변동통지서를 받은 날에 그 통지서에 기재된 소득의 귀속자에게 해당 소득금액을 지급한 것으로 의제되어 그 때 원천징수하는 소득세의 납세의무가 성립함과 동시에 확정되고, 원천징수의무자인 법인으로서는 소득금액변동통지서에 기재된 소득처분의 내용에 따라 원천징수세액을 그 다음 달 10일까지 관할 세무서장 등에게 납부하여야 할 의무를 부담하며, 만일 이를 이행하지 않은 경우에는 가산세의 제재를 받게 됨은 물론이고 형사처벌까지 받도록 규정되어 있는 점에 비추어 보면, 소득금액변동통지는 원천징수의무자인 법인의 납세의무에 직접 영향을 미치는 과세관청의 행위로서, 항고소송의 대상이 되는 조세행정처분이라고 봄이 상당하다."고 그 이유를 설시하고 있다.

이에 대하여 "…소득금액변동통지란 과세관청이 내부적으로 법인의 사외유출된 소득에 대하여 법인세법 제67조 및 舊 법인세법 시행령 제106조가 정하는 바에 따라 소득의 귀속자와 소득의 종류 등을 확정하는 소득처분을 한 다음, 그 소득처분의 내용 중 법인의 원천징수의무 이행과 관련된 사항을 기재하여 원천징수의무자에게 고지하는 절차로서, 법인의 원천징수의무를 성립·확정시키기 위한 선행적 절차에 불과하여 원천징수의무자의 법률적 지위에 직접적인 변동을 가져오는 것은 아니므로, 이를 항고소송의 대상이 되는 행정처분이라고 할 수 없다.…"는 소수의견도 제시된 바 있다.[108]

결론적으로 소득처분에 대하여는 다음과 같은 논거로 항고소송(취소소송)의 제기를 허용하는 것이 타당하다고 생각한다.

---

106) 대법원 2021. 12. 30. 선고 2017두72256 판결.
107) 대법원 2006. 4. 20. 선고 2002두1878 전원합의체 판결.
108) 대법관 김영란의 반대의견.

첫째, 소득처분은 귀속자별로 소득금액과 그 종류를 확정짓는 확인행위로서 법인에게 소득금액변동통지서에 의하여 통지함으로써 비로소 그 효력을 발생하게 된다.

그리고 소득금액변동통지서가 도달한 때에 해당 소득금액을 지급한 것으로 의제하기 때문에 해당 통지서에 의하여 비로소 소득세 또는 법인세의 원천징수의무가 성립하고 동시에 원천징수할 세액이 확정되는 법적 효과가 발생한다. 따라서 소득금액변동통지는 원천징수의무를 성립·확정하기 위한 예비적 조치 내지 선행적 절차에 불과하고 그 자체가 독립하여 조세부과처분이라고는 할 수 없기 때문에 취소소송의 대상이 아니라고 하는 판결이유는 그 논리적 타당성을 결여하고 있는 것이다.

둘째, 소득처분은 법인세의 과세표준과 세액의 결정 또는 경정처분과 그 내용을 같이하는 것이므로 법인세의 과세처분에 대한 취소소송과 함께 또는 동일한 시기에 각각 제기되어 함께 또는 병합하여 심리함으로써 경제적이고 신속한 심리의 속행을 도모할 수 있다.

셋째, 분쟁의 성숙성을 단순히 행정행위가 중간적 또는 내부적 행위인가, 아니면 최종적 행위인가에 의해서만 판단할 것이 아니고 행정행위로 인하여 입게 될 불이익과 해당 행위의 최종성을 비교형량하여 판단함이 바람직하다. 어떤 행정행위가 행정과정의 관점에서는 중간적 행위에 해당한다고 할지라도 해당 행위로 인하여 발생하거나 발생할 것으로 예상되는 불이익이 중대하면 성숙성을 인정할 여지가 있는 것이다. 소득처분에 의하여 원천징수의무자는 원천징수의무를 부담하게 되며, 따라서 이 단계에서 취소소송을 허용한다고 하여 행정권에 대한 지나친 간섭을 결과하거나 분쟁해결의 합리성을 침해한다고 할 수는 없다.

2) 원천납세의무자인 소득 귀속자에 대한 소득금액변동통지

법인의 소재지가 분명하지 않거나 그 통지서를 송달할 수 없는 경우에는 보충적으로 해당 주주 및 해당 상여나 기타소득의 처분을 받은 거주자에게 통지하여야 한다(소령 192 ① 但).[109] 이는 법인에게 원천징수의무를 발생시키기 위한 것이 아니라 법인에게 소득금액변동통지서를 송달할 수 없는 경우 소득처분을 받은 거주자에게 보충적으로 송달을 이행함으로써 원천납세의무자인 소득 귀속자에게 소득세법 시행령 제134조 제1항에서 정한 종합소득과세표준의 추가신고·자진납부의 기회를 주기 위한 특칙이다.[110][111] 이 경우 소득금액

---

[109] 실무상으로는 원천징수의무자인 법인에 대한 소득금액변동통지를 송달할 수 없다면 공시송달하기 때문에 이 규정이 적용되는 경우는 드물다고 한다.

[110] 대법원 2014. 7. 24. 선고 2011두14227 판결; 대법원 2013. 9. 26. 선고 2010두24579 판결.

[111] 법인이 채무자회생법에 따른 회생절차에 따라 특수관계인이 아닌 다른 법인에 합병되는 등 지배주주가 변경된 이후 회생절차 개시 전에 발생한 사유로 인수된 법인의 대표자 등에게 상여로 소득처분하는 경우에는 법인의 원천징수의무를 면제한다(소법 155의4). 법인의 회생을 돕기 위한 것으로서 이 경우에는 소득의 귀속자에게 소득금액변동통지를 한다. 이중교, "소득금액변동통지에 대한 과세상 논점", 「저스티스」 제

변동통지서를 받은 소득 귀속자는 그 받은 날이 속하는 달의 다음 다음 달 말일까지 종합소득세 추가신고납부한 때에는 법정신고기한 내에 신고납부한 것으로 본다(소령 134 ①).

판례는 원천납세의무자인 소득의 귀속자에 대한 소득금액변동통지는 소득 귀속자의 법률상 지위에 직접적인 법률적 변동을 가져오는 것이 아니므로 항고소송의 대상이 되는 행정처분에 해당하지 않는다고 한다. 판례는 그 근거로 ① 원천납세의무자에 대한 소득금액변동통지는 법인의 원천징수의무를 발생시키기 위한 것이 아니라 소득 귀속자에게 종합소득 과세표준의 추가신고 및 자진납부의 기회를 주기 위하여 마련된 특칙이고, ② 소득처분에 따른 소득 귀속자의 원천납세의무는 소득금액변동통지의 송달 여부와 무관하게 그 소득이 귀속된 과세기간이 종료하는 때에 성립하며, ③ 소득 귀속자는 소득세 부과처분에 대한 취소소송은 물론 국세기본법 제45조의2 제1항 등에 따른 경정청구를 통해서도 소득처분에 따른 원천납세의무의 존부나 범위를 충분히 다툴 수 있다는 점을 들고 있다.[112]

다만 판례는 원천납세의무자인 소득 귀속자에 대한 소득금액변동통지는 원천납세의무에 따른 신고·납부기한과 이를 전제로 한 가산세의 존부나 범위를 결정하는 요건이 되므로 소득 귀속자에게 소득금액변동통지가 없거나 그것이 적법하지 않은 경우에는 그 소득의 귀속자는 과세처분 취소소송 등에서 그 흠을 주장하여 다툴 수 있다고 본다.[113]

한편 원천납세의무자인 소득 귀속자에 대한 소득금액변동통지는 원천징수의무자인 법인에 대한 소득금액변동통지로 볼 수 없고 그로 인해 원천징수의무자인 법인이 원천징수의무를 부담하게 되는 것도 아니므로 원천징수의무자는 위 소득금액변동통지를 다툴 수 없다.[114]

나. 소득금액변동통지 취소소송의 소의 이익

취소소송에서의 소의 이익은 객관적 측면과 주관적 측면에서 문제된다. 전자는 처분이 취소된 경우에 현실적으로 법률상 이익이 회복될 수 있는지 여부에 관한 것이고, 후자는 취소소송의 원고 적격에 관한 것으로서 처분의 취소를 구하기 위한 법률상 이익이 있는지 여부에 관한 것이다. 전자를 협의의 소의 이익이라고 한다.[115]

150호, 2015, 222면.

112) 대법원 2015. 3. 26. 선고 2013두9267 판결; 대법원 2014. 7. 24. 선고 2011두14227 판결. 이에 대하여는 소득 귀속자가 소득금액변동통지를 받으면 소득세 추가신고 및 납부의무가 생기고 이를 이행하지 않으면 가산세의 제재를 받게 되므로 처분성을 인정할 실익이 있다는 반론이 있다. 이중교(註111), 239-240면. 강석규, 「조세법쟁론」, 2020 개정판, 삼일인포마인, 2020, 716-717면도 같은 취지.

113) 대법원 2015. 1. 29. 선고 2013두4118 판결. 또한 위 판결은 소득세법 시행령 제192조 제1항 단서에 따른 소득금액변동통지를 납세지 관할 세무서장 또는 관할 지방국세청장이 아닌 다른 세무서장 또는 지방국세청장이 하였다면 이는 관할 없는 과세관청의 통지로서 흠이 있는 통지라고 판단하였다.

114) 대법원 2013. 9. 26. 선고 2010두24579 판결.

115) 김동희, 「행정법 Ⅰ」, 제19판, 박영사, 2013, 729면.

1) 협의의 소의 이익

대법원은 과세관청이 법인 스스로 한 소득처분을 경정하면서 일부 항목에 대한 증액과 다른 항목에 대한 감액을 동시에 한 결과 전체로서 소득처분금액이 감소된 경우 그에 따른 소득금액변동통지는 납세자인 해당 법인에 불이익을 미치는 처분이 아니므로 해당 법인은 그 소득금액변동통지의 취소를 구할 이익이 없다고 한다.[116]

다음으로, 원천징수의무자가 소득금액변동통지에 대하여 다투지 않고 그 후행처분인 원천징수에 대한 납세고지[117]에 대하여 다툴 수 있는지가 문제된다. 원천징수의무자인 법인이 원천징수하는 소득세의 납세의무를 이행하지 않음에 따라 과세관청이 하는 납세고지는 확정된 세액의 납부를 명하는 징수처분에 해당하기 때문에 선행처분인 소득금액변동통지에 하자가 존재하더라도 당연무효에 해당하지 않는 한 후행처분인 징수처분에 그대로 승계되지 않는다. 그러므로 과세관청의 소득처분과 그에 따른 소득금액변동통지가 있는 경우 원천징수하는 소득세의 납세의무자에 관하여는 이를 확정하는 소득금액변동통지에 대한 항고소송에서 다투어야 하고, 소득금액변동통지가 당연무효가 아닌 한 징수처분에 대한 항고소송에서 이를 다툴 수는 없다고 새겨야 한다.[118]

2) 원고 적격

원천징수의무자인 법인에 대하여 소득금액변동통지를 한 경우 그 통지는 처분에 해당하므로 해당 법인은 그 취소를 구할 원고 적격을 갖게 된다. 그러나 이 경우 대법원은 소득처분에 따른 소득의 귀속자(원천납세의무자)는 법인에 대한 소득금액변동통지의 취소를 구할 법률상 이익이 없어 원고 적격을 갖지 못한다고 한다. 대법원은 그 이유로서 원천징수의무자에 대한 소득금액변동통지는 원천납세의무자의 권리나 법률상 지위에 어떠한 영향을 준다고 할 수 없다는 점을 들고 있다.[119]

---

116) 대법원 2012. 4. 13. 선고 2009두5510 판결. 이 경우 해당 법인이 과세표준 및 세액에 불복하고자 할 경우 경정청구를 할 수 있을 것이다.

117) 여기서 납세고지의 법적 성질이 부과처분인지 혹은 징수처분인지에 관하여는 논란이 있을 수 있다. 판례는 소득금액변동통지의 처분성을 인정하는 입장을 취한 이후로는 대부분 징수처분이라고 본다. 대법원 2013. 7. 11. 선고 2011두7311 판결; 대법원 2012. 1. 26. 선고 2009두14439 판결. 이중교, "소득금액변동통지에 대한 과세상 논점", 「저스티스」 제150호, 2015, 226면.

118) 대법원 2012. 1. 26. 선고 2009두14439 판결. 그러나 행정심판단계에서는 이를 허용하고 있다(조심 2011. 11. 18. 자 2011서1003 결정). 학설상으로는 소득금액변동통지에 대한 항고소송을 제기하지 않은 경우에는 후속의 납세고지에 대한 항고소송에서 원천징수의무의 존부 및 범위를 다툴 수 있게 하는 것을 신중하게 고려할 필요가 있다는 주장이 있다. 강석규, 「조세법쟁론」 2020 개정판, 삼일인포마인, 2020, 719면; 이중교 (註117), 225면.

119) 대법원 2013. 4. 26. 선고 2012두27954 판결. 위 판결은 원천납세의무자가 소득금액변동통지의 취소를 구할 법률상 이익이 없는 이유로서 ① 소득처분에 따른 소득의 귀속자의 원천납세의무는 법인에 대한 소득금액변

한편, 원천징수의무자인 법인에 대하여 소득금액변동통지서를 송달할 수 없는 경우에 해당하여 소득의 귀속자인 거주자에게 보충적으로 소득금액변동통지서를 송달한 경우(소령 192 ① 但) 법인에게는 원천징수의무가 발생하지 않고 행정처분이 있었다고 볼 수도 없으므로 법인은 소득금액변동통지의 취소를 구할 원고 적격이 없다는 것이 판례의 입장이다.[120] 이 경우 원천납세의무자도 소득금액변동통지의 취소를 구할 원고 적격이 없다는 점은 앞서 본 바와 같다.[121]

다. 소득금액변동통지에 따른 원천징수에 관한 경정청구

소득금액변동통지에 따라 원천징수된 경우에 원천징수의무자와 원천납세의무자가 경정청구를 할 수 있는지 여부에 관하여는 현재 명문의 규정이 없다.

우선 원천징수의무자에 관하여는 견해의 대립이 있다.

긍정설은 국세기본법 제45조의2 제5항이 원천징수에 관하여도 경정청구를 인정하고 있으므로 소득금액변동통지에 따른 경우에 이를 제외해야 할 이유가 없고, 소득금액변동통지가 행해지면 원천징수의무자는 재(再)연말정산절차를 거쳐 지급조서를 제출할 의무를 부

동통지와 상관없이 국세기본법 제21조 제1항 제1호, 소득세법 제39조 제1항, 소득세법 시행령 제49조 제1항 제3호 등에 의하여 해당 소득이 귀속된 과세기간의 종료시에 성립하는 점, ② 과세관청이 원천납세의무자에게 소득세 등을 부과할 경우 원천납세의무자는 이에 대한 항고소송으로써 직접 불복할 수 있는 기회가 별도로 보장되어 있는 점 등을 들고 있다. 판례의 입장에 따르게 되면 원천징수의무자가 위법한 소득금액변동통지에 관하여 다투지 않은 경우 원천납세의무자는 원천징수의무자가 제기하는 구상금청구소송에서 이를 다투거나 소득세 부과처분 취소소송을 제기하여 이를 다투어야 한다. 원천납세의무자가 원천징수의무자에 대한 위법한 소득금액변동통지를 직접 다투도록 허용한다면 불복기간의 기산점을 언제로 할 것인가(원천납세의무자는 직접 원천징수의무자용 소득금액변동통지를 수령하지 않기 때문이다)의 문제와 원천납세의무자가 불복기간 내에 소득금액변동통지를 다투지 않아 소득금액변동통지가 확정된 경우 소득세 부과처분 취소소송에서 다시 세액의 존부와 범위를 다룰 수 있게 할 것인지의 문제가 발생하게 된다. 상세는 조윤희/하태흥, "2013년 조세 분야 판례의 동향", 「특별법연구」 제11권, 2014, 712-715면. 같은 취지: 대법원 2015. 3. 26. 선고 2013두9267 판결. 이에 대하여는 ① 소득의 귀속자로서는 관세관청이 소득금액변동통지 후 언제 소득세 부과처분을 할 것인지 알 수 없고, ② 법인에게 원천징수의무를 지우더라도 그 세금을 궁극적으로 부담하는 자는 원천납세의무자인 소득의 귀속자이며, ③ 국세기본법 제45조의2 제4항은 원천징수의무자 이외에 원천납세의무자에게도 경정청구권을 인정하고, ④ 소득의 귀속자로 하여금 소득세 부과처분이 행해지기 전의 소득금액변동통지 단계에서 불복할 수 있도록 하는 것이 보다 직접적이고 근본적인 권리구제의 수단이 될 수 있다는 점을 들어 판례에 반대하는 견해도 있다. 강석규, 「조세법쟁론」, 2020 개정판, 삼일인포마인, 2020, 713-715면; 이중교, "소득금액변동통지에 대한 과세상 논점", 「저스티스」 제150호, 2015, 229면도 같은 취지.

120) 대법원 2013. 9. 26. 선고 2010두24579 판결. 그 실질적인 이유는 법인이 소득금액변동통지를 수령하지 않았으므로 원천징수의무를 이행할 것으로 기대하기 어렵고 불복기간의 기산점을 언제로 볼 것인지도 확정하기 어렵기 때문이다. 정기상, "소득금액변동통지의 취소를 구할 법률상 이익의 귀속", 「세무와 회계 연구」 제8호, 2015, 21-23면.

121) 대법원 2015. 3. 26. 선고 2013두9267 판결; 대법원 2015. 1. 29. 선고 2013두4118 판결; 대법원 2014. 7. 24. 선고 2011두14227 판결.

담하며, 소득금액변동통지에 대한 취소소송 외에도 경정청구를 통한 권리구제의 필요성이 있다는 점을 근거로 들고 있다.[122]

부정설은 소득금액변동통지에 따른 원천징수는 현실적인 소득지급을 전제로 한 것이 아니고, 소득금액변동통지에 대하여 취소소송의 제기 이외에 경정청구라는 불복수단을 인정할 경우 불복기한의 제한을 통하여 조세법률관계를 조속히 확정하고자 하는 입법취지에 반한다는 점을 근거로 제시한다.[123]

판례는 긍정설의 입장을 취하고 있다. 따라서 원천징수의무자는 소득금액변동통지에 불복하고자 할 경우 취소소송을 제기하거나 경정청구를 할 수 있다.[124]

다음으로, 원천납세의무자는 소득금액변동통지에 따라 법인이 납부한 원천징수세액에 관하여도 경정청구를 할 수 있다는 것이 판례이다.[125]

라. 소득금액변동통지에 관한 과세전적부심사

과세관청이 법인에 대하여 세무조사결과통지를 하면서 익금누락 등으로 인한 법인세 포탈에 관하여 조세범처벌법 위반으로 고발 또는 통고처분을 한 경우 익금산입에 따른 소득금액변동통지와 관련하여서도 과세전적부심사를 거치지 않아도 무방한지 여부가 문제된다.[126] 대법원은 익금산입 등에 따른 법인세 부과처분과 그 익금 등의 소득처분에 따른 소득금액변동통지는 각각 별개의 처분이므로, 과세전적부심사를 거치기 전이라도 소득금액변동통지를 할 수 있는 다른 예외사유가 있다는 등의 특별한 사정이 없는 한, 과세관청은 소득금액변동통지를 하기 전에 납세자인 해당 법인에게 과세전적부심사의 기회를 부여하여야 하고 그렇지 않으면 그 절차상 하자가 중대하고도 명백하여 무효라고 한다.[127]

---

122) 강남규, "소득금액변동통지의 처분성 인정과 후속 처리", 「세무사」 제25권 제2호, 2007, 120－121면; 이중교, "소득금액변동통지에 대한 과세상 논점", 「저스티스」 제150호, 2015, 237면; 조윤희, "상여로 처분된 금액에 대하여 소득금액변동통지를 받은 법인이 소득세를 원천징수하여 납부하고 지급조서를 제출한 경우 경정청구 기간의 기산일", 「대법원판례해설」 제90호, 2011, 133－134면.

123) 안경봉, "소득금액변동통지의 처분성에 관한 고찰", 「세무사」 제24권 제1호, 2006, 47－48면.

124) 대법원 2011. 11. 24. 선고 2009두23587 판결.

125) 대법원 2016. 7. 14. 선고 2014두45246 판결(종합소득 과세표준 확정신고기한이 경과한 후 소득처분에 의하여 소득금액에 변동이 발생하여 원천납세의무자가 종합소득 과세표준 및 세액을 추가신고한 경우, 원천납세의무자가 추가신고 대상이 된 과세표준 뿐만 아니라 원천징수세액 전부에 대하여 경정청구권을 행사할 수 있으나, 이때 원천납세의무자가 경정청구권을 행사함에 따라 환급청구권이 발생하는 경우, 원천징수의무자 명의로 납부된 세액에 관한 환급청구권자는 원천징수의무자이다); 대법원 2011. 11. 24. 선고 2009두20274 판결.

126) 국세기본법 제81조의15 제3항 제2호는 「조세범 처벌법」 위반으로 고발 또는 통고처분하는 경우에는 과세전적부심사를 거치지 않도록 규정하고 있다.

127) 대법원 2020. 10. 29. 선고 2017두51174 판결.

마. 소득금액변동통지가 없는 경우

소득처분을 하는 경우에도 사외유출(배당, 상여, 기타소득)이 없는 경우에는 소득금액변동통지를 하지 않고 그 내용을 「세무조사 결과 통지」의 「조사 항목별 조사 결과 및 세무조사 결과 사후관리할 사항」에 기재하여 납세자에게 통지한다. 납세자는 이 통지에 관하여도 원칙적으로 다툴 법률상의 이익을 가진다고 보아야 한다. 예를 들어 손금불산입 및 유보처분을 한 경우 결국 손익의 귀속시기가 변경되므로 그로 인한 납세자의 법률상 지위에 직접적인 변동이 있기 때문이다.

제4절 소득금액의 계산과 기업회계의 존중

① 세무공무원이 국세의 과세표준을 조사・결정할 때 해당 납세의무자가 계속하여 적용하고 있는 기업회계의 기준 또는 관행으로서 일반적으로 공정・타당하다고 인정되는 것을 존중하여야 한다. 다만, 세법에 특별한 규정을 둔 경우에는 예외로 한다(기법 20).
   이를 기업회계존중의 원칙이라고 하는데, 세법적용의 원칙 중 하나이다.
② 법인세법은 제43조에서 "내국법인의 각 사업연도의 소득금액을 계산할 때 그 법인이 익금과 손금의 귀속사업연도와 자산・부채의 취득 및 평가에 관하여 일반적으로 공정・타당하다고 인정되는 기업회계기준을 적용하거나 관행을 계속 적용하여 온 경우에는 이 법 및 조세특례제한법에서 달리 규정하고 있는 경우를 제외하고는 그 기업회계기준 또는 관행에 따른다"고 하여 손익의 귀속사업연도와 자산・부채의 평가 등에 있어서 기업회계존중의 원칙을 따르도록 하고 있다.
   즉 내국법인의 익금과 손금의 귀속사업연도와 자산・부채의 취득 및 평가에 관하여는 법인세법 및 조특법의 규정을 우선적으로 적용하되, 법인세법 및 조특법에서 특별한 규정을 두고 있지 않은 범위 안에서 기업회계기준 또는 관행이 보충적으로 적용되는 것이다.[1]
   그런데 손익의 귀속사업연도와 자산・부채의 평가 등에 있어서 법인세법 및 조특법이 침묵하고 있는 영역은 극히 축소・제한되어 있어서 기업회계기준 또는 관행이 적용될

---

1) 법인세법 제43조는 기업회계기준 존중의 원칙을 규정하고 있으나, 이는 법인세법상의 손익귀속에 관한 규정만으로 손익의 귀속을 정하기 어려운 경우에 법인세법상의 손익확정주의에 반하지 않는 한도에서 적용되는 것에 불과하므로, 법인세법상의 손익귀속에 관한 규정만으로도 손익의 귀속을 정할 수 있는 경우에는 기업회계기준 존중의 원칙을 고려할 필요가 없다(대법원 2013. 12. 26. 선고 2011두1245 판결; 대법원 1992. 10. 23. 선고 92누2936 등 판결).

여지는 넓지 않다.

③ 위에서 일반적으로 공정·타당하다고 인정되는 기업회계기준 또는 관행이란 다음의 각 회계기준과 그 회계기준에 배치되지 않은 것으로서 일반적으로 공정·타당하다고 인정되는 관행을 말한다(법령 79).

　　㉮ 한국채택국제회계기준

　　㉯ 외부감사법 제5조 제1항 제2호, 제4항에 따라 한국회계기준원이 정한 회계처리기준 (일반기업회계기준)

　　㉰ 증권선물위원회가 정한 업종별 회계처리준칙

　　㉱ 「공공기관의 운영에 관한 법률」에 따라 제정된 공기업·준정부기관 회계규칙

　　㉲ 상법 시행령 제15조 제3호에 따른 회계기준

　　㉳ 기타 법령에 의하여 제정된 회계처리기준으로서 기획재정부장관의 승인을 얻은 것

④ 다음으로 법인세법 제43조는 손익의 귀속사업연도와 자산·부채의 취득 및 평가에 관하여만 기업회계기준 또는 관행을 존중하도록 정하고 있는데, 그렇다면 과세소득의 산정에 있어서 손익의 귀속사업연도 및 자산·부채의 평가를 제외한 그 밖의 사항은 기업회계존중의 원칙의 적용이 배제되는 것인지가 의문이다.

생각건대 법인세법 제43조는 국세의 과세표준을 산정(조사·결정)할 때 세법에 특별한 규정이 있는 경우를 제외하고는 기업회계기준 또는 관행을 존중하여야 한다는 국세기본법 제20조를 확인하면서 법인세 과세표준의 크기를 좌우하는 항목 중에서 특히 대표적인 항목이라고 할 수 있는 익금과 손금의 귀속사업연도와 자산·부채의 취득 및 평가만을 예시하고 있다고 이해하여야 한다. 그렇다면 법인세법 제43조에서 열거하고 있는 익금과 손금의 귀속사업연도와 자산·부채의 취득 및 평가 외의 항목이라 할지라도 법인세법 및 조특법이 특별한 규정을 두고 있지 않은 범위에서는 기업회계기준 또는 관행을 보충적으로 적용하여야 한다.

제3장

익금의 계산

제1절 익금의 범위

1 익금의 정의 및 범위

가. 익금의 정의

익금(gross income, Erträge)이라 함은 해당 법인의 순자산을 증가시키는 거래[1]로 인하여 발생하는 이익 또는 수입('수익')의 금액을 말한다. 다만, 해당 법인의 순자산을 증가시키는 거래로 인하여 발생하는 수익의 금액이라 할지라도 자본 또는 출자의 납입과 「법인세법」에서 규정하는 것은 익금에 포함하지 않는다(법법 15 ①).

법인세는 소득세의 일종으로서 순소득과세의 원칙에 따라 순소득(net income, Gewinn)에 대하여 과세한다. 소득금액은 익금에서 손금을 공제하여 계산하는 것이므로, 익금은 손금과 함께 소득금액을 산정하는 기본요소를 이룬다.

이하에서 익금의 정의에 관하여 구체적으로 살펴보기로 한다.

1) 순자산의 증가거래

① 익금이란 해당 법인의 순자산을 증가시키는 거래로 인하여 발생하는 수익의 금액을 말한다. 해당 법인의 순자산을 증가시키는 거래로 인하여 발생한 수익의 금액에 해당하기만 하면 그 발생원천이 무엇이든지간에 모두 익금에 해당한다.

또한 해당 법인의 순자산을 증가시키는 거래로 인하여 발생한 수익의 금액에 해당하면 그 계정과목의 명칭이나 회계처리의 유무 또는 회계처리의 여하에 불구하고 모두 익금을 이룬다.

---

1) 여기서의 거래는 회계적 거래를 의미한다. 大淵博義, 「法人税法解釈の検証と実践的展開 第Ⅰ巻」(改訂増補版), 税務経理協会, 2013, 45면.

② 익금이란 법인이 경제적 측면에서 이를 지배·관리하면서 향수하고 있어 담세력이 있는 것으로 판단되면 충분하고 그 익금을 얻게 된 원인관계에 대한 법률적 평가가 반드시 적법하고 유효하여야 하는 것은 아니다.[2] 즉 위법소득이나 무효인 법률행위로부터 생긴 소득이라 하더라도 법인의 순자산을 증가시키는 거래로 인하여 발생한 수익의 금액에 해당한다면 당연히 익금을 구성한다.

③ 법인의 순자산을 증가시키는 거래는 법인의 자산을 증가시키는 거래와 법인의 부채를 감소시키는 거래로 나눌 수 있다.

2) 수익의 금액

회계학상 수익(revenues)이란 자본참여자의 출자관련 증가분을 제외한 자본의 증가를 수반하는 것으로서 회계기간의 정상적인 활동에서 발생하는 경제적 효익의 총유입을 말한다.[3] 위에서 자본참여자의 출자관련 증가분이란 유상증자 등으로 인한 자본의 증가를 말하는데, 이와 같은 자본참여자의 출자관련 증가분은 수익을 이루지 않는다. 수익이란 기업의 정상적인 활동에서 발생하는 것인데, 매출액, 수수료수익, 이자수익, 배당수익, 사용료수익 등 여러 가지 명칭으로 구분된다.

법인세법 제15조 제1항에서의 수익이란 회계학상의 수익은 물론이고 자본잉여금 중 자기주식처분이익 등을 포함하는 광의의 개념이다.[4] 법인세법 제17조가 표제에서 '자본거래로 인한 수익…'이라고 표현하고 있는 것이 그 일례이다.

대법원은 수익을 타인에게 재화 또는 용역을 제공하고 획득한 수입금액과 기타 해당 법인에게 귀속되는 일체의 경제적 이익이라고 설시하고 있다.[5]

나. 익금의 구체적 범위

1) 개　요

현행 법인세법은 과세소득의 범위에 관한 입법방식을 포괄주의방식을 취하고 있으므로 익금의 범위에 관하여도 포괄적인 정의규정을 두어 해결하고 있다.

그러므로 법인세법 시행령 제11조에서 정하고 있는 수익의 유형은 익금의 내용 또는 범

---

2) 대법원 1983. 10. 25. 선고 81누136 판결; 대법원 1979. 8. 28. 선고 79누188 판결.
3) 국회기 제1115호 부록 A; 일회기 제16장.
4) 법인세법 기본통칙 13-0…1 제1호는 수익을 '법 및 이 통칙에서 달리 정한 경우를 제외하고', '타인에게 재화 또는 용역을 제공하고 획득한 수입금액과 기타 당해 법인에게 귀속되는 일체의 경제적 이익'으로 정의하고 있다.
5) 대법원 1991. 12. 10. 선고 91누5303 판결.

위에 관한 예시적 규정에 지나지 않는다.[6] 법인세법 시행령 제11조에서 예시하고 있는 수익의 유형에는 다음과 같은 것이 있다.

① 사업수입금액

② 자산의 양도금액

③ 자기주식(합병법인이 합병에 따라 피합병법인이 보유하던 합병법인의 주식을 취득하게 된 경우를 포함한다)의 양도금액

④ 자산의 임대료

⑤ 자산의 평가차익

⑥ 자산수증이익

⑦ 채무면제이익

⑧ 손금환입액

⑨ 자본거래로 인하여 특수관계인으로부터 분여받은 이익

⑩ 특수관계가 소멸되는 날까지 회수하지 않은 가지급금 등

⑪ 그 밖의 수익

2) 익금이 아닌 것

순자산을 증가시키는 거래로 인하여 발생하는 수익이더라도 ① 자본 또는 출자의 납입 및 ② 법인세법에서 규정하는 것은 익금에서 제외된다(법법 15 ①).

가) 자본 또는 출자의 납입

자본 또는 출자의 납입은 법인의 순자산의 증가를 가져오는 거래이기는 하나 익금에서 제외한다(법법 15 ①, 17). 법인에 대한 자본 또는 출자의 납입은 금전의 증가(금전출자) 또는 동산·부동산·채권·유가증권·특허권·광업권 등과 같은 재산의 증가(현물출자)를 가져온다. 익금을 단순히 법인의 순자산의 증가라는 측면에서 파악할 경우에 자본 또는 출자의 납입도 익금에 해당할 수 있다.

그럼에도 불구하고 법인세법은 다음과 같은 이유로 납입된 자본 또는 출자(이하에서 '자본 등'이라 한다)를 익금에서 제외하도록 하고 있다.

---

6) 예컨대, 서울행정법원 2014. 4. 4. 선고 2013구합58658 판결(대법원 2016. 1. 14. 자 2015두51828 판결로 심리불속행 종결)은 공동사업자 중의 1인이 우월적 지위를 이용하여 다른 공동사업자에게 당초 계약에서 정한 참여지분비율보다 더 많은 투자비를 부담하도록 한 것은 그 공동사업자 1인이 지출하여야 할 투자비용의 일부를 대납하도록 한 것이므로, 위 공동사업자 1인은 같은 금액에 해당하는 수익을 얻은 것으로 봄이 타당하므로 이를 익금으로 산입하여 과세한 것은 적법하다고 판시했다.

첫째, 납입된 자본 등은 법인세의 과세물건(소득금액)을 발생시키는 원본을 이루고 있기 때문에 익금에서 제외한다.[7] 만일 자본 등에 대하여 과세를 허용하게 되면 자본잠식을 초래하여 항구적인 법인세 또는 소득세제의 존속이 불가능하게 된다.

둘째, 법인세는 법인의 소득을 과세물건으로 하는 소득세의 일종이기 때문에 당연히 순소득과세의 원칙이 적용된다. 법인의 원시자본 내지 투하자본은 소득이 아니며, 따라서 익금을 구성하지 않는다.

셋째, 법인세는 법인을 통하여 그 주주 또는 출자자에게 과세를 행한다는 사고방식을 전제로 하고 있기 때문에 주주 또는 출자자가 출자한 원본 이외의 주주지분의 증가만이 법인세의 과세소득을 구성한다고 보기 때문이다.[8]

대법원은 '자본 또는 출자의 납입'을 상법상 의미와 동일하게 해석하여야 하므로 상법상 회사 설립 또는 설립 후 신주 발행시 이루어지는 납입행위만을 가리킨다고 한다.[9]

나) 법인세법에서 규정하는 익금불산입항목

법인의 순자산의 증가를 가져오는 거래라고 하더라도 법인세법에서 규정하는 익금불산입항목은 익금에서 제외된다.

익금불산입항목은 법인세법 제18조(평가이익 등의 익금불산입), 제18조의2(내국법인 수입배당금액의 익금불산입), 제18의4(외국자회사의 수입배당금액 익금불산입) 등에서 규정하고 있다. 이에 관하여는 뒤에서 상세히 설명하기로 한다.

이하에서는 익금의 내용을 위에서 예시한 수익의 유형에 따라 구체적으로 검토한다.

2 사업수입금액

가. 의 의

한국표준산업분류(통계법 22)에 의한 각 사업에서 생기는 사업수입금액을 말한다. 다만, 과세표준과 세액을 추계하는 경우 부동산임대에 의한 전세금 또는 임대보증금에 대한 사업수입금액은 정기예금이자율을 적용하여 계산한 금액으로 한다.

이하에서는 사업수입금액의 범위, 증여한 재고자산의 가액이 수입금액(익금)에 포함되는지의 여부, 부동산 임대업을 영위하는 법인이 받은 임대보증금 등에 대한 간주임대료의

---

7) 최명근, 「법인세법」, 세경사, 1998, 90면.
8) 山本守之, 「体系法人税法」, 13年度版, 税務経理協会, 2001, 159면.
9) 대법원 2023. 11. 30. 선고 2019두58445 판결.

계산으로 나누어 살펴보고자 한다.

나. 사업수입금액의 범위

사업수입금액(도급금액·판매금액과 보험료액을 포함한다. 이하 같다)이란 한국표준산업분류에 따른 각 사업에서 생기는 수익의 금액을 말한다. 이와 같은 사업수입금액은 익금의 주종을 이루는데, 기업회계기준에서의 매출액과 대체로 그 범위가 일치한다.

사업수입금액에는 기업회계기준에 따른 매출에누리금액 및 매출할인금액은 포함하지 않는다. 그러나 내국법인이 생산·공급하는 재화 또는 용역을 해당 내국법인의 임원 또는 직원에게 시가보다 낮은 가액으로 판매 또는 제공하는 경우에는 그 판매 또는 제공가액과 시가와의 차액은 사업수입금액에 포함한다(법령 11 I).

납세의무자의 금융기관 계좌에 입금된 금액이 매출이나 수입에 해당하고 그것이 신고에서 누락된 금액이라는 과세요건사실은 과세관청이 입증하는 것이 원칙이다.[10]

다. 증여(무상양도) 또는 저가양도한 자산의 가액 등

법인이 재고자산을 비롯한 자산(이하에서 '자산'이라고 부른다)을 증여(무상양도)하거나 저가양도하는 경우에 해당 자산의 증여액 또는 저가양도에 따른 차액은 익금에 포함된다. 다만 그 금액을 계산할 때 해당 자산의 장부가액을 기준으로 할 것인지 아니면 시가를 기준으로 할 것인지가 문제이다.

1) 법인과 수증자(양수인) 간에 특수관계가 있는 경우

이때에는 부당행위계산부인 규정이 적용된다. 부당행위계산부인 요건을 충족하면(시가와 거래가액의 차액이 3억원 이상이거나 시가의 5퍼센트에 상당하는 금액 이상인 경우를

---

10) 다만 납세의무자의 금융기관 계좌에 입금된 금액이 매출이나 수입에 해당한다는 것은 구체적인 소송과정에서 경험칙에 비추어 이를 추정할 수 있는 사실을 밝히거나 이를 인정할 만한 간접적인 사실을 밝히는 방법으로도 증명할 수 있고, 이는 납세의무자가 차명계좌를 이용한 경우에도 마찬가지이다. 이때 그와 같이 추정할 수 있는지 여부는 해당 금융기관 계좌가 과세대상 매출이나 수입에 관한 주된 입금·관리계좌로 사용되었는지, 입금 일자나 상대방 및 금액 등에 비추어 매출이나 수입에 해당하는 외형을 가지고 있는지, 그 계좌의 거래 중에서 매출이나 수입 관련 거래가 차지하는 비중, 반대로 매출이나 수입이 아닌 다른 용도의 자금이 혼입될 가능성 및 그 정도 등 해당 금융기관 계좌에 입금된 금액에 관한 여러 사정들을 종합하여 판단하여야 한다. 대법원 2017. 6. 29. 선고 2016두1035 판결, 대법원 2015. 6. 23. 선고 2012두7769 판결. 위 대법원 2017. 6. 29. 선고 2016두1035 판결은 원고가 해외업체로부터 무기중개수수료를 4개의 국내 차명계좌를 이용하여 들여와 세금신고에서 누락하였음을 이유로 법인세 약 140억원(가산세 포함)이 과세된 사건으로서, 기간 도과로 상세 금융거래내역 추적이 불가능한 2000-2002년 입금액에 대해서도 전부 수입금으로 추정한 것이 타당하다고 보았다.

말한다)에는 그 시가(증여의 경우) 또는 그 시가와 실제의 양도가액과의 차액(저가양도의
경우)을 익금에 산입한다(법법 52).

2) 법인과 수증자(양수인) 간에 특수관계가 없는 경우

가) 무상양도(증여)

법인이 특수관계 없는 수증자에게 법인의 업무와 직접 관계없이 자산을 증여(무상양도)
한 경우 그 자산의 시가가 장부가액보다 크다면 (장부가액이 아닌) 시가 상당액을 익금으로
한다는 것이 통설과 판례의 입장이다.[11] 그리고 다시 수증자에 따라서 그 시가 상당액 또는
장부가액을 기부금으로 한다(법령 36 ①, ②). 이때 법인이 실제로 자산을 양도하여 양도차익
을 실현한 것이 아닌데 양도차익 부분을 인식할 수 있는지의 문제가 제기된다. 이때 통설과
판례는 자산의 무상양도를 ① 자산을 유상으로 양도하여 양도차익을 실현한 후에 ② 그 실
현된 양도차익을 포함한 양도대금 전액을 이전하는 행위로 분해하여 과세한다는 논리를 내
세우는데 이를 이단계설이라고 한다. 이렇게 하지 않으면 정상가액으로 거래하는 기업에 대
한 관계에서 조세부담의 공평이나 경쟁중립성을 확보하기 어렵다는 것이 이유이다.[12] 같은
논리를 적용하면 법인이 현물배당을 하는 경우 해당 자산의 시가와 취득가액의 차이에 관하
여 손익을 인식하여야 할 것이다.[13] 다만, 과세의 필요성만으로 명문의 규정 없이 하나의 거

---

11) 대법원 1993. 5. 25. 선고 92누18320 판결. 이 판례에 관한 평석은 임승순, "법인세법시행령 제40조 제1항
제2호의 효력 및 같은 규정 소정의 저가양도시 시가와 장부가액과의 차액을 손금부인할 수 있는지 여부",
「대법원판례해설」 제19-2호, 1993, 208-216면.
12) 우리 통설과 판례의 논리는 일본의 통설 및 판례로부터 직접적인 영향을 받은 것으로 보인다. 현행 일본법인
세법 제22조 제2항이 이단계설에 입각한 명문 규정을 두고 있다("내국법인의 각 사업연도의 소득금액을 계
산할 때 그 사업연도의 익금총액에 산입하여야 하는 금액은 별도의 정함이 있는 것을 제외하고, 자산의 판
매, 유상·무상의 자산양도 또는 용역의 제공, 무상의 자산 양수 그 밖의 거래로써 자본등 거래 이외의 것에
관한 그 사업연도의 수익의 액으로 한다"). 일본의 경우 위 규정이 신설되기 이전에 동일한 논란이 있었는데
통설과 판례가 이단계설의 입장을 취하고 있었다. 현재 일본의 통설과 판례는 위 규정을 창설적 규정으로
보면서 그 정당성의 근거로 다음의 두 가지를 든다(渡辺徹也,「スタンダード 法人税法」第2版, 弘文堂, 2019,
70-75면; 山本守之,「法人税法通論」, 税務経理協会, 1997, 25-26면; 金子宏「租税法」, 第7版, 有斐閣, 1999,
245면).
첫째, 자산을 그대로 증여하는 것과 자산을 유상양도한 후에 그 대가(대금)를 증여하는 것과는 경제적 효과
가 동일하기 때문에 증여한 재산의 시가를 익금에 산입하는 것이 마땅하다. 즉 자산을 정상적으로 양도한
자와의 과세의 공평을 유지하고 법인간의 경쟁중립성을 확보하기 위하여 마련한 규정인 것이다. 이렇게 이해
하는 입장을 적정소득산출설이라고 부른다. 이러한 과세논리를 설명하는 차원에서 이단계설의 논리구조가
원용되는데 이때의 이단계설을 '설명을 위한 이단계설'이라고 한다[渡辺徹也(註12), 70면 이하].
둘째, 자산이 매매·증여·교환 등에 의하여 그 소유자인 법인의 지배를 떠날 때에 해당 자산의 보유기간
중의 가격상승에 따른 이익이 과세적상(課稅適狀)으로 바뀌게 된다. 이와 같이 자산의 가격상승이익이 실현
되었다면 그 대가의 수수 여부에 관계없이 익금에 산입하여야 한다.
13) 해석론으로 이와 같이 해석하는 이창희,「세법강의」제22판, 박영사, 2024, 677-678면. 이에 관한 상세한
논의는 '결산 확정시 잉여금의 처분을 손비로 계상한 금액'(362면) 참조.

래를 임의로 분해하여 재구성하는 과세가 일반적으로 허용될 수 있는지는 의문이다.[14]

나) 저가양도

정당한 사유없이 자산을 정상가액(시가에서 시가의 30퍼센트를 차감한 가액으로 한다)보다 낮은 가액으로 양도하는 경우에는 정상가액을 익금으로 한다. 그 후에 그 정상가액과 실제의 양도가액과의 차액을 기부금으로 의제한다(법령 35).[15] 즉, 법인이 특수관계인 아닌 타인에게 시가보다 현저하게 낮은 가액으로 양도함으로써 기부금의 요건에 해당하는 경우 비록 법인이 해당 자산의 정상가액과 장부가액과의 차액을 장부상에 손비로 계상하지 않았다고 하더라도 세법상으로는 일단 그 차액 상당액의 소득이 법인에게 실현됨과 동시에 그 금액을 상대방에게 제공함에 따른 손실이 발생한 것으로 관념하여 그 손실을 기부금으로 본다. 앞서 본 이단계설의 논리이다.

라. 용역의 무상 또는 저가 제공

법인이 자산을 무상 또는 저가로 양도한 경우에 준하여 특수관계인이 아닌 자에게 용역을 무상 또는 저가로 제공한 경우에도 일단 용역을 시가로 제공한 것으로 계산하여 익금에 산입한 후에 같은 금액을 기부금으로 지출한 것으로 보아 손금산입 여부를 따져보아야 하는 것인지 여부가 문제될 수 있다. 예를 들어 법인이 특수관계 없는 다른 법인에게 시가보다 낮은 이자율을 적용하여 금전을 대여하여 준 경우 시가에 해당하는 이자율을 적용하여 익금을 계상한 후에 같은 금액을 기부금으로 지출한 것으로 취급할 것인지의 문제이다. 일본법인세법 제22조 제2항은 이와 같은 경우에 익금을 계상하도록 규정하고 있지만 그러한 규정이 없는 우리 법의 해석으로는 부정적으로 봄이 타당하다.[16]

---

14) 일반적인 논의는 황남석, "단계거래원칙의 역적용에 관한 고찰", 「조세법연구」 제27집 제3호, 2021, 9면 이하. 일본에서 같은 지적으로 渡辺徹也(註12), 72, 74면.

15) 국내에서의 논의는 무상양도나 저가양도가 기타기부금 요건에 해당하는 경우에 국한된 것이다. 그렇다면, 예를 들어 특수관계 없는 자 간에 저가양도가 있었으나 법인세법 시행령 제35조에 규정된 '정당한 사유'가 인정되어 의제기부금 규정이 적용되지 않을 경우에도 이단계설을 적용하여 해당 자산을 양도한 법인에게 정상가액과 양도가액과의 차액을 과세할 수 있을 것인가. 일본의 경우 무상양도로 인한 수익을 익금으로 규정하면서(일본 법법 22 ②), 저가양도를 무상양도의 한 예로 포섭하고 있음에 반하여 명문의 규정이 없는 우리법의 해석에서는 소극적으로 볼 수밖에 없다.

16) 일본에서의 논의는 大淵博義, 「法人税法解釈の検証と実践的展開 第Ⅰ巻」(改訂増補版), 税務経理協会, 2013, 95면(특히 학설대립에 관하여는 101-102면); 末永英男, 「法人税法会計論」, 第8版, 中央経済社, 2016, 49면.

마. 간주임대료의 특례

1) 간주임대료의 계산의 의의

법인세의 과세표준과 세액을 추계방법에 따라 결정 또는 경정하는 경우 부동산임대로 받은 전세금 또는 임대보증금(이하에서 '보증금 등'이라고 한다)에 대한 수입금액은 그 보증금 등에 정기예금이자율을 곱하여 계산한다(법령 11 I 但). 법인이 장부 등을 비치하지 않아 보증금 등의 관리 및 운용으로 인한 수익을 파악할 수 없는 경우에 그 보증금 등에 정상수익률을 곱하여 산정한 금액을 수입금액으로 의제하는 제도이다.

추계방법을 적용받는 법인에 대한 간주임대료가 법인세법 제15조 제1항(익금의 정의)에서 정하고 있는 익금의 범위에 포함되지 않음은 의문의 여지가 없을 정도로 명확하다. 보증금 등에 대한 간주임대료를 익금에 포함하기 위해서는 현행과 같이 대통령령(법령 11 I 但)에서 정할 것이 아니고 법률[17]로 규율하는 것이 마땅하다.

2) 간주임대료의 계산 요건

가) 추계방법을 적용받는 법인

부동산 임대업을 경영하는 법인으로서 법인세의 과세표준과 세액을 추계방법에 따라 결정 또는 경정받는 법인이 그 적용대상이 된다.[18] 부동산 임대업을 경영하는 법인이 법인세의 과세표준과 세액을 추계방법에 따라 산정하는 경우에는 영리법인 또는 비영리법인의 구분이나 부동산 임대업을 주업으로 영위하고 있는지의 여부 등에 관계없이 보증금 등에 대하여 간주임대료를 계산한다.

나) 부동산임대

부동산임대로 인하여 받은 보증금 등에 한하여 간주임대료를 계산한다. 부동산임대에 있어서 부동산에 부동산상의 권리가 포함되는지의 여부에 관하여는 견해의 대립이 있다. 해당 제도의 취지 및 차입금과다 부동산 임대업 법인의 보증금에 대한 간주익금의 계산특례의 규정(조특법 138)에 비추어 볼 때 부동산은 물론이고 부동산상의 권리가 포함된다고 새겨야 할 것이다. 그러나 법문은 부동산으로 한정하고 있다. 입법상의 미비라고 생각된다.

다음으로 임대란 임대차계약에 의하여 부동산을 사용·수익하게 하는 경우는 물론이고,

---

17) 현행 법인세법 제15조 제2항의 익금의제항목에 추계결정을 적용받는 법인에 대한 간주임대료를 추가하는 것이 바람직하다고 본다.
18) 차입금이 과다한 부동산 임대업 법인의 보증금에 대한 간주익금의 계산특례에 관한 상세한 논의는 '보증금 등에 대한 간주익금'(245면 이하)에서 다룬다.

전세권의 설정과 같이 물권설정에 의하여 부동산을 사용·수익하게 하는 경우도 포함한다고 새긴다.

다) 보증금 등의 수령

부동산을 임대하고 전세금 또는 임대보증금을 받아야 한다. 전세금이란 전세권자가 전세권설정자에게 교부하는 금전으로서 목적부동산의 사용대가인 차임 또는 지료의 특수한 지급형태에 해당하는 것이다. 전세권설정자는 전세권이 종료되는 때에 전세권자에게 전세금을 반환하여야 한다.

그리고 임대보증금이란 임차인이 부동산임대차에 있어서의 임차인의 채무를 담보하기 위하여 임대인에게 교부하는 금전 기타 유가물을 말한다. 임대보증금의 법적 성질에 관하여는 정지조건부 반환채무를 수반하는 금전소유권의 이전으로 이해한다.[19] 임대인은 임대차가 종료하는 때에 임대보증금을 임차인에게 반환한다.

3) 계산방법

보증금 등에 대한 수입금액은 보증금 등에 정기예금이자율을 곱하여 계산한다. 이를 계산식으로 나타내면 다음과 같다.

> 간주임대료 = 보증금 등 × 정기예금이자율

4) 조특법상의 간주임대료

조특법 제138조에도 간주임대료에 관한 규정이 있다. 그 상세한 논의에 관하여는 '보증금 등에 대한 간주익금'(245면 이하)을 참고하라.

바. 금전 이외의 자산을 임대료를 받는 경우

자산을 임대하고 임대료로 금전 이외의 자산을 받기로 한 경우 그 받기로 한 자산의 취득 당시 시가를 임대료 수익으로 익금산입한다(법령 72 ① VII). 따라서 임대의 대가로 자산을 장래에 취득하기로 약정하는 경우 취득 당시의 시가는 장래에 자산을 받기로 한 날의 시가로서 이를 임대기간 중의 각 사업연도에 안분한 금액을 익금에 산입하여야 한다는 것이 판례이다.[20] 그러나 행정해석은 취득한 시점이 아니라 설치시점의 설치가액을 각 사업연도에

---

19) 곽윤직, 「채권각론」 제6판, 박영사, 2003, 221면.
20) 대법원 2022. 1. 27. 선고 2017두36045 판결; 대법원 2011. 6. 30. 선고 2008두18939 판결. 그 전형적인 예가

안분한 금액을 익금에 산입하여야 한다고 해석하고 있다.[21] 이론적으로는 판례의 입장이 타당하다.

그러나 토지를 골프장 용도로 사용하도록 임대하여 주면서 임대기간이 끝나면 골프장 시설이 설치된 상태로 토지를 반환받기로 한 경우 골프장 조성비는 토지에 관한 자본적 지출로서 골프장 공사 완료시에 골프장 조성비만큼 토지의 가치가 증가하므로 그 금액을 선수임대료로 보아 각 귀속 사업연도별로 안분하여 익금에 산입한다.[22]

3 자산의 양도금액

자산의 양도금액은 익금에 포함한다. 여기에서의 자산이란 재고자산(비주거용 건물건설업과 부동산개발 및 공급업의 매매용 부동산·주거용 건물개발 및 공급업의 판매용 신축주택 등을 포함한다) 외의 모든 자산을 말한다. 재고자산의 양도금액은 앞에서 설명한 수입금액에 포함되는 것이다.

자산의 양도금액이란 자산의 양도로 인한 대가의 총액을 말한다. 자산의 양도에 따른 익금을 산정할 때에는 총액법에 따라 자산의 양도금액의 전액을 익금에 산입하면서 양도한 자산의 양도 당시의 장부가액을 손금에 산입하도록 하고 있는 것이다.

자산을 교환하는 경우 자산의 양도금액은 특별한 사정이 없는 한 교환으로 취득하는 자산의 취득당시의 시가에 의하고[23] 대가의 일부로 현금을 수령한 경우에는 이를 합산한다. 여기서 교환으로 취득하는 자산의 취득시기는 특별한 사정이 없는 한 해당 자산에 대한 실질적인 처분권을 취득한 때이다.[24]

BOT 방식으로 시행되는 사업이다. 상세는 대법원판례해설 제132호(2022년 상), 2023, 78-79면(이준엽 집필부분).

21) 기획재정부 법인세제과-316, 2014. 5. 15. 이는 법인세 과세표준을 부가가치세법 시행령 제61조 제1항 제7호와 일치시키기 위한 것으로 보인다.

22) 대법원 2022. 1. 27. 선고 2017두36045 판결.

23) 대법원 2011. 7. 28. 선고 2008두5650 판결; 대법원 2011. 7. 24. 선고 2008두21614 판결; 대법원 2010. 3. 25. 선고 2007두18017 판결. 특히 교환에 의하여 경영권 프리미엄이 수반되는 대량의 주식을 취득하는 경우에도 그것이 일반적이고 정상적인 방법에 의하여 이루어지고 그 주식의 약정가격이 당시의 객관적인 교환가치를 적정하게 반영하고 있다면 그 약정가격을 주식의 시가로 볼 수 있다고 한다(위 대법원 2011. 7. 24. 선고 2008두21614 판결).

24) 대법원 2011. 7. 28. 선고 2008두5650 판결: 「법인세법은 교환으로 취득하는 자산의 취득시기에 관하여 별도의 규정을 두고 있지 않고, 조세법률주의 원칙상 소득세법 등 다른 세법에서의 취득시기에 관한 규정이나 법인세법상 익금 및 손금의 귀속 사업연도에 관한 규정을 그대로 적용할 수는 없다고 전제한 후, ① 기업회계상 자산의 인식 시점을 해당 자산에 내재된 미래의 경제적 효익이 회사에 유입할 가능성이 매우 높고 그 원가 또는 가치가 신뢰성 있게 측정될 수 있을 때로 보고 있으며, ② 교환으로 인한 자산의 취득 및 양도시기는 특별한 사정이 없는 한 동일한 기준에 의하여 판단하는 것이 합리적이라 할 것이므로 교환으로 인한 자산의 양도시기는 교환으로 취득하는 자산에 대한 실질적인 처분권을 취득한 때로 봄이 상당하다.」

자산(재고자산을 제외한다)을 타인에게 무상으로 제공하거나 또는 저가로 양도한 경우의 익금산입 여부 또는 산입방법에 관한 상세한 논의는 '증여(무상양도) 또는 저가양도한 자산의 가액'(204면)을 참조하라.

4 자기주식의 양도금액

자기주식(treasury stock)이란 회사가 자기의 계산으로 취득한 자기회사의 주식을 말한다(상법 341, 341의2).

회사가 자기주식을 재취득하는 경우는 주식을 소각하기 위한 경우와 일시적으로 보유하다가 다시 처분하기 위한 경우로 나눌 수 있다. 이 중에서 소각목적으로 취득한 자기주식을 소각함으로써 발생하는 차익, 즉 자기주식소각이익은 법인세법 제17조 제4호의 감자차익을 구성하기 때문에 익금에 산입하지 않는다. 그 밖의 사유로 취득한 자기주식의 양도가액은 자기주식을 취득하게 된 원인이나 사유를 따지지 않고 모두 익금에 산입한다.

그러므로 합병법인이 보유하던 피합병법인의 발행주식, 즉 포합주식에 대하여 교부받은 자기주식이나 합병법인이 합병으로 인하여 피합병법인으로부터 승계취득한 자기주식(합병법인의 주식)의 양도금액[25]은 모두 익금에 산입한다(법령 11 Ⅱ의2). 합병법인이 합병대가로 자기주식을 교부할 경우 자기주식의 양도가액을 익금에 산입하여야 할 것인지 의문이 있을 수 있다. 행정해석은 그와 같은 경우 자기주식을 교부하는 것은 자본거래에 해당하므

---

25) 2009. 2. 4. 대통령령 제21302호로 개정된 법인세법 시행령 제11조 제2의2호에 자기주식의 양도금액에 "합병법인이 합병에 따라 피합병법인이 보유하던 합병법인의 주식을 취득하게 된 경우 그 자기주식의 양도금액을 포함한다"는 명문의 규정을 신설하기 전에는 대법원은 일관되게 위의 자기주식 처분이익이 법인세법 제15조 제1항 제3호 소정의 합병차익에 포함되기 때문에 익금에 해당하지 않는다고 해석하여 왔다. 그 판결을 소개하면 아래와 같다.
대법원 1992. 9. 8. 선고 91누13670 판결:「피합병법인이 보유하던 합병법인의 발행주식은 합병으로 인하여 합병법인이 승계취득하는 자기주식으로서 그 처분이익은 법인세법 제15조 제1항 제3호 소정의 합병차익에 포함되어 과세대상이 아니지만, 합병법인이 보유하던 피합병법인의 발행주식, 즉 포합주식은 그에 대하여도 합병신주가 교부되면 자기주식으로 되나, 그것은 원래 합병법인이 보유하던 자산으로서 피합병법인으로부터 승계취득한 것이 아니므로 그 처분이익이 합병차익에 포함되는 것은 아니고, 합병으로 인하여 그 처분의 성질이 자본거래로 변경되는 것은 아니다.」(같은 취지: 대법원 2005. 6. 10. 선고 2004두3755 판결). 그러나 대법원의 입장은 수긍하기 어렵다. 합병을 통하여 피합병법인이 보유하던 합병법인 발행주식을 승계취득할 때 그 자기주식이 합병차익에 포함된다고 특정할 수 없을 뿐만 아니라(자본항목은 개별 자산에 직접 대응하지 않기 때문이다) 합병차익은 자산을 취득할 때의 순자산증가를 익금으로 과세할 수 있는지 여부의 문제와 관련이 있을 뿐이고 그 자산을 처분할 때의 순자산증가를 익금으로서 과세할 수 있는지의 문제와는 전혀 무관하기 때문에 위 사안에서 자기주식처분이익을 익금불산입하는 논거로 사용될 수 없다. 또한 법인세법이 자기주식을 자산으로 취급하는 입장인 이상 그 처분이익을 합병으로 승계취득한 다른 자산의 처분이익과 달리 볼 이유도 없다. 따라서 대법원 판결의 입장과 반대되는 시행령 규정의 개정은 적절한 것으로 평가할 수 있다. 위 시행령 개정 후에는 대법원의 입장도 시행령과 동일하게 변경되었다. 대법원 2022. 6. 30. 선고 2018두54323 판결.

로 그 양도차익(자기주식의 시가 − 장부가액)을 익금에 산입할 수 없다고 본다.[26]

법인의 임직원이 주식매수선택권(법령 19 XIX의2 가)을 행사함에 따라 법인이 주식을 양도하는 경우 주식매수선택권을 행사하는 당시의 시가를 익금에 산입한다(법령 11 II의2 但).

5 자산의 임대료

자산의 임대료는 익금에 해당한다. 부동산 또는 자산의 임대를 사업으로 하는 법인이 받는 임대료는 부동산 및 임대업 중 부동산 임대업 또는 기계장비 및 소비용품임대업에서 생기는 수익으로서 앞에서 설명한 수입금액에 포함된다.

따라서 본 호에서의 자산의 임대료는 자산의 임대를 사업으로 하지 않는 법인이 자산을 일시적으로 임대하고 받는 대가로 새겨야 할 것이다.

6 자산의 평가이익

자산의 평가이익은 법인의 순자산의 증가를 결과하는 것이므로 법인의 익금을 구성한다. 그러나 자산의 평가이익은 순자산의 증가를 가져오기는 하지만 이는 어디까지나 계산상의 미실현이익에 지나지 않으므로 보험업법 기타 법률의 규정에 의한 유형자산 및 무형자산 등의 평가이익과 은행업을 영위하는 법인이 보유하는 외화자산·통화 관련 파생상품 중 통화선도 및 통화스왑에 대한 평가이익 등과 같은 극히 일부의 평가이익을 제외하고는 익금에 산입하지 않도록 하고 있다(법법 18 I).[27]

이에 관한 상세한 논의에 관하여는 '익금불산입항목' 중 '자산의 평가이익'(261면)에서 구체적으로 살펴보기로 한다.

7 자산수증이익

가. 자산수증이익의 범위

무상으로 받은 자산의 가액[28]은 익금에 해당한다. 법인의 순자산의 증가를 가져오기 때

---

26) 법인, 기획재정부 법인세제과−939, 2016. 9. 27.; 서이46012−10447, 2003. 3. 7.
27) 조문의 규정 체계상으로는 자산의 평가차익을 익금으로 평가하는 것이 원칙인 것처럼 규정되어 있으나(법법 15 ③, 법령 11 IV) 실제로는 예외가 광범위하여(법법 18 I) 오히려 예외가 원칙과 같은 지위에 있다.
28) 대법원 1997. 5. 16. 선고 96누7458 판결: 「구 상속세법 제32조의2 제1항의 명의신탁재산에 대한 증여의제규정은 증여세를 부과하는 경우에 한하여 적용될 수 있을 뿐이고, 법인세법에는 이와 같은 경우 익금으로 의제하는 규정이 없으므로, 법인세법상 익금으로 산입될 '무상으로 받은 자산의 가액'에 포함되는 자산의 해당

문이다.[29] 무상으로 받은 자산의 가액을 기업회계에서는 자산수증이익이라고 한다.[30] 국고보조금이나 공사부담금도 무상으로 받은 자산의 가액에 포함된다고 하여야 할 것이다.

이와 관련하여 '무상으로 받은 자산의 가액'이란 법문의 해석을 둘러싸고 견해가 대립할수 있다. 즉 무상으로 받은 자산의 가액에 저가양수로 인한 이익이 포함되는지의 여부와관련하여 다음과 같은 긍정설과 부정설의 대립을 상정할 수 있다.

1) 긍정설

무상으로 받은 자산의 가액에는 증여 등에 의하여 무상으로 취득한 자산의 가액은 물론이고 시가보다 낮은 가격으로 자산을 취득한 경우의 그 시가와 취득가격과의 차액도 포함하는 것으로 새겨야 한다는 견해이다.[31]

2) 부정설

무상으로 받은 자산의 가액을 법문 그대로 해석하여 증여 등에 의하여 무상으로 취득한자산의 가액으로 새기는 견해이다. 따라서 저가양수로 인한 이익은 무상으로 받은 자산의가액에 포함되지 않는다고 주장하는 것이다.

여부에 관하여는… 실질과세의 원칙에 따라 실질에 따라 판단하여야 할 것이어서, 해당 법인이 명의수탁받아 등기, 등록, 명의개서 등을 하여 둔 자산은 포함된다 할 수 없다.」
29) 이 규정은 세법이 증여도 소득을 구성하는 것으로 보는 입장에 서 있는 것으로 볼 수 있는 근거가 된다. 末永英男, 「法人税法会計論」, 第8版, 中央経済社, 2016, 47면.
30) 舊 기업회계기준 제51조 제1항 참조.
31) 일본의 통설과 판례가 취하는 입장이다. 다만 일본법인세법상 정확하게 이에 부합하는 규정은 없기 때문에 그 이론구성과 관련하여 다음의 세 가지 견해로 나뉜다(渡辺徹也, 「スタンダード 法人税法」, 第2版, 弘文堂, 2019, 84-86면).
첫째, 일본법인세법 제22조 제4항은 사업연도의 익금에 관하여는 일반적으로 공정타당하다고 인정되는 회계처리 기준에 따라 계산한다고 규정하는데, 일본의 기업회계에서는 저가양수로 인한 이익도 수익을 구성하므로 법인세법상으로도 익금에 산입된다는 견해이다.
둘째, 저가양수는 일본법인세법 제22조 제2항("내국법인의 각 사업연도의 소득금액을 계산할 때 그 사업연도의 익금총액에 산입하여야 하는 금액은 별도의 정함이 있는 것을 제외하고, 자산의 판매, 유상·무상의 자산양도 또는 용역의 제공, 무상의 자산 양수 그 밖의 거래로써 자본등 거래 이외의 것에 관한 그 사업연도의 수익의 액으로 한다")의 '그 밖의 거래'에 해당한다고 해석하는 입장이다. 도쿄고등재판소 2016년(平成 28년) 4월 21일 판결(税資 266号 順号 12848면)은 위 일본법인세법 제22조 제2항의 문언 및 취지로부터 자산의 판매, 유상 또는 무상에 의한 자산의 양도 또는 역무의 제공, '무상에 의한 자산의 양수'가 자본등 거래 이외의 거래의 예시라고 전제하면서 저가양수의 경우에도 양수의 시점에서 자산의 적정한 가액 상당액의 경제적 가치의 실현이 인정되는 것은 무상양수의 경우와 마찬가지이므로 그 가치를 수익으로 하여 그 금액을 익금에 산입하여야 한다고 판시하였다.
셋째, 저가양수를 무상의 자산 양수에 준하는 것으로 보는 견해이다. 자산의 저가양수가 무상거래인지 혹은 유상거래인지 명시하지 않은채로 일본법인세법 제22조 제2항의 취지로부터 무상양수와의 형평을 이유로 하여 저가양수로 인한 이익의 익금산입을 인정한 판례도 있다[도쿄지방재판소 2015년(平成 27년) 11월 19일 판결(税資 265号 順号 12756면).

3) 결　어

부정설의 견해에 따라 무상으로 받은 자산의 가액을 증여 등에 의하여 무상으로 취득한 자산의 가액으로 해석하고자 한다. 그 논거는 아래와 같다.

첫째, 무상으로 받은 자산의 가액이란 법문 그대로 타인으로부터 대가관계가 수반됨이 없이 증여 또는 유증 등에 의하여 취득한 자산의 가액을 의미한다고 새기는 것이 확장해석과 유추해석을 금지하고 있는 조세법의 해석원칙에 합치한다. 즉 저가양수에 있어서 그 시가와 대가와의 차액을 획일적으로 무상으로 받은 자산의 가액으로 새기는 것은 확장해석임을 지적하지 않을 수 없다.

무상이란 대가(반대급부)가 없는 것을 의미한다. 그러므로 설사 매매대금이 현저하게 균형을 잃고 있더라도 그것은 어디까지나 매매이며, 증여일 수는 없는 것이다.[32]

다만, 특정한 자산의 저가양수로 인한 차액이 일부무상취득(teilweise unentgeltlicher Erwerb)으로 밝혀지는 경우, 즉 양도인이 양수인에게 시가 이하의 가액으로 양도할 것을 합의할 때 그 차액에 관하여 증여할 의사가 있었던 것이 밝혀지는 경우와 같이 일부유상·일부무상거래[33]에 있어서의 일부무상취득부분(증여부분)에 한하여 무상으로 받은 자산의 가액에 포함한다고 새긴다.

그렇지 않고 저가양수에 있어서의 차액이 획일적으로 무상으로 받은 자산의 가액에 포함된다고 해석하는 것은 그 타당성을 결여한 것이다.

둘째, 무상으로 받은 자산의 가액을 증여 등에 의하여 무상으로 취득한 자산의 가액이라는 의미로 해석하는 것이 기업회계기준 또는 회계관행에도 부합한다. 舊 기업회계기준은 무상으로 받은 자산의 가액을 자산수증이익이라고 하였는데, 이와 같은 자산수증이익에는 자산의 저가양수로 인한 차액이 포함되지 않았다.[34]

셋째, 법인세법 시행령 제11조 제5호와는 별도로 법인세법 제15조 제2항 제1호에서 자산 중 특히 유가증권을 특수관계 있는 개인으로부터 저가로 매입함에 따른 차액에 한하여 익금에 포함된다고 규정하고 있는 점이다. 이는 자산의 저가양수로 인한 이익이 무상으로 받은 자산의 이익(법령 11 V)에 포함되지 않음을 간접적으로 드러내는 규정이라고 하겠다.

넷째, 저가양수로 인한 이익은 결국 미실현이익이다. 따라서 미실현이익을 광범위하게 익금불산입하는 법인세법의 입장에 맞추어 해석하는 것이 타당하다.

현재 국내에는 부정설만 주장되고 있는 것으로 보인다.

---

32) 곽윤직, 「채권각론」, 제6판, 박영사, 2003, 115면.
33) 매매와 증여의 혼합계약이라고 할 수도 있다. 이 경우의 증여를 혼합증여(gemischte Schenkung)라 한다.
34) 유재규/이항수, 「신기업회계기준 해설」, 조세통람사, 1998, 162면; 송인만/윤순석, 「중급재무회계」, 신영사, 1998, 683면.

나. 무상으로 받은 자산가액의 익금산입

무상으로 받은 자산의 가액은 익금에 산입한다. 무상으로 받은 자산을 익금에 산입하는 시기는 그 수증자산을 받을 권리가 확정된 날, 즉 사실상 증여를 받은 날이 속하는 사업연도로 한다. 따라서 수증자산이 등기 등을 요하는 자산(예: 토지·건축물 등)에 해당하더라도 해당 자산에 대한 소유권이전등기의 경료시기에 관계없이 그 수증자산을 받을 권리가 확정된 날에 익금에 산입하여야 한다.[35]

다음으로 법인이 무상으로 받은 자산의 가액 중 이월결손금의 보전에 충당된 금액은 각 사업연도의 소득금액계산상 이를 익금에 산입하지 않는다(법법 18 Ⅵ).

이에 관한 상세한 논의에 관하여는 '익금불산입항목' 중 '이월결손금의 보전에 충당된 자산수증이익과 채무면제이익'(265면)에서 구체적으로 설명하고자 한다.

8 채무면제이익

채무의 면제 또는 소멸로 인하여 생기는 부채의 감소액, 즉 채무면제이익은 익금에 해당한다. 채무의 면제란 채권자의 채무자에 대한 일방적 의사표시에 의하여 채무를 무상으로 소멸시키는 것을 의미한다(민법 506). 그리고 채무의 소멸이란 소멸시효의 완성에 의한 소멸·제3자에 의한 변제 또는 인수 등에 의하여 자기의 출재 없이 채무가 소멸되는 경우를 가리킨다.[36]

채무의 면제 또는 소멸은 법인의 부채를 감소시킴으로써 순자산의 증가를 결과하기 때문에 익금을 구성하는 것이다. 그러나 채무의 면제 또는 소멸로 인하여 생기는 부채의 감소액 중 이월결손금의 보전에 충당된 금액은 각 사업연도의 소득금액계산상 이를 익금에 산입하지 않는다(법법 18 Ⅵ).[37]

한편, 채무의 출자전환[38]시에 해당 주식등의 발행가액 중 시가를 초과하는 금액도 채무

---

35) 대법원 1985. 2. 26. 선고 84누133 판결: 「무상으로 받은 자산의 익금확정시기는, 그 수증재산을 받을 권리가 확정된 때가 속하는 사업연도라고 풀이해야 할 것이므로, 수증재산에 관한 소유권이전등기를 경료하지 아니하였더라도 사실상 증여받은 때에는 그 사업연도의 익금으로 확정되었다 할 것이니, 그 수증재산의 가액산정에 관한 동법 시행령 제28조 소정의 그 자산을 받은 날의 의미는 그 익금으로 확정된 날인 사실상 증여받은 날로 보아야 한다.」

36) 대법원 2012. 11. 29. 선고 2011두9157 판결: 대법원 2012. 8. 23. 선고 2010두12996 판결: 「은행이 소멸시효기간 경과한 휴면예금의 계좌에 소멸시효 완성 이전에 이자를 입금한 경우 시효중단 사유인 채무 승인에 해당하므로 그 휴면예금 상당액을 채무소멸이익으로 보아 익금에 산입한 것은 위법하다.」

37) 여기서 '이월결손금의 보전에 충당'한 경우라 함은 자산수증이익이나 채무면제이익을 기업회계기준에 따라 영업외수익으로 계상하고 자본금과 적립금조정명세서(甲)에 그 금액을 이월결손금의 보전에 충당한다는 뜻을 표시하고 세무조정으로 익금불산입한 경우를 포함한다(법통 18-18···2).

면제이익에 포함된다(법법 17 ① Ⅰ 但).[39)40)] 즉, 출자전환으로 발행하는 주식의 시가 범위에서만 채무가 변제된 것으로 본다.[41)] 예를 들어 채무의 출자전환에 따라 주식을 발행하는 경우로서 주식의 액면가액이 10,000원이고, 시가가 15,000원이며, 발행가액이 23,000원이라고 가정하기로 한다.

이 경우에 액면가액인 10,000원은 자본금이고, 시가와 액면가액과의 차액인 5,000원은 주식발행액면초과액이고, 발행가액과 시가와의 차액인 8,000원은 채무면제이익에 해당한다(그 이유에 관한 상세한 논의는 후술한다). 위의 발행가액 23,000원 중 액면가액 10,000원은 자본금으로서 자본의 납입에 해당하기 때문에 익금불산입하며(법법 15 ①), 시가와 액면가액과의 차액인 5,000원은 주식발행액면초과액에 해당하기 때문에 익금불산입한다(법법 17 ① Ⅰ 但). 그러나 발행가액 23,000원 중 발행가액과 시가와의 차액인 8,000원은 채무면제이익에 해당하기 때문에 익금에 산입한다.[42)43)]

---

38) 여기서 '채무의 출자전환'에는 주금납입상계 방식에 의한 출자전환 뿐만 아니라 해당 법인에 대한 채권을 현물출자하는 방식에 의한 출자전환이 포함된다. 서울고등법원 2018. 11. 21. 선고 2018누39043 판결(대법원 2019. 4. 25. 자 2019두30546 판결로 심리불속행 종결).

39) 舊 법인세법(2005. 12. 31. 법률 제7838호로 개정되기 전의 것) 제17조 제1호는 주식발행액면초과액을 익금불산입항목으로 규정하면서 舊 법인세법 시행령(2006. 2. 9. 대통령령 제19328호로 개정되기 전의 것) 제15조 제1항 후문이 채무의 출자전환으로 주식을 발행하는 경우 발행가액과 시가의 차액을 익금불산입항목인 주식발행액면초과액에서 제외하고 있었다. 대법원은 위 舊 법인세법 시행령 제15조 제1항 후문의 효력이 문제된 사안에서 경제적인 측면에서는 발행주식 시가 초과 부분이 채무면제이익에 해당하기는 하나, (상법의 관점에서는) 출자전환되는 채무 전부가 주식에 대한 인수가액으로 납입된 것으로 보아야 하며 출자전환되는 채무 중 발행주식 시가 초과 부분만을 따로 떼어내어 주식에 대한 납입금으로서의 실질을 부인할 수 없다고 한다(대법원 2012. 11. 22. 선고 2010두17564 전원합의체 판결). 다만 현행 법인세법 제17조 제1항 제1호 단서는 발행주식 시가 초과 부분을 익금으로 보는 예외를 규정함으로써 이 문제를 입법적으로 해결하였다. 헌법재판소는 현행 법인세법 제17조 제1항 제1호 단서가 과잉금지원칙에 위반하여 재산권을 침해하거나 조세평등주의에 위반하지 않는다고 보았다. 헌법재판소 2021. 11. 25. 선고 2017헌바280 결정.

40) 해당 주식등의 시가 초과액은 재무회계상으로도 수익(채무조정이익)에 해당한다. 국회기 제2119호 문단 9, 일회기 6.87. 출자전환을 두 개의 거래(현금을 대가로 채권자에게 새로운 지분상품을 발행하는 거래와 금융부채를 소멸시키기 위한 그 금액의 현금지급을 채무자가 수용하는 거래)로 구성되고 두 번째 거래에서 현금지급액과 금융부채의 장부금액간에 차액이 발생할 수 있는데 그 차액이 손익에 해당한다는 것이다. 국회기 제2119호 결론도출근거 문단 BC13. 이에 대한 비판은 김상기/이재열, "출자전환 법인에 대한 법인세 과세의 문제점과 개선방안",「세무와 회계 연구」제5권 제1호, 2016, 96 – 98면.

41) 대법원 2008. 7. 24. 선고 2008다18376 판결.

42) 甲 법인이 금융기관으로부터 대출을 받고 그 대출금으로 같은 그룹 계열사인 乙 법인에 대한 채무를 상환한 후 甲 법인의 모회사인 丙 법인이 甲 법인을 전부 인수하는 방식의 유상증자를 통해 조달한 자금으로 금융기관에 대한 대출금을 상환하였다. 위와 같은 일련의 거래에 대하여 국세기본법 제14조 제3항을 적용하여 甲 법인이 속한 그룹의 최종 모회사인 丁 법인의 甲 법인에 대한 채권 출자전환행위로 재구성할 수 있는지 여부가 문제된 사안에서 대법원은 乙 법인과 丙 법인은 그 실체를 인정할 수 있어 해당 거래에 있어 도관에 불과하다고 보기 어렵고, 甲 법인에 대한 실질적 채권자이자 유상증자 참여자를 丁 법인으로 볼 수도 없으며, 그 결과만으로 위 각 거래행위를 조세부담을 회피할 목적에서 한 독자적인 의미를 갖기 어려운 중간행위로서 그 경제적 실질이 채무의 출자전환행위에 해당한다고 보기는 어렵다고 판단하였다. 대법원 2017. 12. 22. 선고 2017두57516 판결.

다만, ① 채무자회생법에 따른 회생계획인가의 결정을 받은 법인, ② 「기업구조조정 촉진법」에 따라 채무를 출자로 전환하는 내용이 포함된 경영정상화계획의 이행을 위한 약정을 체결한 부실징후기업, ③ 해당 법인에 대하여 채권을 보유하고 있는 금융회사등(금융실명법 2 I)과 채무를 출자로 전환하는 내용이 포함된 경영정상화 계획의 이행을 위한 협약을 체결한 법인, ④ 「기업 활력 제고를 위한 특별법」 제10조에 따른 사업재편계획승인을 받은 법인이 채무를 출자전환하는 경우 해당 주식등의 시가(시가가 액면가액에 미달하는 경우에는 액면가액)를 초과하는 금액은 해당 사업연도의 익금에 산입하지 않고 그 이후의 각 사업연도에 발생한 결손금의 보전에 충당할 수 있다. 그러나 내국법인이 익금에 산입하지 않은 금액 전액을 결손금의 보전에 충당하기 전에 사업을 폐지하거나 해산하는 경우에는 그 사유가 발생한 날이 속하는 사업연도의 소득금액계산에 있어서 결손금의 보전에 충당하지 않은 금액의 전액을 익금에 산입한다(법법 17 ②, 법령 15 ④, ⑤).

9 손금환입액

손금에 산입한 금액 중 환입된 금액은 익금으로 한다. 손금에 산입한 금액 중 환입된 금액이라 함은 해당 사업연도 전에 이미 손금에 산입한 금액으로서 해당 사업연도 중에 익금에 환입된 금액을 가리킨다. 손금에 산입한 금액 중 환입된 금액을 예시하면 아래와 같다.
① 해당 사업연도 전에 납부하였던 재산세 또는 종합부동산세를 과세처분의 취소 등을 이유로 지방세환급금으로서 환급받은 경우
② 해당 사업연도 전에 사실상 회수불능인 것으로 판단하여 대손금으로 손금산입하였던 채권을 회수한 경우
③ 해당 사업연도 전에 손금에 산입하였던 준비금 또는 충당금을 익금으로 환입하는 경우[44]

한편, 해당 사업연도 중에 손비로 처리한 금액으로서 해당 사업연도 중에 환입된 금액은

43) 이때 채권자의 관점에서는 출자전환하면서 취득한 주식의 시가와 채권 가액의 차액인 출자전환손실이 발생하는데 행정해석은 출자전환으로 소멸한 채권의 가액이 그 주식의 취득가액을 초과하는 금액은 채권 포기로 인한 대손금으로 보고[서이 46012-10844(2003. 4. 22.)], 조세심판원 결정례는 채권의 처분손실로 본다(조심 2014. 9. 4. 자 2011서1047 결정). 그로 인한 차이에 관하여는 이재우/김진수, "주식 시가가 채권가액 이하인 액면 출자전환의 과세문제와 개선방안", 「세무와 회계 연구」, 통권 제19호, 2019, 313면.
44) 비영리법인이 고유목적사업준비금으로 계상하여 손금에 산입한 금원을 익금으로 환입한 것으로 인정할 수 있으려면 비영리법인이 위 금액을 고유목적사업준비금에서 차감한 사실만으로는 부족하고 실질적으로 수익사업에 지출, 전용하는 등 더 이상 고유목적사업에 지출하지 않으려고 한다는 사정이 회계처리과정에서 분명히 드러나야 한다[서울고등법원 2010. 12. 16. 선고 2010누19449 판결(대법원 2011. 5. 13. 자 2011두1504 판결로 심리불속행 종결)].

본 호의 적용이 없다. 이 경우에는 직접 해당 손비의 환입으로 회계처리하여야 한다.

　그리고 손금에 산입한 금액으로서 환입된 금액을 익금에 산입하는 것이므로 손금불산입한 금액(법인세·법인지방소득세 및 법인세에 대한 농어촌특별세, 가산세 및 가산금 등이 그 예이다) 중 환입된 금액에 대하여도 본 호가 적용될 여지가 없다.

10 자본거래로 인하여 특수관계인으로부터 분여받은 이익

가. 익금에 산입하는 자본거래의 유형

　주주등인 법인이 다음 각 자본거래로 인하여 특수관계인(법법 2 XII)인 다른 주주로부터 이익을 분여받은 경우에는 그 분여받은 이익을 익금으로 한다(법령 11 IX).

① 특수관계인인 법인간의 합병(분할합병을 포함한다)에 있어서 주식등을 시가보다 높거나 낮게 평가하여 불공정한 비율로 합병한 경우(법령 88 ① VIII 가)

② 법인의 증자시 신주를 배정받을 수 있는 권리의 전부 또는 일부를 포기(그 포기한 신주가 자본시장법 제9조 제7항에 따른 모집방법으로 배정되는 경우를 제외한다)하거나 신주를 시가보다 낮은 가액으로 인수하는 경우(법령 88 ① VIII 나)

대법원은 법인의 증자시 제3자가 직접 제3자 배정 방식으로 신주를 저가 인수한 경우에는 특수관계에 있는 기존 주주들로부터 분여받은 이익이 있다고 하더라도 이에 해당하지 않는다는 것이 판례의 입장이다.[45] 그러나 이 경우에는 적어도 아래 ④에는 해당한다고 보아야 할 것이다.

③ 법인의 감자에 있어서 주주등의 소유주식 등의 비율에 의하지 않고 일부 주주등의 주식 등을 소각하는 경우(법령 88 ① VIII 다)

④ 위의 ①부터 ③까지 외의 경우로서 증자·감자·합병(분할합병을 포함한다)·분할, 상증법 제40조 제1항에 따른 전환사채 등에 의한 주식의 전환·인수·교환 등 자본거래를 통하여 이익을 분여받았다고 인정되는 경우(법령 88 ① VIII의2)

나. 자본거래로 인하여 분여받은 이익의 익금 해당성

　불공정합병·신주인수권의 포기·신주의 고가인수 또는 불균등감자 등과 같은 자본거래로 인하여 다른 주주로부터 분여받은 이익이 법인세법 제15조 제1항의 익금에 해당하는지

---

45) 대법원 2015. 12. 23. 선고 2015두50085 판결; 대법원 2012. 3. 29. 선고 2011두29779 판결. 법문이 '상법 제418조 제2항에 의하여 해당 법인의 주주가 아닌 자가 해당 법인으로부터 신주를 직접 배정받는 경우'에 관하여는 규정하고 있지 않기 때문이다.

에 관하여는 해석상 다툼이 있다.

만일 불공정합병·신주인수권의 포기·신주의 고가인수 또는 불균등감자 등과 같은 자본거래로 인하여 다른 주주로부터 분여받은 이익이 법인세법 제15조 제1항에서 정의하고 있는 익금에 해당하지 않는다면 위의 이익을 익금의 한 유형으로 예시하고 있는 법인세법 시행령 제11조 제8호는 상위법인 법인세법에 위배하여 그 효력을 인정할 수 없는 것이다.

위의 자본거래로 인하여 얻은 이익의 익금의 해당 여부에 관하여는 긍정설[46]과 부정설의 대립을 생각하여 볼 수 있다.

다음과 같은 논거로 부정설을 지지하고자 한다.

첫째, 불공정합병·신주인수권의 포기·신주의 고가인수 또는 불균등감자 등과 같은 자본거래(이하에서 '불공정합병 등의 자본거래'라 한다)로 인하여 다른 주주로부터 분여받은 이익은 계산상 또는 명목상의 이익, 즉 평가이익에 지나지 않는다는 점이다.

법인세법은 유가증권에 대하여 시가법에 의한 평가이익의 계상을 허용하지 않으며(법법 42), 설사 법인이 임의로 유가증권에 대한 평가이익을 수익으로 계상하였다고 하더라도 미실현이익에 해당하기 때문에 익금불산입하도록 하고 있다(법법 18 I). 즉 불공정합병 등의 자본거래의 경우에는 해당 자본거래로 인한 보유주식의 가치증가분을 인식·측정하도록 하는 규정을 두고 있지 않다.

그렇다면 해당 불공정합병 등의 자본거래로 인한 계산상의 이익이 법인세법 제15조 제1항(익금의 정의)의 규정에 의하여 당연히 익금을 구성하는 것이라고 해석할 수는 없다.

둘째, 특정한 경제적 이익이 과세소득을 구성하기 위하여는 해당 이익이 현실적으로 실현되었을 것까지는 필요없다고 하더라도 소득이 발생할 권리가 그 실현가능성에 있어서 상당히 높은 정도로 성숙·확정되어야 한다.[47] 그런데 불공정합병 등의 자본거래로 인하여 분여받은 계산상의 이익은 현실적으로 실현되지 않았음은 물론이고 소득이 발생할 권리가 그 실현가능성에 있어서 상당히 높은 정도로 성숙·확정되었다고도 할 수 없다. 그렇다면 아직 성숙·확정되지도 않은 미실현이익을 익금으로 볼 수는 없는 것이다.

불공정합병 등의 자본거래로 인한 이익을 익금의 유형으로 예시하고 있는 법인세법 시행령 제11조 제9호는 상위법률의 위임없이 과세소득의 범위를 부당하게 확장한 것으로 판단된다.[48]

---

46) 대법원은 법인세법 시행령 제11조 제8호로 불공정합병 등의 자본거래에 의하여 분여받은 이익을 익금의 유형으로 추가하기 전의 사안에서 신주인수권의 포기로 인하여 다른 주주로부터 분여받은 이익은 자산수증이익에 해당하여 익금을 구성한다고 판시한 바 있다(대법원 1995. 7. 28. 선고 94누3629 판결). 그러나 해당 판결은 뒤의 결론에서 제시하고 있는 논거에 비추어 볼 때 그 타당성을 인정하기 어렵다.
47) 대법원 1977. 12. 27. 선고 76누25 판결.
48) 서울고등법원 2010. 12. 9. 선고 2010누18934 판결(대법원 2013. 12. 26. 선고 2011두2736 판결로 확정)에서

다. 이익을 분여한 특수관계인의 범위

앞서 본 바와 같이 자본거래로 인하여 분여받은 이익이 익금성을 갖는지 의문이 있고, 법인세법 시행령 제11조 제9호의 합헌성에는 의문이 있지만, 현행법의 해석론 차원에서는 해당 법인에게 이익을 분여한 특수관계인인 다른 주주를 법인주주만으로 한정할 것인지 또는 개인주주까지 포함되는 것으로 새겨야 할 것인지 문제된다.

법인세법 시행령 제11조 제9호가 2000. 12. 29. 개정되면서 해석상의 논란을 해소하기 위하여 종래의 '제88조 제1항 제8호의 규정에 의하여 특수관계자로부터 분여받은 이익'을 '제88조 제1항 제8호 각 목의 어느 하나 및 같은 항 제8호의2에 따른 자본거래로 인하여 특수관계인으로부터 분여받은 이익'이라고 개정한 취지[49]에 비추어 볼 때 이익을 분여한 특수관계인인 다른 주주는 법인주주로 제한되지 않는다고 해석하는 것이 타당하다. 대법원 판례도 같은 취지이다.[50]

라. 분여받은 이익의 계산방법

같은 쟁점이 문제된 바 있었다. 위 사건에서 원고는 "법인세법 제15조 제1항, 제18조 제1항에 따르면 익금은 자본 또는 출자의 납입 및 이 법에서 규정하는 것을 제외하고 해당 법인의 순자산을 증가시키는 거래로 인하여 발생하는 수익의 금액이고 자산의 평가차익은 익금에서 제외된다. 따라서 하위법령인 법인세법 시행령 제11조 제9호가 비록 법인세법 제15조 제1항의 위임을 받아 특수관계인으로부터 분여받은 이익을 수익의 범위에 포함시켜도 그 이익이 자산의 평가차익에 불과하다면 이를 수익으로 보아 익금에 산입해서는 안 된다. 결국 원고는 이 사건 합병으로 인하여 신주를 취득한 것이 아니라 단지 합병 전후로 A사의 재무상태가 더 좋아져 원고가 보유하고 있던 A사의 주식가치가 상승한 것일 뿐이고 원고가 이를 처분하지 않는 이상 그 평가차익은 실현된 것이 아니므로 이를 익금에 산입할 수는 없다"고 주장하였다. 그러나 서울고등법원은 "비록 법인세법 제18조 제1호에 따르면 자산의 평가차익에 불과한 수익은 원칙적으로 익금에 산입하지 않으나 이는 조세회피 등을 방지하기 위하여 임의평가차익을 인정하지 않는다는 취지이다. 불공정비율 합병에 따라 특수관계인으로부터 분여받은 이익은 사실상 합병 전후 주식의 평가가액의 차액으로 존재할 수 밖에 없는데, 만약 평가차익에 불과하다는 이유로 법인세법 제18조 제1호에 따라 익금에 산입하지 않는다면 법인세법 시행령 제11조 제9호, 제88조 제1항 제8호 가목을 무의미하게 하는 결과를 가져온다는 점에서 이러한 경우까지 법인세법 제18조 제1항에 따라 익금에 산입할 수 없다고 해석할 수는 없다"고 판단하였다. 결국 법원은 법인세법 시행령 제11조 제9호, 제88조 제1항 제8호 가목이 무력화되는 것을 막기 위하여 그 상위규범인 법인세법 제18조 제1항의 적용범위를 넓게 해석한 것인데 이는 법체계상 타당하지 않다고 판단된다. 위 사건은 대법원에서 확정되었으나 대법원은 위 쟁점에 관하여는 판단하지 않았다.

49) 재정경제부, 2000년 간추린 개정세법, 재정경제부, 2001, 194면.

50) 대법원 2024. 6. 13. 선고 2023두39809 판결; 서울고등법원 2011. 11. 3. 선고 2011누19828 판결(대법원 2012. 3. 29. 선고 2011두29779 판결로 확정); 서울고등법원 2010. 12. 9. 선고 2010누18934 판결(대법원 2013. 12. 26. 선고 2011두2736 판결로 확정); 서울고등법원 2012. 7. 6. 선고 2011누21449 판결(대법원 2012. 12. 13. 자 2012두19403 판결로 심리불속행 종결); 대전고등법원 2010. 11. 18. 선고 2010누960 판결(대법원 2011. 4. 14. 자 2010두29147 판결로 심리불속행 종결). 2000. 12. 29. 법인세법 시행령 제11조 제9호가 개정되기 이전의 사실관계에 관하여 국세심판소는 특수관계인인 개인 주주로부터 분여받은 이익은 적용 대상이 아니라고 보았다. 국심 2003. 5. 13. 자 2002서2282 결정.

법인세법 시행령 제89조 제6항은 자본거래로 이익을 분여한 법인이 익금에 산입할 금액을 계산할 때 「상속세 및 증여세법」과 그 시행령 규정을 준용하도록 규정하고 있다. 문제는 이익을 분여받은 법인의 경우에는 법인세법 시행령 제11조 제8호가 그와 같은 준용규정을 두지 않고 있다는 점이다. 따라서, 이 경우에도 법인세법 시행령 제89조 제6항을 적용할 수 있는지 여부가 문제가 된다. 생각건대 자본거래로 인하여 특수관계인으로부터 분여받은 이익은 자본거래로 인하여 특수관계인에게 분여한 이익에 대응하는 것으로서, 그 실질적인 대상이 동일한 것이므로 적극적으로 해석하여야 할 것이다.[51]

11 특수관계가 소멸되는 날까지 회수하지 않은 가지급금 등

가. 미회수 가지급금 등의 익금 산입

가지급금 및 그 이자(이하에서 '가지급금 등'이라 한다)로서 다음 중 어느 하나에 해당하는 금액은 익금에 산입한다(법령 11 IX).

① 특수관계가 소멸되는 날까지[52] 회수하지 않은 가지급금 등('②'에 따라 익금에 산입한 이자는 제외한다)(가목)[53]

② 특수관계가 소멸되지 않은 경우로서 가지급금의 이자를 이자발생일이 속하는 사업연도 종료일부터 1년이 되는 날까지 회수하지 않은 경우 그 이자[54](나목)

다만 다음과 같이 정당한 사유가 있는 경우에는 익금에 산입하지 않는다(법칙 6의2).

① 채권·채무에 대한 쟁송으로 회수가 불가능한 경우

---

51) 대법원 2013. 12. 26. 선고 2011두2736 판결. 위 판결은 법인세법 시행령 제89조 제6항의 규정을 '준용'할 수 있다는 표현을 쓰고 있다. 한편 원심 판결인 서울고등법원 2010. 12. 9. 선고 2010누18934 판결은 "조세법률주의의 원칙상 과세요건사실이거나 비과세요건사실이거나를 막론하고 조세법규는 문언에 따라서 엄격하게 해석하여야 하고 함부로 확장해석이나 유추해석을 해서는 안 된다고 할 것이나, 객관적이고 합리적인 근거와 이유가 있는 경우에는 조세법률주의가 지향하는 법적 안정성 및 예측가능성을 해치지 않는 범위 내에서 보충적으로 법률규정의 취지, 목적에 따르는 목적론적 해석이 허용된다고 보아야 할 것이다"라고 전제한 후 법인세법 시행령 제89조 제6항의 규정을 적용하는 것이 유추적용은 아니라는 입장을 취하고 있다.

52) 특수관계의 성립이 일정한 법적 형식에 의해 인정되는 경우(예컨대, 주주총회에 의한 대표이사 선임, 지분의 취득)에는 그 소멸도 법적 형식에 의하여 판단하여야 할 것이고, 사실관계(예컨대 법인세법 시행령 제2조 제5항 제4호에 따른 지배적인 영향력의 행사)에 의하여 특수관계가 성립하는 경우에는 그 소멸도 사실관계에 따라 판단하여야 할 것이다. 또한 폐업이 특수관계의 소멸사유에 해당하는지 여부가 하급심에서 종종 문제되고 있는데 폐업 사실만으로 특수관계가 소멸하는 것은 아니고 폐업으로 인하여 사실상 청산된 것으로 인정할 수 있는 사정이 있어야 한다. 대법원 2021. 8. 12. 선고 2020두51723 판결.

53) 이 경우 법인세법 제52조에 따른 가지급금에 관한 인정이자는 특수관계가 소멸하는 날까지 계산한다. 법인세과-62, 2012. 1. 16.

54) 여기서의 이자는 법적용의 체계상 약정이자를 의미한다. 인정이자의 경우 부당행위계산부인규정의 적용 대상이 되기 때문이다.

② 특수관계인이 회수할 채권에 상당하는 재산을 담보로 제공하였거나 특수관계인의 소유 재산에 대한 강제집행으로 채권을 확보하고 있는 경우[55]

③ 해당 채권과 상계할 수 있는 채무를 보유하고 있는 경우

④ 그 밖에 이들과 비슷한 사유로서 회수하지 않은 것이 정당하다고 인정되는 경우

나. 미회수 가지급금 등의 익금성

미회수 가지급금 등이 법인세법 제15조 제1항의 익금에 해당하는지에 관하여는 의문의 여지가 있다. 즉 특수관계가 소멸되는 날까지 회수하지 않은 가지급금 등은 '해당 법인의 순자산(純資産)을 증가시키는 거래로 인하여 발생하는 수익의 금액'에 해당하지 않는다. 해당 법인의 순자산을 증가시키는 거래로 인하여 발생하는 수익의 금액에 해당하지 않은 것을 법인세법상 익금에 포함시키기 위해서는 법률(법인세법)에서 미회수 가지급금 등을 익금으로 의제하는 규정을 두어야 한다. 본 호를 근거로 하여 미회수 가지급금 등을 익금에 산입할 수는 없다고 새겨야 한다.

그렇다면 법인세법 시행령 제11조 제9호는 어떤 의미를 가지는가?

법인이 특수관계가 소멸되는 날까지 회수하지 않은 가지급금 등은 그 특수관계가 소멸되는 날에 해당 법인이 가지급금 등의 회수를 포기한 것으로 추정한다는 의미로 새겨야 할 것이다. 즉 특수관계가 소멸되는 날까지 회수하지 않은 가지급금 등은 그 특수관계가 소멸되는 날에 해당 법인이 가지급금 등의 회수를 포기한 것으로 보아 해당 금액(가지급금 등)을 손금에 산입하고, 그 손금에 산입한 금액은 손금불산입한다는 의미이다. 그렇다면 미회수 가지급금 등을 익금으로 예시할 것이 아니고 법인이 특수관계가 소멸되는 날까지 회수하지 않은 가지급금 등은 그 특수관계가 소멸되는 날에 해당 법인이 가지급금 등의 회수를 포기한 것으로 추정하여 상여 등으로 처분한다는 취지의 규정으로 바꾸어야 할 것이다. 대법원도 특수관계인에 대한 채권이 결산서에 계상되어 있는 이상 법인이 특수관계가 소멸할 때까지 특수관계인에 대한 채권을 회수하지 않았다는 사정만으로 채권액 상당액을 곧바로 익금에 산입하고 특수관계인에게 사외유출된 것으로 소득처분할 수 없으며, 채권액 상당액이 익금산입의 대상이고 사외로 유출되었다는 사실을 과세관청이 입증하여야 한다고 한다.[56]

법인세법 시행령 제11조 제9호를 위와 같이 해석할 경우 익금산입시의 세무조정사례를

---

55) 법인이 특수관계인이었던 자를 상대로 가압류를 한 후 본안 승소판결을 받아 집행권원까지 얻었더라도 실제로 강제집행에 착수하지 않았다면 여기서의 정당한 사유가 있다고 볼 수 없다고 본 사례로 수원고등법원 2022. 4. 8. 선고 2021누39655 판결(확정).
56) 대법원 2007. 4. 26. 선고 2005두10644 판결.

표시하면 다음과 같다.[57]

① 특수관계가 소멸되는 날이 속하는 사업연도

〈손금산입〉　　　　미회수 가지급금 등　　　　×××（△유보）

〈손금불산입〉　　　미회수 가지급금 등　　　　×××（상여 등）

② 가지급금 등을 대손금으로 손비계상한 경우

〈손금불산입〉　　　대　　손　　금　　　　×××（유보）

법인세법 시행령 제11조 제9호의 규정에 따라 익금산입하고 사외유출로 소득처분을 할 경우 특수관계인에게 귀속되는 소득의 종류는 익금에 산입한 금액이 사외에 유출되었을 때를 기준으로 하여야 한다.

다. 규정의 위헌성

일부 하급심 판결은 법인세법 시행령 제11조 제9호를 위헌으로 해석하였으나 대법원은 가목에 관하여는 대법원 2021. 7. 29. 선고 2020두39655 판결에서, 나목에 관하여는 대법원 2021. 8. 12. 선고 2018두34305 판결에서 각각 합헌이라고 판단하였다.

본래 과세 실무상 가목은 법인이 특수관계 소멸한 시까지 회수하지 않은 가지급금을, 나목은 이자발생일이 속하는 사업연도 종료일부터 1년이 되는 날까지 회수하지 않은 가지급금 이자를 각각 포기 또는 면제함으로 사외유출시킨 것으로 보아 소득처분을 하기 위한 규정이다. 과세 실무상 사외유출의 소득처분은 익금산입（또는 손금불산입）의 세무조정과 결부되어 있기 때문에 익금 산입 규정이 필요하고 그 규정이 바로 법인세법 시행령 제11조 제9호 가목, 나목이다.[58] 다만 위 규정은 법인의 과세소득을 늘리기 위한 것이 아니므로 실무상으로는 반대조정으로 같은 금액의 손금산입을 해 주었다. 쟁점은 법인세법 시행령 제11조 제9호 가목, 나목이 법인세법 제15조 제3항의 위임범위에 포함되는지 여부였는데[59]

---

57) 이는 현행 법인세법 기본통칙 67-106…12［가공자산의 익금산입 및 소득처분］제1호의 가공채권의 세무조정사례와 유사하다고 하겠다.

58) 내국법인이 대표자의 사망으로 특수관계가 소멸되어 그 날까지 회수하지 않은 가지급금을 법인세법 제67조 및 같은 법 제106조에 따라 상여처분한 경우, 해당 내국법인은 그 처분되는 상여에 관한 소득세에 관하여 원천징수의무를 지지 않는다는 것이 행정해석이다. 사전-2020-법령해석소득-0861, 2020. 12. 23. 특수관계의 소멸로 인하여 비로서 사외유출을 의제하는 것인데 그 의제 당시에 원천납세의무자가 사망하였기 때문에 원천징수를 관념할 수 없기 때문이다.

59) 그 이유는 문언상 의제익금의 위임근거 규정은 법인세법 제15조 제2항으로 보이는데 법인세법 시행령 제11조 제9항은 의제적 성격을 갖고 있음에도 법인세법 제15조 제2항을 위임근거 규정으로 하고 있지 않기 때문이다. 다만 법인세법 제15조 제2항이 "본다"라는 표현을 사용하고 있지만 그것이 '간주（의제）'의 의미로 사용되어 폐쇄적이고 한정적인 예외를 규정한 것인지는 의문이 있다［소득세법 시행령 제2조 제3항에서 사용

대법원은 법규명령이 법률의 위임 범위 내에 있는지 여부를 판단하기 위한 기준을 제시한 후에 법규명령이 법률의 위임 범위 내에 있다고 인정되거나 법률이 예정하고 있는 바를 구체적으로 명확하게 한 것으로 인정되면 법규명령은 무효로 되지 않는다고 판시하면서[60] 위 시행령 규정은 법인세법 제15조 제3항의 위임 범위를 벗어남으로써 조세법률주의에 위배된다고 평가하기는 어렵다고 결론지었다.[61]

12 보험업법에 따른 보험회사의 책임준비금 감소액

「보험업법」에 따른 보험회사의 책임준비금 감소액으로서 「보험업법」 제120조 제3항의 보험감독회계기준에 따라 수익으로 계상된 금액은 익금이다. 다만 할인율의 변동에 따른 책임준비금 평가액의 감소분은 제외한다(법령 11 X).

13 「주택도시기금법 시행령」 제24조에 따라 적립한 책임준비금 감소액

「주택도시기금법」에 따른 주택도시보증공사가 「주택도시기금법 시행령」 제24조에 따라 적립한 책임준비금의 감소액(할인율의 변동에 따른 책임준비금 평가액의 감소분 제외)으로서 보험감독회계기준에 따라 수익으로 계상된 금액은 익금이다(법령 11 X의2).[62]

14 그 밖의 수익

위의 **2** 부터 **13** 까지 이외의 수익으로서 그 법인에 귀속되었거나 귀속될 금액을 말한다(법령 11 X). 이에는 이자수익과 배당수익 등이 포함된다. 본 호는 법인세법 시행령 제11조가 수익의 범위에 관한 예시규정임을 드러내는 규정이기도 하다.

된 '본다'는 표현이 의제를 의미하는 것이 아니라고 판단한 판결로 서울고등법원 2021. 6. 9. 선고 2020누 52926 판결(대법원 2021. 10. 28. 자 2021두44500 판결로 심리불속행 종결)].

60) 또한 대법원은 어느 시행령 규정이 모법의 위임 범위를 벗어난 것인지를 판단할 때 중요한 기준 중 하나로 예측가능성을 들면서 해당 시행령의 내용이 이미 모법에서 구체적으로 위임되어 있는 사항을 규정한 것으로서 누구라도 모법 자체로부터 위임된 내용의 대강을 예측할 수 있는 범위에 속한다면 예측가능성이 있는 것이라는 판단기준을 제시하고 있다. 이러한 예측가능성의 유무는 해당 조항 하나만을 가지고 판단할 것은 아니고 법률의 입법 취지 등을 고려하여 관련 법조항 전체를 유기적·체계적으로 종합하여 판단하여야 한다고 판시하였다.

61) 간주임대료 규정(법령 11 I 但)에 관하여도 동일한 문제제기가 있을 수 있다.

62) 주택도시보증공사는 국제회계기준 제1117호를 적용하기 때문이다.

제2절 익금의 의제

1 유가증권의 저가매입에 따른 차액

가. 제도의 취지

자산을 저가양수할 때 그 저가양수로 인한 차액은 저가양수한 시점이 아니고 해당 자산을 처분하여 그 이익이 현실적으로 실현되는 시점에 과세하는 것이 원칙이다. 그러나 자산의 저가양수 중 유가증권의 저가매입에 관하여는 그 매입일이 속하는 사업연도에 저가매입에 따른 차액을 익금에 산입하여 과세하도록 하고 있다. 그 입법취지는 개인이 유가증권, 특히 주식을 저가양도할 경우 소득세법상의 부당행위계산부인 규정을 적용하여 과세하기 어렵기 때문에 저가양수한 차액에 관하여 법인의 익금 귀속시기를 앞당긴 것이다.[1]

이 규정은 자산의 저가양수 중에서 유달리 유가증권의 저가양수에 대해서만 그 저가양수로 인한 차액을 앞당겨서 과세하는 것에 대하여 합리적인 사유 또는 정당성을 찾을 수 없기 때문에 자의적 차별에 해당하며 그 과정에서 과세체계를 불필요하게 복잡하게 만들었다는 점, 주식의 양도소득에 관한 과세범위가 확대되고 있다는 점 등을 고려하면 입법적 개선이 필요하다고 생각된다.

나. 적용요건

법인이 특수관계 있는 개인으로부터 유가증권을 시가에 미달하는 가액으로 매입하는 경우에 그 차액을 익금에 산입한다(법법 15 ② I).

1) 매입의 상대방

매입의 상대방, 즉 유가증권의 양도자는 특수관계 있는 개인이어야 한다. 유가증권의 양도자는 반드시 개인이어야 하므로, 양도자가 법인인 경우에는 본 호가 적용될 여지가 없다.

다음으로 특수관계인이란 법인과 경제적 연관관계 또는 경영지배관계 등 법인세법 시행령 제2조 제5항으로 정하는 관계에 있는 자를 말하는데 본인을 기준으로 그러한 관계가 존

---

1) 개인이 유가증권을 양도할 경우 그 양도차익이 비과세되거나 저율로 분리과세된다는 점을 고려한 규정이다. 이종규/최영록/조남복, 「법인세법해설」, 전면개정판, 중앙경제, 1999, 117-118면. 대법원 2003. 5. 27. 선고 2001두5903 판결: 「특수관계 있는 개인으로부터 유가증권을 시가에 미달하는 가액으로 매입하는 경우 해당 매입가액과 시가와의 차액은 그 본질은 차액 상당의 증여로서 원래부터 수익의 개념에 포함될 수 있는 것이다.」

재하지 않더라도 거래상대방을 기준으로 그러한 관계가 존재하면 특수관계가 있는 것으로 본다(법법 2 XII). 특수관계의 존부는 유가증권의 양도시점을 기준으로 판단한다.

2) 매입의 목적물

매입의 목적물은 유가증권이다. 유가증권 외의 다른 자산(이하에서 '기타의 자산'이라고 한다)의 저가매입에 대하여는 본 호의 규정이 적용되지 않는다고 새겨야 할 것이다. 즉 기타의 자산의 저가매입에 대하여는 시가와 매입가액의 차액을 그 자산의 매입시에 익금에 산입하지 않고 해당 자산의 처분시에 매출총이익·투자자산처분이익 또는 유형자산처분이익 등으로서 과세하는 것이다.[2]

다음으로 유가증권의 범위가 문제이다. 일반적으로 유가증권이라 함은 재산적 가치가 있는 사권(私權: privates Recht)을 표상하는 증권으로서 그 권리의 발생·행사 또는 이전의 모든 경우 또는 일부의 경우에 증권의 점유를 필요로 하는 것을 말한다.[3] 어음·수표·화물상환증·창고증권·선하증권·상품권·주식·채권 등이 이에 해당한다.

본 호의 적용대상이 되는 유가증권의 범위가 명확하지 않다. 그 범위를 명료하게 규율하는 것이 바람직하다.

3) 취득의 유형

취득의 유형을 매매만으로 한정할 것인지, 아니면 매매는 물론이고 교환·대물변제 등을 포함한 유상취득으로 새길 것인지가 문제이다.

법문이 매입으로 표현하고 있는 점으로 보아 매매로 한정하여야 할 것이다.

4) 저가매입

시가보다 낮은 가액으로 유가증권을 매입하여야 한다.

시가란 특수관계인이 아닌 자간의 정상적인 거래에 의하여 형성된 객관적인 교환가치를 말한다.[4] 해당 거래와 유사한 상황에서 해당 법인이 특수관계인 외의 불특정다수인과 계속적으로 거래한 가격 또는 특수관계인이 아닌 제3자간에 일반적으로 거래된 가격이 있는 경우에는 이를 시가로 한다.

---

2) 저가로 매입한 자산이 감가상각자산인 경우에는 그 차액에 대한 감가상각비를 손비로 계상할 수 없으므로 해당 자산의 보유기간 중에는 그 차액에 대한 감가상각비 상당액만큼 과세소득이 늘어나게 된다. 즉 유가증권 외의 자산의 경우 저가매입에 따른 차액은 감가상각시 또는 처분시까지 법인세의 과세가 이연(유예)되는 것이다.

3) 이철송, 「어음·수표법」, 제12판, 박영사, 2012, 18-19면.

4) 대법원 1993. 6. 8. 선고 92누19675 판결; 대법원 1993. 2. 12. 선고 92누9913 판결.

그러나 시가가 불분명한 경우에는 「부동산 가격공시 및 감정평가에 관한 법률」에 의한 감정평가법인이 감정한 가액에 의하고 감정한 가액이 없는 경우에는 상증법 제63조의 규정을 준용하여 평가한 가액에 의한다. 다만, 유가증권 중에서 주식 또는 출자지분의 경우에는 감정평가법인이 감정한 가액에 의하지 않고 상증법 제63조의 규정을 준용하여 평가한 가액에 의하여야 한다(법령 89 ①, ②).

대법원은 시장성이 적은 비상장주식의 경우에도 그에 대한 매매사실이 있는 경우에는 거래가액을 시가로 보아 주식의 가액을 평가하여야 하고 상증법이 규정한 보충적 평가방법에 의하여 평가해서는 안 된다는 입장이다. 다만, 시가란 일반적이고 정상적인 거래에 의하여 형성된 객관적 교환가격을 의미하므로 그와 같은 매매사례가액이 시가로 인정되기 위해서는 해당 거래가 일반적이고 정상적인 방법으로 이루어져 증여일 당시의 객관적 교환가치를 적정하게 반영하고 있다고 볼 수 있는 사정이 인정되어야 한다.[5]

다. 익금산입

법인이 특수관계 있는 개인으로부터 유가증권을 시가에 미달하는 가액으로 매입하는 경우에는 그 매입가액과 시가와의 차액은 그 매입일이 속하는 사업연도에 익금에 산입하도록 하고 있는 것이다.

저가매입에 따라 매입가액과 시가와의 차액을 익금에 산입한 유가증권에 대하여는 그 익금에 산입한 차액을 취득가액에 포함하여야 한다(법령 72 ③ I). 그 차액은 해당 유가증권을 양도하는 날이 속하는 사업연도의 손금에 산입하게 되어 이중과세를 방지하게 된다.

2 외국자회사의 외국법인세액

내국법인이 외국자회사로부터 받은 수입배당금액이 있는 경우에 그 외국자회사의 소득에 관하여 부과된 외국법인세액 중 해당 수입배당금액에 대응하는 금액은 익금으로 의제될 수 있는데, 그 금액은 각 사업연도의 소득에 산입함과 동시에 해당 금액을 외국납부세액으로 의제하여 세액공제 하도록 하고 있다(법법 15 ② II, 57 ④).

익금으로 의제하는 「외국자회사의 소득에 대하여 부과된 외국법인세액 중 해당 수입배당금액에 대응하는 금액」은 다음 계산식에 따라 계산한 금액으로 한다.

---

5) 대법원 2012. 4. 26. 선고 2010두26988 판결; 대법원 1989. 6. 13. 선고 88누3765 판결; 대법원 1997. 9. 26. 선고 97누8502 판결; 서울고등법원 2022. 2. 16. 선고 2020누55505 판결(비상장주식의 평가액을 낮출 부당한 목적으로 행해진 경매절차에서 결정된 경매가액은 시가에 해당할 수 없다는 취지. 대법원 2022. 7. 14. 선고 2022두39369 판결로 심리불속행 종결).

$$\text{외국자회사의 해당} \atop \text{사업연도의 법인세액} \times \frac{\text{수입배당금액}}{\left(\text{외국자회사의 해당} \atop \text{사업연도의 소득금액}\right) - \left(\text{외국자회사의 해당} \atop \text{사업연도의 법인세액}\right)}$$

이에 관한 상세한 논의는 '외국납부세액공제'(788면)에서 설명한다.

3 동업기업으로부터 배분받은 소득금액

동업자군별 배분대상 소득금액 또는 결손금은 각 과세연도의 종료일에 해당 동업자군에 속하는 동업자들에게 동업자간의 손익분배비율에 따라 배분한다(조특법 100의18). 이와 같이 동업기업과세특례에 의하여 법인인 동업자가 해당 동업기업으로부터 배분받은 소득금액은 이를 익금으로 본다(법법 15 ② Ⅲ).

4 의제배당

가. 의 의

회사가 주주, 사원 또는 출자자(이하 '주주등')에게 상법에 따른 배당의 형태로 현금 또는 주식을 지급 또는 교부하지 않았지만 그와 동일한 경제적 이익을 주는 경우가 있다. 예를 들면 회사가 주식을 소각하거나 법인이 해산·합병 또는 분할하면서 해당 주주등에게 경제적 이익을 주는 경우 등이 이에 해당한다.

이와 같은 경제적 이익에 대하여 법인세를 과세하지 않는다면 배당 및 분배금 등과의 사이에 과세의 형평이 깨어지게 된다.[6] 따라서 회사로부터 지급 또는 교부받은 현금배당 또는 주식배당 등을 제외하고 주주등에게 일정한 경제적 이익이 돌아가는 경우에는 이를 배당으로 의제하여 법인세를 과세한다. 이를 의제배당이라고 부른다(법행 16-0-1).[7]

의제배당은 그 발생의 원인에 따라 크게 ① 주식의 소각 등으로 인한 의제배당·법인의

---

[6] 대법원 1993. 6. 11. 선고 92누16126 판결: 「舊 법인세법 제19조가 규정하는 의제배당은 기업경영의 성과인 잉여금 중 사외에 유출되지 않고 법정적립금, 이익준비금 기타 임의적립금 등의 형식으로 사내에 유보된 이익이 위 법조 각호 소정의 사유로 주주나 출자자에게 환원되어 귀속되는 경우의 이익은 실질적으로 현금배당과 유사한 경제적 이익이므로 과세형평의 원칙에 비추어 배당으로 의제하여 과세하는 것이다」.
[7] 주식배당은 상법상 배당에 속하므로 의제배당의 대상이 될 수 없다. 법인세법은 이를 전제로 규정하고 있다(법법 16 ①). 그러나 주식배당의 가액 평가에 관한 법인세법 시행령 제27조 제1항 제1호 다목은 주식배당을 의제배당의 한 종류처럼 규율하고 있다. 입법의 오류이다.

해산·합병·분할에 따른 의제배당 및 ② 잉여금의 자본금전입(자기주식보유법인의 주식발행초과금 등의 자본금전입에 따른 지분비율의 증가를 포함한다)에 따른 의제배당으로 나눌 수 있다.

다음으로 의제배당은 금전 기타 재산의 취득 여부에 따라 금전 기타 재산의 취득에 대하여 배당으로 의제하는 경우와 금전 기타 재산의 취득없이 배당으로 의제하는 경우로 대별할 수 있다. 금전 기타 재산의 취득에 대하여 배당으로 의제하는 경우로서는 주식의 소각 등으로 인한 의제배당·법인의 해산·합병·분할에 따른 의제배당을 들 수 있다. 그리고 금전 기타 재산의 취득없이 배당으로 의제하는 경우로서는 잉여금의 자본금전입(자기주식보유법인의 주식발행초과금 등의 자본금전입에 따른 지분비율의 증가를 포함한다)에 따른 의제배당을 들 수 있다.

금전 기타 재산의 취득에 대하여 배당으로 의제하는 경우에 해당 의제배당소득이 과세소득을 구성한다는 견해에 대하여는 이론(異論)이 없다. 그러나 금전 기타 재산의 취득없이 배당으로 의제하는 잉여금의 자본금전입에 따른 주식(무상주)의 취득이 과세소득을 구성하는지에 관하여는 상당한 논란이 있다. 이에 관하여는 뒤에서 다시 살펴보기로 한다.

나. 주식의 소각 등으로 인한 의제배당 및 법인의 해산·합병·분할 등에 따른 의제배당

1) 주식의 소각 등으로 인한 의제배당

가) 주식의 소각 등의 경우의 의제배당액의 계산

(1) 개 관

주식의 소각·자본금의 감소·사원의 퇴사·탈퇴 또는 출자의 감소(이하에서 '주식의 소각 등'이라 한다)로 인하여 주주등인 내국법인이 취득하는 금전 그 밖의 재산가액의 합계액이 해당 주식 또는 출자지분(이하 '주식등')을 취득하기 위하여 소요된 금액을 초과하는 금액은 배당받은 것으로 본다(법법 16 ① I). 이 경우 그 초과금액에는 잉여금 중 사외에 유출되지 않고 법정적립금, 이익준비금 기타 임의적립금 등의 형식으로 사내에 유보된 이익뿐만 아니라 유보된 이익과 무관한 해당 주식의 보유기간 중의 가치증가분도 포함되어 있을 수 있다. 그러나 대법원은 그 가치증가분도 모두 배당소득으로 과세하더라도 입법정책의 문제로서 조세평등주의를 규정한 헌법 제11조, 재산권보장을 규정한 헌법 제23조에 위반하지 않는다고 본다.[8]

(2) 의제배당액의 계산

> 의제배당액 = 주주등이 취득하는 금전 그 밖의 재산가액의 합계액 – 해당 주식등의 취득가액

(가) 주주등이 취득하는 금전 그 밖의 재산가액의 합계액

주식의 소각 등에 따라 주주등이 취득하는 재산 중 금전 외의 재산의 가액은 다음에 의한다.

① 취득한 재산이 주식등인 경우

취득 당시 법인세법 제52조의 규정에 의한 시가로 한다. 다만, 불공정합병·신주인수권의 포기 등·불균등감자와 같은 부당행위계산을 통하여 특수관계인으로부터 분여받은 이익이 있는 경우에는 그 금액을 뺀 금액[9]으로 한다(법령 14 ① Ⅰ 라).

② 취득한 재산이 주식등 외의 재산인 경우

그 재산의 취득 당시의 시가에 의한다(법령 14 ① Ⅱ).

(나) 해당 주식등의 취득가액

소각한 주식등의 취득가액이란 그 소각한 주식을 취득하기 위하여 실제 사용한 금액을 말한다. 다만 주주등이 회사로부터 받은 주식배당, 잉여금의 자본금전입, 합병·분할 등에 따라 취득한 주식등의 취득가액은 다음과 같이 계산한다.[10]

① 잉여금의 자본금전입에 따라 취득한 무상주의 경우

잉여금의 자본금전입에 따라 취득한 주식 또는 출자지분(이하 '무상주'라 한다)은 해당 주식이 의제배당으로 과세되는 것인지의 여부에 따라 그 취급을 달리한다.[11]

　㉮ 잉여금의 자본금전입이 의제배당을 구성하는 잉여금

잉여금의 자본금전입이 의제배당을 구성하는 잉여금(예: 이익준비금 등)의 자본금전입에 따라 취득하는 무상주의 경우에는 그 무상주의 액면가액 또는 출자금액[12]이

---

8) 대법원 2010. 10. 28. 선고 2008두19628 판결.

9) 법인세법 시행령 제88조 제1항 제8호에 의하여 익금에 산입하기 때문에 의제배당의 계산시에는 빼는 것이다.

10) 법문상으로는 법인세법 시행령 제14조는 의제배당시에 취득한 금전 이외의 재산의 가액평가에 적용되고, 소각한 주식등의 취득가액은 같은 시행령 제72조를 적용하여야 할 것으로 보이지만, 실제로 위 시행령 제72조는 의제배당액 산정에 적합한 평가기준을 두고 있지 않다. 따라서 소각한 주식등의 취득가액 평가에도 같은 시행령 제14조를 적용하지 않을 수 없다.

11) 자본준비금이나 재평가적립금의 자본금전입에 따라 취득한 무상주의 액면가액은 '소멸한 법인의 주식을 취득하기 위하여 소요된 금액'이라고 할 수 없다(대법원 1992. 11. 10. 선고 92누4116 판결; 대법원 1992. 2. 28. 선고 90누2154 판결 등). 그러나 이익준비금의 자본금전입에 따라 취득하는 무상주의 경우에는 그 무상주의 액면금액이 의제배당에 해당하기 때문에 해당 무상주의 액면가액을 '소멸한 법인의 주식을 취득하기 위하여 소요된 금액'으로 보아야 한다(대법원 1992. 11. 10. 선고 92누4116 판결).

12) 무액면주식의 가액은 자본금에 전입한 금액을 자본금 전입에 따라 신규로 발행한 주식수로 계산한 금액으로

의제배당에 해당하기 때문에 해당 무상주의 액면가액 또는 출자가액을 소멸한 법인의 주식을 취득하기 위하여 소요된 금액으로 보아야 한다(법령 14 ① 1. 가). 다만, 투자회사 등이 취득하는 무상주의 경우에는 영(0)으로 한다.[13]

㉝ 잉여금의 자본금전입이 의제배당을 구성하지 않는 잉여금

잉여금의 자본금전입이 의제배당을 구성하지 않는 잉여금(예: 주식발행액면초과액 등)의 자본금전입에 따라 취득한 무상주의 액면가액은 소멸한 법인의 주식을 취득하기 위하여 소요된 금액이라고 할 수 없으며, 따라서 다음 금액을 그 취득가액으로 한다(법령 14 ②).

$$1주 또는 1좌당 장부가액 = \frac{구주식 1주 또는 1좌당 장부가액}{1 + 구주식등 1주 또는 1좌당 신주식등 배정수}$$

주식수는 늘어나지만 전체 주식의 취득가액(장부가액)은 무상주를 받기 전과 동일하다. 1주당 장부가액을 그만큼 낮출 뿐이다.

한편, 주식의 소각 등에 의한 의제배당액을 계산할 때 주식의 소각 전 2년 이내에 자본잉여금의 자본금전입에 따라 취득한 주식등으로서 의제배당으로 보지 않은 것(법인세법 제16조 제1항 제2호 단서에 해당하는 금액을 자본금전입함에 따라 취득한 주식등을 말하되, 이하에서 '단기소각주식등'이라 한다)이 있는 경우에는 단기소각주식등이 먼저 소각 또는 감소된 것으로 보며, 해당 단기소각주식등의 취득가액은 이를 영(0)으로 한다(법령 14 ③).[14]

한다(법령 14 ④). 종전에는 자본금 총액을 발생주식총수로 나누어 무액면주식의 가액을 계산하였으므로 신규로 발행하는 주식수에 따라 전체 무액면주식의 총가액이 달라지는 문제점이 있었다.

13) 개방형 증권투자회사의 경우 계약형 투자신탁의 경우와 달리 세무조정부담으로 인하여 결산시 배당금 지급이 지연되고 주식의 매입과 환매를 제한하여야 하는 문제가 있으므로 세무상 사업연도 과세소득과 기업회계상 당기순이익을 일치시켜 세무조정사항이 발생하지 않도록 함으로써 이를 해결하기 위한 것이다. 즉, 기업회계상 무상주를 수취하여도 아무런 회계처리를 하지 않으므로 개방형 증권투자회사의 경우에는 세무회계를 기업회계와 일치시키지 않으면 배당가능이익을 전부배당하여도 과세소득이 발생하게 될 수 있다. 이 문제를 해결하여 세무조정의 부담을 없애기 위한 목적에서 무상주를 취득하여도 그 취득가액을 영(0)으로 처리하도록 한 것이다. 이하 법인의 합병 또는 분할에 따라 취득하는 주식 등 및 주식배당의 경우도 같다. 관련된 이론적 논의는 안경봉/손영철, "사모펀드 과세제도의 문제점 및 개선방안", 「세무와 회계 연구」 제9권 제3호, 2020, 156-158면.

14) 판례는 위 법인세법 시행령 제14조 제3항이 실질과세의 원칙, 조세평등의 원칙에 반하지 않으며 모법의 위임 취지 및 범위를 일탈하지 않았다고 판시하였다[부산지방법원 2010. 10. 29. 선고 2010구합3382 판결(대법원 2011. 11. 10. 자 2011두17544 판결로 심리불속행 종결)].

법인이 자본금전입이 의제배당을 구성하지 않는 잉여금을 자본금전입한 후 단기간
내에 유상감자하는 경우 자본금과 발행주식수는 줄지 않으면서 현금배당을 한 것과
같은 결과를 얻을 수 있게 되므로 이러한 조세부담 없는 변칙적인 유상감자를 방지하
기 위한 것이다.[15]

　예를 들어 합병차익을 자본에 전입하여 무상주를 교부받은 후에 2년 이내에 해당 주
식(무상주)을 소각하는 경우에 주식의 소각에 따른 의제배당액은 다음 계산식과 같
이 계산하는 것이다.

> 의제배당액 = 주주등이 취득하는 금전 기타 재산가액의 합계액

즉 자본준비금의 자본금전입에 따라 취득한 무상주의 취득가액을 수정한 1주당 장부
가액[구주식 1주당 장부가액/(1+구주식 1주당 신주배정수)]으로 하지 않고 영(0)
으로 한다는 의미이다.

이 경우 단기소각주식등을 취득한 후 의제배당일까지의 기간 중에 주식등의 일부를
처분하는 경우에는 단기소각주식등과 다른 주식등을 각 주식등의 수에 비례하여 처
분한 것으로 보며, 주식소각 등이 있은 이후의 1주당 장부가액은 다음의 계산식에 의
한다(법령 14 ③).

> 1주당 장부가액 = 소각 후 장부가액의 합계액 / 소각 후 주식등의 총수

사례

다음 자료에 의하여 甲 주식회사의 자본금 감소에 따른 의제배당액을 계산하라.

① 2018. 4. 1. 甲 주식회사는 乙 주식회사의 주식 10,000주를 1주당 6,000원씩에 취득하였다.

② 2019. 2. 8. 乙 주식회사가 합병차익을 자본금에 전입함에 따라 甲 주식회사는 무상주 5,000
주를 교부받았다.

③ 2019. 10. 5.에 乙 주식회사는 자본금을 1/3로 줄일 목적으로 유상감자를 실시하면서 甲 주식
회사의 보유주식 중 5,000주를 감자하고 각 주주에게 1주당 5,000원씩을 반환하였다.

풀이

의제배당액의 계산

① 자본금 감소에 따라 취득하는 금전 등: 25,000,000원(5,000주 × 5,000원)

---

15) 아래 사례의 계산례를 보라.

> ② 해당 주식을 취득하기 위하여 소요된 금액: 0원
>   무상주 5,000주: 0원
> ③ 자본금 감소에 따른 의제배당액: 25,000,000원(단기소각주식등의 특례를 적용하지 않을 경우
> 의제배당액은 25,000,000원 - 20,000,000원 = 5,000,000원)
>   * 잔존주식의 장부가액: 60,000,000원(10,000주 × 6,000원)

② 법인의 합병 또는 분할에 따라 취득하는 주식등의 경우

법인의 합병 또는 분할에 따라 취득한 주식등의 취득가액은 원칙적으로 취득 당시의 시가로 하지만 예외적으로 일정한 요건을 충족한 경우에는 舊 주식의 장부가액을 승계한다. 상세한 논의는 이하 '법인의 합병에 따른 의제배당'(234면) 및 '법인의 분할에 따른 의제배당'(237면) 부분을 보라. 다만, 투자회사 등이 취득하는 주식 등의 경우에는 영(0)으로 한다(법령 14 ① I 나).[16]

③ 주식배당에 따라 취득한 주식의 경우

주식등의 발행금액으로 한다. 상법에 따르면 주식배당시 주식등의 발행금액은 그 액면가이다(상법 462의2 ②). 다만, 투자회사 등이 받는 주식배당의 경우에는 영(0)으로 한다(법령 14 ① I 다).[17]

④ 그 밖의 경우

위의 경우를 제외하고 그 밖의 원인으로 취득한 주식등의 경우에는 취득 당시 시가에 의한다. 다만, 불공정합병·신주인수권의 포기 등·불균등감자와 같은 부당행위계산(법령 88 ① VIII)을 통하여 특수관계인으로부터 분여받은 이익이 있는 경우에는 그 금액을 더한[18] 금액으로 한다(법령 14 ① I 라).

나) 배당의제의 시기

주식의 소각 등에 따른 의제배당에 있어서는 그 주주총회·사원총회 또는 이사회에서 주식의 소각, 자본금 또는 출자의 감소를 결의한 날(이사회의 결의에 의하는 경우에는 상법 제461조 제3항의 규정에 의하여 정한 날로 한다. 다만 주식의 소각, 자본 또는 출자의 감소를 결의한 날의 주주와 상법 제354조에 따른 기준일의 주주가 다른 경우에는 같은 조에 따른 기준일을 말한다) 또는 사원이 퇴사·탈퇴한 날에 배당한 것으로 의제한다(법령 13 I).

---

16) 상세한 논의는 前註13 참조.
17) 상세한 논의는 前註13 참조.
18) 법문은 분여이익을 차감하도록 규정하고 있으나 분여이익을 차감하면 해당 주식등을 처분할 때 분여이익등이 다시 과세되는 결과가 되어 이중과세가 된다. 따라서 법문은 명백한 입법의 오류라고 생각된다.

다) 주식양도소득과세와의 구별

주주가 법인의 자기주식을 법인에 매도한 후에 법인이 이를 소각한 경우 전체적으로 하나의 감자절차로 보아 의제배당으로 과세할 것인지 아니면 단순히 주식의 양도로 보아 과세할 것인지 여부가 문제된다.[19] 판례는 이 문제는 법률행위 해석의 문제로서 그 거래의 내용과 당사자의 의사를 기초로 하여 판단하는 것이 원칙이지만, 실질과세의 원칙상 단순히 계약서의 내용이나 형식에만 의존할 것이 아니라, 당사자의 의사와 계약체결의 경위, 대금의 결정방법, 거래의 경과 등 거래의 전체과정을 실질적으로 파악하여 판단하여야 한다고 하면서도 대체로 감자에 해당하는 것으로 보는 경향이 있다.[20] 2011년 상법 개정 이전에는 주식회사가 자기주식을 취득한 날로부터 6개월 이내에 처분하여야 할 의무가 있었기 때문에 주식을 양도하는 주주로서는 6개월 이내에 양도한 자기주식이 소각되거나 매도되어야 한다는 점을 인지할 수 있었을 것이므로 위와 같은 판례의 경향이 이해가 가는 측면이 있다. 그러나 2011년 상법 개정으로 주식회사의 자기주식 처분의무가 삭제되었으므로 의제배당으로 과세하기 위하여는 당사자의 의사표시를 해석할 때 보다 신중을 기하여야 할 것으로 보인다. 같은 이유에서 상장회사가 거래소에서 자기주식을 장내매수하여 소각한 경우에는 의제배당으로 과세할 수 없다고 보아야 할 것이다.[21]

---

19) 양도소득세의 경우, 10퍼센트의 단일세율이 적용되는 반면, 배당소득으로 보는 경우, 소득 합산액에 따라 6~45퍼센트의 초과누진세율이 적용된다. 주식의 양도로 보는 경우에는 법인세법 제15조 제2항 제1호의 적용대상이 될 수 있다.

20) 대법원 2019. 6. 27. 선고 2016두49525 판결; 대법원 2013. 5. 9. 선고 2012두27091 판결; 대법원 2010. 10. 28. 선고 2008두19628 판결; 대법원 2002. 12. 26. 선고 2001두6227 판결; 대법원 1992. 11. 24. 선고 92누3786 판결 등 참조. 서울고등법원 2021. 4. 8. 선고 2020누41377 판결(대법원 2021. 8. 26. 자 2021두38505 판결로 심리불속행 종결)에서는 다단계거래구조에서 주식양도와 감자의 구별이 문제되었다. 甲 회사의 주주(지분 합계 60%)인 원고들은 자신들이 보유한 甲 회사 주식('이 사건 주식')을 '매수법인들'에게 양도하고 양도소득세를 신고·납부하였다. 甲 회사는 이 사건 주식 양도 다음날 매수법인들을 흡수합병하여 자기주식인 이 사건 주식을 취득하였고, 이후 3개월 뒤 위와 같이 취득한 이 사건 주식을 자본감소 절차에 따라 무상소각하였다. 과세관청은 '이 사건 주식양도 거래가 주식양도의 형식을 취하고 있으나 그 실질은 자본을 환원한 것에 해당하므로, 이 사건 주식의 양도차익은 주식의 양도소득이 아닌 배당소득, 즉 자본감소에 따른 의제배당에 해당한다'고 본 후, 그에 따라 기존 신고된 양도소득세를 취소하고, 원고들에게 종합소득세를 부과하였다. 위 사안에서 법원은 단계적으로 이루어진 일련의 거래 내지 행위는 원고들의 부당한 조세회피·경감의 목적(이 사건 주식을 직접 甲 회사로 양도할 경우 상법 제341조 제1항의 취득가액 제한 및 의제배당소득에 따른 고율의 종합과세 등 경제적으로 불리한 결과가 예상되기 때문에 이를 회피하기 위한 것)에서 비롯된 것으로 경제적 합리성을 인정하기 어려우므로, 국세기본법 제14조 제3항에 따라 하나의 거래 내지 행위로 재구성될 수 있고, 그 실질은 원고들이 甲 회사에 이 사건 주식을 직접 양도하여 주식소각을 통한 자본을 환원받은 것과 동일한 연속된 하나의 행위 또는 거래라고 평가할 수 있다고 보아 원고들의 청구를 기각하였다. 반면 대법원 2013. 5. 25. 선고 2013두1843 판결에서는 주주가 주식소각의 목적으로 주식을 처분한 것으로 볼 수 없다고 하여 원고 청구를 인용하였다. 대법원 판례에 관한 상세는 이중교, "자기주식의 취득에 관한 과세상 쟁점", 「세무와 회계 연구」 제13권 제2호, 2024, 22-24면.

21) 같은 취지의 행정해석으로 서면-2019-1349, 2020. 3. 31.; 금융세제과-85, 2020. 3. 19.

라) 음의 의제배당액의 처리

해당 주식등의 취득가액이 주주등이 취득하는 금전 그 밖의 재산가액의 합계액보다 큰 경우에는 계산상 음의 의제배당액이 나온다. 이 금액을 어떻게 처리할 것인지의 문제이다. 주식의 소각에 따른 의제배당이 주식의 양도차익에 대응하는 성격을 갖고 있다는 점을 고려한다면 주식의 양도차손에 대응하는 음의 의제배당액도 과세상 고려해 줄 필요는 있어 보인다. 그러나 현행법의 해석론으로는 음의 의제배당액을 고려해 주기 어렵다. 판례는 법인의 합병에 따른 의제배당과 관련된 사안에서 음의 의제배당액 상당액을 손금산입할 수 없다는 입장을 취하였고 행정해석도 같은 입장이다[22]

2) 법인의 해산에 따른 의제배당

해산한 법인(법인으로 보는 단체를 포함한다)의 주주·사원·출자자 또는 구성원인 내국법인이 그 법인의 해산으로 인한 잔여재산의 분배에 따라 취득하는 금전 그 밖의 재산의 가액이 해당 주식등을 취득하기 위하여 소요된 금액을 초과하는 금액은 이를 해당 법인의 잔여재산의 가액이 확정된 날에 배당받은 것으로 본다(법법 16 ① Ⅳ).

> 의제배당액 = 잔여재산의 분배액 - 주식등의 취득에 소요된 금액

위의 계산식에서 잔여재산의 분배액이란 해산한 법인의 주주등이 그 법인의 해산으로 인한 잔여재산의 분배에 따라 취득하는 금전 기타 재산의 가액을 말한다. 취득하는 재산 중 금전 외의 재산가액의 평가는 위의 '주식의 소각 등에 따른 의제배당'에서 설명한 바와 같다.

3) 법인의 합병에 따른 의제배당

가) 원칙

피합병법인의 주주등인 내국법인이 취득하는 합병대가[23]가 그 피합병법인의 주식등을

---

22) 대법원 2011. 2. 10. 선고 2008두2330 판결. 상세한 논의는 아래 주 26 참조. 반면 소득세법과 관련하여서는 부산고등법원 2022. 6. 15. 선고 2022누20327 판결(대법원 2022. 11. 3. 자 2022두48929 판결로 심리불속행 종결)은 음의 의제배당액만큼 주식의 취득가액을 증액시켜야 한다고 판단하였다. 행정해석은 기획재정부 법인세제-700, 2024. 12. 24.

23) 합병대가는 합병법인으로부터 합병으로 인하여 취득하는 합병법인(합병등기일 현재 합병법인의 발행주식 총수 또는 출자총액을 소유하고 있는 내국법인 포함)의 주식등의 가액과 금전 또는 그 밖의 재산가액의 합계액이다(법법 16 ② Ⅰ). 합병신주가 상장주식인 경우 합병등기일이 평가기준일이라는 취지의 결정으로 조

취득하기 위하여 사용한 금액을 초과하는 금액은 해당 법인의 합병등기일에 배당받은 것으로 본다(법법 16 ① Ⅴ).[24][25] 반대로 합병으로 인하여 취득하는 주식등의 가액이 합병으로 소멸한 법인의 주식등의 취득가액에 미치지 못하더라도 그 차액을 투자자산의 특별손실로 손금에 산입할 수는 없다는 것이 판례이다.[26]

> 의제배당액 = 합병대가의 합계액 - 피합병법인의 주식등의 취득가액

합병대가에는 ① 합병법인이 합병등기일 전 취득한 피합병법인의 주식등(합병포합주식등)[27]의 가액과 ② 합병법인이 납부하는 피합병법인의 법인세 및 그 법인세(감면세액을 포함한다)에 부과되는 국세와 지방세법 제88조 제2항에 따른 법인지방소득세의 합계액이 포함되지 않는다(법칙 7, 법령 80 ① Ⅱ 가. 但. 나.).

취득하는 재산 중 금전 외의 재산가액의 평가는 '주식의 소각 등에 따른 의제배당'에서 설명한 바와 같다. 따라서 합병으로 취득하는 합병교부주식등의 가액은 취득 당시의 시가에 의하는 것이 원칙이다.

나) 특례

다음의 두 경우에는 원칙과 달리 합병대가의 합계액 중 합병교부주식등의 가액은 합병 당시의 시가가 아닌 피합병법인 주식등의 종전 장부가액에 의한다.

심 2012. 4. 25. 자 2012서114 결정.

24) 피합병법인의 주식등이 소멸하는 대신 합병대가를 취득하는 현상을 어떻게 이해할 것인지와 관련하여 양도설, 차액배당설, 혼합설, 전액배당설의 이론적 대립이 있다. 상세는 이준규/박성욱, 「법인세법」, 제21판, 세학사, 2012, 100-104면.

25) 외국법인 간의 역삼각합병 과정에서 존속법인의 주주인 국내 거주자가 존속법인의 주식을 반납하고 소멸법인의 모회사 주식 및 현금을 교부받은 경우 해당 거래에서 발생하는 소득은 의제배당에 해당하지 않는다는 것이 행정해석의 입장이다(사전-2020-법령해석소득-1291, 2021. 2. 24.). 소득세법에 관한 것이지만 법인세법의 해석시에도 동일하게 보아야 할 것이다.

26) 대법원 2011. 2. 10. 선고 2008두2330 판결: 「피합병법인의 주주인 법인이 회사 합병으로 피합병법인의 주식(이하 '합병구주'라고 한다)에 갈음하여 존속회사 또는 신설회사의 주식(이하 '합병교부주식등'이라고 한다)을 취득하는 경우에, 그러한 합병구주와 합병교부주식의 교체는 당해 법인이 자신의 의사에 따라 합병구주를 처분하고 합병교부주식을 취득하는 것이 아니라, 피합병법인이 다른 회사와 합병한 결과 당해 법인이 보유하던 자산인 합병구주가 합병교부주식으로 대체되는 것에 불과하다고 할 것이다. 따라서 합병교부주식의 시가가 합병구주의 취득가액에 미치지 못한다고 하더라도 그 차액은 자산의 평가차손에 불과하여 당해 사업연도의 소득금액을 산정함에 있어서 이를 손금에 산입할 수 없다.」(강조는 저자) 위 판결은 회사의 합병으로 인한 주식의 교체 자체를 과세의 계기로 삼아 피합병법인의 주주이었던 법인의 손실을 손금에 산입하는 명문의 규정이 없는 이상, 합병교부주식의 가액이 합병구주의 취득가액에 미달하더라도 손실이 실현된 것이라고 하여 그 차액을 손금에 산입할 수는 없다고 한다.

27) 신설합병 또는 3 이상의 법인이 합병하는 경우 피합병법인이 취득한 다른 피합병법인의 주식등을 포함한다.

(1) 내국법인간 적격합병의 경우

적격합병의 요건 중 사업목적 및 지분의 연속성 요건(주식등의 보유와 관련된 부분은 제외한다)[28]을 모두 갖춘 합병과 완전지배법인간의 합병(법법 44 ③)으로 취득하는 합병교부주식등의 가액은 종전의 장부가액(합병대가 중 일부를 금전이나 그 밖의 재산으로 받은 경우로서 합병으로 취득한 주식등을 시가로 평가한 가액이 종전의 장부가액보다 작은 경우에는 시가를 말한다)에 의한다. 내국법인간의 합병에 의한 조직재편을 지원하기 위한 것이다. 다만, 투자회사등이 취득하는 주식등의 경우에는 영(0)으로 한다(법령 14 ① I 나).

(2) 완전모자회사 관계인 외국법인간 하향합병의 경우 등

모회사가 자회사에게 흡수합병되는 거래를 순자산의 이전방향에 주목하여 하향합병(Abwärtsverschmelzung, Downstream-Merger)이라고 하는데, 완전모자회사 관계인 외국법인간에 하향합병이 일어나고 그 하향합병이 다음의 요건을 모두 충족한다면 완전모회사의 주주등인 내국법인이 합병대가로 취득하는 합병교부주식은 그 시가가 아닌 종전 완전모회사 주식의 장부가액에 의한다(법령 14 ① I의2). 이 규정은 외국에서 완전모자회사간에 합병이 일어나서 그 주주등이 해당 외국의 과세관청으로부터 그 합병교부주식에 대하여 과세되지 않는 경우에 내국의 과세관청도 내국법인인 주주등에게 과세하지 않도록 함으로써 내국법인의 해외자회사 조직재편을 지원하기 위한 것이다. 특례의 요건은 다음과 같다.

① 완전모자회사 관계에 있는 외국법인간 하향합병이거나 내국법인이 서로 다른 외국법인의 발행주식총수 또는 출자총액을 소유하고 있는 경우로서 그 서로 다른 외국법인간 합병될 것(내국법인과 그 내국법인이 발행주식총수 또는 출자총액을 소유한 외국법인이 각각 보유하고 있는 다른 외국법인의 주식등의 합계가 그 다른 외국법인의 발행주식총수 또는 출자총액인 경우로서 그 서로 다른 외국법인간 합병하는 것을 포함한다)

② 완전모자회사가 우리나라와 조세조약이 체결된 동일 국가의 법인일 것

③ 위 동일 국가에서 피합병법인의 주주인 내국법인에 합병에 따른 법인세를 과세하지 않거나 과세이연할 것[29]

④ 위 사항들을 확인할 수 있는 서류를 납세지 관할 세무서장에게 제출할 것

상향합병의 경우(Aufwärtsverschmelzung, Upstream-Merger)에는 내국법인이 그 합병

---

28) 법인세법 제44조 제2항 제1호 및 제2호(주식등의 보유와 관련된 부분은 제외한다)의 요건을 모두 갖춘 경우이다. 여기서 주식등의 보유와 관련된 부분을 제외하고 사업의 계속성 요건을 요구하지 않는 것은 의제배당의 시기가 합병등기일이 속하는 사업연도의 종료일이 아니라 합병등기일이기 때문이다. 분할의 경우도 같다.

29) 위 동일 국가에서 완전모자회사간 합병에 과세하는 경우에는 외국납부세액공제가 가능하므로 위 특례가 적용되어야 할 필요가 없다.

과 관련하여 합병대가를 교부받지 않으므로 의제배당과세의 문제가 발생하지 않는다.

4) 법인의 분할에 따른 의제배당

분할법인 또는 소멸한 분할합병의 상대방 법인의 주주인 내국법인이 취득하는 분할대가[30]가 그 분할법인 또는 소멸한 분할합병의 상대방 법인의 주식(분할법인이 존속하는 경우에는 소각 등에 의하여 감소된 주식만 해당한다)을 취득하기 위하여 사용한 금액[31]을 초과하는 금액은 해당 법인의 분할등기일에 배당받은 것으로 본다(법법 16 ① Ⅵ).

> 의제배당액 = 분할대가의 합계액 − 분할법인등의 주식의 취득가액

분할합병의 경우 분할대가에는 ① 분할합병의 상대방법인이 분할등기일 전 취득한 분할법인의 주식(분할합병포합주식)[32]과 ② 분할신설법인등이 납부하는 분할법인의 법인세 및 그 법인세(감면세액을 포함한다)에 부과되는 국세와 지방세법 제88조 제2항에 따른 법인지방소득세의 합계액이 포함되지 않는다(법칙 7, 법령 82 ① Ⅱ 가. 但. 나., 83의2 ① Ⅱ 가. 但. 나.).

취득하는 재산 중 금전 외의 재산가액의 평가는 '주식의 소각 등에 따른 의제배당'에서 설명한 바와 같다. 특히 분할로 인하여 취득하는 분할교부주식 또는 분할합병교부주식의 가액은 취득 당시의 시가에 의하지만, 적격분할의 요건 중 사업목적 및 지분의 연속성 요건(주식등의 보유와 관련된 부분은 제외한다)[33]을 모두 갖춘 분할의 경우 그 가액은 종전의 장부가액(분할대가 중 일부를 금전이나 그 밖의 재산으로 받은 경우로서 분할로 취득한 주식등을 시가로 평가한 가액이 종전의 장부가액보다 작은 경우에는 시가를 말한다)에 의한다. 다만, 투자회사 등이 취득하는 주식등의 경우에는 영(0)으로 한다.

상법상 분할은 분할법인의 감자없이도 행해질 수 있지만[34] 감자를 행하지 않으면 분할

---

30) 분할대가는 분할신설법인 또는 분할합병의 상대방 법인으로부터 분할로 인하여 취득하는 분할신설법인 또는 분할합병의 상대방 법인(분할등기일 현재 분할합병의 상대방 법인의 발행주식총수 또는 출자총액을 소유하고 있는 내국법인 포함)의 주식의 가액과 금전 또는 그 밖의 재산가액의 합계액을 말한다(법법 16 ② Ⅱ).
31) 그 계산식은 법인세법 기본통칙 16-0···1에 규정되어 있다.
32) 신설분할합병 또는 3 이상의 법인이 분할합병하는 경우에는 분할등기일 전 분할법인이 취득한 다른 분할법인의 주식(분할합병의 경우에는 분할등기일 현재 분할합병의 상대방 법인의 발행주식총수 또는 출자총액을 보유하고 있는 내국법인의 주식을 포함한다), 분할등기일 전 분할합병의 상대방법인이 취득한 소멸한 분할합병의 상대방법인의 주식 또는 분할등기일 전 소멸한 분할합병의 상대방법인이 취득한 분할법인의 주식과 다른 소멸한 분할합병의 상대방법인의 주식을 포함한다.
33) 법인세법 제46조 제2항 제1호 및 제2호(주식등의 보유와 관련된 부분은 제외한다)의 요건을 모두 갖춘 경우이다.
34) 제정 2001. 12. 4. [등기선례 제200112-18호, 시행]

법인등의 주식의 취득가액을 계산하기 어려워 의제배당과세가 될 우려가 있으므로 실무상으로는 대부분 분할법인이 감자를 하고 있다.

다. 잉여금의 자본금전입에 따른 의제배당

1) 과세소득성에 관한 논의

법인의 잉여금의 전부 또는 일부를 자본금 또는 출자에 전입함으로써 주주등인 내국법인이 취득하는 주식등의 가액은 배당받은 것으로 본다. 현행 상법은 현금배당뿐만 아니라 주식배당을 허용하고 있는데, 주식배당의 경우에는 의제배당으로서가 아니고 법인세법 제15조 제1항의 규정에 따라 익금을 구성한다.

잉여금을 자본금에 전입하게 되면 법인의 자본금은 증가하지만 법정준비금과 자본금 사이의 계수상의 이체가 있을 뿐이고 법인의 실제 재산에는 아무런 변동이 없다. 주주의 입장에서도 주식수는 늘어나지만 그가 가진 총주식의 가치가 증가되는 것도 아니고 그렇다고 하여 각 주주의 주식소유비율이 달라지는 것도 아니다.

따라서 잉여금의 자본금전입에 따라 주주가 취득하는 무상주식에 대하여 소득세의 과세대상으로 삼을 것인가에 관한 입법론에 있어서는 종래부터 과세긍정설과 과세부정설이 대립하여 왔다.[35]

과세긍정설은 잉여금, 특히 이익잉여금을 자본금에 전입하게 되면 해당 주주의 보유주식의 가치가 자본금의 증가범위까지 증가하기 때문에 과세소득에 포함하는 것이 당연하다고 주장한다.[36]

이에 대하여 과세부정설은 잉여금의 자본금전입에 따른 무상주의 교부를 주식분할 또는 그와 유사한 성질의 것으로 이해하여 해당 주주가 보유하는 총주식의 가치가 증가되는 것도 아니고 그렇다고 하여 각 주주의 주식소유비율이 달라지는 것도 아니기 때문에 과세소득에 포함하는 것이 적합하지 않다고 주장한다.

생각건대 이익잉여금의 자본금전입에 따른 무상주 교부는 그 본질이 주식분할(share split-up)이거나 또는 그와 유사한 성질을 지니고 있음은 부정할 수 없다.

또한 잉여금의 자본금전입에 의하여 주주의 보유주식의 가치가 증가하였다고 가정하더라도 해당 주식의 가치증가분은 미실현이득에 불과하여 과세소득으로 보기에는 부적합한 측면이 없지 않다.[37] 그러므로 미국・독일 및 일본 등에서는 잉여금의 자본금전입에 따라

---

35) 채수열, "의제배당과세론", 「세무학연구」 제14호, 1999, 413－414면; 田中章介, 「判例と租稅法律主義」, 中央經濟社, 1994, 162－163면.
36) 金子宏, 「所得槪念の硏究」, 有斐閣, 1995, 234－235면.

취득하는 주식등을 과세소득의 범위에서 제외한다.[38]

우리나라에서는 주권상장법인의 주식양도차익(대주주의 주식양도차익은 제외한다)에 대하여 소득세를 과세하지 않고 있는 점과 배당가능이익을 이익준비금 또는 기타의 법정적립금으로 적립한 후 해당 준비금을 자본금에 전입함으로써 배당소득에 대한 과세를 회피할 수 있는 점 등을 고려하여 잉여금의 자본금전입에 따라 취득하는 주식을 배당으로 의제하여 과세하도록 하고 있다.

2) 잉여금의 자본금전입에 따른 의제배당의 요건

법인이 의제배당의 대상이 되는 잉여금을 자본금에 전입함에 따라 그 주주인 법인에게 주식등을 교부하여야 한다.[39]

자본금전입의 대상이 되는 잉여금이란 법정준비금만을 지칭한다.[40] 그러므로 이익잉여금 중 이익준비금과[41] 자본잉여금(자본준비금과 재평가적립금)을 자본금에 전입하는 경우가 의제배당의 대상이 된다. 다만 자본잉여금의 경우에는 자본금에 전입하더라도 배당으로 의제하지 않는 예외를 폭넓게 허용하고 있다.[42] 주주등이 실질적으로 납입한 자본 또는 그와 다를 바 없는 잉여금을 단순히 자본금으로 대체하는 것에 지나지 않기 때문이다.[43]

---

37) 일본에서는 의제배당에 있어서 미실현이득에 과세하는 것은 입법정책의 문제이어서 헌법에 위배되지 않는다고 판시한 바 있다(最高裁判所 昭和 57. 12. 21. 판결, 判時 1089号, 38면).

38) ① 미국에서는 1920년 Eisner v. Macomber 판결에서 주식배당을 과세소득으로 정하고 있는 내국세법의 규정이 연방헌법수정 제16조에 위반한다고 판시한 이래 현재까지도 원칙적으로 주식배당에 대하여는 소득세를 과세하지 않고 있다[IRC 305(a)].
② 독일에서는 독일주식법(AktG)이 자본준비금과 이익준비금의 자본금전입에 의한 자본금증가는 자본구성의 수정으로서 주식의 분할임을 명백히 하고 있다(독일주식법 제220조 제2문: Arnold in Goette/Habersack/Kalss, Münchener Kommentar zum Aktiengesetz Bd. 4, 3. Aufl., 2011, § 220 Rn. 12). 이에 따라 「회사재산에 의한 자본금증가 및 근로자에 대한 자기주식양도에 관한 세법상의 조치에 관한 법률(Gesetz über steuerrechtliche Maßnahmen bei Erhöhung des Nennkapitals aus Gesellshaftsmitteln und bei Uberlassung von eigenen Aktien an Arbeitnehmer: KapErhStG)」제1조는 회사재산에 의한 자본증가로 교부하는 주식은 소득세법 제2조 제1항이 규정하는 수입에 해당하지 않는다고 규정하고 있다. 주식의 수만 증가하고 주주 및 회사의 재산실체에는 변화가 없기 때문이다. 다만 주식배당에 대하여는 과세한다(Broer in Blümlich, EStG · KStG · GewStG Kommentar, 121. Aufl., 2014, KapErhStG § 1 Rn. 1-2; Stegemann, "Die steuerliche Behandlung von Gratisaktien", BB 2000, 953, 954).
③ 일본에서는 이익적립금의 자본금전입에 따라 받은 무상주에 대하여 의제배당으로서 소득세 또는 법인세를 과세하여 왔으나, 2001년도부터 이를 폐지하였다(金子宏「租税法」, 第7版, 有斐閣, 1999, 199면).
입법례에 관한 상세는 김완석, "의제배당 과세의 문제점", 「중앙법학」 제2권, 2000, 443면 이하.

39) 내국법인이 투자하고 있는 해외현지법인이 이익잉여금을 자본금 전입하면서 해당 국가 회사법에 따라 신주를 발행하지 않은 경우 의제배당으로 과세할 수 없다. 기획재정부 법인세제과-393, 2022. 9. 27.

40) 상법 제461조; 이철송, 「회사법강의」, 제21판, 박영사, 2013, 942면.

41) 임의준비금은 주식배당의 재원이 될 뿐이다.

42) 이처럼 의제배당으로 과세되지 않는 무상주의 취득시기는 해당 무상주 취득의 원인이 되는 기존 주식의 취득시기이다. 서면-2022-자본거래-3177, 2022. 9. 8.

다음의 자본잉여금을 자본금에 전입함에 따라 취득하는 무상주가 문제된다.

가) 상법 제459조 제1항에 따른 자본준비금(법법 16 ① II 가.)[44]

상법 제459조 제1항에 따른 다음의 자본준비금을 자본금전입하여 발행하는 무상주는 원칙적으로 의제배당과세의 대상이 되지 않는다. 다만 각각의 항목마다 예외적으로 의제배당으로 과세되는 경우가 있다.

(1) 주식발행액면초과액(법법 17 ① I)

액면 이상의 주식을 발행한 경우로서 그 액면을 초과한 금액(무액면주식의 경우에는 발행가액 중 자본금으로 계상한 금액을 초과하는 금액을 말한다)을 말한다. 다만 다음의 각 경우는 예외적으로 의제배당으로 과세된다.

(가) 출자전환시 주식등의 시가 초과금액

채무의 출자전환으로 주식 또는 출자지분을 발행하는 경우에는 해당 주식등의 시가를 초과하여 발행된 금액을 제외한다(법령 12 ① I). 이 경우 주식등의 발행가액 중 시가초과액은 채무면제이익으로서 익금에 해당하기 때문이다. 즉, 법인세법은 위 거래를 시가에 의한 통상의 신주발행과 그로 인한 주식납입대금으로 채무 전액을 소멸시키는 두 단계 거래로 분해하여 과세한다. 두 번째 단계에서 시가 상당액까지의 변제와 시가 초과액에 관한 채무면제가 일어나는 것으로 구성하는 것이다.[45] 따라서 주식등의 발행가액 중 시가초과액을 자본금에 전입함에 따라 취득하는 무상주의 가액은 의제배당에 해당하게 된다(법령 12 ① I).

---

43) 대전고등법원 2013. 1. 24. 선고 2012누605 판결(대법원 2013. 6. 13. 자 2013두3962 판결로 심리불속행 종결): 원고 법인은 신주 전부를 특정 주주에게 발행하면서 액면가액과 발행가액의 차액을 자본잉여금인 주식발행초과금을 계상한 후, 해당 주식을 모두 유상감자하여 감자차손을 발생시켰다. 그리고 그 감자차손을 이익준비금으로 보전한 후 위 주식발행초과금을 자본금전입하여 무상주를 발행하고 주주들에게 이를 교부하였다. 실질적으로는 이익준비금으로 보전한 감자차손만큼 이익준비금으로 주식발행초과금을 대체한 것과 다를 바 없지만, 이는 상법에 따른 적법한 회계처리이므로 이익준비금을 자본금전입한 것으로 보아 의제배당으로 취급할 수는 없다는 취지의 판결이다.

44) 상법 제459조 제1항은 '자본거래에서 발생한 잉여금', 즉 자본잉여금을 자본준비금으로 적립하도록 규정하고 있다. 舊 상법(2011. 4. 14. 법률 제10600호로 개정되기 전의 것) 제459조 제1항은 자본잉여금을 구체적으로 열거하고 있었으나 현행 상법은 이를 삭제하였다. 따라서, 현재 자본잉여금에 관한 내용은 기업회계기준에 위임되어 있는 상태인데(상법 시행령 제15조), 일반기업회계기준은 자본잉여금으로서 주식발행초과금(일회기 제15장 문단 15.3), 자기주식처분이익(일회기 제15장 문단 15.9), 감자차익(일회기 제15장 문단 15.11), 기타자본잉여금(일회기 제15장 문단 15.13)을 들고 있지만, 한국채택국제회계기준은 자본잉여금에 관한 규정을 두지 않고 있다(송인만/윤순석/최관, 「중급재무회계」, 제4판, 신영사, 2012, 648면). 이는 자본제도가 국가마다 차이가 큰 점을 고려한 것인데 상법은 자본잉여금에 관한 규정을 삭제함으로써 현재 한국채택국제회계기준을 적용하는 법인의 경우에는 이에 관한 상법상 규율이 공백인 상태가 되고 말았다.

45) 법인세법 제17조 제1항 제1호 단서에 관한 비판에 관하여는 김상기/이재열, "출자전환 법인에 대한 법인세 과세의 문제점과 개선방안", 「세무와 회계 연구」 제5권 제1호, 2016, 104-107면 참조.

그렇다면 출자전환시 주식의 시가는 액면가 이하인데 액면가로 주식을 발행하였다면 시가 초과액 상당액을 채무면제이익으로 취급할 수 있을 것인가? 엄격해석의 원칙상 어렵다고 보아야 할 것이다.[46]

(나) 이익잉여금으로 상환된 상환주식의 주식발행액면초과금

이익잉여금으로 상환된 상환주식(**상법 345** ①)의 주식발행액면초과금을 자본금전입하여 발행하는 무상주는 의제배당으로 과세한다(**법령 12** ① V).

(2) 주식의 포괄적 교환차익(**법법 17** ① II)

주식의 포괄적 교환을 한 경우로서 완전모회사의 자본금증가의 한도액이 완전모회사의 증가한 자본금을 초과하는 금액을 말한다. 이 차익은 그 실질이 자본의 성격을 지니므로 자본준비금으로 적립하여야 한다.

(3) 주식의 포괄적 이전차익(**법법 17** ① III)

주식의 포괄적 이전을 한 경우 완전모회사의 자본금증가의 한도액이 설립된 모회사의 자본금을 초과하는 금액을 말한다. 이 차익도 그 실질이 자본의 성격을 지니므로 자본준비금으로 적립하여야 한다.

(4) 감자차익(**법법 17** ① IV)

자본금감소의 경우 그 자본금감소액이 주식의 소각·주금의 반환에 든 금액과 결손의 전보에 충당한 금액을 초과하는 금액을 말한다. 이와 같은 감자차익을 자본금에 전입함에 따라 취득하는 무상주의 가액은 의제배당에 해당하지 않는다. 다만, 자기주식 또는 자기출자지분의 소각익(이하에서 '자기주식소각이익'이라 한다)의 경우에는 소각당시의 법인세법 제52조 제2항의 규정에 의한 시가가 취득가액을 초과하지 않은 경우로서 소각일부터 2년이 경과한 후 자본금에 전입하는 것에 한하여 의제배당으로 보지 않는다.

즉 자기주식소각이익이라고 하더라도 주식의 소각일로부터 2년 이내에 자본금에 전입함에 따라 취득하는 무상주의 가액은 의제배당에 해당한다. 그리고 주식의 소각시의 시가(법법 52 ②의 규정에 의한 시가를 말한다)가 취득가액을 초과하는 경우의 자기주식소각이익을 자본금에 전입함에 따라 취득하는 무상주의 가액은 자본금전입의 시기에 관계없이, 예를 들어 그 소각일부터 2년이 경과한 후에 해당 자기주식소각이익을 자본금에 전입하더라도 의제배당을 구성하는 것이다(법령 12 ① II). 자기주식처분이익을 자본금에 전입할 경우 의제배당에 해당하는 것과 균형을 맞추기 위한 것이다.

---

46) 다만, 국세기본법 제14조 제3항의 적용이 문제될 여지는 있을 것으로 보인다.

(5) 합병차익(법법 17 ① V)

합병차익이란 회사합병의 경우 소멸된 회사로부터 승계한 재산의 가액이 그 회사로부터 승계한 채무액, 그 회사의 주주에게 지급한 금액과 합병 후 존속하는 회사의 자본금증가액 또는 합병으로 인하여 설립된 회사의 자본금을 초과하는 금액을 말한다. 합병차익은 원칙적으로 익금에 해당하지 않지만 합병매수차익에 해당하는 부분은 익금에 해당한다(법법 17 ① V 但).

그러므로 합병매수차익 부분을 제외한 합병차익을 자본금전입하여 무상주를 발행하더라도 그 무상주는 원칙적으로 의제배당과세의 대상이 되지 않는다. 그러나 적격합병에 따라 발생한 합병차익 중 다음 항목[47]의 합계액을 자본금전입하여 발행하는 무상주는 의제배당으로서 과세한다(법령 12 ① III). 합병차익의 일부만을 자본금전입하는 경우에는 의제배당으로 과세하지 않는 항목을 먼저 전입하는 것으로 한다(법령 12 ②). 이때 상법 제459조 제2항에 따른 준비금의 승계가 있더라도 의제배당과 관련하여서는 고려하지 않는다(법령 12 ③).[48]

① 합병등기일 현재 합병법인이 승계한 재산의 가액이 그 재산의 피합병법인 장부가액(법령 85 I에 따른 세무조정사항이 있는 경우 그 세무조정사항 중 익금불산입액은 더하고 손금불산입액은 뺀 가액으로 한다. 즉 피합병법인의 장부가액이란 피합병법인의 회계상 장부가액을 말하는 것이다[49])을 초과하는 경우 그 초과하는 금액(법령 12 ① III 가).[50]

② 피합병법인의 자본잉여금 중 자본금전입에 의한 무상주 발행시 의제배당으로 과세하는 것의 상당액(법령 12 ① III 나).

---

47) 주식회사 외의 법인인 경우 법인세법 시행령 제12조 제1항 제3호 각 목을 준용하여 계산한 금액으로 한다.

48) 이 규정은 2012. 2. 2. 대통령령 제23589호로 법인세법 시행령이 개정되면서 신설된 것으로 피합병법인이 합병 전에 이익잉여금 등을 자본금전입하면 의제배당으로 과세되지만 합병을 통하여 이익잉여금 등이 합병차익으로 전환되면서 이를 자본금전입하더라도 의제배당되지 않는 불균형을 조정하기 위한 것이다. 의제배당과세를 적격합병으로 한정하는 것은 비적격합병시에는 피합병법인의 이익잉여금 상당액이 의제배당으로 과세되는 것을 고려한 것이다. 이하 분할차익의 자본금전입시 의제배당의 경우도 동일하다.

49) 甲 주식회사가 적격합병으로 회계상 장부가액 250원, 세무상 장부가액 200원(익금불산입 50원), 시가 300원인 자산을 포괄승계하는 경우를 생각해 보자. 이 경우 과세가 이연되는 자산양도시의 양도차익은 300원에서 200원을 뺀 100원이다. 그런데, 익금불산입된 50원은 세무조정사항으로서 승계되어 합병 이후 자산을 처분할 때 익금에 산입될 것이므로 나머지 50원에 관하여만 자산조정계정을 설정하여 관리한다는 것이다. 따라서 세무상 장부가액 200원에 익금불산입액 50원을 더한 회계상 장부가액 250원과 시가 300원의 차액 50원에 대하여 자산조정계정을 설정한다.

50) 이 금액은 자산조정계정과 일치하지 않는다는 점에 유의할 필요가 있다. 합병법인이 재무회계상 합병당시의 시가를 장부가로 한다면 이 금액은 자산조정계정과 일치한다. 그러나 합병법인이 재무회계상 합병당시의 피합병법인 장부가액을 그대로 승계한다면 이 금액은 영(0)이 될 것이다. 이렇게 규정한 것은 후자와 같은 회계처리가 이루어진 경우에도 자산조정계정 상당액을 자본금전입할 때 그 무상주에 대하여 의제배당과세한다면 나중에 합병으로 승계한 자산을 처분할 때 자산조정계정 상당액의 처분이익이 발생하고 그 처분이익을 재원으로 하는 이익잉여금을 자본금전입할 때 그 무상주에 대하여 다시 의제배당으로 과세하는 결과가 발생하여 이중과세될 수 있기 때문이다.

③ 피합병법인의 이익잉여금 상당액(법령 12 ① III 다)

위 규정은 합병 이전에 자본금전입하였다면 그로 인한 무상주가 의제배당되었을 성격의 자본항목이 합병으로 인하여 합병차익으로 전환됨으로써 이를 자본금전입하더라도 그 무상주를 의제배당할 수 없게 되는 결과를 방지하기 위한 것이다. 비적격합병의 경우 합병시에 의제배당과세가 행해지므로 위와 같은 규율을 하지 않는다.

(6) 분할차익(법법 17 ① VI)

분할차익이란 회사의 분할 또는 분할합병으로 인하여 설립된 회사 또는 존속하는 회사에 출자된 재산의 가액이 출자한 회사로부터 승계한 채무액, 출자한 회사의 주주에게 지급한 금액과 설립된 회사의 자본금 또는 존속하는 회사의 자본금증가액을 초과하는 금액을 말한다.[51]

분할차익은 원칙적으로 익금에 해당하지 않지만 분할매수차익에 해당하는 부분은 익금에 해당한다(법법 17 ① VI 但).

그러므로 분할매수차익 부분을 제외한 분할차익을 자본금전입하여 무상주를 발행하더라도 그 무상주는 원칙적으로 의제배당과세의 대상이 되지 않는다. 그러나 적격분할에 따라 발생한 분할차익 중 다음 항목의 합계액을 자본금전입하여 발행하는 무상주는 의제배당으로서 과세한다(법령 12 ① IV). 분할차익의 일부만을 자본금전입하는 경우에는 의제배당으로 과세하지 않는 항목을 먼저 전입하는 것으로 한다(법령 12 ① II). 이때 상법 제459조 제2항에 따른 준비금의 승계가 있더라도 의제배당과 관련하여서는 고려하지 않는다(법령 12 ③).

① 분할등기일 현재 분할신설법인등이 승계한 재산의 가액이 그 재산의 분할법인 장부가액(법인세법 시행령 제85조 제1호에 따른 세무조정사항이 있는 경우 그 세무조정사항 중 익금불산입액은 더하고 손금불산입액은 뺀 가액으로 한다[52])을 초과하는 경우 그 초과하는 금액(법령 12 ① IV 가).

② 분할에 따른 분할법인의 자본금 및 기획재정부령으로 정하는 자본잉여금 중 의제배당대상 자본잉여금 외의 잉여금의 감소액이 분할한 사업부문의 분할등기일 현재 순자산 장부가액에 미달하는 경우 그 미달하는 금액. 이 경우 분할법인의 분할등기일 현재의 분할 전 이익잉여금과 의제배당대상 자본잉여금에 상당하는 금액의 합계액을 한도로 한다(법령 12 ① IV 나).

분할차익의 경우에도 합병차익의 경우와 같은 취지이다. 다만 항목에 차이가 있는데 잉

---

51) 이 규정은 물적분할에는 적용되지 않는다. 물적분할시 물적분할로 인하여 설립된 회사는 통상의 신주발행과 마찬가지로 처리한다.
52) 상세한 논의는 前註49 참조.

여금을 분할법인에 귀속하는 부분과 분할신설법인등에 귀속하는 부분으로 구분할 수 없기 때문에 비롯되는 차이이다. 다음 사례를 보자.

사례

〈분할 전〉

자산(甲)	1000	부채(甲)	200
		부채(乙) (분할부분)	100
자산(乙) (분할부분)	400	자본금(甲)	400
		자본잉여금(甲)	200
		이익잉여금(甲)	500

분할법인 甲

〈분할 후(자산조정계정은 0으로 가정)〉

자산(甲)	1000	부채(甲)	200
		자본금(甲)	200
감자차손	100	자본잉여금(甲)	200
		이익잉여금(甲)	500

분할법인 甲

자산(乙)	400	부채(乙)	100
		자본금(乙)	100
		분할차익(乙)	200

분할신설법인 乙

위 사례에서 분할법인 甲은 분할시에 감소하는 순자산 300에 대응하여 자본금 200을 감자하였다. 그 결과 분할법인 甲은 자본금의 감소액보다 자산 감소액이 100만큼 더 커지게 되어 감자차손이 100발생한다.[53] 이와 같이 발생한 감자차손은 감자차익과 우선적으로 상계하고 그 잔액은 자본조정으로 계상한 후에 결손금의 처리순서에 준하여 처리한다. 즉, 이

---

53) 상법 제530조의5 제2항 제1호에 따르면, 분할법인은 분할비율에 따라 자본금을 감소하면서 순자산과의 차이는 감자차손으로 처리한다.

익잉여금, 자본잉여금의 처분으로 상계한 후에 잔액이 남으면 자본에서 차감하는 자본조정 항목으로 계상한다.[54] 위 사례의 경우 분할법인 甲은 감자차손과 이익잉여금을 100만큼 상계할 수 있다. 동시에 그만큼 분할법인 甲이 자본금전입시 무상주 발행을 할 때에 의제배당에 해당하게 될 금액이 감소하는 결과가 된다. 법인세법에 따르면 위 경우 분할차익 200을 모두 자본금전입한다면 그 중 분할법인 甲의 감자차손 100에 상응하는 부분의 무상주를 의제배당으로 과세한다.

나)「자산재평가법」에 의한 재평가적립금

자산재평가법에 의한 재평가적립금을 말한다. 다만, 1997년 12월 31일 이전에 취득한 토지(1983년 12월 31일 이전에 취득한 토지로서 1984년 1월 1일 이후에 재평가를 실시하지 않은 토지를 최초로 재평가하는 경우 해당 토지[55]를 제외한다)의 재평가차액에 상당하는 금액(이하 '1퍼센트 세율적용 재평가적립금')은 제외된다. 즉 재평가세의 세율이 1퍼센트인 토지의 재평가적립금을 자본금 전입함에 따라 취득하는 무상주의 가액은 배당으로 의제하는 것이다.

재평가적립금의 일부를 자본금 전입한 경우에는 1퍼센트 세율적용 재평가적립금과 기타의 재평가적립금 비율에 따라 각각 전입한 것으로 한다(법령 12 ④).

3) 자본잉여금의 자본금전입시 무상주 의제배당 비과세의 법적 성질

법인세법은 잉여금의 자본금전입시 발행하는 무상주를 의제배당으로 익금산입하면서도 자본잉여금을 자본금전입할 때 발행하는 무상주에 관하여는 의제배당으로 과세하지 않는 입장을 취하고 있다. 이와 같은 비과세 규정의 법적 성질과 관련하여, 자본잉여금은 납입자본에 속하는 것이므로 그 자본금전입에 따른 무상주의 교부는 법인의 이익을 반영하는 것이라고 할 수 없기 때문이라는 견해가 있을 수 있다. 그러나, 판례는 자본잉여금의 자본금전입에 따른 무상주교부를 의제배당에 포함시키지 않는 것은 과세의 면제가 아닌 과세의 유보나 이연으로 보고 있다.[56]

그러나 자본금전입에 따른 무상주 교부를 의제배당으로 과세하는 것은 아래 사례에서 보

---

54) 정운오/나인철/이명곤/조성표,「IFRS 중급회계」제4판 수정증보판, 경문사, 2013, 729면.
55) 토지 외의 재평가자산의 재평가차액과 1983년 12월 31일 이전에 취득한 토지로서 1984년 1월 1일 이후에 재평가를 실시하지 않은 토지를 최초로 재평가하는 경우의 해당 토지의 재평가차액에 대하여는 법인세법상 익금불산입하며, 재평가세의 세율은 3퍼센트이다. 그러나 1997년 12월 31일 이전에 취득한 토지(1983년 12월 31일 이전에 취득한 토지로서 1984년 1월 1일 이후에 재평가를 실시하지 않은 토지를 최초로 재평가하는 경우에 해당 토지는 제외한다)의 재평가차액에 대하여는 법인세법상 익금에 산입하되, 재평가세의 세율은 1퍼센트를 적용한다.
56) 대법원 1993. 5. 25. 선고 91누9893 판결; 대법원 1992. 2. 28. 선고 90누2154 판결.

는 바와 같이 장래에 발생할 가능성이 있는 가공의 자본이득에 대한 선과세(先課稅)에 해당하므로 실현주의 과세원칙에 따르면 의제배당으로 과세하지 않는 것이 타당하다. 즉, 과세의 유보나 이연이 아니라 당연한 법리에 불과하다.

사례

甲 법인은 발행주식 2주(액면가 100원)이고 그 주주인 乙 법인과 丙 법인이 각각 1주씩 보유하고 있다. 甲 법인의 자본은 자본금 200원, 자본준비금 400원, 이익준비금 200원, 미처분 이익잉여금 400원으로 이루어져 있다. 설명의 편의를 위하여 주식의 가치는 법인의 순자산가치로만 구성된다고 가정한다.

(1) 자본준비금 400원을 자본금전입하는 경우

무상주는 4주 발행되고 지분에 따라 乙 법인, 丙 법인이 2주씩 교부받는다. 이 주식들은 의제배당으로 과세되지 않는다. 이 상태가 그대로 계속된다면 乙 법인, 丙 법인이 교부받은 주식에 관하여 미실현이익이 생기지 않기 때문에 처분하더라도 양도차익은 발생하지 않는다. 추후에 이익잉여금이 발생하면 비로소 무상주에 미실현이익이 발생하고 무상주를 처분할 때 양도차익이 발생한다. 그러나 그 양도차익은 자본금전입 이후에 발생한 미실현이익으로 인한 것이지 자본금전입 당시에 미과세되었던 미실현이익이 처분시에 이연되어 과세되는 것이라고 볼 수 없다.

(2) 이익준비금 400원을 자본금전입하는 경우

역시 무상주가 4주 발행되고 지분에 따라 乙 법인, 丙 법인이 2주씩 교부받는다. 이 주식들은 의제배당으로 과세된다. 그러나 乙 법인, 丙 법인의 입장에서는 甲 법인의 순자산에 변동이 없고 주식수만 늘어나는 것이므로 사실 甲 법인으로부터 이익을 분여받았다고 할 수는 없다. 그 이후 이익잉여금이 발생하면 무상주에 미실현이익이 발생하고 무상주를 처분할 때 양도차익으로 실현되는데 의제배당으로 과세된 금액만큼은 취득가액으로 빼 준다. 즉, 의제배당 과세시에는 과세될 이익의 분여가 없었음에도 과세를 한 것이고, 이후 실제로 이익의 분여가 행해질 때에는 자본금전입시에 이익을 분여받은 것으로 의제한 금액만큼을 빼주는 것이다. 따라서 의제배당 과세는 과세이익이 없는 경우에도 미리 과세하는 선과세(先課稅)의 성격을 갖게 된다.

판례는 (1)의 경우 추후 무상주를 양도할 때 (2)의 경우와 비교하여 의제배당금액만큼 공제를 못 받게 되므로 결과적으로 과세시기만 무상주 양도시로 이연될 뿐이라고 이해하는 것으로 보인다. 그러나 (1)의 경우는 이익의 분여가 없어서 의제배당과세를 안 하는 것이고, (2)의 경우는 이익의 분여가 없음에도 의제배당과세를 하는 것이다.

---

4) 의제배당액의 계산과 배당의제의 시기

잉여금을 자본금 또는 출자에 전입함에 따라 배당으로 의제하는 금액은 잉여금의 자본금 전입으로 취득하는 주식등의 액면금액 또는 출자금액(투자회사가 취득하는 주식등의 경우에는 영으로 한다)으로 한다(법령 14 ① I 가.).

$$의제배당액 \;=\; 주식등의\ 액면금액\ 또는\ 출자금액$$

잉여금을 자본금 또는 출자에 전입함에 따른 의제배당은 이사회 또는 주주총회에서 잉여금의 자본금전입 또는 출자에의 전입을 결의한 날(이사회의 결의에 의하는 경우에는 상법 제461조 제3항의 규정에 의하여 정한 날로 한다)에 배당한 것으로 의제한다.

한편 잉여금의 자본금전입이 의제배당을 구성하지 않는 자본준비금 또는 재평가적립금을 자본금전입함에 따른 의제배당액은 당연히 영(0)이다.[57] 따라서 그 경우의 신·구주식 등의 1주당 장부가액은 다음 계산식에 의하여 계산한 금액으로 한다(법령 14 ②).[58]

$$1주당\ 장부가액 = \frac{구주식\ 1주당\ 장부가액}{1 + 구주식\ 1주당\ 신주배정수}$$

취득가액을 위와 같이 계상함으로써 해당 주식등의 가액에 대하여 종국적으로 법인세의 과세를 배제하는 것이 아니고 그 과세를 해당 주식등의 처분일, 소각일, 잔여재산가액의 확정일, 합병등기일 또는 분할등기일까지 이연할 뿐이라는 견해가 있으나 정확한 설명이 아니라는 점은 위 사례에서 본 바와 같다.

5) 자기주식보유법인의 자본금전입에 따른 의제배당

가) 의 의

법인이 자기주식 또는 자기출자지분을 보유한 상태에서 자본금전입을 함에 따라 그 법인 외의 주주등인 내국법인의 지분비율이 증가하는 경우에는 이익잉여금은 물론이고 본래 의제배당으로 과세되지 않는 자본잉여금을 자본금전입하더라도 그 증가한 지분비율에 상당

---

57) 이 경우 의제배당액을 영(0)으로 한다는 명시적 규정은 없다.
58) 잉여금의 자본금전입을 결의한 날부터 역산하여 2년 이내에 의제배당으로 보지 않은 자본준비금의 자본금 전입에 따라 취득한 주식등을 소각하는 경우에 해당 단기소각주식등의 취득가액은 영(0)으로 한다(법령 14 ③. 단기소각주식등의 취득가액 특례).

한 주식등의 가액을 배당받은 것으로 의제하여 과세한다(법법 16 ① III).

나) 과세소득성에 관한 논의

회사가 소유하고 있는 자기주식은 공익권(共益權: 의결권·소수주주권 및 소제기권)이 휴지한다. 그리고 이익배당청구권, 잔여재산분배청구권, 신주인수권 등과 같은 자익권도 마찬가지로 휴지된다고 보는 견해가 통설이다.[59]

자익권 중 준비금의 자본금전입시 신주배정청구권에 관하여는 일부 인정하는 견해도 있으나 다수설은 자기주식에 대하여는 자본금전입시 발행하는 신주를 교부할 수 없다고 해석한다.[60]

따라서 다수설에 따르면 자기주식을 보유하는 법인이 본래 '의제배당을 구성하지 않는 자본잉여금'을 자본금에 전입하는 경우에 그 법인의 자기주식 몫의 주식(무상주)은 주주의 준비금자본금전입시의 신주배정청구권에 의하여 당연히 다른 주주에게 배정되거나 혹은 배정 자체를 하지 않게 된다. 법인세법은 그 결과 해당 법인 외의 주주등의 지분비율이 증가하게 되면 그 증가한 지분비율에 상당하는 주식등의 가액을 배당으로 의제하도록 하고 있다(법법 16 ① III).

위에서 의제배당을 구성하지 않는 자본잉여금이란 주식발행액면초과액(채무의 출자전환으로 주식등을 발행하는 경우에는 해당 주식등의 시가를 초과하여 발행된 금액을 제외한다)·주식교환차익·주식이전차익·감자차익(자기주식소각이익은 소각당시 시가가 취득가액을 초과하지 않는 경우로서 소각일부터 2년이 경과한 후 자본에 전입하는 것에 한한다)·합병차익·분할차익 및 재평가적립금(재평가세의 세율이 1퍼센트인 토지의 재평가적립금은 제외한다. 이하에서 '주식발행액면초과액등'이라 한다)을 말한다.

자기주식 몫의 무상주의 배정 등에 대하여 의제배당으로 보도록 하고 있는 현행 법인세법 제16조 제1항 제3호에 대해서는 입법적인 측면에서 다음과 같은 비판이 가하여지고 있다.

첫째, 자본잉여금은 그 실질이 주주의 납입자본이므로 과세소득의 속성을 갖추고 있지 않다. 자본 또는 출자의 납입이 과세소득을 구성할 수 없기 때문이다. 또한 현행 상법은 자본잉여금이 배당의 재원이 될 수 없음을 분명히 하고 있다.

둘째, 자본잉여금의 자본금전입은 단순히 회사의 자본잉여금 계정상의 금액을 자본금계정으로 계정 대체하는 데에 지나지 않는다. 이로 인하여 실질적으로 회사재산이 늘어나는 것도 아니고 그렇다고 하여 주주의 주식가액이 증가하는 것도 아니다. 그러므로 자본잉여

---

59) 이철송, 「회사법강의」, 제21판, 박영사, 2013. 398면.
60) 법무부 유권해석도 다수설과 같다(법무부 법심 2301-1386, 1990. 2. 2.).

금의 자본금전입에 따라 취득하는 무상주의 가액은 주주의 과세소득을 구성하지 않는다.

셋째, 의제배당도 배당소득의 일종이기 때문에 그 재원은 법인의 이익잉여금이어야 한다. 그런데 자기주식 몫의 무상주는 주식발행액면초과액 등과 같은 자본준비금을 그 재원으로 하고 있기 때문에 과세의 대상이 되는 의제배당으로서의 타당성 및 합리성을 결여하고 있다.

넷째, 자기주식 몫의 무상주를 배당소득으로 의제하는 계기가 자기주식 몫의 주식을 추가로 배정받은 것이므로 추가적인 담세력이 있다고 새기는 것 같다. 그러나 자기주식을 소유하는 법인은 자기주식에 대한 무상주를 받을 권리가 아예 처음부터 없으며, 다른 주주들은 고유한 본래의 권리로서 무상주를 배정받을 권리를 갖는 것이다.

법인이 주식발행액면초과액 등을 자본금에 전입할 때 법인이 보유한 자기주식에 대한 무상주를 그 법인이 배정받지 못함에 따라 다른 주주가 배정받은 무상주는 자기주식을 소유하는 법인이 무상주를 받을 권리를 포기함으로써 은혜적으로 추가 배정받는 것이 아니고, 다른 주주가 그의 고유한 준비금 자본금전입시의 신주배정청구권에 의하여 취득하는 것이다.

다) 의제배당액의 계산

법인이 자기주식 또는 자기출자지분을 보유한 상태에서 주식발행액면초과액 등을 자본에 전입함에 따라 해당 법인 외의 주주등의 지분비율이 증가한 경우에 증가한 지분비율에 상당하는 주식 또는 출자의 액면가액 또는 출자금액(투자회사가 취득하는 주식등의 경우에는 0으로 한다. 이하 같다)은 이를 배당받은 것으로 본다.

해당 법인 외의 주주등의 지분비율은 다음 두 가지 이유로 증가하게 된다. 첫째, 자기주식을 소유하고 있는 법인이 의제배당을 구성하지 않는 주식발행액면초과액 등의 자본금전입에 따라 교부할 무상주를 다른 주주에게만 배정하게 되면 다른 주주의 자본금전입 후의 지분비율은 종전의 지분비율을 초과하게 된다. 둘째, 자기주식을 소유하고 있는 법인이 의제배당을 구성하지 않는 주식발행액면초과액 등의 자본금전입에 따라 교부할 무상주 중 그 법인의 자기주식의 몫에 상당하는 무상주를 배정함이 없이 다른 주주의 본래의 몫에 상당하는 무상주만을 배정하더라도 다른 주주의 자본금전입 후의 지분비율은 종전의 지분비율을 초과하게 된다.[61]

이와 같이 자기주식을 보유하고 있는 법인이 주식발행액면초과액 등의 자본금전입에 따라 무상주를 교부하는 경우에 그 법인 외의 다른 주주의 주식의 지분비율은 자기주식 몫의

---

61) 현행 상법상 법인의 자기주식의 몫에 상당하는 무상주를 재배정하지 않을 수 있는지에 관하여는 별개의 논의가 필요하다고 본다.

무상주의 배정 여부에 관계없이 증가하게 되는데, 자본금전입 법인의 그 전입 후의 자본금 또는 출자금액에 특정주주의 증가한 지분비율을 곱하여 계산한 금액이 의제배당액이 된다. 이 경우의 의제배당액은 다음 계산식과 같이 계산한다.

> • 의제배당액 = 자본금전입법인의 그 전입 후의 자본금 또는 출자가액 × 특정주주의 증가한 지분비율
> • 특정주주의 증가한 지분비율 = 자본금전입 후의 지분비율 − 자본금전입 전의 지분비율

법인이 자기주식을 보유한 상태에서 주식발행액면초과액 등을 자본에 전입함에 따라 배당으로 의제하는 경우에는 주주총회 등에서 잉여금의 자본금전입 또는 출자에의 전입을 결의한 날(이사회의 결의에 의하는 경우에는 상법 461 ③에 의하여 정한 날로 한다)에 배당한 것으로 의제한다.

5 보증금 등에 대한 간주익금

가. 간주임대료 계산제도의 의의

일정한 기준을 초과하여 차입금을 보유하고 있는 내국법인으로서 부동산 임대업을 주업으로 하는 법인(비영리내국법인을 제외한다)이 부동산 또는 그 부동산에 관한 권리 등을 대여하고 보증금·전세금 또는 이에 준하는 것(이하에서 '보증금 등'이라고 한다)을 받은 경우에는 그 보증금 등에 정기예금이자율을 곱하여 산정한 금액을 익금에 가산하도록 하고 있다.

차입금으로 부동산을 취득한 후 해당 부동산을 보증금 등을 받고 임대하는 경우에는 차입금에 대한 이자비용은 손금에 산입하면서 보증금 등의 수령에 따른 경제적 이익은 익금에 산입하지 않기 때문에 법인세부담을 회피하는 수단으로 악용될 소지가 있다. 또한 차입금이나 보증금 등에 의하여 조달된 자금으로 다른 제2, 제3의 부동산을 취득함으로써 부동산투기를 조장하는 결과를 초래할 수도 있다.[62]

이와 같이 간주임대료 계산제도는 법인세부담의 회피를 방지하고 차입금 및 보증금 등에 의한 부동산투기를 차단하기 위하여 마련된 법적 장치이다.

이와는 달리 법인세의 과세표준과 세액을 추계방법에 의하여 결정 또는 경정하는 경우

---

62) 같은 취지: 이종규/최영록/조남복, 「법인세법해설」, 1999년 개정판, 중앙경제, 1999, 125면.

부동산임대로 인하여 받는 보증금 등에 대하여는 그 전세금 등에 정기예금이자율을 곱하여 계산한 금액을 익금으로 하도록 하고 있다(법령 11 I 但). 법인이 장부 등을 비치하지 않아 보증금 등의 관리 및 운용으로 인한 수익을 파악할 수 없는 경우에 그 보증금 등에 정상수익률을 곱하여 산정한 금액을 수입금액으로 의제하는 장치이다.[63]

나. 간주임대료 계산제도의 위헌성

간주임대료의 계산규정(조특법 138)은 '현실적으로 가득한 실제의 소득'을 과세물건으로 하는 것이 아니라 '가득하였어야 할 소득 또는 가득할 수 있는 소득'을 과세물건으로 하기 때문에 위헌이라는 주장이 제기될 수 있다. 위헌론의 논거는 다음과 같다.

첫째, 간주임대료에 대한 과세는 담세력(소득)이 아닌 것에 과세하는 결과가 되어 헌법 제23조의 재산권의 보장에 위배될 소지가 있다. 소득세는 '있어야 할 소득'(soll-Einkommen)에 대한 조세가 아니고, '실제의 소득'(Ist-Einkommen)에 대한 조세이기 때문이다.

이 규정이 그나마 정당성을 갖기 위해서는 부동산 임대업을 영위하는 법인이 그 보증금을 운용하여 소득금액(예: 비영업대금의 이자 등)을 얻고 있고, 더욱이 그 얻은 소득금액을 신고소득금액에서 탈루하고 있는 경우이다. 그러나 부동산 임대업을 영위하는 법인에게 설사 비영업대금의 이자와 같은 탈루소득금액이 있다고 하더라도 과세관청이 실제의 탈루소득금액을 적출하여 과세하는 것은 별론으로 하고 실재하지도 않는 일정금액을 획일적으로 익금으로 의제하여 법인세를 과세하는 것은 소득과세의 본질 또는 순소득과세의 원칙(Nettoprinzip)에 위배되는 것이다.

둘째, 보증금 등에 대한 간주임대료 계산규정이 설사 조세회피의 방지 또는 부동산투기를 억제하기 위한 필요불가피한 제도적 장치라고 긍정하더라도 보증금 등이 사업자금으로 사용되는 것과 같이 바람직한 용도에 쓰여지는 경우까지 간주임대료를 계산하도록 하고 있는 현행 규정은 합리적이지 못하다.

이에 대하여 헌법재판소는 비록 소득세에 관한 다툼이기는 하나 1996. 12. 26. 선고 94헌가10 결정에서 간주임대료의 계산을 정하고 있는 舊 소득세법 제29조 제1항이 합헌이라고 판시한 바 있다. 헌법재판소가 설시한 합헌의 이유는 다음과 같다.

첫째, 부동산 또는 부동산상의 권리 등을 대여하고 받는 전세금 또는 보증금은 목적부동산의 사용대가인 차임 또는 지료의 특수한 지급방법으로서 지급받는 것이다. 따라서 전세권설정자 또는 임대인이 부동산 등을 대여하고 보증금 등을 받은 경우에는 그가 수령한 보

---

63) 법인세법상 간주임대료에 관한 상세한 논의는 '간주임대료의 특례'(207면)를 참조하라.

증금 등을 운용함으로써 일정한 경제적 이익을 얻는다고 보는 것이 타당하고 사회통념에도 부합한다. 그러므로 보증금에 대한 간주임대료 계산규정은 소득세의 본질에 반한다고 할 수 없다.

둘째, 부동산을 임대하고 그 대가로 보증금 등을 받은 경우에는 소득이 발생하였다고 보는 것이 일반적인 사회통념에 비추어 상당하고 단지 그 소득의 크기를 구체적으로 측정하는 문제만 남아 있다고 보아야 한다. 이 경우에 그 보증금 등을 이용하여 얻은 소득의 크기를 측정하는 방법에는 시장실세금리에 의하는 등 여러 가지 방법이 고려될 수 있으나, 소득세법은 가장 보수적인 입장에서 누구든지 은행에 예금을 하면 틀림없이 얻을 수 있는 이자의 이율, 즉 정기예금이자율로써 그 소득의 크기를 측정하도록 한 것이다.

헌법재판소는 위와 같은 이유로 간주임대료 규정은 부동산을 월세로 임대하는 경우와의 과세형평을 도모하고 보증금 등의 운용으로 인하여 얻을 수 있는 최소한의 소득의 포착 등 실질과세의 실현도 고려한 규정이므로 조세평등주의나 실질과세의 원칙에 반한다고 할 수 없다고 하였다.

생각건대 법인세법상 간주임대료 제도가 비록 극히 제한된 요건 아래에서 적용이 되고 있기는 하지만 현실적으로 가득한 실제의 소득을 과세물건으로 하는 것이 아니라 가득하였어야 할 소득 또는 가득할 수 있는 소득을 과세물건으로 하기 때문에 헌법상 재산권의 보장 및 소득과세의 기본원칙인 순소득과세의 원칙에 위배되는 것이다.

다. 간주임대료의 계산요건

일정한 기준을 초과하여 차입금을 보유하고 있는 법인으로서 부동산 임대업을 주업으로 하는 내국법인(비영리내국법인을 제외한다)이 주택을 제외한 부동산 또는 그 부동산상의 권리 등을 대여하고 보증금 등을 받아야 한다(조특법 138). 이를 구체적으로 설명하면 다음과 같다.

1) 차입금 과다보유법인

차입금 과다법인이란 차입금이 자기자본의 2배에 상당하는 금액을 초과하는 법인을 말한다(조특령 132 ①). 이 경우 차입금과 자기자본은 적수로 계산하되, 사업연도 중 합병·분할하거나 증자·감자 등에 따라 자기자본의 변동이 있는 경우에는 해당 사업연도 개시일부터 자기자본의 변동일 전일까지의 기간(해당 기간에 해당하는 자기자본은 해당 사업연도 종료일의 순자산가액에서 증자액 또는 감자액을 차감 또는 가산하여 계산할 수 있다)과 그 변동일부터 해당 사업연도 종료일까지의 기간으로 각각 나누어 계산한 자기자본의 적수를 합한 금액을 자기자본의 적수로 한다.

가) 차입금

차입금이란 다음의 차입금을 제외한 금액으로 한다(조특령 132 ②).

① 법인세법 시행령 제53조 제4항에 따라 제외되는 차입금(공공자금관리기금 또는 한국은행으로부터 차입한 금액, 국가 및 지방자치단체로부터 차입한 금액, 법령에 의하여 설치된 기금으로부터 차입한 금액, 외화차입금, 불특정다수의 고객으로부터 받아 관리하고 있는 운용자금 및 기업구매자금대출에 의하여 차입한 금액)

② 법인세법 시행령 제55조의 규정에 따라 그 지급이자가 손금불산입된 차입금(채권자가 불분명한 차입금과 사채·증권, 건설자금에 충당한 차입금, 업무무관 가지급금과 업무무관 자산의 취득보유와 관련한 차입금)

③ 「주택도시기금법」에 따른 주택도시기금으로부터 차입한 금액

나) 자기자본

자기자본은 다음의 금액 중 큰 금액으로 한다(조특령 132 ①).

① 해당 사업연도 종료일 현재 재무상태표상의 자산의 합계액에서 부채(충당금을 포함하며, 미지급법인세를 제외한다)의 합계액을 공제한 금액

② 해당 사업연도 종료일 현재의 납입자본금(자본금에 주식발행액면초과액 및 감자차익을 가산하고, 주식할인발행차금 및 감자차손을 차감한 금액으로 한다)

2) 부동산 임대업을 주업으로 하는 영리내국법인

가) 영리내국법인

간주임대료의 계산대상이 되는 법인은 내국법인으로서 비영리내국법인을 제외한 법인이다. 내국법인으로서 비영리내국법인을 제외한 법인이란 영리내국법인을 가리키는 것이다.

나) 부동산 임대업을 주업으로 하는 법인

영리내국법인 중에서 부동산 임대업을 주업으로 영위하는 법인에 한하여 간주임대료를 계산한다. 부동산 임대업을 주업으로 하는 법인이란 해당 법인의 사업연도 종료일 현재 자산총액 중 임대사업에 사용된 자산가액이 50퍼센트 이상인 법인을 말한다. 이 경우 자산가액의 계산은 소득세법 제99조의 기준시가에 의하며, 자산의 일부를 임대사업에 사용할 경우 임대사업에 사용되는 자산가액은 다음 계산식에 의하여 계산한 가액으로 한다(조특령

132 ③, 조특칙 59 ①). 소득세법 제99조에 열거되어 있지 않은 자산의 경우 위 비율을 계산할 때 제외할 것인지 혹은 장부가액에 의할 것인지 여부가 문제될 수 있는데 이를 제외한다면 임대사업에 사용된 자산의 비중이 과대하게 반영될 수 있으므로 장부가액에 의하여 계산하는 것이 타당하다.[64]

$$\text{일부를 임대사업에 사용하고 있는 자산의 가액} \times \frac{\text{임대사업에 사용하고 있는 부분의 면적}}{\text{해당 건물의 연면적}}$$

3) 부동산 등의 대여

주택을 제외한 부동산 또는 그 부동산상의 권리 등을 대여하여야 한다.

가) 부동산 등의 범위

① 간주임대료의 계산대상이 되는 임대목적물로서 부동산과 그 부동산상의 권리로 한정하고 있다. 따라서 광업권자 등의 채굴에 관한 권리 등에 대하여는 간주임대료를 계산할 수 없다.

② 부동산이란 토지와 그 정착물을 말한다. 부동산상의 권리 등의 범위에 관하여는 명문의 규정을 두고 있지 않다. 부동산상의 권리 등에는 전세권·부동산임차권 등이 포함된다고 해석한다.

나) 주택의 범위

부동산 중에서도 주택과 그 주택에 부수되는 토지로서 다음의 면적 중 넓은 면적 이내의 토지는 제외한다(조특령 132 ④).[65]

① 주택의 연면적(지하층의 면적, 지상층의 주차용으로 사용되는 면적 및 주민공동시설의 면적을 제외한다)

② 건물이 정착된 면적에 5배(도시지역 밖의 토지에 대하여는 10배)를 곱하여 산정한 면적

다) 대여의 개념

추계방법을 적용받는 경우의 임대와 같은 의미로 해석하여야 한다. 그러므로 임대차계약

---

64) 이종규/최영록/조남복, 「법인세법해설」, 1999년 개정판, 중앙경제, 1999, 126면.
65) 주택을 제외한 것은 임대주택난을 해소하기 위한 것이었다. 황규영/임승연, "주택의 간주임대료에 관한 세법규정의 개선방안", 「세무와 회계저널」, 제12권 제4호, 2011, 467면.

에 의하여 부동산을 사용·수익하게 하는 경우와 전세권의 설정에 의하여 부동산을 사용·수익하게 하는 경우가 모두 포함된다.

4) 보증금 등의 수령

부동산 등을 대여하고 보증금·전세금 또는 이와 유사한 성질의 금액을 받고 있어야 한다. 보증금 등의 범위에 관하여는 앞의 추계방법을 적용받는 경우에서 설명하였다.

라. 간주임대료의 계산방법

간주임대료는 해당 보증금 등에서 임대용 부동산의 건설비 상당액을 차감한 금액에 정기예금이자율을 곱하여 산출한 금액에서 해당 사업연도의 임대사업부분에서 발생한 금융수익을 공제하여 계산한다. 이를 계산식으로 나타내면 다음과 같다.

계산식에 의하여 산정한 간주임대료가 영보다 적은 때 없는 것으로 본다.

$$
\text{간주임대료} = \left\{ \left(\begin{array}{c} \text{해당 사업} \\ \text{연도의 보증금} \\ \text{등의 적수} \end{array} \right) - \left(\begin{array}{c} \text{임대용 부동산의} \\ \text{건설비상당액의} \\ \text{적수} \end{array} \right) \right\} \times \frac{1}{365} \times \begin{array}{c} \text{정기예금} \\ \text{이자율} \end{array} - \left(\begin{array}{c} \text{해당 사업연도의 임대사업 부분} \\ \text{에서 발생한 수입이자와 할인} \\ \text{료·배당금·신주 인수권처분익} \\ \text{및 유가증권처분익의 합계액} \end{array} \right)
$$

가) 보증금 등

보증금 등의 범위에 관하여는 위에서 살펴본 바와 같다. 그리고 보증금 등의 적수는 매일매일의 보증금 등의 잔액을 합계하여 계산하는 것이 원칙이지만, 계산의 편의성을 고려하여 매월 말 현재의 보증금 등의 잔액에 경과일수를 곱하여 적수를 산정하는 방법도 아울러 인정하고 있다.

각 사업연도 중에 임대사업을 개시한 경우에는 임대사업을 개시한 날부터 적수를 계산한다. 그리고 부동산을 임차하여 전대하는 경우의 보증금 등의 적수는 전대보증금 등의 적수에서 임차보증금 등의 적수를 차감하여 계산한다. 이 경우 임차보증금 등의 적수가 전대보증금 등의 적수를 초과하는 경우에는 그 초과하는 부분은 없는 것으로 한다.

나) 임대용 부동산의 건설비 상당액

(1) 지하도

지하도를 건설하여 국유재산법 그 밖의 법령에 의하여 국가 또는 지방자치단체에 기부채납하고 지하도로 점용허가(1차 무상점유기간에 한한다)를 받아 이를 임대하는 경우에는 지하도 건설비 상당액으로 한다.

건설비 상당액이란 해당 건축물의 취득가액(자본적 지출액을 포함하고, 재평가차액을 제외한다)을 말하되, 그 적수는 다음 계산식에 의하여 계산한 금액으로 한다. 이 경우 면적의 적수의 계산은 매월 말 현재의 잔액에 경과일수를 곱하여 계산할 수 있다.

$$\text{지하도의 건설비 적수총계} \times \frac{\text{임대면적의 적수}}{\text{임대가능면적의 적수}}$$

(2) 그 밖의 임대용 부동산

그 밖의 임대용 부동산에 있어서는 해당 임대용 부동산의 건설비 상당액(토지가액을 제외한다)으로 한다. 건설비 상당액의 계산은 지하도의 경우와 같다. 그리고 임대용 부동산의 건설비적수는 다음 계산식에 의하여 계산한다. 이 경우 면적의 적수의 계산은 매월 말 현재의 잔액에 경과일수를 곱하여 계산할 수 있다.

$$\text{임대용 부동산의 건설비 적수총계} \times \frac{\text{임대면적의 적수}}{\text{건물 연면적의 적수}}$$

다) 정기예금이자율

정기예금이자율은 연간 3.5퍼센트이다(법칙 6).

라) 임대사업부분에서 발생한 수입이자 등

(1) 임대사업부분의 범위

임대사업부분의 범위에 관한 해석에 있어서는 다음과 같은 학설의 대립을 생각하여 볼 수 있다.

제1설은 임대사업부분을 보증금 등으로 한정하여 해석하는 견해이다. 이 견해에 따르면 임대사업부분에서 발생한 수입이자 등을 임대에 따라 받은 보증금 등에서 발생한 수입이자

등으로 새기게 된다.

제2설은 임대사업부분을 임대에 따른 보증금 등은 물론이고 수입임대료 등과 같이 해당 임대사업과 관련한 수입까지 포함하여야 한다는 견해이다. 즉 임대사업부분에서 발생한 수입이자 등을 임대에 따른 보증금 등은 물론이고 수입임대료 등 또는 보증금 외의 기타 자산의 운용에 따라 발생한 수입이자 등도 임대사업부분에서 발생한 수입이자 등으로 새기는 견해이다.

위의 견해 중 제1설을 지지하고자 한다. 제1설이 보증금 등에 대한 간주임대료의 익금산입제도의 취지에 부합하기 때문이다.

소득세법 시행령에서는 제1설의 입장을 취하여 임대사업부분에서 발생한 수입이자 등이란 해당 보증금 등으로 취득한 것이 확인되는 금융자산으로부터 발생한 수입이자 등이라고 정의하고 있다(소령 53 ⑥).

(2) 수입이자 등의 수입시기

간주임대료를 산정할 때에는 해당 사업연도의 임대사업부분에서 발생한 수입이자 등이란 보증금 등의 운용에서 발생한 금융수익, 즉 수입이자와 할인액·배당금·신주인수권처분익 및 유가증권처분익의 합계액을 가리킨다. 이 경우에 유가증권처분익이란 유가증권의 매각익에서 매각손을 차감한 금액을 말한다(조특칙 59 ⑤).

여기서 임대사업부분에서 발생한 수입이자 등의 계상시기에 관하여는 해석상 다툼의 소지가 있다.

① 수입이자와 할인액

임대사업부분에서 발생한 수입이자 등이 수입이자와 할인액인 경우에 해당 사업연도 중에 법인세법의 규정에 의하여 익금에 산입한 수입이자 등의 금액으로 할 것인지, 아니면 해당 사업연도의 경과에 따라 발생한 수입이자 등의 금액으로 할 것인지가 문제가 되고 있다. 이에 관하여는 조특법 시행령 제132조 제4항의 계산식에서 "해당 사업연도의 임대사업부분에서 발생한 수입이자와 할인료…"로 표현하고 있는 점, 예입일로부터 약정에 의한 이자지급일 또는 신탁의 종료일까지의 기간이 장기(예: 3년 또는 5년)인 경우가 있을 수 있는 점 등을 고려하여 볼 때 해당 사업연도의 경과에 따라 발생한 수입이자 등으로 해석함이 타당할 것으로 생각한다.

② 수입배당금

임대사업부분에서 발생한 수입배당금의 경우에는 그 계상시기를 판단하기가 더욱 쉽지 않다. 예를 들면 사업연도가 12월 말일인 甲 법인이 역시 사업연도가 12월 말일인 다른

乙 법인의 주식을 직전 사업연도의 이익처분안을 승인한 후, 예를 들면 2015년 3월 15일에 취득하여 보유하다가 해당 사업연도의 이익처분안이 승인되어 배당금을 수령(예: 2016년 4월 10일 수령)한 후에 처분한 경우에 이 수입배당금을 어느 사업연도의 수입배당금으로 할 것인가가 문제인 것이다. 이에 관하여는 다음과 같은 견해의 대립이 있을 수 있다.

제1설은 수입배당금을 주식의 보유기간에 따라 안분하여 귀속시켜야 한다는 견해이다. 이 경우에는 수입배당금을 각 사업연도별로 주식의 보유기간의 크기에 따라 안분하게 된다. 해당 제도의 취지에는 부합되나 안분계산이 자의적일 소지를 안고 있다.

제2설은 이익처분안의 승인결의일이 속하는 사업연도에 귀속시켜야 한다고 보는 견해이다. 수입배당금은 이익처분안(잉여금)의 승인에 따라 그 승인결의일이 속하는 사업연도에 발생한 것으로 보아야 한다는 주장이다. 보증금 등을 운용한 사업연도의 수입금액으로 계상되지 않는 불합리점이 있다.

실무상으로는 제2설을 따르고 있는 것으로 보인다.

③ 신주인수권처분익 및 유가증권처분익

신주인수권처분익 및 유가증권처분익의 계상시기에 관하여도 수입배당금과 마찬가지로 해당 신주인수권 또는 유가증권의 보유기간에 따라 안분하여 귀속시켜야 한다는 견해(제1설)와 그 신주인수권 또는 유가증권의 처분일이 속하는 사업연도에 귀속시켜야 한다는 견해(제2설)의 대립을 생각할 수 있다.

실무상으로는 제2설을 따르고 있는 것으로 보인다.

제3절 익금불산입항목

1 개 념

법인의 순자산의 증가를 가져오는 거래로서 당연히 법인의 익금을 구성하는 항목이기는 하나 해당 소득의 성질 또는 유형 등에 비추어 보아 과세가 부적당하다고 인정되는 금액, 특정한 국가정책의 실현 또는 이중과세의 방지를 위하여 필요하다고 인정되는 금액에 대하여는 익금에 산입하지 않도록 하고 있다. 이를 익금불산입항목이라고 한다(법법 17, 18, 18의2 18의4).

이와 같은 익금불산입항목은 앞에서 살펴본 익금의제항목과 함께 법인세법상의 익금과 기업회계기준상의 수익과의 괴리를 가져오는 중요한 요인 중 하나이다.

2 자본거래로 인한 수익의 익금불산입

자본준비금 중 주식발행액면초과액·주식의 포괄적 교환차익·주식의 포괄적 이전차익·감자차익·합병차익 및 분할차익은 익금에 산입하지 않는다. 주식발행액면초과액 등과 같은 자본준비금은 실질적인 자본 또는 출자의 납입, 즉 자본거래[1]로 인한 순자산의 증가에 해당하는 바, 경영성과에 따른 순자산의 증가가 아니므로 담세력과는 무관하여 본질적으로 법인세의 과세 대상으로 삼기에 적합하지 않기 때문이다(법법 17 ①).[2]

그러나 같은 자본준비금, 즉 자본거래로 인한 수익이라 할지라도 자기주식처분이익 등과 같은 기타자본잉여금은 익금을 구성한다.[3]

가. 주식발행액면초과액

주식발행액면초과액이라 함은 액면가액을 초과하여 주식을 발행한 경우에 그 액면가액을 초과하는 금액을 말한다(무액면주식의 경우에는 발행가액 중 자본금으로 계상한 금액을 초과하는 금액을 말한다). 액면초과금 또는 주식발행초과금이라고 부른다(법법 17 ① I).

주식을 할증발행하는 경우에 액면가액에 상당하는 부분은 자본금으로, 액면가액과 발행가액과의 차이에 상당하는 부분은 주식발행액면초과액으로 계상하여야 한다. 주식발행액면초과액은 실질적으로는 주주의 출자의 일부를 이루는 것이기 때문에 적립한도를 정하지 않고 전액 자본준비금으로 적립하도록 하고 있다(상법 459 ①). 이와 같이 주식발행액면초과액은 실질적인 자본금 또는 출자의 납입에 해당하기 때문에 익금불산입한다.

채무를 출자전환하는 경우 부채가 자본금 및 주식발행액면초과액으로 전환되어 순자산이 증가하지만 본 규정에 따라 익금불산입한다. 다만, 채무의 출자전환에 따라 발행하는 주

---

1) 법인세법은 제17조에서 '자본거래'라는 표제는 사용하고 있지만 그 의미는 규정하고 있지 않다. 자본거래는 본래 재무회계에서 유래한 개념으로서 현행 국제회계기준에 따르면 '자본의 증감을 초래하는 경제적 효익의 증감 중에서 지분참여자에 의한 출연 및 지분참여자에 대한 분배'로 정의할 수 있고, 자본의 증감을 초래하는 자본거래 이외의 모든 거래는 손익거래에 해당한다(황남석, "자본거래와 손익거래: 개념과 한계", 「상사법연구」 제35권 제1호, 2016, 223면). 참고로 일본법인세법 제22조 제5항은 자본거래를 '법인의 자본금등의 액의 증가 또는 감소를 발생시키는 거래 및 법인이 행하는 이익 또는 잉여금의 분배 및 잉여재산의 분배 또는 인도'로 정의하는데 거의 동일한 의미로 볼 수 있다.
2) 대법원 2012. 11. 22. 선고 2010두17564 전원합의체 판결.
3) 혹은 재무회계상은 자본거래이지만 세무회계상으로는 손익거래라고도 할 수 있다.

식등의 발행가액이 그 시가를 초과하는 부분은 채무면제이익으로 보아 익금에 산입하도록 하고 있다(법법 17 ① I 但). 이에 관한 상세한 논의는 '채무면제이익'(214면)을 참고하라.

나. 주식의 포괄적 교환차익과 주식의 포괄적 이전차익

주식의 포괄적 교환차익이란 주식의 포괄적 교환을 할 때 완전모회사의 자본금증가의 한도액이 완전모회사의 증가한 자본금을 초과하는 금액을 말한다. 그리고 주식의 포괄적 이전차익이란 주식의 포괄적 이전을 할 때 완전모회사의 자본금증가의 한도액이 설립된 완전모회사의 자본금을 초과하는 금액을 말한다(법법 17 ① II, III). 이와 같은 주식의 포괄적 교환차익 등은 실질상 자본 또는 출자의 납입에 해당하므로 익금불산입하는 것이다.

다. 감자차익

법인의 자본금을 감소시키는 방법에는 주금액의 감소·주식수의 감소·주금액의 감소와 주식수의 감소의 병용으로 구분할 수 있으며, 주식수의 감소는 다시 주식의 소각과 주식의 병합으로 나눌 수 있다.

자본금의 감소는 실질적으로 법인의 자본금을 감소할 목적 또는 결손금을 보전할 목적으로 행하여진다. 전자를 실질상 또는 실질적 자본금 감소라고 하는 데 대하여, 후자는 계산상으로만 자본금을 감소하기 때문에 명의상 또는 형식적 자본금 감소라고 부른다.

자본금 감소에 있어서 자본금의 감소액이 주식의 소각·주금의 반환에 소요된 금액과 결손금의 보전에 충당된 금액을 초과하는 경우에 그 초과금액을 감자차익이라 한다(법법 17 ① IV).

감자차익 중 특히 주식의 소각에 따라 감소한 자본금에서 소각한 자기주식의 취득가액을 공제한 차액[4]을 자기주식소각이익이라고 부른다.

감자차익은 실질적으로 주주의 자본 또는 출자의 납입에 다를 바 없으므로 익금불산입한다.

한편 감자차익은 자기주식처분이익과는 구별할 필요가 있다. 자기주식처분이익이란 보유하고 있던 자기주식을 처분함에 따라 발생하는 차익인데, 자기주식처분이익은 익금을 구성한다. 이에 관하여는 앞서 '익금의 범위'에서 살펴보았다.

---

4) 즉, 소각한 주식의 액면가액이 해당 주식의 취득가액을 초과할 경우에 그 초과액을 말한다.

라. 합병차익

합병차익이란 피합병법인으로부터 승계한 재산의 가액이 그 법인으로부터 승계한 채무액, 합병 후 존속하는 법인의 자본증가액 또는 합병으로 인하여 설립된 법인의 자본액과 피합병법인의 주주에게 지급한 금액을 초과한 때의 그 초과금액을 말한다(법법 17 ① V). 즉 합병법인(존속법인 또는 신설법인)이 피합병법인으로부터 승계한 순자산가액(자산가액에서 채무액을 공제한 차액)이 합병법인이 피합병법인의 주주에게 지급한 합병대가(합병후 존속하는 회사의 자본증가액 또는 합병으로 인하여 설립된 회사의 자본액과 피합병법인의 주주에게 지급한 금전 그 밖의 재산가액의 합계액)를 초과하는 금액이라고 할 수 있다. 이와 같은 합병차익은 피합병법인의 주주에 의한 자본금 또는 출자의 납입에 해당하거나 피합병법인의 이월익금을 구성하기 때문에 익금불산입하도록 하고 있다. 다만, 합병매수차익의 경우에는 익금으로 한다(법법 17 ① V 但).

마. 분할차익

법인의 분할 또는 분할합병으로 인하여 설립된 법인 또는 존속하는 법인에 출자된 재산의 가액이 출자한 법인으로부터 승계한 채무액, 법인의 분할 또는 분할합병으로 인하여 설립된 법인의 자본액 또는 존속하는 법인의 자본증가액, 출자한 법인의 주주에게 지급한 금액을 초과한 때에 그 초과금액을 말한다(법법 17 ① VI). 즉 분할신설법인 또는 분할합병의 상대방법인이 분할법인으로부터 승계한 순자산가액(재산가액에서 채무액을 공제한 차액)이 분할법인의 주주에게 지급한 분할대가(설립된 법인의 자본액 또는 존속하는 법인의 자본증가액과 출자한 법인의 주주에게 지급한 금전 그 밖의 재산가액의 합계액)를 초과하는 금액이라고 할 수 있다. 이와 같은 분할차익은 실질적으로 분할법인의 주주에 의한 자본금 또는 출자의 납입에 다를 바 없거나 이월익금을 구성하는 것이므로 익금불산입하도록 하고 있다. 다만, 분할매수차익의 경우에는 익금으로 한다(법법 17 ① VI 但).

3 평가이익 등의 익금불산입

가. 자산의 평가이익

자산의 평가이익은 익금불산입한다(법법 18 I). 자산의 평가이익을 익금불산입하는 논거는 다음과 같다.

첫째, 자산의 평가이익은 어디까지나 소유하고 있는 자산에 대한 장부상 또는 계산상의 가치증가익에 지나지 않는다. 즉 자산의 평가이익은 미실현이익의 전형을 이루는 것이다. 현행 법인세법은 원칙적으로 실현된 수익만을 익금에 산입하도록 하고 있다.[5] 그러므로 아직 실현되지 않은 자산의 평가이익을 익금에서 제외하고 있는 것이다.

둘째, 자산의 평가이익에 대하여 익금산입을 허용하게 되면 자산의 평가이익의 계상을 과세소득의 조작수단으로 악용하게 된다는 점이다. 특히 매년 반복적으로 결손금이 발생되고 있거나 이월결손금이 누적되어 이월결손금의 공제시한이 만료될 우려가 있는 경우에는 자산의 평가이익을 계상하여 이월결손금의 공제를 받음과 동시에 그 평가이익에 상당하는 금액만큼의 감가상각 기초가액을 증가시켜 향후 사업연도의 감가상각비의 증액을 도모할 수 있게 되는 것이다.

그러나 다음 자산의 평가이익은 예외로서 익금에 산입한다.

1) 보험업법 등에 따른 유형자산 및 무형자산 등의 평가이익

보험업법이나 그 밖의 법률에 따라 유형자산 및 무형자산 등을 평가증함으로써 발생한 평가이익은 익금에 산입한다. 보험업법 제114조, 같은 법 시행령 제58조에 의한 유형자산 및 무형자산의 평가이익과 같이 다른 법률에서 평가이익의 계상을 정당한 것으로서 허용하고 있거나 평가이익의 계상을 요구하고 있는 경우가 이에 해당한다.

2) 화폐성 외화자산·부채와 통화관련 파생상품의 평가이익

가) 금융회사 등이 보유하는 화폐성 외화자산 등의 평가

금융회사 등이 보유하는 화폐성 외화자산·부채와 통화선도,[6] 통화스왑[7] 및 환변동보험(이하 통화선도부터 환변동보험까지를 '통화선도등'이라 한다. 법령 73 IV)은 다음과 같이 평가하되, 그 평가에 따라 발생하는 평가한 원화금액과 원화기장액의 차익은 해당 사업연도의 익금에 산입한다(법령 76 ①, ④).

(1) 화폐성 외화자산·부채

사업연도 종료일 현재의 외국환거래규정에 따른 매매기준율 또는 재정(裁定)된 매매기

---

5) 甲은행은 기존에 甲 법인과 체결하고 있던 통화스왑계약('舊 계약')을 乙 은행으로 이전하는 갱개계약을 체결하면서 기존 통화스왑계약과 동일한 조건으로 乙 은행과 백투백(back to back)통화스왑계약('신계약')을 체결하는 경우, 구계약과 신계약은 각각 별개의 계약이므로 신계약 체결시에 구계약의 미실현손익이 실현된 것으로 보아 세무조정사항(평가손익)을 추인해야 한다. 사전법령법인-44, 2015. 7. 22.
6) 원화와 외국통화 또는 서로 다른 외국통화의 매매계약을 체결하면서 장래의 약정기일에 약정환율에 따라 인수도하기로 하는 거래를 말한다.
7) 장래에 약정기일에 약정환율로 서로 다른 표시통화간의 채권·채무를 상호 교환하기로 하는 거래를 말한다.

준율('매매기준율등')로 평가한다.

(2) 통화선도등

다음의 어느 하나에 해당하는 방법 중 관할 세무서장에게 신고한 방법에 따라 평가한다. 다만 최초로 ②의 방법을 신고하여 적용하기 이전 사업연도에는 ①의 방법을 적용하여야 한다.

① 계약의 내용 중 외화자산 및 부채를 계약체결일의 매매기준율등으로 평가하는 방법

② 계약의 내용 중 외화자산 및 부채를 사업연도 종료일 현재의 매매기준율등으로 평가하는 방법

나) 금융회사 등 외의 법인이 보유하는 화폐성 외화자산 등의 평가

금융회사 등 외의 법인이 보유하는 화폐성 외화자산·부채와 환위험회피용 통화선도등은 다음의 어느 하나에 해당하는 방법 중 관할 세무서장에게 신고한 방법에 따라 평가하되, 그 평가에 따라 발생하는 평가한 원화금액과 원화기장액의 차익은 해당 사업연도의 익금에 산입한다(법령 76 ②, ④).

① 화폐성 외화자산·부채와 환위험회피용 통화선도등의 계약 내용 중 외화자산 및 부채를 취득일 또는 발생일(통화선도등의 경우에는 계약체결일을 말한다) 현재의 매매기준율 등으로 평가하는 방법

② 화폐성 외화자산·부채와 환위험회피용 통화선도등의 계약 내용 중 외화자산 및 부채를 사업연도 종료일 현재의 매매기준율등으로 평가하는 방법

3) 투자회사등이 보유한 유가증권의 평가이익

투자회사등이 보유하는 집합투자재산은 시가법에 의하여 평가하여야 한다(법령 75 ③). 그러므로 투자회사가 보유하고 있는 집합투자재산에 대하여 시가법을 적용하여 평가함에 따라 발생한 유가증권평가이익은 이를 익금으로 한다(법령 75 ③).

4) 보험회사의 특별계정에 속하는 자산의 평가이익

보험회사가 보유한 특별계정에 속하는 자산은 개별법(채권에 한한다)·총평균법·이동평균법 및 시가법 중 해당 보험회사가 관할 세무서장에게 신고한 방법에 따라 평가하는데, 보험회사가 특별계정에 속하는 자산의 평가방법을 시가법으로 신고한 경우 그 시가법을 적용함에 따라 생기는 평가이익은 익금에 산입한다(법령 75 ④).

나. 이월익금

이월익금이라 함은 각 사업연도의 소득으로 이미 과세된 소득을 말한다. 위에서 각 사업연도의 소득으로 이미 과세된 소득에는 법인세법 및 다른 법률에 의한 비과세소득 또는 면제소득을 포함한다. 이월익금은 내국법인의 각 사업연도 소득금액을 계산할 때 익금에 산입하지 않는다(법법 18 Ⅱ).

이월익금에 대한 익금불산입 규정은 동일한 소득에 대한 중복과세를 방지하기 위하여 마련된 장치이다.

다. 법인세 또는 법인지방소득세의 환급세액

법인세와 법인지방소득세는 손금에 산입하지 않는다. 이에 따른 당연한 논리로 이미 납부한 법인세 또는 법인지방소득세를 환급받았거나 환급받을 금액으로서 다른 세액에 충당한 금액은 익금에 산입하지 않는 것이다(법법 18 Ⅲ). 법인세에는 그 부가세인 농어촌특별세가 포함된다고 새긴다.

라. 국세 또는 지방세의 과오납금의 환급금에 대한 이자

국세 또는 지방세의 과오납금의 환급금에 대한 이자는 손해보전적 성질이 있으므로 이를 익금에 산입하지 않는다(법법 18 Ⅳ).

국세 또는 지방세의 과오납금의 환급금에 대한 이자란 국세환급가산금(기법 52) 또는 지방세환급가산금(지방세기본법 77)을 말한다.

익금불산입하는 과오납금의 환급금에 대한 이자에는 그 금액이 손금을 구성하는 국세 또는 지방세의 과오납금의 환급금에 대한 이자는 물론이고 손금불산입하는 국세 또는 지방세의 과오납금의 환급금에 대한 이자를 포함한다. 즉 모든 국세 또는 지방세의 과오납금의 환급금에 대한 이자를 익금불산입하는 것이다.

마. 부가가치세의 매출세액

부가가치세의 매출세액은 익금에 산입하지 않는다. 부가가치세의 매출세액은 사업자가 재화 등을 공급할 때에 그 재화 등을 공급받는 자로부터 징수하여 국가에 납부할 예수금(부채)의 성질을 갖는 항목이므로 익금불산입하는 것이다(법법 18 Ⅴ).

바. 이월결손금의 보전에 충당된 자산수증이익과 채무면제이익

1) 자산수증이익 등의 개념

법인이 무상으로 받은 자산의 가액(이하 '자산수증이익'이라 한다)과 법인의 채무면제 또는 소멸로 인한 부채의 감소액(이하 '채무면제이익'이라 한다) 중 이월결손금의 보전에 충당된 금액은 각 사업연도의 소득금액의 계산에 있어서 이를 익금에 산입하지 않는다(법법 18 Ⅵ). 위와 같은 자산수증이익과 채무면제이익은 법인의 자산을 증가시키거나 부채를 감소시킴으로써 법인의 순자산의 증가를 가져오게 되는 것이므로 당연히 익금을 구성하는 것이다. 그러나 법인의 이월결손금을 보전하는 데에 사용된 자산수증이익과 채무면제이익은 익금불산입하도록 하고 있다.

이는 결손보전을 통하여 자본충실을 촉진하고 자본의 원본에 대한 잠식과세를 규제함과 아울러 기간과세에 따른 폐해를 완화하기 위한 법적 장치라고 할 수 있다.

다만 자산수증이익 중에서 법인세법 제36조에 따른 국고보조금등은 제외된다. 국고보조금이 기업재무구조 개선보다는 국가사업 수행을 위하여 지원된다는 점을 고려한 조치이다.

2) 익금불산입의 요건

법인이 자산수증이익 또는 채무면제이익을 이월결손금의 보전에 충당한 경우에 한하여 익금불산입한다.

가) 이월결손금의 의의 및 범위

이월결손금이란 다음 중 어느 하나의 결손금을 말하며 각 사업연도 소득에 관한 법인세 과세표준에서 공제할 수 있는 이월결손금에 비해 범위가 넓다.[8]

① 미공제결손금(법령 16 ① Ⅰ)

법인의 결손금(피합병법인 및 분할법인등으로부터 승계한 결손금은 제외한다)으로서 그 후의 각 사업연도의 과세표준을 계산할 때 공제되지 않은 금액을 가리킨다. 위에서 결손금이란 법인세법에서의 각 사업연도의 결손금을 가리킨다. 즉 각 사업연도에 속하는 손금의 총액이 익금의 총액을 초과하는 경우에 그 초과하는 금액으로서 과세표준과 세액의 신고나 수정신고·과세표준과 세액의 결정 또는 경정에 의하여 확정된 과세표준에 포함된 금액을 말한다(법법 14 ②, 13 ① Ⅰ). 기업회계상의 당기순손실이 아님에 유의하여야 한다.

---

8) 김상기/이재열, "출자전환 법인에 대한 법인세 과세의 문제점과 개선방안", 「세무와 회계 연구」 제5권 제1호, 2016, 101면.

그리고 각 사업연도의 과세표준을 계산할 때 공제된 이월결손금에는 각 사업연도의 개시일 전 15년 이내에 개시한 사업연도에서 발생한 결손금으로서 각 사업연도의 소득에서 공제한 금액, 각 사업연도의 결손금으로서 직전 사업연도의 과세표준금액에서 소급 공제받은 금액, 자산수증이익 또는 채무면제이익으로 이월결손금을 보전한 경우에 그 보전된 금액을 가리킨다.

다음으로 자산수증이익 및 채무면제이익으로 보전될 수 있는 이월결손금은 과세표준 계산과정에서 공제하는 이월결손금과는 달라서 공제시한 또는 발생연도(각 사업연도의 개시일 전 15년 이내에 개시한 사업연도에서 발생한 결손금)에 관한 제한이 설정되어 있지 않다. 즉 본 조에서의 이월결손금은 각 사업연도의 개시일 전 15년 전에 개시한 사업연도에서 발생한 이월결손금을 포함하는 것이다. 그리고 이월결손금이 서로 경합할 경우에는 먼저 발생한 사업연도의 결손금부터 차례대로 공제한다.

② 법원이 확인한 결손금 등(법령 16 ① Ⅱ)

신고된 각 사업연도의 과세표준에 포함되지 않았으나 다음 중 어느 하나에 해당하는 결손금 중 법인세법상의 결손금(각 사업연도에 속하는 손금의 총액이 익금의 총액을 초과하는 경우에 그 초과하는 금액)에 해당하는 것을 말한다. 이러한 결손금은 통상적인 세무처리에 의하여는 소득금액 공제에 사용될 수 없지만 기업회생을 위하여 특별히 인정된 특례결손금이다.[9]

㉮ 채무자회생법에 의한 회생계획인가의 결정을 받은 법인의 결손금으로서 법원이 확인한 것

㉯ 「기업구조조정 촉진법」에 의한 경영정상화계획의 이행을 위한 약정이 체결된 법인으로서 채권금융기관협의회가 의결한 결손금

나) 보전의 순서

법인이 채무 중 일부는 출자로 전환하고 일부는 면제를 받음으로써 출자전환 채무면제이익과 그 외의 채무면제이익(법법 18 Ⅵ, '일반 채무면제이익')이 동시에 발생한 경우 일반 채무면제이익, 출자전환 채무면제이익의 순서로 충당한다(법행 17-0-5).

다) 보전에 충당하는 방법

이월결손금의 보전에 충당된 자산수증이익과 채무면제이익에 한하여 익금불산입하도록 하고 있다. 자산수증이익과 채무면제이익을 이월결손금의 보전에 충당하기 위하여 특별한

---

9) 서울고등법원 2010. 6. 8. 선고 2009누39560 판결(대법원 2012. 6. 28. 선고 2010두13425 판결로 확정).

절차를 필요로 하지 않으며, 세무조정만으로 충분하다고 새기고자 한다. 판례는 자산수증이익 또는 채무면제이익이 발생한 사업연도에 자본금과적립금조정명세서를 제출하지 않은 경우라도 경정청구기간이 경과하지 않았다면 자산수증이익 또는 채무면제이익을 익금불산입하는 내용의 신고조정과 함께 경정청구를 할 수 있다고 한다.[10)]

행정해석은 다음의 4가지 방법을 제시하고 있다(법행 18-18-2).

① 이월결손금과 직접 상계하는 방법

② 해당 사업연도 결산 주주총회 결의에 의하여 이월결손금을 보전하고 이익잉여금(결손금)처리계산서에 계상하는 방법

③ 기업회계기준에 따라 영업외수익으로 계상하고 자본금과적립금조정명세서(규칙 별지 제50호 서식)에 같은 금액을 이월결손금의 보전에 충당한다는 뜻을 표시하고 세무조정으로 익금불산입하는 방법

④ 내국법인이 채무면제이익 등을 해당 사업연도에 위 ①부터 ③까지의 방법으로 이월결손금 보전에 충당하지 않고 법인세를 신고한 경우에는 국세기본법에 따른 경정 등의 청구

3) 익금불산입의 효과

자산수증이익과 채무면제이익으로 충당된 이월결손금은 각 사업연도의 과세표준을 계산할 때 공제된 것으로 본다(법령 10 ③). 즉 이월결손금은 자산수증이익과 채무면제이익으로 충당됨으로써 소멸하는 것이다.[11)]

사. 연결자법인 또는 연결모법인으로부터 지급받았거나 지급받을 법인세비용

연결납세방식을 적용하는 경우 연결모법인이 연결법인세액을 납부한다. 그러므로 연결자법인은 연결사업연도의 종료일이 속하는 달의 말일부터 4개월 이내에 해당 연결자법인의 법인세비용을 연결모법인에게 지급하여 연결모법인이 연결법인세액을 납부할 수 있도록 하여야 한다(법법 76의19 ②). 이 경우 연결모법인이 연결자법인으로부터 지급받았거나 지급받을 법인세비용은 익금에 산입하지 않는다(법법 18 VII). 한편, 연결자법인이 계산한 법인세비용이 음의 수인 경우 연결모법인은 음의 부호를 뗀 금액을 연결사업연도의 종료일이 속하는 달의 말일부터 4개월 이내에 연결자법인에 지급하여야 하는데(법법 76의19 ③) 이

---

10) 대법원 2012. 11. 29. 선고 2012두16121 판결.
11) 결손금이 있는 법인이 자산을 무상으로 받은 경우 위 방법으로 자산수증이익 그 자체를 익금불산입할 수 있을 뿐만 아니라 자산수증이익을 다른 익금항목과 마찬가지로 해당 사업연도의 익금으로 과세표준에 포함시키고 법인세법 제13조 제1호에 따라 결손금을 과세표준에서 공제할 수 있다. 그러나 이 방법은 이월결손금 공제기간이 경과하지 않은 경우에만 이용할 수 있다.

때 연결자법인이 지급받았거나 지급받을 금액은 익금에 산입하지 않는다(법법 18 VII). 연결납세방식을 적용하는 경우 결손법인인 특정 연결자법인의 결손금을 다른 연결법인이 사용하여 세부담액이 경감되는 부분에 관하여 그 대가를 해당 결손 연결자법인에 지급하도록 하는 규정이다.[12]

아. 자본준비금 감소에 따른 배당

1) 취지 및 내용

상법은 자본준비금 및 이익준비금의 총액이 자본금의 1.5배를 초과하는 경우 주주총회의 결의에 따라 초과한 금액 범위에서 자본준비금과 이익준비금을 감액할 수 있도록 하고 있다(상법 461의2). 이에 따라 감액된 자본준비금 또는 이익준비금은 배당가능이익을 구성하게 되는바, 자본준비금을 재원으로 하여 배당하는 경우(이하 '감액배당')에는 자본의 환급으로 보아 배당금액을 익금불산입한다.[13][14] 이 경우 익금불산입액은 내국법인이 보유한 주식의 장부가액을 한도로 한다(법법 18 VIII).[15]

2) 적용 대상 자본준비금

이처럼 자본준비금을 재원으로 하는 배당을 익금불산입하는 것은 출자의 환급에 해당하기 때문이다. 다만 자본준비금 중 다음의 항목을 재원으로 감액배당을 하는 경우에는 예외로서 익금에 산입한다(법법 18 VIII 但). 이 항목들은 재무회계상 자본준비금이지만 세법이 이익잉여금처럼 취급하는 항목이다.

---

12) 입법취지에 관한 상세는 김경호, "법인세법 일부개정법률안 검토보고", 기획재정위원회, 2022. 11., 94-96면.
13) 만일 법인이 자본준비금을 감액한 금액과 당기순이익으로 구성된 미처분이익잉여금으로 배당할 경우에는 어떻게 취급할 것인지 문제인데, 당초 행정해석은 먼저 발생한 잉여금을 먼저 배당한 것으로 보는 입장이었는데(서면법령법인-2052, 2016. 1. 18.) 법인의 선택에 따르는 것으로 입장을 바꾸었다(기획재정부 법인세제과-676, 2016. 7. 12.).
14) 외국자회사가 외국법령에 따라 자본준비금을 감액하여 배당하는 경우에도 익금불산입하는지 여부가 문제되었는데 조세심판원은 그 경우에도 위 규정이 적용된다고 본다. 조심 2022. 3. 7. 자 2021인1896 결정. 주주가 국내 거주자인 경우 외국법인이 외국법령에 따라 자본준비금을 감액하여 지급하는 배당금은 배당소득이라는 것이 행정해석이다(서면-2024-법규소득-0424, 2024. 6. 25.).
15) 익금불산입 한도액은 2022. 12. 31. 법인세법 개정(법률 제19193호) 시에 신설된 것으로서 자본준비금 감액배당금을 수취하는 주주 간에 주식의 장부가액이 서로 다르다면 장부가액이 높은 주주로부터 낮은 주주에게 부가 이전된 것으로 볼 수 있다는 논리에 따른 것이다. 오종문, "감액배당에 대한 과세", 「회계·세무와 감사 연구」 제62권 제4호, 2020, 215면. 기존 행정해석은 배당금액 전액을 익금불산입하는 입장이었다(기획재정부 법인세제과-740, 2018. 6. 22.). 개정된 규정의 입장은 미국세법 IRC § 301(c)(3)과 동일한 것으로서 출자를 환급받는 과정에서 이중의 비과세가 생기지 않도록 하기 위하여 배당금액만큼 주식의 장부가액을 감액하는 IRC § 301(c)(2)와도 관련이 있다. 상세는 *Block, Corporate Taxation*, 4.ed., 2010, pp. 144-146.

가) 법인세법 제16조 제1항 제2호 가목에 해당하지 않는 자본준비금

이 항목은 상법 제459조 제1항에 따른 자본준비금으로서 법인세법 시행령 제12조 제1항 단서에 규정된 것을 의미한다. 구체적인 항목은 다음과 같다.

(1) 주식발행액면초과액 중 채무면제이익 상당액(법령 12 ① I, 법법 17 ① I 但)

채무의 출자전환으로 주식을 발행하는 경우 주식의 발행가액이 시가를 초과하는 부분, 즉 채무면제이익 상당액을 재원으로 하는 배당은 익금산입한다.

(2) 자기주식소각이익(법령 12 ① II)

자기주식소각이익을 재원으로 하는 배당은 익금산입한다. 다만, 소각 당시 자기주식의 시가가 취득가액을 초과하지 않는 경우로서 소각일부터 2년이 지난 후의 자기주식소각이익은 익금불산입한다. 즉, 자기주식소각이익을 이익잉여금처럼 취급하는 경우에 한하여 익금산입한다.

(3) 합병차익 중 다음 항목(법령 12 ① III)

적격합병을 한 경우 다음 각 항목의 금액의 합계액을 재원으로 하는 감액배당은 익금산입한다.

> (가) 합병등기일 현재 합병법인이 승계한 재산의 가액이 그 재산의 피합병법인 장부가액[16]을 초과하는 부분(법령 12 ① III 가)[17]

> (나) 피합병법인의 자본잉여금 중 자본금전입에 의한 무상주 발행시 의제배당으로 과세하는 것(이하 '의제배당대상 자본잉여금')의 상당액(법령 12 ① III 나)

> (다) 피합병법인의 이익잉여금 상당액(법령 12 ① III 다)[18]

합병차익의 일부를 감액배당하는 경우에는 위 (가), (나), (다) 이외의 항목을 먼저 사용한 것으로 본다.

(4) 분할차익 중 다음 항목(법령 12 ① IV)

적격분할을 한 경우 다음 각 항목의 금액의 합계액을 재원으로 하는 감액배당은 익금산입한다.

---

16) 법인세법 시행령 제85조 제1호에 따른 세무조정사항이 있는 경우에는 그 세무조정사항 중 익금불산입액은 더하고 손금불산입액은 뺀 가액으로 한다.
17) 상세한 논의는 242면 각주49 참조.
18) 상세한 논의는 243면 참조.

(가) 분할등기일 현재 분할신설법인등이 승계한 재산의 가액이 그 재산의 분할법인 장부가액[19]을 초과하는 부분(법령 12 ① IV 가)[20]

(나) 분할에 따른 분할법인의 자본금 및 상법 제459조 제1항에 따른 자본잉여금과 자산재평가법에 따른 재평가적립금 중 의제배당대상 자본잉여금 외의 잉여 금의 감소액이 분할사업부문의 분할등기일 현재 순자산 장부가액에 미달하는 경우 그 미달하는 금액

(나)의 경우 분할법인의 분할등기일 현재의 분할 전 이익잉여금과 의제배당대상 자본잉 여금 상당액의 합계액을 한도로 한다.[21]

나) 합병차익 중 피합병법인의 재평가적립금 상당액

(1) 의의

적격합병에 따른 합병차익 중 피합병법인의 재평가적립금(법법 16 ① II 나) 상당액을 재원 으로 하는 감액배당은 익금산입한다. 여기서의 재평가적립금은 「자산재평가법」에 따라 재 평가적립금 중 3퍼센트의 세율이 적용되는 것(이하 '3퍼센트 세율적용 재평가적립금')을 말하며 「자산재평가법」 제13조 제1항 제1호에 따른 토지의 재평가차액 상당액(1퍼센트 세 율적용 재평가적립금)은 제외한다.[22] 위 익금산입 규정은 2023년말 법인세법 개정시에 신 설된 것으로서 3퍼센트 세율적용 재평가적립금은 본래 배당할 수 없는 재원인데[23] 합병을 거쳐서 합병차익으로 전환된다면 배당할 수 있게 되므로 이를 과세하려는 취지의 입법이 다. 그러나 법인세법은 3퍼센트 세율적용 재평가적립금을 자본금전입하여 무상주를 발행하 여도 이를 의제배당으로 규율하고 있지 않는데 그런 입장과 정합성이 없는 입법이라고 생 각된다.[24] 오히려 1퍼센트 세율적용 재평가적립금에 관하여 위와 같은 취지의 입법이 필요 할 것으로 생각되는데 그 규정은 두고 있지 않은 점도 문제이다. 위와 같은 입법의 배경에 는 재평가적립금이 상법상 자본준비금에 해당하지 않는다는 법무부 유권해석이 있는 것으

---

19) 법인세법 시행령 제85조 제1호에 따른 세무조정사항이 있는 경우에는 그 세무조정사항 중 익금불산입액은 더하고 손금불산입액은 뺀 가액으로 한다.

20) 상세한 논의는 241면 각주 49 참조.

21) 상세한 논의는 242–244면 참조.

22) 법인세법 제18조 제8호는 재평가적립금을 재원으로 하는 감액배당이 가능하다고 전제하고 있다.

23) 자산재평가법 제27조는 재평가차액을 배당가능이익에서 제외하고 상법 제462조 제1항 제4호 및 상법 시행 령 제19조 제1항도 미실현이익을 배당가능이익의 범위에서 제외하고 있기 때문이다.

24) 자본금전입시 의제배당으로 과세하지 않더라도 이는 비과세가 아니라 과세의 유보나 이연에 해당한다고 보면 정합성이 없는 것이 아니라고 주장할 수 있으나, 자본금전입에 따른 무상주를 의제배당으로 과세하지 않는 것은 과세의 유보나 이연이라고 볼 수 없다. 상세한 논의는 244–245면 참조.

로 보이는데,[25] 현행 국제회계기준 및 일반기업회계기준상 평가차익은 이익잉여금으로 분류되지만 자산재평가법이 시행되던 당시의 기업회계기준은 재평가적립금을 자본잉여금으로 분류하였다. 따라서 현행 규정은 소급입법에 해당된다는 점에서도 문제가 있다.[26]

(2) 익금산입의 한도액

위 익금산입은 다음의 금액을 한도로 한다(법령 17 ①).

> 익금산입의 한도액: A − (B − C)
>
> A: 합병차익
> B: 피합병법인의 자본금과 의제배당비과세 자본잉여금(3퍼센트 세율적용 재평가적립금 제외)의 합계액
> C: 합병법인의 자본금 증가액

(3) 재평가적립금의 계산

합병차익 중 3퍼센트 세율적용 재평가적립금의 감액배당에 관한 규정을 적용할 때에는 다음의 각 경우에 따라 처리한다(법령 17 ③).

첫째, 상법 제459조 제2항에 따라 승계한 준비금이 있는 경우에는 그 승계가 없는 것으로 보아 계산한다.

둘째, 합병차익의 일부를 자본금전입하는 경우 피합병법인의 3퍼센트 세율적용 재평가적립금이 먼저 자본금전입된 것으로 보아 그 전입 후 남은 금액만 합병차익에 포함하여 계산한다.

(4) 감액배당의 구성순서

합병차익의 전부 또는 일부를 감액배당하는 경우 다음의 순서로 배당한 것으로 본다(법령 17 ④).

① 3퍼센트 세율적용 재평가적립금
② 이익잉여금, 과세대상 자본잉여금
③ 비과세대상 자본잉여금

---

25) 법무부 상사법무과−583, 2023. 2. 3.
26) 舊 상장법인등의 회계처리에 관한 규정 제21조 제1항.

다) 분할차익 중 분할법인의 재평가적립금 상당액

적격분할에 따른 분할차익 중 피합병법인의 재평가적립금(법법 16 ① Ⅱ 나) 상당액을 재원으로 하는 감액배당은 익금산입한다. 다만 다음의 금액을 한도로 한다(법령 17 ②).

익금산입의 한도액: A − (B − C)

A: 분할차익
B: 분할법인의 자본금 감소액과 의제배당비과세 자본잉여금(3퍼센트 세율적용 재평가적립금 제외)의 감소액의 합계액
C: 분할신설법인의 자본금

그 밖의 구체적인 내용은 위 '합병차익 중 피합병법인의 재평가적립금 상당액'에서 살펴본 바와 동일하다(법령 17 ③, ④).

3) 감액배당을 수령한 보유주식의 장부가액 조정

자본준비금을 재원으로 하는 배당금을 수령하면서 익금불산입한 경우 보유주식의 장부가액에서 해당 배당금 상당액을 차감한다(법령 72 ⑤ Ⅳ).[27] 해당 주주는 출자를 환급받으면서 비과세되었는데 장부가액을 그만큼 감액하지 않으면 해당 주식을 처분할 때 다시 비과세되는 효과가 발생하여 이중의 비과세가 초래되기 때문이다. 이런 측면에서도 익금불산입하는 배당금액은 해당 주식의 장부가액을 한도로 할 수밖에 없다.

4 다른 법인으로부터 받는 배당소득금액

가. 의 의

법인이 다른 법인으로부터 받는 배당소득에 대하여 다시 법인세를 과세하는 경우에는 동일한 소득에 대한 이중과세를 초래하게 된다. 따라서 현행 법인세법은 내국법인이 내국법인이나 외국법인으로부터 받는 배당소득에 관하여 이중과세를 조정하기 위하여 수입배당금액의 익금불산입제도를 채택하고 있다. 이하에서는 내국법인 수입배당금액의 익금불산입제도(법법 18의2)와 외국자회사 수입배당금액의 익금불산입제도(법법 18의4)를 각각 살펴본다.

---

27) 다만 내국법인이 보유한 주식의 장부가액을 한도로 한다. 前註15에서 언급한 바와 같이 미국세법은 IRC § 301(c)(2)에서 동일한 내용을 규정하고 있다. 상세한 논의는 前註15 참조.

나. 내국법인 수입배당금액의 익금불산입제도

1) 의 의

내국법인의 배당소득에 대하여 다시 법인세를 과세하게 되면 동일한 소득에 대한 이중과세를 초래하기 때문에 대부분의 국가들은 내국법인이 다른 내국법인으로부터 받은 배당소득에 관하여 이중과세의 조정장치를 마련하고 있다.

2) 입법례

이하에서는 미국, 독일 및 일본의 입법례를 소개하기로 한다.[28]

가) 미 국

법인이 가득한 소득에 대하여는 배당분과 유보분의 구별 없이 법인세율에 의하여 법인세를 과세한다. 이와 같이 법인세가 과세된 후의 소득을 주주인 다른 법인에게 배당하는 경우에는 그 배당금을 수취하는 법인의 과세소득금액을 산정할 때 수취하는 배당금의 50퍼센트에 상당하는 금액을 공제(deduction)한다[IRC §243(a)(1)].

그리고 법인이 총발행주식의 20퍼센트 이상의 주식을 소유하는 다른 법인으로부터 받는 배당금에 대하여는 그 배당금의 65퍼센트에 상당하는 금액을 공제한다[IRC §243(c)].

다음으로 관계집단(affiliated group) 내의 배당과 소규모사업투자법(the Small Business Investment Act of 1958)에 의한 소규모사업투자회사로부터 받는 배당금에 대하여는 그 배당금의 전액을 공제한다[IRC §243(a)(2), (3)].

이를 수취배당금공제(Dividend-Received Deduction)라고 부른다.[29]

미국세법은 조세회피방지를 위하여 단기보유로 인한 익금불산입 배제, 비정상적인 배당금 수취시 주식의 장부가액 감액 등의 규정을 두고 있다.

나) 독 일

독일의 경우 법인이 거둔 배당소득은 그 원천이 국내이건 국외이건 모두 95퍼센트를 과세면제(Steuerbefreiung)하도록 규정하고 있다(독일법인세법 제8b조 제1항, 제2항).[30] 95퍼센

---

28) 상세는 이중교/황남석, "수입배당금 익금불산입제도의 개선방안 연구", 「세무와 회계 연구」 제10권 제2호, 2021, 245면 이하.

29) Pope et al, *Federal Taxation 2001 Comprehensive*, 2001, pp. 3-12-3-18.

30) 독일법상 배당소득 익금불산입 제도는 고전적 법인세체계(klassisches Körperschaftsteuersystem)의 필연적 결과라고 한다. 배당소득을 익금불산입하지 않으면 콘체른 내에서의 배당소득은 법인의 지배구조 단계별로 줄어들게 되는 '폭포수효과(Kaskadeneffekt)'가 발생하게 된다. 동시에 유럽연합 모자회사지침[EC Parent and Subsidiary Directive(90/435/EEC)]을 국내법화한 결과이기도 하다. *Brähler*, Internationales Steuerrecht,

트를 과세면제하는 이유는 배당소득을 과세면제(익금불산입)하면 그에 대응하는 비용도 손금불산입하여야 하는데, 그 비용을 배당소득의 5퍼센트로 개산의제(概算擬制)하는 것이다. 100퍼센트 과세면제(익금불산입)와 5퍼센트의 손금불산입을 통산하면 95퍼센트의 과세면제(익금불산입)가 되는 것이다. 배당청구권의 양도소득 및 지분의 양도소득도 배당소득과 동일하게 취급한다.[31]

다) 일　본

　법인이 받는 배당소득에 대하여는 원칙적으로 그 금액의 50퍼센트에 상당하는 금액을 익금불산입한다. 그러나 연결법인 및 관계법인주식 등과 관련이 있는 배당소득에 대하여는 그 전액을 익금불산입한다.

(1) 익금불산입의 대상이 되는 배당금의 범위

① 익금불산입의 대상이 되는 배당소득이란 내국법인으로부터 받는 배당소득을 가리킨다. 외국법인으로부터 받는 배당소득・공익법인 또는 인격 없는 사단 등으로부터 받는 배당은 제외된다(일본 법법 23 ①).

　　외국법인으로부터의 배당에 대하여 익금불산입을 배제하는 이유는 다음과 같다.[32]

　　첫째, 외국법인에 대하여는 국내에서 법인세를 과세하지 않고 있으므로 국내에서의 중복과세의 문제는 제기되지 않고,

　　둘째, 외국법인이 행하는 배당에 대하여는 그 외국에서의 취급례(예를 들면 배당금에 대하여 지급배당금 손금산입법을 채택하고 있는지의 여부 등)를 알 수 없기 때문에 해당 배당소득에 대하여 익금불산입하는 것이 타당한지의 여부를 가릴 수 없다.

② 익금불산입의 대상이 되는 배당소득이란 이익의 배당 또는 잉여금의 분배・증권투자신탁수익의 분배액 중 이익의 배당 또는 잉여금의 분배액으로 이루어진 금액・의제배당이다. 위에서의 증권투자신탁에는 공사채투자신탁 및 외국의 신탁은 제외된다.

③ 법인이 배당소득의 원천의 된 주식등을 그 배당금의 계산기초가 된 기간의 말일 이전 1월 이내에 취득하고 그 말일로부터 2월 이내에 양도한 경우에는 그 주식등에 대한 배당 등에 대하여는 익금불산입의 대상에서 제외한다.

7.Aufl., 2011, S. 62-66.

31) 상세는 *Jäger/Lang/Künze*, Körperschaftsteuer, 19. Aufl., 2016, S. 370ff.

32) 吉牟田勲, 「新版法人税法詳說」, 中央經濟社, 1995, 66면.

(2) 익금불산입의 내용

① 연결법인 및 관계법인주식 등 외의 주식에 대하여 받는 배당소득에 대하여는 그 배당액
의 50퍼센트에 상당하는 금액, 연결법인 및 관계법인주식 등에 대하여 받는 배당소득에
대하여는 그 배당액의 전액을 익금불산입한다(일본 법법 23).

위에서 연결법인주식 등이란 내국법인이 완전연결지배관계를 갖는 다른 내국법인의 주
식등을 소유하고 있는 경우에 해당 주식등을 말한다. 그리고 관계법인주식 등이란 내국
법인이 다른 내국법인의 발행주식의 총수 또는 출자금액의 25퍼센트 이상에 상당하는
수 또는 금액의 주식 또는 출자지분을 소유하고 있는 경우에 해당 주식을 말한다.

② 법인이 배당소득의 원천이 되고 있는 주식등을 취득하면서 차입금에 의하여 취득하는
경우도 있을 수 있다. 이 경우에는 그 차입금에 대한 지급이자가 손금에 산입됨과 아울러
그 배당소득의 전액 또는 일정액이 익금불산입되어 이중적인 혜택을 누리게 된다. 그러
므로 차입금으로 취득한 주식등에 대한 배당소득의 익금불산입액을 계산할 때에는 그 배
당액에서 차입금의 지급이자를 공제한 차액만을 익금불산입하도록 하고 있다.

차입금의 지급이자 공제액의 계산에 있어서는 원칙적 계산방법인 총자산안분법과 간편
계산방법인 실적비율법의 선택이 인정되고 있다. 매기 계속적으로 적용할 필요는 없다.

㉮ 총자산안분법

지급이자를 일반주식 등과 특정주식 등으로 나눈 뒤에 다음의 계산식에 의하여 계산
하는 방법이다. 당기의 지급이자 공제액은 다음의 ㉠ 및 ㉡의 계산식에 따라 계산한
금액의 합계액이다.

㉠ 일반주식 등에 관계된 지급이자

$$(당기의\ 지급이자의\ 총액 - 특정이자)$$
$$\times \frac{전기말과\ 당기말의\ 일반주식\ 등의\ 장부가액의\ 합계액 + 전기말과\ 당기말의\ 증권투자신탁\ 수익증권의\ 장부가액의\ 합계액}{전기말과\ 당기말의\ 총자산의\ 장부가액의\ 합계액}$$
$$= 당기의\ 지급이자\ 공제액$$

ⓒ 특정주식 등에 관계된 지급이자

$$\left(\begin{array}{c}\text{당기의 지급}\\\text{이자의 총액}\end{array} - \text{특정이자}\right) \times \frac{\text{전기말과 당기말의 특정주식 등의 장부가액의 합계액}}{\text{전기말과 당기말의 총자산의 장부가액의 합계액}}$$

$$= \text{당기의 지급이자 공제액}$$

(i) 지급이자에는 통상의 지급이자 외에 어음할인료·사채발행차금 기타 경제적 성질이 이자에 준하는 것도 포함된다(일본 법령 21 ①).

(ii) 특정이자란 일반사업법인의 경우 사채의 이자(사채발행차금을 포함)·은행으로부터의 장기차입금의 이자·상품판매 등의 거래의 대가로서 받는 어음의 할인료를 말한다(일본 법령 22 ③).

(iii) 총자산의 장부가액은 확정된 결산 또는 중간결산에 근거한 재무상태표상의 금액에 의하되, 특정이자의 원본인 차입금에 상당하는 금액, 압축기장충당금, 특별상각준비금상당액 등 소정의 금액을 공제하여 계산한다(일본 법령 22 ①, ②).

㉴ 실적비율법

번거로운 총자산안분법에 갈음하여 적용할 수 있는 간편계산법이다. 해당 사업연도의 지급이자의 총액에 기준기간(1998년 4월 1일부터 2000년 3월 31일 사이에 개시한 각 사업연도)의 지급이자의 총액 중 지급이자 공제액의 평균비율(실적비율)을 곱하여 해당 사업연도의 지급이자 공제액을 계산한다(일본 법령 22 ③).

3) 우리나라의 내국법인 수입배당금액 익금불산입제도

가) 제도의 취지

내국법인 수입배당금액의 익금불산입제도는 법인의 배당소득에 대한 이중과세를 조정하기 위한 법적 장치이다. 즉 내국법인이 해당 법인이 출자한 다른 내국법인으로부터 배당금을 받은 경우에는 그 받은 수입배당금액 중 지분율에 따른 익금불산입률에 상당하는 수입배당금액을 익금에 불산입함으로써 배당소득에 대한 이중과세를 완화하려는 것이다. 과거에는 일반회사와 지주회사, 상장법인과 비상장법인 간에 차이가 있었는데 2022년 법인세법 개정(2022. 12. 31. 법률 제19193호)으로 그 차이가 없어졌다.[33]

---

[33] 개정법의 조세정책적 의미에 관하여는 김경호, "법인세법 일부개정법률안 검토보고", 기획재정위원회, 2022, 18-26면.

나) 익금불산입의 요건

내국법인(법인세법 제29조에 따라 고유목적사업준비금을 손금에 산입하는 비영리내국법인을 제외한다[34])이 출자한 배당지급법인으로부터 받은 수입배당금액에 그 지분율에 따른 익금불산입률을 곱하여 산출한 금액의 합계액이 배당지급법인에 대한 출자와 관련된 차입금의 이자에 일정률을 곱하여 계산한 금액을 초과하여야 한다. 그리고 수입배당금의 익금불산입 규정을 적용받고자 하는 법인은 수입배당금액명세서를 제출하여야 한다.

(1) 다른 내국법인으로부터 받은 수입배당금액

내국법인(비영리내국법인을 제외한다)이 해당 법인이 출자한 다른 내국법인(배당지급법인)으로부터 받은 수입배당금액이어야 한다.[35] 수입배당금액에는 금전배당·주식배당 및 의제배당,[36] 중간배당이 포함된다.

판례는 여기서의 수입배당금을 '내국법인이 다른 내국법인에 출자를 함으로써 법인의 주식 등을 취득하고 주주 등의 지위에서 다른 내국법인에 대한 출자지분 등에 비례하여 받은 이익의 배당액이나 잉여금의 분배액과 배당금 또는 분배금의 의제액'을 의미한다고 해석한다. 따라서 내국법인이 익명조합계약을 체결하여 다른 내국법인의 영업을 위하여 출자하고 다른 내국법인은 영업으로 인한 이익을 분배하기로 약정한 다음, 이에 따라 익명조합원의 지위에 있는 내국법인이 영업자의 지위에 있는 다른 내국법인에 출자를 하는 경우에는 출자를 통하여 다른 내국법인의 주식 등을 취득하거나 주주 등의 지위에 있게 되는 것이 아니므로, 출자를 한 내국법인이 영업자의 지위에 있는 다른 내국법인으로부터 지급받는 돈은 익명조합원의 지위에서 출자 당시 정한 손익분배약정에 따라 지급받는 것에 불과할 뿐이어서 수입배당금에 해당하지 않는다.[37]

---

34) 그 이유는 비영리내국법인이 배당받은 금액을 고유목적사업준비금으로 손금산입한 후에 같은 금액에 관하여 익금불산입을 하게 되면 이중으로 손금에 산입되는 문제가 있기 때문이다. 법인세법 일부개정법률안(2007. 10. 2.) 제안이유. 관련하여 고유목적사업준비금을 손금에 산입할 수 있는 비영리내국법인이 수입배당금액 중 고유목적사업준비금을 설정하지 않은 부분에 관하여는 수입배당금 익금불산입 규정을 적용받을 수 있는지 여부가 문제될 수 있는데 법문에 비추어 보면 부정적으로 보아야 할 것이다.

35) 판례는 수익자가 신탁계약을 통하여 수탁자로부터 교부받은 수익권증서에 기하여 지급받은 배당금에 관하여 수입배당금 익금불산입 규정이 적용된다고 본다. 다만 자본시장법상 투자신탁의 경우 다수의 투자자들로부터 모집한 투자금이 혼재되어 있고 투자신탁을 구성하는 상품이 다양하여 현실적으로 어떤 내국법인으로부터 배당금을 받았는지 알 수 없으며 투자자의 운용은 투자자가 아니라 집합투자업자의 의사에 의하여 정해지고 투자금의 회수도 빈번하므로 투자신탁 재산 중 어떤 투자자의 재산이 어떤 투자자산에 얼마나 투자되고 운용되었는지 알 수 없다는 점을 들어 어떤 법인이 투자신탁에 가입하여 투자수익으로 분배금을 받더라도, 실제 수익자인 그 법인에 대하여 법인세법상 수입배당금 익금불산입 규정을 적용할 수 없다고 한다. 서울고등법원 2020. 11. 27. 선고 2020누36788 판결(대법원 2021. 4. 15. 자 2020두57660 판결로 심리불속행 종결).

36) 법인, 사전-2017-법령해석법인-0746, 2017. 11. 29.

37) 대법원 2017. 1. 12. 선고 2015두48693 판결.

다만, 다음의 수입배당금액은 본조에 의한 익금불산입의 대상이 되는 수입배당금액으로 보지 않는다(법법 18의2 ②).

(가) 단기간 보유한 주식등에 대한 수입배당금액(제1호)

수입배당금액의 익금불산입에 의한 조세회피를 목적으로 주식등을 단기간 보유하는 경우가 있을 수 있으므로 배당기준일 전 3개월[38] 이내에 취득한 주식등을 보유함으로써 발생하는 수입배당금액은 익금불산입 규정을 적용하지 않는 것이다. 법의 맹점(loophole)을 이용한 조세회피를 방지하기 위하여 익금불산입의 대상에서 제외한 것이다.[39]

동일 종목의 주식을 계속하여 매매한 경우에 보유하고 있는 주식의 취득시기 및 그 보유기간의 산정이 문제가 된다. 이 경우 동일 종목의 주식등의 일부를 양도한 경우에는 먼저 취득한 주식등을 먼저 양도한 것으로 본다(법령 17의2 ① 後).

(나) 법인세법 제51조의2(유동화전문회사에 대한 소득공제) 또는 조특법 제104조 의31(프로젝트금융투자회사에 대한 소득공제)에 따라 지급한 배당에 대하여 소득공제를 적용받는 법인으로부터 받은 수입배당금액(제3호)

내국법인이 이와 같은 다른 내국법인으로부터 받는 수입배당금액에 대하여 법인세를 과세하더라도 법인세의 중복과세의 문제가 생기지 않기 때문이다.

(다) 법인세법 및 조특법에 따라 법인세를 비과세·면제·감면받는 법인(법인세 법 시행령 제17조의2 제4항에 규정된 법인에 한정된다)으로부터 받은 수입 배당금액(제4호)

내국법인이 이와 같은 다른 내국법인으로부터 받는 수입배당금액에 대하여 법인세를 과세하더라도 법인세의 중복과세의 문제가 생기지 않기 때문이다. 여기에 속하는 다른 내국법인에 속하는 예로는 조특법 제100조의15의 동업기업과세특례를 적용받는 법인을 들 수 있다.

(라) 법인세법 제75조의14에 따라 지급한 배당에 대하여 소득공제를 적용받는 법 인과세 신탁재산으로부터 받은 수입배당금액(제5호)

수탁자과세신탁의 수탁자가 신탁소득의 90퍼센트 이상을 수익자에게 분배하는 경우 신

---

38) 합병법인이 합병으로 피합병법인으로부터 그 자회사 주식을 승계받은 경우 3개월의 기산점을 피합병법인이 자회사 주식을 취득한 때부터로 할 것인지 아니면 합병등기일로부터 할 것인지 문제될 수 있으나 포괄승계의 법리상 피합병법인이 취득한 시기를 기준으로 하여야 할 것이다. 행정해석도 같다. 사전-2021-법령해석법인-1167, 2021. 10. 12.(합병의 경우); 법인세과-103, 2010. 2. 2.(분할의 경우).

39) 渡辺淑夫, 「法人稅法」, 平成7年度版, 中央經濟社, 1995. 147면.

탁은 도관으로서의 성격이 강한 것으로 보아 수탁자의 소득을 계산할 때 수익자에게 분배하는 금액을 공제하는 방식으로 신탁단계와 수익자단계의 이중과세를 조정하므로 익금불산입을 할 필요가 없기 때문이다.

(마) 「자산재평가법」 제28조 제2항을 위반하여 법인세법 제16조 제1항 제2호 나목에 따른 재평가적립금을 감액하여 지급받은 수입배당금액(제6호)

자산재평가법 제28조 제2항은 재평가차익을 처분할 수 없도록 규정하고 있는데 이에 위반하여 3퍼센트 세율적용 재평가적립금을 감액배당하는 경우 그 수입배당금액은 익금불산입을 하지 않는다. 3퍼센트 세율적용 재평가적립금은 익금에 산입되지 않아 비과세되는 금액이므로 이를 감액하여 배당받는 주주에 대하여 과세하더라도 이중과세 문제가 발생하지 않기 때문이다.[40] 그러나, 본래 배당할 수 없는 금액임에도 위 수입배당금액을 언제나 익금산입하는 것이 타당한지는 의문이 있다. 법인이 실질적으로 배당을 받은 것과 같은 이익을 누리는 경우에 한하여 위 규정을 적용하여야 할 것이다.

(바) 법인세법 제18조 제8호 나목 및 다목에 해당하는 자본준비금을 감액하여 지급받은 수입배당금액(제7호)

적격합병에 따른 합병차익 및 적격분할에 따른 분할차익 중 각 3퍼센트 세율적용 재평가적립금에 상당하는 금액을 감액하여 지급받은 수입배당금액은 익금불산입을 하지 않는다. 그러나 일반적인 수입배당금액의 경우에도 이를 수취하는 법인이 배당법인에 대하여 갖는 지분 비율에 따라 익금불산입을 하는데 합병차익 및 분할차익 중 3퍼센트 세율적용 재평가적립금에 해당하는 금액에 관하여는 지분비율과 관계없이 전액을 익금산입하는 것은 형평에 맞지 않는다.

(사) 자본금 감소로 주주등인 내국법인이 취득한 재산가액이 당초 주식등의 취득가액을 초과하는 금액 등 피출자법인의 소득에 법인세가 과세되지 않은 수입배당금액으로서 대통령령으로 정하는 수입배당금액(제8호)

피출자법인의 소득에 법인세가 과세되지 않은 수입배당금액도 법인단계에서 과세된 소득이 아니므로 주주 단계에서 익금불산입하지 않는다. 감자, 합병, 분할, 해산 등으로 주주가 취득하는 금전 및 그 밖의 재산가액의 합계액이 해당 주식의 취득가액을 초과한다면 그 초과금액만큼 의제배당으로 주주인 법인의 해당 사업연도 익금에 산입된다. 이때 법인 단계에서 과세가 이루어지지 않았다면 이중과세 조정을 위한 수입배당금 익금불산

---

[40] 김경호, "법인세법 일부개정법률안 검토보고", 기획재정위원회, 2023. 11., 28-29면.

입 조항을 적용할 필요가 없다.[41] 법인세법의 위임을 받아 법인세법 시행령 제17조의2 제5항은 유상감자에 따른 의제배당금액과 자기주식 보유 법인의 자본금전입시 발생하는 의제배당금액을 익금불산입 적용 대상에서 제외하고 있다.

(2) 차입금에 의한 출자의 제한

내국법인이 각 사업연도에 지급한 차입금의 이자가 있는 경우에는 피출자법인별로 수입배당금액에 일정한 익금불산입률을 곱한 금액의 합계액(다음의 익금불산입액)이 배당지급법인에 대한 출자와 관련된 차입금의 이자에 일정률을 곱하여 산정한 금액(다음의 차입금의 이자상당액)을 초과하여야 한다.

(가) 익금불산입금액

익금불산입금액은 수입배당금액에 익금불산입률을 곱하여 계산한다.

① 익금불산입률은 내국법인의 배당지급법인(피출자법인)에 대한 출자비율[42]에 따라 다음 표와 같이 구분한다.

피출자법인에 대한 출자비율	익금불산입률
50% 이상	100%
20% 이상 50% 미만	80%
20% 미만	30%

② 내국법인이 배당지급법인에 출자한 비율은 출자받은 내국법인의 배당기준일 현재 3개월 이상 계속하여 보유하고 있는 주식등을 기준으로 하여 계산한다. 이 경우에 보유주식 등의 수를 계산할 때 동일 종목의 주식등의 일부를 양도하였다면 먼저 취득한 주식등을 먼저 양도한 것으로 본다.

(나) 차입금의 이자상당액(차감금액)

내국법인이 각 사업연도에 지급하는 차입금의 이자에 일정률[다른 내국법인(배당지급법인)의 주식등의 장부가액에 익금불산입률을 곱하여 계산한 금액의 합계액이 해당 내

---

41) 또 다른 예로 유상감자로 인한 감자차익의 경우 자본금감소로 인해 해당 법인에게는 과세가 되지 않으나 감자차익을 재원으로 배당할 경우 주주에 따라 해당 주식의 취득가액을 초과하는 금액을 배당받을 수 있으며 이 경우 의제배당의 대상이 되는데 이중과세 문제가 안 생기므로 수입배당금 익금불산입 대상에서 제외하는 것이 타당하다고 한다. 이상, 김경호, "법인세법 일부개정법률안 검토보고", 기획재정위원회, 2023. 11., 29-30면.

42) 출자비율을 계산할 때 피출자법인의 발행주식총수에 자기주식을 포함할 것인지 여부가 문제될 수 있는데, 행정해석은 자기주식을 제외한 실질적인 출자비율을 기준으로 출자비율을 계산하여야 한다는 입장이다. 사전-2023-법규법인-0747, 2023. 11. 23. 자기주식의 본질은 미발행주식이므로 행정해석이 타당하다.

국법인의 사업연도 종료일 현재 재무상태표상의 자산총액에서 차지하는 비율]을 곱하여 산출한 금액으로 한다(법령 17의2 ③). 수입배당금을 익금불산입하기 때문에 그에 대응하는 차입금이자의 손금산입 효과를 상쇄하기 위한 규정이다.[43]

$$\text{차감금액} = A \times \frac{B}{C} \times D$$

A: 내국법인의 차입금 이자
B: 해당 피출자법인의 주식등(국가 및 지방자치단체로부터 현물출자받은 주식등은 제외한다)[44]의 장부가액 적수(積數: 일별 잔액의 합계액을 말한다. 이하 같다)
C: 내국법인의 사업연도종료일 현재 재무상태표상 자산총액의 적수
D: 법인세법 제18조의2 제1항 제1호의 구분에 따른 익금불산입률

위 계산식에서 자산총액·차입금의 이자 및 피출자법인의 주식등의 가액의 적수는 피출자법인으로부터 받는 수입배당금이 해당 법인의 익금으로서 확정된 날이 속하는 사업연도의 금액에 의해야 한다.[45] 항목별로 나누어 살펴본다.

① 차입금의 이자

차입금의 이자는 모든 채무에 대한 지급이자 및 할인료를 말한다.[46] 금융기관으로부터의 차입금과 사채(私債)·사채(社債)의 이자는 물론이고 금융리스료가 포함된다. 그러나 자산을 장기할부조건으로 취득함에 따른 채무(장기미지급금 등)의 현재가치할인차금의 상각액이나 연지급수입에 따른 지급이자는 위의 차입금의 이자에 포함되지 않는다(법령 72 ④).[47]

---

43) 대법원 2017. 7. 11. 선고 2015두49115 판결; 金子宏, 「租稅法」, 第7版, 有斐閣, 1999, 259면. 앞서 본 독일의 입법례에서 배당소득의 5퍼센트 상당액을 과세면제에서 제외하는 것도 같은 취지이다.
44) 정부로부터 현물출자로 받은 주식의 경우 차입금을 이용하여 주식을 취득한 것이 아님이 명백하므로 해당 주식은 차입금 이자 계산시 제외한다.
45) 같은 취지: 국세청 서이 46012-10290, 2001. 9. 29.
46) 차입금의 이자는 민법상 금전소비대차계약에 따른 채무의 이자나 출자주식과 개별적인 관련성을 갖는 차용금에 한정된다고 할 수 없고, 원칙적으로 舊 법인세법 시행령 제19조 제7호에서 손비의 한 항목으로 규정한 '차입금 이자'를 의미한다. 따라서 금융회사가 예금계약 등에 근거하여 고객으로부터 예금을 맡아 관리하면서 지출하는 예수금 이자는 예금 유치에 따른 영업비용이므로 차입금 이자와 동일시할 수 없고, 회계상으로도 전혀 다른 계정에 해당한다. 이에 반하여 금융회사가 환매조건부 채권매도, 매출어음 할인, 금융채의 발행, 신탁계정으로부터 자금차입 등 그 밖에 다양한 방식으로 타인으로부터 그 목적사업을 위한 운영자금을 조달하면서 지출하는 비용들은 금융회사가 아닌 일반 기업들의 경우와 마찬가지로 법인세법 시행령 제19조 제7호의 차입금 이자로 보아야 하므로 다른 법인세 법령에 의해 손금불산입된 경우가 아닌 이상 법인세법 제18조의3 제1항에서 규정한 차입금 이자에 포함된다. 대법원 2017. 7. 11. 선고 2015두49115 판결.
47) 이들은 납세의무자가 세무회계 처리방식을 선택할 수 있는 경우인바, 그로 인하여 수입배당금 익금불산입액

지급이자의 손금불산입 규정에 따라 이미 손금불산입된 지급이자에 대한 차입금(채권자가 불분명한 사채·이자 등의 수령자가 불분명한 채권 등·건설자금·비업무용자산의 취득 등과 관련한 차입금)과 그 지급이자는 본 호에서의 차입금 및 이자에서 제외한다(법령 17의2 ②).

② 피출자법인의 주식등의 장부가액 및 자산총액

자산총액이란 배당을 지급받는 내국법인의 사업연도 종료일 현재의 재무상태표상의 자산총액을 말한다. 피출자법인의 주식등의 장부가액[48] 및 자산총액은 적수로 계산한다(법령 17의2 ③).

(3) 수입배당금액명세서의 제출

수입배당금의 익금불산입 규정을 적용받고자 하는 법인은 법인세 과세표준신고와 함께 수입배당금액명세서를 납세지 관할 세무서장에게 제출하여야 한다(법령 17의2 ⑥). 훈시규정이다.

다) 익금불산입의 내용

내국법인이 피출자법인으로부터 받은 수입배당금액에 익금불산입률을 곱하여 산정한 금액을 익금불산입한다. 다만, 각 사업연도에 지급한 차입금의 이자가 있는 경우에는 차입금의 이자에 일정률을 곱하여 계산한 금액에 관하여는 익금불산입의 규정을 적용하지 않는다.

즉, 각 사업연도에 지급한 차입금의 이자가 있는 내국법인의 경우에는 그 내국법인이 피출자법인으로부터 지급받은 수입배당금액에 피출자법인에 대한 지분율에 따른 익금불산입률을 곱하여 산출한 금액에서 차입금의 이자에 일정률을 곱하여 계산한 금액(차입금의 이자상당액)을 공제한 차액을 익금불산입하는 것이다.

익금불산입액을 계산식으로 표시하면 다음과 같다.

$$\text{익금불산입액} = \text{수입배당금액에 익금불산입률을 곱하여 산정한 금액의 합계액} - \text{차입금의 이자상당액}$$

의 차이가 발생하지 않도록 하기 위한 것이다.

48) 상환전환우선주를 상환·소각하여 발생한 의제배당에 관하여 수입배당금 익금불산입 규정을 적용할 경우 피출자법인의 주식등의 장부가액 적수는 상환·소각된 상환전환우선주의 장부가액 적수이다. 서면-2022-법규법인-4045, 2023. 7. 11.

다. 외국자회사 수입배당금액의 익금불산입제도

1) 의 의

내국법인의 국외원천소득 중에서 해당 법인이 일정 지분율 이상을 출자한 외국자회사로부터의 수입배당금액은 그 중 95퍼센트를 익금불산입한다(법법 18의4). 이 제도는 내국법인이 실질적인 소유자 지분[49]을 보유하고 있는 외국법인으로부터 받은 배당소득을 과세면제하여 주는 국제적 이중과세조정장치로서 일반적으로 지분참여면제(participation exemption)라고 부른다.[50] 비교법적으로 지분참여면제제도는 일정한 지분비율 이상의 직접투자에 의한 배당소득만을 과세면제하고 포트폴리오 투자[51]에 의한 배당소득은 과세하는 입법례가 많다.

내국법인에 귀속하는 그 이외의 국외원천소득에 관하여는 여전히 외국납부세액공제제도가 적용된다.

2) 입법례

이하에서는 지분참여면제제도에 관하여 미국, 독일 및 일본 입법례의 주요 내용을 소개하기로 한다.[52]

가) 미 국

(1) 과세면제의 적용요건

미국법인이 지분 비율 10퍼센트 이상을 보유하고 있는 외국법인으로부터 수취한 국외원천 배당소득에 관하여는 과세가 면제된다[IRC §245A(a)]. 연방의회는 '수취배당(dividend received)'을 넓은 의미로 해석되도록 의도하였다. 예를 들어 미국법인이 외국법인의 주식을 파트너십을 통해 간접적으로 보유하고 있는 경우, 만일 미국법인이 그 주식을 직접보유하고 있는 경우에 배당소득에 관하여 과세면제된다면, 그 파트너십이 외국법인으로부터 수취한 배당 중 미국법인의 지분에 해당하는 부분에 관하여도 과세면제된다.[53] 외국법인의 범위에 관하여는 특별한 제한이 없지만 피지배외국법인이나 수동외국투자회사(Passive Foreign

---

49) 실질적인 소유자 지분에 해당하려면 필요한 지분율은 대체로 5퍼센트(예컨대, 네덜란드)에서 25퍼센트(예컨대, 일본) 사이이다. *Arnold, International Tax Primer*, 4.ed, 2019, p.54.

50) 지분참여면제제도의 이론적 측면에 관하여는 황남석, "원천지국 과세원칙으로의 전환 필요성에 관한 고찰 - 배당소득을 중심으로 - ", 「외법논집」 제43권 제3호, 2019, 189면 이하.

51) 포트폴리오 투자는 특정 회사에 대한 투자에 해당하지 않아 그 회사의 경영에 본질적인 영향력을 행사할 수 없는 경우를 말한다. 대체로 발행주식총수의 10퍼센트 미만의 지분을 취득하는 투자를 포트폴리오 투자라고 한다. Arnold(註49), p. 230.

52) 상세는 황남석(註50), 203면 이하.

53) Conference Report on H.R. 1, Tax Cuts and Jobs Act(H.Rept. 115-466), p. 595.

Investment Company)에 해당하면 안 된다[IRC §245A(b)]. 과세면제의 적용을 받으려면 미국법인은 대상 외국법인의 지분을 1년 이상 보유하여야 한다[IRC §246(c)(5)(A)].[54]

(2) 혼성배당의 제외

미국법인이 피지배외국회사로부터 수취하는 배당 중에서 혼성배당(hybrid dividend)에 관하여는 지분참여면세가 적용될 수 없다. 혼성배당은 피지배외국회사로부터 받는 배당으로서 지분참여면세가 적용될 수 있으면서도 피지배외국회사는 외국으로부터 손금산입(혹은 그에 준하는 조세상 혜택)을 인정받은 것을 가리킨다. 만일 피지배외국회사가 다른 피지배외국회사로부터 혼성배당을 수취하는 경우에는 ① 그 혼성배당은 혼성배당을 수취하는 피지배외국회사의 Subpart F 소득으로 취급하고 ② 미국 거주자인 주주는 자신의 지분에 해당하는 Subpart F 소득을 총소득에 포함시켜야 한다[IRC §245A(e)(2)]. 다른 입법례와 마찬가지로 BEPS Action Plan 2[55]를 반영하기 위한 조치이다.

나) 독 일

(1) 과세면제의 적용요건

독일법인은 배당소득, 즉 독일소득세법 제20조 제1항 제1호, 제2호, 제9호, 제10호의 소득[56]에 관하여 그 소득원천이 국내인지 국외인지, 납세의무자가 무제한납세의무를 지는지 혹은 제한납세의무를 지는지 불문하고 그 수취금액의 95퍼센트를[57] 과세면제한다(KStG §8b ①). 다만 무조건적인 과세면제는 아니고 해당 역년(曆年)의 초에 배당을 지급하는 회사의 지분을 10퍼센트 이상 보유하고 있어야 한다(KStG §8b ④). 이처럼 배당소득을 과세면제하는 것은 주주-법인 구조에서 법인세가 중복적으로 과세되는 것을 막기 위한 조치로서 유럽연합의 1992년 모자회사지침[EC Parent and Subsidiary Directive(90/435/EEC)]을 국내법화한 것이다.[58] 혼성배당(hybrid dividends)에 관하여는 BEPS Action Plan 2를

---

54) 이 경우 미국법인이 주식과 관련하여 금전 지급의무를 부담한다면 그 주식에 관한 배당은 과세면제의 대상이 될 수 없다. IRC §246.

55) 한 국가의 법률에 따라 비용으로 공제된 금액이 다른 국가에서는 과세소득에 포함되지 않는 경우 등 둘 이상의 과세관할에서 어떠한 실체 또는 상품에 관하여 세무처리방법을 달리 규정한 결과 과세결과의 불일치가 발생하고 당사자들이 그 불일치를 이용하여 총부담세액을 낮추는 거래에 대응하기 위한 것이다. OECD, Neutralising the Effects of Hybrid Mismatch Arrangements, OECD/G20 Base Erosion and Profit Shifting Project, 2014, 문단 41.

56) 그 내용은 간단하지 않으나 대체로 배당소득에 해당하는 것이다.

57) 95퍼센트를 과세면제하는 이유는 배당소득을 과세면제(익금불산입)하면 그에 대응하는 비용도 손금불산입하여야 하는데, 그 비용을 배당소득의 5%로 개산의제(概算擬制)하는 것이다. 100%의 익금불산입과 5%의 손금불산입을 통산하면 95%의 익금불산입이 된다. *Brähler*, Internationales Steuerrecht, 7.Aufl., 2011, S. 62-63.

58) *Schaumburg*, Internationales Steuerrecht, 4.Aufl., 2017, Rn. 18.144.

반영하여 과세면제를 적용하지 않는다.

(2) 지분양도소득에 관한 취급

독일의 세제는 지분양도소득을 배당소득과 동일하게 취급한다는 점이 특징이다(KStG §8b ②). 즉, 지분양도소득의 경우에도 그 원천이 국내이건 국외이건 그 금액의 95%를 과세면제 한다. 두 소득은 모두 법인이 실현한 이익을 향수한다는 측면에서 동질적이라고 보기 때문이 다.[59] 다만 지분양도소득 과세면제에 관하여는 최소 지분율 요건이 적용되지 않는다.[60]

다) 일 본

(1) 입법의 경위

일본은 2009. 4. 1.부터 내국법인이 수취하는 일정한 배당소득에 관하여 익금불산입제도 를 도입하였다(외국자회사배당익금불산입제도).[61] 일본이 이 제도를 도입한 것은 해외에 누적되어 있는 일본 거주자 및 내국법인 소득을 일본으로 환수하고자 하는 것이 가장 중요 한 동기였고 부차적으로 세제를 간소화하기 위한 것도 목적 중 하나였다.[62][63]

(2) 적용대상이 되는 외국자회사

적용대상이 되는 외국자회사는 내국법인이 의결권 있는 발행주식총수의 25퍼센트 이상 을 보유하고 있는 외국법인이다. 내국법인은 배당등의 지급의무가 확정되는 날 이전 6개월 이상[64] 계속하여 위 지분을 직접 보유하고 있어야 한다(日本 法法 23의2 ①, 日本 法令 22의4 ①). 피지배외국법인세제(CFC)의 적용대상인 외국자회사도 여기서의 외국자회사에 포함 된다.[65]

---

59) 이 문제와 관련하여 미국에서는 '이익상환의 수수께끼(redemption puzzle)'라고 하는 논쟁이 아비 요나(Avi -Yonah)와 트링클라인/시프러트(Trinklein/Sifflert) 사이에 있었다(Avi-Yonah, "The Redemption Puzzle", *Tax Notes*, Aug. 23, 2010, p. 853, Doc 2010-16107, 2010 TNT 163-5; Trinklein/Sifflert, "The Redemption Puzzle", *Tax Notes*, Sept. 6, 2010, p. 1082, Doc 2010-19439, 2010 TNT 172-10; Avi-Yonah, "Redemption Puzzle Redux", *Tax Notes*, Sept. 13, Doc 2010-19727, 2010 TNT 176-11).

60) *Binnewies* in Streck, KStG Kommentar, 8.Aufl., 2014, Rn. 54.

61) 이론적으로는 여전히 외국납부세액공제제도를 근간으로 하면서 간접외국납부세액공제제도만을 외국자회사 배당익금불산입제도로 변경한 것이라고 이해할 수도 있다. 渕圭吾, "歷史的文脈の中の外国税額控除制度", 金子宏 監修, 「国際課税(現代租税法講座 第4卷)」, 日本評論社, 2017, 236면.

62) 渡辺徹也, "外国子会社配当益金不算入制度の意義と効果－資金還流税制といえるか", 「租税法研究」40号, 2012, 89면.

63) 이하의 내용은 本庄資/田井良夫/関口博久, 「国際租税法—概論」, 第3版, 大蔵財務協会, 2017, 258-265면을 중심으로 정리한 것이다.

64) 여기서 6개월은 통상 조세조약의 이중과세배제조항에서 요건으로 하는 기간이라고 한다[예. 일본-미국 조 세조약 제23조 1(b)]. 青山慶二, 「現代税制の現状と課題: 国際課税編」, 新日本法規出版, 2017, 94면.

65) 青山慶二(註64), 82-83면.

(3) 익금불산입의 적용요건

외국자회사배당익금불산입제도의 적용요건은 다음과 같다(日本 法法 22의2 ②).

① 확정신고서에 익금에 산입하지 않는 잉여금등의 배당 및 그 계산에 관한 명세를 기재하여야 한다.

② 재무성령으로 정한 서류[66)]를 보존하여야 한다.

배당액을 손금에 산입할 수 있는 혼성배당의 경우[67)] BEPS Action Plan 2의 취지에 따라 외국자회사배당익금불산입의 대상에서 제외한다.[68)]

(4) 배당등에 관한 의제경비의 손금불산입

내국법인이 외국자회사로부터 수취한 배당에 관하여 익금에 산입하지 않는 경우에는 그 배당에 관한 비용에 상당하는 금액으로서 그 배당의 5퍼센트에 상당하는 금액을 익금에 산입하지 않는 배당액에서 공제한다(日本法法 22의3 ②). 결과적으로 외국자회사로부터 수취한 배당의 95퍼센트가 익금불산입된다. 모회사로부터 자회사로의 출자에 수반하는 비용(예: 지급이자)은 과거 모회사의 손금에 산입되었으나 그에 대응하는 배당을 익금불산입하므로 납세자에게 이중의 혜택을 주지 않도록 하기 위한 것이다.[69)]

(5) 외국자회사로부터 수취한 배당등에 관한 외국원천세등의 손금불산입

내국법인이 외국자회사로부터 수취한 배당에 대하여 익금에 산입하지 않는 경우에는 해당 잉여금의 배당액에 관한 외국원천세액은 그 내국법인의 각 사업연도소득금액 계산상 손금에 산입하지 않는다(日本 法法 39의2, . 日本 法令 78의2). 해당 수취배당등이 익금불산입되는 것에 대응한 조치이다. 또한 해당 외국원천세등은 외국납부세액공제의 대상인 외국납부법인세에 포함되지 않는다(日本 法法 69 ①, 日本 法令 142의3 ⑦ Ⅲ).[70)] 내국법인이 일본법인세법 제39조의2에 따른 각 사업연도 소득금액 계산상 손금에 산입되지 않는 외국원천세등의 금액이 감액된 경우 그 감액된 금액은 그 내국법인의 각 사업연도소득금액 계산상 익금에 산입하지 않는다(日本 法法 26 ②).

---

66) 그 서류에 관한 상세는 일본법인세법 시행규칙 제8조의5, 일본법인세법 기본통달 3-3-5.

67) 이를 손금산입배당이라고도 한다.

68) 青山慶二,「現代稅制の現狀と課題: 国際課税編」, 新日本法規出版, 2017, 94면.

69) 여기서 5퍼센트라고 하는 수치는 입법자의 재량범위내에서 정한 것으로서 입법담당자는 독일, 프랑스의 예를 참고하였다고 한다. 財務省,「平成21年度 稅制改正の解説」, 財務省, 2009, 430면. 그러나 비용을 의제하는 규정은 공평과세의 측면에서 위헌의 소지가 있을 수 있다[위헌이 아니라는 견해로 青山慶二(註68), 96면].

70) 渡辺徹也, "外国子会社配当益金不算入制度の意義と効果-資金還流稅制といえるか",「租稅法研究」40号, 2012, 88면.

3) 법인세법상 외국자회사 수입배당금액 익금불산입제도

가) 제도의 취지

외국자회사 수입배당금액 익금불산입제도는 외국자회사로부터의 배당소득에 관한 이중과세조정방식으로서 외국소득면제방법을 채택한 것이다. 종래에는 동일한 목적을 위하여 간접외국납부세액공제방식을 채택하였는데 다음과 같은 제도적 장점을 고려하여 제도를 변경한 것이다.

첫째, 외국자회사로부터 배당을 받더라도 내국법인에게 과세를 하지 않으므로 외국자회사에 유보된 소득을 배당을 통해 국내로 환류시킬 수 있다.[71]

둘째, 이 제도를 통하여 내국법인이 해외에서 외국법인과 동일한 조세부담을 지기 때문에 해외에서 경쟁력을 가질 수 있다(자본수입중립성).[72]

셋째, 외국납부세액공제방식에 의한 국제적 이중과세조정에 비하여 제도가 간단하고 행정비용이 적게 든다.[73]

나) 익금불산입의 대상

내국법인이 외국자회사로부터 받은 이익의 배당금 또는 잉여금의 분배금과 의제배당금액(이하 '수입배당금액')의 95퍼센트에 해당하는 금액은 익금불산입한다. 전액이 아니라 95퍼센트로 정한 이유는 수입배당금액을 익금불산입하므로 수익비용대응원칙에 따라 그에 대응하는 비용도 손금불산입하여야 하는데 그 비용을 수입배당금액의 5퍼센트로 의제하는 것이다.[74] 후술하는 바와 같이 수입배당금액에 관하여 대해 익금불산입이 적용되지 않는 경우는 외국납부세액공제가 적용될 수 있다.

다) 내국법인 및 외국자회사에 관한 요건

이 제도를 적용받으려는 내국법인은 법인세법 제57조의2 제1항에 따른 간접투자회사등

---

71) 한국의 해외직접투자기업이 해외에서 유보하고 있는 소득의 누적금액은 2021년 기준으로 약 902.1억달러(약 126.4조원) 수준으로 추산된다고 한다. 김경호, "법인세법 일부개정법률안 검토보고", 기획재정위원회, 2022, 18-26면. 한편, 해외의 실증연구에 따르면 소득의 환류효과가 있는 것으로 보인다. 황남석, "원천지국 과세원칙으로의 전환 필요성에 관한 고찰-배당소득을 중심으로-", 「외법논집」 제43권 제3호, 2019, 217-218면.
72) 황남석(註71), 194면.
73) 외국납부세액공제방식은 ① 각 국가마다 세제에 차이가 있으므로 한국의 법인세에 상응하는 외국의 법인세가 무엇인지 판정하는데 행정적 비용이 소요되고, ② 내국법인의 입장에서도 해외에서 납부한 법인세를 공제하기 위해 세액을 연도별로 기록·관리해야 하는 등 세액 계산 절차가 번잡하고 그 과정에서 경제적 비용이 발생하게 된다. 김경호(註71), 105면.
74) 이는 일본 및 일본이 참고한 독일, 프랑스의 입법례에 공통된 것인데 과세소득을 계산하는 과정에 의제적 요소가 포함된 것이므로 공평과세원칙 위반에 따른 위헌의 소지가 있을 수 있다.

(기관전용 사모집합투자기구 제외)에 해당하지 않는 것이어야 한다(법법 18의4 ①). 즉, 내국법인의 직접 투자에 한하여 지분참여면제를 인정한다.

외국자회사는 내국법인이 직접 의결권 있는 발행주식총수 또는 출자총액의 10퍼센트[75] 이상을 보유하는 외국법인을 말한다. 내국법인은 적용대상이 되는 외국자회사의 지분을 배당기준일 현재 6개월 이상 계속하여 보유한 상태이어야 한다. 내국법인이 적격합병, 적격분할, 적격물적분할, 적격현물출자에 따라 다른 내국법인이 보유하고 있던 외국자회사의 주식등을 승계받은 때에는 그 승계 전 다른 내국법인이 외국자회사의 주식등을 취득한 때부터 해당 주식등을 보유한 것으로 본다(법령 18).

내국법인이 외국법인으로부터 자본준비금 감액에 따른 배당을 지급받는 경우에는 외국법인에 대한 지분비율과 무관하게 그 95퍼센트를 익금불산입한다(법법 18의4 ②). 내국법인이 내국법인으로부터 동일한 성질의 배당을 받을 경우에 익금불산입하는 것과 균형을 맞추기 위한 규정이다(법법 18 Ⅷ).

라) 익금불산입의 범위

다음의 수입배당금액에 관하여는 지분참여면제에 의한 익금불산입이 적용되지 않는다.

(1) 특정외국법인(CFC)의 유보소득 배당간주

내국법인이 특정외국법인의 유보소득에 관하여 배당받는 것으로 보는 금액 및 해당 유보소득이 실제 배당된 경우의 수입배당금액(국조법 27 ①, 29 ①, ②)은 익금불산입하지 않는다(법법 18의4 ③).

특정외국법인의 유보소득 배당간주 제도(국조법 27)의 경우 내국법인이 특정외국법인의 유보소득을 배당받은 것으로 간주하는 반면 지분참여면제는 외국자회사로부터의 수입배당금액을 과세면제하므로 두 제도는 내용상 상충된다. 여기서 두 제도의 관계를 어떻게 설정할 것인지가 문제되는데[76] 법인세법은 전자를 우선하는 입장을 취하고 있다.

(2) 특정외국법인으로부터 받은 일정한 수입배당금액

국조법 제27조 제1항 각 호의 요건을 모두 충족하는 특정외국법인(국조법 제28조가 적용되는 경우는 제외하되, 같은 법 제29조 제1항 본문 및 제2항이 적용되는 경우는 포함) 중 국조법 제27조 제1항 제1호에 따른 실제부담세액이 실제발생소득의 15퍼센트 이하인 특정외국법인의 해당 사업연도에 관한 이익잉여금 처분액 중 이익의 배당금(해당 사업연도 중

---

75) 조특법 제22조에 따른 해외자원개발을 하는 외국법인에 대하여는 5퍼센트 이상의 지분을 보유하면 된다.
76) 입법례에 관한 상세는 황남석, "원천지국 과세원칙으로의 전환 필요성에 관한 고찰 – 배당소득을 중심으로 – ", 「외법논집」 제43권 제3호, 2019, 219 – 221면.

에 있었던 이익잉여금 처분에 의한 중간배당을 포함) 또는 잉여금의 분배금과 법인세법 제16조에 따른 의제배당액은 수입배당금액은 익금불산입의 대상이 아니다. 다만 해외자원개발사업자가 해외자원개발을 위해 외국법인에 출자하거나 외국자회사에 투자를 하는 경우에는 그렇지 않다(법법 18의4 ④ I, 법령 18 ②).

(3) 혼성금융상품의 거래에 따라 내국법인이 지급받는 수입배당금액

외국의 입법례와 마찬가지로 BEPS Action Plan 2를 수용하기 위한 것이다. 즉, 외국에서는 부채에 따른 비용으로 인정되는 금액이 한국에서는 지분참여면제의 대상이 되는 수입배당금액으로 인정되면 국제적 이중비과세의 결과가 되므로 이를 방지하기 위하여 내국법인이 혼성금융상품[77]을 기초로 지급받는 수입배당금액(혼성배당)은 익금불산입하지 않는다(법법 18의4 ④ II, 법령 18 ③).

(4) 그 밖에 대통령령으로 정하는 수입배당금액

그 밖에 법인세법 제18조의4 제4항 제1호, 제2호와 유사한 것으로서 대통령령으로 정하는 수입배당금액은 익금불산입하지 않는다(법법 18의4 ④ III).

마) 익금불산입의 절차

지분참여면제의 적용을 받으려는 내국법인은 외국자회사 수입배당금액 명세서를 납세지 관할 세무서장에게 제출하여야 한다(법법 18의4 ⑤).

---

77) 혼성금융상품(hybrid financial instruments)은 납세자들이 두 과세관할에서 동일한 지급거래의 세무처리와 관련하여 양립할 수 없는 입장을 취하는 금융상품을 말한다. OECD, Neutralising the Effects of Hybrid Mismatch Arrangements, OECD/G20 Base Erosion and Profit Shifting Project, 2014, 문단 48. 법인세법 시행령 제17조의4 제3항은 혼성금융상품을 한국의 경우 한국의 세법에 따라 해당 금융상품을 자본으로 보아 내국법인이 거래상대방인 외국자회사로부터 지급받는 이자등을 배당소득으로 취급하고, 외국자회사가 소재한 국가의 경우 그 국가의 세법에 따라 해당 금융상품을 부채로 보아 외국자회사가 해당 금융상품의 거래에 따라 국외특수관계인인 내국법인에게 지급하는 이자 등을 이자비용으로 취급하는 금융상품으로 정의한다.

제4장

손금의 계산

제1절 손금의 범위

1 손금의 정의

법인세는 순소득과세의 원칙(Nettoprinzip)에 따라 소득금액을 과세표준으로 하여 부과하는 소득세의 일종이다. 여기서 소득금액은 익금에서 손금을 공제하여 계산하는 것이므로 손금은 소득금액을 계산하기 위한 소극적 항목을 이루고 있는 것이다.

손금(Aufwendungen)이란 자본 또는 출자의 환급·잉여금의 처분 및 법인세법에서 규정하는 것(손금불산입항목)을 제외하고 해당 법인의 순자산을 감소시키는 거래로 인하여 발생하는 손비의 금액으로 한다(법법 19 ①). 그런데 해당 법인의 순자산을 감소시키는 거래로 인하여 발생하는 손비의 금액이라고 하여 모두 법인의 손금을 구성하는 것은 아니며, 그와 같은 손비의 금액 중 그 법인의 사업과 관련하여 발생하거나 지출된 손실 또는 비용('손비')으로서 일반적으로 인정되는 통상적인 것이거나 수익과 직접 관련된 것만을 손금으로서 공제하는 것이다(법법 19 ②).

이하에서는 손금의 개념에 관하여 구체적으로 살펴보고자 한다.[1]

가. 순자산을 감소시키는 거래로 인한 손비의 금액

손금이란 해당 법인의 순자산을 감소시키는 거래로 인하여 발생하는 손실 또는 비용(이하 '손비')의 금액을 말한다. 해당 법인의 순자산을 감소시키는 거래로 인한 손비의 금액이기만 하면 그 거래의 유형이나 명칭을 묻지 않고 모두 손금으로 하는 것이다. 다만, 해당 법인의 순자산을 감소시키는 거래라 하더라도 자본 또는 출자의 환급·잉여금의 처분 및

---

[1] 손금의 개념에 관한 상세는 김완석, "법인세법상 손금의 해석에 관한 연구", 「세무학연구」 제19권 제2호, 2002, 61면 이하.

법인세법에서 규정하는 것(손금불산입항목)은 손금의 범위에서 제외한다.

1) 순자산의 감소

손금은 해당 법인의 순자산의 감소를 가져오는 거래로 인한 손비의 금액을 말한다. 법인의 순자산의 감소는 법인의 자산감소에서 기인하는 경우·법인의 부채증가에서 기인하는 경우·법인의 자산감소와 부채증가에서 기인하는 경우로 나눌 수 있다.

2) 손비의 금액

회계학상 손비란 비용과 손실을 포괄하는 개념으로 쓰고 있다. 비용(expenses)이란 사업연도 중의 기업의 계속적·중심적 활동으로 인한 재화의 생산·인도, 용역의 제공, 기타의 활동으로 나타나는 자산의 유출액·사용액 또는 부채의 발생액이다. 그리고 손실 또는 차손(losses)이란 사업연도 중에 기업에 영향을 주는 부차적·부수적 거래, 기타의 사상여건으로 나타나는 자본(순자산)의 감소액이다.[2]

이에 대하여 법인세법에서는 손비를 회계학상의 손비의 개념보다 확장하여 사용하고 있다. 즉 회계학상의 손비는 물론이고 법인의 순자산의 감소를 초래하는 자기주식처분손실 등과 같은 자본조정까지 포함하는 광의의 개념인 것이다.[3] 법인세법 제20조의 제목을 '자본거래 등으로 인한 손비…'라고 표기하고 있는 것이 그 예증이다.

3) 자본 또는 출자의 환급 등

자본 또는 출자의 환급, 잉여금의 처분 및 법인세법에서 규정하는 것(손금불산입항목)은 법인의 순자산을 감소시키는 거래에 해당하지만 손금의 범위에서 제외하도록 하고 있다.

가) 자본 또는 출자의 환급

자본 또는 출자의 환급을 손금에서 제외하는 것은 자본 또는 출자의 납입을 익금에서 제외하는 논리에 대응하는 것이다. 납입된 자본금 또는 출자금이 소득금액을 발생시키는 원본을 이루기 때문에 익금에서 제외하는 것처럼 그 원본의 환급에 대하여는 손금에서 제외하도록 하고 있는 것이다.

---

2) SFAC No. 3. (Dec. 1980).
3) 참고로 법인세법 기본통칙 13-0…1 제2호는 손비를 '수익을 획득하기 위하여 소요된 모든 비용과 기타 당해 법인에게 귀속되는 일체의 경제적 손실'이라고 정의한다.

나) 잉여금의 처분

잉여금의 처분에 따라 법인의 순자산의 감소를 초래하더라도 잉여금의 처분항목[4]은 손금을 구성하지 않는다. 왜냐하면 처분의 대상이 되는 잉여금 그 자체가 바로 과세소득의 일부이기 때문이다. 그러므로 법인이 잉여금의 처분에 따른 배당금 및 상여금 등을 손비로 계상하였다고 하더라도 해당 금액은 손금으로 보지 않는다. 상세한 논의는 '자본거래 등으로 인한 손비의 손금불산입'(362면)에서 살펴본다.

4) 그 밖에 법인세법에서 규정하는 것

법인세법은 법인의 순자산을 감소시키는 손비의 금액 중에서도 일부 항목은 손비의 성질 또는 국가정책상의 고려 등을 이유로 손금에서 제외하고 있다. 이에 관한 상세한 논의는 '손금불산입'(361면 이하)에서 설명하기로 한다.

나. 사업관련성이 있는 손비의 금액으로서 통상적인 것과 수익관련성이 있는 손비의 금액

법인의 순자산을 감소시키는 거래로 인하여 발생하는 손비의 금액이라 할지라도 그 법인의 사업과 관련하여 발생하거나 지출된 손비(사업관련성)로서 일반적으로 용인되는 통상적인 것(통상성)이거나 수익과 직접 관련된 것(수익관련성)이 아닌 한 손금에 산입하지 않는다. 다만, 이 법 및 다른 법률에 다른 규정이 있는 것은 제외한다(법법 19 ②).

다시 부연한다면 손금이란 이 법 및 다른 법률에 다른 규정이 있는 것을 제외하고 법인의 순자산을 감소시키는 거래로 인하여 발생하는 손비의 금액 중 ① 사업관련성과 통상성을 동시에 갖춘 것 또는 ② 수익관련성이 있는 것만을 말한다.[5] 따라서, 본항은 손금의 범위를

[4) 잉여금 처분항목 중 그 전형적인 항목이 주주에 대한 배당금이다.

[5) 같은 취지: 강석규, 「조세법쟁론」 2020년판, 삼일인포마인, 2020, 564면; 이종규/최영록/조남복, 「법인세법해설」, 1999년 개정판, 중앙경제, 1999, 219면. 사업관련성, 통상성, 수익관련성의 상호관계에 관하여 위와 같이 이해하는 견해가 실무이자 다수설로 보인다(제1설). 소수설로는 사업관련성이 통상성과 수익관련성을 모두 수식하며 통상성과 수익관련성은 선택적 관계에 있다고 해석하는 견해(제2설), 사업관련성, 통상성, 수익관련성 모두를 중첩적으로 요구한다고 해석하는 견해(제3설) 등이 주장되고 있다. 소수설처럼 사업관련성 요건이 중첩적으로 적용된다고 해석할 경우 수익관련성이 있더라도 사업관련성이 부정되면 손금에서 배제되는 결과가 되는데, 그런 결과는 순소득과세원칙에 부합하지 않으므로 다수설이 타당하다. 서울고등법원 2021. 8. 18. 선고 2020누55468 판결(대법원 2022. 1. 17. 자 2021두53689 판결로 심리불속행 종결); 서울고등법원 2011. 7. 14. 선고 2011누1421 판결(대법원 2011. 11. 24. 자 2011두19383 판결로 심리불속행 종결)이 명시적으로 다수설과 같은 입장을 취하였으나 대법원 2015. 1. 29. 선고 2014두4306 판결은 제2설을 취한 것 같다고 보는 견해도 있다(이창희, 「세법강의」 제18판, 박영사, 2020, 993면). 그러나 위 판시는 위 쟁점을 정면에서 다룬 것으로 보기 어렵다(이상, 임승순/황남석/김대호, "법인이 임직원을 위해 지출한 법률비용의 손금성", 「조세법연구」 제26집 제3호, 2020, 445-446면). 조심 2023. 12. 12. 자 2022중2885 결정은 청구법인이 계열회

제한하는 의미를 갖는다.[6]

법인의 설립 전에 지출원인이 발생한 비용이라도 그 법인의 설립 목적과 설립 후의 영업 내용 등에 비추어 법인세법 제19조 제2항에서 규정한 손비의 요건을 갖추었다고 인정되는 경우에는 특별한 사정이 없는 한 그 법인에 귀속되는 손비로 보아야 한다.[7]

1) 사업관련성이 있는 손비로서 통상적인 것

법인의 순자산을 감소시키는 거래로 인하여 발생하는 손비의 금액이라 할지라도 그 법인의 사업과 관련하여 발생하거나 지출된 손실 또는 비용(사업관련성)으로서 일반적으로 인정되는 통상적인 것(통상성)이 아니라면 손금에 해당하지 않는다. 즉 사업관련성과 통상성을 동시에 충족하여야 한다.

가) 사업관련성

손금은 법인의 사업과 관련하여 발생하거나 지출된 손비이어야 한다.[8] 그러므로 법인의 순자산을 감소시키는 거래로 인하여 발생하는 손비의 금액이라 할지라도 그 법인의 사업과 관련하여 발생하거나 지출된 손비가 아니면 손금에 해당하지 않는 것이다.

법인세법은 법인의 사업과 관련성이 없는 손비 중 특히 업무와 관련 없는 비용(법법 27)·업무와 관련 없는 자산의 취득 및 보유와 관련한 지급이자(법법 28 ① Ⅳ) 및 기부금(법법 24)에 관하여 별도의 손금불산입 규정을 두고 있다.

사를 매각하는 방편으로 보유주식을 매각하면서 그 계열회사의 임직원들에게 위로금 명목으로 특별상여금을 지급한 사안에 관한 것인데 조세심판원은 위 특별상여금이 보유주식의 처분이익을 실현하기 위하여 지출한 비용으로서 수익관련성이 있으므로 손금에 해당한다고 판단하였다.

6) 선사환급금은 선사 환적화물을 유치하기 위한 경쟁이 치열한 상황에서 각 선사의 요구나 업무편의를 받기 위해 부득이하게 지급한 것으로서 손금 인정 요건으로서의 사업관련성, 통상성 및 수익관련성이 인정되고, 사회질서에 위반하여 지출된 것으로도 볼 수 없으므로 손금에 해당한다(대법원 2016. 4. 12. 선고 2015두4082 판결).

7) 대법원 2013. 9. 26. 선고 2011두12917 판결. 위 판결은 그 근거로 법인세법 제6조 제6항의 위임에 따라 사업연도의 개시일 등에 관한 사항을 정하고 있는 법인세법 시행령 제3조 제2항은 "최초 사업연도의 개시일 전에 생긴 손익을 사실상 그 법인에 귀속시킨 것이 있는 경우 조세포탈의 우려가 없을 때에는 최초 사업연도의 기간이 1년을 초과하지 아니하는 범위 내에서 이를 당해 법인의 최초 사업연도의 손익에 산입할 수 있으며, 이 경우 최초 사업연도의 개시일은 당해 법인에 귀속시킨 손익이 최초로 발생한 날로 한다"고 규정하고 있음을 들고 있다.

8) 미국 내국세법 제162조(a)에서의 손금의 정의 중 '통상적이고 필요한(ordinary and necessary) 비용'에서의 '필요한(necessary)'이라는 문언은 바로 사업관련성을 지칭한 것이다. 미국 대법원은 Welch v. Helvering 사건 [Welch v. Helvering, 290 US 111(1933)]에서 '필요한(necessary)'의 의미를 적어도 납세의무자의 사업의 신장에 적절하며 도움을 주는 것(appropriate and helpful)이라고 판시한 바 있다. 그렇다고 하더라도 비용이 해당 사업에 필수불가결한 것이어야 할 필요는 없다(Bittker/Locken, *Federal Taxation of Income, Estates and Gifts*, 2020, ¶ 20.3 pp. 1–3). 하급심 판결 중에는 사업관련성을 '사업상 필요성이 인정되는'의 의미로 해석한 것이 있다. 서울고등법원 2021. 8. 18. 선고 2020누55468 판결(대법원 2022. 1. 27. 자 2021두53689 판결로 심리불속행 확정); 서울고등법원 2021. 1. 15. 선고 2020누46051 판결(대법원 2021두35308 사건으로 계속 중).

사업과의 관련성 여부는 해당 법인의 업무나 그 영업내용을 기준으로 하여 객관적으로 판단하여야 한다.[9] 예컨대 법인이 신규 사업을 영위할 목적으로 사업 진행 초기 단계에서 필요한 자금의 조달방법, 거래구조개발, 사업타당성 등에 대한 자문을 위하여 금융기관과 사이에 자문계약을 체결하였고 그 자문에 따라 기존 사업과 신규 사업을 분리하여 자금을 관리할 목적으로 특수목적법인을 자회사로서 설립하였다면 자문계약에 따른 용역비는 해당 법인 자신의 사업과 관련하여 발생하거나 지출된 비용으로서 자회사가 아닌 해당 법인의 손금에 해당한다.[10]

나) 통상성

법인의 사업과 관련하여 발생하거나 지출한 비용 또는 손실이라 할지라도 일반적으로 용인되는 통상적인 것이 아닌 한 손금에 산입하지 않는다. 즉 손금이란 법인의 사업과 관련하여 발생하거나 지출된 손실 또는 비용 중 일반적으로 용인되는 통상적인 것[11]이어야 한다. 통상적인 비용이란 이상적(異常的: extraordinary)인 비용이 아니라는 의미를 지니고 있다. 즉 통상적이란 이상적이라는 용어와는 상반되는 것으로서 정상적·일상적 또는 관례적(normal, usual, or customary)이라는 의미를 함축하고 있다. 그러므로 납세의무자의 일생에서 단지 한 번만 발생한 비용이라고 하더라도 그 비용이 통상적일 수 있다. 그러나 그와 같은 비용을 발생시키는 거래는 동종의 사업에서 흔하게 또는 자주 일어날 수 있는 것이어야 한다. 판례는 '일반적으로 용인되는 통상적'인 비용이라 함은 납세의무자와 같은 종류의 사업을 영위하는 다른 법인도 동일한 상황 아래에서는 지출하였을 것으로 인정되는 비용을 의미하고, 그러한 비용에 해당하는지 여부는 지출의 경위와 목적, 형태, 액수, 효과 등을 종합적으로 고려하여 객관적으로 판단하여야 한다고 한다.[12]

이에 관하여 몇 가지 사례를 들어 설명하여 보기로 한다.

① 사람에게는 일생에 한 번쯤은 사업의 운명을 좌우할 만큼 중대한 소송사건이 발생할 수 있다. 이때 변호사에게 해당 사건의 변호를 위탁하는 것은 공격에 대한 방어로서 가장 보편적인 방법이기 때문에 그 비용은 통상적(ordinary)인 것이다. 그와 같은 사건에 직면한 개인에 있어서는 난생 처음 경험하는 사건이지만 그가 속하는 집단이나 사회에서는 흔하게 일어나는 사건이기 때문이다.[13]

---

9) 같은 취지: 대법원 2016. 3. 10. 선고 2015두50146 판결; 대법원 1992. 11. 10. 선고 91누8302 판결.
10) 대법원 2016. 3. 10. 선고 2015두50146 판결.
11) 여기서의 '일반적으로 용인되는 통상적인 것'의 의미는 미국 연방세법 제162조(a)에서의 '통상적이고 필요한(ordinary and necessary) 비용'에서의 '통상적(ordinary)'이라는 용어와 같은 의미를 지니고 있다.
12) 대법원 2010. 10. 28. 선고 2010두8614 판결; 2009. 11. 12. 선고 2007두12422 판결.
13) Deputy v. Dupont, 308 US 488, 495 – 496(1940).

② 납세의무자가 사업목적을 위하여 지출한 비용임에도 불구하고 그 비용이 유별나고 이상
적이기 때문에 손금공제를 부인한 사례가 있다. 괴델 사건(Goedel v. CIR)에서 주식 딜러
가 대통령이 죽으면 주식시장이 붕괴될 것을 염려하여 가입한 미국 대통령의 생명보험에
대한 보험료의 손금공제를 부인한 경우가 이에 해당한다. 즉 같은 사업에 종사하는 다른
사람이 유사한 상황을 만났을 때 그와 같은 대응을 하리라고 기대하기 어려울 만큼 그
지출이 이례적인 것이라면 해당 지출은 사업비용으로서 공제받기 어렵다.[14]

2) 수익관련성이 있는 것

손금이란 법인의 손비로서 수익과 직접 관련된 것이어야 한다.

법인의 순자산을 감소시키는 거래로 인하여 발생하는 손비로서 사업관련성 및 통상성의
요건을 충족하지 못한 경우에도 해당 손비가 수익관련성을 갖는 경우에는 손금으로서 용인
될 수 있다.

예를 들면 법인이 보유하고 있던 비업무용자산을 처분한 경우에 그 취득가액은 사업관련
성을 갖추지 못하고 있으므로 '사업관련성이 있는 손비로서 통상적인 것'이라는 손금의 기
준에서 볼 때에는 손금성을 인정할 수 없다. 그렇지만 법인의 비업무용 자산의 취득가액은
해당 자산의 처분가액, 즉 수익과 직접 관련되는 손비이므로 손금성을 갖는다.

2 손금의 의제

조특법 제100조의18 제1항에 따라 배분받은 결손금은 손금으로 본다(법법 19 ③, 조특법 100
의18 ③). 즉 동업기업의 결손금은 각 과세연도의 종료일에 해당 동업자군에 속하는 동업자들
에게 동업자 간의 손익배분비율에 따라 배분한다. 이 경우 각 동업자에게 배분되는 결손금은
동업기업의 해당 과세연도의 종료일 현재 해당 동업자의 지분가액을 한도로 한다.

이와 같이 동업자가 동업기업으로부터 배분받은 결손금은 동업자의 각 사업연도의 소득
금액을 계산할 때 손금에 산입하는 것이다.

---

14) Goedel v. CIR, 39 BTA 1.12(1939).

3 위법지출(위법비용)의 손금성

가. 개 설

위법소득을 얻기 위하여 지출한 비용이나 그 지출 자체가 위법인 비용을 위법지출 또는 위법비용이라고 하는데 그 손금성이 다투어진다.

독일의 경우에도 독일법인세법상 손금에 해당하려면 일반적으로 사업관련성이 인정되어야 한다(KStG §8 ① Satz 1; EStG §4 ④). 그러나 사업관련성만 인정되면 원칙적으로 비용 발생이 법인의 귀책사유에 기인하거나 법령에 위반하더라도 손금산입하는데 지장이 없다. 과세와 관련하여서는 법령 위반을 고려하지 않는다는 취지의 조세기본법(AO) 제40조 규정이 있기 때문이다. 다만, 뇌물(Bestechungs-und Schmiergelder)의 손금불산입에 관한 명문의 규정을 두어 손금산입을 금지한다(EStG §4 ⑤ Satz 1 Nr. 10).[15]

미국의 경우 손금의 요건을 충족하면 위법한 사업활동과 관련이 있더라도 원칙적으로 손금산입을 인정한다. 다만, 지출 그 자체에 위법성이 인정되는 경우인 뇌물, 리베이트[IRC 162(c)], 벌금, 과태료[IRC 162(f)], 반독점법 위반에 따른 삼중 손해배상금[IRC 162(g)], 비공개약정이 있는 성희롱·성적 학대와 관련된 합의금 또는 지급금과 관련된 변호사 비용[IRC 162(q)] 등에 관하여는 손금으로 공제할 수 없도록 명문의 규정을 두고 있다.[16]

일본의 경우 일본법인세법은 손금의 개념과 관련하여 별다른 제한을 두고 있지 않고[17] 손금불산입되는 경우를 개별적으로 열거하는 체계로 되어 있는데 특히 위법지출 일반에 관한 규정은 없다. 다만, 일본최고재판소 판례는 위법한 지출과 관련하여 일본법인세법 제22조 제4항의 공정처리기준에 위반한다는 점을 들어 손금성을 부인한 사례가 있고[18] 일본법인세법은 2006년 개정시에 조세부담경감을 위한 은폐가장행위의 비용·손실 등 일정한 부정행위 비용 등을 손금불산입하는 규정을 둔 정도이다.[19] 따라서 일본의 학설은 구체적·

---

15) 임승순/황남석/김대호, "법인이 임직원을 위해 지출한 법률비용의 손금성", 「조세법연구」 제26집 제3호, 2020, 465-468면.

16) Bittker/Lokken, *Federal Taxation of Income, Estate and Gifts*, 2020, ¶ 20.3.3; 임승순/황남석/김대호(註 15), 455-464면.

17) 따라서 원칙적으로 재무회계상의 비용은 손금이 될 수 있다(日法法 22 ③).

18) 일본 최고재판소 2014년(헤이세이 6년) 9월 16일 제3소법정 결정(刑集 48卷 6号 357면). 그에 관한 평석은 濱田洋, "脱税工作のための支出金の損金性", 「租税判例百選」 第6版, 有斐閣, 2016, 102-103면.

19) 상세는 渡辺淑夫, 「法人税法」, 令和元年度版, 2019, 641면 이하. 다만 일본법인세법 기본통달은 업무와 관련하여 임직원의 고의나 중과실이 없는 행위로 지출한 손해배상금은 손금산입될 수 있고(위 통달 9-7-16), 임직원에 대하여 부과된 벌금, 과료, 과태료, 교통범칙금을 법인이 대신 납부한 경우 손금산입될 수 없다고 정하고 있다(위 통달 9-5-8). 위 통달 규정의 내용에 관한 상세는 佐藤友一郎 (編), 「法人税基本通達逐条解説」, 9訂版, 税務研究会, 2019, 962면, 1005면.

개별적인 손금불산입 규정 없이 위법지출이라는 이유만으로의 손금불산입할 수는 없다는 입장이 주류이다.[20)

우리나라는 법인세법에서 '해당 법인이 공여한 형법상 뇌물 또는 국제상거래에 있어서 외국공무원에 대한 뇌물방지법상의 뇌물에 해당하는 금전 및 금전 외의 자산과 경제적 이익의 합계액'은 손금불산입하도록 정하고 있다(법령 50 IV).

형법상의 뇌물 등 외에 법인세법상 명시적인 규정을 두고 있지 않은 탈세경비[21)등과 같은 그 밖의 위법지출의 손금산입 여부가 문제가 되고 있다. 이에 관하여는 손금에 해당한다는 견해(긍정설)와 그렇지 않다는 견해(부정설)의 대립을 상정할 수 있다.

나. 학설의 개관

1) 긍정설

손금이란 법인의 순자산을 감소시키는 거래로 인하여 발생하는 손비의 금액을 지칭하는 것이므로 탈세경비와 같은 위법지출이라고 하더라도 해당 지출이 법인의 순자산의 감소를 가져오는 것이라면 당연히 손금을 구성한다고 주장한다. 그 논거는 다음과 같다.

첫째, 탈세경비 등과 같은 위법지출도 법인의 순자산을 감소시킨다는 점이다. 그리고 법인세법에서 탈세경비 등과 같은 위법지출을 손금불산입항목으로 열거하고 있지 않기 때문에 이를 손금에서 제외할 이유도 없다.

둘째, 과세소득의 산정은 담세력을 측정하는 과정이다. 이와 같은 담세력의 크기를 측정할 때 특정한 지출이 위법한 지출에 해당하는지의 여부에 따라 손금의 산입에 차별을 하게 되면 세법의 중립성을 훼손할 뿐만 아니라 응능부담의 원칙에 위배되는 결과를 초래하게 된다.

2) 부정설

탈세경비 등과 같은 위법지출은 손금에 해당하지 않는다고 주장한다. 그 논거는 다음과 같다.

첫째, 지출 자체가 위법인 비용은 사업관련성이 없을 뿐만 아니라 통상성도 결여하기 때문에 손금을 구성하지 않는다고 해석한다. 즉 손금의 일반적인 정의규정으로서의 법인세법

---

20) 渡辺淑夫, 「法人税法」, 令和元年度版, 2019, 135면; 山本守之, 「体系 法人税法」, 平成16年度版, 税務経理協会, 2004, 745면.
21) 탈세경비란 거래처와 통정하여 가공매입액을 손비로 계상하고, 그 거래처에 대하여 탈세협력에 따른 대가(수수료)로서 지급한 금액을 말한다. 일본 最高裁判所 1994년(平成 6년) 9월 16일 판결(刑集 48쪽 6 号, 357면).

제19조 제2항을 근거로 하여 손금성을 부인하여야 한다고 주장하는 것이다.

둘째, 위법 또는 불법집위를 억제하고 이에 제재를 가하기 위해서는 위법지출의 손금산입을 허용할 수 없다.

다. 판례의 태도

판례는 부정설의 입장이다. 판례는 법인세법 제19조 제2항에서 말하는 '일반적으로 용인되는 통상적인 비용'이라 함은 납세의무자와 같은 종류의 사업을 영위하는 다른 법인도 동일한 상황 아래에서는 지출하였을 것으로 인정되는 비용을 의미하고 그러한 비용에 해당하는지 여부는 지출의 경위와 목적, 그 형태, 액수, 효과 등을 종합적으로 고려하여 판단하여야 하는데, 특별한 사정이 없는 한 사회질서에 위반하여 지출된 비용[22]은 여기에서 제외된다고 한다. 따라서 의약품 도매상이 약국 등 개설자에게 의약품 판매촉진의 목적으로 이른바 '리베이트'라고 불리는 금전을 지급하는 것은 약사법 등 관계 법령이 이를 명시적으로 금지하고 있지 않더라도 사회질서에 위반하여 지출된 것에 해당하여 그 비용은 손금에 산입할 수 없다고 한다.[23] 또한 공정거래법 제40조 제1항 제8호를 위반하여 다른 사업자와 공동으로 부당하게 입찰에서의 자유로운 경쟁을 제한하기 위하여 지출한 담합사례금은 그 지출 자체가 사회질서에 반하는 것으로 손금에 산입할 수 없다.[24]

법원은 대부업체인 법인의 대표이사 A가 회생 브로커의 소개를 받아 의뢰인들에게 수임료를 빌려주는 대부업을 영위한 행위에 관하여 변호사법위반방조죄로 기소되어 유죄판결을 선고받아 확정되었는데 법인이 위 형사사건에서 A의 소송비용(변호사 보수)을 지출한 사안에서 위 소송비용을 사업관련성이 없는 대표이사의 사적인 비용이라고 보아 손금부인한 과세처분이 적법하다고 보았다.[25]

---

22) 사법질서에서의 위법성을 판단할 때에는 실정법과 선량한 풍속 기타 사회질서를 기준으로 하는 입장이 통설이다(송덕수, 「채권법각론」, 박영사, 2014, 483면). 따라서 이 입장에 따르면 실정법이 구체적으로 금지하고 있지 않은 행위라 하더라도 사회질서에 반하는 행위는 위법한 행위로 평가하게 된다.

23) 대법원 2017. 10. 26. 선고 2017두51310 판결; 대법원 2015. 1. 29. 선고 2014두4306 판결; 대법원 2015. 1. 15. 선고 2012두7608 판결. 반면 대법원은 법인세법 제19조 제2항이 신설되기 전의 사안에서는 위법소득을 얻기 위하여 지출한 비용이나 지출 자체에 위법성이 있는 비용도 원칙적으로 손금에 해당할 수 있다는 입장을 취하기도 하였다. 대법원 2009. 6. 23. 선고 2008두7779 판결.

24) 대법원 2017. 10. 26. 선고 2017두51310 판결.

25) 서울고등법원 2020. 12. 18. 선고 2020누39794 판결(대법원 2021. 4. 29. 자 21두30204 판결로 심리불속행 종결). 위 판결은 원칙적으로 단체의 비용으로 지출할 수 있는 법률비용은 단체 자체가 소송당사자가 된 경우에 한하므로 단체의 대표자 개인이 당사자가 된 민·형사사건의 변호사 비용은 단체의 비용으로 지출할 수 없고, 예외적으로 분쟁에 대한 실질적인 이해관계는 단체에게 있으나 법적인 이유로 그 대표자의 지위에 있는 개인이 소송 그 밖의 법적 절차의 당사자가 되었다거나 대표자로서 단체를 위해 적법하게 행한 직무행위 또는 대표자의 지위에 있었기 때문에 의무적으로 행한 행위 등과 관련하여 분쟁이 발생한 경우와

한편 금융지주회사로서 은행의 모법인인 甲 법인이 공동불법행위를 원인으로 한 손해배상청구소송에서 패소하여 그 확정판결에 따라 손해배상금 및 지연손해금을 지급한 사안에서 위 손해배상금이 사회질서에 위반하는 행위에 관한 손해배상금으로서 손금성이 부인되는지 여부가 문제된 바 있다. 대법원은 위 손해배상금이 은행의 사업과 관련하여 지출된 비용으로서 일반적으로 인정되는 통상적인 것이므로 손금에 해당한다고 판단하였다.[26]

라. 결 어

위법지출이라고 하더라도 그 지출의 내용은 매우 다양하다. 따라서 그와 같은 지출의 손금산입 여부도 개개의 지출항목에 따라 개별적으로 검토하지 않을 수 없다고 생각한다.

첫째, 탈세경비와 같은 위법지출도 법인의 순자산의 감소를 초래함에는 의문이 있을 수 없다. 그러나 탈세경비 등은 사업관련성과 통상성을 갖춘 손비에 해당한다고 할 수 없다.

뿐만 아니라 해당 탈세경비 등이 법인의 수익과 직접 관련된 손비로 보기도 어렵다. 그렇다면 탈세경비와 같은 위법지출은 손금성을 갖추고 있다고 할 수 없는 것이다. 특히 탈세경비와 관련하여 세법이 형벌로써 탈세를 금지하고 있음에도 불구하고 탈세경비의 손금산입을 허용하는 것은 법인세법 자체의 자기모순에 해당하여 타당하지 않다고 주장하는 견해도 있다.[27]

둘째, 마약의 원재료의 구입에 소요된 금액이라든가 밀수품의 매입액 등과 같이 위법소득을 얻기 위하여 직접 소요된 매출원가 등이 손금을 구성하는지에 관하여는 다툼이 있을 수 있다. 위법소득을 얻기 위하여 직접 소요된 매출원가는 그 법인의 순자산의 감소를 가져오는 지출에 해당한다. 위법소득을 얻기 위하여 직접 소요된 매출원가 등이 사업관련성과 통상성을 갖춘 손비에 해당하는지에 관하여는 이론의 여지가 있다. 그렇지만 위법소득을 얻기 위하여 직접 소요된 매출원가 등이 그 법인의 수익과 직접 관련된 손비를 구성함에는 의문의 여지가 없다. 즉, 손금의 요건 중 하나인 수익관련성은 충족하므로 손금에 해당한다[28]고 새겨야 할 것이다.[29]

같이, '해당 법적 분쟁이 단체와 업무적인 관련이 깊고 당시의 제반 사정에 비추어 단체의 이익을 위하여 소송을 수행하거나 고소에 대응하여야 할 특별한 필요성이 있는 경우에 한하여' 단체의 비용으로 변호사 선임료를 지출할 수 있다고 판시하였다. 반면, 조심 2024. 9. 26. 자 2019서1882 결정(합동)은 법인과 임원 모두에 대하여 이루어진 수사 단계에서 지출한 법률비용의 손금산입을 인정하였고, 조심 2017. 5. 25. 자 2016전1097 결정은 EU 카르텔위원회가 행한 조사과정에서 지출한 법률비용이 손금에 해당한다고 보았다. 조세심판원이 법률비용의 손금성 인정에 관하여 보다 유연한 입장을 취하고 있는 것으로 보인다.

26) 대법원 2024. 9. 12. 선고 2021두35308 판결.

27) 회사가 회사업무와 관련하여 법적 분쟁에 휘말린 임직원을 위해 지출한 법률비용이 손금에 해당할 것인가의 문제도 이와 관련이 있는 문제로 볼 수 있다. 이에 관하여 일반적으로 검토한 문헌으로 임승순/황남석/김대호, "법인이 임직원을 위해 지출한 법률비용의 손금성", 「조세법연구」 제26집 제3호, 2020, 441면 이하.

4 손금의 귀속사업연도

가. 권리의무확정주의(채무확정주의)

손금의 귀속사업연도는 원칙적으로 해당 손금이 확정된 날이 속하는 사업연도로 한다.[30] 즉 법률적인 측면에서 지급할 의무, 즉 채무가 확정된 날이 속하는 사업연도를 그 손금의 귀속사업연도로 하고 있는 것이다(법법 40 ①). 이를 권리의무확정주의라고 하며, 익금과 손금의 귀속사업연도를 결정하는 원칙적인 기준이다. 손금의 귀속사업연도를 정하는 기준, 즉 권리의무확정주의의 채무면에서의 표현을 채무확정주의 또는 채무확정기준이라고 부르기도 한다.[31]

따라서 아직 채무로서 확정되지 않은 비용을 미지급금으로 계상하는 것은 허용되지 않으며 충당금의 설정이나 예상비용의 계상 등은 세법상 별도의 규정이 없는 한 손금으로서 인정되지 않는다.

그러나 후술하는 수익비용대응의 원칙이 적용되는 경우에는 채무확정기준이 적용되지 않는다.[32]

보다 일반적으로 말하자면, 판매비나 일반관리비와 같이 특정한 익금과 직접적 또는 개별적 관련으로 대응하지 않는(즉, 간접적·기간적으로 대응하는) 손금은 특별한 사정이 없는 한 그 채무가 확정된 사업연도의 손금에 산입한다(간접대응 또는 기간대응).[33] 반면 매출원가와 같이 특정한 익금과 직접적 또는 개별적으로 대응하는 손금은 수익비용대응의 원칙에 따라 그 익금이 귀속하는 사업연도의 손금에 산입한다(직접대응 또는 개별대응).

---

28) 確正光明, "法人税における損金算入の要件", 「所得課税の研究」, 有斐閣, 1991, 318면; 成松洋一, 「法人税セミナー」, 税務経理協会, 1996, 128면.
29) 미국에서는 마약 등과 같은 연방의 법률 또는 주의 법률에서 금지하고 있는 통제물자의 거래와 관련한 지출 또는 부담은 공제를 허용하지 않고 있다(IRC 280E).
30) 대법원 1992. 7. 14. 선고 91누8814 판결; 대법원 1990. 3. 13. 선고 88누3123 판결.
31) 일본법인세법은 1965년 개정시에 제22조 제3항 제2호에 채무확정주의에 관한 내용을 규정하였다. 당시 입법에 관여하였던 업무담당자들은 그 입법취지를 '충당금과 예상비용'을 특별한 정함이 없는 한 손금에 산입하지 않도록 하기 위함이라고 설명하고 있다. 일본법인세법기본통달 2-2-12는 채무확정기준으로 다음 세 가지 요건을 모두 충족할 것을 요구한다. ① 「해당 사업연도 종료일까지 해당 비용에 관한 채무가 성립하고 있을 것」('채무성립요건'), ② 「해당 사업연도 종료일까지 해당 채무에 기하여 구체적인 급부를 하여야 하는 원인으로 되는 사실이 발생하고 있을 것」('구체적 급부원인사실발생요건'), ③ 「해당 사업연도 종료일까지 그 금액을 합리적으로 산정할 수 있을 것」('합리적 산정가능요건'). 이상, 国税庁, 「昭和40年 改正法税法のすべて」, 国税庁, 1965, 103면(伊豫田敏雄 집필부분); 吉牟田勲, "所得計算関係の改正", 税務弘報 13巻 6号, 1965, 141면 이하; 武田昌輔, "全文改正法人税法の解説(上)", 産業経理 25巻 6号, 1965, 52면; 税制調査会, 「所得税法及び法人税法の整備に関する答申」 第2の4 및 8(1963. 12. 6.자); 原一郎, "法人税法の全文改正について", 税経通信 20巻 7号, 1965, 127면.
32) 일본법인세법 제22조 제3항은 명문 규정을 두고 있다.
33) 대전고등법원 2013. 12. 5. 선고 2013누1414 판결(대법원 2014. 4. 30. 자 2014두1222 판결로 심리불속행 종결).

이때 익금에 대응하는 손금은 현실로 지출되지 않더라도 무방하지만 그 금액은 확정되어 있어야 한다.[34]

또한 감가상각비는 간접적·기간적으로 대응하는 손금이지만 내부거래에 속하기 때문에 채무의 확정이라는 문제가 발생하지 않고, 비용배분에 의하여 당기의 비용의 계산 또는 손금산입액이 결정되므로 채무확정주의를 적용할 여지가 없다.[35]

개별적 손금항목의 귀속사업연도에 관한 상세한 논의는 뒤의 '익금과 손금의 귀속사업연도'(514면)에서 구체적으로 살펴보기로 한다.

나. 수익비용대응의 원칙

손금은 해당 사업연도의 익금에 대응하는 손비의 합계액으로 한다. 이를 수익비용대응의 원칙(Principle of matching costs with revenues)이라고 한다. 법인세법 시행령에서의 '자산의 양도 등으로 인한 익금과 손금의 귀속사업연도(법령 68 ①)', '해당 사업연도에 회수하였거나 회수할 금액과 이에 대응하는 비용(법령 68 ②)', '용역의 제공으로 인한 익금과 손금의 귀속사업연도(법령 69 ①)', '임대료 상당액과 이에 대응하는 비용(법령 71 ①)' 등과 같은 문언들은 모두 수익비용대응의 원칙을 지칭한 것이다.[36] 위에서 본 바와 같이 특정한 익금과 직접적 또는 개별적으로 대응하는 손금은 채무의 확정과 무관하게 수익비용대응의 원칙에 따라 그 익금이 귀속하는 사업연도의 손금에 산입한다.[37] 수익과 직접적·개별적으로 대응하기 때문에 자의성이 개입할 여지가 없어 납세자에 의한 소득조작의 가능성이 적기 때문에 재무회계에서의 수익비용대응의 원칙을 법인세법에도 그대로 수용한 것이다.[38]

---

34) 대법원 2013. 4. 11. 선고 2010두17847 판결. 참고로 일본 최고재판소 2004. 10. 29. 판결(刑集 58권 7호 697면)은 매출원가에 관하여 가까운 장래에 비용을 지출할 것이 상당 정도 확실하다고 예상되고 그 금액을 적정하게 추정할 수 있는 경우에는 해당 사업연도 종료일까지 비용에 관한 채무가 확정되지 않더라도 그 견적금액을 해당 사업연도의 수익에 대응하는 매출원가로서 해당 사업연도의 손금에 산입할 수 있다고 보았다. 일본 법인세법기본통달 2－2－1도 같은 입장이다.

35) 일본법인세법 제22조 제3항 제2호 괄호는 상각비 일반에 관하여 명문의 규정을 두고 있다. 참고로 제조활동에 사용되는 유형자산의 감가상각비는 제품의 매출원가를 구성하기 때문에 수익비용대응의 원칙에 따라 손금에 산입된다. 여기서의 감가상각비는 그 이외의 감가상각비를 말하는 것이다.

36) 판례도 이 원칙을 전제로 한다. 대법원 2011. 1. 27. 선고 2008두12320 판결; 대법원 2002. 11. 13. 선고 2001두1918 판결.

37) 대법원 2009. 8. 20. 선고 2007두1439 판결: 「법인이 상품 매입을 위하여 선급금을 지급하였으나 그 선급금 상당의 상품을 공급받지 못한 경우, 상품의 판매로 인한 수익은 상품을 판매함으로써 비로소 발생하는 것이므로 해당 상품의 판매로 인한 수익의 발생을 상정할 수 없다. 따라서 그 수익에 대응하는 비용인 매입가액 또한 발생할 여지가 없어 선급금 상당액을 손금에 산입할 수 없다.」

38) 渡辺徹也,「スタンダード 法人税法」第2版, 弘文堂, 2019, 13－14면. 재무회계상 수익비용대응원칙의 의미에 관하여는 Chatfield/Vangermeersch, *The History of Accounting: An International Encyclopedia*, 1996, 401－402; Zimmerman/Bloom, "The Matching Principle Revisited", *The Accounting Historians Journal*, Vol. 43, No. 1, 2016, pp. 79－119.

5 손금의 범위

법인세법은 제19조에서 손금에 관하여 완결적이고 포괄적인 정의규정을 두고 있다. 그러므로 법인세법 시행령 제19조에서 열거하고 있는 손비의 항목은 법인세법 제19조 제1항에서 정의하고 있는 손금의 예시에 지나지 않는 것이다.

따라서 법인세법 시행령 제19조에서 열거하고 있지 않는 손비라고 하더라도 법인의 순자산의 감소를 초래하는 손비의 금액은 당연히 손금에 포함된다.

이하에서는 법인세법 시행령 제19조에서 예시하고 있는 손금의 범위에 관하여 간략하게 살펴보고자 한다.

가. 매출원가 및 판매부대비용

판매한 상품 또는 제품에 대한 원료의 매입가액(기업회계기준에 따른 매입에누리[39]금액 및 매입할인금액을 제외한다)과 그 부대비용은 손금에 산입한다(법령 19 I). 판매한 상품 또는 제품에 대한 원료의 매입가액과 그 부대비용이란 판매한 상품의 매입가액 또는 제품에 대한 원료의 매입가액과 그 판매한 상품 또는 제품에 대한 부대비용을 의미한다. 즉 판매한 상품 또는 제품의 매출원가와 판매부대비용을 가리키는 것이다.

1) 매출원가

가) 매출원가의 계산

① 판매한 상품 또는 제품에 대한 원료의 매입가액을 계산할 때 기업회계기준에 따른 매입에누리금액과 매입할인금액은 제외한다. 그리고 원료의 매입가액은 부가가치세로서 공제받은 의제매입세액과 조세특례제한법 제108조의 규정에 의하여 공제받은 재활용폐자원 등에 대한 매입세액을 공제하여 계산하여야 한다(법령 22 ②).

② 매출원가를 산정하기 위해서는 기초상품(제품)재고액과 당기매입액(제품제조원가)의 합계액을 매출원가와 기말상품(제품)재고액으로 배분하는 작업이 이루어져야 한다. 왜냐하면 판매한 상품 또는 제품의 매출원가는 기초상품(제품)재고액에 당기매입액(제품제조원가)을 가산하고 기말상품(제품)재고액을 공제하여 산정하기 때문이다.

매출원가를 산정하기 위해서는 상품·제품 등을 포함한 재고자산의 기말재고액의 평가

---

39) 제철업에 종사하는 법인이 철광석 등 원재료 공급자들과 1년 단위로 원재료 구입계약을 체결하고 원재료를 공급받으면서 사전에 약정한 연간 구매물량 등의 조건이 충족됨에 따라 계약기간 종료 직후 원재료 공급자들로부터 받은 인센티브는 법인세법 시행령 제19조 제1호에서 정한 매입에누리에 해당한다. 대법원 2015. 9. 10. 선고 2013두6862 판결.

가 이루어져야 한다.

기말 재고자산의 평가는 기업회계상의 당기순이익의 크기는 물론이고 법인세의 과세표
준 또는 세액의 크기에 중요한 영향을 미치고 있다. 이에 관한 상세한 논의는 '자산·부
채의 평가'(561면)에서 다룬다.

나) 매출누락금액에 대응하는 매출원가

과세관청이 법인세의 과세표준과 세액을 결정 또는 경정할 때 적출한 매출누락금액을 익금
에 산입할 때에는 그 매출누락금액에 대응하는 매출원가도 장부상 기장누락하고 있는 것으로
보아야 할 것인지 아니면 이미 장부에 계상하고 있는 것으로 보아야 할 것인지 문제이다.

대법원은 매출누락금액을 발견하였다고 하더라도 이에 대응하는 매출원가가 별도로 지
출되었음이 증명서류장부나 그 밖의 증명서류에 의하여 밝혀지는 등의 특단의 사정이 없는
한 이미 장부상 계상하고 있는 손금에 포함되어 있는 것으로 보아야 한다고 판시하고 있다.
즉 매출누락금액에 대응하는 매출원가 등이 이미 장부상에 계상되어 더 이상 손금에 산입
할 매출원가 등이 없는 것으로 사실상 추정하는 입장을 견지하고 있다. 그러므로 이와 같은
매출누락금액에 대응하는 매출원가의 누락사실은 이를 손금으로 공제받고자 하는 자가 주
장·입증하여야 하는 것이다.[40]

2) 판매부대비용

판매한 상품 또는 제품에 대한 판매부대비용은 건전한 사회통념과 상관행에 비추어 정상
적인 거래라고 인정될 수 있는 범위의 금액으로서 기업회계기준(법령 79 각호의 규정에 의
한 회계기준을 말한다)에 따라 계상한 금액으로 한다(법칙 10). 이와 같은 판매부대비용에
는 판매한 상품 또는 제품의 보관료, 포장비, 운반비, 판매장려금 및 판매수당 등 판매와
관련된 비용(판매장려금 및 판매수당의 경우 사전약정없이 지급하는 경우[41]를 포함한다)

---

40) 대법원 2015. 6. 24. 선고 2015두38290 판결; 대법원 2003. 11. 27. 선고 2002두2673 판결; 대법원 1999. 11. 12. 선고 99두4556 판결; 대법원 1998. 4. 10. 선고 98두328 판결; 대법원 1992. 7. 28. 선고 91누10695 판결; 대법원 1991. 11. 22. 선고 91누4935 판결; 대법원 1990. 12. 11. 선고 90누42 판결; 대법원 1987. 10. 13. 선고 85누1004 판결. 임완규, "매출누락액의 대표자인정상여의 범위", 「조세법의 논점: (행솔 이태로 교수 화갑기념 논문집)」, 조세통람사, 1992, 229면.

41) 대법원 2003. 12. 12. 선고 2003두6559 판결: 「원심판결 이유에 의하면, 원심은, 원고가 지류의 제조 및 판매 등을 목적으로 하는 회사로서 1993. 사업연도에 대리점 등 거래처에 화장지 등 정품(正品) 8억여 원 상당을 무상으로 교부하고, 그 원가 상당액을 손금산입한 데 대하여, 피고는 정품의 시가상당액이 기업업무추진비에 해당한다고 보아 이를 손금불산입하여 법인세를 부과(이하 '이 사건 처분'이라 한다)한 사실을 인정한 다음, 원고가 판매촉진비 예산을 미리 편성한 후 경쟁이 치열한 지역에 위치한 대리점 등의 평균매출액, 판매목표량, 판매상 문제점 등을 분석하여 판매촉진을 목적으로 아르바이트생 지원, 추가 할인 및 리베이트 제공 등의 지원책과 더불어 견본품이나 정품을 제공함으로써 고객사은행사 등의 용도에 사용하게 하는 등

303

등이 포함된다(법령 19 Ⅱ의2).[42]

나. 양도한 자산의 장부가액

양도한 자산의 양도 당시의 장부가액은 손금에 해당한다. 익금항목인 자산의 양도금액에 대응하는 손금항목이다(법령 19 Ⅱ).

1) 자산의 범위

여기서 자산이란 상품·제품 등과 같은 재고자산 외의 모든 자산을 의미한다. 상품·제품 등과 같은 재고자산은 매출원가로서 손금에 산입한다. 자기주식도 이 호의 자산에 해당하므로 그 양도 당시의 장부가액은 손금에 산입한다.

2) 장부가액의 개념

여기서의 장부가액은 세무상 장부가액을 말한다.[43] 세무상 장부가액은 취득가액(그 부

정품을 거래처에 지원하게 된 경위 등에 비추어, 정품지원에 소요된 가액 상당은 기업업무추진비가 아니라 판매부대비용의 일종인 판매장려금에 해당하여 손금산입되어야 하므로 이 사건 처분은 위법하고, 舊 법인세법시행규칙(1995. 3. 30. 총리령 제492호로 개정되기 전의 것, 이하 '시행규칙'이라 한다) 제4조 제1항에서 사전 약정이 있는 경우에 한하여 판매장려금으로 인정하도록 제한한 부분은 상위법령에 근거가 없거나 위임의 한계를 벗어나 무효라고 판단하였다. 법인이 사업을 위하여 지출한 비용 가운데 상대방이 사업에 관련 있는 자들이고 지출의 목적이 접대 등의 행위에 의하여 사업관계자들과의 사이에 친목을 두텁게 하여 거래관계의 원활한 진행을 도모하는 데 있는 것이라면, 그 비용은 舊 법인세법(1993. 12. 31. 법률 제4664호로 개정되기 전의 것, 이하 '법'이라 한다) 제18조의2에서 말하는 기업업무추진비라고 할 것이나, 그 지출경위나 성질, 액수 등을 건전한 사회통념이나 상관행에 비추어 볼 때 상품 또는 제품의 판매에 직접 관련하여 정상적으로 소요되는 비용으로 인정되는 것이라면, 이는 법 제9조 제3항, 같은법 시행령(1998. 12. 31. 대통령령 제15970호로 전문 개정되기 전의 것, 이하 '시행령'이라 한다) 제12조 제2항 제2호에서 손비로 인정하는 판매부대비용에 해당한다 할 것이다. 그리고 시행규칙 제4조 제1항에서 판매부대비용에 포함되는 것으로 매출할인이나 판매장려금 등을 열거하면서 거래처와 사전 약정이 있는 경우에 한하도록 규정하고 있다 하더라도, 그 규정상 '부대비용에는 다음 각 호의 금액을 포함하는 것으로 하되…'라고 하여 각 호에 열거된 것이 판매부대비용으로 볼 수 있는 예시적인 경우임이 해석상 명백하므로, 그러한 예시적인 경우에 대하여 거래처와 사전약정이 있는 경우에 한하도록 제한하였다 하더라도 그에 열거된 것 이외의 판매부대비용을 허용하지 않는다는 취지의 규정으로 볼 것은 아니어서, 이를 상위법령의 근거없이 국민의 권리의무에 관한 사항을 부당히 제한하거나 위임의 한계를 벗어나는 것으로서 무효라고 볼 수는 없다 할 것이다. 이러한 법리를 관계 법령과 기록에 비추어 살펴보면, 원심이 시행규칙 제4조 제1항의 규정을 무효로 본 것은 잘못이라 할 것이지만, 원고가 거래처에 정품을 지원한 경위 등에 비추어 보면 그 비용상당액은 기업업무추진비가 아니라 제품 등의 판매에 직접 관련하여 소요된 비용으로서 시행령 제12조 제2항 제2호 소정의 판매부대비용에 해당한다 할 것이므로, 같은 취지에서 이 사건 처분이 위법하다고 본 원심의 결론은 정당하고, 위와 같은 원심의 잘못은 판결 결과에 아무런 영향이 없다.」 (강조는 저자)

42) 대법원 2009. 11. 12. 선고 2007두12422 판결: 담배를 수입·판매하던 회사가 영업부진 때문에 영업을 중지하는 대리점에게 신규시장의 개척과 판매촉진을 위하여 영업지원 인건비 및 차량구입비를 지원하였다면 이는 기업업무추진비가 아니라 상대방 사업자에게 지급된 판매부대비용에 해당한다.

43) 대법원 2017. 7. 11. 선고 2016두64722 판결.

대비용을 포함한 가액을 말한다)에 자본적 지출액(건설자금이자를 포함한다)·자산재평가법에 의한 재평가차액·보험업법 등에 의한 유형자산 및 무형자산 등의 평가이익 및 유가증권의 저가매입에 따라 익금에 산입한 시가와 매입가액의 차액(법법 15 ②I) 등을 가산하고 감가상각누계액을 공제한 잔액을 의미한다.[44]

그러나 법인이 자산을 장기할부조건으로 취득함에 따라 발생한 채무를 현재가치로 평가하여 현재가치할인차금을 계상한 경우에 그 현재가치할인차금, 특수관계인으로부터 자산을 시가보다 고가로 매입함으로써 부당행위계산부인의 규정이 적용되는 경우의 그 매입가액과 시가와의 차액, 자산을 취득할 때 시가보다 고가로 매입함으로써 의제기부금으로 보는 매입가액과 정상가액과의 차액은 장부가액에 포함하지 않는다고 새긴다. 그리고 익금항목이 아닌 자산의 임의평가이익은 장부가액에 포함하지 않는다.

다. 인건비

인건비란 근로[45]를 제공한 임원 및 직원에게 그 근로의 대가로 지급하는 급료·봉급·임금·보수 및 수당 등과 같은 일반급여와 비정기적으로 지급하는 상여금 등을 말한다.[46] 그리고 인건비에는 임원 및 직원이 근로관계를 종료함에 따라 지급하는 퇴직금이 포함된다. 이에 관한 상세한 논의는 '과다경비 등의 손금불산입'(458면)에서 구체적으로 다루고자 한다.

라. 출산 또는 양육지원비

임원 또는 직원의 출산 또는 양육 지원을 위해 해당 임원 또는 직원에게 공통적으로 지원되는 지급기준에 따라 지급하는 금액(법령 19 III의2)

마. 임원 등에 대한 할인금액

소득세법 제20조 제1항 제6호에 따른 임원 등에 대한 할인금액의 이익에 상당하는 금액(법령 19 III의3)

---

44) 대법원 2013. 5. 23. 선고 2010두28601 판결('세무상 장부가액'이란 세무회계에 따라 수정된 장부상 평가가액을 의미하는 것으로서 자산의 취득가액에 자본적 지출·자산평가증 등을 가산하고 감가상각·평가손실 등을 차감한 해당 자산의 장부상 대차잔액을 가리키는 것이다).
45) 근로란 정신노동 및 육체노동을 말한다(근로기준법 16).
46) 내국법인이 발행주식총수 또는 출자지분의 100퍼센트를 직접 또는 간접 출자한 해외현지법인에 파견된 임원 또는 직원의 인건비로서 소득세법 제127조 제1항에 따라 근로소득세를 원천징수한 것을 포함하되 해당 내국법인이 지급한 인건비가 해당 내국법인 및 해외출자법인이 지급한 인건비 합계의 50퍼센트 미만인 경우로 한정한다(법령 19 III).

바. 유형자산의 수선비

유형자산의 수선비는 손금에 산입한다. 그러나 수선비라고 할지라도 감가상각자산의 내용연수를 연장시키거나 해당 자산의 가치를 현실적으로 증가시키기 위하여 지출한 수선비, 즉 자본적 지출액은 해당 자산의 취득가액에 포함하여 감가상각을 통하여 손금에 산입하게 된다. 이에 관한 상세한 논의는 '감가상각비의 손금불산입'(389면)에서 다룬다.

사. 유형자산 및 무형자산에 대한 감가상각비

법인이 유형자산 및 무형자산에 대한 감가상각비를 손비로 계상한 경우에는 상각범위액 안에서 손금에 산입한다. 이에 관한 상세한 논의는 '감가상각비의 손금불산입'(389면)에서 상세하게 다룬다.

아. 특수관계인으로부터 양수한 자산의 시가미달액 등에 대한 감가상각비 상당액

1) 취 지

특수관계인(법법 2 XII)으로부터 자산을 양수하면서 기업회계기준에 따라 장부에 계상한 자산의 가액이 시가에 미달하는 경우에는 다음의 금액에 대하여 계산한 감가상각비 상당액은 이를 손금에 산입한다(법령 19 V의2).

① 실제취득가액[47)]이 시가를 초과하는 경우에는 시가와 장부에 계상한 가액과의 차이
② 실제취득가액이 시가에 미달하는 경우에는 실제취득가액과 장부에 계상한 가액과의 차이

예를 들면, 일반기업회계기준 제32장(동일지배거래)에서는 동일지배하에 있는 기업간 사업인수도의 경우 인수자는 인수대상 사업의 자산·부채에 대하여 연결장부금액으로 인식한다.[48)] 반면 법인세법상으로는 특수관계인으로부터 자산을 양수한 경우 취득가액은 매입가액에 취득세(농어촌특별세와 지방교육세 포함) 등 부대비용을 가산한 금액이 된다(법령 72 ② I). 감가상각비는 원칙적으로 결산조정사항이므로 기업회계기준에 따라 계상한 감가상각비와 법인세법상 취득가액을 기준으로 한 감가상각비와의 차액만큼을 손금에 산입할 수 없는 문제점이 생기게 되는 것이다. 따라서, 이와 같은 불합리점을 시정하기 위하여 시가미달액(실제 취득가액이 시가에 미달하는 경우에는 그 실제 취득가액에 미달하는 금

---

47) 법문이 장부상 취득가액과 실제취득가액을 구별하고 있음에 유의하여야 한다.
48) 일반기업회계기준 제32장 문단 32.11.

액)에 대한 감가상각비 상당액을 신고조정에 의하여 손금에 산입하도록 한 것이다.

2) 손금산입의 요건

특수관계인으로부터 자산 양수를 하면서 기업회계기준에 따라 장부에 계상한 자산의 가액이 시가에 미달하여야 한다.

① 특수관계인으로부터 자산을 양수하여야 한다.

법인이 특수관계인(법법 2 XII)으로부터 자산을 양수하여야 한다. 본 조의 적용대상이 되는 자산이란 감가상각의 대상이 되는 자산, 즉 유형자산 및 무형자산을 가리킨다. 양도 및 양수는 법률행위에 의한 권리의 이전을 의미하므로[49] 법률행위에 의한 것이라면 무상이어도 위 요건에 해당한다.

② 양수한 자산의 취득가액을 기업회계기준에 따라 장부에 계상하여야 한다.

법인이 양수한 자산의 취득가액을 기업회계기준에 따라 장부에 계상한 경우이어야 한다. 위에서 기업회계기준이란 법인세법 제43조(기업회계기준과 관행의 적용) 및 법인세법 시행령 제79조(기업회계기준과 관행의 범위)에서의 기업회계의 기준과 관행의 의미로 새겨야 할 것이다.

③ 자산의 장부가액이 시가에 미달하여야 한다.

법인이 기업회계기준에 따라 계상한 자산의 장부가액이 시가(실제취득가액이 시가에 미달하는 경우에는 실제취득가액을 말한다)에 미달하여야 한다. 위에서 시가란 건전한 사회통념 및 상관념과 특수관계인이 아닌 자간의 정상적인 거래에서 적용되거나 적용될 것으로 판단되는 가격을 말한다. 시가를 적용할 때 해당 거래와 유사한 상황에서 해당 법인이 특수관계인 외의 불특정다수인과 계속적으로 거래한 가격 또는 특수관계인이 아닌 제3자간에 일반적으로 거래된 가격이 있는 경우에는 그 가격에 의한다. 그러나 시가가 불분명한 경우에는 감정평가법인이 감정한 가액, 상증법의 규정을 준용하여 평가한 가액의 순서로 계산한 금액을 그 시가로 한다(법법 52 ②, 법령 89 ①, ②).

3) 손금산입액의 범위

특수관계인으로부터 양수한 자산의 장부가액이 시가에 미달하는 경우에 그 시가미달액(실제취득가액이 시가에 미달하는 경우에는 그 실제취득가액에 미달하는 금액)에 대하여 법인세법 시행령 제24조부터 제34조까지의 규정을 준용하여 계산한 감가상각비 상당액을 손금에 산입한다.

---

49) 대법원 2011. 3. 24. 선고 2010다100711 판결.

① 시가미달액 등에 대한 감가상각비 상당액을 손금에 산입한다. 실제 취득가액이 시가를 초
과하는지의 여부에 따라 시가미달액 또는 실제취득가액 미달액을 그 대상금액으로 한다.
　㉮ 실제취득가액이 시가를 초과하는 경우(시가미달액)
　　실제취득가액이 시가를 초과하는 경우에는 시가와 장부가액과의 차액에 대한 감가상각
　　비 상당액을 손금에 산입한다. 자산의 실제취득가액이 시가를 초과하는 경우에 그 시가
　　초과액은 부당행위계산에 해당하여 취득가액에 산입하지 않는 것이므로(법령 72 ④ Ⅲ)
　　시가에서 장부가액을 뺀 차액에 대한 감가상각비 상당액만을 손금에 산입하는 것이다.
　㉯ 실제취득가액이 시가에 미달하는 경우(실제취득가액 미달액)
　　실제취득가액이 시가에 미달하는 경우에는 실제취득가액에서 장부가액을 뺀 차액에
　　대한 감가상각비 상당액만을 손금에 산입한다.
② 시가미달액 등에 대한 감가상각비 상당액은 시가미달액 등에 대하여 법인세법 시행령
제24조부터 제34조까지의 규정을 준용하여 계산한 금액으로 한다.
③ 시가미달액 등에 대한 감가상각비 상당액은 신고조정사항에 해당한다. 그러므로 법인이
결산을 확정할 때 시가미달액 등에 대한 감가상각비 상당액을 손비로 계상하지 않더라
도 당연히 손금에 산입하는 것이다.

자. 자산의 임차료

　법인이 자산을 임차하고 그 대가로 지급하는 임차료는 손금에 산입한다(법령 19 Ⅵ). 임차
료는 임차기간의 경과에 따라 손금에 산입하는데, 법인이 미리 지급한 임차료로서 해당 사
업연도 종료일 현재 아직 경과하지 않은 임차료는 선급비용으로서 손금불산입하여야 한다.
　자산의 임차료와 관련하여 특히 리스료의 취급이 문제가 된다. 이하에서는 리스료에 관
하여 살펴보기로 한다.

1) 리스의 분류

　리스(lease)는 금융리스(finance lease)와 운용리스(operating lease)로 구분할 수 있다.
대체로 리스자산의 소유에 따른 위험과 효익이 실질적으로 리스이용자에게 이전되는 경우
에는 금융리스로, 그 밖의 경우에는 운용리스로 분류할 수 있다. 2019년부터 한국채택국제
회계기준이 변경되었으나[50] 법인세법은 그와 상관없이 종전의 감가상각 방식을 유지하고
있다(법령 24 ⑤).

---

50) 2019. 1. 1.부터 종래의 K-IFRS 제1017호 대신 K-IFRS 제1116호가 적용된다.

2) 리스료의 처리 등

금융리스의 자산은 리스이용자의 감가상각자산으로, 그리고 금융리스 외의 리스자산(운용리스의 자산)은 리스회사의 감가상각자산으로 한다(법령 24 ⑤). 리스이용자가 리스로 인하여 수입하거나 지급하는 익금과 손금의 귀속사업연도는 기업회계기준에 따른다(법칙 35 ①).

차. 차입금이자

차입금에 대한 지급이자는 법인의 순자산의 감소를 초래하는 것이므로 손금에 해당한다(법령 19 Ⅶ). 다만, 채권자가 불분명한 사채이자, 지급받은 자가 불분명한 채권 등의 이자와 할인액, 건설자금이자 및 비업무용 자산 등에 대한 지급이자 등에 대하여는 손금불산입하도록 하고 있다. 이에 관한 상세한 논의는 '지급이자의 손금불산입'(495면)에서 다룬다.

카. 대손금

대손금이란 회수불능이 된 채권금액을 가리킨다. 이와 같은 채권의 회수불능은 법인의 순자산의 감소를 결과하므로 손금에 해당한다(법법 19의2). 이에 관한 상세한 논의는 '대손금의 손금불산입'(364면)에서 구체적으로 다룬다.

타. 자산의 평가차손

법인세법은 자산의 취득가액을 역사적 원가에 의하여 산정하도록 하면서 그 평가에 대하여도 엄격한 제한 또는 규제를 행하고 있다. 과세소득 조작의 방지·자산평가에 있어서의 획일성 및 과세의 형평 도모·과세소득의 산정에 있어서의 미실현손익의 제거 등에 그 취지가 있다.

이에 따라 법인세법은 자산의 평가차손의 손금산입을 원칙적으로 허용하면서도(법령 19 Ⅸ), 실제로는 재고자산 및 유가증권에 한하여 일정한 범위 내에서 예외적으로 손금산입을 허용한다(법법 22 但). 법인세법은 평가차손의 손금산입이 허용되는 재고자산과 유가증권의 범위를 법인세법 제42조 제2항, 제3항에 나누어 규정하고 있다.

1) 법인세법 제42조 제2항에 따른 평가차손

① 제품·상품·반제품·재공품·원재료·저장품 등의 재고자산, ② 주식·출자지분·채권·집합투자재산(자본시장법 9 ⑳)·특별계정에 속하는 자산(보험업법 108 ① Ⅲ), ③ 기업회계기준에 따른 화폐성 외화자산과 부채(화폐성외화자산·부채), ④ 금융회사 등이

보유하는 통화 관련 파생상품 중 기획재정부령으로 정하는 통화선도, 통화스왑 및 환변
동보험('통화선도등'), ⑤ 금융회사 등 이외의 법인이 화폐성외화자산·부채의 환위험
을 회피하기 위하여 보유하는 통화선도등의 평가손실에 대하여 손금산입을 허용하고
있다(법법 42 ②, 법령 73).

2) 법인세법 제42조 제3항에 따른 평가차손

① 재고자산으로서 파손·부패 등의 사유로 정상가격으로 판매할 수 없는 것, ② 유형자산
으로서 천재지변, 화재, 수용, 폐광 등의 사유로 파손되거나 멸실된 것, ③ 주권상장법인
이 발행한 주식등[51]으로서 그 발행법인에 관하여 부도가 발생한 경우, 채무자회생법에
따른 회생계획인가의 결정을 받은 경우, 「기업구조조정 촉진법」에 의한 부실징후기업이
된 경우, 파산한 경우의 해당 주식등의 평가차손은 법인이 장부상에 평가손실을 손비로
회계처리한 경우에 한하여 손금에 산입할 수 있다(법법 42 ③).[52]
이에 관한 상세한 논의는 '자산의 평가손실의 손금불산입'(385면) 및 '자산·부채의 평
가'(561면)에서 다루기로 한다.

파. 제세공과금

제세공과금은 법령에 의하여 그 납부가 강제되는 것이므로 손금에 산입함을 원칙으로 한
다. 법인세법 제18조의4에 따른 외국자회사 수입배당금액의 익금불산입과 제57조 제1항에
따른 외국납부세액공제를 적용하지 않는 경우의 외국법인세액도 손금에 산입하는 제세공
과금에 포함된다(법령 19 X). 즉, 외국납부세액을 손금에 산입하는 것은 외국납부세액공제
를 적용하지 않은 범위에 한정한다. 다만, 법인세·가산세 및 벌금 등과 법령에 의한 의무
의 불이행 또는 금지·제한 등의 위반을 이유로 부과되는 공과금은 손금불산입한다.
이에 관한 상세한 논의는 '제세공과금의 손금불산입'(375면)에서 다룬다.

하. 조합비

영업자가 조직한 단체로서 법인이거나 주무관청에 등록된 조합 또는 협회(이하에서 '법

---

51) 그 구체적인 범위는 법인세법 시행령 제78조 제2항 각 호 참조.
52) 위 규정은 해당 자산가치의 회복이 현실적으로 불가능하여 그 손실이 확정적으로 발생한 경우로서 가치감소분
   의 객관적인 평가가 충분히 가능하고, 과세소득의 자의적인 조작수단으로 악용될 여지가 없는 경우에 한하여
   그 평가의 대상자산, 방법, 절차 등에 대한 엄격한 요건을 전제로 자산의 평가차손을 손금에 산입하는 것을 허용
   하고 있는 취지로 보인다[헌법재판소 2007. 3. 29. 선고 2005헌바53·65·79·2006헌바27(병합) 결정].

인 등인 조합'이라 한다)에 지급한 회비는 손금에 산입한다(법령 19 XI). 그러나 법인 등인 조합에 지급한 회비인 경우에도 그 회비가 특별회비인 경우 또는 법인 등인 조합 외의 임의 조합에 지급한 회비는 일반기부금으로 본다(법령 39 ①).

거. 광업의 탐광비

광물의 탐광을 위한 지질조사·시추 또는 갱도의 굴진을 위하여 지출한 비용과 그 개발비는 손금으로 한다(법령 19 XII).

너. 새마을진료권에 의한 무료진료의 가액

의료업을 영위하는 자가 보건복지가족부장관이 정하는 무료진료권 또는 새마을진료권에 의하여 행하는 무료진료의 가액은 손금에 산입한다(법령 19 XIII).

위에서 무료진료의 가액이란 무료진료에 소요되는 비용(의약품비 등)을 의미한다고 해석한다.

더. 무상 기증한 잉여식품의 장부가액

「식품등 기부 활성화에 관한 법률」 제2조 제1호 및 제1호의2에 따른 식품 및 생활용품('식품등')의 제조업·도매업 또는 소매업을 영위하는 내국법인이 해당 사업에서 발생한 잉여 식품등을 같은 법 제2조 제4호에 따른 제공자 또는 제공자가 지정하는 자에게 무상으로 기증하는 경우 그 기증한 잉여 식품등의 장부가액은 손금으로 한다(법령 19 XIII의2). 위와 같이 무상 기증한 잉여식품의 장부가액은 기부금에 해당하지만 법인세법상 기부금에서 제외하여 전액 손금에 산입하는 것이다.

러. 해외시찰훈련비

업무와 관련있는 해외시찰·훈련비는 손금에 산입한다(법령 19 XIV). 그리고 임원 또는 직원의 해외여행에 관련하여 지급하는 여비는 그 해외여행이 해당 법인의 업무수행상 통상 필요하다고 인정되는 부분의 금액에 한하여 손금에 산입한다. 그러므로 법인의 업무수행상 필요하다고 인정되지 않은 해외여행의 여비와 법인의 업무수행상 필요하다고 인정되는 금액을 초과하는 부분의 금액은 원칙적으로 해당 임원 또는 직원에 대한 급여로 한다(법통 19-19…22). 법인이 임원 또는 직원이 아닌 지배주주 등에게 지급한 여비 또는 교육훈련비는 손금에 산입하지 않는다(법령 46).

머. 산업체 부설학교의 운영비 등

산업체 부설 중·고등학교의 운영비 등은 손금에 산입한다(법령 19 XV).

버. 우리사주조합에 출연하는 금품 등의 가액

근로자복지기본법에 따른 우리사주조합에 출연하는 자사주의 장부가액 또는 금품의 가액은 손금에 산입한다(법령 19 XVI).

서. 장식용 미술품의 취득가액

장식·환경미화 등을 위해 사무실·복도 등 여러 사람이 볼 수 있는 공간에 상시 비치하는 미술품을 취득한 경우로서 그 취득가액(취득가액이 거래단위별로 1,000만원 이하인 것에 한한다)을 취득일이 속하는 사업연도의 손비로 계상한 경우에는 그 손비로 계상한 사업연도의 손금에 산입한다(법령 19 XVII).

어. 광고선전 목적으로 기증한 물품의 구입비용

광고선전 목적으로 기증한 물품의 구입비용은 손금에 산입한다. 다만, 특정인에게 기증한 물품(개당 3만원 이하의 물품은 제외한다)의 경우에는 연간 5만원 이내의 금액에 한정하여 손금에 산입한다(법령 19 XVIII).

저. 주식매수선택권 등을 부여한 법인에 행사 또는 지급비용으로서 보전하는 금액

임원 또는 직원이 다음 중 어느 하나에 해당하는 주식매수선택권(스톡옵션) 또는 주식이나 주식가치에 상당하는 금전으로 지급받는 상여금으로서 기획재정부령으로 정하는 주식기준보상[53](stock award)을 행사하거나 지급받는 경우 해당 주식매수선택권 또는 주식기

---

53) '기획재정부령으로 정하는 주식기준보상'이란 임직원이 지급받는 상여금으로서 다음의 요건을 모두 갖춘 것을 말한다(법칙 10의2 ①).
　① 주식 또는 주식가치에 상당하는 금전으로 지급하는 것일 것
　② 사전에 작성된 주식기준보상운영기준 등에 따라 지급하는 것일 것
　③ 임원이 지급받는 경우 정관·주주총회·사원총회 또는 이사회의 결의로 결정된 급여지급기준에 따른

준보상(이하 '주식매수선택권 등'이라 한다)을 부여하거나 지급한 법인에 그 행사 또는 지급비용으로서 보전하는 금액은 손금에 산입한다(법령 19 XIX).

① 금융지주회사로부터 부여받거나 지급받은 주식매수선택권 등

금융지주회사법에 따른 금융지주회사로부터 부여받거나 지급받은 주식매수선택권 등(주식매수선택권은 상법 제542조의3에 따라 부여받은 경우만 해당한다)을 말한다.

② 해외모법인으로부터 부여받거나 지급받은 주식매수선택권 등

해외모법인으로부터 부여받거나 지급받은 일정한 주식매수선택권 등을 말한다.

㉮ 해외모법인의 범위

위에서 해외모법인이란 다음의 요건을 모두 갖춘 법인을 말한다.

ⅰ) 외국법인으로서 발행주식이 자본시장법에 따른 증권시장 또는 이와 유사한 시장으로서 증권의 거래를 위하여 외국에 개설된 시장에 상장된 법인

ⅱ) 외국법인으로서 법인세법 시행령 제19조 제19호 각 목 외의 부분에 따른 주식매수선택권 등의 행사 또는 지급비용을 보전하는 내국법인(자본시장법에 따른 상장법인은 제외한다)의 의결권 있는 주식의 90퍼센트 이상을 직접 또는 간접으로 소유한 법인. 이 경우 주식의 간접소유비율은 다음 계산식에 따라 계산하되[해당 내국법인의 주주인 법인(이하에서 '주주법인'이라 한다)이 둘 이상인 경우에는 각 주주법인별로 계산한 비율을 합산한다], 해당 외국법인과 주주법인 사이에 하나 이상의 법인이 개재되어 있고, 이들 법인이 주식소유관계를 통하여 연결되어 있는 경우에도 또한 같다.

$$\left(\begin{array}{c} \text{해당 외국법인이 소유하고 있는} \\ \text{주주법인의 의결권 있는 주식 수가} \\ \text{그 주주법인의 의결권 있는} \\ \text{총 주식수에서 차지하는 비율} \end{array} \right) \times \left(\begin{array}{c} \text{주주법인이 소유하고 있는 해당} \\ \text{내국법인의 의결권 있는 주식수가} \\ \text{그 내국법인의 의결권 있는} \\ \text{총주식수에서 차지하는 비율} \end{array} \right)$$

㉯ 일정한 주식매수선택권 등의 범위

다음의 요건을 모두 갖춘 주식매수선택권 등을 말한다.

금액을 초과하지 아니할 것

④ 지배주주 등인 임직원이 지급받는 경우 정당한 사유 없이 같은 직위에 있는 지배주주 등 외의 임직원에게 지급하는 금액을 초과하지 아니할 것

ⅰ) 상법에 따른 주식매수선택권과 유사한 것으로서 해외모법인의 주식을 미리 정한 가액(이하에서 '행사가액'이라 한다)으로 인수 또는 매수(행사가액과 주식의 실질가액과의 차액을 현금 또는 해당 해외모법인의 주식으로 보상하는 경우를 포함한다)할 수 있는 권리일 것(주식매수선택권만 해당한다)

ⅱ) 해외모법인이 발행주식총수의 10퍼센트의 범위에서 부여하거나 지급한 것일 것

ⅲ) 해외모법인과 해당 법인 간에 해당 주식매수선택권 등의 행사 또는 지급비용의 보전에 관하여 사전에 서면으로 약정하였을 것

③ 모법인이 자법인의 임직원에게 부여한 양도제한조건부 주식(RSU)에 관한 보전금액

법령에 명시적인 규정은 없지만 행정해석은 모법인이 자법인 임직원에게 모법인(상장) 또는 자법인(비상장) 발행주식을 양도제한조건부 주식(RSU)으로 부여하고 해당 자법인이 모법인에게 위 양도제한조건부 주식의 시가 상당액(부여당시 기준)을 보전하는 경우 자회사는 해당 보전금액을 손금에 산입할 수 있다고 본다.[54]

처. 주식매수선택권 행사에 따른 주식보상비용

상법 제340조의2·제542조의3(해당 법인의 임직원에게 부여한 것에 한함),[55] 「벤처기업육성에 관한 특별조치법」 제16조의3 또는 「소재·부품·장비산업 경쟁력강화를 위한 특별조치법」 제56조에 따른 주식매수선택권, 「근로복지기본법」 제39조에 따른 우리사주매수선택권 또는 금전(스톡옵션)을 부여받거나 지급받은 자에 대한 다음 각 목의 금액을 말한다. 다만 해당 법인의 발행주식총수의 10퍼센트 범위에서 부여하거나 지급한 경우로 한정한다(법령 19 ⅩⅨ의2).

① 주식매수선택권 또는 우리사주매수선택권을 부여받은 경우로서 다음의 어느 하나에 해당하는 경우 해당 금액

㉮ 약정된 주식매수시기에 약정된 주식의 매수가액과 시가의 차액을 금전 또는 해당 법인의 주식으로 지급하는 경우의 해당 금액(차액보상형)

㉯ 약정된 주식매수시기에 주식매수선택권[56] 또는 우리사주매수선택권[57] 행사에 따라

---

54) 다만 근거 규정은 인건비에 관한 법인세법 시행령 제19조 제3호라고 한다. 위 행정해석은 자법인이 보전한 금액의 손금귀속시기는 모법인이 자법인 임직원에게 양도제한조건부 주식을 부여한 날이 속하는 사업연도이고, 손금산입금액은 자법인이 모법인에게 실제 보전한 금액, 즉 양도제한조건부 주식을 부여한 시점의 주식 시가라고 한다. 이상, 기획재정부 법인세제과−394, 2023. 7. 25. 양도제한조건부 주식에 관하여는 안태준, "주식회사 임원에 대한 주식연계 보상수단으로서의 양도제한조건부 주식(RSU)에 관한 연구", 「선진상사법률연구」 통권 제107호, 2024, 1면 이하.

55) 조심 2024. 5. 20. 자 2023인10841 결정.

56) 이 규정은 2018. 2. 13. 신설된 것으로서 판례는 위 규정이 신설되기 이전의 사안에 관하여 주식매수선택권 행사에 따른 행사차익 중 자본거래로 인한 부분을 얼마로 산정할 것인지, 주식매수선택권 부여 당시부터 법인회계상 계상되는 주식보상비용을 전부 손금으로 인정할 것인지 등에 관하여 입법자에게 재량권이 부여

주식을 시가보다 낮게 발행하는 경우 그 주식의 실제 매수가액과 시가의 차액(신주발행형)

상법 제340조의2 제1항 본문은 신주의 발행에 갈음하여 행사가액에 자기주식을 매도할 수 있도록 규정하고 있으나(자기주식교부형) 법인세법 시행령은 그에 관하여 규정하지 않고 있다. 그러나 실무상은 자기주식교부형도 인정된다. 이 경우 손금산입 대상금액은 자기주식의 시가와 행사가액의 차액(행사차액)이다.[58]

② 주식기준보상으로 금전을 지급하는 경우 해당 금액

커. 「중소기업 인력지원 특별법」 제35조의3 제1항 제1호에 따라 중소기업 및 중견기업이 부담하는 기여금

「중소기업 인력지원 특별법」 제35조의3 제1항 제1호에 따라 중소기업(중소기업기본법 2 ①) 및 중견기업(「중소기업 인력지원 특별법」, 35의3 ① I)은 핵심인력 성과보상기금을 설치하고, 근로자와 공동으로 기여금을 납입한 후 일정 기간이 지나면 납입금 전액을 근로자에게 지급할 수 있다. 이때 납입한 기여금을 어느 시점에서 손비로 인정할 것인지가 문제인데, 법인세법 시행령은 근로자에게 지급하는 시점이 아닌 기여금 납입시점에서 손비로 인정할 수 있도록 정한 것이다(법령 19 XX).

터. 유족위로금

법인의 임원 또는 직원의 사망 이후 정관·주주총회·사원총회 또는 이사회의 결의에 의하여 결정된 기준에 따라 유족에게 일시적으로 지급하는 학자금 등 위로금은 손금에 산입

되어 있어 법원이 단정적으로 판단하기 곤란하므로 손금으로 인정할 수 없다는 입장이다. 서울고등법원 2019. 11. 6. 선고 2019누31589 판결(대법원 2020. 3. 26. 자 2019두60813 판결로 심리불속행 종결).

57) 신주발행형 우리사주매수선택권의 행사로 신주가 발행되는 경우에는 인수가액의 납입으로 법인의 자본이 증가할 뿐 순자산이 감소하지 않으므로, 행사 당시 신주의 시가와 행사가격의 차액('행사차액')은 법인의 순자산을 감소시키는 거래로 인하여 발생하는 손비에 해당하지 않고, 2022. 2. 15. 대통령령 제32418호로 개정된 법인세법 시행령 제19조 제19호의2(이하 '신설규정'이라 한다)는 근로복지기본법 제39조에 따른 우리사주매수선택권을 부여받은 자에 대하여 약정된 주식매수시기에 우리사주매수선택권 행사에 따라 주식을 시가보다 낮게 발행하는 경우 '그 주식의 실제 매수가액과 시가의 차액'을 손비에 포함한다고 규정하고 있으나, 개정 법인세법 시행령이 시행되기 전에 우리사주매수선택권을 행사한 경우 신설규정을 적용할 수 없는 점, 신설규정은 우리사주매수선택권의 활용을 촉진하여 기업이 우수한 인재를 유치하고 근로자 복지를 향상시킬 수 있도록 우리사주매수선택권의 행사차액을 손비의 범위에 포함시킨 것으로서 창설적 규정이라고 보아야 하므로, 신설규정이나 우리사주매수선택권 행사차액에 대한 별도의 손금산입 특례규정이 없었던 구 법인세법의 해석에 이를 고려할 수도 없는 점 등을 종합하면, 위 행사차액은 손금에 산입할 수 없다는 것이 대법원 판결이다. 타당한 해석이라고 생각된다. 대법원 2023. 10. 12. 선고 2023두45736 판결.

58) 이 경우의 세무처리에 관하여는 기획재정부 법인세제과-387, 2021. 8. 26.

한다(법령 19 XXI).

퍼. 사내근로복지기금에 출연하는 금품

해당 법인이 스스로 설립한 사내근로복지기금, 공동근로복지기금, 협력중소기업이 설립한 사내근로복지기금, 해당 법인이 협력중소기업 간에 공동으로 설립한 공동근로복지기금에 출연하는 금품은 손금에 산입한다(법령 19 XXII).

허. 보험업법에 따른 보험회사의 책임준비금 증가액 및 주택도시기금법에 따른 책임준비금 증가액

「보험업법」에 따른 보험회사의 책임준비금 증가액으로서 보험감독회계기준에 따라 비용으로 계상한 금액은 손금이다. 다만, 할인율의 변동으로 인한 책임준비금 공정가치 평가금액은 제외한다(법령 19 XXIII).

고. 그 밖의 손비

앞에서 열거한 것 외의 손비로서 그 법인에 귀속되었거나 귀속될 금액은 손금에 산입한다(법령 19 XXIV).

주택도시기금법에 따른 주택도시보증공사가 같은 법 시행령 제24조에 따라 적립한 책임준비금의 증가액(할인율의 변동에 따른 책임준비금 평가액의 증가분 제외)으로서 보험감독회계기준에 따라 비용으로 계상한 금액은 손금이다(법령 19 XXIII의2).

6 손금에 관한 입증책임

법인세과세처분 취소소송에서 과세근거로 되는 과세표준의 입증책임은 과세관청에 있는 것이 원칙이고, 과세표준은 익금에서 손금을 뺀 것이므로 익금 및 손금의 입증책임은 과세관청에게 있다. 그러나 대법원은 특히 손금과 관련하여 손금이 납세의무자에게 유리한 것이고 그 손금을 발생시키는 사실관계의 대부분은 납세의무자가 지배하는 영역 안에 있다는 점을 고려하고 있다. 따라서 손금의 존재여부는 납세의무자가 입증하는 것이 손쉽다는 점을 고려하여, 공평 내지 형평의 관념으로부터 납세의무자가 입증활동을 하지 않고 있는 손금에 관하여는 그 부존재의 추정을 용인하고 납세의무자에게 입증책임이 돌아간다고 한다.[59]

---

59) 대법원 2005. 4. 14. 선고 2005두647 판결; 대법원 2004. 9. 23. 선고 2002두1588 판결.

1 준비금의 손금산입

가. 준비금의 성격

1) 준비금이란 실제로는 비용 또는 손실이 발생하지 않았지만 장래에 발생할 다액의 비용 또는 손실에 충당하거나 특정한 지출에 소요되는 자금에 충당하기 위하여 미리 손금에 산입한 금액을 말한다. 이와 같이 손금에 산입한 준비금은 그 이후에 실제로 비용 또는 손실이 발생되는 때에 그 비용 또는 손실과 상계하거나 익금에 환입하여 과세하는 것이므로 납세의무자에게 법인세의 납부를 일정기간 유예하는 과세이연의 효과가 있다.

2) 준비금은 기업회계상의 손비에 해당하지 않으며,[1] 법인세법 제19조의 손금의 정의 규정에 비추어 보더라도 다음과 같은 사유로 손금의 범위에 포함될 여지가 없다.
  첫째, 준비금은 해당 법인의 순자산을 감소시키는 거래로 인한 손비의 금액에 해당하지 않는다.
  둘째, 준비금은 미확정채무이므로 손금을 구성하지 않는다. 법인세법은 손익의 귀속사업연도에 관하여 원칙적으로 권리의무확정주의를 채택하여 법인의 각 사업연도의 손금의 귀속사업연도는 그 손금이 확정된 날이 속하는 사업연도로 하고 있기 때문이다(법법 40 ①).
  셋째, 준비금은 해당 사업연도의 수익과 대응관계에 있지 않다. 이 점이 충당금과 다르다. 즉 충당금은 해당 사업연도의 수익과 대응하는 것이지만 준비금은 장래의 수익과 대응하는 것이다.

나. 준비금의 종류 및 손금산입

앞서 본 바와 같이 준비금은 이론적으로는 손금에 해당하지 않지만, 법인세법 및 조세특례제한법에서는 장래의 지출 또는 손실에 충당하기 위하여 특정한 준비금의 손금산입을 허용하고 있다. 현행 세법상 준비금은 그 설정에 강제성이 수반되는지에 따라 강제성 준비금

---

[1] 단, 후술하는 바와 같이 법인세법상의 책임준비금은 기업회계상 손비에 해당한다. 황남석, "세법상의 준비금에 관한 고찰", 「조세법연구」 제18권 제3호, 2012, 267면.

과 임의성 준비금으로 대별할 수 있다.[2]

1) 강제성 준비금

법인세법상의 준비금 중 책임준비금, 해약환급금준비금과 비상위험준비금이 이에 해당한다.

가) 책임준비금

(1) 의의

책임준비금은 보험사업을 영위하는 내국법인이 장래에 지급할 보험금(공제금), 환급금 및 계약자배당금의 지급에 충당하기 위하여 계상한 금액을 말한다(보험업법 120 ①, 보험업법 시행령 63 ①, 수산업협동조합법 시행규칙 9의3 ①). 책임준비금은 그 금액과 지급시기가 확정되지 않은 것으로서 준비금이라는 명칭을 사용하지만 ① 과거사건의 결과로 현재의무가 존재하고 ② 현재의무를 이행하기 위하여 경제적 효익을 가진 자원이 유출될 가능성이 높으며, ③ 해당 의무의 이행에 소요되는 금액을 신뢰성 있게 측정할 수 있다는 점에서 부채의 인식요건을 충족하므로 한국채택국제회계기준 및 일반기업회계기준상으로는 충당부채에 속한다.[3] 따라서 법인세법은 책임준비금은 반드시 결산조정에 의하여 손금에 산입하도록 하고 있다(법법 30 ①, 42의3 ②).

(2) 보험회사가 아닌 보험사업 영위 내국법인의 책임준비금

수산업협동조합 등 보험회사가 아닌 보험사업 영위 내국법인은 각 사업연도의 결산을 확정할 때 「수산업협동조합법」 등 보험사업 관련 법률에 따른 책임준비금을 손비로 계상한 경우에는 대통령령(법령 57 ①)으로 정하는 바에 따라 계산한 금액의 범위에서 그 계상한 책임준비금을 해당 사업연도의 손금에 산입한다(법법 30 ①). 손금에 산입한 책임준비금은 대통령령(법령 57 ②)으로 정하는 바에 따라 다음 사업연도 또는 손금에 산입한 날이 속하는 사업연도의 종료일 이후 3년이 되는 날[4]이 속하는 사업연도의 소득금액을 계산할 때 익금산입한다(법법 30 ②).

(3) 보험회사의 책임준비금

보험업법에 따른 보험회사는 보험업법 제120조 제3항의 회계처리기준에 따라 계상한 책

---

2) 우리 세법상 준비금제도에 관한 상세는 황남석(註1), 262면 이하.
3) 국회기 제1104호 부록 A : 보험업회계처리준칙 제14조, 기업회계기준서 제24호[재무제표의 작성과 표시 Ⅱ(금융업)] 6
4) 3년이 되기 전에 해산 등 대통령령(법령 57 ③)으로 정하는 사유가 발생하는 경우에는 해당 사유가 발생한 날.

임준비금에 대통령령(법령 78의3 ③)으로 정하는 계산식을 적용하여 산출한 금액을 해당 사업연도 소득금액을 계산할 때 손금에 산입한다(법법 42의3 ②).[5] 2023. 1. 1.부터 보험업법에 따른 보험회사에 대하여 적용되는 한국채택국제회계기준 제1117호(보험계약)는 보험료를 수취할 때 수익을 인식하지 않고 보험부채로 계상하며 실제 보험사고 등이 발생할 때 수익이 인식되므로 사전적인 손금산입제도의 필요성이 낮다는 점을 고려한 것이다.[6]

나) 비상위험준비금

비상위험준비금은 보험사업을 영위하는 내국법인이 지진, 폭동, 원자력 사고 등과 같이 발생확률이 극히 낮아 예측할 수 없는 비경상적인 비상위험에 대비하기 위하여 유보·적립하는 금액을 말한다.[7] 보험업법 등은 위와 같은 비상위험에 대하여는 보통의 책임준비금으로 감당하기 어려우므로 별도로 비상위험준비금을 적립하도록 하고 있는 것이다.[8]

비상위험준비금의 손금산입 한도는 법인세법 시행령 제58조에 규정되어 있다. 비상위험준비금의 손금산입은 결산조정을 그 요건으로 하는데, 다만 한국채택국제회계기준을 적용하는 법인이 보험업법이나 그 밖의 법률에 따라 비상위험준비금을 세무조정계산서에 계상하고 그 금액 상당액을 해당 사업연도의 이익처분을 할 때 비상위험준비금의 적립금으로 적립한 경우에는 그 범위액은 손비로 계상한 것으로 본다(법법 31 ②, 법령 58 ③). 한국채택국제회계기준이 비상위험준비금을 부채로 인정하지 않으므로 결산조정할 수 없기 때문이다(법법 30 ②).[9][10]

다) 해약환급금준비금

(1) 의의

해약환급금은 보험업법에 따른 보험계약 해약시 보험회사가 보험계약자에게 반환하는

---

5) 대법원은, 법인세법의 기간과세 원칙상 2009~2011 사업연도 계약자배당준비금 적립액이 해당 사업연도의 손금산입 대상이 되는지 여부는 해당 사업연도에 적용되는 법인세법령이 정한 손금산입 요건을 충족하는지를 기준으로 판단하면 충분하고, 과거 사업연도에 적립한 계약자배당준비금의 환입에 따른 익금산입 여부에 따라 달리 볼 수 없다고 보아, 이와 달리 관련 법인세 부과처분이 적법하다고 판단한 원심판결 부분을 파기·환송하였다(대법원 2023. 4. 27. 선고 2018두62928 판결).
6) 김경호, "법인세법 일부개정법률안 검토보고", 기획재정위원회, 2022. 11, 50면.
7) 보험업감독업무시행세칙 [별표4].
8) 심태섭/최원석, "국제회계기준도입에 따른 보험준비금 관련 세제 개선방안", 한국세무학회 법인세법 개정방안에 관한 심포지엄, 2010, 199면.
9) 준비금을 부채로 계상하면 회계처리가 간단하고 사후관리가 쉽다는 장점이 있는 반면, 기업회계기준에는 위배되므로 금액의 중요성에 따라 감사의견의 제한사유가 된다고 한다. 삼일인포마인, 『계정과목별 일반회계와 세무 해설』, 2012년판, 삼일인포마인, 2012, 890면
10) 황남석, "세법상의 준비금에 관한 고찰", 『조세법연구』 제18권 제3호, 2012, 268면 이하.

금액을 말한다. 한국채택국제회계기준 제1117호(보험계약)에 따라 보험부채는 시가평가를 하게 되었는데 금리가 상승하여 보험부채가 해약환급금 및 미경과보험료[11]보다 작아지면 차액(해약환급금 부족액)이 이익잉여금으로 전환된다. 그 이익잉여금이 배당으로 사외유출될 경우 실제 적립한 보험부채가 부족하게 되어 청산 또는 대량 해약시 보험계약자에게 해약환급금을 지급하지 못하게 될 수 있다. 따라서 보험업법 시행령 제65조 제2항 제3호, 보험업감독규정 제6-11조의6 제2항, 제6-18조의6은 해약환급금 부족액을 법정준비금으로 적립하도록 하였는데 이것이 보험회사의 해약환급금준비금이다(법령 59 ①). 해약환급금준비금은 배당가능이익에서 제외되므로 해약환급금 부족액의 사외유출을 방지하는 효과가 있다.[12]

(2) 손금산입의 절차 및 한도

이처럼 해약환급금준비금을 강제로 적립하도록 한 것은 보험회사의 건전성 유지와 보험계약자 보호를 위한 것이지만, 재무회계상 해약환급금준비금은 부채가 아니므로 그 적립액이 당연히 손금에 해당하지는 않는다. 따라서 보험회사가 해당 사업연도의 이익처분을 할 때 해약환급금준비금을 적립하고 그 적립한 금액의 범위에서 세무조정계산서(법법 60 ② II)에 계상한 경우에는 그 계상한 금액을 결산확정시 손비로 계상한 것으로 보아 손금에 산입한다(법법 32 ①). 해약환급금준비금을 손금에 산입한 보험회사는 법인세법 제42조의3에 따른 한국채택국제회계기준 적용 보험회사에 대한 소득금액 계산의 특례를 적용받을 수 없다(법법 42의3 ⑤).

2) 임의성 준비금

조특법상의 연구·인력개발준비금(조특법 9)과 고유목적사업준비금(조특법 74), 법인세법상의 고유목적사업준비금(법법 29)[13][14]이 이에 해당한다.[15] 이와 같은 연구·인력개발준비금

---

11) 해약환급금 및 미경과보험료는 원가로 평가한다.
12) 금융위원회, '보험 자본건전성 선진화 추진단」제10차 회의 개최 – IFRS17 도입시 보증준비금·해약환급금준비금 등 적립방안 논의', 2022. 8. 25.자 보도자료.
13) 비영리 내국법인의 경우 수익사업의 자산을 아무런 대가없이 고유목적사업에 지출한다면 수익사업에서 손비가 발생하게 되는데, 이러한 손비는 수익사업과 업무관련성이 없으므로 원칙적으로 수익사업의 손금으로 인정받을 수 없다(자본원입액의 반환으로 처리한다. 법칙 76 ④). 다만 법인세법은 비영리법인이 수익사업에서 얻은 소득을 고유목적사업에 지출하도록 장려하기 위한 목적에서 수익사업에서 생긴 소득 중에서 고유목적사업준비금을 설정하여 손비로 계상하면 일정한 한도 내에서 수익사업의 손금으로 인정하고 있다[서울행정법원 2012. 9. 7. 선고 2012구합5107 판결(대법원 2013. 11. 28. 선고 2013두12645 판결로 확정)].
14) 고유목적사업준비금에 대응하는 외국의 법제에 관하여는 이중교, "고유목적사업준비금에 대한 소고", 「세무와 회계 연구」제8권 제1호, 2019, 319-320면; 정기상, "비영리법인의 고유목적사업준비금 손금산입에 관한 고찰", 「세무와 회계 연구」제11권 제4호, 2022, 172-176면.
15) 대법원 2012. 5. 24. 선고 2010두17991 판결: 「법인세법 시행령 제56조 제1항이 주무관청에 등록되지 않은

등의 손금산입 여부는 법인의 자유로운 선택에 맡겨져 있으므로 임의성 준비금에 해당한다.

임의성 준비금 중 법인세법에 규정되어 있는 고유목적사업준비금은 비영리내국법인[16]이 각 사업연도에 그 법인의 고유목적사업이나 일반기부금에 지출하기 위하여 이를 손비로 계상한 경우 ① 소득세법 제16조 제1항 각 호[17]에 따른 이자소득의 금액, ② 소득세법 제17조 제1항 각 호에 따른 배당소득의 금액,[18] ③ 특별법에 따라 설립된 비영리내국법인이 해당 법률에 따른 복지사업으로서 그 회원이나 조합원에게 대출한 융자금에서 발생한 이자금액, ④ 위 ①부터 ③까지 외의 수익사업에서 발생한 소득에 50퍼센트를 곱하여 산출한 금액[19][20][21]을 합한 금액의 범위에서 그 사업연도의 소득금액을 계산할 때 손금에 산입하는 것이다(법법 29 ①, ⑩, 법령 56 ③). 이를 산식으로 나타내면 다음과 같다.

고유목적사업준비금 손금산입한도액 =

법인세법 제29조 제1항 제1호 각 목의 합계금액 + $\left(\text{수익사업에서 발생한 소득*} \times \dfrac{50}{100} \right)$

* 수익사업에서 발생한 소득 = 수익사업에서 발생한 소득금액(고유목적사업준비금과 특례기부금[22]을 손금에 산입하기 전의 소득금액) − 법인세법 제29조 제1항 제1호에 따른 금액 − 이월결손금(법법 13 ① I) − 특례기부금[23]

종교단체를 고유목적사업준비금의 손금산입이 허용되는 법인으로 보는 단체의 범위에 포함하여 규정하지 아니하였다고 하여 헌법상의 평등원칙이나 종교의 자유조항 등을 위반하거나 법인세법 제29조 제1항의 위임범위를 벗어나 무효라고 할 수 없다(대법원 2012. 5. 24. 선고 2010두17984 판결도 같은 취지).」

16) 법인으로 보는 단체의 경우에는 대통령령으로 정하는 단체만 해당한다(법법 29 ① 괄호).

17) 같은 항 제11호에 따른 비영업대금의 이익은 제외한다.

18) 다만 상증법 제16조 또는 같은 법 제48조에 따라 상속세 과세가액 또는 증여세 과세가액에 산입되거나 증여세가 부과되는 주식 등으로부터 발생한 배당소득금액은 제외한다.

19) 「공익법인의 설립·운영에 관한 법률」에 따라 설립된 법인으로서 고유목적사업 등에 대한 지출액 중 50퍼센트 이상의 금액을 장학금으로 지출하는 법인의 경우에는 80퍼센트이다.

20) 다만 이 수익사업에서 결손금이 발생한 경우에는 위 ①부터 ③까지의 소득금액을 합한 금액에서 그 결손금을 차감한 금액으로 한다. 결손금을 차감하는 것은 비영리법인이 고유목적사업준비금을 과도하게 적립하려는 것을 방지하려는 취지이다[제337회 국회(정기회) 기획재정위원회회의록(조세소위원회) 제2호, 2015. 11. 11, 56면(전문위원 권영진 진술부분)].

21) 수익사업에서 발생한 소득의 계산과 관련하여 가감하는 특례기부금의 범위를 어떻게 볼 것인지 해석상의 논란이 있다. 이에 관하여는 이중교, "고유목적사업준비금에 대한 소고", 「세무와 회계 연구」 제8권 제1호, 2019, 325 - 330면.

22) 여기서 가산하는 특례기부금은 지출액을 의미한다. 법인세법에 따라 각 사업연도 소득금액을 계산할 때 기부금에 관한 세무조정에 앞서서 다른 세무조정을 먼저 행하므로(별지 제3호 서식, 법인세 과세표준 및 세액조정계산서), 계산의 논리적 순서상 고유목적사업준비금 손금산입액이 결정되어야 특례기부금의 손금산입한도액이 결정된다. 따라서, 여기서의 특례기부금은 특례기부금 손금산입액이 될 수 없다. 대법원 2019. 12. 27. 선고 2018두37472 판결의 원심 판결인 서울고등법원 2018. 1. 25. 선고 2017누75967 판결도 같은 취지로 판시하고 있다[반대취지: 이중교(註21), 327면].

23) 수익사업에서 발생한 소득의 계산과 관련하여 차감하는 특례기부금의 범위를 어떻게 볼 것인지 해석상의

결국 법인세법상 고유목적사업준비금을 실제로 법인의 고유목적사업에 사용하면 비수익사업부문의 지출에 해당하여 본래 손금이 될 수 없는 지출을 일정 범위 내에서 손금으로 인정하여 준다.[24]

임의성 준비금은 수익·비용대응의 원칙에 어긋나며, 조세우대조치의 성격을 지니고 있다. 이와 같은 준비금의 손금산입제도를 통하여 법인의 인력 및 연구개발투자를 지원하거나 고유목적사업이나 일반기부금에 지출하는 활동을 장려하는 의미를 지니고 있다. 다만 이와 같은 준비금의 손금산입을 통한 세제상의 우대조치는 종국적으로 해당 법인의 법인세부담을 면제하여 주는 것이 아니고, 그 법인세부담을 일정기간 유예하여 주는 과세이연(課稅移延: tax deferral)의 효과가 있을 뿐이다.[25]

임의성 준비금을 손금산입하려고 할 경우 원칙적으로 결산조정을 하여야 하나 임의성 준비금 항목은 기업회계기준상 부채에 해당하지 않아 손비로 계상할 수 없으므로 외부감사법에 따른 외부감사를 받는 비영리내국법인은 신고조정에 의하여 손금산입할 수 있다(법법 29 ②, 61 ①).[26]

판례는 법인이 당초에 조세특례제한법상 준비금을 손금으로 계상하지 않은 채 과세표준을 계산하여 그 과세표준신고서를 제출하였다 하더라도 경정청구기간 내에는 경정청구를

논란이 있다. 즉, 특례기부금 지출액이 손금산입한도액을 초과하는 경우 손금산입한도액까지만을 의미하는지 혹은 지출액 전액을 의미하는지에 관하여 다툼이 있다. 대법원은 엄격해석의 원칙을 근거로 특례기부금 지출액 전액을 의미한다고 해석한다. 대법원 2019. 12. 27. 선고 2018두37472 판결. 엄격해석의 원칙을 근거로 하지 않더라도 특례기부금 지출액 전액을 차감하지 않을 경우 고유목적사업준비금의 손금산입한도액을 결정할 수 없다. 법인세법은 각 사업연도 소득금액을 계산할 때 당기순이익을 출발점으로 하여 특례기부금, 일반기부금 손금 산입 이외의 세무조정을 한 후, 특례기부금, 일반기부금의 각 한도초과액 손금불산입 조정을 하도록 한다(별지 제3호 서식, 법인세 과세표준 및 세액조정계산서). 따라서 논리적으로 고유목적사업준비금의 손금산입조정이 이루어지지 않으면 특례기부금 손금산입한도액을 결정할 수 없다. 결국 위 산식에 따르면 수익사업에서 발생한 소득금액 계산 단계에서는 특례기부금 지출액 전액을 가산한 후에 다시 뒷부분에서 같은 금액을 빼는 셈인데, 무용한 절차를 반복할 필요없도록 산식을 정리할 필요가 있다. 위 대법원 판결의 입장에 반대하는 취지로 이중교, "고유목적사업준비금에 대한 소고", 「세무와 회계 연구」 제8권 제1호, 2019, 325－330면.

24) 이런 측면에서 특례기부금과 유사한 성격이 있다고 볼 수도 있다. 국세청, 「비영리법인 및 공익법인의 세무」, 2019, 67면.

25) 대법원 2017. 3. 9. 선고 2016두59249 판결.

26) 비영리내국법인이 아무리 고유목적사업 등에 금원을 지출하더라도 그 금원을 고유목적사업준비금으로 설정하지 않았다면 곧바로 손금산입할 수 없다는 것이 판례의 태도이다. 서울고등법원 2013. 7. 5. 선고 2013누10399 판결(대법원 2013. 11. 28. 자 2013두15996 판결로 심리불속행 종결): 「비영리내국법인이 고유목적사업 등에 지출하기 위하여 고유목적사업준비금을 설정하여 이를 손금으로 계상하는 경우에는 일정한 범위 내의 금액을 당해 사업연도의 소득금액계산에 있어서 미리 손금으로 인정하되, 이 때 고유목적사업에 대한 지출 그 자체를 손금으로 인정하는 것이 아니라 그 재원이 되는 고유목적사업준비금의 설정을 일정한 한도의 범위 내에서 손금으로 인정하는 것이므로, 비영리내국법인이 아무리 고유목적사업 등에 금원을 지출하더라도 그 금원을 고유목적사업준비금으로 설정하지 않았다면 곧바로 손금에 산입할 수는 없다.」 행정해석은 판례와 반대 입장이다. 법인 46012－2758, 1998. 9. 25.; 기준법령해석법인 2021－127, 2021. 7. 14.

통하여 신고조정의 방법에 따라 그 준비금을 손금에 산입할 수 있다고 본다.[27]

준비금의 적립에 의한 신고조정을 선택한 경우에 손금에 산입하는 준비금을 적립하도록 요구하는 취지는 손금에 산입한 준비금 상당액이 추후 익금에 산입될 때까지 배당 등으로 통하여 사외로 유출되는 것을 방지하기 위한 것이다.[28] 그렇다면 법인이 해당 사업연도의 처분가능이익 부족으로 준비금 상당액 전액을 적립할 수 없는 경우 다음 사업연도 이후에 발생할 처분가능이익을 추가로 적립하는 것을 조건으로 법인세법 제61조 제1항에 따라 그 준비금을 손금에 산입할 수 있는가? 이에 관하여 대법원은 법인세법 제61조 제1항이 손금으로 계상한 준비금 상당액을 해당 사업연도의 이익처분시 적립금으로 적립하도록 규정하고 있더라도 해당 사업연도의 처분가능이익이 없거나 부족하여 적립하여야 할 금액에 미달하게 적립한 때에는 그 미달액 상당액이 배당 등을 통하여 사외로 유출될 여지가 없고, 조특법상 준비금의 손금산입제도는 납세자에게 조세를 영구히 면제하여 주는 것이 아니라 추후에 그 목적용도에 사용한 경우 준비금과 상계하거나 상계 후 잔액을 익금에 산입하여 일시적으로 과세를 이연하는 제도이므로 어느 법인이 해당 사업연도의 처분가능이익이 없거나 부족하여 손금으로 계상한 준비금 상당액 전액을 적립금으로 적립할 수 없는 때에는 해당 사업연도의 처분가능이익을 한도로 적립할 수 있으며 이 경우 그 부족액은 다음 사업연도 이후에 추가로 적립할 것을 조건으로 손금산입을 허용하되, 만일 다음 사업연도 이후에 처분가능이익이 발생하였음에도 이를 적립하지 않는 때에는 그 한도 내에서 손금산입을 부인하는 것으로 해석하여야 한다는 입장을 취하고 있다.[29]

한편, 신고조정방법으로 손금산입한 준비금을 익금에 산입할 때에는 그 적립금을 처분하여야 한다. 손금에 산입한 준비금을 익금에 산입하기 전에 그 적립금을 처분하였다면 그 준비금은 손금으로 계상한 것으로 보지 않는다(법령 98 ①). 이 경우에는 그 준비금을 손금에 산입한 사업연도의 법인세 과세표준과 세액을 경정하여야 한다.

다. 준비금의 사용·환입

법인세법상의 준비금에 국한하여 살펴보면 다음과 같다.[30]

1) 고유목적사업준비금

고유목적사업준비금은 실제로 고유목적사업이나 일반기부금에 지출하여야 한다.[31] 비영

27) 대법원 2009. 7. 9. 선고 2007두1781 판결.
28) 대법원 2009. 7. 9. 선고 2007두1781 판결.
29) 위 대법원 2009. 7. 9. 선고 2007두1781 판결.
30) 비상위험준비금에 관하여는 법인세법 시행규칙 제30조 참조.

리법인이 일반기부금을 지출한 경우에는 고유목적사업준비금에서 지출한 것으로 간주하므로 고유목적사업준비금에서 상계처리하고 일반기부금 시부인 규정을 적용하지 않는다는 것이 행정해석이다.[32] 이때 먼저 계상한 사업연도의 고유목적사업준비금부터 차례로 지출금액과 상계한다(법법 29 ③).[33] 즉, 고유목적사업준비금 설정시에 미리 손금산입하였으므로 실제로 지출이 일어나는 사업연도에는 손금으로 계상하지 않는 것이다. 이 경우 직전 사업연도 종료일 현재의 고유목적준비금의 잔액을 초과하여 해당 사업연도의 고유목적사업 등에 지출한 금액이 있는 경우 그 금액은 그 사업연도에 계상할 고유목적사업준비금에서 지출한 것으로 보아 손금산입한다(법법 29 ④).

법인세법상의 고유목적사업준비금으로서 손금에 산입하고 남은 잔액(⑤의 경우 고유목적사업등이 아닌 용도에 사용한 금액)은 ① 법인이 해산한 경우, ② 고유목적사업을 전부 폐지한 경우, ③ 법인으로 보는 단체가 국세기본법 제13조 제3항에 따라 승인취소되거나 거주자로 변경된 경우, ④ 고유목적사업준비금을 손금으로 계상한 사업연도의 종료일 이후 5년이 되는 날까지 고유목적사업 등에 이를 사용하지 않은 경우[34], ⑤ 고유목적사업준비금을 고유목적사업등이 아닌 용도에 사용한 경우[35] 그 사유가 발생한 날이 속하는 사업연도의 소득금액계산시 익금에 산입한다(법법 29 ⑤).

또한 비영리내국법인은 손금에 산입한 고유목적사업준비금의 잔액이 있는 경우 그 고유목적사업준비금을 손금에 산입한 사업연도의 종료일 이후 5년 이내에 그 잔액 중 일부를 감소시켜 익금에 산입할 수 있다. 이 경우 먼저 손금에 산입한 사업연도의 잔액부터 차례로 감소시킨 것으로 본다(법법 29 ⑥). 고유목적사업준비금의 잔액을 익금에 산입하는 경우 원칙적으로 이자상당액을 해당 사업연도의 법인세에 더하여 납부하여야 한다(법법 29 ⑦, ⑧).

---

31) 법인세법 시행규칙 제76조 제4항 후단은 "… 법인이 수익사업회계에 속하는 자산을 비영리사업회계에 전입한 경우에는 이를 비영리사업에 지출한 것으로 한다."라고 규정하고 있는데, 대법원은 위 규정에도 불구하고 수익사업회계에 속하던 자산을 비영리사업회계로 전출할 당시부터 위 자산을 수익사업에 사용할 목적이었고, 그 후 실제 위 자산을 수익사업에 사용한 경우에는 법인세법 제29조의 입법취지에 비추어 볼 때 수익사업회계에 속하던 자산을 비영리사업회계로 전출하였다는 이유만으로 이를 손금에 산입할 수는 없다고 판단하였다(대법원 2013. 3. 28. 선고 2012두690 판결). 법인세법 제29조가 상위 규범이라는 점과 고유목적사업준비금의 제도적 취지를 고려할 때 대법원의 입장이 타당하다.
32) 법인세과-1033, 2009. 9. 21. 등.
33) 고유목적사업에 지출하거나 사용한 것으로 보는 금액에 관하여는 법인세법 시행령 제56조 제6항 참조.
34) 이 경우에는 5년 내에 사용하지 않은 잔액에 한정한다.
35) 대법원 2017. 3. 9. 선고 2016두59249 판결(비영리내국법인이 5년의 유예기간 중에 고유목적사업준비금을 고유목적사업 등이 아닌 다른 용도에 사용하여 더 이상 고유목적사업에 지출할 수 없다는 점이 분명하게 드러남으로써 고유목적사업준비금에 관한 과세혜택을 부여할 전제가 상실된 경우라면, 5년의 유예기간에도 불구하고 사용금액 상당을 사유가 발생한 사업연도의 익금에 곧바로 산입할 수 있다는 취지)의 입장을 명문화한 것이다.

2) 책임준비금

책임준비금의 구성요소 중 ① 해당 사업연도 종료일 현재 모든 보험계약이 해약된 경우 계약자 또는 수익자에게 지급하여야 할 환급액과 ② 해당 사업연도 종료일 현재 보험사고가 발생하였으나 아직 지급하여야 할 보험금이 확정되지 않은 경우 그 손해액을 감안하여 추정한 보험금 상당액은 그 다음 사업연도의 소득금액 계산시 익금에 산입한다. 그리고 보험계약자에게 배당하기 위하여 적립한 배당준비금으로서 금융감독원장이 기획재정부장관과 협의하여 정한 손금산입기준에 따라 적립한 금액 등은 보험계약자에게 배당한 때에 먼저 계상한 것부터 배당금과 차례대로 상계하며 손금에 산입한 사업연도의 종료일 이후 3년이 되는 날까지 상계하고 남은 잔액은 그 3년이 되는 날이 속하는 사업연도의 소득금액 계산시 익금에 산입한다(법법 30 ②, 법령 57 ②). 이 경우 이자상당액을 해당 사업연도의 법인세에 더하여 납부하여야 한다(법법 30 ③).[36)]

2 충당금의 손금산입

가. 충당금의 성격

기업회계기준에서는 과거사건의 결과로 현재의무(법적의무 또는 의제의무)가 존재하고, 해당 의무를 이행하기 위하여 경제적 효익이 내재된 자원이 유출될 가능성이 높고, 해당 의무의 이행에 소요되는 금액을 신뢰성 있게 추정할 수 있는 경우 충당부채(provision)를 인식하도록 하고 있다(국회기 제1037호 문단 14). 충당부채의 예로서는 제품보증충당부채, 하자보수충당부채, 구조조정충당부채, 손실부담계약충당부채, 복구충당부채 등을 들 수 있다. 그리고 수취채권 등과 같은 금융자산에 대해서는 기대신용손실을 손실충당금으로 인식하도록 하고 있다(국회기 제1109호 문단 5.5.1).

법인세법은 장래에 있어서 특정한 지출 또는 손실에 대비하기 위하여 일정한 충당금의 손금산입을 허용하고 있다. 충당금은 미확정채무의 성격을 지니고 있으므로 원칙적으로 법인세법상의 손금에 해당하지 않는다. 법인세법이 손익의 귀속사업연도에 관하여 원칙적으로 권리의무확정주의를 채택하여 법인의 각 사업연도의 손금의 귀속사업연도는 그 손금이 확정된 날이 속하는 사업연도로 하도록 하고 있기 때문이다.

그러나 충당금은 해당 사업연도의 수익과 대응하는 관계에 있으므로 법인세법은 특정한 충당금에 대하여 권리의무확정주의에 대한 예외로서 해당 충당금의 손금산입을 허용하고 있다.

---

36) 이때 이자상당액은 법인세법 시행령 제56조 제7항을 준용해 계산한 금액으로 한다(법령 57 ⑤).

충당금의 손금산입의 일반적인 요건[37])으로서는 ① 장래에 있어서 비용 또는 손실의 발생을 확실하게 예상할 수 있으며, ② 그 비용 또는 손실의 크기를 상당한 정도로 정확하게 예측할 수 있고, ③ 그 비용 또는 손실이 해당 사업연도의 수익과 대응관계에 있을 것과 같은 세 가지를 들 수 있다.

현행 법인세법상 손금산입을 허용하고 있는 충당금으로서는 퇴직급여충당금·대손충당금·구상채권충당금이 있다. 기업회계에서 비용으로 인식하는 보증판매충당부채, 구조조정충당부채, 하자보수충당부채 등에 대해서는 손금산입을 허용하지 않는다.

퇴직급여충당금은 장래에 특정 직원 등의 퇴직에 의하여 확정될 채무가 해당 사업연도의 수익에 대응하기 때문에, 구상채권충당금은 장래에 수취채권 등에 관하여 발생할 비용 또는 손실이 해당 사업연도의 수익에 대응하기 때문에, 각각 손금산입을 허용한다.

대손충당금은 평가성충당금으로서 자산의 차감적 평가계정에 해당하며 본래 법인세법상의 손금 개념에 부합한다.[38])

나. 퇴직급여충당금 및 퇴직연금등 부담금 등의 손금산입

1) 현행 퇴직급여제도의 개요

법인은 퇴직하는 근로자에게 급여를 지급하기 위하여 퇴직급여제도 중 하나 이상의 제도를 설정하여야 한다(근로자퇴직급여보장법 4 ①). 근로자퇴직급여보장법상 퇴직급여제도는 크게 퇴직금제도와 퇴직연금제도(확정급여형 퇴직연금제도, 확정기여형 퇴직연금제도)로 구분할 수 있다.

가) 퇴직금제도

퇴직금제도를 설정하고자 하는 사용자는 계속근로기간 1년에 대하여 30일 분 이상의 평균임금을 퇴직금으로 퇴직하는 자에게 지급할 수 있는 제도를 설정하여야 한다(근로자퇴직급여보장법 8 ①). 만일 사용자가 퇴직급여제도를 설정하지 않은 경우에는 퇴직금제도를 설정한 것으로 본다(근로자퇴직급여보장법 11). 사용자는 근로자가 퇴직한 경우에는 그 지급사유가 있는 날부터 14일 내에 퇴직금을 지급하여야 한다(근로자퇴직급여보장법 9).

사용자는 근로자의 요구가 있는 경우에는 근로자가 퇴직하기 전에 해당 근로자가 계속

---

37) 日本税制調査会,「長期税制のあり方についての答申」, 1971년(昭和 46年) 8月.
38) 그 밖에 압축기장충당금, 일시상각충당금도 '충당금'이라는 계정을 사용하고 있는데 이 둘은 과세이연하고자 하는 익금에 대응하는 손금을 작출하기 위한 의제손금계정에 해당하므로 앞서 살펴본 충당금계정들과 성격이 다르다.

근로한 기간에 대한 퇴직금을 미리 정산하여 지급할 수 있다. 이 경우 미리 정산하여 지급한 후의 퇴직금 산정을 위한 계속근로기간은 정산시점부터 새로이 기산한다(근로자퇴직급여보장법 8 ②).

나) 퇴직연금제도

퇴직연금제도란 사용자가 근로자의 퇴직급여를 금융기관에 위탁하여 운용한 뒤 근로자가 퇴직할 때에 연금 또는 일시금으로 지급하는 제도이다. 근로자퇴직급여보장법상의 퇴직연금은 확정급여형 퇴직연금(Defined benefit Retirement Pension: DB형)과 확정기여형 퇴직연금(Defined Contribution Retirement Pension: DC형)의 두 가지 유형이 있다.

(1) 확정급여형 퇴직연금

확정급여형 퇴직연금은 근로자가 지급받을 연금급여의 수준[39]이 사전에 확정되고, 사용자가 부담(적립)할 금액은 적립금 운용결과에 따라 변동될 수 있는 연금제도를 말한다. 근로자가 받을 연금급여는 일시금 기준으로 현행 퇴직금과 같은 금액이 되도록 하며, 연금은 일시금을 퇴직연금규약에 정한 바에 따라 종신 또는 일정기간(5년 이상) 분할하여 받게 된다(근로자퇴직급여보장법 17).

사용자는 연금지급에 대비하여 노사가 퇴직연금규약으로 정한 금융기관에 적립금의 60퍼센트에 상당하는 금액을 근로자 명의로 적립하고 최종 지급책임을 지며, 금융기관은 사용자와의 계약에 기초하여 자율적으로 적립금을 운용하게 된다.[40] 이와 같은 확정급여형은 경영이 안정적이고 영속적인 기업과 퇴직연금 수급자에 대한 관리능력이 있는 대기업 등에 적합한 제도이다.

(2) 확정기여형 퇴직연금

확정기여형 퇴직연금은 연금급여의 지급을 위하여 사용자가 부담하여야 할 부담금의 수준이 사전에 확정되고 근로자가 받을 퇴직급여는 적립금의 운용실적에 따라 변동될 수 있는 연금제도를 말한다. 법인세법상 확정기여형 퇴직연금에는 근로자퇴직급여보장법에 따른 확정기여형 퇴직연금과 개인퇴직계좌, 과학기술인공제회법에 따른 퇴직연금 중 확정기여형 퇴직연금에 해당하는 것이 포함된다.

① 근로자퇴직급여보장법에 따르면 사용자가 연간 임금총액의 1/12 이상의 금액을 노사가 퇴직연금규약에서 선정한 금융기관의 근로자 개인별 계좌에 적립하면 근로자가 자기책

---

39) 일시금의 금액이 계속근로기간 1년에 대하여 30일분의 평균임금에 상당하는 금액 이상이어야 한다.
40) 적립금의 40퍼센트에 상당하는 금액은 사용자가 사내에 적립할 수 있는데, 사용자가 도산하는 경우에는 금융기관에 적립된 60퍼센트에 상당하는 금액의 퇴직연금만이 보장된다.

임 아래 적립금을 운용하고 수급요건에 따라 연금 또는 일시금으로 지급받도록 하고 있다. 이 경우 근로자는 금융기관이 선정·제시하는 운용방법을 선택하여 적립금을 운용(투자)하며, 금융기관은 근로자의 지시에 따라 적립금을 운용하여 근로자에게 연금 또는 일시금으로 지급한다(근로자퇴직급여보장법 19, 20).

확정기여형 퇴직연금은 기업의 수명이 짧거나 경영이 불안정한 기업, 자체 퇴직연금제도를 설계하기 어려운 중소기업 및 직장이동이 빈번한 근로자 등에게 적합하다.[41]

② 다음으로 퇴직급여제도의 일시금을 수령한 자 또는 안정적인 노후소득의 확보가 필요한 자는 개인퇴직계좌(Individual Retirement Accounts: IRA)를 설정할 수 있다(근로자퇴직급여보장법 26). 개인퇴직계좌는 직장이동의 빈번, 비정규근로자의 증가, 퇴직금 중간정산제의 확대 및 연봉제의 확산 등에 따라 퇴직금이 소액생활자금으로 활용되는 문제점을 보완하기 위하여 도입된 제도이다. 이는 근로자가 퇴직 또는 직장을 옮길 때에 받은 퇴직금(퇴직연금일시금)을 과세이연을 받으면서 자기명의의 계좌에 적립하였다가 연금 등 노후자금으로 활용할 수 있도록 하는 제도인데, 그 적립 여부는 임의이다. 확정기여형 퇴직연금과 유사한 점이 있기 때문에 법인세법상 확정기여형 퇴직연금과 같이 취급한다.

③ 과학기술인공제회법은 회원의 사용자가 퇴직하는 회원에게 급여를 지급하기 위하여 일정금액 이상을 부담하여 공제회에 적립하고 회원이 퇴직할 때 연금 또는 일시금으로 지급하도록 하고 있다. 이 경우 사용자의 부담금은 최소한 회원의 연간 임금총액의 12분의 1에 해당하는 금액 이상이어야 한다. 이와 같이 부담금을 납부한 사용자에 대하여는 근로자퇴직급여 보장법 제4조 제1항의 규정에 따른 퇴직급여제도를 설정한 것으로 본다. 이와 같은 과학기술인공제회법에 따른 퇴직연금 중 확정기여형 퇴직연금에 해당하는 것도 법인세법상 확정기여형 퇴직연금에 포함된다.

2) 퇴직급여충당금의 손금산입

가) 의 의

퇴직급여충당금이란 법인의 임원이나 직원이 현실적으로 퇴직할 때에 지급하여야 할 퇴직금에 충당하기 위하여 계상하는 부채성충당금이다. 한국채택국제회계기준에서는 퇴직급여충당부채를 보험수리적 가정을 이용하여 산출된 퇴직급여의 추계액으로 측정하고 있으나(국회기 제1019호 문단 55 이하), 일반기업회계기준은 舊 기업회계기준과 같이 보고기간 말 현재 전종업원이 일시에 퇴직할 경우 지급하여야 할 퇴직금에 상당하는 금액을 퇴직급여충

---

41) 국회 환경노동위원회, 근로자퇴직급여보장법안 심사보고서, 2004. 12.

당부채로 한다(일회기 제21장 문단 21.8). 법인세법의 관점에서 퇴직급여충당금은 장래에 손금으로서 현재화할 개연성은 높지만 확정된 채무는 아니므로 법인세법상 손금의 정의를 충족하지는 못한다(법법 19 ①).[42] 그러나 퇴직금은 비록 현실적으로 퇴직한 날에 일시에 확정되어 그 날이 속하는 사업연도의 손금을 구성한다고 하더라도 해당 퇴직금은 임원 또는 직원의 근로관계존속기간을 통하여 매년 발생한 금액이 누적되어 현실적인 퇴직이 있을 때에 전액이 손금으로 확정되는 속성을 갖고 있다. 즉 퇴직급여충당금은 당기의 수익에 대응하는 비용으로서 장래에 지출될 것이 확실하고 당기의 수익에서 차감하는 것이 합리적인 측면을 갖추고 있음을 부인하기 어렵다.

또한 퇴직금의 재원에 대하여 법인세의 과세를 유예함으로써 퇴직금의 지급능력을 비축할 필요성도 있다.[43]

위와 같은 취지에서 법인세법은 일정한 범위 안에서 퇴직급여충당금의 손금산입을 허용하여 왔으나 2016년부터는 퇴직급여추계액의 0퍼센트를 한도로 손금에 산입하도록 함으로써 실질적으로 퇴직급여충당금의 손금산입을 허용하지 않고 있다.

나) 손금산입의 요건

(1) 퇴직급여충당금의 손금 계상

내국법인이 임원이나 직원의 퇴직급여에 충당하기 위하여 퇴직급여충당금을 손비로 계상한 경우에 한하여 일정한 범위에서 손금에 산입한다. 즉 결산조정을 손금산입의 요건으로 하고 있는 것이다(법법 33 ①).

(2) 퇴직급여충당금조정명세서의 제출

퇴직급여충당금의 손금산입에 관한 규정의 적용을 받고자 하는 내국법인은 법인세과세표준신고서에 퇴직급여충당금계정에 계상한 금액의 명세서, 즉 퇴직급여충당금조정명세서를 첨부하여야 한다(법법 33 ⑤). 퇴직급여충당금조정명세서의 제출은 퇴직급여충당금을 손금에 산입하기 위한 필요적 요건은 아니며, 주의적 규정으로 해석하고자 한다.

다) 손금산입범위액

퇴직급여충당금의 손금산입범위액은 해당 사업연도에 지급한 총급여액의 5퍼센트에 상당하는 금액으로 한다. 동시에, 손금에 산입하는 퇴직급여충당금의 누적액은 퇴직급여추계액의 일정률 한도로 한다(법령 60 ①, ②). 다만 후술하는 바와 같이 2016. 1. 1. 이후 개시하는 사업연

---

42) 成松洋一, 「法人税セミナー」, 税務経理協会, 1996, 241면.
43) 최명근, 「법인세법」, 세경사, 1998, 192면.

도부터는 그 일정률이 0퍼센트이므로 손금산입한도가 0이 되어 더 이상 퇴직급여충당금을 손금산입할 수 없게 되었다(법령 60 ②).[44] 퇴직금의 사외적립을 활성화하기 위한 조치이다.

(1) 총급여액기준액

손금에 산입하는 퇴직급여충당금은 퇴직급여의 지급대상이 되는 임원 또는 직원(확정기여형 퇴직연금등이 설정된 자를 제외한다)에게 지급한 총급여액의 5퍼센트에 상당하는 금액을 말한다(법령 60 ①).

$$총급여액기준액 = 총급여액 × 5\%$$

(가) 퇴직급여의 지급대상이 되는 임원 등

① 손금에 산입하는 퇴직급여충당금의 범위액은 퇴직급여의 지급대상이 되는 임원 또는 직원의 총급여액을 기준으로 하여 산정한다.

퇴직급여의 지급대상이 되는 임원 또는 직원이란 정관 또는 퇴직급여지급규정 등에서 퇴직급여를 지급할 수 있도록 정하고 있는 임원 및 직원을 말한다. 현행 근로자퇴직급여보장법에서는 계속근로기간이 1년 미만인 근로자에 대하여 퇴직급여제도의 설정을 강제하지 않고 있다(동법 4 ① 但). 그렇지만 계속근로기간(근속연수)이 1년 미만인 임원 또는 직원이라 할지라도 정관 또는 퇴직급여지급규정 등에서 퇴직급여를 지급하도록 하고 있는 경우에는 퇴직급여의 지급대상이 되는 임원 또는 직원에 포함된다고 하겠다.

② 퇴직급여의 지급대상이 되는 임원 또는 직원에는 확정기여형 퇴직연금 및 개인퇴직계좌가 설정된 자는 제외된다. 확정기여형 퇴직연금이란 급여의 지급을 위하여 사용자가 부담하여야 할 부담금의 수준이 사전에 결정되어 있는 퇴직연금을 말한다. 그리고 개인퇴직계좌란 퇴직급여제도의 일시금을 수령한 자 등이 그 수령액을 적립·운용하기 위하여 퇴직연금사업자(근로자퇴직급여보장법 26)에게 설정한 저축계정을 말한다.

③ 퇴직급여충당금을 설정할 수 있는 임원에는 주주등이 아닌 임원은 물론이고 주주등인 임원을 포함한다.

(나) 총급여액의 범위

총급여액이란 근로의 제공으로 인하여 받는 봉급·급료·보수·세비·임금·상여·수

---

44) 다만 법인세법 제33조 제1항은 여전히 퇴직급여충당금을 손비로 계상한 경우 '대통령령으로 정하는 바에 따라' 계산한 금액의 범위에서 손금에 산입할 수 있도록 규정하고 있으므로 이 책에서는 종래의 퇴직급여충당금 손금산입에 관한 내용을 그대로 기술한다.

당과 이와 유사한 성질의 급여와 법인의 주주총회·사원총회 또는 이에 준하는 의결기관의 결의에 의하여 상여로 받는 소득[45]을 말한다. 다만, 다음의 금액은 총급여액에 포함하지 않는다.

① 법인이 그 임원 또는 직원에게 이익처분에 의하여 지급하는 상여금과 합명회사 또는 합자회사의 노무출자사원에게 지급하는 보수

  법인이 그 임원 또는 직원에게 이익처분에 의하여 지급하는 상여금이라 할지라도 우리사주조합을 통하여 자기주식으로 지급하는 성과급, 주식매수선택권을 부여받은 자에게 현금 또는 창업법인 등이 발행한 주식으로 지급하는 약정된 주식의 매입가액과 시가와의 차액, 내국법인이 근로자(임원은 제외한다)와 성과산정지표 및 그 목표·성과의 측정 및 배분방법 등에 대하여 사전에 서면으로 약정하고 이에 따라 그 근로자에게 지급한 성과배분상여금은 총급여액에 포함하지 않는 이익처분에 의하여 지급하는 상여금으로 보지 않는다.

② 법인이 임원에게 지급하는 상여금 중 정관·주주총회·사원총회 또는 이사회의 결의에 의하여 결정된 급여지급기준에 의하여 지급하는 금액을 초과하여 지급한 경우의 그 초과금액

③ 법인이 지배주주인 임원 또는 직원에게 정당한 사유없이 동일직위에 있는 지배주주등 외의 임원 또는 직원에게 지급하는 금액을 초과하여 보수를 지급한 경우의 그 초과금액

④ 법인세법에 의하여 상여로 처분된 금액

⑤ 퇴직으로 인하여 받는 소득으로서 퇴직소득에 속하지 않은 소득

⑥ 소득세가 비과세되는 소득: 소득세법 제12조에 따른 비과세소득을 말한다.

(2) 퇴직급여충당금누적액기준액

손금에 산입하는 퇴직급여충당금의 누적액은 해당 사업연도 종료일 현재 임원이나 직원의 전원이 퇴직할 경우에 퇴직급여로 지급되어야 할 퇴직금추계액(임원의 퇴직금추계액 중 법인세법 시행령 제44조에 의한 임원퇴직금 한도초과액은 제외한다)에 일정률을 곱한 금액을 한도로 한다(법령 60 ②). 이 경우 내국법인이 국민연금법에 의한 퇴직금전환금으로 계상한 금액은 손금에 산입하는 퇴직급여충당금의 누적액의 한도액에 가산한다(법령 60 ④). 이를 계산식으로 나타내면 다음과 같다.

---

45) 사규에서 성과급으로서의 판매상여금을 퇴직급여 계산에서 제외하도록 규정하고 있다고 하더라도 해당 규정은 법적 구속력이 없는 무효의 규정이므로 당연히 해당 판매상여금도 퇴직급여충당금의 설정대상이 되는 총급여액의 범위에 포함된다(대법원 1989. 3. 28. 선고 88누9 판결).

> 퇴직급여충당금누적액기준액
> ＝(퇴직금추계액 × 일정률) − 세무계산상 당기말 퇴직급여충당금 잔액 + 퇴직금전환금

(가) 퇴직금추계액

퇴직급여로 지급되어야 할 금액의 추계액, 즉 퇴직금추계액은 ① 일시퇴직기준 추계액, 즉 해당 사업연도 종료일 현재 재직하는 임원 또는 직원의 전원이 퇴직할 경우에 퇴직급여로 지급되어야 할 금액의 추계액과 ② 보험수리기준 추계액 등 중 큰 금액이다. 2011년부터 근로자퇴직급여보장법상 의무적립액이 일시퇴직기준 추계액과 보험수리기준 추계액 중 큰 금액으로 된 점을 고려한 것이다(근로자퇴직급여보장법 16 ①).

① 일시퇴직기준 추계액

일시퇴직기준 추계액은 법인의 정관이나 그 밖의 퇴직급여지급에 관한 규정에 의하여 계산하고 퇴직급여지급에 관한 규정 등이 없는 법인의 경우에는 근로자퇴직급여보장법이 정하는 바에 따라 계산 한다(법칙 31 ①). 임원에는 주주등이 아닌 임원은 물론이고 주주등인 임원을 포함한다. 그리고 법인이 입사 후 또는 근로자퇴직급여보장법 제8조 제2항의 규정에 의한 퇴직금 중간정산 후 1년 미만 근로한 자에게도 퇴직급여를 지급하는 경우에는 그 근속기간의 장단에 관계없이 정관 또는 퇴직급여지급규정 등에 의하여 퇴직급여추계액을 계산하여야 한다고 새긴다. 그러나 임원에 대하여 계산한 일시퇴직기준 추계액이 법인세법상 임원퇴직금 한도액[46]을 초과하는 때에는 그 한도초과액은 제외하여야 한다.

② 보험수리기준 추계액 등

보험수리기준에 따른 추계액이란 근로자퇴직급여보장법 제16조 제1항 제1호에 따라 매 사업연도 말일 현재 급여에 소요되는 비용예상액의 현재가치와 부담금 수입예상액의 현재가치를 추정하여 산정된 금액을 말한다(법령 44의2 ④ I의2 가). 다만 확정급여형 퇴직연금에 가입하지 않은 임원 또는 사용자가 있는 경우(확정기여형 퇴직연금등이 설정된 사람은 제외)에는 이들 전원이 퇴직할 경우에 퇴직급여로 지급되어야 할 금액의 추계액을 더하고, 확정급여형 퇴직연금제도에 가입한 자로서 그 재직기간 중 미가입기간이 있는 자가 있는 경우에는 이들 전원이 퇴직할 경우에 그 미가입기간에 대하여 퇴직급여로 지

---

[46] 정관에 퇴직금으로 지급할 금액이 정하여진 경우에는 정관에 정하여진 금액, 기타의 경우에는 그 임원이 퇴직하는 날부터 소급하여 1년 동안 해당 임원에게 지급한 총급여액의 10퍼센트에 상당하는 금액에 근속연수를 곱한 금액을 말한다(법령 44 ③).

급되어야 할 금액의 추계액을 더한다(법령 44의2 ④ I의2 나).

(나) 일정률

일정률은 법인세법 시행령에 규정되어 있는데(법령 60 ②), 2016년부터는 일정률을 0퍼센트로 하여 실질적으로 퇴직급여충당금의 손금산입제도를 폐지하였다. 퇴직금의 사외적립을 활성화하기 위한 조치이다.

(다) 세무계산상 당기말 퇴직급여충당금 잔액

세무계산상 당기말 퇴직급여충당금 잔액이란 장부상 퇴직급여충당금 기초잔액에서 기중 퇴직급여충당금 감소액(기중 퇴직급여충당금 환입액과 기중 퇴직금지급액을 말한다)과 퇴직급여충당금 부인누계액을 차감한 금액을 말한다.

이를 계산식으로 표시하면 다음과 같다.

$$\text{세무계산상 당기말 퇴직급여충당금 잔액} = \begin{pmatrix} \text{장부상 퇴직급여} \\ \text{충당금 기초잔액} \end{pmatrix} - \begin{pmatrix} \text{기중 퇴직급여} \\ \text{충당금 환입액} \end{pmatrix} - \begin{pmatrix} \text{기중 퇴직금지급액} \end{pmatrix} - \begin{pmatrix} \text{퇴직급여충당금} \\ \text{부인누계액} \end{pmatrix}$$

위의 계산식에서 세무계산상 당기말 퇴직급여충당금 잔액이 부수(−)인 경우에 그 부수에 상당하는 금액은 손금에 산입하되, 퇴직급여충당금 누적액기준에 의한 퇴직급여충당금의 범위액을 계산할 때 당기말 퇴직급여충당금 잔액은 없는 것으로 본다.

예를 들어 장부상 퇴직급여충당금 기초잔액이 4억원이고 퇴직급여충당금 부인누계액이 2억원인 법인이 해당 사업연도 중에 퇴직금 3억원을 지급하였다면 1억원의 음수가 발생한다.

위의 경우에는 먼저 그 부수 1억원을 손금산입(△유보)한다. 퇴직금과 상계하여야 할 퇴직급여충당금 기초잔액(장부상 퇴직급여충당금 기초잔액에서 퇴직급여충당금 부인누계액을 차감한 금액)이 2억원임에도 불구하고 해당 사업연도 중에 발생한 퇴직금 3억원과 상계한 것이다. 그러므로 과다상계한 퇴직금 1억원을 해당 사업연도의 손금에 산입하여야 하는 것이다.

다음으로 퇴직급여충당금 누적액기준에 의한 퇴직급여충당금의 범위액을 계산할 때 당기말 퇴직급여충당금 잔액은 없는 것(0)으로 한다.

(라) 퇴직금전환금

내국법인이 국민연금법에 의한 퇴직금전환금으로 계상한 금액은 손금에 산입하는 퇴직급여충당금의 누적액의 한도액에 가산함은 전술한 바와 같다. 위에서 퇴직금전환금[47]이란 해당 사업연도 종료일 현재 국민연금법에 의하여 국민연금관리공단에 납부하고 재무상태표상 자산으로 계상하고 있는 금액을 말한다.

라) 퇴직급여충당금의 상계

퇴직급여충당금을 손금에 산입한 내국법인이 임원 또는 직원에게 퇴직금을 지급하는 경우에는 해당 퇴직급여충당금에서 먼저 지급하여야 한다(법법 33 ②).

위의 경우에 지급하는 퇴직금은 퇴직하는 임원 또는 직원의 개인별 퇴직급여충당금의 크기와는 관계없이 퇴직급여충당금과 상계하여야 한다. 그리고 퇴직금이 퇴직급여충당금의 잔액을 초과하는 때에는 그 초과하는 퇴직금은 해당 사업연도의 손비로서 손금산입한다.

그런데 퇴직급여충당금 누적액 기준을 산정하는 일정률은 매년 5퍼센트씩 체감하기 때문에 해당 사업연도에는 퇴직급여충당금을 적립하지 않더라도 이미 적립한 퇴직급여충당금의 누적액이 퇴직급여충당금 누적액 기준(퇴직금추계액에 일정률을 곱한 금액)을 초과하는 경우가 발생할 수 있다. 이 경우 퇴직급여충당금 누적액 기준을 초과하여 한도액을 넘는 퇴직급여충당금은 익금에 환입하지 않는다. 즉 위의 한도 내에서 손금에 산입한 퇴직급여충당금의 누적액에서 다음 사업연도 중 임원 또는 직원에게 지급한 퇴직금을 뺀 금액이 퇴직금추계액에 일정률을 곱한 금액을 초과하더라도 그 초과한 금액은 익금으로 환입하지 않는 것이다(법령 60 ③).

마) 합병 등에 따른 퇴직급여충당금의 인계

퇴직급여충당금계정이 있는 내국법인이 합병 또는 분할한 경우에 그 법인의 합병등기일이나 분할등기일 현재의 해당 퇴직급여충당금 중 합병법인·분할신설법인 또는 분할합병의 상대방 법인(이하에서 '합병법인 등'이라 한다)에게 인계한 금액은 그 합병법인 등이 합병등기일이나 분할등기일에 가지고 있는 퇴직급여충당금으로 본다(법법 33 ③).[48]

또한 퇴직급여충당금계정이 있는 사업자가 그 사업을 내국법인에게 포괄적으로 양도할 때 그 사업양도일 현재의 해당 퇴직급여충당금 중 내국법인에게 인계한 금액은 그 내국법인이 양도일에 가지고 있는 퇴직급여충당금으로 본다. 위에서 '사업을 내국법인에게 포괄적으로 양도하는 경우'라 함은 사업장별로 해당 사업에 관한 모든 권리(미수금에 관한 것을

---

47) 퇴직금전환금제도는 국민연금법의 개정에 따라 1999. 4. 1.부터 폐지되었다. 이곳에서의 퇴직금전환금은 1999. 3. 31. 이전에 국민연금법에 의하여 국민연금관리공단에 납부한 금액으로서 해당 사업연도 종료일 현재 국민연금관리공단으로부터 인출하고 남은 잔액을 말한다.

48) 퇴직급여충당금을 인계하지 않을 경우에는 퇴직급여를 실제로 지급하고 현실적인 퇴직으로 처리하게 된다.

제외한다)와 의무(미지급금에 관한 것을 제외한다)를 포괄적으로 양도하는 경우로 하되, 해당 사업과 직접 관련이 없는 업무무관 자산을 제외하고 양도하는 경우를 포함한다.

3) 퇴직연금등 부담금의 손금산입

가) 퇴직연금등의 의의

임원 및 직원의 퇴직금의 적립제도는 크게 사내적립제도인 퇴직급여충당금과 사외적립제도인 퇴직연금등으로 구분할 수 있다. 사내적립제도인 퇴직급여충당금은 퇴직금추계액의 일정률을 그 한도로 하여 손금산입을 허용하고 있다. 그리고 그 부족분에 대하여는 퇴직연금등 부담금을 손금산입하고 있다(법령 44의2).

퇴직급여충당금은 사내적립금의 성격을 갖고 있으므로 회사가 도산하는 경우에는 임원이나 직원에 대한 퇴직금의 지급이 어렵게 된다. 반면 퇴직연금등은 회사 외부의 금융기관 등에 퇴직금의 재원을 적립하는 것이므로 설사 회사가 도산하더라도 임원이나 직원에 대한 퇴직금의 지급이 담보되는 것이다.

법인세법은 퇴직급여충당금의 손금산입범위액을 줄여가는 대신에 퇴직연금등 부담금의 손금산입범위액을 확대함으로써 사외적립제도를 통한 임원 및 직원의 퇴직금 지급의 확실성을 확보하고 있다.

나) 손금산입의 요건

(1) 퇴직연금등 부담금

내국법인이 임원이나 직원의 퇴직급여를 지급하기 위하여 사외에 적립하는 퇴직연금등[49]의 부담금은 손금에 산입한다(법령 44의2 ②).

(2) 퇴직연금등 부담금조정명세서의 제출

보험료 등을 손금에 산입한 법인은 법인세 과세표준과 세액의 신고와 함께 퇴직연금등 부담금등조정명세서를 첨부하여 납세지 관할 세무서장에게 제출하여야 한다(법령 44의2 ④). 그러나 퇴직연금등 부담금등조정명세서의 제출은 보험료 등을 손금에 산입하기 위한 필요적 요건은 아니며, 주의적 규정이다.

(3) 신고조정

퇴직연금등 부담금은 신고조정사항이다.[50] 따라서 퇴직연금등 부담금은 결산에 반영하

---

49) 퇴직연금등의 범위에 관하여는 법인세법 시행규칙 제23조 참조.
50) 퇴직연금등 부담금은 기업회계상 자산이므로 결산서에 부채로 계상하는 것이 허용되지 않는다.

지 않더라도 당연히 손금에 산입한다.

다) 퇴직연금등 부담금 등의 손금산입액

내국법인이 임원 또는 직원의 퇴직급여를 지급하기 위하여 납입하거나 부담하는 보험료·부금 또는 부담금 중 다음에 열거하는 것만을 손금에 산입한다(법령 44의2 ①).

(1) 확정기여형 퇴직연금등 부담금

확정기여형 퇴직연금등(근로자퇴직급여보장법에 따른 확정기여형 퇴직연금과 개인퇴직계좌, 과학기술인공제회법에 따른 퇴직연금 중 확정기여형 퇴직연금에 해당하는 것을 말한다. 이하에서 '확정기여형 퇴직연금등'이라 한다)의 부담금은 전액 손금에 산입한다. 확정기여형 퇴직연금등의 경우 법인은 사전에 확정된 부담금을 금융기관에 납부하면 되고, 임원 또는 직원이 퇴직할 경우 추가적인 퇴직급여의 지급의무를 지지 않으며, 따라서 확정기여형 퇴직연금이 설정된 임원 또는 직원은 퇴직급여충당금의 설정대상자에서 제외된다. 그렇기 때문에 확정기여형 퇴직연금등의 부담금은 그 납부한 사업연도에 전액 손금에 산입한다.[51]

그러나 임원에 대한 부담금은 법인이 퇴직할 때까지 부담한 부담금의 합계액을 퇴직급여로 보아 퇴직금 손금산입한도액(법령 44 ④에 따른 한도액)을 계산한다.[52] 직원에 대한 퇴직급여는 전액 손금에 산입한다.

(2) 그 밖의 퇴직연금등(확정급여형 퇴직연금) 부담금

(가) 확정급여형 퇴직연금등 부담금의 손금산입

---

[51] 법인이 임원에게 퇴직급여를 지급하기 위하여 확정기여형 퇴직연금에 가입하여 그 부담금을 지출하는 경우, 그 부담금에 관한 정관 내지 정관의 위임에 의한 퇴직급여지급기준이 정당하지 않다 하더라도 그 부담금은 그 납입일이 속한 사업연도에 전액 손금으로 산입한 후 임원이 실제 퇴직하는 날이 속하는 사업연도에 법인세법 시행령 제44조 제4항 제2호에 따라 계산한 금액을 기준으로 임원이 실제 퇴직하는 날이 속하는 사업연도에 법인이 납입한 확정기여형 퇴직연금 부담금의 합계액이 손금산입한도를 넘는지 여부를 판단한다(대법원 2019. 10. 18. 선고 2016두48256 판결). 같은 취지의 행정해석으로 서면-2020-법령해석법인-5074, 2020. 12. 18.

[52] 이 경우 손금산입한도 초과금액이 있으면 퇴직일이 속하는 사업연도의 부담금 중 손금산입한도 초과금액 상당액을 손금에 산입하지 않고, 손금산입한도 초과금액이 퇴직일이 속하는 사업연도의 부담금을 초과하는 경우 그 초과금액은 퇴직일이 속하는 사업연도의 익금에 산입한다(법령 44의2 ③ 但).

법인의 임원 A가 퇴직하는 경우 퇴직연금등 부담금의 세무조정례를 살펴보자.
① 법인이 임원 A에 대한 부담금으로 납부한 금액: 1억원(퇴직일이 속하는 사업연도에 납부한 금액 600만원 포함)
② A에 대한 임원퇴직금 손금산입한도액: 8천만원
③ A에 대한 임원퇴직금 손금산입한도 초과액: 2천만원
④ 세무조정의 예(손금산입 및 익금산입액): 퇴직일이 속하는 사업연도에 납부한 부담금 600만원은 전액 손금불산입하고, 그 부담금(600만원)을 초과하는 손금산입한도 초과금액(1,400만원)은 그 퇴직일이 속하는 사업연도의 익금에 산입한다.

확정기여형 퇴직연금등 외의 그 밖의 퇴직연금등이란 확정급여형 퇴직연금등을 말한다. 확정급여형 퇴직연금은 임원 또는 직원이 지급받을 연금급여의 수준이 사전에 확정되고, 법인이 부담(적립)할 금액은 그 적립금의 운용결과에 따라 변동될 수 있기 때문에 임원 또는 직원이 퇴직할 때 추가적인 퇴직급여의 지급의무가 생길 수 있다. 따라서 확정급여형 퇴직연금등이 설정된 임원 또는 직원에 대해서는 퇴직급여충당금의 설정이 허용된다.

확정급여형 퇴직연금의 부담금으로서 손금에 산입할 금액은 해당 사업연도 중에 퇴직연금등 부담금으로서 지출하는 금액(손금산입대상부담금)으로서 일정한 금액을 한도로 한다. 결국 손금산입대상부담금과 손금산입한도액 중에서 적은 금액을 손금산입하는 결과가 된다.

$$손금산입대상부담금 = 사외적립자산 - (직전\ 사업연도\ 종료일까지\ 지급한\ 부담금)$$

$$손금산입한도액 = \begin{pmatrix} 퇴직급여충당금 \\ 미설정액 \end{pmatrix} - \begin{pmatrix} 직전\ 사업연도 \\ 종료일까지 \\ 지급한\ 부담금 \end{pmatrix} - \begin{pmatrix} 확정기여형 \\ 퇴직연금등으로서 \\ 손금으로\ 인정된\ 금액 \end{pmatrix}$$

(나) 손금산입대상부담금

해당 사업연도 중에 퇴직연금등 부담금으로서 지출하는 금액(손금산입대상부담금)은 사외적립자산(퇴직연금운용자산)에서 이미 손금산입한 부담금(직전 사업연도 종료일까지 지급한 부담금)을 차감하여 산정한다(법령 44의2 ②, ④).

① 사외적립자산

사외적립자산(퇴직연금운용자산)이란 기말 사외적립자산(퇴직연금운용자산)의 잔액을 가리키는데, 기초 사외적립자산(퇴직연금운용자산)의 잔액에서 당기 중 감소액(기중 퇴직연금등 수령액 및 해약액)을 빼고 당기 중 증가액(당기 부담금의 납입액과 운용수익)을 더하여 계산한 금액을 말한다.

이를 계산식으로 나타내면 다음과 같다.

$$사외적립자산 = 기초\ 사외적립자산 - \begin{matrix} 기중\ 퇴직연금등 \\ 수령액\ 및\ 해약액 \end{matrix} + 당기\ 부담금의\ 납입액$$

② 직전 사업연도 종료일까지 지급한 부담금

직전 사업연도 종료일까지 지급한 부담금이란 전기말까지 손금산입한 부담금의 누계액 (기초 퇴직연금충당금 및 전기말까지 신고조정에 의하여 손금산입한 부담금의 누계액을 말한다)에서 퇴직연금충당금 손금부인누계액과 당기말까지 퇴직연금등의 해약이나 임원 또는 직원의 퇴직으로 인하여 수령한 해약금 및 연금 등을 뺀 금액을 말한다(법칙 24). 이를 계산식으로 나타내면 다음과 같다.

$$\text{이미 손금산입한 부담금} = \begin{pmatrix} \text{기초 퇴직연금충당금 및} \\ \text{전기말까지 신고조정에 의하여} \\ \text{손금산입한 부담금} \end{pmatrix} - \begin{pmatrix} \text{퇴직연금충당금} \\ \text{손금부인누계액} \end{pmatrix} - \begin{pmatrix} \text{기중 퇴직연금등} \\ \text{수령액 및 해약액} \end{pmatrix}$$

위에서 퇴직연금충당금이란 결산조정에 의하여 손비로 계상한 퇴직연금등 부담금 등의 누계액을 가리킨다(법행 26-44의 2-1).

(다) 손금산입한도액

손금산입한도액은 퇴직급여충당금 미설정액에서 직전 사업연도 종료일까지 지급한 부담금 및 확정기여형 퇴직연금등으로서 손금으로 인정된 금액을 뺀 금액이다. 둘 이상의 부담금이 있는 경우에는 먼저 계약이 체결된 퇴직연금등의 부담금부터 손금에 산입한다(법령 44의2 ④).

① 퇴직급여충당금 미설정액

퇴직급여충당금 미설정액이란 당기말 퇴직급여추계액에서 당기말 퇴직급여충당금을 공제한 잔액을 가리킨다. 당기말 퇴직급여충당금은 법인세법상(세무계산상)의 당기말 퇴직급여충당금을 지칭하는데, 장부상 당기말 잔액(당기설정액을 포함한다)에서 당기말 부인누계액을 차감하여 산정한 금액으로 한다.

> 퇴직급여충당금 미설정액 = 당기말 퇴직급여추계액 - 당기말 퇴직급여충당금
>
> 당기말 퇴직급여충당금 = 장부상 당기말 잔액(당기설정액 포함) - 당기말 부인누계액

한편, 당기말 퇴직급여추계액은 일시퇴직기준에 따른 추계액과 보험수리기준에 따른 추계액 등 중 큰 금액으로 한다.

㉮ 일시퇴직기준 추계액

해당 사업연도 종료일 현재 재직하는 임원 또는 직원[53]의 전원이 퇴직할 경우에 퇴직급여로 지급되어야 할 금액의 추계액(임원에 대한 퇴직금의 추계액이 임원퇴직금한도액을 초과할 경우에는 그 초과액을 제외한다)을 말한다(법령 44의2 ④ I).

㉯ 보험수리기준 추계액 등

보험수리기준에 따른 추계액이란 근로자퇴직급여보장법 제16조 제1항 제1호에 따라 매 사업연도 말일 현재 급여에 소요되는 비용예상액의 현재가치와 부담금 수입예상액의 현재가치를 추정하여 산정된 금액을 말한다(법령 44의2 ④ I의2 가). 다만 확정급여형 퇴직연금에 가입하지 않은 임원 또는 사용자가 있는 경우[54]에는 이들 전원이 퇴직할 경우에 퇴직급여로 지급되어야 할 금액의 추계액을 더하고, 확정급여형 퇴직연금제도에 가입한 자로서 그 재직기간 중 미가입기간이 있는 자의 경우에는 이들 전원이 퇴직할 경우에 그 미가입기간에 대하여 퇴직급여로 지급되어야 할 금액의 추계액을 더한다(법령 44의2 ④ I의2 나).

② 직전 사업연도 종료일까지 지급한 부담금

직전 사업연도 종료일까지 지급한 부담금은 위에서 본 바와 같다.

③ 확정기여형 퇴직연금등으로서 손금

혼합형 퇴직연금등 부담금에 대한 손금산입을 허용함에 따라 확정급여형 퇴직연금등으로서 손금에 산입하는 금액은 한도 계산시에 뺀다(법령 44의2 ④ I의 괄호, I의2의 각목 외의 부분 괄호).

라) 퇴직금의 지급에 따른 세무조정

퇴직연금등 부담금 등을 손금에 산입한 법인의 임원 또는 직원이 실제로 퇴직하는 경우 손금산입할 퇴직금의 범위액은 퇴직급여지급규정에 의한 퇴직금상당액에서 해당 직원의 퇴직으로 인하여 퇴직연금사업자 등으로부터 받은 퇴직일시금 등에 상당하는 퇴직연금충당금, 퇴직급여충당금 순으로 차감한 금액으로 한다. 다만, 신고조정에 의하여 퇴직연금등 부담금 등을 손금에 산입한 경우에는 해당 퇴직일시금상당액을 퇴직급여로 계상한 후 그 금액을 손금불산입하여야 한다.[55]

---

53) 종전에는 확정기여형 퇴직연금등이 설정된 사람을 제외하도록 하였으나, 혼합형 퇴직연금등 부담금도 손비로 인정될 수 있도록 2016. 2. 12. 이후부터 위 사람도 포함하도록 개정되었다(법령 44의2 ④).
54) 전주(前註)와 같다.
55) 법통 26－44의2…2.

다. 대손충당금 등의 손금산입

1) 의 의

외상매출금·대여금, 그 밖에 이에 준하는 채권이 있는 법인이 각 사업연도에 손비로 계상한 대손충당금은 일정한 손금산입범위액 안에서 손금에 산입한다.

대손충당금은 손금으로서 확정된 것은 아니지만 장래에 채권의 대손으로 인하여 발생할 비용 또는 손실이 해당 사업연도의 수익에 대응하기 때문에 손금산입을 용인하는 것이다.

손비로 계상한 대손충당금이란 법인의 수취채권 중 과거의 경험률 등에 비추어 대손되리라고 예상되는 추정액을 손비로 계상함과 동시에 해당 금액을 평가성충당금(자산의 차감적 평가계정)으로 계상한다는 의미이다.

2) 손금산입의 요건

가) 대상법인

대손충당금을 설정할 수 있는 법인에는 제한이 없다. 즉 모든 내국법인은 대손충당금을 손금으로 계상할 수 있다. 그리고 국내사업장을 둔 외국법인의 경우에는 국내원천소득과 관련된 채권에 한하여 대손충당금을 설정할 수 있다.

나) 대상채권

(1) 대상채권의 범위

대손충당금을 설정할 수 있는 채권에는 외상매출금, 대여금, 그 밖에 이에 준하는 채권이 포함된다. 이와 같은 설정대상채권은 세무상의 장부가액에 의한다. 세무상의 장부가액이란 해당 사업연도의 재무상태표상 채권의 장부가액에 세무계산상 익금산입 또는 손금불산입하여 유보로 처분한 금액(예: 외상매출금 누락액 또는 대여금 누락액으로서 익금에 산입한 금액, 대손사유를 충족하지 못한 대손금의 손금불산입액 등)을 가산한 금액을 말한다.

외상매출금·대여금·그 밖에 이에 준하는 채권의 범위는 다음과 같다.

① 외상매출금

외상매출금은 상품·제품의 판매가액의 미수액과 가공료·용역 등의 제공에 의한 영업수익의 미수액을 말한다.

② 대여금

대여금은 금전소비대차계약에 의하여 타인에게 대여한 금액으로 한다.

③ 그 밖에 이에 준하는 채권

그 밖에 이에 준하는 채권은 어음상의 채권 및 미수금, 그 밖에 기업회계기준에 의한 대손충당금 설정대상이 되는 채권으로 한다.

(2) 대손의 우려가 없는 채권

거래처(매출의 상대방)에 대한 매출채권을 담보하기 위하여 저당권 등을 설정하고 있는 경우 또는 대금을 청산하기까지 물품의 인도나 소유권이전등기를 유보하고 있는 경우 등과 같이 대손발생의 우려가 전혀 없는 채권에 대하여 대손충당금을 설정할 수 있는지가 문제이다.

이에 관하여는 적극설과 소극설이 대립하고 있다.

① 적극설

법인세법이 개별채권별로 대손가능 여부를 검토하여 대손추산액을 산정할 것을 요구하고 있지 않고, 매출채권기말잔액비율법[56]에 의하여 대손추산액을 산정하도록 하고 있는 점에 비추어 볼 때 대손의 우려가 없는 채권도 대손충당금을 설정할 수 있다고 주장한다.

② 소극설

회수가 확실한 채권에 대하여는 대손충당금을 설정할 수 없다고 하는 견해이다. 대법원은 연불조건부로 부동산을 매각한 경우로서 대금을 완불받기까지 해당 부동산의 소유권을 유보하고 있는 경우에 해당 부동산의 연불매각에 따른 미수금에 대하여는 대손충당금을 설정할 수 없다고 판시한 바 있다. 그 논거로서 매수인이 잔금 등을 지급하지 않은 때에는 계약해제 등에 의하여 거래관계를 종료시키는 것이 통상적이기 때문에 그 거래의 성질상 대손발생의 여지가 없음을 든다.[57]

③ 결 어

법인세법이 개별채권별로 대손가능 여부를 검토하여 대손추산액을 산정할 것을 요구하고 있지 않고, 매출채권기말잔액비율법에 따라 대손추산액을 산정하도록 하고 있기 때문에 대손의 우려가 없는 채권도 대손충당금을 설정할 수 있다고 해석하는 적극설을 지지한다.

(3) 대손충당금의 설정대상에서 제외되는 채권의 범위

다음 각 채권에 관하여는 대손충당금을 손금에 산입할 수 없다(법법 34 ②).

① 채무보증으로 인하여 발생한 구상채권

---

56) 이론적으로 대손예상액을 추정하는 방법으로는 매출채권액비율법, 매출채권기말잔액비율법 및 매출채권연령분석법 등이 있다(김성기, 「현대중급회계」, 다산출판사, 1999, 183–185면).
57) 대법원 1988. 12. 27. 선고 87누870 판결.

채무보증으로 인하여 발생한 구상채권에 대하여는 대손충당금을 설정할 수 없다. 이 밖에도 이와 같은 구상채권에 대하여는 그 채권이 대손으로 확정되더라도 대손금으로서 손금산입을 허용하지 않으며, 또한 처분손실이 발생하더라도 그 처분손실에 대한 손금산입을 허용하지 않는다(법령 50 ③). 기업간의 채무보증에 의한 과다한 차입을 억제함으로써 재무구조의 건실화를 유도하고 연대도산을 방지하기 위한 법적 장치이다.[58] 다만, 다음의 각 구상채권에 대하여는 예외로 한다(법령 19의2 ⑥).[59] 판례는 다음의 예외를 한정적 열거로 해석한다.[60]

㉮ 공정거래법 제10조의2 각 호의 1에 해당하는 채무보증(법령 19의2 ⑥ Ⅰ)

　　㉠ 조특법에 의한 합리화기준에 따라 인수되는 회사의 채무와 관련하여 행하는 보증 (공정거래법 24 Ⅰ)

　　위에서 인수되는 회사의 채무와 관련하여 행하는 보증이라 함은 다음 중 어느 하나에 해당하는 보증을 말한다.

　　　ⅰ) 주식양도 또는 합병 등의 방법으로 인수되는 회사의 인수시점의 채무나 인수하기로 예정된 채무에 대하여 인수하는 회사 또는 그 계열회사가 행하는 보증

　　　ⅱ) 인수되는 회사의 채무를 분할인수함에 따라 인수하는 채무에 대하여 계열회사가 행하는 보증

　　㉡ 기업의 국제경쟁력 강화를 위하여 필요한 경우로서 대통령령에서 정하는 채무에

---

58) 대법원 2016. 1. 14. 선고 2013두17534 판결; 헌법재판소 2009. 7. 30. 선고 2007헌바15 결정: 「이 사건 법률조항[구 법인세법(1998. 12. 28. 법률 제5581호로 개정되고, 2008. 12. 26. 법률 제9267호로 개정되기 전의 것) 제34조 제3항 제1호 중 '제2항' 부분]의 입법목적과 관련규정을 유기적·체계적으로 종합하여 보면, 이 사건 법률조항의 위임에 의하여 대통령령에서 규정될 채무보증은 채무보증에 의한 과다한 차입을 억제하려는 입법목적에 위배되지 않는 채무보증이나 기업의 경쟁력 강화에 기여하는 채무보증, 법인 사업과 직접 관련이 있는 채무보증 등이 될 것임을 알 수 있어 위임범위의 대강을 충분히 예측할 수 있으므로 포괄위임금지원칙에 위배되지 않는다. 이 사건 법률조항은 채무보증에 의한 과다한 차입으로 기업의 재무구조가 악화되는 것과 연쇄도산으로 인한 사회적 비용이 증가하는 것을 억제하여 재무구조의 건실화를 유도하고 기업의 구조조정을 촉진하여 기업의 경쟁력을 강화하고자, 보증채무를 대위변제함으로써 발생하는 구상채권의 대손금을 전부 손금불산입하도록 함으로써 법인 스스로 보증채무의 변제능력과 구상채권의 회수가능성을 심사숙고하여 자력 범위 내에서만 채무보증을 하도록 유도하고 있고, 이러한 입법목적에 반하지 않는 채무보증이나 기업의 경쟁력 강화에 기여하는 채무보증 등은 그때그때의 사회경제적 상황을 반영하여 대통령령에서 허용할 수 있는 길을 열어 두고 있으므로 재산권을 침해하였다고 볼 수 없다.」

59) 보증채무를 이행한 보증인은 주채무자나 다른 연대보증인들에 대하여 그 변제금액에 상당한 구상채권을 취득하게 되므로, 그 보증채무의이행으로 곧바로 그 변제금액에 상당한 보증인의 자산을 감소시키는 손비가 발생하였다고는 볼 수는 없으며, 다만, 그 보증채무의 이행 당시 주채무자나 다른 연대보증인들이 이미 도산하여 그들에게는 집행할 재산이 없는 등 자력이 전혀 없어 보증인이 주채무자나 다른 연대보증인들에 대하여 그 변제금원에 대한 구상권을 행사할 수 없는 상태에 있었다면 보증인의 위 구상채권은 회수할 수 없는 채권으로서 보증인에게 귀속된 손비의 금액으로 보아 손금에 산입할 수 있다(대법원 2002. 9. 24. 선고 2001두489 판결; 대법원 1988. 3. 22. 선고 87누737 판결).

60) 대법원 2016. 1. 14. 선고 2013두17534 판결.

대한 보증(공정거래법 24 Ⅱ)

㉯ 일정한 금융회사 등이 행한 채무보증(법령 19의2 ⑥ Ⅱ)

㉰ 법률에 따라 신용보증사업을 영위하는 법인이 행한 채무보증(법령 19의2 ⑥ Ⅲ)

㉱ 「대·중소기업 상생협력 촉진에 관한 법률」에 따른 위탁기업이 수탁기업협의회의 구성원인 수탁기업에 대하여 행하는 채무보증(법령 19의2 ⑥ Ⅳ)

㉲ 건설업 및 전기 통신업을 영위하는 내국법인이 건설사업[61]과 직접 관련하여 특수관계인(법법 2 ⅩⅡ)에 해당하지 않는 자에 대한 채무보증(법령 19의2 ⑥ Ⅴ).[62] 다만 「사회기반시설에 대한 민간투자법」 제2조 제7호의 사업시행자 등 기획재정부령으로 정하는 자에 대한 채무보증은 특수관계인에 대한 채무보증도 포함한다.

㉳ 「해외자원개발사업법」에 따른 해외자원개발사업자(해외자원개발 관련 사업을 하는 「해외건설 촉진법」에 따른 해외건설사업자를 포함한다)가 해외자원개발사업과 직접 관련하여 해외 현지법인에 대하여 행한 채무보증

② 특수관계인에 대한 업무무관 가지급금

특수관계인(법법 2 ⅩⅡ)에게 해당 법인의 업무와 관계없이 지급한 가지급금에 대하여는 대손충당금을 설정할 수 없다. 이와 같은 가지급금에 대하여는 그 채권이 대손으로 확정되더라도 대손금으로서 손금산입을 허용하지 않으며, 또한 처분손실이 발생하더라도 그 처분손실에 대한 손금산입을 허용하지 않는다(법법 34 ②, 법령 50 ③). 특수관계인에 대한 비정상적인 자금대여관계를 유지하는 것을 제한하고 기업자금의 생산적 운용을 통한 기업의 건전한 경제활동을 유도하기 위한 것이다.[63]

㉮ 특수관계인에 대한 대여금

본 호에서의 업무무관 가지급금이란 특수관계인에 대한 업무무관 가지급금을 말한다. 특수관계인 외의 자에 대한 자금의 대여금은 본 호의 적용대상이 아니다. 대법원은 종래 특수관계가 있었을 때 대여행위가 있었으나, 그 후 특수관계가 소멸한 상태에서 대손사유가 발생한 경우 특수관계인에 대한 업무무관 가지급금에 해당하지 않는다고 판시하였다. 즉, 특수관계인에 대한 업무무관 가지급금 여부를 판단하는 시점은 대손사유 발생 당시라고 보았다.[64] 그러나 2020. 12. 22. 법률 제16008호로 법인세

---

61) 미분양주택을 기초로 하는 법인세법 시행령 제10조 제1항 제4호 각 목 외의 부분에 따른 유동화거래를 포함한다.

62) 건설사가 시행사의 사업자금대출(프로젝트 파이낸싱)에 대해 보증을 서 주는 관행이 있었는데, 시행사가 도산하는 경우 건설사는 보증채무를 이행하더라도 그 구상채권이 대손금으로 인정받지 못하도록 되어 있었다. 이에 대하여 과잉규제라는 비판이 있었으므로 2017년 법인세법 시행령 개정시에 대손금으로 인정받을 수 있도록 규정한 것이다.

63) 대법원 2017. 12. 22. 선고 2014두2256 판결(대손금에 관한 사안).

법 제19조의2 제2항 제2호 후단이 개정되어 특수관계인 여부에 관한 판단은 대여시점을 기준으로 하는 것으로 변경되었다.[65]

⑭ 업무와 관련이 없는 자금의 대여금

업무무관 가지급금이란 해당 법인의 업무와 관련이 없는 자금의 대여금을 가리킨다. 첫째, 법인의 업무란 해당 법인의 목적사업이나 영업내용을 기준으로 객관적으로 판단하여야 하며, 반드시 정관에 규정된 목적사업으로 한정할 것은 아니다.[66]

예컨대, 계열회사에 대한 대여금이 법인의 매출이나 수익의 증대에 직접적이고 상당한 수준으로 기여한다면 업무와 관련성이 있다고 볼 수 있을 것이나, 대여금이 법인의 매출이나 수익 증대에는 별다른 기여를 하지 못하고 주로 자금지원을 받는 계열회사의 순수한 운전자금으로 사용되었다면 그러한 대여금은 법인의 업무와 관련 없이 지급한 가지급금으로 보아야 할 것이다.[67] 금융기관의 경우 주된 수익사업으로 볼 수 없는 자금대여도 업무와 무관하다고 보아야 한다.[68]

둘째, 자금을 대여한 법인이 그 자금의 대여와 관련하여 차입자로부터 적정한 이자를 수령하는지의 여부는 고려의 대상이 되지 않는다.[69] 다만, 자금을 대여한 법인이 그 자금의 대여와 관련하여 적정한 이자를 수령하고 있는 경우에는 부당행위계산부인에 관한 규정을 적용하지 않을 뿐이다.

한편, '업무와 관련하여' 특수관계법인에게 대여하여 준 채권을 출자전환하는 경우

---

64) 대법원 2017. 12. 22. 선고 2014두2256 판결; 대법원 2014. 7. 24. 선고 2012두6247 판결. 대법원은 그 이유로서 특수관계인에게 업무와 무관하게 가지급금을 제공한 후 대손사유가 발생하기 전에 특수관계가 소멸하였다면 더 이상 비정상적으로 자금을 대여하고 있는 것이라고 볼 수 없으므로 업무무관 가지급금에 대한 세법적 규제를 가할 필요가 없다는 점을 들어 왔다.

65) 개정 이유와 관련하여 정부가 들고 있는 논거는 다음의 두 가지이다. ① 대손금 손금산입 제한의 취지는 재무건전성 유지 차원에서 특수관계인에 대한 업무무관 대여행위를 억제하기 위해 세제상 불이익을 주기 위한 것이므로 손금불산입의 불이익을 줄 것인지 여부는 해당 납세자가 특수관계인에게 업무와 관련 없는 대여행위를 하는 적극적 의사결정을 한 시점으로 할 필요가 있고, 추후 대손발생 시점에서 특수관계가 해소되었다고 하여 대손금 손금불산입이라는 세법상 불이익을 그대로 주는 것이 타당하다. ② 대손금 발생시점을 기준으로 특수관계 여부를 판단할 경우, 납세자가 특수관계인에게 업무무관 대여행위를 적극적으로 하지 않았음에도 사후적으로 특수관계가 형성되어 대손금 손금불산입의 불이익을 받게 되는 사례가 발생할 수 있다. 생각건대, 두 번째 논거는 설득력이 낮다고 생각된다.

66) 대법원 2007. 10. 25. 선고 2006두11125 판결; 대법원 1992. 11. 10. 선고 91누8302 판결

67) 대전고등법원 2013. 5. 16. 선고 2012누3086 판결(대법원 2013. 9. 12. 자 2013두11451 판결로 심리불속행 종결).

68) 이종규/최영록/조남복, 「법인세법해설」, 전면개정판, 중앙경제, 1999, 384면. 행정해석으로는 반도체소자 및 반도체소자를 이용한 부품 등을 제조·판매하는 사업을 영위하는 내국법인이 해당 사업을 영위하는데 필요한 원천기술 확보, 시장점유율 확대 등을 목적으로 해외 경쟁사의 반도체사업무를 양수하는 계약을 체결한 후 해당 사업부를 양수하기 위하여 해외 현지법인을 설립하고 사업부 양수 등에 필요한 자금을 대여한 경우에는 업무무관 가지급금에 해당하지 않는다고 본 것이 있다. 사전-2022-법규법인-0611, 2022. 6. 28.

69) 대법원 2003. 3. 11. 선고 2002두4068 판결; 대법원 1994. 12. 2. 선고 92누14250 판결.

주식의 취득가액과 출자전환된 채권가액의 차액을 손금에 산입할 수 있는지 여부가 문제된다. 행정해석은 부당행위계산부인의 대상이 되는지 우선 검토하고 그 대상이 되지 않는다면 정당한 사유의 유무를 기준으로 하여 정당한 사유가 없으면 기부금이나 기업업무추진비로, 정당한 사유가 있으면 그 차액을 손금에 산입할 수 있다고 본다.[70] 부당행위계산부인의 대상이 되지 않는 경우의 손금산입 여부에 관한 행정해석의 처리는 내용상으로는 타당하지만 법령에 규정하여야 할 것이다.

㉠ 가지급금

가지급금이란 명칭 여하에 불구하고 자금의 대여금을 가리킨다. 즉 가지급금에는 순수한 의미의 대여금은 물론 구상금채권 등과 같이 채권의 성질상 대여금에 준하는 것도 포함된다고 새겨야 한다.[71] 판례는 법인이 특수관계인으로부터 지급받아야 할 채권의 회수를 '정당한 사유 없이'[72] 지연시키는 것은 실질적으로 그 채권 상당액이 의무이행기한 내에 전부 회수되었다가 다시 가지급된 것과 같은 효과를 가져온다는 점에서 업무무관 가지급금에 해당한다고 한다.[73] 다만, 다음의 가지급금은 업무무관

---

70) 서면-2017-법인-2324, 2017. 11. 14.

71) 특수관계법인이 발행한 사모전환사채를 모두 인수한 법인이 이를 주식으로 전환하지 않고 해당 특수관계법인에게 환매한 행위를 실질적인 자금의 대여로 인정하여 그 전환사채 인수금액을 업무무관 가지급금으로 본 행정해석으로 법인 46012-1131, 1998. 5. 4.

72) 대법원 2013. 7. 11. 선고 2011두16971 판결에서는 유동화전문회사의 사원이 배당결의일에 배당금을 수령하지 않고 미수배당금으로 계상하였다가 유동화증권의 상환이 완료된 후에 수령한 것이 채권의 회수를 '정당한 사유 없이' 지연시킨 것인지 여부가 쟁점이 되었는데, 대법원은 다음과 같은 이유를 들어 유동화전문회사의 특성상 그와 같이 배당금을 늦게 회수한 것에 정당한 사유가 있다고 판단하였다. 즉, 「① 舊 법인세법 제51조의2 제1항 제1호는 자산유동화에 관한 법률에 의한 유동화전문회사가 대통령령이 정하는 배당가능이익의 100분의 90 이상을 배당한 경우 당해 사업연도의 소득금액 계산 시 이를 공제하도록 특례 규정을 둠으로써 유동화전문회사를 일종의 도관(導管)으로 보아 일정한 요건 충족시 법인세를 부과하지 아니하고 사원에 대한 배당시 과세하도록 하고 있고, ② 유동화전문회사는 위 규정에 따라 소득공제를 받기 위해서 매 사업연도에 배당가능이익의 100분의 90 이상에 대하여 배당결의를 할 필요가 있는 한편, 어느 사업연도에 배당가능이익이 발생하여 배당결의를 하였다 하더라도 다른 사업연도에 손실이 발생할 우려가 있으므로, 유동화증권을 매수한 투자자 보호를 위하여 유동화증권의 원리금이 전액 상환될 때까지 특정 사업연도에 발생한 이익이 사외로 유출되지 않도록 조치할 필요가 있으며, ③ 유동화증권의 발행·판매가 원활하게 이루어지고 이를 통한 자금조달이 순조롭게 이루어지기 위해서는 유동화증권의 상환이 사원에 대한 배당금지급보다 지급시기에서 우선한다는 조항을 정관에서 명확히 규정함으로써 유가증권 시장과 투자자의 신뢰를 확보할 필요가 있다. 이러한 사정들에 비추어 위 사실관계를 살펴보면, 원고가 유동화전문회사를 설립하면서 그 정관에 제2종 출자지분을 보유한 사원의 배당금 지급시기를 대상유동화전문회사가 발행한 유동화증권의 상환이 완료되는 때로 정한 것은 건전한 사회통념이나 상관행에 비추어 경제적 합리성을 갖춘 것으로 볼 수 있고, 나아가 원고가 그 정관에 따라 배당결의가 이루어진 배당금을 즉시 지급받지 아니하고 유동화증권의 상환이 완료되어 그 배당금채권의 이행기가 도래한 때에 지급받은 것에는 정당한 사유가 있다고 봄이 상당하며 그 배당금채권의 회수를 부당하게 지연시켰다고 할 수 없다.」

73) 대법원 2010. 10. 28. 선고 2008두15541 판결; 대법원 2010. 1. 14. 선고 2007두5646 판결. 이때 건전한 사회통념이나 상관행에 비추어, 채권의 회수를 지연한 행위에 대하여 경제적 합리성을 인정하기 어렵다면 부당행위계산부인규정도 적용되는데, 대법원 판례는 그 근거 규정을 법인세법 시행령 제88조 제1항 제6호로 본 것(위

가지급금에서 제외한다(법령 53 ① 但, 법칙 28).

㉠ 미지급배당금 및 상여금에 대한 소득세(지방소득세를 포함한다)를 법인이 납부하고 가지급금으로 계상한 금액

㉡ 정부의 허가를 받아 국외에 자본을 투자한 내국법인이 해당 국외투자법인에 종사하거나 종사할 자의 여비・급료・기타 비용을 대신하여 부담하고 이를 가지급금 등으로 계상한 금액

㉢ 법인이 그 법인의 주식취득(조합원간에 주식을 매매하는 경우와 조합원이 취득한 주식을 교환하거나 현물출자함으로써 지주회사 또는 금융지주회사의 주식을 취득하는 경우를 포함한다)에 소요되는 자금을 우리사주조합 또는 그 조합원에게 대여한 경우의 그 대여금

㉣ 국민연금법에 의하여 근로자가 지급받은 것으로 보는 퇴직금전환금

㉤ 사외유출된 익금산입액 등의 귀속이 불분명하여 대표자에게 상여처분한 금액에 대한 소득세를 법인이 납부하고 가지급금으로 계상한 금액

㉥ 직원에 대한 월정급여액의 범위 안에서의 일시적인 급료의 가불금

㉦ 직원에 대한 경조사비 또는 학자금(자녀의 학자금을 포함한다)의 대여액

㉧ 중소기업(조특령 2)에 근무하는 직원(지배주주 등인 직원은 제외한다)에 대한 주택구입 또는 전세자금의 대여액

㉨ 한국자산관리공사가 그가 전액 출자하여 설립한 법인에 대여한 금액

③ 고가양도에서의 시가초과액

법인세법 시행령 제88조 제1항 제1호의 규정을 적용받는 시가초과액에 상당하는 채권은 대손충당금의 설정대상이 되는 채권에서 제외한다(법령 61 ① Ⅲ 괄호). 그런데 법인세법 시행령 제88조 제1항 제1호에서는 '자산을 시가보다 높은 가액으로 매입 또는 현물출자 받았거나 그 자산을 과대상각한 경우'라고 규정하고 있다.

이들 조문을 연결하여 정리하여 보면 '자산을 시가보다 높은 가액으로 매입 또는 현물출자받았거나 그 자산을 과대상각한 경우로서 부당행위계산부인규정이 적용되는 채권 중 시가초과액 상당'에 대하여는 대손충당금을 설정할 수 없다는 의미이다.

즉 법인이 특수관계인에게 자산을 시가보다 고가로 양도함으로써 그 자산을 양수한 자에 대하여 부당행위계산부인규정을 적용하는 경우에 그 시가초과액에 상당하는 채권에 대하여는 대손충당금을 설정할 수 없는 것이다. 그 논거가 무엇인지는 명확하지 않다.

대법원 2010. 1. 14. 선고 2007두5646 판결)과 같은 항 제9호로 본 것(대법원 2010. 10. 28. 선고 2008두15541 판결: 대법원 1993. 2. 9. 선고 92누10869 판결: 대법원 1990. 5. 11. 선고 89누8095)으로 나뉜다.

④ 할인어음 및 배서양도한 어음

기업회계기준상으로는 받을어음을 타인에게 배서양도하는 경우 실질에 따라 매각거래 또는 차입거래로 분류한다(국회기 제1039호 문단 15-37, AG 36 ; 일회기 제6장 문단 6.5). 어음의 할인 및 배서양도가 매각거래에 해당할 경우에는 그 원인채권도 더 이상 존재하지 않으므로 대손충당금을 설정할 수 없다.[74] 그러나 어음의 할인 및 배서양도가 단순한 차입거래에 해당하는 경우[75]에는 그 원인채권 자체가 존재하고 있으므로 그 어음할인 액 및 배서양도한 어음의 금액에 대하여 대손충당금을 설정할 수 있다고 새겨야 한다.

다) 손금계상(결산조정)

대손충당금을 손금에 산입하고자 하는 법인은 반드시 대손충당금을 손금으로 계상하여야 한다. 손금으로 계상한다는 것은 결산을 확정할 때 손비로 계상한다는 의미이다. 즉 결산조정사항에 해당하는 것이다.

법인이 해당 사업연도의 대손충당금 손금산입범위액에서 익금에 산입하여야 할 대손충당금을 차감한 잔액만을 대손충당금으로 계상한 경우 차감한 금액은 이를 각각 익금 또는 손금에 산입한 것으로 본다(법칙 32 ①). 즉 총액법뿐만 아니라 보충법을 인정하고 있는 것이다.

대손충당금의 손금산입에 관한 규정을 적용받고자 하는 내국법인은 대손충당금조정명세서를 납세지 관할 세무서장에게 제출하여야 한다(법법 34 ⑥, 법령 61 ⑦). 이는 주의적 규정에 지나지 않는다.

3) 손금산입 범위액

가) 손금산입 범위액의 계산

손금에 산입할 대손충당금의 범위액은 해당 사업연도 종료일 현재의 외상매출금·대여금 기타 이에 준하는 채권의 장부가액의 합계액(이하에서 '채권잔액'이라 한다)에 표준비율(1퍼센트로 한다. 법령 61 ② 각 호의 금융회사 등도 1퍼센트로 한다)을 곱하여 산정한 금액과 채권잔액에 대손실적률을 곱하여 계산한 금액 중 큰 금액으로 한다(총액법: 법령 61 ②). 즉 매출채권기말잔액비율법을 채택하되, 대손추정률은 표준비율(1퍼센트)과 과거의 대손실적률(직전 사업연도의 대손실적률) 중 큰 비율을 선택할 수 있도록 하고 있는 것이다.

다만, 법인세법 시행령 제61조 제2항 제1호부터 제4호까지, 제6호부터 제17호까지 및 제

---

74) 같은 취지: 법인 46012-158, 1999. 1. 14. 위의 경우에는 어음의 할인료를 그 어음의 양도일이 속하는 사업연도의 손금에 산입한다(같은 취지: 법통 19-19…44).

75) 이 경우의 회계처리는 다음과 같다.

　(차) 현　금　×××　　　　(대) 단기차입금　×××

17호의2의 금융회사 등은 금융위원회가 기획재정부장관과 협의하여 정하는 대손충당금적립기준에 따라 적립하여야 하는 금액, 채권잔액의 1퍼센트에 상당하는 금액 또는 채권잔액에 대손실적률을 곱하여 계산한 금액 중 큰 금액으로 한다(법령 61 ② 但). 위 규정은 일정한 범위의 금융회사 등이 각 사업연도에 대한 결산시에 적립한 대손충당금에 관하여 결산 회계목적으로 사용된 적립방법에 관계없이 법인세법의 고유목적을 위하여 손금산입할 수 있는 대손충당금 총액의 한도를 산정할 수 있는 방법을 선택적으로 정한 것으로 보아야 하므로 위 금융회사 등은 결산시에 대손충당금을 적립한 방법과 관계없이 법인세 산정시에는 가장 유리한 한도액을 선택하여 그 범위 내에서 결산시 적립한 대손충당금액을 손금산입할 수 있다.[76]

나) 대손실적률의 산정

대손실적률은 다음 계산식에 의하여 계산한 비율을 말한다(법령 61 ③).

$$대손실적률 = \frac{해당\ 사업연도에\ 손금산입한\ 대손금^*}{직전\ 사업연도\ 종료일\ 현재의\ 채권잔액}$$

*대손금의 손금산입요건을 충족한 것에 한한다.

다) 동일인에 대한 매출채권과 매입채무의 상계

법인이 동일인에 대하여 매출채권과 매입채무를 가지고 있는 경우에는 해당 매입채무를 상계하지 않고 대손충당금을 계상할 수 있다. 다만, 당사자간의 약정에 의하여 상계하기로 한 경우에는 그렇지 않다(법칙 32 ②).

라) 대손충당금 한도초과액의 계산

해당 사업연도에 손비로 계상한 대손충당금이 그 손금산입범위액을 초과하면 그 초과액은 손금불산입한다. 이 경우 채권·채무조정시에 손금에 산입한 현재가치할인차금(대손충당금)은 손비로 계상한 대손충당금에서 제외하여 대손충당금 한도초과액을 계산한다(법령 61 ④).

4) 대손충당금의 익금산입

대손충당금을 손금으로 계상한 내국법인은 대손금이 발생한 경우 그 대손금을 대손충당

---

76) 대법원 2012. 8. 17. 선고 2009두14965 판결.

금과 먼저 상계하여야 한다. 그리고 대손금과 상계하고 남은 대손충당금의 금액은 다음 사업연도의 소득금액을 계산할 때 익금에 산입하여야 한다(총액법: 법법 34 ③).

한편, 한국채택국제회계기준은 2018년부터 대손충당금의 설정기준을 기존의 발생모형에서 기대신용손실모형으로 변경하였다(제1109호 금융자산 문단 5.5.1).

5) 대손충당금의 인계

대손충당금계정이 있는 내국법인이 합병 또는 분할한 경우에 그 법인의 합병등기일 또는 분할등기일 현재의 해당 대손충당금계정 중 합병법인 등이 승계(해당 대손충당금에 대응하는 채권이 함께 승계되는 경우만 해당)받은 금액은 그 합병법인 등이 합병등기일이나 분할등기일에 가지고 있는 대손충당금으로 한다(법법 34 ④). 대손충당금의 인계는 이에 대응하는 채권이 동시에 인계되는 경우에 한하여 이를 적용한다(법령 61 ⑥).

라. 구상채권상각충당금의 손금산입

1) 손금산입의 요건 및 그 범위액

법률에 의하여 신용보증사업을 영위하는 내국법인 중 신용보증기금, 기술신용보증기금 등[77]이 각 사업연도에 구상채권상각충당금을 손비로 계상한 경우에는 해당 사업연도 종료일 현재의 신용보증사업과 관련된 신용보증잔액에 1퍼센트와 구상채권발생률(직전 사업연도 종료일 현재의 신용보증잔액 중 해당 사업연도에 발생한 구상채권의 비율을 말한다) 중 낮은 비율을 곱하여 계산한 금액의 범위에서 그 사업연도의 소득금액을 계산할 때 이를 손금에 산입한다(법법 35 ①, 법령 63 ①).

구상채권상각충당금의 손금산입 규정을 적용받으려는 내국법인은 과세표준신고서에 구상채권상각충당금에 관한 명세서를 첨부하여 납세지 관할 세무서장에게 제출하여야 한다(법령 63 ⑤). 주의적 규정이다.

2) 구상채권상각충당금의 상계

구상채권상각충당금을 손금으로 계상한 내국법인에게 다음의 대손금이 발생한 경우에는 그 대손금은 구상채권상각충당금과 상계한다(법법 35 ③).
① 대손사유에 해당하는 구상채권
② 해당 법인의 설립에 관한 법률에 의한 운영위원회(농림수산업자신용보증기금의 경우에

---

[77] 구체적인 내국법인의 범위에 관하여는 법인세법 시행령 제63조 제1항 참조.

는 농림수산업자신용보증심의회, 신용보증재단의 경우에는 전국신용보증재단연합회, 주택도시보증공사 및 근로복지공단의 경우에는 이사회를 말한다)가 기획재정부장관과 협의하여 정한 기준에 해당한다고 인정한 구상채권

3) 익금산입

손금에 산입한 구상채권상각충당금의 금액 중 대손금과 상계하고 남은 잔액은 다음 사업 연도의 소득금액을 계산할 때 익금에 산입한다.

3 압축기장충당금 등의 손금산입

가. 압축기장충당금 등의 의의

1) 제도의 취지

국고보조금·공사부담금 및 보험차익은 법인의 순자산을 증가시키는 거래로 인한 수익 의 금액에 해당하므로 익금을 구성한다.

그러나 국고보조금 및 공사부담금의 전액에 대하여 일시에 법인세를 과세하게 되면 사업 용 자산의 취득 또는 개량을 위한 자금의 상당한 부분이 법인세로 지출됨으로써 사업용 자 산의 취득 또는 개량을 저해하게 된다. 보험차익에 있어서도 법인이 그 보험금으로 멸실되 거나 손괴된 보험대상자산의 복구를 행하는 한 그 이익은 명목적 이익(paper profit)에 불 과하고, 이에 대하여 일시에 과세를 행하게 되면 피해의 복구가 현저히 곤란하게 된다.

이와 같은 폐해를 제거하기 위하여 도입된 장치가 압축기장충당금제도이다. 압축기장충 당금제도란 법인이 국고보조금·공사부담금 또는 보험차익으로써 새로운 사업용 자산을 취득하거나 개량한 경우에는 일정한 요건 아래에서 그 취득 또는 개량한 금액을 한도로 압 축기장충당금 또는 일시상각충당금을 계상함과 아울러 해당 금액을 손금에 산입할 수 있도 록 허용하는 제도인 것이다. 즉, 손금의 발생을 의제하여 법인이 국고보조금·공사부담금 또는 보험차익을 받은 사업연도에 그 국고보조금 등으로 취득 또는 개량한 사업용 자산의 취득가액 상당액을 손금에 산입하도록 함으로써 결과적으로 해당 연도에는 과세소득이 발 생하지 않도록 하는 것이다.

이와 같이 일시에 손금산입한 일시상각충당금은 해당 자산의 감가상각비와 상계하여야 하므로 결과적으로는 그 자산의 내용연수에 걸쳐서 법인세가 과세된다. 그리고 국고보조금 등으로 취득 또는 개량한 사업용 자산을 처분하는 때에는 그 처분한 날이 속하는 사업연도 에 일시상각충당금의 잔액 또는 압축기장충당금을 익금에 산입하기 때문에 처분시에 일시

상각충당금의 잔액 또는 압축기장충당금에 대하여 법인세가 과세되는 것이다.

즉 압축기장충당금 등의 손금산입제도는 단순한 면세제도가 아니고 국고보조금 등을 받은 사업연도에 일시에 법인세로서 과세하지 않고 장래에 이연하여 과세하는 것이므로 과세이연제도의 일종이라고 하겠다.[78]

다음으로 기업의 구조조정을 지원하기 위하여 기업간의 사업 또는 자산의 교환에 따른 자산의 양도차익에 대하여 압축기장충당금 등의 손금산입을 허용하고 있다. 이 밖에도 조세특례제한법상 중소기업의 정보화지원산업에 대한 과세특례(조특법 5의2), 주식의 현물출자 등에 의한 지주회사의 설립 등에 대한 과세특례(조특법 38의2)에서도 같은 규정을 두고 있다.

2) 일시상각충당금 등의 회계처리 방법

법인이 사업용 자산의 취득·개량에 소요된 국고보조금·공사부담금 또는 보험차익, 자산의 교환에 따른 자산의 양도차익에 대하여 손금에 산입하고자 하는 때에는 장부상에 다음의 구분에 따라 일시상각충당금 또는 압축기장충당금으로 계상하여야 한다.

① 감가상각대상자산: 일시상각충당금
② 기타의 자산(비상각자산): 압축기장충당금

그러나 일시상각충당금 또는 압축기장충당금은 기업회계기준에서 인정하고 있는 충당부채가 아니므로 법인세법은 일시상각충당금 또는 압축기장충당금의 신고조정을 허용하고 있다(임의적 신고조정). 즉 법인이 일시상각충당금 또는 압축기장충당금을 세무조정계산서에 계상하고 이를 법인세 과세표준신고서에 손금으로 산입한 경우에는 그 금액을 각 사업연도의 소득금액계산에 있어서 손금에 산입한 것으로 보도록 하고 있다(법령 98 ②).

나. 국고보조금 등으로 취득한 사업용 자산가액의 손금산입

1) 개 요

법인이 국고보조금 등을 지급받아 그 지급받은 사업연도의 종료일까지 일정한 사업용 자산의 취득 또는 개량에 사용한 경우 또는 사업용 자산을 취득·개량하고 이에 대한 국고보조금 등을 사후에 지급받은 경우 해당 사업용 자산의 가액 중 국고보조금 등에 상당하는 금액에 대하여는 해당 사업연도의 소득금액을 계산할 때 손금에 산입할 수 있다.

---

78) 압축기장충당금제도는 본래 일본세법의 규정을 계수한 것이다. 일본에서는 세법상 압축기장충당금제도를, 원칙적으로 취득 자산의 장부가액을 감액하여 실질적으로 과세를 이연하고 해당 자산의 감가상각은 압축 후의 장부가액을 기초로 계산하는 세법 고유의 제도로 이해한다. 黒沢淸, 「稅務會計論」, 中央經濟社, 1968, 260-261면.

국고보조금 등은 자산수증이익의 일종으로서 당연히 익금을 구성한다.

그러나 이와 같은 국고보조금 등을 받은 사업연도에 그 전액에 대하여 법인세를 과세하게 되는 경우에는 그 법인세에 상당하는 금액만큼 사업용 자산의 취득 또는 개량이 제한을 받지 않을 수 없다.[79] 그러므로 법인세법은 이에 대하여 일시상각충당금 또는 압축기장충당금의 손금산입을 통하여 과세이연을 허용하고 있는 것이다.

2) 손금산입의 요건

내국법인이 국고보조금 등을 지급받아 그 지급받은 사업연도의 종료일까지 일정한 사업용 자산의 취득 또는 개량에 사용한 경우 또는 사업용 자산을 취득·개량하고 이에 대한 국고보조금 등을 사후에 지급받은 경우 해당 사업용 자산의 가액 중 그 사업용 자산의 취득 또는 개량에 사용된 국고보조금에 상당하는 금액은 해당 사업연도의 소득금액을 계산할 때 손금에 산입할 수 있다(법법 36 ①). 이를 나누어서 살펴보고자 한다.

가) 국고보조금 등

국고보조금 등이란 국가 외의 자가 행하는 사무 또는 사업에 대하여 국가가 이를 조성하거나 재정상의 원조를 하기 위하여 교부하는 보조금(법인 또는 개인의 시설자금이나 운영자금에 대한 것에 한한다)·부담금 기타 상당한 반대급부를 받지 않고 교부하는 급부금을 말한다(보조금의 예산 및 관리에 관한 법률 2).

그런데 본 조에서의 국고보조금 등이란 보조금 관리에 관한 법률, 지방재정법 등에 따른 보조금(이하에서 '국고보조금 등'이라 한다) 중 일정한 사업용 자산을 취득 또는 개량할 목적으로 지급받은 금전과 그 밖의 자산을 가리킨다. 그러므로 단순히 운영자금을 지원하기 위한 국고보조금, 공장이전보상금 또는 탄가규제(炭價規制)와 관련하여 받는 국고보조금 등은 본 조에서의 국고보조금으로 볼 수 없다.[80]

나) 일정한 사업용 자산의 취득 또는 개량

---

79) 대법원 1987. 5. 26 선고 85누521 판결: 「국고보조금의 일시상각제도는 원래 국고보조금은 세법상 자본의 납입에 의하여 생기는 순자산의 증가가 아니기 때문에 각 과세연도의 소득금액계산상 이를 익금에 산입해야겠지만 이렇게 고정자산의 자본적 지출에 사용하기 위한 국고보조금에 과세하게 되면 국고보조금의 본래 목적에 비추어 볼 때 해당 자산의 취득이나 보조금의 효과를 감쇄시키게 되는 것이므로 국고보조금으로 감가상각의 대상이 되는 고정자산을 취득하거나 개량한 경우에는 해당 과세연도에 그 전액…을 일시상각충당금으로 설정 계상하여 이를 손금에 산입시켜서 그 범위 안에서 국고보조금으로 취득한 고정자산의 감가상각비를 상계시킴으로써 결국 해당 자산취득 또는 개량의 회계처리에 있어서는 다음 사업연도 이후 내용연수에 걸쳐 점차로 익금산입으로 계상하게 되어 그 결과 법인세는 내용연수에 걸쳐 초년도에 면제된 법인세액을 연납하게 되는 것이다.」
80) 같은 취지: 법통 36-0…1.

내국법인이 국고보조금 등으로 그 국고보조금 등을 지급받은 사업연도 종료일까지 일정한 사업용 자산의 취득·개량을 위하여 사용하여야 한다. 국고보조금 등을 지급받은 날이 속하는 사업연도의 종료일까지 사업용 자산을 취득하거나 개량하지 않은 내국법인은 그 사업연도의 다음 사업연도의 개시일부터 1년(보험차익은 2년) 이내에 이를 취득하거나 개량하려는 경우에도 손금산입이 허용된다. 이 경우 다음과 같은 사유로 국고보조금 등을 기한 내에 사용하지 못한 경우에는 해당 사유가 종료된 날이 속하는 사업연도의 종료일을 그 기한으로 본다(법법 36 ②, 38 ②).

① 공사의 허가 또는 인가 등이 지연되는 경우
② 공사를 시행할 장소의 미확정 등으로 공사기간이 연장되는 경우
③ 용지의 보상 등에 관한 소송이 진행되는 경우
④ 그 밖에 이에 준하는 사유가 발생한 경우

그리고 내국법인이 사업용 자산을 먼저 취득·개량하고 이에 대한 국고보조금 등을 사후에 지급받은 경우에도 손금산입이 허용된다.

한편, 내국법인이 국고보조금 등을 금전 외의 자산으로 받아 사업에 사용한 경우에는 이를 사업용자산의 취득 또는 개량에 사용된 것으로 본다(법법 36 ④). 여기서 사업용 자산이란 사업용 유형자산 및 무형자산과 석유류를 말한다(법령 64 ①). 석유류란 석유정제업자·석유수출입업자 및 석유판매업자와 같은 석유비축의무자가 비축하는 석유류를 가리킨다고 새긴다.

다) 일시상각충당금 등의 계상

법인이 사업용 자산의 취득·개량에 소요된 국고보조금 등에 대하여 손금에 산입하고자 하는 때에는 장부상에 일시상각충당금 또는 압축기장충당금으로 계상하여야 한다. 이 밖에도 일시상각충당금 또는 압축기장충당금의 신고조정을 허용하고 있다.[81] 이에 관한 상세한 논의는 앞의 '압축기장충당금 등의 손금산입'(350면)에서 설명하였다.

라) 국고보조금 등과 국고보조금 등으로 취득한 사업용 자산의 명세서 등의 제출

일시상각충당금 등의 손금산입에 관한 규정을 적용받고자 하는 내국법인은 법인세 과세표준의 신고와 함께 국고보조금등상당액손금산입조정명세서(국고보조금 등을 지급받은 날이 속하는 사업연도의 종료일까지 사업용 자산을 취득 또는 개량하지 않은 내국법인으로서 그

---

[81] 법인이 지급받은 국조보조금 상당액을 선수금(부채) 명목으로 계상한 것만으로는 절차상 의무를 이행한 것으로 볼 수 없어 일시상각충당금 등에 의한 손금산입을 할 수 없다. 대법원 2023. 5. 18. 선고 2018두33005 판결.

사업연도의 다음 사업연도의 개시일부터 1년 이내에 이를 취득 또는 개량하고자 하는 경우에는 국고보조금등사용계획서)를 납세지 관할 세무서장에게 제출하여야 한다(법법 36 ⑤).

3) 손금산입범위액

내국법인이 사업용 자산의 취득이나 개량에 사용하였거나 사용할 국고보조금에 상당하는 금액을 해당 사업연도의 소득금액을 계산할 때 손금에 산입할 수 있다.

위에서 사업용 자산의 취득이나 개량에 사용한 국고보조금에 상당하는 금액이란 개별 사업용 자산별로 해당 사업용 자산의 가액 중 그 취득이나 개량에 사용하였거나 사용할 국고보조금 등에 상당하는 금액으로 한다. 즉 사업용 자산의 취득이나 개량에 사용하였거나 사용할 국고보조금에 상당하는 금액 중 해당 법인이 결산상 일시상각충당금 등으로 계상한 금액 또는 세무조정계산서에 손금으로 신고조정한 금액을 손금에 산입하는 것이다. 이 경우 사업용자산을 취득하거나 개량한 후 국고보조금을 지급받은 때에는 지급일이 속한 사업연도 이전 사업연도에 이미 손금에 산입한 감가상각비에 상당하는 금액은 제외한다(법령 64 ②).

4) 일시상각충당금 등의 익금환입

국고보조금 상당액을 손금에 산입한 내국법인이 손금에 산입한 금액을 기한(공사의 허가 또는 인가 등이 지연되는 경우, 공사를 시행할 장소의 미확정 등으로 공사기간이 연장되는 경우, 용지의 보상 등에 관한 소송이 진행되는 경우와 이에 준하는 부득이한 사유로 기한 내에 사용하지 못한 경우에는 해당 사유가 종료된 날이 속하는 사업연도의 종료일을 그 기한으로 한다) 내에 사업용 자산의 취득이나 개량에 사용하지 않거나 사용하기 전에 폐업 또는 해산하는 경우에 그 사용하지 않은 금액은 해당 사유가 발생한 날이 속하는 사업연도의 소득금액계산에 있어서 이를 익금에 산입한다. 다만, 합병하거나 분할하는 경우로서 합병법인 등이 그 금액을 승계한 경우를 제외하되, 이 경우에 그 금액은 합병법인 등이 손금에 산입한 것으로 본다(법법 36 ②).

그리고 손금으로 계상한 일시상각충당금과 압축기장충당금은 다음과 같이 익금에 산입한다.
① 일시상각충당금은 해당 사업용 자산의 감가상각비(취득가액 중 해당 일시상각충당금에 상당하는 부분에 대한 것에 한한다)와 상계하되, 다만 해당 자산을 처분하는 경우에는 상계하고 남은 잔액을 그 처분한 날이 속하는 사업연도에 전액 익금에 산입한다.
② 압축기장충당금은 해당 사업용 자산을 처분하는 사업연도에 이를 전액 익금에 산입한다.

위에서의 익금산입에 관한 규정을 적용할 때 해당 사업용 자산의 일부를 처분하는 경우의 익금산입액은 해당 사업용 자산의 가액 중 일시상각충당금 또는 압축기장충당금이 차지하는 비율로 안분계산한 금액에 의한다.

다. 공사부담금으로 취득한 사업용자산가액의 손금산입

1) 개　요

공사부담금이라 함은 전기·도시가스 또는 액화석유가스·에너지·물 등을 공급하는 사업을 경영하는 법인 등이 그 수요자 또는 해당 시설로부터 편익을 제공받은 자로부터 그 사업에 필요한 공급설비 또는 시설의 건설·설치에 충당할 목적으로 받는 금전이나 그 밖의 자산의 가액을 말한다. 공사부담금도 자산수증이익의 일종으로서 익금을 구성한다.[82]

그러나 전기 등의 수요자 또는 그 시설에 의하여 편익을 받는 자로부터 제공받은 시설 또는 공사부담금으로 취득한 시설의 소유권은 전기사업자 등에게 귀속하는 것이기는 하나, 실질적으로는 수요자의 편익을 위하여 제공되는 것이므로 전기사업자 등에게 한꺼번에 과세하는 것은 적당하지 않다고 하겠다.[83]

2) 손금산입의 요건

전기사업, 도시가스사업 등을 경영하는 내국법인이 그 사업에 필요한 시설을 하기 위하여 전기 등의 수요자 또는 그 시설에 의하여 편익을 받는 자로부터 그 시설을 구성하는 토지 등 유형자산 및 무형자산('사업용 자산')을 제공받거나 금전 등('공사부담금')을 제공받아 그 제공받은 날이 속하는 사업연도의 종료일(다음 사업연도의 개시일부터 1년 이내에 사용하려는 경우에는 다음 사업연도의 종료일)까지 사업용 자산의 취득에 사용하거나 사업용 자산을 취득하고 이에 대한 공사부담금을 사후에 제공받아야 한다. 이 경우에는 해당 사업용 자산의 가액(공사부담금을 제공받은 경우에는 그 사업용자산의 취득에 사용된 공사부담금 상당액)을[84] 해당 사업연도의 소득금액을 계산할 때 손금에 산입할 수 있다(법법 37 ①).

① 전기사업, 도시가스사업, 액화석유가스충전사업, 수도사업 등 일정한 사업을 경영하는
　내국법인이어야 한다(법법 37 ① 각 호, 법령 65 ①).

② 전기사업 등에 필요한 설 등을 제공받아야 한다.

---

82) 中村利雄, 「法人稅法要論」, 稅務硏究会出版局, 1997, 440면.
83) 渡辺淑夫, 「法人稅法」, 平成7年度版, 中央経済社, 1995, 468면.
84) 이 경우 자산을 취득한 후 공사부담금을 지급받은 때에는 지급일이 속한 사업연도 이전 사업연도에 이미
　손금에 산입한 감가상각비에 상당하는 금액은 제외한다(법령 65 ② 後).

전기사업 등에 필요한 시설을 하기 위하여 전기·가스·열·물 등의 수요자 또는 그 시설에 의하여 편익을 받는 자로부터 그 사업용 자산을 제공받은 경우 또는 공사부담금을 제공받아 그 제공받은 날이 속하는 사업연도의 종료일까지 해당 사업용 자산의 취득에 사용하여야 한다.

공사부담금을 제공받은 날이 속하는 사업연도의 종료일까지 해당 사업용 자산의 취득에 사용하지 않은 내국법인이 그 사업연도의 다음 사업연도의 개시일부터 1년 이내에 그 사업용자산의 취득에 사용하고자 하는 경우에도 해당 사업연도의 손금에 산입할 수 있다. 이 경우 다음의 사유로 공사부담금을 기한 내에 사용하지 못한 경우에는 해당 사유가 종료된 날이 속하는 사업연도의 종료일을 그 기한으로 본다(법법 37 ②, 36 ②, 법령 64 ⑦).

㉮ 공사의 허가 또는 인가 등이 지연되는 경우

㉯ 공사를 시행할 장소의 미확정 등으로 공사기간이 연장되는 경우

㉰ 용지의 보상 등에 관한 소송이 진행되는 경우

㉱ 그 밖에 이에 준하는 사유가 발생한 경우

③ 일시상각충당금의 계상

법인이 전기시설 등을 구성하는 사업용 자산의 취득에 소요된 공사부담금에 대하여 손금에 산입하고자 하는 때에는 장부상에 일시상각충당금 또는 압축기장충당금으로 계상하여야 한다. 이 밖에도 일시상각충당금 또는 압축기장충당금의 신고조정을 허용하고 있다.

이에 관하여는 앞의 '일시상각충당금의 회계처리'에서 설명하였다.

④ 공사부담금상당액손금산입조정명세서 등의 제출

일시상각충당금 등의 손금산입에 관한 규정을 적용받고자 하는 내국법인은 법인세 과세표준의 신고와 함께 공사부담금상당액손금산입조정명세서(공사부담금을 제공받은 날이 속하는 사업연도의 종료일까지 해당 사업용 자산의 취득에 사용하지 않은 내국법인으로서 그 사업연도의 다음 사업연도의 개시일부터 1년 이내에 그 사업용 자산의 취득에 사용하고자 하는 때에는 공사부담금사용계획서)를 납세지 관할 세무서장에게 제출하여야 한다(법법 37 ③).

3) 손금산입범위액

내국법인이 사업용 자산을 제공받은 경우 또는 공사부담금을 제공받아 그 제공받은 날이 속하는 사업연도의 종료일까지 사업용 자산의 취득에 사용하는 경우 개별 사업용 자산별로 해당 사업용 자산가액에 상당하는 금액 또는 사업용 자산의 취득에 사용된 공사부담금에

상당하는 금액은 해당 사업연도의 소득금액을 계산할 때 손금에 산입할 수 있다.[85] 그러므로 사업용 자산의 가액 또는 그 사업용 자산의 취득에 사용된 공사부담금 중 해당 법인이 결산상 일시상각충당금 등으로 계상한 금액 또는 세무조정계산서에 손금으로 신고조정한 금액을 손금에 산입하는 것이다.

4) 일시상각충당금 등의 익금환입

공사부담금 상당액을 손금에 산입한 내국법인이 손금에 산입한 금액을 기한(공사의 허가 또는 인가 등이 지연되는 경우, 공사를 시행할 장소의 미확정 등으로 공사기간이 연장되는 경우, 용지의 보상 등에 관한 소송이 진행되는 경우와 이에 준하는 부득이한 사유로 기한 내에 사용하지 못한 경우에는 해당 사유가 종료된 날이 속하는 사업연도의 종료일을 그 기한으로 한다) 내에 사업용 자산의 취득에 사용하지 않거나 사용하기 전에 폐업 또는 해산하는 경우에 그 사용하지 않은 금액은 해당 사유가 발생한 날이 속하는 사업연도의 소득금액 계산시 익금에 산입한다. 다만, 합병하거나 분할하는 경우로서 합병법인 등이 그 금액을 승계한 경우를 제외하되, 이 경우에 그 금액은 합병법인 등이 손금에 산입한 것으로 본다.

그리고 손금으로 계상한 일시상각충당금과 압축기장충당금은 다음과 같이 익금에 산입한다.

① 일시상각충당금은 해당 사업용 자산의 감가상각비(취득가액 중 해당 일시상각충당금에 상당하는 부분에 대한 것에 한한다)와 상계하되, 다만 해당 자산을 처분하는 경우에는 상계하고 남은 잔액을 그 처분한 날이 속하는 사업연도에 전액 익금에 산입한다.

② 압축기장충당금은 해당 사업용 자산을 처분하는 사업연도에 이를 전액 익금에 산입한다.

위에서의 익금산입에 관한 규정을 적용할 때 해당 사업용 자산의 일부를 처분하는 경우의 익금산입액은 해당 사업용 자산의 가액 중 일시상각충당금 또는 압축기장충당금이 차지하는 비율로 안분계산한 금액에 의한다.

---

85) 대법원 2002. 11. 13. 선고 2001두4689 판결: 「전기사업법 제3조의 전기사업을 영위하는 법인인 원고는 수요자 또는 편익을 받는 자로부터 금전 또는 자재 등을 교부받은 경우 교부받은 해당 사업연도에 이를 익금에 산입하고, 해당 사업연도에 그 금전 또는 자재로써 해당 시설을 구성하는 고정자산을 취득한 경우 그 교부받은 금전 또는 자재의 상당하는 가액을 해당 사업연도의 손금에 산입할 수 있으며, 다만 해당 사업연도에 위 고정자산 등을 취득할 수 없는 경우에는 사용계획서를 제출할 것을 조건으로 그 사업연도의 다음 사업연도의 개시일로부터 1년 이내에 취득하는 것에 한하여 위와 같이 해당 사업연도의 손금에 산입할 수 있다고 판단된다.」

라. 보험차익으로 취득한 자산가액의 손금산입

1) 개 요

보험에 가입된 유형자산('보험대상자산')의 일부 또는 전부가 소멸됨으로써 보험회사로부터 받은 보험금이 소멸된 자산의 장부가액을 초과할 때에 그 초과액을 보험차익이라 한다.[86) 보험차익이 발생하는 이유로서는 일반물가수준의 변동·자산가치의 변동 및 과거에 있어서의 자산의 과대한 상각 등을 들 수 있다. 보험차익이 익금을 구성함은 의문의 여지가 없다.

그런데 멸실된 유형자산과 용도 및 목적이 동일한 유형자산을 새로이 취득하거나 개량하여 사업에 사용하기 위하여는 보험회사로부터 받은 보험금으로서도 부족한 경우가 일반적이다.

그럼에도 불구하고 보험차익에 대하여 일시에 법인세를 과세하게 되면 결국은 그 법인세 부담액만큼 유형자산의 규모를 축소시키거나 그 성능을 떨어뜨리게 되어 피해의 복구를 저해하는 결과를 초래하게 된다.[87)

그러므로 법인세법은 보험차익으로 취득하거나 개량하는 유형자산에 대하여는 일시상각 충당금의 손금산입을 허용하고 있는 것이다(법법 38 ①).

2) 손금산입의 요건

내국법인이 보험대상자산의 멸실 또는 손괴로 인하여 보험금을 지급받아 그 지급받은 사업연도의 종료일까지 그 멸실한 보험대상자산에 대체하여 동일한 종류의 자산을 취득하거나 손괴된 보험대상자산을 개량(그 취득한 자산의 개량을 포함한다)하는 경우 해당 자산의 가액 중 그 자산의 취득 또는 개량에 사용된 보험차익에 상당하는 금액은 해당 사업연도의 소득금액계산에 있어서 이를 손금에 산입할 수 있다(법법 38 ①).

가) 보험금

보험대상자산의 멸실 또는 손괴로 인하여 지급받은 보험금을 말한다. 보험대상자산은 유형자산을 가리키므로 재고자산 등의 멸실 등에 따라 지급받는 보험금, 보험대상자산의 멸실 등에 수반하는 폐업 또는 휴업으로 인하여 감소한 수익을 보전하기 위한 보험금 등은 이곳에서의 보험금에 포함되지 않는다.

---

86) 이처럼 보험금수익과 손상차손을 상계하여 순액(보험차익)으로 표시하는 것은 보험업계의 관행이었는데, 한국채택국제회계기준과 일반기업회계기준은 보험금수익과 손상차손을 별개로 총액표시하는 입장을 취하고 있다.
87) 山本守之, 「体系法人税法」, 13年度版, 税務経理協会, 2001, 847면.

나) 동일종류의 보험대상자산의 대체취득

지급받은 보험금으로 멸실한 보험대상자산에 대체하여 동일한 종류의 자산을 취득하거나 손괴된 보험대상자산을 개량(그 취득한 자산의 개량을 포함한다)하여야 한다.

위에서 동일한 종류의 자산이란 멸실한 보험대상자산에 대체하여 취득한 자산으로서 그 용도나 목적이 멸실한 보험대상자산과 동일한 것을 말한다(법령 66 ①).

'동일한 종류의 자산'의 요건으로서 멸실한 보험대상자산과 용도나 목적이 동일할 것만을 요구하고 있으므로 그 구조·규격·규모·형태 또는 수량에 차이가 있더라도 관계가 없다고 해석하여야 할 것이다.

멸실한 보험대상자산과 종류가 다른 자산을 대체취득한 경우, 예를 들면 멸실한 기계장치 대신에 차량운반구를 취득하거나 또는 멸실한 건물 대신에 기계장치를 취득하였다면 동일한 종류의 자산을 대체취득한 것으로 볼 수 없다. 그리고 종류가 같은 자산이라고 하더라도 그 용도 및 목적이 다른 경우, 예를 들면 소실한 창고용 건물 대신에 사무실용 건물이나 공장용 건물을 취득하였다면 동일한 자산의 대체취득에 해당한다고 할 수 없는 것이다.

그러나 그 구조·규격·규모·형태 또는 수량의 동일성까지 요구하는 것은 아니므로 멸실한 공장용 목조건물 대신에 공장용 철근콘크리트조건물을 대체취득한 경우, 새우트롤어선 대신에 명태트롤어선을 대체취득한 경우, 멸실한 공장용 건물 3,000평방미터 대신에 공장용 건물 2,000평방미터를 대체취득한 경우, 멸실한 연사기 10대 대신에 연사기 12대를 대체취득한 경우에도 동일한 자산의 대체취득에 해당한다고 하여야 할 것이다.

다) 일정한 기간 안의 자산의 대체취득

보험금을 지급받은 사업연도의 종료일까지 그 멸실한 보험대상자산에 대체하여 동일한 종류의 자산을 취득하거나 손괴된 보험대상자산을 개량(그 취득한 자산의 개량을 포함한다)하여야 한다(법법 38 ②).

보험금을 받은 날이 속하는 사업연도의 종료일까지 그 멸실한 보험대상자산에 대체하여 동일한 종류의 자산을 취득하거나 손괴된 보험대상자산을 개량하지 않은 내국법인은 그 사업연도의 다음 사업연도의 개시일부터 2년 이내에 동일한 종류의 자산을 대체취득하거나 손괴된 보험대상자산을 개량하더라도 손금산입이 허용된다.

라) 일시상각충당금의 계상

법인이 대체취득한 자산 등에 대하여 손금에 산입하고자 하는 때에는 장부상에 일시상각충당금을 계상하여야 한다.

그러나 법인세법이 일시상각충당금의 계상을 일시상각충당금의 손금산입의 요건으로 하고 있는 것은 아니다. 즉, 법인세법은 일시상각충당금의 신고조정을 허용하고 있다.

마) 보험차익 상당액 손금산입조정명세서 등의 제출

일시상각충당금의 손금산입에 관한 규정을 적용받고자 하는 내국법인은 보험차익상당액 손금산입조정명세서(보험금을 받은 날이 속하는 사업연도의 종료일까지 멸실한 보험대상자산에 대체하여 동일한 종류의 자산을 취득하지 않은 내국법인이 그 사업연도의 다음 사업연도의 개시일부터 2년 이내에 멸실한 자산에 대체하여 동일한 종류의 자산을 취득하고자 하는 때에는 보험차익사용계획서)를 납세지 관할 세무서장에게 제출하여야 한다(법법 38 ③).

3) 손금산입범위액

해당 자산의 가액 중 그 자산의 취득 또는 개량에 사용된 보험차익에 상당하는 금액을 해당 사업연도의 소득금액계산시에 손금에 산입할 수 있다(법법 38 ①).

해당 자산의 가액 중 그 자산의 취득 또는 개량에 사용된 보험차익에 상당하는 금액 중 해당 법인이 결산상 일시상각충당금으로 계상한 금액 또는 세무조정계산서에 손금으로 신고조정한 금액을 손금에 산입하는 것이다.

손금에 산입하는 금액은 개별 자산별로 해당 자산의 가액 중 그 취득 또는 개량에 사용된 보험차익에 상당하는 금액으로 한다. 이 경우 해당 자산의 가액이 지급받은 보험금에 미달하는 경우에는 보험금 중 보험차익 외의 금액을 먼저 사용한 것으로 본다(법령 66 ②).

예를 들어 취득가액 100,000,000원, 감가상각누계액이 40,000,000원인 건물이 소실되어 보험회사로부터 보험금 80,000,000원을 수령하였다면 보험차익은 20,000,000원이다.

그런데 회사가 동일 종류의 건물을 취득하기 위하여 보험금(80,000,000원) 이상을 지출하였다면 보험차익 20,000,000원은 전액 손금에 산입할 수 있다.

이에 대하여 회사가 동일 종류의 건물을 취득하기 위하여 65,000,000원을 지출하였다고 가정하면 해당 건물의 취득가액은 다음과 같은 순서로 구성되었다고 보며, 보험차익 20,000,000원 중 5,000,000원만 손금산입한다.

① 멸실한 건물의 장부가액   60,000,000원
② 보험차익   5,000,000원

4) 일시상각충당금의 익금환입

보험차익을 손금에 산입한 내국법인이 손금에 산입한 금액을 기한 내에 보험대상자산의

대체취득 또는 개량에 사용하지 않거나 취득 또는 개량 전에 폐업 또는 해산하는 경우에 그 사용하지 않은 금액은 해당 사유가 발생한 날이 속하는 사업연도의 소득금액계산에 있어서 이를 익금에 산입한다. 다만, 합병 또는 분할하는 경우로서 합병법인 등이 그 금액을 승계한 경우를 제외하되, 이 경우에 그 금액은 합병법인 등이 손금에 산입한 것으로 본다 (법법 38 ②, 36 ③).

그리고 손금으로 계상한 일시상각충당금은 해당 자산의 감가상각비(취득가액 중 해당 일시상각충당금에 상당하는 부분에 대한 것에 한한다)와 상계하되, 다만 해당 자산을 처분하는 경우에는 상계하고 남은 잔액을 그 처분한 날이 속하는 사업연도에 전액 익금에 산입한다.

위에서의 익금산입에 관한 규정을 적용할 때 해당 자산의 일부를 처분하는 경우의 익금산입액은 해당 자산의 가액 중 일시상각충당금이 차지하는 비율로 안분계산한 금액에 의한다.

제3절 손금불산입

1 개 념

법인의 순자산을 감소시키는 거래로 인하여 발생하는 손비의 금액이지만, 법인세법에서 손금산입을 허용하지 않은 것이 있다. 이를 손금불산입항목이라 한다.

자본 또는 출자의 환급이나 잉여금의 처분에 해당하는 것, 사업관련성 및 통상성을 갖추지 못한 것 또는 수익과의 직접 관련성이 없는 것, 익금에 대응하지 않는 것, 이익처분적 성질이 있는 것, 국가정책상의 고려에 기인하는 것, 세무계산상의 획일성 또는 공평성의 요구에 기인하는 것 등으로 구분할 수 있다.[1]

법인세법에서 정하고 있는 손금불산입항목에는 다음과 같은 것이 있다.

① 자본거래 등으로 인한 손비의 손금불산입
② 대손금의 손금불산입
③ 제세공과금의 손금불산입
④ 자산의 평가차손의 손금불산입
⑤ 감가상각비의 손금불산입
⑥ 기부금의 손금불산입
⑦ 기업업무추진비의 손금불산입

---

1) 武田昌輔,「立法趣旨 法人税法の解釈」, 財経詳報社, 1985, 44면.

⑧ 과다경비 등의 손금불산입

⑨ 업무와 관련없는 비용의 손금불산입

⑩ 지급이자의 손금불산입

2 자본거래 등으로 인한 손비의 손금불산입

가. 결산 확정시 잉여금의 처분을 손비로 계상한 금액

결산을 확정할 때 잉여금의 처분을 손비로 계상한 금액은 손금불산입한다(법법 20 I).

잉여금이란 법인의 순자산가액이 자본금을 초과하는 부분을 가리키는데, 발생의 원천에 따라 자본잉여금과 이익잉여금으로 구분한다. 그리고 이곳에서의 잉여금은 원칙적으로 이익잉여금을 의미한다고 새긴다. 자본잉여금은 결손의 보전 또는 자본금의 전입 등으로 처분할 수 있지만 이를 잉여금의 처분이라고 하지는 않기 때문이다(상법 460, 461).[2] 2011년 상법이 개정되면서 예외적으로 자본잉여금을 배당가능이익에 포함시켜 배당할 수 있게 되었지만, 이 경우에는 원칙적으로 익금불산입한다(법법 18 Ⅷ).

잉여금의 처분은 크게 이익준비금, 기타법정적립금, 임의적립금 등과 같은 다른 이익잉여금으로의 적립, 배당 및 상여[3] 등에 의한 사외유출, 주식발행액면초과액·배당건설이자·자기주식처분손실잔액·감자차손잔액 등과 같은 자본조정과의 상계로 나눌 수 있다. 이와 같은 잉여금의 처분항목 중 법인의 순자산의 감소를 초래하는 항목으로서는 배당 및 상여 등과 같은 사외유출액을 들 수 있다.

법인세법은 구체적으로 결산을 확정할 때 잉여금의 처분을 손비로 계상한 금액, 임원 또는 직원에게 이익처분에 의하여 지급하는 상여금(이익처분에 의한 상여로 보는 합명회사 또는 합자회사의 노무출자사원에게 지급하는 보수를 포함한다)에 대하여는 손금불산입하도록 정하고 있다(법법 20 I, 법령 43 ①).

법인세법 제20조 제1호의 '잉여금의 처분을 손비로 계상한 금액'을 법문 그대로 잉여금의 처분항목으로서 손비로 계상한 금액이라는 의미로 본다면 위 규정은 법인세법 제19조 제1항(손금의 정의)을 구체적으로 확인하고 있는 규정이라고 할 수 있다. 법인세법 제19조 제1항

---

2) 본 조에서의 '잉여금의 처분'에 자본잉여금의 처분이 포함된다고 하더라도 자본잉여금을 결손보전에 충당하거나 자본금전입하는 경우에는 그 자본잉여금이 손금을 구성하지 않음은 의문의 여지가 없다.

3) 상여금은 잉여금처분항목으로 보기는 어려우나(다만 하급심 판결 중에는 잉여금처분에 의해 상여금을 지급한 예도 보이기는 한다. 서울고등법원 2019. 8. 16. 선고 2018누67420 판결) 법인이 그 임원 또는 직원의 상여금을 잉여금처분에 의하여 지급하는 경우에는 손금불산입하도록 규정하고 있다(법령 43 ①). 위 조문의 문제점에 관하여는 황남석, "법인세법상 이익처분에 의한 상여금의 손금불산입 재고", 「조세법연구」 제19집 제2호, 2013, 331면 이하.

에서 손금을 '…잉여금의 처분…'을 제외하고 그 법인의 순자산을 감소시키는 거래로 인하여 발생하는 손비의 금액…'이라고 하여 잉여금의 처분을 손금의 범위에서 제외하고 있기 때문이다. 잉여금의 처분은 자본거래에 해당하므로 자본거래로 인한 순자산증가를 익금에서 제외하는 것과 같은 이유에서 손금에서 제외하는 것이다.[4]

대법원은 잉여금을 주주총회 등의 결의를 거쳐 배당으로 처분하지 않고 다른 명목으로 주주 또는 출자자에게 지급하였더라도 그 실질이 법인에 유보된 이익을 주주 또는 출자자에게 배분하는 것이라면 잉여금의 처분으로서 손금불산입 대상에 해당한다고 본다.[5]

관련된 문제로서 현물배당의 경우 배당 법인이 현물의 시가와 장부가액의 차액을 익금에 산입하여야 할 것인지의 문제가 있을 수 있다. 현행법은 명문의 규정을 두지 않고 있다. 자산의 저가양도와 관련하여 이단계설을 취하는 판례의 입장[6]에 비추어 보면 긍정적으로 해석할 여지가 있으나 엄격해석의 원칙상 입법론을 별론으로 하고 부정적으로 해석함이 타당하다.[7]

나. 주식할인발행차금

회사가 성립한 날로부터 2년을 경과한 후에 주식을 발행하는 경우에는 주주총회의 특별결의와 법원의 인가를 얻어서 주식을 액면미달의 가액으로 발행할 수 있다. 이와 같이 주식을 액면가액에 미달하는 가액으로 발행한 경우에 액면미달금액의 총액이 주식할인발행차금이다(상법 417, 법법 20 II).

주식할인발행차금이 신주의 발행이라는 자본거래에 따른 손비이므로 손금불산입하도록 하고 있는 것이다(법법 20 III).

---

4) 잉여금의 처분을 손금불산입한다는 것은 그 처분액이 과세소득에 포함된다는 의미이다. 만일 그 처분액을 수취하는 개인 또는 법인에게 다시 수취배당으로 과세하면 경제적 이중과세에 해당한다. 따라서 이를 조정하기 위하여 개인의 경우 배당세액공제, 법인의 경우 수취배당금 익금불산입 제도를 두고 있다. 만일 정책적으로 잉여금의 처분을 손금으로 인정해 주면서 위와 같은 경제적 이중과세 조정제도를 적용할 경우 반대로 경제적 이중비과세가 되므로 개별 규정에서 그 점을 고려하여 적용범위를 정하고 있다. 독일소득세법 제3조 제40호 d) 제1문은 잉여금의 처분이 법인의 과세소득을 감소시키지 않은 경우에만 배당으로 인한 이중과세 조정이 적용된다는 점을 일반적으로 밝히고 있다. 또한 잉여금은 개념적으로 익금에서 손금을 공제한 잔여(residue) 금액이므로 손금에 해당할 수 없기도 하다.
5) 대법원 2022. 7. 28. 선고 2019두58346 판결. 같은 취지로 서울고등법원 2023. 12. 20. 선고 2023누46243 판결(대법원 2024. 4. 25. 자 2024두31956 판결로 심리불속행 종결).
6) 대법원 1993. 5. 25. 선고 92누18320 판결. 이단계설에 관한 상세한 논의는 '증여(무상양도) 또는 저가양도한 자산의 가액 등'(204면)을 참조하라.
7) 실무례나 행정해석은 분명하지 않고 판례는 없다. 현행법상 긍정설을 취하는 견해로 이창희, 「세법강의」 제18판, 박영사, 2020, 597-598면. 일본의 경우 실정법의 해석론으로 긍정설이 유력하지만 일본 법인세법은 명문의 규정으로 이단계설을 채택하고 있기 때문에 한국과의 상황이 다르다. 渡辺徹也, 「スタンダード 法人税法」 第2版, 弘文堂, 2019, 194-195면. 부정설을 취할 경우 시가와 장부가액의 차액에 해당하는 미실현이익 과세가 영구적으로 회피될 가능성이 있으므로 입법적으로 해결할 필요가 있다.

3 대손금의 손금불산입

가. 대손금의 의의

대손금(Bad debt, Forderungsausfall)이란 회수불능이 된 채권금액을 가리킨다. 이와 같은 채권의 회수불능은 법인의 순자산의 감소를 결과하므로 설사 대손금의 손금산입 규정이 없더라도 당연히 손금에 개념에 포섭될 수 있다. 다만 정책적으로 일정한 채권에 관한 대손은 손금산입을 제한할 필요가 있기 때문에 별도의 규정을 두는 것이다.[8)]

대손충당금이 장래에 채권의 대손으로 인하여 발생할 비용 또는 손실을 추정하여 손비로 계상하는 미확정손실임에 대하여 대손금은 채권의 회수불능이 외적 사정에 의하여 객관적으로 확정된 채권의 미회수손실액이라는 점에 차이가 있다.

나. 대손금의 손금산입요건

1) 대손금의 대상채권

가) 채권의 범위

대손금의 손금산입의 대상이 되는 채권에는 매출채권·선급금 등과 같이 영업거래에서 발생한 채권은 물론이고 미수금·대여금·보증금 등과 같은 영업외거래에서 발생한 채권까지 포함한다. 부가가치세 매출세액 미수금으로서 회수할 수 없는 것 중 대손세액공제를 받지 않은 것을 포함한다.

대손금의 설정대상이 되는 채권에는 연대채무의 전부변제에 따라 발생하는 다른 연대채무자에 대한 구상채권, 사업양수인인 법인 또는 다른 법인의 과점주주인 법인이 제2차납세의무자로서 부담한 세액을 본래의 납세의무자에 대하여 구상권을 행사하는 경우에 해당 구상채권[9)] 및 직원 등이 횡령한 금액[10)]이 포함된다고 새겨야 한다.

나) 대손금에서 제외되는 채권

다음의 각 채권은 대손금으로 손금산입할 수 없다.

---

8) 미국세법에 관하여 같은 취지로 Bittker/Lokken, Federal Taxation of Income, Estates and Gifts, 2022, ¶ 33.1.
9) 대법원 1987. 9. 8. 선고 85누821 판결.
10) 법통 19의2-19의2…6(사용인이 횡령한 금액의 대손처리): 「사용인이 법인의 공금을 횡령한 경우로서 동 사용인과 그 보증인에 대하여 횡령액의 회수를 위하여 법에 의한 제반절차를 취하였음에도 무재산 등으로 회수할 수 없는 경우에는 동 횡령액을 대손처리할 수 있다. 이 경우 대손처리한 금액에 대하여는 사용인에 대한 근로소득으로 보지 아니한다.」

① 대손세액공제를 받은 부가가치세 매출세액미수금(법령 19 Ⅷ)

부가가치세 매출세액의 미수금 중 부가가치세법 제45조의 규정에 의하여 대손세액공제를 받은 미수금은 대손금의 대상이 되지 않는다.

② 채무보증으로 인하여 발생한 구상채권(법법 19의2 ② Ⅰ)

이에 관한 상세한 논의는 앞의 '손금산입' 중 '대손충당금 등의 손금산입'(340면)에서 설명하였다.

③ 특수관계인에 대한 업무무관 가지급금(법법 19의2 ② Ⅱ)

이에 관한 상세한 논의는 앞의 '손금산입' 중 '대손충당금 등의 손금산입'(340면)에서 설명하였다.

위 ②, ③에 해당하는 채권의 경우 그 처분손실도 손금에 산입할 수 없다(법령 50 ③).[11]

2) 회수불능

가) 대손사유로서의 회수불능의 유형

채권의 대손사유는 그 회수불능이다. 채권의 회수불능은 그 사실의 확정이 객관적으로 명백한 경우도 있지만 그렇지 못한 경우도 많다. 그러므로 법인세법 시행령에서는 대손사유를 엄격하게 제한함과 아울러 대손사유별 손금산입시기를 별도로 정하여 놓고 있다(법령 19의2 ①, ③).[12]

이와 관련하여 법인세법 시행령에 규정된 대손사유가 예시적인 것인지 아니면 한정적인 것인지가 문제될 수 있다. 대법원은 소득세법의 해석과 관련하여 대손사유를 한정적인 것으로 해석하고 있지만[13] 법인세법은 소득세법과 달리 순자산증가설에 입각해 있기 때문에 동일하게 해석할 필요는 없을 것이다. 손금의 일반적 요건을 충족하고 법인세법 시행령에 규정되어 있는 대손사유에 준하는 것이라면 대손금으로서 손금산입이 가능하다고 보는 것이 법인세법상의 소득개념에 부합한다고 본다.[14][15]

---

11) 업무무관 가지급금을 포기한 경우도 처분의 한 예로 보아 동일하게 처리하여야 할 것이다. 대법원은 법인이 특수관계인에 대한 일반채권을 포기한 경우 특수관계인에게 그 채권가액 상당의 이익을 분여한 것으로서 건전한 사회통념이나 상관행에 비추어 경제적 합리성을 결여하여 조세의 부담을 부당하게 감소시켰다고 인정할 수 있다면 법인세법 시행령 제88조 제1항 제9호에 의한 부당행위계산부인의 대상이 될 수 있다는 입장인데(대법원 2020. 3. 26. 선고 2018두56459 판결), 채권이 업무무관 가지급금인 경우는 그 특수한 경우로 볼 수 있을 것이다.

12) 같은 취지: 강석규, 「조세법쟁론」, 2020년판, 삼일인포마인, 2020, 610면.

13) 대법원 2000. 11. 24. 선고 99두3980 판결.

14) 하급심 판결이기는 하지만 법인세법상 대손사유를 예시적으로 해석한 것으로 서울고등법원 2016. 12. 13. 선고 2016누59258 판결(대법원 2017. 4. 17. 자 2017두31637 판결로 심리불속행 확정)이 있다.

15) 관련된 문제로서 부가가치세법 시행령 제87조 제1항 제1호는 대손세액 공제의 범위와 관련하여 법인세법

대손사유로서의 회수불능은 법률상 권리의 소멸에 기인하는 회수불능과 사실상 회수불능으로 대별할 수 있다. 사실상 회수불능은 회계상 회수불능으로 인식함으로써 대손금으로 손금에 산입한다.

이하에서 대손사유로서의 회수불능을 그 유형별로 구체적으로 살펴보기로 한다.

① 상법에 의한 소멸시효가 완성된 외상매출금 및 미수금

외상매출금 또는 미수금에 관한 채권으로서 상법에 의한 소멸시효가 완성된 것은 그 소멸시효가 완성된 날이 속하는 사업연도의 손금에 산입한다. 상행위로 인한 채권은 상법에 다른 규정이 없는 때[16]에는 5년간 행사하지 않으면 소멸시효가 완성한다. 그러나 다른 법령에서 이보다 단기의 시효의 규정이 있는 때에는 그 규정에 의한다(상법 64).

민법에서 3년 또는 1년의 단기소멸시효에 관한 규정을 두고 있다. 즉 생산자 및 상인이 판매한 생산물 및 상품의 대가·도급받은 자 등의 공사에 관한 채권 및 변호사 등의 직무에 관한 채권에 대한 소멸시효기간은 3년, 여관·음식점·오락장의 숙박료·음식료·입장료채권에 대한 소멸시효기간은 1년으로 정하고 있다(민법 163, 164). 이 밖에 어음법 및 수표법에서도 단기의 소멸시효기간에 관한 규정을 두고 있다.

② 어음법에 의하여 소멸시효가 완성된 어음

환어음의 인수인에 대한 청구권은 만기의 날로부터 3년간 행사하지 않으면 소멸시효가 완성한다(어음법 70 ①).

소지인의 배서인과 발행인에 대한 청구권은 적법한 기간 내에 작성시킨 거절증서의 일자로부터, 무비용상환의 문언이 기재된 경우에는 만기의 날로부터 1년간 행사하지 않으면 소멸시효가 완성한다.

③ 수표법에 의하여 소멸시효가 완성된 수표

수표소지인의 배서인·발행인·기타의 채무자에 대한 소구권은 제시기간 경과 후 6월

시행령 제19조의2 제1항에 따라 대손금으로 인정되는 경우를 들고 있다. 위 규정을 법인세법에 따른 대손금으로 인정될 수 있는 경우에 한하여 부가가치세법상으로도 대손세액공제를 해 준다는 뜻으로 해석하는 것이 하급심 판결의 입장이다(서울고등법원 2022. 6. 10. 선고 2021누72002 판결; 대법원 2022. 11. 3. 자 2022두49687 판결로 심리불속행 확정). 그러나 두 법의 규범목적이 다르기 때문에 법인세법에 따른 대손사유는 대손세액공제의 사유가 될 수 있는 유형을 제시할 뿐이고 법인세법상 대손금으로 인정될 수 있어야만 대손세액공제가 인정될 수 있다고 해석할 필요는 없다고 본다. 독일의 통설과 판례는 대손세액공제에서의 회수불가능성(Uneinbringlichkeit)은 소비과세 독자의 관점(autonom)에서 해석하여야 한다고 해석한다. 상세는 Devermann in Offerhaus/Söhn/Lange, Umsatzsteuer, 2022, § 17 UStG Rn. 120; Schwarz in Schwarz/Widmann/Radeisen, UStG Bd. 4, 2021, § 17 Rn. 147 등 참조.

16) 운송주선인의 책임과 운송주선인의 위탁자 또는 수하인에 대한 채권·창고업자의 책임과 창고업자의 임치인 등에 대한 채권·보험료의 청구권·운송인의 용선자 등에 대한 채권의 소멸시효기간은 1년으로 한다(상법 121, 122, 147, 166, 167, 662, 811, 830, 842). 그리고 보험금액의 청구권과 보험료 또는 적립금의 반환청구권의 소멸시효기간은 2년이다(상법 662).

간 행사하지 않으면 소멸시효가 완성한다(수표법 51 ①). 국내에서 발행하고 지급할 수표의 제시기간은 발행일로부터 10일 내이다.

④ 민법에 의한 소멸시효가 완성된 대여금 및 선급금

채권은 10년간 행사하지 않으면 소멸시효가 완성한다(민법 162 ①). 법인이 타인에 대하여 갖는 채권은 상행위로 인한 채권이 대부분이므로 상법상의 소멸시효에 관한 규정이 적용되고, 따라서 본 조가 적용되는 경우는 흔하지 않다고 생각한다. 왜냐하면 법인이 영업으로서 행하는 행위와 영업을 위하여 하는 행위는 모두 상행위에 해당하고 당사자 중 1인의 행위가 상행위인 때에는 그 전원에 대하여 상법을 적용하기 때문이다(상법 3, 5, 46 및 47).

⑤ 「채무자회생법」에 따른 회생계획인가의 결정 또는 법원의 면책결정에 따라 회수불능으로 확정된 채권

「채무자회생법」에 따른 회생계획인가의 결정 또는 법원의 면책결정에 따라 회수불능으로 확정된 채권은 해당 사유가 발생한 날이 속하는 사업연도의 손금에 산입한다.[17]

⑥ 「서민의 금융생활 지원에 관한 법률」에 따른 채무조정을 받아 같은 법 제75조의 신용회복지원협약에 따라 면책으로 확정된 채권

⑦ 민사집행법의 규정에 의하여 경매가 취소된 압류채권

민사집행법 제102조[18]의 규정에 의하여 채무자의 재산에 대한 경매가 취소된 압류채권에 대하여는 그 취소한 날이 속하는 사업연도의 손금에 산입한다.

⑧ 물품의 수출 등으로 발생한 채권으로서 한국무역보험공사로부터 회수불능으로 확인된 채권

⑨ 채무자의 파산 등으로 인하여 회수할 수 없는 채권

채무자의 파산·강제집행·형의 집행·사업의 폐지·사망·실종·행방불명으로 인하

---

17) 회생계획에서 별도의 납입 등을 요구하지 않고 신주발행 방식의 출자전환으로 기존 회생채권 등의 변제에 갈음하기로 하면서도 그 출자전환에 의하여 발행된 주식은 무상으로 소각하기로 정하였다면 그 인가된 회생계획의 효력에 따라 새로 발행된 주식은 그에 대한 주주로서의 권리를 행사할 여지가 없고 다른 대가 없이 그대로 소각될 것이 확실하게 된다. 이 경우 출자전환의 전제가 된 회생채권 등은 회생계획인가의 결정에 따라 회수불능으로 확정되었다고 봄이 상당하다는 것이 판례의 입장이다(대법원 2018. 6. 28. 선고 2017두 68295 판결).
18) 민사집행법 제102조(남을 가망이 없을 경우의 경매취소)
　① 법원은 최저매각가격으로 압류채권자의 채권에 우선하는 부동산의 모든 부담과 절차비용을 변제하면 남을 것이 없겠다고 인정한 때에는 압류채권자에게 이를 통지하여야 한다.
　② 압류채권자가 제1항의 통지를 받은 날부터 1주 이내에 제1항의 부담과 비용을 변제하고 남을 만한 가격을 정하여 그 가격에 맞는 매수신고가 없을 때에는 자기가 그 가격으로 매수하겠다고 신청하면서 충분한 보증을 제공하지 아니하면, 법원은 경매절차를 취소하여야 한다.
　③ 제2항의 취소 결정에 대하여는 즉시항고를 할 수 있다.

여 채권을 회수할 수 없는 채권은 손금으로 산입할 수 있다.[19]

대손사유의 일부를 이루고 있는 채무자의 파산·강제집행·형의 집행·사업의 폐지·사망·실종·행방불명(이하 '파산 등')은 채무자의 무자력 또는 채권의 회수불능을 초래할 수 있는 전형적인 유형으로서 예시규정에 해당하므로 채무자의 파산 등은 대손의 충분조건이 아니다. 채무자의 파산 등이 발생한 사실과 채무자의 무재산으로 인한 채권의 회수불능이라는 사실을 동시에 충족하여야 하는 것이다. 이 경우에 채무자에게 재산이 없어 회수불능이라는 사실에 관하여는 납세의무자가 입증책임을 진다.[20]

⑩ 부도발생일부터 6개월 이상 경과한 수표·어음상의 채권 등

부도발생일부터 6개월 이상 경과한 수표 또는 어음상의 채권 및 외상매출금(조특령 2에 따른 중소기업의 외상매출금으로서 부도발생일 이전의 것에 한한다)은 손금에 산입할 수 있다. 다만, 해당 법인이 채무자의 재산에 대하여 저당권을 설정하고 있는 경우를 제외한다.

㉮ 부도발생일

부도발생일이란 소지하고 있는 부도수표나 부도어음의 지급기일(지급기일 전에 해당 수표나 어음을 제시하여 금융회사 등으로부터 부도확인을 받은 경우에는 그 부도확인일을 말한다)로 한다.

㉯ 외상매출금 등

외상매출금이란 중소기업이 보유하고 있는 외상매출금으로서 해당 채권이 부도발생일 이전에 발생한 것에 한한다. 그러므로 중소기업이 아닌 법인이 보유하고 있는 외상매출금, 중소기업이 보유하고 있는 외상매출금이라고 하더라도 부도발생일 이후에 발생한 외상매출금에 대하여는 이 규정을 적용할 수 없다.

다음으로 어음상의 채권에는 배서받은 어음으로서 배서인에 대하여 어음법 제43조의 규정에 의한 소구권을 행사할 수 있는 어음을 포함한다.

㉰ 손금산입범위액

---

19) 내국법인이 고객에게 온라인 컨텐츠를 공급하며 전자지급결제대행업체의 휴대폰 결제서비스를 이용하도록 하고 해당 결제대금을 전자지급결제대행업체로부터 선정산 받았으나 고객이 타인 명의 불법 휴대폰을 사용한 사실이 확인되어 전자지급결제대행업체가 그 채권 가액을 내국법인의 향후 결제대금에서 차감하는 경우 내국법인이 미회수한 해당 채권이 여기에 해당할 수 있다. 서면-2018-법인-3219, 2020. 6. 26.: 화우 조세실무연구원, 「조세 예규 및 심결례 해설」, 법무법인 화우, 2021, 14면.

20) 내국법인이 국외 특수관계법인('채무법인')과의 거래에서 발생한 외상매출금에 관하여 2016 사업연도에 기업회계기준에 따라 손금으로 계상하였으나, 법인세법상 대손요건미비로 손금불산입하였고 해당 사업연도 이후 채권회수를 위한 제반절차를 취하였음에도 2024 사업연도에 채무법인의 청산이 종결됨에 따라 해당 외상매출금을 회수할 수 없게 되었다면 해당 사유가 발생한 2024 사업연도에 세무조정으로 손금산입할 수 있다. 사전-2024-법규법인-0838, 2024. 11. 21.

위의 수표 또는 어음상의 채권 및 외상매출금 중 대손금으로서 손금에 계상할 수 있는 금액은 사업연도 종료일 현재 회수되지 않은 해당 채권의 금액에서 1천원을 공제한 금액으로 한다. 대손으로 처리한 채권이 추후에 회수되었는지의 여부를 확인하기 위한 비망기록의 성격을 갖는다.

⑪ 중소기업의 외상매출금 및 미수금으로서 회수기일이 2년 이상 지난 외상매출금등
　다만, 특수관계인과의 거래로 인하여 발생한 외상매출금등은 제외한다.

⑫ 재판상 화해 등 확정판결과 같은 효력을 가지는 것으로서 기획재정부령(법칙 10의4)으로 정하는 것에 따라 회수불능으로 확정된 채권

⑬ 회수기일이 6개월 이상 지난 일정한 소액채권
　회수기일이 6개월 이상 지난 채권 중 채권가액이 30만원 이하(채무자별 채권가액의 합계액을 기준으로 한다)의 채권에 대하여는 손금에 산입할 수 있다.

⑭ 금융회사 등의 채권으로서 금융감독원장으로부터 대손금으로 승인받은 채권 등
　금융회사 등의 채권(여신전문금융회사 중 신기술사업금융업자의 경우에는 신기술사업자에 대한 것에 한한다)으로서 다음 중 어느 하나에 해당하는 채권을 말한다.
　㉮ 금융감독원장이 기획재정부장관과 협의하여 정한 대손처리기준에 따라 금융회사 등이 금융감독원장으로부터 대손금으로 승인받은 것
　㉯ 금융감독원장이 ㉮의 기준에 해당한다고 인정하여 대손처리를 요구한 채권으로서 금융회사 등이 대손금으로 계상한 것

⑮ 창업자에 대한 채권으로서 중소기업청장이 정한 기준에 해당하는 것
　중소기업창업투자회사의 창업자에 대한 채권으로서 중소기업청장이 기획재정부장관과 협의하여 정한 기준에 해당한다고 인정한 것은 손금에 산입할 수 있다.

⑯ 채권의 일부를 불가피하게 포기한 경우의 그 포기한 채권
　채무자와 특수관계에 있는지 여부를 불문하고 채권의 일부를 조기 회수하기 위하여 해당 채권의 일부를 불가피하게 포기한 경우의 그 포기한 채권은 손금에 산입할 수 있다. 해석상 인정되는 대손사유에 해당한다. 다만, 채권의 포기가 부당행위계산에 해당하는 경우를 제외한다. 이에 관하여는 뒤에서 다시 다루기로 한다.

나) 채권재조정에 따른 대손금의 손금산입

채무자의 신용하락 또는 계속기업으로서의 존속가능성이 희박하게 되고, 이로 인하여 현재 또는 장래의 채무변제능력이 현저히 하락하는 경우가 있다. 이 경우에는 채무기업의 회생에 의한 손실의 최소화를 목적으로 회사정리절차의 개시·화의절차의 개시 또는 거래당사

자간의 합의에 의하여 채권원리금의 감면·이자율의 인하 또는 만기의 연장 등과 같은 채권자에게 불리한 채권재조정을 행할 수 있다. 이와 같은 경우 법인이 채권재조정에 따라 기업회계기준에 의하여 채권의 장부가액과 현재가치의 차액을 대손금으로 계상하면 이를 손금으로 용인하도록 하고 있다. 그리고 손금에 산입한 금액은 기업회계기준의 환입방법에 따라 이를 익금에 산입한다(법령 19의2 ⑤). 즉, 채권재조정에 따른 대손금은 결산조정사항이다.

현재 기업회계기준 중에서 채권재조정에 관한 규정을 두고 있는 것은 일반기업회계기준이 유일하다. 이에 따르면 채권의 현재가치와 채권의 장부금액, 즉 손상차손이 이미 설정되어 있는 대손충당금보다 작을 경우에는 대손충당금을 추가로 설정하고, 그 반대의 경우에는 대손충당금을 초과하는 부분을 환입한다(일회기 제6장 문단 6.98).[21] 그런데 법인세법 시행령 제19조의2 제5항은 '대손충당금'이 아닌 대손금을 계상할 것을 요구하고 있으므로 일반기업회계기준에 따라서 대손충당금을 계상할 경우 위 시행령 규정이 적용될 수 있을 것인지 여부가 문제가 된다. 만일 위 시행령 규정이 적용되지 않는다면 일반기업회계기준에 따라 계상한 대손충당금은 일반적인 대손충당금으로서 법인세법상 대손충당금의 한도 내에서만 손금산입이 된다고 해석하여야 할 것이다. 이와 관련하여 현행 법인세법 시행령 제61조 제4항은 대손충당금의 손금산입범위를 계산할 때 법인세법 시행령 제19조의2 제5항과 관련하여 계상된 '대손충당금'은 제외하도록 규정하고 있으므로 손상차손을 대손충당금으로 계상하더라도 위 제19조의2 제5항이 적용된다는 입장을 취하고 있는 것으로 해석된다.[22]

한편, 한국채택국제회계기준은 채권재조정에 관하여 별도의 규정을 두고 있지 않으므로 일반적인 채권의 손상으로 규율되어야 할 것이다. 따라서 채권재조정의 경우 객관적으로 손상이 발생하였다고 인정할 수 있다면[23] 채권의 장부가액과 채권의 현재가치의 차이를 채권의 장부금액에서 직접 차감하거나 대손충당금으로 계상하여야 한다(국회기 제1039호 문단 63). 그렇다면 이 경우에도 법인세법 시행령 제19조의2 제5항이 적용될 수 있을 것인지 문제가 되는데 행정해석은 부정적이지만[24] 일반기업회계기준의 경우와 달리 볼 이유는 없다.

---

21) 채권이 재조정된 경우의 채권자의 회계처리는 다음과 같다.
　　① 채권의 장부가액과 현재가치의 차액〉대손충당금인 경우
　　　　(차) 대손상각비　×××　(대) 대손충당금　×××
　　② 채권의 장부가액과 현재가치의 차액〈대손충당금인 경우
　　　　(차) 대손충당금　×××　(대) 대손충당금환입 ×××
　　　　그리고 시간의 경과에 따라 증가되는 현재가치의 증가분은 이자수익으로 계상한다.
　　　　(차) 대손충당금　×××　(대) 이자수익　　×××
22) 삼일회계법인, 「삼일총서 법인세법」, 삼일인포마인, 2011, 3-14-2.
23) 국회기 제1039호 문단 59는 손상차손이 발생하였다는 객관적인 증거로서 '차입자의 재무적 어려움에 관련된 경제적 또는 법률적 이유로 인한 당초 차입조건의 불가피한 완화'와 '차입자의 파산이나 기타 재무구조조정의 가능성이 높은 상태가 됨' 등을 들고 있다.
24) 법인세과-573, 2012. 9. 21. 한국채택국제회계기준에는 채권재조정에 관한 규정이 없기 때문이라고 한다.

다음으로 법인세법은 채권의 재조정에 따른 손금산입에 관한 규정을 두고 있을 뿐이므로 채무자의 경우에는 채무조정이익을 익금에 산입하여서는 안 된다.[25] 또한 추후에 현재가치할인차금을 상각하여 이자비용으로 계상하면 해당 이자비용을 손금불산입하여야 한다.

다) 채권포기

채권자가 대손금의 손금산입요건을 갖추지 못한 채권을 포기함으로써 소멸한 채권이 대손금의 계상대상이 되는가가 문제이다. 법인이 채무자의 부도발생 등으로 인하여 장래 회수가 불확실한 채권의 일부를 조기 회수하기 위하여 해당 채권의 나머지 일부를 불가피하게 포기한 경우 그 포기가 객관적으로 정당하다고 인정되면 그 포기한 채권의 일부는 손금에 산입할 수 있다. 예를 들면 채권금융기관이 채무자인 법인에 대하여 채무를 출자전환함에 따라 일률적으로 채권을 일부 포기하는 때에는 해당 채권의 포기액을 손금에 산입할 수 있다.

채권의 소멸사유로서의 채권의 포기는 채무자에 대한 채권자의 일방적 의사표시, 즉 채권자의 단독행위에 의하여 이루어진다(민법 506). 당사자 사이의 면제계약에 의하여 채권의 일부를 소멸시키는 경우도 동일하게 다루어야 할 것이다.

그러나 채권을 포기한 경우에도 그 포기를 받은 자가 해당 법인의 특수관계인에 해당하고, 그 채권의 포기가 그 밖의 부당행위계산의 요건을 충족한 때에는 부당행위계산부인의 규정을 적용하여 해당 대손금을 손금불산입하고 그 자에 대한 상여 등으로 소득처분하여야 한다.[26]

다음으로 채권포기의 상대방이 해당 법인과 특수관계에 있는 자에 해당하지 않는 경우에는 그 포기한 채권이 채권의 일부를 조기 회수하기 위하여 해당 채권의 일부를 불가피하게 포기하였다고 볼 수 있는 경우 또는 채권의 포기가 객관적으로 보아 정당하다고 인정될 수 있는 사유가 있는 때에는 대손금으로 손금산입할 수 있지만,[27] 그런 사유가 인정될 수 없

---

25) 일반기업회계기준에 따르면 채무가 재조정된 경우 채무자의 회계처리는 다음과 같다(일회기 제6장 문단 6.90).
   (차) 현재가치할인차금 ××× (대) 채무조정이익 ×××
   그리고 현재가치할인차금을 상각하는 때의 회계처리는 다음과 같다.
   (차) 이자비용 ××× (대) 현재가치할인차금 ×××
26) 대법원은 법인이 특수관계인에 대한 채권을 포기한 경우(대법원 2020. 3. 26. 선고 2018두56459 판결)뿐만 아니라 특수관계인에 대한 채권의 회수를 지연하고 그 채권에 대한 소멸시효 중단을 위한 별다른 조치를 취하지 아니함으로써 소멸시효가 완성된 경우도 실질적으로 그 채권을 포기하여 특수관계인에게 그 채권가액 상당의 이익을 분여한 것으로서 건전한 사회통념이나 상관행에 비추어 경제적 합리성이 결여되어 조세의 부담을 부당하게 감소시켰다고 인정할 수 있으므로 법인세법 시행령 제88조 제1항 제9호의 규정에 의한 부당행위계산부인의 대상이 될 수 있다(대법원 2010. 8. 19. 선고 2007두21877 판결)는 입장이다.
27) 행정해석은 대손금에 해당한다고 보지만, 엄밀하게 따지면 대손금이 아니라 일반적인 손금에 해당한다. 대손금은 법인세법 시행령에 규정되어 있는 사유로 '회수할 수 없는' 금액으로 정의되는데 채권포기액은 이에

다면 그 채무자가 해당 법인과 업무상 관련이 있는 자에 해당하는지의 여부, 채권을 포기한 목적이 해당 법인의 업무와 관련된 것인지의 여부에 따라 기업업무추진비 또는 기부금으로 취급하여야 한다는 것이 행정해석의 입장이다(법통 19의2-19의2…5; 법행 19의2-19의2-8).[28]

3) 부분대손의 인정 여부

부분대손은 예를 들어 채무자가 자력을 상실함에 따라 채무자의 재산을 환가하더라도 채권의 일부를 회수할 수 없는 경우 그 회수할 수 없는 부분에 한하여 대손금으로 손금산입을 하는 것을 말한다. 이러한 부분대손이 현행법상 허용되는지 여부는 명백하지 않다. 그러나 예를 들어 채권을 출자전환하면서 취득한 주식의 시가가 채권의 장부가액에 미치지 못하는 경우에는 그 차액을 부분대손으로 인정하더라도 대손의 개념에 반하는 것은 아니라고 생각된다.[29]

4) 손금경리

법인이 결산을 확정할 때 대손금을 손비로 계상하여야만 대손금의 손금산입을 허용하는지가 문제이다. 즉 대손금의 결산조정을 대손금의 손금산입요건으로 하는지가 문제인 것이다.

대손사유의 유형에 따라서 손금경리를 대손금의 손금산입요건으로 하는 경우와 그렇지 않은 경우로 나눈다. 법적으로 권리가 소멸된 채권은 손금경리의 여부에 관계없이 그 채권이 소멸된 날이 속하는 사업연도의 손금에 산입한다. 법적으로 권리가 소멸된 채권에는 법률의 규정에 의하여 소멸시효가 완성된 채권과 채무자회생법에 따른 회생계획인가의 결정 또는 법원의 면책결정에 따라 회수불능으로 확정된 채권이 있다.

법인세법은 법적으로 권리가 소멸된 채권 이외에도 채권의 회수불능이 객관적 사실에 의하여 명백하게 확정될 수 있는 채권에 대하여 손금경리의 여부에 관계없이 그 채권의 회수불능이 객관적 사실에 의하여 확정된 날이 속하는 사업연도의 손비로 산입하도록 특례를 인정하고 있다. 즉, 앞에서 살펴본 대손사유로서의 회수불능의 유형 중 ①부터 ⑦까지, ⑯에

해당하지 않기 때문이다.

28) 조심 2022. 8. 24. 자 2022구1913 결정(사업상 손실을 최소화하기 위하여 채권 중 일부를 포기한 사안에서 그 포기에 경제적 합리성이 인정된다는 이유로 채권포기액의 손금산입을 허용한 사안) ; 조심 2024. 10. 30. 자 2024서213 결정(해외현지법인의 외화차입금에 관하여 지급보증한 후 관련사업에서 철수하면서 사업양수인과의 계약에 따라 외화차입금을 대위변제하고 해외현지법인에 대한 구상채권을 포기한 경우 손금산입을 허용한 사안)

29) 일본의 경우 판례와 다수설이 부정적이지만 카네코 히로시 교수가 취하는 긍정설이 유력하다. 상세는 金子宏, "部分貸倒れの損金算入-不良債権処理の一方策", ジュリスト 1219号, 2002, 115면 이하; 大淵博義, 「法人税法解釈の検証と実践的展開 第Ⅰ巻」(改訂増補版), 税務経理協会, 2013, 372-376면. 독일의 경우 KStG 8 ①, EStG 5 ①, 독일상법(HGB) 253 ③을 근거로 부분대손을 인정한다. 미국의 경우 IRC 166(a)가 부분대손을 규정하고 있다.

해당하는 채권에 대하여는 손금으로 계상하지 않은 경우에도 그 권리가 소멸되거나 채권의 회수불능이 객관적 사실에 의하여 확정된 날이 속하는 사업연도의 손금에 산입하도록 하고 있는 것이다. 이 유형에 속하는 대손금은 신고조정사항에 해당한다.

　그러나 권리가 소멸되지 않은 채권의 경우 법인이 채무자의 자산상황·지급능력·채무의 규모 등에 비추어 보아 그 회수가 사실상 불가능한 것으로 인식을 한 때에 그 인식을 바탕으로 하여 해당 법인이 그 채권을 대손금으로 손금계상한 경우에 한하여 손금에 산입하는 것이다.[30] 이를 사실상 회수불능으로 인한 대손금 또는 회계인식상의 대손금이라고 부르기로 한다.

　이와 같은 사실상 회수불능으로 인한 대손금 또는 회계인식상의 대손금은 손금경리를 대손금의 손금산입요건으로 한다. 즉 결산조정사항에 속하는 것이다. 앞의 대손사유 중 ⑧부터 ⑮까지의 요건에 해당하는 채권이 이에 속한다.

다.　손금산입시기

1)　신고조정사항

　신고조정사항에 해당하는 대손금은 그 대손사유가 발생한 날이 속하는 사업연도의 손금으로 한다. 즉 채권의 소멸시효가 완성된 날·채무자회생법에 따른 회생계획인가의 결정 또는 법원의 면책결정이 있은 날·민사집행법 제102조의 규정에 의하여 채무자의 재산에 대한 경매가 취소된 날·수출채권으로서 한국은행총재 또는 외국환은행의 장으로부터 채권회수의무를 면제받은 날이 속하는 사업연도의 손금에 산입하여야 하는 것이다. 소멸시효가 완성된 채권을 그 시효기간이 완성된 날이 속하는 사업연도에 손금에 산입하지 않고 그 이후의 사업연도에 손금에 산입한 경우에는 이를 손금불산입한다(법령 19의2 ③).[31]

2)　결산조정사항

① 결산조정사항에 해당하는 대손금은 해당 사유가 발생하여 손금으로 계상한 날이 속하는 사업연도의 손금으로 한다(법령 19의2 ③).[32] 그러나 회계적 인식에 바탕을 둔 대손금이

---

30) 대법원 2002. 9. 24. 선고 2001두4389 판결; 대법원 1992. 1. 21. 선고 91누1684 판결; 대법원 1988. 9. 27. 선고 87누465 판결 등.

31) 손금부인한 대손금은 해당 채권에 대한 소멸시효가 완성된 날이 속하는 사업연도의 손금에 가산하여 법인세의 과세표준과 세액을 경정하여야 한다(대법원 1990. 10. 30. 선고 90누325 판결).

32) 회수불능채권의 경우에는 손금으로 계상한 때를 기준으로 손금 귀속시기를 정하고 있는 것은 대손금의 형태가 그에 대응한 청구권이 법적으로는 소멸되지 않고 채무자의 자산상황, 지급능력 등에 비추어 회수불능이라는 회계적 인식을 한 경우이기 때문이다. 대법원 2017. 9. 7. 선고 2017두36588 판결; 대법원 2002. 9. 24. 선고 2001두4389 판결; 대법원 1992. 1. 21. 선고 91누1684 판결; 대법원 1988. 9. 27. 선고 87누465 판결 등.

라고 하여 채권의 회수불능이 명백하게 된 사업연도에 관계없이 대손금의 손금산입시기를 자의적으로 지연시키는 것은 허용되지 않는다고 하겠다. 다만, 채권의 회수가능 여부는 채권의 회수에 직접 이해관계와 관심을 갖고 있는 채권자가 가장 정확하게 파악할 수 있는 것이므로 특별한 사정이 없는 한 그의 판단을 존중하여야 할 것이다.

② 다음으로 결산조정사항에 해당하는 대손금의 손금산입은 결산 당시에 대손이 발생하였다고 회계상 처리를 하지 않았다면 그 후에 회계상의 잘못을 정정하였음을 이유로 경정청구를 할 수 없다고 새겨야 할 것이다.[33] 결산조정사항에 해당하는 대손금의 손금미계상은 경정청구의 대상이 아니기 때문이다.

③ 법인이 다른 법인과 합병하거나 분할하는 경우로서 결산조정사항에 해당하는 대손금을 합병등기일 또는 분할등기일이 속하는 사업연도까지 손금으로 계상하지 않은 경우 그 대손금은 해당 법인의 합병등기일 또는 분할등기일이 속하는 사업연도의 손금으로 한다(법령 19의2 ④). 법인의 합병 또는 분할 전의 피합병법인 또는 분할법인의 채권으로서 그 합병 또는 분할 전에 법인세법 시행령 제19조의2 제1항 제8호부터 제13호까지의 요건을 충족하였음에도 불구하고 대손금으로의 계상을 미루고 합병법인 또는 분할신설법인등이 그 채권을 승계받은 후에 대손금으로 계상하려고 할 수 있을 것이다.[34] 그러므로 피합병법인 또는 분할법인이 이와 같은 채권에 대하여 합병등기일 또는 분할등기일이 속하는 사업연도까지 대손금으로 계상하지 않은 경우에는 그 대손금은 해당 법인의 합병등기일 또는 분할등기일이 속하는 사업연도의 손금으로 한다. 이는 합병 또는 분할시까지 피합병법인 또는 분할법인이 대손금으로 계상하지 않은 회수불능채권의 손금 귀속시기를 세무회계상 인식 여부와 관계없이 일률적으로 정함으로써 법인세법 제44조, 제46조에서 정하고 있는 피합병법인 또는 분할법인의 합병(분할)등기일이 속하는 사업연도의 소득금액 계산 방식과 일치시키기 위한 것이다.[35] 위에서 '손금으로 한다'는 것은 피합병법인 또는 분할법인이 합병등기일 또는 분할등기일이 속하는 사업연도까지 대손금으로 계상하지 않은 경우에도 해당 법인의 합병등기일 또는 분할등기일이 속하는 사업연도의 손금에 강제적으로 산입한다는, 즉 세무조정에 의하여 손금에 산입한다는 의미이다.

---

33) 대법원 2003. 12. 11. 선고 2002두7227 판결.
34) 법인의 합병 또는 분할이 있는 경우에 피합병법인 또는 분할법인으로부터 합병법인 또는 분할신설법인등으로의 이월결손금의 승계요건이 엄격하여 그 승계가 용이하지 않기 때문이다.
35) 대법원 2017. 9. 7. 선고 2017두36588 판결. 그러므로 합병 당시 채무자의 사업폐지 등으로 피합병법인의 채권 전부를 회수할 수 없다는 사실이 이미 객관적으로 확정되었다면 그 회수불능채권을 합병등기일이 속하는 사업연도의 손금으로 계상하지 않았더라도 그 대손금은 법인세법 시행령 제19조의2 제4항에 의하여 피합병법인의 합병등기일이 속하는 사업연도의 손금으로 하여야 하고, 이러한 회수불능채권을 피합병법인이 대손금 처리를 하지 않은 데에 고의 또는 중대한 과실이 없다고 하여 달리 볼 것은 아니라는 것이 대법원의 입장이다(위 판결).

라. 상각채권추심이익

대손금으로 처리한 금액 중 회수된 금액은 회수한 날이 속하는 사업연도의 익금에 산입한다(법법 19의2 ③).

4 제세공과금의 손금불산입

가. 법인세 등

각 사업연도에 납부하였거나 납부할 법인세 또는 법인지방소득세와 각 세법에 규정하는 의무불이행으로 인하여 납부하였거나 납부할 세액(가산세를 포함한다) 및 부가가치세의 매입세액(부가가치세가 면제되거나 기타 대통령령이 정하는 경우의 세액은 제외한다)은 손금불산입한다.

1) 법인세 등

① 각 사업연도에 납부하였거나 납부할 법인세(법인세법 제18조의4에 따른 익금불산입의 적용 대상이 되는 수입배당금액에 관하여 외국에 납부한 세액과 법인세법 제57조에 따라 세액공제를 적용하는 경우의 외국법인세액을 포함한다)와 법인지방소득세와 각 세법에 규정된 의무불이행으로 인하여 납부하였거나 납부할 세액(가산세 포함)은 손금에 산입하지 않는다. 법인세와 법인지방소득세는 법인의 순자산의 감소를 초래하기는 하나 다음과 같은 논거에서 손금불산입하도록 하고 있다.

첫째, 법인세는 소득금액을 과세표준으로 하는 조세이어서 법인세의 납부를 소득의 감소로 볼 수 없다.

둘째, 법인세를 손금으로 산입하게 되면 순환적인 소득변동을 초래하게 되어 법인세의 계산과정을 복잡하게 한다.[36]

---

36) 예를 들어 법인의 제1기 사업연도의 영업성과가 양호하여 큰 이익이 발생한 경우 제2기에 거액의 법인세를 납부하게 된다. 이 법인세를 제2기의 손금에 산입하면 제2기의 영업성과가 제1기와 같다고 가정하여도 과세소득은 제1기보다 크게 낮아지게 된다. 영업성과가 일정하다고 가정하면 다시 제3기에 납부할 법인세는 제2기에 비하여 작아지게 되고, 같은 이유에서 제4기의 법인세는 제3기에 비하여 커지게 된다. 소득증가 → 법인세증가 → 소득감소 → 법인세감소의 관계가 반복되는 것이다. 따라서 조세부담의 공평을 기대하기 어렵게 된다고 한다. 이와 같은 이유로 1940년 일본법인세법 제정시에 법인조세부담의 적정·명확을 기하기 위해서 법인세를 손금항목에서 제외하였다. 1940년(쇼와 15년) 2월 9일 제75회 제국의회 중의원의사속기록 제9호 소득세법개정법률안외 30건 제1회독회, 154면(大藏大臣 桜内幸雄의 법안설명); 1940년(쇼와 15년) 3월 19일 제75회 제국의회 귀족원의사속기록 제22호 소득세법개정법률안외 36건 제1독회, 286면(大藏大臣 桜内幸雄의 법안설명); 末永英男, 「税務会計研究の基礎」, 九州大学出版会, 1994, 188－190면.

셋째, 법인세는 소득금액에서 납부하는 조세로서 소득처분적 성질이 있는 지출에 해당하므로 손금산입이 허용되지 않는다.

② 법인세에는 토지등 양도소득에 대한 법인세 및 청산소득에 대한 법인세가 포함된다.

그리고 법인세에는 법인세법상의 가산세와 조세특례제한법상 손금에 산입한 준비금(법인세법에서의 고유목적사업준비금을 포함한다) 또는 감면받은 법인세 등을 법정용도에 사용하지 않거나 추징사유에 해당하여 추가로 징수하는 이자상당액 또는 이자상당가산액이 포함된다고 새긴다.

다음으로 손금불산입하는 법인세 등에는 법인세에 대한 농어촌특별세가 포함된다(농특법 13).

③ 법인의 소득금액계산상 손금불산입하는 법인세라 함은 해당 법인 자체의 법인세를 의미한다.

그러므로 법인이 다른 법인의 과점주주 또는 사업양수인에 해당하여 제2차 납세의무자로서 다른 법인의 법인세를 납부하는 경우에 그 법인세는 본 호의 법인세에 해당하지 않는다.[37]

이 경우에 제2차납세의무를 이행한 법인은 주된 납세의무자인 다른 법인에 대하여 납부세액에 상당한 구상권을 취득하게 되므로 위 제2차납세의무의 이행으로 곧바로 납부세액에 상당한 자산을 감소시키는 손비가 발생하였다고 볼 수는 없다. 그러나 법인이 주된 납세의무자의 자력부족으로 말미암아 그 주된 납세의무자에게 제2차납세의무자로서 납부한 세액에 대한 구상권을 행사할 수 없는 상태에 있다면 해당 구상채권은 회수할 수 없는 채권, 즉 대손금으로서 손금에 산입할 수 있다고 하겠다.

2) 의무불이행으로 인하여 납부하는 세액

각 세법에 규정하는 의무불이행으로 인하여 납부하였거나 납부할 세액(가산세를 포함한다)은 손금불산입한다. 세법상의 의무이행의 실효성을 담보하기 위한 장치이다.

① 세법이란 국세(관세를 포함한다)의 종목과 세율을 정하고 있는 법률은 물론이고 지방세에 관한 법률인 지방세법 등도 포함한다고 새긴다.

② 세법에 규정하는 의무란 신고의무·납부의무·보고의무(세금계산서·계산서·지급명세서·주식등변동상황명세서 등)·기장의무·사업자등록의무·원천징수의무·거래징수의무 등과 같은 세법상의 모든 급부의무 및 작위의무를 말한다.

③ 의무불이행에는 간접국세의 징수불이행·납부불이행과 기타의 의무불이행의 경우를 포

---

37) 대법원 1987. 9. 8. 선고 85누821 판결.

함한다(법령 21 ①).

④ 의무불이행으로 인하여 납부하였거나 납부할 세액이란 의무불이행에 대하여 결정·경정 또는 징수하는 세액(본세)과 가산세를 말한다. 본세의 예로서는 원천징수 및 특별징수의 불이행에 대하여 징수하는 소득세·법인세·농어촌특별세의 원천징수세액과 간접국세의 징수·납부 및 기타의 의무불이행에 대하여 결정 또는 경정하는 간접국세액을 들 수 있다.

가산세에는 국세 및 지방세에 관한 법률에서 정하고 있는 각종 의무의 불이행에 대하여 과징하는 가산세가 모두 포함된다.

3) 부가가치세 매입세액

법인이 부가가치세의 납부세액을 계산할 때 매출세액에서 공제받은 부가가치세 매입세액은 손금에 산입하지 않는다. 부가가치세 매출세액을 익금에 산입하지 않는 것과 대응된다.

관련하여, 법인이 부가가치세의 납부세액을 계산할 때 매출세액에서 공제받지 못하고 해당 법인의 부담으로 귀착된 매입세액의 손금산입 여부가 문제가 된다. 법인의 종국적인 부담으로 귀착된 매입세액이라 하더라도 손금산입이 허용되는 것과 손금산입이 용인되지 않는 것으로 나누어진다.

먼저 법인의 귀책사유로 말미암아 공제받지 못한 매입세액과 사업과 관련없는 매입세액은 손금불산입한다. 이에 속하는 부가가치세의 매입세액으로서는 사업자등록 전의 매입세액, 세금계산서를 수취하지 않았거나 부실기재하여 교부받은 경우 또는 매입처별세금계산서합계표를 제출하지 않았거나 부실기재하여 제출한 경우의 그와 관련된 매입세액, 사업과 관련없는 매입세액을 들 수 있다.

그 밖의 부가가치세 매입세액은 손금에 산입한다. 손금산입이 용인되는 부가가치세 매입세액은 다음과 같다(법령 22, 법칙 11).

① 면세사업자가 부담하는 매입세액

② 비영업용 소형승용자동차의 구입 및 유지에 관한 매입세액. 다만, 자본적 지출에 해당하는 매입세액은 차량운반구의 취득원가를 구성하며, 감가상각을 통하여 손금에 산입하게 된다.

③ 기업업무추진비 및 이와 유사한 비용의 지출에 관련된 매입세액

　기업업무추진비 및 이와 유사한 비용의 지출에 관련된 매입세액은 기업업무추진비에 포함한다.

④ 기타 해당 법인이 부담한 사실이 확인되는 매입세액으로서 다음의 것

　　㉮ 영수증을 교부받은 거래분에 포함된 매입세액으로서 공제대상이 아닌 금액

　　㉯ 부동산임차인이 부담한 전세금 및 임차보증금에 대한 매입세액

　다음으로, 거래당사자간에 세금계산서를 주고받지 않은 이른바 무자료 거래의 경우 일반적으로 매입세액을 지출하지 않는 것으로 합의하는 것이 일반적일 것이다. 대법원은 이 경우에도 매입대금에 매입세액이 포함되었는지 여부가 분명하지 않은 것으로 보아 부가가치세법 제29조 제7항[38])을 적용하여 매입세액을 계산한 후 그 매입세액 상당액을 손금불산입한 과세처분이 적법하다고 한 원심 판결을 인용하였다.[39]) 그러나 위 부가가치세법 규정을 법인세법의 법률관계에 적용하는 것은 세법이 일반적으로 허용하지 않는 유추적용금지에 위반할 소지가 있다고 판단되므로 입법적인 해결이 필요하다고 생각된다.

나. 반출하였으나 판매하지 않은 제품에 대한 개별소비세 등의 미납액

　반출하였으나 판매하지 않은 제품에 대한 개별소비세 또는 주세(이하에서 '개별소비세 등'이라 한다)의 미납액은 손금불산입한다. 다만, 제품가격에 그 세액에 상당하는 금액을 가산한 경우에는 예외로 한다(법법 21 Ⅱ).

　제품에 대한 개별소비세 등의 회계처리방법으로서는 해당 개별소비세 등을 매출액에 가산하여 매출액계정에서 처리하는 방법과 예수금계정에서 처리하는 방법의 두 가지로 구분하여 볼 수 있다. 뒤의 방법이 일반적인 회계처리방법이다.

　첫째, 법인이 개별소비세 등을 매출액에 가산하는 방법을 선택한 경우에는 개별소비세 등을 손금에 산입하여야 한다.[40]) 그러나 특정한 제품을 제조장으로부터 반출함으로써 개별소비세 등의 납세의무는 성립[41])하였지만 아직 매출이 이루어지지 않았다면 해당 제품에 대한 개별소비세 등을 손금에 산입할 수는 없다.

　따라서 만일 법인이 특정한 제품을 반출하면서 개별소비세 등의 미납액을 손비로 계상하였다면 해당 개별소비세 등을 손금으로 산입할 수는 없다. 즉 손금불산입하는 것이다. 이와 같이 손금불산입한 개별소비세 등은 그 제품을 매출한 사업연도, 즉 해당 개별소비세 등을 매출액에 포함하여 계상한 사업연도의 손금으로 가산하는 것이다.

　둘째, 법인이 개별소비세 등을 매출액에 가산하지 않고 예수금으로 처리하는 방법을 선

---

38) "사업자가 재화 또는 용역을 공급하고 그 대가로 받은 금액에 부가가치세가 포함되어 있는지가 분명하지 아니한 경우에는 그 대가로 받은 금액에 110분의 100을 곱한 금액을 공급가액으로 한다."
39) 대법원 2020. 10. 29. 선고 2017두51174 판결.
40) 개별소비세 등은 익금을 구성하지 않으므로 개별소비세 등을 손금에 산입하기보다는 매출액에 포함되어 있는 개별소비세 등을 익금불산입하는 것이 오히려 타당하다고 하겠다.
41) 제품에 대한 개별소비세·주세 또는 교통·에너지·환경세의 납세의무는 해당 과세물품을 제조장으로부터 반출하는 때에 성립한다(기법 21 ① Ⅷ).

택한 경우에는 개별소비세 등을 손금에 산입할 여지가 없다. 이 경우에는 본 호를 적용할 필요가 없다.

다. 벌 금 등

1) 의　의

벌금 및 과료(통고처분에 따른 벌금 및 과료에 상당하는 금액을 포함한다)·과태료(과료와 과태금을 포함한다)·가산금과 강제징수비는 손금불산입한다. 법질서의 유지와 조세법상의 의무이행을 확보하기 위하여 손금산입을 허용하지 않는다(법법 21 Ⅲ). 즉 벌금 등을 손금에 산입하게 되면 그 벌금 등의 금액에 법인세의 한계세율을 곱하여 산출한 금액만큼 벌금 등을 경감하는 결과로 되어 처벌의 실효성이 낮아질 수밖에 없기 때문이다.[42]

이하에서는 벌금 및 과료, 과태료, 가산금과 강제징수비의 순서로 구체적으로 검토하고자 한다.

2) 벌금 등의 범위

가) 벌금 및 과료

벌금 및 과료(科料)는 형법상의 형벌의 일종으로서 범죄인에 대하여 일정한 금액의 지불의무를 강제적으로 부담케 하는 것을 내용으로 한다. 벌금은 50,000원 이상으로서 그 상한은 없다. 이에 대하여 과료는 비교적 경미한 범죄에 적용하는데, 2,000원 이상 50,000원 미만으로 한다. 벌금 및 과료에는 통고처분에 의한 벌금 및 과료에 상당하는 금액을 포함한다. 통고처분이란 조세범·관세범·교통사범 등에 대한 행정형벌을 과할 때 정식재판에 갈음하여 신속·간편하게 벌금 및 과료의 납부를 명하는 준사법적 행정행위이다.

다음으로 벌금 등에 형법상 형벌의 하나인 몰수가 포함되는지가 문제이다. 몰수는 다른 형벌에 부가하여 과하는 것을 원칙으로 하는 재산형이다. 몰수의 대상은 범죄행위에 제공하였거나 제공하려고 한 물건·범죄행위로 인하여 생(生)하였거나 이로 인하여 취득한 물건 및 범죄행위의 대가로 취득한 물건인데, 몰수의 대상인 물건을 몰수하기가 불가능한 때에는 그 가액을 추징한다.

몰수는 법질서의 유지 또는 형벌법규의 실효성의 확보라는 벌금 등의 손금불산입제도의

---

42) 독일 연방재정법원의 판례는 벌금이 갖는 고도의 개인적 성격과 공법적 특성 때문에 벌금을 손금으로 처리함으로써 그 부담 중 일부를 사회 일반으로 미루는 것은 허용될 수 없다고 판시한 바 있다(BFH, NJW 1969, 815).

취지에 비추어 볼 때에는 손금불산입의 대상이 된다고 해석할 수도 있다.

그러나 법문이 벌금·과료·과태료·가산금과 강제징수비로 한정하여 손금불산입하도록 규정하고 있는 점, 조세법의 해석에 있어서 유추해석 및 확장해석을 허용하지 않는 점 등에 비추어 볼 때 몰수된 재산가액 또는 추징금은 손금산입의 대상이 된다고 해석하고자 한다.[43]

나) 과태료

과태료(過怠料)란 행정질서유지를 위한 의무의 위반행위(행정질서범)·민사상 의무의 위반행위 또는 소송법상 의무의 위반행위에 대한 제재로서 과하는 금전벌의 일종인데, 비송사건절차법에 의하여 법원의 결정으로서 과하는 경우와 행정청이 부과·징수하는 경우로 구분할 수 있다. 실정법상 과태료 외에도 과료(過料) 또는 과태금(過怠金)으로 혼용하고 있다. 어느 경우이든 형법상의 형벌은 아니다.

이와 같은 과태료에는 행정질서벌인 과태료(주민등록법 20, 건설업법 65, 공연법 29, 상공회의소법 51)·지방자치단체의 조례에 의한 과태료(지방자치법 9 및 128)·민사상의 의무위반에 대하여 과하는 과태료(민법 97, 상법 635)·소송법상의 의무위반에 대하여 과하는 과태료(민사소송법 273 및 282, 형사소송법 151 및 161)·징계벌인 과태료(공증인법 83 및 87, 변호사법 73) 및 집행벌인 과태료(건축법 83) 등이 모두 포함된다고 새긴다.

다) 가산금과 강제징수비

(1) 가산금

가산금이란 지방세를 납부기한까지 납부하지 않은 때에 지방세기본법 또는 지방세관계법에 의하여 고지세액에 가산하여 징수하는 금액과 납부기한 경과 후 일정기한까지 납부하지 않은 때에 그 금액에 다시 가산하여 징수하는 금액(중가산금)을 말한다고 정의하고 있다(지방세기본법 2 XXIV). 국세 및 관세에도 가산금이 있었으나 2020년부터 폐지되어 국세기본법상 납부지연가산세로 통합되었다.

행정해석은 손금불산입하는 가산금의 범위에 「고용보험 및 산업재해보상보험의 보험료징수 등에 관한 법률」 제24조에 따라 징수하는 산업재해보상보험료의 가산금과 국민건강

---

43) 같은 취지: 대법원 1990. 10. 23. 선고 89누6426 판결: 「원심이 적법하게 확정한 바에 의하면 원고에 대하여 이 사건 압수물인 참깨·식용유 등에 관하여 몰수판결이 선고되어 확정된 것은 원고의 1984사업연도 개시일(같은 해 4. 1.) 이전인 같은 해 3. 15.이므로 위 몰수품의 가액을 1983사업연도에 손금으로 산입함은 별론으로 하고 1984사업연도의 손금에 산입할 수는 없다고 할 것이다. 원심이 같은 취지에서 피고가 위 몰수품의 가액이 법인세법 제16조 제4호 소정의 손금에 산입되지 아니하는 벌과금 등에 포함되는 것으로 본 것은 잘못이라 하더라도 그것을 1984사업연도에 손금부인하고 익금가산한 데에 잘못이 없다고 판단한 조치는 정당하고 거기에 소론과 같은 익금가산에 관한 법리오해의 위법이 있다고 할 수 없다.」

보험법 제71조에 따라 징수하는 가산금을 포함시키고 있다.[44] 그러나 본 조에서의 가산금은 세법상의 가산금, 즉 지방세법상의 가산금에 한정된다고 새겨야 한다.

그러므로 위의 행정해석은 명백한 확장해석이라고 하겠다.

다음으로 채무의 이행지체에 따라 추가로 부담하는 금액이라고 할지라도 사법상 계약(정부와의 납품계약을 포함한다)의 이행지체에 따른 지체상금, 철도화차사용료의 미납액에 대한 연체이자, 「고용보험 및 산업재해보상보험의 보험료징수 등에 관한 법률」 제25조에 따른 산업재해보상보험료의 연체금, 국유지 사용료의 납부지연으로 인한 연체료, 전기요금의 납부지연으로 인한 연체가산금 등은 가산금에 포함되지 않는다.[45]

(2) 강제징수비

강제징수비란 국세징수법 중 체납처분에 관한 규정에 의한 재산의 압류·보관·운반과 공매에 소요된 비용을 말한다(기법 2 VI).

3) 외국에서 지출하는 벌금 등에 대한 취급

벌금 등에 국외에서 외국의 형법 또는 기타 법률의 규정에 의하여 부담한 벌금 및 과료·과태료·가산금과 강제징수비가 포함되는지의 여부가 문제이다. 행정해석은 국외에서 외국의 형법 또는 법률의 규정에 의하여 납부한 벌금은 손금불산입한다는 입장을 취하고 있다.[46] 생각건대 국외에서 그 나라의 형법 그 밖의 법률의 규정에 의하여 지출하는 벌금 등은 다음과 같은 논거로 손금에 포함함이 마땅하다고 생각한다.[47]

첫째, 본 호에서의 벌금 등에 외국에서 부담한 벌금 등이 포함된다는 명문의 규정을 두고 있지 않은 점이다.[48] 그러므로 위의 벌금 등에 외국의 형법 기타 법률에 의하여 부담하는 재산형과 과태료 등이 포함되는 것으로 새길 수는 없는 것이다. 미국의 경우에는 외국정부에 지출한 벌금 또는 과태료(fine or similar penalty)에 대하여 손금불산입한다는 명문의 규정을 두어 해결하고 있다[IRC 162(f), Reg. 1162-21(a)]. 그리고 일본법인세법 제38조 제2항 제5호에서는 외국에서 과한 벌금 및 과료를 손금불산입한다는 명문의 규정을 두고 있다.

---

44) 법통 21-0…3 III.
45) 법통 21-0…2.
46) 법통 21-0…3 VI.
47) 成道秀雄, "米国子会社が支払った罰金等の課税上の取扱い", 「税務事例研究」 第37号, 1997, 6-7면.
48) 일본은 1998년(平成 10년)에 법인세법을 개정하여 '외국 또는 그 지방자치단체가 과하는 벌금 또는 과료'를 손금불산입한다는 명문의 규정을 신설하였다(일본 법법 38 ② V, 법령 78의2). 해당 조항을 개정하기 전의 종전의 법문(현행 우리나라의 법인세법의 법문과 같다)을 해석할 때에도 외국의 벌금 등은 손금불산입하는 벌금 등의 범위에서 제외되는 것으로 해석하는 것이 통설이었다(本庄資, "外国の罰金等の損金不算入により 危機感が高まる外国経済法への対応(上)", 「税理」 42巻 12号, 1999. 10., 25면).

둘째, 국외에서 외국의 형법 또는 기타 법률의 규정에 의하여 부담한 벌금 및 과료·과태료·가산금과 강제징수비도 법인의 순자산의 감소를 초래하는 것이므로 당연히 손금을 구성하는 점이다.

셋째, 외국의 벌금 또는 과료는 각국의 경제·사회·문화·규범 등의 산물이며, 또한 그 형사정책 또한 나라마다 상이하므로 특정한 국가에서 범죄의 구성요건을 충족하는 사실도 다른 나라에서는 전혀 범죄로 되지 않는 경우가 있을 수 있다. 그러므로 외국의 벌금 또는 과료라고 하여 획일적으로 손금불산입하는 것은 타당하지 않다.

라. 공과금

1) 공과금의 개념

법인세법에서는 공과금에 관하여 구체적인 정의규정을 두지 않고, 다만 소극적으로 법령에 따라 의무적으로 납부하는 것이 아닌 것과 법령에 따른 의무의 불이행 또는 금지·제한 등의 위반을 이유로 부과되는 것은 손금에 산입하지 않는다는 규정만을 두고 있을 뿐이다(법법 21 IV, V).

법인세법에서의 공과금을 국가 또는 공공단체에 의하여 국민 또는 공공단체의 구성원에게 강제적으로 부과하는 모든 공적 부담으로 정의하고자 한다.[49] 그 구체적인 예로서는 상공회의소회비·대한적십자회비·각종 부담금 및 각종 분담금 등을 들 수 있는데, 이와 같은 공과금이 손금을 구성함은 의문의 여지가 없다.

공과금을 구체적으로 정의하면 다음과 같다.

첫째, 공과금의 부과주체는 국가 또는 공공단체이다. 여기에서의 공공단체에는 지방자치단체(지방자치단체조합을 포함한다)·공공조합(공법상의 사단법인)·공공재단(공법상의 재단) 및 영조물법인을 포함한다.

둘째, 공과금의 특성은 강제적인 공적 부담이라는데 있다. 강제적인 공적 부담이란 그와 같은 부담이 법령에 근거하여 부과됨과 아울러 그 납부 또한 강제되는 것을 가리킨다. 이와 같은 공과금의 납부지체에 대하여는 국세징수법에서 규정하는 강제징수의 예에 따라 강제징수를 행하는 경우가 일반적이다. 따라서 국가 또는 공공단체에 의하여 부과되는 부담이라 할지라도 법령에 따라 의무적으로 납부하는 것이 아니라면 공과금에 포함되지 않는다.

법인세법은 법령에 따른 의무의 불이행 또는 금지·제한 등의 위반을 이유로 부과되는 공과금을 손금불산입하고 있으므로 공과금이 위와 같은 위반에 관한 '제재'의 의미를 갖지

---

49) 대법원 1990. 3. 23. 선고 89누5386 판결; 헌법재판소 1997. 7. 16. 선고 96헌바36·49 결정.

않더라도 손금불산입된다.[50]

2) 공과금에서 제외하는 부담금 등의 범위

가) 강제성이 수반되지 않는 지출금

공과금은 강제성을 기본적 속성으로 하는 것이므로 강제성이 수반되지 않는 지출금은 손금산입이 허용되지 않는다. 위에서 강제성이 수반되는 지출금이란 그 부담이 법령에 근거하여 부과됨과 아울러 그 납부지체에 대하여는 국세징수법에서 규정하는 체납처분의 예에 따라 강제징수가 허용되는 것을 지칭한다고 하겠다. 강제성이 수반되지 않는 무상지출금은 기부금에 해당한다.

나) 법령에 의한 의무의 위반 등에 따른 제재금

국가 또는 공공단체에 대하여 의무적으로 납부하는 부담이라고 할지라도 법령에 따른 의무의 불이행 또는 금지·제한 등의 위반을 이유로 부과되는 것은 손금에 산입하지 않는다(법법 21 V).

위에서 의무의 불이행이란 작위의무·급부의무 및 수인의무의 불이행을 의미하며, 금지·제한 등의 위반이란 부작위의무 등을 위반한 경우를 가리킨다고 하겠다.

특정한 공과금이 의무의 불이행 또는 금지·제한 등의 위반을 이유로 부과되는 것인지 그렇지 않은 것인지를 구별하는 것은 용이하지 않다. 특히 각종 부담금이나 부과금의 경우에는 의무의 불이행 또는 금지·제한 등의 위반을 이유로 부과되는 것인지의 여부가 불분명하거나 모호한 것이 적지 않기 때문이다.

마. 연결법인세액

법인세법 제76조의19 제2항 또는 제3항에 따라 연결모법인 또는 연결자법인에 지급하였거나 지급할 금액은 손금에 산입하지 않는다(법법 21 VI).

---

50) 현행 규정은 2024. 12. 31. 법률 제20613호로 법인세법이 개정되면서 바뀐 것인데 하급심 판결들(서울고등법원 2023. 12. 5. 선고 2023누45325 판결 등)이 장애인 고용부담금에 관하여 의무불이행에 대한 '제재'로 보기 어려워 손금산입 대상이라는 판결을 내린 것에 대응한 것이다.

바. 손해배상금

1) 원칙

법인이 자기의 귀책사유로 타인에게 가한 손해에 대하여 손해배상금을 지출하였다면 그 손해배상금은 손금에 해당한다.

그런데 법인의 임원 또는 직원이 업무수행상 타인에게 가한 손해에 대하여 법인이 손해배상금을 지급하였다면 그 손해배상금은 법인의 손금을 구성하는가?

법인세법 기본통칙은 법인이 임원 또는 직원의 행위 등으로 인하여 타인에게 손해를 끼침으로써 법인이 손해배상금을 지출한 경우에 그 손해배상의 대상이 된 행위 등이 법인의 업무수행과 관련된 것이고 또한 고의 또는 중과실로 인한 것이 아닌 경우에는 그 지출한 손해배상금을 손금에 산입한다고 해석하고 있다.[51]

이를 구체적으로 살펴보기로 한다.

첫째, 법인의 임원 또는 직원의 불법집위로 인하여 법인이 지급하는 손해배상금으로서 임원 또는 직원의 불법집위가 법인의 업무수행과 관련이 있으면서 동시에 그 임원 또는 직원의 경과실에 기인한 것인 때에 한하여 손금에 산입한다.

둘째, 법인의 임원 또는 직원의 불법집위로 인하여 법인이 지급하는 손해배상금으로서 임원 또는 직원의 불법집위가 법인의 업무수행과 관련이 없거나 법인의 업무수행과 관련된 것이라 하더라도 임원 또는 직원의 고의 또는 중과실에 기인한 것은 손금에 산입하지 않는다.

위에서 고의란 일정한 결과가 발생하리라는 것을 인식하면서 감히 이를 행하는 심리상태이고, 중과실은 현저하게 주의를 결여함으로써 일정한 결과가 발생한다는 사실을 알지 못하고 어떤 행위를 하는 심리상태이다. 어느 정도의 과실이 중대한 과실인지는 명확하지 않은데, 타인의 권리를 침해한 자의 직업·지위·가해당시의 상황·침해한 권리의 내용 및 단속법규의 유무 등의 구체적인 사정을 고려하여 그 자에게 요구되는 주의의무의 정도를 판정하고 부주의의 정도가 어느 정도인지를 가려야 할 것이다.

다만 그 임원 또는 직원의 지급능력 등에서 보아 구상할 수 없는 사정이 있는 때에는 대손금으로서 손금산입할 수 있다고 새긴다.[52]

2) 징벌적 목적의 손해배상금

한편 내국법인이 지급한 징벌적 목적의 손해배상금[53]의 경우에는 실제 발생한 손해를

---

51) 법통 19-19…14; 법행 19-19-18.
52) 渡辺淑夫, 「法人税法」, 平成19年度版, 中央経済社, 2007, 585면.
53) 징벌적 손해배상은 영미법제에서 유래한 것으로 가해자가 장래에 유사한 불법집위를 저지르지 못하도록

초과하여 지급하는 금액으로서 대통령령으로 정하는 금액은 손금에 산입하지 않는다(법법 21의2). 벌금이나 과태료 등을 손금에 산입하지 않는 것과 같은 이유이다.

법인세법 시행령은 구체적으로 징벌적 목적의 손해배상금의 범위를 다음과 같이 정하고 있다(법령 23).

가) 내국 법령에 따른 징벌적 손해배상금

법인세법 시행령 별표 1 각 호의 어느 하나에 규정된 법률의 규정에 따라 지급한 손해배상액 중 실제 발생한 손해액을 초과하는 금액은 손금불산입한다(법령 23 ① I). 이 경우 실제 발생한 손해액이 분명하지 않은 경우에는 다음 계산식에 따라 계산한 금액을 손금불산입 대상 손해배상금으로 한다(법령 23 ②).

$$손금불산입\ 대상\ 손해배상금\ =\ A \times \frac{B - 1}{B}$$

A: 제1항 제1호의 법률 또는 같은 항 제2호의 외국 법령에 따라 지급한 손해배상액
B: 제1항 제1호의 법률 또는 같은 항 제2호의 외국 법령에서 정한 손해배상액의 상한이 되는 배수

나) 외국 법령에 따른 징벌적 손해배상금

외국의 법령에 따라 지급한 손해배상액 중 실제 발생한 손해액을 초과하여 손해배상금을 지급하는 경우 실제 발생한 손해액을 초과하는 금액[54]

5 자산의 평가손실의 손금불산입

법인이 보유하는 자산의 평가손실은 손금항목이지만 손금불산입함을 원칙으로 한다. 법인세법은 자산의 평가에 있어서 원칙적으로 취득원가주의를 채택함으로써 자산의 평가손실에 대하여 손금산입을 허용하지 않는 입장을 취하고 있다. 왜냐하면 자산의 평가손실은 미실현손실에 해당하기 때문이다. 자산의 평가이익을 익금불산입하는 것에 대응하는 것이

하는 의미에서 손해배상액 산정시 실제 손해에 추가로 인정하는 배상을 말한다. 현행법 중에서는 「하도급거래 공정화에 관한 법률」 제35조 제2항, 「가맹사업거래의 공정화에 관한 법률」 제37조의2 제2항, 「제조물 책임법」 제3조 제2항 등에 규정되어 있다.

54) 행정해석은 당사자 간의 합의에 따라 지급하는 손해배상금이라도 실제 발생한 손해액을 초과하지 않는 것으로 인정되는 경우에는 징벌적 손해배상금에 관한 손금불산입 규정이 적용되지 않는다고 한다. 서면-2021-법령해석법인-6997, 2021. 12. 30.

다(법법 22).

　그러나 다음 자산의 평가손실에 대하여는 예외적으로 손금산입을 허용하고 있다(법법 42 ②. ③). 상세한 논의는 '자산·부채의 평가'(561면)에서 다룬다.

가. 재고자산

1) 저가법에 의한 평가손실

　법인세법상 재고자산은 제조원가 또는 매입가액에 부대비용을 가산하고 이에 원가법(개별법·선입선출법·후입선출법·총평균법·이동평균법 및 매가환원법) 또는 저가법 중에서 법인이 선택하여 신고한 방법에 따라 평가하도록 하고 있다(법령 74 ①). 따라서 법인이 재고자산의 평가방법으로서 저가법을 선택하여 신고한 경우로서 그 신고한 저가법에 의하여 재고자산을 평가하는 때에는 재고자산평가손실이 발생할 수 있다. 이 경우에 재고자산 평가손실이 손금을 구성함은 의문의 여지가 없다.

2) 파손 등에 따른 평가손실

　법인은 재고자산 중에서 파손·부패 등의 사유로 정상가격으로 판매할 수 없는 자산이 있을 때에는 해당 재고자산을 사업연도 종료일 현재의 처분가능한 시가로 평가하고 그 장부가액을 감액할 수 있다(법법 42 ③ I). 이와 같은 평가손실을 손금에 산입하려는 내국법인은 그 감액사유가 발생한 사업연도에 그 감액한 금액을 해당 사업연도의 손금으로 계상하여야 한다.

나. 유가증권

　법인세법은 유가증권평가손실의 손금산입을 원칙적으로 허용하지 않는다. 즉 유가증권은 매입가액에 부대비용을 가산하고 이에 개별법(채권에 한한다)·총평균법 또는 이동평균법 중에서 법인이 선택하여 신고한 방법에 따라 평가하되, 다만 유가증권의 평가방법을 신고하지 않은 경우에 한하여 총평균법에 의하여 평가한다. 어떤 경우이든 유가증권의 평가손실이 계상될 수 없는 것이다. 따라서 법인이 기업회계기준에 따라 유가증권 또는 투자유가증권에 대한 평가손실 등을 손비로 계상하였다고 하더라도 해당 금액은 손금을 구성하지 않으며, 따라서 해당 금액은 손금불산입하여야 한다.

　그러나 투자회사 등이 보유하는 자본시장법에 따른 집합투자재산의 평가는 시가법에 의하여야 한다. 이 경우 시가법을 적용하여 평가함에 따라 발생하는 집합투자재산평가손실은 해당 사업연도의 손금에 산입한다. 그리고 보험회사가 보유한 특별계정에 속하는 자산은 개별법(채권에 한한다)·총평균법·이동평균법 및 시가법 중 해당 보험회사가 관할 세무서장에게 신고한 방법에 따라 평가하는데, 보험회사가 특별계정에 속하는 자산의 평가방법을 시가법으로 신고한 경우 그 시가법을 적용함에 따라 생기는 평가손실도 해당 사업연도의 손금에 산입한다(법령 75).

다음으로 아래의 주식등에 대하여는 감액사유가 발생한 사업연도에 그 장부가액을 감액하여 손비로 계상한 경우에 한하여 손금에 산입한다.

첫째, 다음의 주식으로서 그 발행법인이 부도가 발생한 경우 또는 채무자회생법에 따른 회생계획인가의 결정을 받았거나 「기업구조조정 촉진법」에 따른 부실징후기업이 된 경우에는 사업연도 종료일 현재의 시가로 평가하고 그 장부가액을 감액할 수 있다. 이 경우 주식등의 발행법인별로 보유주식총액을 시가로 평가한 가액이 1천원 이하인 경우에는 비망계정으로서 1천원을 남기도록 하고 있다(법법 42 ③ III, 법령 78 ②).

① 주권상장법인이 발행한 주식등
② 중소기업창업투자회사 또는 신기술사업금융업자가 보유하는 주식등 중 각각 창업자 또는 신기술사업자가 발행한 것
③ 주권상장법인 외의 법인 중 특수관계에 있지 않은 법인이 발행한 주식등

둘째, 주식등을 발행한 법인이 파산한 경우의 해당 주식등은 사업연도 종료일 현재의 시가로 평가하고 그 장부가액을 감액할 수 있다. 이 경우에 시가로 평가한 가액이 1천원 이하인 경우에는 비망계정으로서 1천원을 남기도록 하고 있다(법법 42 ③, 법령 78 ③).

다. 외화자산·부채 및 통화 관련 파생상품

1) 금융회사 등이 보유하는 화폐성 외화자산 등의 평가

금융회사 등이 보유하는 화폐성 외화자산·부채와 통화선도, 통화스왑 및 환변동보험('통화선도등')은 다음과 같이 평가하되, 그 평가에 따라 발생하는 평가한 원화금액과 원화기장액의 차손은 해당 사업연도의 손금에 산입한다(법령 76 ①).

가) 화폐성 외화자산·부채

사업연도 종료일 현재의 외국환거래규정에 따른 매매기준율 또는 재정(裁定)된 매매기준율('매매기준율등')로 평가한다.

나) 통화선도등

다음의 어느 하나에 해당하는 방법 중 관할 세무서장에게 신고한 방법에 따라 평가한다. 다만, 최초로 ②의 방법을 신고하여 적용하기 이전 사업연도에는 ①의 방법을 적용하여야 한다.

① 계약의 내용 중 외화자산 및 부채를 계약체결일의 매매기준율등으로 평가하는 방법
② 계약의 내용 중 외화자산 및 부채를 사업연도 종료일 현재의 매매기준율등으로 평가하는 방법

2) 금융회사 등 외의 법인이 보유하는 화폐성 외화자산 등의 평가

금융회사 등 외의 법인이 보유하는 화폐성 외화자산·부채와 환위험회피용 통화선도등은 다음의 어느 하나에 해당하는 방법 중 관할 세무서장에게 신고한 방법에 따라 평가하되, 그 평가에 따라 발생하는 평가한 원화금액과 원화기장액의 차손은 해당 사업연도의 손금에 산입한다(법령 76 ②). 다만, 최초로 ②의 방법을 신고하여 적용하기 이전 사업연도에는 ①의 방법을 적용하여야 한다.

① 화폐성 외화자산·부채와 환위험회피용 통화선도·통화스왑의 계약 내용 중 외화자산 및 부채를 취득일 또는 발생일(통화선도·통화스왑의 경우에는 계약체결일을 말한다) 현재의 매매기준율 등으로 평가하는 방법
② 화폐성 외화자산·부채와 환위험회피용 통화선도·통화스왑의 계약 내용 중 외화자산 및 부채를 사업연도 종료일 현재의 매매기준율 등으로 평가하는 방법

라. 유형자산

유형자산의 평가손실도 손금에 산입하지 않는 것이 원칙이다. 다만, 다음의 사유로 파손되거나 멸실된 유형자산의 평가손실은 손금에 산입할 수 있다(법법 42 ③ II, 법령 78 ①). 이와 같은 평가손실을 손금에 산입하려는 내국법인은 그 감액사유가 발생한 사업연도에 그 감액한 금액을 해당 사업연도의 손비로 계상하여야 한다.

① 천재지변 또는 화재
② 법령에 의한 수용(收用) 등
③ 채굴예정량의 채진으로 인한 폐광: 토지를 포함한 광업용 유형자산이 그 고유의 목적에 사용될 수 없는 경우를 포함한다.

6 감가상각비의 손금불산입

가. 감가상각제도의 의의 및 기능

감가상각제도는 재무회계상 수익과 비용의 적절한 대응을 위하여 감가상각자산의 원가를 그 자산의 내용연수 동안 체계적이고 합리적으로 배분하는 회계과정을 말한다.[55] 법인세법은 재무회계상 감가상각제도를 토대로 일정한 범위에서 그 감가상각비를 손금으로 인정하고 있다.

감가상각비의 손금산입제도는 법인내부에 자금을 축적하고 투자자본의 회수를 가능하게 하는 기능이 있다. 감가상각비의 손금산입은 기업이 사업을 계속하는 데 필요한 조치라고 할 수 있다. 감가상각비의 손금산입이 인정되지 않는다면 사업의 투자원본에 과세하는 결과가 된다.[56]

나. 감가상각제도의 특징

1) 임의상각제도와 확정결산주의

현행 법인세법은 법인이 감가상각자산에 대한 감가상각비를 손비로 계상하지 않거나 상각범위액에 미달하게 손비로 계상하는 것을 허용하고 있다(법법 23 ①). 즉 감가상각비의 손비계상 여부·감가상각비로 계상할 손비의 크기[57] 등에 관하여 법인의 임의적인 선택에 맡겨놓고 있는 것이다. 이와 같은 의미에서 현행의 감가상각제도는 임의상각제도라고 할 수 있다.

다음으로 감가상각비의 손금산입은 해당 법인이 스스로 장부상에 감가상각비를 손비로 계상한 경우, 즉 결산조정한 경우에 한하여 손금에 산입하는 확정결산주의를 채택하고 있다(법법 23 ①).[58] 위에서 감가상각비를 손비로 계상한 경우라 함은 감가상각비라는 계정에

---

55) 송인만/윤순석/최관, 「중급재무회계」, 제4판, 신영사, 2012, 342면: 정운오/나인철/이명곤/조성표, 「IFRS 중급회계」, 제4판 수정증보판, 경문사, 2013, 346면. 상각(Abschreibung)을 광의로 정의하면 재무상태표의 항목(특히 차변항목)을 감소시키는 것이고, 협의로는 유형·무형자산을 감소시키는 것을 말한다. 감가상각은 그 하위개념이다. *Dietz*, Die Normierung der Abschreibung in Handels und Steuerbilanz, 1971, S. 74.

56) 운송업을 영위하는 甲 법인이 운송에 사용하는 경트럭을 100만원에 구입하였는데 그 내용연수는 5년이고 잔존가액은 0이고 정액법으로 5년간 감가상각한다고 가정하여 보자. 이 경우 매년 20만원씩이 경트럭으로 얻은 수익에 대응하는 비용으로서 손금으로 배분된다. 甲 법인이 경트럭을 취득한 후 5년이 경과하면 새로이 경트럭이 필요하게 되는데 그 단계에서 감가상각비의 누계액 100만원 상당의 자금이 사내에 누적되어 있기 때문에 甲 법인은 적어도 100만원 상당의 경트럭을 구입할 수 있다. 결국 감가상각은 자산에 투입된 자금을 회수하는 효과가 있다. 渡辺徹也, 「スタンダード 法人税法」第2版, 弘文堂, 2019, 97-99면.

57) 뒤에서 설명하는 바와 같이 감가상각비의 최고한도를 설정하고, 법인의 과도한 감가상각비의 계상은 규제한다. 즉 상각범위액 안에서 그 크기를 임의대로 선택할 수 있다는 의미이다.

서 손비처리한 경우는 물론이고 손상차손으로 계상한 경우와 감가상각자산의 취득가액 또는 자본적 지출에 해당하는 금액을 직접 손비로 계상한 경우(예를 들면 소모품비·수선비·이자비용·세금과공과 등의 손비로 계상한 경우)까지 포함한다.

그러나 법인이 전혀 감가상각비를 손비로 계상하지 않거나 상각범위액에 미달하게 손비로 계상한 경우에는 시인부족액이 생기더라도 그 시인부족액을 적극적으로 손금에 산입하여 주지 않는다.

2) 상각방법의 정형화

법인세법은 감가상각의 방법으로서 정액법·정률법 및 생산량비례법을 인정하고 있다. 그리고 자산의 유형별로 법정상각방법 중 하나의 방법을 임의로 선택하여 적용하도록 하되, 한번 선택하여 적용하고 있는 방법은 변경승인을 얻은 경우를 제외하고는 변경할 수 없도록 하여 계속성의 원칙이 지켜지도록 하고 있다.

다음으로 법인이 감가상각방법을 신고하지 않은 경우에는 건축물과 무형자산[59]에 대하여는 정액법, 건축물 외의 유형자산에 대하여는 정률법, 광업권 및 광업용 유형자산에 대하여는 생산량비례법을 적용하도록 하고 있다.

3) 상각한도의 설정과 과도한 상각의 규제

감가상각비에 대하여는 손금으로 산입할 수 있는 최고한도액을 설정하여 그 범위액 안의 금액만을 손금에 산입한다. 법인이 해당 사업연도에 손비로 계상한 감가상각비 중에서 해당 사업연도에 손금에 산입할 수 있는 감가상각비의 최고한도액, 즉 상각범위액을 초과하

---

58) 확정결산주의에 대한 예외로서 감가상각비를 신고조정하는 경우는 다음과 같다.
    첫째, 한국채택국제회계기준을 적용하는 내국법인이 보유한 유형자산과 내용연수가 비한정인 무형자산의 감가상각비는 개별 자산별로 종전 감가상각비 또는 기준감가상각비가 감가상각비 범위액에 따라 손금에 산입한 금액보다 큰 경우 그 차액의 범위에서 추가로 손금에 산입할 수 있다(법법 23 ②). 임의적 신고조정에 해당한다.
    둘째, 특수관계인으로부터 양수한 자산의 장부가액이 시가에 미달하는 경우에 그 시가미달액(실제취득가액이 시가에 미달하는 경우에는 그 실제취득가액에 미달하는 금액)에 대하여 법인세법 시행령 제24조부터 제34조까지의 규정을 준용하여 계산한 감가상각비 상당액을 손금에 산입하여야 한다(법령 19 V의2).
    셋째, 법인이 법인세의 면제 또는 감면기간 중에 감가상각자산에 대한 감가상각비를 손금으로 계상하지 않거나 산입하지 않은 경우에는 감가상각비가 상각범위액 이상이 되도록 감가상각비를 손금으로 신고조정하여야 한다(법령 30 ①).
59) 무형자산 중 개발비는 관련제품의 판매 또는 사용이 가능한 시점부터 20년 이내의 기간 내에서 연단위로 신고한 내용연수에 따라 매 사업연도별 경과월수에 비례하여 상각하는 방법, 사용수익기부자산가액에 대하여는 해당 자산의 사용수익기간 또는 신고내용연수에 따라 균등하게 안분한 금액을 상각하는 방법, 주파수이용권 및 공항시설관리권은 주무관청에서 고시하거나 주무관청에 등록한 기간 내에서 사용기간에 따라 균등액을 상각하는 방법에 의한다.

는 금액은 손금불산입하는 것이다. 이와 같이 손비로 계상한 감가상각비 중 상각범위액을 초과함으로써 손금불산입된 금액을 상각부인액이라 한다.

그러나 법인이 각 사업연도 중에 손비로 계상한 감가상각비가 그 상각범위액을 넘지 않은 경우(감가상각비를 전혀 계상하지 않은 경우를 포함한다)에는 아무런 간섭 없이 해당 법인의 회계처리를 그대로 받아들인다. 이 경우에는 법인이 손비로 계상한 감가상각비의 전액을 그대로 법인세법상 손금으로 인정하며, 감가상각비를 손비로 계상하지 않았다면 감가상각비를 손금에 산입하지 않는다. 즉 법인이 감가상각비로 계상할 수 있는 최고한도액을 설정하고, 그 최고한도액을 초과하여 손비로 계상한 감가상각비에 한정하여 손금산입을 규제하고 있는 것이다.

4) 내용연수 및 잔존가액의 법정

감가상각의 계산요소가 되는 내용연수 및 잔존가액을 법정함으로써 법인이 임의로 내용연수 및 잔존가액을 결정하여 감가상각비를 계상할 수 없도록 규제하고 있다. 과세소득의 산정에서 자의성을 배제하고 아울러 과세의 형평을 달성하기 위해서이다.[60]

다만, 내용연수를 법정하면서도 기준내용연수제도를 채택하여 사업장의 특성과 생산설비의 가동률 등 법인마다의 특수한 실정을 반영할 수 있는 길을 터놓고 있다. 즉 기준내용연수에 그 기준내용연수의 25퍼센트에 상당하는 연수를 가감한 내용연수범위 안에서 법인이 선택하여 신고한 내용연수(신고내용연수)를 적용하도록 하고 있다. 그리고 특별한 사유가 있는 경우에는 기준내용연수에 그 기준내용연수의 50퍼센트를 가감한 범위 안에서 납세지 관할 지방국세청장의 승인을 얻어 내용연수를 더 단축하거나 연장할 수 있는 길을 열어 놓고 있다.

감가상각자산의 잔존가액은 자산의 구분 없이 모두 영(0)으로 한다.

다. 감가상각자산

감가상각자산은 법인이 '소유'하는, 토지를 제외한 건물, 기계 및 장치, 특허권 등 대통령령으로 정하는 유형자산 및 무형자산이다(법법 23 ①).

1) 법인이 소유하는 자산

법인이 '소유하는 자산'이어야 한다. 그러므로 임차한 자산은 원칙적으로 감가상각의 대상이 되지 않는다. 다만, 여기서의 소유에는 사실상의 소유권을 취득하여 현실적인 지배력

---

60) 같은 취지: 대법원 2016. 1. 28. 선고 2013두7001 판결.

을 행사하는 상태가 포함되며 그 자산을 취득하게 된 원인행위가 반드시 적법하고 유효한 것이어야 하는 것은 아니다.[61] 그러나 적어도 해당 자산을 지배하는 자가 종국적으로는 그 자산을 손금화할 수 있는 지위에 있어야 할 것이다.

이와 관련하여 특히 리스자산과 장기할부조건 등으로 매입한 감가상각자산이 문제가 된다.

가) 리스자산

리스회사가 대여하는 리스자산 중 기업회계기준에 따른 금융리스의 자산은 리스이용자의 감가상각자산으로, 금융리스 외의 리스자산은 리스회사의 감가상각자산으로 한다(법령 24 ⑤).

그리고 「자산유동화에 관한 법률」에 의한 유동화전문회사가 자산유동화계획에 따라 금융리스의 자산을 양수한 경우 해당 자산에 대하여는 리스이용자의 감가상각자산으로 한다(법령 24 ⑥). 금융리스와 운용리스의 구별기준에 관한 상세한 논의는 앞의 '손금의 범위' 중 '자산의 임차료'(308면)에서 다루었다.

나) 장기할부조건 등으로 매입한 감가상각자산

법인이 장기할부조건 등으로 감가상각자산을 매입할 때 있어서 할부금의 지급을 완료하기 전에는 완전하게 소유권을 취득하지 못하는 경우가 일반적이다. 그러나 법인이 장기할부조건 등으로 매입한 감가상각자산에 대하여 그 자산가액의 전액을 자산으로 계상하고 사업에 사용하는 경우에는 그 대금의 청산 또는 소유권의 이전 여부에 관계없이 이를 감가상

---

61) 대법원 2009. 7. 9. 선고 2007두4049 판결. 대법원 2016. 1. 28. 선고 2013두7001 판결에서 甲 법인은 乙 법인으로부터 수(水)처리시설에 관련된 건물, 구축물, 기계장치 등을 2,000억원에 양수하면서 甲 법인이 12년의 계약기간 동안 위 자산 등을 이용하여 반도체 생산에 필요한 공업용수 및 폐수·하수 처리용역을 제공하고 계약기간 종료일에 위 자산 등과 계약기간 동안 취득한 수처리시설 관련 자산을 1원에 양도하기로 하는 내용의 계약을 체결하였다. 위 계약과 관련하여 위 자산 등이 어느 법인의 감가상각자산인지 문제가 되었는데, 대법원은 ① 甲 법인이 대가를 지급하고 위 자산 등을 취득한 후 계약기간 동안 자신이 비용과 위험을 부담하여 이를 배타적으로 관리, 운영, 보수 및 유지하면서 乙 법인에 공업용수 및 폐수·하수처리용역을 제공하는 점, ② 乙 법인은 계약기간 동안 甲 법인에게 위 자산 등의 취득비용을 고려하여 산정한 용역대금 등을 지급하고 계약기간 종료 후 위 자산 등을 다시 취득하게 되는 점 등에 비추어 甲 법인이 위 자산 등에 관하여 계약기간 동안 현실적인 지배력을 행사하면서 甲 법인의 사업에 실질적으로 제공하였으므로 위 자산 등은 甲 법인의 감가상각자산에 해당한다고 보았다. 행정해석상으로는 채권확보용으로 취득한 부동산을 사업에 사실상 사용하는 경우 감가상각할 수 있다고 한다(법인세과 20601−3689, 1985. 12. 9.). 학설 중에는 수익비용대응의 원칙을 그 근거로 제시하는 견해가 있다. 강석규, 「조세법쟁론」 2020년판, 삼일인포마인, 2020, 588면.

참고로 독일세법의 해석론으로도 경제적으로 감모를 부담하는 자가 감가상각을 할 수 있다고 하는데 일반적으로 민사법적 소유자가 이에 해당하지만 예컨대, 유보부 용익권자(Vorbehaltsniessbraucher: 자산을 매각한 후 다시 임차한 자)는 민사법적 소유자가 아니어도 감가상각할 수 있다고 한다. 판례로는 BFH. v. 28. 9. 1995, BStBl II 1995, S. 440. 이상, *Falterbaum/Bolk/Reiss/Kirchner*, Buchführung und Bilanz, 22.Aufl., 2015, S. 811.

각자산에 포함하도록 하고 있다(법령 24 ④).

2) 유형자산 및 무형자산

가) 유형자산 및 무형자산('감가상각자산')의 범위

건물, 기계 및 장치, 특허권 등 대통령령으로 정하는 유형자산 및 무형자산은 다음의 것을 말한다(법령 24 ①).

(1) 유형자산

① 건물(부속설비를 포함한다) 및 구축물[62](이하에서 건물과 구축물을 총칭하여 '건축물'이라고 한다)
② 차량 및 운반구, 공구, 기구 및 비품
③ 선박 및 항공기
④ 기계 및 장치
⑤ 동물 및 식물
⑥ 그 밖에 위의 ①부터 ⑤까지의 자산과 유사한 유형자산

(2) 무형자산

감가상각자산인 무형자산의 범위는 법인세법 시행령 제24조 제1항 제2호에 규정되어 있다. 이하에서는 그 중에서 중요한 것만을 살펴본다.
① 영업권(가목)

영업권(goodwill)이란 기업의 전통, 사회적 신용, 그 입지조건, 특수한 제조기술 또는 특수거래관계의 존재 등을 비롯하여 제조판매의 독점성 등으로 동종의 사업을 영위하는 다른 기업이 올리는 수익보다 큰 수익을 올릴 수 있는 초과수익력이라는 무형의 재산적 가치를 말하는데,[63] 무형자산의 전형이다.[64] 그러나 합병 또는 분할로 인하여 합병법인 등이 계상한 영업권은 제외하도록 규정하고 있는데(법령 24 ① Ⅱ 가 괄호) 재무회계상으로는 합병으로 취득한 순자산의 공정가치보다 이전대가가 더 많은 경우 초과수익력의 유무와 관계없이 그 차액을 영업권으로 계상하도록 하고 있어(국회기 제1103호 문단 32) 세법

---

62) 구축물은 토지에 정착한 건물 이외의 공작물로서 그 구조와 형태가 물리적으로 토지와 구분되어 독립적인 경제적 가치를 가진 것을 말한다. 대법원 2009. 5. 14. 선고 2006두11224 판결(골프장에 조성한 그린, 티, 벙커는 구축물이 아니고 그 조성비용은 자본적 지출에 해당할 뿐이라는 취지).
63) 대법원 2004. 4. 9. 선고 2003두7804 판결.
64) 다만 한국채택국제회계기준 및 일반기업회계기준은 영업권을 다른 무형자산과 구별하여 규율한다(국회기 제1038호 문단 11; 일회기 제11장 문단 11.2).

과 차이가 있기 때문이다. 법인세법은 합병 또는 분할로 인하여 발생하는 세법상의 영업권을 합병매수차손 또는 분할매수차손으로서 규율하며 합병등기일 또는 분할등기일부터 5년간 균등분할하여 손금에 산입하도록 하고 있다(법법 44의2 ③, 법령 46의2 ③).[65] 한국채택국제회계기준은 영업권을 내용연수가 무한정인 무형자산으로 보아 상각을 하지 않고 손상검사를 수행하여 손상차손을 인식하도록 하고 있다(국회기 제1103호 문단 54, 제1038호 문단 107, 108). 그러나 법인세법은 영업권을 감가상각자산으로 규정하고 있다.[66] 영업권에는 다음의 금액들이 포함된다(법칙 12 ①).

㉮ 사업의 양도·양수과정에서[67] 양도·양수자산과는 별도로 양도사업에 관한 허가·인가 등 법률상의 지위, 사업상 편리한 지리적 여건, 영업상의 비법, 신용·명성·거래선 등 영업상의 이점 등을 감안하여 적절한 평가방법에 따라 유상으로 취득한 금액[68]

㉯ 설립인가, 특정사업의 면허, 사업의 개시 등과 관련하여 부담한 기금·입회금 등으로서 반환청구를 할 수 없는 금액과 기부금 등[69]

　이 경우 영업권으로 인정받으려면 기금·입회금이나 기부금 등의 가액이 특정되어

---

65) 합병매수차손과 분할매수차손의 인식에 관한 대법원 판례의 태도에 관한 상세한 논의는 592면의 주35를 참조하라.

66) 일반기업회계기준도 영업권을 그 내용연수에 걸쳐 정액법으로 상각하되, 내용연수는 미래에 경제적 효익이 유입될 것으로 기대되는 기간으로 하며, 20년을 초과하지 못한다고 규정하고 있다. 일회기 제12장 문단 12.32 (2).

67) 대법원 2008. 11. 13. 선고 2006두12722 판결: 「감가상각자산으로서의 영업권에 관한 규정인 법인세법 시행규칙 제12조 제1항 제1호에서 말하는 '사업의 양수'라 함은, 양수인이 양도인으로부터 그의 모든 사업시설뿐만 아니라 영업권 및 그 사업에 관한 채권, 채무 등 일체의 인적, 물적 권리와 의무를 양수함으로써 양도인과 동일시되는 정도로 법률상의 지위를 그대로 승계하는 것을 의미한다. 그러므로 사업을 포괄적으로 양도·양수하려는 의도로 양수인이 사업용 자산의 일부를 실질상 매매에 해당하는 임의경매 절차에 의하여 낙찰받아 취득하면서 나머지 사업용 자산, 영업권 및 그 사업에 관한 모든 권리와 의무를 양도인과의 별도의 양도계약에 의하여 연달아 취득하는 등으로 사회통념상 전체적으로 보아 양도인과 동일시되는 정도로 법률상의 지위를 그대로 승계한 것으로 볼 상황이라면, 이는 법인세법 시행규칙 제12조 제1항 제1호에서 규정한 사업의 양수에 해당한다.」 반면, 위 판결의 사실관계와 유사하지만 양도인과 동일시되는 정도로 법률상의 지위를 그대로 승계하였다고 볼 수 없다고 판단한 사안으로는 대법원 2014. 11. 27. 선고 2011두9904 판결.

68) 법인세법 시행규칙 제12조 제1항 제1호에서 말하는 '양도·양수자산과는 별도로 양도사업에 관한 허가·인가 등 법률상의 지위, 사업상 편리한 지리적 여건 … 영업상의 이점 등을 감안하여 적절한 평가방법에 따라 유상으로 취득한 금액'이라 함은, 사업을 포괄적으로 양수하면서 법률상의 지위 등 위 시행규칙 제12조 제1항 제1호에 정한 초과수익력의 원인이 되는 여러 요소를 감안하여 양도·양수하는 다른 자산에 대한 평가와는 별도의 적절한 평가방법에 따른 평가를 거친 후 유상으로 취득한 금액을 의미하고, 나아가 '적절한 평가방법에 따라 유상으로 취득한 금액'에 해당하는지 여부는 건전한 사회통념과 상관행에 비추어 정상적인 거래라고 인정될 수 있는 범위 내의 금액으로서 양도·양수하는 사업의 실질적 내용에 따라 구체적으로 판단하여야 한다(위 대법원 2008. 11. 13. 선고 2006두12722 판결).

69) 대법원 2009. 12. 10. 선고 2007두11955 판결: 「'사업 개시 등과 관련하여 부담한 기부금 등'에는 법인이 사업 개시의 조건으로 타인의 채무를 면책적으로 인수하면서 그 채무자 등에 대한 구상권 등을 포기한 것으로 볼 수 있는 금액도 포함되고, 이러한 영업권은 특별한 사정이 없는 한 면책적 채무인수를 조건으로 사업을 개시한 때에 취득하는 것으로 봄이 상당하다.」

야 한다.[70]

② 개발비(바목)

개발비란 상업적인 생산 또는 사용 전에 재료·장치·제품·공정·시스템 또는 용역을 창출하거나 현저히 개선하기 위한 계획 또는 설계를 위하여 연구결과 또는 관련 지식을 적용하는 데 발생하는 비용으로서 기업회계기준에 따른 개발비 요건을 갖춘 것[71](산업기술연구조합육성법에 의한 산업기술연구조합의 조합원이 동 조합에 연구개발 및 연구시설 취득 등을 위하여 지출하는 금액을 포함한다)을 말한다.

즉 법인이 위의 지출을 무형자산인 개발비로 계상하지 않더라도 기업회계기준에 따른 개발비 요건을 충족하면 세법상으로는 감가상각자산인 무형자산으로 취급한다.

③ 사용수익기부자산가액(사목)

금전 외의 자산을 국가, 지방자치단체 또는 법인세법상의 일반기부금의 지출대상법인(이하에서 '국가 등'이라 한다)에게 기부한 후 그 자산을 사용하거나 그 자산으로부터 수익을 얻는 경우 해당 자산의 장부가액을 말한다.

법인이 국가 등이 아닌 토지소유자로부터 토지를 임차하여 그 지상에 자기의 부담으로 건축물을 신축한 후 일정기간 무상으로 사용하는 대가로 해당 건축물을 토지소유자에게 증여하는 경우가 있을 수 있다. 이와 같은 경우에 해당 건축물은 위의 사용수익기부자산가액(무형자산)은 아니다. 이 경우에 증여하는 건축물의 가액은 토지임차료의 선급으로 보아야 할 것이다. 그러므로 그 건축물의 가액은 토지의 사용계약기간(사용기간을 연장할 수 있거나 사용기간이 정하여지지 않은 경우에는 그 건축물의 신고내용연수로 한다) 동안에 균등하게 안분하여 각 사업연도의 임차료로서 손금산입하여야 한다.[72]

④ 그 밖에 디자인권, 실용신안권, 상표권특허권, 어업권, 광업권, 해저광물자원개발법에 의

---

70) 대법원 2014. 11. 27. 선고 2011두9904 판결.

71) 2021. 2. 17. 법인세법 시행령 개정 전에는 '해당 법인이 개발비로 계상한 것'으로 되어 있었다. 그러나 서울고등법원 2019. 9. 11. 선고 2019누42589 판결 및 그 1심 판결인 서울행정법원 2019. 4. 12. 선고 2016구합78172 판결은 법인이 기업회계기준상 개발비의 요건을 갖추었음이 분명한 금액을 개발비로 계상하지 않고 전액 비용처리한 경우에도 개발비로 계상한 것으로 보아 감가상각범위액까지만 손금산입할 수 있다고 판단하자 그 판단에 따라 개정한 것이다(위 판결은 대법원 2020. 1. 30. 선고 2019두54283 판결로 확정되었으나 위 대법원 판결에서는 상고이유로 다투어지지 않았다). 그러나 확정결산주의는 설사 법인이 기업회계기준을 위반하여 회계처리를 하였더라도 법인이 선택한 회계처리를 바탕으로 과세소득을 계산하는 원칙이므로 위 판결의 판시는 타당하다고 보기 어렵고 기업회계존중의 원칙을 오해한 것으로 보인다. 한편 위 서울고등법원 2019. 9. 11. 선고 2019누42589 판결 이후에 선고된 대법원 2022. 7. 28. 선고 2019두58346 판결은 반대 입장을 취하였다. 즉, 2021. 2. 17. 개정 전의 법인세법 시행령 제24조 제1항 제2호의 개발비 규정에 따르면 그 규정에서 정한 비용을 법인이 개발비로 계상한 경우에만 감가상각자산인 개발비가 될 수 있다고 한다. 앞서 본 바와 같이 위 시행령 규정이 개정되었으므로 이 판결은 현행 법인세법 시행령 제24조 제1항 제2호에 관하여는 적용될 수 없다.

72) 같은 취지: 법통 19-19…12 ①.

한 채취권 등 앞에서 열거한 무형자산과 유사한 무형자산(기타 무형자산)[73]

(3) 자산의 독립성

감가상각의 대상이 되려면 독립된 자산이어야 한다. 예를 들어 공항시설을 건설하면서 그 건설기간 중에 건설현장의 관리감독을 위하여 설치한 가설건축물은 독립된 감가상각 대상 자산이 아니고 그 가설건축물을 설치하기 위한 지출액은 건설 중이던 공항시설의 공사를 위하여 지출된 비용에 해당한다.[74]

나) 감가상각에서 제외되는 자산

(1) 유동자산과 투자자산

감가상각은 유형자산 및 무형자산만을 그 대상으로 하고 있기 때문에 재고자산(예: 건물 건설업과 부동산개발 및 공급업의 매매용 부동산)과 같은 유동자산에 대하여는 감가상각비를 계상할 수 없다.

본 조에서의 유형자산 및 무형자산에 투자자산, 특히 투자부동산이 포함되는지에 관하여는 해석상 다툼의 여지가 있다. 투자자산은 그 대부분이 비감가자산(장기금융상품, 투자유가증권, 장기대여금, 장기성매출채권, 보증금, 투자용 토지 등)이거나 감가자산(토지 외의 투자용 부동산)에 해당하더라도 사업에 사용하지 않는 자산에 해당하여 감가상각대상자산에서 제외되는 것이 일반적이다. 법인세법은 감가상각자산을 토지를 제외한 유형자산 및 무형자산으로 한정하고 있으므로(법법 23 ①, 법령 24 ①), 투자자산은 감가상각자산에 포함되지 않는다고 새기고자 한다.

(2) 건설 중인 자산 등

건설 중인 자산에 대하여는 감가상각을 할 수 없다. 건설 중인 자산에는 설치 중인 자산 또는 그 성능을 시험하기 위한 시운전기간에 있는 자산을 포함한다. 그러나 건설 중인 자산의 일부가 완성되어 해당 부분이 사업에 사용되는 경우에 그 부분은 이를 감가상각자산에 해당하는 것으로 한다(법칙 12 ③).[75]

---

73) 상세는 법인세법 시행령 제24조 제1항 제2호 가, 나, 다, 라, 아, 자목을 참조하라.
74) 대법원 2022. 1. 27. 선고 2017두51983 판결.
75) 甲 법인이 자가전력생산용 액화천연가스(LNG) 복합발전소들을 건설하고 법인세신고를 하면서 발전소들의 터빈별로 전력생산을 개시한 날부터 감가상각을 하였는데 과세관청은 그 이후 시점인 터빈별 예비승인시험 완료일부터 감가상각이 가능한 것으로 보아 甲 법인이 신고한 감가상각비 중 일부의 손금산입을 부인하여 법인세 부과처분을 하였다. 대법원은 위 사안에서, 발전소들의 구조와 발전 방식, 검사 절차, 전력생산량 등에 비추어 보면, 발전소들에 대한 예비승인시험 기간 중 터빈을 가동한 것은 발전소의 설비를 정상적으로 사용하기에 앞서 설치 과정의 일환으로 성능시험을 위한 시운전을 실시한 것에 불과하므로, 그 과정에서 전력을 소량 생산하여 생산공정에 투입하였다고 하더라도 발전소들의 일부가 완성되어 사업에 사용된 경우

다음으로 우마(牛馬)나 과수(果樹) 등의 생물로서 육성(育成) 중의 것은 감가상각의 대상이 되지 않는다.

(3) 사업에 사용하지 않는 자산

사업에 사용하지 않은 자산에 대하여는 감가상각을 할 수 없다.[76] 그러나 가동을 휴지하고 있는 자산이라고 하더라도 그 휴지기간 중에 필요한 유지보수를 행함으로써 언제든지 가동할 수 있는 상태에 있는 경우에는 감가상각자산으로 본다. 그리고 사업에 사용하지 않은 자산이라고 하더라도 조업도의 차이에 따라서 일시적으로 운휴하고 있는 유휴설비도 감가상각자산에 포함한다. 다만, 다음의 자산은 유휴설비로 보지 않으며, 따라서 감가상각을 허용하지 않는다(법칙 12 ②).

① 사용 중 철거하여 사업에 사용하지 않은 기계 및 장치 등
② 취득하여 사용하지 않고 보관 중인 기계 및 장치 등

요컨대, 손금의 요건인 사업관련성 또는 수익관련성을 충족하지 못하는 자산은 감가상각 대상에서 배제된다는 취지이다.

(4) 시간의 경과에 따라 그 가치가 감소되지 않는 자산

시간의 경과에 따라 그 가치가 감소되지 않은 다음 자산에 대하여는 감가상각비를 계상하여서는 안 된다(법령 24 ③).

① 토지

토지를 취득하여 당초 의도하였던 사용가능한 상태로 만드는 과정에서 소요된 모든 지출(지상건물철거, 매립 등을 위한 지출)도 토지의 취득원가로 처리한다. 예외적으로 토지 위에 설치한 포장도로, 울타리, 주차장 등은 내용연수가 영구적이지 않으므로 구축물 계정으로 처리하고 감가상각한다.[77]

② 서화 및 골동품 등

서화에는 서화는 물론이고 조각・공예품 등과 같은 미술품이 포함된다고 하겠다. 그리고 골동품이란 고미술품・고문서・출토품・유물 등과 같이 역사적 가치 또는 희소가치

에 해당한다고 보기는 어렵다고 판단하였다. 대법원 2015. 9. 10. 선고 2013두6862 판결.

76) 감가상각비는 과세소득계산과 관련되므로 사업관련성 또는 수익관련성이 있어야 하기 때문이다. Bittker/Lokken, *Federal Taxation of Income, Estates and Gifts*, 2021, ¶ 23.2.1; *Pfirrmann in Kirchhof*, EStG Kommentar, 16.Aufl., 2017, §7 Rn. 34.

77) 다만 법인이 토지 위에 진입로, 배수구, 가로등을 설치할 때에는 비용을 부담하였으나 그 이후의 보수・유지는 국가나 지방자치단체 등의 책임이라면 본질적으로 내용연수가 영구적인 것과 다르지 않으므로 토지의 취득원가에 포함시킨다. 송인만/윤순석/최관, 「중급재무회계」, 제4판, 신영사, 2012, 296면; Keiso/Weygandt /Warfield, Intermediate Accounting: IFRS Edition, 4.ed., 2020, Chapter 10 중 Property, Pland and Equipment 부분. 같은 취지로 대법원 2022. 1. 27. 선고 2017두51983 판결.

가 있고 대체성이 없는 것을 가리킨다.[78] 이와 같은 서화 및 골동품 등은 시간이 경과하더라도 그 가치가 감소하지 않고 오히려 그 가격이 등귀하는 경우가 일반적이므로 감가상각의 대상이 되지 않는다. 다만, 복제품으로서 단순히 장식적 목적만으로 사용되고 시간의 경과에 의하여 가치가 감소하는 미술품 등의 경우에는 예외로 한다.

라. 감가상각비의 결정요소

감가상각비는 취득가액에서 잔존가액을 차감한 금액을 추정내용기간에 배분함으로써 산정한다. 만일 상각방법이 결정되어 있다면 감가상각비의 크기는 취득가액·잔존가액 및 내용연수에 의하여 결정되는 것이다.

1) 취득가액

가) 원 칙

감가상각은 역사적 원가(historical cost) 또는 실제원가(actual cost) 등으로 불리는 취득가액을 기초로 한다. 즉 취득가액은 매입가액이나 제작원가에 부대비용을 가산한 금액으로 한다(법법 41, 법령 72). 이에 관한 상세한 논의는 '자산의 취득가액'(548면)에서 설명하기로 한다.

나) 자산을 평가한 경우의 취득가액 등의 수정

(1) 자산을 평가한 경우

보험업법이나 그 밖의 법률에 따라 유형자산 및 무형자산 등을 평가한 경우와 천재·지변·화재 등의 사유로 파손 또는 멸실된 유형자산을 평가한 경우에는 그 평가액을 취득가액으로 한다(법법 42 ①, ③, 법령 72 ⑤).

(2) 자본적 지출이 있는 경우

상각대상자산에 대한 자본적 지출(건설자금이자를 포함한다)이 있는 때에는 그 금액을 가산한 금액을 취득가액으로 한다(법령 72 ⑤ II).

자본적 지출이란 사업자가 소유하는 감가상각자산의 내용연수를 연장시키거나 해당 자산의 가치를 현실적으로 증가시키기 위하여 지출한 수선비를 말한다.[79] 이에 대하여 사업자가 소유한 자산의 원상을 회복하거나 능률유지를 위하여 지출한 수선비는 수익적 지출로 한다.[80] 수익적 지출은 해당 사업연도의 손금으로 한다.[81]

---

78) 일본 법인세기본통달 7-1-1.
79) 대법원 2022. 1. 27. 선고 2017두51983 판결; 대법원 2006. 7. 28. 선고 2004두13844 판결.

① 자본적 지출의 예시

자본적 지출의 전형적인 유형으로서는 다음과 같은 지출을 들 수 있다(법령 31 ②).[82]

㉮ 본래의 용도를 변경하기 위한 개조

㉯ 엘리베이터 또는 냉난방장치의 설치

㉰ 빌딩 등에 있어서 피난시설 등의 설치

㉱ 재해 등으로 인하여 멸실 또는 훼손되어 본래 용도로의 이용가치가 없는 건축물·기계·설비 등의 복구

㉲ 그 밖에 개량·확장·증설 등 위의 ㉮부터 ㉱까지와 유사한 성질의 것

이에 대하여 다음의 지출은 수익적 지출로 한다(법칙 17).

㉮ 건물 또는 벽의 도장

㉯ 파손된 유리나 기와의 대체

㉰ 기계의 소모된 부속품 또는 벨트의 대체

㉱ 자동차 타이어의 대체

㉲ 재해를 입은 자산에 대한 외장의 복구·도장 및 유리의 삽입

㉳ 그 밖에 조업가능한 상태의 유지 등 ㉮부터 ㉲까지와 유사한 것

② 자본적 지출의 손금산입 특례

법인이 각 사업연도에 지출한 수선비가 다음 사유 중의 어느 하나에 해당하는 경우로서 해당 수선비를 해당 사업연도의 손비로 계상한 경우에는 해당 금액은 자본적 지출에 포함되지 않는 것으로 한다(법령 31 ③). 즉 다음 사유 중의 어느 하나에 해당하면서 법인이 해당 금액을 손비로 계상한 경우에는 수익적 지출로 의제하여 그 사업연도의 손금으로 하는 것이다.

㉮ 개별자산별로 수선비로 지출한 금액이 600만원 미만인 경우

㉯ 개별자산별로 지출한 수선비가 직전 사업연도 종료일의 자산가액의 5퍼센트에 미달하는 경우

개별자산별로 수선비로 지출한 금액이 600만원 이상인 경우에도 해당 수선비가 직전

---

80) 예컨대 토지정화비용(오염토양 반출비용 등)을 지출하는 경우 해당 지출이 그 토지의 가치를 증가시킨다면 해당 토지에 대한 자본적 지출로 처리하고, 원상을 회복하는 정도에 그친다면 수익적 지출로 처리한다. 서면법인 -2015. 6. 15.

81) 자본적 지출을 자산으로 계상하는 것은 수익비용대응의 원칙에 따른 것이다. 여기서 수익비용대응의 원칙은 부당한 과세이연을 방지하는 기능을 한다. Matthews, *Taxation of Intellectual Property*, 2011, p. 75.

82) 행정해석에서도 자본적 지출과 수익적 지출에 관한 구체적인 예시규정을 두고 있다(법통 23-31…1 및 23-31…2).

사업연도 종료일 현재의 재무상태표상의 자산가액의 5퍼센트에 미달하는 경우에는 손금으로 할 수 있다. 위에서 재무상태표상의 자산가액이란 재무상태표상의 장부가액, 즉 취득가액에서 감가상각누계액 상당액을 뺀 금액을 가리킨다.

㉓ 3년 미만의 기간마다 주기적인 수선을 위하여 지출하는 경우

개별자산별로 지출한 수선비가 600만원 이상이거나 직전 사업연도 종료일의 재무상태표상의 자산가액의 5퍼센트 이상인 경우에도 해당 수선이 3년 미만의 기간단위(예: 2년 6개월 단위 또는 2년 단위 등)로 주기적으로 행하여지는 수선에 해당하는 때에는 그 전액을 손금으로 할 수 있다.

다) 취득가액에서 제외하는 금액

(1) 현재가치할인차금

법인이 상각대상자산을 장기할부조건 등으로 매입함으로써 발생한 채무를 기업회계기준이 정하는 바에 따라 현재가치로 평가하여 현재가치할인차금을 계상한 경우의 해당 현재가치할인차금은 취득가액에 포함하지 않는 것으로 한다(법령 72 ④). 그러나 법인이 현재가치할인차금을 별도로 계상하지 않고 명목가액의 전액을 취득가액으로 계상하고 있는 경우에는 그 전액을 취득가액으로 한다.

(2) 부당행위계산부인에 의한 시가초과액

부당행위계산부인(고가매입, 과대평가)에 의한 시가초과액은 자산가액에 포함하지 않는다(법령 72 ④). 즉 법인이 특수관계 있는 자로부터 자산을 시가를 초과하는 가액으로 현물출자받거나 매입한 경우에는 그 시가초과액은 상각범위액 계산의 기초가 될 자산의 가액에서 제외한다.

한편, 법인이 타인으로부터 감가상각자산을 고가로 매입함에 따라 기부금으로 의제된 금액(매입가액에서 정상가액[83]을 뺀 금액)은 해당 자산의 취득가액에서 제외하여야 한다고 해석한다.

2) 잔존가액

가) 감가상각자산의 잔존가액

감가상각자산의 잔존가액은 영(0)으로 한다. 유형자산이든 무형자산이든 불문한다. 다만, 정률법에 있어서 잔존가액이 0인 경우에는 상각률($1 - \sqrt[n]{잔존가액/취득가}$)을 계산할 수 없기

---

83) 정상가액이란 시가에 시가의 30퍼센트를 가산한 가액으로 한다(법령 35 但).

때문에 편의상 취득가액의 5퍼센트에 상당하는 금액을 잔존가액으로 의제하여 상각률을 계산하도록 하고 있다. 즉 정률법에 의하여 상각하는 경우에는 취득가액의 5퍼센트에 상당하는 금액을 잔존가액으로 의제하여 산정한 상각률에 의하여 감가상각비 또는 상각범위액을 산정한다.

정률법에 의하여 감가상각비 또는 상각범위액을 계산할 때 잔존가액으로 의제한 취득가액의 5퍼센트에 상당하는 금액은 해당 감가상각자산에 대한 미상각잔액이 최초로 취득가액의 5퍼센트 이하가 되는 사업연도의 상각범위액에 가산한다(법령 26 ⑥).

해당 감가상각자산에 대한 미상각잔액이 최초로 취득가액의 5퍼센트 이하가 되는 사업연도란 해당 사업연도의 감가상각비를 시부인계산한 후의 세무계산상 미상각잔액이 감가상각자산의 취득가액의 5퍼센트 이하가 되는 사업연도를 말한다. 매 사업연도마다 정상적으로 상각한 경우라면 내용연수의 마지막 사업연도가 이에 해당한다.

사례

2015. 1. 10.에 기계장치(신고한 감가상각방법: 정률법, 신고내용연수: 3년, 상각률: 0.632)를 100,000,000원에 취득하고 매 사업연도(1. 1.–12. 31.)마다 감가상각범위액에 상당하는 금액을 감가상각비로서 손비로 계산한 경우에 해당 감가상각자산의 미상각잔액이 최초로 취득가액의 5퍼센트 이하가 되는 사업연도는 언제인가?

2015년 감 가 상 각 비:	63,200,000원
2016년 감 가 상 각 비:	23,257,600원
2017년 감 가 상 각 비:	8,558,796원
감가상각누계액:	95,016,396원
미 상 각 잔 액:	4,983,603원(4.98퍼센트)

위의 사례에서 해당 사업연도의 감가상각비를 시부인한 후의 세무계산상 미상각잔액이 감가상각자산의 취득가액의 5퍼센트 이하가 되는 사업연도는 2017년이다. 따라서 취득가액의 5퍼센트에 상당하는 금액은 2017년의 상각범위액에 가산하여야 한다.[84]

나) 상각이 완료된 자산에 대한 비망기록

감가상각이 종료되는 감가상각자산에 대하여는 취득가액의 5퍼센트와 1,000원 중 적은 금액을 해당 감가상각자산의 장부가액으로 하고, 해당 금액에 대하여는 손금으로 산입할

---

84) 2017년의 상각범위액은 13,542,399원이다(단, 편의상 비망금액은 고려하지 않음).

수 없도록 제한하고 있다(법령 26 ⑦).

비망기록을 위하여 인정된 제도이다. 장부가액으로 남아 있는 금액은 해당 감가상각자산을 처분하거나 폐기하는 사업연도의 손금에 산입하여야 한다.

3) 내용연수

가) 의 의

내용연수(useful life)란 감가상각자산을 영업활동에 사용할 수 있는 기간이라고 할 수 있다. 내용연수는 감가상각자산의 용역잠재력이 감소하게 되는 물리적 원인과 경제적 원인을 고려하여 추정하게 된다. 그러나 법인세법은 내용연수의 추정을 법인의 임의에 맡기지 않고 자산의 종류별로 내용연수를 법정하여 놓고 있다. 납세의무자간의 과세의 형평을 도모함과 아울러 자의적인 내용연수의 선택에 따른 과세소득의 조작을 방지하려는 데에 그 취지가 있다. 다만, 기업의 개별적이고 특수한 사정을 고려할 수 있게 하기 위하여 기준내용연수제도를 채택하여 일정한 범위 안에서 법인이 신축적으로 내용연수를 책정할 수 있는 길을 터놓고 있다.

법인세법은 감가상각자산을 크게 시험연구용 자산, 무형자산 및 기타의 감가상각자산(건축물 등·업종별 자산)으로 구분하고 각 자산구분별로 내용연수를 달리 정하고 있다(법령 28 ①).

나) 자산구분별 내용연수

(1) 무형자산 중 개발비 등

무형자산 중 개발비, 사용수익기부자산가액 및 주파수이용권 등의 내용연수는 다음과 같다(법령 26 ① Ⅵ-Ⅸ, 법행 23-26-1).

① 개발비

관련제품의 판매 또는 사용이 가능한 시점부터 20년 이내의 기간 내에서 연 단위로 신고한 내용연수에 의한다. 그러나 상각방법의 신고를 하지 않은 때에는 관련제품의 판매 또는 사용이 가능한 시점부터 5년으로 한다.

② 사용수익기부자산가액

해당 자산의 사용수익기간으로 하되, 사용수익기간에 관한 특약이 없는 경우에는 신고내용연수로 한다. 신고내용연수에 관하여는 기타의 감가상각자산에서 설명하기로 한다.

③ 주파수이용권, 공항시설관리권, 항만시설관리권

주무관청에서 고시하거나 주무관청에 등록한 사용기간으로 한다.

④ 기타 무형자산

연 단위로 신고한 내용연수(기업회계기준에 따른 내용연수)

(2) 시험연구용자산과 그 밖의 무형자산

시험연구용 자산에 대하여는 법인세법 시행규칙 별표 2(시험연구용 자산의 내용연수표), 기타의 무형자산(개발비 등을 제외한 것을 말한다)에 대하여는 별표 3(무형자산의 내용연수표)에서 정하고 있는 내용연수를 적용한다. 기타의 감가상각자산과는 달리 법인에게 내용연수범위 안에서 적용할 내용연수를 선택하여 신고할 수 있는 기회를 허용하지 않고 법인이 적용하여야 할 내용연수를 획일적으로 정하고 있는 것이다.

(3) 그 밖의 감가상각자산

(가) 기준내용연수제도의 채택

그 밖의 감가상각자산, 즉 시험연구용 자산을 제외한 그 밖의 유형자산의 내용연수는 기준내용연수를 정하여 놓고 그 기준내용연수를 기준으로 하여 일정한 내용연수범위 안에서 법인이 적용할 내용연수를 신축적으로 책정하여 신고할 수 있도록 하고 있다(법령 28 ① II).

즉 그 밖의 감가상각자산에 대하여는 법인세법 시행규칙 별표 5(건축물 등의 기준내용연수 및 내용연수범위표) 및 별표 6(업종별 자산의 기준내용연수 및 내용연수범위표)에서 구조 또는 자산별·업종별로 일률적으로 내용연수를 정하고 있는데, 이를 기준내용연수라고 한다. 그리고 기준내용연수에 그 기준내용연수의 25퍼센트에 상당하는 연수를 가감하여 기획재정부령으로 정하는 내용연수범위에서 법인이 임의로 선택하여 납세지 관할 세무서장에게 신고한 내용연수(이하에서 '신고내용연수'라고 부른다)를 적용하도록 하고 있다. 만일 법인이 신고기한 내에 적용할 내용연수를 신고하지 않으면 기준내용연수를 그대로 적용하게 된다(법령 28 ① II 但).

예를 들면 법인세법 시행규칙 별표 5에서 철근콘크리트조 건축물의 기준내용연수는 40년으로, 그리고 내용연수범위는 30년-50년으로 정하고 있다. 그러므로 법인은 철근콘크리트조 건축물의 내용연수를 30년에서 50년 사이에서 임의로 선택하여 신고할 수 있는 것이다. 만일 법인이 해당 건축물의 내용연수를 30년으로 정하여 신고하였다면 그 건축물에 대하여 적용할 내용연수는 신고내용연수인 30년으로 된다. 그러나 법인이 신고기한 내에 내용연수를 신고하지 않았다면 해당 법인이 적용할 건축물의 내용연수는 기준내용연수인 40년으로 되는 것이다.

한편, 내용연수의 적용에 있어서는 일관성이 유지되도록 법인이 구조 또는 자산별·업종별로 적용한 신고내용연수 또는 기준내용연수는 그 후의 사업연도에 있어서도 계속하여 적용하도록 하고 있다(법령 28 ④).

(나) 내용연수의 신고

법인이 내용연수를 신고하고자 할 때에는 다음의 날이 속하는 사업연도의 법인세 과세표준의 신고기한까지 납세지 관할 세무서장에게 내용연수신고서를 제출(국세정보통신망에 의한 제출을 포함한다)하여야 한다(법령 28 ③). 신고만으로 충분하고 납세지 관할 세무서장의 승인 등을 요건으로 하지 않는다. 내용연수의 신고는 연단위(예: 8년, 6년)로 하여야 하며, 1년 미만의 기간(예: 8.5년, 6년 3개월 등)을 포함시켜서는 안 된다.

① 신설법인과 새로 수익사업을 개시한 비영리내국법인의 경우에는 그 영업을 개시한 날
② 위의 ① 외의 법인이 구조 또는 자산별·업종별 구분에 의한 기준내용연수가 다른 감가상각자산을 새로 취득하거나 새로운 업종의 사업을 개시한 경우에는 그 취득한 날 또는 개시한 날

(다) 내용연수의 특례와 변경

① 법인이 다음 사유 중의 어느 하나에 해당하는 때에는 기준내용연수에 기준내용연수의 50퍼센트(㉮ 및 ㉯에 해당하는 경우에는 25퍼센트)를 가감한 범위 안에서 사업장별로 납세지 관할 지방국세청장의 승인 또는 변경승인을 얻어 내용연수범위와 달리 내용연수를 적용하거나 적용하던 내용연수를 변경할 수 있다(법령 29 ①).

㉮ 사업장의 특성으로[85] 자산의 부식·마모 및 훼손의 정도가 현저한 경우
㉯ 영업개시 후 3년이 경과한 법인으로서 해당 사업연도의 생산설비(건축물을 제외하며, 이하에서 '생산설비'라 한다)의 가동률이 직전 3개 사업연도의 평균가동률보다 현저히 증가한 경우
㉰ 새로운 생산기술 및 신제품의 개발·보급 등으로 기존 생산설비의 가속상각이 필요한 경우
㉱ 경제적 여건의 변동으로 조업을 중단하거나 생산설비의 가동률이 감소한 경우
㉲ 시험연구용 자산을 제외한 유형자산[86]에 대하여 한국채택국제회계기준을 최초로 적용하는 사업연도에 결산내용연수를 변경한 경우(결산내용연수가 연장된 경우 내용연수를 연장하고 결산내용연수가 단축된 경우 내용연수를 단축하는 경우만 해당하되 내용연수를 단축하는 경우에는 결산내용연수보다 짧은 내용연수로 변경할 수 없다)
㉳ 시험연구용 자산을 제외한 유형자산에 대한 기준내용연수가 변경된 경우. 다만, 내용

---

85) 사업장 내부 원인에 따라 내용연수를 변경할 필요가 있는 경우에도 내용연수의 변경이 가능하다.
86) 법인세법 시행규칙 별표 5(건축물 등의 기준내용연수 및 내용연수범위표) 및 별표 6(업종별 자산의 기준내용연수 및 내용연수범위표)이 적용되는 유형자산을 말한다.

연수를 단축하는 경우로서 결산내용연수가 변경된 기준내용연수의 25퍼센트를 가감한 범위 내에 포함되는 경우에는 결산내용연수보다 짧은 내용연수로 변경할 수 없다.

② 법인이 내용연수의 승인을 얻고자 할 때에는 그 영업을 개시한 날 또는 그 취득한 날부터 3개월, 내용연수의 변경승인을 얻고자 할 때에는 그 변경할 내용연수를 적용하고자 하는 최초 사업연도의 종료일까지 납세지 관할 세무서장을 거쳐 관할 지방국세청장에게 내용연수승인(변경승인)신청서를 제출하여야 한다. 신청서를 접수한 납세지 관할 세무서장은 신청서의 접수일이 속하는 사업연도 종료일부터 1개월 이내에 관할 지방국세청장으로부터 통보받은 승인 여부에 관한 사항을 통지하여야 한다.

감가상각자산의 내용연수를 변경(재변경을 포함한다)한 법인이 해당 자산의 내용연수를 다시 변경하고자 하는 경우에는 변경한 내용연수를 최초로 적용한 사업연도 종료일부터 3년이 경과하여야 한다(법령 29 ⑤).

내용연수의 승인신청 및 변경승인신청을 하거나 내용연수의 승인 및 변경승인을 할 때의 내용연수 단위는 연단위로 하여야 하며, 1년 미만의 기간을 포함시켜서는 안 된다.

다) 중고자산 등의 내용연수

내국법인이 기준내용연수(해당 내국법인에게 적용되는 기준내용연수를 말한다)의 50퍼센트 이상이 경과된 자산(이하에서 '중고자산'이라 한다)을 다른 법인 또는 소득세법상의 사업자(개인사업자)로부터 취득(합병·분할에 의하여 자산을 승계한 경우를 포함한다)한 경우에는 그 자산의 기준내용연수의 50퍼센트에 상당하는 연수와 기준내용연수의 범위 내에서 선택하여 납세지 관할 세무서장에게 신고한 연수(이하에서 '수정내용연수'라 한다)를 내용연수로 할 수 있다(법령 29의2 ①).[87] 수정내용연수를 신고하지 않은 경우에는 본래의 기준내용연수를 적용한다.

---

[87] 대법원은 분할에 의하여 자산을 승계받은 분할신설법인이 법인세법 시행령 제28조 제3항에 따라 내용연수신고서만 제출하고 같은 시행령 제29조의2 제4항에 따른 내용연수변경신고서를 제출하지 않은 경우에는 특별한 사정이 없는 한 내용연수신고서에 따른 내용연수를 적용하여야 하고, 분할법인이 적용하여 온 내용연수에 따른 잔존내용연수를 적용할 수 없다고 판시하였다. 그 논거로는 ① 같은 시행령 제28조 제1항 제2호는 그 문언 및 관련 규정의 체계상 감가상각자산의 취득원인이나 취득 당시의 상태를 묻지 않고 그 구조 또는 자산별·업종별로 동일한 기준의 내용연수나 상각률을 적용하도록 규정한 것으로 보이고, ② 같은 시행령 제29조의2 제1항의 취지는 내국법인이 합병·분할에 의하여 승계받은 자산과 중고자산에 대해서는 그 경제적 실질에 맞게 신규자산보다 짧은 내용연수를 적용하려는데 있으며, ③ 합병·분할에 의하여 승계받은 자산이나 중고자산에 대한 감가상각기간 등을 정하는 것은 입법정책의 문제라는 것을 들고 있다(대법원 2014. 5. 16. 선고 2011두32751 판결).

(1) 대상자산

다른 법인 또는 개인사업자로부터 기준내용연수의 50퍼센트 이상이 경과된 중고자산을 취득한 경우이다. 중고자산의 취득에는 합병·분할에 의하여 합병법인·분할신설법인 또는 분할합병의 상대방법인이 피합병법인·분할법인 또는 소멸한 분할합병의 상대방법인으로부터 자산을 승계한 경우를 포함한다. 다만, 적격합병, 적격분할, 적격물적분할 또는 적격현물출자(이하에서 '적격합병등'이라 한다)의 경우에는 이에 대한 특례를 인정하고 있다 (법령 29의2 ②). 이에 관하여는 뒤의 감가상각비의 시부인계산에서 다룬다.

첫째, 중고자산의 양도자가 다른 법인이거나 개인사업자인 경우에 한하여 내용연수의 수정에 관한 규정을 적용한다. 개인사업자란 사업소득이 있는 자를 말한다. 사업자가 아닌 개인으로부터 중고자산을 취득하였다면 내용연수의 수정에 관한 규정이 적용되지 않는 것이다.

둘째, 중고자산에 해당하는지의 여부를 판정할 때에는 기준내용연수를 기준으로 한다. 이 때의 기준내용연수란 해당 내국법인(취득자)에게 적용되는 기준내용연수이다.

셋째, 경과연수가 기준내용연수의 50퍼센트 이상인 자산과 50퍼센트 미만인 자산을 함께 취득하는 경우가 있을 수 있다. 이 경우에는 경과연수가 기준내용연수의 50퍼센트 이상인 자산에 한하여 그 내용연수를 수정한다고 새긴다.

(2) 수정내용연수의 산정

중고자산 등의 기준내용연수의 50퍼센트에 상당하는 연수와 기준내용연수의 범위 내에서 선택하여 납세지 관할 세무서장에게 신고한 연수를 수정내용연수로 한다(법령 29의2).

예를 들면 기준내용연수가 40년이고 경과연수가 25년인 철근콘크리트조 건물을 다른 법인으로부터 매수하였다면 20년(기준내용연수의 50퍼센트에 상당하는 연수)에서 40년(기준내용연수) 사이의 범위 안에서 선택하여 신고하면 된다. 이 경우 수정내용연수의 계산에 있어서 1년 미만은 없는 것으로 한다.

(3) 내용연수변경신고서의 제출

중고자산 등에 대한 내용연수의 특례규정은 내국법인이 다음의 기한 내에 내용연수변경신고서를 제출한 경우에 한하여 적용한다(법령 29의2 ⑤).
① 중고자산을 취득한 경우에는 그 취득일이 속하는 사업연도의 법인세 과세표준 신고기한
② 합병·분할로 승계한 자산의 경우에는 합병·분할등기일이 속하는 사업연도의 법인세 과세표준 신고기한

라) 사업연도가 1년 미만인 경우의 내용연수

사업연도가 1년 미만인 경우에는 다음 계산식에 의하여 환산한 내용연수에 의한다. 이 경우 월수는 태양력에 따라 계산하되, 1개월 미만의 일수는 1개월로 한다(법령 28 ②).

$$\text{내용연수 · 신고내용연수 또는 기준내용연수} \times \frac{12}{\text{사업연도의 월수}}$$

예를 들어 사업연도가 6개월인 법인에 있어서 내용연수가 3년인 자산의 경우에는 내용연수 6년의 상각률에 의하여 상각범위액을 계산하여야 하는 것이다.

위에서 사업연도가 1년 미만인 경우란 법령 또는 법인의 정관 등에서 정하는 사업연도, 법인설립신고·국내사업장설치신고 또는 사업자등록과 함께 납세지 관할 세무서장에게 신고한 사업연도가 1년 미만인 경우를 가리킨다. 그러므로 사업연도의 변경에 따라 종전의 사업연도의 개시일부터 변경한 사업연도의 개시일 전일까지의 기간을 1사업연도로 보는 경우와 법인의 해산·합병 또는 분할, 청산 중에 있는 법인의 사업계속, 외국법인의 국내사업장의 폐쇄 등에 따라 사업연도가 의제되는 경우로서 그 사업연도가 1년 미만인 경우는 포함하지 않는 것이다.

이 경우에는 내용연수를 환산하지 않고 상각범위액을 월할계산한다(법령 26 ⑧).

마. 감가상각방법의 신고와 변경

1) 감가상각방법의 신고

가) 감가상각방법의 선택

상각범위액은 개별 감가상각자산별로 법정된 상각방법 중에서 법인이 납세지 관할 세무서장에게 임의로 선택하여 신고한 상각방법에 의하여 계산한다. 그리고 한번 선택하여 신고한 상각방법(상각방법을 신고하지 않은 경우에는 무신고시에 적용할 상각방법을 말한다)은 그 후의 사업연도에 있어서도 계속하여 적용하도록 함으로써 일관성의 유지를 요구하고 있다(법령 26 ⑤). 법인세법에서 허용하고 있는 감가상각방법은 다음과 같다(법령 26 ①).

① 건축물과 무형자산(광업권, 개발비, 사용수익기부자산가액, 주파수이용권, 기타 무형자산은 제외한다) : 정액법
② 건축물 외의 유형자산(광업용 유형자산을 제외한다) : 정률법 또는 정액법

③ 광업권(해저광물자원개발법에 의한 채취권을 포함한다) 또는 폐기물매립시설[88]: 생산량비례법 또는 정액법

④ 광업용 유형자산: 생산량비례법·정률법 또는 정액법

⑤ 개발비: 관련제품의 판매 또는 사용이 가능한 시점부터 20년 이내의 기간 내에서 연단위로 신고한 내용연수에 따라 매 사업연도별 경과월수에 비례하여 상각하는 방법

⑥ 사용수익기부자산가액: 해당 자산의 사용수익기간(그 기간에 관한 특약이 없는 경우 신고내용연수를 말한다)에 따라 균등하게 안분한 금액(그 기간 중에 해당 기부자산이 멸실되거나 계약이 해지된 경우 그 잔액을 말한다)을 상각하는 방법

⑦ 주파수이용권, 공항시설관리권, 항만시설관리권: 주무관청에서 고시하거나 주무관청에 등록한 기간 내에서 사용기간에 따라 균등액을 상각하는 방법

⑧ 기타 무형자산(법령 24 ① Ⅱ 차): 연 단위로 신고한 내용연수(기업회계기준에 따른 내용연수)에 따라 매 사업연도별 경과월수에 비례하여 상각하는 방법

나) 감가상각방법의 신고

감가상각자산에 대한 상각방법을 신고하고자 하는 법인은 자산별로 하나의 방법을 선택하여 다음의 날이 속하는 사업연도의 법인세 과세표준의 신고기한까지 납세지 관할 세무서장에게 감가상각방법신고서를 제출(국세정보통신망에 의한 제출을 포함한다)하여야 한다(법령 26 ③).

① 신설법인과 새로 수익사업을 개시한 비영리법인의 경우에는 그 영업을 개시한 날

② 위의 '①' 외의 법인이 구분을 달리하는 감가상각자산을 새로 취득한 경우에는 그 취득한 날

다) 감가상각방법을 신고하지 않은 경우의 감가상각방법

감가상각방법을 신고하지 않은 경우에 해당 감가상각자산에 대한 상각범위액은 다음의 감가상각방법에 의하여 계산한다(법령 26 ④).

① 건축물과 무형자산

건축물과 무형자산(광업권·개발비·사용수익기부자산가액·주파수이용권 및 공항시설관리권을 제외한다)은 정액법에 의한다.

② 건축물 외의 유형자산

---

88) 폐기물매립시설에 대하여 생산량비례법에 따른 감가상각을 허용하는 것은 매립량에 따라 자산가치가 감소하는 점을 감안한 것이다.

건축물 외의 유형자산(광업용 유형자산을 제외한다)은 정률법에 의한다.

③ 광업권 및 광업용 유형자산

　광업권 및 광업용 유형자산은 생산량비례법에 의한다.

④ 개발비

　개발비는 관련제품의 판매 또는 사용이 가능한 시점부터 5년 동안 매년 균등액을 상각한다. 그런데 '관련제품의 판매 또는 사용이 가능한 시점부터 5년 동안 매년 균등액을 상각하는 방법'의 해석을 둘러싸고 사업연도단위 균등상각법으로 새기는 견해와 경과기간에 따른 균등상각법으로 해석하는 견해의 대립이 있을 수 있다.

　㉮ 사업연도단위 균등상각법

　　관련제품의 판매 등이 가능한 날이 속하는 사업연도부터 5년 동안 매년 균등액을 상각하여야 한다는 견해이다. 즉 사업연도단위 균등상각법으로 이해하는 견해이다. 이 견해에 따르면 관련제품의 판매 등이 가능한 시점이 속하는 사업연도와 관련제품의 판매 등이 가능한 시점부터 5년이 되는 날이 속하는 사업연도의 경과기간이 각각 1년 미만인 경우에도 해당 사업연도의 경과기간의 길이에 관계없이 각각 1사업연도로 보고 그 균등액을 상각범위액으로 하는 것이다.

　㉯ 경과기간에 따른 균등상각법

　　관련제품의 판매 등이 가능한 날부터 5년 동안 매년 그 경과기간의 길이에 비례하여 균등액을 상각하여야 한다는 견해이다.[89]

　㉰ 결　　어

　　관련제품의 판매 또는 사용이 가능한 시점부터 5년 동안 매년 균등액을 상각하는 방법이란 사업연도단위 균등상각법을 의미한다고 해석하고자 한다. 현행 법인세법은 경과기간에 따른 균등상각법을 규정할 때 '신고한 내용연수에 따라 매 사업연도별 경과월수에 비례하여 상각하는 방법'(상각방법을 신고한 개발비), '해당 자산의 사용수익기간…에 따라 균등하게 안분한 금액'(사용수익기부자산가액), '등록한 기간 내에서 사용기간에 따라 균등액을 상각하는 방법'(주파수이용권 및 공항시설관리권) 등과 같은 법문의 형식으로 표현하고 있다. 다시 부연한다면 법인세법은 경과기간에 따른 균등상각법(위의 ㉯의 상각방법)을 '사용기간에 따라(비례하여) 상각(균등하게 안분)'한다고 하는 법문상의 표현형식을 취하고 있는 것이다. 그러므로 '관련제품

---

[89] 법통 23 - 26…9(개발비의 상각범위액 계산)
　　④ 제3항을 적용함에 있어 사업연도 중에 판매 또는 사용이 가능한 시점이 도래한 경우의 상각범위액은 영 제26조 제9항의 규정에 의하여 월수에 따라 계산한다.

의 판매 또는 사용이 가능한 시점부터 5년 동안 매년 균등액을 상각하는 방법'은 경과기간에 따른 균등상각법이 아님이 명백한 것이다.

결론적으로 법인이 개발비에 대한 감가상각방법을 신고하지 않은 경우에는 관련제품의 판매 등이 가능한 날이 속하는 사업연도부터 5년 동안 매년 균등액을 그 상각범위액으로 한다고 새기고자 한다. 관련제품의 판매 등이 가능한 날이 속하는 사업연도와 관련제품의 판매 등이 가능한 날부터 5년이 되는 날이 속하는 사업연도의 경과기간이 각각 1년 미만인 경우에도 해당 사업연도의 경과기간의 길이에 관계없이 각각 1사업연도로 보고 그 균등액을 상각범위액으로 하여야 하는 것이다.

⑤ 사용수익기부자산가액

사용수익기부자산가액은 해당 자산의 사용수익기간(사용수익기간에 관한 특약이 없는 경우에는 신고내용연수를 말한다. 이하에서 같다)에 따라 균등하게 안분한 금액을 상각한다. 즉 사용수익기부자산가액은 취득가액에 사용수익기간 중에서 해당 사업연도의 경과월수가 차지하는 비율을 곱하여 계산한 금액을 그 상각범위액으로 하는 것이다. 사업연도 중에 취득한 사용수익기부자산에 대한 상각범위액은 사업에 사용한 날부터 해당 사업연도 종료일까지의 월수에 따라 계산한다. 이 경우 월수는 역에 따라 계산하되 1월 미만의 일수는 1월로 한다.[90] 사용수익기부자산가액의 상각기간 중에 해당 기부자산이 멸실되거나 계약이 해지된 경우에는 그 잔액을 해당 사유가 발생한 사업연도에 일시에 상각한다.

⑥ 주파수이용권 및 공항시설관리권

주파수이용권 및 공항시설관리권은 주무관청에서 고시하거나 주무관청에 등록한 기간 내에서 사용기간에 따라 균등액을 상각한다. 즉 주파수이용권 및 공항시설관리권은 취득가액에 사용기간 중에서 해당 사업연도의 경과월수가 차지하는 비율을 곱하여 계산한 금액을 그 상각범위액으로 하는 것이다. 사업연도 중에 취득한 주파수이용권 및 공항시설관리권에 대한 상각범위액은 사업에 사용한 날부터 해당 사업연도 종료일까지의 월수에 따라 계산한다. 이 경우 월수는 역에 따라 계산하되 1월 미만의 일수는 1월로 한다.

⑦ 기타 무형자산(법령 24 ① Ⅱ 차)

5년 동안 매년 균등액을 상각하는 방법

---

90) 법통 23-26…10(사업연도 중에 취득한 사용수익기부자산의 감가상각방법)
「사업연도 중에 취득한 사용수익기부자산의 감가상각범위액은 영 제26조 제9항의 규정에 따라 사업에 사용한 날부터 당해 사업연도 종료일까지의 월수에 따라 계산한다.」

2) 감가상각방법의 변경

가) 감가상각방법의 변경사유

법인이 다음 사유 중의 어느 하나에 해당하는 때에는 납세지 관할 세무서장의 승인을 얻어 그 감가상각방법을 변경할 수 있다(법령 27 ①).

① 상각방법이 서로 다른 법인이 합병(분할합병을 포함한다)한 경우
② 상각방법이 서로 다른 사업자의 사업을 인수 또는 승계한 경우
③ 외국인투자촉진법에 의하여 외국투자자가 내국법인의 주식등의 20퍼센트 이상을 인수 또는 보유하게 된 경우
④ 해외시장의 경기변동 또는 경제적 여건의 변동으로 인하여 종전의 상각방법을 변경할 필요가 있는 경우
⑤ 기획재정부령으로 정하는 회계정책의 변경에 따라 결산상각방법이 변경된 경우(변경한 결산상각방법과 같은 방법으로 변경하는 경우만 해당한다)[91]

나) 감가상각방법의 변경신청과 그 승인

상각방법의 변경승인을 얻고자 하는 법인은 그 변경할 상각방법을 적용하고자 하는 최초 사업연도의 종료일까지 감가상각방법변경신청서를 납세지 관할 세무서장에게 제출(국세정보통신망에 의한 제출을 포함한다)하여야 한다(법령 27 ②).

이와 같은 감가상각방법변경신청서를 접수한 납세지 관할 세무서장은 그 신청서 접수일이 속하는 사업연도 종료일부터 1개월 이내에 그 승인 여부를 결정하여 통지하여야 한다(법령 27 ③). 납세지 관할 세무서장이 해외시장의 경기변동 또는 경제적 여건의 변동으로 인하여 상각방법의 변경을 승인하고자 할 때에는 국세청장이 정하는 기준에 의하여야 한다(법령 27 ④).

다) 변경신고를 하지 않고 변경한 경우의 감가상각방법

법인이 감가상각방법의 변경승인을 얻지 않고 감가상각방법을 임의로 변경한 경우에는 변경하기 전의 감가상각방법을 적용하여 상각범위액을 계산한다(법령 27 ⑤).

---

91) 예컨대, 법인이 한국채택국제회계기준을 도입하여 결산상 감가상각방법을 변경하는 경우나 연결자법인이 한국채택국제회계기준을 도입한 연결모법인과 회계정책을 일치시키기 위하여 결산상 감가상각방법을 변경하는 경우 등을 들 수 있다.

바. 감가상각비의 시부인계산

법인이 감가상각자산에 대한 감가상각비를 손비로 계상한 경우에는 각 사업연도마다 개별 감가상각자산별로 납세지 관할 세무서장에게 신고한 방법에 의하여 계산한 상각범위액을 한도로 하여 손금으로 용인한다(법법 23 ①). 법인이 계상한 감가상각비가 상각범위액을 초과하는 경우에 그 초과액은 손금에 산입하지 않는다. 이를 상각부인액이라 한다.

1) 감가상각비의 시부인계산의 요건

가) 감가상각비의 손금계상

감가상각자산에 대한 감가상각비는 내국법인이 각 사업연도에 손비로 계상한 경우에만 상각범위액의 범위에서 해당 사업연도의 소득금액을 계산할 때 손금에 산입한다. 즉 내국법인이 감가상각자산에 대한 감가상각비를 손비로 계상한 경우에 한하여 그 감가상각비가 상각범위액의 범위에 해당하는지의 여부를 가리기 위하여 감가상각비를 시부인계산한다. 위에서 감가상각비를 손비로 계상한 경우란 감가상각비를 각 사업연도의 결산을 확정할 때 손비로 계상한 경우를 말한다(법법 20 I). 즉 장부상에서 손비로 계상한 경우, 즉 결산조정한 경우를 가리킨다.

감가상각비를 장부상에 손비로 계상하지 않고 세무조정계산서에서 손금에 가산하여 신고조정한 때에는 손비로 계상한 경우로 보지 않는다. 그리고 과세표준신고시에 손금으로 계상하지 않은 감가상각비를 경정청구에 의하여 손금으로 산입할 수도 없다.

법인세법은 '…감가상각비를 손비로 계상한 경우'에는 손금에 산입한다고 규정하여 확정결산주의를 채택하고 있음을 명백히 하고 있다(법법 23 ①).

나) 감가상각비의 기장방법

법인이 각 사업연도에 감가상각자산의 감가상각비를 손금으로 계상하는 경우에는 해당 감가상각자산의 장부가액을 직접 감액하는 방법 또는 장부가액을 감액하지 않고 감가상각누계액으로 계상하는 방법 중 선택하여야 한다. 즉 직접법과 간접법 모두를 허용하고 있다.

법인이 감가상각비를 간접법에 의하여 감가상각누계액으로 계상하는 경우에는 개별자산별로 계상하여야 한다. 그리고 법인이 개별자산별로 구분하여 작성된 감가상각비조정명세서를 보관하고 있는 경우에는 감가상각비 총액을 일괄하여 감가상각누계액으로 계상할 수 있도록 하고 있다(법령 25).

다) 손금으로 계상하는 계정과목의 명칭

내국법인이 '…감가상각비를 손비로 계상한 경우'란 해당 감가상각비를 '감가상각비'라는 계정과목에 계상한 경우뿐만 아니라 이자비용·세금과공과·수선비·소모품비 등 계정과목의 명칭에 관계없이 장부상 손비로 계상한 금액이라면 모두 포함된다. 그리고 전기에 과소계상한 감가상각비를 이익잉여금의 감소로 계상한 경우에도 해당 금액은 손금에 계상한 감가상각비로 본다.[92]

다음으로 법인이 감가상각자산을 취득하기 위하여 지출한 금액(감가상각자산의 취득가액)과 감가상각자산에 대한 자본적 지출에 해당하는 금액을 손비로 계상한 경우에는 이를 감가상각비로 계상한 것으로 본다(법법 23 ④). 이를 즉시상각의제라고 한다. 이 경우에는 그 자산의 취득비용 또는 자본적 지출액을 해당 감가상각자산의 취득가액으로 하거나 그 취득가액에 더하여 상각범위액을 계산함과 아울러 해당 금액(자산취득비용 또는 자본적 지출액)을 감가상각비에 더하여 그 더한 후의 감가상각비를 기준으로 하여 시부인계산을 하여야 한다.

한편, 감가상각자산이 진부화, 물리적 손상 등에 따라 시장가치가 급격히 하락하여 법인이 기업회계기준에 따라 손상차손을 계상한 경우(천재·지변 또는 화재, 법령에 따른 수용, 채굴예정량의 채진으로 인한 폐광에 따른 평가손실에 해당하는 경우는 제외한다)에는 해당 금액을 감가상각비로서 손비로 계상한 것으로 보아 시부인계산을 하여야 한다(법령 31 ⑧).[93]

2) 감가상각비의 시부인방법

가) 감가상각비의 시부인계산의 단위

감가상각비의 시부인계산의 단위는 개별 감가상각자산이다(법령 26 ①). 즉 감가상각비는 개별 감가상각자산별로 시부인계산하는 것이다. 다시 부연한다면 개별 감가상각자산별로 상각범위액을 산정하고 법인이 손금으로 계상하고 있는 감가상각비와 비교하여 그 개별 감가상각자산에 대한 감가상각비를 시부인계산한다. 예를 들면 a 자산에서는 상각부인액 300,000원, b 자산에서는 시인부족액 800,000원, c 자산에서도 시인부족액 100,000원, d 자산에서는 상각부인액 200,000원이 발생한 경우에 각 개별자산의 시부인액을 통산하지 않고 a 자산에서의 상각부인액 300,000원과 d 자산에서의 상각부인액 200,000원만을 각각 손금불산입하는 것이다.

---

92) 법통 23-0⋯4.
93) 판례는 舊 기업회계기준상 유형자산감액손실은 자산의 노후화 등으로 인한 가치 감소로 그 자산의 회수가능가액이 장부가액에 미달하는 경우 그 차액을 비용으로 인식하는 것이고, 감가상각비는 자산의 노후화 등으로 인한 감가상각자산의 가치 감소를 그 자산의 내용연수에 걸쳐 합리적 방법으로 비용으로 배분하는 것으로서 그 실질이 유사한 점 등에 비추어 보면, 내국법인이 진부화되거나 시장가치가 급격히 하락한 사업용 유형자산에 대하여 기업회계기준에 따라 감액손실을 계상한 경우 감가상각비를 계상한 것으로 보아 해당 사업연도의 상각범위액 내에서 손금에 산입하거나 그 후의 사업연도에 대한 시인부족액을 한도로 하여 손금으로 추인하여야 한다고 판시하였다(대법원 2014. 3. 13. 선고 2013두20844 판결).

b 자산에서의 시인부족액 800,000원과 c 자산에서의 시인부족액 100,000원은 해당 개별
자산별로 이월되어 온 상각부인액이 있다면 그 개별자산별로 시인부족액의 범위 안에서 전
기 상각부인누계액을 손금으로 산입(추인)하지만, 만일 해당 개별자산별로 이월되어 온 상
각부인액이 없다면 위의 시인부족액은 소멸계산한다(법령 32 ①, ②).

나) 상각범위액의 계산

(1) 개발비 등의 상각범위액의 계산 및 미상각액 등의 처리

(가) 개발비 등의 상각범위액의 계산

① 개발비

개발비의 상각범위액은 관련제품의 판매 또는 사용이 가능한 시점부터 20년의 범위에서
연단위로 신고한 내용연수에 따라 매 사업연도별 경과월수에 비례하여 상각하여야 한
다. 즉 신고내용연수 중 매 사업연도별 경과월수에 비례하여 매 사업연도의 상각범위액
을 계산하는 것이다(법령 26 ① VI).

그러나 상각방법의 신고를 하지 않은 때에는 관련제품의 판매 또는 사용이 가능한 시점
부터 5년 동안 매년 균등액을 상각하여야 한다. 즉 사업연도단위 균등상각제도를 채택
하여 관련제품의 판매 등이 가능한 날이 속하는 사업연도부터 5년 동안 매년 균등액을
그 상각범위액으로 하는 것이다.

② 사용수익기부자산가액

무형자산 중 사용수익기부자산가액은 해당 자산의 사용수익기간(사용수익기간에 관한
특약이 없는 경우에는 신고내용연수를 말한다)에 따라 균등하게 안분한 금액을 손금에
산입한다(법령 26 ① VII). 다만, 그 기간 중에 해당 기부자산이 멸실되거나 계약이 해지된
경우에는 기부자산이 멸실되거나 계약이 해지된 사업연도에 그 잔액을 손금에 산입하여
야 한다.

③ 주파수이용권 및 공항시설관리권

주무관청에서 고시하거나 주무관청에 등록한 기간 내에서 사용기간에 따라 균등액을 상
각하여야 한다(법령 26 ① VIII). 즉 사용기간 중 해당 사업연도의 경과월수에 따라 상각범
위액을 계산한다.

(나) 개발비 등의 미상각액 등의 처리

법인이 특정 사업연도의 소득금액을 계산할 때 개발비·사용수익기부자산가액·주파수
이용권 및 공항시설관리권(이하에서 '개발비 등'이라 한다)의 감가상각비를 손비로 계상하

지 않거나 과소계상하는 경우가 있을 수 있다. 이 경우의 개발비 등의 미상각액 또는 과소상 각액(시인부족액을 말하며, 이하에서 '미상각액 등'이라 한다)의 취급이 문제가 된다.

이에 관하여는 다음과 같은 견해의 대립을 생각하여 볼 수 있다.

① 감가상각이 허용되지 않는다는 견해

② 신고조정에 의하여 손금에 산입하여야 한다는 견해

개발비 등에 대한 감가상각제도가 강제상각제도라는 인식에 바탕을 둔 견해이다.

③ 다음 사업연도 이후에 상각할 수 있다는 견해

유형자산의 경우와 마찬가지로 내용연수가 연장되는 효과가 있다고 이해하는 견해이다. 즉 다음 사업연도 이후에 미상각액 등을 상각할 수 있다고 새기는 것이다.

생각건대 법인이 특정 사업연도의 소득금액을 계산할 때 개발비 등의 감가상각비를 손 비로 계상하지 않거나 과소계상하였다면 다음과 같은 논거로 그 미상각액 또는 과소상 각액은 더 이상 감가상각비로서 손금에 산입할 수 없다고 새긴다. 입법상으로 볼 때 ② 또는 ③의 방법으로 개선하는 것이 바람직하다.

첫째, 현행 개발비 등의 감가상각제도는 임의상각제도와 확정결산주의를 채택하여 법인이 그 개발비 등의 감가상각비를 손비로 계상한 경우에 한하여 손금으로서 용인하도록 하고 있다. 그러므로 법인이 개발비 등의 감가상각비를 손비로 계상하지 않았다면 개발비 등의 미상각액 또는 과소상각액을 신고조정에 의하여 손금에 산입할 수는 없다.

둘째, 개발비는 관련제품의 판매 또는 사용이 가능한 시점부터 20년 이내의 기간 내에서 연단위로 신고한 내용연수 동안에 매 사업연도별 경과월수에 비례하여, 그리고 감가상각 방법의 신고를 하지 않은 때에는 관련제품의 판매 또는 사용이 가능한 시점부터 5년 동안 매년 균등액을 상각하도록 하고 있다. 사용수익기부자산가액은 특정된 상각기간 중 경과 기간에 따라 균등하게 안분하여, 그리고 주파수이용권 및 공항시설관리권은 주무관청에 서 고시하거나 주무관청에 등록한 기간 내에서 사용기간에 따라 상각범위액을 계산한다. 어느 자산이든 내용연수 또는 상각기간의 연장을 허용하지 않으며, 매 사업연도의 상각 범위액도 경과기간에 따른 균등안분액(감가상각방법의 신고를 하지 않은 개발비의 경 우에는 관련제품의 판매 또는 사용이 가능한 시점부터 5년 동안 사업연도단위 균등상각 액을 말한다)을 초과할 수 없다.

그러므로 법인이 각 사업연도의 소득금액을 계산할 때 개발비 등의 감가상각비를 손비 로 계상하지 않았다면 그 사업연도의 미상각액 또는 과소상각액은 그 후의 사업연도의 손금에도 산입할 수 없다.

(2) 기타의 감가상각자산의 상각범위액의 계산

(가) 감가상각방법에 따른 상각범위액의 계산(법령 26 ②)

① 정액법

해당 감가상각자산의 취득가액에 해당 자산의 내용연수에 따른 상각률을 곱하여 계산한다.

$$상각범위액 \ = \ 취득가액 \ \times \ 정액법 \ 상각률^*$$

* 정액법 상각률＝1/내용연수

② 정률법

해당 감가상각 자산의 취득가액에서 이미 상각액으로 손금에 산입한 금액을 공제한 잔액(미상각잔액)에 해당 자산의 내용연수에 따른 상각률을 곱하여 계산한다.

$$상각범위액 \ = \ 미상각잔액^* \ \times \ 정률법 \ 상각률^{**}$$

* 미상각잔액＝취득가액－감가상각누계액＋상각부인액
**정률법 상각률＝$1 - \sqrt[n]{잔존가액/취득가}$

③ 생산량비례법

해당 감가상각자산의 취득가액을 그 자산이 속하는 광구의 총채굴예정량 또는 매립시설의 총매립예정량으로 나누어 계산한 금액에 해당 사업연도의 기간 중 그 광구에서 채굴한 양(量) 또는 그 폐기물매립시설에서 매립한 양을 곱하여 계산한다.

$$상각범위액 = \left(\frac{취득가액}{총채굴예정량 \ 또는 \ 총매립예정량} \right) \times 해당 \ 사업연도 \ 중 \ 채굴량 \ 또는 \ 매립량$$

(나) 감가상각방법을 변경한 경우의 상각범위액의 계산

① 정률법 또는 생산량비례법을 정액법으로 변경하는 경우

$$상각범위액 = (감가상각누계액을 \ 공제한 \ 장부가액 + 상각부인누계액) \times 정액법 \ 상각률$$

② 정액법 또는 생산량비례법을 정률법으로 변경하는 경우

$$상각범위액 = (감가상각누계액을 \ 공제한 \ 장부가액 + 상각부인누계액) \times 정률법 \ 상각률$$

③ 정률법 또는 정액법을 생산량비례법으로 변경하는 경우

$$상각범위액 = \left(\begin{array}{c} 감가상각누계액을 \\ 공제한 \ 장부가액 \end{array} + \begin{array}{c} 전기이월상각 \\ 한도초과액 \end{array} \right) \times \frac{해당 \ 사업연도의 \ 채굴량 \ 또는 \ 매립량}{총채굴예정량 - 변경 \ 전 \ 사업연도까지의 \ 총채굴량 \ 또는 \ 총매립량}$$

위의 계산식 중 총채굴예정량은 한국광물자원공사가 인정하는 총채굴량을 말하고, 총매립예정량은 「폐기물관리법」 제25조 제3항에 따라 환경부장관 또는 시·도지사가 인정한 총매립량을 말한다.

(다) 사업연도가 1년 미만인 경우의 상각범위액의 계산

사업연도의 변경에 따라 종전의 사업연도의 개시일부터 변경한 사업연도의 개시일 전일까지의 기간을 1사업연도로 보는 경우와 법인의 해산·합병 또는 분할, 청산 중에 있는 법인의 사업계속, 외국법인의 국내사업장의 폐쇄 등에 따라 사업연도가 의제되는 경우로서 그 의제 사업연도가 1년 미만인 경우에는 상각범위액을 월할계산한다(법령 26 ⑧).

$$상각범위액 = 사업연도가 \ 1년인 \ 경우의 \ 상각범위액 \times \frac{사업연도의 \ 월수}{12}$$

위의 경우에 월수는 역(曆)에 따라 계산하되, 1개월 미만의 일수는 1개월로 한다.

그러나 법령 또는 법인의 정관 등에서 정하는 사업연도가 1년 미만인 경우에는 상각범위액을 월할계산하는 것이 아니라 내용연수를 환산하여 상각범위액을 계산하도록 하고 있다.

(라) 신규취득자산에 대한 상각범위액의 계산

법인이 사업연도 중에 취득하여 사업에 사용한 감가상각자산에 대한 상각범위액은 사업에 사용한 날부터 사업연도 종료일까지의 월수에 따라 계산한다. 이 경우 월수는 역(曆)에 따라 계산하되, 1개월 미만의 일수는 1개월로 한다(법령 26 ⑨).

사업에 사용하고 있는 감가상각자산에 대하여 자본적 지출을 한 경우에는 그 자본적 지출

을 한 시기에 관계없이 감가상각자산의 취득일(해당 사업연도의 개시일 이전에 취득한 자산의 경우에는 해당 사업연도의 개시일)에 해당 자본적 지출을 행한 것으로 의제하여 상각범위액을 계산한다. 예를 들어 해당 사업연도 이전에 취득하였거나 해당 사업연도 개시일이 속하는 달에 취득한 감가상각자산에 대하여 행한 자본적 지출은 그 자본적 지출을 행한 시기에 관계없이 해당 상각범위액의 전액을 그 상각범위액으로 계산하는 것이다.

사례

甲 법인(사업연도 1. 1.-12. 31.)은 2016. 4. 10.에 사옥용 건축물을 100억원에 매입하여 사용하던 중 2016. 12. 10.에 해당 건축물에 대하여 대수선을 행하고 수선비 50억원을 지출하였다. 甲 법인은 해당 건축물의 내용연수를 30년(정액법 상각률: 0.034)으로 신고하였다.
위의 경우에 건축물의 상각범위액을 계산하여 보면

$382{,}500{,}000$원$(15{,}000{,}000{,}000 \times 0.034 \times \frac{9}{12})$으로 된다.

다) 적격합병 등의 상각범위액의 계산 특례

(1) 상각범위액의 계산 특례

(가) 취득가액의 계산

적격합병, 적격분할, 적격물적분할 또는 적격현물출자(이하에서 '적격합병 등'이라 한다)에 의하여 취득한 자산의 상각범위액을 정할 때 취득가액은 적격합병 등에 의하여 자산을 양도한 법인(이하에서 '양도법인'이라 한다)의 취득가액으로 하고, 미상각잔액은 양도법인의 양도 당시의 장부가액에서 적격합병 등에 의하여 자산을 양수한 법인(이하에서 '양수법인'이라 한다)이 이미 감가상각비로 손금에 산입한 금액을 공제한 잔액으로 한다(법령 29의2 ②).

적격물적분할 또는 적격현물출자의 경우 양수법인은 자산을 시가로 계상하지만(법령 72 ② Ⅲ), 상각범위액은 양도법인의 양도 당시의 장부가액을 기준으로 계산한다는 점에 유의하여야 한다. 적격물적분할 또는 적격현물출자의 경우 자산에 관한 양도차익은 과세이연되는데 양수법인은 그 자산을 시가로 계상하므로 시가가 양도법인의 양도 당시 장부가액보다 크다면 상각범위액이 증가하게 되어 적격물적분할 또는 적격현물출자가 조세절감 수단으로 악용될 소지가 있기 때문이다. 반대로 양도 당시 해당 자산의 양도법인 장부가액(법문상 '상각범위액')이 그 시가(법문상 '해당 자산의 장부가액')보다 큰 경우 그 초과금액을 감가상각하여 손금산입할 수 있고, 나중에 자산을 처분할 때 초과금액 중 손금에 산입한 금액의

합계액을 그 자산을 처분한 날이 속하는 사업연도에 익금산입한다(법령 29의2 ③).[94]

(나) 상각범위액의 계산

취득한 자산의 상각범위액은 다음의 어느 하나에 해당하는 방법으로 정할 수 있다(법령 29의2 ②). 이 경우 선택한 방법은 그 후 사업연도에도 계속 적용한다.

① 양도법인의 상각범위액을 승계하는 방법

　이 경우 상각범위액은 양도법인이 정한 상각방법 및 양도법인이 정한 내용연수에 의하여 계산한 금액으로 한다.

② 양수법인의 상각범위액을 적용하는 방법

　이 경우 상각범위액은 양수법인이 정한 상각방법 및 양수법인이 정한 내용연수에 의하여 계산한 금액으로 한다.

(2) 적격요건위반에 따른 익금 산입

위의 특례규정을 적용받은 법인이 적격요건위반사유에 해당하는 경우에는 해당 사유가 발생한 날이 속하는 사업연도 이후의 소득금액을 계산할 때 위의 특례규정을 최초로 적용한 사업연도 및 그 이후의 사업연도에 특례규정을 적용하지 않은 것으로 보고 감가상각비 손금산입액을 계산하며, 다음 ①의 금액(법인세법 시행령 제29조의2 제3항 전단에 따라 손금에 산입한 금액을 포함)에서 ②의 금액을 뺀 금액을 적격요건위반사유가 발생한 날이 속하는 사업연도의 소득금액을 계산할 때 익금에 산입한다. 이 경우 그 차액이 0보다 작은 경우에는 0으로 본다(법령 29의2 ④).

① 특례규정을 최초로 적용한 사업연도부터 해당 사업연도의 직전 사업연도까지 손금에 산입한 감가상각비 총액

② 특례규정을 최초로 적용한 사업연도부터 해당 사업연도의 직전 사업연도까지 특례규정을 적용하지 않은 것으로 보고 재계산한 감가상각비 총액

---

94) 이 규정은 순자산 전체를 기준으로는 양도차익이 발생하여 적격물적분할이나 적격현물출자에 해당하지만 개별 자산은 양도차손이 발생하는 경우를 염두에 둔 것이다. 이 경우에도 해당 개별 자산의 시가(법문상으로는 '해당 자산의 장부가액'으로 되어 있다)를 기준으로 감가상각하는 것이 타당하지만 양도차익이 발생하는 개별 자산의 경우 정책적으로 그 양도법인 장부가액(법문상으로는 '상각범위액'이라고 되어 있다)을 기준으로 감가상각하도록 하여 손금산입을 제한하고 있으므로 그와 균형을 맞추기 위하여 양도차손이 발생하는 개별 자산의 경우에도 잠정적으로는(즉, 해당 자산의 처분 전까지는) 양도법인 장부가액에 따른 추가 감가상각비 손금산입을 인정하되, 해당 자산을 처분할 때에는 그 효과를 원칙대로 환원시키는 것이다. 즉, 시가에 따라 감가상각하였을 경우의 과세소득으로 조정해 주는 것이다. 이를 위하여 추가 감가상각비 손금 산입액 전액을 자산 처분일이 속하는 사업연도에 익금산입한다.

라) 상각부인액 등의 처리

(1) 상각부인액

법인이 손비로 계상한 감가상각비는 상각범위액의 범위 안에서 해당 사업연도의 소득금액계산을 할 때 손금에 산입하고, 그 상각범위액을 초과하는 금액은 손금불산입한다. 법인이 손비로 계상한 감가상각비 중 상각범위액을 초과하여 손금불산입하는 금액을 상각부인액이라고 한다.

위와 같이 손금불산입한 상각부인액은 그 후의 사업연도에서 법인이 손금으로 계상한 감가상각비가 상각범위액에 미달하는 경우에 그 미달하는 금액(시인부족액)을 한도로 하여 이를 손금에 산입하여 유보(△유보)로 처분한다. 상각부인액이 있는 법인이 전혀 감가상각비를 손비로 계상하지 않은 사업연도에도 그 상각범위액[95]을 한도로 하여 상각부인액을 손금에 산입하여야 한다(법령 32 ①).

(2) 시인부족액

법인이 개별 감가상각자산별로 구분하여 계상한 감가상각비가 상각범위액에 미달하는 경우에 그 미달액을 시인부족액이라고 한다. 시인부족액이 생긴 경우 또는 법인이 계상한 감가상각비가 상각범위액과 일치하는 경우에는 그 법인이 손비로 계상한 감가상각비의 전액을 그대로 손금으로 용인한다. 법인이 계상한 감가상각비가 규제의 대상으로 삼고 있는 최고한도액을 넘지 않았기 때문에 간섭하지 않는 것이다.

시인부족액이 발생하더라도 그 부족액만큼을 적극적으로 손금에 산입하여 주지는 않는다. 다시 말하면 사업자가 해당 사업연도에 감가상각비를 전혀 손비로 계상하지 않았거나 과소하게 계상함으로써 시인부족액이 발생하더라도 그 시인부족액을 손금에 산입하여 주는 것은 아니다. 단지 그 법인이 해당 사업연도에 손비로 계상한 감가상각비의 전액을 그대로 손금으로 인정하여 줄 뿐이다. 그리고 법인이 감가상각비를 손비로 계상하지 않았다면 그 사업연도에는 감가상각비를 손금으로 인정받을 수 없는 것이다.

시인부족액은 이를 그 후 사업연도의 상각부인액에도 충당하지 못한다. 즉 시인부족액은 해당 사업연도에 소멸계산하는 것이다(법령 32 ②).

마) 평가증한 자산의 상각시부인

(1) 감가상각자산에 대한 감가상각과 평가증의 병행

법인이 감가상각자산에 대하여 감가상각과 평가증을 병행하는 경우에는 먼저 감가상각

---

95) 감가상각비를 손금으로 계상하지 않은 사업연도의 상각범위액은 그대로 시인부족액이 된다.

을 한 후 평가증을 한 것으로 계산한다(법령 32 ④).

위에서 감가상각과 평가증을 병행하는 경우의 의미에 관하여는 다음과 같은 견해의 대립이 있을 수 있다.

제1설은 동일한 날에 감가상각자산에 대한 감가상각과 평가증을 행한 경우로 새기는 견해이다. 예를 들면 사업연도 종료일에 감가상각자산에 대한 평가증을 계상함과 아울러 동일한 날에 해당 자산에 대한 감가상각비를 손비로 회계처리하는 경우로 새기는 견해이다.

제2설은 동일한 사업연도 중에 감가상각자산에 대한 감가상각과 평가증을 행한 경우로 새기는 견해이다. 예를 들면 사업연도의 진행 중에 감가상각자산에 대한 평가증을 계상하고 사업연도 말에 감가상각비를 손비로 계상하는 경우가 이에 해당한다.

위의 견해 중 제1설이 타당하다고 새기고자 한다.[96] 본 조에서 감가상각과 평가증을 병행하는 경우란 보험업법 기타 법률의 규정에 의한 유형자산 및 무형자산 등의 평가증(법법 42 ① I)과 그 평가증을 계상한 자산에 대하여 감가상각을 병행한 경우이다.

(2) 감가상각자산의 평가증과 상각부인액의 처리

법인이 감가상각자산의 장부가액을 증액(평가증)을 한 경우에 해당 감가상각자산의 상각부인액은 평가증의 한도까지 익금에 산입된 것으로 인정하여 이를 손금에 산입하고, 평가증의 한도를 초과하는 것은 이를 그 후의 사업연도에 이월할 상각부인액으로 한다. 이 경우 시인부족액은 소멸하는 것으로 한다(법령 32 ③).

> **사례**
>
> 감가상각자산의 재무회계상 장부가액은 2,000원이고, 상각부인액(유보)이 1,000원으로 세법상 장부가액은 3,000원이라고 가정하여 보자. 이때 그 자산의 장부가액을 10,000원으로 평가증한다면 재무회계상 장부가액이나, 세무회계상 장부가액이나 모두 10,000원이 되어야 한다. 이렇게 보면 재무회계상 평가차익은 8,000원이지만, 세무회계상 평가차익은 7,000원이다. 즉 세무회계상으로는 평가차익 중 상각부인액(1,000원)이 손금불산입시에 이미 익금에 산입되었다고 보아야 한다. 따라서 세무조정을 위하여는 상각부인액 상당액 1,000원을 손금에 산입하여야 한다. 즉, 상각부인액(1,000원)을 재무회계상 평가증액(8,000원)의 한도 내에서 손금에 산입하는 것이다.
> 반면, 감가상각자산을 2,600원으로 평가증한다고 가정하면 재무회계상 평가차익은 600원이지만 세무회계상 평가차익은 0원이다. 이 경우에도 세무회계상으로는 평가차익 중 평가증 한도 내의 상각부인액 600원은 손금불산입시에 이미 익금에 산입되었다고 볼 수 있다. 그러므로 세무조정시에는 상각부인액 1,000원 중 위 600원을 손금에 산입하고 나머지 400원은 계속 유보로 남긴다. 즉,

96) 국세청 법인 46012-1528, 1999. 4. 23.

> 상각부인액(1,000원)을 재무회계상 평가증액(600원)의 한도 내에서 손금에 산입하고 그 한도를 초과하는 400원은 상각부인액으로 이월한다.

바) 양도자산의 상각시부인

법인이 감가상각자산을 양도한 경우에 해당 자산의 상각부인액은 양도일이 속하는 사업연도의 손금에 산입한다(법령 32 ⑤). 상각부인액이 있는 자산을 양도한 경우에는 해당 자산에 대한 장부상의 처분이익은 상각부인액만큼 과대하게 계상되기 때문이다.[97]

이에 대하여 시인부족액이 있는 감가상각자산을 양도한 때에는 그 시인부족액은 고려하지 않는다.

감가상각자산의 일부를 양도한 경우 해당 양도자산에 대한 감가상각누계액 및 상각부인액 또는 시인부족액은 해당 감가상각자산 전체의 감가상각누계액 및 상각부인액 또는 시인부족액에 양도 부분의 가액이 해당 감가상각자산의 전체가액에서 차지하는 비율을 곱하여 계산한 금액으로 한다. 이 경우 그 가액은 취득 당시의 장부가액에 의한다(법령 32 ⑥).

사. 감가상각자산의 손금산입특례

1) 소액자산 등의 즉시상각의제 특례

가) 소액자산의 즉시상각의제

감가상각자산으로서 그 취득가액이 거래단위별(자산을 취득한 법인이 그 취득한 자산을 독립적으로 해당 사업에 직접 사용할 수 있는 것을 기준으로 한다)로 100만원 이하인 것에 대하여는 이를 그 사업에 사용한 날이 속하는 사업연도의 손비로 계상한 것에 한정하여 이를 손금에 산입한다. 다만, 그 고유업무의 성질상 대량으로 보유하는 자산과 그 사업의 개시 또는 확장을 위하여 취득한 자산에 대하여는 그렇지 않다(법령 31 ④).

나) 시설의 개체(改替) 등에 따른 즉시상각의제

시설의 개체 또는 기술의 낙후로 인하여 생산설비의 일부를 폐기한 경우에는 해당 자산의 장부가액에서 1천원을 공제한 금액을 폐기한 날이 속하는 사업연도의 손금에 산입할 수

---

97) 이를테면 어떤 자산이 재무회계상 장부가액 1,000원, 상각부인액(유보) 600원이라고 가정하면 그 세무회계상 장부가액은 1,600원이다. 위 자산을 2,000원에 처분하면 재무회계상 처분이익은 1,000원이고, 세무회계상 처분이익은 400원이다. 따라서 세무조정시에는 재무회계상 처분이익 1,000원에 유보 600원을 손금산입하면 적정한 세무회계상 처분이익 400원이 도출된다(편의상 순액법으로 기술하였다).

있다(법령 31 ⑦ I). 1천원은 비망기록을 위하여 인정된 제도이다. 장부가액으로 남아 있는 금액은 해당 감가상각자산을 처분하거나 폐기하는 사업연도의 손금에 산입하여야 한다.

다) 임차한 사업장의 원상회복을 위하여 시설물을 철거하는 경우

사업의 폐지 또는 사업장의 이전으로 임대차계약에 따라 임차한 사업장의 원상회복을 위하여 시설물을 철거하는 경우에도 위 '나)'와 같다(법령 31 ⑦ II).

라) 어구 등에 대한 일시손금산입

소액자산의 일시손금산입 규정(법령 31 ④)에 불구하고 다음의 자산에 대하여는 이를 그 사업에 사용한 날이 속하는 사업연도의 손금으로 계상하면 손금에 산입한다(법령 31 ⑥).
① 어업에 사용되는 어구(어선용구를 포함한다)
② 영화필름·공구·가구·전기기구·가스기기·가정용 기구 및 비품·시계·시험기기· 측정기기 및 간판
③ 대여사업용 비디오테이프 및 음악용 콤팩트디스크로서 개별자산의 취득가액이 30만원 미만인 것
④ 전화기(휴대용 전화기를 포함한다) 및 개인용 컴퓨터(그 주변기기를 포함한다)

2) 한국채택국제회계기준을 적용하는 내국법인에 대한 손금산입 특례

한국채택국제회계기준을 적용하는 내국법인이 보유한 감가상각자산 중 유형자산과 무형자산[㉮ 무형자산 중에서 감가상각비를 손비로 계상할 때 적용하는 내용연수(이하 '결산내용연수'라 한다)를 확정할 수 없는 것으로서 기획재정부령으로 정하는 요건(법칙 12 ②)을 모두 갖춘 것과 ㉯ 한국채택국제회계기준을 최초로 적용하는 사업연도 전에 취득한 영업권을 말한다(법령 24 ②)]의 감가상각비는 개별 자산별로 다음의 구분에 따른 금액이 법인세법 제23조 제1항에 따라 손금에 산입한 금액보다 큰 경우 그 차액의 범위에서 추가로 손금에 산입할 수 있다(법법 23 ②, 법령 26의2 및 26의3). 이는 신고조정사항이다.

한국채택국제회계기준 도입으로 인하여 감가상각방법 또는 내용연수가 변경됨에 따라 한국채택국제회계기준을 적용하는 법인은 그렇지 않은 법인에 비하여 감가상각비가 감소하고 그 결과 조세부담이 늘어날 수 있으므로 이를 완화하기 위한 특례이다.
① 2013년 12월 31일 이전 취득분(종전감가상각비)
한국채택국제회계기준을 적용하지 않고 종전의 방식에 따라 감가상각비를 손비로 계상한 경우 법인세법 제23조 제1항에 따라 손금에 산입할 감가상각비 상당액

② 2014년 1월 1일 이후 취득분(기준감가상각비)

법인이 2014년 1월 1일 이후에 취득한 감가상각자산으로서 기존보유자산과 동일한 종류의 자산으로서 동일한 업종에서 사용되는 동종자산은 개별 자산별로 한국채택국제회계기준에 따른 감가상각비에 ㉠ 한국채택국제회계기준 도입으로 감소된 감가상각비의 25퍼센트와 ㉡ 세법상 기준 내용연수를 적용한 감가상각비 중 큰 금액을 더한 금액

아. 감가상각의 의제

1) 감가상각의제의 취지

법인세법은 임의상각제도를 채택하여 해당 법인이 스스로 감가상각비를 손비로 계상(計上)한 경우에 한하여 손금산입을 허용한다. 그러므로 법인세의 면제 또는 감면을 받는 법인은 법인세를 면제 또는 감면받는 기간 중에는 의도적으로 감가상각비를 손비로 계상하지 않으려고 한다. 왜냐하면 법인세의 면제 또는 감면을 받는 기간 중에는 소득금액의 다과에 관계없이 법인세를 면제 또는 감면하기 때문에 의도적으로 감가상각비를 손비로 계상하지 않으려고 하는 것이다.

그리고 법인세의 면제 또는 감면기간이 종료하게 되면 그때부터 감가상각비를 손비로 계상하여 과세소득금액을 줄이려고 한다. 즉 법인세의 면제 또는 감면기간에 손금에 산입하였어야 할 감가상각비를 인위적으로 손금에 산입하지 않고 미루어 두었다가 법인세의 면제 또는 감면기간이 종료한 후에 손금에 산입하여 실질적으로는 법인세의 부담을 이중적으로 줄이게 되는 것이다. 이를 방지하기 위하여 마련한 법적 장치가 감가상각의제제도이다.

다만 한국채택국제회계기준을 적용하는 법인은 감가상각의제 규정에도 불구하고 법인세법 제23조 제2항에 따라 개별 자산에 대한 감가상각비를 추가로 손금에 산입할 수 있다(법령 30 ①).

2) 감가상각의제의 적용요건

각 사업연도의 소득에 대하여 법인세가 면제되거나 감면되는 사업을 영위하는 법인이 법인세를 면제받거나 감면받은 경우로서 그 감가상각자산에 대한 감가상각비를 손금으로 계상하지 않은 때에 한하여 감가상각의제에 관한 규정을 적용한다(법법 23 ③, 법령 30 ①).

가) 법인세의 면제 또는 감면을 받은 경우

(1) 법인세의 면제 또는 감면

각 사업연도의 소득에 대하여 법인세가 면제되거나 감면되는 사업을 영위하는 법인이 실제로 법인세를 면제받거나 감면받은 경우이어야 한다.

법인세의 면제 또는 감면의 범위에 관하여는 다툼의 여지가 있다고 본다. 이에 관하여는 다음과 같은 견해의 대립이 있을 수 있다.

제1설은 법인세의 면제 또는 감면을 실정법상의 세액면제 또는 세액감면은 물론이고 소득공제 및 세액공제를 포함한 조세우대조치의 의미와 동의어로 새기는 견해이다.

제2설은 법인세의 면제 또는 감면을 법문대로 실정법상의 세액면제 또는 세액감면으로 새기는 견해이다.

유추해석과 확장해석을 허용하지 않는 조세법령 해석의 일반원칙에 비추어 볼 때 위의 법인세의 면제 또는 감면의 의미를 확장하여 소득공제 또는 세액공제를 포함하는 것으로 새기거나 조세우대조치를 총칭하는 것으로 받아들이는 것은 타당하지 않다고 생각한다. 따라서 법인세의 면제 또는 감면을 법문대로 실정법상의 세액면제 또는 세액감면으로 새기고자 한다.

(2) 특정사업의 소득에 대한 법인세의 면제 등

법인세가 면제되거나 감면되는 사업을 영위하는 법인이란 특정사업에서 생긴 소득에 대하여 법인세가 면제 또는 감면되는 법인을 말한다. 따라서 특정사업에서 생긴 소득이 아니고 배당소득 또는 특허권의 대여소득 등과 같은 특정한 어느 한 부분의 소득에 대하여 법인세를 면제 또는 감면받는 법인은 감가상각의제에 관한 규정을 적용하지 않는다.[98] 예를 들면 해외자원개발투자 배당소득(조특법 22)에 대하여 법인세의 면제·감면을 받는 법인은 감가상각의제에 관한 규정을 적용하지 않는다.

(3) 법인세의 면제 등을 받은 경우

법인세가 면제되거나 감면되는 사업을 영위하는 법인으로서 실제로 법인세를 면제받거나 감면받은 경우에 한하여 감가상각의제에 관한 규정을 적용한다. 설사 법인세가 면제되거나 감면되는 사업을 영위하는 법인이라고 하더라도 결손금의 발생·이월결손금의 공제 또는 면제요건의 불비 등으로 사실상 면제 또는 감면을 받지 않은 경우에는 감가상각의제에 관한 규정을 적용하지 않는다.[99]

---

98) 법통 23-30…1.
99) 대법원 1989. 2. 28. 선고 87누891 판결:「의제상각규정은 법인세 과세사업과 감면사업을 겸영하는 경우 감면사업용 자산에 대하여만 적용되는 규정이고 또 감면용 자산이라 할지라도 위 규정은 법인이 법인세를 면

나) 감가상각비를 손금으로 계상하지 않은 경우

내국법인이 감가상각자산에 대한 감가상각비를 손금으로 계상하지 않거나 한국채택국제회계기준을 적용하는 내국법인이 법인세법 제23조 제2항에 따라 감가상각비를 손금에 산입하지 않아야 한다. 감가상각자산에 대한 감가상각비를 손금으로 계상하지 않거나 산입하지 않은 경우란 개별 감가상각자산에 대한 감가상각비를 전혀 손비로 계상하지 않거나 손금에 산입하지 않은 경우는 물론이고 상각범위액에 미달하게 계상하거나 산입한 경우를 말한다(법령 30 ①).

3) 감가상각의제에 관한 규정의 적용효과

가) 상각범위액의 계산

법인이 법인세의 면제 또는 감면기간 중에 감가상각자산에 대한 감가상각비를 손금으로 계상하지 않거나 산입하지 않은 경우에는 상각범위액만큼 감가상각비를 손금으로 신고조정하여야 한다(법령 30 본문).[100] 다만, 한국채택국제회계기준을 적용하는 법인은 법인세법 제23조 제2항에 따라 개별 자산에 대한 감가상각비를 추가로 손금산입할 수 있다(법령 30 但).

나) 자산의 처분시의 장부가액

감가상각의제에 관한 규정이 적용되는 감가상각자산을 처분하거나 재평가한 경우에 의제상각액이 해당 자산의 처분손익 또는 평가이익의 크기에 영향을 미치는 것인지에 관하여는 해석상 다툼의 여지가 있다. 즉 감가상각의제에 관한 규정이 적용되는 감가상각자산을 처분하거나 재평가한 경우에 의제상각액이 해당 자산의 장부가액(재평가에 있어서는 평가이익을 계상하기 전의 평가액을 말한다. 이하에서 같다)에 포함되는지의 여부에 관하여는 서로 상반되는 견해의 대립이 있을 수 있는 것이다.

제1설은 해당 자산의 장부가액을 계산할 때 의제상각액을 공제하여야 한다는 견해이다. 감가상각의제제도의 취지에 충실한 해석이라고 하겠다.

제2설은 해당 자산의 장부가액을 계산할 때 의제상각액을 공제하여서는 안된다는 견해이다. 즉 장부가액에 의제상각액이 포함된다는 견해이다.[101]

법인세법 시행령 제30조 제1항의 문언상 의제상각액은 세무상 장부가액에 반영된다고 해석하는 것이 타당하므로 제1설을 지지하고자 한다.

제 또는 감면받는 경우에만 적용되는 것이지 감면기간에 결손이 발생하여 법인세를 면제 또는 감면받은 사실이 없는 경우에는 위 규정은 적용될 수 없다.」

100) 법인-569, 2011. 8. 9.
101) 최명근, 「법인세법」, 세경사, 1998, 345면.

7 **기부금의 한도초과액**

가. 개 요

기부금이란 내국법인이 자기의 의사에 따라 타인에게 법인의 사업과 직접 관계없이 무상으로 지출하는 재산적 증여의 가액을 가리킨다(법법 24 ①). 기부행위에 의하여 법인의 순자산 감소의 결과를 초래한다는 점에서는 손금성을 지니고 있다고 할 수 있지만 그 법인의 사업과 직접 관련없이 지출된다는 점에서 원칙적으로 그 손금성이 부정된다.[102]

따라서 법인이 지출하는 기부금에 대하여는 원칙적으로 손금불산입하되, 다만 공익성 기부금에 한하여 예외적으로 일정한 금액의 범위 안에서 손금산입을 허용하고 있다.[103] 현행 법인세법은 기부금을 그 공공성의 정도에 따라 특례기부금과 일반기부금으로 구분하여 손금산입의 범위에 차등을 두고 있다.[104]

나. 기부금의 개념과 범위

1) 기부금의 개념

법인세법 제24조 제1항은 기부금을 '내국법인이 사업과 직접적인 관계없이 무상으로 지출하는 금액'으로 정의하면서 '대통령령으로 정하는 거래를 통하여 실질적으로 증여한 것으로 인정되는 금액을 포함한다'고 규정함으로써 후술하는 의제기부금(법령 35)을 기부금의 범위에 포섭할 수 있는 법적 근거를 마련하고 있다. 기부금의 범위에 관하여는 종래 광의설과 협의설이 대립하고 있었다. 그 이유는 2018. 12. 24. 법률 제16008호로 법인세법 제24조 제1항이 개정되기 이전에는 법인세법상 기부금에 관한 정의 규정이 없었기 때문이었다.

광의설은 기부금을 재산권이 실질적으로 증여되는 것으로 이해하여 당사자 간에 증여계

---

102) 그러나 영리법인이 장래의 경제적 효과에 대한 기대가 전혀 없이 무상으로 기부하는 경우는 생각하기 어렵다. 즉, 기부금에도 일정 부분 사업관련성이 내재되어 있다고 보아야 한다(渡辺徹也, 「スタンダード 法人税法」第2版, 弘文堂, 2019, 152-153면). 다만 사업관련성을 정량적으로 인식하여 측정하기 어렵고 기부금 지출에는 이익처분적 성격도 있으므로 손금 산입에 제한을 두는 것이다[大淵博義, 「法人税法解釈の検証と実践的展開 第Ⅰ巻」(改訂増補版), 税務経理協会, 2013, 554-555면].

103) 대법원 1992. 7. 14. 선고 91누11285 판결: 「타인에게 사업과 직접 관계없이 무상으로 지출하는 것으로서 재산적 가치가 있는 것을 말하고 실질적으로는 증여에 해당하는바, 순자산을 감소시키는 것이란 점에서는 손금에 해당되고, 또한 그것이 공익을 위한 것이라면 장려되어야 할 성질의 것이지만 사업 직접 관계없이 지출되는 것이어서 수익에 대응하는 비용으로 볼 수도 없을 뿐만 아니라 이를 <u>모두 손금으로 인정하는 경우에는 조세부담을 감소시켜 실질적으로는 국고에서 기부금을 부담하는 결과가 되고 자본충실을 저해하여 주주등 출자자나 일반채권자의 권익을 침해하게 되므로 법인세법은 그 기부금의 공공성의 정도에 따라 그 종류와 손금산입의 범위를 달리하고 있다</u>.」(강조는 저자)

104) 대법원 1997. 4. 11. 선고 96누9164 판결; 대법원 1992. 7. 14. 선고 91누11285 판결.

약에 의하지 않더라도 경제적으로 보아 증여와 동일시 할 수 있는 경우까지 모두 포함하여야 한다는 입장이다. 광의설에 의하면 증여계약의 이행에 따른 재산권의 이전·재단법인 설립을 위한 재산의 출연·채무면제·면책적 채무인수 및 제3자를 위한 변제는 물론이고 저가양도와 고가매입 등을 통한 일체의 경제적 이익의 제공이 기부금의 범위에 포함된다고 해석한다.[105] 이 입장에 따르면 의제기부금도 당연히 기부금에 속한다.

이에 대하여 협의설은 기부금을 현행 법인세법 제24조 제1항 괄호 이외의 부분으로 한정하여 이해한다. 즉, 협의설에 의하면 기부금을 법인이 특수관계가 없는 자에게 그 법인의 사업과 직접 관계없이 무상으로 지출하는 재산적 증여의 가액으로 좁게 해석한다. 협의설에 따르면 증여계약의 이행에 따른 재산권의 이전·재단법인을 설립하기 위한 재산의 출연·채무면제·면책적 채무인수 및 제3자를 위한 변제 정도가 기부금의 범위에 포함된다고 이해하게 된다.

판례는 종래 광의설을 취하여 왔다. 즉 대법원은 법인세법 제24조에서 규정하는 기부금은 법인이 타인에게 법인의 사업과 직접 관계없이 무상으로 증여하는 재산적 가액을 가리키는 것으로서 순수한 무상양도의 경우뿐 아니라 거래의 외형은 유상양도의 형태를 취하고 있더라도 해당 자산이 낮은 가액으로 양도되어 양도가액과 정상가액과의 차액이 실질적으로 증여되었다고 인정되는 경우까지 포함하는 것이라고 한다. 그러므로 광의설과 같은 취지를 규정하고 있었던 舊 법인세법 시행령(2019. 2. 12. 대통령령 제29529호로 개정되기 전의 것) 제35조 제2호가 법률의 위임이 없더라도 유효하다는 입장이었다.[106] 다만, 대법원은 광의설을 취하게 된 논거에 관하여는 설시하지 않고 있다.

현행 법인세법 제24조 제1항은 기부금의 정의에 관한 규정을 두면서 '대통령령으로 정하는 거래를 통하여 실질적으로 증여한 것으로 인정되는 금액을 포함한다'고 규정하고 법인세법 시행령 제35조에서 「… 법 제24조 제1항에서 "대통령령으로 정하는 거래"란 특수관계인 외의 자에게 정당한 사유 없이 자산을 정상가액보다 낮은 가액으로 양도하거나 특수관계인 외의 자로부터 정상가액보다 높은 가액으로 매입하는 것을 말한다.」라고 규정함으로써 광의설의 입법적 토대를 분명하게 하였다.

---

105) 행정해석은 부동산의 무상임대 또는 저가임대로 인한 이익도 기부금에 해당한다고 본다(법통 24-35…1, 법행 24-35-1).
106) 대법원 1993. 5. 25 선고 92누18320 판결: 「법인세법 시행령 제35조 제2호는 모법의 기부금의 범위를 부당하게 확대하여 조세법률주의에 위배되는 무효의 규정이라고 볼 수 없다.」 같은 취지: 대법원 1993. 5. 27. 선고 92누9012 판결.

2) 기부금의 구체적 범위

가) 본래의 기부금

기부금이란 법인이 특수관계인 외의 자에게 해당 법인의 사업과 직접 관계없이 무상으로 지출하는 재산적 증여의 가액을 말한다(법법 24 ①). 이를 본래의 기부금이라고 부르기로 한다. 이하에서 본래의 기부금에 관한 정의를 구체적으로 살펴본다.

(1) 기부의 상대방(특수관계 없는 타인)

기부금이란 법인과 특수관계가 없는 자에게 무상으로 지출하는 재산적 가액이다. 특수관계 없는 자에는 개인·법인(영리법인 및 비영리법인) 및 법인격 없는 단체가 포함된다.

증여의 상대방이 법인과 특수관계가 있는 자인 경우(법법 2 XII)에는 무상으로 지출하는 재산적 가액을 기부금으로 하지 않고 부당행위계산부인규정을 적용하여 해당 금액을 익금산입하거나 손금불산입하게 된다.

하나의 행위가 특례기부금이면서도 부당행위계산부인의 대상이 될 수 있다. 궁극적으로 하나의 행위를 어느 행위로 평가할 수 있는지는 결국 사실판단의 문제이다.[107]

그러나 일반기부금의 경우 그 기부금을 지출하는 법인과 특수관계에 있는 자에게 기부하더라도 기부금(일반기부금)에 해당할 수 있다는 것이 행정해석이다.[108] 즉, 기부금으로 판

---

107) 대법원 2018. 3. 15. 선고 2017두63887 판결: 원고인 주식회사 강원랜드는 태백시에 특례기부금을 지급하였고 태백시는 다시 주식회사 강원랜드의 특수관계인이 태백관광개발공사에 그 기부금을 전액 교부한 경우 해당 기부금을 손금산입할 수 있는지 여부가 문제된 사안이었다. 과세관청은 원고가 제3자인 태백시를 통하여 태백관광개발공사에 우회지원을 한 것으로 보아 법인세법 제52조의 부당행위계산부인 규정에 따라 손금불산입을 하였는데, 구체적으로 태백시를 매개로 한 부분을 법인세법 시행령 제88조 제2항 괄호로 포섭하였는지 혹은 국세기본법 제14조 제3항로 포섭하였는지 분명하게 밝히지는 않았다. 원고는 과세 근거를 후자로 보고 기부행위에 조세회피목적이 없었고 부당행위계산부인 규정의 적용이 문제가 되는 사안에서는 국세기본법 제14조 제3항을 적용할 수 없다고 주장하면서 다투었다. 1심 판결(춘천지방법원 2017. 2. 10. 선고 2016구합50820 판결)은 위 기부금 교부를 금전을 무상으로 제공한 경우로 보아 법인세법 제52조 제1항, 법인세법 시행령 제88조 제1항 제6호, 제2항을 적용하여 부당행위계산부인 규정을 적용하면서, 일반규정인 실질과세의 원칙의 적용 이전에 법인세법에 따른 부당행위계산의 부인에 의하여 손금산입이 부인되므로 실질과세원칙의 적용에 관한 주장(특히 조세회피목적)은 더 판단할 필요가 없다고 보았다. 그러나 그 항소심은 다시 두 원칙의 관계를 병렬적으로 판단하고 있다. 즉, 대상 사실관계에 관하여 실질과세의 원칙 또는 법인세법에 따른 부당행위계산 부인규정을 적용하여 그 기부금을 손금불산입한 것은 정당하다는 결론을 도출하고 있다[서울고등법원 2017. 9. 20. 선고 (춘천)2017누300 판결]. 대법원은 위 사실관계를 일단 부당행위계산부인 규정의 적용대상으로 보아 기부금 교부가 부당행위계산부인 규정의 대상이 되더라도 동시에 특례기부금에 따른 손금산입의 대상이 될 수 있고 두 경우 중 어느 경우에 해당하는가는 결국 사실 판단문제에 해당한다고 보아 특례기부금으로 손금산입을 인정하였다. 부당행위계산부인 규정의 적용 대상으로 보면 조세회피목적의 유무는 그 요건이 아니지만 대법원은 특례기부금의 해당 여부를 판단하는 과정에서 실질적으로 이를 고려하고 있다. 즉, 조세회피목적이 없었다는 점을 고려하여 보면 특례기부금에 해당하는 것으로 보아야 한다는 것이다.

108) 법통 24-36…6 (특수관계 있는 단체 등에 지출한 지정기부금의 처리): 「영 제36조에 규정하는 단체 등과

단한 경우에는 부당행위계산부인규정을 적용할 수 없다.

(2) 사업과의 무관성(업무무관성)

기부금이란 법인의 사업과 직접 관계없이 무상으로 지출하는 재산적 가액이다. 무상적 지출이라는 점에서는 기업업무추진비 및 견본품비 등과 공통점이 있으나, 사업과 직접 관계없는 지출이라는 점에서는 차이가 있다.[109]

(3) 무상성

(가) 무상적 지출의 유형

기부금이란 무상으로 지출하는 재산적 증여의 가액을 지칭한다. 즉 기부금은 무상성을 그 특질로 한다.[110]

따라서 증여계약의 이행에 따른 재산권의 이전, 재단법인을 설립하기 위한 재산의 출연, 채무면제, 면책적 채무인수[111] 및 제3자를 위한 변제도 기부금에 포함된다.

또한, 법인세법 및 그 시행령은 자산의 저가양도와 고가매입 등을 통한 경제적 이익의 공여도 기부금에 포함시키고 있다(법법 24 ①, 법령 35). 대법원은 과거 법인세법에 명문의 근거가 없었던 시기에도 기부금을 재산권이 실질적으로 증여되는 경우로 이해하여 당사자간의 증여계약에 의한 증여가 없다고 하더라도 경제적으로 보아 증여와 동일시할 수 있는 경제적 이익의 제공을 포함한다고 해석하여 왔음은 앞서 본 바와 같다.[112]

특수관계 있는 법인이 동 단체 등에 동조에 규정하는 각종 시설비, 교육비 또는 연구비 등으로 지출한 기부금이나 장학금은 이를 지정기부금으로 본다.」
그러나 법인세법 시행령 제35조에 명문으로 규정되어 있는 사항을 행정해석으로 제한하는 것은 법체계상 적절하지 않다. 적어도 시행령 단계에서 규정하는 것이 바람직하다고 하겠다. 특례기부금에 관하여는 같은 취지의 행정해석이 없으나 달리 볼 이유는 없다. 아마 실제로 그런 경우를 상정하기 어렵기 때문에 행정해석이 없는 것으로 생각된다.

109) 최명근, 「법인세법」, 세경사, 1998, 268면.
110) 대법원 1992. 7. 14. 선고 91누11285 판결: 「기부금이란 타인에게 사업과 직접 관계 없이 무상으로 지출하는 것으로서 재산적가치가 있는 것을 말하고 실질적으로는 증여에 해당하는 바, 순자산을 감소시키는 것이란 점에서는 손금에 해당되고, 또한 그것이 공익을 위한 것이라면 장려되어야 할 성질의 것이지만 사업과 직접 관계 없이 지출되는 것이어서 수익에 대응하는 비용으로 볼 수도 없을 뿐만 아니라 이를 모두 손금으로 인정하는 경우에는 조세부담을 감소시켜 실질적으로는 국고에서 기부금을 부담하는 결과가 되고 자본충실을 저해하여 주주등 출자자나 일반채권자의 권익을 침해하게 되므로 법인세법은 그 기부금의 공공성의 정도에 따라 그 종류와 손금산입의 범위를 달리하고 있는데, 지정기부금(일반기부금:저자註)은 사회복지, 문화, 예술, 교육, 종교, 자선 등 공공성을 감안하여 법인세법 시행령 제42조가 정하는 기부금으로서 법인세법 제18조 제1항 소정의 한도내에서만 손금산입이 인정되므로, 지정기부금의 경우에 그 전액이 손금산입된다는 소론은 독자적인 견해에 불과하다.」(강조는 저자)
111) 대법원 2004. 1. 29. 선고 2003두247 판결.
112) 대법원 1993. 5. 25 선고 92누18320 판결.

(나) 유상적 지출과의 구별

다음으로 법인이 지출하는 재산적 가액이라 할지라도 유상성이 있는 경우에는 기부금이 아니다. 유상성을 띠고 있기 때문에 기부금으로 볼 수 없는 사례를 소개하면 다음과 같다.[113]

① 법인이 공장신축을 위하여 주무부장관으로부터 공유수면매립면허를 받아 매립한 토지 중 일부를 매립면허시의 조건(항만부지 및 해안도로 등의 용도)에 따라 기부채납의 형식으로 국가에 기증한 경우에는 그 기증한 토지는 법인의 공장부지의 취득을 위하여 지출된 자본적 지출, 즉 공장부지의 취득원가에 포함되는 법인의 사업과 직접 관련되는 비용이라고 할 것이므로 기부금에 해당하지 않는다.[114]

② 甲 법인이 독점적 통신서비스 제공사업인 제2이동통신사업에 참여하기 위하여 乙 법인 등과 함께 정보통신부장관이 관련법령의 규정에 의하여 부여한 조건(제2이동통신사업을 영위하는 丙 법인의 주주로 참여하면서 그 납입자본금의 40퍼센트에 상당하는 금액을 한국전자통신연구소에 출연하는 조건)에 따라 한국전자통신연구소에 출연금을 출연한 경우에 그 출연금은 丙 법인의 주식을 취득하기 위하여 부담하는 부대비용으로서 해당 주식의 취득원가를 구성한다.[115]

(다) 부담부 증여의 경우

내국법인이 자산을 비영리법인에 출연하면서 비영리법인으로 하여금 해당 자산을 담보로 하는 피담보채무를 승계하도록 하는 경우에는 어떻게 과세를 할 것인지가 문제될 수 있다. 무상적 지출과 유상적 지출의 중간적 성격을 갖는데 법인세법이 명문의 규정을 두지 않고 있기 때문이다. 판례는 자산 그 자체는 기부금으로 처리하여 한도내에서 손금산입하고 피담보채무의 승계로 인한 채무면제에 관하여는 채무면제이익을 익금산입하여야 한다는 입장이다.[116]

---

113) 일본의 판례 중 도쿄지방재판소 1991(平成 3.). 11. 7. 판결(判例時報 1409호 52면)은 법인이 제3자를 위하여 손실부담을 행한 경우로서 그 부담을 하지 않으면 반대로 큰 손실을 입을 것이 분명하여 부득이하게 부담을 행한 사안에 관한 것이었는데 실질적으로 보면 상대방에게 경제적 이익을 무상으로 제공한 것이라고 할 수 없다고 하여 기부금으로 볼 수 없다고 판단하였다. 모회사가 자회사에 관하여 손실부담을 한 사안에서 같은 취지로 판단한 판결로 요코하마지방재판소 1993(平成 5). 4. 28. 판결(稅資 195호 199면).

114) 대법원 1987. 7. 21. 선고 87누108 판결.

115) 국심 1997. 11. 5. 자 96서3780 결정.

116) 대전고등법원 2024. 9. 25. 선고 (청주)2024누50101 판결(대법원 2025. 2. 13. 자 2024두58753 판결로 심리불속행 종결).

(4) 기부의 목적물(재산적 가액)

기부금은 무상으로 지출하는 재산적 증여의 가액이므로 경제적 가치가 있는 모든 재산권[117]이 기부의 목적물이 된다. 뿐만 아니라 채무면제 · 면책적 채무인수 · 제3자를 위한 변제 등에 의하여 타인에게 경제적 이익을 분여하는 경우에도 기부금에 해당한다.

(5) 지출의 임의성

기부금은 그 지출 또는 출연이 법률상 강제되는 것이 아니어야 한다. 즉 지출의 임의성 · 자발성을 그 개념적 특질로 하는 것이다. 지출의 임의성은 공과금과의 구별표징을 이룬다.

그 지출 또는 출연이 법률상 강제되지 않고 행정관청 등의 종용 · 권유 · 행정지도 등에 의하여 이루어진 경우에는 강제적 지출이라 할 수 없고, 따라서 해당 지출 또는 출연은 기부금에 해당한다.[118]

나) 저가양도 등에 따른 의제기부금

법인이 특수관계인 외의 자에게 정당한 사유없이 자산을 정상가액보다 낮은 가액으로 양도하거나 정상가액보다 높은 가액으로 매입함으로써 그 차액 중 실질적으로 증여한 것으로 인정되는 금액은 기부금으로 한다(법령 35).[119]

이를 나누어 설명하면 다음과 같다.

(1) 거래의 상대방(특수관계 없는 타인)

저가양도에 있어서의 양수인, 고가매입에 있어서의 양도인은 해당 법인과 특수관계가 없는 자이어야 한다. 특수관계 없는 자는 개인 · 법인(영리법인 및 비영리법인) 또는 법인격 없는 단체를 불문한다. 저가양도 등의 상대방이 법인과 특수관계가 있는 자인 경우에는 부당행위계산부인규정을 적용하여 해당 자산의 시가와 거래가액(양도가액 또는 매입가액)과의 차액을 익금산입 또는 손금불산입하여야 한다.[120]

(2) 정당한 사유

양도가액 또는 매입가액과 시가와의 괴리에 정당한 사유가 없는 경우에 한한다.[121] 정당

---

117) 신주인수권은 기부의 목적물이 된다(대법원 1992. 7. 14. 선고 91누11285 판결).

118) 대법원 1998. 6. 12. 선고 97누11386 판결; 대법원 1997. 7. 26. 선고 96누10119 판결.

119) 이와 관련하여, 저가양도 등에 사업관련성이 인정되는 경우에는 정상가액과의 차액을 기업업무추진비로 취급할 수 있을 것인지 문제될 수 있다. 이와 같은 경우 접대행위의 일반적 형태에 해당하지 않으므로 기업업무추진비로 보지 않는 것이 타당하다고 생각한다. 일본의 학설 중에 같은 취지로 大淵博義, 「法人税法解釈の検証と実践的展開 第1巻」(改訂増補版), 税務経理協会, 2013, 608면.

120) 다만 기부를 한 법인이 일정한 일반기부금 단체와 특수관계에 있더라도 부당행위계산부인 규정이 적용되지 않을 수 있다는 행정해석이 있음은 앞서 본 바와 같다. 법통 24−36…6.

한 사유란 거래당사자들이 특정한 거래가격을 객관적 교환가치가 적절하게 반영된 정상적인 가격으로 믿을 만한 합리적인 사유 또는 그 거래가격으로 재산을 양도하는 것이 합리적인 경제인의 관점에서 비정상적이었다고 볼 수 없는 객관적인 사유를 의미하며, 정당한 사유가 없는 것에 관한 입증책임은 과세관청에 있다.[122]

즉 법인이 자산을 양도·양수할 때 저가로 양도하지 않을 수 없었거나 고가로 양수하지 않을 수 없었던 정당한 사유가 있는 경우라면 그 차액을 기부금으로 볼 수 없다.

(3) 저가양도 등

① 기부금으로 의제하는 거래행위는 자산의 저가양도와 자산의 고가매입이다. 거래의 목적물을 자산이라고 규정하고 있으므로 그 종류에는 제한이 없다. 재고자산이든 유형·무형자산이든 모두 그 대상에 포함되는 것이다.

다음으로 저가양도에 있어서의 양도, 고가매입에 있어서의 매입의 개념이 문제가 된다. 이곳에서의 양도와 매입은 자산의 유상이전의 의미로 새기고자 한다. 그러므로 매매는 물론이고 교환 등과 같은 유상이전이 포함된다.

② 저가양도 또는 고가양수에 있어서 기부금으로 보는 금액은 저가양도에 있어서는 정상가액에서 양도가액을 공제한 금액, 고가매입에 있어서는 매입가액에서 정상가액을 공제한 금액이다.[123] 양도가액이 정상가액의 범위 내에 있는 경우 거래 당시에는 과세하지 않으나 그 이후의 거래에서 과세에 반영된다.

---

121) ① 대법원 2010. 2. 25. 선고 2007두9839 판결: 법인이 비상장회사를 인수할 목적으로 비상장회사의 특수관계없는 주주에게 현금 대신 주식을 발행하여 비상장회사 주식과 교환한 사안에서 대법원은 법인 발행 주식의 시가가 비상장회사 주식의 정상가액을 초과한다고 하더라도 위 법인이 위와 같이 거래한 것은 현금의 지출없이 주식을 교환하는 방법으로 비상장회사를 인수하기 위한 것이었다면 정당한 사유가 있다고 판시하였다.

② 대법원 1997. 11. 14. 선고 97누195 판결: 법인이 타 회사로부터 주식을 매입한 가격이 정상가격보다 높은 가액이라 하더라도, 위 주식거래가 내국법인이 외국합작투자법인에게 그 투자금을 반환하고, 그 보유 주식 전부를 일괄 양수하여 경영권을 확보하려고 하는 특수한 상황하에서 이루어진 거래라면 위 주식을 그 가액으로 매입할 만한 정당한 사유가 있다고 본 사례이다.

③ 대법원 1984. 12. 11. 선고 84누365 판결: 「화재로 시장건물이 소실되어 다시 건물을 신축하여야 하고 그 부지의 도시계획상의 제한 때문에 5층 이상의 건물을 건축하여야 하는데 그 건축자금을 마련할 길이 막연할 뿐만 아니라 그 대지의 잔대금도 납부하여야 하는 다급한 사정이 있어 위 신축할 건물의 건설업자에게 동 대지 일부를 정상가격보다 낮은 가액으로 양도하였다 하더라도 이는 법인세법 시행령 제40조 제1항 제2호 소정의 정당한 사유가 있다고 보아야 할 것이다.」

122) 서울고등법원 2016. 5. 4. 선고 2015누53222 판결(대법원 2016. 8. 24. 자 2016두39986 판결로 심리불속행 종결). 행정해석으로는 사전-2021-법령해석법인-1652, 2021. 11. 30.

123) 법인과 특수관계에 있는 자간의 거래로서 부당행위계산부인규정이 적용되는 저가양도에 있어서는 시가와 양도가액와의 차액, 고가양수에 있어서는 양수가액과 시가와의 차액을 익금에 산입하거나 손금에 산입하지 않는다.

정상가액은 시가에 시가의 30퍼센트를 가산하거나 시가에 시가의 30퍼센트를 차감한 범위 안의 금액을 말한다.

예를 들어 시가 100원인 토지를 50원에 매도한 경우와 180원에 매입한 경우에 의제기부금을 산정하여 보기로 하자. 저가양도시의 정상가액은 70원(100원 − 100원 × 30퍼센트), 고가양수시의 정상가액은 130원(100원 + 100원 × 30퍼센트)이다.

따라서 시가 100원인 토지를 50원에 양도한 경우의 기부금은 20원(70원 − 50원)이며, 180원에 양수한 경우의 기부금은 50원(180원 − 130원)인 것이다.

③ 법인세법은 여기서의 시가에 관하여 별도의 정의 규정을 두고 있지는 않다. 그러나 해석상 부당행위계산부인 규정에서의 시가 규정(법법 52 ②)을 적용하는데 이론이 없다.[124] 따라서 건전한 사회통념 및 상관행과 특수관계인이 아닌 자간의 정상적인 거래에서 적용되거나 적용될 것으로 판단되는 가격을 기준으로 한다(법법 52 ②). 그러므로 어떤 거래와 유사한 상황에서 해당 법인이 특수관계인 외의 불특정다수인과 계속적으로 거래한 가격 또는 특수관계인이 아닌 제3자간에 일반적으로 거래된 가격이 있는 경우에는 그 가격에 의한다. 그러나 시가가 불분명한 경우에는 감정평가법인이 감정한 가액에 의하고, 감정한 가액이 없는 경우에는 상증법 제38조, 제39조, 제39조의2, 제39조의3, 제61조부터 제66조까지의 규정을 준용하여 평가한 가액에 의한다. 다만, 증권거래소에 상장되지 않은 주식은 감정평가법인이 감정한 가액이 있더라도 「상속세 및 증여세법」 제63조의 규정을 준용하여 평가한 가액에 의한다(법령 89 ②). 시가 평가에 관한 상세한 논의는 '시가의 개념'(689면)을 참조하라.

④ 자산을 양도하거나 양수할 때 토지와 건물을 하나의 거래로서 함께 양도 또는 양수하거나

---

124) 같은 취지: 서울고등법원 2015. 9. 8. 선고 2015누33730 판결[「舊 법인세법 또는 舊 법인세법 시행령은 舊 법인세법 시행령 제35조 제2호에 규정된 시가의 개념이나 그 산정방법을 별도로 규정하지는 않고 있다. 다만 舊 법인세법 시행령 제14조 제1항 제1호 (다)목의 괄호(이하 '이 사건 괄호규정'이라 한다)는 '법 제52조의 규정에 의한 시가'를 그 이하의 조문에서는 '시가'로 약칭하도록 하고 있다. 그런데 이 사건 괄호규정은 법인세법 시행령이 1998. 12. 31. 대통령령 제15970호로 전부 개정되면서 신설된 것으로서, 위 개정 이후 시가의 산정방법에 관한 종전의 규정인 舊 법인세법 시행규칙(1999. 5. 24. 재정경제부령 제86호로 전부 개정되기 전의 것) 제16조의2가 삭제되었다.
이러한 관련 법령의 체계와 개정 연혁 등에 비추어 보면, 舊 법인세법 시행령 제35조 제2호에서 말하는 '시가' 역시 舊 법인세법 제52조의 규정에 의한 시가를 의미한다고 봄이 타당하므로, 원칙적으로는 舊 법인세법 제52조 제2항의 규정에 따라 '건전한 사회통념 및 상관행과 특수관계자가 아닌 자 간의 정상적인 거래에서 적용되거나 적용될 것으로 판단되는 가격'에 의하여야 하고, 그 가격이 불분명한 경우에는 舊 법인세법 제52조 제4항의 위임을 받은 舊 법인세법 시행령 제89조 제2항의 규정에 따라 舊 「상속세 및 증여세법」 제61조 내지 제64조에서 규정한 보충적 평가방법으로 평가한 가액에 의하여야 한다(주식의 경우, 舊 법인세법 시행령 제89조 제2항 제1호의 「부동산가격공시 및 감정평가에 관한 법률」에 의한 감정평가법인이 감정한 가액이 있는 경우 그 가액'으로 평가할 수는 없다.」 위 판결은 대법원 2016. 2. 3. 자 2015두53664 판결로 심리불속행 종결].

수 필지의 토지를 하나의 거래로서 함께 양도 또는 양수하는 경우가 있을 수 있다. 이 경우에는 1필지의 토지 또는 1동의 건물 등과 같이 개개의 자산단위를 기준으로 하는 것이 아니고 하나의 거래단위를 기준으로 하여 저가양도 또는 고가양수 여부를 판단하여야 한다. 즉 하나의 거래를 이루는 토지와 건물의 양도가액의 합계액 또는 수 필지의 토지의 양도가액의 합계액을 기준으로 하여 저가양도 또는 고가양수 여부를 판단하여야 한다.

(4) 기부금의 계상 여부

자산의 저가양도 또는 고가양수에 있어서 그 차액을 기부금으로 의제하기 위하여 법인이 장부상에 그 차액을 기부금으로 회계처리하여야만 기부금으로 의제하는 것인지가 문제이다.

판례는 법인이 타인에게 자산을 시가보다 현저하게 낮은 가액으로 양도함으로써 법인세법 소정의 기부금의 요건에 해당되는 경우에는 비록 법인이 정상가액과 장부가액과의 차액을 장부상 손비로 계상하지 않았다고 하더라도 세법상 일단 차액 상당의 수익이 법인에게 실현됨과 동시에 해당 수익을 상대방에게 제공함에 따른 손실이 발생한 것으로 관념하여 그 손실을 기부금으로 취급하여야 한다는 입장이다.[125] 이를 이단계설이라고 한다.[126]

다. 기부금의 종류와 손금산입의 범위

1) 기부금의 종류

기부금도 법인의 순자산의 감소를 가져오는 것이기는 하지만 법인의 사업과 직접 관계없이 지출된다는 점에서 손금의 요건으로서의 사업관련성을 충족하지 못하고 있으며, 따라서 본질적으로 손금을 구성하지 않는다. 즉 기부금은 손금이 아니므로 각 사업연도의 소득금액을 산정할 때 손금에 산입하지 않는다.

그러나 기부금 중에서 기부처(기부금의 수령자)가 국가 또는 지방자치단체 등인 기부금, 사회복지·문화·예술·교육·종교·자선·학술 등과 같은 공익사업을 위하여 지출하는 기부금은 해당 기부금의 공익성의 정도에 따라 일정한 범위의 금액에 대하여 손금산입을 허용하고 있다. 특례기부금 및 일반기부금이 이에 해당한다.

특례기부금은 소득금액의 50퍼센트의 범위에서 손금에 산입한다. 국가 또는 지방자치단체가 기부를 받는 특례기부금은 그 기부금의 전액이 국가 또는 지방자치단체에 이전되기

125) 대법원 1993. 5. 25. 선고 92누18320 판결. 위 판결에 관한 평석은 임승순, "법인세법시행령 제40조 제1항 제2호의 효력 및 같은 규정 소정의 저가양도시 시가와 장부가액과의 차액을 손금부인할 수 있는지 여부", 「대법원판례해설」 제19-2호, 1993, 208-216면.
126) 일본에서의 학설 및 판례에 관한 상세한 논의는 '증여(무상양도) 또는 저가양도한 자산의 가액 등'(204면)을, 구체적인 세무회계처리는 '저가양도 등과 관련한 기부금의 손금불산입'(442면)을 참조하라.

때문에 해당 기부금 상당액에 대하여 법인세를 과세하는 것[127])보다 세입효과가 크다. 그러므로 소득금액의 50퍼센트에 상당하는 금액의 범위에서 손금에 산입하도록 하고 있다.

사회복지·문화·예술·교육·종교·자선·학술 등과 같은 공익사업을 위한 일반기부금은 소득금액의 10퍼센트의 범위에서 손금에 산입한다.

기부금 중 특례기부금 및 일반기부금 외의 기부금은 전액 손금불산입한다. 이를 기타기부금이라고 부르기로 한다.

가) 특례기부금

특례기부금이란 다음의 각 기부금으로서 국가, 지방자치단체 또는 이에 준하는 공공성이 있는 기관(이하 '특례기부금단체')에 대한 것에 한하여 인정된다(법법 24 ③).[128]

(1) 국가 등에 무상으로 기증하는 금품의 가액

국가나 지방자치단체에 무상으로 기증하는 금품의 가액[129]을 말한다(법령 37 ② I). 그러나 「기부금품의 모집 및 사용에 관한 법률」의 적용을 받는 기부금품은 같은 법 제5조 제2항[130]에 따라 접수하는 것만 해당하도록 함으로써 기업의 준조세적인 각종 성금 등의 지출을 억제토록 하고 있다.

한편, 국가 또는 지방자치단체에 무상으로 기증하는 금품의 가액은 법인이 개인 또는 다른 법인에게 자산을 기증하고 수증자가 이를 받은 후 지체 없이 다시 국가 또는 지방자치단체에 기증한 금품의 가액을 포함한다(법령 37 ①). 위에서 '법인이 개인 등에게 자산을 기증하고 수증자가 이를 받은 후 지체 없이 다시 국가 등에 기증'한다는 의미는 법인이 직접 국가 등에 기증하지 않고 신문사나 방송국 등과 같은 개인 또는 다른 법인에게 당연히 국가 등에 전달될 것이라는 전제하에 기부금을 기탁하고 그 수탁자가 기탁받은 기부금을 지체없이 그 기탁의 취지대로 국가 등에 전달하는 경우를 가리킨다.[131]

---

127) 기부금에 상당하는 소득금액에 대한 법인세수효과는 해당 소득금액에 법인세의 한계세율을 곱한 금액이다.

128) 2017. 12. 19. 개정 전에는 공공기관 또는 법률에 따라 직접 설립된 기관도 특례기부금 단체였으나 기부금단체간의 형평성을 고려하여 이를 일반기부금 단체로 변경하였다.

129) 대법원 1997. 4. 11. 선고 96누9164 판결: 「공공단체 등에 출연한 경우 그 출연금의 손금산입의 범위는 법인세법 제24조의 규정에 따라 정하여져야 할 것이고, 그 출연이 국가의 권고에 따라 행하여진 것이라 하여 국가를 출연의 상대방으로 본다거나 실질적인 수혜자로 보아 이를 국가 등에 출연한 기부금과 같이 취급할 수는 없다 할 것이다.」

130) 기부금품모집규제법 제5조(국가 등 기부금품모집·접수제한)
   ① 국가 또는 지방자치단체 및 그 소속기관과 공무원은 기부금품의 모집을 할 수 없다.
   ② 국가 또는 지방자치단체 및 그 소속기관과 공무원은 자발적으로 기탁하는 금품이라도 법령에 다른 규정이 있는 경우를 제외하고는 이를 접수할 수 없다. 다만, 대통령령이 정하는 바에 의하여 사용용도와 목적을 지정하여 자발적으로 기탁하는 경우로서 기부심사위원회의 심의를 거친 경우 또는 모집자의 의뢰에 의하여 단순히 기부금품을 접수하여 모집자에게 전달하는 경우에는 그러하지 아니하다.

(2) 국방헌금 등

국방헌금과 국군장병 위문금품의 가액을 말한다. 이와 같은 국방헌금 등에는 향토예비군에 직접 지출하거나 국방부장관의 승인을 얻은 기관 또는 단체를 통하여 지출하는 기부금을 포함한다(법령 37 ② II).

(3) 천재지변으로 생긴 이재민을 위한 구호금품의 가액

천재지변이란 재난 및 안전관리 기본법 제60조에 따라 특별재난지역으로 선포된 경우 그 선포의 사유가 된 재난을 포함한다. 그리고 구호금품의 가액에는 재해복구공사를 시공하는 법인이 이재민이 부담하여야 할 공사대금 중의 일부를 면제하거나 스스로 부담한 경우에 해당 금액을 포함한다고 새긴다(법령 37 ② III).

(4) 공공 교육기관에 시설비 등으로 지출하는 기부금

사립학교법에 따른 사립학교, 비영리 교육재단(사립학교의 신축·증설, 시설 확충, 그 밖에 교육환경 개선을 목적으로 설립된 비영리 재단법인만 해당한다), 근로자직업능력 개발법에 따른 기능대학 등에 시설비·교육비·장학금 또는 연구비로 지출하는 기부금을 말한다(상세는 법법 24 ③ IV).

(5) 공공 의료기관에 시설비 등으로 지출하는 기부금

국립대학병원 설치법에 따른 국립대학병원, 사립학교법에 따른 사립학교가 운영하는 병원, 국립중앙의료원의 설립 및 운영에 관한 법률에 따른 국립중앙의료원 등에 시설비·교육비 또는 연구비로 지출하는 기부금을 말한다(법법 24 ③ V).

(6) 사회복지사업 등에 필요한 재원을 모집·배분하는 것을 주된 목적으로 하는 비영리법인에 지출하는 기부금

사회복지사업, 그 밖의 사회복지활동의 지원에 필요한 재원을 모집·배분하는 것을 주된 목적으로 하는 비영리법인으로서 법인세법 시행령 제36조의2 제4항에 규정되어 있는 요건을 모두 갖춘 법인에 지출하는 기부금을 말한다(법법 24 ③ VI).

(7) 각종 특별법에 따라 설립된 학교

「한국과학기술원법」에 따른 한국과학기술원 등(법법 24 ③ VII~IX).

---

131) 대법원 1981. 3. 10. 선고 80누289 판결.

나) 일반기부금

일반기부금이란 사회복지·문화·예술·교육·종교·자선·학술 등과 같은 공익사업을 위하여 지출하는 기부금을 말한다(법법 24 ④). 구체적으로는 일정한 비영리법인(단체 및 비영리외국법인을 포함하며 이하에서 '일반기부금단체'라고 부른다)[132]에게 그 일반기부금단체 등의 고유목적사업비로 지출하는 기부금·특정인에게 특정한 용도로 지출하는 기부금, 일정한 사회복지시설(기관)에 기부하는 금품, 일정한 국제기구에 지출하는 기부금 및 일반기부금대상단체를 제외한 법인으로 보는 단체의 수익사업에서 발생한 소득을 고유목적사업비로 지출하는 금액이 이에 해당한다(법령 39 ① I).

(1) 일정한 비영리법인의 고유목적사업비로 지출하는 기부금

사회복지법인, 어린이집, 유치원, 학교, 기능대학, 평생교육시설, 의료법인 및 의료기술협력단, 종교법인, 민법 제32조에 따른 비영리법인, 비영리외국법인, 사회적 협동조합, 공공기관 등(이하 '일반기부금단체'[133])에게 해당 비영리법인의 고유목적사업비로 지출하는 기부금을 말한다. 고유목적사업비란 해당 비영리법인에 관한 법령 또는 정관이 규정하고 있는 설립목적을 수행하는 사업으로서 수익사업(보건 및 사회복지사업 중 보건업을 제외한다) 외의 사업에 사용하기 위한 금액을 말한다(법령 39 ① I, ③).

이 경우에 기부금을 지출하는 법인은 공익법인에 대하여 해당 일반기부금단체의 고유목적사업비로 사용할 것을 특정하여 지출하면 충분하고, 그 기부금을 받은 일반기부금단체가 실제로 고유목적사업비로 사용한 부분에 한하여 일반기부금으로서 손금산입한다는 의미는 아니다.[134]

(2) 다음의 용도로 지출하는 기부금

① 유아교육법에 의한 유치원의 장, 초·중등교육법 및 고등교육법에 의한 학교의 장, 근로자직업능력개발법에 의한 기능대학의 장 또는 평생교육법에 의한 원격대학의 장이 추천하는 개인에게 교육비·연구비 또는 장학금으로 지출하는 기부금(법령 39 ① II 가)

---

132) 2018. 2. 13. 법인세법 시행령 개정으로 종래 별도의 심사 없이 일반기부금단체로 인정되던 학술, 장학, 문화예술 단체 등에 대하여 심사를 거쳐 기획재정부장관이 지정하여 고시하게 되었다. 이들은 대체로 상증법상 공익법인의 범위와 일치한다(상증령 12). 상증법상 공익법인은 증여세 과세가액 불산입의 혜택을 받는다(상증법 48 ①).

133) 일반기부금단체는 지정기간 동안 일정한 의무를 이행하여야 한다(법령 36 ⑤).

134) 같은 취지: 대법원 1992. 10. 23. 선고 92누2936 판결: 「기부금의 사후관리에 관한 제도적 장치가 마련되어 있지 않은 법인세법의 해석에 있어, 원고가 위와 같은 목적으로 지출한 기부금이 실지로 그와 같은 용도에 사용되었는지를 가려 손금산입 여부를 달리할 것은 아니라 하겠으므로(당원 1986. 9. 9. 선고 85누379 판결 참조), 같은 취지의 원심판단도 정당하여 수긍이 간다. 논지는 이유 없다」 같은 취지: 대법원 2010. 10. 28. 선고 2008두15541 판결.

② 공익신탁으로 신탁하는 기부금(법령 39 ① Ⅱ 나)

공익신탁이란 상증법 제14조 제1항 각 호의 요건을 갖춘 공익신탁을 말한다. 즉 공익신탁은 수익자가 공익법인 등이거나 그 공익법인 등의 수혜자일 것, 공익신탁의 만기일까지 신탁계약이 중도해지되거나 취소되지 아니할 것 및 공익신탁의 중도해지 또는 종료시 잔여신탁재산이 국가 · 지방자치단체 및 다른 공익신탁에 귀속될 것과 같은 요건을 모두 갖추어야 한다.

③ 사회복지 · 문화 · 예술 · 교육 · 종교 · 자선 · 학술 등 공익목적으로 지출하는 기부금으로서 기획재정부령이 정하는 기부금(법령 39 ① Ⅱ 다)

(3) 사회복지시설에 지출하는 기부금

사회복지사업법에 따른 사회복지시설 중 무료 또는 실비로 이용할 수 있는 것으로서 일정한 아동복지시설, 노인복지시설, 장애인복지시설 등에 기부하는 금품의 가액을 말한다(법령 39 ① Ⅳ).

(4) 국제기구에 지출하는 기부금

다음의 요건을 모두 갖춘 국제기구로서 기획재정부장관이 지정하여 고시하는 국제기구에 지출하는 기부금을 말한다(법령 39 ① Ⅵ).

① 사회복지, 문화, 예술, 교육, 종교, 자선, 학술 등 공익을 위한 사업을 수행할 것

② 우리나라가 회원국으로 가입하였을 것

(5) 고유목적사업비로 지출하는 금액

법인으로 보는 단체 중 일반기부금대상단체를 제외한 단체가 그 단체의 수익사업에서 발생한 소득을 고유목적사업비로 지출하는 금액은 이를 일반기부금으로 본다(법령 36 ②).

다) 기타기부금

기부금 중 특례기부금 및 일반기부금을 제외한 기타의 기부금을 말한다.[135]

2) 기부금의 손금산입한도액과 손금불산입

내국법인이 특례기부금 및 일반기부금을 지출한 경우에 기부금의 시부인은 특례기부금 · 일반기부금 순서에 의한다.

---

135) 조특법에도 우리사주조합기부금과 같이 손금산입되는 기부금을 규정하고 있는 예가 있다(조특법 88의4 ⑬).

가) 특례기부금

(1) 손금산입한도액

특례기부금은 해당 사업연도의 소득금액에서 이월결손금을 뺀 금액에 50퍼센트를 곱하여 산출한 금액의 범위 안에서 손금에 산입한다(법법 24 ②).

특례기부금의 한도액 계산식은 아래와 같다.

$$\text{특례기부금 손금산입한도액} = (\text{기준소득금액} - \text{이월결손금}) \times \frac{50}{100}$$

위의 계산식에서 기준소득금액이란 법인의 합병 및 분할(법법 44, 46, 46의5)에 따른 양도손익은 제외하고, 특례기부금 및 일반기부금(이하에서 '손금산입대상기부금'이라 한다)[136]을 손금에 산입하기 전의 소득금액을 말한다(법법 24 ②). 즉, 당기순이익에 세무조정을 한 차가감소득금액에서 합병 및 분할에 따른 양도손익을 제외하고 특례기부금 및 일반기부금 지출액[137]을 더한 금액이다. 그리고 이월결손금이란 각 사업연도 개시일 전 15년 이내에 개시한 사업연도에서 발생한 결손금(승계결손금의 범위액을 포함한다)으로서 그 후의 각 사업연도의 과세표준을 계산할 때 공제되지 않은 금액을 말한다. 이 경우 결손금은 특정 사업연도의 익금의 총액을 초과하는 손금의 금액 중 과세표준과 세액의 확정절차(신고·수정신고·결정 및 경정)를 통하여 확인된 결손금을 가리킨다.

각 사업연도의 과세표준을 계산할 때 공제된 금액에는 소급공제받은 결손금(중소기업법인에 한한다)과 무상으로 받은 자산의 가액 및 채무의 면제 또는 소멸로 인한 부채의 감소

---

136) 여기서의 특례기부금 및 일반기부금은 지출액을 말한다. 서울행정법원 2017. 9. 15. 선고 2016구합85040 판결(대법원 2019. 12. 27. 선고 2018두37472 판결로 확정). 또한 기부금손금산정기준 소득금액은 엄격해석의 원칙상 고유목적사업준비금을 손금에 산입하기 전의 금액으로 해석할 수는 없다는 것이 대법원 판결의 입장이다. 즉, 손금에 산입된 고유목적사업준비금을 가산할 수는 없다는 것이다. 위 대법원 2019. 12. 27. 선고 2018두37472 판결.

137) 특례기부금 및 일반기부금은 지출액은 영업외비용으로서 전액이 당기순이익에 차감되어 있다. 그 당기순이익에 특례기부금 및 일반기부금 한도초과액 손금불산입 이외의 세무조정을 한 금액이 차가감소득금액이다. 특례기부금 및 일반기부금 한도초과액을 계산하려면 위와 같이 지출액 전액이 이미 차감되어 있는 차가감소득금액에서 그 금액 부분을 되돌려야 할 것이므로 지출액 전액을 가산하여야 하는 것이다. 관련하여, 대법원 2019. 12. 27. 선고 2018두37472 판결에서는 차가감소득금액에 특례기부금과 일반기부금 이외에 고유목적사업준비금을 가산하여야 하는지 여부가 문제가 되었으나, 대법원은 엄격해석의 원칙상 고유목적사업준비금을 가산할 수 없다고 보았다. 엄격해석의 원칙을 차치하고라도 이미 고유목적사업준비금의 손금산입을 통해서 조세부담이 경감되었는데 해당 금액이 다시 기부금의 손금산입한도액을 증가시키게 된다면 이중의 조세상 혜택이 되므로 대법원 판결의 입장이 타당하다.

액으로 충당된 이월결손금을 포함한다. 다만 법인세법 제13조 제1항 각 호 외의 부분 단서에 따라 각 사업연도 소득의 80퍼센트를 한도로 이월결손금 공제를 적용받는 법인은 기준소득금액의 80퍼센트를 한도로 한다.

(2) 이월공제

손금불산입한 특례기부금의 손금산입한도액 초과금액은 해당 사업연도의 다음 사업연도 개시일부터 10년 이내에 끝나는 각 사업연도에 이월하여 그 이월된 사업연도의 소득금액을 계산할 때 특례기부금의 손금산입한도액에 미달하는 금액의 범위에서 손금에 산입한다(법법 24 ⑤). 이때 해당 사업연도에 지출한 특례기부금의 손금산입한도액 초과금액이 있다면 이월된 특례기부금을 우선 손금에 산입한다(법법 24 ⑥).

나) 일반기부금

(1) 손금산입한도액

일반기부금의 손금산입한도액은 다음 계산식과 같이 계산한다(법법 24 ③).

$$
\text{일반기부금 손금산입한도액} = (\text{기준소득금액} - \text{이월결손금} - \text{특례기부금 손금산입액}) \times \frac{10^*}{100}
$$

*사회적 기업(법법 2 I)의 경우 20%[138]

위의 계산식에서 기부금손금산정기준 소득금액과 이월결손금은 특례기부금에서 설명한 바와 같다. 특례기부금 손금산입액은 이월하여 손금에 산입한 금액을 포함한다(법법 24 ⑤).

(2) 이월공제

손금불산입한 일반기부금의 손금산입한도액 초과금액은 해당 사업연도의 다음 사업연도 개시일부터 10년 이내에 끝나는 각 사업연도로 이월하여 그 이월된 사업연도의 소득금액을 계산할 때 일반기부금이 손금산입한도액에 미달하는 금액의 범위에서 손금에 산입한다(법법 24 ⑤). 이때 해당 사업연도에 지출한 일반기부금의 손금산입한도액(초과금액이 있다면 이

---

138) 사회적 기업은 사회적기업육성법 제2조 제1호에 규정되어 있는 것으로서 영리기업인 동시에 취약계층에게 사회서비스 또는 일자리를 제공하거나 지역사회에 공헌함으로써 지역주민의 삶의 질을 높이는 등 사회적 목적의 실현을 조직의 주된 목적으로 하며 회계연도별로 배분가능한 이윤이 발생한 경우 이윤의 3분의2 이상을 공익사업 등에 사용하도록 사업이윤에 대한 배분을 제한하는 등 비영리법인의 성격이 강하므로 위와 같은 특례를 둔 것이다.

월된 일반기부금을 우선 손금에 산입한다(법법 24 ⑥).

다) 기타기부금

기부금 중 특례기부금 및 일반기부금을 제외한 기타기부금은 전액 손금불산입한다(법법 24 ④).

3) 저가양도 등과 관련한 기부금의 손금불산입

가) 고가양수의 경우

시가 1,000,000원의 건물을 1,500,000원에 매입한 경우의 세무조정에 관하여 살펴보기로 한다.

① 회사의 회계처리

　(차) 건　물　　　　　　　　1,500,000　　　(대) 현금과예금　　　　　1,500,000

② 세무계산상 기부금으로 의제하는 금액

　200,000원(= 1,500,000 − 1,000,000 × 130%)

③ 세무조정

건물 200,000원을 손금산입하여 유보(△유보)로 처분함과 동시에 같은 금액을 기부금의 종류에 따라 그 전액을 손금불산입(기타기부금)하거나 시부인하여 한도초과액을 손금불산입(특례기부금 및 일반기부금)하고 기타사외유출로 처분한다. 이 경우에 법인세법상 건물의 장부가액은 1,300,000원이 되며, 이를 기준으로 하여 감가상각범위액을 계산하고 유형자산처분손익을 산정하여야 한다. 이때 손금산입된 200,000원(△유보)은 건물을 감가상각하거나 처분할 때 손금불산입한다(유보).

나) 저가양도의 경우

시가 1,000,000원(장부가액 400,000원)의 건물을 400,000원에 양도한 경우의 세무조정에 관하여 살펴보기로 한다.

법인이 타인에게 시가보다 현저하게 낮은 가액으로 양도함으로써 기부금의 요건에 해당되는 경우 비록 법인이 해당 자산의 시가와 장부가액과의 차액을 장부에 손비로 계상하지 않았다고 하더라도 세법상은 일단 그 차액 상당의 수익이 법인에게 실현됨과 동시에 그 수익을 상대방에게 제공함에 따른 손실이 발생한 것으로 관념하여 그 손실을 기부금으로 본다.[139]

---

139) 대법원 1993. 5. 25. 선고 92누18320 판결.

① 회사의 회계처리

　(차) 현금과예금　　　　　400,000　　(대) 자　산　　　　　400,000

② 세무계산상 기부금으로 의제하는 금액

　300,000원(1,000,000 × 70% - 400,000)

③ 세무조정

　㉮ 제1법

　　ⅰ) [익금산입]　자산처분이익　　　　300,000(유보)

　　　 [손금산입]　기부금　　　　　　 300,000(△유보)

　　ⅱ) 기부금의 종류에 따라 그 전액을 손금불산입(기타기부금)하거나 시부인하여 한

　　　 도초과액을 손금불산입(특례기부금 등)한다.

　㉯ 제2법

　　ⅰ) 익금산입과 손금산입조정은 각 사업연도의 소득금액에 영향을 미치지 않으므로

　　　 생략한다.

　　ⅱ) 기부금의 종류에 따라 그 전액을 손금불산입(기타기부금)하거나 시부인하여 한

　　　 도초과액을 손금불산입(특례기부금 등)한다.

4) 기부금의 손금산입시기 등

가) 기부금의 손금산입시기

　기부금은 현금주의에 따라 손금에 산입한다. 증여계약이 체결되면 증여자는 약속한 재산을 수증자에게 주어야 할 채무를 부담하고 수증자는 이에 대응하는 채권을 취득한다. 그럼에도 불구하고 기부금의 손금산입을 현금주의에 따르도록 하는 것은 사회일반의 관념상 현실적인 재산의 인도가 이루어진 시점에 증여가 있었다고 인식하는 것이 보통인 점, 또한 미지급기부금을 손금으로 용인하게 되면 회계의 조작을 통한 부당한 세부담의 조절을 유발하는 폐해가 있는 점 등에 그 논거를 두고 있는 것이다.[140] 따라서 기부금을 미지급금으로 계상한 경우에는 실제로 이를 지출할 때까지는 기부금으로 보지 않으며, 반대로 기부금을 가지급금으로 이연계상한 경우에는 이를 지출한 사업연도의 기부금으로 하고 그 후의 사업연도에서 기부금으로 보지 않는다(법령 36 ②, ③).

　기부금의 지출을 위하여 어음을 발행(배서를 포함한다)한 때에는 그 어음이 실제로 결제된 날에 지출한 것으로 보며, 수표를 발행한 경우에는 해당 수표를 교부한 날에 지출한 것으로 본다(법칙 19).

---

140) 渡辺淑夫, 「法人税法」, 平成19年度版, 中央経済社, 2007, 394면.

(1) 기부금을 미지급금으로 계상한 경우

미지급금으로 계상한 기부금은 손금불산입하고 유보로 처분한다. 그 후 사업연도에 미지급금을 지출한 경우에는 해당 금액을 손금에 산입하여 유보(△유보)로 처분하고 기부금의 종류에 따라 세무조정을 행하여야 한다.

(2) 기부금을 가지급금으로 계상한 경우

기부금은 장부상에 기부금으로 회계처리하는 것, 즉 결산조정을 손금산입의 요건으로 하고 있는 것은 아니다. 또한 기부금은 현금주의에 의하여 손금에 산입하도록 하고 있다. 그러므로 법인이 기부금을 지출하고서도 가지급금으로 회계처리한 경우에는 그 가지급금으로 계상한 기부금을 손금에 산입하고 유보(△유보)로 처분하되, 기부금의 종류에 따라 세무조정을 행하여야 한다. 그 후 사업연도에 가지급금을 기부금으로 대체처리한 경우에는 해당 금액을 손금불산입하고 유보로 처분한다.

나) 금전 이외의 기부자산의 평가

특례기부금과 일반기부금(특수관계인에게 기부한 일반기부금을 제외한다. 이하 '특례기부금등'이라고만 한다)을 금전 이외의 자산으로 제공한 경우에는 해당 자산의 장부가액에 의하여 계산한다. 그러나 특수관계인에게 기부한 일반기부금이나 기타기부금(이하 '기타기부금등'이라고만 한다)의 경우에는 해당 자산을 제공한 때의 시가(시가가 장부가액보다 낮은 경우에는 장부가액)에 의하여 계산하여야 한다(법령 36 ①).[141]

여기서의 시가의 개념에 관한 상세한 논의는 앞의 '저가양도 등에 따른 의제기부금'(432면)에서 설명한 바와 같다.

여기서 기타기부금등에서의 "시가에 의한다"는 문언의 의미가 문제이다. 판례는 비록 기부를 행한 법인이 기부자산의 시가와 장부가액과의 차액을 장부상에 손비로 계상하지 않았다고 하더라도 세법상으로는 그 차액 상당액의 수익이 실현됨과 동시에 그 수익을 상대방에게 제공함에 따른 손실이 발생한 것으로 관념하여 그 손실을 기부금으로 보는 것이라고 새긴다.[142] 즉 무상거래를 관념상 시가에 의한 자산의 처분행위와 그 처분을 통하여 수령한 대가의 상대방에의 증여라고 하는 이단계의 행위로 이해한다(이단계설).[143]

---

141) 실질적으로 법인세법 시행령 제36조 제1항 제1호, 제2호는 의제기부금에 관하여는 적용될 여지가 없다. 의제기부금은 금전 외의 자산을 기부금으로 제공할 경우 그 자산에 대한 시가 평가를 전제로 하는 개념인데, 위 규정은 특례기부금과 일반기부금의 경우 금전 외의 자산을 장부가액으로 평가하도록 하고 있기 때문이다.

142) 대법원 1993. 5. 25. 선고 92누18320 판결.

143) 金子宏, 「所得課税の法と政策」, 有斐閣, 1996, 344면.

다음으로 금전 외의 자산으로 제공한 기부금이 특례기부금등에 해당하는 경우에 그 기부자산의 가액을 해당 자산의 장부가액에 의하여 산정하도록 하고 있는 취지는 특례기부금등의 상당부분을 손금에 산입한다는 점에서 찾을 수 있다. 왜냐하면 그 기부자산의 평가액의 크기에 관계없이 평가액의 상당부분을 손금에 산입하는 것이므로 구태여 번거롭게 시가로 평가하여야 할 실익이 없기 때문이다. 이 경우 선례는 없으나 이단계설을 적용할 여지는 없다고 생각된다.

그러나 특례기부금등도 각 사업연도의 소득금액에서 이월결손금을 뺀 금액의 50퍼센트 또는 10퍼센트에 상당하는 금액의 범위 안에서만 손금에 산입하는 것이므로 그 자산을 기부당시의 시가에 의하여 산정하도록 개정하는 것이 바람직하다고 하겠다.

사례

법인이 기타기부금으로 제품(원가: 7,000원, 시가: 10,000원)을 제공하고 다음과 같이 회계처리 하였다고 가정한다. 이 경우[144]의 세무조정에 관하여 설명하기로 한다.

(차) 기부금   7,000   (대) 제 품   7,000

위의 경우에 행할 세무조정의 방법에는 다음과 같은 두 가지가 있다.

① 제1법

위의 경우에 제품의 시가와 원가와의 차액을 익금에 산입함과 동시에 그 차액을 기부금으로서 손금에 산입한다. 즉 시가와의 차액 3,000원을 익금산입(매출)하여 유보로 처분하고 같은 금액을 손금산입(기타기부금)하여 유보(△유보)로 처분한다.

그리고 장부에 기부금으로 계상하고 있는 7,000원과 세무조정을 통하여 손금에 산입한 3,000원을 가산한 10,000원을 손금불산입하여 기타사외유출로 처분한다.

② 제2법

장부에 기부금으로 계상하고 있는 7,000원에 시가와의 차액 3,000원을 가산한 10,000원을 손금불산입하여 기타사외유출로 처분한다.

실무에서는 주로 제2법을 이용한다.

---

144) 만일 법인이 장부상에 다음과 같이 회계처리하였다면 별도의 세무조정이 필요없다. 즉 이미 장부에 계상하고 있는 기타기부금 10,000원에 대하여 손금불산입하여 기타사외유출로 처분하면 된다.

(차) 기 부 금   10,000   (대) 매 출   10,000
　　매출원가   7,000   제 품   7,000

여기서 회사가 계상한 매출액 10,000원은 기업업무추진비한도액 계산에 있어서의 해당 사업연도의 수익금액(기업회계기준에 의하여 계산한 매출액)에서 제외됨에 유의하여야 한다.

8 기업업무추진비의 한도초과액

가. 기업업무추진비의 개념과 범위

1) 개 념

기업업무추진비라 함은 접대, 교제, 사례 또는 그 밖에 어떠한 명목이든 상관없이 이와 유사한 목적으로 지출한 비용으로서 내국법인이 직접 또는 간접적으로 업무와 관련이 있는 자와 업무를 원활하게 진행하기 위하여 지출한 금액을 말한다(법법 25 ①). 지출의 목적이 업무와 관련된 것이므로 손금성은 인정되지만 남용되거나 변칙적으로 지출될 우려가 있으므로 건전한 소비문화를 조성하고 기업의 자본축적을 유도하기 위하여 법인세법은 그 손금 산입 한도를 설정하고 있다.[145] 기업업무추진비는 지출의 상대방·지출의 목적 및 접대행 위의 형태와 관련하여 다음의 요건을 충족하여야 한다. 판례는 기업업무추진비는 기업활동 의 원활과 기업의 신장을 도모하기 위하여 필요한 경비로서 기업체의 영업규모와 비례관계 에 있으므로 요건의 충족 여부를 엄격하게 해석하고 있다.[146] 현재 판례는 기업업무추진비 의 개념을 ① 지출의 상대방, ② 지출의 목적, ③ 접대행위의 형태 3가지 요건이 모두 충족 될 것을 요구하는 3요건설의 입장을 취하고 있는 것으로 보인다.[147]

가) 지출의 상대방

기업업무추진비를 지출하는 상대방은 업무 또는 사업과 관련이 있는 자인데, 법인이 영 위하는 사업과 직접적으로 거래관계가 있는 매출처 및 매입처가 주된 상대방이 되지만 제 도의 취지를 고려하면 그에 한하지 않고 법인의 사업과 간접적인 이해관계에 있는 자와 그 의 임원·직원 또는 주주, 해당 법인의 직원이 조직한 법인인 조합이나 단체를 포함하는 것으로 해석한다.[148]

---

145) 김현동, "세법상 기업업무추진비 규제의 본질", 「조세법연구」 제21집 제3호, 2015, 281면: 이종규/최영록/ 조남복, 「법인세법해설」, 전면개정판, 중앙경제, 1999, 291면.
146) 대법원 2010. 10. 28. 선고 2010두8614 판결.
147) 대법원 2009. 6. 23. 선고 2008두7779 판결: 대법원 2004. 4. 9. 선고 2003두7804 판결: 이태로/한만수, 「조세 법강의」(신정 14판), 박영사, 2020, 534면. 그러나 3요건설은 일본조세특별조치법 제61조의4 제3항의 문언 에는 부합하지만 법인세법 제25조 제1항의 문언과 완전히 부합하지는 않는다. 일본의 학설 및 판례에 관한 상세는 大淵博義, 「法人税法解釈の検証と実践的展開 第Ⅱ巻」, 税務経理協会, 2014, 251-255면.
148) 大淵博義(註147), 263면[일본조세특별조치법통달 제61의4(1)-22를 원용]: 中村利雄, 「法人税法要論」, 税 務研究会出版局, 1992, 320면. 대법원 2006. 9. 8. 선고 2004두3724 판결. 골프장을 영위하는 법인이 골프장 캐디에게 식대, 근무복 및 기숙사를 무상제공한 경우 캐디의 지위는 비정규직 근로자와 개인사업자의 중간 에 있지만 법인이 캐디에 대한 근무 및 복리후생 등을 비정규직 근로자와 유사하게 관리하고 있으며 사전 에 내부기준을 마련하여 그에 따라 캐디에게 일률적으로 지급한다는 점을 근거로 기업업무추진비가 아니 라 판매부대비용에 해당한다고 본 것으로 국세청 2013. 4. 23. 자 심사부가 2013-0020 결정이 있다.

나) 지출의 목적

업무와 관련한 지출이어야 한다. 업무와 관련한 지출이란 업무와 관련이 있는 자와의 사이에 친목을 두텁게 하여 거래관계의 원활한 진행을 도모하는 것을 말한다.[149] 그러나 단순히 친목을 두텁게 하여 거래관계의 원활한 진행을 도모하기 위한 것이 아니라 법인의 수익과 직접 관련하여 지출한 비용은 섣불리 기업업무추진비로 단정하여서는 안 된다.[150] 주주 또는 출자자나 임원 또는 직원이 부담하여야 할 성질의 기업업무추진비를 법인이 지출한 것은 이를 기업업무추진비로 보지 않는다(법령 40 ①).

다) 접대행위의 형태

기업업무추진비에서의 접대행위의 형태는 접대 · 향응 · 위안 · 선물의 제공이나 그 밖에 이와 유사한 행위, 즉 소비성 행위로 해석하는 견해가 일반적이다.[151] 그러나 법인세법에 규정된 요건에는 이러한 형태에 관한 표지가 없다.[152] 실제로 판례는 기업업무추진비의 지출 대상을 소비성 행위에 국한하지 않고 있다.[153]

2) 의제기업업무추진비

법인이 그 직원이 조직한 법인인 조합이나 단체에 지출한 복리시설비도 기업업무추진비에 포함한다(법령 40 ②). 위에서 복리시설비란 법인이 종업원을 위하여 지출한 복리후생의 시설비 · 시설구입비 등을 말한다. 직원이 조직한 조합이나 단체가 법인이면 그 조합이나

---

149) 대법원 2010. 6. 24. 선고 2007두18000 판결; 1993. 9. 14. 선고 92누16249 판결. 이와 관련하여 일본에서는 피접대자가 접대 등에 의하여 이익을 향수한다는 사실을 인식하여야 할 필요가 있는지가 논의되고 있다. 상세는 大淵博義(註147), 275 – 280, 297 – 298면. 일본의 하급심 판결은 그러한 인식이 가능한 객관적 상황 하에서 접대가 이루어져야 그 지출을 기업업무추진비로 볼 수 있다는 입장이다. 오사카 고등재판소 1977 (昭和 52). 3. 18. 판결(税資 91호 395면).

150) 대법원 2012. 9. 27. 선고 2010두14329 판결; 대법원 2010. 6. 24. 선고 2007두18000판결; 대법원 2008. 7. 10. 선고 2007두26650 판결; 대법원 2003. 12. 12. 선고 2003두6559 판결 등. 위 대법원 2012. 9. 27. 선고 2010두14329 판결에서는 하도급계약에 따른 수급인인 원고법인이 계약특수조건에 따라 원사업자를 대신하여 재해발생시 재해근로자에게 사고보상비를 지급하고 그 금액을 공상처리비로 회계처리하여 손금에 산입하였는바, 그 공상처리비가 기업업무추진비에 해당하는지 여부가 문제로 되었다. 대법원은 ① 위 계약특수조건이 하도급계약의 체결 여부 또는 계약 조건에 영향을 미쳤을 것으로 보이고, ② 하도급계약상의 공사대금과 일정한 대가관계에 있으므로 결국 위 공상처리비는 하도급계약에 따른 원고법인의 수익과 직접 관련된 비용으로서 원고법인과 원사업자 사이에 친목을 두텁게 하여 거래관계의 원활한 진행을 도모하기 위하여 지출한 기업업무추진비로 볼 수 없다고 판시하였다.

151) 이태로/한만수, 「조세법강의」(신정 14판), 박영사, 2020, 536면. 대법원도 기본적으로는 같은 입장에 서 있는 것으로 보인다. 대법원 2015. 12. 10. 선고 2013두13327 판결.

152) 이는 비교법적으로는 매우 이례적인 태도인데 그로 인하여 기업업무추진비의 범위가 과도하게 확대되는 경향이 있는 것으로 판단된다.

153) 대법원 2008. 12. 11. 선고 2006두18652 판결; 대법원 1999. 6. 25. 선고 97누14194 판결 등.

단체의 자산으로 계상한다. 그러나 직원이 조직한 조합이나 단체가 법인이 아닌 때에는 그 법인의 경리의 일부로 본다. 그 법인의 경리의 일부로 본다는 것은 해당 법인의 자산 또는 손비로 회계처리한다는 의미이다. 이 경우에는 직원이 조직한 조합이나 단체의 자산으로 계상할 수 없기 때문이다.

3) 다른 손금과의 구별[154]

가) 기부금과의 구별

기업업무추진비는 무상지출이라는 점에서는 기부금과 다를 바 없다. 그러나 기부금은 사업과 관련없는 지출이라는 점에서 사업과 관련하여 지출하는 기업업무추진비와 구별되는 것이다. 즉 기업업무추진비와 기부금은 사업과의 관련성의 유무에 있어서 차이가 있는 것이다.

기업업무추진비와 기부금은 모두 일정한 한도액을 설정하고 그 한도액 안에서만 손금산입을 허용한다. 다만, 기업업무추진비 한도액과 기부금 한도액은 그 크기가 서로 상이하므로 양자의 구별을 명확히 하여야 할 필요성이 있는 것이다.

나) 광고선전비와의 구별

광고선전비는 불특정다수인을 상대로 법인의 이미지를 개선하는 등의 방법으로 구매의욕을 자극하기 위하여 지출하는 손비이다. 즉 기업업무추진비와는 사업과 관련하여 무상으로 지출한다는 점에서는 공통점이 있으나, 그 지출의 상대방의 특정성 여부와 지출의 직접적인 목적에 따라 차이가 나타나는 것이다.[155]

다시 부연한다면 법인의 사업을 위하여 지출한 비용 가운데에 지출의 상대방이 사업에 관계있는 자들이고, 그 지출의 목적이 접대 등의 행위에 의하여 사업관계자들과의 사이에 친목을 두텁게 하여 거래관계의 원활한 진행을 도모하는 데 있다면 이는 기업업무추진비에 해당한다고 하겠다. 그러나 지출의 상대방이 불특정다수인이고 지출의 목적이 구매의욕을 자극하는 데 있다면 이는 광고선전비에 해당한다고 하여야 할 것이다.[156]

---

154) 일본의 실무에서는 그 밖의 다양한 지출과 기업업무추진비의 구분이 문제되어 왔다. 상세는 大淵博義, 「法人税法解釈の検証と実践の展開 第Ⅱ巻」, 税務経理協会, 2014, 316-328면.

155) 대법원 2010. 6. 24. 선고 2007두18000 판결(신문사의 불특정한 내방객에 대한 선물비는 광고선전비라는 취지); 대법원 1993. 9. 14. 선고 92누16249 판결; 대법원 1987. 4. 14. 선고 86누378 판결.

156) 대법원은 백화점 경영자가 판촉활동의 일환으로 거래실적이 우수한 불특정 고객에게 선물을 증정한다고 사전에 홍보하고 사은품을 지급하여 온 경우(대법원 2002. 4. 12. 선고 2000두2990 판결), 회사소속 외판원들이 지인이나 그들로부터 소개받은 전혀 모르는 사람들까지를 대상으로 하여 판매하고자 하는 상품설명을 하고 시식을 하게 한 경우(대법원 1993. 1. 19. 선고 92누8293 판결), 각 비용은 광고선전비에 해당한다고 한다. 그러나 지출의 상대방이 불특정다수인인지 특정인인지는 쉽게 구분하기 어려울 수 있다. 참고로 이와

법인이 광고선전 목적으로 기증한 물품의 구입비용은 손금에 산입하지만, 특정인에게 기증한 물품(개당 3만원 이하의 물품은 제외한다)의 경우에는 연간 5만원 이내의 금액에 한정하여 손금에 산입한다(법령 19 XVIII). 연간 5만원을 초과하는 금액은 기업업무추진비로 새겨야 할 것이다. 기업업무추진비는 일정한 한도액의 범위 안에서만 손금산입을 용인하지만, 광고선전비에 있어서는 손금산입의 한도액이 설정되어 있지 않다.

다) 판매부대비용과의 구별

판매한 상품 또는 제품의 보관료, 포장비, 운반비, 판매장려금 및 판매수당 등 판매와 관련된 부대비용은 전액 손금에 산입한다. 특히 판매장려금 및 판매수당은 사전약정 없이 지급하는 경우에도 기업업무추진비로 보지 않고 판매부대비용으로 보아 전액 손금에 산입한다(법령 19 I의2). 예컨대 은행이 내부규정인 여신세칙에 따라 전결권자로 하여금 우량 대출

관련된 일본의 판례를 들어둔다. 이하, 大淵博義, 「法人税法解釈の検証と実践的展開 第Ⅱ巻」, 税務経理協会, 2014, 313-316면.

① 도쿄지방재판소 1969(昭和 44). 11. 27. 판결(行集 20卷 11号 1501면):
법인이 기존에 인양선으로 이용되어 온 선박을 리모델링하여 유람선으로 이용하기로 하는 리셉션을 개최할 때 소요되는 지출을 광고선전비로 처리하였는데 과세관청은 그 초청객은 관청, 회사 직원 중 과장급을 중심으로 널리 초청을 한 점을 들어 그 초청객은 사업관계자로서 그 지출이 기업업무추진비에 해당한다고 보아 과세한 사안이다. 법원은 초대장을 발송한 초청객은 15,000명이었지만 실제로 참가자는 50,000명으로 일반대중도 마찬가지로 초대를 받았고 그 비용도 소액이므로 리셉션 개최는 유람선의 존재를 널리 알리기 위한 광고선전의 의도 하에서 행해진 의례적인 범위를 벗어나지 않는다고 하여 기업업무추진비에 해당하지 않는다고 판단하였다.

② 도쿄지방재판소 1980(昭和 55). 2. 29. 판결(税資 118号 130면):
법원은 접대 목적과 광고선전 목적은 서로 배척하는 것이 아니고 접대 목적 중에 광고선전 목적도 복합적으로 존재할 수 있다고 전제하고 본건에서는 행위의 외형으로부터 주된 목적을 추단하는 것이 상당한데 그 태양을 보면 주로 친목의 정도를 높여서 거래를 원활하게 수행하기 위한 목적이 인정된다고 판시하였다.

③ 도쿄고등재판소 1993(平成 5). 6. 28. 판결(税資 195号 700면):
자동차 경매에 참여한 자에게 경품을 교부한 사안에 관한 것인데 법원은 그 자동차 경매에 참가할 수 있는 자격은 중고자동차취급고물허가증을 가진 자로서 자동차경매계약을 체결한 자에 한하였기 때문에 그 경품 제공은 친목을 두텁게 하고 거래관계의 원활화를 의도한 것으로서 기업업무추진비에 해당한다고 보았다.

④ 시즈오카(静岡)지방재판소 2001(平成 13). 5. 31. 판결(税資 250号 8915면):
원고 회사는 거래처에 화환을 증정하면서 그 비용을 판매촉진비라고 주장하였다. 법원은 거래관계의 원활한 진행을 도모하기 위한 접대목적에서 증정한 것으로서 기업업무추진비 등에 해당한다고 판시하면서 화환을 증정할 때 발생하는 일정한 선전효과는 단순히 부수적 효과에 불과하다고 지적하였다.

⑤ 시즈오카(静岡)지방재판소 1995(平成 7). 10. 13. 판결(行集 46卷 10-11号 903면):
화환은 기업업무추진비에 해당하는 것으로서 그 화환구입비가 기업업무추진비가 아닌 광고선전비에 해당하려면 화환등을 증정한 주된 목적이 원고의 광고선전이라는 점이 객관적으로 판단되는 외형적인 사실관계가 존재하는 것으로 인정되어야 한다고 판시하였다.

⑥ 오사카지방재판소 1992(平成 4). 1. 22. 판결(シュトイエル 368号 9면):
법원은 제조업자가 자사의 제품에 관한 상품지식을 익히는 것을 목적으로 하여 단골거래처에게 공장을 견학시킨 경우에 통상 소요되는 비용은 판매촉진비에 해당한다고 보아 기업업무추진비로 과세한 과세처분을 취소하였다.

고객들에게 중도상환수수료를 면제할 수 있도록 한 경우 그 면제된 금액은 우량 고객이 다른 은행으로 이탈하는 것을 방지하여 수익기반을 유지하기 위한 것으로서 경영상 합리성이 인정되므로 기업업무추진비로 볼 수 없다.[157][158][159] 법인이 불특정 다수의 우수고객을 대상으로 일정한 조건을 충족한 경우에 생일기념품을 제공한 경우 그 지출은 기업업무추진비가 아니라 판매부대비용이다.[160]

라) 회의비와의 구별

실무상 회의비와 기업업무추진비의 구분이 어려운 경우가 있다. 정상적인 업무를 수행하기 위해 지출하는 회의비로서 사내 또는 통상 회의가 개최되는 장소에서 제공하는 다과 및 음식물의 가액 중 사회통념상 인정될 수 있는 범위 내의 금액('통상회의비')은 손금산입하지만 이를 초과하는 금액과 유흥을 위하여 지출하는 금액은 기업업무추진비로 본다.[161]

---

157) 대법원 2015. 12. 10. 선고 2013두13327 판결. 같은 취지로 대법원 2015. 12. 10. 선고 2013두13334 판결: 「신탁업과 은행업을 겸영하는 원고가 이 사건 우대금리의 적용으로 인하여 신탁계정에서 발생한 고객의 손실을 은행계정 지출액으로 보전하여 신탁업 감독 규정을 위반하는 결과가 빚어졌더라도 이는 신탁 고객들의 이탈로 인한 자금 유출을 방지하고 수익기반을 유지하고자 하는 사업상 필요에 따른 것으로서 그로 인하여 지출된 비용을 손금에 산입하는 것이 사회질서에 반한다고 보기 어렵고, 이러한 비용은 접대, 향응, 오락, 답례 등의 방식으로 지출된 것이 아니고 친목을 두텁게 할 목적으로 지출된 것도 아니어서 기업업무추진비에 해당하지 않는다」.

158) 대법원 2011. 1. 27. 선고 2008두12320 판결: 「다단계판매업 및 방문판매업을 영위하는 원고가 판매원들에게 지급한 쟁점 1 판매수수료는 다단계판매업자로 하여금 다단계판매원에게 공급한 재화 등의 가격 합계액의 35% 범위 내에서 후원수당을 지급하도록 규정한 舊 방문판매 등에 관한 법률(2007. 1. 19. 법률 제8259호로 개정되기 전의 것) 제20조 제3항, 舊 방문판매 등에 관한 법률 시행령(2007. 7. 18. 대통령령 제20177호로 개정되기 전의 것) 제27조를 위반하거나, 방문판매 매출이익의 60% 상당액을 한도로 판매수수료를 지급하도록 하고 있는 원고의 '방판마케팅 플랜'에서의 약정을 초과하여 임의로 지급한 것으로서, 그 지급경위나 액수 등을 건전한 사회통념이나 상관행에 비추어 볼 때 상품판매에 직접 관련하여 정상적으로 소요되는 비용이라고 할 수 없고, 나아가 '방판마케팅 플랜'에는 판매원들에게 특별보너스로 에이전트/교육지원 매출액의 15퍼센트를 추가 지급하도록 약정은 되어 있으나 실제로 쟁점 1 판매수수료에 위 특별보너스가 포함되어 있는지 확인할 수 없으므로, 쟁점 1 판매수수료는 그 전액을 고정거래처인 판매원들에 대한 기업업무추진비로 볼 수밖에 없다」.

159) 甲 법인은 아파트 분양 과정에서 대규모 미분양 사태가 발생하자 수분양자들에게 분양지원금을 지급하는 방법으로 분양을 하였는데 과세관청이 분양지원금을 기업업무추진비로 보고 법인세 부과처분을 하였다. 위 사안에서 법원은, 분양지원금은 판매한 물품의 매매대금을 나중에 깎아 주는 금액이라거나 매출채권의 금액을 깎아 주는 금액으로 보기 어려워 매출에누리금액에 해당한다고 볼 수 없고, 분양지원금 지출이 '사업관계자들에게 접대, 향응, 위안, 선물 기타 이에 유사한 행위를 함으로써 그와의 친목을 두텁게 하여 거래관계의 원활한 진행을 도모하려는 목적'으로 행하여졌다고 보기 어려우며, 지급시 일률적인 할인율이 적용되지 않았다거나 사전 공시가 이루어지지 않았다는 사정만으로 기업업무추진비로 볼 수 없다고 판단하였다. 법원은 위 분양지원금은 수분양자들의 구매 의욕을 자극하여 아파트의 분양을 장려할 목적으로 분양받을 아파트의 입지 조건 등을 감안하여 수분양자들에게 교부된 것으로 판매부대비용에 해당하므로, 위 처분이 위법하다고 보았다. 부산고등법원 2015. 4. 29. 선고 (창원)2014누10977 판결(소취하로 종결).

160) 조심 2022. 7. 12. 자 2021전6986 결정.

161) 법통 25-0…4, 법행 25-0-4 ④.

나. 기업업무추진비의 평가

기업업무추진비를 금전 외의 자산으로 제공한 경우에 해당 자산의 가액은 이를 제공한 때의 시가에 의한다(법령 42 ⑥, 36 ① Ⅲ).

다. 기업업무추진비의 범위액 계산

1) 기업업무추진비의 규제제도의 개요

법인이 일정금액을 초과하는 기업업무추진비를 지출할 때에는 반드시 계산서·세금계산서 및 신용카드매출전표 등과 같은 '적격영수증'을 갖추도록 하고, 만일 법인이 적격영수증을 갖추지 않은 때에는 해당 금액을 직접 손금불산입하도록 하고 있다.

적격영수증을 갖추지 않은 기업업무추진비에 대한 손금불산입 규정은 법인의 기업업무추진비 지출내용의 투명성을 제고함과 아울러 그 거래상대방인 사업자[162]의 매출액의 양성화를 유도하기 위하여 필요한 제도이다. 이를 1차적 규제 또는 적격영수증에 의한 규제라고 부르기로 한다.

1회의 접대에 지출한 금액이 일정금액을 초과하는 기업업무추진비로서 적격영수증을 갖춘 금액과 일정금액 이하의 기업업무추진비로서 그 지출증빙을 갖춘 금액의 합계액에 대하여는 다시 총액기준에 의하여 규제를 행한다. 즉 일정한 계산식에 따라 범위액을 산정하고 그 범위액을 초과하는 금액을 손금불산입한다. 이를 2차적 규제 또는 양적 규제라고 부르기로 한다.

2) 적격영수증을 갖추지 않은 기업업무추진비의 손금불산입

법인이 한 차례의 접대에 지출한 기업업무추진비로서 일정금액을 초과하는 기업업무추진비에 대하여는 반드시 적격영수증을 갖추어야 하며, 만일 적격영수증을 갖추지 않은 때에는 해당 기업업무추진비를 직접 손금불산입하도록 하고 있다. 즉 법인이 1회의 접대에 지출한 기업업무추진비로서 다음의 금액(일정금액)을 초과하는 때에는 여신전문금융업법에 의한 신용카드(직불카드·외국에서 발행된 신용카드·선불카드를 포함한다)를 사용하거나 현금영수증·계산서 또는 세금계산서를 교부받거나 매입자발행세금계산서 또는 원천징수영수증을 발행하여야 한다(법법 25 ②).
① 경조금의 경우: 20만원
② 그 밖의 경우: 3만원

---

162) 주로 음식점업을 영위하는 사업자이다.

만일 사업자가 접대를 하고서도 위와 같은 적격영수증을 갖추지 않았다면 해당 기업업무추진비는 직접 필요경비 불산입한다. 그러나 지출사실이 객관적으로 명백한 기업업무추진비로서 증거자료를 구비하기 어려운 국외지역에서의 지출 및 농어민에 대한 지출은 예외로 한다(법법 25 ② 但, 법령 41 ②).

위에서 신용카드·직불카드·외국에서 발행된 신용카드 및 선불카드는 해당 법인의 명의로 발급받은 신용카드를 말한다. 그러므로 법인의 임·직원의 명의로 발급받은 신용카드 등에 의하여 지출한 기업업무추진비는 손금으로 용인하지 않는다(법령 41 ⑥).

그리고 재화 또는 용역을 공급하는 신용카드 등의 가맹점과 다른 가맹점의 명의로 작성된 신용카드매출전표 등을 교부받은 경우 해당 지출금액은 신용카드 등을 사용하여 지출하는 기업업무추진비에 포함하지 않는다. 위에서 재화 또는 용역을 공급하는 신용카드 등의 가맹점과 다른 가맹점의 명의로 작성된 매출전표 등이라 함은 매출전표 등에 기재된 상호 및 사업장소재지가 재화 또는 용역을 공급하는 신용카드 등의 가맹점의 상호 및 사업장소재지와 다른 경우를 말한다(법법 25 ③ 및 법령 41 ④).

3) 기업업무추진비 한도초과액의 손금불산입

가) 기업업무추진비 한도액의 계산

(1) 일반적인 경우

기업업무추진비한도액은 기본한도금액과 수입금액별 한도의 합으로 하며 그 계산식은 다음과 같다(법법 25 ④).

$$\text{기업업무추진비 한도액} = \underbrace{\text{(중소기업의 경우에는 3,600만원)}^{163}}_{\text{기본한도금액}} \times \frac{\text{해당 사업연도의 개월수}}{12} + \underbrace{\text{해당 사업연도의 수입금액} \times \text{적용률}}_{\text{수입금액별 한도}}$$

기본한도금액: 1,200만원 (중소기업의 경우에는 3,600만원)[163]

(가) 중소기업의 범위

이에 관한 상세한 논의는 '납세의무자' 중 '중소기업법인과 그 밖의 법인'(93면)에서 다루

---

163) 중소기업의 경우 한도액이 더 큰 것은 수입금액은 전은 반면, 납품·판로개척 등에 기업업무추진비가 상대적으로 더 많이 드는 것이 일반적이라는 사정을 고려한 것이다. 이종규/최영록/조남복, 「법인세법해설」, 전면개정판, 중앙경제, 1999, 294면.

었다.

(나) 월수의 계산

기업업무추진비 범위액을 산정할 때의 기본기준액(1,200만원 또는 3,600만원)에 곱하는 사업연도의 월수는 역(曆)에 따라 계산하되, 1개월 미만의 일수는 1개월로 한다(법법 25 ④).

(다) 수입금액 등의 범위

수입금액이라 함은 기업회계기준에 의하여 계산한 매출액(중단사업부문의 매출액을 포함하며 자본시장법 제4조 제7항에 따른 파생결합증권 및 같은 법 제5조 제1항에 따른 파생상품 거래의 경우 해당 거래의 손익을 통산한 순이익[164]을 말한다)을 말한다(법령 42 ①). 이와 같은 매출액에는 반제품·부산물 및 작업폐물매출액이 포함된다. 그리고 매출액은 총매출액에서 매출에누리(일정기간의 거래수량이나 거래금액에 따라 매출액을 감액하는 것을 포함한다)와 환입 및 매출할인을 뺀 금액으로 한다.

그러나 매출액의 구성이 주로 수입수수료로 이루어져 있는 일정한 투자매매업자 또는 투자중개업자 등에 대하여는 일반적인 매출액과 해당 수입수수료 등에 일정배수를 곱한 금액의 합계액을 매출액으로 보는 특례가 규정되어 있다(법령 42 ① 但).

(라) 일반적인 적용률

① 일반적인 적용률

수입금액	적 용 률
100억원 이하	0.3%
100억원 초과 500억원 이하	3천만원+100억원을 초과하는 금액의 0.2%
500억원 초과	1억1천만원+500억원을 초과하는 금액의 0.03%

② 특정수입금액에 대한 적용률의 특례

특수관계에 있는 자와의 거래에서 발생한 수입금액(이하에서 '특정수입금액'이라 한다)에 대하여는 '적용률을 곱하여 산출한 금액'의 10퍼센트에 상당하는 금액으로 한다.

특정수입금액이 있는 경우에 '적용률을 곱하여 산출한 금액'의 계산은 다음 계산식[165]에 의한다(법칙 20 ①).

---

164) 0보다 작은 경우는 0으로 한다.
165) 수입금액이 일반수입금액 및 소비성서비스업 등의 수입금액의 순서로 구성되었다고 보고 순차로 적용률을 곱하여 산출한다.

$$\begin{pmatrix} \text{해당 법인의 수입금액에 대하여} \\ \text{적용률을 곱하여 산출한 금액} \end{pmatrix} - \begin{pmatrix} \text{해당 법인의 특정수입금액 외의 수입금액에} \\ \text{대하여 적용률을 곱하여 산출한 금액} \end{pmatrix}$$

특수관계에 있는 자와의 거래에서 발생한 수입금액에 대하여는 실제로 기업업무추진비가 소요되지 않음을 고려하여 그 적용률을 인하하고 있는 것이다.

(마) 부동산 임대업을 주된 사업으로 하는 내국법인의 특례

부동산 임대업을 주된 사업으로 하는 등 대통령령으로 정하는 요건[166]에 해당하는 내국법인의 경우에는 위의 계산식에 따라 계산한 기업업무추진비 한도액의 50퍼센트에 상당하는 금액을 기업업무추진비한도액으로 한다(법법 25 ⑤). 이러한 사업에 인력·자금이 집중되지 않도록 하기 위한 산업정책상 목적에 따른 것이다.[167]

(바) 정부출자기관 등의 특례

정부출자기관(정부가 20퍼센트 이상을 출자한 법인을 말한다), 정부출자기관이 출자한 법인으로서 정부출자기관이 최대주주인 법인은 위의 계산식에 따라 계산한 기업업무추진비 한도액의 70퍼센트에 상당하는 금액을 각각 그 기업업무추진비 한도액으로 한다(조특법 136 ②).

(2) 문화기업업무추진비의 손금산입

내국법인이 2025년 12월 31일 이전에 공연이나 전시회 입장권 구입 등 일정한 국내의 문화활동과 관련하여 기업업무추진비를 지출한 경우에는 위 기업업무추진비 한도액에 추가하여 문화기업업무추진비로서 손금에 산입한다. 다만, 문화기업업무추진비의 손금산입액은 위 기업업무추진비한도액의 20퍼센트를 한도로 한다(조특법 136 ③, 조특령 130 ⑤).

나) 기업업무추진비 한도초과액의 손금불산입

기업업무추진비로서 그 한도액을 초과하는 금액(한도초과액)은 손금불산입하여 기타사외유출로 처분한다.

기업업무추진비의 한도초과액을 계산할 때에는 건설중인 자산 및 유형·무형자산으로 계상한 기업업무추진비까지 포함하여 그 한도초과액을 계산하여야 한다. 이 경우의 기업업무추진비한도초과액은 손비로 계상한 기업업무추진비·건설중인 자산으로 계상한 기업업무추진비 및 유형·무형자산으로 계상한 기업업무추진비 등의 비율로 이루어진 것으로 보아 손비

---

166) 그 구체적인 내용은 법인세법 시행령 제42조 제2항부터 제5항까지에 규정되어 있다.
167) 이종규/최영록/조남복, 「법인세법해설」, 전면개정판, 중앙경제, 1999, 295면.

로 계상한 기업업무추진비·건설중인 자산으로 계상한 기업업무추진비 및 유형·무형자산으로 계상한 기업업무추진비 등의 크기에 따라 안분하여야 할 것이다.

그러나 법인세법 기본통칙은 기업업무추진비에 건설중인 자산 및 유형·무형자산으로 계상한 금액이 포함되어 있는 경우에는 기업업무추진비 한도초과액이 손비로 계상한 기업업무추진비·건설중인 자산 및 유형·무형자산의 순서대로 이루어진 것으로 보아 그 순서대로 부인하도록 하고 있다.[168] 이때 다음과 같이 경우를 나누어 처리한다.

① 기업업무추진비한도초과액이 당기에 손비로 계상한 기업업무추진비보다 많은 경우
   당기에 손비로 계상한 기업업무추진비는 전액 손금불산입하고 그 차액은 건설가계정에서 감액하여 처리한다.

② 기업업무추진비한도초과액이 당기에 손비로 계상한 기업업무추진비보다 많지 않은 경우
   기업업무추진비한도초과액만 손금에 산입하지 않는다.

사례

자산으로 계상한 기업업무추진비 등의 세무조정사례를 예시하여 보면 다음과 같다.

기업업무추진비 한도초과액의 처리에 관한 예시

구 분	사례 1	사례 2	사례 3	사례 4
건설가계정(기업업무추진비)	6,500	3,500	6,000	10,500
회사계상기업업무추진비(B)	4,000	7,000	4,500	0
계	10,500	10,500	10,500	10,500
기업업무추진비한도액	6,000	6,000	6,000	6,000
한도초과액(A)	4,500	4,500	4,500	4,500
손금불산입(기타사외유출)	4,500	4,500	4,500	4,500
건설가계정 감액분(A−B)(△유보)	500	0	0	4,500

---

168) 법통 25−0···2.

[보론] 기업업무추진비에 관한 규제의 입법례

1. 미 국

가. 기업업무추진비(entertainment expenses, gifts)의 개념 및 범위(IRC §274)

미국은 우리나라의 기업업무추진비에 해당하는 비용을 유흥비(entertainment expenses)와 선물비(gifts)로 나누고 있다.

유흥비는 거래상대방 및 임직원에 대한 접대, 오락, 레크리에이션을 제공한 것을 말하며 선물비는 거래상대방 및 임직원에게 선물 등을 제공하는 것을 말한다.

유흥비와 선물비의 개념은 다음과 같이 우리나라의 기업업무추진비 개념과 일치하지 않는다.

우리나라의 경우 거래상대방에게 지출한 비용만을 기업업무추진비로 간주하는 데 비해 미국의 유흥비와 선물비는 거래상대방뿐만 아니라 해당 법인의 임직원을 위해 지출한 비용도 포함된다.

미국의 유흥비는 접대, 오락, 레크리에이션을 제공하는 것을, 선물비는 선물의 제공을 의미하는데, 우리나라의 기업업무추진비는 교제비, 사례금, 기타 명목 여하를 불문하고 이에 유사한 비용을 포괄한다.

나. 기업업무추진비의 손금산입규제

기업업무추진비 판단 기준에 비추어 보아 거래 또는 사업과 직접적인 관련이 없이 거래처 등에 지급하는 물품 및 향응의 제공과, 상황에 비추어 지나치게 과다하다고 판단되는 비용에 대해서는 전액 손금불산입항목으로 규정하고 있다.

유흥비의 경우 사업수행과 관련하여 통상적으로 필요한 경우에 한하여 직접관련 기준 또는 사업관련성 기준에 부합한다면 접대를 위하여 정상적이고 필요한 비용지출액의 50퍼센트를 손금으로 인정하고 있으며, 선물비에 대해서는 1인당 연간 25달러를 한도로 하고 있다.

2. 독 일

가. 기업업무추진비(Bewirtung, Geschenke)의 개념 및 범위(EStG §4 ⑤ 1, 2문)

독일은 우리나라의 기업업무추진비에 해당하는 비용을 유흥비(Bewirtung)와 선물비(Geschenke)로 나누고 있는데 전자는 미국세법상의 entertainment expenses에 후자는 미국세법상의 gifts에 대응하는 것이다.

유흥비의 경우 그 동기에 따라 사적인 이유, 사업상의 이유, 경영상의 이유에 기하여 접대의 목적으로 지출된 금액 상당액을 말한다. 사적인 동기에 의한 접대는 적정한 생활품위의 유지(Lebensfuehrung)를 위한 비용으로 취급되어 손금으로 인정되지 않는다.

나. 기업업무추진비의 손금산입규제

사업상의 이유, 경영상의 이유에 의한 기업업무추진비는 그 지출액의 70퍼센트만 손금산입할 수 있다. 해당 법인의 직원을 접대하는 경우 그 기업업무추진비는 전액 손금산입할 수 있다. 손금에 산입하려는 기업업무추진비는 일반적인 손금의 관점에서 적절한 것이고 장부상의 금액에 대한 증빙을 제시할 수 있어야 한다. 즉, 납세자는 접대장소, 접대일시,

참가자, 행사내용, 비용에 관한 내용을 기록해야 하며 만일 식당에서 접대가 이루어졌다면 행사내용과 참가자, 식당에서 발송한 계산서 정보를 기록하여야 한다. 기업업무추진비는 다른 비용과 별도로 기록되어야 한다.

한편, 선물비의 경우 35유로를 초과하고 직원이 아닌 자에게 교부한 것은 전액 손금불산입된다.

3. 일　본(租稅特別措置法 제61조의4)

가. 기업업무추진비의 개념 및 범위

일본에서는 기업업무추진비를 교제비(交際費)라고 한다. 교제비의 요건에 관하여는 일본 조세특별조치법 제61조의4 제4항의 해석과 관련하여 현재 이요건설(二要件設)과 삼요건설(三要件設)의 대립이 있다. 2요건설은 ① 지출의 상대방이 사업에 관계가 있는 자일 것, ② 지출의 목적이 상대방과의 친목을 밀접하게 하여 거래관계의 원활한 진행을 도모하는데 있을 것이라는 두 요건을 충족하면 기업업무추진비에 해당한다고 본다. 3요건설은 이에 더하여 ③ 지출에 의한 행위의 형태가 접대, 향응, 위안, 답례 그 밖에 이에 준하는 행위일 것이라는 3요건을 갖추어야 한다는 견해이다. 3요건설은 위 규정의 문언 중에서 접대의 목적과 행위태양을 구별하여 행위태양도 별도의 요건으로 보아야 한다는 입장이다. 일본의 판례는 2요건설을 취한 것과 3요건설을 취한 것으로 나뉜다.[169]

나. 기업업무추진비의 손금산입규제

일본의 세법은 원칙적으로 기업업무추진비의 손금성을 인정하지 않고 있으며, 자본금 1억엔 이하의 중소기업에 한하여 일부 기업업무추진비의 손금산입을 인정하고 있다. 그리고 그 경우 2요건설과 3요건설의 대립이 있음은 위에서 본 바와 같다. 위 요건을 갖춘 경우 연간 800만엔 이하의 기업업무추진비는 전액 손금산입할 수 있다.

4. 영　국(Corporation Tax Act 2009 §§ 1298-1300)

가. 기업업무추진비의 개념 및 범위

영국법인세법상 기업업무추진비는 유흥비와 선물비(Business entertainment and gifts)로 나뉘지만 원칙적으로 손금으로 인정되지 않는다.

나. 기업업무추진비의 손금산입규제[170]

기업업무추진비는 손금에 산입될 수 없는 것이 원칙이다. 따라서 기업업무추진비를 지출한 경우 해당 임직원의 급여로 처리하고, 근로소득 계산시 비용으로도 인정하지 않음으로써 기업업무추진비 지출행위에 대한 세제혜택을 사실상 금지하고 있다.

다만, 유흥비의 경우 광고목적이거나 직원에게 다른 비직원과 함께 제공된 경우 손금산입의 예외가 인정되고 선물비의 경우 광고목적의 물건, 음식, 담배, 상품권을 제외한 광고선전용의 소액선물은 이를 받는 자 기준으로 1인당 연간 50파운드까지, 직원에게 다른 비직원과 함께 제공된 선물 등의 경우에는 예외적으로 손금산입할 수 있다.

---

169) 渡辺徹也, 「スタンダード 法人税法」 第2版, 弘文堂, 2019, 13-14면.
170) Loutzenhiser, *Tiley's Revenue Law*, 8.ed., 2016, pp. 482-483.

9 과다경비 등의 손금불산입

인건비, 복리후생비, 여비 및 교육·훈련비, 법인이 그 법인 외의 자와 동일한 조직, 자산, 사업 등을 공동으로 운영하거나 경영함에 따라 발생하거나 지출된 손비, 그 밖에 법인의 업무와 직접 관련성이 없는 경비로서 대통령령으로 정하는 바에 따라 과다하거나 부당하다고 인정되는 금액은 손금불산입한다(법법 26). 그 이유는 무엇보다도 부당·과다경비가 손금의 정의에 부합하지 않기 때문이다. 문제는 구체적인 대통령령이 있어야만 손금불산입이 가능한지 여부이다. 판례는 대통령령이 없으면 설령 부당·과다경비라 하더라도 손금불산입이 어렵다는 입장인 것으로 보인다.[171] 2025년 3월 현재 법인세법 제26조 제5호에 관하여는 대통령령이 규정되어 있지 않다.

가. 인건비

1) 인건비의 개념

가) 인건비의 범위

인건비란 근로를 제공한 임원 및 직원에게 그 근로의 대가로서 ① 정기적으로 지급하는 급료, 봉급, 임금, 수당 등과 같은 보수(일반급여)와 ② 비정기적으로 지급하는 상여금 및 ③ 임원 및 직원이 근로관계를 종료함에 따라 지급하는 퇴직급여를 포괄하는 것이다.[172]

다음으로 손금산입이 허용되는 인건비라 할지라도 해당 근로의 효익이 미치는 자산 또는 부문에 따라서 건설중인 자산·재고자산 또는 매출원가·판매비와 관리비 등으로 구분하여야 한다.

나) 임원과 직원의 구분

법인세법은 인건비의 지급대상자를 임원과 직원으로 구분하고 그 구분에 따라 인건비의 손금산입에 있어서 차이를 두고 있다.

---

171) 대법원 2017. 9. 21. 선고 2015두60884 판결. 위 판결에 관한 평석으로는 황남석, "과다한 임원 보수의 손금불산입 -대법원 2017. 9. 21. 선고 2015두60884 판결-", 「법조」 통권 제726호, 2017, 574면 이하.

172) 여기서 보수(일반급여)를 상여금 및 퇴직급여와 구분한 것은 우리 법인세법의 입법자들이 참고하였을 것으로 생각되는 舊 일본법인세법(2006년 3월 31일 법률 제10호로 개정되기 전의 것) 제34조, 제35조의 내용을 좇은 것이다. 특히 舊 일본법인세법은 지급의 정기성을 기준으로 보수와 상여를 구별하였다(山本守之, 「判決・裁決例からみた役員報酬・賞与・退職金」, 4訂版, 税務経理協会, 1999, 43면 이하). 그러나 현행 일본법인세법은 위 2006년의 개정을 계기로 상여나 보수라는 표현을 사용하지 않게 되었다. 현행 일본법인세법상 인건비 손금산입의 개요는 渡辺徹也, 「スタンダード 法人税法」 第2版, 弘文堂, 2019, 134-151면; 大淵博義, 「法人税法解釈の検証と実践的展開 第Ⅰ巻」(改訂増補版), 税務経理協会, 2013, 385-429면.

법인세법은 직원의 인건비에 대하여는 거의 간섭을 하지 않고 법인의 회계처리를 그대로 용인하는 입장을 취하고 있다. 직원이란 임원 외의 자를 말한다.

그러나 임원의 인건비에 대하여는 규제를 하고 있다. 임원은 법인의 의사결정과정에서의 영향력 또는 법인조직 안에서의 지위 등을 이용하여 그 금액의 다과를 좌우할 수 있기 때문에 상당한 제한을 가하고 있는 것이다.

법인세법상 임원이라 함은 다음 직무에 종사하는 자를 말한다(법령 40 ①).[173]

① 법인의 회장·사장·부사장·이사장·대표이사·전무이사·상무이사 등 이사회의 구성원 전원과 청산인

　본 호에서 이사회의 구성원 전원과 청산인이란 법인등기부에 기재되어 있는 법인의 이사 또는 청산인을 가리킨다고 해석한다.[174]

② 합명회사·합자회사 및 유한회사의 업무집행사원 또는 이사

③ 유한책임회사의 업무집행자

④ 감사

⑤ 그 밖에 위의 ①부터 ④까지에 준하는 직무에 종사하는 자

　위의 ①부터 ④까지에 준하는 직무에 종사하는 자란 법인등기부상의 이사 등이 아닌 자로서 임원의 임면권의 행사·사업방침의 결정 등과 같이 해당 법인의 경영에 사실상 영향력을 미치는 직무에 종사하고 있는 자 등을 말한다. 이에는 다음과 같은 상법상의 업무집행자 등(상법 401의2)이 포함된다고 하겠다.

　㉮ 회사에 대한 자신의 영향력을 이용하여 이사에게 업무집행을 지시한 자

　㉯ 이사의 이름으로 직접 업무를 집행한 자

　㉰ 이사가 아니면서 명예회장·회장·사장·부사장·전무·상무·이사 기타 회사의 업무를 집행할 권한이 있는 것으로 인정될 만한 명칭을 사용하여 회사의 업무를 집행한 자

다) 보수(일반급여)와 상여금의 구분

법인세법은 보수와 상여금과의 구별기준에 관하여 아무런 규정을 두고 있지 않다. 보수와 상여금을 구별하는 구체적 기준을 제시하면 다음과 같다.[175]

① 보수란 미리 정하여진 지급기준이나 관례에 근거하여 정기적, 일률적, 고정적으로 지급되는 급여를 말한다. 따라서 일정한 주기로 지급된다면 실무상의 정기상여금과 같이 지

---

173) 임원에 해당하는지 여부는 직책에 관계없이 종사하는 직무의 실질내용에 따라 판단한다(법행 26-43-2).
174) 渡辺淑夫, 「法人税法」, 平成19年度版, 中央経済社, 2007, 365면.
175) 吉牟田勲, 「新版 法人税法詳説」, 中央経済社, 1995, 202-203면.

급주기가 1개월을 넘는다고 하더라도 명칭과 관계없이 보수로 보아야 한다.[176]

그리고 보수를 소급인상함에 따라 그 차액분을 일시적으로 지급하는 경우에는 그 차액이 일정기간(예: 6월)의 급여에 대한 차액이라고 하더라도 일반급여에 해당한다.

② 일반급여 외에 임시적 또는 비정기적으로 지급하는 것으로서 퇴직금을 제외한 급여는 상여금에 해당한다. 이와 같은 상여금에는 통상적인 상여금(bonus) 외에도 채무의 면제·스톡 옵션(stock option)의 행사·자산의 저가양수 등에 따라 분여받은 이익들이 포함된다고 하여야 할 것이다.

2) 보수(일반급여) 및 상여금의 손금산입 및 예외

법인이 임원 및 직원에게 지급하는 보수 및 상여금은 원칙적으로 손금에 산입한다.[177] 다만, 이익처분에 의하여 지급하는 상여금, 합명회사 등의 노무출자사원에게 지급하는 보수, 임원에 대한 과다상여금, 지배주주인 임원 등에 대한 과다보수, 법인이 상근이 아닌 임원에게 지급하는 보수로서 해당 보수가 부당행위계산에 해당하는 경우는 손금불산입한다.[178] [179]

---

176) 대법원 2013. 12. 18. 선고 2012다89399 전원합의체 판결. 정기성, 일률성, 고정성의 의미에 관하여는 위 판결을 참조.

177) 서울고등법원 2014. 9. 4. 선고 2013누22514 판결(대법원 2015. 1. 15. 자 2014두12758 판결로 심리불속행 종결): 「…법인이 그 임직원에게 지급한 보수는 해당 법인의 사업이나 거래 활동 등을 위하여 지급되는 것이기 때문에 사업경비의 성격을 갖게 되어 법인세법상 손금에 산입하는 것이 원칙이라 할 것이고, 예외적으로 그 성질상 비용성을 갖지 않거나 조세정책적 또는 기술적 이유 등에 의하여 손금에 산입함이 바람직하지 않아 법인세법령이 특별히 정한 경우에만 손금 산입이 부정되는 것으로 보는 것이 소득에 대한 과세로서의 법인세법의 본질 및 구조에 부합한다…」

178) 일반 조항인 법인세법 제19조 제2항을 근거로 임직원에 대한 보수를 손금불산입하는 것이 가능할 것인지 문제될 수 있다. 이와 관련하여 서울고등법원 2014. 9. 4. 선고 2013누22514 판결(대법원 2015. 1. 15. 자 2014두12758 판결로 심리불속행 종결)은 ① 법인의 임직원에 대한 보수가 법인세법령 등에서 구체적으로 정한 손금불산입 대상인지 여부가 애매하거나 그에 해당하지 않는 경우까지 위 법인세법 제19조 제2항을 근거로 손금불산입을 한다면 조세법률주의에 위반될 수 있고 ② 과세공평을 위한 조세정책상의 이유나 사실에 반하는 내용의 조정 등 기술적인 이유 때문에 법인세법 제19조 제2항을 근거로 임직원에 대한 보수를 손금불산입할 필요가 있다고 하더라도 ㉠ 해당 임직원의 수행임무의 성질과 책임의 경중, ㉡ 동일 회사 내의 임직원에 대한 급여 지급상황, ㉢ 임무수행에 소요되는 시간, ㉣ 유사한 임무에 대한 다른 기업에서의 보수수준, ㉤ 보수액이 기업이익에 따라 좌우되는지 여부, ㉥ 보수와 기업지분과의 관련성, ㉦ 건전한 사회통념이나 상관행 등에 비추어 경제적 합리성의 유무의 기준으로 그 손금 부인 여부와 그 부인의 정도를 신중히 판단하여야 한다고 판시했다.

179) 참고로 일본법인세법의 경우 일본법인세법 제34조 제2항으로 과다 급여의 손금불산입을 규정하면서 구체적으로 같은 법 시행령 제74조 제1호 イ.에서 실질기준(해당 임원의 직무 내용, 그 내국법인의 수익 및 그 직원에 대한 급여의 지급의 상황, 그 내국법인과 동종 사업을 영위하는 유사 사업규모 법인의 임원에 대한 급여 지급의 상황 등에 비추어 해당 임원의 직무에 대한 대가로서 상당하고 인정되는 금액을 초과하는 경우)을, 같은 호 ㅁ.에서 형식기준(정관의 규정 또는 주주총회, 사원총회 또는 이에 준하는 것의 결의에 따라 정한 급여 한도액, 산정방법, 금전 이외의 자산의 내용)을 규정하고 있어서 우리 법인세법 제26조 및 제43조 제2항, 제3항과 유사한 구조로 되어 있다. 山本守之, 「体系 法人税法」, 33訂版, 税務経理協会, 2016, 665-669면.

이하에서는 손금불산입하는 인건비의 범위에 관하여 구체적으로 살펴본다.

가) 이익처분에 의하여 지급하는 상여금

법인이 그 임원 또는 직원에게 이익처분에 의하여 지급하는 상여금은 이를 손금에 산입하지 않는다(법령 43 ①).

이익처분에 의하여 지급하는 상여금이란 상여금이 이익잉여금처분계산서의 처분항목으로 기재되어 주주총회·사원총회 또는 이사회의 승인(상법 462 ②)을 얻어 지급하는 경우 그 상여금을 가리킨다.

그러나 임원 또는 직원에게 지급하는 상여금이 손비로 처리한 것인지 또는 이익처분에 의한 것인지에 따라서 손금성이 좌우된다는 것은 납득하기 어렵다. 그리고 임원 또는 직원에게 이익처분에 의하여 지급하는 상여금을 손금불산입하는 논거 또한 명확하지 않다.

근본적으로 현행 회사법상 이익처분에 의해 임원 또는 직원에게 상여금을 지급하는 것은 불가능하다.[180]

한편 판례는 이익처분의 범위를 넓게 해석하여 지배주주 겸 대표이사에게 법인세법 시행령 제43조 제2항에서 정한 급여지급기준이 존재하지 않음에도 상여금을 지급하거나 그 급여지급기준을 초과하여 상여금을 지급한 경우 그 상여금의 전부 또는 초과분에 관하여는 법인의 유보이익을 지배주주에게 분배하기 위하여 상여금의 형식을 취한 것으로 보고 '실질적 이익처분'이 있었다고 해석하여 법인세법 시행령 제43조 제1항을 적용한다.[181]

또한 판례는 문제로 되는 보수가 임원의 직무집행에 대한 정상적인 대가라기보다는 주로 법인에 유보된 이익을 분여하기 위하여 대외적으로 보수의 형식을 취한 것에 불과하다면 이는 실질적 이익처분으로서 손금불산입 대상이 되는 상여금과 그 실질이 동일하다고 보아 법인세법 시행령 제43조 제1항을 적용하여 손금불산입한다.[182] 대법원은 법인에 유보된 이

---

[180] 황남석, "법인세법상 이익처분에 의한 상여금의 손금불산입 재고", 「조세법연구」 제19집 제2호, 2013, 347면 이하.

[181] 대법원 2013. 7. 12. 선고 2013두4842 판결. 또한 대전고등법원 2010. 10. 21. 선고 (청주)2010누956 판결(대법원 2012. 9. 27. 자 2012두12617 판결로 심리불속행 종결)은 일반급여와 이익처분에 의한 상여를 ① 급여지급기준의 유무, ② 각 임원별로 지급받은 금액의 편차, ③ 금액이 당기순이익에서 차지하는 비중, ④ 정기성을 기준으로 하여 구분하였다. 위 판결은 나아가 법인이 지출한 인건비의 실질이 이익잉여금의 처분에 해당한다면 이익잉여금의 처분을 위한 주주총회 결의 이전에 상여금이 지급되더라도 그 실질에는 변함이 없다고 한다. 그러나 후술하는 바와 같이 이익처분을 실질적으로 파악하는 견해에는 동의하기 어렵다.

[182] 대법원 2017. 9. 21. 선고 2015두60884 판결. 위 판결의 사실관계를 보면, 대부업을 영위하는 법인의 1인 주주이자 대표이사에게 지급된 보수(연 36억원)가 ① 위 보수금 차감 전 법인의 전체 영업이익 대비 약 38퍼센트에서 95퍼센트까지 이르는 점, ② 다른 임원 보수의 50배에 달하고, 동종업체 중 보수금 상위 3개 업체의 대표이사 평균 연봉과도 현격한 격차를 보이는 점, ③ 최초로 영업이익이 발생한 사업연도부터 갑자기 10배가 이상된 점, ④ 주주에게 공식적으로 배당금을 지급한 사실이 없는 점, ⑤ 법인 내부 문건에서 법인세를 절약하기 위하여 대표이사의 급여를 높인다는 취지의 내용이 기재되어 있는 등 대표이사의 보수

익을 분여하기 위한 것인지 여부는 보수가 법인의 영업이익에서 차지하는 비중과 규모, 해당 법인 내 다른 임원들 또는 동종업계 임원들의 보수와의 현저한 격차 유무, 정기적·계속적으로 지급될 가능성, 보수의 증감 추이 및 법인의 영업이익 변동과의 연관성, 다른 주주들에 대한 배당금 지급 여부, 법인의 소득을 부당하게 감소시키려는 주관적 의도 등 제반 사정을 종합적으로 고려하여 판단한다.[183] 대법원은 입증책임과 관련하여서는 증명의 어려움이나 공평의 관념 등에 비추어 위와 같은 사정이 상당한 정도로 증명된 경우에는 보수금 전체를 손금불산입의 대상으로 보아야 하고, 위 보수금에 직무집행의 대가가 일부 포함되어 있어 그 부분이 손금산입의 대상이 된다는 점은 보수금 산정 경위나 그 구성내역 등에 관한 구체적인 자료를 제출하기 용이한 납세자가 입증책임을 진다고 판시하였다.[184]

그러나 실질적 이익처분 개념은 법인의 임원에 대하여 비용을 지출하는 모든 행위를 이익처분으로 볼 여지를 주게 되므로 자칫 과세관청이 임원에 대한 보수 및 상여금에 대해 자의적으로 손금불산입을 하는 근거로 기능할 우려가 있다.[185]

나) 합명회사 등의 노무출자사원에게 지급하는 보수

합명회사 또는 합자회사의 노무출자사원에게 지급하는 보수는 이익처분에 의한 상여로 의제하도록 하고 있다(법령 43 ① 後). 따라서 손금불산입하고, 그 자에 대한 상여로 처분한다.

그러나 합명회사 등의 노무출자사원에게 지급하는 보수는 노무의 제공이라는 특수한 형태의 출자에 대한 대가이므로 법리적으로 볼 때에는 상여로 의제하기 보다는 배당으로 의제하는 것이 오히려 설득력이 있다고 생각한다.

를 전액 법인세의 손금으로 인정받아 법인세 부담을 줄이려는 주관적 의도가 뚜렷해 보이는 점 등이 인정되었다. 위 판결에 관한 평석으로 황남석, "과다한 임원 보수의 손금불산입 – 대법원 2017. 9. 21. 선고 2015두60884 판결 –", 「법조」, 통권 제726호, 2017, 574면 이하.

183) 그러나 보수와 상여금은 양립할 수 없는 개념이므로 형식적으로 보수이지만 실질적으로 상여금이라는 이론구성은 쉽게 수긍하기 어렵다. 현행법상 과다·부당보수를 일반적으로 손금불산입할 수 있는 근거 규정이 애매하기 때문에 대법원이 다소 어색한 법조적용을 하게 된 것으로 보인다. 현행법상으로는 법인세법 제19조 제2항, 제20조 제1호를 적용하여 손금불산입하는 것이 타당하다고 생각되며 근본적으로 입법적 개선이 필요하다. 상세는 황남석, "과다한 임원 보수의 손금불산입 – 대법원 2017. 9. 21. 선고 2015두60884 판결 –", 「법조」, 통권 제726호, 2017, 585면 이하.

184) 이상 대법원 2017. 9. 21. 선고 2015두60884 판결. 한편 위 판결에서 대법원은 입증책임과 관련하여서는 "… 증명의 어려움이나 공평의 관념 등에 비추어, 위와 같은 사정이 상당한 정도로 증명된 경우에는 보수금 전체를 손금불산입의 대상으로 보아야 하고, 위 보수금에 직무집행의 대가가 일부 포함되어 있어 그 부분이 손금산입의 대상이 된다는 점은 보수금 산정 경위나 그 구성내역 등에 관한 구체적인 자료를 제출하기 용이한 납세자가 이를 증명할 필요가 있다."고 판시하였다.

185) 황남석, "법인세법상 이익처분에 의한 상여금의 손금불산입 재고", 「조세법연구」 제19집 제2호, 2013, 355면.

다) 임원에 대한 과다상여금

법인이 임원에게 지급하는 상여금으로서 일정한 기준금액을 초과하는 과다상여금은 손금불산입한다. 현행 법인세법은 정관 또는 의결기관 등에서 결정된 급여지급기준이라는 형식적인 기준에 의하여 과다상여금을 판정하도록 하고 있다. 즉 과다상여금이란 법인의 정관·주주총회 또는 사원총회나 이사회의 결의에 의하여 결정된 급여지급기준에 의한 상여금의 지급범위액을 초과하는 상여금을 가리킨다(법령 43 ②). 판례는 정기주주총회에서 회장·부회장에 대한 임원 보수 한도를 결의하였다고 하더라도 그것만으로는 법인세법 시행령 제43조 제2항의 급여지급기준이 정해져 있다고 보기 어려우며 급여지급기준 없이 지급한 상여금은 실질적 이익처분에 해당하여 손금에 산입될 수 없다고 한다.[186]

라) 지배주주인 임원 등에 대한 과다보수

법인이 지배주주등(특수관계인 포함)인 임원 또는 직원에게 과다보수를 지급한 때에는 그 초과하는 부분의 보수는 손금불산입한다(법령 43 ③). 언뜻 지배주주등인 임원 또는 직원에 대한 보수 지급의 손금산입과 관련하여서는 임원에게 지급하는 상여의 경우(법령 43 ②)와 달리 정관·주주총회·사원총회 또는 이사회 결의에 의해 결정된 급여지급기준이 필요하지 않은 것처럼 읽힐 수 있으나 상법 제388조는 이사의 보수를 정관 또는 주주총회 결의로 정하도록 규정하고 있어[187] 그 범위에서는 유사한 제한이 적용된다.

① 지배주주등이란 지배주주와 그 지배주주와 특수관계에 있는 자를 말한다. 그리고 지배주주란 해당 법인의 발행주식총수 또는 출자총액의 1퍼센트 이상의 주식 또는 출자지분을 소유한 주주등으로서 그와 특수관계에 있는 자와의 소유 주식 또는 출자지분의 합계가 해당 법인의 주주등 중 가장 많은 경우의 해당 주주등을 말한다(법령 43 ⑦).

위에서 특수관계에 있는 자란 해당 주주등과 다음 중 어느 하나에 해당하는 관계에 있는 자를 말한다(법령 43 ⑧).

㉮ 해당 주주등이 개인인 경우에는 다음 중 어느 하나에 해당하는 관계에 있는 자

---

186) 대법원 2017. 4. 27. 선고 2014두6562 판결; 대법원 2013. 7. 12. 선고 2013두4842 판결.
187) 판례는 정관이나 주주총회결의 없이 이사가 보수청구권을 행사할 수 없다고 본다(대법원 2004. 12. 10. 선고 2004다25123 판결; 대법원 2003. 10. 24. 선고 2003다24123 판결). 나아가 판례는 회사에 대한 경영권 상실 등으로 퇴직을 앞둔 이사가 회사에게 최대한 많은 보수를 받기 위하여 그에 동조하는 다른 이사와 함께 이사의 직무내용, 회사의 재무상황이나 영업실적 등에 비추어 지나치게 과다하여 합리적 수준을 현저히 벗어나는 보수 지급 기준을 마련하고 지위를 이용하여 주주총회에 영향력을 행사함으로써 소수주주의 반대에 불구하고 이에 관한 주주총회결의가 성립되도록 하였다면, 이는 회사를 위하여 직무를 충실하게 수행하여야 하는 상법 제382조의3에서 정한 의무를 위반하여 회사재산의 부당한 유출을 야기함으로써 회사와 주주의 이익을 침해하는 것으로서 회사에 대한 배임행위에 해당하므로, 주주총회결의를 거쳤다 하더라도 그러한 위법집위가 유효하게 되지는 않는다고 판시했다(대법원 2016. 1. 28. 선고 2014다11888 판결).

(i) 친족

(ii) 법인세법 시행령 제2조 제5항의 어느 하나에 해당하는 관계에 있는 법인

(iii) 당 주주등과 가목 및 나목에 해당하는 자가 발행주식총수 또는 출자총액의 30퍼센트 이상을 출자하고 있는 법인

(iv) 해당 주주등과 그 친족이 이사의 과반수를 차지하거나 출연금(설립을 위한 출연금에 한한다)의 30퍼센트 이상을 출연하고 그 중 1명이 설립자로 되어 있는 비영리법인

(v) 위의 (iii) 및 (iv)에 해당하는 법인이 발행주식총수 또는 출자총액의 30퍼센트 이상을 출자하고 있는 법인

㉯ 해당 주주등이 법인인 경우

법인세법 시행령 제87조 제1항 각 호(제3호는 제외한다)의 어느 하나에 해당하는 관계에 있는 자

② 법인세법 시행령 제43조 제3항에서의 과다·부당보수란 정당한 사유없이 동일직위에 있는 지배주주등 외의 임원 또는 직원에게 지급하는 금액을 초과하여 보수를 지급하는 경우에 그 초과금액을 말한다.[188]

즉, 그 법인 안에 근무하는 동일직위에 있는 지배주주등 아닌 임원 또는 직원에게 지급하는 보수 또는 급여를 기준으로 하여 지배주주등에 해당하는 임원 또는 직원의 보수가 과다·부당보수인지 여부를 판단하는 것이다.[189]

한편 동일법인 안에 근무하는 동일직위에 있는 지배주주등 아닌 임원 또는 직원과 비교하여 과다·부당보수에 해당하지 않더라도 동종업계의 동일직위에 있는 임원 또는 직원과 비교하여 현저한 격차가 있는 경우에는 규정의 문언상 법인세법 시행령 제43조 제3항이 아니라 법인세법 제52조의 부당행위계산에 해당할 수 있다(법령 88 ① Ⅶ). 따라서 그 보수 중 과다·부당한 부분은 부당행위계산부인의 법리에 따라 손금불산입될 수 있다.[190]

다만 지배주주인 직원의 경우는 위 법리가 적용되지 않는다.

---

188) 만일 유일하게 동일직위에 있는 자가 지배주주와 특수관계가 있어 '지배주주등'에 속하는 자라면 그 자가 지급받는 보수와 문제가 되는 지배주주의 보수를 비교할 수 있을 것인가? 대법원 2017. 9. 21. 선고 2015두60884 판결의 1심인 서울행정법원 2015. 5. 22. 선고 2013구합55147 판결은 그와 같이 비교하여 과세한 처분은 '합리적 이유없는 조세 법규의 확장 또는 유추 해석'에 해당하여 허용되지 않는다고 판시했다.

189) 여기서 동일직위에 있는지 아닌지는 법인등기부상 직위에 관계없이 회사의 내부 조직체계상 실제 종사하는 사실상의 직무를 기준으로, 정당한 사유는 지배주주등인 임원의 경영실적, 담당업무의 성질·중요도·소요 시간, 책임의 경중, 법인의 재무현황, 건전한 사회통념이나 상관행 등에 비추어 경제적 합리성을 기준으로 각 판단하여야 한다. 서울고등법원 2022. 4. 19. 선고 2021누39135 판결(원고의 소취하로 종결).

190) 같은 취지 대법원 2017. 9. 21. 선고 2015두60884 판결(특히 그 하급심 판결인 서울행정법원 2015. 5. 22. 선고 2013구합55147 판결 참조).

마) 상근이 아닌 임원에게 지급하는 보수

상근이 아닌 법인의 임원에게 지급하는 보수는 해당 보수가 부당행위계산에 해당하는 경우가 아닌 한 이를 손금으로 용인한다(법령 43 ④). 상근이 아닌 임원의 보수로서 부당행위계산에 해당하는 경우란 그 임원에게 지급한 보수가 제공받은 근로의 양 또는 질에 비하여 과다한 경우를 가리킨다. 즉 비상근임원에게 지급하는 보수 중 과다보수에 상당하는 금액을 제외하고는 손금에 산입하는 것이다.

3) 퇴직급여의 손금불산입

가) 직원에 대한 퇴직급여

(1) 직원에 대한 퇴직급여의 손금산입

법인이 직원의 현실적인 퇴직에 따라 그 직원에게 지급하는 퇴직급여는 전액 손금에 산입한다(법령 44 ①). 그러나 현실적으로 퇴직하지 않은 임원 또는 직원에게 지급한 퇴직급여는 해당 임원 또는 직원이 현실적으로 퇴직할 때까지 업무무관 가지급금으로 본다(법칙 22 ②).

(2) 현실적인 퇴직의 범위

(가) 현실적인 퇴직의 범위

현실적인 퇴직이란 임의퇴직·정년퇴직·해고·면직 등과 같은 사유로 근로관계가 사실상 종료됨에 따라 실제로 퇴직하는 것을 가리킨다.[191] 법인이 퇴직급여를 실제로 지급한 경우로서[192] 다음 사유 중의 어느 하나에 해당하는 때에는 현실적인 퇴직에 포함한다(법령 44 ②).
① 법인의 직원이 해당 법인의 임원으로 취임한 때

법인의 직원이 해당직급여를 정산하여 실제로 지급한 경우이어야 한다. 그리고 법인의 상근임원으로 재직하던 자가 비상근임원으로 된 경우에도 현실적인 퇴직으로 본다. 그러나 법인의 임원이 다시 연임된 경우로서 종전의 임원의 재직기간에 대한 퇴직급여를 정산하여 지급하였다고 하더라도 현실적인 퇴직으로 보지 않는다.

---

191) 김완석/정지선, 「소득세법론」, 제26판, 삼일인포마인, 2020, 248면. 서울고등법원 2023. 11. 10. 선고 2023누48331 판결(대법원 2024. 3. 28. 자 2023두62847 판결로 심리불속행 종결)은 법인의 대표이사가 구속된 후 대표이사직에서 사임하였더라도 수감 중에 교도소에서 지속적으로 법인을 경영하여 왔다면 사임은 형식적인 것으로서 실질적으로 상근 임원으로 계속 활동을 한 것으로 보아야 한다고 판시하였다. 이 경우 퇴직금 명목으로 지급받은 돈은 직무집행에 관한 정상적인 대가가 아니라 대표이사의 사적인 필요를 위해 법인에 유보된 이익을 분여하기 위하여 대외적으로 보수의 형식을 취한 것에 불과하므로 실질적 이익처분에 의한 상여금 지급에 해당하여 손금에 산입할 수 없다고 한다.
192) 따라서 법인이 분할하면서 별도로 퇴직급여를 지급하지 않고 분할신설법인이 분할 사업부문 직원들의 근로관계 및 퇴직급여충당금을 포괄승계하는 경우는 현실적인 퇴직에 해당하지 않는다. 사전-2021-법령해석법인-0516, 2021. 5. 25.

② 법인의 임원 또는 직원이 그 법인의 조직변경 등에 의하여 퇴직한 때

법인의 임원 또는 직원이 그 법인의 조직변경·합병·분할 또는 사업양도에 의하여 조직변경 전의 법인·피합병법인·분할법인 또는 사업양도법인에서 퇴직하고 퇴직급여를 지급받은 때에는 조직변경 후의 법인·합병법인·분할신설법인·분할합병의 상대방법인 또는 사업양수법인에서 계속 근무를 하고 있다고 하더라도 현실적인 퇴직으로 보도록 하고 있다.

③ 근로자퇴직급여보장법에 의하여 퇴직급여를 중간정산하여 지급한 때

사용자는 근로자의 요구가 있는 경우에는 근로자가 퇴직하기 전에 해당 근로자가 계속 근로한 기간에 대한 퇴직금을 미리 정산하여 지급할 수 있다(근로자퇴직급여보장법 8 ②). 이를 중간정산퇴직금이라고 부른다. 중간정산퇴직금을 지급한 후의 퇴직금 산정을 위한 계속근로연수는 정산시점부터 새로이 기산하여야 한다.

이와 같이 근로자가 근로자퇴직급여보장법 제8조 제2항의 규정에 의하여 중간정산퇴직금을 받은 때에는 현실적인 퇴직으로 본다.

그러나 해당 조항의 해석을 둘러싸고 다음과 같은 다툼이 있을 수 있다.

첫째, 법인이 중간정산퇴직금을 지급받은 근로자의 퇴직금을 계산할 때 그 근로자의 최초 입사일부터 퇴직일까지의 기간에 대하여 산출한 퇴직금에서 중간정산퇴직금을 차감한 나머지 금액을 퇴직금으로 지급하도록 하는 퇴직금제도를 설정·운영하고 있는 경우이다. 이 경우에 중간에 지급하는 퇴직금은 근로자퇴직급여보장법 제8조 제2항의 규정에 의하여 지급하는 중간정산퇴직금이 아니므로 현실적인 퇴직으로 볼 여지가 없다고 하겠다. 따라서 근로자에게 중간에 지급한 퇴직금은 그 근로자가 현실적으로 퇴직할 때까지 업무무관 가지급금으로 보아야 한다.

둘째, 근로자는 근로자퇴직급여보장법 제8조 제2항의 규정에 의하여 계속근로연수의 일부기간에 대한 중간정산퇴직금을 받을 수 있다고 새기고 있다.[193] 이와 같은 중간정산퇴직금을 받은 경우에도 현실적인 퇴직으로 보아야 할 것이다.

셋째, 법인이 근로자의 요구 또는 노사합의 등에 의하여 일정시점을 기준으로 퇴직금을 중간정산하기로 하였으나, 이를 지급하지 않은 경우에는 현실적인 퇴직으로 보지 않는다. 다만, 확정된 중간정산퇴직금을 법인의 자금사정 등의 이유로 일시에 지급하지 못하고 노사합의에 따라 분할지급하는 경우에는 그 최초지급일이 속하는 사업연도의 손금에 산입한다.[194]

---

193) 김형배, 「근로기준법」, 박영사, 1998, 307면.
194) 법통 26-44…1.

④ 임원에 대한 퇴직급여를 장기 요양 등의 사유로 중간정산하여 지급한 때

정관 또는 정관에서 위임된 퇴직급여지급규정에 따라 장기 요양 등 기획재정부령으로 정하는 사유로 그 때까지의 퇴직급여를 중간정산하여 임원에게 지급한 때(이 경우 근무연수는 직전 퇴직급여 중간정산 대상기간의 종료일의 다음날부터 기산하여 퇴직급여를 계산하는 경우에 한정한다)에는 현실적인 퇴직으로 본다. 위에서 '정관 또는 정관에서 위임된 퇴직급여지급규정에 따라 장기 요양 등 기획재정부령으로 정하는 사유'란 다음 중 어느 하나에 해당하는 경우를 말한다(법칙 22 ③).

㉮ 중간정산일 현재 1년 이상 주택을 소유하지 않은 세대의 세대주인 임원이 주택을 구입하려는 경우(중간정산일부터 3개월 내에 해당 주택을 취득하는 경우만 해당한다)[195]

㉯ 임원(임원의 배우자 및 그와 생계를 같이 하는 부양가족을 포함한다)이 3개월 이상의 질병 치료 또는 요양을 필요로 하는 경우

㉰ 천재·지변, 그 밖에 이에 준하는 재해를 입은 경우

(나) 관계회사에의 전출

관계회사로의 전출로 인하여 법인이 임원(지배주주등 및 지배주주등과 법령 43 ⑧에 따른 특수관계에 있는 자[196]는 제외한다) 또는 직원에게 해당 법인과 법인세법 시행령 제87조에 따른 특수관계인 법인에 근무한 기간을 합산하여 퇴직급여를 지급하는 경우에는 해당 퇴직급여상당액을 각 법인별로 안분하여 손금에 산입한다(법령 44 ③).

이 경우에는 퇴직급여 전액을 각 법인이 지급할 퇴직급여액(각 법인으로부터 전출 또는 각 법인에의 전입을 각각 퇴직 및 신규채용으로 보아 계산한 금액을 말한다)에 따라 안분계산한다(법칙 22 ④).

$$전출(입)법인의 \ 안분한 \ 퇴직급여 =$$
$$퇴직급여 \ 전액 \times \frac{전출(입)법인의 \ 퇴직급여}{(전출법인의 \ 퇴직급여 + 전입법인의 \ 퇴직급여)}$$

이 경우 해당 임원 또는 직원이 마지막으로 근무한 법인은 해당 퇴직급여에 대한 소득세법

---

195) 세대주로 있던 기간의 장단은 문제되지 않는다. 서면-2021-법령해석법인-5117, 2021. 9. 17.
196) 지배주주등과 법인세법 시행령 제43조 제8항에 따른 특수관계의 유무를 따질 때 지배주주등과 법인세법 시행령 제2조 제5항 제7호(해당 법인이 공정거래법에 의한 기업집단에 속하는 법인인 경우 그 기업집단에 소속된 다른 계열회사 및 그 계열회사의 임원)의 관계에 있는 임원의 경우에는 특수관계에 있는 것으로 보지 않는다(법령 44 ⑥).

에 따른 원천징수 및 지급명세서의 제출을 일괄하여 이행할 수 있다(법령 44 ③).

> **사례**
>
> 甲 주식회사에 근무하던 丙은 2009. 7. 1.에 관계회사인 乙 주식회사로 전출하면서 퇴직급여를 수령하지 않았다. 丙은 2016. 6. 30.에 乙 주식회사를 퇴직하면서 퇴직급여 8천만원을 수령하였다. 甲 주식회사로부터 乙 주식회사로의 전출을 퇴직 또는 신규채용으로 보아 산정한 퇴직급여는 甲 주식회사가 30,000,000원, 乙 주식회사가 20,000,000원이다. 丙의 퇴직에 따라 甲 주식회사와 乙 주식회사가 손비로 계상할 퇴직급여는 각각 얼마인가?
>
> **풀이**
>
> 甲 주식회사 48,000,000원(80,000,000 × 30,000,000 / 50,000,000 = 48,000,000)
> 乙 주식회사 32,000,000원(80,000,000 × 20,000,000 / 50,000,000 = 32,000,000)

나) 임원에 대한 퇴직급여

(1) 미퇴직임원에 대한 퇴직급여

현실적으로 퇴직하지 않은 임원에게 지급한 퇴직급여는 해당 임원이 현실적으로 퇴직할 때까지 이를 업무무관 가지급금으로 본다(법칙 22 ②).

현실적인 퇴직의 범위에 관한 상세한 논의는 앞의 '직원에 대한 퇴직급여'(465면)를 참조하라.

(2) 퇴직한 임원에 대한 퇴직급여

(가) 임원퇴직급여의 한도액

법인이 임원의 현실적인 퇴직에 따라 지급하는 퇴직급여에 대하여는 일정한 한도액을 설정하고 그 한도액을 초과하는 금액은 손금불산입하도록 하고 있다(법령 44 ①, ④). 법인의 소득을 부당하게 감소시키는 것을 방지하기 위한 것이다. 위의 임원에는 주주 아닌 임원도 포함된다.[197]

임원퇴직급여의 한도액은 다음과 같다(법령 44 ④).

① 정관에 퇴직급여로서 지급할 금액이 정하여진 경우

정관에 퇴직급여(퇴직위로금 등을 포함한다)로 지급할 금액이 정하여진 경우에는 정관에 정하여진 금액을 그 한도액으로 한다. 정관에 정하여진 금액에는 임원의 퇴직급여를

---

197) 임원은 세법 고유의 개념으로서 근로기준법상 근로자에 해당하는지 여부와 관계가 없다. 서울고등법원 2022. 5. 19. 선고 2021누67772 판결(확정).

계산할 수 있는 기준이 정관에 기재된 경우를 포함하며, 정관에서 위임된 퇴직급여지급
규정이 따로 있는 때에는 해당 규정에 의한 금액에 의한다. 그러나 임원 퇴직급여 규정
이 근로 등의 대가로서 퇴직급여를 지급하려는 것이 아니라 퇴직급여의 형식을 빌려 특
정 임원에게 법인의 자금을 분여하기 위한 일시적인 방편으로 마련된 것이라면 여기에
해당하지 않는다. 이 때에는 아래의 '그 밖의 경우'에 해당하는 것으로 다루어 그에 따라
계산되는 한도액의 범위에서 손금에 산입한다.[198]

② 그 밖의 경우

정관에 퇴직급여로서 지급할 금액이 정하여지지 않은 경우에는 그 임원이 퇴직하는 날
부터 소급하여 1년 동안에 해당 임원에게 지급한 총급여액의 10퍼센트에 상당하는 금액
에 근속연수를 곱한 금액으로 한다. 이를 계산식으로 나타내면 다음과 같다.

> 임원퇴직급여 한도액 = 1년간의 총급여액 × 10% × 근속연수

㉮ 총급여액

총급여액이란 근로의 제공으로 인하여 받는 봉급·급료·보수·수당·상여와 이와
유사한 성질의 급여와 법인의 주주총회·사원총회 또는 이에 준하는 의결기관의 결
의에 의하여 상여로 받는 소득 등을 말한다. 그러나 다음의 금액은 총급여액에 포함
하지 않는다(법령 44 ④ Ⅱ).

ⅰ) 법인세법에 따라 상여로 처분된 금액 등

법인세법에 따라 상여로 처분된 금액과 퇴직함으로써 받는 소득으로서 퇴직소득
에 속하지 않은 소득(예: 퇴직위로금)을 말한다(법령 44 ④ Ⅱ, 소법 20 ① Ⅲ, Ⅳ).

ⅱ) 비과세소득

---

198) 그렇다면 어떤 경우에 퇴직급여 규정이 법인의 임원에게 법인의 자금을 분여하기 위한 일시적 방편으로
이용된 것으로 볼 것인가에 관하여 대법원은 "임원 퇴직급여 규정이 종전보다 퇴직급여를 급격하게 인상
하여 지급하는 내용으로 제정 또는 개정되고, 그 제정 또는 개정에 영향을 미칠 수 있는 지위에 있거나
그와 밀접한 관계에 있는 사람이 퇴직임원으로서 급격하게 인상된 퇴직급여를 지급받게 되며, 그에 따라
지급되는 퇴직급여액이 해당 퇴직임원의 근속기간이나 근무내용 또는 다른 비슷한 규모의 법인에서 지급
되는 퇴직급여액 등에 비추어 볼 때 도저히 재직기간 중의 근로나 공헌에 대한 대가라고 보기 어려운 과다
한 금액이고, 그 규정 자체나 해당 법인의 재무상황 또는 사업전망 등에 비추어 그 이후에는 더 이상 그러
한 퇴직급여가 지급될 수 없을 것으로 인정되는 등 특별한 사정이 있는 경우"라고 판시하고 있다(대법원
2016. 2. 18. 선고 2015두50153 판결; 대법원 2016. 2. 18. 선고 2015두53398 판결). 또한 위 판결은 '그 밖의
경우'에 해당하는 것으로 보아 퇴직급여의 손금한도액을 계산하는 경우에도 법인이 특정 임원에게 퇴직급
여의 형식으로 법인의 자금을 분여하기 위하여 임원의 퇴직 직전에 퇴직급여의 산정 기초가 되는 월 급여
를 아무런 합리적인 이유 없이 인상한 경우에는 인상되기 전의 월 급여를 기초로 하여 산정되는 금액만이
퇴직급여로 손금산입 대상이 된다고 한다.

소득세법 제12조에 따른 비과세소득을 말한다.

iii) 손금불산입한 인건비

ⓐ 이익처분에 의하여 지급하는 임원상여금

이익처분에 의하여 지급하는 임원상여금(합명회사 또는 합자회사의 노무출자사원에게 지급하는 보수를 포함한다)을 말한다.

ⓑ 임원에 대한 과다상여금

법인이 임원에게 지급하는 상여금 중 정관·주주총회·사원총회 또는 이사회의 결의에 의하여 결정된 급여지급기준에 의하여 지급하는 금액을 초과하여 지급한 경우 그 초과금액을 말한다.

ⓒ 지배주주등인 임원에 대한 과다보수 등

법인이 지배주주등인 임원에게 정당한 사유없이 동일직위에 있는 지배주주 등 외의 임원에게 지급하는 금액을 초과하여 보수를 지급한 경우 그 초과금액을 말한다.

㉯ 근속연수

ⅰ) 근속연수란 임원이 해당 법인에 입사한 날부터 퇴사하는 날까지의 기간을 말한다. 다만, 해당 임원이 직원에서 임원으로 취임하면서 퇴직급여를 받았거나 재직 중에 중간정산퇴직금을 받은 경우에는 임원으로 취임한 날 또는 중간정산퇴직금의 정산기간 만료일의 익일부터 퇴사하는 날까지의 기간에 의하여야 할 것이다.

ⅱ) 근속연수는 역년에 의하여 계산한다. 이 경우 1년 미만의 기간은 월수로 계산하되, 1개월 미만의 기간은 이를 산입하지 않는다(법칙 22 ⑤). 즉 근속연수를 계산할 때 1년 미만의 기간은 월수로 계산하되, 근속월수 중에 1개월 미만의 기간이 있는 때에는 그 기간은 없는 것으로 보도록 하고 있다. 예를 들어 재직기간이 15년 10개월 20일인 경우의 근속기간은 15년 10개월이 되는 것이다.

(나) 임원의 퇴직급여한도초과액의 소득처분

임원의 퇴직급여한도초과액은 손금불산입하고 그 퇴직급여를 받은 임원에 대한 상여로 소득처분한다.

임원의 퇴직급여한도초과액이 그 임원의 근로소득을 구성하는지, 아니면 퇴직소득을 구성하는지에 관하여는 논란이 있다. 임원의 퇴직급여한도초과액이 그 임원의 퇴직소득을 구성한다는 논거로서는 임원의 퇴직급여한도초과액은 임원의 현실적인 퇴직에 따라 지급되는 퇴직급여의 일부로서 해당 소득의 실질은 어디까지나 퇴직소득이라고 주장한다.

생각건대 임원의 퇴직급여한도초과액이 퇴직급여의 실질을 갖추고 있는 경우도 있을 수 있겠으나, 소득세법 제20조 제1항 제3호, 제4호에 비추어 볼 때 근로소득으로 새김이 타당하다고 생각한다. 그리고 임원의 퇴직급여한도초과액은 법인세법상 퇴직소득이 아닌 상여로 소득처분하도록 하고 있기 때문에 퇴직소득으로 해석하기에는 무리가 있다.[199]

(3) 관계회사에의 전출

임원이 관계회사로 전출하는 경우 퇴직급여의 안분에 관한 상세한 논의는 '관계회사에의 전출'(467면)을 참조하라.

나. 복리후생비

복리후생비란 임원 또는 직원에게 이익 또는 편익을 주거나 직원의 생활의 안정과 향상을 도모하기 위하여 지출하는 비용이다. 법인이 지출하는 복리후생비로서 사회통념상 필요하다고 인정되는 범위 안의 금액이 손금을 구성함은 의문의 여지가 없다.

그러나 법인세법은 손금산입이 허용되는 복리후생비의 항목을 열거하고, 그 항목에 해당하지 않은 비용은 손금에 산입하지 않는다고 규정하고 있다.

다음으로 법인세법상 손금산입이 허용되는 복리후생비인 경우에도 해당 금액은 임원 또는 직원의 근로소득을 구성함이 원칙이다. 다만, 소득세법은 이와 같은 복리후생비에 대하여 폭넓은 비과세규정을 두고 있다.

법인이 그 임원 또는 직원을 위하여 지출한 복리후생비 중 다음의 비용 외에는 손금에 산입하지 않는다. 직원에는 파견근로자가 포함된다(법령 45).

1) 직장체육비 등

① 직장체육비와 직장연예비
② 직장회식비
③ 우리사주조합의 운영비

　　법인이 우리사주조합의 운영비로서 지출하는 금액은 손금으로 한다. 우리사주조합이란 법인의 종업원이 그 법인의 주식을 취득·관리하기 위하여 자본시장법 및 근로자복지기본법 의하여 조직한 종업원단체를 말한다(법령 19 XVI, 20 II).

---

199) 김완석/정지선, 「소득세법론」 제26판, 삼일인포마인, 2020, 225면.

2) 보험료와 고용보험료

국민건강보험법 및 노인장기요양보험법에 따라 사용자로서 부담하는 보험료 및 부담금, 고용보험법에 의하여 사용자로서 부담하는 고용보험료는 손금에 해당한다. 국민건강보험법에 의한 건강보험료는 피보험자와 사용자가 각각 보험료액의 50퍼센트를 부담한다(국민건강보험법 52 ①). 그리고 고용보험법에 의하면 보험료액의 50퍼센트에 상당하는 금액은 근로자가, 그리고 보험료액의 50퍼센트에 상당하는 금액은 사업주가 부담하도록 하고 있다(고용보험법 56).

이와 같이 사용자 또는 사업주로서 부담하는 건강보험료·노인장기요양보험료 및 고용보험료는 손금에 산입하는 것이다.

그리고 국민건강보험법·노인장기요양보험법 및 고용보험법에 의하여 국가·지방자치단체·사용자 또는 사업주가 부담하는 부담금(건강보험료·노인장기요양보험료 및 고용보험료)에 대하여는 근로자의 근로소득세를 비과세한다(소법 12 Ⅳ 하).

한편, 근로자가 부담하는 국민건강보험법, 고용보험법 및 노인장기요양보험법에 의하여 납부하는 보험료는 종합소득세의 특별공제의 대상이 된다(소법 52 ①).

3) 직장보육시설의 운영비

영유아보육법에 의하여 설치된 직장보육시설의 운영비는 손금에 산입한다.

4) 그 밖의 복리후생비

그 밖의 임원 또는 직원에게 사회통념상 타당하다고 인정되는 범위 안에서 지급하는 경조사비 등과 기타 위의 1)부터 3)까지와 유사한 비용은 손금에 산입한다.

통근차에 의한 출퇴근 편의의 제공, 직장 안에서 착용하는 제복의 지급, 식사의 제공, 직장 내의 체육시설의 제공 등과 같은 비용이 이에 해당한다. 법인의 임원 및 직원도 기업업무추진비의 지출상대방에 포함되므로 복리후생비와 기업업무추진비의 구별이 문제될 수 있는데 일반적으로 요구되는 비용지출의 수준 범위 내에 있으면 복리후생비이고, 그 범위를 초과하면 기업업무추진비로 보아야 할 것이다.[200]

---

[200] 일본의 판례 및 학설이 취하는 입장이기도 하다. 일본 오사카 고등재판소 1993(平成 5). 8. 5. 판결(税資 198호 476면)은 법인이 직원을 위로할 목적으로 음식점에서 음식을 제공하기 위한 비용을 지출한 경우 그 음식이 직원 전원의 참가를 예정한 것인가 아니면 그 일부만을 대상으로 한 것인가 이외에 개최장소, 참석자 1인당 비용, 음식의 내용, 회수 등을 종합적으로 판단하여 그 음식이 주로 직원을 위로하기에 상당한 것으로 인정되는 일반적인 범위에 속하면 기업업무추진비에 해당하지 않지만 그 한도를 초과하면 기업업무추진비에 해당한다고 판단하였다. 大淵博義, 「法人税法解釈の検証と実践の展開 第Ⅱ巻」, 税務経理協会, 2014, 293-294면.

다. 여비 및 교육훈련비

법인이 임원 또는 직원이 아닌 지배주주등(특수관계에 있는 자를 포함한다)에게 지급한 여비 또는 교육훈련비는 해당 사업연도의 소득금액계산에 있어서 이를 손금에 산입하지 않는다(법령 46).

지배주주등과 특수관계에 있는 자의 범위에 관한 상세한 논의는 앞의 '지배주주인 임원 등에 대한 과다보수'(463면)에서 설명한 바와 같다.

라. 공동경비

1) 개 요

법인이 해당 법인 외의 자와 동일한 조직, 자산, 사업 등을 공동으로 운영하거나 영위함에 따라 발생되거나 지출된 손비의 경우 출자지분(출자공동사업자의 공동경비), 직전 사업연도의 매출액 또는 비출자공동사업자 사이의 약정에 따른 분담비율(비출자공동사업자의 경비)에 따라 안분한 분담금액을 초과하는 금액은 해당 법인의 소득금액을 계산할 때 이를 손금에 산입하지 않는다(법령 48 ①).

여기서 출자공동사업자는 법인이 해당 법인 외의 자와 공동으로 출자하여 특정사업을 공동으로 영위하는 경우의 공동사업자를 말하고, 비출자공동사업자는 출자에 의한 공동사업 외의 경우로서 공동으로 운영하는 조직이나 사업과 관련된 모든 법인을 말한다.[201]

2) 출자공동사업자의 공동경비

가) 실정세법의 개관

경제규모가 성장하고 경제구조가 고도화함과 아울러 기업간의 경쟁이 치열하여짐에 따라 기업의 형태도 다양화하고 기업간의 연합 또는 제휴가 늘어나고 있다.

특히 기술·자본·신용 등의 보완 또는 이윤극대화를 목적으로 하는 공동사업이 현저하게 증가하고 있다.

종전에는 주로 한번의 거래 또는 단기간의 프로젝트사업을 공동으로 경영하거나 공·사채와 주식등 유가증권을 공동으로 인수하기 위하여 증권인수단(syndicate)을 결성하는 경우 및 사업창설시의 과도적 형태 또는 단기적 기업형태로서 민법상의 조합을 결성하는 경우가 일반적이었다.

---

201) 삼일인포마인, 「삼일총서 법인세법」, 2017년판, 제26조 6-1, 6-2.

그러나 근래에 이르러서는 단기적·일시적인 기업으로서 뿐만 아니라 항구적인 기업으로서의 조합이 증가하고 있고, 공동사업의 내용 또한 건설·생산 및 판매 등과 같은 통상적인 영업활동은 물론이고 투자·공동광업권의 설정[202]·공유수면의 매립 등과 같은 영역으로 확대되고 있다.

이처럼 공동사업체가 늘어남에 따라 해당 공동사업체가 가득한 소득에 대하여 어떻게 과세할 것인지가 문제이다.

우선 조세특례제한법에 따른 동업기업과세특례방식(조특법 100의14부터 100의26까지)을 선택하여 적용받을 수 있다. 그러나 동업기업과세특례방식을 선택하지 않을 경우에는 공동사업체에 대한 과세방식을 적용할 수밖에 없다.[203] 동업기업과세특례방식에 관한 상세한 논의는 '동업기업에 대한 과세특례'(888면)에서 살펴보기로 하고, 이하에서는 공동사업체에 대한 과세방식을 살펴보기로 한다.

나) 공동사업체 과세방식의 구조

소득세법 제2조, 제43조, 제87조는 공동사업체 중 조합이 가득한 소득과 관련하여 조합을 독립된 별개의 납세의무자로 보지 않고 도관(conduit) 또는 통과체(pass-through entity)로 규정짓되, 단지 조합을 과세소득금액의 계산단위로 의제하도록 하고 있다. 즉 조합에 대하여는 조합(공동사업장)단위로 과세소득금액을 산정하고 그 산정한 과세소득금액을 각 조합원별로 각자의 손익분배비율에 의하여 배분하여 그 조합원의 다른 종합소득금액과 합산하여 소득세 납세의무를 지우도록 하고 있는 것이다.

조합에 대한 과세소득금액을 산정할 때에는 그 조합을 1거주자로 의제하여 조합단위로 감가상각비·각종 준비금 및 충당금·기업업무추진비·기부금 등의 한도액을 산정하도록 하고 있다.[204]

그러나 법인세법은 법인이 공동사업을 영위함에 따라 얻는 소득에 대한 과세에 관하여

---

202) 공동광업출원인은 조합계약을 한 것으로 본다(광업법 19 ⑥).
203) 합자회사, 합명회사 및 일정한 인적용역을 제공하는 유한회사는 현행의 과세방식(합자회사 등에 대하여 법인세를 과세하고, 합자회사 등이 그 사원에게 배당금을 지급하는 경우에는 그 배당금에 대하여 소득세를 과세하는 방식)과 동업기업과세특례제도(조특법 100의14부터 100의26까지)에 따른 과세방식을 선택적으로 적용받을 수 있다. 그리고 민법상의 조합이나 특별법상의 조합 등은 현행의 공동사업에 대한 과세방식과 동업기업과세특례제도(조특법 100의14부터 100의26까지)에 따른 과세방식을 선택적으로 적용받을 수 있다.
204) 미국에서도 파트너십(partnership)은 그 자체가 소득세 또는 법인세의 납세의무자가 아니고 그 손익을 파트너(partner)에게 배분하는 도관(conduit)의 기능밖에 갖지 않는다(IRC 701, 702).
즉 파트너십은 그 구성원인 파트너의 공동지점이며, 소득세 또는 법인세의 과세는 본점인 파트너에 대하여만 행하는 것으로 되어 도관체(pass-through entity)의 일종이다. 따라서 법인과 상위하여 법인소득에 대한 법인단계에서의 과세 및 배당금에 대한 주주단계에서의 과세라고 하는 이단계 과세는 없다. 이 점에 있어서 에스 코퍼레이션(S corporation)과 유사한 성격을 갖는다고 하겠다.

체계적인 규정을 두지 않음으로써 그 해석 또는 집행에 어려움이 제기되고 있다.

현행 법인세법은 법인이 공동사업에서 발생되거나 지출된 손비 중 해당 법인의 출자지분에 상당하는 금액을 초과하는 금액은 손금에 산입하지 않는다(법령 48 ①)고 규정함과 아울러 법인이 법인 아닌 조합 등으로부터 받는 분배이익금의 귀속사업연도는 해당 조합 등의 결산기간이 종료하는 날이 속하는 사업연도로 한다(법칙 35 ②)고 규정하고 있을 뿐이다.

더군다나 법인세법 시행령 제48조 제1항이 법인세법 시행규칙 제35조 제2항과 그 규율내용이 서로 상충하여 해당 규정의 해석 및 적용시에 상당한 혼선이 야기되고 있다.

다) 공동사업체가 가득한 소득에 대한 과세에 있어서의 적용법률

공동사업체가 가득한 소득에 대한 과세에 있어서 그 적용 법률이 문제이다.

첫째, 공동사업체의 구성원이 개인만으로 구성된 경우에는 소득세법 제43조를 적용하여야 한다.

둘째, 공동사업체의 구성원이 법인만으로 구성된 경우에는 법인세법을 적용하여야 한다는 견해와 소득세법을 적용하여야 한다는 견해가 있을 수 있다. 법인세법을 적용하여야 한다고 생각한다.

셋째, 공동사업체의 구성원이 개인과 법인으로 구성된 경우에는 법인세법을 적용하여야 한다는 견해, 소득세법을 적용하여야 한다는 견해, 개인인 구성원에 대하여는 소득세법, 법인인 구성원에 대하여는 법인세법을 적용하여야 한다는 견해가 있을 수 있다. 행정해석은 개인인 조합원에 대하여는 소득세법, 법인인 조합원에 대하여는 법인세법을 적용하여 소득금액을 산정하도록 하고 있다.[205]

라) 공동사업체의 소득금액의 계산

① 공동사업체를 독립된 납세주체(납세의무자)로 보는 견해와 공동사업체를 각 구성원에게 그 손익을 배분하는 도관(conduit)으로 보는 견해로 갈린다. 현행 세법이 공동사업체를 독립된 납세주체로 보지 않고 공동사업체를 각 구성원에게 그 손익을 배분하는 도관으로 파악하고 있음은 이미 전술한 바 있다.

② 다음으로 공동사업체를 각 구성원에게 그 손익을 배분하는 도관으로 이해하더라도 공동사업체에서 발생한 과세소득금액을 산정하는 방식에는 크게 세 가지 유형이 있을 수 있다.

---

205) 국세청 법인 46012-636, 1998. 3. 14.; 법인 46012-300, 1998. 2. 5.; 법인 46012-2371, 1996. 8. 26. 이에 대하여 개인과 법인이 동업계약에 의하여 공동으로 사업을 경영하는 경우 공동사업장의 소득금액은 소득세법 제87조의 규정에 의하여 해당 공동사업장을 1거주자로 보고 계산하여야 한다는 예규도 있다(서일 46011-10555, 2001. 11. 30. 및 소득 46011-21039, 2000. 7. 26. 참조).

첫째, 공동사업체를 과세소득금액의 계산주체로 보는 견해이다. 이때에는 공동사업체를 법인세법상의 1법인으로 의제하여 과세소득금액을 산정하고 이와 같이 산정된 과세소득금액을 각 구성원에게 손익분배비율 또는 출자지분에 따라 배분하는 방법이다. 공동사업체가 그 구성원에게 이익금을 실제로 분배하였는지는 영향을 미치지 않는다. 이 경우에는 감가상각비·각종 준비금 및 충당금·기업업무추진비·기부금 등의 한도액은 공동사업체 단위로 계산하여야 한다. 편의상 순액법이라고 부르기로 한다. 현행 소득세법이 채택하고 있는 방법이다.

둘째, 공동사업체의 자산·부채 및 손익에 관한 거래를 그 거래시마다 손익분배비율 또는 출자지분에 따라 안분한 금액을 각 구성원의 자산·부채 및 손익으로 인식하는 방식이다. 이 경우에는 감가상각비·각종 준비금 및 충당금·기업업무추진비·기부금 등의 한도액은 구성원의 본래의 감가상각비·각종 준비금 및 충당금·기업업무추진비·기부금 등과 합산하여 각 구성원 단위로 계산하여야 한다. 이를 편의상 총액법이라고 부르기로 한다.

셋째, 공동사업체로부터 분배받은 금액만을 손익으로 인식하는 방법이다. 만일 공동사업체가 손익을 분배하지 않는다면 구성원은 손익으로 인식할 수 없게 된다. 이를 분배법이라고 부르기로 한다.

③ 이에 관하여는 법인세법 시행령 제48조 제1항 제1호에서 구체적인 규정을 두고 있다. 즉 법인세법 시행령 제48조 제1항 제1호는 법인이 해당 법인 외의 자와 동일한 조직, 자산, 사업 등을 공동으로 운영하거나 영위함에 따라 발생되거나 지출된 손비로서 출자총액 중 해당 법인이 출자한 금액의 비율에 의한 분담금액을 초과하는 금액은 이를 손금에 산입하지 않는다고 규정하고 있다. 해당 조항은 다음과 같은 의미를 갖는다.

첫째, 공동사업체는 각 구성원에게 그 손익을 배분하는 도관에 지나지 않는다.

둘째, 공동사업체의 소득에 대하여는 총액법에 따라 과세소득금액을 산정한다는 의미를 담고 있다고 해석한다. 그러므로 공동사업체가 자산·부채 및 손익에 관한 거래를 할 때에는 각 조합원은 그 때마다 각자의 출자지분(출자한 금액의 비율)에 따라 안분한 금액을 그의 자산·부채 및 손익으로 인식하여야 하는 것이다.

마) 공동사업체의 소득의 귀속사업연도

공동사업체에서 발생한 소득금액의 귀속사업연도에 관하여도 해석상 다툼의 여지가 있다. 특히 공동사업체의 사업연도와 그 구성원인 법인 또는 개인의 사업연도가 상이할 경우에 문제가 되는 것이다.

현행 법인세법은 공동사업체의 자산·부채 및 손익에 관한 거래를 그 거래시마다 출자지분(출자한 금액의 비율)에 따라 안분한 금액을 각 구성원의 자산·부채 및 손익으로 인식하는 총액법을 채택하고 있다.

공동사업체의 소득금액을 총액법에 따라 산정하는 경우에는 공동사업체의 사업연도는 별다른 의미가 없다.

이와 관련하여 법인세법 시행규칙 제35조 제2항이 문제가 되고 있다. 법인세법 시행규칙 제35조 제2항은 "법인이 아닌 조합 등으로부터 받는 분배이익금의 귀속사업연도는 해당 조합 등의 결산기간이 종료하는 날이 속하는 사업연도로 한다"라고 규정하고 있는데, 해당 조항은 다음과 같은 이유로 법인세법 시행령 제48조 제1항 제1호에 위배된다.

첫째, 공동사업체가 가득한 소득에 대한 귀속사업연도를 그 공동사업체의 결산기간이 종료하는 사업연도로 하고 있는데, 이는 총액법을 채택하고 있는 법인세법 시행령 제48조 제1항 제1호와 배치된다.

둘째, 법문상의 '법인이 아닌 조합 등으로부터 받는 분배이익금'의 해석과 관련한 것이다. 이는 공동사업체로부터 분배받은 금액에 한하여 구성원의 과세소득에 포함하는 분배법을 채택하고 있다는 의미로 해석된다.

그렇게 본다면 이는 총액법을 채택하고 있는 법인세법 시행령 제48조 제1항 제1호와 배치된다.

그러므로 공동사업체인 조합으로부터 받는 이익분배금의 경우에는 본 조의 적용이 없다고 새기고자 한다.

3) 비출자공동사업자의 비용

비출자공동사업자가 지출하는 비용에 대하여는 다음 기준에 따른다(법령 48 ① Ⅱ).

가) 비출자공동사업자 사이에 특수관계가 있는 경우

비출자공동사업자 사이에 특수관계(법령 2 ⑧ 각 호)가 있는 경우에는 직전 사업연도[206] 또는 해당 사업연도의 매출액 총액과 총자산가액(한 공동사업자가 다른 공동사업자의 지분을 보유하고 있는 경우 그 주식의 장부가액은 제외) 중 법인이 선택하는 금액(선택하지 않은 경우에는 직전 사업연도의 매출액 총액을 선택한 것으로 보며, 선택한 사업연도부터 연속하여 5개 사업연도 동안 적용하여야 한다)에서 해당 법인의 매출액(총자산가액 총액을 선택한

[206) 비출자공동사업자 전부 또는 일부가 직전 사업연도 매출액이 없는 경우에는 해당 사업연도의 매출액 총액 또는 총자산가액 총액 중 해당 법인이 선택해야 하며, 선택하지 않으면 해당 사업연도의 매출액 총액을 선택한 것으로 본다(법령 48 ②).

경우에는 총자산가액)이 차지하는 비율에 따라 안분한다.[207] 위에서 매출액이란 기업회계기준에 의한 매출액을 말한다. 그러나 매출액의 구성이 주로 수입수수료로 이루어져 있는 자본시장법에 따른 투자매매업자 또는 투자중개업자에 대하여는 다음과 같이 일반적인 매출액과 해당 수입수수료 등에 9배를 곱한 금액의 합계액으로 할 수 있다.

그러나 공동행사비, 공동구매비, 자산의 공동경비 및 공동광고선전비에 대하여는 다음과 같은 기준에 따를 수 있다(법칙 25 ②).

① 공동행사비 등 참석인원의 수에 비례하여 지출되는 손비: 참석인원비율
② 공동구매비 등 구매금액에 비례하여 지출되는 손비: 구매금액비율
③ 공동광고선전비[208]

　㉮ 국외 공동광고선전비: 수출금액(대행수출금액은 제외하며, 특정 제품에 대한 광고선전의 경우에는 해당 제품의 수출금액을 말한다)

　㉯ 국내 공동광고선전비: 기업회계기준에 따른 매출액 중 국내의 매출액(특정 제품에 대한 광고선전의 경우에는 해당 제품의 매출액을 말하며, 주로 최종 소비자용 재화나 용역을 공급하는 법인의 경우에는 그 매출액의 2배에 상당하는 금액 이하로 할 수 있다)

한편, 다음 중 어느 하나에 해당하는 법인의 경우에는 공동 광고선전비를 분담하지 않은 것으로 할 수 있다.

　㉮ 해당 공동 광고선전에 관련되는 자의 직전 사업연도의 매출액총액에서 당해 법인의 매출액이 차지하는 비율이 1퍼센트에 미달하는 법인

　㉯ 해당 법인의 직전 사업연도의 매출액에서 당해 법인의 광고선전비(공동광고선전비

---

207) 그룹 내의 특정 법인이 운영한 경영기획실이 그룹 내 관계회사들의 업무를 조정하고 지원하는 업무를 수행하였다면 그 운영에 소요된 경비는 그룹의 공동경비에 해당하므로 그룹 내 회사들이 매출액 비율로 안분하여 손금에 산입하여야 한다(대법원 2012. 11. 29. 선고 2012두16305 판결).

208) 대법원은 주식회사 밀레오레(원고)가 특수관계법인 성창에프엔디와 공동으로 사용하고 있는 '밀리오레'라는 상표의 이미지와 인지도를 제고하기 위한 광고선전비를 지출하였다면 이는 실질적으로 공동으로 사업을 영위하는 법인이 공동경비를 지출한 경우와 유사하므로 위 지출한 광고선전비 중 주식회사 밀레오레(원고)의 분담금액을 초과하는 금액에 대하여는 손금에 산입하지 않는 것이 타당하다고 전제한 다음, 위 광고선전비의 분담금액 산정방법과 관련하여서는, 주식회사 밀레오레(원고)가 1999년부터 2001년까지 한 위 광고가 밀리오레 점포가 있는 지역뿐만 아니라 전국적으로 방영 또는 배포되었으므로 그 방영 및 배포 지역에 따라 광고효과가 미치는 점포의 범위가 다를 것이고, 각 광고 시기가 성창의 각 밀리오레 점포의 공사 착공, 분양, 개점 시점 이전 및 이후에 걸쳐 있으므로 광고 시기에 따라서도 그 광고의 효과가 다르므로, 위 각 광고를 시기·장소별로 그 광고의 효과가 미치는 점포를 가려 이에 따라 분담금액을 산정함이 타당하다고 보았다. 따라서 과세관청이 주식회사 밀레오레(원고)와 성창에프엔디 사이에 위 광고선전비의 분담금액을 정할 때 위와 같은 방식에 따라 구분하여 계산하지 않고 각 밀리오레 점포 분양 당시의 분양가액을 사후적으로 단순합산하여 이를 기준으로 삼은 것은 합리적인 광고선전비 배분방법에 해당한다고 보기 어렵다고 판단하였다. 대법원 2008. 5. 15. 선고 2007두8058 판결.

를 제외한다)가 차지하는 비율이 0.1퍼센트에 미달하는 법인

㉰ 직전 사업연도 종료일 현재 청산절차가 개시되었거나 공정거래법에 의한 기업집단에서의 분리절차가 개시되는 등 공동광고의 효과가 미치지 않는다고 인정되는 법인

나) 그 밖의 경우 - 당사자 사이의 분담비율 기준(원칙)

비출자공동사업자 사이에 특수관계가 없는 경우, 비출자공동사업자 사이의 비용은 비출자공동사업자 사이의 약정에 따른 분담비율에 따른다. 다만, 비출자공동사업자 사이에 약정한 분담비율이 없다면 앞의 '가) 비출자공동사업자 사이에 특수관계가 있는 경우의 분담방법(직전 사업연도의 매출액 총액에서 해당 법인의 매출액이 차지하는 비율, 참석인원비율·구매금액비율 등)'에 따른다.

10 업무와 관련없는 비용의 손금불산입

가. 의 의

내국법인이 각 사업연도에 지출한 비용으로서 업무와 관련없는 비용은 이를 손금에 산입하지 않는다(법법 27). 이를 업무무관비용이라고 부르기로 한다.

업무무관비용이라고 하더라도 법인의 순자산을 감소시키는 거래로 인하여 발생하는 손비의 금액임에는 틀림이 없다. 그러나 이와 같은 업무무관비용은 손금의 일반적인 정의규정 중 사업관련성의 요건을 충족하지 못하므로 손금에서 제외되는 것이다. 즉 업무무관비용은 법인세법 제19조 제2항의 '…법인의 사업과 관련하여 발생하거나 지출된 손실 또는 비용'에 해당하지 않기 때문에 당연히 손금을 구성하지 않는다.

그렇다면 본 조와 법인세법 제19조 제2항과는 어떤 관계에 있는가?

업무무관비용은 본 조의 규정이 없더라도 법인세법 제19조 제2항에 의하여 당연히 손금을 구성하지 않으며, 따라서 해당 비용은 손금에 산입하여서는 안 된다고 생각한다.

그렇다면 본 조는 법인세법 제19조 제2항에 의하여 당연히 손금을 구성하지 않는 업무무관비용이 손금불산입항목임을 확인함과 아울러 손금에 산입되지 않는 업무무관비용의 범위를 명확히 규율함으로써 해석상 다툼의 여지를 제거하려는 데에 그 취지가 있다고 하겠다.

나. 업무무관경비의 손금불산입

1) 비업무용 자산의 취득·관리 등에 따른 비용

법인이 일정한 비업무용 자산을 취득·관리함으로써 생기는 비용 등은 손금에 산입하지 않는다(법법 27 I).

가) 비업무용 자산

(1) 비업무용 자산의 정의

법인세법은 제27조 제1호에서 '해당 법인의 업무와 직접 관련이 없다고 인정되는 자산으로서 대통령령으로 정하는 자산'을 취득·관리함으로써 생기는 비용 등은 손금불산입한다고 규정하고 있다. 이와 같은 위임에 따라 법인세법 시행령 제49조 제1항에서 법인의 업무에 직접 사용하지 않는 부동산(유예기간이 경과하기 전까지의 기간 중에 있는 부동산을 제외한다)과 유예기간 중에 해당 법인의 업무에 직접 사용하지 않고 양도하는 부동산을 비업무용 부동산으로, 서화·골동품과 업무에 직접 사용하지 않는 자동차[209]·선박 및 항공기 등은 비업무용 동산으로 규정하고 있다. 결국 법인세법 제27조 제1호에서의 업무관련성은 '법인의 업무에 직접 사용되어야 한다'는 의미로 해석하여야 한다.[210]

법인세법은 비업무용 자산의 보유와 관련하여 그 지급이자를 손금불산입하고, 또한 비업무용 자산의 취득·관리와 관련한 비용에 관하여 손금불산입하도록 하고 있다.

이와 같은 비업무용 자산의 범위에 관하여 법인세법은 대통령령에 위임하고 있고, 이의 위임을 받은 대통령령은 다시 그 중요한 사항의 대부분을 구체적이고 세부적인 기준을 정하지 않고 기획재정부령에 위임하고 있는 실정이다.

헌법재판소는 이를 합헌으로 판단하기는 하였으나,[211] 조세법률주의의 이념에 비추어 볼

---

[209] '업무에 직접 사용하지 않는 자동차'에 해당하는지 여부는 해당 법인의 목적사업 및 영업내용, 해당 자동차를 취득하게 된 경위 및 용도와 사용실태 등을 종합적으로 고려하여 객관적으로 판단하여야 한다(대법원 2015. 2. 12. 선고 2014두43028 판결).

[210] 서울고등법원 2020. 11. 6. 선고 2020누31530 판결(대법원 2021. 3. 25. 자 2020두56667 판결로 심리불속행 종결).

[211] 헌법재판소 2010. 5. 27. 선고 2008헌바66·130 결정: 「비업무용자산 관련비용 손금불산입 및 지급이자의 손금불산입에 해당되는 법인 소유의 비업무용 자산의 범위를 대통령령에 위임하고 있는 법인세법(1998. 12. 28. 법률 제5581호로 개정된 것) 제27조 제1호, 제28조 제1항 제4호 가목(이하 '이 사건 법률조항들'이라고 한다)은 비업무용 자산의 범위에 관하여 상당히 구체적으로 범위를 한정하여 하위법규인 대통령령에 위임함으로써 보다 세부적인 유형과 판정기준을 그 때 그 때의 사회경제적 상황에 따라 탄력적으로 대통령령에서 정할 수 있도록 한 것으로서, 누구라도 이 사건 법률조항들로부터 대통령령에 규정될 내용의 대강을 예측할 수 있다. 따라서 이 사건 법률조항들은 헌법이 정한 위임입법의 한계를 준수하고 있다고 할 것이므로 포괄위임금지원칙에 위반되지 아니한다.

때 국민의 재산권을 직접적으로 제한하거나 침해할 소지가 큰 조세법상의 위임입법에 있어서는 일반적인 급부행정법규에서와는 달리 그 위임의 요건과 범위가 보다 엄격하고 제한적으로 규정되어야 한다.[212] 위임의 근거규정인 법률에서는 위임의 범위를 명확히 함과 동시에 위임된 사항의 처리기준·처리지침을 제시하거나 적어도 그 처리에 대한 대강을 예측할 수 있을 정도로 정하여 두지 않으면 안 된다고 하겠다.[213] 따라서 비업무용 자산의 범위에 관하여 보다 구체적이고 세부적인 기준을 제시하는 것이 바람직하다고 본다.

(2) 비업무용 부동산

(가) 비업무용 부동산의 범위

부동산을 취득한 후 유예기간이 경과할 때까지 해당 법인의 업무에 직접 사용하지 않거나 유예기간 중에 해당 법인의 업무에 직접 사용하지 않고 양도하는 부동산을 가리킨다. 다만, 법령에 의하여 사용이 금지되거나 제한된 부동산·자산유동화에 관한 법률에 의한 유동화전문회사가 자산유동화계획에 따라 양도하는 부동산 등 부득이한 사유가 있는 부동산을 제외한다.

① 업무에 직접 사용하지 않는 부동산

부동산을 취득한 후 유예기간이 경과할 때까지 해당 법인의 업무에 직접 사용하지 않은 부동산이다. 이하에서는 비업무용 부동산의 요건(업무에 직접 사용하지 않는 부동산)을 법인의 업무·직접 사용·부동산 및 유예기간의 경과로 나누어서 살펴보기로 한다.

㉮ 법인의 업무

법인에는 법인격 없는 사단 및 재단이 포함된다. 그리고 법인의 업무란 다음의 업무를 가리킨다(법칙 26 ②).

i) 법령에서 업무를 정한 경우에는 그 법령에 규정된 업무

ii) 각 사업연도 종료일 현재의 법인등기부상의 목적사업(행정관청의 인가·허가 등을 요하는 사업의 경우에는 그 인가·허가 등을 받은 경우에 한한다)으로 정하여진 업무

법인의 정관에는 목적사업으로 기재되어 있으나, 법인등기부상의 목적사업에

이 사건 법률조항들이 헌법상 포괄위임금지원칙에 위반되지 않는 이상, 설령 하위 법령에서 비업무용 자산의 해당 기준을 개별적·구체적으로 규정하면서 이 사건 법률조항들이 규정한 비업무용 자산에 해당한다고 볼 수 없는 자산까지 규율하고 있다고 가정하더라도, 이는 그 하위 법령이 위임입법의 한계를 일탈한 흠으로 될 수는 있을지언정 그로 인해 이 사건 법률조항들이 위헌으로 되는 것은 아니라고 할 것이므로 체계정당성의 원리에 위반되지 아니한다.」

212) 헌법재판소 1995. 11. 30. 선고 93헌바32 결정; 헌법재판소 1994. 7. 29. 선고 92헌바49·52(병합) 결정; 헌법재판소 1991. 2. 11. 선고 90헌가27 결정.
213) 헌법재판소 1995. 11. 30. 선고 93헌바32 결정.

기재되지 않은 사업은 법인의 업무에 해당하지 않는다.

㉯ 직접 사용

법인의 업무에 직접 사용하지 않는 부동산이 비업무용 부동산이다. 위에서 '직접 사용'한다 함은 현실적으로 법인의 업무에 직접 사용하고 있다는 의미이다.[214] 토지를 취득하여 업무용으로 사용하기 위하여 건설에 착공한 경우(착공일이 불분명한 경우에는 착공신고서 제출일을 기준으로 한다)에는 업무에 직접 사용한 것으로 본다.[215] 다만, 천재지변·민원의 발생 기타 정당한 사유[216] 없이 건설을 중단한 경우에는 중단한 기간 동안 업무에 사용하지 않은 것으로 본다(법칙 26 ③ I). 부동산매매업을 주업으로 하는 법인이 취득한 매매용부동산을 양도하는 경우도 업무에 직접 사용한 것으로 본다.[217]

건축물이 없는 토지를 임대하는 경우(공장·건축물의 부속토지 등 법인의 업무에 직

---

214) 대법원 1997. 11. 14. 선고 97누7936 판결: 「사용이란, 법인의 목적사업을 전제로 그 적법한 수행을 뜻하는 것이므로, 그 과정에서 행정법규상의 절차의 지연 등이 있으나 시정이 가능한 경우라든가 본래의 목적에 사용하기 위한 준비작업 중 임시로 다른 업무용에 공하고 있는 동안 사소한 행정법규의 위반이 있다는 등의 경우에까지 위 사용에 해당하지 않는다고는 할 수 없지만, 토지의 용도에 관한 법적 규제에 위반하거나 건축허가신청조차 없이 무단으로 건축하여 언제든지 철거 또는 시정명령의 대상이 되는 임시적·불법적 사용의 경우까지 여기에서 말하는 사용에 해당한다고 할 수는 없다.」

215) 착공에 해당하려면 건설에 착수하기 위하여 필요한 준비행위(토지측량, 지반조사, 건설도급공사체결, 기존 건물의 철거, 착공신고서 제출 등)만으로 부족하고 건설공정상 일련의 행정절차를 마친 다음 건설을 위한 실질적인 공사의 실행이라고 볼 수 있는 행위로서 신축할 건물을 유지할 수 있는 최소한의 정도로 부지를 파내는 정도의 굴착공사나 터파기공사에 착수하여야 한다. 서울고등법원 2018. 2. 9. 선고 2017누67027 판결(대법원 2018. 5. 31. 자 2018두38468 판결로 심리불속행 종결).

216) '공사 중단에 대한 정당한 사유'는 법령에 의한 건축의 금지나 제한 등과 같이 법인이 마음대로 할 수 없는 외부적인 사유를 뜻하는 것이 원칙이고, 법인의 내부적인 사유의 경우에는 법인이 정상적인 노력과 추진을 다하였음에도 불구하고 부득이 건축공사를 중단할 수밖에 없게 된 경우에 한한다고 보아야 하며, 그와 같은 정당 사유의 유무를 판단함에 있어서는 법인의 업무무관 부동산의 보유를 법인의 차입금에 대한 지급이자의 손금불산입 요건으로 하고 있는 입법 취지를 충분히 고려하면서 해당 법인이 영리법인인지 여부, 건축공사의 규모, 건축공사의 완공에 걸리는 기간의 장단, 건축공사를 진행할 수 없는 법령상·사실상의 장애사유 및 장애정도, 해당 법인이 건축공사를 진행하기 위하여 진지한 노력을 다하였는지의 여부, 행정관청의 귀책사유가 가미되었는지의 여부 등을 아울러 참작하여 구체적인 사안에 따라 개별적으로 판단하여야 할 것이다. 서울고등법원 2020. 11. 6. 선고 2020누31530 판결(대법원 2021. 3. 25. 자 2020두56667 판결로 심리불속행 종결).

217) 법인세법 시행규칙 제26조 제3항 제2호는 부동산매매업을 주업으로 하는 법인이 취득한 매매용부동산을 '유예기간 내에' 양도하는 경우 그 부동산을 업무에 직접 사용한 것으로 본다고 정하고 있으나 대법원 2018. 5. 11. 선고 2014두44342 판결은 위 규정이 단지 유예기간 내에 부동산을 양도한 것 중에서 업무에 직접 사용한 것으로 볼 수 있는 경우를 적용대상으로 하면서 부동산매매업을 주업으로 영위하는 법인의 업무특성을 반영한 것으로서, 부동산매매업을 주업으로 하는 법인의 경우 부동산매매용 토지를 양도하는 것 자체를 법인의 업무에 직접 사용한 것으로 보아야 하고, 유예기간이 지난 다음에 물적분할을 통하여 양도하였더라도 업무무관자산의 배제기준 중 일부에 불과한 위 법인세법 시행규칙 제26조 제3항 제2호를 들어 달리 볼 수 없다고 판단하였다.

접 사용하던 토지를 임대하는 경우를 제외한다)에 해당 토지는 업무에 직접 사용하지 않는 부동산으로 본다. 그러나 토지를 임대하던 중 해당 법인이 건설에 착공하거나 그 임차인이 해당 법인의 동의를 얻어 건설에 착공한 경우에 해당 토지는 그 착공일(착공일이 불분명한 경우에는 착공신고서 제출일을 말한다)부터 업무에 직접 사용하는 부동산으로 본다(법칙 26 ④).

㉰ 부동산

부동산은 토지와 그 정착물이다(민법 99 ①). 토지와 건물이 주된 대상이다.

㉱ 유예기간의 경과

ⅰ) 부동산을 취득한 후 유예기간이 경과하여야 한다. 유예기간은 해당 부동산을 취득한 날부터 기산하는데, 다만 법령에 의하여 사용이 금지 또는 제한된 부동산과 문화재보호법에 의하여 지정된 보호구역 안의 부동산은 해당 법령에 의한 사용의 금지·제한이 해제된 날 또는 문화재보호법에 의한 보호구역지정이 해제된 날부터 기산한다. 판례는 유예기간에 관하여는 그 진행의 중단을 인정할 수 없다고 한다.[218]

ⅱ) 부동산을 취득한 날(취득시기)은 소득세법 시행령 제162조(취득시기 및 양도시기)의 규정을 준용한다. 즉 자산의 대금을 청산한 날로 하되, 다만 대금을 청산한 날이 분명하지 않은 경우 또는 대금을 청산하기 전에 소유권이전등기를 한 경우에는 등기부에 기재된 등기접수일로 한다.

그러나 장기할부조건에 의한 취득의 경우에는 해당 부동산을 사용 또는 수익할 수 있는 날에 취득한 것으로 한다(법칙 26 ⑥).

ⅲ) 부동산의 유예기간은 다음과 같다(법칙 26 ①). 그런데 유예기간이 경과되기 전에 법령에 의하여 해당 사업과 관련된 인가·허가(건축허가를 포함한다)·면허 등을 신청한 법인이 건축법 제12조의 규정 및 행정지도에 의하여 건축허가가 제한됨에 따라 건축을 할 수 없게 된 토지와 유예기간이 경과되기 전에 법령에 의하여 해당 사업과 관련된 인가·허가·면허 등을 받았으나 건축자재의 수급조절을 위한 행정지도에 의하여 착공이 제한된 토지는 건축허가 또는 착공이 제한된 기간을 가산한 기간을 유예기간으로 한다(법칙 26 ⑧).

ⓐ 건축물 또는 시설물 신축용 토지

취득일부터 5년으로 한다. 다만, 공장용 부지로서 「산업집적활성화 및 공장설

---

218) 서울고등법원 2014. 12. 5. 선고 2014누42560 판결(대법원 2015. 4. 23. 자 2015두35086 판결로 심리불속행 종결).

립에 관한 법률」 또는 「중소기업 창업지원법」에 의하여 승인을 얻은 사업계획서상의 공장건설계획기간이 5년을 초과하는 경우에는 해당 공장건설계획기간으로 한다.

　ⓑ 부동산매매업을 주업으로 하는 법인이 취득한 매매용 부동산

　　취득일부터 5년으로 한다. 위에서 부동산매매업이란 한국표준산업분류에 따른 부동산 개발 및 공급업(묘지분양업을 포함한다)과 건물 건설업(자영건설업에 한한다)을 말한다. 그리고 부동산매매업과 다른 사업을 겸영하는 경우에는 해당 사업연도와 그 직전 2사업연도의 부동산매매업 매출액(해당 법인이 토목건설업을 겸영하는 경우에는 토목건설업 매출액을 합한 금액으로 한다)의 합계액이 이들 3사업연도의 총수입금액의 합계액의 50퍼센트를 초과하는 경우에 한하여 부동산매매업을 주업으로 하는 법인으로 본다(법칙 26 ⑦).

　ⓒ 기타의 부동산

　　취득일로부터 2년으로 한다.

② 유예기간 중에 양도하는 부동산

　법인이 부동산을 유예기간 중에 그 법인의 업무에 직접 사용하지 않고 타인에게 양도하는 경우에 그 부동산은 비업무용 부동산에 해당한다.

　그러나 부동산매매업을 주업으로 영위하는 법인은 매매용 부동산을 유예기간(5년) 내에 양도하는 경우에 한하여 그 부동산을 업무에 직접 사용한 것으로 본다(법령 49 ① I 나 但, 법칙 26 ③ II). 즉 부동산매매업을 주업으로 영위하는 법인은 매매용 부동산을 유예기간 중에 양도하여야 하고 만일 유예기간이 경과할 때까지 양도하지 않고 보유하고 있으면 비업무용 부동산이 되는 것이다.

③ 부득이한 사유

　법령에 의하여 사용이 금지되거나 제한된 부동산 등과 같이 부득이한 사유가 있는 부동산은 법인의 비업무용 부동산에서 제외한다(법령 49 ① I 但). 부득이한 사유란 법령에 의한 금지·제한 등 그 법인이 마음대로 할 수 없는 외부적 사유는 물론이고 그 업무에 사용하기 위한 정상적인 노력을 다 하였음에도 시간적인 여유가 없어 유예기간을 넘긴 내부적인 사유도 포함된다고 해석한다.[219] 부득이한 사정이 있는 경우 유예기간 이외에

---

219) 1998. 12. 28. 법인세법의 전문개정시에 종전의 '정당한 사유'를 '부득이한 사유'로 개정하였다. 그러나 부득이한 사유라는 문언도 정당한 사유와 크게 다를 바 없다. 대법원은 정당한 사유에 관하여 다음과 같이 판시하고 있다(대법원 1996. 3. 12. 선고 95누18314 판결).
　「'정당한 사유'란 법령에 의한 금지·제한 등 그 법인이 마음대로 할 수 없는 외부적 사유는 물론 고유업무에 사용하기 위한 정상적인 노력을 다하였음에도 시간적인 여유가 없어 유예기간을 넘긴 내부적인 사유도

얼마만큼의 기간을 더 유예해 줄 것인지가 문제될 수 있는데 구체적인 사안에 따라 판단할 수 밖에 없다.[220]

법인세법 시행규칙은 비업무용 부동산에서 제외되는 부득이한 사유가 있는 부동산을 열거하고 있다(법칙 26 ⑤). 부득이한 사유가 있는 부동산의 열거는 예시적 규정으로 해석한다. 부득이한 사유는 외부적 사유(법령에 의한 금지, 제한)은 물론 내부적 사유(법인의 노력에도 불구하고 시간적인 여유가 없었던 경우 등)를 포함하고 그 부득이 한지 여부는 비업무용 부동산의 보유를 법인의 차입금에 관한 지급이자의 손금불산입 요건으로 하고 있는 입법 취지를 충분히 고려하면서 해당 법인이 영리법인인지 혹은 비영리법인인지 여부, 부동산의 취득목적에 비추어 업무에 사용하는데 걸리는 준비기간의 장단, 업무에 사용할 수 없는 법령상·사실상의 장애사유 및 장애 정도, 해당 법인이 부동산을 업무에 사용하기 위한 진지한 노력을 다하였는지 여부 등을 고려하여 구체적인 사안에 따라 개별적으로 판단하여야 한다는 것이 판례의 입장이다.[221]

중요한 사유를 살펴보면 다음과 같다.

㉮ 해당 부동산의 취득 후 다음의 사유가 발생한 부동산. 다만, iii) 및 iv)의 경우에 부동산매매업을 주업으로 하는 법인의 매매용 부동산은 제외한다.

(i) 법령에 의하여 사용이 금지 또는 제한된 부동산(사용이 금지 또는 제한된 기간에 한한다)

법령의 의미에 관하여는 다툼은 있으나, 대법원은 법령 그 자체는 물론이고 행정작용(예: 국토해양부장관의 지시에 따른 지방자치단체의 장의 건축허가 제한조치[222])까지 포함하여 해석하고 있다. 그리고 법령에 의한 부동산 사용의 금지 또는 제한은 부동산의 이용을 전면적으로 금지하거나 제한함으로써 그 부동산을 어떤 용도로도 사용하지 못하는 정도의 사용의 금지 또는 제한을 의미하는 것은 아니다. 즉 법령에 의하여 사용이 금지 또는 제한된 부동산의 판단은 토지소유자가 토지를 취득하게 된 목적을 기준으로 하여 특정 토지가 취득목적에 따른 사용이 금지되거나 제한된 경우라면 법령에 의하여 사용이 금지 또는 제한된 부동산으로

포함하고, 정당한 사유의 유무를 판단함에 있어서는 중과(重課)의 입법취지를 충분히 고려하면서 해당 법인이 영리법인인지 아니면 비영리법인인지의 여부, 토지의 취득목적에 비추어 고유목적에 사용하는 데 걸리는 준비기간의 길고 짧음, 고유목적에 사용할 수 없는 법령상·사실상의 장애사유 및 장애 정도, 해당 법인이 토지를 고유업무에 사용하기 위한 진지한 노력을 다하였는지 여부 등을 아울러 고려하여 구체적인 사안에 따라 개별적으로 판단하여야 한다.」

220) 이종규/이종규/최영록/조남복, 「법인세법해설」, 전면개정판, 중앙경제, 1999, 458면.
221) 대법원 2002. 5. 10. 선고 2000두4989 판결.
222) 대법원 1998. 11. 10. 선고 97누12068 판결.

보아야 한다.[223]

취득 전에 이미 법령의 규정에 의하여 사용이 금지 또는 제한되어 있었다면 이 사유에 해당하지 않는다. 즉 부득이한 사유가 있다고 볼 수 없다는 것이 판례이다.[224]

(ii) 문화재보호법에 의하여 지정된 보호구역 안의 부동산(지정된 기간에 한한다)

(iii) 유예기간이 경과되기 전에 법령에 의하여 해당 사업과 관련된 인가·허가(건축허가를 포함한다)·면허 등을 신청한 법인이 건축법 제12조의 규정 및 행정지도에 의하여 건축허가가 제한됨에 따라 건축을 할 수 없게 된 토지(건축허가가 제한된 기간에 한한다)

(iv) 유예기간이 경과되기 전에 법령에 의하여 해당 사업과 관련된 인가·허가·면허 등을 받았으나 건축자재의 수급조절을 위한 행정지도에 의하여 착공이 제한된 토지(착공이 제한된 기간에 한한다)

㉯ 사업장(임시작업장을 제외한다)의 진입도로로서 사도법에 의한 사도 또는 불특정다수인이 이용하는 도로와 건축법에 의하여 건축허가를 받을 당시에 공공공지로 제공한 토지(해당 건축물의 착공일부터 공공공지로의 제공이 끝나는 날까지의 기간에 한한다)

㉰ 민사집행법에 의하여 경매가 진행 중인 부동산 또는 국세징수법에 의하여 공매가 진행 중인 부동산으로서 최초의 경매기일 또는 공매일부터 5년이 경과되지 않은 부동산과 저당권의 실행 그 밖에 채권을 변제받기 위하여 취득한 부동산 및 청산절차에 따라 잔여재산의 분배로 인하여 취득한 부동산으로서 취득일부터 5년이 경과되지 않은 부동산

㉱ 한국자산관리공사에 매각을 위임한 부동산으로서 3회 이상 유찰된 부동산과 금융기관 등이 저당권의 실행 그 밖에 채권의 변제를 받기 위하여 취득한 자산으로서 한국자산관리공사에 매각을 위임한 부동산 및 부동산의 소유권에 관한 소송이 계속 중인 부동산

---

223) 대법원 2014. 2. 27. 선고 2013두12324 판결; 대법원 2004. 3. 26. 선고 2001두10790 판결(「'해당 부동산의 취득 후 법령의 규정에 의한 사용의 금지 또는 제한'에는 법령의 규정 그 자체에 의하여 직접 부동산의 사용이 금지 또는 제한되는 경우뿐만 아니라 행정작용에 의하여 현실적으로 부동산의 사용이 금지 또는 제한되는 경우도 포함한다고 할 것이고, 이와 같은 사용제한 여부는 원칙적으로 법인이 토지를 취득할 당시의 구체적인 목적을 그 주된 사업과 대비하여 결정하여야 할 것이고, 그 해당 여부도 위 목적과 사용제한의 형태에 비추어 개별적으로 판단하여야 한다」).

224) 대법원 2007. 1. 25. 선고 2005두5598 판결; 대법원 1998. 11. 10. 선고 97누12068 판결; 대법원 1998. 2. 13. 선고 97누1280 판결; 대법원 1992. 6. 23. 선고 91누11506 판결; 서울고등법원 2021. 7. 22. 선고 2020누57587 판결(토지 취득 이전에 설치되어 있던 도로의 존재는 부동산의 취득 후 발생한 사유에 해당하지 않는다는 취지. 대법원 2021. 12. 10. 자 2021두49635 판결로 심리불속행 종결).

㉤ 해당 부동산을 취득한 후 소유권에 관한 소송이 계속 중인 부동산으로서 법원에 의하여 사용이 금지된 부동산과 그 부동산의 소유권에 관한 확정판결일부터 5년이 경과되지 않은 부동산

㉥ 건축물이 멸실·철거되거나 무너진 경우에는 해당 건축물이 멸실·철거되거나 무너진 날부터 5년이 경과되지 않은 토지[225]

㉦ 법인이 사업의 일부 또는 전부를 휴업·폐업 또는 이전함에 따라 업무에 직접 사용하지 않게 된 부동산으로서 그 휴업·폐업 또는 이전일부터 5년이 경과되지 않은 부동산

㉧ 주택신축판매업을 영위하는 법인·아파트형 공장의 설치자 또는 건설업을 영위하는 법인이 신축한 건물로서 사용검사일부터 5년이 경과되지 않은 건물 및 그 부속토지와 주택건설사업자로 등록한 법인이 보유하는 토지 중 주택건설사업계획서에 기재된 사업부지에 인접한 토지로서 해당 계획서상의 주택 및 대지 등에 대한 사용검사일부터 5년이 경과되지 않은 토지

㉨ 예금보험공사·정리금융회사 및 금융산업의 구조개선에 관한 법률 제2조 제1호의 규정에 의한 금융기관이 적기시정조치 또는 계약이전의 결정에 따라 부실금융기관으로부터 취득한 부동산과 유동화전문회사가 자산유동화계획에 따라 자산보유자로부터 취득한 부동산

㉩ 유예기간 내에 법인의 합병 또는 분할로 인하여 양도되는 부동산

㉪ 해당 부동산의 취득 후 앞의 사유 외에 도시계획의 변경 등 정당한 사유로 인하여 업무에 사용하지 않는 부동산

여기서의 '정당한 사유'가 인정되기 위해서는 적어도 도시계획 변경과 같이 해당 법인을 탓할 수 없는 사유가 인정되어야 한다는 것이 판례이다.[226]

(나) 비업무용 부동산으로 보는 기간

비업무용 부동산의 요건을 충족한 부동산에 대하여 업무와 관련이 없는 것으로 보는 기간은 다음에 의한다(법칙 26 ⑨).

① 법인의 업무에 직접 사용하지 않는 부동산

부동산을 업무에 직접 사용하지 않은 기간 중 유예기간과 겹치는 기간을 제외한 기간에 한하여 비업무용 부동산으로 본다.

---

[225] 여기서의 '철거'는 건물을 사용하다가 예상하지 못한 사정으로 철거된 경우를 의미하고, 토지만을 사용할 목적으로 건물이 있는 토지를 취득하여 건물을 철거한 경우까지 포함한다고 볼 수 없다(대법원 2014. 2. 27. 선고 2013두12324 판결).

[226] 서울고등법원 2020. 11. 6. 선고 2020누31530 판결(대법원 2021. 3. 25. 자 2020두56667 판결로 심리불속행 종결).

이에 관하여 구체적으로 살펴보기로 한다.

첫째, 부동산을 취득한 후 유예기간 안에 업무에 직접 사용하게 되면 그 부동산은 업무용 부동산에 해당한다.

둘째, 부동산을 취득한 후 유예기간 안에 업무에 직접 사용하다가 다시 업무에 직접 사용하지 않게 되면 그 사용하지 않은 기간(유예기간이 경과한 후의 미사용기간에 한한다) 동안은 비업무용 부동산이 된다.

셋째, 부동산을 취득한 후 유예기간이 경과 한 후에 업무에 직접 사용하게 되면 그 유예기간이 경과한 날부터 업무에 직접 사용하는 날의 직전 일까지 비업무용 부동산에 해당한다.

넷째, 취득한 부동산을 유예기간이 경과 한 후에도 계속하여 업무에 직접 사용하지 않는 경우에는 그 유예기간이 경과한 날부터 계속하여 비업무용 부동산에 해당한다.

다섯째, 부동산을 취득한 후 계속하여 업무에 사용하지 않다가 그대로 양도하는 경우에는 취득일부터 양도일까지 비업무용 부동산이 된다.[227]

다만, 부동산을 취득한 후 계속하여 업무에 사용하지 않고 양도하는 경우에는 취득일부터 소급하여 비업무용 부동산으로 본다.

② 유예기간 중에 해당 법인의 업무에 직접 사용하지 않고 양도하는 부동산

유예기간 중에 해당 법인의 업무에 직접 사용하지 않고 양도하는 부동산은 취득일(유예기간이 경과되기 전에 법령에 의하여 사용이 금지 또는 제한된 부동산 및 문화재보호법에 의하여 지정된 보호구역 안의 부동산은 각각 해당 법령에 의한 사용의 금지·제한이 해제된 날 또는 문화재보호법에 의한 보호구역지정이 해제된 날)부터 양도일까지 비업무용 부동산에 해당한다.

(3) 비업무용 동산

(가) 서화 및 골동품

서화 및 골동품은 비업무용 동산으로 한다. 다만, 장식·환경미화 등의 목적으로 사무실·복도 등 여러 사람이 볼 수 있는 공간에 상시 비치하는 것을 제외한다.

(나) 업무에 직접 사용하지 않는 자동차 등

업무에 직접 사용하지 않는 자동차·선박 및 항공기를 말하되, 저당권의 실행 기타 채권을 변제받기 위하여 취득한 자동차·선박 및 항공기로서 취득일부터 3년이 경과되지 않은 것은 제외한다.

---

227) 분할법인이 물적분할을 통하여 승계의 방법으로 분할신설법인에 부동산을 이전한 것은 법인세법에 따른 자산의 양도에 해당한다. 대법원 2018. 5. 11. 선고 2014두44342 판결.

(다) 기타 비업무용 동산

서화 및 골동품, 업무에 직접 사용하지 않는 자동차 등과 유사한 자산으로서 해당 법인의 업무에 직접 사용하지 않는 자산을 말한다. 업무와 관련 없이 취득한 기계장치[228] 등이 이에 해당한다.

나) 취득·관리비용 등의 범위

자산의 취득·관리비용 등이란 자산을 취득·관리함으로써 생기는 비용, 유지비, 수선비 및 이에 관련되는 비용을 말하는데(법령 49 ③), 이와 같은 취득·관리비용 등은 손금불산입한다.

자산의 취득·관리 비용 등에는 그 자산에 대한 재산세·종합부동산세·공동시설세·도시계획세·자동차세 등과 같은 세금과 공과, 관리인의 인건비, 수도광열비, 보험료, 수선비, 감가상각비[229] 등이 포함된다고 하겠다.

그러나 비업무용 자산을 취득함으로써 발생하는 지출 중 해당 자산의 취득가액을 구성하는 부분은 본 호에서의 손금불산입의 대상이 되는 비용이 아니다.[230] 위에서 비업무용 자산을 취득함으로써 생기는 비용 중 해당 자산의 취득가액을 구성하는 부분이란 그 자산의 취득가액과 그 자산의 취득에 따라 부담한 취득세·등록세·등기관련비용·중개수수료·건설자금이자 등을 말한다.

다음으로 비업무용 자산을 처분함에 따라 발생한 유형자산처분손실은 비업무용 자산의 취득·관리에 따른 비용 등이 아니므로 손금산입의 대상이 된다고 새긴다.[231]

2) 그 밖의 업무무관비용

비업무용 자산의 취득·관리비용 외에 그 법인의 업무와 직접 관련이 없다고 인정되는 지출금액으로서 다음에 해당하는 것은 손금에 산입하지 않는다.

가) 타인이 주로 사용하는 장소 등의 유지비 등

해당 법인이 직접 사용하지 않고 다른 사람(주주등이 아닌 임원과 소액주주등인 임원 및 직원을 제외한다)이 주로 사용하고 있는 장소·건축물·물건 등의 유지비·관리비·사용료와 이와 관련되는 지출금을 말한다(법법 27 II, 법령 50 ① I).[232]

---

228) 대법원 1997. 11. 28. 선고 96누14333 판결.
229) 다만 추후 자산을 처분할 때 자산의 장부가액이 손금산입되므로 부인된 감가상각비는 자산의 처분시에 추인된다.
230) 만일 해당 금액을 자산의 취득원가로 계상하지 않고 손비로 계상하였다면 해당 금액에 대하여는 손금불산입하되, 유보로 처분하여야 할 것이다.
231) 이종규/김재웅/조남복, 「법인세법해설」, 중앙경제사, 1997, 351면.

① 법인이 직접 사용하지 않고 다른 사람이 주로 사용하고 있는 장소, 건물, 물건이어야 한다. 다른 사람은 그 법인과 특수관계에 있는 자인지의 여부를 묻지 않는다. 다만, 다른 사람이 그 법인과 특수관계에 있는 자에 해당하는 경우에는 그 장소 등의 유지비 등을 손금불산입함은 물론이고 그 장소 등의 사용대가가 적정한 요율 또는 임대료에 미달되는 경우에는 부당행위계산부인규정을 적용하여 산정한 적정사용대가와 실제로 받거나 받기로 한 사용대가와의 차액을 익금산입하게 된다.

다음으로 위에서 다른 사람이라 함은 그 법인의 주주등이 아닌 임원, 그 법인의 소액주주등인 임원 및 직원은 제외된다. 즉 다른 사람이 주로 사용하고 있는 장소ㆍ건물ㆍ물건 등이라 할지라도 그 장소 등의 사용자가 그 법인의 주주등이 아닌 임원, 그 법인의 소액주주등인 임원 및 직원인 경우에는 그 유지비 등은 손금산입의 대상이 된다.

위에서 소액주주등이란 발행주식총수 또는 출자총액의 1퍼센트에 미달하는 주식 또는 출자지분을 소유한 주주등(해당 법인의 국가ㆍ지방자치단체가 아닌 지배주주등의 특수관계인인 자는 제외한다)을 말한다(법령 50 ②).

② 손금불산입의 대상이 되는 금액은 장소ㆍ건물ㆍ물건 등의 유지비ㆍ관리비ㆍ사용료와 이에 관련되는 지출금이다. 장소 등의 유지비ㆍ관리비와 이에 관련되는 지출금에는 그 장소 등에 부과되는 재산세ㆍ종합부동산세ㆍ공동시설세ㆍ도시계획세ㆍ자동차세 등과 같은 세금과공과, 관리인의 인건비, 수도광열비, 보험료, 수선비, 감가상각비 등이 포함된다고 새긴다. 그리고 장소 등의 사용료란 타인 소유의 장소 등의 임차 등에 소요되는 비용을 가리킨다고 해석한다.

나) 주주등이 사용하는 사택의 유지비 등

해당 법인의 주주등(소액주주등은 제외한다) 또는 출연자인 임원 또는 그 임원의 친족이 사용하고 있는 사택의 유지비ㆍ관리비ㆍ사용료와 이에 관련되는 지출금을 말한다(법법 27 Ⅱ, 법령 50 ① Ⅱ).[233]

---

232) 다만, 법인이 대ㆍ중소기업 상생협력 촉진에 관한 법률 제35조에 따른 사업을 중소기업(제조업을 영위하는 자에 한한다)에게 이양하기 위하여 무상으로 해당 중소기업에 대여하는 생산설비에 관련된 지출금 등을 제외한다(법령 50 ① Ⅰ 但).

233) 대법원은 부당행위계산의 유형으로서 금전 대여에 해당하는지(법인세법 제27조 제1호 및 제28조 제1항 제4호 가목) 또는 자산ㆍ용역 제공에 해당하는지(법인세법 제27조 제2호)는 그 거래의 내용이나 형식, 당사자의 의사, 계약체결의 경위, 거래대금의 실질적ㆍ경제적 대가관계, 거래의 경과 등 거래의 형식과 실질을 종합적으로 고려하여 거래관념과 사회통념에 따라 합리적으로 판단하여야 한다고 하면서, 법인의 사택에 관하여는 일정한 경우에 업무무관지출에 관한 법인세법 제27조 제2호가 적용될 수 있을 뿐이고 비업무용 부동산에 관한 법인세법 제27조 제1호 및 제28조 제1항 제4호 가목이 적용될 수는 없다고 한다. 즉, 법인은 그 특수관계인에게 법인의 사택을 무상 또는 저가로 제공한 것으로 보아야 하고 그 사택의 취득자

① 사택의 사용자는 영리법인의 주주등인 임원, 비영리법인의 출연자인 임원, 영리법인의 주주등인 임원의 친족, 비영리법인의 출연자인 임원의 친족이어야 한다.

위의 법인의 주주등에는 소액주주등인 주주등이 포함되지 않는다. 소액주주등이란 발행 주식총수 또는 출자총액의 1퍼센트에 미달하는 주식 또는 출자지분을 소유한 주주등(해당 법인의 국가, 지방자치단체 외의 지배주주등과 특수관계에 있는 자는 제외한다)을 말한다(법령 50 ②).

다음으로 법인의 주주등(소액주주등은 제외한다)인 임원이나 출연자인 임원과 그 친족에게 사택을 적정임대료에 미달되는 금액으로 제공한 때에는 그 사택의 유지비 등을 손금불산입하는 것과는 별개로 부당행위계산부인규정을 적용하여 그 적정임대료와 실제로 받거나 받기로 한 임대료와의 차액을 익금에 산입한다(법령 88 ① VI).

② 사택의 유지비·관리비·사용료와 이에 관련되는 지출금에 있어서 유지비 등의 범위에 관한 상세한 논의는 앞의 '타인이 주로 사용하는 장소 등의 유지비 등'(489면)에서 설명한 바와 같다.

다) 비업무용 자산의 취득자금의 차입비용

비업무용 자산을 취득하기 위하여 지출한 자금의 차입과 관련되는 비용을 말한다. 법인의 비업무용 부동산 및 비업무용 동산을 취득하기 위한 자금의 차입에 관련되는 비용에는 차입금과 관련한 지급보증료·알선수수료·담보설정료·인지세 등과 같은 비용이 포함된다고 하겠다.

그러나 해당 차입금에 대한 지급이자는 포함되지 않는 것으로 새긴다. 법인의 비업무용 부동산 및 비업무용 동산의 취득 및 보유와 관련한 지급이자는 법인세법 제28조 제1항 제4호에 의하여 손금불산입하기 때문이다.

라) 형법상의 뇌물 등

법인이 공여한 형법상 뇌물 또는 「국제상거래에 있어서 외국공무원에 대한 뇌물방지법」상의 뇌물에 해당하는 금전 및 금전 외의 자산과 경제적 이익의 합계액은 손금불산입한다. 형법상 뇌물 등은 일반적으로 용인되는 통상적인 손비에 해당하지 않는다.

금을 대여한 것으로 볼 수는 없다는 것이다. 법인의 사택을 무상 또는 저가로 제공한 것으로 볼 경우 시가와의 차액을 익금에 산입하게 됨에 반하여(법인세법 시행령 제89조 제5항), 그 사택의 취득자금을 대여한 것으로 볼 경우 가중평균차입이자율 등에 따라 계산한 인정이자를 익금에 산입하게 되는 차이가 있다. 대법원 2017. 12. 28. 선고 2017두56827 판결; 대법원 2017. 8. 29. 선고 2014두43301 판결.

마) 노조 전임자에게 노동조합 및 노동관계 조정법 제24조 제2항 및 제4항을 위반하여 지급하는 급여

노동조합의 업무에만 종사하는 노동조합 전임자(이하에서 '노조 전임자'라 한다)는 그 전임기간 동안 사용자로부터 어떠한 급여도 지급받아서는 안 된다[노동조합및노동관계조정법(이하에서 '노조법'이라 한다) 24 ②]. 다만, 단체협약으로 정하거나 사용자가 동의하는 경우에는 사업 또는 사업장별로 조합원 수 등을 고려하여 근로시간면제심의위원회가 결정한 근로시간 면제 한도 안에서 사용자와의 협의·교섭, 고충처리, 산업안전 활동 등 노조법 및 다른 법률에서 정하는 업무와 건전한 노사관계 발전을 위한 노동조합의 유지·관리업무에 종사하는 시간은 근무시간으로 인정하여 임금을 지급할 수 있는데, 이를 근로시간면제(time-off) 제도라 한다(노조법 24 ④).

위의 노조법 제24조 제2항 및 제4항에 위반하여 노조 전임자에게 급여를 지급하는 경우 그 급여에 대해서는 손금에 산입하지 않는다. 노조법 제24조 제2항 및 제4항에 위반하여 노조 전임자에게 급여를 지급하는 경우 그 급여는 근로소득이 아니고 기타소득에 해당한다(소령 41 ⑨ II).

다. 업무와 관련없는 비용 등에 대한 세액의 납부 특례

1) 취　지

부동산을 취득한 후 계속하여 업무에 사용하지 않고 양도하는 경우 또는 부동산을 취득한 후 유예기간 중에 그 법인의 업무에 직접 사용하지 않고 양도하는 경우에는 취득일부터 소급하여 비업무용 부동산이 된다.

이와 같은 비업무용 부동산을 양도한 법인은 그 부동산을 양도한 날이 속하는 사업연도 이전에 종료한 각 사업연도(이하에서 '종전 사업연도'라 한다)의 업무와 관련 없는 비용 및 지급이자를 손금불산입하여 법인세를 재계산하고, 이에 따라 증가한 법인세를 추가로 납부하여야 한다.

이 경우에는 이미 경과한 종전의 각 사업연도마다 법인세의 과세표준과 세액을 재계산하고 그 과세표준과 세액을 수정신고하게 하거나 경정하는 것이 원칙이다. 그러나 이와 같은 과정과 절차는 매우 번거롭다.

그러므로 부동산의 양도로 인하여 취득일로부터 소급하여 비업무용 부동산으로 보게 되는 경우에는 취득일이 속하는 사업연도부터 양도일이 속하는 사업연도 이전의 사업연도까지의 종전의 사업연도의 업무와 관련없는 비용 및 지급이자의 손금불산입에 따라 증가하는 법인세액을 그 부동산을 양도한 날이 속하는 사업연도의 법인세 과세표준과 세액을 신고납부할 때에 그 법인세액에 가산하여 납부할 수 있도록 하고 있다.

예를 들면 법인(사업연도: 1. 1.-12. 31)이 2015년 1월 4일에 취득하여 보유하고 있던 부동산을 2017년 5월 10일에 양도한 경우에 해당 부동산은 그 취득일로부터 소급하여 비업무용 부동산이 된다. 이 경우에는 그 양도일이 속하는 사업연도(2017. 1. 1.-12. 31)의 법인세의 과세표준과 세액을 신고납부할 때에 이미 경과한 2015 사업연도 및 2016 사업연도의 법인세의 과세표준과 세액을 재계산하여 그 추가되는 법인세를 양도일이 속하는 2017 사업연도의 법인세에 가산하여 납부하면 되는 것이다.

2) 세액의 계산방법의 특례

부동산의 양도로 인하여 취득일로부터 소급하여 비업무용 부동산으로 보게 되는 경우에는 다음 중 어느 하나의 방법을 선택하여 계산한 세액을 그 양도한 날이 속하는 사업연도의 법인세에 가산하여야 한다(법칙 27).

① 결정세액 재계산방법

법인세의 과세표준과 세액을 경정하는 통상적인 방법에 의하여 종전 사업연도의 법인세로서 추가로 납부할 세액을 계산하는 방법이다. 즉 종전 사업연도의 각 사업연도의 소득금액 및 과세표준 등을 다시 계산함에 따라 산출되는 결정세액에서 종전 사업연도의 결정세액을 차감한 세액(가산세를 제외한다)으로 하는 방법이다.

② 산출세액 재계산방법

종전 사업연도의 과세표준에 가산되는 금액(업무와 관련없는 비용 및 지급이자)에 법인세율을 곱하여 산정한 세액을 추가로 납부하도록 하는 간편법이다. 즉 종전 사업연도의 과세표준과 손금에 산입하지 않는 업무와 관련없는 비용 등을 합한 금액에 세율을 적용하여 산출한 세액에서 종전 사업연도의 산출세액을 차감한 세액(가산세를 제외한다)으로 하는 방법인 것이다.

11 업무용 승용차 관련비용의 손금불산입 등 특례

가. 개 요

현행법은 내국법인이 업무용으로 승용차를 취득한 경우 그 감가상각비를 손금으로 인정하고 있으며 같은 목적으로 승용차를 임차한 경우에는 그 임차료를 손금으로 인정하고 있다. 만일 법인이 취득하거나 임차한 승용차를 업무용으로 사용하지 않는 경우에는 그와 관련된 비용은 손금불산입된다. 그러나 고가의 승용차를 법인의 명의로 취득하거나 임차한 후에 업무와 무관하게 사적인 용도로 사용하는 사례가 광범위하게 일어나고 있다. 따라서, 법인세법은 이러한 조세탈루행위에 대처하기 위하여 내국법인이 취득하거나 임차하는 업무용 승용차에 관하여 감가상각비, 임차료, 유류비 등 비용 및 양도손실의 연간 손금산입 한도를 규정하고 있다(법법 27의2).

나. 업무용 승용차의 범위

규제의 대상이 되는 업무용 승용차는 「개별소비세법」 제1조 제2항 제3호에 해당하는 승용자동차를 말한다. 다만 운수업, 자동차판매업 등에서 사업에 직접 사용하는 것으로서 대통령령이 정하는 것을 제외한다(법법 27의2 ①).

다. 감가상각비 등 비용의 손금산입 한도

내국법인이 취득하거나 임차한 업무용 승용차에 대한 감가상각비의 경우 해당 사업연도의 소득금액을 계산할 때 대통령령으로 정하는 바에 따라 감가상각비를 손금산입하되 대통령령으로 정하는 업무사용금액에 해당하지 않는 금액은 손금에 산입하지 않는다.

또한 내국법인이 취득하거나 임차한 업무용 승용차에 관한 임차료, 유류비 등 업무용 승용차 관련비용 중 대통령령으로 정하는 업무사용금액에 해당하지 않는 금액은 손금에 산입할 수 없다(법법 27의2 ①, ②).[234] 업무사용금액에 해당하지 않는 금액을 손금불산입할 때에는 그 사용분의 귀속에 따라서 소득처분한다.[235]

업무사용금액 중 ① 업무용 승용차별 감가상각비 및 ② 임차료 중 대통령령으로 정하는 감가상각비 상당액이 해당 사업연도에 각각 800만원[236]을 초과하는 경우 그 초과하는 금액은 해당 사업연도의 손금에 산입하지 않고 대통령령으로 정하는 바에 따라 이월하여 손금산입한다(법법 27의2 ③).

---

234) 업무사용금액의 범위에 관하여는 법인세법 시행령 제50조의2 제4항에서 정하고 있다.
235) 이에 관련된 문제에 관하여는 김관형, "업무용 승용차의 비업무사용금액에 대한 소득처분 문제", 「세무사」, 2017 여름호, 2017, 74면 이하.
236) 해당 사업연도가 1년 미만인 경우 800만원에 해당 사업연도의 월수를 곱하고 이를 12로 나누어 산출한 금액으로 하고 사업연도 중 일부 기간 동안 보유하거나 임차한 경우에는 800만원에 해당 보유기간 또는 임차기간 월수를 곱하고 이를 사업연도 월수로 나누어 산출한 금액으로 한다(법법 27의2 ③). 또한 법령 42 ②에 해당하는 내국법인의 경우에는 손금산입 한도액을 400만원으로 한다(법법 27의2 ⑤).

라. 양도손실의 손금산입 한도

업무용 승용차를 처분하여 발생하는 손실은 800만원[237]까지 손금산입하고 이를 초과하는 금액은 대통령령으로 정하는 이월 등의 방법으로 손금산입한다(법법 27의2 ④).

12　지급이자의 손금불산입

가. 개　요

차입금에 대한 지급이자는 법인의 순자산의 감소를 초래하는 것이므로 손금에 해당한다(법령 19 Ⅶ).

그러나 법인세법은 차입금의 이자라 할지라도 채권자가 불분명한 사채이자·지급받은 자가 불분명한 채권 등의 이자와 할인액·건설자금이자 및 비업무용 자산 등에 대한 지급이자에 대하여는 손금불산입하도록 하고 있다.

나. 채권자가 불분명한 사채이자 등

1) 의　의

채권자가 불분명한 사채이자는 손금에 산입하지 않는다. 채권자가 불분명한 사채이자란 실제로 사채이자로서 지급하였지만 채권자를 밝힐 수 없는 경우의 지급이자를 말한다.

실제로 사채이자로서 지급하였지만 채권자를 밝힐 수 없는 경우의 지급이자는 비록 채권자를 밝힐 수는 없지만 해당 이자가 실제의 채권자에게 지급됨으로써 법인의 순자산의 감소를 결과한 것이다. 그럼에도 불구하고 실제의 채권자를 밝히지 않은 사채이자를 손금불산입하여 법인세를 과세하는 취지는 실제의 채권자를 밝히지 않은 사채거래에 대하여 추가적인 조세부담을 지움으로써 채무자인 법인으로 하여금 채권자를 밝히도록 유도하기 위한 장치라고 새겨야 할 것이다.

즉, 우리 사회에 깊이 뿌리내리고 있는 고리대금업자 내지 지하 사채업자의 노출을 유도함으로써 사채이자에 대한 소득세 또는 법인세 과세의 실효성을 확보하기 위한 법적 장치로 볼 수 있는 것이다.

---

237) 해당 사업연도가 1년 미만인 경우 800만원에 해당 사업연도의 월수를 곱하고 이를 12로 나누어 산출한 금액으로 한다. 또한 법령 42 ②에 해당하는 내국법인의 경우에는 손금산입 한도액을 400만원으로 한다(법법 27의2 ⑤).

2) 채권자가 불분명한 사채이자의 범위

가) 채권자가 불분명한 경우

채권자가 불분명한 사채이자란 다음 중 어느 하나에 해당하는 차입금의 이자를 말한다.

① 채권자의 주소 및 성명을 확인할 수 없는 차입금

거래일 현재 주민등록표에 의하여 그 거주사실 등이 확인된 채권자가 차입금을 변제받은 후 소재불명이 된 경우에 해당 차입금에 대한 이자는 예외로 한다(법령 51 ①).

② 채권자의 능력 및 자산상태로 보아 금전을 대여한 것으로 인정할 수 없는 차입금

③ 채권자와의 금전거래사실 및 거래내용이 불분명한 차입금

나) 사채이자의 범위

사채이자에는 알선수수료·사례금 등 명목 여하에 불구하고 사채를 차입하고 지급하는 금품을 포함하는 것으로 한다(법령 51 ①).

3) 채권자가 불분명한 사채이자에 대한 소득처분

채권자가 불분명한 사채의 이자는 손금불산입하되, 해당 이자 중 그 이자에 대한 원천징수세액에 상당하는 금액은 기타사외유출로 처분하도록 하고 있다(법령 106 ① Ⅲ 라). 그런데 채권자가 불분명한 사채이자 중 그 이자의 원천징수세액에 상당하는 금액을 제외한 나머지 금액에 대한 소득처분이 문제가 되고 있다. 이에 관하여 행정해석은 대표자에 대한 상여로 처분하여야 한다고 새기고 있다.[238] 채권자가 불분명한 사채이자는 사외에 유출된 것은 분명하지만 그 귀속자가 불분명하다는 데에 그 논거를 둔 것으로 생각된다.[239]

즉 채권자가 불분명한 사채이자에 대하여는 손금불산입하되, 그 사채이자의 전액에 대하여 이자소득세 등을 원천징수하여 납부하여야 하고 사채이자 중 원천징수한 이자소득세 등을 차감한 잔액에 대하여는 다시 대표자에 대한 상여(근로소득)로 소득처분하여야 한다고 해석하고 있는 것이다.

그러나 위와 같은 해석은 동일한 소득에 대하여 이중과세(이자소득에 대한 소득세 또는 법인세와 근로소득에 대한 소득세의 이중과세)를 허용하는 것이 되어 그 합리성을 결여하고 있다고 하겠다.

---

238) 법통 67-106…3.
239) 같은 취지: 대법원 1993. 1. 26. 선고 92누1810 판결.

다. 비실명채권 등의 이자

1) 의 의

일정한 채권 또는 증권의 이자·할인액 또는 차익 중 그 지급받은 자가 불분명한 이자·할인액 또는 차익(이하에서 '비실명채권 등의 이자'라고 부른다)은 손금에 산입하지 않는다.

채권 등의 이자·할인액 또는 차익으로서 지급한 사실은 확인되지만 그 지급받은 자가 불분명하기 때문에 손금불산입하는 것이다. 채권 또는 증권의 실지명의자를 밝히도록 유도하기 위한 법적 장치이다.

2) 비실명채권 등의 이자의 범위

일정한 채권 또는 증권의 이자·할인액 또는 차익을 해당 채권 또는 증권의 발행법인이 직접 지급하는 경우로서 그 지급사실이 객관적으로 인정되지 않는 이자·할인액 또는 차익은 손금불산입한다.

가) 일정한 채권 또는 증권

일정한 채권 또는 증권이란 국가 또는 지방자치단체가 발행한 채권 또는 증권, 내국법인이 발행한 채권 또는 증권, 외국법인의 국내지점 또는 국내영업소에서 발행한 채권 또는 증권, 금융기관 등(금융실명법 2 I 각 목의 어느 하나에 해당하는 금융회사등과 법령 11 ② 각 호의 1에 해당하는 법인을 말한다)이 환매기간에 따른 사전약정이율을 적용하여 환매수 또는 환매도하는 조건으로 매매하는 채권 또는 증권을 말한다(법법 28 ① II).

위의 일정한 채권 또는 증권의 범위에는 국가 또는 지방자치단체가 발행한 채권 또는 증권이 포함되어 있는데, 국가 또는 지방자치단체는 비과세법인(법법 3 ②)이므로 비과세법인인 국가 또는 지방자치단체가 발행한 채권 또는 증권이 본 호의 채권 또는 증권에 포함될 이유가 없다. 입법상의 오류로 보인다.

나) 발행법인이 직접 지급하는 채권 등의 이자 등

채권 또는 증권의 이자·할인액 또는 차익을 해당 채권 또는 증권의 발행법인이 직접 지급하는 경우로서 그 지급사실이 객관적으로 인정되지 않는 이자·할인액 또는 차익을 그 대상으로 한다.

금융기관이 채권 또는 증권과 같은 금융자산에 대한 이자·할인액 또는 차익을 지급하거나 기타의 금융거래를 하는 때에는 거래자의 실지명의를 확인하고 그 확인된 실지명의자와 거래하여야 한다(금융실명법 3 ①). 이와 같이 금융실명법상 금융실명거래는 금융기관이 행하는 금융거래에 한정하고 있기 때문에 채권 등의 발행법인이 채권 등의 이자·할인액 또는 차익을 직접 지급하는 경우에는 실지명의의 거래대상이 아닌 것이다.

따라서 채권·증권의 발행법인이 직접 지급하는 그 이자·할인액 또는 차익으로서 그 지급사실이 객관적으로 인정되지 않는 것에 한하여 손금불산입하도록 하고 있는 것이다.

3) 비실명채권 등의 이자에 대한 소득처분

비실명채권 등의 이자는 손금불산입하되, 해당 이자 중 그 이자의 원천징수세액에 상당하는 금액에 대하여는 기타사외유출, 해당 이자에서 그 이자의 원천징수세액에 상당하는 금액을 차감한 금액에 대하여는 대표자의 상여로 처분하도록 하고 있다(법령 106 ① Ⅲ 라).

비실명채권의 이자 등은 비록 그 소득자를 밝힐 수 없다고 하더라도 해당 소득이 이자소득에 해당함은 의문의 여지가 없다. 이 경우에 그 전액에 대하여 이자소득에 대한 소득세 등을 원천징수하면서 다시 그 이자에서 원천징수세액을 차감한 잔액에 대하여 대표자의 근로소득에 대한 소득세를 원천징수하는 것은 동일한 소득에 대한 이중과세를 가져오기 때문에 불합리하다.

라. 건설자금에 충당한 차입금의 이자

1) 건설자금이자의 개념

건설자금에 충당한 차입금의 이자(건설자금이자)란 그 명목 여하에 불구하고 사업용 유형자산 및 무형자산의 매입·제작 또는 건설(이하에서 '건설등'이라 한다)에 소요되는 차입금에 대한 지급이자 또는 이와 유사한 성질의 지출금(이하에서 '지급이자 등'이라 한다)을 말한다(법령 52 ②). 현행 법인세법은 차입금을 그 차입목적에 따라 특정차입금(특정목적 차입금)과 일반차입금(일반목적 차입금)으로 구분하고, 특정차입금에 대한 지급이자 등은 자본화를 강제하지만 일반차입금에 대한 지급이자 등은 자본화를 강제하지 않고 자본화 여부를 법인의 임의적인 선택에 맡기고 있다.

위에서 특정차입금이란 사업용 유형자산 및 무형자산의 건설등을 목적으로 특정하여 차입한 차입금, 일반차입금이란 일반적인 목적으로 차입한 차입금을 의미한다. 법인세법은 사업용 유형자산 및 무형자산의 건설등에 소요된 것이 분명한 것은 특정차입금, 사업용 유형자산 및 무형자산의 건설등에 소요된 것이 분명하지 않는 것은 일반차입금이라고 각각 정의하고 있다(법령 52 ①, ⑦ Ⅰ).

이와 같이 자본화한 건설자금이자는 해당 사업용 유형자산 및 무형자산의 취득원가를 구성하며 감가상각을 통하여 손금에 산입하게 된다.

건설자금이자를 손금불산입하는 취지는 건설을 위하여 조달한 차입금의 이자를 건설원가에 산입하지 않고 기간비용에 계상하게 된다면, 그 비용에 대응하는 수익이 없음에도 비용계산을 허용하는 셈이 되어 수익비용대응의 원칙에 위배된다는 점을 들고 있다.[240]

2) 건설자금이자의 계산요건

건설자금에 충당한 차입금의 지급이자가 있어야 한다. 즉 사업용 유형자산 및 무형자산의 건설등에 소요되는 차입금의 지급이자가 있어야 한다.

가) 건설자금에 충당한 차입금

(1) 건설자금

건설자금이자는 차입금이 사업용 유형자산 및 무형자산의 건설등에 소요된 경우에 그 건설자금을 대상으로 하여 계산하는 것이다. 건설자금이란 사업용 유형자산 및 무형자산을 매입·제작하거나 건설하는 데 소요되는 자금을 말한다. 위에서 매입이란 타인으로부터 사업용 유형자산 및 무형자산을 유상으로 취득하는 것을 말한다. 그리고 제작 또는 건설이란 새로이 사업용 유형자산 및 무형자산을 만드는 것을 가리킨다.[241]

기업회계상 자본화의 대상이 되는 적격자산(qualifying asset)이란 의도된 용도로 사용하거나 판매가능한 상태에 이르게 하는데 상당한 기간을 필요로 하는 자산인데, 재고자산·제조설비자산·전력생산설비·무형자산 및 투자부동산등을 들고 있다.

문제는 법인세법상의 사업용 유형자산 및 무형자산에 재고자산 및 투자자산을 포함할 것인가에 관한 것이다. 이에 관하여는 재고자산 및 투자자산에 대하여도 건설자금이자를 계산하여야 한다는 견해와 재고자산 및 투자자산에 대하여는 건설자금이자를 계산하여서는 안 된다는 견해가 대립하고 있다.

결론적으로 재고자산 및 투자자산에 대하여는 건설자금이자를 계산할 수 없다고 해석하고자 한다. 판례도 같은 취지이다.[242]

그 논거에 관한 상세한 논의는 뒤의 '재고자산의 평가'(559면)에서 살펴보기로 한다.

---

240) 대법원 1995. 8. 11. 선고 95누3121 판결.
241) 최명근, 「법인세법」, 세경사, 1998, 395면.
242) 대법원 1997. 7. 25. 선고 95누16950 판결: 「건설자금의 이자는 '사업용 고정자산'의 건설등에 소요되는 차입금에 대한 지출이자 또는 이와 유사한 성질의 지출금을 가리키는 것이라 할 것인데, 부동산 매매업자의 판매용 토지는 기업의 업무에 사용하지 않는 것으로서 정상적인 영업활동과정에서 판매할 목적으로 보유하거나 생산과정에 있는 자산을 총칭하는 재고자산으로 분류될 뿐이고, 기업의 정상적인 영업순환과정에 사용할 목적으로 취득한 것으로서 장기지속적인 성질을 가진 자산을 총칭하는 고정자산에 해당하지 아니하므로, 건설자금이자의 계산대상에서 제외된다.」

(2) 차입금에 의한 충당

건설자금이 차입금으로 충당된 경우에 한하여 건설자금이자를 계상한다. 만일 건설자금을 자기자금만으로 조달하였다면 건설자금이자를 계상할 여지가 없다.

위에서 차입금이란 지급이자 및 할인료를 부담하는 모든 채무를 말한다. 그러나 지급이자의 손금불산입 순서에 따라 이미 그 지급이자가 손금불산입된 채권자가 불분명한 사채(私債)·이자 등의 수령자가 불분명한 회사채(會社債) 등은 건설자금이자의 계상대상이 되는 차입금에서 제외된다.

다음으로 법인세법은 차입금을 특정차입금과 일반차입금으로 나누어 자본화의 강제 여부와 자본화방법에 차이를 두고 있다.

나) 건설등에 소요된 차입금

차입금이 사업용 유형자산 및 무형자산의 매입·제작 또는 건설에 소요되어야 한다. 특정차입금은 사업용 유형자산 및 무형자산의 매입·제작 또는 건설에 소요된 것이 분명한 차입금을 말한다. 즉, 사업용 유형자산 및 무형자산의 건설등을 목적으로 특정하여 차입한 것으로서 실제 그러한 자산의 건설등을 위하여 사용한 것을 가리킨다. 이 경우 차입금이 사업용 유형자산 및 무형자산의 매입·제작 또는 건설에 사용된 것이 분명하다는 사실은 과세관청이 이를 입증하여야 한다.[243]

이에 대하여 일반차입금이란 사업용 유형자산 및 무형자산의 매입·제작 또는 건설에 사용된 것이 분명하지 않는 차입금이다.

다) 상당한 건설등의 기간의 소요

건설자금이자란 사업용 유형자산 및 무형자산의 건설등에 투하된 차입금에 대하여 그 건설기간 중의 지급이자를 측정하여 해당 자산의 취득원가에 산입하는 것을 말한다. 그러므로 차입금에 대하여 건설자금이자를 계산하기 위해서는 해당 자산의 매입·제작 또는 건설에 상당한 시일이 소요되는 것이어야 한다. 그러므로 이미 타인이 제작 또는 건설하여 보관·소유하고 있는 자산(예를 들어 기계장치)을 매입하고 이를 즉시 인도받아 사업에 사용하는 경우(예를 들어 사업용 유형자산 및 무형자산을 일시불로 매입하는 경우)라면 건설자금이자를 계산할 여지가 없다.[244]

사업용 유형자산 및 유형자산의 건설기간이란 차입금이 사업용 유형자산 및 무형자산의

---

243) 대법원 1994. 9. 27. 선고 92누7375 판결.
244) 최명근, 「법인세법」, 세경사, 1998, 396면.

의 건설등에 실제로 지출된 날부터 해당 건설등에 의하여 사업용 유형자산 및 무형자산이 준공된 날까지를 가리킨다고 새긴다. 또한 사업용 유형자산 및 무형자산의 건설등에 실제로 지출된 금액에는 해당 자산의 건설등을 위하여 지출한 계약금이 포함된다고 해석한다. 사업용 유형자산 및 무형자산이 준공된 날이란 각 다음의 날로 한다(법령 52 ⑥).

(1) 토지를 매입하는 경우

대금을 청산한 날로 하되, 대금을 청산하기 전에 해당 토지를 사업에 사용하는 경우에는 그 사업에 사용되기 시작한 날로 한다. 건축물 또는 구축물의 부지로 사용하기 위한 토지 매입에 있어서 토지가 사업에 사용되기 시작한 날의 해석에 관하여는 건축물 또는 구축물 등의 건설에 착공한 날이라는 견해[245]와 해당 건축물 또는 구축물이 준공되어 그 목적에 실제로 사용되는 날이라는 견해[246]가 나누어져 있다. 건설자금이자의 손금불산입 규정의 취지에 비추어 볼 때 해당 건축물 또는 구축물이 준공되어 그 목적에 실제로 사용되는 날이라는 견해가 타당하다.

(2) 건축물의 경우

소득세법 시행령 제162조(양도 또는 취득의 시기)의 규정에 의한 취득일 또는 해당 건설의 목적물이 그 목적에 실제로 사용되기 시작한 날(사용개시일) 중 빠른 날로 한다.

위에서 소득세법 시행령 제162조의 규정에 의한 취득일이란 매입한 건축물의 경우에는 대금청산일(대금청산일이 분명하지 않은 경우 또는 대금을 청산하기 전에 소유권이전등기를 한 경우에는 등기부에 기재된 등기접수일로 한다), 자기가 건설한 건축물의 경우에는 사용검사필증교부일(사용검사 전에 사실상 사용하거나 사용승인을 얻은 경우에는 그 사실상의 사용일 또는 사용승인일로 하고, 건축허가를 받지 않고 건축하는 건축물은 사실상의 사용일로 한다)을 말한다.

(3) 그 밖의 자산의 경우

토지와 건축물을 제외한 그 밖의 자산, 예를 들면 기계장치·선박·항공기 등과 같은 자산의 경우에는 그 사용개시일로 한다. 위에서 사용개시일이라 함은 해당 건설의 목적물이 그 목적에 실제로 사용되기 시작한 날을 말하는데, 그 구체적인 예로서 정상제품을 생산하기 위하여 실제로 가동되는 날(선박의 경우에는 최초의 출항일, 전기사업법의 규정에 의한

---

245) 법통 28-52…1.
　　5. 영 제52조 제6항 제1호에서 '토지가 사업에 사용되기 시작한 날'이라 함은 공장 등의 건설에 착공한 날 또는 해당 사업용 토지로 업무에 직접 사용한 날을 말한다.
246) 대법원 1995. 8. 11. 선고 95누3121 판결.

전기사업자가 발전소를 건설하는 경우에는 전기사업법 제5조 및 같은 법 시행령 제7조의 규정에 의하여 해당 공작물 사용허가를 받은 날)을 말한다.

3) 건설자금이자의 계산방법

가) 특정차입금에 대한 건설자금이자

(1) 건설자금에 충당한 차입금의 이자

건설자금이자란 건설자금에 충당한 차입금에 대한 지급이자 또는 이와 유사한 지출금이기 때문에 건설기간 중에 한하여 계산하여 해당 자산의 취득원가에 가산하게 된다. 다만, 특정차입금의 일시예금에서 생기는 수입이자는 원본에 가산하는 건설자금이자에서 차감한다(법령 52 ② 但).

그리고 특정차입금 중 해당 건설등의 목적물이 준공된 후에 남은 차입금에 대한 지급이자와 특정차입금의 일부를 운영자금에 전용한 경우의 그 부분에 대한 지급이자는 각 사업연도의 손금에 산입한다(법령 52 ③, ⑤).

(2) 지급이자의 범위

① 지급이자라 함은 명목 여하에 불구하고 차입금에 대한 지급이자 또는 이와 유사한 성질의 지출금을 말한다. 지급이자 또는 이와 유사한 성질의 지출금이란 예금·할인금·수수료·공제금 기타 명칭 여하에 불구하고 금전의 대차와 관련하여 채권자에게 지급하는 일체의 경제적 급부를 말한다. 행정해석은 금융기관으로부터 자금을 차입함에 따라 지급하는 지급보증료,[247] 사업용 자산의 매입대금의 지급지연으로 인하여 실질적으로 소비대차로 전환됨에 따라 부담하는 이자[248] 및 사채할인발행차금의 상각액[249]이 지급이자에 유사한 성질의 지출금에 해당한다고 해석하고 있다.

② 특정차입금의 연체로 인하여 발생한 이자를 원본에 가산한 경우에 그 가산한 금액은 이를 해당 사업연도의 자본적 지출로 하고, 그 원본에 가산한 금액에 대한 지급이자는 손금으로 한다(법령 52 ④).

③ 법인에게 채권자 불분명사채이자·비실명채권 등의 이자와 건설자금이자에 관한 규정이 동시에 적용되는 경우에는 건설자금이자에 관한 규정이 적용될 여지가 없다. 건설등에 소요된 것이 분명한 차입금이 채권자가 불분명한 차입금이거나 이자 등의 수령자가

---

247) 법통 28-52…1 I.
248) 법통 28-52…2.
249) 국세청, 법인 46012-126, 1994. 1. 13.

불분명한 회사채 등인 경우에는 해당 차입금에 대한 지급이자의 전액을 채권자가 불분명한 사채이자 또는 이자 등의 수령자가 불분명한 채권 등의 이자 등으로서 손금불산입하기 때문이다.

나) 일반차입금에 대한 건설자금이자

일반차입금에 대한 건설자금이자는 해당 사업연도의 개별 사업용 유형자산 및 무형자산의 건설등에 대하여 다음 계산식에 따라 계산한 금액으로 한다. 다만, 해당 사업연도 중 건설등에 소요된 기간에 실제로 발생한 일반차입금(해당 사업연도에 상환하거나 상환하지 않은 차입금 중 특정차입금을 제외한 금액을 말한다)의 지급이자 등의 합계액을 그 한도로 한다(법령 52 ⑦).

$$건설자금이자 = (건설자금지출액 - 특정차입금) \times 자본화이자율$$

위의 계산식에서 건설자금지출액, 특정차입금 및 자본화이자율은 다음 계산식에 따라 계산한 금액 또는 비율로 한다(법령 52 ⑦). 이 경우 지급이자 등의 범위 등은 특정차입금에 대한 건설자금이자에서 설명한 바와 같다.

$$건설자금지출액 = \frac{(해당\ 건설등에\ 대하여\ 해당\ 사업연도에\ 지출한\ 금액의\ 적수)}{해당\ 사업연도\ 일수}$$

$$특정차입금 = \frac{(해당\ 사업연도의\ 특정차입금의\ 적수)}{해당\ 사업연도\ 일수}$$

$$자본화이자율 = \left(\begin{array}{c}일반차입금에서\ 발생한 \\ 지급이자\ 등의\ 합계액\end{array}\right) \div \left(\frac{해당\ 사업연도의\ 일반차입금의\ 적수}{해당\ 사업연도\ 일수}\right)$$

4) 건설자금이자의 세무상의 처리

가) 특정차입금에 대한 건설자금이자

특정차입금의 건설자금이자에 대한 세무상의 처리는 다음의 예에 따른다.

(1) 건설자금이자를 과소계상한 경우

(가) 비상각자산에 대한 건설자금이자

토지등과 같은 비상각자산에 대한 건설자금이자는 손금불산입하고 유보로 처분한다.

(나) 상각자산에 대한 건설자금이자

① 건설중인 자산

손금불산입하여 유보로 처분하되, 해당 자산이 준공된 사업연도에는 그 금액을 전기말 감가상각부인액으로 취급하여 해당 사업연도의 시인부족액의 범위 안에서 손금에 산입한다.

② 준공된 자산

건설자금이자를 감가상각한 것으로 보아 시부인하되, 그 범위초과액을 손금불산입하고 유보로 처분한다. 그 범위초과액은 상각부인액이 된다.

(2) 건설자금이자를 과대계상한 경우

법인이 건설자금이자를 법인세법에 의하여 계산한 금액보다 과대계상한 경우에는 그 과대계상액을 손금산입하고 유보(△유보)로 처분한다.

그 다음 사업연도 이후에 해당 자산의 건설이 완료되어 감가상각비를 시부인하는 때에는 그 자산의 취득가액에서 과대계상액(손금산입하여 유보로 처분한 금액)을 차감하여 상각범위액을 계산하고, 그 상각범위액을 초과하는 감가상각비를 손금불산입하고 유보로 처분한다. 그리고 해당 자산을 처분하는 때에는 그 과대계상액(손금산입하여 △유보로 처분한 금액)에서 감가상각비부인액(손금불산입하여 유보로 처분한 금액)을 차감한 잔액을 손금불산입하고 유보로 처분한다.

재고자산 및 투자자산에 대하여 건설자금이자를 계상한 경우에는 그 재고자산 및 투자자산에 대한 건설자금이자 상당액을 손금산입하고 유보(△유보)로 처분한다.

그리고 재고자산은 다음 사업연도에, 투자자산은 그 자산을 처분할 때에 그 건설자금이자 상당액을 손금불산입하고 유보로 처분한다.

나) 일반차입금에 대한 건설자금이자

일반차입금에 대한 건설자금이자는 원칙적으로 기간손익(해당 사업연도의 손금)으로 하되, 법인의 임의적인 선택에 따라 자본화를 허용하고 있다. 법인이 일반차입금에 대한 건설자금이자를 법인세법에 의하여 계산한 금액보다 과대계상한 경우에는 그 과대계상액은 손금에 산입하고 유보(△유보)로 처분한다. 이에 관하여는 다툼의 여지가 없다. 그 구체적인 처리는 특정차입금에 대한 건설자금이자에서 설명한 바와 같다.

문제는 법인이 일반차입금에 대한 건설자금이자를 법인세법에 의하여 계산한 금액보다 과소계상한 경우이다. 이에 관하여는 두 가지 견해의 대립을 생각하여 볼 수 있다.

그 첫째는 과소계상한 금액(지급이자로 과대계상한 금액)을 손금불산입하여야 한다는 견해이다. 그리고 그 둘째는 법인이 계상한 건설자금이자를 그대로 용인하면 되고, 별도로 과소계상한 금액을 손금불산입하여서는 안 된다는 견해이다.

현행 법인세법이 건설자금에 쓰인 일반차입금의 지급이자 등에 대하여 원칙적으로 기간손익(해당 사업연도의 손금)으로 하면서, 법인의 임의적인 선택에 따라 그 자본화를 허용하고 있는 점, 건설자금에 쓰인 일반차입금의 지급이자 등의 자본화 여부에 대하여 기업의 세무조정의 부담을 완화하기 위하여 법인의 임의적인 선택에 맡기고 있는 점 등에 비추어 볼 때 둘째의 견해가 타당하다고 새긴다. 즉 법인이 일반차입금에 대한 건설자금이자를 과소계상하였다면 그 계상한 건설자금이자를 그대로 용인하면 되고, 별도로 과소계상한 금액을 손금불산입하여서는 안 된다고 해석한다.

마. 비업무용 자산 등에 대한 지급이자

1) 의　의

법인이 비업무용 자산(비업무용 부동산 및 비업무용 동산) 또는 특수관계인(법법 2 XII)에 대한 업무무관 가지급금(이하에서 '업무무관 가지급금'이라 한다)을 취득하거나 보유하고 있는 경우에는 그 자산의 취득 또는 보유와 관련한 차입금에 대한 지급이자를 손금에 산입하지 않는다(법법 28 ① IV).

법인의 비업무용 부동산의 보유와 관련한 차입금에 대한 지급이자의 손금불산입제도의 취지는 기업의 부동산투기 및 비생산적인 업종에 대한 무분별한 기업확장을 억제하여 기업자금의 생산적 운용을 통한 기업의 건전한 경제활동을 유도하고, 아울러 국토의 효율적 이용을 도모하기 위한 데에 있다.[250] 그리고 업무무관 가지급금에 대한 지급이자 손금불산입제도의 취지는 차입금을 생산적인 부분에 사용하지 않고 계열사나 기업주 등과 같은 특수관계인에게 대여하는 비정상적인 행위를 제한함으로써 타인자본에 의존한 무리한 기업확장으로 기업의 재무구조가 악화되는 것을 방지하고, 기업자금의 생산적 운용을 통한 기업의 건전한 경제활동을 유도하는 데 있다.[251][252]

---

250) 대법원 2004. 3. 26. 선고 2001두10790 판결; 대법원 1993. 12. 24. 선고 92누5942 판결; 대법원 1993. 2. 12. 선고 92누6976 판결; 대법원 1992. 12. 22. 선고 92누4109 판결; 대법원 1992. 10. 27. 선고 91누11643 판결.
251) 헌법재판소 2007. 1. 17. 선고 2005헌바75·2006헌바7·8(병합) 전원재판부 결정; 대법원 2007. 9. 20. 선고

2) 손금불산입의 요건

법인이 비업무용 자산 또는 업무무관 가지급금을 취득하거나 보유하여야 한다.

가) 비업무용 자산 등

(1) 비업무용 자산의 범위

비업무용 자산에는 비업무용 부동산과 비업무용 동산이 포함되는데, 그 구체적인 범위에 관한 상세한 논의는 '업무무관경비의 손금불산입'(480면)에서 설명하였다.

(2) 업무무관 가지급금의 범위

업무무관 가지급금이란 명칭 여하에 불구하고 특수관계인(법법 2 XII)에게 지급한 해당 법인의 업무와 관련 없는 자금의 대여액을 말한다.

(가) 특수관계인에 대한 대여액

본 호에서의 업무무관 가지급금이란 특수관계인(법법 2 XII)에 대한 업무무관 가지급금만을 말한다. 특수관계인에게 업무무관 가지급금을 제공한 후 그 특수관계인에 대하여 회사정리절차개시결정 등이 내려져 가지급금을 제공한 해당 법인이 회사정리절차 등에 의하지 아니하고는 권리행사를 할 수 없게 되었더라도 그 결정 전·후를 통하여 해당 법인이 차입금을 생산적인 부분에 사용하고 있지 않다는 등의 사정은 변함이 없고, 지급이자 손금불산입제도는 적정이자율의 이자를 지급받았는지 여부와는 무관하게 적용되므로, 업무무관 가지급금에 상당하는 차입금의 지급이자는 그 가지급금 채권이 대손금으로 확정되기 전까지 여전히 손금불산입의 대상이 된다.[253]

(나) 업무와 관련이 없는 자금의 대여액

업무무관 가지급금이란 해당 법인의 업무와 관련이 없는 자금의 대여액을 가리킨다.

첫째, 법인의 업무와 관련이 없는 자금의 대여액이란 해당 법인의 목적사업이나 영업내용에 비추어 볼 때 그 법인의 업무와 관련이 없다고 인정되는 금전대여액을 말한다.[254] 그리고 금융회사 등이 그 특수관계인에게 금전을 대여한 경우에도 그 대여가 해당 법인의 주

2006두1647 판결.

252) 업무무관 가지급금에 대한 지급이자 손금불산입 규정 전반의 해석론과 입법론에 관하여는 윤지현, "'업무무관 가지급금'이 있는 법인에 적용되는 지급이자 손금불산입 규정의 입법목적과 그에 따른 해석론에 관한 비판적 고찰", 「세무와 회계 연구」 통권 제16호, 2018, 421면 이하.

253) 대법원 2009. 12. 10. 선고 2007두15872 판결.

254) 대법원 2010. 6. 24. 선고 2007두18000 판결; 대법원 2007. 9. 20. 선고 2005두9415 판결; 대법원 2004. 2. 13. 선고 2002두11479 판결; 대법원 1992. 11. 10. 선고 91누8302 판결.

된 수익사업으로 볼 수 없는 자금의 대여에 해당한다면 그 대여액을 업무무관 가지급금에 포함하도록 하고 있다(법령 53 ①).

둘째, 자금을 대여한 법인이 그 자금의 대여와 관련하여 적정한 이자를 수령하는지의 여부 등은 업무무관 가지급금의 취득·보유와 관련된 지급이자의 손금불산입 요건을 판단할 때 고려의 대상이 되지 않는다.[255] 다만, 자금을 대여한 법인이 그 자금의 대여와 관련하여 적정한 이자를 수령하는 경우에 해당 가지급금 등에 대하여는 부당행위계산부인에 관한 규정을 적용하지 않을 뿐이다.

(다) 가지급금

가지급금이란 명칭 여하에 불구하고 자금의 대여액을 가리킨다. 즉 가지급금에는 순수한 의미의 대여금은 물론 구상금채권 등과 같이 채권의 성질상 대여금에 준하는 것도 포함된다고 새겨야 한다.[256] 예컨대, 법인이 특수관계인으로부터 지급받아야 할 매매대금의 회수를 정당한 사유 없이 지연시키는 것은 실질적으로 매매대금이 계약상의 의무이행기한 내에 전부 회수된 후 다시 가지급된 것과 같은 효과를 가져온다는 점에서 가지급금에 해당한다.[257] 그러나 법인이 특수관계에 있는 자에게 대여하였거나 이에 준하는 행위를 한 것으로 볼 수 있는 경우에 한하므로 법인이 특수관계 없는 자와 거래함으로써 당해 법인과 특수관계에 있는 자가 간접적으로 편익을 누렸다고 하더라도 법인과 특수관계 없는 자 사이의 거래가 가장행위에 해당한다고 볼 특별한 사정이 있거나 법률에 마련된 개별적이고 구체적인 규정을 통해 이를 부인할 수 있는 정도에 이르지 않는다면 이 요건을 충족하지 못한다는 것이 판례의 태도이다.[258] 예컨대, 법인이 은행에 정기예금을 예치하고 은행은 그 정기예금을 담보로 특수관계법인에게 대출을 한 경우, 법인의 정기예금 예치와 은행의 특수관계법인에 대한 대출은 별개의 법률행위이므로 법인이 정기예금을 담보로 제공한 행위를 그

---

255) 대법원 1992. 11. 10. 선고 91누8302 판결.

256) 대법원 2012. 4. 2. 선고 2011두32119 판결(상법상 허용되지 않는 자기주식취득을 위하여 특수관계인인 주주에게 지급한 주식매매대금의 경우); 대법원 2009. 10. 29. 선고 2007두16561 판결(「성질상 대여금에 준하는 구상금채권에 대한 회수의 지연이 건전한 사회통념이나 상관행에 비추어 경제적 합리성이 결여되어 조세의 부담을 부당하게 감소시킨 것으로 인정되는 경우에는 인정이자 익금산입의 대상이 되지만, 이는 해당 법인이 구상금 채권을 보유하고 있는 것을 전제로 하는 것이므로 만약 그 법인이 특수관계인에 대한 구상금 채권을 포기하였다면 그 포기행위가 별도로 부당행위계산부인의 대상이 되어 특수관계인에게는 증여세 등이 부과될 수 있음은 별론으로 하고, 그 후에는 더 이상 그 구상금채권의 보유를 전제로 한 지급이자 손금불산입이나 인정이자 익금산입을 할 수는 없다」); 대법원 2008. 9. 25. 선고 2006두15530 판결(특수관계회사의 재무구조 개선에 필요한 자금을 지원하기 위하여 그 회사가 발행한 후순위사채를 인수하여 보유한 경우); 대법원 2006. 10. 26. 선고 2005두1558 판결; 대법원 2003. 3. 11. 선고 2002두4068 판결; 대법원 1992. 11. 10. 선고 91누8302 판결.

257) 대법원 2010. 1. 14. 선고 2007두5646 판결.

258) 다만 이러한 판례의 태도가 실질과세원칙에 관한 최근 판례의 경향에 부합하는 것인지는 의문이 있다.

특수관계법인에 대한 직접적인 대여행위나 그에 준하는 행위로 볼 수는 없고,[259] 시공사의 특수관계법인이 시행사들과 분양계약을 체결하고 분양대금을 지급한 결과 시행사들이 그 분양대금으로 시공사에 공사대금을 지급한 것은 별개의 법률행위에 기한 것으로서 시공사의 특수관계법인이 시공사에 직접 자금을 대여한 것으로 볼 수 없다.[260]

또한, 법인세법 시행령 및 같은 시행규칙은 다음의 가지급금을 업무무관 가지급금에서 제외하고 있다(법령 53 ① 但, 법칙 28).

① 미지급배당금 및 상여금에 대한 소득세(지방소득세를 포함한다)를 법인이 납부하고 가지급금으로 계상한 금액

② 국외에 자본을 투자한 내국법인이 해당 국외투자법인에 종사하거나 종사할 자의 여비 · 급료 · 기타 비용을 대신하여 부담하고 이를 가지급금 등으로 계상한 금액

③ 법인이 그 법인의 주식취득(조합원간에 주식을 매매하는 경우와 조합원이 취득한 주식을 교환하거나 현물출자함으로써 지주회사 또는 금융지주회사의 주식을 취득하는 경우를 포함한다)에 소요되는 자금을 우리사주조합 또는 그 조합원에게 대여한 경우의 그 대여금

④ 국민연금법에 의하여 근로자가 지급받은 것으로 보는 퇴직금전환금

⑤ 사외유출된 익금산입액 등의 귀속이 불분명하여 대표자에게 상여처분한 금액에 대한 소득세를 법인이 납부하고 가지급금으로 계상한 금액

⑥ 직원에 대한 월정급여액의 범위 안에서의 일시적인 급료의 가불금

⑦ 직원에 대한 경조사비 또는 학자금(직원의 자녀를 포함한다)의 대여액

⑧ 한국자산관리공사가 그가 전액 출자하여 설립한 법인에 대여한 금액

---

259) 대법원 2009. 4. 23. 선고 2006두19037 판결: 이는 법인이 정기예금을 담보로 제공한 결과 그 특수관계법인이 대출받는 편익을 누렸더라도 마찬가지이다. 따라서 법인이 정기예금을 담보로 제공하여 그 특수관계법인들로 하여금 은행으로부터 그 상당액을 대출받게 한 것이 특수관계법인에 대한 가지급금에 해당한다고 볼 수는 없다는 것이 판례의 입장이다(같은 취지: 대법원 2009. 5. 14. 선고 2006두11224 판결; 대법원 2006. 5. 25. 선고 2004두13660 판결). 다만, 법인이 차입금에 대하여 높은 대출이자를 부담하고 있었음에도 불구하고 이러한 차입금을 상환하지 않고 상당한 금원을 낮은 이율의 정기예금에 예치한 후 이를 특수관계법인의 대출금에 대한 담보로 제공하였다면, 지급이자와 수입이자 사이에 현저한 차이가 있어 법인의 수입 감소가 예상되고, 담보로 제공한 정기예금은 특수관계법인이 대출금을 상환할 때까지 인출할 수 없어 유동성을 상실하게 되며, 대출금이 변제되지 아니할 경우 정기예금을 상실하게 되는 위험을 감수하게 되는 결과가 되므로 경제적 합리성을 인정하기 어렵다. 따라서 위 담보제공행위는 법인세법 시행령 제88조 제1항 제9호 소정의 '이익 분여'에 해당하여 부당행위계산부인의 대상이 된다(대법원 2009. 5. 14. 선고 2006두11224 판결; 대법원 2009. 4. 23. 선고 2006두19037 판결).

260) 대법원 2014. 4. 10. 선고 2013두20127 판결.

나) 취득 또는 보유

법인이 비업무용 자산 및 업무무관 가지급금을 취득하거나 보유하고 있어야 한다. 법문에서의 법인이 "…자산을 취득하거나 보유하고 있다…"는 것은 법인이 해당 자산을 취득하여 보유하고 있다는 의미이다. 그러므로 법인이 비업무용 자산 또는 업무무관 가지급금을 취득하여 보유하고 있으면 본 조를 적용받게 된다.

비업무용 자산의 취득에는 매매·교환·현물출자 등과 같은 대가관계가 수반되는 유상취득은 물론이고, 대가관계가 수반되지 않는 증여 등과 같은 무상취득을 포함한다고 새긴다. 다만, 증여 등에 의한 무상취득의 경우에는 해당 자산을 취득하기 위하여 차입금이 소요되지 않은 점을 내세워 본 조에서의 취득에서 제외하여야 한다는 반론도 있을 수 있다.

그러나 법문이 비업무용 자산의 취득 또는 보유에 관하여 그 취득의 원인 또는 보유하게 된 원인관계를 묻지 않고 비업무용 자산을 보유하는 것만을 손금불산입의 요건으로 규정하고 있는 점, 보유하고 있는 비업무용 자산을 처분한 가액으로 기업의 재무구조를 개선하거나 기업자금으로 사용할 수 있는 점 등을 고려하여 볼 때 증여 등에 의한 무상취득도 포함된다고 하여야 할 것이다.

다음으로 업무무관 가지급금의 취득 또는 보유원인으로서는 특수관계인에 대하여 직접 자금을 대여한 경우[261]는 물론이고 특수관계인이 채무자인 채권을 양수하거나 특수관계인의 채무를 대위변제하는 경우[262]를 들 수 있다. 이 밖에도 특수관계인에게 이상성(異常性)을 띤 선급금 등을 지급하거나 특수관계인으로부터 회수하여야 매출채권 또는 미수금채권의 회수에 있어서 이례적인 지연을 허용하는 경우[263] 등이 포함된다.

---

261) 대법원 2003. 3. 11. 선고 2002두4068 판결: 「비철금속의 제조·판매 등을 목적으로 하는 법인인 원고가 특수관계자인 소외 일진파이낸스주식회사에 이 사건 자금을 예치한 사실을 인정한 다음, 원고의 목적 사업 및 영업 내용에 비추어 볼 때 위와 같은 자금의 예치는 그 명칭 여하에 불구하고 원고의 업무와 관련 없이 지급된 가지급금에 해당된다고 할 것이고, 원고가 여유자금을 운용하는 과정에서 위와 같이 자금을 예치하였다고 하거나, 소외 회사가 원고에게 지급한 이자를 영업비용으로 회계처리 하였다고 하여 달리 볼 것은 아니다.」

262) 대법원 2004. 2. 13. 선고 2002두11479 판결: 특수관계인에게 대여한 자금과 특수관계인을 위하여 대신 부담한 수출관련 대금이 업무무관 가지급금에 해당한다.

263) 대법원 2006. 5. 12. 선고 2003두7651 판결: '특수관계에 있는 자에게 업무와 관련 없이 지급한 가지급금'으로서 '명칭 여하에 불구하고 해당 법인의 업무와 관련이 없는 자금의 대여액'에는 순수한 의미의 대여금은 물론 채권의 성질상 대여금에 준하는 것도 포함되고, 이 때 가지급금의 업무관련성 여부는 해당 법인의 목적사업이나 영업 내용 등을 기준으로 객관적으로 판단하여야 할 것인데, 법인이 특수관계에 있는 자로부터 지급받아야 할 공사대금의 회수를 정당한 사유 없이 지연시키는 것은 실질적으로 공사대금이 계약상의 의무이행기한 내에 전부 회수된 후 다시 가지급된 것과 같은 효과를 가져온다는 점에서 그 공사대금을 회수하여야 할 날에 그 미회수 공사대금을 가지급금으로 지출한 것으로 보아야 할 것이다(대법원 2004. 2. 13. 선고 2002두11479 판결; 대법원 2003. 3. 11. 선고 2002두4068 판결; 대법원 1995. 12. 26. 선고 95누3589 판결 등 참조).

3) 손금불산입액의 계산

비업무용 부동산 등을 취득하여 보유하고 있는 내국법인에 대하여는 각 사업연도 소득금액을 계산할 때 각 사업연도에 지급한 차입금의 이자 중 다음 계산식에 의하여 계산한 금액(차입금 중 해당 자산가액에 상당하는 금액의 이자를 한도로 한다)을 손금불산입한다.

$$\text{지급이자} \times \frac{\text{비업무용 자산가액 및 업무무관 가지급금의 합계액}}{\text{총차입금}} \text{(총차입금을 한도로 한다)}$$

(1) 총차입금 등의 계산

총차입금·비업무용 자산 및 업무무관 가지급금의 합계액은 적수로 계산한다.

(2) 차입금의 범위

차입금이란 지급이자 및 할인료를 부담하는 모든 채무를 가리킨다. 이에는 금융기관으로부터의 차입금은 물론이고 사채(社債)·사채(私債) 및 금융리스채무가 포함된다.

그러나 다음의 차입금 등은 차입금의 범위에 포함하지 않는다.

① 연지급수입 등에 따른 외화차입금 등

② 할인한 상업어음

③ 금융기관 등이 재정융자특별회계로부터 차입한 금액 등

금융기관 등이 차입한 다음의 금액을 말한다.

㉮ 재정융자특별회계법에 의한 재정융자특별회계 또는 한국은행법에 의한 한국은행으로부터 차입한 금액

㉯ 국가 및 지방자치단체(지방자치단체조합을 포함한다)로부터 차입한 금액

㉰ 법령에 의하여 설치된 기금으로부터 차입한 금액

㉱ 외국인투자촉진법 또는 외국환거래법에 의한 외화차입금

㉲ 예금증서를 발행하거나 예금계좌를 통하여 일정한 이자지급 등의 대가를 조건으로 불특정 다수의 고객으로부터 받아 관리하고 운용하는 자금[264]

④ 내국법인이 기업구매자금대출에 의하여 차입한 금액

---

[264] 은행이 영업자금의 장기 안정적 조달 및 자산건전성 향상을 목적으로 특정금융기관인 증권회사를 상대로 하여 총액인수방식으로 회사채를 사모발행한 경우에는 그 성격이 일반 기업의 차입금과 다를 바 없으므로 여기에 해당하지 않는다(대법원 2010. 3. 25. 선고 2007두20867 판결).

⑤ 지급이자가 손금불산입된 차입금

　지급이자의 손금불산입 순서에 따라 이미 손금불산입된 지급이자에 대한 차입금, 즉 채권자가 불분명한 사채·비실명채권 등의 금액 및 건설자금에 충당한 차입금을 말한다.

(3) 비업무용 자산의 가액

　비업무용 자산의 가액이란 해당 자산의 취득가액을 말한다(법령 53 ③).

　취득가액의 계산은 법인세법 제41조 및 같은 법 시행령 제72조의 규정에 의한다(법령 53 ③). 즉 내국법인이 매입·제작·교환 및 증여 등에 의하여 취득한 자산의 취득가액은 다음의 금액으로 한다(법법 41 ①).

① 타인으로부터 매입한 자산: 매입가액에 취득세·등록세 기타 부대비용을 가산한 금액
② 자기가 제조·생산 또는 건설 기타 이에 준하는 방법에 의하여 취득한 자산: 원재료비·노무비·운임·하역비·보험료·수수료·공과금(취득세와 등록세를 포함한다)·설치비 기타 부대비용의 합계액
③ 현물출자·합병 또는 분할에 의하여 취득한 자산: 장부에 계상한 출자가액 또는 승계가액. 다만, 그 가액이 시가를 초과하는 경우에는 그 초과금액을 제외한다.[265]
④ 기타의 자산: 취득당시의 시가

　다음으로 건설자금에 충당한 차입금의 이자와 자본적 지출이 있는 경우에는 건설자금에 충당한 차입금의 이자와 자본적 지출액을 가산한 금액을 취득가액으로 한다.

　그리고 자산을 장기할부조건 등으로 취득함에 따라 발생한 채무를 기업회계기준이 정하는 바에 따라 현재가치로 평가하여 현재가치할인차금으로 계상한 경우의 해당 현재가치할인차금과 연지급수입에 있어서 취득가액과 구분하여 지급이자로 계상한 금액은 취득가액에서 제외된다(법령 72 ③).

　그런데 특수관계인으로부터 시가보다 고가로 매입함으로써 부당행위계산부인규정이 적용된 자산에 있어서 그 시가초과액은 취득가액에 포함한다(법령 53 ③). 즉 실제의 그 자산의 취득대가를 취득가액으로 하는 것이다. 비업무용 자산의 취득 또는 보유와 관련된 차입금이자의 손금불산입제도의 취지, 시가초과액에 대하여 부당행위계산부인규정을 적용하더라도 당초의 사법상의 행위의 효력에는 영향을 미치지 않는 점(시가초과액에 상당하는 금액을 특수관계인에게 지급하고 있는 상태가 계속되고 있는 점) 등에 비추어 볼 때 타당한 규정이라고 생각한다.

---

265) 그러나 부당행위계산의 부인 규정이 적용되는 자산에 있어서의 시가초과액은 취득가액에 포함한다.

(4) 동일인에 대한 가지급금과 가수금의 상계

가지급금 등의 합계액을 계산할 때 동일인에 대한 가지급금[266] 등과 가수금[267]이 함께 있는 경우에는 이를 상계한 금액으로 한다(법령 53 ③).

그러나 동일인에 대한 가지급금 등과 가수금의 발생시에 각각 상환기간 및 이자율 등에 관한 약정이 있어 이를 상계할 수 없는 경우에는 상계를 하지 않는다(법칙 28 ②).

(5) 지급이자

지급이자의 손금불산입 순서에 따라 이미 손금불산입된 지급이자(채권자가 불분명한 사채이자·비실명채권 등의 이자 등 및 건설자금이자)는 위의 계산식에서의 지급이자에서 제외하여야 한다.

바. 지급이자의 손금불산입액의 계산순서

1) 지급이자의 손금불산입 순서

법인에게 채권자 불분명사채이자·비실명채권 등의 이자·건설자금이자 및 비업무용 자산 등에 대한 지급이자 등이 서로 경합할 경우에는 다음의 순서에 따라 손금불산입한다(법법 28 ⑤, 법령 55).
① 채권자 불분명사채이자
② 비실명채권 등의 이자
③ 건설자금의 이자
④ 비업무용 자산 등에 대한 지급이자

2) 과소자본세제에 있어서의 지급이자 손금불산입액과의 부인 순서

내국법인(외국법인의 국내사업장을 포함한다)의 차입금 중 국외지배주주로부터 차입한 금액과 국외지배주주의 지급보증에 의하여 제3자로부터 차입한 금액이 그 국외지배주주가 출자한 출자금액의 2배를 초과하는 경우에는 그 초과분에 대한 지급이자 및 할인료는 그 내국법인의 손금에 산입하지 않으며 배당 또는 기타사외유출로 처분된 것으로 본다(국조법 22 ②). 이를 과소자본세제(thin capitalization)라고 부른다.

---

266) 현금지출이 발생했으나 거래의 미완결, 거래내용의 불분명, 금액의 미확정 등의 이유로 위의 사항들이 확정될 때까지 임시적으로 설정되는 가계정으로서 자산 항목에 해당한다.
267) 가수금계정은 실제 현금 수입은 있었지만 거래 내용이 불분명하거나 거래가 완전히 종결되지 않아 계정과목이나 금액이 미확정인 경우에, 현금 수입을 일시적인 채무로 표시하는 부채계정 과목이다. 가수금계정을 확정된 계정과목으로 대체하는 처리를 가수금반제라고 한다.

이와 같은 지급이자의 손금불산입 규정은 법인세법 제28조의 규정에 우선하여 적용한다 (국조법 26 ③). 이 경우에 서로 다른 이자율이 적용되는 이자 또는 할인료가 함께 있는 경우에는 높은 이자율이 적용되는 것부터 먼저 손금에 산입하지 않는다(국조법 24 ④).

제5장

익금과 손금의 귀속사업연도

제1절 서 론

1 의 의

법인세는 기간과세의 원칙(Periodizitätsprinzip)을 채택하여 인위적으로 획정한 사업연도를 단위로 하여 과세소득을 산정한다. 따라서 법인에게 귀속되는 모든 익금 또는 손금은 어떤 일정한 원칙 또는 기준에 의하여 특정한 사업연도에 귀속시킬 필요가 있는 것이다.

어떠한 익금도 일순간에 획득되는 경우는 흔하지 않으며, 상당한 노력의 투입과 복잡한 활동 및 과정을 거쳐 얻게 되는 경우가 일반적이다. 예를 들면 상품의 판매활동의 경우에는 주문의 인수·재화 및 용역의 인도·대금청구기한의 도래 및 대금의 회수 등과 같은 수익 획득과정(earning process)을 거치게 된다.[1] 이와 같이 세분된 판매활동의 과정 중에서 어떤 결정적 사실(critical events)이 나타날 때에 이를 익금 및 손금으로 인식할 것인가 하는 문제가 바로 손익의 귀속시기에 관한 논의인 것이다. 그러므로 손익의 귀속시기는 법인세의 과세사업연도를 결정하는 기준이 되는 시기인 것이다. 특정한 손익은 그 손익의 귀속시기가 속하는 사업연도의 손익(과세소득)을 구성하는 것이므로 흔히 손익의 귀속사업연도라고 부른다.

판매활동을 포함한 수익창출활동이 동일한 사업연도의 어떤 시점에서 시작되고 그 사업연도 중의 한 시점에서 종료한 때에는 익금 또는 손금의 귀속시기가 문제될 여지가 없다. 문제는 수익창출활동이 2 이상의 사업연도에 걸쳐지는 경우인 것이다.

익금 및 손금의 사업연도별 귀속, 즉 특정한 익금 또는 손금이 어느 사업연도에 귀속하느냐 하는 문제는 다음과 같이 법인세의 크기 등에 중대한 영향을 미치게 된다.

첫째, 익금 등이 귀속하는 사업연도가 어느 사업연도이냐에 따라서 법인세 납세의무의

---

[1] 이정호, 「재무회계론」, 경문사, 1997, 564면.

성립시기·법인세 과세표준과 세액의 신고와 세액납부의 기한·법인세 부과권의 제척기간의 기산일·법인세 포탈범의 기수시기 등이 달라진다.

둘째, 법인세는 초과누진세율구조를 채택하고 있기 때문에 어떤 익금 또는 손금이 어느 사업연도에 귀속되는가에 따라서 법인세의 크기가 달라진다.

셋째, 법인세법을 비롯한 조세법령은 매년마다 빈번하게 개정이 이루어지고 있는데, 익금 등이 어느 사업연도에 귀속되느냐에 따라서 적용법령을 달리하게 된다. 이로 말미암아 법인세의 크기가 상당한 영향을 받게 된다.

2 회계학상의 수익 및 비용의 인식기준

회계학상 손익의 인식기준으로서는 현금주의·발생주의 및 실현주의를 들 수 있다.

현금주의(cash basis)란 현금의 수입 또는 지출이라는 사실이 있을 때에 수익 또는 비용으로 계상하는 방법이다. 현금의 수수사실을 기준으로 하고 있기 때문에 확실·명료·간편하다는 이점이 있다. 그러나 현금의 수수시점을 임의로 조정함으로써 소득의 조작이 가능하다는 점, 손익의 기간배분이 불합리하여 경영성과의 측정이 정확하지 못하다는 점 및 오늘날의 신용사회에 부적합하다는 점과 같은 문제점을 안고 있다.

이에 대하여 발생주의(accrual basis)란 수익을 인식할 만한 경제적 사실이 발생할 때 및 수익창출과 관련된 가치의 희생이 있을 때에 수익 및 비용을 인식하여야 한다는 견해이다. 예를 들면 현금을 받지 못한 경우에도 수익을 획득하였다고 볼 수 있는 경제적 사실이 있으면 수익으로 인식하는 것이다. 현금의 수지사실을 기준으로 하는 것이 아니고 수익 및 비용으로 인식할 만한 경제적 사실의 유무를 기준으로 하기 때문에 현금주의보다는 기간손익의 계산에 정확성을 기할 수 있는 장점이 있다.

실현주의(realization basis)란 수익이 실현(realization)되었을 때에 인식하여야 한다는 기준이다. 발생주의에 근거하여 어떤 경제적 사실이 발생한 때에 수익을 인식한다고 하더라도 수익의 계산이 복잡할 뿐만 아니라 그 가치의 발생을 객관적으로 평가할 수 있는 합리적인 근거가 있는 것도 아니다.

그러므로 수익에 대하여는 가치가 발생하였다고 단정할 수 있을 정도로 명확하고 객관적인 시점에서 인식하여야 한다는 실현주의가 등장하기에 이르렀다. 즉 실현주의는 발생주의를 수익에 적용시키기 위하여 수정한 형태인 것이다. 수익의 실현이란 교환 또는 분리현상(severance)이 나타났을 때에 수익을 보고하는 것을 가리킨다.[2]

---

2) 이정호, 「재무회계론」, 경문사, 1997, 563면: 남상오, 「회계이론」, 다산출판사, 1998, 412면. 실현개념의 확대에

수익실현기준 중 가장 대표적인 것은 판매기준이다. 판매기준(sales basis)이란 수익을 판매시점, 즉 재화 등의 인도시점에서 인식하여야 한다는 기준으로 인도기준(delivery basis)이라고도 한다. 그러나 수익의 실현 개념에 관하여도 미실현이익을 배제하기 위한 요청을 만족시키는 중요한 사실이 발생하면 그 단계에서 수익을 얻을 것이 확실하게 되는 경우에는 실현을 광의로 이해하는 경우가 있다. 이에 해당하는 것이 계속적 용역제공계약에서의 기간기준, 장기도급공사의 공사진행기준, 농산물·광물자원 채굴시의 생산기준 등이다.[3]

3 법인세법상의 손익의 귀속사업연도

법인세법은 권리의무확정주의에 따라 손익의 귀속사업연도를 결정하도록 하고 있다. 어느 사업연도의 소득에 대한 과세처분의 적법성이 다투어지는 경우 과세관청으로서는 과세소득이 있다는 사실 및 그 소득이 그 사업연도에 귀속된다는 사실을 입증하여야 하며, 그 소득이 어느 사업연도에 속한 것인지 확정하기 곤란하다 하여 과세대상 소득의 확정시기와 관계없이 과세관청이 그 과세소득을 조사·확인한 대상 사업연도에 소득이 귀속되었다고 할 수는 없다.[4] 권리의무확정주의에 관하여는 항을 달리하여 살펴본다.

제**2**절 권리의무확정주의의 의의와 그 적용범위

1 권리의무확정주의의 의의

법인세법은 "내국법인의 각 사업연도의 익금과 손금의 귀속사업연도는 그 익금과 손금이 확정된 날이 속하는 사업연도로 한다"라고 규정하고 있는데(법법 40 ①), 위 규정은 익금과 손금의 귀속사업연도를 정하는 기준으로 권리의무확정주의를 채택한 것으로 해석한다. 권리의무확정주의는 법률적인 측면에서 대가를 수입할 수 있는 권리의 확정 또는 대가를 지급하여야 할 의무의 확정이라는 확실한 근거에 의하여 익금 및 손금의 귀속사업연도를 결정하려는 입장이다. 즉 익금 또는 손금을 권리 또는 의무의 득실변경이라는 법적 기준

관하여는 高松和男, 「アメリカ会計原則の展開」, 同文舘出版, 1982, 134면; 富岡幸雄, 「税務会計学原理」, 中央大学出版部, 2003, 888－902면.
3) 大淵博義, 「法人税法解釈の検証と実践的展開 第3巻」, 税務経理協会, 2017, 10면.
4) 대법원 2010. 6. 24. 선고 2007두18000 판결; 대법원 2007. 6. 28. 선고 2005두11234 판결; 대법원 2000. 2. 25. 선고 98두1826 판결 등.

(legal test)에 의하여 인식하려는 원칙인 것이다. 권리와 의무를 각각 분리하여 권리확정주의[1] 또는 채무확정주의라고 부르기도 한다.[2]

권리의무확정주의에 있어서의 권리 또는 채무의 확정이라고 하는 법적 기준은 손익의 귀속사업연도를 판단할 때 명확한 지침을 제공하고 있고, 또한 조세법률관계에 있어서의 법적 안정성의 요청에 부응되는 것이기 때문에 널리 지지되고 있다.[3]

그러나 권리의무확정주의에 관하여는 부정적인 시각에서의 비판 또한 적지 않다.

법인세법은 제40조 제1항에서 손익의 귀속사업연도에 있어서의 권리의무확정주의의 원칙을 선언하고, 법인세법 시행령 제68조부터 제71조까지에서는 거래의 유형 또는 거래의 목적물에 따라 기업회계기준 또는 관행에 의하여 적용되어 오던 원칙들을 수용하여 규정하고 있다.[4]

2 권리의무확정주의에 있어서의 확정의 개념

권리의무확정주의에 있어서의 중심적 개념은 확정이다. 그런데 이와 같은 확정의 개념은 매우 애매하여 혼란을 초래하고 있다.[5] 즉 확정이라는 개념은 가장 확정되지 않은 불확정 개념(unbestimmter Begriff)인 것이다.

그렇다고 하더라도 확정은 권리의 발생시점과 권리의 실현시점 사이에 존재하는 것만은 틀림이 없다.[6] 수입할 권리가 발생한다고 하더라도 그 권리의 발생이 급부의 실현을 보장

---

1) 대법원 2013. 12. 26. 선고 2011두1245 판결: 「권리확정주의란 소득의 원인이 되는 권리의 확정시기와 소득의 실현시기와의 사이에 시간적 간격이 있는 경우에는 과세상 소득이 실현된 때가 아닌 권리가 확정적으로 발생한 때를 기준으로 하여 그때 소득이 있는 것으로 보고 당해 사업연도의 소득을 산정하는 방식으로, 실질적으로는 불확실한 소득에 대하여 장래 그것이 실현될 것을 전제로 하여 미리 과세하는 것을 허용하는 것이다.」
2) 최명근, 「법인세법」, 세경사, 1998, 433면. 채무확정주의에 관한 상세한 논의는 '권리의무확정주의(채무확정주의)'(300면)을 참조하라.
3) 金子宏, 「所得概念の研究」, 有斐閣, 1995, 284–285면. 우리 판례도 법인세법이 권리의무확정주의를 채택하여 손익의 귀속시기를 명확하게 규정하는 것은 납세자의 과세소득을 획일적으로 파악하여 법적 안정성을 도모하고 과세의 공평을 기함과 동시에 납세자의 자의를 배제하기 위한 것이라고 본다(대법원 2017. 3. 22. 선고 2016두51511 판결; 대법원 2004. 2. 13. 선고 2003두10329 판결).
4) 이런 의미에서 법인세법 시행령 제68조부터 제71조까지의 규정은 기업회계기준과 관행의 보충적 적용을 규정하고 있는 법인세법 제43조의 취지를 반영한 것이라고도 할 수 있다. 이상, 이종규/최영록/조남복, 「법인세법해설」, 1999년 개정판, 중앙경제, 1999, 630면.
5) 植松守雄, "収入金額(収益)の計上時期に関する問題－「権利確定主義」をめぐって", 「租税法研究」第8号, 1980, 103면.
6) 대법원 2013. 12. 26. 선고 2011두18120 판결; 대법원 2004. 11. 25. 선고 2003두14802 판결; 대법원 1993. 6. 22. 선고 91누8180 판결: 「소득의 귀속시기를 정하는 원칙인 권리확정주의란 소득의 원인이 되는 권리의 확정시기와 소득의 실현시기와의 사이에 시간적 간극이 있는 경우 과세상 소득이 실현된 때가 아닌 권리가 발생한 때 소득이 있는 것으로 보고 해당 연도의 소득을 산정하는 방식을 말하는 것으로, 실질적으로는 불확실한 소득에 대하여 장래 실현될 것을 전제로 하여 미리 과세하는 것을 허용하는 원칙이기는 하나 법이 선언하고 있는

하는 것은 아니다. 그러므로 적어도 일정한 경제적 이익이 그 금액·안정성 등의 면에서 보아 과세하기에 적합하다고 보여질 정도로 확정된 상태에 있어야만 비로소 그 권리가 확정되었다고 볼 수 있는 것이다.[7)]

대법원이 "과세대상으로서의 소득이 발생하였다고 하기 위하여는 소득이 현실적으로 실현되었을 것까지는 필요없다고 하더라도 적어도 소득이 발생할 권리가 그 실현의 가능성에 있어서 상당히 높은 정도로 성숙·확정되어야 한다고 할 것이고, 따라서 권리가 이런 정도에 이르지 않고 단지 성립된 것에 불과한 단계로서는 아직 소득발생이 있었다고 볼 수 없다"고 판시[8)]한 것도 같은 맥락이다.

그러면 어떤 경우에 소득이 발생할 권리가 그 실현의 가능성에 있어서 성숙·확정되었다고 볼 것인가?

일의적으로 정의하기는 어려우나 수익의 발생원인이 되는 권리의 실현가능성이 법이 보장하는 바에 의하여 객관적으로 인식할 수 있는 상태에 도달하는 시점으로 이해하고자 한다.[9)] 그러므로 권리의 확정시기는 거래의 유형마다 개별적으로 검토하고 각각의 유형에 따른 타당한 결론을 도출하는 것이 바람직하다고 하겠다.[10)] 판례도 구체적으로 어떤 사실을 가지고 소득이 발생할 권리가 성숙·확정되었다고 할 것인가는 반드시 일률적으로 정할 수는 없고 개개의 구체적인 권리의 성질이나 내용, 법률상·사실상의 여러 조건들[11)]을 종합적으로 고려하여 결정함이 상당하다고 하여 확정의 개념을 탄력적으로 구성할 것을 제시한 바 있다.[12)13)]

법적 기준으로서의 권리확정주의의 "확정"의 개념을 수입의 귀속시기에 대한 예외없는 일반원칙으로 단정하여서는 아니되고, 구체적 사안에 있어 소득에 대한 관리·지배와 발생 소득의 객관화 정도, 납세자금의 확보시기 등까지도 함께 고려하여 소득이 현실적으로 실현될 것까지는 필요없다 하더라도 실현가능성에 있어 상당히 높은 정도로 성숙·확정되었는지 여부를 기준으로 귀속시기를 합리적으로 판단함이 상당하다.」

7) 引野清一, 「収益認識基準の基礎的研究」, 東京経済, 1993, 112면.
8) 대법원 1977. 12. 27. 선고 76누25 판결 등.
9) 이태로, "손익의 귀속시기", 「월간조세」 1991년 3월호, 13면.
10) 金子宏, "所得の年度帰属 総論", 「日税研論集」 第22号, 1992, 20면.
11) 예를 들면 소득에 대한 관리·지배와 발생소득의 객관화 정도, 납세자금의 확보시기 등을 들 수 있다(대법원 2024. 7. 25. 선고 2022두63385 판결; 대법원 1998. 6. 9. 선고 97누19144 판결; 대법원 1993. 6. 22. 선고 91누8180 판결).
12) 대법원 2004. 11. 25. 선고 2003두14802 판결; 대법원 2003. 12. 26. 선고 2001두7176 판결; 대법원 1984. 12. 11. 선고 84누303 판결; 대법원 1984. 4. 24. 선고 83누577 판결 등.
대법원 2011. 9. 29. 선고 2009두11157 판결에서는 보험회사가 보증보험금을 지급하고 보험계약자 등에 대하여 취득하는 구상채권 중 과거 회수율을 기초로 장차 회수될 것으로 추정한 금액을 그 취득한 사업연도의 익금에 산입할 수 있는지 여부가 쟁점이 되었는데, 대법원은 ① 위 구상채권은 수익행위로 인하여 취득하는 채권이 아니라 보험금비용의 지출과 동시에 그 비용의 회수를 위해 민법 제441조 등에 의해 취득하는 채권에 불과하여 그 실질적인 자산가치를 평가하기 어려우므로 이를 취득한 사업연도에는 그 실현의 가능성이 성숙되었다고 보기 어려운 점, ② 구상채권 중 과거의 회수율을 기초로 장차 회수될 것으로 추정한 금액 대법원은 가집행선고부 승소판결에 따라 수용보상금을 수령한 후 4년이 경과한 시점에서 대법원이 원심판결 중 일부를 파기함에 따라 수용보상금 일부가 감액된 환송 후 항소심 판결이 선고·확정된 사안에서 가집행선고부 승소판결에 따라 수용보상금을 수령한 이상 그 소득의 실현가능성이 상당히 높은 정도로 성숙·확정되었다고 볼 수 있으므로, 수용보상금 전액이 당초 수용보상금을 수령한 사업연도의 익금에 해당한다고 판단하였다.[14)]

또한 납세자가 용역의 제공을 완료하였다고 하더라도 그 대금채권의 존부 및 범위에 관하여 당사자 간에 다툼이 있어 소송으로 나아간 경우에는 그 분쟁의 경위 및 사안의 성질 등에 비추어 명백히 부당하다고 할 수 없다면 대금을 받을 권리는 성립하였을지라도 소득이 성숙·확정되었다고 보기 어렵고 분쟁에 관한 판결이 확정된 시점에서 비로소 성숙·확정된 것으로 보아야 한다는 것이 판례이다.[15)]

결국 권리의무확정주의는 실질적으로 실현 여부가 불확실한 소득에 대하여 장래 그 소득이 실현될 것을 전제로 하여 미리 과세하는 것이라고도 이해할 수 있다.[16)] 따라서 판례는 소득의 원인이 되는 권리가 확정적으로 발생하여 과세요건이 충족됨으로써 일단 납세의무가 성립하였다고 하더라도 일정한 후발적 사유의 발생으로 말미암아 소득이 실현되지 않는 것으로 확정되었다면 당초 성립하였던 납세의무는 그 전제를 상실하여 '소급적으로' 소멸하고 원칙적으로 그에 따른 법인세를 부과할 수 없다고 한다. 예컨대 법인이 자산을 양도하

역시 추정치에 불과하여 구상채권을 취득한 사업연도에 그 금액만큼 실현의 가능성이 성숙되었다고 보기 어려운 것은 마찬가지인 점 등을 종합하여 볼 때 권리의무확정주의하에서는 구상채권을 그 취득한 사업연도의 익금에 산입할 수 없다고 판시하였다. 판결에 관한 상세는 조성권, "보험사고 발생으로 보험금을 지급함으로써 취득한 구상채권의 익금 및 손금 산입시기", 「조세실무연구 7」, 2016, 209면 이하.

대법원 2011. 5. 13. 선고 2008두13002 판결은 법인의 손해배상금채무에 관하여 분쟁이 발생하여 중재판정이 내려졌으나 중재판정에 대하여 다시 불복이 제기되어 중재판정취소의 소를 거쳐 손해배상채무를 변제한 사안에 관한 것이있는데, 대법원은 ① 중재법에 의한 중재판정이 있으면 기판력에 의하여 대상이 된 청구권의 존재가 확정되고 ② 중재판정취소의 소는 중재판정을 취소하여 소급적으로 무효로 하는 것을 목적으로 하는 형성의 소로서 중재법에 규정된 중재판정취소의 소를 제기할 수 있는 사유들은 권리관계의 존부에 대한 실체적인 사유에 기한 것이 아니라 중재판정 자체의 절차적인 하자에 대한 것이라는 점 등을 종합하면, 중재판정취소의 소는 중재판정에 따른 법률관계의 확정을 중단시키는 효력이 없으므로 중재판정에 의하여 법인의 손해배상금채무는 확정되고 그 손해배상금은 중재판정이 내려진 사업연도의 손금으로 귀속된다고 판시하였다.

13) 법인이 국가기관과 체결한 중도확정계약에 따라 계약을 이행하던 중 국가기관의 감액통보에 따라 감액된 계약금액 중 일부금액을 추가로 지급할 것을 청구하는 소송을 제기하여 법원의 판결에 따라 추가로 금액을 지급받게 된 경우 그 금액은 해당 판결이 확정되는 날이 속하는 사업연도의 익금에 산입한다. 사전-2020-법령해석법인-1284, 2021. 2. 17.

14) 대법원 2024. 7. 25. 선고 2022두63385 판결. 수용보상금 중 감액된 부분은 후발적 경정청구의 대상이 된다. 같은 취지로 대법원 2024. 11. 20. 선고 2022두47629 판결.

15) 서울고등법원 2023. 8. 23. 선고 2022누61603 판결(대법원 2023. 12. 28. 자 2023두54143 판결). 소득세에 관하여 같은 취지로 대법원 2018. 9. 13. 2017두56575 판결; 대법원 1997. 4. 8. 선고 96누2200 판결.

16) 대법원 2013. 12. 26. 선고 2011두18120 판결; 대법원 2004. 11. 25. 선고 2003두14802 판결.

거나 용역을 제공한 후에 사업상 정당한 사유로 당초의 매매대금이나 용역대금을 감액하였
다면 그 감액분을 당초의 매매대금이나 용역대금에 대한 권리가 확정된 사업연도의 소득금
액에 포함하여 법인세를 과세할 수 없으며, 매매대금이나 용역대금이 권리가 확정된 사업
연도의 경과 후에 감액된 경우에는 후발적 경정청구의 사유가 된다는 것이 판례의 태도이
다.[17] 다만 판례는 ① 대손금과 같이 법인세법이나 관련 법령에서 특정한 후발적 사유의
발생으로 말미암아 실현되지 않은 소득금액을 그 후발적 사유가 발생한 사업연도의 소득금
액에 대한 차감사유 등으로 별도로 규정하고 있거나(예컨대, 법령 69 ③), ② 경상적·반복적
으로 발생하는 매출에누리나 매출환입과 같은 후발적 사유에 대하여 납세의무자가 기업회
계의 기준이나 관행에 따라 그러한 사유가 발생한 사업연도의 소득금액을 차감하는 방식으
로 법인세를 신고해 왔다는 등의 특별한 사정이 있는 경우에는 후발적 경정청구에 의할 수
없고 해당 사유가 발생한 사업연도의 소득금액에서 직접 차감하여야 한다는 입장이다.[18]
납세의무자가 후발적 경정청구에 의하여 구제받을 것인가 혹은 후발적 사유가 발생한 사업
연도의 소득금액에서 직접 차감하여 신고하는 방법에 의하여 구제를 받을 것인가 여부에
따라 다음과 같은 차이가 있다. 즉, 후발적 경정청구 대상이라면 그 사유가 발생한 것을 안
날부터 3개월 이내에 경정청구를 해야 하고, 국세환급가산금을 더하여 환급을 받을 수 있지
만, 사업연도의 소득금액에서 직접 차감할 경우에는 그렇지 않다.[19]

---

17) 대법원 2017. 9. 21. 선고 2016두60201 판결(법인세에서도 국세기본법 제45조의2 제2항 제5호, 국세기본법
시행령 제25조의2 제2호에서 정한 '해제권의 행사나 부득이한 사유로 인한 계약의 해제'는 원칙적으로 후발
적 경정청구사유가 된다); 대법원 2013. 12. 26. 선고 2011두18120 판결; 대법원 2013. 12. 26. 선고 2011두
1245 판결. 한편 대법원 2005. 1. 27. 선고 2004두2332 판결은 금융감독원의 시정조치 요구에 따라 우회대출
거래의 당사자들이 기존의 대출관계를 해소하는 합의를 하고 실질에 맞도록 다시 대출관계를 설정하기로
합의한 사안에 관한 것이다. 위 사건에서 명의상 채무자였던 원고 법인은 원금 및 이자의 계상이 무효였음
을 이유로 법인세를 감액하여 달라는 경정청구를 하고 과세관청은 이를 기각하였다. 대법원은 실질에 맞추
어 대출관계를 설정하기로 하는 합의는 새로운 거래관계의 합의이므로 소급효가 없고, 만일 그 동안의 손익
이 소급적으로 소멸한다고 하면 이미 과세요건이 충족되어 유효하게 성립한 조세법률관계를 당사자의 사후
약정에 의하여 자의적으로 변경함으로써 법인세 과세를 면할 수 있는 조세회피행위를 용인하는 결과가 되
어 부당하다는 이유로 원고 법인의 청구를 기각하였다.
위 사안에서 후발적 경정청구가 가능한 것인지 여부에 관한 외국의 입법례 및 해석례에 관하여는 김완석,
"법인세의 후발적 경정청구", 「세무와 회계 연구」 제2권 제1호, 2013, 14면 이하. 국내 학설의 현황에 관하여
는 위 논문, 28면 이하; 조윤희, "법인세와 후발적 경정청구", 「사법」 제27호, 2014, 271면 이하. 행정해석도
내국법인이 국제상공회의소의 중재판정에 따라 당초 익금에 산입하였던 기술수출계약금을 반환할 경우에
는 당초 익금에 산입한 사업연도에 익금불산입한다고 한다. 사전-2021-법규법인-1941, 2022. 9. 21.
18) 대법원 2017. 9. 21. 선고 2016두60201 판결; 대법원 2014. 3. 13. 선고 2012두10611 판결; 대법원 2014. 1.
29. 선고 2013두18810 판결; 대법원 2013. 12. 26. 선고 2011두18120 판결; 대법원 2013. 12. 26. 선고 2011두
1245 판결. 납세의무의 성립 당시에 이미 채권의 회수가 불가능하였으나 그 채권에 관하여 법인세가 과세된
경우에는 후발적 경정청구의 사유가 되는데, 이 경우 납세의무자는 후발적 경정청구 대신에 그 채권을 대손
금으로 처리할 수 있다. 다만 대손금으로 처리할 경우 손금산입의 시기는 대손금의 손금산입시기에 따른다.
19) 김완석, "법인세의 후발적 경정청구", 「세무와 회계 연구」 제2권 제1호, 2013, 7-8면.

3 권리의무확정주의의 적용한계

가. 무효인 법률행위 등으로부터 생긴 소득

무효인 법률행위 등으로부터 생긴 소득에 대하여 권리의무확정주의를 적용할 수 있는지가 문제이다. 무효인 법률행위 등으로부터 생긴 소득의 경우에는 받을 권리 자체가 존재하지 않기 때문에 권리의 확정이란 있을 수 없다. 이와 같은 소득의 경우에는 현실적인 지배·향유·관리만을 기준으로 하여 귀속사업연도를 결정하여야 할 것이다. 즉 무효인 법률행위 등으로부터 얻는 소득의 경우에는 해당 소득을 현실적으로 수령하는 때를 기준으로 하여 귀속사업연도를 결정하여야 한다. 이를 관리지배기준이라고 부른다.[20]

나. 감가상각비 등의 배분

감가상각비의 계상·퇴직급여충당금의 설정·재고자산의 평가손실의 계상 등과 같은 원가 또는 비용의 배분과정(process of allocation)은 권리의무확정주의에 의하여 설명할 수 없다. 원가 또는 비용의 배분과정은 단순한 법인 내부의 회계처리절차에 지나지 않는데, 이와 같은 법인 내부의 회계처리절차에 의하여 수입할 권리 또는 지출할 의무가 확정되는 것이 아니기 때문이다.

그러므로 외부거래가 아닌 내부의 회계처리절차로서의 원가 또는 비용의 배분에 있어서는 권리의무확정주의를 적용할 여지가 없는 것이다.

제**3**절 거래유형별 손익의 귀속시기

1 법인세법 시행령 제68조 등의 의의

법인세법 시행령 제68조부터 제71조까지에서 거래유형별 또는 거래목적물별로 손익의 귀속사업연도에 관하여 구체적인 규정을 두고 있다.

이와 관련하여 법인세법 제40조 제1항과 법인세법 시행령 제68조부터 제71조까지와의 관계가 문제이다. 다음과 같은 두 가지 견해를 생각하여 볼 수 있다.

첫째, 법인세법 제40조 제1항은 손익의 귀속사업연도에 관하여 원칙적으로 권리의무확

---

20) 金子宏, "所得の年度帰属 総論", 「日税研論集」 第22号, 1992, 19-20면.

정주의를 채택하고 있고, 법인세법 시행령 제68조부터 제71조까지는 법인세법 제40조 제1항에 대한 특례규정이라고 이해하는 견해이다.

둘째, 법인세법 제40조 제1항에서 손익의 귀속사업연도에 관하여 권리의무확정주의를 채택하면서, 법인세법 시행령 제68조부터 제71조까지에서는 법인세법 제40조 제1항을 구체화하여 거래유형별로 권리의무확정주의의 적용례를 예시한 것이라고 보는 견해이다.

생각건대 법인세법의 개별적·구체적인 위임도 없이 손익의 귀속사업연도에 관하여 법인세법 제40조 제1항에서 천명하고 있는 권리의무확정주의의 원칙에 상치되는 내용을 그 하위법령(같은 법 시행령)에서 정할 수는 없다. 그러므로 법인세법 시행령 제68조부터 제71조까지를 법인세법 제40조 제1항의 특례규정으로 새기기는 어렵다고 하겠다.

결론적으로 법인세법 시행령 제68조부터 제71조까지는 법인세법 제40조 제1항에서 정하고 있는 권리의무확정주의의 원칙을 그 거래유형별로 구체화한 규정으로 해석하고자 한다.

다만, 장기건설 등에 있어서의 공사진행기준에 관한 규정(법령 69 ②)은 권리의무확정주의에 대한 특례규정으로 새겨야 할 것이다.[1]

이와 같이 장기건설 등에 있어서의 공사진행기준에 관한 규정을 권리의무확정주의에 대한 특례규정으로 새길 경우에는 이에 관한 사항은 대통령령에서 정할 것이 아니고 법률에서 권리의무확정주의에 대한 예외규정으로서 정하는 것이 마땅하다고 하겠다.

법인세법 제40조 제2항에서의 위임은 공사진행기준에 관한 구체적·개별적인 위임으로 새길 수 없다. 그렇다면 장기건설 등에 있어서의 공사진행기준에 관한 법인세법 시행령 제69조 제1항은 그 상위법령인 법인세법 제40조 제1항(권리의무확정주의)에 위배되기 때문에 문제가 있다.

---

1) 대법원 1995. 7. 14. 선고 94누3469 판결: 「舊 법인세법 제17조(1994. 12. 22. 법률 제4804호로 개정되기 전의 것, 이하 같다)는, 손익의 귀속사업연도에 관하여 규정하면서, 그 제1항에서, 내국법인의 각 사업연도의 익금과 손금의 귀속사업연도는 그 익금과 손금이 확정된 날이 속하는 사업연도로 한다고 규정함으로써, 손익의 귀속사업연도에 관하여 원칙적으로 이른바 권리의무확정주의를 채택하는 한편, 그 제2항 이하에서 개별적 또는 예외적인 규정을 아울러 두고 있는데, 공사가 여러 회계기간에 걸쳐 이루어지는 장기도급계약에 있어서도 권리의무확정주의를 엄격히 적용하면 공사가 완성되어 인도될 때까지 수익을 계상하지 않고 있다가 공사가 완성된 때 일시에 거액의 수익을 계상하게 되기 때문에 기간수익이 불균형적으로 나타나는 불합리한 결과를 가져오게 되는 경우가 있으므로, 이러한 불합리한 점을 제거하기 위하여 그 제8항에서, 도급계약기간이 2사업연도 이상에 걸쳐 6월을 초과하는 장기도급계약에 있어서는 대통령령이 정하는 건설의 완료 정도에 따라 사업연도별 손익을 계상하도록 규정하고 있다. 그러나 장기도급계약에 있어서 대통령령이 정하는 건설의 완료 정도에 따라 그 손익을 계상할 수 없는 경우 권리의무확정주의원칙에 의하여 그 손익의 귀속사업연도를 정하는 것이 합리적이라고 인정되는 때에는 위 각 규정취지에 비추어 이에 의하여 그 손익의 귀속사업연도를 인식하여야 할 것이다.」

2 자산의 판매손익 등의 귀속사업연도

가. 자산의 판매손익 등

1) 상품 등의 판매

법인이 각 사업연도에 있어서 상품(부동산을 제외한다)·제품 또는 기타의 생산품(이하에서 '상품 등'이라 한다)을 판매함으로 인하여 발생한 판매손익의 귀속사업연도는 그 상품 등을 인도한 날이 속하는 사업연도로 한다(법령 68 ① I).[2]

가) 상품 등의 범위

상품 등이란 재고자산을 가리킨다. 그러나 상품 등에는 비주거용 건물건설업과 부동산개발 및 공급업의 매매용 부동산, 주거용 건물개발 및 공급업의 판매용 신축주택 등은 포함하지 않는다. 민법은 부동산에 관한 법률행위로 인한 물권의 득실변경은 등기함으로써, 그리고 동산에 관한 물권의 양도는 그 동산을 인도함으로써 효력이 생긴다고 규정하고 있다(민법 186, 188 ①). 그러므로 판매의 목적물이 부동산인 경우에는 설사 해당 부동산이 재고자산에 해당한다고 하더라도 동산인 재고자산의 판매와는 다른 기준을 적용하여 그 판매손익을 인식하도록 하고 있다.

법인세법 시행령 제68조 제1항 제1호에서 부동산은 상품의 범위에서 제외하는 규정을 두고 있으므로 재고자산인 부동산의 판매에 관하여는 원칙적으로 상품 등 외의 자산의 양도에 관한 규정(법령 68 ① III)을 적용하여야 할 것으로 보인다.

나) 인도의 개념

인도(Übergabe)란 점유의 이전을 말하는데, 현실의 인도는 물론이고 간이인도·점유개정 및 목적물반환청구권의 양도가 모두 포함된다고 해석하여야 한다.

그러므로 상품 등을 인도한 날이란 구체적으로 다음의 날을 가리킨다고 새겨야 할 것이다.

(1) 현실의 인도

현실의 인도란 물건을 교부하는 것과 같이 판매의 목적이 된 물건에 대한 사실상의 지배를 이전시키는 것이므로 그와 같은 물건의 사실상 지배의 이전이 이루어진 날이 인도한 날에 해당하는 것이다. 甲에서 乙로, 乙에서 丙으로 연속하여 물건이 양도된 경우 乙이 甲에게 지시하여 乙을 거치지 않고 직접 丙에게 그 물건을 인도하도록 한 경우에도 甲이 乙에게, 그리고 乙이 丙에게 물건을 인도한 것으로 볼 수 있는가가 문제될 수 있다. 이를 지시취

---

2) 납품계약, 수탁가공계약, 수출의 경우에는 법인세법 시행규칙 제33조에 규정된 바에 따른다.

득(Geheißerwerb)이라고 하는데 민법의 학설 및 판례[3]는 위 경우에 甲으로부터 乙에게, 그리고 다시 乙로부터 丙에게 현실의 인도가 있었던 것으로 본다.[4]

다만 납품계약에 의한 납품이나 물품을 수출하는 경우에는 다음의 각 날을 인도한 날로 한다(법칙 33 ①).

① 납품계약 또는 수탁가공계약에 의하여 물품을 납품하거나 가공하는 경우에는 해당 물품을 계약상 인도하여야 할 장소에 보관한 날로 하되, 계약에 따라 검사를 거쳐 인수 및 인도가 확정되는 물품의 경우에는 해당 검사가 완료된 날로 한다.

② 물품을 수출하는 경우에는 수출물품을 계약상 인도하여야 할 장소에 보관한 날로 한다.

(2) 간이인도

양수인이 이미 판매의 목적물을 점유하고 있는 때에는 당사자의 소유권양도의 합의가 있는 때에 해당 물건을 인도한 것으로 본다(민법 188 ②).

(3) 점유개정

당사자간의 계약에 따라 양도인이 판매의 목적물에 대한 점유를 계속하는 점유개정에 있어서는 그 소유권이전의 합의가 있는 때에 양수인에게 인도한 것으로 본다(민법 189).

(4) 목적물반환청구권의 양도

제3자가 점유하고 있는 동산을 양도하는 경우에는 양도인이 그 제3자에 대한 반환청구권을 양수인에게 양도하는 때에 동산을 인도한 것으로 본다(민법 190).

2) 상품 등의 시용판매

상품 등의 시용판매는 상대방이 그 상품 등에 대하여 구입의사를 표시한 날이 속하는 사업연도로 한다. 다만, 송부한 상품 등에 대하여 상대방이 일정기간 내에 반송하거나 거절의 의사를 표시하지 않으면 특약 등에 의하여 그 판매가 확정되는 경우에는 그 기간의 만료일이 속하는 사업연도로 한다(법령 68 ① Ⅱ).

3) 상품 등 외의 자산의 양도

내국법인이 각 사업연도에 있어서 상품 등을 제외한 그 밖의 자산을 양도함으로써 생긴 익금과 손금의 귀속사업연도는 그 대금을 청산한 날[5]이 속하는 사업연도로 한다. 다만, 대

---

3) 대법원 2010. 3. 11. 선고 2009다98706 판결.
4) 상세는 일단, 황남석, "실물거래 없는 세금계산서의 수수로 인한 조세범 처벌법 위반죄의 성부", 「사법」 제37호, 사법발전재단, 2016, 409면 이하.

금을 청산하기 전에 소유권 등의 이전등기(등록을 포함한다)를 하거나 해당 자산을 인도하거나 상대방이 해당 자산을 사용수익하는 경우에는 그 이전등기일(등록일을 포함한다. 이하 같다)·인도일 또는 사용수익일 중 빠른 날이 속하는 사업연도로 한다(법령 68 ① Ⅲ).

'상품 등'은 재고자산을 지칭하지만, 재고자산인 부동산이 상품 등에 포함되지 않음은 전술한 바와 같다. 즉, 재고자산인 부동산(비주거용 건물건설업과 부동산개발 및 공급업의 매매용 부동산, 주거용 건물개발 및 공급업의 판매용 신축주택 등)은 본 호의 '상품 등 외의 자산'에 포함된다.[6]

이와 같은 자산 중에서 토지 및 건물과 같이 그 소유권의 이전에 있어서 등기를 요건으로 하는 부동산[7]은 대금청산일·소유권이전등기일 또는 사용수익일 중 빠른 날이 속하는 사업연도로 한다.[8] 위에서 사용수익일이란 사용수익하기로 약정한 날을 가리키지만, 별도의 약정이 없는 경우에는 양도자가 사용가능한 상태에 있는 자산에 대하여 양수자로 하여금 사용하도록 승낙한 날을 의미한다고 새긴다.[9]

부동산이 판매되는 경우 그 매입가액으로서 법인에 귀속되었거나 귀속될 금액은 가액이 확정되면 현금의 지출 여부와 무관하게 양도금액이 익금으로 귀속되는 사업연도의 손금에

---

5) 한국은행이 취득하여 보유 중인 외화증권 등 외화표시자산을 양도하고 외화로 받은 대금(이하 '외화대금'이라 한다)으로서 원화로 전환하지 않은 그 취득원금에 상당하는 금액의 환율변동분은 한국은행이 정하는 방식에 따라 해당 외화대금을 매각하여 원화로 전환한 날에 의한다.
6) 대법원 1989. 12. 22. 선고 88누7255 판결: 세무회계상 타인 발행의 주식인수는 투자자산의 매입에 해당하고, 이러한 투자자산의 손익의 귀속시기는 그 자산을 양도하고 대금을 청산한 날이 속하는 사업연도이다.
7) 부동산에 관한 법률행위로 인한 물권의 득실변경은 등기하여야 그 효력이 생긴다(민법 186).
8) 서울고등법원 2013. 1. 18. 선고 2012누6393 판결(대법원 2013. 7. 11. 자 2013두6640 판결로 심리불속행 종결):「어떤 소득이 부과소득이 되는지 여부는 이를 경제적인 측면에서 보아 현실로 이득을 지배·관리하면서 이를 향수하고 있고 담세력이 있는 것으로 판단되면 족하고, 그 소득을 얻게 된 원인관계에 대한 법률적 평가는 반드시 적법·유효한 것이어야 하는 것은 아니다(대법원 1995. 11. 10. 선고 95누7758 판결 등 참조). 원고는 이 사건 쟁점 토지를 양도하고 지급받은 매도대금을 그대로 보유하고 있어 현실로 이득을 지배·관리·향수하고 있고, 이러한 경우 토지거래허가를 받지 않아 과세할 수 없다고 하면 토지거래허가를 받지 않은 사람이 토지거래허가를 받은 사람보다 우대받는 결과가 되어 조세형평을 심히 해치는 결과가 된다. 이 사건 쟁점 토지에 관한 토지거래가 불허되거나 매매계약이 해제되면 원고로서는 과세표준 및 세액의 계산 근거가 된 이 사건 쟁점 토지의 매매계약이 해제권의 행사에 의하여 해제되었다는 등의 사유를 들어 국세기본법 제45조의2 제2항, 같은 법 시행령 제25조의2에 따라 후발적 경정청구를 할 수도 있고, 또한 손금처리 등도 가능하다. 위에서 본 바에 의하면, 이 사건 쟁점 토지가 토지거래허가구역 내에 위치하고 있다고 하더라도 원고가 이 사건 쟁점 토지를 양도하고 매도대금을 지급받아 이를 그대로 지배·관리·향수하고 있고, 이와 같은 소득은 과세소득으로서 이 사건 쟁점 토지에 관한 매매계약의 유·무효와 관련이 없으며, 한편 이 사건 쟁점 토지의 양도로 인한 소득, 즉 익금의 귀속사업연도는 법인세법의 규정에 의하여 그 대금을 청산한 날이 속하는 2007 사업연도와 2008사업연도라고 할 것이다. 따라서 이 사건 쟁점 토지의 양도로 인한 과세소득이 존재하고 익금의 귀속사업연도를 대금을 청산한 날이 속하는 2007사업연도와 2008사업연도로 봄이 상당한 이상, 토지거래허가 여부와 관련 없이 법인세를 부과할 수 있다고 할 것이므로, 원고의 위 주장도 이유 없다.」(강조는 저자).
9) 같은 취지: 국세청, 법인 46012-2074, 2000. 10. 10.

산입되어야 한다.[10]

그리고 동산 중 소유권의 이전에 있어서 등기 또는 등록을 요건으로 하는 자동차·항공기 및 선박[11](20톤 이상의 선박에 한한다)은 대금청산일·소유권이전등기일 또는 인도일 중 빠른 날이 속하는 사업연도로 한다. 인도에는 현실적인 인도 외에 간이인도·점유개정 및 목적물반환청구권의 양도를 포함한다.

다음으로 기타의 동산(기계장치·비품 등)은 대금청산일 또는 인도일 중 빠른 날이 속하는 사업연도로 한다. 기계장치·비품 등과 같은 동산은 그 동산을 인도하는 때에 물권변동의 효력이 생긴다(민법 188).

4) 자산의 위탁판매

내국법인이 자산을 타인에게 위탁하여 판매하는 경우에는 수탁자가 그 위탁자산을 매매한 날이 속하는 사업연도를 그 귀속사업연도로 한다(법령 68 ① Ⅳ).[12]

위에서의 자산에는 법문상의 표현으로 미루어 볼 때 상품 등은 물론이고 상품 등 외의 자산이 포함되는 것으로 새겨야 할 것이다.

다음으로 수탁자가 그 위탁자산을 매매한 날에서 '매매한 날'의 해석에 관하여는 다툼이 있을 수 있다.

위탁자산이 상품 등인 경우에는 그 상품 등을 인도한 날을, 부동산은 대금청산일·소유권이전등기일 또는 사용수익일 중 빠른 날을, 선박·자동차 및 항공기와 같은 동산은 대금청산일·소유권이전등기일(등록일을 포함한다) 또는 인도일 중 빠른 날을, 그 밖의 동산(기계장치·비품 등)은 대금청산일·인도일 중 빠른 날을 가리킨다.

5) 정형화된 유가증권 양도

증권시장(자본시장법 8의2 ④ I)에서 증권시장업무규정에 따라 보통거래방식으로 한 유가증권의 매매로 인한 익금 및 손금의 귀속사업연도는 매매계약을 체결한 날로 한다(법령 68 ① V). 증권거래소 및 코스닥증권시장에서 보통거래방식으로 유가증권에 대한 매매계약을

---

10) 대법원 2013. 4. 11. 선고 2010두17847 판결.
11) 20톤 미만의 선박(비등기선)은 인도가 있는 때에 권리이전의 효력이 생긴다(대법원 1966. 12. 20. 선고 66다1554 판결).
12) 의류 제조법인이 제품 소유권을 갖고 해당 법인의 브랜드만 취급하는 대리점사업자에게 제품을 반출하고 대리점사업자가 해당 제조법인의 판매시점인식시스템을 통하여 소비자에게 실제 판매한 제품에 관하여만 대금청구권을 가지며 제조법인이 전적으로 반출한 제품과 반입할 제품의 품목과 수량을 결정하고 대리점사업자는 주문에 관한 책임과 권한이 없는 특정매입거래의 경우 대리점사업자가 제품을 최종소비자에게 판매하는 시점이 그 상품 등을 인도한 날에 해당하여 판매손익 등의 귀속사업연도가 된다(법행 40−68−3). 조세심판원은 의류제조법인 이외의 경우에도 동일하게 판단하고 있다. 조심 2022. 7. 12. 자 2021전6986 결정.

체결한 경우 계약 체결과 동시에 매매대금의 결제와 관계없이 매매계약에 따른 권리와 의무가 실질적으로 확정되는 점을 반영한 규정이다.[13]

나. 장기할부조건부 판매손익 등

1) 장기할부조건부 판매 등의 범위

장기할부조건부 판매 등이라 함은 자산의 판매 또는 양도(국외거래에 있어서는 소유권이 전조건부 약정에 의한 자산의 임대를 포함한다)로서 판매금액 또는 수입금액을 월부·연부나 그 밖의 지급방법에 따라 2회 이상으로 분할하여 수입하는 것 중 그 목적물의 인도일의 다음 날부터 최종의 할부금의 지급기일까지의 기간이 1년 이상인 것을 말한다(법령 68 ④).

① 장기할부조건부 판매 등의 목적물에 해당하는 자산에는 상품·제품이나 그 밖의 생산품과 같은 재고자산은 물론이고 토지·건물·선박·자동차·항공기·건설기계·기계장치 및 비품 등과 같은 유형자산, 광업권 및 어업권 등과 같은 무형자산과 유가증권이 모두 포함된다.

② 장기할부조건부 판매 등에 있어서 판매금액 또는 수입금액은 두 번 이상 분할하여 수입하면 충분하고 주·월·격월·반년 또는 연단위 등에 관계가 없다. 또한 그 회수약정일이 반드시 주기적이거나 정기적일 필요도 없다.[14]

③ 장기할부조건부 판매 등은 목적물의 인도일의 다음 날부터 최종의 할부금의 지급기일까지의 기간이 1년 이상인 것으로 한다. 위에서 할부기간(1년 이상)을 산정할 때 목적물의 인도일의 다음 날부터 기산할 수 있는 것은 판매 등의 목적물이 상품·제품 기타 생산품이거나 재고자산 외의 자산이라 하더라도 기계장치·비품 등과 같은 동산에 한정된다. 그 밖의 자산의 경우 해당 목적물의 인도일은 해당 자산의 귀속사업연도를 가리는 기준이 되는 날로 새겨야 할 것이다. 즉 목적물이 부동산인 경우에는 소유권이전등기일 또는 사용수익일 중 빠른 날, 자동차·항공기 및 선박은 소유권이전등기일 또는 인도일 중 빠른 날을 기산일로 함이 타당하다고 생각한다.

2) 장기할부조건부 판매손익 등의 원칙적인 귀속사업연도: 명목가치인도기준

장기할부조건 등에 의하여 자산을 판매하거나 양도한 경우에도 판매 또는 양도의 목적물

---

13) 국회기 제1109호 문단 3.1.2는 금융자산의 정형화된 매입 또는 매도는 매매일이나 결제일에 인식하거나 제거하도록 규정하고 있고, 일회기 제6장 문단 6.4의2는 금융상품의 정형화된 거래는 매매일에 해당 거래를 인식하도록 규정하고 있다.
14) 대법원 1989. 8. 8. 선고 88누4386 판결.

에 따라 앞의 '가'에서 살펴 본 자산의 판매손익의 귀속사업연도에 관한 규정을 적용함을 원칙으로 한다. 예를 들면 상품 등과 같은 재고자산의 경우에는 그 상품 등을 인도한 날, 토지등 부동산의 경우에는 대금청산일·소유권이전등기일 또는 사용수익일 중 빠른 날이 속하는 사업연도로 하는 것이다(명목가치인도기준).

이에 대하여 두 가지의 특례를 인정하고 있다.

첫째, 장기할부조건부 판매 등의 경우에는 '상품 등의 판매' 또는 '상품 등 외의 자산의 양도'에 관한 귀속사업연도를 적용하되, 다만 현재가치할인차금 상당액에 한하여 익금산입 특례를 적용받을 수 있다(현재가치인도기준).

둘째, 장기할부조건부 판매 등의 경우에는 '상품 등의 판매' 또는 '상품 등 외의 자산의 양도'에 관한 귀속사업연도 규정을 적용하지 않고 '각 사업연도에 회수하였거나 회수할 금액과 이에 대응하는 비용'을 해당 사업연도의 판매손익으로 계상할 수 있다(회수기일도래기준).

3) 현재가치할인차금 상당액의 익금산입특례(현재가치인도기준 특례)

법인이 장기할부조건 등에 의하여 자산을 판매하거나 양도함으로써 발생한 채권에 대하여 기업회계기준이 정하는 바에 따라 현재가치로 평가하여 현재가치할인차금을 계상한 경우(결산조정)에는 현재가치할인차금 상당액에 한하여 해당 채권의 회수기간 동안 기업회계기준이 정하는 바에 따라 환입하였거나 환입할 금액을 각 사업연도의 익금에 산입한다 (법령 68 ⑥).

이 경우에 현재가치할인차금 상당액을 차감한 매출액(할부매출) 또는 처분가액은 '상품 등의 판매' 또는 '상품 등 외의 자산의 양도'에 관한 귀속사업연도의 익금에 산입하여야 한다.

이에 관한 회계처리예는 다음과 같다.

① 매출한 때

　(차) 할부외상매출금　　　　　×××　　(대) 할부매출　　　　　　×××

　　　　　　　　　　　　　　　　　　　　　현재가치할인차금　　×××

② 상각시

　(차) 현재가치할인차금　　　　×××　　(대) 이자수익　　　　　×××

4) 회수하였거나 회수할 금액에 의한 손익의 산입특례(회수기일도래기준 특례)

법인이 장기할부조건으로 자산을 판매하거나 양도한 경우로서 판매 또는 양도한 자산의 인도일(부동산등은 소유권이전등기일 또는 사용수익일 중 빠른 날, 자동차·항공기·선박 등은 소유권이전등기일 또는 인도일 중 빠른 날. 이하에서 같다)이 속하는 사업연도의 결산을 확정할 때 해당 사업연도에 회수하였거나 회수할 금액과 이에 대응하는 비용을 각각 수익과 비용으로 계상한 경우(결산조정)에는 그 장기할부조건에 따라 각 사업연도에 회수하였거나 회수할 금액과 이에 대응하는 비용을 각각 해당 사업연도의 익금과 손금에 산입한다(회수기일도래기준).

다만, 중소기업인 법인이 장기할부조건으로 자산을 판매하거나 양도한 경우에는 그 장기할부조건에 따라 각 사업연도에 회수하였거나 회수할 금액과 이에 대응하는 비용을 각각 해당 사업연도의 익금과 손금에 산입할 수 있다. 즉 중소기업인 법인이 장기할부조건으로 자산을 판매하거나 양도한 경우에는 장부상 설령 인도기준에 따라 수익과 비용을 인식하였다 하더라도 신고조정에 의하여 회수기일도래기준을 적용할 수 있다(법령 68 ② 但).[15]

위에서 '각 사업연도에 회수'한 금액이란 해당 사업연도에 회수기일이 도래된 것으로서 해당 사업연도에 회수한 부불금을, 그리고 '각 사업연도에 회수할' 금액이란 해당 사업연도에 회수하지는 못하였지만 해당 사업연도 중에 회수기일이 도래된 부불금의 의미로 새기고자 한다.

그런데 아직 회수기일이 도래하지 않은 부불금을 미리 앞당겨 받는 경우가 있을 수 있다. 이 경우에 미리 회수한 금액은 '각 사업연도에 회수'한 금액으로 볼 수는 없고, 선수금으로 보아 익금불산입하여야 한다.

인도일 이전에 회수하였거나 회수할 금액은 인도일에 회수한 것으로 보며, 법인이 장기할부기간 중에 폐업한 경우에는 그 폐업일 현재 익금에 산입하지 않은 금액과 이에 대응하는 비용을 폐업일이 속하는 사업연도의 익금과 손금에 각각 산입한다(법령 68 ③).

이상에서 살펴본 장기할부조건부 판매손익의 귀속시기를 표로 정리하여 보면 다음과 같다.

장기할부조건부 판매손익의 인식 및 귀속시기

구분	손익의 인식 및 그 귀속시기
원칙	명목가치인도기준
결산조정	결산조정시 현재가치인도기준 또는 회수기일도래기준 특례 가능
중소기업	신고조정에 의해 회수기일도래기준 선택 가능

---

15) 한국채택국제회계기준은 회수기일도래기준을 인정하지 않으므로(국회기 제1018호 적용사례 8 참조) 이를 적용하는 중소기업과 그렇지 않은 중소기업간에 편차가 발생하지 않도록 하기 위한 것이다. 일반기업회계기준은 중소기업에 대하여 회수기일도래기준의 적용을 인정하기 때문이다(일회기 제31장 문단 31.7, 31.9, 31.11).

5) 프로젝트금융투자회사가 택지개발사업 등의 수익 및 비용을 작업진행률에 따라 계상한 경우의 특례

프로젝트금융투자회사(조특법 104의31)가 택지개발사업 등 기획재정부령(법칙 33)으로 정하는 토지개발사업의 수익 및 비용을 작업진행률(법령 69)에 따라 계상한 경우 해당 토지개발사업을 완료하기 전에 그 사업과 관련된 토지를 일부 양도한 경우에는 그 매각수익을 익금산입할 때 작업진행률을 적용할 수 있다(법령 68 ⑦).

다. 매출할인

법인이 매출할인을 하는 경우 그 매출할인금액은 상대방과의 약정에 따른 지급기일(그 지급기일이 정하여 있지 않은 경우에는 지급한 날)이 속하는 사업연도의 매출액에서 뺀다(법령 68 ⑤).

3 용역제공 등에 의한 손익의 귀속사업연도

가. 건설등의 용역제공의 범위

건설등의 용역제공이란 건설·제조 기타 용역(도급공사 및 예약매출을 포함한다. 이하에서 '건설등'이라 한다)을 말한다(법령 69 ①). 기업회계상의 건설계약(construction contract : 국회기 제1011호)이나 부동산건설약정(국회기 해석서 제2115호) 등이 이에 해당한다.

나. 손익의 귀속사업연도

1) 원칙 – 진행기준

건설등을 제공으로 인한 익금과 손금은 그 목적물의 건설등의 착수일이 속하는 사업연도부터 그 목적물의 인도일(용역제공의 경우에는 그 제공을 완료한 날을 말한다)이 속하는 사업연도까지 그 목적물의 건설등을 완료한 정도(이하에서 '작업진행률'이라 한다)를 기준으로 하여 계산한 수익과 비용을 각각 해당 사업연도의 익금과 손금에 산입한다. 즉 이는 진행기준을 적용하는 것으로서 기간손익의 왜곡을 방지하기 위한 것이다.[16] 다만, 중소기업인 법인이 수행하는 계약기간이 1년 미만인 건설등의 제공으로 인한 익금과 손금의 귀속사업연도는 그 목적물의 인도일이 속하는 사업연도로 할 수 있다(법령 69 ①). 즉 중소기업

---

16) 하나의 사업연도를 초과하는 장기간의 건설사업은 손금만 발생하고 익금은 발생하지 않는 사업연도가 생길 수 있기 때문이다.

인 법인의 경우에는 설령 장부상 진행기준에 따라 수익과 비용을 인식하였다 하더라도 완성기준에 따라 익금과 손금을 신고조정하는 것이 허용되는 것이다.

진행기준을 적용하는 경우 각 사업연도의 익금에 산입할 금액은 건설등의 계약금액에 작업진행률을 곱하여 계산한 금액에서 직전 사업연도까지 익금으로 계상한 금액을 차감하여 산정한다. 즉 각 사업연도의 익금과 손금에 산입하는 금액의 계산은 다음 계산식에 의한다.

> 익금 = 계약금액 × 작업진행률 − 직전 사업연도 말까지 익금에 산입한 금액
> 손금 = 해당 사업연도에 발생된 총비용

위의 계산식에서 작업진행률이란 다음 중 어느 하나에 의하여 계산한 비율(건설 외의 경우에는 이를 준용하여 계산한 비율을 말한다)을 말한다.

가) 건설의 경우

다음 계산식을 적용하여 계산한 비율로 한다. 다만, 건설의 수익실현이 건설의 작업시간·작업일수 또는 기성공사의 면적이나 물량 등(이하에서 '작업시간 등'이라 한다)과 비례관계가 있고, 전체 작업시간 등에서 이미 투입되었거나 완성된 부분이 차지하는 비율을 객관적으로 산정할 수 있는 건설의 경우에는 그 비율로 할 수 있다(법칙 34 ① I).

$$작업진행률 = \frac{해당\ 사업연도\ 말까지\ 발생한\ 총공사비누적액^{[17]}}{총공사예정비}$$

위의 계산식에서 건설등의 총공사예정비는 기업회계기준을 적용하여 계약 당시에 추정한 공사원가에 해당 사업연도말까지의 변동상황을 반영하여 합리적으로 추정한 공사원가로 한다. 규정의 취지상 건설등의 전체 과정에 소요된 비용이더라도 작업의 진행 정도에 직접 연동된다고 볼 수 없는 비용(소송비용, 감정비용, 영업보상비 등)은 작업진행률 산정 시 고려하지 않는다.[18]

---

17) 분자인 '해당 사업연도말까지 발생한 총공사비누적액'은 해당 사업연도말까지 목적물의 건설등을 위하여 실제 투입된 총공사비의 누적액을 의미하는 것이므로 법인이 공사의 일부 또는 전부를 제3자에게 도급하여 목적물의 건설등은 완료하는 경우에는 그 도급계약에 따라 지급의무가 확정된 공사비가 아니라 '수급인의 실제 공사 진행 정도에 따라 그 법인이 사실상 지급의무를 지는 공사비(= 도급금액 × 수급인의 작업진행률)를 분자에 포함시켜야 한다(대법원 2015. 11. 26. 선고 2015두1694 판결; 대법원 2014. 2. 27. 선고 2011두13842 판결).

나) 그 밖의 경우

위의 '가) 건설의 경우'에 관한 규정을 준용하여 계산한 비율로 한다.

2) 특례 - 인도·완성기준

다음 중 어느 하나에 해당하는 경우에는 그 목적물의 인도일(용역제공의 경우에는 그 제공을 완료한 날로 한다. 이하 같다)이 속하는 사업연도의 익금과 손금에 산입할 수 있다(법령 69 ① 但, ②).

① 중소기업인 법인이 수행하는 계약기간 1년 미만인 건설등의 경우.[19] 이 경우에는 진행기준에 의하여도 무방하다.

② 기업회계기준에 따라 그 목적물의 인도일이 속하는 사업연도의 수익과 비용으로 계상한 경우(예약매출 등)[20] 이 경우에는 진행기준에 의하여도 무방하다.

③ 작업진행률을 계산할 수 없다고 인정되는 경우로서 기획재정부령(법칙 34 ④)으로 정하는 경우

법인이 비치·기장한 장부가 없거나 비치·기장한 장부의 내용이 충분하지 않아 해당 사업연도 종료일까지 실제로 소요된 총공사비누적액 또는 작업시간 등을 확인할 수 없는 경우 등이 이에 해당한다. 이 경우에는 진행기준에 의할 수 없다.

---

18) 수원고등법원 2022. 6. 17. 선고 2021누13557 판결(대법원 2022. 10. 27. 자 2022두48547 판결로 심리불속행 종결).

19) 한국채택국제회계기준은 중소기업이 제공하는 단기용역에 관하여 진행기준을 적용하여야 하나 일반기업회계기준은 완성기준을 선택할 수 있도록 하고 있다(제31장 문단 31.9). 이에 따라 한국채택국제회계기준을 적용하는 중소기업의 조세부담이 증가하는 결과가 되므로 중소기업은 신고조정에 의하여 완성기준(예약매출은 인도기준)을 적용할 수 있도록 한 것이다.

20) 한국채택국제회계기준 해석서 제2115호(부동산건설약정)에 따르면 직접 부동산을 건설하거나 하도급건설사업자를 통해 부동산을 건설하는 부동산 건설계약에 관하여는 한국채택국제회계기준 제1011호(건설계약) 문단 22에 따른 건설계약의 정의를 충족하는지 여부에 따라 한국채택국제회계기준 제1011호(건설계약)를 적용할 것인지 혹은 제1018호(수익)를 적용할 것인지 여부가 달라지게 된다. 후자의 경우 건설자재를 공급하지 않는 계약이라면 단순한 용역의 제공으로 보고 그렇지 않다면 재화의 판매로 보아 수익인식기준을 적용한다(국회기 해석서 제2115호 문단 16-18). 건설계약으로 보는 경우와 용역의 제공으로 보는 경우는 진행기준에 의하므로(국회기 해석서 제2115호 문단 15, 국회기 제1018호 문단 20) 세무조정을 할 필요가 없지만 재화의 판매로 보는 경우에는 인도기준 또는 진행기준의 요건 충족 여부에 따라 다르게 수익을 인식한다. 이때 인도기준에 따라 회계처리하게 될 경우, 법인의 세무조정 부담이 발생하기 때문에 그와 같은 회계처리를 법인세법도 용인할 수 있는 특례를 둔 것이다. 삼일인포마인, 「삼일총서 법인세법」, 2017, 제40조 3-2-2; 신찬수/이철재/정창모, 「법인세의 실무」 제39판, 삼일인포마인, 2019, 683면. 한국채택국제회계기준 제1011호(건설계약), 제1018호(수익), 같은 해석서 제2115호(부동산건설약정)는 모두 2018. 11. 14.자로 한국채택국제회계기준 제1115호(고객과의 계약에서 생기는 수익)로 대체되었다.

3) 공사계약의 해제시 손익 귀속시기

작업진행률에 의한 익금 또는 손금과 공사계약의 해제로 인하여 확정된 금액간에 차액이 발생한 경우 그 차액을 계약의 해제일이 속하는 사업연도의 익금 또는 손금에 산입한다(법령 69 ③).

4 이자소득 등의 귀속사업연도

가. 이자수익 등

1) 금융 및 보험업을 영위하는 법인

금융 및 보험업을 영위하는 법인이 수입하는 이자 및 할인액(이하에서 '이자등'이라 한다)은 실제로 수입된 날이 속하는 사업연도의 익금으로 하되, 선수입이자 및 할인액은 제외한다.[21] 그러나 결산을 확정할 때 이미 경과한 기간에 대응하는 이자등(법인세법 제73조, 제73조의2에 따라 법인세가 원천징수되는 이자 등은 제외한다)을 해당 사업연도의 수익으로 계상한 경우에는 그 계상한 사업연도의 익금으로 한다(법령 70 ① I 괄호).

가) 금융 및 보험업을 영위하는 법인의 범위

금융 및 보험업을 영위하는 법인이란 한국표준산업분류상 금융 및 보험업[22]을 영위하는 법인을 말한다. 한국표준산업분류상 금융 및 보험업을 영위하는 법인에는 중앙은행, 은행법에 의한 인가를 받아 설립된 금융회사 등, 보험업법에 의한 보험사업자, 투자회사 등과 같은 제도권 금융회사 등은 물론이고 그 외 기타여신금융업(파이낸스 등)·기타금융업·기타금융관련 서비스업 등과 같은 비제도권의 금융 및 보험업을 영위하는 법인도 포함된다.

나) 수정현금주의의 적용

① 금융 및 보험업을 영위하는 법인의 경우에는 현금주의를 원칙으로 하되, 선수입이자 등은 제외한다. 현금주의보다 한층 보수적으로 인식한다. 이를 수정현금주의라고 부르기로 한다.

금융 및 보험업을 영위하는 법인이 수입하는 이자 등에 관하여 그 이자 등이 실제로 수

---

21) 선수입이자 및 할인액의 귀속사업연도를 어떻게 볼 것인지의 문제가 제기되는데 체계적·논리적 해석상 발생주의에 의하는 것으로 해석할 수밖에 없다. 상세는 강석규, 「조세법쟁론」, 2020개정판, 삼일인포마인, 2020, 644-645면.
22) 한국표준산업분류상의 'K. 금융 및 보험업(65-67)'을 말한다.

입된 날이 속하는 사업연도의 익금에 산입하는 취지는 은행과 같은 금융기관의 경우 다수의 고객을 상대로 신용공여 및 자금거래를 계속적으로 반복수행하고, 그 상품이 현금이라는 특성을 가지고 있다는 점과 아울러 금융기관의 보수주의적 회계관행을 존중한다는 점에서 찾을 수 있다.

② 금융 및 보험업을 영위하는 법인이 수입하는 이자와 할인료에는 금전대여와 관련하여 채무자의 이행지체로 인하여 받는 지연손해금이 포함된다고 새긴다. 금전대여에 있어서 채무자의 이행지체로 인하여 받는 지연손해금은 실질적으로는 당초의 약정이자나 연체이자와 유사한 성질을 가지고 있기 때문에 이자의 경우와 같이 실제로 수입한 때가 속하는 사업연도의 익금으로 봄이 상당하다.[23]

다) 수정현금주의에 대한 예외

① 법인이 결산을 확정할 때 해당 사업연도 중에 발생한 이자를 수익으로 계상하고 있다면 이는 해당 사업연도의 익금으로 한다(발생주의). 세무조정의 부담을 덜어주기 위한 것이다. 그러나 원천징수대상소득(법법 73 ①, 73의2 ①)에 대해서는 그렇지 않다. 원천징수대상소득의 경우 해당 소득을 발생주의에 의하여 익금에 산입하였다면 원천징수의무자는 그 소득에 대하여는 원천징수를 하여서는 안 된다. 따라서 원천징수의무자가 금융회사별·채권종류별로 미수수익의 계상 여부를 일일이 확인하는 것이 현실적으로 어렵기 때문에 일률적으로 원천징수대상소득의 경우 발생주의에 의할 수 없도록 정한 것이다.[24] 다만 금융 및 보험업을 영위하는 법인 중 법인세법 시행령 제111조 제2항 단서에서 정하고 있는 법인[25]의 수입금액에 대해서는 원천징수를 배제하고 있으므로 이와 같은 법인이 해당 사업연도 중에 발생한 이자를 수익으로 계상하고 있다면 그 계상한 사업

---

23) 대법원 2002. 11. 8. 선고 2001두7961 판결: 「舊 법인세법(1994. 12. 22. 법률 제4803호로 개정되기 전의 것) 제17조 제9항에서 은행 등 금융기관이 수입하는 이자의 귀속사업연도에 관하여 그 이자가 실제로 수입된 사업연도로 한다고 규정하고 있는 것은 은행과 같은 금융기관의 경우 다수의 고객을 상대로 신용공여 및 자금거래를 계속적으로 반복수행하고, 그 상품이 현금이라는 특성을 가지고 있다는 점과 아울러 금융기관의 보수주의적 회계관행을 존중한다는 취지에서 현금주의에 입각하여 익금으로 산입하도록 한 것이라고 전제하고, 금융기관이 금전대여와 관련하여 채무자의 이행지체로 인하여 받게 되는 지연손해금은 이자와는 법률적인 성질을 달리하지만 대여금채권의 존재를 전제로 하여 사실상 발생하는 것으로서 일정한 비율에 의하여 지급하도록 되어 있는 금전이고, 변제기 후에도 채무자가 원본을 그대로 사용하는 것은 마찬가지라는 점에서 그 대가적 성질을 가지고 있다고 볼 수 있어 실질적으로는 당초의 약정이자나 연체이자와 유사한 성질을 가지고 있으므로, 그 익금의 귀속시기는 이자의 경우와 같이 현금주의에 의하여 실제로 수입한 때가 속하는 사업연도로 봄이 상당하다.」

24) 삼일인포마인, 「삼일총서 법인세법」(2017년판), 제40조 4-2-3.

25) 대손충당금의 손금산입범위액을 계산할 때 대손율의 표준비율 2퍼센트를 적용받는 금융기관(법인세법 시행령 제61조 제2항 각호의 규정에 의한 법인)·한국은행·간접투자자산운용업법에 의한 자산운용회사 및 투자회사·선물거래법에 의한 선물업자·새마을금고 등이 포함된다.

연도의 익금에 산입한다.

결국, 법인세법 시행령 제111조 제2항 단서에서 정하고 있는 법인 외의 금융 및 보험업을 경영하는 법인이 수입하는 이자 등에 대하여는 수정현금주의에 의하여 귀속사업연도를 가려야 한다.

② 투자회사 등이 결산을 확정할 때 증권 등의 투자와 관련된 수익 중 이미 경과한 기간에 대응하는 이자 및 할인액과 배당소득을 해당 사업연도의 수익으로 계상한 경우에는 그 계상한 사업연도의 익금으로 한다(법령 70 ④). 자본시장법상 투자회사 등은 이중과세조정을 위하여 배당금액을 배당을 결의한 잉여금 처분의 대상이 되는 사업연도의 소득금액에서 공제하도록 하고 있는데(법법 51의2), 기업회계가 취하고 있는 발생주의와 세무회계가 취하고 있는 권리의무확정주의의 차이로 인하여 배당가능이익을 전부 배당하여도 세무조정의 결과 과세소득이 발생할 수 있다. 이 경우 결산 및 분배금 지급이 확정될 때까지 상당한 기간 동안 집합투자증권의 환매를 제한할 수 밖에 없는데, 이는 수시환매제도를 취하고 있는 자본시장법의 구조와 충돌한다. 따라서, 위 규정은 세무기업회계가 취하고 있는 발생주의회계를 수용하여 세무조정사항이 발행하지 않도록 하기 위한 것이다.[26]

③ 자본시장법에 따른 신탁업자가 운용하는 신탁재산(같은 법에 따른 투자신탁재산은 제외한다)에 귀속되는 원천징수대상이 되는 이자소득 등(자본시장법 73 ① 각 호)의 귀속사업연도는 그 원천징수일이 속하는 사업연도로 한다(법령 70 ⑤).

2) 그 밖의 법인

그 밖의 법인이 수입하는 이자 등은 소득세법 시행령 제45조의 규정에 의한 이자소득의 수입시기가 속하는 사업연도의 익금으로 한다. 다만, 결산을 확정할 때 이미 경과한 기간에 대응하는 이자 등(법인세법 제73조, 제73조의2에 따라 법인세가 원천징수되는 이자 등은 제외한다)을 해당 사업연도의 수익으로 계상한 경우에는 그 계상한 사업연도의 익금으로 한다(법령 70 ① I).

가) 그 밖의 법인의 범위

금융 및 보험업을 영위하는 법인 외의 법인을 말한다. 제조업·판매업·건설업·어업·광업·숙박 및 음식점업 등을 영위하는 법인을 가리킨다.

---

26) 안경봉/손영철, "사모펀드 과세제도의 문제점 및 개선방안", 「세무와 회계 연구」 제9권 제3호, 2020, 157면.

나) 소득세법 시행령 제45조에 의한 수입시기

소득세법 시행령 제45조의 규정에 의한 수입시기란 다음의 날을 말한다.[27]

① 유형별 포괄주의에 해당하는 이자소득 및 이자소득이 발생하는 거래 또는 행위와 결합된 파생상품의 이익: 약정에 따른 상환일. 다만, 기일 전에 상환하는 때에는 그 상환일

② 채권등[28]으로서 무기명인 것의 이자와 할인액: 그 지급을 받은 날

③ 채권등[29]으로서 기명인 것의 이자와 할인액: 약정에 의한 지급일

④ 파생결합사채로부터의 이익: 그 이익을 지급받은 날. 다만, 원본에 전입하는 뜻의 특약이 있는 분배금은 그 특약에 따라 원본에 전입되는 날로 한다.

⑤ 보통예금, 정기예금, 적금 또는 부금의 이자

　㉮ 실제로 이자를 지급받는 날

　㉯ 원본에 전입하는 뜻의 특약이 있는 이자는 그 특약에 의하여 원본에 전입된 날

　㉰ 해약으로 인하여 지급되는 이자에 대하여는 그 해약일

　㉱ 계약기간을 연장하는 경우에는 그 연장하는 날

　㉲ 정기예금연결정기적금의 경우 정기예금의 이자는 정기예금 또는 정기적금이 해약되거나 정기적금의 저축기간이 만료되는 날

⑥ 통지예금의 이자: 인출일

⑦ 채권 또는 증권의 환매조건부 매매차익: 약정에 의한 해당 채권 또는 증권의 환매수일 또는 환매도일. 다만, 기일 전에 환매수 또는 환매도하는 경우에는 그 환매수일 또는 환매도일로 한다.

⑧ 저축성보험의 보험차익: 보험금 또는 환급금의 지급일. 다만, 기일 전에 해지하는 경우에는 그 해지일로 한다.

⑨ 직장공제회 초과반환금: 약정에 따른 납입금 초과이익 및 반환금 추가이익의 지급일. 다만, 반환금을 분할하여 지급하는 경우 원본에 전입하는 뜻의 특약이 있는 납입금 초과이익은 특약에 따라 원본에 전입된 날로 한다.

⑩ 비영업대금의 이익: 약정에 의한 이자지급일. 다만, 이자지급일의 약정이 없거나 약정에 의한 이자지급일 전에 이자를 지급받는 경우 또는 채무자로부터 회수한 금액이 원금에

---

27) 행정해석은 법정지연이자는 실제로 법정지연이자를 지급받은 날이 속하는 사업연도의 익금으로 본다. 서면인터넷방문상담2팀 -32(2007. 1. 5.). 위 행정해석은 법인세법 제70조 제1항 제1호를 근거로 들고 있으나 위 규정이 근거가 될 수 있는지는 의문이다.

28) 소득세법 제16조 제1항 제1호, 제2호, 제6호 및 제7호에 규정하는 채권 또는 증권 및 다른 사람에게 양도가 가능한 증권으로서 대통령령(소령 102 ①)이 정하는 것을 말한다.

29) 소득세법 제16조 제1항 제1호, 제2호, 제6호 및 제7호에 규정하는 채권 또는 증권 및 다른 사람에게 양도가 가능한 증권으로서 대통령령(소령 102 ①)이 정하는 것을 말한다.

미달하여 총수입금액 계산에서 제외하였던 이자를 지급받는 경우에는 그 이자지급일로 한다.

⑪ 채권 등의 보유기간이자등 상당액: 해당 채권 등의 매도일 또는 이자 등의 지급일[30]

⑫ 이자소득이 발생하는 자산이 상속되거나 증여되는 경우: 상속개시일 또는 증여일

다) 발생주의 예외의 인정

법인의 세무조정 부담을 덜어주기 위하여 그 밖의 법인이 발생주의에 따라 결산을 확정할 때 이미 경과한 기간에 대응하는 이자등을 해당 사업연도의 수익으로 계상한 경우에는 그 계상한 사업연도의 익금으로 할 수 있도록 규정하고 있다. 그러나 법인세법 제73조, 제73조의2에 따라 법인세가 원천징수되는 이자등에 관하여[31] 발생주의에 따라 익금에 산입하면 미수이자의 계상 여부에 따라 원천징수할 금액이 달라지게 되어 원천징수업무가 복잡하게 된다. 따라서 법인세가 원천징수되는 이자등의 경우 이를 해당 사업연도의 수익으로 계상하였더라도 그 사업연도의 익금으로 하지 않고 익금불산입한다.

나. 이자비용 등

법인이 지급하는 이자등의 경우에는 소득세법 시행령 제45조의 규정에 의한 수입시기에 해당하는 날이 속하는 사업연도의 손금으로 한다. 다만, 결산을 확정할 때 이미 경과한 기간에 대응하는 이자등을 해당 사업연도의 손비로 계상한 경우에는 그 계상한 사업연도의 손금으로 한다(법령 70 ① II).[32] 세무조정의 부담을 덜어주기 위하여 발생주의의 예외를 인정한 규정이다. 그러나 차입일로부터 이자지급일까지가 1년을 초과하는 특수관계인과의 거래에 관하여는 이 예외를 적용하지 않는다.

해당 사업연도 중 경과한 기간에 대응하는 이자등을 손금으로 계상할 수 있는 법인에는 아무런 제한이 없다. 즉 모든 법인이 이미 경과한 기간에 대응하는 이자등을 해당 사업연도의 손금으로 계상할 수 있다.

다만, 이미 경과한 기간에 대응하는 이자등의 손금산입은 결산조정을 그 요건으로 한다.

---

30) 대법원 2017. 12. 22. 선고 2014두2256 판결.

31) 그 밖의 법인은 법인세가 비과세되거나 면제되는 소득 등과 같이 원천징수를 배제하고 있는 일부의 소득을 제외하고는 모든 이자소득에 대하여 법인세를 원천징수하도록 하고 있다(법법 73 ①, 73의2 ①).

32) 장기할부조건 등으로 자산을 취득할 때 발생하는 채무를 현재가치로 평가하여 현재가치할인차금을 계상하는 경우(법령 72 ④ I)를 제외하고, 현재가치할인차금의 상각액에 대응하는 이자비용을 계상하였다고 하더라도 여기에서 말하는 '이미 경과한 기간에 대응하는 이자 등을 해당 사업연도의 손비로 계상한 경우'에 해당하지 않는다. 법인세법은 원칙적으로 자산·부채의 평가손익을 인식하지 않기 때문이다(대법원 2014. 4. 10. 선고 2013두25344 판결; 법통 42-0…1).

만일 법인이 결산을 확정할 때 이미 경과한 기간에 대응하는 이자등을 해당 사업연도의 손비로 계상하지 않았다면 소득세법 시행령 제45조의 규정에 의한 수입시기가 속하는 사업연도의 손금에 산입한다.

다. 배당금 수익 등

1) 배당금 수익

법인이 수입하는 배당소득의 귀속사업연도는 소득세법 시행령 제46조의 규정에 의한 수입시기에 해당하는 날이 속하는 사업연도로 한다. 다만, 대손추정률 2퍼센트를 적용받는 금융회사등(법령 61 ② 각 호의 법인)이 금융채무 등 불이행자의 신용회복 지원과 채권의 공동추심을 위하여 공동으로 출자하여 설립한 유동화전문회사로부터 수입하는 배당금은 실제로 받은 날이 속하는 사업연도의 익금에 산입한다(법령 70 ②).[33]

소득세법 시행령 제46조의 규정에 의한 수입시기란 다음의 날을 말한다.

① 무기명주식의 이익이나 배당: 그 지급을 받은 날

② 잉여금의 처분에 의한 배당: 해당 법인의 잉여금 처분결의일[34]

③ 공동사업에서 발생한 소득금액 중 출자공동사업자에 대한 손익분배비율에 상당하는 금액(소법 17 ① VIII): 과세기간 종료일

④ 그 밖의 배당소득과 유사한 소득으로서 수익분배의 성격이 있는 것(소법 17 ① IX, X): 그 지급을 받은 날

⑤ 소득세법 제17조 제2항 제1호・제2호 및 제5호의 의제배당: 주식의 소각, 자본의 감소 또는 자본에의 전입을 결정한 날(이사회의 결의에 의하는 경우에는 상법 461 ③에 의하여 정한 날)이나 퇴사 또는 탈퇴한 날

⑥ 소득세법 제17조 제2항 제3호・제4호 및 제6호의 의제배당:

---

33) 금융채무 등 불이행자의 신용회복 지원과 채권의 공동추심을 위하여 다수의 금융기관이 공동으로 출자하여 설립한 유동화전문회사의 경우 부실채권 회수에 따른 이익에 대한 과세를 피하기 위하여 배당처분 결의를 통하여 법인세법 제51조의2에 따른 소득공제를 적용받지만, 실제 배당지급은 배당처분 결의일로부터 상당한 기간이 경과한 이후에 이루어지거나, 혹은 실제 배당지급이 이루어지지 않을 수 있다. 이러한 경우 금융기관으로서는 실제 배당수입이 없는데도 불구하고 과세될 수 있으므로 법인세법 시행령 제61조 제2항 각 호의 금융기관 등이 공동으로 출자하여 설립한 유동화전문회사로부터 수입하는 배당소득의 손익귀속시기는 실제로 지급받은 날이 속하는 사업연도로 규정하고 있다. 삼일인포마인, 「삼일총서 법인세법」, 2017, 제40조 4-5-2.

34) 유동화전문회사가 자산유동화계획 및 정관에서 유동화증권 원리금을 전부 상환한 이후에 비로소 배당금을 지급하도록 규정하고 있더라도 이는 유동화전문회사에 관여한 자들 사이에서 자산유동화 거래의 특성에 따른 경제적 필요에 따라 배당금채권의 행사를 유보하기로 한 것에 불과할 뿐이고 이를 세법에 우선하는 법률상 제한으로 볼 수는 없다. 대법원 2015. 12. 23. 선고 2012두16299 판결.

㉮ 법인이 해산으로 인하여 소멸한 경우에는 잔여재산의 가액이 확정된 날

㉯ 법인이 합병으로 인하여 소멸한 경우에는 그 합병등기를 한 날

㉰ 법인이 분할 또는 분할합병으로 인하여 소멸 또는 존속하는 경우에는 그 분할등기
  또는 분할합병등기를 한 날

⑦ 집합투자기구로부터의 이익: 집합투자기구로부터의 이익 중 배당소득을 지급받은 날.
  다만, 원본에 전입하는 뜻의 특약이 있는 분배금은 그 특약에 따라 원본에 전입되는 날
  로 한다.

2) 투자회사 등의 증권의 투자와 관련된 배당소득

투자회사 등이 결산을 확정할 때 증권 등의 투자와 관련된 수익 중 이미 경과한 기간에
대응하는 배당소득을 해당 사업연도의 수익으로 계상한 경우에는 그 계상한 사업연도의 익
금으로 한다(법령 70 ④).

3) 신탁업자가 운용하는 신탁재산에 귀속되는 투자신탁이익

자본시장법에 따른 신탁업자가 운용하는 신탁재산(같은 법에 따른 투자신탁재산은 제외
한다)에 귀속되는 원천징수대상이 되는 투자신탁이익의 귀속사업연도는 그 원천징수일이
속하는 사업연도로 한다(법령 70 ⑤).

라. 보험료등

1) 보험회사를 제외한 금융 및 보험업 영위 법인

한국표준산업분류상 금융 및 보험업을 영위하는 법인(보험업법에 따른 보험회사는 제외)
이 수입하는 보험료·부금·보증료 또는 수수료(이하에서 '보험료등'이라 한다)의 귀속사
업연도는 그 보험료 등이 실제로 수입된 날이 속하는 사업연도로 하되, 선수입보험료 등을
제외한다. 즉 수정현금주의에 의한다.

그러나 결산을 확정할 때 이미 경과한 기간에 대응하는 보험료 등 상당액을 해당 사업연
도의 수익으로 계상한 경우에는 그 계상한 사업연도의 익금으로 한다(법령 70 ③).

그리고 자본시장법에 따른 투자매매업자 또는 투자중개업자가 정형화된 거래방식으로
증권을 매매하는 경우에 그 수수료의 귀속사업연도는 매매계약이 체결된 날이 속하는 사업
연도로 한다(법령 70 ③).

2) 보험회사 또는 주택도시보증공사

보험회사가 보험계약과 관련하여 수입하거나 지급하는 이자·할인액, 보험료등으로서 「보험업법」 제120조에 따른 책임준비금의 산출에 반영되는 항목 및 주택도시보증공사가 신용보증계약과 관련하여 수입하거나 지급하는 이자·할인액 및 보험료등으로서 「주택도시기금법 시행령」 제24조에 따른 책임준비금 산출에 반영되는 항목은 보험감독회계기준에 따라 수익 또는 손비로 계상한 사업연도의 익금 또는 손금으로 한다(법령 70 ⑥).

5 임대료 등 손익의 귀속사업연도

가. 임대료 등

자산의 임대로 인한 익금과 손금의 귀속사업연도는 원칙적으로 이행기도래기준에 입각하여 다음의 날이 속하는 사업연도로 한다.[35]
① 계약 등에 의하여 임대료의 지급일이 정하여진 경우에는 그 지급일
② 계약 등에 의하여 임대료의 지급일이 정하여지지 않은 경우에는 그 지급을 받은 날

다만, 결산을 확정할 때 이미 경과한 기간에 대응하는 임대료 상당액과 이에 대응하는 비용을 해당 사업연도의 수익과 손비로 계상한 경우 및 임대료 지급기간이 1년을 초과하는 경우에 이미 경과한 기간에 대응하는 임대료 상당액과 비용은 이를 각각 해당 사업연도의 익금과 손금으로 한다(법령 71 ①). 법인이 장기임대차계약을 체결하여 1년 이상 장기간의 임대료를 1년 이상 경과하여 수수하기로 한 경우 감가상각비 등으로 손비만 계상되고 수익에 관하여는 과세이연되는 문제점을 해결하고 기간손익의 적정화를 도모하기 위한 규정이다.[36]

나. 금전등록기 설치한 법인의 매출액 등

소득세법 제162조 및 부가가치세법 제36조 제4항의 규정을 적용받는 업종을 영위하는 법인이 금전등록기를 설치·사용하는 경우 그 수입하는 물품대금과 용역대가의 귀속사업연도는 그 금액이 실제로 수입된 사업연도로 할 수 있다. 즉 금전등록기사업자에 대하여는 그 편의를 고려하여 현금주의를 용인하고 있는 것이다(법령 71 ②).

---

35) 日本 最高裁判所 1978(昭和 53). 2. 24. 판결: 「임대료의 증액청구와 관계가 있는 증액임대료채권으로서 당사자간에 다툼이 있는 경우에는 해당 채권의 존재를 인정하는 재판이 확정된 때에 해당 권리가 확정되는 것으로 해석함이 상당하다.」
36) 재정경제부, 「2001 간추린 개정세법」, 재정경제부, 2002, 119면.

다. 사채할인발행차금

법인이 사채를 발행하는 경우에 상환할 사채금액의 합계액에서 사채발행가액(사채발행수수료와 사채발행을 위하여 직접 필수적으로 지출된 비용을 차감한 후의 가액을 말한다)의 합계액을 공제한 사채할인발행차금은 기업회계기준에 의한 사채할인발행차금의 상각방법에 따라 손금에 산입한다(법령 71 ③).

라. 「자산유동화에 관한 법률」에 따라 양도하는 보유자산 등

「자산유동화에 관한 법률」 제13조에 따른 방법에 의하여 보유자산을 양도하는 경우 및 매출채권 또는 받을어음을 배서양도하는 경우에는 기업회계기준에 따른 손익인식방법에 따라 관련 손익의 귀속사업연도를 정한다(법령 71 ④). 기업회계기준상으로는 자산유동화 및 매출채권 또는 받을어음의 배서양도를 그 실질에 따라 매각거래 또는 차입거래로 분류하게 되는데(국회기 제1109호 문단 3.2.6, AG 36; 일회기 제6장 문단 6.5), 실무상으로는 대부분 차입거래로 회계처리하고 있다. 기업회계기준에 따라 관련 손익의 귀속사업연도를 정할 경우 법인마다 기간손익에 차이가 발생하게 되는 단점이 있으나 실질적인 조세부담의 차이가 크지 않으므로 세무조정의 편의를 위하여 기업회계기준에 따른 회계처리를 수용한 것이다.

마. 개발완료 전 취소된 개발비

법인이 개발비를 자산으로 계상하였으나 해당 제품의 판매 또는 사용이 가능한 시점이 도래하기 전에 개발을 취소한 경우에는 ① 해당 개발로부터 상업적인 생산 또는 사용을 위한 해당 재료, 장치, 제품, 공정, 시스템 또는 용역의 개선 결과를 식별할 수 없고, ② 해당 개발비를 전액 손금으로 계상하였다면 그 개발비를 위 두 가지 요건을 모두 충족하는 날이 속하는 사업연도의 손금에 산입한다(법령 71 ⑤).

바. 차액결제 파생상품

계약의 목적물을 인도하지 않고 목적물의 가액변동에 따른 차액을 금전으로 정산하는 파생상품의 거래로 인한 손익은 그 거래에서 정하는 대금결제일이 속하는 사업연도의 익금과 손금으로 한다(법령 71 ⑥).

6 리스료 등의 귀속사업연도

가. 리스료

리스이용자가 리스로 인하여 수입하거나 지급하는 리스료(리스개설직접원가를 제외한다)의 익금과 손금의 귀속사업연도는 기업회계기준으로 정하는 바에 따른다(법칙 35 ①).

나. 조합 등으로부터 받는 분배이익금

법인이 아닌 조합 등으로부터 받는 분배이익금의 귀속사업연도는 해당 조합 등의 결산기간이 종료하는 날이 속하는 사업연도로 한다(법칙 35 ②).

이에 관한 상세한 논의는 '과다경비 등의 손금불산입'(458면)에서 다루었다.

다. 징발보상증권으로 받는 징발재산매각대금

「징발재산정리에 관한 특별조치법」에 따라 징발된 재산을 국가에 매도하고 그 대금을 징발 보상증권으로 받는 경우 그 손익은 상환조건에 따라 각 사업연도에 상환받았거나 상환받을 금액과 그 상환비율에 상당하는 매도재산의 원가를 각각 해당 사업연도의 익금과 손금에 산입한다. 이 경우 징발보상증권을 국가로부터 전부 상환받기 전에 양도한 경우 양도한 징발보상증권에 상당하는 금액에 대해서는 그 양도한 때에 상환받은 것으로 본다(법칙 35 ③).

7 기타 손익의 귀속사업연도

법인세법(제43조 제외), 법인세법 시행령 및 조세특례제한법에서 규정한 것 외의 익금과 손금의 귀속사업연도는 권리의무확정주의의 원칙으로 돌아가 그 익금과 손금이 확정된 날이 속하는 사업연도로 한다(법령 71 ⑦, 법칙 36). 실무가 문제가 되었던 몇 가지 항목을 살펴본다.

가. 손해배상금

법인세법 기본통칙 40 - 71…20은 법원의 판결에 의하여 지급하거나(손금), 지급받는(익금) 손해배상금 등은 법원의 판결이 확정된 날[37]이 속하는 사업연도의 손금 또는 익금에 산입한다고 규정하고 있다.[38]

---

37) '법원의 판결이 확정된 날'은 대법원 판결일자 또는 해당 판결에 관하여 상소를 제기하지 않은 때에는 상소 제기 기한이 종료한 날의 다음 날로 한다. 위 통칙규정 후단.
38) 같은 취지 조심 2019. 1. 25. 자 2018중3960 결정.

나. 상여금

직원에 대한 상여금의 지급액과 지급기간이 사전에 정해져 있는 경우 법인이 상여금 지급대상자와 직원별 지급액을 확정하여 미지급비용으로 계상하였다면 실제로 지급한 시기와 관계없이 미지급비용이 귀속되는 사업연도의 손금이다.[39] 반면 법인이 임직원에게 성과에 따른 상여금의 지급여부 및 지급기준을 사업연도 종료일까지 확정하지 못하고 사업연도 종료일 이후에 확정하여 지급하였다면 그 상여금은 지급여부 및 지급기준이 확정된 날이 속하는 사업연도의 손금이다.[40]

다. 중간지급 조건부 용역

대법원은 도시환경정비사업 전문관리용역을 제공하는 원고회사가 도시환경정비사업 추진위원회와 사이에 도시환경정비사업 전문관리용역계약을 체결하면서 계약체결, 기본계획 수립, 추진위원회 승인, 시공사 선정 등 각 업무수행단계에 따라 용역대금의 10퍼센트씩을 분할하여 지급받기로 하되 프로젝트파이낸싱에 의하여 자금을 조달하거나 시공사가 선정되기 이전에는 도시환경정비사업 추진위원회가 원고회사에게 용역비의 지급유예를 요청할 수 있도록 정한 사안에서, 그와 같은 중간지급 조건부 용역의 경우 원칙적으로 당사자 사이의 약정에 의하여 대가의 각 부분을 분할지급받기로 한 때에 익금의 귀속시기가 도래하고, 각 분할지급시기가 도래하기 전에 당사자가 별도 약정으로 대가의 지급시기를 늦추기로 합의하였다면 그에 따라 익금의 귀속시기가 변경될 수 있지만 분할지급시기가 도래한 이후에는 그와 같은 합의를 하더라도 원칙적으로 법인세 납세의무에 영향을 미칠 수 없다고 판시하였다. 나아가 분할지급시기가 도래하기 전에 지급유예의 합의를 하였다고 하더라도 이후 계약이 중도에 해지되어 장래를 향하여 효력을 잃게 되는 경우에는 그 계약에 의한 용역제공이 완료되고 원칙적으로 이미 공급한 용역에 관한 대가를 지급받을 권리가 확정되므로, 해지시까지 이미 공급한 부분에 관한 익금의 귀속시기는 계약 해지시에 도래한다고 보았다.[41]

라. 주식워런트증권의 매매차손

유동성 공급자인 외국증권업자 甲이 유동성 공급계약을 맺은 주식워런트증권 발행사로부터 주식워런트증권을 발행가격에 인수하여 투자자들에게 매도하고 발행사에 증권과 동

---

39) 법인 46012-1295, 1995. 5. 12.; 법인 22601-3526, 1988. 12. 2.
40) 서면2팀-551, 2006. 3. 30.
41) 대법원 2015. 8. 19. 선고 2015두1588 판결.

일한 내용의 장외파생상품을 매도하는 거래를 하면서 투자자들에게 최초로 시가로 매도한 사업연도에는 발행사로부터 인수한 증권의 인수가격과 매도가격의 차액을 해당 사업연도의 손금으로 산입할 수 있는지 여부가 문제가 된 사안에서 과세관청은 최초 매도 당시 甲이 인식한 손실 중 만기가 해당 사업연도에 도래하지 않는 증권을 인수하여 매도함으로써 인식한 손실을 손금산입하지 않아야 한다고 보아 甲에게 법인세 부과처분을 하였다. 과세관청은 그 손실이 동일한 내용의 장외파생상품 거래로 인한 이익과 상쇄되기 때문에 가공의 손실이라고 주장하였다. 그러나 대법원은 법인세법이 규정하는 권리의무확정주의에 따르면 甲이 주식워런트증권을 투자자들에게 매도함으로써 발행사로부터 인수한 증권의 인수가격에서 매도가격을 뺀 금액만큼의 손실이 실현되어 확정되었다고 보아야 하므로 증권의 매도 시점이 속한 사업연도의 손금에 산입하여야 한다고 보았다.[42]

마. 전기오류 수정손익

판례는 전기오류 수정손익의 귀속시기는 오류가 발생한 사업연도라고 해석한다.[43]

제**4**절　손익의 귀속시기와 기업회계존중의 원칙

법인세법 제40조 제1항의 권리의무확정주의에 관한 규정과 기업회계의 기준 또는 관행으로서 일반적으로 공정·타당하다고 인정되는 것과의 관계가 문제이다.

국세기본법은 "세무공무원이 국세의 과세표준을 조사·결정할 때에는 해당 납세의무자가 계속하여 적용하고 있는 기업회계의 기준 또는 관행으로서 일반적으로 공정·타당하다고 인정되는 것은 존중하여야 한다. 다만, 세법에 특별한 규정이 있는 것은 그러하지 아니하다"고 하여 기업회계존중의 원칙을 정하고 있다(기법 20).

법인세법도 위의 국세기본법 제20조의 규정을 확인하여 "내국법인의 각 사업연도의 소득금액계산에 있어서 해당 법인이 익금과 손금의 귀속사업연도와 자산·부채의 취득 및 평가에 관하여 일반적으로 공정·타당하다고 인정되는 기업회계기준을 적용하거나 관행을 계속적으로 적용하여 온 경우에는 이 법 및 조세특례제한법에서 달리 규정하고 있는 경우를 제외하고는 그 기업회계의 기준 또는 관행에 따른다"고 규정하고 있다(법법 43).

---

42) 대법원 2017. 3. 22. 선고 2016두51511 판결.
43) 대법원 2004. 9. 23. 선고 2003두6870 판결.

위에서 기업회계기준 등이란 다음의 회계기준(해당 회계기준에 배치되지 않는 것으로서 일반적으로 공정·타당하다고 인정되는 관행을 포함한다)을 가리킨다(법령 79).

① 한국채택국제회계기준

② 외부감사법 제5조 제1항 제2호, 제4항에 따라 한국회계기준원이 정한 회계처리기준(일반기업회계기준)

③ 증권선물위원회가 정한 업종별회계처리준칙

④ 공공기관의 운영에 관한 법률에 따라 제정된 공기업·준정부기관 회계규칙

⑤ 기타 법령에 의하여 제정된 회계처리기준으로서 기획재정부장관의 승인을 얻은 것

그러나 법인세법은 제40조 제1항에서 손익의 귀속사업연도에 관하여 권리의무확정주의에 따르도록 하고 있으므로 기업회계기준 또는 관행이 적용될 여지는 그다지 많지 않다. 즉 법인세법 시행령 제68조부터 제71조까지에서의 거래형태별 손익의 귀속사업연도에 관한 규정은 법인세법 제40조 제1항에서의 권리의무확정주의를 구체적으로 예시한 것이고, 그 조항(법령 68부터 71까지)에서 예시하고 있지 않은 손익이라 할지라도 권리의무확정주의(법법 40 ①)에 따라야 할 것이므로 법인세법에 대하여 보충적인 성격을 갖고 있는 기업회계기준 또는 관행이 적용될 여지는 크지 않다.[1] 법인세법 시행령 제71조 제5항 및 법인세법 시행규칙 제36조가 이를 확인하고 있다.

그러나 개별거래의 경우 그 권리 또는 의무가 확정된 날의 판정이 쉽지 않은 점을 고려하여 볼 때 기업회계의 기준 또는 관행으로서 일반적으로 공정·타당하다고 인정되는 것은 법인세법상 권리 또는 의무가 확정된 날을 해석 또는 판단할 때 하나의 기준을 제공하는 의미를 갖는다고 하겠다.[2]

대법원은 기업회계기준 상의 손익의 귀속에 관한 규정이 세법의 개별 규정에 명시되어 있지 않다는 이유만으로 곧바로 권리의무확정주의에 반한다고 단정할 수는 없고, 특정 기업회계기준의 도입 경위와 성격, 관련된 과세실무 관행과 그 합리성, 수익비용대응 등 일반적인 회계원칙과의 관계, 과세소득의 자의적 조작 가능성, 연관된 세법 규정의 내용과 체계 등을 종합적으로 고려하여, 법인세법 제43조에 따라 내국법인의 각 사업연도 소득금액계산에 적용될 수 있는 '기업회계의 기준이나 관행'에 해당하는지를 판단하여야 한다고 판시하였다. 이에 따라 보험회사가 신규 계약의 체결과 관련하여 지출한 비용인 '신계약비'에 관하

---

1) 법인세법령에서 기업회계기준에 따르도록 구체적인 규정을 두고 있는 경우(예: 법령 24 ⑤, 71 ③ 등)는 별개의 문제이다.

2) 예를 들면 법인세법 시행규칙 제35조 제1항에서 리스료의 손익의 귀속사업연도를 기업회계기준이 정하는 바에 의하도록 하고 있는데, 이와 같은 규정은 법인세법상의 권리 또는 의무의 확정시기에 관한 해석에 있어서 기업회계의 기준 또는 관행으로서 일반적으로 공정·타당하다고 인정되는 것이 그 기준이 될 수 있음을 예증하는 것이라고 하겠다.

여 보험료납입기간에 안분하여 손금에 산입하도록 하는 보험업회계처리준칙 조항(이하 '신계약비 조항')과 달리 법인세법상 권리의무확정주의에 따라 지출이 확정된 연도에 전액 손금에 산입하여야 하는지 여부가 문제된 사건에서, ① 보험업은 회계처리준칙을 엄격하게 준수할 필요성이 크고, 신계약비 조항을 수용하는 법인세법 기본통칙 조항이 신설되어 과세실무상 확고한 관행으로 자리 잡아 운용되고 있는 점, ② 보험료의 수입시기에 대응하여 손금을 안분하도록 하는 신계약비 조항은 수익비용대응 원칙에 부합할 뿐만 아니라 합리적인 점, ③ 신계약비의 손금산입은 매년 균등하게 상각하여 비용으로 처리되고 특별한 평가가 수반되지도 아니하므로, 보험업을 영위하는 법인들이 이를 이용하여 과세대상 소득을 자의적으로 조작할 염려가 거의 없는 점, ④ 신계약비가 법인세법 시행령 제24조 제1항 제2호 각 목에서 나열하고 있는 감가상각의 대상인 무형자산에 해당하지 않더라도, 그러한 사정만으로는 신계약비에 대한 기업회계기준이나 관행에 따라 손금을 안분하는 것이 허용되지 않는다고 해석할 수도 없는 점 등을 이유로, 신계약비 조항은 법인세법 제43조에 따른 '기업회계의 기준이나 관행'에 해당하고 이에 따라 보험료 납입기간에 안분하여 손금에 산입하는 것이 타당하다고 보았다.[3]

그 밖에 기업회계존중의 원칙에 관한 상세한 논의는 '기업회계존중의 원칙'(577면)을 참조하라.

---

3) 대법원 2017. 12. 22. 선고 2014두44847 판결.

제6장

자산의 취득가액과 자산 · 부채의 평가

제1절 서 론

자산의 취득가액의 결정과 자산 · 부채의 평가는 과세소득의 크기에 중요한 영향을 미치고 있다. 왜냐하면 자산의 취득가액의 결정과 자산 · 부채의 평가는 바로 원가 또는 비용의 배분과정이기 때문이다.

법인세법은 자산의 취득가액을 역사적 원가(historical costs)에 따라 산정하도록 하면서 그 평가에 대해서도 엄격한 제한 또는 규제를 행하고 있다. 과세소득 조작의 방지 · 자산평가에 있어서의 획일성 및 과세의 형평 도모 · 과세소득의 산정에 있어서의 미실현손익의 제거 등에 그 취지가 있다.

현행 법인세법상 자산의 취득가액 계산 및 자산 등의 평가에서의 특징을 요약하면 다음과 같다.

첫째, 자산의 취득가액은 취득원가주의에 따라 매입가액 또는 제조원가 등으로 계산하되, 다만 증여에 의하여 취득한 자산 등에 한하여 취득 당시의 시가에 의하도록 하고 있다.

그리고 취득가액에는 매입가액 또는 제조원가 외에 해당 자산이 본래의 용도대로 사용될 수 있기까지 지출한 모든 부대비용을 포함한다.

둘째, 보험업법 등에 따른 일부 유형 · 무형자산, 재고자산, 유가증권, 화폐성 외화자산과 통화관련 파생상품 중 통화선도 · 통화스왑 및 환변동보험 외에는 원칙적으로 자산의 평가를 허용하지 않는다.

그리고 이와 같은 자산을 평가하는 경우에도 재고자산은 원가법과 저가법, 유가증권은 원가법 중의 일부 방법만을 허용하되, 평가방법의 선택도 계속성의 원칙을 준수할 것을 요구하고 있다.

셋째, 장래의 자산 또는 부채의 가액을 평가할 때에도 명문의 규정이 없다면 현재가치할인을 할 수 없다. 현재가치할인차금의 상각을 강제하는 규정이 없다면 명목가치와 현재가

치의 차이만큼 영구적인 과세의 차이가 발생하기 때문이다.[1]

제2절 자산의 취득가액

1 자산의 취득형태별 취득가액의 계산

내국법인이 매입·제작·교환 및 증여 등에 의하여 취득한 자산의 취득가액은 다음의 금액으로 한다(법법 41 ①, 법령 72 ②).

가. 타인으로부터 매입한 자산

타인으로부터 매입한 자산(단기금융자산 등은 제외한다[1])의 취득가액은 매입가액에 취득세·등록면허세 및 그 밖의 부대비용[2]을 가산한 금액으로 한다.[3] 자산을 매입하면서 채무를 인수한 경우 그 금액도 취득가액에 포함된다.[4] 내국법인이 출자에 의하여 지분을 취득하는 경우에는 그 납입가액을 취득가액으로 한다.[5][6]

---

1) 판례도 같은 취지이다. 대법원 2022. 1. 27. 선고 2017두51983 판결; 대법원 2014. 4. 10. 선고 2013두25344 판결; 대법원 2009. 12. 10. 선고 2007두19683 판결; 대법원 2009. 1. 30. 선고 2006두18270 판결 등.
1) 법인세법 시행령 제72조 제1항 참조. 기업회계기준이 당기손익으로 인식하는 금융자산의 경우 취득과 직접 관련되는 거래원가는 최초 인식하는 공정가치에 더하지 않기 때문이다(국회기 제1039호 문단 43; 일회기 제6장 문단 6.12).
2) 소요된 부대비용을 취득가액에 더하는 것은 수익비용대응의 원칙에 따라 기간손익을 적정하게 계산하기 위한 것으로서 매입 이외의 방법으로 취득한 자산이라고 하여 소요된 부대비용을 취득가액에 더하지 않을 합리적인 이유는 없다(대법원 2014. 3. 27. 선고 2011두1719 판결).
3) 매입대금을 사후 정산하기로 한 경우, 판결에 의해 매입대금 감액분을 손해배상금 명목으로 지급받더라도 그 감액된 매입대금을 익금산입하면 안 되고 그 만큼 자산의 취득가액을 차감하여야 한다. 사전-2023-법규법인-0708, 2023. 11. 27.
4) 조심 2016. 1. 28. 자 2015부1448 결정; 법인 46012-909, 2000. 4. 8.
5) 대법원 2020. 12. 10. 선고 2018두56602 판결; 법인세법 기본통칙 41-72…1; 기획재정부 법인세제과-557, 2017. 5. 22.; 기획재정부 법인세제와-28, 2016. 1. 8.(신주인수권 행사에 따른 주식 취득의 경우); 법인, 서면-2019-법인-3690, 2020. 3. 13.; 신찬수/이철재/정창모, 「법인세의 실무」, 2020년판, 삼일인포마인, 2020, 887면. 그러나 출자에 의한 지분의 취득은 자산의 매입과 완전히 동일하게 보기는 어렵다. 지분은 출자로 이전되는 자산의 가치를 단순히 표창할 뿐이고 독자적인 가치를 가진다고 보기 어렵기 때문이다. 따라서 독일법에서는 출자에 의한 지분의 취득을 교환과 구별하여 '교환유사거래(tauschähnlicher Vorgang)'라고 한다(*Adam*, Einlage, Tausch und tauschähnlicher Vorgang im Zivilrecht und im Steuerrecht, 2005, S. 93-96). 그러므로 출자에 의하여 취득한 지분의 취득가액에 관하여는 별도의 독립된 규정을 둘 필요가 있다. 일본법인세법시행령 제119조 제1항 제2호는 금전 또는 금전 이외의 자산의 급부에 의하여 취득한 유가증권의 취득가액은 그 납입한 금전 및 급부한 금전 이외의 자산가액에 의한다고 별도로 규정하고 있다.
6) 완전자회사가 액면가액에 미달하는 시가로 신주를 발행하고 이를 완전모회사가 인수하는 경우 부당행위계산

법인이 토지와 그 토지에 정착된 건물 및 그 밖의 구축물 등을 함께 취득하여 토지의 가액과 건물 등의 가액의 구분이 불분명한 경우 시가에 비례하여 안분계산한다(법령 72 ② I).

나. 내국법인이 외국자회사를 인수하여 승계취득한 주식등

법인세법 제41조 제1항 제1호의2에 해당하는 내국법인이 외국자회사를 인수하여 승계취득한 주식등의 경우 취득가액을 계상할 때 ① 내국법인이 외국자회사의 의결권 있는 발행주식총수 또는 출자총액의 10퍼센트 이상을 최초로 보유하게 된 날의 직전일 기준 이익잉여금을 재원으로 한 수입배당금액에 해당하면서 동시에 ② 외국자회사 수입배당금액 익금불산입 규정(법법 18의4)에 따라 익금불산입되는 수입배당금액에 해당하는 금액을 뺀다(법령 72 ② I의2). 외국자회사 수입배당금액 익금불산입 규정에 따라 수입배당금액이 해외자회사 주식의 취득가액에서 빼지 않으면 해당 주식을 양도할 때 그 수입배당금액만큼 익금이 과소하게 인식되어 내국법인이 이중의 비과세 혜택을 누릴 수 있기 때문에 이를 막기 위한 규정이다.

다. 제조 등에 의하여 취득한 자산

자기가 제조·생산·건설하거나 그 밖에 이에 준하는 방법으로 취득한 자산의 취득가액은 제작원가에 그 부대비용을 더한 금액으로 한다. 즉 자기가 제조·생산·건설하거나 그 밖에 이에 준하는 방법으로 취득한 자산의 취득가액은 원재료비·노무비·운임·하역비·보험료·수수료·공과금(취득세와 등록면허세를 포함한다)·설치비 및 그 밖의 부대비용의 합계액으로 한다(법령 72 ② II).

라. 합병 등에 따라 취득한 자산

합병·분할 또는 현물출자에 따라 취득한 자산의 취득가액은 적격합병 또는 적격분할의 경우에는 피합병법인 또는 분할법인등의 장부가액으로, 그 밖의 경우에는 해당 자산의 시가로 한다(법령 72 ② III). 구체적으로 법인세법 시행령은 합병법인 또는 분할신설법인등이 적격합병 또는 적격분할시 양도받은 자산 또는 부채의 가액을 합병등기일 또는 분할등기일 현재의 시가로 계상하되, 시가에서 피합병법인 또는 분할법인등의 장부가액을 뺀 금액을 자산조정계정으로 계상하는 방법으로 장부가액을 승계하도록 규정하고 있다(법령 80의4 ①, 82의4 ①).

부인의 대상이 아니므로 주식의 취득가액은 그 인수가액이다(서이 46012-12028, 2003. 11. 26.).

마. 물적분할에 따라 분할법인이 취득하는 주식등

물적분할에 따라 분할법인이 취득하는 주식등의 취득가액은 적격물적분할인지 여부를 묻지 않고 물적분할한 순자산의 시가로 한다(법령 72 ② Ⅲ의2).[7] 적격물적분할시에는 그 순자산의 시가에 압축기장충당금을 설정한다.

바. 현물출자에 따라 주주가 취득하는 주식등

현물출자에 따라 출자법인이 취득한 주식등의 경우 다음의 구분에 따른 금액으로 한다(법령 72 ② Ⅳ).

① 출자법인(출자법인과 공동으로 출자한 자를 포함한다. 이하 '출자법인등'이라고 한다)이 현물출자로 인하여 피출자법인을 새로 설립하면서 그 대가로 주식등만 취득하는 현물출자의 경우에는 현물출자한 순자산의 시가로 한다.

② 그 밖의 경우에는 해당 주식등의 시가로 한다.

사. 일정한 요건을 갖춘 채무의 출자전환으로 취득한 주식등

채무의 출자전환에 따라 취득한 주식등은 그 주식등의 취득 당시의 시가로 한다.[8] 다만, 다음의 요건을 갖춘 채무의 출자전환으로 취득한 주식등의 취득가액은 출자전환된 채권(대손충당금을 설정할 수 없는 채무보증으로 발생한 구상채권 및 특수관계인에 대한 업무무관가지급금은 제외한다)의 장부가액[9]으로 한다(법령 72 ② Ⅳ의2 但, 15 ①). 출자전환시점에는 출자전환에 따른 과세문제가 발생하지 않도록 하기 위한 규정이다.

① 채무자회생법에 따라 채무를 출자로 전환하는 내용이 포함된 회생계획인가의 결정을 받은 법인이 채무를 출자전환하는 경우

---

7) 단순분할에 의하여 물적분할이 행해진 경우 '물적분할한 순자산'에 물적분할한 사업부문에 관한 영업권은 포함되지 않는다는 것이 조세심판원 결정과 행정해석의 입장이다. 조심 2024. 11. 6. 자 2024광3777 결정; 사전-2018-법령해석법인-0323, 2018. 6. 20.; 화우 조세실무연구원, 「조세 예규 및 심결례 해설」, 법무법인 화우, 2021, 25-26면. 거래의 양당사자가 실질적으로 동일인이므로 자가창설 영업권에 해당하는데 법인세법상 자가창설 영업권은 인정되지 않기 때문이다. 같은 이유에서 물적분할에 의한 분할합병이 가능하다면 영업권을 포함하여 인식할 수 있을 것이다.

8) 내국법인이 전환사채를 전환하여 취득한 주식의 경우, 전환사채 매입가액을 주식의 취득가액으로 할 것인가(법령 72 ② Ⅰ), 출자전환에 따라 취득한 주식으로 보아 취득 당시 주식의 시가를 그 취득가액으로 하고 주식의 시가와 전환사채 매입가액의 차액(전환이익)을 익금 산입할 것인지 문제된다. 행정해석은 전환사채 매입가액을 주식의 취득가액으로 보고 있는데(기준-2023-법무법인-0120, 2023. 11. 28.), 이 문제는 입법적으로 해결하여야 할 것으로 생각된다.

9) '출자전환 채권의 장부가액'이란 출자전환일이 속하는 사업연도의 직전 사업연도 종료일 현재의 출자전환된 채권의 세무상 장부가액을 의미한다는 행정해석이 있다. 재법인-88, 2014. 2. 19.

② 「기업구조조정 촉진법」에 따라 채무를 출자로 전환하는 내용이 포함된 경영정상화계획의 이행을 위한 약정을 체결한 부실징후기업이 채무를 출자전환하는 경우

③ 해당 법인에 대하여 채권을 보유하고 있는 금융회사 등과 채무를 출자로 전환하는 내용이 포함된 경영정상화계획의 이행을 위한 협약을 체결한 법인이 채무를 출자로 전환하는 경우

④ 「기업 활력 제고를 위한 특별법」 제10조에 따른 사업재편계획승인을 받은 법인이 채무를 출자전환하는 경우로서 해당 주식등의 시가(시가가 액면가액에 미달하는 경우에는 액면가액을 말한다)를 초과하는 금액

위 사유는 한정적 열거이므로 그 이외의 경우는 원칙에 따라 주식등의 취득당시 시가로 계상한다.[10]

아. 합병 또는 분할(물적분할 제외)에 따라 취득한 주식등

합병 또는 분할(물적분할을 제외한다)에 따라 취득한 주식등은 종전의 피합병법인등의 주식등의 장부가액[11]에 다음의 금액을 더한 금액에서 합병대가 또는 분할대가 중 합병교부금 또는 분할교부금을 뺀 금액을 그 취득가액으로 한다(법령 72 ② V).[12]

① 합병 또는 분할에 따른 의제배당액

② 특수관계인인 법인간의 합병(분할합병을 포함한다)의 경우 주식등을 시가보다 높거나 낮게 평가하여 불공정한 비율로 합병함에 따라 합병당사회사의 주주인 법인이 특수관계인인 다른 합병당사회사의 주주로부터 분여받은 이익

위 두 금액을 더하는 것은 이미 합병등기일이 속하는 사업연도의 익금에 산입되어 법인세가 과세된 것을 고려하여 이중과세를 방지하기 위한 것이다.[13]

---

10) 따라서 출자전환으로 채권자가 주식발행법인의 신주를 취득한 경우 위 네 가지 예외에 해당하지 않는다면 신주의 시가가 채권의 장부가액을 초과한 금액은 익금에 해당한다. 서울고등법원 2024. 1. 30. 선고 2023누 34363 판결(대법원 2024. 5. 30. 자 2024두34818 판결로 심리불속행 종결). 그러나 판례는 반대로 신주의 시가가 채권의 장부가액에 미치지 못하더라도 그 차액을 손금으로 보지 않아서 일관되지 않다. 수원고등법원 2024. 4. 19. 선고 2023누11562 판결(대법원 2024. 9. 13. 자 2024두42123 판결로 심리불속행 종결).

11) 법인세법 제16조 제1항 제5호, 제6호가 의제배당액을 합병대가 또는 분할대가가 종전 주식의 '취득가액'을 초과하는 금액으로 규정하고 있는 것을 고려하면 장부가액 대신 취득가액으로 개정하는 것이 타당할 것이다. 장부가액과 취득가액은 개념적으로 일치하지 않기 때문이다.

12) 합병교부금 또는 분할교부금을 빼는 이유는 의제배당액 중 합병 또는 인적분할에 따라 취득한 주식등에 대응하는 부분만을 취득가액으로 하기 위한 것이다. 예를 들어 비적격합병시 종전 주식의 장부가액(취득가액)이 300원, 시가가 500원이고 합병대가로 교부받은 주식(합병교부주식)의 시가가 440원, 합병교부금이 60원이라면 의제배당액은 200원[= 500(440 + 60) - 300]이 된다. 의제배당액을 종전 주식의 장부가액에 더하는 것은 그 금액만큼 과세가 되었으므로 추후에 합병교부주식을 처분할 때 과세가 되지 않도록 하기 위한 것인데 의제배당액 200원 중 60원은 (합병교부주식에 대응하는 것이 아니라) 합병교부금에 대응하는 것이므로 이를 합병교부주식의 취득가액에는 넣지 않는 것이다.

자. 단기금융자산 등

단기금융상품(기업회계기준에 따라 단기매매항목으로 분류된 금융자산 및 파생상품을 말한다)의 취득가액은 매입가액으로 한다(법령 72 ② V의2).

차. 공익법인 등이 기부받은 자산

상속세 및 증여세법 시행령 제12조에 따른 공익법인 등이 기부받은 자산의 취득가액은 특수관계인 외의 자로부터 기부받은 자산으로서 일반기부금에 해당하는 것(법령 36 ①에 따른 금전 외의 자산만 해당)은 기부 당시 장부가액[14]으로 한다. 다만 출연재산이 상증법에 따른 증여세 과세가액에 산입되지 않았으나 그 후에 과세요인이 발생하여 증여세 전액이 부과되는 경우에는 기부 당시의 시가로 한다(법령 72 ② V의3).

카. 배출권

「온실가스 배출권의 할당 및 거래에 관한 법률」제12조 및「대기관리권역의 대기환경개선에 관한 특별법」제17조 제1항에 따라 정부로부터 무상으로 할당받은 배출권은 영(0)원으로 한다(법령 72 ② VI).

타. 그 밖의 방법으로 취득한 자산

위의 방법 외의 방법으로 취득한 자산의 취득가액은 취득 당시의 시가에 의한다(법령 72 ② VII).[15] 여기에는 증여 등에 따라 무상으로 취득한 자산 및 교환에 따라 취득한 자산 등[16]이 포함된다. 위 규정에서 정한 시가는 일반적이고 정상적인 거래에 의하여 형성된 교환가치를 의미하며 상장주식의 경우에는 특별한 사정이 없는 한 평가기준일 당일의 한국증권거래소 종가에 의하여 정해진다.[17] 해당 자산이 본래의 용도대로 사용될 수 있기까지 지출한 부대비용이 있는 경우에는 그 금액을 포함한다.

내국법인이 분할합병의 대가로 지급받은 외국법인 발행 주식의 취득가액은 이 규정에 따

---

13) 따라서 판례는 위 규정이 수익비용대응의 원칙에 대한 예외를 정한 것으로 볼 수 없다고 하면서 주주가 합병으로 인하여 주식을 취득한 경우 그 취득에 소요된 부대비용이 있다면 명문의 규정은 없으나 특별한 사정이 없는 한 취득가액에 포함된다고 한다(대법원 2014. 3. 27. 선고 2011두1719 판결).

14) 사업소득과 관련이 없는 자산(개인인 경우만 해당한다)의 경우에는 취득 당시의 소득세법 시행령 제89조에 따른 취득가액을 말한다.

15) 규정에 관한 입법론적 비판은 강석규,「조세법쟁론」, 2020 개정판, 삼일인포마인, 2020, 545면.

16) 대법원 2011. 7. 28. 선고 2008두5650 판결.

17) 대법원 2015. 8. 27. 선고 2012두16084 판결; 대법원 2002. 5. 31. 선고 2001두6715 판결.

라 취득 당시의 시가로 계상한다.[18]

2 취득가액의 구성항목

가. 취득가액에 포함하는 금액

1) 유가증권의 저가매입에 따른 차액

특수관계인(법법 2 XII)인 개인으로부터 유가증권을 시가에 미달하는 가액으로 매입한 경우에 그 유가증권의 시가와 해당 매입가액과의 차액에 상당하는 금액은 익금에 산입한다(법법 15 ② I). 이와 같이 익금에 산입한 유가증권의 시가와 매입가액과의 차액에 상당하는 금액은 그 유가증권의 취득가액에 산입한다(법령 72 ③ I).[19]

사례

甲 주식회사는 제4기에 특수관계인인 개인 乙으로부터 시가 10,000,000원인 주식을 4,000,000원에 매입하였다. 그리고 甲 주식회사는 위의 주식을 제7기에 15,000,000원에 매도하였다. 甲 주식회사는 위의 주식을 매입한 때와 매도한 때에 아래와 같이 회계처리를 하였다. 이와 관련한 세무조정의 예를 표시하라.

회계처리

① 유가증권을 매입한 때
(차) 유가증권　　　　　4,000,000　　　(대) 현금및현금등가물　　　4,000,000
② 유가증권을 매도한 때
(차) 현금및현금등가물　15,000,000　　(대) 유가증권　　　　　　　4,000,000
　　　　　　　　　　　　　　　　　　　　　유가증권처분이익　　11,000,000

세무조정

① 유가증권을 매입한 때
〈익금산입〉 주식저가매입차액　　　6,000,000(유보)
② 유가증권을 매도한 때
〈손금산입〉 주식저가매입차액　　　6,000,000(△유보)

---

18) 사전-2020-법령해석법인-1174, 2021. 4. 29. 외국법인 간의 합병 및 분할은 법인세법상의 합병이나 분할에 해당하지 않는다고 보기 때문이다.
19) 추후 유가증권 처분시 이중과세를 방지하기 위한 규정이다. 즉, 이 규정은 단순히 익금산입시기를 앞당길 뿐이다.

2) 유형자산 등의 건설자금이자

유형자산 및 무형자산의 건설자금에 충당한 특정차입금의 이자금액 및 손금에 산입하지 않은 일반차입금의 이자금액이 그 유형자산 및 무형자산의 취득가액에 포함됨은 의문의 여지가 없다(법령 72 ③ Ⅱ). 그러나 재고자산 및 투자자산의 건설자금이자가 그 재고자산 및 투자자산의 취득가액을 구성하는지에 관하여는 긍정설과 부정설이 대립하고 있다.

가) 긍정설

재고자산 및 투자자산의 건설자금이자도 그 재고자산 및 투자자산의 취득가액을 구성한다는 견해이다. 그 논거로서 국회기 제1023호, 일회기 제18장 및 기업회계존중의 원칙에 관한 법인세법 제43조를 든다.

한국채택국제회계기준은 자본화의 대상이 되는 적격자산으로서 '의도된 용도로 사용하거나 판매가능한 상태에 이르게 하는 데 상당한 기간을 필요로 하는 자산으로서 재고자산, 제조설비자산, 전력생산설비, 무형자산 및 투자부동산' 등을 들고 있다.[20]
또한 일반기업회계기준은 자본화의 대상이 되는 적격자산을 유형자산, 무형자산 및 투자부동산과 제조, 매입, 건설, 또는 개발이 개시된 날로부터 의도된 용도로 사용하거나 판매할 수 있는 상태가 될 때까지 1년 이상의 기간이 소요되는 재고자산으로 규정하고 있다.[21]

나) 부정설

재고자산 및 투자자산의 건설자금이자는 그 재고자산 및 투자자산의 취득가액을 구성하지 않는다는 견해이다. 그 논거는 법인세법 시행령 제72조 제3항 제2호에서의 '제52조에 의한 건설자금에 충당한 차입금의 이자'와 법령 52(건설자금에 충당한 차입금의 이자의 범위)이다.

즉 법인세법 시행령 제52조에서 건설자금에 충당한 차입금의 이자와 관련하여 '그 명목 여하에 불구하고 사업용 유형자산 및 무형자산의 매입·제작·건설…에 소요되는 차입금…에 대한 지급이자'라고 정의하여 재고자산 및 투자자산의 경우 건설자금이자의 계상대상이 아님을 명백히 하고 있다.

다) 결 어

생각건대 법인세법 제28조 제1항 제3호, 법인세법 시행령 제52조 제1항의 규정 취지상

---

[20] 국회기 제1023호 용어의 정의 5, 7.
[21] 일반기업회계기준 제18장 18.4 및 용어의 정의.

재고자산 및 투자자산의 취득과 관련한 건설자금이자는 그 재고자산 및 투자자산의 취득가액에 포함하여서는 안 된다고 생각한다. 즉 부정설을 지지한다. 판례도 부정설의 입장이다.[22]

3) 유형자산의 취득에 부수하여 취득한 국채 등의 차액

유형자산의 취득과 함께 국·공채를 매입하는 경우 기업회계기준에 따라 그 국·공채의 매입가액과 현재가치의 차액을 해당 유형자산의 취득가액으로 계상한 금액은 그 유형자산의 취득가액에 산입한다(법령 72 ③ III).

4) 불균등증자·감자에 의하여 특수관계인으로부터 분여받은 이익

불균등증자·감자에 의하여 특수관계인으로부터 분여받은 이익은 해당 주식의 취득가액에 포함시킨다(법칙 37 ②). 이 경우 부당행위계산부인규정에 의해 익금산입시기를 앞당기는 것에 불과하므로 이중과세를 방지하기 위한 규정이다.

나. 취득가액의 구성에서 제외되는 금액

1) 현재가치할인차금

자산을 장기할부조건 등으로 취득함에 따라 발생한 채무를 기업회계기준이 정하는 바[23]에 따라 현재가치로 평가하여 현재가치할인차금으로 계상한 경우 해당 현재가치할인차금은 그 자산의 취득가액에 포함하지 않는다.

현재가치할인차금을 취득가액에서 제외하기 위한 요건은 다음과 같다.

① 자산을 장기할부조건 등으로 취득하여야 한다.

첫째, 취득하는 자산의 종류에는 제한이 없다. 그러나 그 속성상 투자자산·유형자산 및 무형자산이 주된 대상이 된다고 하겠다. 용역의 수수는 자산의 취득거래에 해당하지 않으므로 본 조의 적용대상이 아니다. 또한 법인이 자산을 장기할부조건 등으로 취득함에 따라 발생한 채권·채무의 경우로 한정되며 장기금전대차거래에서 발생하는 채권·채무를 현재가치로 평가하여 명목가액과 현재가치의 차액을 현재가치할인차금으로 계상한 경우에는 본 조가 적용되지 않는다.[24]

---

22) 대법원 1997. 7. 25. 선고 95누16950 판결.
23) 국회기 제1016호 문단 23; 일회기 제10장 10.17.
24) 그러므로 현재가치할인차금에 상당하는 금액을 당기손익으로 처리한 경우에는 이를 각 사업연도의 소득금액 계산상 익금 또는 손금에 산입하지 아니하며, 추후에 현재가치할인차금을 상각 또는 환입하면서 이를 이자비용 또는 이자수익으로 계상한 경우에도 각 사업연도의 소득금액 계산상 익금 또는 손금에 산입하지

둘째, 장기할부조건 등이란 자산의 매입 또는 양수(국외거래에 있어서는 소유권이전조
건부 약정에 의한 자산의 임대를 포함한다)로서[25] 매입금액 또는 양수금액을 월부·연
부나 그 밖의 지불방법에 따라 2회 이상으로 분할하여 지급하는 것 중 해당 목적물의
인수일의 다음 날부터 최종의 할부금의 지급기일까지의 기간이 1년 이상인 것을 말한다
(법령 68 ④).

② 법인이 기업회계기준이 정하는 바에 따라 현재가치할인차금을 계상하여야 한다.

법인이 스스로 기업회계기준이 정하는 바에 따라 현재가치로 평가하고 현재가치할인차
금을 계상한 경우에 한하여 그 현재가치할인차금을 자산의 취득가액에서 제외한다. 그
러므로 법인이 장기할부조건 등으로 자산을 취득하면서 현재가치할인차금을 계상하지
않고 그 전액을 해당 자산의 취득가액으로 계상하고 있는 경우에는 현재가치할인차금에
상당하는 금액도 취득가액에 포함되는 것이다.[26]

자산을 장기할부조건 등으로 취득함에 따라 발생한 채무를 현재가치로 평가하여 현재가
치할인차금으로 계상하는 경우의 회계처리 예는 다음과 같다.

㉮ 장기할부조건 등에 의한 자산의 취득

　　(차) 유형자산　　　　　　　　　×××　　(대) 장기미지급금　　　　　×××

　　　　현재가치할인차금　　　　　×××

㉯ 상각시

　　(차) 이자비용　　　　　　　　　×××　　(대) 현재가치할인차금　　　×××

위와 같이 법인이 자산을 장기할부조건 등으로 취득하면서 채무를 현재가치로 평가하여
현재가치할인차금으로 계상하였다면 해당 현재가치할인차금은 그 자산의 취득가액에 포함
하지 않는 것이다.

그리고 법인이 장기할부조건 등으로 자산을 취득함에 따라 발생한 채무를 현재가치로 평
가하여 계상한 현재가치할인차금의 상각액과 뒤에서 다룰 일정한 연지급수입에 따른 지급

아니한다(법통 42-0…1).

25) 대법원 2009. 1. 30. 선고 2006두18270 판결: 국적취득조건부 용선계약이라 함은 용선계약의 형식을 취하고
　　는 있으나 실질적으로는 선박의 매매로서 그 선박의 매매대금을 일정기간 동안 분할하여 지급하되 그 기간
　　동안 매수인이 선박을 사용할 수 있는 것으로서 선박수입의 특수한 형태인바, 법인세법 시행령 제68조 제4
　　항은 자산의 장기할부조건 판매 또는 양도와 관련하여 '장기할부조건이라 함은 자산의 판매 또는 양도(국외
　　거래에 있어서는 소유권이전 조건부 약정에 의한 자산의 임대를 포함한다)로서 판매금액 또는 수입금액을
　　월부·연부 기타의 지불방법에 따라 2회 이상으로 분할하여 수입하는 것 중 당해 목적물의 인도일의 다음
　　날부터 최종의 할부금의 지급기일까지의 기간이 1년 이상인 것을 말한다'고 규정하고 있으므로, 할부금의
　　지급방법이 2회 이상으로 분할되어 최종지급기일까지의 기간이 1년 이상인 국적취득조건부 용선계약은 법
　　인세법을 적용할 때 장기할부조건부 매매와 동일하게 취급하여야 할 것이다.

26) 대법원 2009. 1. 30. 선고 2006두18270 판결.

이자로서 해당 사업연도의 이자비용으로 계상한 금액에 대해서는 그 사업연도의 손금으로 하되, 다만 내국법인 수입배당금액의 익금불산입(법법 18의2) 및 지주회사의 수입배당금의 익금불산입에서의 차입금의 이자(법법 18의3)·지급이자의 손금불산입(법법 28)·원천징수 (법법 73 및 98) 및 지급명세서제출의무에 관한 규정(법법 120)은 적용하지 않도록 하고 있다.

현재가치할인차금 또는 이자비용으로 계상하지 않고 그 전액을 해당 자산의 취득가액으로 계상하여 매출원가 또는 감가상각비 등[27]의 형태로 손금화하는 법인과의 형평을 고려한 규정이다.

2) 연지급수입에 따른 지급이자

가) 일정한 연지급수입(延支給輸入)에 있어서의 지급이자

일정한 연지급수입[28]에 따라 발생한 지급이자를 수입물품(원재료 등)의 취득가액과 구분하여 이자비용으로 계상한 경우에 그 이자비용은 그 물품의 취득가액에 포함하지 않는다. 이때의 이자비용은 전액 해당 사업연도의 손금에 산입하는데, 이와 같이 손금에 산입하는 이자비용에 대해서는 전술한 바와 같이 지주회사의 수입배당금의 익금불산입 및 수입배당금의 익금불산입에 있어서의 차입금의 이자, 지급이자의 손금불산입, 원천징수 및 지급명세서제출의무에 관한 규정은 적용하지 않는다. 선택가능한 세무회계처리방식의 차이에 따라 법인세부담의무가 달라지는 것을 막기 위한 것이다.

여기서 일정한 연지급수입이란 다음의 수입을 말한다(법령 72 ④, 법칙 37 ③).

① 은행이 신용을 공여하는 기한부 신용장방식(Banker's Usance Bill) 또는 공급자가 신용을 공여하는 수출자신용방식(Shipper's Usance Bill)에 의한 수입방법에 의하여 그 선적서류나 물품의 영수일부터 일정기간이 경과한 후에 지급하는 방법에 의한 수입

② 수출업자가 발행한 기한부 환어음에 대해 수입업자가 이를 지급하지 않고 인수하면 그 선적서류나 물품이 수입업자에게 인도되고 일정기간이 지난 후에 수입업자가 해당 물품의 수입대금 전액을 지급하는 방법(인수도방식: D/A Bill)에 따른 수입

③ 정유회사, 원유·액화천연가스 또는 액화석유가스 수입업자가 원유·액화천연가스 또는 액화석유가스의 일람불방식, 수출자신용방식 또는 사후송금방식에 의한 수입대금 결제를 위하여 외국환거래법상 연지급수입기간 이내에 단기외화자금을 차입하는 방법에

---

27) 매출원가 또는 감가상각비에 대하여는 지급이자의 손금불산입 규정이나 원천징수에 관한 규정 및 지급명세서제출의무에 관한 규정을 적용하지 않기 때문이다.

28) 연지급수입이란 수입자가 선적서류 또는 물품을 인수한 날로부터 일정한 기간이 경과한 후에 수입대금을 결제하는 조건의 수입을 말한다. 즉, 수입대금의 지급기한이 유예되어 있는 수입을 말한다. 여기서 지급유예기간을 유산스(usance)라고 한다.

의한 수입

④ 그 밖에 위의 ① 및 ③과 유사한 연지급수입

3) 의제매입세액 등

부가가치세로서 공제받은 의제매입세액과 조세특례제한법 제108조에 따라 공제받은 재활용폐자원 등에 매입세액은 해당 법인의 각 사업연도 소득금액을 계산할 때 그 원재료의 매입가액에서 공제한다(법령 22 ②).

4) 고가매입 등에 따른 시가초과액

먼저 법인이 특수관계인(법법 2 XII)으로부터 자산을 시가보다 높은 가액으로 매입 또는 현물출자받은 경우(시가와 거래가액의 차액이 3억원 이상이거나 시가의 5퍼센트에 상당하는 금액 이상인 경우에만 해당한다)와 법인이 증자를 하는 경우 주주등인 법인이 신주를 시가보다 높은 가액으로 인수함으로써 특수관계인인 다른 주주등에게 이익을 분여한 경우에 그 시가초과액은 취득가액에 포함하지 않는다. 이에 관한 상세한 논의는 '부당행위계산부인' 중 '자산의 고가매입 등'(718면)에서 상세히 다룬다.

다음으로 법인이 특수관계인 외의 타인으로부터 자산을 시가보다 높은 가액으로 매입함으로써 기부금으로 의제되는 경우에 해당 의제기부금을 그 자산의 취득가액에서 차감할 것인지가 문제이다. 부당행위계산부인의 경우와 마찬가지로 자산의 고가매입에 따라 기부금으로 의제되는 경우에 그 기부금 상당액, 즉 해당 자산의 매입가액에서 그 시가의 130퍼센트에 상당하는 금액(정상가액)을 뺀 차액은 취득가액에 포함하지 않는다고 새긴다.

다. 보유기간 중의 자산의 취득가액의 수정

1) 자본잉여금 감액배당시 장부가액 감액

법인세법 제18조 제8호에 따라 자본잉여금을 감액배당받은 경우 그 주식의 취득가액에서 배당받은 금액을 차감하되 주식의 장부가액을 한도로 한다(법령 72 ⑤ I).

2) 자산의 평가손익

법인이 보유하는 자산 및 부채를 다음의 사유에 따라 평가(그 가액을 증액 또는 감액하는 것을 가리키되, 감가상각을 제외한다)한 경우에는 그 평가액을 해당 자산 및 부채의 취득가액으로 한다(법령 72 ⑤ I의2).

가) 「보험업법」이나 그 밖의 법률에 따른 유형자산 및 무형자산 취득가액의 증액수정

보험업법[29]이나 그 밖의 법률에 따라 유형자산 및 무형자산 등을 평가증함으로써 발생한 평가이익은 익금에 산입한다. 이 경우에는 해당 자산의 평가액이 그 자산의 취득가액이 된다(법령 72 ⑤ I). 다시 말하면 유형자산 및 무형자산 등의 평가이익을 취득가액에 더하는 결과가 된다.

나) 재고자산 등의 평가

재고자산, 유가증권 등, 기업회계기준에 따른 화폐성 외화자산 · 부채와 통화 관련 파생상품 중 통화선도, 통화스왑 및 환변동보험을 평가한 경우에는 그 평가액을 해당 자산의 취득가액으로 한다(법령 72 ④ I).

이에 관한 상세한 논의는 '자산 · 부채의 평가'(561면)에서 설명한다.

다) 자산의 취득가액의 감액수정

법인이 다음의 사유에 해당하는 경우에는 자산의 장부가액을 시가를 기준으로 하여 감액한다. 다만, 그 감액한 금액을 해당 사업연도의 손비로 계상한 경우에 한정한다.

① 파손 등의 사유로 정상가격으로 판매할 수 없는 재고자산(법법 42 ③ I)

재고자산으로서 파손 · 부패 등의 사유로 정상가격으로 판매할 수 없는 것은 사업연도 종료일 현재 처분가능한 시가로 평가한 가액을 취득가액으로 할 수 있다.

② 천재지변 등의 사유로 인하여 파손 또는 멸실된 유형자산(법법 42 ③ II, 법령 78 ①)

유형자산으로서 천재지변 · 화재 · 법령에 따른 수용 등 · 채굴예정량의 채진으로 인한 폐광(토지를 포함한 광업용 유형자산이 그 고유의 목적에 사용될 수 없는 경우를 포함한다) 등의 사유로 파손 또는 멸실된 것은 사업연도 종료일 현재의 시가로 평가한 가액으로 할 수 있다.

③ 부도등이 발생한 주권상장법인 등의 주식등의 평가특례(법법 42 ③ III 가-다, 법령 78 ② I)

주권상장법인이 발행한 주식등, 중소기업창업투자회사 또는 신기술사업금융업자가 보유하는 주식등 중 각각 창업자 또는 신기술사업자가 발행한 것, 주권상장법인 외의 법인 중 특수관계에 있지 않은 법인[30]이 발행한 주식등으로서 발행법인이 부도가 발생한 경우 또는 채무자회생법에 따른 회생계획인가의 결정을 받았거나 「기업구조조정 촉진법」

---

29) 보험업법 제114조, 보험업법 시행령 제58조.
30) 법인과 특수관계의 유무를 판단할 때 주식등의 발행법인의 발행주식총수 등의 5퍼센트 이하를 소유하고 그 취득가액이 10억원 이하인 주주등에 해당하는 법인은 법인세법 제50조 제2항에도 불구하고 소액주주등으로 보아 특수관계에 있는지를 판단한다(법령 78 ④).

에 따른 부실징후기업이 된 경우의 해당 주식등은 그 감액사유가 발생한 사업연도에 그 사업연도 종료일 현재의 시가(시가로 평가한 가액이 1천원 이하인 경우에는 1천원으로 한다)로 평가한 가액으로 할 수 있다.

④ 주식등을 발행한 법인이 파산한 경우의 해당 주식등(법법 42 ③ Ⅲ 라, 법령 78 ② Ⅱ) 사업연도 종료일 현재의 시가(시가로 평가한 가액이 1천원 이하인 경우에는 1천원으로 한다)로 평가한 가액으로 할 수 있다.

3) 무증자합병시 합병법인 주식의 취득가액 조정

동일한 내국법인이 발행주식총수 또는 출자총액을 소유하고 있는 서로 다른 법인 간에 무증자합병을 하는 경우(법법 44 ③ Ⅱ) 합병법인 주식의 취득가액은 합병법인 주식의 종전 취득가액에 소멸한 피합병법인 주식등의 취득가액을 더하고 합병교부금을 빼서 조정한다 (법령 72 ⑤ Ⅰ의3).[31]

4) 자본적 지출액

유형자산 및 무형자산에 대한 자본적 지출액이 있는 경우에는 해당 금액은 취득가액에 가산한다(법령 72 ⑤ Ⅱ). 자본적 지출액의 개념 및 그 범위에 관한 상세한 논의는 '감가상각비의 손금불산입(389면)'에서 다루었다.

5) 불공정합병에 따라 분여받은 이익

특수관계인인 법인간의 합병(분할합병을 포함한다)에 있어서 주식등을 시가보다 높거나 낮게 평가하여 불공정한 비율로 합병함에 따라 합병당사회사의 주주인 법인이 특수관계인인 다른 합병당사회사의 주주로부터 분여받은 이익이 있는 경우에는 그 이익을 익금에 산입한다(법령 11 Ⅸ). 이 경우에는 그 분여받은 이익상당액을 해당 주식의 취득가액에 가산한다(법령 72 ⑤ Ⅲ).

---

[31] 그러나 그 이외의 무증자합병에 관하여는 행정해석에 의하여 규율되고 있다. 완전자법인이 완전모법인에 무증자합병되어 완전모법인이 보유한 완전자법인 주식이 전부 소멸하는 경우 완전자법인 주식의 세무상 장부가액을 합병법인 주식의 장부가액에 가산하도록 세무조정한다. 사전-2022-법규법인-1013, 2023. 1. 27. 그러나 위 사안에서 완전자법인이 자본잠식상태에 있다면 완전모법인이 합병등기일 전에 포합주식과 관련하여 손금불산입(유보)한 금액은 합병법인의 각 사업연도 소득금액 계산시 손금산입(△유보) 및 손금불산입(기타)으로 처리한다. 즉, 자본잠식상태라면 완전자법인 주식의 취득가액은 손금산입하지 않는다. 서면-2023-법규법인-2491, 2024. 6. 27.

6) 불균등증자·감자에 의하여 특수관계인으로부터 분여받은 이익

불균등증자·감자에 의하여 특수관계인으로부터 분여받은 이익은 해당 주식의 취득가액에 가산한다(법칙 37 ②). 이 경우 부당행위계산부인규정에 의해 익금산입시기를 앞당기는 것에 불과하므로 이중과세를 방지하기 위한 규정이다.

제**3**절 자산·부채의 평가

1 평가의 원칙

내국법인이 보유하는 자산과 부채의 장부가액을 증액 또는 감액한 경우에는 원칙적으로 그 평가일이 속하는 사업연도 및 그 후의 각 사업연도의 소득금액을 계산할 때 그 자산과 부채의 장부가액을 그 평가하기 전의 가액으로 한다. 다만 ① 「보험업법」이나 그 밖의 법률에 따른 유형자산 및 무형자산등의 평가(장부가액을 증액한 경우에 한함), ② 재고자산 등 대통령령으로 정하는 자산과 부채의 평가는 그 예외로 한다(법법 42 ①). 이는 자산 및 부채의 평가에 따른 미실현손익을 원칙적으로 해당 사업연도의 소득금액 계산에 반영하지 않고 자산을 처분하거나 부채를 상환하는 등의 거래로 그 손익이 확정되어 실현되는 시점에 이를 소득금액 계산에 반영한다는 뜻이다. 이는 과세소득을 획일적으로 파악하여 과세의 공평을 기하고 납세자의 자의를 배제하려는 것이다.[1]

그러나 일정한 자산 및 부채에 관하여는 예외적으로 평가손익을 인식하도록 하고 있다.

---

1) 대법원 2014. 4. 10. 선고 2013두25344 판결; 대법원 2009. 12. 10. 선고 2007두19683 판결. 헌법재판소도 같은 취지로 판시한 바 있다. 「법인세법이 자산의 평가손익을 원칙적으로 과세에 반영하지 않는 것은, 원래 자산의 평가손익이란 본질적으로 미실현 이익 내지 손실로서 유동적 상태에 있어 확정적인 것이 아니고, 미실현손익에 대하여 과세하기 위하여서는 과세기간 말 현재 자산의 시장가치를 정확하게 평가하여야 하는데, 과세대상에 해당하는 모든 자산을 객관적·통일적으로 파악·평가하기는 과세기술상 거의 불가능하기 때문이다. 또한 만약 그와 같은 평가손익을 손금 또는 익금으로 산입하는 것을 원칙적으로 허용하게 되면, 과세소득의 자의적인 조작수단으로 악용될 여지가 있어 이를 방지할 정책적인 필요도 있고, 경우에 따라 자산가치의 상승이 있다고 하여 원칙적으로 익금산입을 무제한하게 허용하게 되면 그에 대한 불필요한 조세저항을 부를 우려조차 있다. 그리하여 법인세법은 원칙적으로 자산의 평가차익을 익금으로 산입하지 않는 것과 마찬가지 이유로 자산의 평가차손을 손금으로 산입하지 않고 있는 것이다.」[헌법재판소 2007. 3. 29. 선고 2005헌바53·65·79·2006헌바27(병합) 결정].

2 재고자산의 평가

가. 재고자산의 범위

평가대상이 되는 재고자산에는 다음의 자산이 포함된다(법령 73 I).

① 제품 및 상품

제품 및 상품에는 주택신축업자가 판매의 목적으로 건축한 주택과 부동산매매업자가 매매를 목적으로 소유하는 부동산이 포함된다.

그런데 본 조에서의 상품에 유가증권, 예를 들어 금융 및 보험업을 영위하는 법인이 매매를 목적으로 소유하는 유가증권을 포함할 것인가가 문제이다. 유가증권의 평가방법에 관하여는 재고자산의 평가방법(법령 74)과는 달리 별도의 규정(법령 75)을 두고 있기 때문에 재고자산에 유가증권은 포함되지 않는다고 해석하여야 할 것이다.

② 반제품 및 재공품

③ 원재료

④ 저장품

나. 재고자산의 평가방법

1) 재고자산의 평가방법

재고자산은 원가법 또는 저가법 중 법인이 신고한 방법에 의하여 평가한다. 원가법 및 저가법에 의한 단가는 각 사업연도 단위로 산정하는 것을 원칙으로 한다. 그러나 법인에 따라서는 월·분기 또는 반기 단위로 월차손익·분기별손익 또는 반기별손익을 계산하는 경우가 있으므로 이에 대하여 예외를 허용하고 있다. 즉 법인이 계속하여 월별·분기별 또는 는 반기별로 후입선출법·총평균법 또는 이동평균법 등을 적용하여 재고자산을 평가하는 경우에는 이를 적법한 평가로 취급하는 것이다.[2]

① 원가법

원가법은 자산의 취득가액을 그 자산의 평가액으로 하는 방법으로서 다시 개별법·선입선출법·후입선출법·총평균법·이동평균법·매출가격환원법의 6가지 방법으로 구분한다.

㉮ 개별법

재고자산을 개별적으로 각각 그 취득한 가액에 따라 산출한 것을 그 자산의 평가액으

---

2) 법통 42-74…1.

로 하는 방법을 말한다.

㉯ 선입선출법

먼저 입고된 것부터 출고되고 그 재고자산은 사업연도 종료일부터 가장 가까운 날에 취득한 것이 재고되어 있는 것으로 하여 산출한 취득가액을 그 자산의 평가액으로 하는 방법을 말한다.

㉰ 후입선출법

가장 가까운 날에 입고된 것부터 출고되고 그 재고자산은 사업연도 종료일부터 가장 먼 날에 취득한 것이 재고되어 있는 것으로 하여 산출한 취득가액을 그 자산의 평가액으로 하는 방법을 말한다.

㉱ 총평균법

자산을 품종별·종목별로 해당 사업연도 개시일 현재의 자산에 대한 취득가액의 합계액과 해당 사업연도 중에 취득한 자산의 취득가액의 합계액의 총액을 그 자산의 총수량으로 나눈 평균단가에 따라 산출한 취득가액을 그 자산의 평가액으로 하는 방법을 말한다.

㉲ 이동평균법

자산을 취득할 때마다 장부시재금액을 장부시재수량으로 나누어 평균단가를 산출하고 그 평균단가에 의하여 산출한 취득가액을 그 자산의 평가액으로 하는 방법을 말한다.

㉳ 매출가격환원법

재고자산을 품종별로 해당 사업연도 종료일에 있어서 판매될 예정가격에서 판매예정차익금을 공제하여 산출한 취득가액을 그 자산의 평가액으로 하는 방법을 말한다.

매출가격환원법을 적용할 때 해당 사업연도 종료일 현재 판매예정차손이 발생되는 경우에는 판매예정가액을 취득가액으로 본다.[3] 재고자산을 매출가격환원법에 의하여 평가하는 법인은 재고자산을 평가할 때마다 품목별 재고조사표를 기록·비치하여야 한다.

② 저가법

저가법이라 함은 자산을 원가법 또는 시가법에 의하여 평가한 가액 중 낮은 편의 가액을 평가액으로 하는 방법을 말한다. 위에서 원가법이란 위에서 설명한 6가지 원가법을 의미한다. 그리고 시가법은 재고자산을 기업회계기준이 정하는 바에 의하여 시가로 평가하는 방법을 말한다.

그러므로 저가법은 시가와의 비교기준이 되는 원가(개별법·선입선출법·후입선출법·총평균법·이동평균법 또는 매출가격환원법에 의한 원가) 중 어느 원가를 기초로 할

---

3) 법통 42-74…3.

것인지에 따라 다시 6가지 방법으로 나누어지는 것이다.

2) 재고자산의 평가방법의 적용단위

재고자산을 평가할 때에는 재고자산을 제품과 상품·반제품과 재공품·원재료·저장품으로 구분하여 종류별·영업장별로 각각 다른 방법에 의하여 평가할 수 있다(법령 74 ②).

이 경우 수익과 비용을 영업의 종목(한국표준산업분류에 의한 중분류 또는 소분류에 의한다)별 또는 영업장별로 각각 구분하여 기장하고, 종목별·영업장별로 제조원가보고서와 포괄손익계산서(포괄손익계산서가 없는 경우에는 손익계산서를 말한다)를 작성하여야 한다.

3) 재고자산의 평가방법의 신고와 변경신고

가) 재고자산평가방법의 신고

신설법인 또는 수익사업을 개시한 비영리내국법인은 각 사업연도의 소득금액계산시에 적용할 재고자산 및 유가증권(이하에서 '재고자산등'이라 한다)의 평가방법을 해당 법인의 설립일 또는 수익사업개시일이 속하는 사업연도의 법인세과세표준의 신고기한 내에 납세지 관할 세무서장에게 신고하여야 한다. 이 경우 저가법을 신고하는 경우에는 시가와 비교되는 원가법을 함께 신고하여야 한다(법령 74 ③).

법인이 재고자산등의 평가방법을 위의 기한을 경과하여 신고한 경우에는 그 신고일이 속하는 사업연도까지는 무신고시의 평가방법에 의하여 재고자산을 평가하여야 하고, 그 후의 사업연도에 있어서는 법인이 신고한 평가방법에 의하여 평가한다.

나) 재고자산평가방법의 변경신고

재고자산평가방법의 신고를 한 법인으로서 그 평가방법을 변경하고자 하는 법인은 변경할 평가방법을 적용하고자 하는 사업연도의 종료일 이전 3월이 되는 날까지 납세지 관할 세무서장에게 그 변경신고서를 제출하여야 한다. 변경신고서가 관할 세무서장에게 제출된 때에 재고자산의 평가방법은 변경된다. 감가상각방법의 변경과는 달라서 관할 세무서장의 변경승인을 그 변경의 요건으로 하고 있지 않다.

법인이 재고자산등의 평가방법을 위의 기한을 경과하여 변경신고한 경우에는 그 변경신고일이 속하는 사업연도까지는 재고자산등의 평가방법 변경신고를 하지 않고 그 방법을 변경한 경우의 평가방법에 의하여 재고자산을 평가하며, 그 후의 사업연도에 있어서는 법인이 변경신고한 평가방법에 의한다.

4) 무신고 등의 경우의 재고자산의 평가

가) 재고자산의 평가방법을 신고하지 않은 경우

법인이 신고기한 내에 재고자산의 평가방법을 신고하지 않은 경우에 납세지 관할 세무서장은 선입선출법(매매를 목적으로 소유하는 부동산의 경우에는 개별법으로 한다. 이하에서 '선입선출법등'이라 한다)에 의하여 재고자산을 평가한다. 이 경우 그 평가방법을 변경하려면 변경할 평가방법을 적용하려는 사업연도의 종료일 전 3개월이 되는 날까지 변경신고를 하여야 한다.

나) 신고한 평가방법 외의 방법으로 평가한 경우 등

① 법인이 신고한 평가방법 외의 방법으로 평가하거나 기한 내에 재고자산의 평가방법 변경신고를 하지 않고 그 방법을 변경한 경우에는 납세지 관할 세무서장은 선입선출법 등에 의하여 재고자산을 평가한다.

그런데 법인이 신고한 평가방법에 의하여 평가한 가액이 선입선출법등에 의하여 평가한 가액보다 큰 경우가 있을 수 있다. 이 경우에는 해당 법인이 신고한 평가방법에 의하여 평가한다(법령 74 ④).

예를 들어 재고자산의 평가방법을 후입선출법으로 신고하여 계속적으로 해당 방법에 의하여 재고자산을 평가하여 오던 법인이 해당 사업연도 중에 임의로 총평균법으로 변경하여 재고자산을 평가하였다. 해당 법인의 재고자산을 후입선출법 · 총평균법 및 선입선출법에 의하여 평가한 가액이 각각 아래와 같다고 가정한다.

㉮ 후입선출법에 의한 평가액   1,000원

㉯ 총평균법에 의한 평가액   700원

㉰ 선입선출법에 의한 평가액   900원

위와 같이 법인이 재고자산의 평가방법을 임의로 변경하여 총평균법(평가액 : 700원)으로 평가한 경우에는 그 평가액에 관계없이 선입선출법(평가액 : 900원)에 의하여 재고자산을 평가하는 것이나, 예외적으로 선입선출법에 의한 평가액(900원)이 해당 법인이 당초에 신고하였던 후입선출법에 의한 평가액(1,000원)에 미달하는 경우에는 후입선출법(평가액 : 1,000원)을 적용하여 재고자산을 평가하는 것이다. 따라서 해당 법인에 대하여는 재고자산평가감 300원을 익금산입(유보)한다.

② 다음으로 법인이 재고자산의 일부에 대하여 신고한 평가방법 외의 방법으로 평가한 경우에 '법인이 신고한 평가방법 외의 방법으로 평가한 경우'에 해당하는지의 여부가 문제

가 되고 있다.

행정해석은 법인이 신고한 평가방법 외의 방법으로 평가한 경우에 해당하는지에 관하여 법인세법 시행령 제73조 제1호 각 목의 자산별로, 즉 제품 및 상품, 반제품 및 재공품, 원재료, 저장품 단위로 판단하도록 하고 있다.[4]

그러나 이는 본 조의 적용범위를 지나치게 확장한 해석으로 여겨진다. 신고한 평가방법 외의 방법으로 평가한 개개의 평가단위별(품목·규격 및 성능 등의 기준에 따라 각각 구분하여 평가하는 단위별)로 적용하는 것이 타당하다고 하겠다. 예를 들어 약 200품목의 전기기구를 생산하는 전기기구제조업을 영위하는 법인이 그 200품목의 제품 중 30품목의 제품만 신고한 평가방법 외의 방법으로 평가하였다면 전제품에 대하여 본조(本條)를 적용할 것이 아니라 그 신고한 평가방법 외의 방법으로 평가한 30품목의 제품에 대해서만 본조를 적용하여야 할 것이다.

다음으로 재고자산평가방법을 신고하고 신고한 방법에 의하여 평가하였으나 기장 또는 계산상의 착오가 있는 경우에는 재고자산의 평가방법을 달리하여 평가한 것으로 보지 않는다.[5] 이때에는 그 기장 또는 계산상의 착오로 기인한 차액만을 조정하면 될 것이다.

다. 파손된 재고자산등에 대한 평가특례

재고자산 중 파손·부패 기타의 사유로 정상가액으로 판매 또는 사용할 수 없는 자산이 있을 때에는 기타 재고자산과 구분하여 처분가능한 시가로 평가할 수 있다(법법 42 ③ I, 법령 78 ③ I). 다만, 결산조정을 손금산입의 요건으로 한다.

재고자산 감모손실의 경우 감모사실 또는 폐기처분사실이 객관적으로 인정되는 경우에 장부상 감모 또는 폐기손실로 계상한 금액을 손금산입하는 것이 과세실무이다.[6]

라. 재고자산의 평가차액에 대한 세무조정

법인이 재고자산의 평가방법을 신고하지 않거나 신고한 평가방법 외의 방법으로 평가한 경우 또는 변경신고기한 내에 재고자산등의 평가방법변경신고를 하지 않고 그 방법을 변경함에 따라 선입선출법 등(신고한 평가방법 외의 방법으로 평가하거나 변경신고기한 내에 재고자산등의 평가방법변경신고를 하지 않고 그 방법을 변경한 경우로서 선입선출법 등에 의한 평가액보다 신고한 평가방법에 의하여 평가한 가액이 큰 경우에는 그 신고한 평가방

---

4) 법통 42-74…9.
5) 법통 42-74…10.
6) 서울고등법원 2007. 5. 18. 선고 2006누22493 판결(대법원 2007. 9. 21. 자 2007두12729 판결로 심리불속행 종결).

법으로 한다)에 따라 평가한 가액이 법인이 평가하여 계상하고 있는 가액과 차이가 있는 경우에는 다음과 같이 세무조정을 행한다.

① 선입선출법 등에 의한 평가액이 법인이 계상하고 있는 평가액을 상회하는 경우 그 차액[7]을 익금산입하고 유보로 처분한다. 이와 같이 익금에 산입한 금액은 그 다음사 업연도에 손금산입하고 유보(△유보)로 처분하여야 한다.

② 선입선출법 등에 의한 평가액이 법인이 계상하고 있는 평가액에 미달하는 경우 그 차액[8]을 손금산입하고 유보(△유보)로 처분한다. 이와 같이 손금에 산입한 금액은 그 다음 사업연도에 익금산입하고 유보로 처분하여야 한다.

마. 한국채택국제회계기준 적용 내국법인에 대한 재고자산평가차익 익금불산입 특례

한국채택국제회계기준은 재고자산의 평가방법 중 후입선출법을 인정하지 않는다.[9] 따라서 기존에 후입선출법을 채택하였던 법인은 한국채택국제회계기준을 적용할 경우 재고자산평가방법을 후입선출법에서 다른 방법으로 변경하여야 하는데, 이로 인하여 누적이익이 일시에 과세되어 조세부담이 증가하는 것을 완화시켜 주기 위하여 법인세법은 특례를 규정하고 있다. 즉, 위와 같은 경우의 내국법인은 재고자산평가방법을 변경한 사업연도의 소득금액 계산시 재고자산평가차익을 익금에 산입하지 않고 그 다음 사업연도 개시일부터 월할 계산하여 5년간 균등하게 나누어 익금에 산입할 수 있다(법법 42의2, 법령 78의2).

3 유형자산 및 무형자산의 평가

원칙적으로 유형자산 및 무형자산의 평가에 따른 미실현손익은 인식할 수 없다. 그러나 보험업법[10]이나 그 밖의 법률에 따라 유형자산 및 무형자산을 평가하여 장부가액을 증액한 경우에는 미실현이익을 인식할 수 있고(법법 42 ① I), 천재지변·화재·법령에 의한 수용·채진으로 인한 폐광으로 인하여 유형자산이 파손되거나 멸실된 경우에는 그 평가손실을 인식할 수 있다(법법 42 ③ II 법령 78 ③ II). 유형자산의 경우 파손·멸실이 발생한 사업연도 뿐만 아니라 그 사실이 확정된 사업연도에도 평가손실을 손금에 산입할 수 있다.

---

7) 실무상으로 재고자산평가감이라고 부른다.
8) 실무상으로 재고자산평가증이라고 부른다.
9) 국회기 제1002호에서 제외되어 있다. 그 이유는 송인만/윤순석/최관, 「중급재무회계」, 제4판, 신영사, 2012, 263 −264면. 반면 일반기업회계기준은 후입선출법을 인정한다. 일반기업회계기준 제7장 7.13., 7.23.
10) 보험업법 제114조, 보험업법 시행령 제58조.

4 유가증권 등의 평가

가. 유가증권 등의 범위

유가증권이란 재산적 가치가 있는 사권(私權: privates Recht)을 표상하는 증권으로서 그 권리의 발생·행사 또는 이전의 모든 경우 또는 일부의 경우에 증권의 점유를 요하는 것을 말한다. 어음·수표·화물상환증·창고증권·선하증권·상품권·주식·채권 등이 이에 해당한다. 법인세법은 평가대상이 되는 유가증권의 범위를 다음과 같이 한정하고 있다(법령 73 II).

① 주식등

② 채권

③ 집합투자재산

자본시장법에 따른 집합투자재산을 말한다. 위에서 집합투자재산이란 집합투자기구의 재산으로서 투자신탁재산, 투자회사재산, 투자유한회사재산, 투자합자회사재산, 투자조합재산 및 투자익명조합재산을 말한다. 자본시장법상 투자회사 등은 이중과세조정을 위하여 배당금액을 배당을 결의한 잉여금 처분의 대상이 되는 사업연도의 소득금액에서 공제하도록 하고 있는데(법법 51의2), 기업회계가 취하고 있는 발생주의와 세무회계가 취하고 있는 권리의무확정주의의 차이로 인하여 배당가능이익을 전부 배당하여도 세무조정의 결과 과세소득이 발생할 수 있다. 이 경우 결산 및 분배금 지급이 확정될 때까지 상당한 기간 동안 집합투자증권의 환매를 제한할 수 밖에 없는데, 이는 수시환매제도를 취하고 있는 자본시장법의 구조와 충돌한다. 따라서, 세무회계에서도 집합투자재산에 관하여는 시가평가를 수용하여 세무조정사항이 발생하지 않도록 한 것이다.[11]

④ 보험업법상 특별계정에 속하는 자산

보험업법 제108조 제1항 제3호의 특별계정에 속하는 자산을 말한다.

---

11) 안경봉/손영철, "사모펀드 과세제도의 문제점 및 개선방안", 「세무와 회계 연구」 제9권 제3호, 2020, 158면.

나. 유가증권 등의 평가방법

1) 유가증권 등의 평가방법

유가증권(주식등과 채권)의 평가는 원가법에 의하되 구체적으로는 개별법(채권의 경우에 한한다)·총평균법 또는 이동평균법 중에서 법인이 납세지 관할 세무서장에게 신고한 방법에 따른다(법법 42 ① II, ③, 법령 73 II).[12)13)] 그러나 투자회사 등이 보유한 집합투자재산은 시가법에 따라 평가한다(법령 75 ③). 집합투자재산을 시가법에 따라 평가하는 이유는 위에서 본 바와 같다.

보험업법에 따른 보험회사가 보유한 보험업법 제108조 제1항 제3호의 특별계정에 속하는 자산은 개별법(채권의 경우에 한한다)·총평균법·이동평균법 또는 시가법 중 해당 보험회사가 납세지 관할 세무서장에게 신고한 방법에 따라 평가하되, 그 방법을 이후 사업연도에도 계속 적용하여야 한다(법령 75 ④).

2) 유가증권의 평가방법의 신고와 변경신고(법령 75 ②)

① 재고자산의 평가방법의 신고와 변경신고에서 설명한 바와 같다. 즉 신설법인 또는 수익사업을 개시한 비영리내국법인은 각 사업연도의 소득금액계산에 있어서 적용할 유가증권(주식등과 채권을 말한다. 이하 같다)의 평가방법을 해당 법인의 설립일 또는 수익사업개시일이 속하는 사업연도의 법인세과세표준의 신고기한 내에 납세지 관할 세무서장에게 신고하여야 한다. 법인이 유가증권의 평가방법을 위의 기한을 경과하여 신고한 경우에는 그 신고일이 속하는 사업연도까지는 무신고시의 평가방법에 의하여 유가증권을 평가하며, 그 후의 사업연도에 있어서는 법인이 신고한 평가방법에 의한다.

② 유가증권평가방법신고를 한 법인으로서 그 평가방법을 변경하고자 하는 법인은 변경할 평가방법을 적용하고자 하는 사업연도의 종료일 이전 3월이 되는 날까지 납세지 관할 세무서장에게 그 변경신고서를 제출하여야 한다.

법인이 유가증권평가방법을 위의 기한을 경과하여 변경신고한 경우에는 그 변경신고일이 속하는 사업연도까지는 유가증권평가방법의 변경신고를 하지 않고 그 방법을 변경한 경우의 평가방법에 의하여 유가증권을 평가하며, 그 후의 사업연도에 있어서는 법인이

---

12) 주식등의 유가증권은 그 시장가치가 수시로 변동하기 때문에 일정 시점에서의 시장가치가 당해 유가증권의 객관적인 가치라고 단정할 수 없고, 상장주식등의 예외적인 경우를 제외하면 외견상 또는 객관적으로 그 감치감소를 명확히 인식할 수 있는 징표가 없어 그 평가손익의 정확한 반영이 어렵기 때문이다[헌법재판소 2007. 3. 29. 선고 2005헌바53·65·79·2006헌바27(병합) 결정].
13) 법통 42-75…1은 자전거래로 인한 손익을 부인한다.

변경신고한 평가방법에 의한다.

③ 투자회사가 보유하는 집합투자재산에 대하여는 오로지 시가법에 의하여 평가하여야 하므로 유가증권의 평가방법의 신고와 변경신고는 아무런 의미가 없다.

3) 무신고 등에 있어서의 유가증권의 평가(법령 75 ②)

① 다음의 사유 중의 어느 하나에 해당하는 경우에는 관할 세무서장은 원가법 중 총평균법에 의하여 유가증권을 평가한다.

㉮ 법인이 법정신고기한 내에 유가증권의 평가방법을 신고하지 않은 경우

㉯ 법인이 신고한 평가방법 외의 방법으로 평가한 경우

㉰ 법인이 법정신고기한 내에 유가증권평가방법의 변경신고를 하지 않고 그 방법을 변경한 경우

법인이 신고한 평가방법 외의 평가방법으로 평가하거나 기한 내에 유가증권의 평가방법 변경신고를 하지 않고 그 방법을 변경한 경우로서 신고한 평가방법에 의하여 평가한 가액이 총평균법에 의하여 평가한 가액보다 큰 때에는 신고한 평가방법에 의하여 평가한다.

② 투자회사가 보유하는 집합투자재산에 대하여는 오로지 시가법에 의하여 평가하여야 하므로 위의 무신고시의 유가증권의 평가에 관한 규정이 적용될 여지가 없다.

다. 부도등의 사유가 발생한 주권상장법인 등의 주식의 평가특례

다음의 주식으로서 그 발행법인이 부도가 발생한 경우 또는 채무자회생법에 따른 회생계획인가의 결정을 받았거나 「기업구조조정 촉진법」에 따른 부실징후기업이 된 경우에는 사업연도 종료일 현재의 시가로 평가하고 그 장부가액을 감액할 수 있다. 이 경우 주식등의 발행법인별로 보유주식총액을 시가로 평가한 가액이 1천원 이하인 경우에는 비망계정으로서 1천원을 남기도록 하고 있다(법령 78 ② I, 78 ③ III).

① 주권상장법인이 발행한 주식등

② 중소기업창업투자회사 또는 신기술사업금융업자가 보유하는 주식등 중 각각 창업자 또는 신기술사업자가 발행한 것

③ 주권상장법인 외의 법인(주권비상장법인) 중 특수관계에 있지 않은 법인이 발행한 주식등

라. 파산한 법인의 주식등

주식등을 발행한 법인이 파산한 경우의 해당 주식등은 사업연도 종료일 현재의 시가로

평가하여 장부가액을 감액할 수 있다(법법 42 ③ IV, 법령 78 ② II, 78 ③ IV). 파산한 법인의 주식등의 시가총액이 1천원 이하인 경우에 그 장부가액은 1천원으로 한다.

마. 유가증권의 평가차액에 대한 세무조정

① 법인이 유가증권의 평가방법을 신고하지 않거나 신고한 평가방법 외의 방법으로 평가한 경우 또는 법정신고기한 내에 유가증권의 평가방법변경신고를 하지 않고 그 방법을 변경함에 따라 총평균법(신고한 평가방법 외의 방법으로 평가하거나 기한 내에 유가증권의 평가방법 변경신고를 하지 않고 그 방법을 변경한 경우로서 신고한 평가방법에 의하여 평가한 가액이 총평균법에 의하여 평가한 가액보다 큰 때에는 그 신고한 평가방법. 이하에서 '총평균법 등'이라 한다)에 따라 평가한 가액이 법인이 평가하여 계상하고 있는 가액과 차이가 있는 경우에는 다음과 같이 세무조정을 행하여야 한다.

　㉮ 총평균법 등에 의한 평가액이 법인이 계상하고 있는 평가액을 상회하는 경우
　　그 차액을 익금산입하고 유보로 처분한다. 이와 같이 익금에 산입한 금액은 그 다음 사업연도에 손금산입하고 유보(△유보)로 처분한다.

　㉯ 총평균법 등에 의한 평가액이 법인이 계상하고 있는 평가액에 미달하는 경우
　　그 차액을 손금산입하고 유보(△유보)로 처분한다. 이와 같이 손금에 산입한 금액은 그 다음 사업연도에 익금산입하고 유보로 처분하여야 한다.

② 투자회사의 경우 시가법에 의한 집합투자재산의 평가액이 그 투자회사가 계상하고 있는 집합투자재산의 평가액을 상회하면 그 차액을 익금산입하고, 반대로 시가법에 의한 집합투자재산의 평가액이 그 투자회사가 계상하고 있는 집합투자재산의 평가액에 미달하면 그 차액을 손금산입한다. 그 구체적인 세무조정방법은 위에서 설명한 바와 같다.

5　외화자산 및 부채의 평가

가. 외화자산 및 부채의 평가

1) 금융회사 등이 보유하는 화폐성 외화자산 등의 평가

금융회사 등이 보유하는 화폐성 외화자산·부채와 통화선도, 통화스왑 및 환변동보험 (이하 '통화선도등'이라고 한다)은 각각 다음과 같이 평가한다.

가) 화폐성 외화자산·부채

사업연도 종료일 현재의 외국환거래규정에 따른 매매기준율 또는 재정(裁定)된 매매기준율(이하 '매매기준율 등'이라 한다)로 평가하고, 평가한 원화금액과 원화기장액의 차익 또는 차손은 해당 사업연도의 익금 또는 손금에 산입한다(법령 76 ① I, IV, 법칙 39의2).

나) 통화선도등

통화선도등은 다음의 어느 하나에 해당하는 방법 중 관할 세무서장에게 신고한 방법(최초로 ②의 방법을 신고하여 적용하기 이전 사업연도에는 ①의 방법을 적용하여야 한다)에 따라 평가하고, 평가한 원화금액과 원화기장액의 차익 또는 차손은 해당 사업연도의 익금 또는 손금에 이를 산입한다. 이 경우 통화선도등의 계약 당시 원화기장액이란 계약의 내용 중 외화자산 및 부채의 가액에 계약체결일의 매매기준율 등을 곱한 금액을 말한다(법령 76 ④).

① 계약의 내용 중 외화자산 및 부채를 계약체결일의 매매기준율 등으로 평가하는 방법
② 계약의 내용 중 외화자산 및 부채를 사업연도 종료일 현재의 매매기준율 등으로 평가하는 방법

금융회사는 신고한 통화선도등의 평가방법을 그 후의 사업연도에도 계속 적용하여야 하고(법령 76 ③), ②의 방법으로 평가하고자 할 경우에는 최초로 그 평가방법을 적용하려는 사업연도의 법인세 과세표준신고와 함께 화폐성외화자산등평가방법신고서를 관할 세무서장에게 제출하여야 한다(법령 76 ⑥).

2) 금융회사등 외의 법인이 보유하는 화폐성 외화자산등의 평가

금융회사등 외의 법인이 보유하는 화폐성 외화자산, 부채(보험업법에 따른 보험회사의 책임준비금은 제외)와 화폐성 외화자산, 부채의 환위험을 회피하기 위하여 보유하는 통화선도, 통화스왑 및 환변동보험(이하에서 '환위험회피용통화선도등'이라 한다)은 다음의 어느 하나에 해당하는 방법 중 관할 세무서장에게 신고한 방법(최초로 ②의 방법을 신고하여 적용하기 이전 사업연도에는 ①의 방법을 적용하여야 한다)에 따라 평가하고, 그 평가한 원화금액과 원화기장액의 차익 또는 차손은 해당 사업연도의 익금 또는 손금에 산입한다(법령 76 ②). 이 경우 환위험회피용 통화선도등의 계약 당시 원화기장액이란 계약의 내용 중 외화자산 및 부채의 가액에 계약체결일의 매매기준율 등을 곱한 금액을 말한다(법령 76 ④).

① 화폐성 외화자산·부채와 환위험회피용 통화선도등의 계약 내용 중 외화자산 및 부채를 취득일 또는 발생일(통화선도·통화스왑의 경우에는 계약체결일을 말한다) 현재의 매

매기준율 등으로 평가하는 방법

② 화폐성 외화자산·부채와 환위험회피용 통화선도등의 계약 내용 중 외화자산 및 부채를 사업연도 종료일 현재의 매매기준율 등으로 평가하는 방법

금융회사 등 외의 법인은 신고한 통화선도등의 평가방법을 그 후의 사업연도에도 계속 적용하여야 하지만 신고한 평가방법을 적용한 사업연도를 포함하여 5개 사업연도가 지난 후에는 다른 방법으로 신고할 수 있다(법령 76 ③). 금융회사 등 외의 법인이 ②의 방법으로 평가하거나 5개 사업연도 경과 후 변경된 평가방법을 적용하고자 할 경우에는 최초로 그 평가방법을 적용하려는 사업연도의 법인세 과세표준신고와 함께 화폐성외화자산등평가방법신고서를 관할 세무서장에게 제출하여야 한다(법령 76 ⑥).

3) 평가차손익의 신고

화폐성 외화자산·부채, 통화선도 및 환위험회피용 통화선도등을 평가한 법인은 법인세 과세표준신고와 함께 외화자산등평가차손익조정명세서를 관할 세무서장에게 제출하여야 한다(법령 76 ⑦).

나. 외화자산 및 부채의 상환손익

내국법인이 상환받거나 상환하는 외화채권·채무의 원화금액과 원화기장액의 차익 또는 차손, 즉 외환차익과 외환차손은 해당 사업연도의 익금 또는 손금에 이를 산입한다. 다만, 한국은행의 외화채권·채무 중 외화로 상환받거나 상환하는 금액(외화금액)의 환율변동분은 한국은행이 정하는 방식에 따라 해당 외화금액을 매각하여 원화로 전환한 사업연도의 익금 또는 손금에 산입한다(법령 76 ⑤).

외환차익과 외환차손은 외화평가이익 또는 외화평가손실과는 달라서 실현된 손익에 해당한다.

6 가상자산의 평가

거래정보법 제2조 제3호에 따른 가상자산이란 경제적 가치를 지닌 것으로서 전자적으로 거래 또는 이전될 수 있는 전자적 증표(그에 관한 일체의 권리를 포함한다)를 말한다.[14]

---

14) 다만, 다음의 어느 하나에 해당하는 것은 제외한다(법령 73 Ⅵ).
   ① 화폐·재화·용역 등으로 교환될 수 없는 전자적 증표 또는 그 증표에 관한 정보로서 발행인이 사용처와 그 용도를 제한한 것
   ② 「게임산업진흥에 관한 법률」 제32조 제1항 제7호에 따른 게임물의 이용을 통하여 획득한 유·무형의

가상자산은 선입선출법에 따라 평가한다(법령 77).

7 평가방법이 규정되지 않은 자산의 평가

예를 들어 가상자산의 평가방법은 2021. 2. 17. 법인세법 시행령 개정시 제77조로 신설된 것인데 그 이전 시기에는 세법상 평가방법이 규정되지 않고 있었다. 이처럼 평가방법이 규정되지 않은 자산을 어떻게 평가할 것인지 일반적으로 문제될 수 있다.

서울고등법원 2024. 8. 20. 선고 2024누37529 판결[15]은 위 시행령 신설 이전에 가상자산을 어떻게 평가하여야 하는지가 문제된 사안이다. 납세자는 당시 가상자산의 평가 등에 관하여 명시적인 세법 규정이나 회계처리기준이 존재하지 않았으므로 회계방침을 자체적으로 마련하여 총평균법에 따라 가상자산을 평가하였다. 법원은 법인세법 제43조, 같은 시행령 제79조 제1호의2, 일반기업회계기준 제5장 문단 5.4～5.6을 근거로 위와 같은 평가가 적법하다고 판단하였다.

8 부채의 평가

가. 원 칙

법인세법상 부채는 명목가치로 평가하며 현재가치로 평가하지 않는 것이 원칙이다. 또한 기업회계상 부채의 가치를 평가하여 그 장부가액을 증액 또는 감액하더라도 소득금액계산 시에는 평가하기 전의 가액으로 한다(법법 42 ①). 따라서 판례는 법인이 변제기가 도래하지 않은 채무로서 장부가액으로 계상된 것을 현재가치로 할인하여 현재가치할인차금과 채무평가이익을 계상한 후, 장부가액에서 현재가치할인차금을 뺀 현재가치 상당액으로 중도에 상환하는 경우, 채무의 장부가액과 실제로 상환한 채무의 현재가치와의 차액은 채무감소액에 해당하므로 채무면제이익으로서 익금에 산입된다고 한다.[16]

결과물

③ 「전자금융거래법」 제2조 제14호에 따른 선불전자지급수단 및 같은 조 제15호에 따른 전자화폐
④ 「주식 · 사채 등의 전자등록에 관한 법률」 제2조 제4호에 따른 전자등록주식등
⑤ 「전자어음의 발행 및 유통에 관한 법률」 제2조 제2호에 따른 전자어음
⑥ 「상법」 제862조에 따른 전자선하증권
⑦ 거래의 형태와 특성을 고려하여 대통령령으로 정하는 것

15) 대법원 2024. 12. 26. 자 2024두53727 판결로 심리불속행 종결.
16) 대법원 2009. 12. 10. 선고 2007두19683 판결. 위 사건에서 원고 법인은 변제기가 도래하지 않은 채무를 현재 가치로 할인한 금액으로 조기상환함으로써 그 채무가 소멸하더라도 명목가치인 장부가액과 현재가치의 차액은 채무소멸에 따른 명목상의 이익에 불과하고 원고 법인의 순자산이 증가하는 것이 아니므로 이를 채무

나. 예 외

장기할부조건 등으로 자산을 취득하는 경우, 발생하는 채무를 현재가치로 평가하여 현재가치할인차금을 계상할 때에는 현재가치액을 채무액으로 한다(법령 72 ④ I).[17]

제4절 보험회사에 대한 소득금액 계산의 특례

1 개 관

2023. 1. 1.부터 적용되는 한국채택국제회계기준 제1117호(보험계약)는 기존에 적용되던 제1004호(보험계약)와 달리 보험수익의 인식은 발생주의에 의하고 보험부채는 현재시점의 가정과 위험을 반영한 할인율로 평가하는 현재가치 기준으로 변경하였다. 그 결과 보험회사별로 막대한 전환이익 또는 전환손실(한국채택국제회계기준 제1117호 최초적용 직전 사업연도 기말 보험부채 - 최초적용사업연도의 기초 보험부채)이 발생할 우려가 있다. 그 중에 전환이익은 실제로는 장기간의 영업에 따라 누적된 이익이지만 회계기준 전환으로 인하여 일시에 발생하는 점을 고려하여 과도한 세부담을 완화하기 위하여 과세이연의 특례를 두고 있다. 이에 따라 전환이익을 한국채택국제회계기준 제1117호 최초적용사업연도의 다음 4번째 사업연도 개시일부터 3년간 균등하게 나누어 익금에 산입할 수 있도록 하였다(법법 42의3 ③). 다만, 위와 같은 소득금액 계산의 특례를 적용할 경우 해약환급금준비금을 손금에 산입할 수 없다(법법 42의3 ④. 법법 32).

2 소득금액 계산의 특례

가. 기적립 책임준비금의 익금산입

면제이익으로 본다면 실질과세의 원칙과 과잉금지의 원칙에 반한다고 주장하였고, 원심 판결인 서울고등법원 2007. 8. 31. 선고 2007누650 판결은 원고 법인의 주장을 인용하였다. 그러나 대법원은 "법인세법상으로는 채무를 상환하기 전에 그 채무를 현재가치로 평가하여 현재가치할인차금과 평가이익을 계상하는 것이 인정되지 아니한다"는 이유를 들어 원심 판결을 파기하였다.

17) 이 경우에는 부채를 명목가치로 평가하건 현재가치로 평가하건 손금계상액의 총액은 차이가 없기 때문이다. 다만, 현재가치로 평가하는 경우가 명목가치로 평가하는 경우에 비하여 손금의 산입시기가 빠르다. 상세는 이준규/박성욱, 「법인세법」, 세학사, 2012, 215-216면.

보험회사가 보험계약국제회계기준을 최초로 적용하는 경우에는 보험계약국제회계기준을 최초로 적용하는 사업연도('최초적용사업연도')의 직전 사업연도('직전 사업연도')에 손금에 산입한, 보험업법에 따른 책임준비금에 차감항목을 빼고 가산항목을 더하여 산출한 금액을 최초적용사업연도의 소득금액을 계산할 때 익금에 산입한다(법법 42의3 ①, 법령 78의3 ②).

1) 차감항목(직전 사업연도 종료일 현재 다음 각 금액의 합계액)

① 직전사업연도 당시의 보험감독회계기준에 따르면 자산에 해당하여 익금에 산입되었
　　으나 최초적용사업연도 이후의 새로운 보험감독회계기준에 따르면 책임준비금 산출
　　에 반영되는 항목으로 변경된 것으로서 직전사업연도 종료일 현재 미상각신계약비
　　(未償却新契約費) 등 기획재정부령으로 정하는 항목

② 직전 사업연도 종료일 현재 「보험업법 시행령」 제63조 제2항에 따른 재보험자산

2) 가산항목(직전 사업연도 종료일 현재 다음 각 금액의 합계액)

직전사업연도 당시의 보험감독회계기준에 따르면 기타 부채에 해당하여 손금에 산입되었으나 최초적용사업연도 이후 새로운 보험감독회계기준에 따르면 책임준비금 산출에 반영되는 항목으로 변경된 것으로서 직전사업연도 종료일 현재 보험미지급금 등 기획재정부령으로 정하는 항목에 해당하는 금액

나. 최초 적용시 손금에 산입하는 책임준비금

보험회사는 최초적용사업연도의 개시일 현재 보험업법 제120조 제3항의 회계처리기준에 따라 계상한 책임준비금의 금액(할인율의 변동으로 인한 책임준비금 평가액의 변동분 제외)에서 보험계약자산 및 재보험계약자산을 뺀 금액을 해당 사업연도의 소득금액을 계산할 때 손금에 산입한다(법법 42의3 ②, 법령 78의3 ③).

다. 전환이익의 익금불산입 및 균등분할 익금산입

전환이익은 익금산입한 기적립 책임준비금(법령 78의3 ②)에서 손금산입한 최초 적용시 책임준비금(법령 78의3 ③)을 뺀 금액(금액이 양수한 경우로 한정)을 말한다(법령 78의3 ④). 전환이익은 최초적용사업연도와 그 다음 3개 사업연도의 소득금액을 계산할 때 익금에 산입하지 않을 수 있다. 이 경우 전환이익은 최초적용사업연도의 다음 4번째 사업연도 개시일부터 3년간 균등하게 나누어 익금에 산입한다. 이 경우 해당 사업연도의 익금에 산입하는 금액은 다음의 계산식에 따른다(법령 78의3 ⑤).

$$\text{전환이익} \times \frac{\text{해당 사업연도의 개월 수}^{[1]}}{36}$$

제**5**절 기업회계존중의 원칙

내국법인의 각 사업연도의 소득금액을 계산할 때 해당 법인이 자산·부채의 취득 및 평가에 관하여 일반적으로 공정·타당하다고 인정되는 기업회계기준을 적용하거나 관행을 계속적으로 적용하여 온 경우에는 이 법 및 조세특례제한법에서 달리 규정하고 있는 경우를 제외하고는 그 기업회계의 기준 또는 관행에 따른다(법법 43). 이를 기업회계존중의 원칙이라고 부른다.

위에서 '기업회계기준 또는 관행'이란 다음의 회계기준(해당 회계기준에 배치되지 않는 것으로서 일반적으로 공정·타당하다고 인정되는 관행을 포함한다)을 가리킨다(법령 79).
① 한국채택국제회계기준
②「주식회사 등의 외부감사에 관한 법률」제5조 제1항 제2호 및 같은 조 제4항에 따라 한국회계기준원이 정한 회계처리기준(일반기업회계기준)
③ 증권선물위원회가 정한 업종별회계처리준칙
④「공공기관의 운영에 관한 법률」에 따라 제정된 공기업·준정부기관 회계규칙
⑤ 기타 법령에 의하여 제정된 회계처리기준으로서 기획재정부장관의 승인을 얻은 것

---

1) 개월 수는 태양력에 따라 계산하되 1월 미만의 일수는 1월로 하고, 사업연도 개시일이 속한 월을 계산에서 포함한 경우에는 사업연도 개시일부터 3년이 되는 날이 속한 월은 계산에서 제외한다.

다만 기업회계존중의 원칙은 기업회계기준 또는 관행(이하에서 '기업회계기준 등'이라한다)의 보충성이라는 전제 위에 인정되고 있는 것이다. 예를 들어 손익의 귀속사업연도에 관하여 법인세법 등의 규정과 기업회계기준 등에서의 규정이 서로 상치할 경우에는 법인세법 등의 규정을 우선적으로 적용하되, 법인세법 등의 규정이 결여되어 있는 부분에 한하여 보충적으로 기업회계기준 등의 적용이 허용되는 것이다.[1]

---

1) 대법원 1992. 10. 23. 선고 92누2936 판결.

제 7 장

합병 및 분할 등에 관한 특례

제1절 합병에 따른 과세 및 그 특례

1 합병의 개념과 성질

가. 합병의 개념

회사의 합병(Verschmelzung, amalgamation, fusion)이란 상법의 절차에 따라 둘 이상의 회사가 하나의 회사가 되기 위하여 합병당사회사 중 1개의 회사를 제외한 기타의 합병당사회사 또는 모든 합병당사회사가 소멸하고 그 소멸회사의 권리·의무를 청산절차를 거침이 없이 포괄적으로 존속회사 또는 신설회사가 승계함과 동시에 원칙적으로[1] 사원을 수용하는 효과를 가져오는 단체법상의 행위이다.

회사의 합병은 기업집중의 한 형태로서 경영의 합리화·사업의 확장·경쟁회사간의 무익한 경쟁의 회피 또는 시장의 독점·경영실적이 부진한 회사의 구제 등과 같은 경제상의 목적을 위하여 인정되고 있다.

합병의 방법에는 흡수합병과 신설합병의 두 가지 방법이 인정되고 있다.

1) 흡수합병

흡수합병(Verschmelzung durch Aufnahme, merger)이란 합병으로 인하여 합병당사회사 중의 1회사가 존속하고 다른 회사는 해산하여 그 재산 및 사원이 존속회사에 포괄적으로 승계되는 합병이다. 합병당사회사 중 합병으로 인하여 존속하는 회사를 존속회사, 합병으로 인하여 소멸하는 회사를 소멸회사라 한다.

---

1) 상법 개정(상법 제523조 제4호)으로 지분 이외에도 금전이나 그 밖의 재산을 합병대가로 교부할 수 있게 되었으므로 언제나 사원의 수용이 일어나는 것은 아니다.

2) 신설합병

신설합병(Verschmelzung durch Neubildung, consolidation)이란 합병으로 인하여 합병당사회사의 전부가 해산하여 소멸하고 새로이 1회사를 설립하여 소멸회사의 재산 및 사원을 새로이 신설된 회사에 포괄적으로 승계시키는 합병이다. 합병으로 인하여 신설된 회사를 신설회사, 합병에 따라 소멸하는 합병당사회사의 전부를 소멸회사라 한다.

나. 합병의 성질

합병은 둘 이상의 회사를 하나의 회사로 하는 단체법상의 행위인데, 그 행위의 효과로서 권리·의무의 포괄승계와 사원의 수용을 가져온다. 합병의 법적 성질 또는 본질에 관하여는 다음과 같은 학설의 대립이 있다.[2]

1) 인격합일설

합병은 2 이상의 회사가 합체가 되어 단일회사가 되는 것을 내용으로 하는 사단법상의 특수한 계약이라고 한다. 우리나라의 통설이다.

이 학설에 의하면 합병에 의하여 해산회사는 존속회사 또는 신설회사에 통합되고 그 결과 회사재산이 이전된다고 한다. 즉 합병에 의하여 소멸회사가 그대로 존속회사 또는 신설회사에 포섭된다고 하는 인격의 합일화 내지는 인격합병으로 보는 것이다.

인격합일설은 결손회사의 합병도 가능하다고 본다. 합병회계처리방법 중 지분통합법(pooling of interests method)과 대체로 같은 논리구조를 취하고 있다.

2) 현물출자설

합병이란 소멸회사의 영업 전부를 존속회사에 현물출자하여 그 자본을 증가시키는 것(흡수합병) 또는 소멸회사의 영업 전부를 현물출자하여 새로운 회사를 설립하는 것(신설합병)이라고 이해한다. 현물출자의 목적물에는 소극재산인 채무가 포함되지만 전체로서의 재산가치는 양수(+)여야 한다고 주장한다. 이 견해에 따르면 전체로서의 재산가치가 영(0)인 회사 또는 채무초과회사를 소멸회사로 하는 합병은 불가능하다고 주장한다. 또한 이 견해에 의하면 현물출자자는 소멸회사이지만 합병의 결과 존속회사 또는 신설회사로부터 주식을 취득하는 자는 소멸회사의 주주인 이유를 설명하지 못한다. 합병회계처리방법 중 매수법(purchase method)과 대체로 같은 논리구조를 취하고 있다.

---

2) 이철송, 「회사법강의」, 제20판, 박영사, 2012, 116-117면: 최기원, 「신회사법론」, 제14대정판, 박영사, 2012, 1095면.

3) 재산합일설

합병은 소멸회사의 재산이 존속회사 또는 신설회사에 포괄적으로 합일되는 것이라고 한다. 이 설은 현물출자설의 적극재산만이 현물출자의 대상이 되고 소극재산은 현물출자의 대상이 될 수 없어 자본의 증가없는 회사의 합병이 불가능하다는 난점을 해결하기 위하여 주장된 견해이다. 이 견해는 소멸회사의 사원이 존속회사 또는 신설회사에 수용되는 관계를 설명하는 데에는 불충분하다.

다. 기본개념 및 용어의 정리

1) 합병과 관련한 회사

합병과 관련되는 회사로서는 합병당사회사와 신설회사가 있다. 합병당사회사는 소멸회사와 존속회사(흡수합병) 또는 2개 이상의 소멸회사(신설합병)이다.

이하에서는 법인세법에서 사용하고 있는 표현에 맞추어 이들의 용어를 정리해 두고자 한다.

가) 피합병법인

합병으로 인하여 소멸하는 법인을 말한다. 소멸회사라 한다. 흡수합병에 있어서의 존속회사 외의 합병당사회사, 신설합병에 있어서의 모든 합병당사회사가 피합병법인에 해당한다.

나) 합병법인

합병으로 인하여 설립되거나 합병 후 존속하는 법인을 말한다. 합병법인은 다시 신설법인(신설회사)과 존속법인(존속회사)으로 나누어진다. 신설법인이란 신설합병에 있어서 새로 설립한 회사이고, 존속법인이란 흡수합병에 있어서 존속하는 회사이다.

2) 합병대가

합병대가는 피합병법인의 주주 또는 사원(이하에서 '주주등'이라 한다)이 합병법인으로부터 그 합병으로 인하여 취득하는 주식 또는 출자지분(이하에서 '합병교부주식등'이라 한다)의 가액과 금전 기타 재산의 가액(합병교부금)의 합계액을 말한다. 합병교부금은 금전으로 지급하는 것이 일반적인데(상법 523 IV) 합병 그 자체의 대가로 교부되는 것 이외에도[3] 주식의 배정비율을 조정하거나 단주(端株)에 갈음하기 위한 것·피합병법인의 주주

등에 대한 이익배당의 조정을 위한 것[4] 등이 있다.

합병대가는 피합병법인의 양도손익, 피합병법인의 주주등의 합병에 따른 의제배당, 합병법인의 합병매수차손익, 합병당사회사의 주주등에 대한 증여의제 및 익금(부당행위계산부인에 의한 익금산입을 포함한다)의 계산기초를 이룬다.

3) 합병비율

합병비율이란 피합병법인의 주식과 합병법인의 합병교부주식등과의 교환비율을 가리킨다. 상법상 합병비율은 합병계약서의 필요적 기재사항이다. 즉 흡수합병의 경우에 '존속하는 회사가 합병으로 인하여 소멸하는 회사의 주주에 대한 신주의 배정에 관한 사항'(상법 523 Ⅲ), 신설합병의 경우에 '각 회사의 주주에 대한 주식의 배정에 관한 사항'(상법 524 Ⅲ)을 합병계약서에 기재하도록 하고 있는데, 이것이 바로 합병비율에 관한 규정인 것이다.

합병비율은 주식시장가격법·순자산법·수익환원가치법·할인현금흐름법·회수율법 및 절충법 등에 의하여 합병당사회사의 주식가치를 평가하고, 이들을 토대로 하여 산정하게 된다.[5] 그러나 법인세법 또는 상증법에서 불공정합병에 해당하는지의 여부를 판정할 때에는 상증법상의 평가규정에 의한 평가액이 그 중요한 준거가 된다. 만일 합병비율이 공정하지 못하게 되면 불공정합병에 해당하게 된다.

불공정합병은 그 사법적 효력[6]은 별론으로 하더라도 합병당사회사의 주주등이 불공정합병에 따라 분여받은 경제적 이익에 대하여는 증여로 의제하거나 법인의 소득금액계산상 익금에 산입하며, 또한 합병당사회사의 주주인 법인이 불공정합병에 따라 분여한 경제적 이익에 대하여는 법인세법상의 부당행위계산부인에 의하여 익금에 산입한다.

4) 합병등기일

회사가 합병을 한 때에는 본점소재지에서는 2주간 내, 지점소재지에서는 3주간 내에 합병 후 존속하는 회사에 있어서는 변경등기, 합병으로 인하여 소멸하는 회사에 있어서는 해

---

3) 2011년 상법 개정 이전에는 주식의 배정비율 조정 등 예외적인 경우를 제외하고 합병교부금을 교부하는 것은 허용되지 않았으나 위 상법 개정으로 흡수합병에 한하여 합병 그 자체의 대가로 합병교부금을 지급할 수 있게 됨으로써 합병대가가 유연화되었다(권기범, 「현대회사법론」, 제4판, 삼영사, 2012, 101면).
4) 피합병법인의 주주등에 대한 이익배당의 조정을 위한 것은 과세상 배당소득으로 다루어야 한다. 따라서 합병매수차손익이나 양도손익을 산정할 때 이익배당의 조정을 위하여 지급하는 합병교부금은 합병대가에서 제외하여야 한다(최명근, 「법인세법」, 세경사, 1998, 596면; 武田昌輔, 「会社合併の税務」, 新版, 税務経理協会, 1999, 50면).
5) 守永誠治, "企業会計における会社合併", 「日税研論集」 35号, 1996, 103면.
6) 합병비율이 현저하게 불공정한 불공정합병은 합병의 본질에 반하는 것이므로 합병의 무효원인이 될 수 있다고 한다[대법원 2008. 1. 10. 선고 2007다64136 판결; 이철송, 「회사법강의」, 제20판, 박영사, 2012, 1056면].

산등기, 합병으로 인하여 설립된 회사에 있어서는 설립등기를 하여야 한다.

회사의 합병은 합병법인이 그 본점소재지에서 변경등기 또는 설립등기를 함으로써 비로소 그 효력이 생긴다(상법 234).

법인세법에서 합병등기일(법법 44 ① 및 ②, 44의2 ① 및 ③, 44의3 ②)이라 함은 위에서의 변경등기일, 해산등기일 또는 설립등기일을 말한다(법령 6 ①).

라. 합병의 회계처리

동일지배기업[7] 간의 합병이 아닌 일반적 합병의 경우 국제회계기준 및 일반기업회계기준 모두 합병으로 승계하는 자산·부채를 공정가치로 인식하는 공정가치법(취득법)을 적용하도록 되어 있다[국회기 제1103호(사업결합) 문단 18, 일반기업회계기준 제12장(사업결합) 문단 12.7]. 반면 동일지배기업 간 합병에 관하여는 위 국제회계기준 제1103호의 적용이 배제된다[국회기 제1103호(사업결합) 문단 2(3)]. 이 경우 어떻게 회계처리할 것인지 문제되는데 현재 기업실무는 일반기업회계기준 제32장(동일지배거래)에 따른 장부금액법(지분법)과 국제회계기준 제1103호에 따른 공정가치법(취득법)을 적용하는 것으로 나뉘어 있고 전자의 비중이 압도적으로 높다.[8]

2 합병에 따른 법인세의 과세체계

가. 합병에 따른 법인세 등의 과세제도의 개요

법인간에 합병이 이루어지게 되면 피합병법인, 합병법인, 피합병법인의 주주 및 합병법인의 주주에 대하여 법인세·소득세 및 증여세 등의 납세의무가 성립한다.

합병에 따른 법인세 등의 과세제도(특례제도 포함)의 개요는 [별표 9]와 같다.

---

7) 동일지배하에 있는 기업이란 동일 기업이 해당 기업을 궁극적으로 지배하고 이러한 지배가 일시적이지 않은 경우를 말한다. 국제회계기준 제1103호 문단 B1, B6; 일반기업회계기준 제32장(동일지배거래) 문단 32.4.
8) 현재 국제회계기준위원회에서 동일지배하에서 발생하는 사업결합(Business Combination under Common Control)에 관한 회계기준을 개발하는 중에 있으며 2020. 11.에 토론서(discussion paper)를 발표한 상태이다. 이상, 금융감독원, "한국채택국제회계기준(K-IFRS) 하의 동일지배기업 간 합병회계처리 현황 및 시사점", 2021. 11. 19. 자 보도자료.

[별표 9] 합병에 따른 법인세 등의 과세제도의 개요

납세 의무자	과세대상 소득
피합병법인	양도손익에 대한 각 사업연도의 소득에 대한 법인세(법법 44)
합병법인	1. 양도가액과 순자산시가와의 차액(합병매수차손익)의 익금 또는 손금 산입(법법 44의2 ②, ③) 2. 이월결손금의 승계와 공제의 제한(법법 44의3 ② 및 45) 3. 자산·부채 및 세무조정사항의 승계(법법 44의2 ① 및 44의3 ②)
피합병법인의 주주	1. 합병에 따른 의제배당(법법 16 V, 소법 17 ② IV) 2. 불공정합병 등에 따른 익금 산입(부당행위계산부인에 따른 익금 포함) 및 증여(법령 11 IX 및 88 ① VIII, 상증법 38)
합병법인의 주주	불공정합병 등에 따른 익금 산입(부당행위계산부인에 따른 익금 포함) 및 증여(법령 11 IX 및 88 ① VIII, 상증법 38), 합병차익의 자본금전입시 의제배당

나. 적격합병의 요건과 과세의 특례

1) 적격합병의 요건

법인세법은 합병을 통한 기업의 구조조정을 지원하기 위하여 일정한 요건을 갖춘 합병(이하에서 '적격합병'이라 한다)에 대하여 과세특례를 적용하도록 하고 있다. 적격합병의 요건이란 합병에 따른 과세특례를 적용받기 위한 요건인데, 사업목적, 지분의 연속성, 사업의 계속성, 고용 승계를 그 내용으로 하고 있다(법법 44 ②). 다만, 내국법인인 완전모자법인 간에 합병하는 경우 및 내국법인의 두 완전자법인 간에 합병하는 경우에는 위와 같은 적격합병의 요건(사업목적, 지분의 연속성 및 사업의 계속성)에 관계없이 과세특례를 적용받을 수 있도록 하고 있다(법법 44 ③).[9]

2) 적격합병에 대한 과세특례

법인세법은 합병에 의한 기업의 구조조정을 지원하기 위하여 적격합병의 요건을 갖춘 합병에 대해서는 과세특례를 적용하도록 하고 있다.

적격합병에 대한 과세특례의 개요는 [별표 10]과 같다.

---

9) 적격합병요건에 관한 비교법적 검토 및 해석상의 문제점에 관하여는 황남석, "세법상 적격합병요건에 관한 고찰", 「경영법률」 제24권 제4호, 2014, 33면 이하.

[별표 10] 적격합병에 대한 과세특례

구 분	과세표준의 산정방법	비적격 합병
피합병법인	양도손익: 과세이연(합병법인이 처분할 때까지 과세이연)	양도손익: 각 사업연도의 소득에 포함하여 과세
합병법인	• 자산의 취득가액: 피합병법인의 장부가액 • 양도가액과 순자산시가와의 차액(합병매수차손익): 익금 또는 손금에 산입하는 규정이 없음	• 자산의 취득가액: 시가 • 양도가액과 순자산시가와의 차액(합병매수차손익): 차액을 5년(60개월)간 균등분할 익금 또는 손금 산입함
	이월결손금의 승계: 승계를 허용함	이월결손금의 승계: 승계를 허용하지 않음
	세무조정사항의 승계: 허용함	세무조정사항의 승계: 원칙적으로 승계를 허용하지 않으나 퇴직급여충당금 또는 대손충당금을 인계함과 동시에 관련된 세무조정사항을 승계하는 경우는 예외임
피합병법인의 주주	합병에 따른 의제배당: 의제배당소득 없음(과세이연)	합병에 따른 의제배당: 의제배당으로 과세함
합병법인의 주주	합병시에는 과세되지 않음	합병차익의 자본금전입에 따른 의제배당: 의제배당으로 과세될 수 있음

3 피합병법인의 양도손익에 대한 과세와 그 특례

가. 양도손익에 대한 과세

1) 개관

내국법인이 합병으로 인하여 해산하는 경우 그 법인의 자산을 합병법인에게 양도한 것으로 본다. 이 경우 그 자산의 양도에 따라 발생하는 양도손익은 피합병법인이 합병등기일이 속하는 사업연도의 각 사업연도의 소득을 계산할 때 익금 또는 손금에 산입한다(법법 44 ①). 즉 피합병법인이 합병법인에 양도한 자산의 양도손익은 각 사업연도의 소득에 대한 법인세로 과세하는 것이다.

그러나 적격합병의 요건을 모두 갖춘 합병의 경우(부득이한 사유가 있는 합병의 경우와 완전지배법인의 합병의 경우를 포함한다)에는 피합병법인의 양도손익을 계산할 때 양도가액을 그 피합병법인의 합병등기일 현재의 순자산장부가액으로 보아 양도손익이 없는 것으로 할 수 있다.

2) 양도손익의 계산

피합병법인의 자산의 양도에 따라 발생하는 양도손익은 피합병법인이 합병법인으로부터 받은 양도가액에서 피합병법인의 합병등기일 현재의 순자산장부가액을 뺀 금액으로 한다(법법 44 ①). 그 계산식은 다음과 같다.

$$
양도손익 = \left(\begin{array}{c} 피합병법인이\ 합병법인으로부터 \\ 받은\ 양도가액 \end{array} \right) - \left(\begin{array}{c} 피합병법인의\ 합병등기일\ 현재의 \\ 순자산장부가액 \end{array} \right)
$$

가) 피합병법인이 합병법인으로부터 받은 양도가액

피합병법인이 합병법인으로부터 받은 양도가액이란 합병대가의 합계액, 즉 합병으로 인하여 피합병법인의 주주등이 지급받은 합병법인 또는 합병법인의 모회사[10]의 주식등('합병교부주식등')[11]의 가액 및 금전이나 그 밖의 재산가액('합병교부금')의 합계액을 말한다. 다만 합병법인이 합병등기일 전 취득한 피합병교부주식등('합병포합주식등'[12])이 있는 경우에는 그 합병포합주식등에 대하여 합병교부주식등을 교부하지 않더라도[13] 그 지분비율에 따라 합병교부주식등을 교부한 것으로 보아 합병교부주식등의 가액을 계산한다(법령 80 ① Ⅱ 가).[14]

---

10) 합병등기일 현재 합병법인의 발행주식총수 또는 출자총액을 보유하고 있는 내국법인, 즉 완전모회사를 말한다(법령 80 ① Ⅱ 가 괄호). 상법은 합병법인의 모회사주식을 교부할 수 있도록 하여 삼각합병을 허용하면서도 모회사의 요건에 관하여 별다른 제한을 두고 있지 않다. 즉, 완전모회사일 것을 요구하지 않는다. 그러나 법인세법 시행령이 완전모회사의 지분을 교부할 경우에만 과세특례를 허용하므로 실질적으로 삼각합병의 허용범위도 완전모회사의 지분을 교부하는 경우로 제한되는 결과가 된다.

11) 상법은 합병법인이 자기주식을 합병교부주식등으로서 교부할 수 있도록 규정하고 있다(상법 523 Ⅲ). 법인세법은 자기주식을 자산으로 보기 때문에 자기주식을 교부할 때 그 처분손익이 발생하는 것으로 해석할 수 있다. 현재 법인세법에는 이에 관한 규정이 없다. 다만 행정해석은 그와 같은 경우 자기주식을 교부하는 것은 경제적 실질상 주주에 대한 합병대가의 지급에 해당하기 때문에 자본거래에 해당하고 그 처분손실은 합병법인의 각 사업연도 소득금액 계산시 손금에 산입할 수 없다고 한다(법인, 기획재정부 법인세제과-939, 2016. 9. 27.; 서이46012-10447, 2003. 3. 7.).

12) 여기에는 신설합병 또는 3 이상의 법인이 합병하는 경우 피합병법인이 취득한 다른 피합병교부주식등이 포함된다.

13) 이 경우 합병교부주식등을 교부할 수 있는지 여부에 관하여는 상법학계의 견해 대립이 있다. 상세는 한국상사법학회, 주식회사법 대계 Ⅲ, 제4판, 법문사, 2022, 443-444면. 법인세법은 부정설에 따라 합병교부주식등을 교부하지 않는 경우에도 교부한 것으로 의제하여 양도차익을 계산하라는 취지이다. 양도차익을 부당하게 축소하여 조세회피하는 행위에 대처하기 위한 규정이다.

14) 피합병법인이 합병법인 주식을 보유한 경우에는 신주를 배정받을 주체가 소멸하므로 자기주식은 합병을 계기로 함께 소멸하여 합병법인이 위 자기주식에 대하여는 합병교부주식등을 교부할 수 없다고 보는 견해가 통설이다. 법무부 유권해석도 통설의 입장을 지지하는 것으로 보인다(2010. 7. 7. 상사법무과-2091). 그러나 합병법인이 합병법인 주식을 피합병법인 자기주식에 교부하면 그 자기주식을 합병에 의한 포괄승계로 다시 합병법인이 승계할 수 있다고 보는 소수설이 있고 그렇게 처리하는 실무례(대표적으로 2023년 후반기

위의 경우 주식등과 그 밖의 재산가액은 시가로 평가한다(법령 14 ① I 라, 72 ② III 나).

그리고 합병법인이 납부하는 피합병법인의 법인세 및 그 법인세(감면세액을 포함한다)에 부과되는 국세와 지방세법 제88조 제2항에 따른 법인지방소득세의 합계액도 양도가액에 더하여야 한다(법령 80 ① II 나).

피합병법인의 주주가 주식매수청구권을 행사함에 따라 피합병법인이 지급하는 주식매매대금을 위 양도가액에 포함시킬 것인지가 문제될 수 있다. 포함된다고 보는 견해도 주장되고 있으나[15] 위 주식매매대금은 피합병법인의 순자산을 취득하는 대가로 지급한 것이 아니라 피합병법인을 탈퇴하는 주주로부터 그 주식을 취득하기 위하여 지급한 금전이므로 개념상 양도가액에 포함되지 않는다고 보아야 할 것이다.[16]

나) 피합병법인의 합병등기일 현재의 순자산장부가액

순자산장부가액이란 피합병법인의 합병등기일 현재의 자산의 장부가액 총액에서 부채의 장부가액 총액을 뺀 가액을 가리킨다. 피합병법인의 순자산장부가액을 계산할 때 국세기본법에 따라 환급되는 법인세액이 있는 경우 이에 상당하는 금액은 피합병법인의 합병등기일 현재의 순자산장부가액에 더하여야 한다.

나. 적격합병의 경우의 과세특례

1) 의 의

법인의 합병에 따라 피합병법인은 합병법인으로부터 합병대가[합병주식 또는 출자지분(합병교부주식등)의 가액과 금전·그 밖의 재산가액(합병교부금)의 합계액]를 받고 모든 자산 및 부채를 넘겨준다. 그러므로 피합병법인이 합병으로 해산하는 경우에는 그 법인의 자산을 합병법인에게 양도한 것으로 보고, 그 양도에 따라 발생하는 양도손익을 피합병법인의 합병등기일이 속하는 사업연도의 소득금액을 계산할 때 익금 또는 손금에 산입하여 법인세를 과세하도록 하고 있다.

그러나 합병에 따른 양도이익에 대하여 합병등기일이 속하는 사업연도에 일시에 익금에

에 있었던 셀트리온에 의한 셀트리온헬스케어 합병 건)도 있다. 이상, 한국상사법학회(註13), 443면. 통설에 따라 처리할 경우 합병교부주식등의 가액을 양도가액에 가산하여야 할 것인지 문제되는데, 명문의 규정이 없고 합병포합주식등이 있는 경우와 달리 인위적인 양도차익 축소의 우려가 적다는 점에서 부정적으로 해석함이 타당하다.

15) 이창희, 「세법강의」, 제18판, 박영사, 2020, 646면.

16) 이것이 독일의 통설이기도 하다. Schmitt in Schmitt/Hörtnagl/Stratz, UmwG/UmwStG Kommentar, 7. Aufl., 2016, § 11 UmwStG Rn. 138.

산입하여 법인세를 과세하는 경우에는 과중한 법인세 부담으로 인하여 법인간의 합병을 통한 기업의 원활한 구조조정을 억지하는 결과를 초래한다.

그러므로 합병이 사업목적으로 이루어지고 지분 및 사업의 계속성이 유지되는 경우에는 그 양도손익에 대한 법인세의 과세이연을 허용한다. 즉 피합병법인의 양도손익에 대하여 법인세를 과세하지 않고 합병법인이 그 승계받은 자산을 처분할 때 그 자산의 처분손익을 합병법인의 각 사업연도의 소득에 포함하여 법인세를 과세하는 것이다.

2) 적격합병의 요건

가) 일반적 적격합병의 요건

다음 적격합병(qualified fusion)의 요건을 모두 갖춘 합병에 대해서는 양도손익에 대한 법인세의 과세이연을 허용한다(법법 44 ②).

(1) 사업목적성

합병이 사업목적(business purpose)으로, 즉 사업상의 필요에 의하여 이루어져야 한다. 사업목적으로 이루어진 합병인지의 여부는 합병등기일 현재 1년 이상 사업을 계속하던 내국법인간의 합병인지의 여부에 따라 판단하도록 하고 있다. 즉 신설합병에 있어서는 피합병법인이, 흡수합병에 있어서는 합병법인과 피합병법인 모두가 합병등기일 현재 1년 이상 사업을 계속하던 법인인 경우에 한하여 해당 합병을 사업목적에 의한 합병으로 보는 것이다.

그러므로 합병당사회사 중 어느 한 회사라도 휴업 중에 있거나 사업개시 후 1년을 경과하지 않았다면 적격합병으로 보지 않는다.

다만, 다른 법인과 합병하는 것을 유일한 목적으로 하는 기업인수목적회사(SPAC: Special Purpose Acquisition Company)로서 「자본시장법 시행령」 제6조 제4항 제14호의 요건을 갖춘 것은 이 요건이 필요하지 않다(법법 44 ② I, 법령 80의2 ②). 기업인수목적회사는 증권회사가 기업공개(IPO)를 통해 조달한 자금을 바탕으로 다른 기업과 합병하는 것을 유일한 목적으로 하는 명목회사로서 존속기간이 3년 이하이므로 사업목적성 요건을 요구하게 되면 실질적으로 2년 안에 합병을 완료해야 하는 문제가 생기므로 특례를 둔 것이기 때문이다.[17]

(2) 지분의 연속성

법인의 합병이 이루어지는 경우에 지분의 연속성(continuity of proprietary interest)이 유지되어야 한다. 지분의 연속성이 유지되기 위해서는 합병대가 중 합병교부주식등의 비율

---

17) 기업인수목적회사(SPAC)를 합병당사법인으로 하는 합병을 스팩(SPAC) 존속합병이라고 하는데 비상장회사가 기업공개(IPO)를 거치지 않고 우회상장할 수 있는 수단이 된다.

요건, 합병교부주식등의 배정요건, 합병교부주식등의 일정기간 보유요건을 모두 충족하여야 한다. 즉 피합병법인의 주주가 받는 합병대가의 총합계액 중 주식등의 가액이 80퍼센트 이상으로서 그 주식등이 일정한 방법에 따라 배정되고, 피합병법인의 특정지배주주등이 합병등기일이 속하는 사업연도의 종료일까지 그 주식등을 보유하여야 하는 것이다.

(가) 합병대가 중 합병교부주식등의 비율

적격합병의 요건으로서 합병대가의 총합계액[18] 중 합병법인 주식등의 가액이 80퍼센트 이상이거나 합병법인 모회사 주식등의 가액[19]이 80퍼센트 이상이어야 한다.[20] 바꾸어 말한다면 합병교부금의 비율이 합병대가의 총합계액의 20퍼센트 미만인 경우에 한하여 지분의 연속성이 충족된 것으로 보는 것이다. 만일 피합병법인의 주주가 받는 합병대가가 주로 금전이라면 이는 피합병법인의 자산을 매각한 것과 다르지 않으므로 과세특례를 적용할 이유가 없기 때문이다.[21]

합병대가의 총합계액 중 합병교부주식등의 가액이 80퍼센트 이상에 해당하는지의 여부를 판정할 경우 합병대가의 총합계액과 합병교부주식등의 가액은 합병등기일 현재의 시가에 의하여 계산한 금액으로 한다.

$$\frac{합병교부주식등의\ 가액}{합병대가의\ 총합계액} \geq 80\%$$

이때 합병법인이 합병등기일 전 2년 내에 취득한 피합병법인의 주식등(합병포합주식등)이 있는 경우에는 다음과 같이 합병교부주식등의 가액 중 일부를 합병교부금으로 보아[22]

---

18) 여기서의 합병대가의 총합계액은 합병법인 또는 합병법인의 모회사의 주식등의 가액 및 금전이나 그 밖의 재산가액의 합계액을 의미한다. 즉, 합병법인이 납부하는 피합병법인의 법인세 및 그 법인세에 부과되는 국세와 지방세법 제88조 제2항에 따른 법인지방소득세의 합계액은 포함되지 않는다(법령 80의2 ③ 전단, 80 ① Ⅱ 가).

19) 2011. 4. 14. 법률 제10600호로 개정된 상법에 따라 도입된 삼각합병에 대하여 과세특례를 부여하기 위한 규정이다. 상법은 모회사주식을 합병교부금의 일종으로 규율하고 있다(상법 523의2, 523 Ⅳ).

20) 행정해석은 이 비율만 충족하면 설사 합병비율이 불공정하더라도 무방하다고 본다. 재법인 − 56, 2016. 1. 21. 비교법적으로 살펴보면 여기서의 '주식등'의 범위를 제한적으로 해석할 여지도 있으나 행정해석은 의결권 없는 우선주도 포함된다고 본다. 예규 서면 − 2016 − 법인 − 2756, 2016. 4. 8.

21) Burke, *Federal Income Taxation of Corporation and Stockholders*, 6.ed., 2007, p. 271.

22) 이 경우 신설합병 또는 3 이상의 법인이 합병하는 경우로서 피합병법인이 취득한 다른 피합병법인의 주식등이 있는 경우에는 그 다른 피합병법인의 주식등을 취득한 피합병법인을 합병법인으로 본다(법령 80의2 ③ 後). 행정해석은 합병법인이 합병 전에 균등유상증자로 취득한 피합병법인 주식도 여기서의 합병포합주식에 포함된다고 해석하지만(기획재정부 법인세제과 − 57, 2017. 1. 24), 조세심판원은 그 반대입장이다[조심 2024. 7. 29. 자 2023서10049 결정(합동)]. 합병포합주식등을 규율하는 취지가 합병대가를 사전에 교부하여 합병대가 중 합병교부주식등의 비율을 인위적으로 높이려는 행위에 대처하는데 있는바, 균등유상증자로 취득한

위 계산식 중 분자인 합병교부주식등의 가액에서 뺀다(법령 80의2 ③ 전단). 합병포합주식은 실질적으로 합병법인이 피합병법인의 舊 주주에게 합병교부금을 지급한 것과 다르지 않기 때문에 지분의 연속성 판단에 고려하기 위한 것이다. 합병교부주식등의 가액에서 빼는 합병교부주식등의 일부가액은 합병법인이 합병등기일 현재 피합병법인의 지배주주등[23]에 해당하는지 여부에 따라 다르게 규정되어 있다.

① 합병법인이 합병등기일 현재 피합병법인의 지배주주등이 아닌 경우: 합병법인이 합병등기일 전 2년 이내에 취득한 합병포합주식등이 피합병법인의 발행주식총수 또는 출자총액의 20퍼센트를 초과하는 경우 그 초과하는 합병포합주식등에 대하여 교부한 합병교부주식등의 가액

② 합병법인이 합병등기일 현재 피합병법인의 지배주주등인 경우: 합병등기일 전 2년 이내에 취득한 합병포합주식등에 대하여 교부한 합병교부주식등의 가액

위 ①, ② 두 경우 모두 합병포합주식등에 대하여 실제로 합병교부주식등을 교부하지 않더라도 그 지분비율에 따라 합병교부주식등을 교부한 것으로 본다(법령 80의2 ③ 각 호의 괄호).

사례

甲 법인은 발행주식총수가 200주인 乙 법인의 주식을 2014. 1. 1. 50주, 2015. 2. 1. 100주 취득하였다. 乙 법인의 나머지 주주로는 甲 법인과 특수관계가 없는 丙 법인만 있다. 甲 법인은 2017. 1. 1. 乙 법인을 흡수합병하면서 甲 법인에 대하여는 합병대가를 배정하지 않고, 丙 법인에 대하여만 甲 법인 주식 20주(시가 2,000만원)와 현금 500만원을 배정하였다. 합병대가 중 합병교부주식 등의 비율은 얼마인지 계산하라.

풀이

합병대가의 총합계액 :
   甲 법인: 주식 60주(시가 6,000만원) 및 1,500만원 (배정한 것으로 간주)
   丙 법인: 주식 20주(시가 2,000만원) 및 500만원
   합계: 1억원

합병교부주식등의 가액 :
합병등기일 전 2년 이내에 취득한 합병포합주식등은 100주이고 그에 대하여 교부한 것으로 간주하는 합병교부주식등은 40주이다(= 60주 × 2/3). 따라서 합병교부주식등 80주(60주+20주)에서 40주(시가 4,000만원)를 빼야 한다.

피합병법인 주식은 그러한 규율의 취지와 무관하므로 조세심판원 결정이 타당하다.

[23] 지배주주 등이란 법인의 발행주식총수의 1퍼센트 이상의 주식을 보유한 주주로서 그와 특수관계인의 보유주식의 합계가 해당 법인의 주주 중 가장 많은 자를 말한다(법령 43 ⑦).

따라서 합병대가 중 합병교부주식등의 비율은 4,000만원/1억원 = 40퍼센트가 되므로 적격합병의 요건을 충족하지 못한다(실제로 丙 주식회사에 대하여 교부된 합병교부주식등만 계산하면 합병교부주식등의 비율은 80퍼센트이다).

(나) 합병교부주식등의 배정

지분의 연속성이 유지되기 위해서는 피합병법인의 주주등에게 합병으로 인하여 받은 합병교부주식등을 배정할 때 피합병법인의 특정지배주주등에게 다음 계산식에 따른 가액 이상의 합병교부주식등을 각각 배정하여야 한다(법법 44 ② II, 법령 80의2 ④).

$$\left(\begin{array}{c}\text{피합병법인의 주주등이 지급받은}\\\text{합병교부주식등의 가액의 총합계액}\end{array}\right) \times \left(\begin{array}{c}\text{각 특정지배주주등의}\\\text{피합병법인에 대한 지분비율}^{24)}\end{array}\right)$$

위에서 피합병법인의 특정지배주주등이란 피합병법인의 법인세법 시행령 제43조(상여금 등의 손금불산입) ③에 따른 지배주주등 중 다음에 해당하는 자를 제외한 주주등을 말한다(법령 80의2 ⑤).
① 법인세법 시행령 제43조 제8항 제1호 가목의 친족 중 4촌 이상의 혈족
② 합병등기일 현재 피합병법인에 대한 지분비율이 1퍼센트 미만이면서 시가로 평가한 그 지분가액이 10억원 미만인 자
③ 「자본시장법 시행령」 제6조 제4항 제14호 각 목의 요건을 갖춘 기업인수목적회사와 합병하는 피합병법인의 지배주주등인 자[25)
④ 피합병법인인 기업인수목적회사의 지배주주등인 자

(다) 합병교부주식등의 일정기간 보유

지분의 연속성이 유지되기 위해서는 피합병법인의 특정지배주주등이 합병등기일이 속하는 사업연도의 종료일까지 그 합병교부주식등을 보유하여야 한다.

(3) 사업의 계속성

법인이 합병한 경우에도 사업의 계속성(continuity of business enterprise)이 충족되어야

---

24) 피합병법인의 자기주식 또는 자기출자지분에 대해 합병교부주식등을 배정하지 않는 경우에는 피합병법인의 자기주식 또는 자기출자지분을 제외하고 산정한 지분비율을 말한다(법령 80의2 ④ 괄호).
25) 기업인수목적회사와의 합병은 기업공개, 유상증자 등과 같이 비상장기업의 자본조달수단으로서 피합병법인의 주주는 기업공개, 유상증자시의 피출자자와 유사하고 일반 피합병법인 주주와는 성격이 다르기 때문이다. 법인세법 시행령 제80조의2 제5항 제4호도 같다.

한다. 즉 합병법인은 합병등기일이 속하는 사업연도의 종료일까지 피합병법인으로부터 승계한 사업을 계속 영위하여야 한다.

합병법인이 합병등기일이 속하는 사업연도의 종료일 이전에 피합병법인으로부터 승계한 자산가액(유형자산, 무형자산 및 투자자산의 가액을 말한다. 이하 이 책 제7장 및 법인세법 제156조 제2항에서 같다)의 50퍼센트 이상을 처분하거나 사업에 사용하지 않는 경우에는 사업의 계속성 요건을 충족하지 못한 것으로 본다.[26) 다만, 피합병법인이 보유하던 합병법인의 주식을 승계하여 자기주식을 소각하는 경우에는 해당 합병법인의 주식을 제외하고 피합병법인으로부터 승계한 자산을 기준으로 사업의 계속성 요건을 충족하는지의 여부를 판정한다(법령 80의2 ⑦). 즉 피합병법인이 보유하던 합병법인의 주식을 승계받아 자기주식을 소각하는 경우에는 해당 합병법인의 주식을 제외한 잔여재산만을 기준으로 사업의 계속성 요건의 충족 여부를 판정하는 것이다. 피합병법인으로부터 승계한 자산이 합병법인의 주식만인 경우 그 합병법인의 주식을 소각하더라도 사업의 계속성 요건을 충족한 것으로 본다.

다만 피합병법인이 기업인수목적회사인 경우에는 사업의 계속성 요건을 충족하지 않아도 무방하다. 기업인수목적회사의 존재 목적을 고려하면 합병법인이 그 사업을 승계하여 일정 기간 계속하도록 하는 것이 무의미하기 때문이다.

(4) 고용 승계

합병등기일 1개월 전 당시 피합병법인에 종사하는 근로자 중 합병법인이 승계한 근로자의 비율이 80퍼센트 이상이고, 합병등기일이 속하는 사업연도의 종료일까지 그 비율을 유지하여야 한다(법법 44 ② IV). 기업 구조조정 과정에서 고용 안정성을 높이기 위한 요건이다.

여기서 근로자는 근로기준법에 따라 근로계약을 체결한 내국인 근로자를 말하며 다음에 해당하는 자를 제외한다(법령 80의2 ⑥).[27)

① 법인세법 시행령 제40조 제1항 각 호의 어느 하나에 해당하는 임원

② 합병등기일이 속하는 사업연도의 종료일 이전에「고용상 연령차별금지 및 고령자고용촉진에 관한 법률」제19조에 따른 정년이 도래하여 퇴직이 예정된 근로자

③ 합병등기일이 속하는 사업연도의 종료일 이전에 사망한 근로자 또는 질병·부상 등 기획재정부령[28)으로 정하는 사유로 퇴직한 근로자

---

26) 합병법인이 피합병법인으로부터 승계한 사업을 지속하기 위하여 승계한 자산을 최신 사양으로 교체하는 것은 무방하다. 기획재정부 법인세제과-105, 2022. 2. 22.

27) 내국법인이 지주사업부문을 제외한 사업부문을 모두 물적분할하여 분할신설법인을 설립한 후 같은 날 분할존속법인이 합병법인에 흡수합병되는 경우 이 요건의 충족여부를 판단할 때에는 합병등기일 1개월 전 당시 지주사업부문에 종사하던 근로자를 기준으로 한다. 사전-2021-법령해석법인-1441, 2021. 10. 27.

28)「고용보험법 시행규칙」별표 2 제9호에 해당하는 사유로 퇴직한 근로자를 말한다(법칙 40의2 ①).

④「소득세법」제14조 제3항 제2호에 따른 일용근로자

⑤ 근로계약기간이 6개월 미만인 근로자. 다만, 근로계약의 연속된 갱신으로 인하여 합병 등기일 1개월 전 당시 그 근로계약의 총 기간이 1년 이상인 근로자는 제외한다.

⑥ 금고 이상의 형을 선고받는 등 기획재정부령[29]으로 정하는 근로자의 중대한 귀책사유로 퇴직한 근로자

나) 부득이한 사유가 있는 경우의 요건

다음과 같은 부득이한 사유가 있는 경우에는 적격합병의 요건 중 지분의 연속성과 사업의 계속성 요건을 갖추지 못한 경우에도 적격합병에 따른 과세특례를 적용받을 수 있다(법법 44 ② 但).

(1) 지분의 연속성 요건의 특례

다음 중 어느 하나에 해당하는 경우에는 지분의 연속성 요건을 갖추지 못한 경우에도 적격합병에 따른 과세특례를 적용받을 수 있다(법령 80의2 ① I).

① 특정지배주주등이 합병으로 교부받은 전체 주식등의 50퍼센트 미만을[30] 처분한 경우(법령 80의2 ① I 가). 이 경우 해당 주주등이 합병으로 교부받은 주식등을 서로 간에 처분하는 것은 해당 주주등이 그 주식등을 처분한 것으로 보지 않고, 해당 주주등이 합병법인 주식등을 처분하는 경우에는 합병법인이 선택한 주식등을 처분하는 것으로 본다.[31] 처분에는 유상양도뿐만 아니라 무상양도도 포함되므로 증여도 처분에 해당한다.[32]

② 특정지배주주등이 사망하거나 파산하여 주식등을 처분한 경우(법령 80의2 ① I 나)

③ 특정지배주주등이 적격합병, 적격분할, 적격물적분할 또는 적격현물출자[33]에 따라 주식등을 처분한 경우

법문상 특정지배주주등이 적격조직재편의 당사자로서 주식등을 처분하는 경우만을 가

---

29) 「고용보험법」제58조 제1호에 해당하는 근로자를 말한다(법칙 40의2 ②).

30) 비교법적으로 살펴보면 여기서의 '주식등'의 범위를 제한적으로 해석할 여지도 있으나 행정해석은 의결권 없는 우선주도 포함된다고 본다. 사전-2020-법령해석법인-1258, 2021. 4. 14.

31) 이 규정은 복수의 적격조직재편이 일어나는 경우 각 조직재편에 따른 교부주식 중 어느 것을 처분하였는지에 관하여 납세자에게 선택권을 주기 위한 것이다. 법인은 납세지 관할 세무서장이 해당 법인이 선택한 주식처분 순서를 확인하기 위해 필요한 자료를 요청하는 경우에는 그 자료를 제출하여야 한다(법령 80의2 ⑧).

32) 서울고등법원 2024. 7. 5. 선고 2023누52576 판결(대법원 2024. 11. 28. 자 2024두50049 판결로 심리불속행 종결).

33) 물적분할 및 현물출자의 경우 양도차익이 발생하는 경우에 한하여 과세특례가 적용될 수 있도록 규정되어 있으므로 법문상으로는 양도차손이 발생하는 때에는 적격물적분할 및 적격현물출자의 요건을 모두 충족시키더라도 적격물적분할이나 적격현물출자에 해당할 수 없다. 적격물적분할 및 적격현물출자는 과세특례요건을 모두 갖추어 양도차익에 해당하는 금액을 손금에 산입하는 물적분할 및 현물출자를 말하기 때문이다(법령 17의3 ⑥, 법령 80의2 ① I 다).

리키는 것으로 해석된다. 따라서 예를 들어 합병법인이 피합병법인으로서 적격합병으로 하게 됨에 따라 특정지배주주등이 새로운 합병법인의 주식등을 교부받는 경우는 이 규정의 적용범위에 해당하지 않는다.

④ 특정지배주주등이 주식의 포괄적 교환·이전에 대한 과세특례(조특법 38), 주식의 현물출자 또는 교환·이전에 의한 지주회사의 설립 등에 대한 과세특례(조특법 38의2) 또는 기업 간 주식등의 교환에 대한 과세특례(조특법 121의30)에 따라 주식등을 현물출자 또는 교환·이전하고 과세를 이연받으면서 주식등을 처분한 경우

⑤ 특정지배주주등이 채무자회생법에 따른 회생절차에 따라 법원의 허가를 받아 주식등을 처분하는 경우

⑥ 특정지배주주등이 기업개선계획의 이행을 위한 약정(조특령 34 ⑥ I) 또는 기업개선계획의 이행을 위한 특별약정(조특령 34 ⑥ II)에 따라 주식등을 처분하는 경우

⑦ 특정지배주주등이 법령상 의무를 이행하기 위하여 주식등을 처분하는 경우

(2) 사업의 계속성 요건의 특례

다음 중 어느 하나에 해당하는 경우에는 사업의 계속성 요건을 갖추지 못한 경우에도 적격합병에 따른 과세특례를 적용받을 수 있다(법령 80의2 ① II).

① 합병법인이 파산함에 따라 승계받은 자산을 처분한 경우

② 합병법인이 적격합병, 적격분할, 적격물적분할 또는 적격현물출자에 따라 사업을 폐지한 경우

③ 합병법인이 기업개선계획의 이행을 위한 약정 또는 기업개선계획의 이행을 위한 특별약정(조특령 34 ⑥ I, II)에 따라 승계받은 자산을 처분한 경우

④ 합병법인이 채무자회생법에 따른 회생절차에 따라 법원의 허가를 받아 승계받은 자산을 처분한 경우

(3) 고용 승계 요건의 특례

다음 중 어느 하나에 해당하는 경우에는 고용 승계 요건을 갖추지 못한 경우에도 적격합병에 따른 과세특례를 적용받을 수 있다(법령 80의2 ① III).

① 합병법인이 채무자회생법 제193조에 따른 회생계획을 이행 중인 경우

② 합병법인이 파산함에 따라 근로자의 비율을 유지하지 못한 경우

③ 합병법인이 적격합병, 적격분할, 적격물적분할 또는 적격현물출자에 따라 근로자의 비율을 유지하지 못한 경우

④ 합병등기일 1개월 전 당시 피합병법인에 종사하는 근로기준법에 따라 근로계약을 체결

한 내국인 근로자가 5명 미만인 경우

다) 완전모자법인 간 또는 내국법인의 완전자법인 간 합병시의 요건

① 내국법인이 발행주식총수 또는 출자총액을 소유하고 있는 다른 법인을 합병하거나 그 다른 법인에 합병되는 경우[34] 또는 ② 동일한 내국법인이 발행주식총수 또는 출자총액을 소유하고 있는 서로 다른 법인간에 합병하는 경우에는 앞서 본 적격합병의 요건을 갖추지 못한 경우에도 적격합병에 따른 과세특례를 적용받을 수 있다(법법 44 ③). 이러한 경우에는 이미 경제적으로 단일한 실체로 볼 수 있는 법인간에 합병이 이루어지므로 별도의 요건을 요구하지 않고 모두 적격합병으로 인정하도록 하고 있는 것이다. 이 유형의 적격합병시에 는 사후관리 위반이 문제되지 않는다.[35]

3) 과세특례

가) 과세특례의 내용

적격합병의 요건을 모두 갖춘 합병의 경우(지분의 연속성 또는 사업의 계속성 요건과 관련하여 부득이한 사유가 있는 합병의 경우와 완전지배법인의 합병의 경우를 포함한다. 이하에서 같다)에는 양도손익을 계산할 때 양도가액을 피합병법인의 합병등기일 현재의 순자산장부가액으로 보아 양도손익이 없는 것으로 할 수 있다(법법 44 ②). 양도가액을 피합병법인의 합병등기일 현재의 순자산장부가액으로 하면 양도손익이 영(0)이 되어 그 차액이 발생하지 않기 때문에 법인세를 부담하지 않는다. 이 경우 합병법인은 피합병법인의 합병등기일 현재의 순자산장부가액을 승계하는 것이므로 합병법인이 해당 자산을 처분할 때까지 그 양도이익에 대한 법인세의 과세가 이연된다.

나) 과세특례 적용의 임의성

적격합병에 대한 과세특례를 정하고 있는 법인세법 제44조 제2항은 "양도손익이 없는 것으로 할 수 있다"고 규정하고 있는바, 그 해석이 문제된다. 즉 적격합병의 요건을 갖춘 합병이라 하여 획일적으로 양도손익에 대한 법인세 과세이연의 특례를 적용하는 것이 아니고 피합병법인이 양도손익에 대한 법인세 과세이연의 특례를 선택한 경우에 한하여 그 특례규정을 적용한다는 의미이다. 즉 적격합병에 따른 법인세 과세이연에 관한 특례규정은 강행

---

34) 이 경우 합병법인 주식의 장부가액은 종전 장부가액에 소각된 피합병법인 주식의 취득가액을 가산하고 합병교부금을 빼서 계산한다(법령 72 ⑤ I의3).

35) 다만 지방세특례제한법 제57조의2 제1항에 의하여 취득세를 면제받는 경우에는 사후관리 위반이 문제가 될 수 있고 취득세가 추징될 수 있다는 것이 조세심판원 결정(조심 2017. 5. 17. 자 2017지0241 결정) 및 행정해석(법제처 22-0398, 2022. 11. 9.)이다.

규정이 아니고 납세의무자의 임의적인 선택에 맡겨져 있는 임의규정인 것이다.

따라서 적격합병에 따른 법인세 과세이연의 특례규정을 적용받고자 하는 피합병법인은 법인세 과세표준신고를 할 때 합병법인과 함께 합병과세특례신청서를 납세지 관할 세무서장에게 제출하여야 한다. 이 경우 합병법인은 자산조정계정에 관한 명세서를 피합병법인의 납세지 관할 세무서장에게 함께 제출하여야 한다(법령 80 ③).

4 합병법인에 대한 과세 및 그 특례

가. 합병법인에 대한 과세

1) 승계한 자산의 가액 등

합병법인이 합병으로 인하여 피합병법인의 자산을 승계한 경우에는 그 자산을 피합병법인으로부터 합병등기일 현재의 시가로 양수한 것으로 본다. 즉 합병법인은 합병에 따라 피합병법인으로부터 승계한 자산의 취득가액을 그 합병등기일 현재의 시가에 따라 계상하여야 한다.

다음으로 피합병법인의 각 사업연도의 소득금액 및 과세표준을 계산할 때 익금 또는 손금에 산입하거나 산입하지 않은 금액은 법인세법이나 다른 법률에 특별한 규정이 있는 경우 외에는 승계를 허용하지 않는다. 다만, 합병법인은 적격합병의 요건을 갖춘 경우(지분의 연속성 또는 사업의 계속성 요건과 관련하여 부득이한 사유가 있는 합병의 경우와 완전지배법인의 합병의 경우를 포함한다)에만 합병법인이 승계할 수 있을 뿐이다(법법 44의2 ①). 이에 관하여는 뒤에서 다시 다룬다.

2) 양도가액과 순자산시가와의 차액의 분할 익금 또는 손금 산입

합병법인은 피합병법인에게 지급한 양도가액이 피합병법인의 합병등기일 현재의 자산총액에서 부채총액을 뺀 금액(이하에서 '순자산시가'라 한다)에 미달하거나 초과하는 경우 그 차액을 세무조정계산서에 '합병매수차익' 또는 '합병매수차손'으로 계상하고 합병등기일부터 5년간 월할로 균등분할하여 익금 또는 손금에 산입하여야 한다.[36] 비적격합병의 경우 양도가액과 순자산시가와의 사이에 차이가 생기는 경우 그 차액을 조정함으로써 양도손익의 적정한 과세를 도모하기 위한 장치이다. 합병매수차익 또는 합병매수차손의 익금산입 또는 손금산입 규정은 비적격합병의 경우에만 적용하며, 적격합병의 경우에는 적용하지 않는다.

---

36) 합병매수차익은 음의 영업권, 합병매수차손은 영업권의 성격을 갖는다.

가) 합병매수차익의 익금산입

합병법인은 피합병법인에 지급한 양도가액이 순자산시가에 미달하는 경우 그 차액을 세무조정계산서에 '합병매수차익'으로 계상하고 합병등기일부터 5년간 균등분할하여 익금에 산입한다(법법 44의2 ②). 합병매수차익을 익금에 산입할 때에는 합병등기일이 속하는 사업연도부터 합병등기일부터 5년이 되는 날이 속하는 사업연도까지 다음 계산식에 따라 계산한 금액을 익금에 산입한다. 월수는 역에 따라 계산하되, 1월 미만의 일수는 1월로 한다. 이 경우 합병등기일이 속한 월을 1월로 계산한 경우에는 합병등기일부터 5년이 되는 날이 속한 월은 계산에서 제외한다(법령 80의3 ①).

$$\text{합병매수차익} \times \frac{\text{해당 사업연도의 월수}}{60월}$$

나) 합병매수차손의 손금산입

피합병법인에 지급한 양도가액이 합병등기일 현재의 순자산시가를 초과하는 것으로서 합병법인이 피합병법인의 상호거래관계, 그 밖의 영업상의 비밀 등에 대하여 사업상 가치가 있다고 보아 대가를 지급한 것은 그 차액을 세무조정계산서에 '합병매수차손'으로 계상하고 합병등기일부터 5년간 균등분할하여 손금에 산입한다(법법 44의2 ③). 이 경우의 합병매수차손은 실질적으로는 영업권의 성격을 갖는다.[37]

합병매수차손을 손금에 산입할 때에는 합병등기일이 속하는 사업연도부터 합병등기일부터 5년이 되는 날이 속하는 사업연도까지 다음 계산식에 따라 계산한 금액을 손금에 산입한다. 월수는 역에 따라 계산하되, 1월 미만의 일수는 1월로 한다. 이 경우 합병등기일이 속한 월을 1월로 계산한 경우에는 합병등기일부터 5년이 되는 날이 속한 월은 계산에서 제외한다(법령 80의3 ③).

---

37) 舊 법인세법(2009. 12. 31. 법률 제9898호로 개정되기 전의 것)은 합병매수차손을 영업권으로 규정하고 있었다. 대법원은 여기서의 영업권에 해당하려면 단순히 기업회계기준에 따라 영업권이 산출되는 것만으로는 안 되고 합병법인이 피합병법인의 상호·거래관계 기타 영업상의 비밀 등을, 장차 초과수익을 얻을 수 있는 무형의 재산적 가치로 인정하고 그 사업상 가치를 평가하여 대가를 지급한 것으로 볼 수 있어야 한다고 한다. 이때 사업상 가치의 평가 여부는 합병의 경위와 동기, 합병 무렵 합병법인과 피합병법인의 사업 현황, 합병 이후 세무 신고 내용 등 여러 사정을 종합하여 객관적으로 판단하여야 한다. 이 경우 세법상 영업권으로 인정하기 위하여 반드시 합병대가 산정시 별도의 적극적인 초과수익력 계산 과정이 수반되어야 하는 것은 아니라고 한다. 대법원 2018. 5. 11. 선고 2015두41463 판결; 대법원 2018. 5. 11. 선고 2017두54791 판결.

$$합병매수차손 \times \frac{해당\ 사업연도의\ 월수}{60월}$$

사례

합병법인 A는 피합병법인 B를 흡수합병하면서 합병대가로 현금(70)과 주식(시가 550, 액면가 250)을 교부하였다. 그 경우 합병법인A의 합병으로 인한 순자산증가는 어떻게 구성되는지 도식화하면 다음과 같다.

차 변	대 변	
순자산 700	a. 합병교부금 70	
	b. 자본금(주식액면총액) 250	
	c. 주식시가의 액면총액 초과액 300	합병차익
	d. 합병매수차익 80	

a+b+c: 합병대가
b+c: 합병교부주식

3) 합병법인이 보유하던 피합병법인 주식을 합병시 소각한 경우의 손익

대법원은 합병법인이 합병 전에 피합병법인의 주식을 전부 보유하다가 합병을 하면서 보유하던 피합병법인의 주식을 전부 소각한 경우에 그 소각으로 인한 손익은 합병차손익에 포함된 자본거래로 인한 것으로 보아야 하므로 익금이나 손금에 산입할 수 없다고 본다.[38]

나. 적격합병에 있어서의 과세의 특례

1) 승계한 자산의 가액

적격합병의 요건을 갖춘 경우(부득이한 사유가 있는 합병의 경우와 완전지배법인 간 합병의 경우를 포함한다) 피합병법인의 자산의 양도손익을 계산할 때 합병등기일 현재의 순자산장부가액을 양도가액으로 보기 때문에 양도손익은 없는 것으로 된다.

한편, 합병법인은 피합병법인의 자산 및 부채의 가액을 합병등기일 현재의 시가로 계상하여야 한다. 그리고 합병법인은 양수한 자산의 시가와 장부가액과의 차액에 대하여 각 자산별로 일종의 평가성 계정인 '자산조정계정'으로 계상하여야 한다(법법 44의3 ①, 법령 80의4 ①).[39] 시가에서 양수한 자산의 장부가액을 뺀 금액이 영(0)보다 큰 경우에는 그 차액을 익금에 산입하고 같은 금액을 자산조정계정으로 손금에 산입하며, 영(0)보다 작은 경우에는 시가와 장부가액의 차액을 손금에 산입하고 같은 금액을 자산조정계정으로 익금에 산입한다(법령 80의4 ①). 피합병법인의 자산의 양도손익에 대한 과세이연에 따른 사후관리장치이다. 자산조정계정을 계상한 합병법인은 법인세 과세표준신고와 함께 자산조정계정에 관한 명세서를 납세지 관할 세무서장에게 제출하여야 한다.

합병법인이 피합병법인으로부터 승계한 세무조정사항이 있는 경우 자산조정계정을 계상할 때의 피합병법인 장부가액은 그 피합병법인의 세무상 장부가액에 세무조정사항 중 익금불산입액을 더하고 손금불산입액은 뺀 가액으로 한다(법령 80의4 ① 괄호). 즉 피합병법인의 장부가액이란 피합병법인의 회계상 장부가액을 말하는 것이다.[40]

자산조정계정은 다음의 구분에 따라 영(0)보다 큰 경우에는 익금에, 영(0)보다 작은 경

---

38) 대법원 2014. 7. 24. 선고 2012두6247 판결.

39) 법인세법 제44조의3 제1항, 제2항은 적격합병시 피합병법인의 자산이 장부가액으로 승계되도록 규정하고 있으나, 법인세법 시행령 제80조의4 제1항 각 호 외의 부분 중 전단은 합병법인으로 하여금 같은 자산을 시가로 계상한 후 시가와 장부가액의 차액을 자산조정계정으로 계상하도록 하고 있다. 결과적으로는 장부가액으로 승계하는 셈이지만 법인세법과 법인세법 시행령간에는 기술적인 차이가 있는 것이다. 법인세법 시행령 제72조 제2항 제3호 가목은 이 점을 고려하여 적격합병시 자산의 취득가액을 '자산조정계정에 따른 장부가액'으로 규정하고 있다. 이러한 점은 적격인적분할의 경우도 마찬가지이다. 자산조정계정은 합병 당시 실현되었으나 인식이 되지 않은 미실현손익을 기록·관리하고 이후에 정확하게 같은 금액이 인식되도록 하는 기능을 한다. 황남석, "최근 한국 법인세제의 동향 – 조직재편세제를 중심으로", 「경희법학」, 제47권 제1호, 2012, 276-277면.

40) 앞에서 설명하였으나 편의상 다시 한번 반복한다. 甲 주식회사가 적격합병으로 회계상 장부가액 250원, 세무상 장부가액 200원(익금불산입 50원), 시가 300원인 자산을 포괄승계하는 경우를 생각해 보자. 이 경우 과세가 이연되는 자산양도시의 양도차익은 300원에서 200원을 뺀 100원이다. 그런데, 익금불산입된 50원은 세무조정사항으로서 승계되어 합병 이후 자산을 처분할 때 익금에 산입될 것이므로 나머지 50원에 관하여만 자산조정계정을 설정하여 관리한다는 것이다. 따라서 세무상 장부가액 200원에 익금불산입액 50원을 더한 회계상 장부가액 250원과 시가 300원의 차액 50원에 대하여 자산조정계정을 설정한다.

우에는 손금에 각각 산입하여야 한다(법령 80의4 ①).

가) 감가상각자산에 설정된 자산조정계정

자산조정계정으로 손금에 산입한 경우에는 해당 자산의 감가상각비(해당 자산조정계정에 상당하는 부분에 대한 것만 해당한다. 이하에서 같다)와 상계하고 자산조정계정으로 익금에 산입한 경우에는 감가상각비에 가산한다. 이 경우 해당 자산을 처분하는 경우에는 상계 또는 더하고 남은 금액을 그 처분하는 사업연도에 전액 익금 또는 손금에 산입한다.

> **사례**
>
> 甲 법인은 2014. 1. 1. 적격합병에 의하여 시가 1,000원, 장부가액 200원인 감가상각자산을 승계하였다. 위 감가상각자산을 5년간 정액법으로 감가상각한다고 가정할 경우 첫 사업연도의 감가상각비와 자산조정계정 잔액은 얼마인가?
>
> **풀이**
>
> 甲 법인은 위 자산을 시가 1,000원으로 계상하고 800원의 자산조정계정을 설정한다. 위 자산은 시가를 기준으로 감가상각비를 계산하면 200원이 되지만, 장부가액을 기준으로 감가상각비를 계산하면 40원이 되어야 한다. 따라서 우선 시가로 200원의 감가상각비를 계산한 후에 그에 대응하는 자산조정계정, 즉 자산조정계정의 1/5인 160원과 상계를 하는 것이다. 이렇게 하면 감가상각비는 40원만 손금산입되는 결과가 된다. 그리고 자산조정계정은 상계한 만큼 감소하여 640원만 남게 된다. 결과적으로 장부가액 200원을 기준으로 감가상각비를 계상하는 것과 같다.

나) 그 밖의 자산(비상각자산)에 설정된 자산조정계정

그 밖의 자산, 즉 비상각자산에 설정된 자산조정계정은 해당 자산을 처분하는 사업연도에 전액 익금 또는 손금에 산입한다. 다만, 자기주식을 소각하는 경우에는 익금 또는 손금에 산입되지 않고 소멸한다.

2) 사후관리요건 위반시의 익금산입

피합병법인의 자산을 장부가액으로 양수한 합병법인은 합병등기일이 속하는 사업연도의 다음 사업연도의 개시일부터 2년(고용 승계의 경우 3년) 이내에 일정한 사유(이하 '사후관리 위반사유'라고만 한다)가 발생하는 경우에는 그 사유가 발생한 날이 속하는 사업연도의 소득금액을 계산할 때 양도받은 자산의 장부가액과 시가와의 차액과 승계받은 결손금 중 공제한 금액 등을 익금에 산입한다. 사후관리 위반사유는 적격합병의 요건에 상응하는 것이다. 합병시 양도차손이 발생하는 경우에는 사후관리에 관한 규정이 적용되지 않는다.

가) 익금산입의 요건

피합병법인의 자산을 장부가액으로 양수한 합병법인(완전지배법인의 합병에 대한 특례 요건에 해당하여 장부가액으로 양수한 합병법인은 제외한다)에게 합병등기일이 속하는 사업연도의 다음 사업연도의 개시일부터 2년 이내에 사후관리 위반사유가 발생한 경우이다. 다만, 부득이한 사유로 인하여 합병법인이 피합병법인으로부터 승계받은 사업을 폐지하는 경우와 피합병법인의 지배주주등이 합병법인으로부터 받은 주식등을 처분하는 경우에는 예외로 한다(법법 44의3 ③).

(1) 익금산입의 사유

(가) 합병법인이 피합병법인으로부터 승계받은 사업을 폐지하는 경우(법법 44의3 ③ I)

합병법인이 그 합병등기일이 속하는 사업연도의 다음 사업연도의 개시일부터 2년 이내에 피합병법인으로부터 승계받은 사업을 폐지하는 경우이다. 합병법인이 합병등기일이 속하는 사업연도의 다음 사업연도의 개시일부터 2년 이내에 피합병법인으로부터 승계한 자산가액의 50퍼센트 이상을 처분하거나 사업에 사용하지 않는 경우도 사업을 폐지한 경우에 포함된다. 다만, 피합병법인이 보유하던 합병법인의 주식을 승계받아 자기주식을 소각하는 경우에는 해당 합병법인의 주식을 제외하고 피합병법인으로부터 승계한 자산을 기준으로 사업을 계속하는지 여부를 판정하되, 승계한 자산이 합병법인의 주식만 있는 경우에는 사업을 계속하는 것으로 본다(이상 법령 80의4 ⑧).

(나) 피합병법인의 특정지배주주등이 합병법인으로부터 받은 주식등을 처분하는 경우(법법 44의3 ③ II)

피합병법인의 특정지배주주등(법령 80의4 ⑨)이 그 합병등기일이 속하는 사업연도의 다음 사업연도의 개시일부터 2년 이내에 합병법인으로부터 받은 주식등을 처분하는 경우이다. 처분이라 함은 법률행위에 의한 권리의 이전·변경·소멸을 의미하므로[41] 증여는 처분에 포함되지만 상속은 여기에 포함되지 않는다.

(다) 근로자 수의 합이 종전의 80퍼센트 미만으로 하락하는 경우(법법 44의3 ③ III)

합병등기일이 속하는 사업연도의 다음 사업연도 개시일부터 3년 동안 각 사업연도 종료일 현재 합병법인에 종사하는 「근로기준법」에 따른 근로계약을 체결한 내국인 근로자 수가

---

41) 송덕수, 「민법총칙」, 제2판, 박영사, 2014, 173면.

합병등기일 1개월 전 당시 피합병법인과 합병법인에 각각 종사하는 근로자 수의 합의 80퍼센트 미만으로 하락하는 경우이다(법령 80의4 ⑩).

(2) 부득이한 사유가 있는 경우의 특례

다음과 같은 부득이한 사유로 인하여 합병법인이 피합병법인으로부터 승계받은 사업을 폐지하거나 피합병법인의 특정지배주주등이 합병법인으로부터 받은 주식등을 처분하거나 합병법인에 종사하는 근로자의 수가 합병등기일 1개월 전 당시 피합병법인과 합병법인에 각각 종사하는 근로자의 수의 합의 80퍼센트 미만으로 하락하는 경우에는 예외적으로 익금산입에 관한 규정을 적용하지 않는다(법법 44의3 ③ 但).

(가) 합병법인이 피합병법인으로부터 승계받은 사업을 폐지하는 경우의 특례

합병법인이 부득이한 사유로 피합병법인으로부터 승계받은 사업을 폐지하는 경우란 다음 중 어느 하나에 해당하는 경우이다(법령 80의4 ⑦ I, 80의2 ① II).

① 합병법인이 파산함에 따라 승계받은 자산을 처분한 경우
② 합병법인이 적격합병, 적격분할, 적격물적분할 또는 적격현물출자에 따라 사업을 폐지한 경우
③ 합병법인이 기업개선계획의 이행을 위한 약정(조특령 34 ⑥ I) 또는 기업개선계획의 이행을 위한 특별약정(조특령 34 ⑥ II)에 따라 승계받은 자산을 처분한 경우
④ 합병법인이 채무자회생법에 따른 회생절차에 따라 법원의 허가를 받아 승계받은 자산을 처분한 경우

(나) 피합병법인의 특정지배주주등이 합병법인으로부터 받은 주식등을 처분하는 경우의 특례

피합병법인의 특정지배주주등이 부득이한 사유로 합병법인으로부터 받은 주식등을 처분하는 경우란 다음 중 어느 하나에 해당하는 경우이다(법령 80의4 ⑦ II, 80의2 ① I).

① 특정지배주주등이 각각 합병으로 교부받은 전체 주식등의 50퍼센트 미만을 처분한 경우
  이 경우 특정지배주주등이 합병으로 교부받은 주식등으로 서로 간에 처분하는 것은 그 주식등을 처분한 것으로 보지 않고, 합병으로 교부받은 주식등과 합병 외의 다른 방법으로 취득한 주식등을 처분하는 경우에는 합병법인이 선택한 주식등을 처분하는 것으로 본다.
② 특정지배주주등이 사망하거나 파산하여 주식등을 처분한 경우
③ 특정지배주주등이 적격합병, 적격분할, 적격물적분할 또는 적격현물출자에 따라 주식

등을 처분한 경우

④ 특정지배주주등이 주식의 포괄적 교환·이전에 대한 과세특례(조특법 38), 주식의 현물출자 또는 교환·이전에 의한 지주회사의 설립 등에 대한 과세특례(조특법 38의2) 또는 기업 간 주식등의 교환에 대한 과세특례(조특법 121의30)에 따라 주식등을 포괄적으로 양도, 현물출자 또는 교환·이전하고 과세를 이연받으면서 주식등을 처분한 경우

⑤ 특정지배주주등이 채무자회생법에 따른 회생절차에 따라 법원의 허가를 받아 주식등을 처분하는 경우

⑥ 특정지배주주등이 기업개선계획의 이행을 위한 약정(조특령 34 ⑥ I) 또는 기업개선계획의 이행을 위한 특별약정(조특령 34 ⑥ II)에 따라 주식등을 처분하는 경우

⑦ 특정지배주주등이 법령상 의무를 이행하기 위하여 주식등을 처분하는 경우

(다) 각 사업연도 종료일 현재 합병법인에 종사하는 근로자의 수가 합병등기일 1개월 전 당시 피합병법인과 합병법인에 각각 종사하는 근로자 수의 합의 80퍼센트 미만으로 하락하는 경우의 특례(법령 80의4 ⑦, 80의2 ① III 가-다)

① 합병법인이 채무자회생법 제193조에 따른 회생계획을 이행 중인 경우

② 합병법인이 파산함에 따라 근로자의 비율을 유지하지 못한 경우

③ 합병법인이 적격합병, 적격분할, 적격물적분할 또는 적격현물출자에 따라 근로자의 비율을 유지하지 못한 경우

나) 익금산입의 내용

적격합병에 따른 과세특례를 적용받은 합병법인이 사후에 익금산입의 요건을 충족한 경우에는 그 합병에 대하여 당초부터 비적격합병이었던 것과 같은 상태로 환원시키기 위하여 다음과 같은 세무상 조정을 하여야 한다(법령 80의4 ④, ⑤).

(1) 자산조정계정 잔액 등의 익금산입

합병법인이 익금산입의 요건을 갖춘 경우에는 자산조정계정 잔액의 총합계액과 피합병법인으로부터 승계받은 결손금 중 공제한 금액 전액을 익금에 산입한다. 이 경우 자산조정계정은 소멸하는 것으로 한다. 위와 같은 처리는 자산조정계정 잔액의 총합계액이 영(0)보다 큰 경우에 한정하며, 총합계액이 영(0)보다 작은 경우에는 없는 것으로 본다. 결국 양도차손의 실현이 이연된 경우에는 사후관리요건 위반시에도 그 양도차손을 손금으로 계상할 수 없게 되는데 양자를 다르게 취급하는 것이 타당한지 의문이다.

(2) 합병매수차익등의 익금 등 산입

자산조정계정 잔액의 총합계액을 익금에 산입한 경우 합병매수차익 또는 합병매수차손에 상당하는 금액은 다음의 구분에 따라 처리한다(법령 80의4 Ⅴ).

① 합병 당시 합병법인이 피합병법인에 지급한 양도가액이 피합병법인의 합병등기일 현재의 순자산시가에 미달하는 경우

합병매수차익[42]에 상당하는 금액을 익금산입의 사유 중 어느 하나에 해당하는 사유가 발생한 날이 속하는 사업연도에 손금에 산입하고, 그 금액에 상당하는 금액을 합병등기일부터 5년이 되는 날까지 다음의 구분에 따라 분할하여 익금에 산입한다.

㉮ 익금산입 사유 중 어느 하나의 사유가 발생한 날이 속하는 사업연도

합병매수차익에 합병등기일부터 해당 사업연도 종료일까지의 월수를 60월로 나눈 비율을 곱한 금액(월수는 역에 따라 계산하되 1월 미만의 일수는 1월로 한다)을 익금에 산입한다.

㉯ 익금산입의 사유가 발생한 사업연도 이후의 사업연도부터 합병등기일부터 5년이 되는 날이 속하는 사업연도

합병매수차익에 해당 사업연도의 월수를 60월로 나눈 비율을 곱한 금액(합병등기일이 속하는 월의 일수가 1월 미만인 경우 합병등기일부터 5년이 되는 날이 속하는 월은 없는 것으로 한다)을 익금에 산입한다.

② 합병 당시 합병법인이 피합병법인에 지급한 양도가액이 피합병법인의 합병등기일 현재의 순자산시가를 초과하는 경우

합병매수차손에 상당하는 금액을 익금산입의 사유 중 어느 하나에 해당하는 사유가 발생한 날이 속하는 사업연도에 익금에 산입한다. 다만, 합병매수차손 중 합병법인이 피합병법인의 상호·거래관계, 그 밖의 영업상의 비밀 등에 대하여 사업상 가치가 있다고 보아 대가를 지급한 경우, 즉 사실상의 영업권에 한정하여 그 금액에 상당하는 금액을 합병등기일부터 5년이 되는 날까지 다음의 구분에 따라 분할하여 손금에 산입한다.

㉮ 익금산입의 사유 중 어느 하나의 사유가 발생한 날이 속하는 사업연도

합병매수차손에 합병등기일부터 해당 사업연도 종료일까지의 월수를 60월로 나눈 비율을 곱한 금액(월수는 역에 따라 계산하되 1월 미만의 일수는 1월로 한다)을 손금에 산입한다.

---

42) 합병매수차익을 산정할 때 합병 당시 합병법인이 피합병법인에 지급한 양도가액 중 합병교부주식 가액은 법인세법 시행령 제89조에 따른 시가를 의미하는 것이고 시가가 불분명하여 상증법 제63조 제1항 제1호 나목을 준용하여 평가할 경우 피합병법인으로부터 승계한 자산·부채가 반영된 합병등기일 현재를 기준으로 평가한다. 사전-2024-법규법인-0552, 2024. 10. 21.

㉯ 앞의 '㉮' 외의 사업연도 이후의 사업연도부터 합병등기일부터 5년이 되는 날이 속하
는 사업연도

합병매수차손에 해당 사업연도의 월수를 60월로 나눈 비율을 곱한 금액(합병등기일
이 속하는 월의 일수가 1월 미만인 경우 합병등기일부터 5년이 되는 날이 속하는 월
은 없는 것으로 한다)을 손금에 산입한다.

다. 합병시 이월결손금의 승계와 공제

1) 의 의

법인세법은 각 사업연도의 개시일 전 15년 이내에 개시한 사업연도에서 발생한 결손금으
로서 과세표준계산시 공제받지 않은 금액이 있는 내국법인은 각 사업연도의 소득에 대한
법인세 과세표준을 산정할 때 해당 이월결손금을 공제하도록 함으로써 결손금의 이월공제
를 허용하고 있다(법법 13 I).

그렇다면 합병에 의하여 합병법인은 피합병법인의 이월결손금을 승계할 수 있는가? 이
에 관하여 이론적으로는 두 가지의 입장이 있을 수 있다.

긍정설은 피합병법인이 법인세 과세표준을 산정할 때 이월결손금을 공제받을 수 있는 지
위를 일종의 법적 권리로 파악하여 그 권리가 합병에 의하여 합병법인으로 포괄승계된다고
주장한다(상법 235). 반면 부정설은 피합병법인의 이월결손금을 공제받을 수 있는 합병법인
의 지위는 해당 결손금이 발생한 단계에서는 권리가 아닌 단순한 기대이익에 지나지 않으
며, 따라서 합병에 의하여 합병법인이 피합병법인의 결손금을 승계할 수 있는지 여부는 입
법정책상의 문제라고 한다.[43]

결론적으로 합병에 의하여 합병법인이 피합병법인의 이월결손금을 당연히 승계한다는
이론에 찬동하기는 어렵다고 생각한다. 그 구체적인 논거는 다음과 같다.

첫째, 결손금의 이월공제권은 결손금이 발생한 단계에서는 아직 기대이익에 지나지 않고
그 후의 사업연도에 이익이 발생하여야만 비로소 구체적 권리로 바뀌는 것이므로 합병시에
이월결손금 공제권이 합병법인에게 포괄적으로 승계된다는 주장은 설득력이 없다.

둘째, 피합병법인의 결손금은 합병에 있어서 피합병법인의 순자산을 평가하고 합병조건
을 정할 때에 이미 고려한 것이므로 만일 이월결손금의 공제를 허용하게 되면 합병법인에
게 이중으로 이익을 부여하는 것이 된다.

현행 법인세법은 적격합병의 요건을 갖춘 경우에만 합병법인이 피합병법인의 이월결손

---

43) 日本 最高裁判所 1968년(昭和 43年) 5월 2일 判決(民集 22卷 5号, 1067면).

금을 승계하여 공제할 수 있도록 하되, 이 경우에도 그 승계받은 피합병법인의 사업에서 발생하는 소득금액의 범위에서 공제하도록 하고 있다. 그리고 합병법인의 이월결손금은 피합병법인으로부터 승계받은 사업에서 발생한 소득금액의 범위에서는 공제하지 못하도록 제한하고 있다.

합병법인이 적격합병의 요건을 갖추지 못하여 이월결손금을 승계할 수 없는 경우 이를 회피하기 위해 피합병법인으로 하여금 결산 이전에 대손충당금을 설정하지 않게 함으로써 여신전문금융회사의 금전채권을 장부가액으로 승계한 후에 비로소 자신이 대손충당금을 설정하여 손금으로 인식하는 것이 가능한가. 대법원은 위와 같이 하더라도 위법집위로서 소득신고에 오류, 탈루가 있다거나 신의칙에 반한다고는 할 수 없다고 한다.[44]

2) 합병시 이월결손금의 승계

가) 제도적 취지

피합병법인의 이월결손금은 합병법인에게 승계되지 않는 것이 원칙이다. 그러나 기업구조조정을 지원하기 위하여 합병에 따른 법인세 부담을 완화하여야 할 필요성이 있고, 이월결손금의 공제제도가 기간과세제도의 모순점을 시정 또는 완화하기 위한 법적 장치라는 점 등을 고려하여 조세회피를 목적으로 하지 않는 일정한 요건을 갖춘 적격합병의 경우에는 피합병법인으로부터의 이월결손금 승계를 허용하고 있다.

나) 이월결손금의 승계요건

합병법인이 피합병법인의 자산을 장부가액으로 양도받은 경우 피합병법인의 합병등기일 현재의 결손금을 승계한다(법법 44의3 ②). 합병법인이 피합병법인의 자산을 장부가액으로 양도받은 경우란 적격합병의 요건을 갖춘 합병을 가리킨다. 즉 적격합병의 요건을 갖춘 합병의 경우에는 원칙적으로 이월결손금의 승계를 허용하는 것이다.

다) 승계한 이월결손금의 공제

합병등기일 현재 피합병법인의 결손금은 이를 합병법인의 결손금으로 보아 피합병법인으로부터 승계받은 사업에서 발생한 소득금액의 범위 안에서 합병법인의 각 사업연도의 과세표준을 계산할 때 공제한다(법법 45 ②). 조세회피를 목적으로 하는 합병을 막기 위하여 피합병법인으로부터 승계한 결손금은 피합병법인으로부터 승계받은 사업에서 발생한 소득금액의 범위 안에서만 공제하도록 제한하고 있는 것이다.

---

44) 대법원 2015. 1. 15. 선고 2012두4111 판결.

(1) 이월결손금의 요건

합병법인이 각 사업연도의 과세표준을 계산할 때 승계하여 공제하는 결손금은 합병등기일 전 15년 이내에 개시한 사업연도에서 발생한 피합병법인의 결손금으로서 그 후의 각 사업연도의 과세표준 계산에 있어서 공제되지 않은 금액으로 한다. 합병등기일이 속하는 사업연도의 다음 사업연도부터는 매년 순차적으로 1년씩 경과한 것으로 보아 공제한 이월결손금의 범위액을 계산한다(법령 81 ②).[45]

예를 들어 사업연도가 매년 1. 1.부터 12. 31.까지이고 2020. 8. 1.이 합병등기일인 경우 15년 이내에 개시한 사업연도는 2006. 1. 1.부터 개시하는 사업연도이다. 따라서 2006. 1. 1.~2020. 8. 1.에 발생한 피합병법인의 결손금을 공제할 수 있다. 또한 합병등기일이 속하는 사업연도의 다음 사업연도부터는 매년 순차적으로 1년씩 경과하므로 2021. 1. 1.부터 개시하는 사업연도가 되면 2007. 1. 1.~2020. 8. 1.에 발생한 결손금을 공제할 수 있다.

(2) 승계한 이월결손금의 공제범위

합병법인의 각 사업연도의 과세표준을 계산할 때 합병법인이 승계받은 피합병법인의 결손금은 그 승계받은 피합병법인의 사업에서 소득금액이 발생하는 경우에 한하여 그 발생한 소득금액의 범위 안에서 이를 공제한다. 특정 사업연도에 합병법인에게 각 사업연도의 소득금액이 발생하였다고 하더라도 승계받은 피합병법인의 사업부문에서 결손금이 발생하였다면 그 결손금이 발생한 사업연도에는 승계받은 피합병법인의 결손금을 공제할 수 없다. 원칙적으로 이월결손금 공제의 범위는 각 사업연도 소득의 80퍼센트를 상한으로 하므로(법법 13 ① 但) 승계한 이월결손금도 원칙적으로 피합병법인의 사업에서 발생한 각 사업연도 소득금액의 80퍼센트 범위에서 공제할 수 있다(법법 45 ⑤ II).[46] 중소기업과 회생계획을 이행 중인 기업 등 대통령령(법령 10 ①)으로 정하는 법인의 경우는 100퍼센트 범위에서 공제할 수 있다.

합병법인의 소득금액 중 승계받은 피합병법인의 사업에서 발생한 소득금액은 구분경리에 의하여 계산한 소득금액으로 한다.[47]

그러나 중소기업간 또는 동일사업을 영위하는 법인간 합병하는 경우에는 구분경리를 하지 않은 경우에는 합병법인의 소득금액 중 승계받은 사업에서 발생한 소득금액은 자산가액 비율로 안분하여 계산한다.

---

45) 공제할 이월결손금의 범위에 관하여는 법인세법 시행규칙 제41조 제1항.
46) 물론 합병법인의 합병등기일 현재 결손금은 원칙적으로 합병법인의 소득금액에서 피합병법인으로부터 승계받은 사업에서 발생한 소득금액을 뺀 금액의 80퍼센트를 한도로 한다(법법 45 ⑤ I).
47) 구분경리에 관한 상세한 논의는 '장부의 비치·기장과 구분경리'(1037면)에서 다룬다.

위에서 자산가액 비율이라 함은 합병등기일 현재 합병법인과 피합병법인의 사업용 자산가액 비율을 말한다. 이 경우 합병법인이 승계한 피합병법인의 사업용 자산가액은 승계결손금을 공제하는 각 사업연도의 종료일 현재 계속 보유(처분 후 대체하는 경우를 포함한다) · 사용하는 자산에 한하여 그 자산의 합병등기일 현재 가액에 의한다(법령 81 ①).

(3) 공제한 이월결손금의 익금산입

피합병법인의 결손금을 공제한 합병법인에 대하여 합병등기일이 속하는 사업연도의 다음 사업연도 개시일부터 2년(고용 승계의 경우 3년) 이내에 사후관리 위반사유가 발생한 경우에는 이미 공제받은 결손금 전액을 해당 사유가 발생한 사업연도의 소득금액계산에 있어서 익금에 산입한다(법법 44의3 ③, 법령 81 ④, 80의2 ⑦, 80의4 ⑧).

3) 합병시 이월결손금의 공제

내국법인이 다른 내국법인을 합병하는 경우 합병법인의 합병등기일 현재의 결손금 중 법인세법 제44조의3 제2항에 따라 합병법인이 승계한 결손금을 제외한 금액은 합병법인의 각 사업연도의 과세표준을 계산할 때 피합병법인으로부터 승계받은 사업에서 발생한 소득금액의 범위에서는 공제하지 않는다(법법 45 ①).

한편 합병법인의 합병등기일 현재의 결손금은 합병법인이 합병 후에 '새롭게 개시한' 사업(신규사업)에서 발생하는 소득금액에서 공제할 수 있는가? 합병법인이 그 합병법인이나 피합병법인이 종전에 영위하지 않던 새로운 사업을 합병 후에 개시한 경우에 그 신규사업은 피합병법인으로부터 승계받은 사업이 아니기 때문에 그 신규사업에서 발생한 소득금액에서 합병법인의 합병등기일 현재의 결손금을 공제할 수 있다고 해석하고자 한다.

합병법인의 소득금액 중 승계받은 피합병법인의 사업에서 발생한 소득금액은 구분경리에 의하여 계산한 소득금액으로 한다. 그러나 중소기업간 또는 동일사업을 영위하는 법인간에 합병함으로써 피합병법인으로부터 승계받은 사업에 속하는 소득금액과 그 밖의 사업에 속하는 소득금액을 각각 별개의 회계로 구분경리하지 않은 경우 피합병법인으로부터 승계받은 사업에서 발생한 소득금액은 자산가액 비율로 안분하여 계산한 금액으로 한다. 위에서 자산가액 비율이라 함은 합병등기일 현재 합병법인과 피합병법인의 사업용 자산가액 비율을 말한다. 이 경우 합병법인이 승계한 피합병법인의 사업용 자산가액은 승계결손금을 공제하는 각 사업연도의 종료일 현재 계속 보유(처분 후 대체하는 경우를 포함한다) · 사용하는 자산에 한하여 그 자산의 합병등기일 현재 가액에 의한다(법령 81 ①).[48]

---

48) 행정해석은 이때 사업용 자산가액은 세무상 장부가액을 의미한다고 해석한다. 서면법인 – 21858, 2015. 6. 30.

라. 합병시 기부금한도초과액의 손금산입과 승계

합병법인의 합병 당시 기부금한도초과액은 합병 전 해당 법인의 사업에서 발생한 소득금액을 기준으로 산출한 한도 내에서 손금산입하고(법법 45 ⑥), 피합병법인으로부터 승계한 기부금한도초과액은 승계한 사업에서 발생한 소득금액을 기준으로 산출한 한도 내에서 손금산입한다(법법 45 ⑦).

마. 합병시 감면·세액공제의 승계와 적용

법인세법은 이월결손금의 승계를 인정하는 것과 같은 취지에서 합병법인은 적격합병의 경우 피합병법인의 감면·세액공제를 승계하여 적용할 수 있도록 규정하고 있다(법법 44의3 ②, 법령 80의4 ②, 81 ③).[49] 이 경우 법인세법 등에서 해당 감면·세액공제의 요건을 규정하고 있다면 합병법인이 그 요건을 모두 갖추고 있어야 한다(법령 80의4 ②). 그러나 합병등기일이 속하는 사업연도의 다음 사업연도 개시일부터 2년(고용 승계의 경우 3년) 이내에 사후관리 위반사유가 발생한 경우에는 승계하여 적용한 감면·세액공제 상당액을 해당 사유가 발생한 사업연도의 법인세에 더하여 납부하고 해당 사유가 발생한 사업연도부터 적용하지 않는다(법법 44의3 ③, 법령 80의4 ⑥).

바. 세무조정사항의 승계

세무조정사항(corporate tax attributes)[50]이란 피합병법인의 각 사업연도 소득금액 및 과세표준을 계산할 때 익금 또는 손금에 산입하거나 산입하지 않는 금액을 말한다(법령 85 각 호 이외의 부분). 법인세조정항목이라고도 한다.

합병법인은 적격합병의 경우에는 모든 세무조정사항을 승계한다. 적격합병시점에서 세무조정사항과 관련하여 과세문제가 발생하지 않도록 하기 위한 것이다.[51]

비적격합병의 경우에는 피합병법인의 퇴직급여충당금 또는 대손충당금을 승계하는 때를 제외하고는 피합병법인의 세무조정사항을 승계하지 않는다(법법 44의3 ②, 법령 85). 비적격합병의 경우라도 합병법인이 퇴직급여충당금 또는 대손충당금을 승계하는 때에는 그와 관련된 세무조정사항을 승계한다는 것이다(법령 85 II). 합병법인은 합병시에 피합병법인의 종업

---

49) 구체적인 적용 범위는 법인세법 시행령 제81조 제3항에 규정되어 있다.
50) corporate tax attributes는 조세속성(채수열, "기업합병 과세에 관한 연구", 경희대학교대학원, 1999, 40면), 法人税項目[高橋真一(訳), 「アメリカ法人税法」, 木鐸社, 1996, 204면], 세무요소(이창희, 「세법강의」, 제11판, 박영사, 2013, 633면) 등으로 옮기고 있다.
51) 후술하는 적격분할의 경우도 같은 이유에서이다.

원 또는 대손충당금 설정대상 채권과 함께 퇴직급여충당금 또는 대손충당금을 승계할 수 있는데 이 경우 법인세법은 합병등기일 현재 합병법인이 갖고 있는 퇴직급여충당금 또는 대손충당금으로 보므로(법법 33 ③, 34 ⑥), 유보사항의 추인을 위하여 퇴직급여충당금 또는 대손충당금과 관련된 세무조정사항을 승계하도록 하고 있는 것이다.[52]

합병등기일이 속하는 사업연도의 다음 사업연도의 개시일부터 2년 내에 사후관리 위반 사유가 발생하면 합병법인의 소득금액 및 과세표준을 계산할 때 승계한 세무조정사항 중 익금불산입액은 더하고 손금불산입액은 뺀다(법령 80의4 ⑥).

사. 미실현손실의 공제 제한

적격합병을 한 합병법인은 합병법인과 피합병법인이 합병 전 보유하던 자산의 처분손실(합병등기일 현재 해당 자산의 제52조 제2항에 따른 시가가 장부가액보다 낮은 경우로서 그 차액을 한도로 하며,[53] 합병등기일 이후 5년 이내에 끝나는 사업연도에 발생한 것에 한한다), 즉 실현된 미실현손실 내지 내재손실(built-in loss)[54]을 각각 해당 법인의 사업에서 발생한 소득금액(해당 처분손실을 공제하기 전 소득금액을 말한다)의 범위 내에서만 해당 사업연도의 손금에 산입한다. 이 경우 손금에 산입하지 못한 처분손실은 각각 합병 전 해당 법인의 사업에서 발생한 결손금으로 보아 각각 해당 법인의 사업에서 발생한 소득금액의 범위 안에서 합병법인의 각 사업연도의 과세표준을 계산할 때 공제한다(법법 45 ③). 조세회피 목적의 합병을 방지하기 위하여 내재손실의 손금산입을 제한한 것이다. 위 처분손실을 언제까지 결손금으로 보아서 공제할 수 있는지에 관하여 명문의 규정은 없으나 규정의 취지를 고려한다면 각 사업연도 개시일 전 15년 이내에 개시한 사업연도에서 발생한 처분손실에 한하여 공제할 수 있다고 해석하여야 할 것이다.

5 피합병법인의 주주등에 대한 과세 및 그 특례

가. 합병에 따른 의제배당과세

합병시 피합병법인의 주주등은 피합병법인의 주식등이 소멸하는 대신 합병대가를 받게 되는데, 그 합병대가에 관하여 의제배당이 문제될 수 있는데, 이에 관하여 과세특례가 규정되어 있다.[55] 주식등의 취득가액에 관한 상세한 논의는 '합병 또는 분할(물적분할 제외)에

---

52) 법통 33-60…5.
53) 본 조항을 합병 당시에 미실현손실이 있었던 경우에 한하여 적용하기 위한 것이다.
54) 내재손실은 미실현손실이라고도 한다.

따라 취득한 주식등'(551면)을 참조하라.

나. 불공정합병 등에 따른 익금산입 및 증여

불공정합병 등으로 인하여 합병법인의 주주등이 피합병법인의 주주등에게 이익을 분여한 경우 피합병법인의 주주등이 법인이면 그 이익을 익금산입한다(법령 11 VIII).[56] 피합병법인의 주주등이 개인이면 상증법 제38조에 따라 일정한 경우 증여세가 과세될 수 있다.[57][58]

6 합병법인의 주주등에 대한 과세

불공정합병 등으로 인하여 피합병법인의 주주등이 합병법인의 주주등에게 이익을 분여한 경우 합병법인의 주주등이 법인이면 그 이익을 익금산입한다(법령 11 IX).[59] 합병법인의 주주등이 개인이면 상증법 제38조에 따라 일정한 경우 증여세가 과세될 수 있다.[60] 합병 이후에 합병차익을 자본금 전입함에 따라 합병법인의 주주등이 수취하는 무상주는 일정한 경우 의제배당으로 과세될 수 있다. 상세한 논의는 '익금의 의제' 중 '의제배당'(227면)을 참조하라.

---

55) 상세한 논의는 '익금의 의제' 중 '의제배당'(227면)을 참조하라.
56) 상세한 논의는 '부당행위계산의 유형에 따른 구체적 부인례' 중 '일정한 자본거래를 통한 이익분여'(735면)를 참조하라.
57) 상세한 논의는 박훈/채현석/허원, 「상속·증여세 실무해설」, 2020년 개정증보판, 삼일인포마인, 2020, 879면 이하.
58) 대법원 2013. 10. 31. 선고 2011두18427 판결은 다자간 분할합병에서 대주주의 합병 평가차익이 3억원 이상인지 여부의 판단기준에 관한 것이다. 대법원은 위 판결에서 합병당사법인들의 합병 평가차익을 모두 합산하여서는 안 되고 각 합병당사법인별로 그 요건 해당 여부를 판단하여야 한다고 판시하였다. 이하에 요지를 소개한다.
「상속세 및 증여세법 시행령」(이하 '시행령') 제28조 제3항 제1호는 증여세의 과세요건으로 합병 후 1주당 평가가액에서 합병 전 1주당 평가가액을 차감한 금액이 합병 후 1주당 평가가액의 100분의 30 이상일 것을 요구하고 있는데, 그 문언 내용이나 취지에 비추어 볼 때, 다자간 합병의 경우에도 주가가 과대평가된 합병당사법인별로 그 비율을 산정하여 위 요건에 해당하는지 판단하는 것이 자연스러우며, 이에 비추어 보면 제2호의 경우에도 합병당사법인별로 그 요건 해당 여부를 판단함이 상당하다.
또한 다자간 합병의 경우에 대하여 양자간 순차 합병의 경우와 다른 기준을 적용하여 시행령 제28조 제3항 제1호, 제2호에서 정한 증여세 과세요건의 충족 여부를 판단하여야 한다고 볼 합리적인 근거를 찾기도 어렵다. 그리고 시행령 제28조 제3항 제1호, 제2호가 대주주의 합병 차익이 일정 규모에 미달하는 경우에 증여세 과세 대상에서 제외한 취지는, 합병계약일부터 합병의 효력발생일로서 증여이익 산정의 기준이 되는 합병등기일 사이에 합병당사법인의 주가에 약간의 변동만 있어도 증여세가 과세되는 문제점 등을 해소하려는 데에 있는 것으로서, 이와 같은 문제점의 발생 가능성은 합병당사법인의 수가 늘어날수록 더 커진다.
위와 같은 사정들을 종합하여 보면, 다자간 합병의 경우에 시행령 제28조 제3항 제2호에서 정한 대주주 합병 차익이 3억 원 이상일 것이라는 과세요건의 충족 여부는 양자간 합병의 경우와 마찬가지로 주가가 과대평가된 합병당사법인별로 대주주가 얻은 이익에 대하여 판단함이 타당하다.」
59) 상세한 논의는 '부당행위계산의 유형에 따른 구체적 부인례' 중 '일정한 자본거래를 통한 이익분여'(735면)를 참조하라.
60) 상세한 논의는 박훈/채현석/허원, 「상속·증여세 실무해설」, 2020년 개정증보판, 삼일인포마인, 2020, 879면.

제**2**절 분할 등에 따른 과세 및 그 특례

1 분할의 개념과 형태

가. 분할의 개념

회사의 분할(Spaltung, scission, corporate division, demerger)이라 함은 어느 한 회사의 재산의 전부 또는 일부가 분리되어 신설되는 회사 또는 존속하는 회사에게 포괄승계되고 그 대가로서 신설되는 회사 또는 존속하는 회사의 주식이 분할되는 회사나 분할되는 회사의 주주 또는 사원에게 부여되는 회사법상의 제도를 말한다.[1] 즉 하나의 회사가 분리되어 둘 이상의 회사로 나누어지는 것을 말한다.

재산과 사원이 분리되는 당초의 회사를 분할회사(gespaltene Gesellschaft: company being devided) 또는 피분할회사[2]라고 하는데, 상법에서는 '분할되는 회사'로 표현하고 있다. 분할되는 회사가 분할 후 존속하는 경우에 해당 회사를 존속하는 회사라고 부른다.

그리고 분할회사로부터 재산을 포괄승계받고 자기의 주식 또는 출자지분을 교부하는 회사를 수혜회사(begünstigte Gesellschaft, recipient company)라 한다. 수혜회사를 상법에서는 '분할에 의하여 설립되는 회사·분할합병으로 인하여 설립되는 회사' 및 '분할합병의 상대방회사'로 각각 구분한다.

그런데 법인세법은 분할회사를 '분할법인'으로, 신설분할합병에 있어서 분할신설법인에 합병되어 소멸하는 법인을 '소멸한 분할합병의 상대방법인'이라고 부르고 있다. 그리고 수혜회사는 '분할신설법인' 및 '분할합병의 상대방법인'으로 구분하고 있다.

회사의 분할제도는 복합적인 사업을 영위하는 대기업에 있어서 특정사업부문의 기능별 전문화·부진사업이나 적자사업의 분리에 의한 경영의 효율화·주주간의 이해의 조정·종업원의 인사관리의 효율화와 인건비의 절감 등을 위하여 활용되고 있다.

나. 회사의 분할의 형태

회사의 분할은 분할법인이 분할 후 존속하는지의 여부에 따라 완전분할(소멸분할)과 불완전분할(존속분할)로, 수혜회사가 신설회사인가 또는 기존회사인가[3]에 따라서 단순분할

---

1) 권기범, 「기업구조조정법」, 제4판, 삼지원, 2011, 341-342면. 현행 상법상 분할은 주식회사간에만 허용된다.
2) 최기원, 「신회사법론」, 제14대정판, 박영사, 2012, 1159면.
3) 분할법인의 수에 따라서, 즉 분할법인이 단수인지 또는 복수인지에 따라서 단순분할과 분할합병으로 구분하

과 분할합병으로 구분한다. 그리고 분할법인의 주주 또는 사원이 수혜회사의 주주 또는 사원으로 되는지 또는 분할법인 자신이 수혜회사의 주주 또는 사원으로 되는지에 따라서 인적분할과 물적분할로 나눌 수 있다.

이하에서는 회사의 분할을 인적분할과 물적분할로 구분하고, 인적분할을 다시 완전분할과 불완전분할로 나누어서 차례대로 살펴보기로 한다.

1) 인적분할

가) 완전분할(소멸분할)

완전분할이란 분할법인이 분할과 동시에 청산절차 없이 소멸하고 사업이 분할되어 둘 이상의 법인에 포괄승계되는 경우이다. 소멸분할 또는 전부분할이라고도 부른다.

완전분할은 수혜회사가 신설회사인가 또는 기존회사인가에 따라서 단순분할과 분할합병으로 구분한다.

분할법인이 소멸하는 분할형태에는 다음과 같은 유형이 있다.

(1) 단순분할

분할법인의 영업을 2 이상의 부문으로 분할하여 출자함으로써 2개 이상의 새로운 법인을 설립함과 동시에 분할법인은 해산하여 소멸하는 유형의 분할인데, 소멸신설분할이라고도 부른다. 소멸신설분할의 형태를 선택할 경우에는 적어도 2개 이상의 법인을 신설하지 않으면 안 된다. 3개의 법인 또는 그 이상의 복수의 법인으로 분할할 수 있음은 물론이다. 분할법인은 청산절차 없이 소멸한다.

제조업과 요식업을 영위하는 甲 법인이 각 사업부문을 각각 출자하여 乙 법인 및 丙 법인을 설립하고 甲 법인은 소멸하여 버리는 경우가 이에 해당한다. 분할 후 소멸하는 甲 법인의 주주는 乙 법인 및 丙 법인의 주주가 된다.

위의 경우에 甲 법인 乙 법인을 분할법인, 乙 법인 및 丙 법인을 분할신설법인이라 한다.

(2) 분할합병

분할합병은 수혜회사가 기존법인인 경우(소멸흡수분할)와 수혜회사 중 어느 한 쪽은 기존법인이고 그 다른 쪽은 신설법인인 복합적인 경우(소멸혼합분할)로 나눌 수 있다.

(가) 소멸흡수분할

분할법인은 해산하고 그 분할재산을 존속 중인 2개 이상의 기존법인에 출자하는 형태의

기도 한다(손주찬, 「상법(상)」, 박영사, 1998, 475면 이하).

분할이다. 존속하는 분할합병의 상대방법인은 자본증가의 절차를 밟게 된다.

예를 들어 제조업과 요식업을 영위하는 甲 법인이 각 사업부문을 존속 중인 乙 법인 및 丙 법인에 각각 출자하고 甲 법인은 소멸하여 버리는 경우가 이에 해당한다. 乙 법인 및 丙 법인은 甲 법인의 분할출자에 의하여 그에 상응하는 자본증가를 하며, 이 경우의 신주는 甲 법인의 주주에게 배정된다.

위의 경우에 甲 법인을 분할법인, 乙 법인 및 丙 법인을 분할합병의 상대방법인이라 한다.

(나) 소멸혼합분할

분할법인이 해산하고 그 분할재산의 일부를 존속 중인 법인에 합병시킴과 동시에 그 일부를 출자하여 새로운 법인을 신설하는 형태의 분할이다.

예를 들어 제조업과 요식업을 영위하는 甲 법인이 제조업 부문은 존속 중인 乙 법인에 합병시키고 요식업 부문은 출자하여 새로운 丙 법인을 설립하는 형태의 분할이다. 분할에 의하여 자본증가의 절차를 밟게 되는 乙 법인이 발행하는 신주와 신설회사인 丙 법인이 발행하는 주식은 甲 법인의 주주에게 배정된다.

위의 경우에 甲 법인을 분할법인, 乙 법인을 분할합병의 상대방법인, 그리고 丙 법인을 분할신설법인이라 부른다.

나) 불완전분할(존속분할)

불완전분할이란 분할법인이 분할 후 존속하는 형태의 분할이다. 존속분할 또는 일부분할이라고도 한다. 그리고 이때의 분할법인을 분할존속하는 법인이라고도 한다. 수개의 영업부문 중 일부를 독립된 법인으로 이전하여 분리경영을 하고자 할 경우에 찾아볼 수 있다. 분할법인이 존속하는 경우에도 수혜회사가 신설법인이냐 기존법인이냐에 따라 단순분할과 분할합병으로 나눌 수 있다.[4]

(1) 단순분할

분할법인이 존속하면서 그 일부를 분할하여 새로운 법인을 설립하는 형태의 분할인데, 존속신설분할이라고도 부른다. 예를 들어 제조업과 요식업을 영위하는 甲 법인이 제조업 부문만을 새로운 乙 법인에 출자하여 회사를 설립하고 요식업 부문은 그대로 영위하는 경우이다. 甲 법인은 乙 법인에 출자하는 부분에 상당하는 자본의 감소를 행하고, 그 대신에 甲 법인의 주주는 乙 법인이 발행하는 주식을 교부받게 된다.

---

4) 존속분할의 경우 분할법인은 자본금 및 준비금(잉여금)을 감소시켜야 하는데 반드시 자본금을 감소시켜야 하는 것은 아니라는 것이 등기예규이다(2001. 12. 4. 제정 대법원 등기선례 200112-18). 다만 실무에서는 거의 대부분 자본금을 감소시킨다. 자본금을 감소시키면 분할법인 주식의 일부를 소각하여야 한다.

위의 경우에 甲 법인을 분할법인 또는 분할존속하는 법인, 乙 법인을 분할신설법인이라 한다.

(2) 분할합병

(가) 흡수분할합병

분할법인이 존속하면서 그 일부를 분할하여 존속 중인 법인과 합병하는 경우이다. 분할법인으로부터 출자를 받는 존속 중인 법인은 둘 이상일 수도 있다.

예를 들어 제조업과 요식업을 영위하는 甲 법인이 제조업 부문만을 분리하여 존속중인 乙 법인과 합병하고 요식업 부문을 그대로 영위하는 경우이다. 甲 법인은 乙 법인에 출자하는 부분에 상당하는 자본의 감소를 행하고, 그 대신에 乙 법인은 자본을 증가하여 甲 법인의 주주에게 신주를 교부한다.

위의 경우에 甲 법인을 분할법인 또는 분할존속하는 법인, 乙 법인을 분할합병의 상대방법인이라 한다.

(나) 신설분할합병

① 분할법인의 일부와 존속 중인 법인을 합병하여 새로운 법인을 설립하는 경우로서 기존의 존속 중인 법인은 해산한다. 이때 해산에 의하여 소멸하는 기존의 존속 중인 법인을 '소멸한 분할합병의 상대방법인'이라고 한다.

예를 들어 제조업과 요식업을 영위하는 甲 법인이 제조업 부문을 존속 중인 乙 법인과 분할합병하여 새로운 丙 법인을 설립하는 경우이다. 이 경우에 甲 법인은 존속하지만 乙 법인은 해산하게 된다. 甲 법인은 丙 법인에 출자하는 부분에 상당하는 자본의 감소를 행한다. 그리고 甲 법인 및 乙 법인의 주주는 丙 법인이 발행하는 주식을 교부받게 된다. 위의 경우에 甲 법인을 분할법인 또는 분할존속하는 법인, 乙 법인을 소멸한 분할합병의 상대방법인, 丙 법인을 분할신설법인이라 한다.

② 신설분할합병의 유형에는 분할법인의 일부와 존속 중인 법인의 일부로써 새로운 법인을 설립하는 경우가 포함된다.

예를 들어 제조업과 요식업을 영위하는 甲 법인의 제조업 부문과 신문업과 광고업을 영위하는 존속 중인 乙 법인의 신문업 부문만을 출자하여 새로운 丙 법인을 설립하는 경우이다. 이 경우에 甲 법인 및 乙 법인은 존속한다. 甲 법인 및 乙 법인은 丙 법인에 출자하는 부분에 상당하는 자본의 감소를 행한다. 그리고 甲 법인 및 乙 법인의 주주는 丙 법인이 발행하는 주식을 교부받게 된다.

위의 경우에 甲 법인과 乙 법인을 분할법인 또는 분할존속하는 법인[5], 丙 법인을 분할신

---

5) 법인세법은 이를 '분할법인'이라고만 지칭한다. '분할법인등'을 분할법인과 소멸한 분할합병의 상대방법인으로

설법인이라 한다.

(다) 존속혼합분할

분할법인이 존속하면서 일부를 출자하여 새로운 법인을 설립함과 동시에 또 일부를 분리하여 존속 중인 법인과 합병하는 경우이다.

예를 들어 제조업, 요식업, 광고업을 영위하는 甲 법인이 제조업 부문만을 존속시키면서 요식업 부문은 신설되는 乙 법인에게 출자하고 광고업 부문은 존속 중인 丙 법인과 합병하는 경우이다. 즉 甲 법인은 존속하면서 그 일부를 신설법인인 乙 법인과 기존법인인 丙 법인으로 분할하는 것이다. 甲 법인은 乙 법인과 丙 법인에 출자하는 부분에 상당하는 자본의 감소를 행하며, 丙 법인은 자본증가를 행하게 된다. 그리고 甲 법인의 주주는 乙 법인이 발행하는 주식 및 丙 법인이 발행하는 신주를 교부받게 된다.

위의 경우에 甲 법인을 분할법인 또는 분할존속하는 법인, 乙 법인을 분할신설법인, 丙 법인을 분할합병의 상대방법인이라 한다.

2) 물적분할

물적분할(Ausgliederung)이란 분할법인 자신이 수혜회사의 주주 또는 사원으로 되는 분할이다. 즉 물적분할이란 분할법인이 그 재산 중 일부를 포괄승계의 방법으로 기존 또는 신설되는 수혜회사에게 양도하고 그 대가로서 분할법인 자신이 수혜회사의 주식을 부여받는 형태의 분할을 의미한다.

물적분할은 분할법인이 존속하는 분할형태(인적분할 중 존속분할)와 기본적인 구조는 같으면서 주식 또는 출자지분이 분할법인의 주주 또는 사원이 아닌 분할법인 자신에게 배정된다는 점에서 차이가 있다. 이와 같은 물적분할은 기업집단을 형성하거나 지주회사를 만드는 방법으로 유용하다.

우리 상법도 물적분할을 인정하고 있다. 상법상의 물적분할의 규정("...분할되는 회사가 분할 또는 분할합병으로 인하여「설립되는」 회사의 주식의 총수...")에 관한 해석을 둘러싸고 수혜회사가 신설되는 형태의 물적분할(단순분할, 신설분할합병)만이 허용된다는 견해[6]와 수혜회사가 신설되는 형태의 물적분할 외에 기존의 수혜회사에 분할출자하는 분할합병 형태의 물적분할(흡수분할합병)도 가능하다고 보는 견해[7]가 대립하고 있다. 그러나 흡수분할합병도 상법상 허용된다는 견해가 다수설이고 등기실무도 이를 허용하고 있다.[8]

만 나누고 있기 때문이다(법법 46 ①). 즉 소멸하지 않은 신설분할합병의 상대방법인은 '분할법인'으로 부른다.
6) 권기범,「기업구조조정법」, 제4판, 삼지원, 2011, 353-354면.
7) 최기원,「신회사법론」, 제14대정판, 박영사, 2012, 1192면.

현행 법인세법은 제47조 제1항에서 "분할법인이 물적분할에 의하여 분할신설법인의 주식을 취득한 경우…"라고 하여 수혜회사가 신설되는 형태의 물적분할만이 허용된다는 견해를 바탕으로 하여 위의 규정을 둔 것으로 보인다.[9] 그러나 상법상 물적흡수분할합병도 실무상 허용되고 있는데 군이 상법 문의 문언을 근거로 과세특례를 부인하는 입법태도는 수긍하기 어렵다. 입법적 개선이 필요하다.[10]

다. 분할의 회계처리

국제회계기준의 경우 분할에 관한 회계처리기준을 두고 있지 않고 있다. 따라서 국제회계기준을 적용하는 기업들은 실무상 일반기업회계기준을 좇아 장부금액법(지분법)을 사용하는 경우가 대부분이라고 한다.[11] 일반기업회계기준의 경우 인적분할과 물적분할을 가리지 않고 장부금액법(지분법)을 적용한다[일회기 제32장(동일지배거래) 결32.22].

2 분할에 따른 법인세의 과세체계

가. 회사의 분할에 따른 법인세 등의 과세제도의 개요

회사의 분할이 이루어지게 되면 분할법인·소멸한 분할합병의 상대방법인·분할신설법인 및 분할합병의 상대방법인의 법인세, 분할법인·소멸한 분할합병의 상대방법인·분할신설법인 및 분할합병의 상대방법인의 주주에 대한 소득세 및 증여세 등의 납세의무에 영향을 미친다.

회사의 분할에 따른 법인세 등의 과세제도(특례제도 포함)의 개요는 [별표 11]과 같다.[12]

[별표 11] 회사의 분할에 따른 법인세 등의 과세제도의 개요

납세 의무자	과세대상 소득
분할법인 또는 소멸한 분할합병의 상대방법인	1. 양도손익에 대한 각 사업연도의 소득에 대한 법인세(법법 46) 2. 물적분할로 인한 자산양도차익에 대한 법인세(법법 47)

---

8) 대법원 상업등기선례(200310 – 15, 2003. 10. 8. 공탁법인 3402 – 239 질의회답)는 분할합병형태의 물적분할에 따른 변경등기가 가능하다고 한다. 2003. 10. 8. 공탁법인 2402 – 239 질의회답. 현재 상법 학설상으로는 긍정설이 다수설이다. 노혁준 편, 「회사분할의 제 문제」, 소화, 2013, 79면 주 16.
9) 행정해석(법인, 법인세과 – 964, 2009. 8. 31.)도 자산양도차익 상당액의 손금산입 규정은 단순분할 또는 신설분할합병의 경우에만 적용되고 흡수분할합병의 경우에는 적용되지 않는다는 입장을 취하고 있다.
10) 김동수/황남석/이민규, 「조직재편세제의 이론과 실무」, 세경사, 2019, 99–100면.
11) 국제회계기준을 적용하는 기업의 경우 이론적으로 분할의 회계처리를 어떻게 하여야 할 것인지에 관하여는 황남석, "회사분할회계에 관한 소고", 「선진상사법률연구」 제68권, 2014, 85면 이하.
12) 회사분할세제의 입법례에 관하여는 황남석, 「회사분할과세론」, 한국학술정보, 2011, 111–268면.

납세 의무자	과세대상 소득
분할신설법인 또는 분할합병의 상대방법인	1. 양도가액과 순자산시가와의 차액(분할매수차손익)의 균등분할 　익금 또는 손금 산입(법법 46의2 ② 및 ③) 2. 이월결손금의 승계와 공제의 제한(법법 46의3 ② 및 48의4) 3. 자산·부채 및 세무조정사항의 승계(법법 46의2 ①, 46의3 ②)
분할법인 또는 소멸한 분할합병의 상대방법인의 주주 (인적분할에 한함)	1. 분할에 따른 의제배당(법법 16 Ⅵ, 소법 17 ② Ⅵ) 2. 불공정분할합병 등에 따른 익금 산입(부당행위계산부인에 따른 　익금 포함) 및 증여(법령 11 Ⅸ 및 88 ① Ⅷ, 상증법 38)
분할신설법인 또는 분할합병의 상대방법인의 주주 (인적분할에 한함)	불공정분할합병 등에 따른 익금 산입(부당행위계산부인에 따른 익금 포함) 및 증여(법령 11 Ⅸ 및 88 ① Ⅷ, 상증법 38)

이하의 설명에서는 분할법인 또는 소멸한 분할합병의 상대방법인을 '분할법인등'으로, 분할신설법인 또는 분할합병의 상대방법인을 '분할신설법인등'으로 약칭한다.

나. 적격분할의 요건과 과세의 특례

1) 적격분할의 요건

법인세법은 법인의 분할을 통한 기업의 구조조정을 지원하기 위하여 일정한 요건을 갖춘 법인의 분할('적격분할')에 대하여 과세특례를 설정하고 있다. 적격분할의 요건이란 과세특례를 적용받기 위한 요건인데, 사업목적, 지분의 연속성 및 사업의 계속성을 그 내용으로 하고 있다(법법 46 ②).

2) 적격분할에 대한 과세특례

법인세법은 회사의 분할에 의한 기업의 구조조정을 지원하기 위하여 적격분할의 요건을 갖춘 분할에 대해서는 과세특례를 적용하도록 하고 있다.

3 인적분할에 대한 과세 및 그 특례

가. 분할법인등의 양도손익에 대한 과세 및 그 특례

1) 분할법인등의 양도손익에 대한 과세

가) 양도손익에 대한 과세

내국법인이 분할 또는 분할합병으로 해산하는 경우(물적분할은 제외한다)[13]에는 그 법인의 자산을 분할신설법인등에 양도한 것으로 본다.[14] 이 경우 그 양도에 따라 발생하는 양도손익은 분할법인등이 분할등기일이 속하는 사업연도의 소득금액을 계산할 때 익금 또는 손금에 산입해야 한다(법법 46 ①). 즉 분할법인등이 분할신설법인등에 양도한 자산의 양도손익은 분할법인등의 각 사업연도의 소득에 대한 법인세로서 과세하는 것이다.

적격분할의 요건을 모두 갖춘 분할의 경우에는 분할법인등의 자산의 양도손익을 계산할 때 양도가액을 그 분할법인등의 분할등기일 현재의 순자산장부가액으로 보아 양도손익이 없는 것으로 할 수 있다(법법 46 ②).

나) 양도손익의 계산

분할법인등의 자산의 양도에 따라 발생하는 양도손익은 분할법인등이 분할신설법인등으로부터 받은 양도가액에서 분할법인등의 분할등기일 현재의 순자산장부가액을 뺀 금액으로 한다(법법 46 ①). 그 계산식은 다음과 같다.

$$\text{양도손익} = \left(\begin{array}{c}\text{분할법인등이 분할신설법인등으로}\\\text{부터 받은 양도가액}\end{array}\right) - \left(\begin{array}{c}\text{분할법인등의 분할등기일}\\\text{현재의 순자산장부가액}\end{array}\right)$$

(1) 분할법인등이 분할신설법인등으로부터 받은 양도가액

분할법인등이 분할신설법인등으로부터 받은 양도가액이란 분할대가의 합계액, 즉 분할신설법인등이 분할로 인하여 분할법인의 주주에게 지급한 분할신설법인등의 주식(분할교부주식)의 가액과 금전이나 그 밖의 재산가액(분할교부금)의 합계액을 말한다.

다만, 분할합병의 경우 분할합병의 상대방법인이 분할등기일 전 취득한 분할법인의 주식(분할합병포합주식)[15]이 있는 경우에는 그 주식에 대하여 분할신설법인등의 주식(분할합병교부주식)을 교부하지 않더라도 그 지분비율에 따라 분할합병교부주식을 교부한 것으로

---

13) 법인세법은 강학상의 인적분할 또는 인적분할합병을 분할 또는 분할합병이라고만 규정하고 있다(예컨대 법법 46 ①).

14) 인적분할시의 과세 및 특례는 합병과 본질적으로 다르지 않다. 즉, 법인세법은 인적분할을 부분합병(Teilverschmelzung)으로 규율하고 있다. 반면, 물적분할시의 과세 및 특례는 현물출자시의 과세 및 특례와 본질적으로 다르지 않으며 합병, 인적분할의 경우와는 상당히 다르다. 그러나 위와 같이 두 개의 범주로 나누어 다르게 규율하여야 할 이유가 있는지는 의문이다. 황남석, "최근 한국 법인세제의 동향 – 조직재편세제를 중심으로", 「경희법학」 제47권 제1호, 2012, 273면 이하.

15) 신설분할합병 또는 3 이상의 법인이 분할합병하는 경우에는 분할등기일 전 분할법인이 취득한 다른 분할법인의 주식(분할합병의 경우에는 분할등기일 현재 분할합병의 상대방 법인의 발행주식총수 또는 출자총액을 보유하고 있는 내국법인의 주식을 포함한다), 분할등기일 전 분할합병의 상대방법인이 취득한 소멸한 분할합병의 상대방법인의 주식 또는 분할등기일 전 소멸한 분할합병의 상대방법인이 취득한 분할법인의 주식과 다른 소멸한 분할합병의 상대방법인의 주식을 포함한다(법령 82 ① II 가 괄호).

보아 분할합병의 상대방법인의 주식의 가액을 계산한다(법령 82 ① Ⅱ 가). 위의 경우 주식과 그 밖의 재산가액은 시가로 평가한다.

그리고 분할신설법인등이 납부하는 분할법인의 법인세 및 그 법인세(감면세액을 포함한다)에 부과되는 국세와 지방세법 제88조 제2항에 따른 법인지방소득세의 합계액은 양도가액에 더하여야 한다(법령 82 ① Ⅱ 나).

(2) 분할법인등의 분할등기일 현재의 순자산장부가액

분할법인등의 분할등기일 현재의 순자산장부가액이란 분할법인등의 분할등기일 현재의 자산의 장부가액 총액에서 부채의 장부가액 총액을 뺀 가액을 가리킨다. 분할법인등의 순자산장부가액을 계산할 때 국세기본법에 따라 환급되는 법인세액이 있는 경우 이에 상당하는 금액은 분할법인등의 분할등기일 현재의 순자산장부가액에 더하여야 한다.

2) 적격인적분할의 경우의 과세특례

적격인적분할에 대한 과세특례의 개요는 [별표 12]와 같다.

[별표 12] 적격인적분할에 대한 과세특례

구 분	적격 분할	비적격 분할
분할법인 또는 소멸한 분할합병의 상대방법인	양도손익: 과세이연(분할신설법인등이 승계 자산을 처분할 때까지 과세이연)	양도손익: 과세이연을 허용하지 아니함(각 사업연도의 소득에 포함하여 과세)
분할신설법인 또는 분할합병의 상대방법인	• 자산의 취득가액: 분할법인등의 장부가액 • 양도가액과 순자산시가와의 차액(분할매수차손익): 익금 또는 손금에 산입하는 규정 없음	• 자산의 취득가액: 시가 • 양도가액과 순자산시가와의 차액(분할매수차손익): 차액을 5년(60개월)간 균등분할하여 익금 또는 손금산입함
	이월결손금의 승계: 승계 허용(존속분할의 경우 승계 불가)	이월결손금의 승계: 승계 허용하지 않음
	세무조정 사항의 승계: 허용	세무조정사항의 승계: 원칙적으로 승계를 허용하지 않으나 퇴직급여충당금 또는 대손충당금을 인계함과 동시에 관련된 세무조정사항을 승계하는 경우는 예외임
분할법인 또는 소멸한 분할합병의 상대방법인의 주주	분할에 따른 의제배당: 의제배당소득 없음(과세이연)	분할에 따른 의제배당: 의제배당 과세

가) 의 의

법인의 분할에 따라 분할법인등은 분할신설법인등으로부터 분할대가(분할주식의 가액과 금전 그 밖의 재산가액의 합계액)를 받고 모든 자산 및 부채를 분할신설법인등에 이전한다. 그러므로 분할법인등이 분할로 해산하는 경우에는 그 법인의 자산을 분할신설법인등에 양도한 것으로 보고, 그 양도에 따라 발생하는 양도손익을 분할법인등이 분할등기일이 속하는 사업연도의 소득금액을 계산할 때 익금 또는 손금에 산입하여 법인세를 과세하도록 하고 있다.

그러나 분할에 따른 양도이익에 대하여 분할등기일이 속하는 사업연도에 일시에 익금에 산입하여 법인세를 과세하는 경우에는 과중한 법인세 부담으로 말미암아 법인의 분할 및 분할합병을 통한 기업의 원활한 구조조정을 억지하는 결과를 초래한다.

그러므로 분할이 사업목적으로 이루어지고 지분 및 사업의 계속성이 유지되며 근로자가 승계되는 형태의 분할에 해당하는 경우에는 양도손익에 대한 법인세의 과세이연을 허용한다. 즉 분할법인등에게 분할에 따른 양도손익에 대한 법인세를 과세하지 않고 분할신설법인등이 분할법인등으로부터 승계한 해당 자산을 처분할 때 비로소 그 자산의 처분손익에 대하여 분할법인등에게 법인세를 과세하는 것이다.

나) 적격분할의 요건

(1) 일반적 적격분할의 요건

인적분할 중 다음 적격분할의 요건을 갖춘 분할에 대해서는 양도손익에 대하여 과세이연을 허용하고 있다(법법 46 ②).

(가) 사업목적

법인의 분할이 사업목적에 의하여, 즉 사업상의 필요에 의하여 이루어져야 한다. 이와 같은 사업목적은 분할등기일 현재 5년 이상 사업을 계속하던 내국법인이 다음의 요건을 갖추어 분할하는 것이어야 한다. 분할합병의 경우에는 소멸한 분할합병의 상대방법인 및 분할합병의 상대방법인이[16] 분할등기일 현재 1년 이상 사업을 계속하던 내국법인이어야 한다(법법 46 ② I).

---

16) 법문상으로는 분할합병의 경우에도 분할법인등은 분할등기일 현재 5년 이상 사업을 계속하여야 하는 것으로 해석된다. 그러나, 분할합병의 경우 분할법인등에만 5년의 사업영위기간을 요구하는 것은 의미가 없다. 예를 들어, 본래 甲 법인을 분할법인등으로 하여 사업영위기간이 5년 이상인 乙 법인과 분할합병을 하려고 하였는데 甲 법인의 사업영위기간이 5년 미만, 1년 이상이라면 乙 법인을 분할법인으로 하여 분할합병을 한 후에 필요없는 사업부문을 정리함으로써 동일한 효과를 거둘 수 있기 때문이다. 요컨대, 분할합병의 경우 거래당사자 모두에 대하여 합병과 동일하게 사업영위기간을 요구하는 것이 타당하다.

① 분리하여 사업이 가능한 독립된 사업부문을 분할하는 것일 것

㉮ 의의 및 취지

회사의 분할은 분할회사의 자산 및 부채 전부가 아니라 그 일부만을 선택적으로 분리하여 이전하는 것이므로 자산의 양도차익에 대한 과세를 회피하는 수단으로 악용될 가능성이 높다. 따라서 회사분할이 조세회피에 이용되는 것을 막기 위해 분리하여 사업이 가능한 독립된 사업부문을 구성하는 자산·부채를 분할하는 경우에 한하여 과세특례를 부여하는 것이다.[17] 여기서 '분리하여 사업 가능한 독립된 사업부문'이라는 요건은 기능적 관점에서 분할 이후 기존의 사업활동을 독립하여 영위할 수 있는 사업부문이 분할되어야 한다는 의미이다.[18] 분할하는 사업부문에 속하지 않는 자산 및 부채를 분할하는 사업부문에 더하여 분할하더라도 이 요건을 충족할 수 있는지 여부가 문제될 수 있다. 분할법인에 남아있는 사업부문이 독립하여 사업을 영위할 수 있도록 하는데 필요한 자산·부채에 해당하지 않는다면 원칙적으로 무방하다고 볼 것이다.[19]

㉯ 주식등과 그와 관련된 자산·부채만으로 구성된 사업부문의 분할

주식등과 그와 관련된 자산·부채만으로 구성된 사업부문의 분할은 분할하는 사업부문이 다음의 어느 하나에 해당하는 경우에 한하여 분리하여 사업이 가능한 독립된 사업부문을 분할하는 것으로 본다(법령 82의2 ③).

ⓐ 분할법인이 분할등기일 전일 현재 보유한 모든 지배목적 보유주식등과 그와 관련된 자산·부채만으로 구성된 사업부문(법령 82의2 ③ I)

지배목적 보유주식등이란 분할법인이 법인세법 시행령 제43조 제7항에 따른 지배주주등으로서 3년 이상 보유한 주식등을 말한다(법칙 41 ③).[20] 지배목적 보유주식등의 총수는 곧 해당 주식발행법인이 영위하는 사업을 표창한다고 볼 수 있으

---

[17] Gesetzesentwurf zum UmwStG 1995, BT-Drs. 12/6885, S. 14. 비교법적으로 독립된 사업부문 요건을 규정하고 있는 입법례로는 프랑스, 독일, 오스트리아의 분할세제가 있다.

[18] 대법원은 이 요건이 독립된 사업활동이 불가능한 개별 자산만을 이전하여 사실상 양도차익을 실현한 것에 불과한 경우와 구별하기 위한 것으로서 독립적으로 사업이 가능하다면 단일 사업부문의 일부를 분할하는 것도 가능하다고 본다. 대법원 2018. 6. 28. 선고 2016두40986 판결. 행정해석은 분할신설법인이 별도의 물적·인적 조직을 갖추고 독립적으로 사업수행이 가능한 상태를 의미한다고 해석한다. 서면-2021-법령해석법인-0672, 2021. 6. 21.

[19] 이것이 독일에서의 지배적 견해이기도 하다. 상세는 황남석, 「회사분할 과세론」, 한국학술정보, 2011, 391면 이하. 행정해석 중에는 현금성 자산에 관하여 같은 취지로 해석한 것이 있다. 서면-2020-법령해석법인-2076, 2020. 12. 24.

[20] 다만 분할 후 분할법인이 존속하는 경우에는 해당 주식등에서 법인세법 시행령 제41조 제8항 제1호, 제2호 및 제4호에 해당하는 주식등(해당 각 호의 '분할하는 사업부문'을 '분할존속법인'으로 볼 때의 주식등을 말한다)은 제외할 수 있다(법칙 41 ③ 但). 또한 지배주주등에 해당하게 된 지 3년 이상 경과한 상태에서 투자주식을 현물출자하여 주식등을 추가로 취득한 후 3년 미만 보유한 채 분할하더라도 그 추가 취득한 주식등은 지배목적 보유주식에 해당한다는 것이 행정해석이다(서면법규법인-1649, 2024. 8. 19.).

므로 독립된 사업부문으로 의제하는 것이다.

ⓑ 공정거래법 및 금융지주회사법에 따른 지주회사를 설립하는 사업부문(분할합병하는 경우로서 다음의 어느 하나에 해당하는 경우에는 지주회사를 설립할 수 있는 사업부문을 포함한다)

(i) 분할합병의 상대방법인이 분할합병을 통해 지주회사로 전환되는 경우

(ii) 분할합병의 상대방법인이 분할등기일 현재 지주회사인 경우

다만 분할하는 사업부문이 지배주주등으로서 보유하는 주식등과 그와 관련된 자산·부채만을 승계하는 경우로 한정한다(법령 82의2 ③ II).[21]

회사분할을 이용한 지주회사설립을 지원하기 위하여 독립된 사업부문 요건을 완화한 것이다.

ⓒ 위 ⓑ와 유사한 경우로서 기획재정부령(법칙 41 ④)으로 정하는 경우(법령 82의2 ③ III)

분할하는 사업부문이 다음 각 호의 요건을 모두 갖춘 내국법인을 설립하는 경우를 말한다. 다만, 분할하는 사업부문을 통하여 승계하는 사업부문이 지배주주등으로서 보유하는 주식등과 그와 관련된 자산·부채(부채의 경우에는 분할에 한정한다)만을 승계하는 경우로 한정한다.

(i) 해당 내국법인은 외국법인이 발행한 주식등 외의 다른 주식등을 보유하지 않을 것

(ii) 해당 내국법인이 보유한 외국법인 주식등 가액의 합계액이 해당 내국법인 자산총액의 50퍼센트 이상일 것. 이 경우 외국법인 주식등 가액의 합계액 및 내국법인 자산총액은 분할등기일 또는 현물출자일 현재 재무상태표상의 금액을 기준으로 계산한다.

(iii) 분할등기일이 속하는 사업연도의 다음 사업연도 개시일부터 2년 이내에 유가증권시장 또는 코스닥시장에 해당 내국법인의 주권을 상장할 것

이 경우 분할등기일이 속하는 사업연도의 종료일까지 해당 내국법인의 주권이 상장되지 않은 경우에는 분할등기일이 속하는 사업연도의 과세표준 신고기한 종료일까지 해당 내국법인의 주권상장 계획을 확인할 수 있는 서류를 납세지 관할 세무서장에게 제출하여야 하고 해당 기간 이내에 주권이 상장된 경우에는 주권 상장을 확인할 수 있는 서류를 주권을 상장한 날이 속하는 사업연도의 과세표준 신고기한 종료일까지 납세지 관할 세무서장에게 제출하여야 한다(법칙 41 ⑤).

---

21) 구체적으로 이에 해당하는 사례로는 사전법규법인-1165, 2022. 12. 13.

② 분할하는 사업부문의 자산 및 부채가 포괄적으로 승계될 것.[22] 다만, 공동으로 사용하던 자산, 채무자의 변경이 불가능한 부채 등 분할하기 어려운 자산·부채 및 분할하는 사업부문이 승계하는 자산 및 부채로서 분할당시 시가로 평가한 총자산가액 및 총부채가액의 각각 20퍼센트 이하인 자산 및 부채[23]는 제외한다(법법 46 ② I 나, 법령 82의2 ④,[24] 법칙 41 ⑥).[25]

이 요건은 위에서 본 독립된 사업부문 요건을 보완하기 위한 것이다.[26] 이 요건과 관련하여서는 두 가지 쟁점이 있다.

㉮ '포괄적으로 승계된다'는 의미

법문상 '포괄적으로 승계된다'는 표현과 관련하여 분할사업부문의 자산 및 부채가 '모두' 승계되어야 하는지(제1설) 혹은 '필수적이거나 직접적인 관련이 있는' 자산 및 부채만 이전되면 충분하다는 의미인지(제2설) 견해 대립이 있다. 제1설은 '포괄적으로 승계'된다는 말이 '모두 승계'된다는 의미로 사용되는 용례가 적지 않고 제2설을 취할 경우 독립된 사업부문요건과의 관계에서 포괄승계요건의 존재 의미를 찾을 수 없게 된다는 점을 논거로 든다.[27] 제2설은 분할사업부문이 분할 이후에도 사업단위로서 기능할 수 있는지 여부가 중요한 것으로서 법문의 구조와 비교법적 분석, 정책적 관점에서 볼 때 사업부문에 귀속하는 자산·부채 중 '필수적이거나 직접적인 관련이 있는' 자산·부채만을 승계시키면 족하다고 본다. 특히 이 견해는 법문에 '모든'이라는 수식어가 없음에도 그렇게 해석하는 것은 조세법률주의에 반하는 해석이라고 보기도 한다.[28]

---

22) '승계'는 소유권의 이전을 의미하며 임차권의 설정은 이에 해당하지 않는다. 대법원 2012. 5. 24. 선고 2012두2726 판결. 위 판결은 적격분할의 요건에 관하여 여러 중요한 쟁점을 담고 있다. 그 평석으로는 황남석, "적격물적분할의 포괄승계 요건 - 대법원 2012. 5. 24. 선고 2012두2726 판결", 「조세법연구」 제19권 제3호, 2013, 255면 이하.

23) 이 경우 분할하는 사업부문이 승계하여야 하는 자산·부채, 총자산가액 및 총부채가액은 기획재정부령으로 정하는 바에 따라 계산하되, 주식등과 법인세법 시행령 제82조의2 제4항 제1호, 제2호에 규정된 자산·부채를 제외한다(법령 82의2 ④ III 後, 법칙 41 ⑦).

24) 법인세법 시행령 제82조의2 제4항 제2호 다목은 '분할로 인하여 약정상 차입자의 차입조건이 불리하게 변경되는 차입금'을 포괄승계의 예외사유 중 하나로 규정하고 있다. 판례는 '분할로 인하여 약정상 차입자의 차입조건이 불리하게 변경'될 것인지 여부는 객관적이고 합리적인 근거에 기초하여 판단하여야 하며 단순히 일반적인 가능성만을 기준으로 판단해서는 안 된다고 한다. 서울고등법원 2024. 8. 20. 선고 2023누56974 판결(대법원 2025. 1. 9. 자 2024두55327 판결로 심리불속행 종결).

25) 대법원은 2014년 2월 개정전 법인세법 시행령 제82조의2 제2항(현행 제4항)이 규정하는 일정한 자산과 부채는 한정적인 열거라고 해석하였다(대법원 2012. 5. 24. 선고 2012두2726 판결).

26) 대법원 2018. 6. 28. 선고 2016두40986 판결.

27) 황남석, "적격분할의 포괄승계요건에 관한 고찰", 「세무와 회계 연구」 통권 제23호, 2020, 118-119면.

28) 김동수/이준엽, "법인세법상 합병 및 분할 세제의 최근 쟁점", 「BFL」 제73호, 2015. 9., 65면; 김동수/이상우/이준엽, "회사분할세제의 변화와 실무상 쟁점", 「BFL」 제76호, 2016. 3., 82면; 양인준/박훈, "세법상 물적

대법원 2012. 5. 24. 선고 2012두2726 판결은 제1설의 입장을 취하였으나 대법원 2018. 6. 18. 선고 2016두40986 판결은 제2설의 입장으로 이해하는 견해가 더 많은 것으로 보인다.

㉯ 포괄승계요건의 예외의 범위

한편 포괄승계요건의 예외를 규정하는 법인세법 시행령 제82조의2 제4항이 한정적 규정인지 아니면 예시적 규정인지에 관하여도 견해 대립이 있다.[29] 제1설은 한정적 규정으로 해석하고 제2설은 예시적 규정으로 해석한다. 대법원 2012. 5. 24. 선고 2012 두2726 판결은 한정적 규정으로 해석한 바 있다. 법인세법 시행령 제82조의2 제4항은 매우 구체적이고 상세한 예외사유를 규정하고 있을 뿐만 아니라 예시적 규정에서 전형적으로 사용되는 '그 밖에 그에 준하는' 자산·부채라는 문구를 사용하고 있지 않다. 2014년에 추가된 총자산·부채 중 20퍼센트 이하인 자산·부채의 승계 예외를 근거로 위 규정이 예시적 규정이라고 이해하는 견해도 있는 듯하나,[30] 그렇게 해석하기는 어렵다고 본다. 만일 법인세법 시행령 제82조의2 제4항을 제2설의 입장에서 예시적 규정으로 해석한다면 그 각 호, 특히 신설된 '총자산·부채 중 20퍼센트 이하인 자산·부채'에 해당하지 않더라도 '필수적이거나 직접적인 관련이 없는 자산·부채'라면 추가로 승계의 대상에서 제외된다는 결론에 이를 것인데 그런 해석은 '이유를 묻지 않고' 총자산·부채의 20퍼센트 이하인 자산·부채를 승계의 대상에서 임의로 제외할 수 있도록 한 법인세법 시행령 제82조의2 제4항 제3호의 입법취지와 상충된다. 위 제3호는 위 시행령 제82조의2 제4항 각 호가 한정적 열거임을 전제로 하는 것으로서 본래 사업부문의 사업활동에 필수적이거나 직접 관련성이 있는지 여부를 묻지 않고 모든 자산·부채를 승계하여야 할 것이지만 총자산·부채의 20퍼센트 이내 범위 내에서 그런 제한을 풀어주겠다는 것이다.[31] 만일 제2설의 해석을 취한다면, 위 '시행령 제82조의2 제4항 제1호, 제2호의 예외에 해당하지 않더라도' 분할 사업부문에 필수적이거나 직접 관련성이 없는 자산·부채는 '추가로' 승계의 대상에서 제외할 수 있고, 거기에 다시 추가하여 총자산·부채의 20퍼센트 이내 범위 내에서 이유를 묻지

분할 적격요건에 관한 연구", 「조세법연구」 제20집 제2호, 2014, 343–346면; 우지훈/박훈, "세법상 물적분할의 적격요건", 「서울법학」 제26권 제2호, 2018, 352면; 이은총, "기업분할세제의 주요 논점과 적용", 「조세법연구」 제25집 제3호, 2019, 293면 이하.

29) 황남석(註27), 126–129면 이하.

30) 이의영, "물적 분할의 과세이연 요건과 그 판단 기준", 「대법원판례해설」 제116호, 법원도서관, 2018, 189면.

31) 법인세법 시행령 제82조의2 제4항 제3호는 대법원 2012. 5. 24. 선고 2012두2726 판결이 해당 조항을 한정적 열거로 해석함에 따른 실무계의 어려움을 해소하기 위하여 일종의 절충적 조치로서 입법이 된 것이다. 당시 저자(황남석)는 시행령 개정을 위하여 기획재정부 내에 설치된 테스크포스(task force) 팀의 일원으로서 그와 같은 입법의도하에 조문의 성안에 관여한 바 있다.

않고 승계의 대상에서 제외할 수 있다는 결론에 이르게 되는데 그런 해석은 지나치게 광범위한 예외를 인정하는 결과가 되어 포괄승계요건을 형해화시킨다. 뿐만 아니라 그렇게 해석한다면 굳이 20퍼센트라는 한도를 두는 것도 어색하다. 위와 같은 개정 경위와 관련하여 입법자가 포괄승계요건을 완화하려는 경향을 반영한 것이므로 제2 설의 입장이 타당하다는 반론이 제기될 수도 있을 것이다. 물론 입법자가 포괄승계요 건을 완화하려는 경향이 있음은 분명한 것으로 보인다. 그러나 포괄승계요건을 '완화 한다'는 것은 포괄승계요건을 충족하기 위한 자산·부채의 범위에 관하여 제2설의 입 장을 전제로 하였을 때에만 의미를 가질 수 있다. 왜냐하면 (포괄승계요건을 충족하 기 위한 자산·부채의 범위에 관한) 제2설의 입장은 이미 포괄승계요건의 독자적 의 미를 부인하는 견해이기 때문이다.[32)

한편, 분할하는 사업부문이 주식등을 승계하는 경우에는 분할하는 사업부문의 자산 및 부채가 포괄적으로 승계된 것으로 보지 않는다. 다만 다음의 경우에는 예외로 한다(법령 82의2 ⑤).

㉮ 분할법인이 분할등기일 전일 현재 보유한 모든 지배목적 보유 주식등(지배목적으로 보유하는 주식등으로서 기획재정부령으로 정하는 주식등을 말한다)과 그와 관련된 자산·부채만으로 구성된 사업부문(법령 82의2 ③ I).

㉯ 공정거래법 및 금융지주회사법에 따른 지주회사를 설립하는 사업부문. 다만 분할하 는 사업부문이 지배주주등으로서 보유하는 주식등과 그와 관련된 자산·부채만을 승계하는 경우로 한정한다(법령 82의2 ③ II).

㉰ 법인세법 시행규칙 제41조 제4항으로 정한 경우

㉱ 법인세법 시행규칙 제41조 제8항으로 정한 경우

그러나 실제로 주식등을 승계하였는데도 분할하는 사업부문의 자산 및 부채가 포괄 적으로 승계되어야 한다는 요건에 저촉되는 것으로 규정하는 것은 법체계상 논리적 이지 않다. 주식등을 승계하는 경우에 원칙적으로 적격분할로 보지 않는 것은 조세 회피의 우려에 따른 것이므로 체계상 적격분할의 소극적 요건으로 규정하는 편이 타 당할 것이다.

③ 분할법인등만의 출자에 의하여 분할하는 것일 것

분할법인 또는 소멸한 분할합병의 상대방법인만의 출자에 의하여 분할 또는 분할합병하 여야 한다.[33) 즉 분할 이외의 방식으로 제3자가 공동출자하는 경우에는 과세특례가 적

---

32) 입법론으로는 법인세법 시행령 제82조의2 제4항 각 호 이외의 부분을 "다음 각 호의 자산과 부채에 한한다" 라고 개정하는 것이 타당하다고 본다.

용될 수 없다는 것이다. 결국 실무상으로는 분할을 한 이후에 증자를 실시하는 방법으로 목적을 달성하게 되는데 시간 및 비용의 번잡을 초래하는 단점이 있다.

④ 분할합병의 경우에는 소멸한 분할합병의 상대방법인 및 분할합병의 상대방법인이 분 등기일 현재 1년 이상 사업을 계속하던 내국법인이어야 한다.

(나) 지분의 연속성

법인의 분할이 이루어지는 경우에 지분의 연속성(continuity of proprietary interest)이 유지되어야 한다.

지분의 연속성이 유지되기 위해서는 분할대가 중 분할교부주식 또는 분할합병교부주식 의 비율요건, 배정요건, 일정기간 보유요건을 모두 충족하여야 한다.

① 분할대가 중 분할교부주식 또는 분할합병교부주식의 비율

㉮ 단순분할시 분할대가 중 분할교부주식의 비율

단순분할시 적격분할의 요건으로서 분할대가[34]는 그 전액이 분할교부주식이어야 한 다(법법 46 ② Ⅱ). 만일 분할법인의 주주가 분할신설법인으로부터 분할대가 중의 일부 (금액의 다과를 묻지 않는다)를 분할교부주식이 아닌 분할교부금으로 교부받았다면 지분의 연속성의 요건을 충족하지 못한 것으로 본다. 만일 분할법인의 주주가 분할대 가로 주로 분할교부금을 받는다면 이는 분할 사업부문을 매각하는 것과 다를 바 없기 때문이다.

㉯ 분할합병시 분할대가 중 분할합병교부주식의 비율

분할합병시 적격분할의 요건으로서 분할대가[35]는 그 중 80퍼센트 이상이 분할합병 교부주식이거나 분할합병의 상대방 법인의 완전모회사인 내국법인의 주식[36]이어야 한다(법법 46 ② Ⅱ 괄호). 분할대가의 총합계액과 분할합병교부주식의 가액은 분할등기

---

33) 상법상으로는 제3자의 공동출자도 허용된다. 상법 제530조의4 제2항; 상법등기법 제98조 제2항; 대법원 등 기선례 200309 - 16(2003. 9. 1. 공탁법인 3402 - 207 질의회답). 권기범, 「기업구조조정법」, 제4판, 삼지원, 2011, 443 - 444면은 이러한 상법의 입법태도에 관하여 비판적인 입장을 취하고 있다.

34) 여기서의 분할대가는 분할신설법인등이 분할로 인하여 분할법인의 주주에 지급한 분할교부주식의 가액 및 분할교부금의 합계액만을 말한다. 즉 분할신설법인등이 납부하는 분할법인의 법인세 및 그 법인세에 부과되 는 국세와 지방세법 제88조 제2항에 따른 법인지방소득세의 합계액은 포함되지 않는다(법령 82의2 ⑥, 82 ① Ⅱ 가).

35) 여기서의 분할대가는 분할합병의 상대방법인이 분할로 인하여 분할법인등의 주주에 지급한 분할합병교부주 식의 가액 및 분할교부금의 합계액만을 말한다. 즉 분할합병의 상대방법인이 납부하는 분할법인등의 법인세 및 그 법인세에 부과되는 국세와 지방세법 제88조 제2항에 따른 법인지방소득세의 합계액은 포함되지 않는 다(법령 82의2 ⑥, 82 ① Ⅱ 가).

36) 분할합병의 상대방 법인의 완전모회사인 내국법인의 주식을 포함시킨 것은 삼각분할합병에 대하여 과세특 례를 인정하기 위한 것이다.

일 현재의 시가에 의하여 계산한다.

$$\frac{\text{분할합병교부주식의 가액}}{\text{분할대가의 총합계액}} \geq 80\%$$

이때 분할합병의 상대방법인이 분할등기일 전 2년 내에 취득한 분할법인등의 분할합병포합주식이 있는 경우에는 다음과 같이 분할합병교부주식의 가액 중 일부를 분할교부금으로 보아[37] 위 계산식 중 분자인 분할합병교부주식의 가액에서 뺀다(법령 82의2 ⑥ 전문). 분할합병교부주식의 가액에서 빼는 분할합병포합주식의 일부가액은 분할합병의 상대방법인이 분할등기일 현재 분할법인의 지배주주등[38]에 해당하는지 여부에 따라 다르게 규정되어 있다.

(i) 분할합병의 상대방법인이 분할등기일 현재 분할법인의 지배주주등이 아닌 경우: 분할합병의 상대방법인이 분할등기일 전 2년 이내에 취득한 분할합병포합주식이 분할법인등의 발행주식총수의 20퍼센트를 초과하는 경우 그 초과하는 분할합병포합주식등의 가액

(ii) 분할합병의 상대방법인이 분할등기일 현재 분할법인의 지배주주등인 경우: 분할등기일 전 2년 이내에 취득한 분할합병교부주식에 대하여 교부한 분할합병교부주식의 가액

두 경우 모두 분할합병포합주식에 대하여 실제로 분할합병교부주식을 교부하지 않더라도 그 지분비율에 따라 분할합병교부주식을 교부한 것으로 본다(법령 82의2 ⑥ 각 호의 괄호).

② 분할교부주식 또는 분할합병교부주식의 배정

㉮ 분할교부주식의 배정(안분비례형 분할)

단순분할의 경우 특정지배주주등[39]의 분할법인등에 대한 지분비율 이상의 주식을 특정지배주주등에게 배정하여야 한다(법법 46 ② II, 법령 82의2 ⑦). 이 경우 분할법인등의 자기주식에 관하여 분할신설법인등의 주식을 배정하지 않는 경우에는 분할법인등의

---

37) 이 경우 신설분할합병 또는 3 이상의 법인이 분할합병하는 경우로서 분할법인이 취득한 다른 분할법인의 주식이 있는 경우에는 그 다른 분할법인의 주식을 취득한 분할법인을 분할합병의 상대방법인으로 본다(법령 82의2 ⑥ 후문).

38) 지배주주등이란 법인의 발행주식총수의 1퍼센트 이상의 주식을 보유한 주주로서 그와 특수관계인의 보유주식의 합계가 해당 법인의 주주 중 가장 많은 자를 말한다(법령 43 ⑦).

39) 분할법인이 자기주식을 보유한 상태에서 인적분할하면서 그 인적분할 과정에서 분할신설법인이 분할법인의 자기주식을 승계받은 경우 분할신설법인도 특정지배주주등에 해당할 수 있다. 서면-2017-법인-1400, 2017. 7. 21.

자기주식을 제외하고 산정한 지분비율을 기준으로 한다.[40)]

관련하여 비안분비례형 분할도 지분의 연속성 요건을 충족할 수 있는지 여부가 문제될 수 있으나 상법의 해석상 비안분비례형 분할이 금지된다고 해석할 근거가 없고, 현행 법인세법도 적격단순분할이 되기 위하여 반드시 안분비례형 분할일 것을 요구하지 않으므로 적극적으로 해석하여야 한다.[41)]

㉯ 분할합병교부주식의 배정

분할합병의 경우 분할법인등의 주주에게 분할합병교부주식을 배정할 때에는 특정지배주주등에게 다음 계산식에 따른 가액 이상의 주식을 각각 배정하여야 한다(법법 46 ② II, 법령 82의2 ⑦, ⑧).

$$\left(\begin{array}{c}\text{분할법인등의 주주등이 지급받은}\\\text{분할신설법인등의 주식의 가액의 총합계액}\end{array}\right) \times \left(\begin{array}{c}\text{각 특정지배주주의}\\\text{분할법인등에 대한 지분비율}\end{array}\right)$$

위에서 특정지배주주주등이란 법인세법 시행령 제43조 제3항에 따른 지배주주등 중 다음의 어느 하나에 해당하는 자를 제외한 주주를 말한다(법령 82의2 ⑧).[42)]

㉮ 법인세법 시행령 제43조 제8항 제1호 가목의 친족 중 4촌 이상의 혈족

㉯ 분할등기일 현재 분할법인등에 대한 지분비율이 1퍼센트 미만이면서 시가로 평가한 그 지분가액이 10억원 미만인 자

③ 분할교부주식 또는 분할합병교부주식의 일정기간 보유

지분의 연속성이 유지되기 위해서는 분할법인등의 특정지배주주등이 분할등기일이 속하는 사업연도의 종료일까지 분할신설법인등으로부터 받은 분할교부주식 또는 분할합병교부주식을 보유하여야 한다(법법 46 ② II).

(다) 사업의 계속성

법인을 분할한 경우에도 사업의 계속성(continuity of business enterprise)이 충족되어야 한다. 즉 분할신설법인등은 분할등기일이 속하는 사업연도의 종료일까지 분할법인등으로

---

40) 같은 취지: 법인세과-1039(2011. 11. 28.); 법인세과-1072(2009. 9. 30.); 법인-223(2009. 1. 19.); 서면2팀 -2436(2006. 11. 28.).

41) 독일조직재편세법(UmwStG)의 경우도 명문으로 이를 금지하는 규정이 없는바, 과세특례가 적용될 수 있다고 보는 견해가 다수설이다. 상세는 황남석, 「회사분할과세론」, 한국학술정보, 2011, 293면 이하 참조.

42) 내국법인 및 다른 내국법인이 분할법인의 지분을 각각 50% 소유하고 있으며 서로 특수관계인에 해당하지 않는 경우 해당 내국법인은 여기서의 특정지배주주등에 해당한다(법인, 서면-2018-법인-2648, 2019. 1. 3.).

부터 승계한 사업을 계속하여 영위하여야 한다(법법 46 ② Ⅲ).

분할신설법인등이 분할등기일이 속하는 사업연도의 종료일 이전에 분할법인등으로부터 승계한 자산가액의 50퍼센트 이상을 처분하거나 사업에 사용하지 않는 경우[43]에는 사업의 계속성 요건을 충족하지 못한 것으로 본다. 다만, 분할법인등이 보유하던 분할신설법인등의 주식을 승계받아 자기주식을 소각하는 경우에는 해당 분할신설법인등의 주식을 제외하고 분할법인등으로부터 승계받은 자산을 기준으로 사업을 계속하는지 여부를 판정한다(법령 82의2 ⑨, 80의2 ⑦). 즉 분할법인등이 보유하던 분할합병의 상대방법인의 주식을 승계받아 자기주식을 소각하는 경우에는 해당 주식을 제외한 잔여재산만을 기준으로 사업의 계속성 요건의 충족 여부를 판정하는 것이다. 분할법인등으로부터 승계받은 자산이 분할합병의 상대방법인의 주식만인 경우 해당 주식을 소각하더라도 사업의 계속성 요건을 충족한 것으로 본다.

(라) 고용 승계

분할등기일 1개월 전 당시 분할하는 사업부문에 종사하는 근로자 중 분할신설법인등이 승계한 근로자의 비율이 80퍼센트 이상이고,[44] 분할등기일이 속하는 사업연도의 종료일까지 그 비율을 유지하여야 한다. 기업 구조조정 과정에서 고용 안정성을 높이기 위한 요건이다. 근로자의 범위는 적격합병의 요건에서와 같지만 ① 분할 후 존속하는 사업부문과 분할하는 사업부문에 모두 종사하는 근로자와 ② 분할하는 사업부문에 종사하는 것으로 볼 수 없는 기획재정부령으로 정하는 업무를 수행하는 근로자를 제외할 수 있다(법법 46 ② Ⅳ, 법령 80의2 ⑥, 82의2 ⑩).

(2) 부득이한 사유가 있는 경우의 요건

지분의 연속성, 사업의 계속성, 고용 승계 요건과 관련하여 다음과 같은 부득이한 사유가 있는 경우에는 여전히 적격분할에 따른 과세특례를 적용할 수 있다.

---

43) 승계한 자산가액의 50퍼센트 이상을 사업에 사용하지 않을 경우에는 승계한 사업을 계속 영위한 것으로 볼 수 없기 때문이다. 판례는 법문의 '사용'을 '직접 사용'의 의미로 해석하며 '직접 사용'의 범위는 사업의 내용을 고려하여 실제의 사용관계를 기준으로 객관적으로 판단하여야 한다고 한다. 따라서 분할신설법인인 甲 법인이 분할법인인 乙 법인으로부터 폐기물처리사업 등을 승계한 이후 분할등기일이 속하는 사업연도의 종료일까지 소외 丙 법인과 토지에 관한 토목설계 및 실시계획인가에 관한 용역계약을 체결하고, 해당 관청에 폐기물처리시설 사업시행자 지정 및 실시계획인가신청서만 제출하였을 뿐이라면 甲 법인이 분할등기일이 속하는 사업연도의 종료일까지 위 토지를 폐기물처리사업에 직접 사용하였다고 볼 수 없다고 한다(대법원 2016. 8. 18. 선고 2014두36235 판결).

44) 행정해석은 이 요건의 충족 여부를 판단할 때 승계한 근로자 중 퇴사 후 재입사한 근로자가 있다면 재입사일 이후에는 분할신설법인에 종사하고 있는 근로자의 수에 포함한다. 사전-2021-법령해석법인-1069, 2021. 8. 11.

. (가) 지분의 연속성 요건의 특례

다음 중 어느 하나에 해당하는 경우에는 지분의 연속성 요건을 갖추지 못한 경우에도 적격분할에 따른 과세특례를 적용받을 수 있다(법령 82의2 ① I).

① 특정지배주주등이 각각 분할로 교부받은 주식등의 50퍼센트 미만을 처분하는 경우.
   이 경우 해당 주주등이 분할로 교부받은 주식등을 서로 간에 처분하는 것은 주식등을 처분한 것으로 보지 않으며 분할로 교부받은 주식등과 분할 이외의 방법으로 취득한 주식등을 함께 보유하고 있는 경우에는 분할신설법인등이 선택한 주식등을 처분하는 것으로 본다.

② 특정지배주주등이 사망하거나 파산하여 주식등을 처분하는 경우

③ 특정지배주주등이 적격합병, 적격분할, 적격물적분할, 또는 적격현물출자에 주식등을 처분하는 경우
   법문상 특정지배주주등이 적격조직재편의 당사자로서 주식등을 처분하는 경우만을 가리키는 것으로 해석된다. 따라서 예를 들어 분할신설법인이 피합병법인으로서 적격합병으로 하게 됨에 따라 특정지배주주등이 분할신설법인 주식에 갈음하여 합병법인의 주식등을 교부받는 경우는 이 규정의 적용범위에 해당하지 않는다.

④ 특정지배주주등이 주식의 포괄적 교환·이전에 대한 과세특례(조특법 38) 또는 주식의 현물출자 또는 교환·이전에 의한 지주회사의 설립 등에 대한 과세특례(조특법 38의2)에 따라 주식등을 포괄적으로 양도, 현물출자 또는 교환·이전하고 과세를 이연받으면서 주식등을 처분하는 경우

⑤ 특정지배주주등이 채무자회생법에 따른 회생절차에 따라 법원의 허가를 받아 주식등을 처분하는 경우

⑥ 특정지배주주등이 기업개선계획의 이행을 위한 약정(조특법 34 ⑥ I) 또는 기업개선계획의 이행을 위한 특별약정(조특법 34 ⑥ II)에 따라 주식등을 처분하는 경우

⑦ 특정지배주주등이 법령상 의무를 이행하기 위하여 주식등을 처분하는 경우

(나) 사업의 계속성 요건의 특례

다음 중 어느 하나에 해당하는 경우에는 사업의 계속성 요건을 갖추지 못한 경우에도 적격분할에 따른 과세특례를 적용받을 수 있다(법령 82의2 ① II, 80의2 ① II).

① 분할신설법인등이 파산함에 따라 승계받은 자산을 처분한 경우

② 분할신설법인등이 적격합병, 적격분할, 적격물적분할 또는 적격현물출자에 따라 사업을 폐지한 경우

③ 분할신설법인등이 기업개선계획의 이행을 위한 약정(조특령 34 ⑥ I) 또는 기업개선계획의 이행을 위한 특별약정(조특령 34 ⑥ II)에 따라 승계받은 자산을 처분한 경우

④ 분할신설법인등이 채무자회생법에 따른 회생절차에 따라 법원의 허가를 받아 승계받은 자산을 처분한 경우

(다) 고용 승계 요건의 특례

다음의 경우에는 고용 승계 요건을 갖추지 못한 경우에도 적격분할 요건을 갖춘 것으로 본다(법령 82의2 ① III, 80의2 ① III 가-다).

① 분할신설법인등이 채무자회생법 제193조에 따른 회생계획을 이행 중인 경우

② 분할신설법인등이 파산함에 따라 근로자의 비율을 유지하지 못한 경우

③ 분할신설법인등이 적격합병, 적격분할, 적격물적분할 또는 적격현물출자에 따라 근로자의 비율을 유지하지 못한 경우

④ 분할등기일 1개월 전 당시 분할하는 사업부문(분할법인으로부터 승계하는 부분을 말한다)에 종사하는 근로자(법령 82의4 ⑨에 따름)가 5명 미만인 경우

(3) 적격분할의 배제

적격분할의 요건을 모두 충족한 경우에도 부동산 임대업을 주업으로 하는 사업부문을 분할하는 경우에는 적격분할로 보지 않는다. 그와 같은 사업부문들은 수동적 활동(passive activity)을 영위하는 것에 불과하므로 과세특례를 인정하지 않겠다는 취지인 것으로 보인다.[45]

부동산 임대업을 주업으로 하는 사업부문이란 다음의 어느 하나에 해당하는 사업부문을 말한다.

① 기획재정부령(법칙 41 ①)으로 정하는 부동산 임대업을 주업으로 하는 사업부문(법령 82의2 ② I, 법칙 41 ①)

② 분할법인으로부터 승계한 사업용 자산가액(기획재정부령으로 정하는 사업용 자산의 가액은 제외한다) 중 소득세법 제94조 제1항 제1호 및 제2호에 따른 자산이 80퍼센트 이상인 사업부문(법령 82의2 ② II, 법칙 41 ②)

다) 과세특례

(1) 과세특례의 내용

적격분할의 요건을 모두 갖춘 분할의 경우(지분의 연속성과 사업의 계속성 요건과 관련하여 부득이한 사유가 있는 분할로서 그 특례요건을 갖춘 경우를 포함한다. 이하에서 같다)

---

45) 미국의 경우 이와 유사한 취지의 규율을 하고 있다. 황남석, 「회사분할과세론」, 한국학술정보, 2011, 361-364면.

에는 양도손익을 계산할 때 양도가액을 분할법인등의 분할등기일 현재의 순자산장부가액으로 보아 양도손익이 없는 것으로 할 수 있다. 양도가액을 분할법인등의 분할등기일 현재의 순자산장부가액으로 하면 양도손익이 영(0)이 되어 그 차액이 발생하지 않기 때문에 법인세를 부담하지 않게 되는 것이다. 이 경우 분할신설법인등은 분할법인등의 분할등기일 현재의 순자산장부가액을 승계하는 것이므로 분할법인신설법인 등이 승계한 해당 자산을 처분할 때까지 그 양도이익에 대한 법인세의 과세가 이연되는 것이다.

(2) 과세특례 적용의 임의성

적격분할에 대한 과세특례를 정하고 있는 법인세법 제46조 제2항은 "…다음 각 호의 요건을 갖춘 분할의 경우에는 …양도손익이 없는 것으로 할 수 있다"고 규정하고 있다. 위의 법문 중 "양도손익이 없는 것으로 할 수 있다"의 해석이 문제된다. 즉 적격분할의 요건을 갖춘 분할이라 하여 획일적으로 양도손익에 대한 법인세 과세이연의 특례를 적용하는 것이 아니고 분할법인등이 양도손익에 대한 법인세 과세이연의 특례를 선택한 경우에 한하여 그 특례규정을 적용한다는 의미이다. 즉 적격분할에 따른 법인세 과세이연에 관한 특례규정은 강행규정이 아니고 납세의무자의 임의적인 선택에 맡겨져 있는 임의규정인 것이다.

따라서 적격분할에 따른 법인세 과세이연의 특례규정을 적용받고자 하는 분할법인등은 법인세 과세표준신고를 할 때 분할신설법인등과 함께 분할과세특례신청서를 납세지 관할 세무서장에게 제출하여야 한다. 이 경우 분할신설법인등은 자산조정계정에 관한 명세서를 분할법인 등의 납세지 관할 세무서장에게 함께 제출하여야 한다(법령 82 ③).

3) 분할 후 존속하는 법인에 대한 소득금액계산의 특례

내국법인이 분할(물적분할은 제외한다)한 후 존속하는 경우, 즉 불완전분할의 경우 분할한 사업부문의 자산을 분할신설법인등에 양도함으로써 발생하는 양도손익은 분할법인이 분할등기일이 속하는 사업연도의 소득금액을 계산할 때 익금 또는 손금에 산입한다(법법 46의5). 위에서 양도손익이란 분할법인이 분할신설법인등으로부터 받은 양도가액에서 분할법인의 분할한 사업부문의 분할등기일 현재의 순자산장부가액을 뺀 금액을 말한다.

가) 양도가액

양도가액은 다음의 금액으로 한다(법령 83의2 ①).
① 적격분할의 요건을 갖추어 양도손익이 없는 것으로 한 경우: 분할법인의 분할등기일 현재의 분할한 사업부문의 순자산장부가액
② 그 밖의 경우: 다음의 금액을 모두 더한 금액

㉮ 분할신설법인등이 분할 또는 분할합병으로 인하여 분할법인의 주주에 지급한 분할신설법인등의 주식의 가액 및 금전이나 그 밖의 재산가액의 합계액. 다만, 분할합병의 상대방법인이 분할등기일 전 취득한 분할법인의 주식(3 이상의 법인이 분할합병하는 경우에는 분할합병의 상대방법인이 취득한 소멸한 분할합병의 상대방법인의 주식 또는 소멸한 분할합병의 상대방법인이 취득한 다른 소멸한 분할합병의 상대방법인의 주식을 포함한다)이 있는 경우에는 그 분할법인의 주식에 대하여 분할합병의 상대방법인의 주식을 교부하지 않더라도 그 지분비율에 따라 분할합병의 상대방법인의 주식을 교부한 것으로 보아 분할합병의 상대방법인의 주식의 가액을 계산한다.

㉯ 분할신설법인등이 납부하는 분할법인의 법인세 및 그 법인세(감면세액을 포함한다)에 부과되는 국세와 법인지방소득세의 합계액

나) 순자산장부가액

분할법인의 분할한 사업부문의 분할등기일 현재의 순자산가액을 말한다. 분할법인의 순자산장부가액을 계산할 때 국세기본법에 따라 환급되는 법인세액이 있는 경우에는 이에 상당하는 금액을 분할법인의 분할등기일 현재의 순자산장부가액에 더한다.

이 밖에 분할 후 존속하는 법인에 대한 양도손익의 계산에 관해서는 법인세법 제46조(분할시 분할법인등에 대한 과세) 제2항부터 제4항까지를 준용한다. 그리고 분할신설법인등에 대한 과세에 관해서는 법인세법 제46조의2(분할시 분할신설법인등에 대한 과세), 제46조의3(적격분할시 분할신설법인등에 대한 과세) 및 제46조의4(분할시 이월결손금 등 공제 제한)를 준용한다. 다만, 존속분할의 경우 분할법인의 결손금은 승계하지 않는다(법법 46의5 ③ 但).

나. 분할신설법인등에 대한 과세와 그 특례

1) 분할신설법인등에 대한 과세

가) 승계한 자산의 가액 등

분할신설법인등이 분할로 인하여 분할법인등의 자산을 승계한 경우에는 그 자산을 분할법인등으로부터 분할등기일 현재의 시가로 양수한 것으로 본다(법법 46의2 ①). 즉 분할신설법인등은 분할에 따라 분할법인등으로부터 승계한 자산의 취득가액을 그 분할등기일 현재의 시가로 계상하여야 한다.

다음으로 분할법인등의 각 사업연도의 소득금액 및 과세표준을 계산할 때 익금 또는 손금에 산입하거나 산입하지 않은 금액은 법인세법이나 다른 법률에 특별한 규정이 있는 경

우 외에는 승계를 허용하지 않는다. 다만, 분할신설법인등은 적격분할의 요건을 갖춘 경우(지분의 연속성 또는 사업의 계속성 요건과 관련하여 부득이한 사유가 있는 경우를 포함한다)로서 양도손익이 없는 것으로 한 경우에는 법인세조정항목을 승계할 수 있다(법법 46의2 ①, 법령 85).

나) 양도가액과 순자산시가와의 차액의 분할 익금 또는 손금 산입

분할신설법인등은 분할법인등에 지급한 양도가액이 분할법인등의 분할등기일 현재의 자산총액에서 부채총액을 뺀 금액(이하에서 '순자산시가'라 한다)보다 적거나 많은 경우 그 차액을 세무조정계산서에 '분할매수차익' 또는 '분할매수차손'으로 계상하고 분할등기일부터 5년간 균등하게 나누어 익금 또는 손금에 산입하여야 한다. 비적격분할의 경우 양도가액과 순자산시가와의 사이에 차이가 생기는 경우 그 차액을 조정함으로써 양도손익의 적정한 과세를 도모하기 위한 장치이다. 분할매수차익 또는 분할매수차손의 익금산입 또는 손금산입규정은 비적격분할의 경우에만 적용하며, 적격분할의 경우에는 적용하지 않는다.

(1) 분할매수차익의 익금산입

분할신설법인등은 분할법인에 지급한 양도가액이 순자산시가보다 적은 경우 그 차액을 세무조정계산서에 '분할매수차익'으로 계상하고 분할등기일부터 5년간 균등하게 나누어 익금에 산입한다(법법 46의2 ②).

분할매수차익을 익금에 산입할 때에는 분할등기일이 속하는 사업연도부터 분할등기일부터 5년이 되는 날이 속하는 사업연도까지 다음 계산식에 따라 계산한 금액을 익금에 산입한다. 월수는 역에 따라 계산하되, 1월 미만의 일수는 1월로 한다. 이 경우 분할등기일이 속한 월을 1월로 계산한 경우에는 분할등기일부터 5년이 되는 날이 속한 월은 계산에서 제외한다(법령 80의3 ①).

$$\text{분할매수차익} \times \frac{\text{해당 사업연도의 월수}}{60월}$$

(2) 분할매수차손의 손금산입

분할법인등에 지급한 양도가액이 분할등기일 현재의 순자산시가를 초과하는 것으로서 분할신설법인등이 분할법인등의 상호거래관계, 그 밖의 영업상의 비밀 등에 대하여 사업상 가치가 있다고 보아 대가를 지급한 것은 그 차액을 세무조정계산서에 '분할매수차손'으로 계상하고 분할등기일부터 5년간 균등하게 나누어 손금에 산입한다(법법 46의2 ③). 이 경우의 분할매수차손은 실질적으로는 영업권의 성격을 갖는다.

분할매수차손을 손금에 산입할 때에는 분할등기일이 속하는 사업연도부터 분할등기일부터 5년이 되는 날이 속하는 사업연도까지 다음 계산식에 따라 계산한 금액을 손금에 산입한다. 월수는 역에 따라 계산하되, 1월 미만의 일수는 1월로 한다. 이 경우 분할등기일이 속한 월을 1월로 계산한 경우에는 분할등기일부터 5년이 되는 날이 속한 월은 계산에서 제외한다(법령 80의3 ①).

$$\text{분할매수차손} \times \frac{\text{해당 사업연도의 월수}}{60월}$$

2) 적격분할시의 과세특례

가) 승계한 자산의 가액

분할법인등이 적격분할(지분의 연속성 또는 사업의 계속성 요건과 관련하여 부득이한 사유가 있는 경우의 특례를 포함한다)의 요건을 갖추어 자산의 양도손익을 계산할 때 양도손익이 없는 것으로 한 경우 분할신설법인등은 분할법인등의 자산을 장부가액으로 양수한 것으로 본다. 이 경우 분할신설법인등은 분할법인의 자산 및 부채의 가액을 분할등기일 현재의 시가로 계상하고, 양수한 자산의 시가와 장부가액과의 차액은 각 자산별로 일종의 평가성 계정인 '자산조정계정'으로 계상하여야 한다(법법 46의3 ① 및 법령 82의4 ①). 분할을 통해 양도받은 자산의 시가에서 분할법인등의 장부가액(법인세법 시행령 제85조 제1호에 해당하는 세무조정사항이 있는 경우에는 그 세무조정사항 중 익금불산입액은 더하고 손금불산입액은 뺀 가액으로 한다)을 뺀 금액이 0보다 큰 경우에는 그 차액을 익금에 산입하고 같은 금액을 자산조정계정으로 손금에 산입하며 0보다 작은 경우에는 시가와 장부가액의 차액을 손금에 산입하고 이에 상당하는 금액을 자산조정계정으로 익금에 산입한다.

분할법인등의 자산의 양도손익에 대한 과세이연에 따른 사후관리장치이다. 자산조정계정을 계상한 분할신설법인등은 법인세 과세표준신고와 함께 자산조정계정에 관한 명세서를 납세지 관할 세무서장에게 제출하여야 한다.

분할신설법인등이 분할법인등으로부터 승계한 세무조정사항이 있는 경우 분할법인등의 장부가액은 그 분할법인등의 장부가액에 세무조정사항 중 익금불산입액을 더하고 손금불산입액은 뺀 가액으로 한다. 즉 분할법인등의 장부가액이란 분할법인등의 재무회계상의 장부가액을 말하는 것이다(법령 82의4 ① 괄호).

한편, 자산조정계정은 다음의 구분에 따라 영(0)보다 큰 경우에는 익금에, 영(0)보다 작은 경우에는 손금에 각각 산입하여야 한다(법령 80의4 ①, 82의4 ①).

(1) 감가상각자산에 설정된 자산조정계정

자산조정계정이 영(0)보다 큰 경우에는 해당 자산의 감가상각비(해당 자산조정계정에 상당하는 부분에 대한 것만 해당한다. 이하에서 같다)와 상계하고 0보다 작은 경우에는 감가상각비에 가산한다. 이 경우 해당 자산을 처분하는 경우에는 상계 또는 더하고 남은 금액을 그 처분하는 사업연도에 전액 익금 또는 손금에 산입한다.

(2) 그 밖의 자산(비상각자산)에 설정된 자산조정계정

그 밖의 자산, 즉 비상각자산에 설정된 자산조정계정은 해당 자산을 처분하는 사업연도에 전액 익금 또는 손금에 산입한다. 다만, 자기주식을 소각하는 경우에는 익금 또는 손금에 산입하지 않고 소멸한다.

나) 사후관리와 사업을 폐지한 경우 등의 익금 산입

분할법인등의 자산을 장부가액으로 양수한 분할신설법인등은 분할등기일이 속하는 사업연도의 다음 사업연도 개시일부터 2년 또는 3년 이내에 일정한 사유가 발생하는 경우에는 그 사유가 발생한 날이 속하는 사업연도의 소득금액을 계산할 때 양도받은 자산의 장부가액과 시가와의 차액과 승계한 결손금 중 공제한 금액 등을 익금에 산입한다(법법 46의3 ③).

(1) 익금산입의 요건

분할법인등의 자산을 장부가액으로 양수한 분할신설법인등에게 분할등기일이 속하는 사업연도의 다음 사업연도 개시일부터 2년(고용 승계의 경우 3년) 이내에 다음의 어느 하나에 해당하는 사유(이하 '사후관리 위반사유'라고만 한다)가 발생하는 경우이다. 다만, 부득이한 사유로 인하여 분할신설법인등이 분할법인등으로부터 승계한 사업을 폐지하는 경우, 분할법인등의 지배주주등이 분할신설법인등으로부터 받은 주식등을 처분하는 경우와 분할신설법인에 종사하는 근로자의 수가 분할등기일 1개월 전 당시 분할하는 사업부문에 종사하는 근로자 수의 80퍼센트 미만으로 하락하는 경우에는 예외로 한다(법법 46의3 ③).

(가) 익금산입의 사유

① 분할신설법인등이 분할법인등으로부터 승계한 사업을 폐지하는 경우(법령 82의4 ④)

분할신설법인등이 그 분할등기일이 속하는 사업연도의 다음 사업연도의 개시일부터 2

년 이내에 분할법인등으로부터 승계한 사업을 폐지하는 경우이다. 분할법인등으로부터 승계한 사업을 폐지한 경우에는 분할신설법인등이 분할등기일이 속하는 사업연도의 다음 사업연도의 개시일부터 2년 이내에 분할법인등으로부터 승계한 자산가액의 50퍼센트 이상을 처분하거나 사업에 사용하지 않는 경우를 포함한다. 판례는 분할신설법인이 분할법인으로부터 지배목적으로 보유하는 주식과 관련 자산·부채로 구성된 사업부문을 적격분할의 요건을 갖추어 승계받은 경우에는 지배목적 보유 주식의 가액을 승계한 자산가액에 포함시켜 판정하여야 한다고 본다. 또한 승계한 사업의 폐지 여부를 판단할 때에는 개별 사업부문이나 개별 사업장이 아닌 승계받은 사업 전체를 기준으로 판단하여야 한다.[46]

다만, 분할법인등이 보유하던 분할신설법인등의 주식을 승계하여 자기주식을 소각하는 경우에는 해당 분할신설법인등의 주식을 제외하고 분할법인등으로부터 승계받은 자산을 기준으로 사업을 계속하는지 여부를 판정하되, 승계한 자산이 분할신설법인등의 주식만 있는 경우에는 사업을 계속하는 것으로 본다(법령 82의4 ⑦, 법령 80의4 ⑧).

② 분할법인등의 특정지배주주등이 분할신설법인등으로부터 받은 주식등을 처분하는 경우(법령 82의4 ④)

분할법인등의 특정지배주주등이 그 분할등기일이 속하는 사업연도의 다음 사업연도의 개시일부터 2년 이내에 분할신설법인등으로부터 받은 주식등을 처분하는 경우이다.

③ 각 사업연도 종료일 현재 분할신설법인에 종사하는 근로자 수가 분할등기일 1개월 전 당시 분할하는 사업부문에 종사하는 근로자 수의 80퍼센트 미만으로 하락하는 경우(법령 82의4 ④)

다만 분할합병의 경우에는 다음 중 어느 하나에 해당하는 경우를 말한다.

㉠ 각 사업연도 종료일 현재 분할합병의 상대방법인에 종사하는 근로자 수가 분할등기일 1개월 전 당시 분할하는 사업부문과 분할합병의 상대방법인에 각각 종사하는 근로자 수의 합의 80퍼센트 미만으로 하락하는 경우

㉡ 각 사업연도 종료일 현재 분할신설법인에 종사하는 근로자 수가 분할등기일 1개월 전 당시 분할하는 사업부문과 소멸한 분할합병의 상대방법인에 각각 종사하는 근로자 수의 합의 80퍼센트 미만으로 하락하는 경우

(나) 부득이한 사유가 있는 경우의 특례

다음과 같은 부득이한 사유로 인하여 분할신설법인등이 분할법인등으로부터 승계받은 사업

---

46) 대법원 2017. 1. 25. 선고 2016두51535 판결. 위 판결에 대한 평석으로는 이의영, "적격분할의 사후관리요건인 사업의 폐지 여부 판단 기준", 「대법원판례해설 제111호」, 법원도서관, 2017, 464–488면.

을 폐지하는 경우와 분할법인등의 특정지배주주등이 분할신설법인등으로부터 받은 주식등을
처분하는 경우에는 예외적으로 익금산입에 관한 규정을 적용하지 않는다(법법 46의3 ③ 但).

① 분할신설법인등이 분할법인등으로부터 승계한 사업을 폐지하는 경우의 특례

　　부득이한 사유로 분할신설법인등이 분할법인등으로부터 승계한 사업을 폐지하는 경우
란 다음 중 어느 하나에 해당하는 경우이다(법령 82의4 ⑥ I, 80의2 ① II 각 목).

　㉮ 분할신설법인등이 파산함에 따라 승계한 자산을 처분한 경우

　㉯ 분할신설법인등이 적격합병, 적격분할, 적격물적분할 또는 적격현물출자에 따라 사
　　업 폐지한 경우

　㉰ 분할신설법인등이 기업개선계획의 이행을 위한 약정(조특령 34 ⑥ I) 또는 기업개선계
　　의 이행을 위한 특별약정(조특령 34 ⑥ II)에 따라 승계받은 자산을 처분한 경우

　㉱ 분할신설법인등이 채무자회생법에 따른 회생절차에 따라 법원의 허가를 받아 승계받
　　은 자산을 처분한 경우

② 분할법인등의 특정지배주주등이 분할신설법인등으로부터 받은 주식등을 처분하는 경우
의 특례

　　부득이한 사유로 분할법인등의 특정지배주주등이 분할신설법인등으로부터 받은 주식등
을 처분하는 경우란 다음 중 어느 하나에 해당하는 경우이다(법령 82의4 ⑥ II, 80의2 ① I
각 목).

　㉮ 특정지배주주등이 각각 분할로 교부받은 주식등의 50퍼센트 미만을 처분하는 경우.
이 경우 해당 주주등이 분할로 교부받은 주식등을 서로 간에 처분하는 것은 해당 주주등
이 그 주식등을 처분한 것으로 보지 않으며 분할로 교부받은 주식등과 분할 외의 방법으
로 취득한 주식등을 함께 보유하고 있는 경우에는 분할 외의 방법으로 취득한 주식등을
먼저 처분하는 것으로 본다.

　㉯ 특정지배주주등이 사망하거나 파산하여 주식등을 처분하는 경우

　㉰ 특정지배주주등이 적격합병, 적격분할, 적격물적분할 또는 적격현물출자에 따라 주
　　식을 처분하는 경우

　㉱ 특정지배주주등이 주식의 포괄적 교환·이전에 대한 과세특례(조특법 38), 주식의 현
　　물출자 또는 교환·이전에 의한 지주회사의 설립 등에 대한 과세특례(조특법 38의2),
　　기업 간 주식등의 교환에 대한 과세특례(조특법 121의30)에 따라 주식등을 포괄적으로
　　양도, 현물출자 또는 교환·이전하고 과세를 이연받으면서 주식등을 처분하는 경우

　㉲ 특정지배주주등이 채무자회생법에 따른 회생절차에 따라 법원의 허가를 받아 주식등
　　을 처분하는 경우

　　　㉼ 특정지배주주등이 기업개선계획의 이행을 위한 약정(조특령 34 ⑥ I) 또는 기업개선계획의 이행을 위한 특별약정(조특령 34 ⑥ II)에 따라 주식등을 처분하는 경우

　　　㉽ 특정지배주주등이 법령상 의무를 이행하기 위하여 주식등을 처분하는 경우[47]

③ 각 사업연도 종료일 현재 분할신설법인에 종사하는 근로자 수가 분할등기일 1개월 전 당시 분할하는 사업부문에 종사하는 근로자의 수의 80퍼센트 미만으로 하락하는 경우의 특례

　　다만, 분할합병의 경우에는 다음 중 어느 하나에 해당하는 경우를 말한다.

　　　㉮ 각 사업연도 종료일 현재 분할합병의 상대방법인에 종사하는 근로자 수가 분할등기일 1개월 전 당시 분할하는 사업부문과 분할합병의 상대방법인에 각각 종사하는 근로자 수의 합의 80퍼센트 미만으로 하락하는 경우

　　　㉯ 각 사업연도 종료일 현재 분할신설법인에 종사하는 근로자 수가 분할등기일 1개월 전 당시 분할하는 사업부문과 소멸한 분할합병의 상대방법인에 각각 종사하는 근로자 수의 합의 80퍼센트 미만으로 하락하는 경우

　　위 경우에는 다음 중 어느 하나에 해당하면 적격분할 요건을 갖춘 것으로 본다(법령 82의2 ① III).

① 분할신설법인등이 채무자회생법 제193조에 따른 회생계획을 이행 중인 경우

② 분할신설법인등이 파산함에 따라 근로자의 비율을 유지하지 못한 경우

③ 분할신설법인등이 적격합병, 적격분할, 적격물적분할 또는 적격현물출자에 따라 근로자의 비율을 유지하지 못한 경우

　　여기서의 근로자의 범위는 「근로기준법」에 따라 근로계약을 체결한 내국인 근로자로 하되 분할하는 사업부문에 종사하는 근로자의 경우에는 ① 분할 후 존속하는 사업부문과 분할하는 사업부문에 모두 종사하는 근로자와 ② 분할하는 사업부문에 종사하는 것으로 볼 수 없는 기획재정부령으로 정하는 업무를 수행하는 근로자는 제외할 수 있다(법령 82의4 ⑨, 82의2 ⑩).

(2) 익금산입의 내용

　　적격분할에 따른 과세특례를 적용받은 분할신설법인등이 사후에 익금산입의 요건을 충족한 경우에는 그 분할에 대하여 당초부터 비적격분할이었던 것과 같은 상태로 환원시키기 위하여 다음과 같은 세무상 조정을 하여야 한다.

---

47) 서울고등법원 2020. 12. 10. 선고 2020누39374 판결(대법원 2021. 5. 13. 자 2021두31733 판결로 심리불속행 종결)은 특정지배주주등이 이혼소송 계속 중 성립한 조정에 따른 재산분할의 이행으로써 주식을 이전하는 행위는 '법령상 의무를 이행하기 위하여 주식을 처분하는 경우'에 해당한다고 보았다.

(가) 자산조정계정 잔액 등의 익금산입

분할신설법인등이 익금산입의 요건을 갖춘 경우에는 자산조정계정 잔액의 총합계액과 분할법인등으로부터 승계받은 결손금 중 공제한 금액 전액을 익금에 산입한다. 이 경우 자산조정계정은 소멸하는 것으로 한다. 이와 같은 처리는 자산조정계정 잔액의 총합계액이 영(0)보다 큰 경우에 한정하며, 총합계액이 영(0)보다 작은 경우에는 없는 것으로 본다. 결국 양도차손의 실현이 이연된 경우에는 사후관리요건 위반시에도 그 양도차손을 손금으로 계상할 수 없게 되는데 양자를 다르게 취급하는 것이 타당한지 의문이다.

(나) 분할매수차손익의 익금·손금 산입

자산조정계정 잔액의 총합계액을 익금에 산입한 경우 분할매수차익 또는 분할매수차손에 상당하는 금액은 다음의 구분에 따라 처리한다(법령 82의4 ④).

① 분할 당시 분할신설법인등이 분할법인등에 지급한 양도가액이 분할법인등의 분할등기일 현재의 순자산시가보다 적은 경우

분할매수차익에 상당하는 금액을 익금산입의 사유 중 어느 하나에 해당하는 사유가 발생한 날이 속하는 사업연도에 손금에 산입하고, 그 금액에 상당하는 금액을 분할등기일부터 5년이 되는 날까지 다음의 구분에 따라 분할하여 익금에 산입한다.

㉮ 익금산입 사유 중 어느 하나의 사유가 발생한 날이 속하는 사업연도

분할매수차익에 분할등기일부터 해당 사업연도 종료일까지의 월수를 60월로 나눈 비율을 곱한 금액(월수는 역에 따라 계산하되 1월 미만의 일수는 1월로 한다)을 익금에 산입한다.

㉯ 익금산입의 사유가 발생한 사업연도 이후의 사업연도부터 분할등기일부터 5년이 되는 날이 속하는 사업연도

분할매수차익에 해당 사업연도의 월수를 60월로 나눈 비율을 곱한 금액(분할등기일이 속하는 월의 일수가 1월 미만인 경우 분할등기일부터 5년이 되는 날이 속하는 월은 없는 것으로 한다)을 익금에 산입한다.

② 분할 당시 분할신설법인등이 분할법인등에 지급한 양도가액이 분할법인등의 분할등기일 현재의 순자산시가를 초과하는 경우

분할매수차손에 상당하는 금액을 익금산입의 사유 중 어느 하나에 해당하는 사유가 발생한 날이 속하는 사업연도에 익금에 산입한다. 다만, 분할매수차손 중 분할신설법인등이 분할법인등의 상호·거래관계, 그 밖의 영업상의 비밀 등에 대하여 사업상 가치가 있다고 보아 대가를 지급한 경우, 즉 사실상의 영업권에 한정하여 그 금액에 상당하는 금액을 분할등기일부터 5년이 되는 날까지 다음의 구분에 따라 분할하여 손금에 산입한다.

㉮ 익금산입의 사유 중 어느 하나의 사유가 발생한 날이 속하는 사업연도

분할매수차손에 분할등기일부터 해당 사업연도 종료일까지의 월수를 60월로 나눈 비율을 곱한 금액(월수는 역에 따라 계산하되 1월 미만의 일수는 1월로 한다)을 손금에 산입한다.

㉯ 앞의 ㉮ 외의 사업연도 이후의 사업연도부터 분할등기일부터 5년이 되는 날이 속하는 사업연도

분할매수차손에 해당 사업연도의 월수를 60월로 나눈 비율을 곱한 금액(분할등기일이 속하는 월의 일수가 1월 미만인 경우 분할등기일부터 5년이 되는 날이 속하는 월은 없는 것으로 한다)을 손금에 산입한다.

3) 분할시 이월결손금의 승계와 공제

가) 의 의

법인세법은 기업의 구조조정을 지원하기 위하여 법인의 분할에 따른 세부담을 완화하여야 할 필요성이 있고, 이월결손금의 공제제도가 기간과세제도의 모순점을 시정 또는 완화하기 위한 법적 장치인 점 등을 고려하여 조세회피를 목적으로 하지 않는 적격분할의 경우에는 분할신설법인등이 분할법인등의 이월결손금을 승계 받을 수 있도록 특례를 인정하고 있다.

나) 분할시 이월결손금의 승계

(1) 이월결손금의 승계요건

분할신설법인등이 '분할법인등의 자산을 장부가액으로 양수한 경우'에 한하여 분할신설법인등은 분할법인등의 분할등기일 현재의 결손금을 승계한다(법법 46의3 ②). 분할신설법인등이 '분할법인등의 자산을 장부가액으로 양수한 경우'란 분할법인등이 적격분할의 요건을 갖추어 자산의 양도손익을 계산할 때 분할법인등의 분할등기일 현재의 순자산장부가액을 양도가액으로 보아 양도손익이 없는 것으로 한 경우를 가리킨다. 분할법인등이 적격분할의 요건을 갖추어 자산의 양도손익을 계산할 때 분할법인등의 분할등기일 현재의 순자산장부가액을 양도가액으로 보아 양도손익이 없는 것으로 한 경우에 한하여 분할신설법인등은 법인세법 제46조의2(분할신설법인등이 분할로 분할법인등의 자산을 승계한 경우에는 그 자산을 분할법인등으로부터 분할등기일 현재의 시가로 양도받은 것으로 본다)에도 불구하고 분할법인등의 자산을 장부가액으로 양수한 것으로 보기 때문이다.

요컨대, 적격분할의 요건을 갖춘 분할법인등이 적격분할에 따른 법인세 과세특례의 적용을 선택한 경우에 한하여 그 분할법인등의 이월결손금을 승계할 수 있는 것이다.

(2) 승계한 이월결손금의 공제

적격분할의 경우 분할신설법인등이 승계한 분할법인등의 결손금은 분할법인등으로부터 승계한 사업에서 발생한 소득금액의 범위 안에서 분할신설법인등의 각 사업연도의 과세표준을 계산할 때 공제한다(법법 46의4 ②). 즉 조세회피를 목적으로 하는 분할을 막기 위하여 분할법인등으로부터 승계한 결손금은 분할법인등으로부터 승계한 사업에서 발생한 소득금액의 범위 안에서만 공제할 수 있도록 제한하고 있는 것이다.

(가) 이월결손금의 요건

분할신설법인등이 각 사업연도의 과세표준을 계산할 때 분할법인등으로부터 승계하여 공제하는 결손금의 범위가 문제가 된다.

먼저 분할법인등으로부터 승계하여 공제하는 결손금이란 분할법인등의 분할등기일 현재의 결손금 중 분할신설법인등이 승계한 사업에 속하는 결손금을 말한다. 위에서 분할법인등으로부터 승계한 사업에 속하는 결손금이란 분할등기일 현재 분할법인등의 결손금을 분할법인등의 사업용 자산가액 중 분할신설법인등이 각각 승계한 사업용 자산가액 비율로 안분계산한 금액으로 한다.

다음으로 분할신설법인등이 각 사업연도의 과세표준을 계산할 때 공제할 분할법인등의 결손금이란 각 사업연도의 개시일전 15년 이내에 개시한 사업연도에서 발생한 결손금(분할법인등의 분할등기일 현재의 결손금 중 분할신설법인등이 승계한 사업에 속하는 결손금만을 말한다. 이하에서 같다)으로서 그 후의 각 사업연도의 과세표준 계산에 있어서 공제되지 않은 금액(이하에서 '승계결손금의 범위액'이라 한다)을 말한다. 위의 경우 분할등기일을 사업연도의 개시일로 보아 15년 이내에 발생한 결손금에 해당하는지의 여부를 따지며, 분할등기일이 속하는 사업연도의 다음 사업연도부터는 매년 순차적으로 1년이 지난 것으로 보아 계산한 금액으로 한다(법령 83 ②). 그 의미는 적격합병에서 살펴본 것과 같다.

승계결손금의 범위액을 구체적으로 살펴보면 다음과 같다(법칙 41 ①, 41의3).

① 분할등기일이 속하는 사업연도: 분할등기일 전 15년 이내에 개시한 사업연도에서 발생한 분할법인등의 결손금으로서 그 후의 각 사업연도의 과세표준을 계산할 때 공제되지 않은 금액을 승계결손금으로 한다.

② 분할등기일이 속하는 사업연도의 종료일 후 개시하는 사업연도: 해당 사업연도의 분할등기일 해당일 전 15년 이내에 개시한 사업연도에 발생한 분할법인등의 결손금에서 해당 사업연도의 개시일 전에 승계하여 공제한 결손금을 차감한 금액으로 한다.

(나) 승계한 이월결손금의 공제범위

분할신설법인등의 각 사업연도의 과세표준을 계산할 때 분할신설법인등이 승계한 분할법인등의 결손금은 그 승계한 분할법인등의 사업에서 소득금액이 발생하는 경우에 한하여 그 발생한 소득금액의 범위 안에서 이를 공제한다. 특정 사업연도에 분할신설법인 등에게 각 사업연도의 소득금액이 발생하였다고 하더라도 승계한 분할법인등의 사업부문에서 결손금이 발생하였다면 그 결손금이 발생한 사업연도에는 승계한 분할법인등의 결손금을 공제할 수 없는 것이다. 원칙적으로 이월결손금 공제의 범위는 각 사업연도 소득의 80퍼센트를 상한으로 하므로(법법 13 ① 但) 분할신설법인등이 승계한 분할법인등의 결손금도 원칙적으로 분할법인등으로부터 승계받은 사업에서 발생한 소득금액의 80퍼센트 범위에서 공제할 수 있다(법법 46의4 ⑤ II). 중소기업과 회생계획을 이행 중인 기업[48] 등 대통령령(법령 10 ①)으로 정하는 법인의 경우는 100퍼센트 범위에서 공제할 수 있다.

분할신설법인등의 소득금액 중 승계한 분할법인등의 사업에서 발생한 소득금액은 구분경리에 의하여 계산한 소득금액으로 한다.[49] 그러나 중소기업간 또는 동일사업을 영위하는 법인간 분할합병한 경우로서 회계를 구분하여 기록하지 않은 경우에는 그 소득금액을 자산가액 비율로 안분하여 계산한다(법법 46의4 ① 괄호 後).

위에서 자산가액 비율이라 함은 분할합병등기일 현재 분할법인(승계된 사업분만 해당한다)과 분할합병의 상대방법인(소멸한 경우를 포함한다)의 사업용 자산가액 비율을 말한다. 이 경우 분할신설법인등이 승계한 분할법인등의 사업용 자산가액은 승계결손금을 공제하는 각 사업연도의 종료일 현재 계속 보유(처분 후 대체하는 경우를 포함한다)·사용하는 자산에 한하여 그 자산의 분할합병등기일 현재 가액에 의한다(법령 83 ①).

(다) 공제한 이월결손금의 익금산입

분할법인등의 결손금을 공제한 분할신설법인등이 분할등기일이 속하는 사업연도의 다음 사업연도 개시일부터 2년 또는 3년 이내에 사후관리 위반사유가 발생하는 경우에는 이미 공제받은 결손금 전액을 해당 사유가 발생한 사업연도의 소득금액계산에 있어서 익금에 산입한다(법법 46의3 ③, 법령 82의4 ⑤). 이에 관해서는 앞의 '적격분할에 있어서의 과세특례' 중 '사후관리와 사업을 폐지한 경우 등의 익금 산입'에서 설명한 바와 같다.

다) 분할합병시 이월결손금의 공제

분할합병의 상대방법인의 분할등기일 현재 결손금 중 법인세법 제46조의3 제2항에 따라

---

48) 회생절차가 종결되었더라도 회생계획의 이행이 완료되지 않은 경우에는 여기에 해당한다.
49) 구분경리에 관한 상세한 논의는 '장부의 비치·기장과 구분경리'(1037면)에서 다룬다.

분할신설법인등이 승계한 결손금을 제외한 금액은 분할합병의 상대방법인의 각 사업연도의 과세표준을 계산할 때 분할법인으로부터 승계한 사업에서 발생한 소득금액의 범위에서는 공제하지 않는다(법법 46의4 ①).

원칙적으로 이월결손금 공제의 범위는 각 사업연도 소득의 80퍼센트를 상한으로 하므로(법법 13 ① 但) 승계한 이월결손금도 원칙적으로 분할합병의 상대방법인의 소득금액에서 분할법인으로부터 승계받은 사업에서 발생한 소득금액을 뺀 금액의 80퍼센트 범위에서 공제할 수 있다(법법 46의4 ⑤ I). 중소기업과 회생계획을 이행 중인 기업 등 대통령령(법령 10 ①)으로 정하는 법인의 경우는 100퍼센트 범위에서 공제할 수 있다. 분할합병의 상대방법인의 소득금액 중 승계한 분할법인등의 사업에서 발생한 소득금액은 구분경리에 의하여 계산한 소득금액으로 한다.

중소기업간 또는 동일사업을 영위하는 법인간에 분할합병함으로써 분할법인등으로부터 승계받은 사업에 속하는 소득금액과 그 밖의 사업에 속하는 소득금액을 각각 별개의 회계로 구분하여 기록하지 않은 경우에는 그 소득금액을 분할등기일 현재 분할법인(승계된 사업분만 해당한다)과 분할합병의 상대방법인(소멸하는 경우를 포함한다. 이하에서 같다)의 사업용 자산가액 비율로 안분하여 계산하여야 한다. 이 경우 분할신설법인등이 승계한 분할법인등의 사업용 자산가액은 승계결손금을 공제하는 각 사업연도의 종료일 현재 계속 보유(처분 후 대체 취득하는 경우를 포함한다)·사용하는 자산에 한정하여 그 자산의 분할합병등기일 현재 가액에 따른다(법령 83 ①).

분할의 경우 합병과 달리 분할법인의 일부 사업부문이 이전되는 것이므로 결손금의 귀속 문제가 생긴다. 따라서 법인세법 시행령은 분할신설법인등이 승계하는 결손금은 분할법인등의 결손금을 분할신설법인등이 승계한 사업용 자산비율로 안분계산한 금액으로 하도록 규정하고 있다(법령 83 ③).

4) 분할시 기부금한도초과액의 손금산입과 승계

분할법인의 상대방법인의 분할합병 당시 기부금한도초과액은 분할합병 전 해당 법인의 사업에서 발생한 소득금액을 기준으로 산출한 한도 내에서 손금산입하고, 분할신설법인등이 분할법인등으로부터 승계한 기부금한도초과액은 승계한 사업에서 발생한 소득금액을 기준으로 산출한 한도 내에서 손금산입한다(법법 46의4 ⑥, ⑦). 분할신설법인등이 분할법인등으로부터 승계한 기부금한도초과액은 분할등기일 현재 분할법인등의 기부금한도초과액을 분할법인등의 사업용 자산가액 중 분할신설법인등이 각각 승계한 사업용 자산가액비율로 안분계산한 금액으로 한다(법령 83 ⑤).

5) 분할시 감면·세액공제의 승계와 적용

법인세법은 이월결손금의 승계를 인정하는 것과 같은 취지에서 분할신설법인등은 적격분할·분할합병의 경우 분할법인등의 감면·세액공제를 승계하여 적용할 수 있도록 규정하고 있다(법법 46의3 ②).[50] 이 경우 법인세법 등에서 해당 감면·세액공제의 요건을 규정하고 있다면 분할신설법인등이 그 요건을 모두 갖추고 있어야 한다(법령 82의4 ②).

감면·세액공제의 경우에도 결손금과 마찬가지로 귀속의 문제가 생긴다. 따라서, 감면·세액공제가 특정 사업·자산과 관련된 경우에는 해당 사업·자산을 승계하는 분할신설법인등이 감면·세액공제를 승계하여 적용하고, 그 이외의 감면·세액공제는 분할법인의 사업용 자산가액 중 분할신설법인등이 각각 승계한 자산가액 비율로 안분하여 분할신설법인등이 각각 승계하여 적용한다(법령 82의4 ②). 그러나 분할등기일 또는 분할합병등기일이 속하는 사업연도의 다음 사업연도 개시일부터 2년 이내에 사후관리 위반사유가 발생한 경우에는 승계하여 적용한 감면·세액공제 상당액을 해당 사유가 발생한 사업연도의 법인세에 더하여 납부하고 해당사유가 발생한 사업연도부터 적용하지 않는다(법령 82의4 ⑤).

6) 세무조정사항의 승계

분할신설법인등은 적격인적분할·분할합병의 경우 모든 세무조정사항을 승계하고 비적격인적분할·분할합병의 경우에는 분할법인등의 퇴직급여충당금 또는 대손충당금을 승계하는 때를 제외하고는 피합병법인의 세무조정사항을 승계하지 않는다(법법 46의3 ②, 법령 85). 즉 비적격분할·분할합병의 경우라도 분할합병법인이 퇴직급여충당금 또는 대손충당금을 승계하는 때에는 그와 관련된 세무조정사항을 승계한다는 것이다(법령 85 Ⅱ).[51] 이렇게 하지 않으면 퇴직급여충당금 또는 대손충당금 설정액 중 손금불산입되어 유보된 금액을 인적분할·분할합병 이후에는 추인할 수 없게 되기 때문이다.[52]

분할등기일이 속하는 사업연도의 다음 사업연도의 개시일부터 2년 내에 사후관리 위반사유가 발생하면 분할신설법인등의 소득금액 및 과세표준을 계산할 때 승계한 세무조정사항 중 익금불산입액은 더하고 손금불산입액은 뺀다(법령 82의4 ⑤).

7) 미실현손실의 공제 제한

적격분할합병을 한 분할신설법인등은 분할법인과 분할합병의 상대방법인이 분할합병 전 보유하던 자산의 처분손실(분할등기일 현재 해당 자산의 법법 52 ②에 따른 시가가 장부가

---

50) 구체적인 적용범위는 법인세법 시행령 제83조 제4항, 제81조 제3항에 규정되어 있다.
51) 그 이유는 합병의 경우와 같다.
52) 법통 33 - 60…5.

액보다 낮은 경우로서 그 차액을 한도로 하며, 분할등기일 이후 5년 이내에 끝나는 사업연도에 발생한 것만 해당한다), 즉 실현된 미실현손실 또는 내재손실(built-in loss)을 각각 분할합병 전 해당 법인의 사업에서 발생한 소득금액(해당 처분손실을 공제하기 전 소득금액을 말한다)의 범위에서만 해당 사업연도의 손금에 산입한다. 이 경우 손금에 산입하지 않은 처분손실은 각각 분할합병 전 해당 법인의 사업에서 발생한 결손금으로 보아 각각 해당 사업에서 발생한 소득금액(해당 처분손실을 공제하기 전 소득금액을 말한다)의 범위에서 분할신설법인등의 각 사업연도의 과세표준을 계산할 때 공제한다(법법 46의4 ③). 조세회피 목적의 분할을 방지하기 위하여 내재손실의 손금산입을 제한한 것이다. 위 처분손실을 언제까지 결손금으로 보아서 공제할 수 있는지에 관하여 명문의 규정은 없으나 규정의 취지를 고려한다면 각 사업연도 개시일 전 15년 이내에 개시한 사업연도에서 발생한 처분손실에 한하여 공제할 수 있다고 해석하여야 할 것이다.

다. 분할법인등의 주주 및 분할신설법인등의 주주에 대한 과세 및 그 특례

분할법인등의 주주에 대한 과세 및 그 특례는 피합병법인의 주주에 대한 과세 및 그 특례에 대응하고, 분할신설법인등의 주주에 대한 과세는 합병법인의 주주에 대한 과세에 대응하므로 합병의 해당 부분을 참조한다.

4 물적분할로 인한 자산양도차익 상당액의 손금산입 특례

가. 의 의

물적분할이란 분할법인이 그 재산의 일부를 포괄승계의 방법으로 신설되는 수혜회사에게 양도하고 그 대가로서 분할법인 자신이 수혜회사의 주식을 부여받는 형태의 분할이다. 물적분할은 현물출자와 경제적 실질이 다르지 않으나 분할재산이 포괄승계된다는 점에서 차이가 있다. 또한 물적분할은 영업양도와도 유사하나, 그 대가가 반드시 주식이어야 하고 분할재산이 포괄승계되며 수혜회사가 기존회사 이외에 신설회사일 수도 있다는 점에서 차이가 있다. 이와 같은 물적분할은 지주회사의 설립·분사 등을 통한 기업의 구조조정의 수단으로 매우 유용한 제도이다.

물적분할을 하게 되면 분할법인은 수혜회사에게 사업의 일부, 즉 자산 등을 이전하게 되고 이로 인하여 자산의 양도차익이 발생하게 된다. 이와 같은 자산의 양도차익에 대하여 한꺼번에 법인세를 과세하게 되면 세부담의 과중으로 인하여 원활한 회사분할을 저해하게 된다.

따라서 회사의 분할을 통한 기업의 구조조정을 지원하기 위하여 일정한 요건을 갖춘 물적분할에 대하여는 그 물적분할에 따른 자산양도차익 상당액을 손금에 산입할 수 있는 특례를 마련하고 있다. 즉 물적분할에 따른 자산양도차익 상당액의 손금산입 특례는 그 자산양도차익 상당액에 대한 법인세를 물적분할에 의하여 취득한 분할신설법인주식[53]의 처분시까지 유예하여 주는 과세이연제도의 일종이다.[54] 현행 물적분할세제는 2011. 12. 31. 법률 제11128호로 개정된 법인세법에 따른 것으로서 과거에는 과세이연된 미실현이익을 분할법인 및 분할신설법인 모두에 대하여 과세함에 따라 이중과세라는 비판이 있었던바, 이 문제를 분할법인에 대한 과세로 정리한 것이다.[55]

적격물적분할에 관한 과세특례의 개요는 [별표 13]과 같다.

[별표 13] 적격물적분할에 관한 과세특례

구 분	적격 분할	비적격 분할
분할법인 또는 소멸한 분할합병의 상대방법인	자산양도차익: 과세이연(분할법인 등이 분할교부주식을 처분할 때까지, 분할신설법인등이 승계 자산을 처분할 때까지 과세이연)	자산양도차익: 과세이연을 허용하지 아니함(각 사업연도의 소득에 포함하여 과세)

53) 법인세법 시행령 제84조 제1항은 '분할신설법인으로부터 취득한 주식등'이라는 표현을 쓰고 있으나 분할은 상법상 주식회사간에만 가능하므로 주식 이외에 출자지분이 포함될 여지가 없다. 따라서 '등'이라는 표현은 입법의 착오이다.
54) 따라서 양도차손에 관하여는 과세특례가 규정되어 있지 않다.
55) 이에 관하여는 우선 황남석, "개정 물적분할세제에 관한 소고", 「계간 세무사」 2012년 봄호, 2012, 66면 이하. 개정된 물적분할세제에 대하여는 이중과세의 문제는 해결하였으나 적정한 과세가 누락된다는 비판이 있다. 즉 분할신설법인이 분할로 승계한 자산을 처분하지 않고 그대로 보유하면서 감가상각한다면 해당 자산에 내재되어 있던 미실현이익에 대한 과세가 누락될 수 있다는 것이다. 또한 평가증을 허용하면서 그 평가차익에 대하여 과세하지 않는 것은 부당하다고도 한다(이창희, 「세법강의」 제11판, 박영사, 2013, 649면). 첫 번째 비판과 관련하여 법인세법 시행령 제29조의2 제2항은 감가상각시에는 자산의 기존 장부가액을 취득가액으로 하도록 하고 있다. 두 번째 비판과 관련하여서는 분할법인이 분할신설법인 주식을 통하여 분할신설법인을 지배하는 한 양자는 경제적 동일체로 볼 수 있을 것이므로, 분할된 자산의 평가증에 대하여 과세하지 않더라도 분할법인이 분할신설법인 주식을 처분할 때 그 미실현이익을 과세한다면 분할된 자산의 평가증에 대하여 과세하는 것과 다르지 않다고 생각한다. 또한, 위 견해는 분할법인이 분할신설법인 주식을 영구적으로 처분하지 않는다는 전제하에서 있는데 그 전제도 일반적인 것이라고 보기는 어렵다. 황남석(註55), 72-73면.

구 분	적격 분할	비적격 분할
분할신설법인 또는 분할합병의 상대방법인	• 자산의 취득가액: 시가 • 양도가액과 순자산시가와의 차액: 익금 또는 손금에 산입하는 규정 없음	좌동
	이월결손금의 승계: 허용되지 않음	좌동
	세무조정사항의 승계: 원칙적으로 승계를 허용하지 않으나 퇴직급여충당금 또는 대손충당금을 인계함과 동시에 관련된 세무조정사항을 승계하는 경우는 예외임	좌동

나. 손금산입의 요건

1) 적격물적분할의 요건

가) 원 칙

적격물적분할의 요건을 갖춘 물적분할(Ausgliederung)이어야 한다. 적격물적분할의 요건은 앞에서 다룬 적격인적분할의 요건(법법 46 ②, ③)과 같다(법법 47 ①). 즉 사업목적,[56] 지분의 연속성, 사업의 계속성 및 고용 승계의 요건을 갖추어야 한다. 다만 지분의 연속성에 관하여는 분할법인이 분할신설법인으로부터 받은 분할대가의 전부가 분할신설법인주식일 것을 요구하고 있다.

분할신설법인이 분할등기일이 속하는 사업연도의 종료일 이전에 분할법인으로부터 승계한 자산가액의 50퍼센트 이상을 처분하거나 사업에 사용하지 않는 경우에는 사업의 계속성 요건을 충족하지 못한 것으로 한다(법령 84 ⑰, 80의2 ⑦, 80의4 ⑧).

나) 예 외

지분의 연속성, 사업의 계속성, 고용 승계의 요건과 관련하여 각각 부득이한 사유가 있는 경우에는 각 요건을 갖추지 못한 경우에도 자산의 양도차익에 상당하는 금액을 손금에 산입할 수 있다(법법 47 ① 但, 법령 84 ⑨).

---

56) 사업목적 요건과 관련하여 분할법인등이 피합병법인으로부터 승계받은 사업을 물적분할하는 경우 그 사업 영위기간은 흡수합병 전 해당 사업부문을 영위하던 피합병법인의 사업기간을 포함하여 계산한다. 다만 분할되는 사업부문이 합병 이후에도 구분가능해야만 한다. 서면법령법인 - 22095, 2015. 7. 29.

(가) 분할신설법인이 분할법인으로부터 승계한 사업을 폐지한 경우(법령 84 ⑨, 80의2 ① II)

① 분할신설법인이 파산함에 따라 승계한 자산을 처분한 경우

② 분할신설법인이 적격합병, 적격분할, 적격물적분할 또는 적격현물출자에 따라 사업을 폐지한 경우

③ 분할신설법인이 기업개선계획의 이행을 위한 약정(조특령 34 ⑥ I) 또는 기업개선계획의 이행을 위한 특별약정(조특령 34 ⑥ II)에 따라 승계받은 자산을 처분한 경우

④ 분할신설법인이 채무자회생법에 따른 회생절차에 따라 법원의 허가를 받아 승계받은 자산을 처분한 경우

(나) 분할법인이 발행주식총수의 50퍼센트 미만으로 분할신설법인주식을 보유하게 되는 경우(법령 84 ⑨, 80의2 ① I)

① 분할법인이 분할로 교부받은 주식의 50퍼센트 미만을 처분하는 경우

② 분할법인이 사망하거나 파산하여 주식을 처분하는 경우

③ 분할법인이 적격합병, 적격분할, 적격물적분할 또는 적격현물출자에 따라 주식을 처분하는 경우

법문상 특정지배주주등이 적격조직재편의 당사자로서 주식등을 처분하는 경우만을 가리키는 것으로 해석된다. 따라서 예를 들어 분할신설법인이 피합병법인으로서 적격합병으로 하게 됨에 따라 분할법인이 분할신설법인 주식에 갈음하여 합병법인의 주식등을 교부받는 경우는 이 규정의 적용범위에 해당하지 않는다.

④ 분할법인이 주식의 포괄적 교환·이전에 대한 과세특례(조특법 38), 주식의 현물출자 또는 교환·이전에 의한 지주회사의 설립 등에 대한 과세특례(조특법 38의2) 또는 기업 간 주식등의 교환에 대한 과세특례(조특법 121의30)에 따라 주식등을 현물출자 또는 교환·이전하고 과세를 이연받으면서 주식등을 처분하는 경우

⑤ 분할법인이 채무자회생법에 따른 회생절차에 따라 법원의 허가를 받아 주식을 처분하는 경우

⑥ 분할법인이 기업개선계획의 이행을 위한 약정(조특령 34 ⑥ I) 또는 기업개선계획의 이행을 위한 특별약정(조특령 34 ⑥ II)에 따라 주식을 처분하는 경우

⑦ 분할법인이 법령상 의무를 이행하기 위하여 주식을 처분하는 경우

650

(다) 분할등기일 1개월 전 당시 분할하는 사업부문에 종사하는 근로자 중 분할신설
　　법인이 승계한 근로자의 비율이 80퍼센트 이상이 아니거나 분할등기일이 속하
　　는 사업연도의 종료일까지 그 비율을 유지하지 못하는 경우(법령 84 ⑨ Ⅲ 가)

① 분할신설법인등이 채무자회생법 제193조에 따른 회생계획을 이행 중인 경우
② 분할신설법인등이 파산함에 따라 근로자의 비율을 유지하지 못한 경우
③ 분할신설법인등이 적격합병, 적격분할, 적격물적분할 또는 적격현물출자에 따라 근로자
　의 비율을 유지하지 못한 경우
④ 분할등기일 1개월 전 당시 분할하는 사업부문에 종사하는 근로자(법령 82의4 ⑨에 따름)가
　5명 미만인 경우

2) 압축기장충당금의 손금 계상 등

손금산입에 관한 규정을 적용받고자 하는 분할법인은 물적분할로 인하여 발생한 양도차
익 상당액을 압축기장충당금으로 계상하여야 한다. 즉 물적분할로 인한 양도차익 상당액으
로서 손금에 산입하고자 하는 금액은 분할신설법인주식등의 압축기장충당금으로 계상하여
야 한다(법령 84 ②). 내국법인이 압축기장충당금을 세무조정계산서에 계상하고 이를 법인
세 과세표준신고시 손금에 산입한 경우에는 손금으로 계상한 것으로 본다(법령 98 ②).

다. 손금산입의 범위와 방법

분할법인이 물적분할에 의하여 취득한 분할신설법인주식등의 가액 중 물적분할로 인하
여 발생한 자산의 양도차익에 상당하는 금액은 분할등기일이 속하는 사업연도의 소득금액
계산시 손금에 산입할 수 있다(법법 47 ①, 법령 84 ①). 법문에서 "손금에 산입할 수 있다"고
규정하고 있으므로 인적분할의 경우와 마찬가지로 적격물적분할에 따른 과세특례(과세이
연)의 적용은 납세의무자의 임의적인 선택에 맡겨져 있다. 따라서 적격물적분할에 대한 과
세특례를 정하고 있는 법인세법 제47조 제1항의 규정은 강행규정이 아니고 그 선택이 납세
의무자의 임의적인 의사에 맡겨져 있는 임의규정이다.

과세특례를 적용받고자 하는 분할법인 또는 주식승계법인은 과세표준신고시에 분할신설
법인 또는 자산승계법인과 함께 물적분할과세특례신청서 및 자산의 양도차익에 관한 명세
서를 납세지 관할 세무서장에게 제출하여야 한다(법법 47 ⑥, 법령 84 ⑮).

라. 압축기장충당금의 익금산입

1) 원 칙

손비로 계상한 압축기장충당금은 분할법인이 분할신설법인주식등을 처분하거나 분할신설법인이 분할법인으로부터 승계받은 감가상각자산, 토지 및 주식등[57]을 처분하는 사업연도에 분할신설법인주식등과 자산의 처분비율을 고려하여 익금에 산입한다(법법 47 ②).

구체적으로 익금에 산입하는 금액은 다음과 같이 계산한다(법령 84 ③).

$$\text{익금에 산입하는 금액} = \frac{\text{직전 사업연도 종료일 현재}}{\text{압축기장충당금 잔액}} \times \{(a^* + b^{**}) - (a \times b)\}$$

$$a^* = \frac{\text{해당 사업연도에 처분한 분할신설법인주식등의 장부가액}}{\text{분할법인이 직전 사업연도 종료일 현재 보유하고 있는 분할신설법인주식등의 장부가액}}$$

$$b^{**} = \frac{\text{해당 사업연도에 처분한 분할 승계자산의 양도차익}}{\text{분할신설법인이 직전 사업연도 종료일 현재 보유하고 있는 분할 승계자산의 양도차익}}$$

> **사례**
>
> 甲 법인은 2014년도에 A사업부문을 물적분할하여 乙 법인을 신설하였다. 물적분할을 통하여 乙 법인으로 승계된 자산의 시가는 6,000원이고 장부가액은 4,000원이다. 이때 甲 법인과 乙 법인이 2015년도부터 표 1과 같이 乙 주식과 승계자산을 처분한다고 가정하면 익금에 산입되는 금액은 표 2와 같이 된다(사후관리 위반의 문제는 없다고 가정한다)
>
> [표 1]
>
> | 처분연도 | 甲 법인이 처분한 乙 주식의 장부가액 | 乙 법인이 처분한 분할 승계자산의 양도차익 |
> |---|---|---|
> | 2015년 | 1,500원 | 1,000원 |
> | 2016년 | 1,500원 | 600원 |
> | 2017년 | 3,000원 | 400원 |
> | 합 계 | 6,000원* | 2,000원 |
>
> * 법인세법 시행령 제72조 제1항 제3호의2는 적격물적분할에 따라 분할회사가 취득하는 분할신설법인 주식의 취득가액은 물적분할한 순자산의 시가라고 하므로, 이 사례에서는 6,000이 되어야 한다.

---

57) 분할신설법인이 분할로 승계한 자산 중 사업의 계속성과 관련이 있는 감가상각자산, 토지, 주식(출자지분)의 처분시로만 한정한 것이다. 분할신설법인은 그 자산의 처분사실을 처분일로부터 1개월 이내에 분할법인에 알려야 한다(법법 47 ② Ⅱ).

[표 2]

사업연도	익금산입액
2015년	$2,000 \times \left\{ \left(\dfrac{1,500}{6,000} + \dfrac{1,000}{2,000} \right) - \left(\dfrac{1,500}{6,000} \times \dfrac{1,000}{2,000} \right) \right\} = 1,250원$
2016년	$750 \times \left\{ \left(\dfrac{1,500}{4,500} + \dfrac{600}{1,000} \right) - \left(\dfrac{1,500}{4,500} \times \dfrac{600}{1,000} \right) \right\} = 550원$
2017년	$200 \times \left\{ \left(\dfrac{3,000}{3,000} + \dfrac{400}{400} \right) - \left(\dfrac{3,000}{3,000} \times \dfrac{400}{400} \right) \right\} = 200원$
합 계	2,000

　위와 같은 익금산입방식은 물적분할시에 과세이연된 순자산의 양도차익을 (분할법인이 분할신설법인주식을 처분할 때) 분할법인 단계에서만 과세함으로써 이중과세를 피하도록 하면서 분할신설법인이 분할로 승계한 자산을 처분할 경우[58] 이를 분할법인이 분할신설법인주식을 처분한 것으로 치환함으로써 분할법인이 분할교부주식을 영구적으로 양도하지 않을 경우의 과세누락을 막기 위한 것이다.

　위 계산식을 일반화하여 설명하면, 분할법인이 분할신설법인주식등을 a퍼센트만큼 처분하고, 분할신설법인이 승계한 순자산을 b퍼센트만큼 처분하는 경우 분할법인이 처분한 것으로 볼 수 있는 분할신설법인주식등의 비율은 ① 직접적인 처분비율 a와 ② 승계회사가 처분한 분할 자산의 비율 b[59]에 분할법인의 나머지 지분비율(1-a)을 곱한 b×(1-a)를 더한 것이다.[60] 즉, a+b×(1-a) = (a+b)-(a×b)이다. 그리고 개정법은 그 비율만큼 압축기장충당금을 익금에 산입하도록 하고 있는 것이다.

---

58) 감가상각은 고려하지 않는다.
59) 다만, 그 비율은 양도차익을 기준으로 계산한다.
60) 예를 들어 乙 법인이 분할로 승계한 자산의 40퍼센트를 처분하는 것은 甲 법인이 乙 법인 자산의 가치를 대표하는 乙 주식을 40퍼센트 처분한 것과 다르지 않다. 따라서 甲 법인이 乙 주식 30퍼센트를 처분한 후 같은 사업연도에 乙 법인이 분할로 승계한 자산의 20퍼센트를 처분한다면 甲 법인은 30퍼센트의 주식을 처분함과 동시에 乙 법인을 통하여 나머지 70퍼센트의 乙 주식의 20퍼센트를 처분한 것과 같다. 따라서 이 둘을 모두 고려하면 甲 법인은 乙 주식 44퍼센트[= 30% + 20%(100% - 30%)]를 처분한 것으로 볼 수 있으므로 압축기장충당금의 44퍼센트를 익금에 산입하는 것이다.

2) 예　외

가) 예외사유

물적분할로 분할된 분할법인 또는 신설된 분할신설법인이 다음의 각 사유로 주식 등 및 자산을 처분하는 경우 분할신설법인주식 또는 승계자산의 처분이 부득이하다고 보아 압축기장충당금을 익금에 산입하지 않는다(법법 47 ② 但, 법령 84 ⑤).[61]

① 분할법인 또는 분할신설법인이 최초로 적격합병, 적격분할, 적격물적분할, 적격주식교환(조특법 38), 적격주식현물출자(조특법 38의2)(이하 '적격구조조정')로 주식등 및 자산을 처분하는 경우(법령 84 ⑤ I)

② 분할신설법인의 발행주식총수 또는 출자총액을 분할법인이 소유하고 있는 경우로서 다음의 어느 하나에 해당하는 경우(법령 84 ⑤ II)[62]

　㉮ 분할법인이 분할신설법인을 적격합병(법법 46의4 ③에 따른 적격분할합병 포함)하거나 분할신설법인에 적격합병되어 분할법인 또는 분할신설법인이 주식등 및 자산을 처분하는 경우. 이 사유에 의한 예외는 최초의 적격구조조정에 한하여 인정된다(법령 84 ⑦ 但의 반대해석).

　㉯ 분할법인 또는 분할신설법인이 적격합병(법법 46의4 ③에 따른 적격분할합병 포함), 적격분할, 적격물적분할 또는 적격현물출자로 주식등 및 자산을 처분하는 경우. 다만, 해당 적격합병, 적격분할, 적격물적분할 또는 적격현물출자에 따른 합병법인, 분할신설법인등 또는 피출자법인의 발행주식총수 또는 출자총액을 당초의 분할법인이 직접 또는 간접으로 소유하고 있는 경우에 한한다. 이 경우 ①의 경우와 달리 최초의 적격구조조정에 한정되지 않는다(법령 84 ⑦ 但).[63]

　　간접으로 소유하고 있는 경우란 당초의 분할법인이 해당 적격합병, 적격분할, 적격물적분할 또는 적격현물출자에 따른 합병법인, 분할신설법인등 또는 피출자법인(이하 '적격구조조정법인')의 주주인 법인(이하 '주주법인')을 통해 적격구조조정법인을

---

61) 그러므로 두 가지 예외사유에 해당하지 않는 경우 예컨대 분할법인이 해당 물적분할로 신설된 분할신설법인을 적격합병할 때에는 기존의 압축기장충당금 잔액을 익금에 산입하는 것으로 해석해야 한다(서면법령법인-871, 2015. 7. 7.).

62) 즉, 완전모자관계가 유지되는 적격합병, 적격분할, 적격물적분할, 적격현물출자 과정에서 주식등 및 자산을 처분하는 경우를 말한다.

63) 甲 법인은 적격물적분할을 하여 乙 법인을 설립한 후 乙 주식에 관하여 압축기장충당금을 설정하였다. 그 후 丙 법인이 甲 법인을 적격흡수합병하면 위 규정에 의해 위 압축기장충당금을 승계한다. 그런데 그 후 다시 丙 법인이 乙 법인을 적격흡수합병하면 위 압축기장충당금을 어떻게 처리할 것인지가 문제된다. 행정해석은 丙 법인이 법인세법 시행령 제84조 제7항 단서 및 제8항에 따라 乙 법인을 적격합병하면서 승계하는 자산 중 당초 물적분할한 자산의 일시상각충당금(감가상각자산이 아니면 압축기장충당금)으로 대체한다고 한다. 서면-2023-법인-0472, 2024. 4. 8.

소유하는 것을 말하며, 적격구조조정법인에 대한 당초의 분할법인의 간접소유비율
은 다음의 계산식에 따라 계산한다.[64]

$$간접소유비율 = A \times B$$
A: 주주법인에 대한 당초의 분할법인의 주식소유비율
B: 적격구조조정법인에 대한 주주법인의 주식소유비율

주주법인과 당초의 분할법인 사이에 하나 이상의 법인이 끼어 있고, 이들 법인이 주
식소유관계를 통하여 연결되어 있는 경우 간접소유비율에 관하여는 법인세법 시행
규칙 제42조 제1항, 제2항을 준용한다(법칙 42 ③).
③ 분할법인 또는 분할신설법인이 법인세법 시행령 제82조의2 제3항 각 호의 어느 하나에
해당하는 사업부문의 적격인적분할 또는 적격물적분할로 주식등 및 자산을 처분하는 경
우(법령 84 ⑤ III)[65]

나) 압축기장충당금의 대체

위 예외에 해당하면 분할법인이 보유한 분할신설법인주식등의 압축기장충당금을 다음과
같이 대체한다(법령 84 ⑥).
① 분할법인 또는 분할신설법인:

분할신설법인주식등의 압축기장충당금 잔액에 승계자산의 처분비율(법령 84 ③ II)을 곱
한 금액을 분할법인 또는 분할신설법인이 새로 취득하는 자산승계법인[66]의 주식등('자
산승계법인주식등')의 압축기장충당금으로 한다.[67] 다만 자산승계법인이 분할법인인
경우에는 분할신설법인주식등의 압축기장충당금 잔액을 분할법인이 승계하는 자산 중
최초 물적분할 당시 양도차익이 발생한 자산의 양도차익에 비례하여 안분계산한 후 그

---

64) 간접소유비율 계산방법을 적용할 때 주주법인이 둘 이상인 경우 각 주주법인별로 계산한 비율을 합계한
비율을 적격구조조정법인에 대한 당초의 분할법인의 간접소유비율로 한다.
65) 주식 및 관련 자산·부채만으로 구성된 사업부문의 적격분할, 적격물적분할 과정에서 주식등 및 자산을 처
분하는 경우를 말한다.
66) 자산승계법인이란 적격구조조정 과정에서 분할신설법인으로부터 분할신설법인의 자산을 승계하는 법인을
말한다(법령 84 ⑥ I 괄호).
67) 예를 들어 甲 법인은 임대사업부를 적격물적분할하여 乙 법인의 주식을 취득하고 지분법적용투자주식으로
계상하면서 그 가액 중 물적분할로 인해 발생한 자산의 양도차익에 상당하는 400억원을 압축기장충당금으
로 계상하였다고 가정한다. 그 후 乙 법인이 甲 법인으로부터 승계받은 임대사업부 중 절반을 적격인적분할
하여 丙 법인을 설립한다면 甲 법인은 당초 乙 법인 주식 및 그에 관한 압축기장충당금을 乙 법인 주식분
200억원과 丙 법인 주식분 200억원으로 안분한다(기획재정부 법인세제과-380, 2021. 8. 20.).

금액을 해당 자산의 일시상각충당금(감가상각자산인 경우) 또는 압축기장충당금(감가 상각자산이 아닌 경우)으로 한다(법령 84 ⑥ I).

위에서 승계자산의 처분비율을 산정할 때 처분한 승계자산은 자산승계법인에 처분한 승계자산을 말한다.

② 주식승계법인:

분할신설법인주식등의 압축기장충당금 잔액에 취득주식처분비율(법령 84 ③ I)을 곱한 금액을 주식승계법인[68]이 승계한 분할신설법인주식등의 압축기장충당금으로 한다.

취득주식처분비율을 산정할 때 처분한 주식은 주식승계법인에 처분한 분할신설법인주 식등을 말한다(법령 84 ⑥ II).

사례

甲 법인은 2020년에 A사업부문을 물적분할하여 乙 법인을 신설하였다. 물적분할을 통하여 乙 법 인으로 승계된 자산의 시가는 6,000원이고 장부가액은 4,000원이다. 甲 법인은 적격물적분할 요 건을 충족하여 乙 법인 주식의 취득가액을 6,000원으로 하면서 압축기장충당금 2,000원을 계상 하였다. A사업부문은 편의상 자산 A1(시가 4,000원, 장부가 2,500원), A2(시가 2,000원, 장 부가 1,500원)으로만 구성되어 있고 A1, A2 모두 각각 독립된 사업부문을 구성할 수 있으며 압축 기장충당금은 설정 이후 변화가 없었다고 가정한다.

위 사례에서 최초의 적격물적분할 이후 후속 적격구조조정이 있다면 甲 법인이 보유한 乙 주식에 설정된 압축기장충당금은 다음 구분에 따라 대체한다(법령 84 ⑥).

1. 자산의 승계가 일어나는 경우

　가. 분할법인이 새로 취득하는 자산승계법인 주식

　　위 사례의 전제사실에 더하여 乙 법인이 丙 법인에 자산 A2를 적격인적분할합병하는 경우 를 가정한다. 이 경우 甲 법인이 보유하던 乙 주식 중 일부가 丙 법인 주식으로 대체된다. 이 경우 기존 압축기장충당금 2,000원 중 적격인적분할합병으로 승계된 자산의 비율(25퍼 센트 = 500/2,000)을 곱한 금액을 丙 법인 주식의 압축기장충당금으로 한다. 따라서 기 존의 乙 주식 압축기장충당금 2,000원을 乙 주식 압축기장충당금 1,500원, 병 주식 압축 기장충당금 500원으로 나누어 대체한다.

　나. 분할신설법인이 새로 취득하는 자산승계법인 주식

　　위 사례의 전제사실에 더하여 乙 법인이 자산 A2를 적격물적분할하여 丙 법인을 설립한다 고 가정한다. 그 경우 새로 취득하는 丙 주식의 압축기장충당금은 최초 압축기장충당금

---

[68] 주식승계법인이란 적격구조조정 과정에서 분할법인으로부터 분할신설법인주식등을 승계하는 법인을 말한 다(법령 84 ⑥ II).

2,000원에 적격물적분할로 인한 자산처분비율을 곱한 것으로 한다. 자산처분비율은 25%(=500/2,000)이므로 丙 주식의 압축기장충당금은 500원이 되고, 같은 금액만큼 甲 법인이 보유하고 있는 乙 주식의 압축기장충당금을 줄인다.

다. 분할법인이 자산승계법인인 경우

위 사례의 전제사실에 더하여 乙 법인이 자산 A1을 甲 법인에 적격인적분할한다고 가정한다. 그 경우 甲 법인이 보유하는 乙 주식의 압축기장충당금 2,000원을 甲 법인이 최초 물적분할할 당시 양도차익이 발생한 자산(A1, A2)의 각 양도차익(A1: 1,500원, A2: 500원)에 비례하여 안분계산한 후에, 그 금액을 해당 자산이 감가상각자산인 경우 그 자산의 일시상각충당금으로, 해당 자산이 감가상각자산이 아닌 경우 그 자산의 압축기장충당금으로 한다. 따라서 위 사례에서 甲 법인은 승계한 자산 A1에 관하여 그 자산이 감가상각자산이라면 일시상각충당금 1,500원을, 감가상각자산이 아니라면 압축기장충당금을 1,500원 설정하고 그 금액만큼 乙 주식에 설정한 압축기장충당금을 줄인다.

2. 주식의 승계가 일어나는 경우

위 사례의 전제사실에 더하여 甲 법인이 적격물적분할을 하면서 乙 주식 중 40퍼센트를 丁 법인(주식승계법인)에게 이전한다고 가정한다. 그 경우 乙 주식의 압축기장충당금 2,000원 중 40퍼센트인 800원을 丁 법인이 승계한 乙 주식의 압축기장충당금으로 한다.

다) 대체한 압축기장충당금의 익금산입

(1) 원 칙

분할법인, 분할신설법인 또는 주식승계법인은 다음 중 어느 하나의 사유가 발생하면 그 사유가 발생한 날이 속하는 사업연도의 소득금액을 계산할 때 법인세법 시행령 제84조 제3항을 준용하여 계산한 금액만큼을 익금에 산입한다(법령 84 ⑦).

① 분할법인 또는 분할신설법인이 적격구조조정(법령 84 ⑤ I)에 따라 새로 취득한 자산승계법인주식등을 처분하거나 주식승계법인이 적격구조조정에 따라 승계한 분할신설법인주식등을 처분하는 경우

② 자산승계법인이 적격구조조정(법령 84 ⑤ I)으로 분할신설법인으로부터 승계한 감가상각자산(법령 84 ④, 법령 24 ③ I의 자산 포함), 토지 및 주식등(법령 84 ⑦ II)을 처분하거나 분할신설법인이 승계자산을 처분하는 경우[69] [70]

---

69) 이 경우 분할신설법인 및 자산승계법인은 그 자산의 처분 사실을 처분일로부터 1개월 이내에 분할법인, 분할신설법인, 주식승계법인 또는 자산승계법인에 알려야 한다(법령 84 ⑦ II 後).

70) 분할신설법인이 완전모회사인 주식승계법인을 피합병법인으로 하는 합병을 하면서 분할신설법인주식을 승계한 후 해당 분할신설법인주식을 자기주식으로서 소각하는 경우에도 해당 자기주식에 관하여 설정된 압축

자산승계법인이 분할법인인 경우에는 법인세법 시행령 제64조 제4항 각 호의 방법으로 익금에 산입한다(법령 84 ⑦).

(2) 예 외

법인세법 시행령 제84조 제5항 제2호 또는 제3호의 사유에 해당하는 경우에는 위 사유가 발생하더라도 대체한 압축기장충당금을 익금에 산입하지 않는다(법령 84 ⑦ 但). 이 경우 해당 법인이 보유한 분할신설법인주식등 또는 자산승계법인주식등의 압축기장충당금을 새로이 대체하는데, 그 대체 방법에 관하여는 법인세법 시행령 제84조 제6항을 준용한다(법령 84 ⑧). 새로 압축기장충당금을 설정한 분할법인, 분할신설법인 또는 주식승계법인은 사후관리기간(법령 84 ⑬) 내에 사후관리요건에 위배하는 경우 압축기장충당금 잔액 전부를 그 사유가 발생한 날이 속하는 사업연도의 소득금액을 계산할 때 익금에 산입한다(법령 84 ⑪).

(3) 특 례

가) 사후관리 위반시의 익금산입

압축기장충당금을 새로 대체하여 설정한 분할법인, 분할신설법인 또는 주식승계법인은 사후관리기간(법령 84 ⑬)에 따른 기간 내에 ① 자산승계법인이 분할신설법인으로부터 적격구조조정으로 승계받은 사업을 폐지하거나 분할신설법인이 분할법인으로부터 승계받은 사업을 폐지하는 경우 ② 분할법인 또는 분할신설법인이 보유한 자산승계법인주식등이 자산승계법인의 발행주식총수 또는 출자총액에서 차지하는 비율('자산승계법인지분비율')이 자산승계법인주식등 취득일의 자산승계법인지분비율의 50퍼센트 미만이 되거나[71] 주식승계법인이 보유한 분할신설법인주식등이 분할신설법인의 발행주식총수 또는 출자총액에서 차지하는 비율('분할신설법인지분비율')이 분할신설법인주식등 취득일의 분할신설법인지분비율의 50퍼센트 미만이 되는 경우에는 압축기장충당금 잔액 전부를 그 사유가 발생한 날이 속하는 사업연도의 소득금액을 계산할 때 익금에 산입한다(법령 84 ⑨).

기장충당금은 익금에 산입한다는 것이 행정해석이다(기획재정부 법인세제과-380, 2021. 8. 20. 기존의 예규는 반대 취지였으나 모두 삭제되었다). 그러나 이 경우에도 압축기장충당금이 소멸하고 그로 인하여 순자산이 증가하기는 하지만 그 성격이 자본거래로 인한 것이므로 익금에 산입하지 않는 것이 타당하다고 본다. 즉, 기존 예규의 입장이 타당하다.

[71] 자산승계법인이 제3자 배정방식의 유상증자를 실시하여 자산승계법인지분비율이 50퍼센트 미만이 된 경우에는 사후관리 요건 위반으로 보지 않는다는 것이 행정해석이다. 사전-2023-법규법인-0660, 2023. 10. 31. 지분의 연속성을 요구하는 취지에 비추어 보았을때 행정해석이 타당하다.

나) 주식 또는 자산처분시의 익금산입

압축기장충당금을 새로 대체하여 설정한 분할법인, 분할신설법인 또는 주식승계법인은 다음 중 어느 하나의 사유가 발생하면 그 사유가 발생한 날이 속하는 사업연도의 소득금액을 계산할 때 법인세법 시행령 제84조 제3항을 준용하여 계산한 금액만큼을 익금에 산입한다(법령 84 ⑩).[72]

① 분할법인 또는 분할신설법인이 적격구조조정(법령 84 ⑤ I)에 따라 새로 취득한 자산승계법인주식등을 처분하거나 주식승계법인이 적격구조조정에 따라 승계한 분할신설법인주식등을 처분하는 경우
② 자산승계법인이 적격구조조정(법령 84 ⑤ I)으로 분할신설법인으로부터 승계한 감가상각자산(법령 84 ④, 법령 24 ③ I의 자산 포함), 토지 및 주식등(법령 84 ⑦ II)을 처분하거나 분할신설법인이 승계자산을 처분하는 경우

자산승계법인이 분할법인인 경우에는 법인세법 시행령 제64조 제4항 각 호의 방법으로 익금에 산입한다(법령 84 ⑩). 법인세법 시행령 제84조 제5항 제2호 또는 제3호의 사유에 해당하는 경우에는 위 사유가 발생하더라도 대체한 압축기장충당금을 익금에 산입하지 않는다(법령 84 ⑩ 但).

마. 사후관리요건 위반시의 익금산입

1) 원 칙

분할법인이 양도차익 상당액을 손금에 산입한 후 그 분할등기일이 속하는 사업연도의 다음 사업연도 개시일부터 2년 이내에 분할신설법인이 분할법인으로부터 승계한 사업을 폐지하거나[73] 2년 이내에 분할법인이 발행주식총수의 50퍼센트 미만으로 분할신설법인주식을 보유하게 되는 경우[74] 또는 3년 이내 각 사업연도 종료일 현재 분할신설법인에 종사하

---

72) 분할신설법인 또는 자산승계법인은 승계자산을 처분한 날이 속하는 사업연도의 과세표준신고(법법 60)를 할 때 법인세법 시행령 제84조 제18항에 따른 자산의 양도차익에 관한 명세서를 납세지 관할 세무서장에게 제출해야 한다(법령 84 ⑲).

73) 물적분할에 의하여 분할법인으로부터 사업을 승계한 분할신설법인이 승계한 자산가액의 50퍼센트 이상을 처분할 경우에는 법인세법 제47조 제3항 제1호에 따른 승계받은 사업의 폐지로 보는데, 이와 관련하여 분할법인으로부터 2 이상의 사업을 승계받은 경우 처분하는 자산가액이 승계한 자산가액의 50퍼센트에 해당하는지 여부는 각 사업별로 판별하지 않고 승계받은 전체 사업을 기준으로 판정한다는 것이 행정해석의 입장이다(서면법령법인-20932, 2015. 5. 7.).

74) 종전에는 분할법인이 분할신설법인의 주식등을 50퍼센트 이상 처분하지 못하도록 하였으나, 유상증자 등 우회적인 지분 양도로 조세를 회피할 가능성에 대비하기 위하여 2014. 1. 1. 법인세법 개정시 분할신설법인

는 대통령령으로 정하는 근로자 수가 분할등기일 1개월 전 당시 분할하는 사업부문에 종사하는 근로자 수의 80퍼센트 미만으로 하락하는 경우 분할법인은 그 사유가 발생한 날이 속하는 사업연도의 소득금액을 계산할 때 물적분할로 발생한 자산의 양도차익 상당액 중 손금에 산입한 후에 압축기장충당금의 익금산입을 통하여 익금에 산입하고 남은 금액을 익금에 산입한다(법법 47 ③, 법령 84 ⑬).

2) 예 외

사후관리 규정에 위반하더라도 다음과 같이 부득이한 사유가 있는 경우에는 압축기장충당금 잔액을 익금산입하지 않는다(법법 47 ③ 但, 법령 84 ⑫).

가) 분할법인이 발행주식총수의 50퍼센트 미만으로 분할신설법인주식을 보유하게 되는 경우

① 분할법인이 분할로 교부받은 주식등의 50퍼센트 미만을 처분하는 경우
② 분할법인이 파산하여 주식등을 처분하는 경우
③ 분할법인이 적격합병, 적격분할, 적격물적분할 또는 적격현물출자에 따라 주식등을 처분하는 경우
④ 분할법인이 주식의 포괄적 교환·이전에 대한 과세특례(조특법 38), 주식의 현물출자 또는 교환·이전에 의한 지주회사의 설립 등에 대한 과세특례(조특법 38의2) 또는 기업 간 주식등의 교환에 대한 과세특례(조특법 121의30)에 따라 주식등을 현물출자 또는 교환·이전하고 과세를 이연받으면서 주식등을 처분하는 경우
⑤ 분할법인이 채무자회생법에 따른 회생절차에 따라 법원의 허가를 받아 주식등을 처분하는 경우
⑥ 분할법인이 기업개선계획의 이행을 위한 약정(조특령 34 ⑥ I) 또는 기업개선계획의 이행을 위한 특별약정(조특령 34 ⑥ II)에 따라 주식등을 처분하는 경우
⑦ 분할법인이 법령상 의무를 이행하기 위하여 주식등을 처분하는 경우

나) 분할신설법인이 분할법인으로부터 승계한 사업을 폐지한 경우

① 분할신설법인이 파산함에 따라 승계한 자산을 처분한 경우
② 분할신설법인이 적격합병, 적격분할, 적격물적분할 또는 적격현물출자에 따라 사업을 폐지한 경우
③ 분할신설법인이 기업개선계획의 이행을 위한 약정(조특령 34 ⑥ I) 또는 기업개선계획의

의 주식등을 50퍼센트 이상 '보유'하는 것으로 개정하였다.

이행을 위한 특별약정(조특령 34 ⑥ II)에 따라 승계받은 자산을 처분한 경우

④ 분할신설법인이 채무자회생법에 따른 회생절차에 따라 법원의 허가를 받아 승계받은 자산을 처분한 경우

다) 각 사업연도 종료일 현재 분할신설법인에 종사하는 근로자 수가 분할등기일 1개월 전 당시 분할하는 사업부문에 종사하는 근로자 수의 80퍼센트 미만으로 하락하는 경우(법령 84 ⑫ III 나)

분할신설법인이 다음 중 어느 하나에 해당하는 경우에는 부득이한 사유가 있는 것으로 본다.

① 분할신설법인이 채무자회생법 제193조에 따른 회생계획을 이행 중인 경우

② 분할신설법인이 파산함에 따라 근로자의 비율을 유지하지 못한 경우

③ 분할신설법인이 적격합병, 적격분할, 적격물적분할 또는 적격현물출자에 따라 근로자의 비율을 유지하지 못한 경우

여기서의 근로자는 「근로기준법」에 따라 근로계약을 체결한 내국인 근로자를 말한다. 다만 분할하는 사업부문에 종사하는 근로자의 경우 ① 분할 후 존속하는 사업부문과 분할하는 사업부문에 모두 종사하는 근로자나 ② 분할하는 사업부문에 종사하는 것으로 볼 수 없는 기획재정부령으로 정하는 업무를 수행하는 근로자를 제외할 수 있다(법령 84 ⑭).

바. 분할신설법인에 대한 과세

법인세법이 2011. 12. 31. 법률 제11128호로 개정되기 전에는 분할법인이 양도차익 상당액을 손금에 산입한 경우 분할신설법인은 양도받은 분할법인의 자산 및 부채의 가액을 분할등기일 현재의 시가로 계상하되, 시가에서 분할법인의 장부가액을 뺀 금액을 자산조정계정으로 계상하고 인적분할시와 마찬가지로 일정한 경우에는 이를 익금에 산입하였다. 그 결과 물적분할시 과세이연된 미실현이익에 대하여 분할법인 및 분할신설법인 모두를 과세하는 결과가 되어 이중과세의 문제가 제기되었다. 앞서 서술한 바와 같이 개정 법인세법은 이 문제를 분할법인에 대한 과세로 정리하였다. 따라서 분할신설법인은 과세특례의 적용 여부와 무관하게 분할로 승계한 자산을 시가로 계상한다(법령 72 ② III 나). 즉 분할신설법인 단계에서는 과세하지 않는다. 이와 관련하여 입법론적으로는 분할법인과는 독립된 분할신설법인의 자산 처분 행위로 인하여 분할법인에 대하여 과세하는 것이 부당하다는 견해도 있을 수 있으나 본래 양도차익은 분할법인에 귀속되는 것이고 과세특례가 적용되면 단순히 그 과세시기가 이연되는 것에 불과하므로 과세시기가 분할신설법인에 의하여 결정된다고 하더라도 이를 부당하다고 보기는 어렵다.

비적격 물적분할시 분할신설법인은 분할매수차손익을 계상할 수 없다고 해석된다. 법인세법 제46조의2 제2항은 물적분할에는 적용되지 않기 때문이다. 그 실질적인 이유로는 분할신설법인이 분할법인에게 교부하는 주식의 가치는 언제나 분할 대상 자산·부채와 등가적이라는 고려가 있었던 것으로 보인다.[75] 그러나 현행 법인세법상의 해석상 신설물적분할합병이 허용된다는 점은 다툼이 없으므로 위와 같은 고려가 타당한 것인지는 입법론적으로 의문이 있다.

사. 이월결손금의 승계

물적분할시에는 적격물적분할 여부와 관계없이 이월결손금이 승계되지 않는다.

아. 물적분할시 감면·세액공제의 승계와 적용

적격물적분할의 경우 분할신설법인은 분할법인의 감면·세액공제를 대통령령이 정하는 바에 따라 승계한다. 분할신설법인은 승계한 분할법인의 감면·세액공제를 분할법인으로부터 승계받은 사업에서 발생한 소득금액 또는 이에 해당하는 법인세액의 범위에서 적용한다(법법 47 ④. ⑤). 다만 해당 감면 또는 세액공제의 요건 등에 관한 규정이 있는 경우에는 분할신설법인이 그 요건 등을 갖춘 경우에만 이를 적용하며 분할신설법인은 다음의 구분에 따라 승계받은 사업에 속하는 감면 또는 세액공제에 한정하여 적용받을 수 있다(법령 84 ⑮).[76]

1) 이월된 감면·세액공제가 특정 사업·자산과 관련된 경우

특정 사업·자산을 승계한 분할신설법인이 공제한다.

2) 그 이외의 이월된 감면·세액공제의 경우

분할법인의 사업용 자산가액 중 분할신설법인이 각각 승계한 사업용 자산가액 비율로 안분하여 분할신설법인이 각각 공제한다.

자. 세무조정사항의 승계

적격물적분할의 경우 분할신설법인은 분할법인이 각 사업연도의 소득금액 및 과세표준을 계산할 때 익금 또는 손금에 산입하거나 산입하지 않은 금액을 대통령령이 정하는 바에

---

75) 같은 취지로 기획재정부 법인세제과-770, 2020. 6. 29.
76) 그 밖에 이월된 감면·세액공제의 적용에 관하여는 법인세법 시행령 제84조 제13항, 제81조 제3항을 적용한다.

따라 승계한다(법법 47 ④). 그리고 법인세법 시행령 제85조 제2호는 적격물적분할의 경우 퇴직급여충당금(법법 33 ③, ④) 또는 대손충당금(법법 34 ④)을 분할신설법인등이 승계한 경우에 한하여 그와 관련된 세무조정사항을 승계하고, 그 밖의 세무조정사항은 모두 분할신설법인등에 승계되지 않도록 규정함으로써 모든 세무조정사항이 승계되는 적격인적분할의 경우와는 그 승계의 범위를 달리 정하고 있다. 적격물적분할의 경우에도 자산 및 부채는 시가로 승계되는 것을 고려한 규정이다.

5 현물출자로 인한 자산양도차익 상당액의 손금산입 특례

가. 의 의

현물출자란 금전 이외의 재산을 목적물로 하는 출자를 말한다. 출자의 대가로 출자를 받는 법인의 주식을 취득하므로 출자의 목적물이 포괄승계되지 않는다는 점을 제외하고는 물적분할과 경제적 실질이 같다. 따라서 법인세법은 물적분할에 준하는 일정한 범위의 현물출자에 대하여 물적분할과 동일한 과세특례를 부여하고 있다.[77]

나. 손금산입의 요건

1) 적격현물출자의 요건

적격현물출자의 요건을 갖춘 현물출자(Sacheinlage)이어야 한다.[78] 즉, 사업목적, 사업의 계속성, 지분의 연속성을 갖추어야 하고, 공동출자시에는 비특수관계인 요건도 갖추어야 한다. 각각의 요건을 나누어 살펴본다. 현물출자의 경우 고용 승계를 요구하지 않는다.[79]

가) 사업목적

출자법인은 내국법인으로서 현물출자일 현재 5년 이상 사업을 계속하여야 한다(법법 47의2 ① I). 2017. 12. 19. 개정으로 '출자법인이 분리하여 사업이 가능한 독립된 사업부문을 현물출자를 통하여 피출자법인에 승계할 것'이라는 요건은 삭제되었다. 그 이유는 특허권이나 기계장치 등 특정 자산의 현물출자가 상법상 허용됨에도 불구하고 과세특례가 적용되지

---

77) 현물출자에 대한 과세특례는 종래 조세특례제한법에 규정되어 있었으나 상시적인 과세특례로 전환하기 위하여 2008. 12. 26. 법률 제9267호로 법인세법을 개정하면서 제47조의2가 신설되었다.
78) 부동산을 현물출자하는 경우 그 현물출자 시점은 법인세법 시행령 제68조 제1항 제3호에 따라 결정된다고 해석하는 것이 타당하다. 이때 대금청산일은 신주발행의 효력발생일로 보아야 한다.
79) 따라서 고용 승계 요건을 회피하기 위하여 물적분할 대신 현물출자로 거래를 구성하는 경우도 있을 수 있다.

않아 현물출자 거래가 저해되었다는 점에 있다. 현물출자를 활성화함으로써 원활한 자회사 설립 및 기업 구조조정을 지원하기 위한 것으로 이해할 수는 있으나 현물출자와 물적분할이 본질적으로 다르지 않으므로 물적분할에 관한 규제를 회피하기 위하여 현물출자를 하는 경우가 생길 수 있다.[80] 이에 대한 보완책도 함께 강구되어야 할 것이다.

나) 사업의 계속성

피출자법인이 그 현물출자일이 속하는 사업연도의 종료일까지 출자법인이 현물출자한 자산으로 영위하던 사업을 계속하여야 한다(법법 47의2 ① Ⅱ). 피출자법인 및 재신설법인이 승계한 사업의 계속 또는 폐지의 판정과 적용에 관하여는 합병에 관한 규정을 준용한다(법령 84의2 ⑬). 출자법인이 사업에 사용하지 않은 자산을 현물출자하고 피출자법인이 그 자산을 기존 사업에 사용하는 경우에도 본 요건을 충족한다.[81]

다) 지분의 연속성

피출자법인 및 출자법인과 공동으로 출자한 자(출자법인등)가 현물출자일 다음 날 현재 피출자법인의 발행주식총수 또는 출자총액의 80퍼센트 이상의 주식등을 보유하고 현물출자일이 속하는 사업연도의 종료일까지 그 주식등을 보유하여야 한다(법법 47의2 ① Ⅳ).[82]

라) 공동출자시 비특수관계인

출자법인이 다른 내국인 또는 외국인과 공동으로 출자하는 경우 공동으로 출자하는 자가 출자법인의 특수관계인(법법 2 Ⅻ)이 아니어야 한다(법법 47의2 ① Ⅲ). 이와 같은 요건을 둔 것은 지분의 연속성 요건과 관련하여 80퍼센트의 지분요건을 충족하기 위하여 특수관계인을 끌어들여 공동 출자하는 경우에는 과세특례를 배제하기 위한 것으로 보인다.[83]

2) 부득이한 사유의 존재

위 적격현물출자 요건 중 사업의 계속성과 지분의 연속성을 갖추지 못하더라도 부득이한 사유가 있는 경우에는 과세특례를 적용받을 수 있다(법법 47의2 ① 但). 그 부득이한 사유는 다음과 같다(법령 84의2 ⑫).

---

[80] 즉 현물출자와 물적분할의 과세특례요건이 서로 다름에 따른 규제차익(regulatory arbitrage)이 발생한다.
[81] 서면-2022-법규법인-2184, 2024. 10. 2.; 기획재정부 법인세제과-530(2024. 9. 20.)
[82] 물적분할과 달리 현물출자 대가의 80퍼센트 이상이 지분이어야 하는 것이 아니라 현물출자 다음 날을 기준으로 피출자법인의 전체 지분 중 80퍼센트 이상을 보유하고 있어야 한다는 점에 유의하여야 한다.
[83] 이와 관련된 문제에 관하여는 황남석, "법인세법상의 현물출자시 과세특례에 관한 문제점", 「조세법연구」 제17권 제3호, 2011, 28-29면 참조.

가) 피출자법인이 출자법인으로부터 승계한 사업을 폐지한 경우(법령 80의2 ① II)

① 피출자법인이 파산함에 따라 승계한 자산을 처분한 경우

② 피출자법인이 적격합병, 적격분할, 적격물적분할 또는 적격현물출자에 따라 사업을 폐지한 경우

③ 피출자법인이 기업개선계획의 이행을 위한 약정(조특령 34 ⑥ I) 또는 기업개선계획의 이행을 위한 특별약정(조특령 34 ⑥ II)에 따라 승계받은 자산을 처분한 경우

④ 피출자법인이 채무자회생법에 따른 회생절차에 따라 법원의 허가를 받아 승계받은 자산을 처분한 경우

나) 출자법인과 공동출자자(이하 '출자법인등')가 피출자법인의 발행주식총수 또는 출자총액의 80퍼센트 이상을 현물출자일이 속하는 사업연도 종료일까지 보유하지 못한 경우

① 출자법인등이 현물출자로 교부받은 주식등의 50퍼센트 미만을 처분하는 경우

② 출자법인등이 파산하여 주식등을 처분하는 경우

③ 출자법인등 적격합병, 적격분할, 적격물적분할 또는 적격현물출자에 따라 주식등을 처분하는 경우

④ 출자법인등이 주식의 포괄적 교환·이전에 대한 과세특례(조특법 38), 주식의 현물출자 또는 교환·이전에 의한 지주회사의 설립 등에 대한 과세특례(조특법 38의2) 또는 기업 간 주식등의 교환에 대한 과세특례(조특법 121의30)에 따라 주식등을 현물출자 또는 교환·이전하고 과세를 이연받으면서 주식등을 처분하는 경우

⑤ 출자법인등이 채무자회생법에 따른 회생절차에 따라 법원의 허가를 받아 주식등을 처분하는 경우

⑥ 출자법인등이 기업개선계획의 이행을 위한 약정(조특령 34 ⑥ I) 또는 기업개선계획의 이행을 위한 특별약정(조특령 34 ⑥ II)에 따라 주식등을 처분하는 경우

⑦ 출자법인등이 법령상 의무를 이행하기 위하여 주식등을 처분하는 경우

3) 압축기장충당금의 손금 계상 등

손금산입에 관한 규정을 적용받고자 하는 출자법인은 현물출자로 인하여 발생한 자산의 양도차익 상당액을 압축기장충당금으로 계상하여야 한다(법령 84의2 ①, ②). 내국법인이 압축기장충당금을 세무조정계산서에 계상하고 이를 법인세과세표준신고시에 손금에 산입한 경우에는 손금으로 계상한 것으로 본다(법령 98 ②).

다. 손금산입의 범위와 방법

출자법인이 현물출자에 의하여 취득한 피출자법인주식등의 가액 중 현물출자로 인하여 발생한 자산의 양도차익에 상당하는 금액은 현물출자일이 속하는 사업연도의 소득금액계산시 손금에 산입할 수 있다(법법 47의2 ①, 법령 84의2 ①). 법문에서 "손금에 산입할 수 있다." 고 규정하고 있으므로 적격합병 등과 같이 과세특례의 적용 여부는 납세의무자의 임의적인 선택에 달려 있다.

현물출자에 대하여 과세특례를 적용받으려는 출자법인 또는 주식승계법인은 법인세 과세표준신고시에 피출자법인 또는 자산승계법인과 함께 현물출자과세특례신청서 및 자산의 양도차익에 관한 명세서를 납세지 관할 세무서장에게 제출하여야 한다(법령 84의2 ⑯).

라. 압축기장충당금의 익금산입

1) 원 칙

손비로 계상한 압축기장충당금은 출자법인이 피출자법인주식등을 처분하거나, 피출자법인이 출자법인등으로부터 승계받은 감가상각자산, 토지 및 주식등을 처분하는[84] 사업연도에 해당 주식등과 자산의 처분비율을 고려하여 익금에 산입한다(법법 47의2 ②).[85]

구체적으로 익금에 산입하는 금액은 다음과 같이 계산하며 그 논리는 적격물적분할의 경우와 같다(법령 84의2 ③).

$$\text{익금에 산입하는 금액} = \frac{\text{직전 사업연도 종료일 현재}}{\text{압축기장충당금 잔액}} \times \{(a^* + b^{**}) - (a \times b)\}$$

$$a^* = \frac{\text{해당 사업연도에 처분한 피출자법인의 주식등의 장부가액}}{\text{출자법인이 직전 사업연도 종료일 현재 보유하고 있는 피출자법인의 주식등의 장부가액}}$$

$$b^{**} = \frac{\text{해당 사업연도에 처분한 승계자산의 양도차익}}{\text{피출자법인이 직전 사업연도 종료일 현재 보유하고 있는 승계자산의 양도차익}}$$

---

84) 이 경우 피출자법인은 그 자산의 처분 사실을 처분일부터 1개월 이내에 출자법인에 알려야 한다(법법 47의2 ② Ⅱ 後).

85) 피출자법인 또는 자산승계법인은 승계자산을 처분한 날이 속하는 사업연도의 과세표준신고(법법 60)를 할 때 법인세법 시행령 제84조의2 제17항에 따른 자산의 양도차익에 관한 명세서를 납세지 관할 세무서장에게 제출해야 한다(법령 84의2 ⑱).

2) 예 외

출자법인 또는 피출자법인이 최초로 적격구조조정(법령 84 ⑤ I) 등에 따라 주식을 처분하거나 승계받은 사업을 폐지하는 경우에는 피출자법인주식등 또는 승계자산의 처분이 부득이한 사유에 의한 것이라고 보아 압축기장충당금을 익금에 산입하지 않는다(법법 47의2 ② II 但, 법령 84의2 ⑤).

가) 예외사유

① 출자법인 또는 피출자법인이 최초로 적격구조조정(법령 84 ⑤ I)에 따라 주식등 및 자산을 처분하는 경우(법령 84의2 ⑤ I)

② 피출자법인의 발행주식총수 또는 출자총액을 출자법인이 소유하고 있는 경우로서 다음의 어느 하나에 해당하는 경우(법령 84의2 ⑤ II)[86]

  ㉮ 출자법인이 피출자법인을 적격합병(법법 46의4 ③에 따른 적격분할합병 포함)하거나 피출자법인에 적격합병되어 출자법인 또는 피출자법인이 주식등 및 자산을 처분하는 경우

  ㉯ 출자법인 또는 피출자법인이 적격합병(법법 46의4 ③에 따른 적격분할합병 포함), 적격분할, 적격물적분할 또는 적격현물출자로 주식등 및 자산을 처분하는 경우. 다만, 해당 적격합병, 적격분할, 적격물적분할 또는 적격현물출자에 따른 합병법인, 분할신설법인등 또는 피출자법인의 발행주식총수 또는 출자총액을 당초의 분할법인이 직접 또는 간접으로 소유하고 있는 경우에 한한다.

  간접으로 소유하고 있는 경우의 의미는 물적분할의 경우와 동일하므로 상세한 논의는 물적분할의 해당 부분(654면)을 참조하라(법칙 42 ④).

③ 출자법인 또는 피출자법인이 법인세법 시행령 제82조의2 제3항 각 호의 어느 하나에 해당하는 사업부문의 적격분할 또는 적격물적분할로 주식등 및 자산을 처분하는 경우(법령 84의2 ⑤ III)[87]

나) 압축기장충당금의 대체

위 예외에 해당하면 해당 출자법인이 보유한 피출자법인주식등의 압축기장충당금을 다음과 같이 대체한다(법령 84의2 ⑥). 물적분할의 경우와 동일하므로 상세한 논의는 물적분할시

---

[86] 즉, 완전모자관계가 유지되는 적격합병, 적격분할, 적격물적분할, 적격현물출자 과정에서 주식등 및 자산을 처분하는 경우를 말한다.

[87] 주식 및 관련 자산·부채만으로 구성된 사업부문의 적격분할, 적격물적분할 과정에서 주식등 및 자산을 처분하는 경우를 말한다.

'압축기장충당금의 대체'(655면)를 참조하라.

① 출자법인 또는 피출자법인:

피출자법인주식등의 압축기장충당금 잔액에 승계자산[88]의 처분비율(법령 84의2 ③ II)을 곱한 금액을 출자법인 또는 피출자법인이 새로 취득하는 자산승계법인[89]의 주식등('자산승계법인주식등')의 압축기장충당금으로 한다.[90] 다만 자산승계법인이 출자법인인 경우에는 피출자법인주식등의 압축기장충당금 잔액을 출자법인이 승계하는 자산 중 최초 현물출자 당시 양도차익이 발생한 자산의 양도차익에 비례하여 안분계산한 후 그 금액을 해당 자산의 일시상각충당금(감가상각자산인 경우) 또는 압축기장충당금(감가상각자산이 아닌 경우)으로 한다(법령 84의2 ⑥ I).

② 주식승계법인:

피출자법인주식등의 압축기장충당금 잔액에 취득주식처분비율(법령 84의2 ③ I)을 곱한 금액을 주식승계법인[91]이 승계한 피출자법인주식등의 압축기장충당금으로 한다. 취득주식처분비율을 산정할 때 처분한 주식은 주식승계법인에 처분한 피출자법인주식등을 말한다(법령 84의2 ⑥ II).

다) 대체한 압축기장충당금의 익금산입

(1) 원 칙

출자법인, 피출자법인 또는 주식승계법인은 다음 중 어느 하나의 사유가 발생하면 그 사유가 발생한 날이 속하는 사업연도의 소득금액을 계산할 때 법인세법 시행령 제84조의2 제3항을 준용하여 계산한 금액만큼을 익금에 산입한다(법령 84의2 ⑦).

① 출자법인 또는 피출자법인이 적격구조조정(법령 84의2 ⑤ I)에 따라 새로 취득한 자산승계법인주식등을 처분하거나 주식승계법인이 적격구조조정에 따라 승계한 피출자법인주식등을 처분하는 경우

② 자산승계법인이 적격구조조정(법령 84 ⑤ I)으로 피출자법인으로부터 승계한 감가상각자산(법령 84의2 ④, 법령 24 ③ I의 자산 포함), 토지 및 주식등(법령 84의2 ⑦ II)을 처분하거나 피출자법인이 승계자산을 처분하는 경우[92]

---

88) 피출자법인이 직접 사업연도 종료일 현재 보유하고 있는, 법인세법 제47조의2 제1항에 따라 출자법인등으로부터 승계받은 같은 법 시행령 제4항에 해당하는 자산을 말한다

89) 자산승계법인이란 적격구조조정 과정에서 분할신설법인으로부터 분할신설법인의 자산을 승계하는 법인을 말한다(법령 84의2 ⑥ I 괄호).

90) 출자법인의 최초 압축기장충당금을 출자법인과 피출자법인이 나누어 계상하라는 뜻이다.

91) 주식승계법인이란 적격구조조정 과정에서 출자법인으로부터 피출자법인주식등을 승계하는 법인을 말한다(법령 84의2 ⑥ II).

자산승계법인이 출자법인인 경우에는 법인세법 시행령 제64조 제4항 각 호의 방법으로 익금에 산입한다(법령 84의2 ⑦).

(2) 예 외

법인세법 시행령 제84조의2 제5항 제2호 또는 제3호의 사유에 해당하는 경우에는 위 사유가 발생하더라도 대체한 압축기장충당금을 익금에 산입하지 않는다(법령 84의2 ⑦ 但). 이 경우 해당 법인이 보유한 피출자법인주식등 또는 자산승계법인주식등의 압축기장충당금을 새로이 대체하는데, 그 대체 방법에 관하여는 법인세법 시행령 제84조의2 제6항을 준용한다(법령 84의2 ⑧). 새로 압축기장충당금을 설정한 출자법인, 피출자법인 또는 주식승계법인은 사후관리기간(법령 84의2 ⑬) 내에 사후관리요건에 위배하는 경우 압축기장충당금 잔액 전부를 그 사유가 발생한 날이 속하는 사업연도의 소득금액을 계산할 때 익금에 산입한다(법령 84의2 ⑪).

(3) 특 례

(가) 사후관리 위반시의 익금산입

압축기장충당금을 새로 대체하여 설정한 출자법인, 피출자법인 또는 주식승계법인은 사후관리기간(법령 84의2 ⑬)에 따른 기간 내에 ① 자산승계법인이 피출자법인으로부터 적격구조조정으로 승계받은 사업을 폐지하거나 피출자법인이 분할법인으로부터 승계받은 사업을 폐지하는 경우 ② 출자법인 또는 피출자법인이 보유한 자산승계법인주식등이 자산승계법인의 발행주식총수 또는 출자총액에서 차지하는 비율('자산승계법인지분비율')이 자산승계법인주식등 취득일의 자산승계법인지분비율의 50퍼센트 미만이 되거나 주식승계법인이 보유한 분할신설법인주식등이 분할신설법인의 발행주식총수 또는 출자총액에서 차지하는 비율('분할신설법인지분비율')이 피출자법인주식등 취득일의 피출자법인지분비율의 50퍼센트 미만이 되는 경우에는 압축기장충당금 잔액 전부를 그 사유가 발생한 날이 속하는 사업연도의 소득금액을 계산할 때 익금에 산입한다(법령 84의2 ⑨).

(나) 주식 또는 자산처분시의 익금산입

압축기장충당금을 새로 대체하여 설정한 출자법인, 피출자법인 또는 주식승계법인은 다음 중 어느 하나의 사유가 발생하면 그 사유가 발생한 날이 속하는 사업연도의 소득금액을 계산할 때 법인세법 시행령 제84조 제3항을 준용하여 계산한 금액만큼을 익금에 산입한다

---

92) 이 경우 피출자법인 및 자산승계법인은 그 자산의 처분 사실을 처분일로부터 1개월 이내에 출자법인, 피출자법인, 주식승계법인 또는 자산승계법인에 알려야 한다(법령 84의2 ⑦ Ⅱ 後).

(법령 84의2 ⑩).

① 출자법인 또는 피출자법인이 적격구조조정(법령 84 ⑤ I)에 따라 새로 취득한 자산승계법인주식등을 처분하거나 주식승계법인이 적격구조조정에 따라 승계한 피출자법인주식등을 처분하는 경우
② 자산승계법인이 적격구조조정(법령 84 ⑤ I)으로 피출자법인으로부터 승계한 감가상각자산(법령 84의2 ④, 법령 24 ③ I의 자산 포함), 토지 및 주식등(법령 84의2 ⑦ II)을 처분하거나 피출자법인이 승계자산을 처분하는 경우

자산승계법인이 출자법인인 경우에는 법인세법 시행령 제64조 제4항 각 호의 방법으로 익금에 산입한다(법령 84의2 ⑩). 법인세법 시행령 제84조의2 제5항 제2호 또는 제3호의 사유에 해당하는 경우에는 위 사유가 발생하더라도 대체한 압축기장충당금을 익금에 산입하지 않는다(법령 84의2 ⑩ 但).

마. 사후관리요건 위반시의 익금산입

1) 원 칙

출자법인이 양도차익 상당액을 손금에 산입한 후 그 현물출자일이 속하는 사업연도의 다음 사업연도 개시일부터 2년 이내에 피출자법인이 출자법인으로부터 승계한 사업을 폐지하거나 2년 이내에 출자법인등이 피출자법인의 발행주식총수 또는 출자총액의 50퍼센트 미만으로 주식등을 보유하게 되는 경우 출자법인은 그 사유가 발생한 날이 속하는 사업연도의 소득금액을 계산할 때 남은 압축기장충당금을 익금에 산입한다(법법 47의2 ③, 법령 84의2 ⑫).

2) 예 외

사후관리 규정에 위반하더라도 다음과 같이 부득이한 사유가 있는 경우에는 압축기장충당금 잔액을 익금산입하지 않는다(법법 47의2 ③ 但, 법령 84의2 ⑫).

가) 피출자법인이 출자법인이 현물출자한 자산으로 영위하던 사업을 폐지한 경우

① 피출자법인이 파산함에 따라 승계한 자산을 처분한 경우
② 피출자법인이 적격합병, 적격분할, 적격물적분할 또는 적격현물출자에 따라 사업을 폐지한 경우
③ 기업개선계획의 이행을 위한 약정(조특령 34 ⑥ I) 또는 기업개선계획의 이행을 위한 특별약정(조특령 34 ⑥ II)에 따라 승계받은 자산을 처분한 경우

670

④ 피출자법인이 채무자회생법에 따른 회생절차에 따라 법원의 허가를 받아 승계받은 자산을 처분한 경우

나) 출자법인과 공동출자자(이하 '출자법인등')가 피출자법인의 발행주식총수 또는 출자총액의 50퍼센트 미만으로 주식등을 보유하게 되는 경우

① 출자법인등이 현물출자로 교부받은 주식등의 50퍼센트 미만을 처분하는 경우

② 출자법인등이 파산하여 주식등을 처분하는 경우

③ 출자법인등이 적격합병, 적격분할, 적격물적분할 또는 적격현물출자에 따라 주식등을 처분하는 경우

④ 출자법인등이 주식의 포괄적 교환·이전에 대한 과세특례(조특법 38), 주식의 현물출자 또는 교환·이전에 의한 지주회사의 설립 등에 대한 과세특례(조특법 38의2), 기업 간 주식등의 교환에 대한 과세특례(조특법 121의30)에 따라 주식등을 현물출자 또는 교환·이전하고 과세를 이연받으면서 주식등을 처분하는 경우

⑤ 출자법인등이 채무자회생법에 따른 회생절차에 따라 법원의 허가를 받아 주식등을 처분하는 경우

⑥ 출자법인등이 기업개선계획의 이행을 위한 약정(조특령 34 ⑥ I) 또는 기업개선계획의 이행을 위한 특별약정(조특령 34 ⑥ II)에 따라 주식등을 처분하는 경우

⑦ 출자법인등이 법령상 의무를 이행하기 위하여 주식등을 처분하는 경우

바. 피출자법인에 대한 과세

피출자법인은 승계자산을 시가로 계상한다(법령 72 ② III 나). 따라서 과세특례의 적용 여부를 불문하고 피출자법인은 승계자산의 미실현이익에 대하여는 과세되지 않는다.

사. 이월결손금 등의 승계

현물출자시에는 적격현물출자 여부와 관계없이 이월결손금, 감면, 세액공제는 승계되지 않는다.

아. 세무조정사항의 승계

현물출자의 경우 세무조정사항은 승계되지 않는다.

제3절 자산교환에 관한 과세 및 그 특례

1 의의 및 제도적 취지

내국법인은 사업상의 필요에 의하여 다른 내국법인과 자산을 교환할 경우가 있다. 교환거래의 결과로 취득한 자산은 법인세법에 따라 시가를 그 취득가액으로 하고(법령 72 ① Ⅵ), 종전 자산의 장부가액과 취득한 자산의 시가와의 차액은 해당 자산의 양도차익으로서 익금산입되는 것이 원칙이다.

그러나 내국법인간의 자산교환시 그 교환에 따른 자산의 양도차익에 대하여 한꺼번에 법인세를 과세하면 세부담의 과중으로 인하여 자산교환이 저해된다.

따라서 일정한 내국법인들이 각각 2년 이상 그 사업에 직접 사용하던 자산을 교환하는 경우에 그 교환으로 취득한 자산의 가액 중 교환으로 발생한 양도차익에 상당하는 금액을 손금에 산입할 수 있도록 함으로써 자산교환을 통한 구조조정을 지원하기 위한 것이 자산교환에 관한 과세특례제도이다(법법 50 ①).

2 손금산입의 요건

가. 사업목적성

부동산업 및 소비성서비스업 외의 사업을 영위하는 내국법인이 2년 이상 그 사업에 직접 사용하던 자산을 특수관계인(법법 2 XII) 외의 다른 내국법인이 2년 이상 사용하던 같은 종류의 사업용자산('교환취득자산')과 교환하여야 한다.

1) 대상법인

부동산업 및 소비성서비스업 외의 사업을 영위하는 내국법인이어야 한다(법령 86 ①, 조특령 60 ① I-III).

부동산업은 부동산 임대업, 부동산중개업, 부동산매매업(소령 34)[1]을 말한다.

다음으로, 소비성서비스업이란 호텔업 및 여관업, 주점업 그 밖에 오락, 유흥 등을 목적으로 하는 사업으로서 기획재정부령이 정하는 사업을 말한다(조특령 29 ③).

---

1) 부동산매매업에는 한국표준산업분류상 건물건설업(건물을 자영건설하여 판매하는 경우에 한한다) 및 부동산공급업이 포함된다. 다만, 건설업에 포함되는 주택신축판매업은 제외된다.

2) 교환의 목적물

2년 이상 해당 사업에 직접 사용하던 자산이어야 한다. 이러한 사업용 자산에는 토지, 건축물, 조특법 제24조 제1항 제1호에 따른 공제대상 재산 그 밖에 기획재정부령이 정하는 자산이 포함된다.

3) 교환의 상대방 및 교환취득자산

교환의 상대방은 특수관계에 있는 법인이 아니어야 한다. 교환의 당사자를 두 법인만으로 한정할 이유는 없으며, 다수법인간의 교환도 허용한다. 다수법인간의 교환이란 3 이상의 법인 간에 하나의 교환계약에 의하여 각 법인이 자산을 교환하는 것을 말한다(법령 86 ③).

교환으로 취득하는 자산은 다른 내국법인이 2년 이상 해당 사업에 직접 사용하던 동일한 종류의 사업용자산이어야 한다.

위에서 동일한 종류의 사업용자산에 해당하는지의 여부는 교환으로 취득하는 자산이 교환에 의하여 양도하는 자산과 동일한 토지·건축물 등인지에 따라서 판단한다. 그 용도와 그 사용목적까지 동일할 것을 요구하는 것은 아니라고 하겠다.[2]

기계장치의 경우 법인세법 시행규칙 별표 6의 업종별 자산의 기준내용연수 및 내용연수 범위표에서의 같은 대분류(예: 제조업, 광업, 건설업, 전기·가스 및 수도사업 등)에 속하는 자산이면 같은 종류의 사업용 자산의 요건을 충족한 것으로 보아야 할 것이다.

이와 같이 같은 종류의 사업용자산의 의미를 폭 넓게 새기는 것이 사업 또는 자산의 교환을 통한 기업의 구조조정을 지원하려는 본조의 취지에 부합하는 것이다.

나. 교환취득자산의 용도

내국법인이 교환취득자산을 교환일이 속하는 사업연도의 종료일까지 해당 내국법인의 사업에 사용하여야 한다(법법 50 ②). 해당 내국법인의 사업에 사용하면 충분하고 교환 직전의 용도, 즉 교환의 상대방법인이 사용하던 용도와 동일한 용도에 사용하여야 하는 것은 아니다.

다. 자산교환명세서의 제출

손금산입자산교환명세서를 납세지 관할 세무서장에게 제출하여야 한다. 그러나 자산교환명세서의 제출은 손금산입에 관한 규정을 적용받기 위한 필요적 요건은 아니라고 하여야

---

2) 같은 취지: 이종규, 「법인세법해설」, 삼일인포마인, 2001, 761면.

할 것이다.

사업용자산의 양도차익으로서 손금에 산입하고자 하는 금액은 해당 사업용자산별로 감가상각자산의 경우에는 일시상각충당금으로, 감가상각자산 외의 자산의 경우에는 압축기장충당금으로 계상하여야 한다. 일시상각충당금 또는 압축기장충당금을 세무조정계산서에 계상하고 이를 법인세 과세표준신고시에 손금에 산입한 경우에는 손금으로 계상한 것으로 본다. 이 경우에는 각 자산별로 해당 자산의 일시상각충당금 또는 압축기장충당금과 감가상각비에 관한 명세서를 세무조정계산서에 첨부하여 제출하여야 한다(법령 64 ③ 및 98 ②).

3 손금산입범위액

해당 사업연도의 소득금액계산시 손금에 산입하는 양도차익에 상당하는 금액은 교환취득자산의 가액에서 현금으로 대가의 일부를 지급한 경우 그 금액 및 사업용 자산의 장부가액을 차감한 금액으로 한다(법령 86 ④). 다만, 그 차감한 금액이 해당 사업용 자산의 시가에서 장부가액을 초과하는 경우에는 그 초과하는 금액을 제외한다.

위 양도차익에 대하여 교환으로 취득한 자산이 비상각자산이라면 압축기장충당금을, 상각자산이라면 일시상각충당금을 설정하여 손금에 산입한다(법령 86 ⑤).

이를 계산식으로 표시하면 다음과 같다.

$$\text{손금에 산입할 양도차익에 상당하는 금액} = \text{교환취득자산의 가액} - \left\{ \left(\begin{array}{c} \text{현금으로 대가의 일부를} \\ \text{지급한 경우의 그 금액} \end{array} \right) + \left(\begin{array}{c} \text{사업용 자산의} \\ \text{장부가액} \end{array} \right) \right\}$$

위에서 교환취득자산의 가액은 교환에 의한 취득 당시의 시가에 의하여 산정한 금액이다. 그리고 현금으로 대가의 일부를 지급한 경우의 그 금액이란 서로 교환하는 목적물의 가격이 균등하지 않을 때에 그 차액을 보충하기 위하여 지급되는 교부금을 의미한다고 하겠다.

다음으로 사업용자산의 장부가액이란 교환계약에 따라 상대방에게 이전하는 목적물의 장부가액(취득가액에서 감가상각누계액을 공제한 금액을 말한다)을 말한다.

4 일시상각충당금 등의 익금산입

손금으로 계상한 일시상각충당금과 압축기장충당금은 다음의 방법에 따라 익금에 산입한다. 사업용 자산의 일부를 처분하는 경우의 익금산입액은 해당 사업용 자산의 가액 중 일시상각충당금 또는 압축기장충당금이 차지하는 비율로 안분계산한 금액에 의한다(법령 86 ⑤, 64 ⑤).

① 일시상각충당금은 해당 사업용 자산의 감가상각비(취득가액 중 해당 일시상각충당금에 상당하는 부분에 대한 것에 한한다)와 상계하되, 다만 해당 자산을 처분하는 경우에는 상계하고 남은 잔액을 그 처분한 날이 속하는 사업연도에 전액 익금에 산입한다.

② 압축기장충당금은 해당 사업용 자산을 처분하는 사업연도에 이를 전액 익금에 산입한다.

제4절 주식의 포괄적 교환·이전에 관한 과세 및 그 특례

1 의의 및 제도적 취지

주식의 포괄적 교환·이전이란 어느 회사의 발행주식총수를 보유하는 완전모회사를 만들기 위한 조직재편제도이다. 주식의 포괄적 교환은 이미 존재하는 甲 법인과 乙 법인이 계약에 의하여 乙 법인의 주주가 보유하는 乙 법인 주식을 전부 甲 법인에 이전하고 甲 법인은 그 대가로 乙 법인의 주주에게 신주를 발행·교부하거나 자기주식을 교부하는 거래를 말하고(상법 360의2 이하), 주식의 포괄적 이전은 甲 법인이 주식의 포괄적 이전을 계기로 신설된다는 점이 다르다(상법 360의15 이하). 주식의 포괄적 교환·이전은 지주회사의 설립을 용이하게 하기 위한 제도로서 경제적 실질은 합병과 다르지 않다.[1] 그러나 그 과정에서 乙 법인 주주에게 주식의 양도차익이 발생할 가능성이 있으므로 조세특례제한법은 과세특례를 규정하고 있다.

2 주식의 포괄적 교환·이전의 과세체계

주식의 포괄적 교환·이전의 당사자로는 완전모회사로 되는 회사, 완전자회사로 되는 회

---

[1] 같은 취지로 대법원 2022. 12. 29. 선고 2019두19 판결.

사, 완전자회사로 되는 회사의 주주가 있다. 주식의 포괄적 교환·이전시의 일반적인 과세체계는 다음과 같다.

가. 완전모회사로 되는 회사

완전모회사로 되는 회사는 완전자회사로 되는 회사의 주주로부터 주식을 취득하고 그 대가로 신주를 발행하여 주거나 혹은 자기주식을 교부하게 된다. 주식의 포괄적 이전의 경우 비로소 완전모회사로 되는 회사가 설립되므로 자기주식을 교부하는 일은 일어날 수가 없다. 완전모회사의 입장에서 완전모회사의 자본금 증가의 한도액이 완전모회사의 자본금을 초과할 경우 주식의 포괄적 교환차익 또는 주식의 포괄적 이전차익이 발생할 수 있다. 이 차익은 자본거래로 인한 것이므로 익금불산입한다(법법 17 ① II, III).

나. 완전자회사로 되는 회사

주식의 포괄적 교환·이전과정에서 완전자회사의 순자산 상태에는 변동이 생기지 않는다. 즉, 특별한 과세의 계기가 없으므로 과세문제는 발생하지 않는다.

다. 완전자회사로 되는 회사의 주주

완전자회사로 되는 회사의 주주는 완전모회사로 되는 회사의 주식을 취득하고 그 대가로 완전자회사로 되는 회사 주식을 교부한다. 이때 발생하는 주식의 양도차익에 관하여 법인주주에 대하여는 법인세가, 개인 주주에 대하여는 양도소득세가 각각 과세된다.

3 과세특례의 요건

주식의 포괄적 교환·이전 거래와 관련하여 과세가 문제될 수 있는 당사자는 완전자회사로 되는 회사의 주주이다. 따라서 조특법은 다른 조직재편제도의 경우와 같은 취지로 과세특례를 규정하고 있다.

가. 사업목적성

주식의 포괄적 교환·이전일 현재 1년 이상 계속하여 사업을 하던 내국법인간의 주식의 포괄적 교환·이전이어야 한다. 다만, 주식의 포괄적 이전으로 신설되는 완전모회사는 제외한다(조특법 38 ① I).

나. 지분의 연속성

1) 주식의 포괄적 교환·이전대가 중 주식의 비율

완전자회사의 주주가 완전모회사로부터 교환·이전대가를 받은 경우 그 교환·이전대가의 총합계액 중 주식의 가액이 80퍼센트 이상이어야 한다(조특법 38 ① II).

2) 교부주식의 배정

완전자회사의 주주에게 교환·이전대가로 받은 완전모회사의 주식을 교부할 때에는 특정지배주주(조특령 35의2 ⑥)에게 그 지분비율 이상의 주식을 배정하여야 한다(조특법 38 ① II, 조특령 35의2 ⑦).

3) 교부주식의 일정기간 보유

완전모회사 및 특정지배주주(조특령 35의2 ⑥)는 주식의 포괄적 교환·이전으로 취득한 주식을 교환·이전일이 속하는 사업연도의 종료일까지 보유하여야 한다(조특법 38 ① II).

다. 사업의 계속성

완전자회사는 교환·이전일이 속하는 사업연도의 종료일까지 사업을 계속하여야 한다(조특법 38 ① III, 조특령 35의2 ⑦).

4 과세특례

과세특례의 요건을 모두 충족할 경우 완전자회사의 주주가 내국법인이라면 주식의 양도차익 상당액에 관하여 손금산입할 수 있고, 거주자·비거주자·법인세법 제91조 제1항에 해당하지 않는 외국법인(이하 이 절에서 '거주자등'이라고만 한다)이라면 양도소득세의 과세를 이연받을 수 있다.

완전자회사의 주주인 내국법인은 손금산입액에 관하여 완전모회사 주식에 압축기장충당금을 설정하고 완전모회사 주식을 전부 또는 일부 처분하는 사업연도에 다음 계산식에 따른 금액을 익금에 산입한다(조특령 35의2 ② 後).

$$\text{압축기장충당금} \times \frac{\text{처분한 주식수}}{\text{주식의 포괄적 교환·이전으로 취득한 주식수}}$$

한편, 완전자회사의 주주인 거주자등의 경우 완전모회사의 주식 전부 또는 일부 처분할 때 과세이연된 양도소득세를 과세한다(조특령 35의2 ④).

과세특례가 적용될 경우 완전모회사는 완전자회사의 주식을 시가로 취득한다(조특법 38 ②). 2017. 12. 19. 조특법 개정 전에는 완전모회사가 완전자회사의 주식을 장부가액으로 계상하도록 하였다. 만일 완전자회사 주식에 미실현이익이 포함되어 있고 과세특례가 적용된다면 그 미실현이익은 장부가액 승계에 의해 완전모회사 및 완전자회사 주주에게 이전되어, 완전모회사가 완전자회사 주식을 처분할 때와 완전자회사 주주가 완전모회사 주식을 처분할 때 각각 이중으로 실현되어 과세가 된다. 이는 경제적으로 이중과세에 해당할 수 있다는 점에서 문제가 있었으므로 위와 같이 개정한 것이다. 현행법에 따르면 완전자회사 주식에 내재된 미실현이익은 과세이연 후에는 완전자회사 주주 단계에서만 과세된다.[2]

5 사후관리와 사업을 폐지한 경우 등의 익금산입

주식의 포괄적 교환·이전을 남용하여 조세를 회피하는 행위에 대처하기 위하여 조세특례제한법은 사후관리에 관한 규정을 두고 있다. 주식의 포괄적 교환·이전일로부터 2년 이내에 완전자회사가 사업을 폐지하거나 완전모회사 또는 완전자회사의 특정지배주주가 주식의 포괄적 교환·이전으로 취득한 주식을 처분하는 경우 완전모회사는 해당 사유의 발생사실을 발생일로부터 1개월 이내에 완전자회사의 주주에게 알려야 하며 완전자회사의 주주는 과세를 이연받은 양도소득세 또는 법인세를 다음의 구분에 따라 납부하여야 한다(조특법 38 ②, 조특령 35의2 ⑫). 다만 법령에 따라 불가피하게 주식을 처분하는 경우 등 대통령령으로 정하는 부득이한 사유가 있는 경우에는 주식을 보유하거나 사업을 계속하는 것으로 본다(조특법 38 ③).

① 완전자회사의 주주가 거주자등인 경우

해당 사유가 발생한 날이 속하는 반기의 말일부터 2개월 이내에 조특법 제38조 제1항에 따라 이연받은 세액(이연받은 세액 중 이미 납부한 부분과 조특령 제35조의2 제3항에 따라 납부한 세액을 제외한다)을 납부한다. 이 경우 완전모회사등주식을 양도하는 경우에는 그 주식의 취득가액을 주식의 포괄적 교환·이전일 현재 완전모회사등주식의 시가로 한다.

---

2) 예를 들어 완전자회사의 주주가 1인(법인이라고 가정한다)이고 그 주식의 장부가액이 100원, 시가가 150원(즉 미실현이익 50원)이라고 가정하여 보자. 과세특례가 적용되지 않는다면 완전자회사의 주주는 50원의 양도차익에 대하여 과세된다. 그러나 과세특례가 적용되면 완전자회사의 주주는 완전모회사의 주식 시가 150원 상당을 취득하면서도 압축기장충당금을 50원 설정하고 완전모회사는 완전자회사의 주식을 100원으로 계상한다. 주식의 포괄적 교환 이후에 완전자회사의 주주가 완전모회사 주식을 전부 처분하고, 완전모회사가 완전자회사의 주식을 전부 처분한다면 각각 50원이 과세가 되어 총 100원이 과세되는 결과가 되는 것이다.

② 완전자회사의 주주가 법인인 경우

　　해당 사유가 발생한 날이 속하는 사업연도의 소득금액을 계산할 때 조특령 제35조의2 제1항에 따라 압축기장충당금으로 손금에 산입한 금액 중 같은 조 제2항에 따라 익금에 산입하고 남은 금액을 익금에 산입한다.

제8장

부당행위계산의 부인

1 조세회피행위와 그 부인

조세회피행위란 납세자가 일정한 경제활동을 할 때 통상적인 거래형식을 선택하지 않고 우회행위, 다단계행위, 그 밖의 이상한 거래형식을 취함으로써 결과적으로는 의도한 경제적 목적이나 경제적 성과를 실현하면서 통상적인 거래형식을 선택하였을 경우에 생기는 조세부담을 경감하거나 배제하는 행위를 말한다. 조세회피행위는 사법상으로는 유효한 행위로 시인된다. 이와 같이 사법상 유효한 행위로 평가되는 조세회피행위를 조세법상으로도 그대로 용인하고 그에 따라 과세하여야 할 것인지 아니면 사법상 유효한 것을 전제로 하면서도 조세법상으로 그 행위를 무시하고 일반적으로 이용되는 거래형식에 대응하는 과세요건이 충족된 것으로 보아 과세하여야 할 것인지가 문제된다. 조세회피가 있는 경우 당사자가 이용한 거래형식을 조세법상으로 무시하고 일반적으로 이용되는 거래형식에 대응하는 과세요건이 충족된 것으로 취급하는 것을 조세회피행위의 부인이라 한다.

조세회피행위를 부인하기 위하여 실정법상의 근거가 필요한지에 관하여는 크게 긍정설과 부정설이 대립하고 있다. 이는 실정법에서 조세회피행위를 부인하는 규정을 두고 있는 경우에 그 규정이 창설적 규정인지 또는 확인적 규정인지에 관한 논의와 직결된다. 조세회피행위를 부인하기 위해서는 실정법상의 부인규정이 필요하다는 긍정설이 과거 우리나라의 통설이었다.[1] 조세법률주의 아래에서 법률의 근거 없이 당사자가 선택한 법형식을 부인하고 통상적이라고 여겨지는 법형식으로 고쳐 인정하여 과세하는 것은 국민의 법적 안정성 및 예측가능성을 현저히 침해한다는 것을 그 논거로 한다.

---

[1] 대표적으로, 전정구, 「한국조세법의 제문제」, 조세통람사, 1989, 224면. 윤병각, "실질과세의 원칙과 조세회피행위의 부인", 「법과 정의(이회창선생화갑기념)」, 1992, 378면.

판례도 과거에는 대체로 긍정설을 취하여 "납세자의 해당 거래에 대하여 이를 조세회피 행위라고 하여 그 법형식에도 불구하고 경제적 관찰방법 또는 실질과세의 원칙에 따라 그 행위계산의 효력을 부인할 수 있으려면 조세법률주의의 원칙상 법률에 개별적이고 구체적 인 부인규정이 마련되어 있어야 한다"는 입장을 고수하여 왔다.[2]

그러나 앞서 본 바와 같이 대법원 2012. 1. 19. 선고 2008두8499 전원합의체 판결 이후의 판례는 개별적이고 구체적인 부인규정이 없이도 일반규정으로서의 실질과세원칙(국기법 14)에 의하여 조세회피행위를 부인하는 경향이 두드러지고 있다.

위 전원합의체 판결 및 그 이후의 판례에 따르면 국세기본법 제14조는 조세회피행위를 부인하기 위한 일반규정[3]의 성격을 갖게 되는데, 조세회피행위를 부인하기 위한 일반규정 을 두는 것이 과세요건명확주의에 위반되는 것이 아닌가에 관하여는 견해가 대립한다. 조 세회피행위를 부인하기 위한 일반규정은 조세회피행위를 부인하기 위한 개별적이고 구체 적인 개별규정(예를 들면 현행 소득세법 제41조, 제101조, 법인세법 제45조, 제52조, 상증법 제44조부터 제45조의3까지 등이 이에 해당한다) 보다 그 법문의 구체성·명확성이 떨어지 고, 따라서 그 규정의 의미나 내용이 명확하지 않는 경우가 있을 수 있기 때문이다.

생각건대 조세회피행위를 부인하기 위한 일반규정이라고 하더라도 법관의 법보충작용으 로서의 해석을 통하여 그 의미·내용이 구체화·명확화 될 수 있다면 이를 두고 과세요건 명확주의에 위반된다고 비난할 수는 없다.[4] 현재 독일을 비롯하여 영국, 오스트리아, 스웨 덴, 프랑스, 스페인, 네덜란드, 벨기에, 캐나다, 이탈리아, 호주, 뉴질랜드, 이스라엘 등 대부 분의 국가 들이 조세회피행위를 부인하기 위한 일반규정을 두고 있다. 그리고 미국에서는 판례법상 확립된 경제적 실질(Economic Substance) 원칙, 사업목적(Business Purpose) 원 칙, 단계거래(Step Transaction)의 원칙 등에 의하여 조세회피행위를 부인해 왔는데 2010 년에 미국연방세법 제7701조(o)를 입법하여 위 경제적 실질 원칙을 성문화하였다. 위 조문 은 일반적 조세회피방지 규정의 성격을 갖는다고 할 수 있다.[5]

이와 같은 조세회피행위를 부인하기 위한 일반규정의 성격을 갖는 국세기본법 제14조와 법인세의 회피행위를 부인하기 위한 개별규정[6]의 성격을 갖는 법인세법 제52조(부당행위

---

2) 대법원 1999. 11. 9. 선고 98두14082 판결; 대법원 1996. 5. 10. 선고 95누5301 판결; 대법원 1992. 9. 22. 선고 91누13571 판결 등.
3) 이를 강학상 일반적 조세회피방지규정(General Anti-Avoidance Rule: GAAR)이라고 한다.
4) 헌법재판소 2002. 12. 18. 선고 2002헌바27 결정; 헌법재판소 1996. 8. 29. 선고 95헌바41 결정; 헌법재판소 1995. 11. 30. 선고 94헌바40 결정; 헌법재판소 1995. 2. 23. 선고 93헌바24 결정 등.
5) 상세는 최정희/황남석, "미국의 경제적 실질원칙의 발전과정에 관한 연구-그레고리 판결부터 제7701조(o) 조까지-", 「조세학술논집」 제36집 제4호, 2020, 1-42면.
6) 이를 강학상 개별적 조세회피방지규정(Specific Anti-Avoidance Rule: SAAR)이라고 한다.

계산의 부인) 또는 제45조(합병에 따른 이월결손금의 승계) 등과의 관계가 문제가 된다. 일반규정 및 개별규정의 성격과 그 관계, 국세기본법과 개별세법과의 관계를 정하고 있는 국세기본법 제3조 제1항의 규정 등에 비추어 볼 때 하나의 법인세 회피행위가 일반규정의 성격을 갖는 국세기본법 제14조에 따른 부인요건과 법인세 회피행위를 부인하기 위한 개별규정에 해당하는 법인세법 제52조 또는 제45조 등에 따른 부인요건을 동시에 충족하는 경우에는 개별규정에 해당하는 법인세법 제52조 또는 제45조 등에 따라 그 법인세 회피행위를 부인하여야 한다. 조세회피행위를 부인하기 위한 일반규정의 성격을 갖는 국세기본법 제14조는 조세회피행위를 부인하기 위한 개별규정이 없거나 개별규정으로 대처하기 어려운 경우에만 적용하여야 한다.[7]

2   법인세법상 부당행위계산 부인의 의의

가. 부당행위계산 부인의 의의

내국법인의 행위 또는 소득금액의 계산이 특수관계인(법법 2 XII)과의 거래로 인하여 그 법인의 법인세를 부당하게 감소시킨 것으로 인정되는 경우 그 행위 또는 소득금액의 계산을 법인세법상의 부당행위 또는 부당계산이라 한다(법법 52). 보통 부당행위 또는 부당계산을 통칭하여 부당행위계산이라고 부른다. 법인세법상의 부당행위계산은 법인세의 회피행위에 해당한다.

이와 같은 부당행위계산에 관하여는 내국법인의 행위 또는 소득금액의 계산에 불구하고 납세지 관할 세무서장 또는 관할 지방국세청장이 그 법인의 각 사업연도의 소득금액을 계산하게 된다. 이를 법인세법상의 부당행위계산의 부인이라고 하는데, 법인세 회피행위의 부인이라고 부르기도 한다.[8]

부당행위계산의 부인은 법률상으로 적법·유효한 행위 또는 기업회계기준이나 회계관행에 적합한 소득금액의 계산이기는 하나 그와 같은 행위 또는 소득금액의 계산이 그 법인의

---

7) 일본의 학설도 대체로 같은 입장이다(渡辺徹也, 「スタンダード 法人税法」 第2版, 弘文堂, 2019, 301면). 과거 독일의 판례는 특별법 우선(*lex specialis*)의 원칙에 따라서 입법자가 특별한 영역에 관하여 가치판단을 내린 이상 해당 영역에 대하여는 일반적 조세회피방지규정이 적용되지 않는다는 입장이었다(BFH, Urteil vom 15. 12. 1999, BStBl II 2000, 257). 그러나 과세관청은 그와 반대입장이었다(BMF-Schreiben vom 19. 3. 2001, IStR, 2001, 228). 2001년에 독일조세기본법 제42조 제2항이 신설되면서 과세관청의 입장이 입법적으로 채택되었다. 따라서 개별적 조세회피방지 규정은 더 이상 차폐효과(Abschirmwirkung)를 갖지 못하게 되었다. *Fischer* in Hübschmann/Hepp/Spitaler, AO·FGO Kommentar, Loseblatt, 2005, § 42 AO Rn. 11.
8) 부당행위계산부인 규정의 비교법적·연혁적 측면에 관하여는 우선 정인진, "부당행위계산의 부인", 「재판자료」 제61집, 1993, 155면 이하.

법인세를 부당하게 감소시키는 경우에 해당하기 때문에 이를 부인하고 합리적인 경제인의 행위 또는 계산으로 바꾸어 각 사업연도의 소득금액을 다시 계산하는 제도이다.

나. 제도적 취지

부당행위계산의 부인에 관한 규정은 법인세의 회피를 방지하여 조세부담의 공평을 실현하기 위한 제도이다. 즉 납세의무자가 경제거래를 할 때 경제인의 합리적 거래형식에 의하지 않고 이상성(Ungewönlichkeit)이 있는 행위나 형식을 선택함으로써 정상적인 행위나 형식을 선택하였을 경우와 동일하거나 거의 유사한 경제적 효과를 달성하면서 법인세가 경감되거나 배제되는 효과를 얻은 경우에 해당 조세회피행위를 부인함으로써 조세부담의 공평을 실현하기 위한 법적 장치이다.[9]

법인세 부당행위계산의 부인에 관한 법인세법 제52조는 일정한 법인세의 회피행위를 부인하기 위한 개별규정의 성격을 갖고 있지만 동시에 법인세법상의 다른 개별규정(예: 법법 45의 합병에 따른 이월결손금의 승계)보다는 그 적용범위가 광범위하다는 점이 그 특징이다.

제**2**절 부당행위계산 부인의 적용요건

내국법인의 행위 또는 소득금액의 계산이 그와 특수관계에 있는 자(이하 '특수관계인'이라고 한다)와의 거래에 있어서 그 법인의 소득에 대한 조세의 부담을 부당하게 감소시킨 것으로 인정되는 때이다. 이하에서 이를 나누어서 설명하고자 한다.

1 대상법인

부당행위계산의 부인에 관한 규정은 모든 법인에게 적용된다. 그 법인이 내국법인이든 또는 외국법인이든, 영리법인이든 또는 비영리법인이든, 계속법인이든 청산 중에 있는 법인이든 불문한다(법법 52 ①, 92 ①).

---

9) 대법원 1997. 5. 28. 선고 95누18697 판결.

2 행위 또는 계산의 이상성

가. 행위 또는 계산

1) 행위·계산의 개념

행위 또는 소득금액의 계산에 이상성이 존재하여야 한다. 즉 행위 또는 소득금액의 계산이 부당하여야 한다. '행위'는 법인의 대외적 관계에 있어서 법률효과를 발생하는 법률행위(Rechtsgeschäft)를, 소득금액의 '계산'은 대내적 관계에서의 회계처리를 각각 의미하는 것으로 해석한다.[1]

행위의 부인은 소득금액 계산의 부인을 수반하는 것이 일반적이므로 행위의 부인과 소득금액의 계산의 부인을 따로 보는 것은 무의미하다. 왜냐하면 행위의 부인이라고 하더라도 결국은 소득금액의 계산의 부인이라는 과정을 통하여 각 사업연도의 소득금액을 조정하는 것이므로 행위 또는 소득금액의 계산의 부인은 모두 소득금액의 계산의 부인으로 귀착되기 때문이다. 다만, 부인할 행위가 존재하지 않기 때문에 소득금액의 계산만을 부인하여야 할 경우가 있다.[2]

2) 실재하는 유효한 행위·계산

부당행위계산부인의 대상이 되는 기초적 사실행위는 실제로 존재하는 것이어야 한다.[3] 또한 부당행위계산부인의 대상이 되는 행위 또는 소득금액의 계산은 법률상으로 적법·유효한 행위이어야 한다. 기업회계기준이나 회계관행에 적합한 계산에 해당하더라도 부인의 대상이 될 수 있다.

실재하지 않는 행위나 무효인 행위 등은 부당행위계산의 부인에 의해서가 아니고 사실인정의 과정을 통하여, 또는 실질과세원칙의 적용을 통하여 진실한 사실관계 또는 실질내용에 따라 소득금액을 산정하면 된다. 부연한다면 실재하지 않거나 사실관계에 부합하지 않는 행위의 부인이나, 무효인 법률행위 등의 세법적 평가는 부당행위계산부인의 대상이 아니다.[4]

---

1) 広瀬正, 「判例からみた税法上の諸問題」, 新日本法規出版, 1972, 123면. 이 규정의 전신은 1923년 일본소득세법에 신설된 동족회사 행위부인제도이다(같은 법 제73조의3). 그 후 1926년 일본소득세법 개정시에 '계산'의 부인이 추가되었다. 당시 입법자는 행위와 별도로 계산을 부인할 필요가 있다고 판단하고 계산의 부인을 추가한 것이다[貴族院所得税法中改正法律案外二十一件特別委員會議事速録 第五號, 1926년 3월 6일자, 4면대장성 주세국장 쿠로다히데오(黒田英雄) 진술부분]. 예를 들어 무수익자산의 매입 등(법령 88 ① Ⅱ)은 행위를 부인하는 경우이고 금전 등의 무상대부 등(법령 88 ① Ⅵ)은 계산을 부인하는 경우이다. 武田昌輔, 「会社税務精説」, 森山書店, 1962, 787면.
2) 志達定太郎, 「会社所得税及営業収益税」, 第一書房, 1939, 240면.
3) 대법원 1985. 4. 23. 선고 84누622 판결; 대법원 1982. 11. 23. 선고 80누466 판결.
4) 서울행정법원 2014. 3. 21. 선고 2013구합57266 판결: 「…부당행위계산부인제도라 함은 사법상 적법·유효한

나. 이상성의 판단기준

1) 이상성의 개념

부당행위계산은 납세의무자가 정상적이라고 생각되는 행위나 형식을 선택하지 않고 이상성(異常性)을 띤 행위나 형식을 취하는 경우에 성립한다. 어떤 행위 또는 형식이 정상적인 것인가 또는 이상적인 것인가의 판정은 극히 어려운 문제이다.

독일에서는 이상성(Ungewöhnlichkeit)을 적합하지 않은 방법(unangemessene Weg)의 법적 형성으로 이해한다. 부적합한 법적 형성이란 특정한 경제적 목적을 달성할 때 정상적인 납세자라면 주어진 동일한 상황 아래에서 선택하지 않았을 정도의 이상한 법적 형성을 의미하는데 정상적인 방법에서 벗어나는 술책과 계략으로 이루어지거나 우회적인 방법에 의하는 경우가 적지 않다.

이와 같은 부적합한 법적 형성(unangemessene Rechtsgestaltungen)의 특색은 형식적이고 복잡하고 어색하고 비경제적이고 허식적이고 부자연스러우며 통찰할 수 없고 불합리하고 비효율적이며 지나치다.[5]

미국에서는 어떤 거래행위의 주된 목적이 통상적인 사업목적이 아닌 경우만을 이상성을 띤 거래행위로 파악하는 사업목적원칙(business purpose doctrine)이 판례에 의하여 확립되어 있다. 이와 같은 사업목적원칙에 의하여 조세회피행위를 부인한 최초의 판례는 그레고리 사건[6]이다. 이 사건은 납세의무자가 조세회피만을 목적으로 조직변경(reorganization)을 이용한 거래에 대하여 사업목적이 없는 거래행위라는 이유로 조직변경에 관한 비과세규정의 적용을 배제한 것이다.

사업목적원칙이란 어떤 거래행위가 사업상 또는 산업상의 목적으로서가 아니고 조세부담의 회피를 주된 목적으로 하여 행하여진 경우에는 그 거래행위를 부인함이 마땅하나, 조세부담의 회피를 주된 목적으로 하지 않고 사업상 또는 산업상의 목적으로 이루어진 경우

행위계산을 전제로 하는 것이기 때문에 그 기초적 사실관계는 진실로 존재하고 과세관계에 있어서만 조세법적 관점에 비추어 과세관청에 의하여 부인된 그 행위계산에 대신하여 적정하다고 인정한 정상적 행위계산에 따라 그 법인의 소득금액을 계산하는 것이고, 현실로 행하여진 행위계산 자체에는 어떠한 실체적 변동을 가져오는 것이 아니다. 그리고 기업회계기준이나 회계관행에 적합하더라도 부인의 대상이 될 수 있다. 그러므로 법인 장부상의 기초적 사실내용이 허위인 경우 등 명백히 부당하다고 인정될 때에는 법인세법상 부당행위계산부인제도에 의하여서가 아니라, 법인세법 제66조의 과세관청의 과세표준경정결정권 등에 의하여 허위사실을 부인함으로써 과세표준을 경정할 수 있는 것이다. 다시 말하자면 실재하지 아니하거나 사실관계에 부합하지 아니하는 행위 또는 소득금액계산이 무효인 법률행위 등은 부당행위계산부인의 대상이 아니다. 그러나 위와 같은 사실인정 또는 실질과세원칙을 적용한 사실관계 내지 실질내용이 다시 부당행위계산부인 대상에 해당하는 경우에는 부당행위계산부인을 한 후 과세할 수 있다…」

5) *Tipke/Lang*, Steuerrecht, 24. Aufl., 2021, Rn. 5.127.
6) Gregory v. Helvering, 293 US 465, 469(1935).

에는 해당 거래행위를 부인하여서는 안 된다는 원칙이다.[7]

2) 시가 기준

법인세법은 법인의 행위 또는 소득금액의 계산이 부당한지의 여부를 일단 건전한 사회통념 및 상관행과 특수관계인이 아닌 자간의 정상적인 거래에서 적용되거나 적용될 것으로 판단되는 시가를 기준으로 하여 판단하도록 하고 있다(법법 52 ②).[8] 즉 부당행위계산에 해당하는지의 여부를 판단할 때 가장 직접적이고 구체적인 기준 내지 잣대는 시가이다. 특히 자산 등의 고가매입 또는 저가양도 등에 해당하는지의 여부를 판단할 때 시가가 가장 직접적이고 구체적인 기준이 된다. 따라서 법인이 행한 행위 또는 거래의 가격을 시가와 비교하되, 시가보다 높은 가액이나 이율 등으로 자산 · 금전 또는 용역을 취득 · 차용 또는 제공받거나 무상 또는 시가보다 낮은 가액이나 이율 등으로 자산 · 금전 또는 용역을 양도 · 대부 또는 제공한 경우에는 일단 이상성을 띤 행위 내지 경제적 합리성을 결여한 행위로 보아야 할 것이다.

다만 법인세법 시행령은 시가보다 높은 가액, 시가보다 낮은 가액, 시가보다 낮은 이율 · 요율 또는 임대료, 시가보다 높은 이율 · 요율 또는 임차료 등이라 하더라도 시가와 대가(실제의 거래가액)의 차액이 3억원 이상이거나 시가의 5퍼센트에 상당하는 금액 이상인 경우[9]로 부당행위계산부인규정의 적용범위를 제한한다(법령 88 ③). 자산의 시가를 확인 · 산정하는 것이 용이하지 않고, 산정한 시가의 객관성 및 정확성에 있어서도 의문이 존재하기 때문에 시가와 거래가격의 차이가 합리적인 범위[안전대(安全帶: safe harbor)] 내에 있는 경우에는 부당행위에서 배제하여 납세자 부담 및 분쟁의 소지를 줄이고자 한 것이다.[10] 따라서 그 시가를 명확하게 확인할 수 있는 주권상장법인이 발행한 주식에 대하여는 안전대에 관한 규정을 적용하지 않는다(법령 88 ④).[11]

---

7) Bittker/Lokken, *Federal Taxation of Income, Estates and Gifts* Volume 1, 1989, pp. 4 - 43 - 4 - 45.
8) 대법원 1997. 5. 28. 선고 95누18697 판결: 「경제적 합리성의 유무에 대한 판단은 제반 사정을 구체적으로 고려하여 그 거래행위가 건전한 사회통념이나 상관행에 비추어 경제적 합리성을 결한 비정상적인 것인지의 여부에 따라 판단하여야 한다.」
9) 3억원은 상증법상 고 · 저가 양도시 증여규정의 기준금액을 고려한 것이고 5퍼센트는 통계학적으로 ±5퍼센트 범위 내 오차는 유의성(significance)이 없다고 보는 점을 고려한 것이다. 재정경제부, 「2006 간추린 개정 세법」, 재정경제부, 133면.
10) 재정경제부(註9), 133면.
11) 2021. 2. 법인세법 시행령 개정 이전에는 장내거래된 상장주식에 한하여 법인세법 시행령 제88조 제3항의 적용을 배제했는데 위 개정 이후에는 상장주식이기만 하면 장내거래 여부를 불문하고 위 제88조 제3항의 적용을 배제한다.

3) 경제적 합리성

설사 구체적인 거래가 시가와 다른 가격으로 행해지더라도 이상성이 없다면 본 요건을 충족하지 않는다. 우리나라에서는 행위 또는 소득금액의 계산에서 이상성을 판단할 때 구체적인 행위나 거래가 주위의 경제적 사정 및 경제적 합리성에 비추어 적합한 것인지 또는 자연스러운 것인지의 여부를 기준으로 한다.[12]

법인세법에서는 이상성을 '부당'으로, 그리고 이상성을 띤 행위 또는 소득금액의 계산을 '부당행위계산'으로 표현하고 있는데, 이와 같은 부당이라는 용어는 경제적인 의미로 사용한 것이다.[13] 대법원도 부당을 경제적 개념으로 이해하여 '경제적 합리성을 결여한 거래'라고 지칭하면서,[14] 경제적 합리성을 판단할 때에는 경제인이 통상적으로 선택하리라고 기대되는 거래가 기준이 된다고 하였다. 판례는 경제적 합리성의 유무를 판단하는 기준으로 사회통념, 상관행, 특수관계인 아닌 자간의 거래가격,[15] 거래 당시의 특수사정[16] 등을 고려한다.

4) 구체적인 사례의 검토

아래에서 간단한 사례를 들어 설명하기로 한다.

사례 1

시가가 10억원인 자산을 8억원에 양도한 경우에는 시가와 대가와의 차액은 3억원에 미달하지만 시가와 대가와의 차액이 시가의 5퍼센트에 상당하는 금액(5천만원) 이상이기 때문에 부당행위계산 부인의 요건을 충족한다.

---

12) 최명근, 「법인세법」, 세경사, 1998, 413면.
13) 일본법인세법 제132조는 우리 법인세법상 부당행위계산부인제도에 대응하는 「동족회사 등의 행위 또는 계산의 부인」을 규정하면서 부당성을 요건으로 두고 있는데 일본 최고재판소는 '부당'은 일종의 불확정개념이지만 일본헌법 제84조에 규정된 과세요건명확주의에 반하지 않는다고 판시하였다[日本 最高裁判所 1978년(昭和 53년) 4월 21일 판결, 稅務訴訟資料 101号 156면]. 또한 동족회사에 대하여만 행위계산의 부인규정을 둔 것은 합리성이 있고 평등원칙을 규정하고 있는 일본헌법 제14조에도 위반하지 않는다고 하였다[도쿄고등재판소 1978년(昭和 53년) 11월 30일 판결(日訟月 25卷 4号 1145면)] 동족관계에 의하여 회사경영의 지배권이 확립되고 있는 동족회사에서 법인세 부담을 부당하게 감소시킬 목적으로 비동족회사에서는 쉽게 할 수 없는 행위계산을 할 우려가 있기 때문이라는 것이 그 이유였다.
14) 대법원 1979. 2. 27. 선고 78누457 판결.
15) 대법원 1986. 11. 11. 선고 85누986 판결 등.
16) 대법원 1997. 2. 14. 선고 96누9966 판결; 대법원 1992. 3. 31. 선고 91누8555 판결; 대법원 1990. 5. 11. 선고 89누8095 판결 등.

사례 2

시가가 100억원인 자산을 96억원에 양도한 경우에는 시가와 대가와의 차액(4억원)은 시가의 5퍼센트에 상당하는 금액(5억원)에 미달하지만 3억원 이상에 해당하기 때문에 부당행위계산부인의 요건을 충족한다.

사례 3

시가가 100억원인 자산을 98억원에 양도한 경우에는 시가와 대가와의 차액도 3억원에 미달할 뿐만 아니라 시가와 대가와의 차액이 시가에서 차지하는 비율도 5퍼센트에 상당하는 금액(5억원)에 미달하기 때문에 부당행위계산부인의 요건을 충족하지 못한다.

그러나 설사 거래조건이 3억원 또는 시가의 5퍼센트라고 하는 안전대를 벗어난다고 하더라도 부당행위계산부인규정은 경제인의 입장에서 볼 때 부자연스럽고 불합리한 행위계산을 함으로 인하여 경제적 합리성을 무시하였다고 인정되는 경우에 한하여 적용되는 것이므로 경제적 합리성이 인정되는 사정이 있다면 부당행위계산부인의 대상이 되지 않는다. 이 경우에 경제적 합리성의 유무에 관한 판단은 그 거래행위의 대가관계만을 따로 떼어내어 단순히 특수관계인이 아닌 사람과의 거래형태에서는 통상 행하여지지 않는 것이라 하여 바로 이에 해당하는 것으로 볼 것이 아니라, 거래행위의 제반 사정을 구체적으로 고려하여 과연 그 거래행위가 건전한 사회통념이나 상관행에 비추어 경제적 합리성을 결여한 비정상적인 것인지 여부에 따라 판단하여야 한다는 것이 판례의 일관된 입장이다.[17] 따라서 예컨대 채권자인 법인이 특수관계인인 채무자에 대한 채권을 회수할 가능성이 거의 없고 채무자가 파산할 경우 거액의 담보 및 보증제공으로 인하여 법인 또한 적지 않은 타격을 입을 것으로 예상되는 상황에서, 법인의 손해를 조금이나마 줄이기 위해서는 채권을 그대로 보유하는 것보다는 출자전환하여 채무자의 재무구조를 개선함으로써 신규 공사수주가 가능하도록 하여 계속기업으로서 존속하게 하는 것이 낫다고 판단하여 채무자에 대한 채권을 출자전환한 경우 설사 채무자 주식의 가치가 전혀 없었다고 하더라도 이는 건전한 사회통념이나 상관행에 어긋나는 비정상적인 거래로서 경제적 합리성이 없는 것이라고 할 수 없다.[18]

---

17) 대법원 2010. 1. 14. 선고 2009두12822 판결; 대법원 2006. 5. 11. 선고 2004두7993 판결; 대법원 2001. 11. 27. 선고 99두10131 판결 등.

18) 대법원 2010. 1. 14. 선고 2009두12822 판결. 그 이외에도 경제적 합리성이 인정됨을 이유로 문제된 거래행위가 부당행위계산부인의 대상이 되지 않는다고 판단한 판례로는, 대법원 2012. 11. 29. 선고 2010두19294 판

한편 행위 또는 소득금액의 계산에서의 이상성은 거래 당시를 기준으로 하여 판단한다.[19]

다. 시가의 개념

1) 의 의

시가란 정상적인 거래에 의하여 형성된 객관적인 교환가격을 의미한다.[20] 법인세법은 시가를 적용할 때에는 건전한 사회통념 및 상거래 관행과 특수관계인이 아닌 자간의 정상적인 거래에서 적용되거나 적용될 것으로 판단되는 가격(요율·이자율·임대료 및 교환비율과 그 밖에 이에 준하는 것을 포함한다)을 기준으로 하도록 하고 있다(법법 52 ②). 법인이 특수관계인에게 금전, 그 밖의 자산 또는 용역을 무상 또는 시가보다 낮은 이율·요율이나 임대료로 대부하거나 제공함으로써 그 법인의 소득에 대한 조세의 부담을 부당히 감소시킨 것으로 인정되는 경우의 시가는 금전 대여의 경우 법인세법 시행령 제89조 제3항에 따라, 그 밖의 자산 또는 용역 제공의 경우 같은 시행령 제89조 제1항, 제2항, 제4항에 따라 각각 달리 계산하도록 하고 있다. 위 시행령 규정의 법적 성격이 의제규정인지 혹은 추정규정인지가 문제되는데 위임근거 규정인 제52조 제2항의 내용에 비추어 원칙적으로 추정규정으로 해석하는 것이 타당하다.[21] 그러나 모든 시행령 규정을 일률적으로 추정규정으로 볼 것은 아니고 개별 규정의 개정 연혁 및 입법취지 등을 종합하여 판단하여야 한다.[22]

2) 시가의 판정시점

시가는 거래 당시를 기준으로 판단하므로 거래계약 체결 시기와 양도 시기가 다르다면 부당행위계산에 해당하는지 여부는 대금을 확정짓는 거래 당시를 기준으로 판단하고 익금에 산입하여 소득처분할 금액은 특별한 사정이 없는 한 취득 시기를 기준으로 산정한다.[23]

결; 대법원 2007. 12. 13. 선고 2005두14257 판결; 대법원 1996. 7. 26. 선고 95누8751 판결.

19) 대법원 2010. 5. 13. 선고 2007두14978 판결: 고가매입으로 인한 부당행위계산 부인의 경우 토지 등의 취득이 부당행위에 해당하는지 여부 결정시기는 거래당시(매매계약체결일)이고, 그 익금에 산입하여 소득처분할 금액 산정의 기준시기는 특별한 사정이 없는 한 그 취득시기이다(같은 취지: 대법원 1992. 11. 24. 선고 91누6856 판결; 대법원 1989. 6. 13. 선고 88누5273 판결).

20) 대법원 1993. 2. 12. 선고 92누9913 판결.

21) 판례도 같은 취지이다. 대법원 2018. 10. 25. 선고 2016두39573 판결; 대법원 2018. 7. 26. 선고 2016두40375 판결; 대법원 2018. 7. 20. 선고 2015두39842 판결. 정병문, "법인세법상 부당행위계산부인 – 판례를 중심으로", 사법논집 제38집, 384면; 대법원판례해설 제118호(2018년 하), 2019, 200면(김희철/김범준 집필부분).

22) 시행령 규정을 시가를 의제한 규정으로 해석한 사례로 조심 2023. 5. 2. 자 2022서2759·2760 결정.

23) 대법원 2010. 5. 27. 선고 2010두1484 판결; 대법원 1999. 1. 29. 선고 97누15821판결.

3) 시가의 산정

시가를 적용할 때 해당 거래와 유사한 상황에서 해당 재산 또는 동종·유사 재산에 관하여 특수관계인 외의 불특정다수인과 계속적으로 거래한 가격 또는 특수관계인이 아닌 제3자 간에 일반적으로 거래된 가격이 있는 때에는 그 가격에 의하여야 한다(매매사례가액).[24]

「상속세 및 증여세법」의 경우 평가기준일 전후 6개월(증여재산의 경우 평가기준일 전 6개월부터 평가기준일 후 3개월)이라는 기간의 제한이 있지만(상증령 49 ①) 법인세법은 그런 제한을 두고 있지 않다.

상장주식을 증권시장 내에서 장내거래한 경우 해당 거래가격이 시가이다. 상장주식을 증권시장 외에서 장외거래하거나(자본시장법 8의2 ④ I) 대량매매 등의 방법[25]으로 거래한 경우에는 그 거래일의 거래소(자본시장법 8의2 ②) 최종시세가액[26]을 해당 주식의 시가로 한다.[27] 이 경우 사실상 경영권의 이전이 수반된다면 그 가액의 20퍼센트를 가산하여 할증평가한다(법령 89 ①).[28]

사실상 경영권의 이전이 수반되는 경우란 ① 상증법 제63조 제3항에 따른 최대주주 또는 최대출자자가 변경되는 경우 또는 ② 상증법 제63조 제3항에 따른 최대주주등 간의 거래에서 주식등의 보유비율이 1퍼센트 이상 변동되는 경우를 말한다(법칙 42의6 ①). 다만 해당 주식이 중소기업(중소기업기본법 2)이 발행한 주식 등 상증령 제53조 제8항 각 호의 어느 하나에 해당하는 경우는 그렇지 않다. 또한 앞서 본 바와 같이 2021. 2. 17. 법인세법 시행령 개정 이후부터는 상장주식이기만 하면 장내거래 여부를 묻지 않고 법인세법 시행령 제88조 제3항의 안전대 규정이 적용되지 않는다. 비상장주식에 관한 개별 거래라 하더라도 객관적인 교환가치가 적정하게 반영된 정상적인 거래의 실례가 있으면 그 거래가격을 시가로 보

---

24) 대법원은 시장성이 적은 비상장주식의 경우에도 그에 대한 매매사실이 있는 경우에는 그 거래가액을 시가로 보아 주식의 가액을 평가하여야 하고 상증법이 규정한 보충적 평가방법에 의하여 평가해서는 안 된다고 하면서도, 시가란 일반적이고 정상적인 거래에 의하여 형성된 객관적 교환가격을 의미하므로 매매사례가액이 시가로 인정되기 위하여는 해당 거래가 일반적이고 정상적인 방법으로 이루어져 거래일 당시의 객관적 교환가치를 적정하게 반영하고 있다고 볼 수 있는 사정이 인정되어야 한다고 한다(대법원 2014. 11. 13. 선고 2012두24863 판결; 대법원 2012. 4. 26. 선고 2010두26988 판결).

25) 자본시장법 제393조에 따른 거래소의 증권시장업무규정에서 일정 수량 또는 금액 이상의 요건을 충족하는 경우에 한정하여 매매가 성립하는 거래방법을 말한다(법칙 42의6 ②).

26) 거래소 휴장 중에 거래한 경우에는 그 거래일의 직전 최종시세가액으로 한다(법령 89 ① 각 호 외의 부분 但).

27) 거주자가 주권상장법인이 발행한 주식을 특수관계법인에게 장외거래 등의 방식으로 양도하는 경우 그 대가가 법인세법상 시가에 해당하여 법인세법 제52조를 적용하지 않는다면 거주자에 대하여도 소득세법 제101조(양도소득의 부당행위계산) 제1항을 적용하지 않는다는 것이 행정해석의 입장이다(서면-2021-자본거래-3441, 2021. 6. 7.).

28) 어떤 돈이 경영권 프리미엄의 대가에 해당하려면 반드시 주식의 양수도에 수반하여 수수되어야 한다. 서울고등법원 2023. 12. 22. 선고 2023누53128 판결(대법원 2024. 5. 9. 자 2024두33419 판결로 심리불속행 종결).

아 주식의 가액을 평가하여야 한다는 것이 판례이다.[29] 특히 비상장주식이 금융투자협회가 운영하는 K-OTC 시장 등 장외시장에서 거래된 경우 그 매매사례가액도 시가로 볼 수 있는지 여부가 실무상 문제되는데, 판례는 시가로 보는 경향이 있다.[30]

---

[29] 대법원 2012. 4. 26. 선고 2010두26988 판결; 대법원 1992. 10. 27. 선고 92누1971 판결; 대법원 1989. 6. 13. 선고 88누3765 판결; 대법원 1997. 9. 26. 선고 97누8502 판결; 서울고등법원 2022. 2. 16. 선고 2020누55505 판결(비상장주식의 평가액을 낮출 부당한 목적으로 행해진 경매절차에서 결정된 경매가액은 시가에 해당할 수 없다는 취지. 대법원 2022. 7. 14. 선고 2022두39369 판결로 심리불속행 종결).

[30] 중요한 사례들을 살펴보면 다음과 같다.
① 서울고등법원 2016. 12. 15. 선고 2016누57757 판결(확정)
소액주주 142명의 보유주식 122만주(총발행주식의 8.9%)가 인터넷 사이트를 통해서 활발하게 장외거래되고 있었고 평가기준일 전후 3개월 이내 기간 중에 매매사례가 총 9명, 14건에 달하는 점에 비추어 보면 평가기준일을 기준으로 일반적이고 정상적인 거래에 의하여 형성된 객관적 교환가격으로서의 시가가 형성되어 있다고 보았다.
② 서울행정법원 2014. 11. 27. 선고 2014구합63756 판결(대법원 2015. 11. 26. 선고 2015두49238 판결로 확정)
비상장주식 거래시장에서 소량의 주식거래가 이루어졌고 그 거래 이후 주식 가격이 하락한 사안에 관한 사안인데, 법원은 해당 거래는 공개된 시장에서 원고 및 그 특수관계인과 무관한 제3자 사이에 이루어진 거래이고 반드시 거래 주식수가 많아야만 시가를 반영한 거래라고 볼 만한 근거는 없다고 판단하였다. 또한 위 판결은 시가의 결정이 해당 회사의 경영실적이나 재무상태뿐만 아니라 거래당사자들이 고려하는 다른 여러 가지 요소들을 통해서 도출되는 것이라고 설시하였다.
③ 서울고등법원 2008. 5. 30. 선고 2007누32848 판결(확정)
비상장주식에 관하여 특수관계가 없는 자 간의 정상적인 거래에 의하여 형성된 객관적인 교환가격이 존재한다면 그 거래가 단 1회에 불과하더라도 위 교환가격을 해당 비상장주식의 시가로 볼 수 있다고 판단하였다.
④ 서울행정법원 2004. 11. 25. 선고 2003구합15591 판결(항소 취하로 확정)
이 사안은 비상장주식이 장외거래 인터넷 사이트에서 거래된 거래가격을 시가로 볼 수 있는지 여부가 문제된 사안이다. 법원은 증권거래소에 상장되지 않은 비상장주식의 장외거래라 하더라도 반드시 시가를 산정하기 어렵다고는 볼 수 없고, 객관적인 교환가치가 적정하게 반영된 정상적인 거래의 실례가 있으면 그 거래가격을 시가로 보아 주식의 가액을 평가하여야 한다는 것이 대법원의 확립된 판례이므로, 이와는 달리 비상장주식의 장외거래에서 형성된 거래실례가격은 언제나 정상적인 시가로 보기 어렵다는 취지의 원고들 주장은 받아들일 수 없다고 보았다.
이 사건의 쟁점은 과세대상이 된 거래가 행해진 시점에 근접하여 이루어진 이 사건 주식의 장외거래가 과연 그 거래대상인 이 사건 주식의 객관적인 교환가치를 적정하게 반영하는 일반적이고 정상적인 거래에 해당하는지 여부였는데, 법원은 어떠한 거래가 그 거래대상의 객관적인 교환가치를 적정하게 반영하는 일반적이고 정상적인 거래인지 여부는 ① 거래당사자들이 각기 경제적 이익의 극대화를 추구하는 대등한 관계에 있는지, ② 거래당사자들이 거래 관련 사실에 관하여 합리적인 지식을 가지고 있으며 강요에 의하지 아니하고 자유로운 상태에서 거래를 하였는지 등 거래를 둘러싼 제반 사정을 종합적으로 검토하여 결정하여야 할 것이고, 만약 가족·친지 등 특수관계에 있지 아니한 거래당사자들 사이에 다수의 거래가 이루어졌다면 이러한 거래가 일반적이고 정상적인 거래에 해당되지 않는다는 입증책임은 이를 주장하는 측에게 있다고 보아야 할 것이라고 판시하였다. 아울러, 법원은 주식가치는 그 기업의 자산가치나 수익가치는 물론 시장을 둘러싼 정치·경제상황 등이 복합적으로 반영되어 형성되는 것이므로 기업의 자산가치와 주식가격이 항상 일치하는 것은 아니라고 전제하고, 기업의 자산가치나 수익가치와 별개로 높은 시세가 형성되었고 그 등락 폭이 컸다고 하더라도 이는 주식시장의 특성에 기인한 것으로 볼 수 있을 뿐이고 이 사건 거래가격을 시가로 볼 수 없는 것은 아니라고 판단하였다.
⑤ 서울행정법원 2001. 12. 26. 선고 2001구29304 판결(확정)
비상장주식에 관하여 장외시장에서 불특정 다수인 사이에 거래가 계속하여 이루어진 사안인데, 법원은 해당 비상장주식에 관한 매매가액은 특별한 사정이 없는 한 주식의 시가로 볼 수 있다고 판단하였다.

한편 시가가 불분명한 때에는 다음의 규정을 차례대로 적용하여 계산한 금액을 시가로 의제한다(법령 89 ②).[31]

4) 보충적 평가방법

가) 감정가액

(1) 개관

「감정평가 및 감정평가사에 관한 법률」에 따른 감정평가법인등이 감정한 가액이 있는 경우 그 가액(감정한 가액이 2 이상인 경우에는 그 감정한 가액의 평균액)에 의한다(법령 89 ② I).

(2) 적용범위

주식등 및 가상자산은 감정으로 평가할 수 없다(법령 89 ② I 但). 대법원은 특히 주식등에 관하여 감정가액을 배제하는 이유로서 감정평가방법을 달리함에 따라 다양한 감정가액이 산출됨으로써 조세공평의 원칙에 반하는 결과가 초래되는 것을 방지하기 위한 것이라고 한다.[32] 실무상 비상장주식의 평가를 위하여 종종 사용되는 현금흐름할인방법(DCF)도 그 법적 성질은 감정에 해당하므로[33] 원칙적으로 보충적 평가방법으로 사용할 수 없으며 예외적으로 상증령 제54조 제6항의 요건을 충족하는 경우에 한하여 사용이 허용된다고 보아야 할 것이다.[34]

주식등 및 가상자산을 제외한다는 것은 주식등 및 가상자산에 관하여 감정평가법인의 감

---

⑥ 국심 2004. 6. 8. 자 2003중3477 결정
공인된 시장인 제3시장에서 불특정 다수인 간에 일반적, 계속적으로 거래되고 있는 주식의 거래가액이 시가가 아니라고 보기는 어렵다고 판단하였다.

31) 시가를 산정하기 어려워 보충적인 평가방법을 택할 수밖에 없었다는 점에 관한 입증책임은 과세관청에게 있다는 것이 판례이다. 대법원 2001. 9. 14. 선고 2000두406 판결; 대법원 1995. 6. 13. 선고 95누23 판결.

32) 대법원 2011. 5. 13. 선고 2008두1849 판결. 다만 대법원은 같은 판결에서 같은 취지를 규정하고 있는 「상속세 및 증여세법 시행령」 제49조 제1항 제2호의 해석과 관련하여 '특별한 사정이 있다면' 비상장주식에 관한 감정가액도 시가로 인정될 수 있다는 입장을 시사한 바 있다.

33) 대법원 2020. 4. 9. 선고 2016다32582 판결. ; 서울고등법원 2019. 3. 20. 선고 2018누66199 판결(대법원 2023. 5. 1. 선고 2019두38472 판결로 상고기각).

34) 대법원 2023. 6. 1. 선고 2019두38472 판결[현금흐름할인방법은 기업의 미래 현금흐름에 할인율을 적용하여 현재 시점에서의 자본가치를 추정하는 가치평가방법으로서 기업가치를 평가하는 과정에서 고려하여야 할 요소(미래순현금흐름, 할인율 등)의 결정시 주관이 개입될 여지가 있고, 적절한 할인율을 결정하는 것이 어렵다는 단점이 있어, 시세가 있는 코스닥시장 상장법인의 주식으로서 경영권 프리미엄까지 고려하여야 하는 경우에는 최적의 시가 산정방법이 아니라고 본 원심 판결(서울고등법원 2019. 3. 20. 선고 2018누66199 판결)을 인용하였다] 및 그 하급심 판결들. 그러나 서울고등법원 2023. 9. 12. 선고 2023누37034 판결은 현금흐름할인방법을 적용하여 산정한 비상장주식의 가액을 시가로 인정하고 있으며 위 판결은 대법원 2023. 12. 21. 자 2023두54006 판결로 심리불속행 확정되어 대법원의 정확한 입장을 알기 어렵다.

정가액이 있는 경우에도 그 가액에 의하지 않고 다음의 「상속세 및 증여세법」에 따른 보충적 평가방법으로 평가한다는 뜻이다. 여기서의 '주식등'에는 상장주식이 포함된다. 상증령 제58조의3 제2항은 국외 비상장주식의 경우 감정가액도 허용하고 있다[35]

(3) 소급감정의 허용 여부

소급감정은 감정가액의 평가기준일은 평가기간 중이지만 감정평가서를 과세표준 신고기한 경과 이후에 작성하는 것을 말한다. 과세관청 및 조세심판원은 소급감정을 원칙적으로 인정하지 않는 입장이었고 대법원은 소급감정도 허용된다는 입장이었다[36]

상증법의 경우 상증령 제49조 제1항 제2호 단서(1999. 12. 31. 대통령령 제16660호로 신설), 같은 항 각 호 외의 부분 단서(2019. 2. 12. 대통령령 제29533호로 개정)는 일정한 요건 하에 비거주용 부동산(이른바 '꼬마빌딩')에 관하여 상증법상의 재산평가시 소급감정을 허용하고 있다[37]

그렇다면 위 두 규정은 법인세법상 부당행위계산부인시의 시가 평가에 준용되는가?

감정에 관하여 규정하고 있는 법인세법 시행령 제89조 제2항 제1호는 위 두 규정을 준용하고 있지 않으며 달리 위 두 규정을 직접 준용하는 근거 규정은 없다. 그러나 비상장주식의 평가에 관한 법인세법 시행령 제89조 제2항 제2호는 상증법 제63조 제1항 제1호 나목을 준용하므로 다시 그 준용 규정을 순차적으로 적용하면 상증령 제54조, 제55조 제1항, 상증법 제60조 제2항, 상증령 제49조의 순서로 준용되어 감정 관련 상증법령의 여러 규정이 준용될 수 있다. 즉, 비상장주식을 평가하면서 해당 주식을 발행한 법인의 순자산가치를 평가할 때 상증법령상의 감정 관련 규정이 준용될 수 있으며 이때 위 소급감정 관련 규정도 적용될 수 있다. 이것이 대법원 판례의 입장이기도 하다[38] 그러나 평가 대상 자산을 직접 감정할 때에는 준용되지 않는 규정이 비상장주식을 평가할 때에 준용되는 것은 법체계적으로 매우 어색하고 적어도 해석론 차원에서는 찬동하기 어렵다.

(4) 과세관청에 의한 재감정의 제한

상증령 제49조 제1항 제2호 단서는 납세자가 제시한 감정가액에 재감정사유(① 감정가액이 기준금액에 미달하는 경우, ② 평가심의위원회의 심의를 거쳐 감정평가목적상 해당

---

35) 선순위 평가방법을 적용할 수 없는 경우에 한한다. 관련 문제에 관하여는 김범준, "해외 비상장주식 평가규정의 문제점과 개선 방안", 「조세학술논집」 제39집 제1호, 2023, 173면 이하.

36) 대법원 2008. 2. 1. 선고 2004두1834 판결; 대법원 2005. 9. 30. 선고 2004두2356 판결; 대법원 2001. 8. 21. 선고 2000두5098 판결.

37) 현재 위 규정의 위헌성 및 당부에 관하여는 논란이 계속되고 있다.

38) 대법원 2024. 4. 12. 선고 2020두54265 판결.

감정가액이 부적정하다고 인정되는 경우)가 인정되면 과세관청이 재감정을 할 수 있도록 규정하고 있다. 이 경우의 재감정은 동시에 소급감정에 해당할 때가 많을 것이다. 관련하여 위 재감정사유가 한정적인 열거인지 아니면 예시적인 성격의 것인지가 문제된다. 대법원 2024. 4. 12. 선고 2020두54265 판결은 위 재감정사유를 한정적인 열거로 보았다. 특히 재감정사유 중 '평가심의위원회의 심의를 거쳐 감정평가목적상 해당 감정가액이 부적정하다고 인정되는 경우'는 평가심의위원회의 자문을 거쳤는지 여부만을 기준으로 판단하여서는 안되고 원감정가액의 감정평가목적, 납세자와 감정기관과의 관계, 통모 여부, 납세자의 조세회피 의사, 평가심의위원회의 자문내용 및 결과 등을 함께 고려하여 개별적으로 판단하여야 한다고 판시하였다.

나) 「상속세 및 증여세법」에 따른 보충적 평가방법으로 평가한 가액

(1) 상증법에 따른 보충적 평가방법의 적용

상증법에 따른 보충적 평가방법(상증법 38, 39, 39의2, 39의3, 61부터 66까지의 규정에 따른 평가방법)에 따라 평가한다.

이하에서는 비상장주식과 가상자산의 보충적 평가방법에 관하여 살펴본다.

(2) 비상장주식의 평가

(가) 비상장주식의 평가요소

상증법 제63조, 상증령 제54조를 종합하여 비상장주식의 평가를 산식화하면 다음과 같다.

원 칙		(1주당 순손익가치×3 + 1주당 순자산가치×2) ÷ 5
예 외	부동산과다보유법인	(1주당 순손익가치×2 + 1주당 순자산가치×3) ÷ 5
	상증령 54 ④ 법인	1주당 순자산가치

① 1주당 순손익가치

1주당 순손익가치는 다음 산식에 따라 계산한다(상증령 54 ①).

> 1주당 순손익가치 = {1주당 최근 3년간의 순손익액의 가중평균액(또는 1주당 추정이익 평균가액)÷순손익가치환원율} ÷ 발행주식총수

위 산식의 계산요소와 관련하여 주의할 점은 다음과 같다.

㉠ 1주당 최근 3년간의 순손익액

순손익액은 법인세법 제14조에 따른 각 사업연도 소득에 가산 항목을 더하고 차감 항목을 빼서 산정한다(상증령 56 ④). 이 경우 각 사업연도 소득을 계산할 때 손금에 산입된 충당금 또는 준비금이 세법의 규정에 따라 일시 환입되는 경우에는 해당 금액이 환입될 연도를 기준으로 안분한 금액을 환입될 각 사업연도소득에 더한다.

(ⅰ) 가산 항목

　　ⓐ 국세 또는 지방세의 과오납금의 환급금 이자(법법 18 Ⅳ)

　　ⓑ 수입배당금액 중 일금불산입액(법법 18의2, 18의4)

　　ⓒ 법인세법 제24조 제5항, 제27조의2 제3항 및 제4항, 조특법(2010. 12. 27. 법률 제10406호로 개정되기 전의 것) 제73조 제4항에 따라 해당 사업연도의 손금에 산입한 금액

　　ⓓ 각 사업연도소득을 계산할 때 법인세법 시행령 제76조에 따른 화폐성외화자산·부채 또는 통화선도등('화폐성외화자산등')에 대하여 해당 사업연도 종료일 현재의 같은 조 제1항에 따른 매매기준율등('매매기준율등')으로 평가하지 않은 경우 해당 화폐성외화자산등에 대하여 해당 사업연도 종료일 현재의 매매기준율등으로 평가하여 발생한 이익

　　ⓔ 그 밖에 기획재정부령으로 정하는 금액: 2025. 1. 1. 현재 기획재정부령은 제정되어 있지 않다.

(ⅱ) 차감 항목

　　ⓐ 해당 사업연도의 법인세액(법인세법 제18조의4에 따른 익금불산입의 적용 대상이 되는 수입배당금액에 대하여 외국에 납부한 세액과 같은 법 제57조에 따라 세액공제를 적용하는 경우의 외국법인세액을 포함), 법인세액의 감면액 또는 과세표준에 부과되는 농어촌특별세액 및 지방소득세액

　　해당 사업연도의 법인세액이 '이월결손금을 공제한 후의 소득에 관한 법인세액'인지 아니면 '이월결손금을 공제하기 전의 소득에 관한 법인세액'인지 여부가 문제된 바 있는데, 대법원은 순손익가치의 의의와 상증세법상 고유개념으로서 순손익액의 의미, 이월결손금 제도의 취지 등을 고려하여 후자로 해석하였다.[39]

　　ⓑ 법인세법 제21조 제3호·제4호, 제21조의2 및 제27조에 따라 손금에 산입되지 않은 금액과 각 세법에서 규정하는 징수불이행으로 인하여 납부하였거나 납부할 세액

---

39) 대법원 2023. 6. 29. 선고 2019두56838 판결. 상세한 논거는 원심 판결인 서울고등법원 2019. 10. 2. 선고 2019누30920 판결에 잘 제시되어 있다.

ⓒ 법인세법 제24조부터 제26조까지, 제27조의2 및 제28조에 따라 손금에 산입되지 않은 금액과 조세특례제한법(2010. 12. 27. 법률 제10406호 조세특례제한법 일부개정법률로 개정되기 전의 것) 제73조 제3항에 따라 기부금 손금산입 한도를 넘어 손금에 산입하지 않은 금액, 같은 법 제136조의 금액, 그 밖에 기획재정부령으로 정하는 금액

ⓓ 법인세법 시행령 제32조 제1항에 따른 시인부족액에서 같은 조에 따른 상각부인액을 손금으로 추인한 금액을 뺀 금액

ⓔ 각 사업연도소득을 계산할 때 화폐성외화자산등에 대하여 해당 사업연도 종료일 현재의 매매기준율등으로 평가하지 않은 경우 해당 화폐성외화자산등에 대해 해당 사업연도 종료일 현재의 매매기준율등으로 평가하여 발생한 손실

(iii) 가산 및 차감 항목의 예시적 성격

이처럼 가산·차감 항목을 반영하는 것은 해당 법인의 순자산을 증가시키는 수익의 성질을 가졌지만 조세정책상의 이유 등으로 각 사업연도 소득금액 계산시 익금불산입된 금액 등을 가산하고, 그와 반대로 해당 법인의 순자산을 감소시키는 손비의 성질을 가졌지만 역시 조세정책상의 이유 등으로 각 사업연도 소득금액 계산시 손금불산입된 금액 등을 차감하여 순손익액을 산정함으로써 평가기준일 현재의 주식가치를 보다 정확하게 파악하기 위한 것이다.[40] 따라서 판례는 위 가산 및 차감 항목을 예시적인 것으로 본다. 위 개별 항목 이외의 것도 가산 및 차감 항목에 해당할 수 있으며 그 해당 여부를 결정하는 기준은 개별 가감 항목이 주식의 가치에 영향을 미치는지 여부이다.[41]

ⓛ 가중평균액

최근 3년간의 순손익액의 가중평균액은 다음 계산식에 따라 계산하고 그 가액이 음수이면 영으로 한다.

---

[40] 대법원 2013. 11. 14. 선고 2011두22280 판결.
[41] 대법원 2013. 11. 14. 선고 2011두22280 판결; 대법원 2011. 7. 14. 선고 2008두4275 판결(퇴직급여충당금 과소계상액을 차감항목에 해당한다고 본 사안); 서울고등법원 2018. 11. 21. 선고 2018누39043 판결(대법원 2019. 4. 25. 자 2019두30546 판결로 심리불속행 종결: 과소자본세제에 따라 배당으로 처분되는 이자비용도 차감항목에 해당한다고 본 사안); 서울고등법원 2022. 8. 25. 선고 2021누39982 판결(대법원 2023. 1. 12. 자 2022두57848 판결로 심리불속행 종결: 2009년에 양도차익이 발생한 법인이 조세특례제한법 제85조의7 제1항 제1호에서 정한 과세이연방식을 적용받아 2009 사업연도 소득 계산시 위 양도차익을 손금에 산입한 후 2012, 2013, 2014 각 사업연도 소득계산시 위 양도차익의 안분액을 익금에 산입하는 세무조정을 한 경우 2012, 2013, 2014 각 사업연도의 소득금액을 계산할 때 산입한 익금 안분액은 차감항목에 해당한다고 본 사안).

1주당 최근 3년간의 순손익액의 가중평균액

= {(평가기준일 이전 1년이 되는 사업연도의 1주당 순손익액 × 3) + (평가기준일 이전 2년이 되는 사업연도의 1주당 순손익액× 2) + (평가기준일 이전 3년이 되는 사업연도의 1주당 순손익액 × 1)} ÷ 6

　ㄷ 순손익가치환원율

　　순손익가치환원율은 3년 만기 회사채의 유통수익률을 고려하여 기획재정부령으로 정하는 이자율을 말하고 2024. 1. 1. 현재 연 10퍼센트이다(상증칙 17).

② 1주당 순자산가치

1주당 순자산가치는 다음 산식에 따라 계산한다(상증령 54 ②).

1주당 순자산가치 = 해당 비상장법인의 순자산가액 ÷ 발행주식총수

해당 비상장법인이 보유한 주식(주권상장법인이 발행한 주식으로 한정한다)의 평가금액은 평가기준일의 거래소 최종시세가액으로 하며, 상증법 제63조 제2항 제1호, 제2호 및 상증령 제57조 제1항, 제2항을 준용할 때 '직전 6개월(증여세가 부과되는 주식등의 경우에는 3개월로 한다)'은 각각 '직전 6개월'로 본다(법령 89 ② Ⅱ 後).

해당 비상장법인이 주주 상환우선주를 발행한 경우 그 주주 상환우선주는 기업회계상 부채로 취급되므로 부채로 취급하여 자산에서 빼야 한다는 조세심판원 결정이 있다.[42]

비상장주식의 평가규정은 평가기준일 현재의 주식가치를 정확하게 파악하기 위한 것이고 기업회계가 세무회계보다 주식가치를 평가하는 목적에 적합하다고 할 것이므로 타당한 결정이다.

문제는 법인의 자산 중에 비거주용 부동산이 있다면 상증령 제49조 제1항 각 호 외의 부분 단서가 적용되어 소급감정이 허용될 것인지 여부이다. 앞서 기술한 바와 같이 위 규정 자체의 위헌성에 관하여 다툼이 있고 법문상으로도 직접 준용하고 있지 않으므로 부정적으로 보아야 할 것이다.[43]

---

42) 조심 2016. 5. 12. 자 2005중5594 결정.

43) 다만 단순한 문리해석에 의하면 여러 단계의 준용 규정을 통해 법인세법에 준용된다고 볼 여지는 있다. 즉 법인세법 시행령 제89조 제2항 제2호, 상증법 제63조 제1항 제1호 나목, 상증령 제54조, 제55조 제1항, 상증법 제60조 제2항, 상증령 제49조 제1항 각 호 외의 부분 단서의 순서로 준용하면 상증령 제49조 제1항 각 호 외의 부분 단서가 준용될 수 있다. 판례도 이러한 입장을 취할 것으로 추측된다. 대법원 2024. 4. 12. 선고 2020두54265 판결 참조.

(나) 순손익가치와 순자산가치의 가중평균에 의하는 경우

원칙적으로 1주당 순손익가치와 1주당 순자산가치를 3:2로 가중평균하여 평가한다. 이때 1주당 순손익가치는 최근 3년간의 순손익액을 가중평균하여 계산하지만(상증령 56 ①) 예외적으로 일시적이고 우발적인 사건으로 해당 법인의 최근 3년간 순손익액이 증가하는 등 후술하는 상증법 시행규칙 제17조의3 제1항 각 호에 규정된 사유가 있는 경우에는 상속세 과세표준 신고기한 및 증여세 과세표준 신고기한까지 1주당 추정이익의 평균가액을 신고하고,[44] 1주당 추정이익의 산정기준일과 평가서작성일이 해당 과세표준 신고기한 이내이고 1주당 추정이익의 산정기준일과 상속개시일 또는 증여일이 같은 연도에 속하면 신용평가전문기관, 회계법인, 세무법인 중 둘 이상의 신용평가전문기관, 회계법인 또는 세무법인이 산출한 1주당 추정이익의 평균가액으로 갈음할 수 있다(상증령 56 ②).[45] 이 경우 추정이익의 평균가액 신고 등 절차적 요건을 충족하지 못하여 1주당 추정이익의 평균가액으로 갈음할 수 없게 되더라도 상증법 시행규칙 제17조의3 제1항 각 호에 규정된 사유가 발생하여 최근 3년간 순손익액의 가중평균액을 기초로 하는 것이 불합리하다면, 최근 3년간의 순손익액의 가중평균액을 사용할 수는 없다는 것이 판례의 태도이다.[46]

상증법 시행규칙 제17조의3 제1항 각 호의 사유는 다음 표와 같다.[47]

---

44) 다만 상증법과는 달리 법인세법을 적용할 때 신고가 필요한지는 의문이다. 과세실무는 통일되어있지 않다. 상세는 김범준, "추정이익에 의한 비상장주식 평가의 몇 가지 문제점과 해결 방안", 「조세법연구」 제22집 제2호, 2016, 333면 이하.

45) 이 경우에는 과거의 수익력이 무의미하게 되는 사유가 발생하였기 때문에 미래의 수익력을 추정하여 1주당 순손익가치를 계산하려는 것이다.

46) 판례는 이 경우 순자산가치법 등 상증법상 보충적 평가방법 중 객관적이고 합리적인 방법에 의하여 평가하여야 한다고 한다[그러나 순자산가치법으로 평가하면 객관적이고 합리적이라고 볼 수 없는 사정이 있는 경우까지 무조건 순자산가치법으로 평가하여야 하는 것은 아니다. 대법원 2025. 1. 9. 선고 2021두53320 판결; 대법원 2023. 5. 18. 선고 2023두32839 판결; 서울고등법원 2012. 12. 27. 선고 2012누12268 판결(대법원 2013. 5. 24. 자 2013두2853 판결로 심리불속행 종결)]. 대법원 2012. 5. 24. 선고 2011두9140 판결; 대법원 2008. 12. 11. 선고 2006두16434 판결. 다만 대법원 2012. 4. 26. 선고 2010두26988 판결은 그 경우에도 3년간 순손익액의 가중평균액을 적용하는 것이 더 객관적이고 합리적이라는 등의 특별한 사정이 있다면' 여전히 최근 3년간의 순손익액을 가중평균하여 1주당 순손익가치를 구할 수 있다고 한다. 예를 들어 사업개시 후 2년 밖에 안 되었더라도 그 기간 동안 순손익액에 큰 변화가 없고 해당 사업의 특성상 향후에도 변화가 없을 것으로 예상되는 경우가 여기서의 특별한 사정에 해당할 수 있다. 행정해석도 같은 취지이다. 즉, 법인세법 시행규칙 제17조의3의 사유에 해당하는 경우에도 3년간 순손익액의 가중평균을 사용할 수 있다고 본다. 국세청 법규과-1165(2013. 10. 24.).

47) 제1호는 2005. 3. 19. 삭제되었다.

구 분	사 유
제2호	기업회계기준의 자산수증이익, 채무면제이익, 보험차익 및 재해손실(이하 '자산수증이익 등')의 합계액에 대한 최근 3년간 가중평균액이 법인세 차감전 손익에서 자산수증이익등을 뺀 금액에 대한 최근 3년간 가중평균액의 50퍼센트를 초과하는 경우[48]
제3호	평가기준일전 3년이 되는 날이 속하는 사업연도 개시일부터 평가기준일까지의 기간 중 합병 또는 분할을 하였거나 주요 업종이 바뀐 경우[49]
제4호	상증법 제38조에 의하여 증여받은 이익을 산정하기 위하여 합병당사법인의 주식가액을 산정하는 경우[50]
제5호	최근 3개 사업연도 중 1년 이상 휴업한 사실이 있는 경우
제6호	기업회계기준상 유가증권·유형자산의 처분손익과 자산수증이익등의 합계액에 대한 최근 3년간 가중평균액이 법인세 차감전 손익에 대한 최근 3년간 가중평균액의 50퍼센트를 초과하는 경우[51]
제7호	주요 업종(해당 법인이 영위하는 사업 중 직접 사용하는 유형자산의 가액이 가장 큰 업종을 말한다)에 있어서 정상적인 매출발생기간이 3년 미만인 경우[52]
제8호	위 사유와 유사한 경우로서 기획재정부장관이 정하여 고시하는 사유에 해당하는 경우[53]

---

48) 제2호가 적용된 사안으로 서울고등법원 2012. 12. 27. 선고 2012누12268 판결(대법원 2013. 5. 24. 자 2013두2853 판결로 심리불속행 종결).
49) 여기서의 합병 또는 분할은 그 등기일을 기준으로 판단하는 것이 판례의 입장이다[서울고등법원 2020. 12. 3. 선고 2019누49610 판결(대법원 2021. 4. 15. 자 2020두58236 판결로 심리불속행 종결)]. 그러나 합병 또는 분할의 경제적 효과가 발생하는 합병기일 또는 분할기일을 기준으로 판단하는 것이 타당할 것으로 생각된다. 판례는 분할의 경우 분할법인과 분할신설법인 모두를 포함하는 것으로 해석하였다. 대법원 2005. 2. 26. 선고 2014두39203 판결. 판례는 완전모회사인 비상장회사가 자회사를 청산하여 모든 자산·부채를 그대로 승계한 경우에는 실질적으로 자회사를 합병한 경우와 유사한 결과가 발생하는바, 평가기준일부터 최근 3년 이내에 이와 같은 청산이 있었다면 비상장회사의 과거 실적을 토대로 미래의 기대수익을 예측하는 것이 불합리하다는 점에서 자회사를 합병한 경우와 다름이 없으므로 특별한 사정이 없는 제3호에 해당한다고 본다. 대법원 2017. 2. 3. 선고 2014두14228 판결. 위 판결에 관한 평석은 곽상민, "구 상속세 및 증여세법 시행규칙 제17조의3 제1항 제3호가 정한 최근 3년간 순손익액의 가중평균액 적용의 배제사유에 완전모회사인 비상장회사가 자회사를 청산하여 모든 자산·부채를 그대로 승계하는 경우가 포함되는지 여부", 「대법원판례해설 제111호」, 법원도서관, 2017, 595-610면.
50) 제4호가 적용된 사안으로 대법원 2013. 12. 26. 선고 2011두2736 판결이 있다.
51) 제6호가 적용된 사안으로 대법원 2012. 6. 14. 선고 2011두23306 판결; 대법원 2012. 4. 26. 선고 2011두32300 판결이 있다.
52) 판례는 주요 업종이 '변경'된 후 정상적인 매출발생기간이 3년도 채 되지 않는다면 그에 기초한 최근 3년간의 순손익액의 가중평균액은 일시우발적이거나 비정상적일 가능성이 많아 미래의 기대수익을 대신하기에 적합하지 않으므로 특별한 사정이 없는 한 제7호에 포함된다고 해석하였다. 대법원 2012. 5. 24. 선고 2011두9140 판결.
53) 2021. 12. 현재 이에 해당하는 하위규정은 없다.

다만, 부동산과다보유법인(상증령 54 ①)의 경우 1주당 순손익가치와 1주당 순자산가치를 2:3으로 가중평균하여 평가한다. 순자산가치가 기업의 가치에 미치는 영향이 더 클 것으로 예상되기 때문이다.[54] 부동산과다보유법인 여부는 소득세법 제94조 제1항 제4호 다목에 따라 판단한다.

이처럼 1주당 순손익가치와 1주당 순자산가치를 가중평균하여 평가하는 경우에도 그 가중평가한 가액이 1주당 순자산가치에 80%를 곱한 금액보다 낮으면 1주당 순자산가치에 80%를 곱한 금액으로 평가한다. 비상장주식의 평가 과정에서 의도적으로 순이익을 조정하는 등의 방법으로 순손익가치를 낮추는 편법이 발생하고, 순이익이 낮으나 자산이 많은 기업은 주식가치가 과소평가되는 문제가 발생하기 때문에 둔 규정이다.[55]

(다) 1주당 순자산가치만으로 평가하는 경우

「상속세 및 증여세법 시행령」 제54조 제4항에 규정된 각 경우에는 과거의 수익력이 더 이상 의미가 없고 계속기업의 가정도 합리적이지 않으므로 순자산가치만으로 평가한다.

① 상속세 및 증여세 과세표준신고기한(상증법 67, 68) 이내에 평가대상 법인의 청산절차가 진행 중이거나 사업자의 사망 등으로 인하여 사업의 계속이 곤란하다고 인정되는 법인의 주식 등

② 사업개시 전의 법인, 사업개시 후 3년 미만의 법인 또는 휴업·폐업 중인 법인의 주식 등. 이 경우 법인세법 제46조의3, 제46조의5, 제47조의 요건을 갖춘 적격분할 또는 적격물적분할로 신설된 법인의 사업기간은 분할 전 동일 사업부문의 사업개시일부터 기산한다.

③ 법인의 자산총액 중 소득세법 제94조 제1항 제4호 다목 1), 2)의 합계액이 차지하는 비율이 80퍼센트 이상인 법인의 주식등

④ 법인의 자산총액 중 주식등의 가액의 합계액이 차지하는 비율이 80퍼센트 이상인 법인의 주식등

⑤ 법인의 설립시 정관에 존속기한이 확정된 법인으로서 평가기준일 현재 잔여 존속기한이 3년 이내인 법인의 주식등

(라) 평가심의위원회의 평가가액 등

납세자가 유사상장법인 비교평가방법 또는 현금흐름할인방법으로 평가한 평가가액을 첨

---

54) 박훈/채현석/허원, 「상속·증여세 실무 해설」, 2020년판, 삼일인포마인, 2020, 481면.
55) 수원고등법원 2024. 8. 21. 선고 2023누16192 판결(대법원 2024. 12. 24. 자 2024두53697 판결로 심리불속행 종결).

부하여 평가심의위원회에 비상장주식등의 평가가액 및 평가방법에 관하여 심의를 신청하는 경우 평가심의위원회가 심의하여 제시하는 평가가액에 의하거나 그 위원회가 제시하는 평가방법 등을 고려하여 계산한 평가가액에 의할 수 있다. 다만 납세자가 평가한 가액이 보충적 평가방법에 따른 주식평가액의 70퍼센트에서 130퍼센트의 범위 안이어야 한다(상증령 54 ⑥).[56]

(마) 상증법상 비상장주식평가를 위한 보충적 평가방법에 따르더라도 그 가액을 평가할 수 없는 경우

대법원은 상증법에 규정되어 있는 비상장주식평가를 위한 보충적 평가방법에 따르더라도 그 가액을 평가할 수 없는 경우에는 상증법이 마련한 보충적 평가방법 중에서 객관적이고 합리적인 방법을 준용하여 평가할 수 있다는 입장을 취하고 있다.[57] 대법원은 그 근거로서 ① 상증법에서 따로 평가방법을 규정하지 않은 재산의 평가에 대해서는 제60조부터 제64조까지 및 제65조 제1항에 규정된 평가방법을 준용하여 평가하도록 규정되어 있고(상증법 65 ②), ② 상증법이 규정하고 있는 보충적 평가방법에 의하더라도 그 가액을 평가할 수 없는 경우에는 객관적이고 합리적인 방법으로 평가한 가액에 의할 수 밖에 없다는 점을 들고 있다.[58]

나아가 평가방법이 객관적이고 합리적이라면 상증법이 마련한 보충적 평가방법의 범위를 벗어난 방법으로 평가할 수 있는지 여부가 문제된다. 판례 사안 중에는 상증법 시행령 제54조 제1항을 적용할 때 특별손익을 공제한 정상적 이익만으로 과거 손익 가중평균 방법을 적용하여 순손익가치를 구한 다음, 순손익가치와 순자산가치를 3:2의 비율로 가중평균한 방법을 객관적이고 합리적이라고 본 것이 있다.[59]

(바) 할증평가

비상장주식의 경우에도 대통령령으로 정하는 최대주주등의 주식등에 관하여는 그 인정되는 가액에 그 가액의 20퍼센트를 가산하여 할증평가한다(상증법 63 ③).

---

56) 실무상으로는 평가심의위원회의 전문성 부족과 납세자의 과도한 입증부담 등으로 인하여 거의 활용되지 않는다.
57) 대법원 2013. 11. 14. 선고 2011두31253 판결; 대법원 2012. 4. 26. 선고 2010두26988 판결.
58) 대법원 2012. 6. 14. 선고 2011두32300 판결; 대법원 2012. 6. 14. 선고 2011두23306 판결; 대법원 2012. 4. 26. 선고 2010두26988 판결; 서울고등법원 2020. 12. 3. 선고 2019누49610 판결(대법원 2021. 4. 15. 자 2020두58236 판결로 심리불속행 종결).
59) 서울고등법원 2012. 12. 27. 선고 2012누12268 판결. 위 판결은 대법원 2013. 5. 24. 선고 2013두2853 판결로 확정되었다. 김범준, "추정이익에 의한 비상장주식 평가의 몇 가지 문제점과 해결 방안", 「조세법연구」 제22집 제2호, 2016, 343면.

(사) 외국 비상장주식의 경우

평가대상 주식이 외국에 있는 비상장법인의 주식인 경우에는 보충적 평가방법을 그대로 적용하는 것이 부적당하지 않은 때에 한하여 보충적 평가방법을 적용할 수 있고 위 보충적 평가방법을 적용하는 것이 부적당하지 않다는 것에 관한 입증책임은 과세관청에게 있다는 것이 판례이다.[60] 주식의 가액을 결정하는 순손익가치는 미래의 기대수익을 한국의 3년 만기 회사채의 유통수익률을 고려하여 기획재정부령으로 정하는 이자율에 의하여 현재가치로 할인한 것이기 때문이다. 위 법리는 순자산가치만에 의하여 주식의 가액을 평가할 때에도 마찬가지로 적용된다는 것이 판례이다.[61] 만일 보충적 평가방법을 적용할 수 없다면 상증령 제58조의3에 따라 평가하여야 할 것이다.

(3) 가상자산의 평가

가상자산의 보충적 평가방법에 관하여는 상증법 제65조 제2항, 같은 법 시행령 제60조 제2항이 규정하고 있다. 이에 따르면 특정금융정보법상 가상자산사업자 중 국세청장이 고시한 사업자의 사업장에서 거래되는 가상자산은 고시된 사업장의 평가기준일 이전·이후 1개월간 공표된 일평균가격의 평균액으로 평가하고 그 이외의 가상자산은 특정금융정보법상 가상자산사업자 및 그에 준하는 사업자의 사업장의 평가기준일의 일평균가격 또는 종료기각에 공표된 시세가액 등 합리적으로 인정되는 가격으로 평가한다.

5) 금전의 대여 또는 차용에 관한 특례

가) 원칙 - 가중평균차입이자율

금전을 대여 또는 차용할 때에는[62] 위의 각 평가방법에 불구하고 가중평균차입이자율을 시가로 한다(법령 89 ③).[63] 위에서 가중평균차입이자율이란 자금을 대여한 법인의 대여시

---

60) 대법원 2010. 1. 14. 선고 2007두5646 판결.
61) 대법원 2020. 12. 30. 선고 2017두62716 판결.
62) 판례는 이 경우 금전 대여에 해당하는지 또는 자산·용역 제공에 해당하는지는 그 거래의 내용이나 형식, 당사자의 의사, 계약체결의 경위, 거래대금의 실질적·경제적 대가관계, 거래의 경과 등 거래의 형식과 실질을 종합적으로 고려하여 거래관념과 사회통념에 따라 합리적으로 판단하여야 한다고 한다. 대법원 2017. 8. 29. 선고 2014두43301 판결.
63) 판례는, 위 규정이 이자율은 채무액, 채무의 만기, 채무의 보증 여부, 채무자의 신용 정도 등 여러가지 사정에 따라 달라질 수 있으므로, 실제로 거래한 이자율이 부당행위계산에 해당하여 부인할 수 있는지 판단하기 어렵다는 점을 고려하여 마련된 것이라고 하면서 부당행위계산의 부인을 둔 취지나 법인세법 시행령 제89조 제3항의 위임근거인 법인세법 제52조 제2항 등에 의하면, 이자율의 시가 역시 일반적이고 정상적인 금전거래에서 형성될 수 있는 객관적이고 합리적인 것이어야 하므로, 법인세법 시행령 제89조 제3항에서 정한 가중평균차입이자율 등을 시가로 볼 수 없는 사정이 인정된다면 정상적인 거래에서 적용되거나 적용될 것으로 판단되는 이자율의 시가를 과세관청이 증명하여야 한다고 한다. 대법원 2018. 7. 26. 선고 2016두40375 판결.

점 현재 각각의 차입금 잔액(특수관계인으로부터의 차입금은 제외한다)에 차입 당시의 각각의 이자율을 곱한 금액의 합계액을 해당 차입금 잔액의 총액으로 나눈 비율을 말한다. 이 경우 해당 비율 또는 대여금리가 해당 대여시점 현재 자금을 차입한 법인의 각각의 차입금 잔액(특수관계인으로부터의 차입금은 제외한다)에 차입 당시의 각각의 이자율을 곱한 금액의 합계액을 해당 차입금 잔액의 총액으로 나눈 비율보다 높은 때에는 해당 사업연도의 가중평균차입이자율이 없는 것으로 본다. 그리고 법인이 변동금리로 차입한 경우에는 차입당시의 이자율로 차입금을 상환하고 변동된 이자율로 같은 금액을 다시 차입한 것으로 본다(법칙 43 ①, ⑥).

다음으로 가중평균차입이자율을 산정할 때 조작의 우려가 있는 채권자가 불분명한 사채와 매입자가 불분명한 채권·증권의 발행으로 조달된 차입금의 잔액은 가중평균차입이자율 계산을 위한 잔액에 포함하지 않는다(법칙 43 ⑥).

나) 예외 - 당좌대출이자율

다음의 경우에는 당좌대출이자율을 시가로 한다(법령 89 ③ 但, 법칙 43).

(1) 가중평균차입이자율의 적용이 불가능한 경우

다음과 같은 사유로 가중평균차입이자율의 적용이 불가능한 경우에는 해당 대여금 또는 차입금에 한정하여 당좌대출이자율을 시가로 한다(법칙 43 ③).[64]

    (가) 특수관계인이 아닌 자로부터 차입한 금액이 없는 경우

    (나) 차입금 전액이 채권자가 불분명한 사채 또는 매입자가 불분명한 채권·증권의 발행으로 조달된 경우

    (다) 가중평균차입이자율이 없는 것으로 보는 경우

(2) 대여한 날(계약을 갱신한 경우에는 그 갱신일을 말한다)부터 해당 사업연도 종료일까지의 기간이 5년[65]을 초과하는 대여금이 있는 경우(법칙 43 ④)

이때에는 해당 대여금 또는 차입금에 한정하여 당좌대출이자율을 시가로 한다.

(3) 해당 법인이 당좌대출이자율을 시가로 선택하는 경우

해당 법인이 법인세 과세표준 신고와 함께 기획재정부령으로 정하는 바에 따라 당좌대출이자율을 시가로 선택하는 경우에는 당좌대출이자율을 시가로 하여 선택한 사업연도와 그

---

64) 따라서 해당 사업연도의 모든 대여금 및 차입금에 대하여 당좌대출이자율을 적용하는 것은 아니다.

65) 장부 보존의무기간인 5년이 경과한 대여금 자료에 의하여 차입 이자율을 계산하는 것은 신뢰성이 떨어지기 때문이다.

이후 2개 사업연도는 당좌대출이자율을 시가로 한다(법령 89 ③ II).[66] 또한 그 선택한 사업연도와 이후 2개 사업연도 경과 후 다시 당좌대출이자율을 시가로 선택하는 경우에도 다시 그 사업연도와 이후 2개 사업연도는 당좌대출이자율을 시가로 적용하여야 한다.[67]

6) 그 밖의 자산 또는 용역의 제공에 관한 특례

금전 외의 자산 또는 용역에 관하여 위의 가) 및 나)의 평가방법을 적용할 수 없는 경우에는 다음 방법에 의하여 계산한 금액을 시가로 한다(법령 89 ④).

가) 유형 또는 무형의 자산을 제공하거나 제공받는 경우

유형 또는 무형의 자산을 제공하거나 제공받는 경우에는 해당 자산의 시가의 50퍼센트에 상당하는 금액에서 그 자산의 제공과 관련하여 받은 전세금 또는 보증금을 차감한 금액에 정기예금이자율을 곱하여 산출한 금액을 시가로 한다(법령 89 ④ I).

나) 건설 기타 용역을 제공하거나 제공받는 경우

해당 용역의 제공에 소요된 원가와 그 원가에 수익률을 곱하여 계산한 금액을 합한 금액으로 한다(법령 89 ④ II).

> 용역의 시가 = 용역의 제공에 소요된 원가 × (1 + 수익률)

용역의 제공에 소요된 원가에는 직접비 및 간접비가 포함된다. 기업회계기준에서의 매출원가(건설업의 경우에는 공사원가. 이하에서 '매출원가'라 한다)를 의미한다.

수익률은 기업회계기준에 의하여 계산한 매출액에서 원가를 차감한 금액을 원가로 나눈 비율이다. 수익률은 해당 사업연도 중 특수관계인 외의 자에게 제공한 유사한 용역제공거래 또는 특수관계인이 아닌 제3자간의 일반적인 용역제공거래에 있어서의 매출액 및 원가를 기준으로 하여 산정하여야 한다.

다) 상표권 사용료

계열회사 간에 상표권을 가진 법인이 다른 계열회사에게 상표권 사용을 허락하면서 사용료를 받지 않은 경우 부당행위계산부인의 대상이 되는지 다투어진 사례가 적지 않다.[68] 이

와 관련하여 상표권 사용료의 산정방법이 문제가 되는데, 행정해석은 공정거래법에 따른 지주회사가 기업집단에 내부거래가 제외되지 않은 총매출액에 일정 사용료율을 곱하여 산정한 상표권 사용료를 수취하는 경우 위 수수료 산정방식이 다른 제3의 지주회사들과 그 소속 기업집단 간에 일반적으로 통용되어 상당한 기간 동안 지속적으로 적용되었고 건전한 사회통념 및 상거래 관행에 위배되지 않는 등 거래행위의 제반사정을 고려하였을 때 객관적 교환가치를 적정하게 반영하였다면 그 수수료는 시가에 해당한다고 보았다.[69]

판례는 ① 감정평가액을 시가로 인정하거나[70] ② 회계법인이 작성한 브랜드정책 검토보고서에 기초하여 산정한 「(순매출액 – 광고선전비) × 사용료율」을 시가로 인정하는 입장[71]을 취하고 있다.

한편 판례는 내국법인이 상표권을 공동소유하고 있고 상표권의 가치 형성에 실질적 기여를 한 바 없으며 다른 계열사들이 그 상표권을 사용하였거나 사용료를 납부할 의무가 있는지 명확하지 않다면 그 다른 계열사들에게 상표권 사용료를 지급받지 않더라도 경제적 합리성이 결여된 것으로는 볼 수 없다고 한다.[72]

7) 부당행위계산의 판단시점

판례는 부당행위계산의 해당 여부를 판단하는 시점은 원칙적으로 행위·계산의 시점이고 그 이행시점이 아니라고 한다.[73] 다만, 판례는 차용금의 변제기가 장기간인 경우에는 높은 이율을 유지하는 것이 정당하다고 인정될 수 있는 등의 특별한 사정이 없는 한 최초로 금전을 차용한 당시뿐만 아니라 그 이후 이자를 지급할 당시를 기준으로 부당행위에 해당하는지 여부를 판단할 수 있다고 한다.[74]

8) 입증책임

부당행위계산부인의 요건사실에 관한 주장·입증책임은 과세관청에 있으므로 시가에 관한 주장·입증책임도 과세관청에 있다.[75] 다만 특정한 거래가 시가와 다른 가격으로 행해

• 31587 판결이 설시하고 있다.

69) 재법인-326, 2020. 3. 24.

70) 대법원 2023. 5. 18. 선고 2018두33005 판결.

71) 대법원 2023. 5. 18. 선고 2022두31570·2022두31587 판결.

72) 서울고등법원 2024. 8. 28. 선고 2023누59393·59409 판결(대법원 2025. 1. 23. 자 2024두56290 판결로 심리불속행 종결).

73) 대법원 2010. 5. 27. 선고 2010두1484 판결(자산의 저가양도); 대법원 1999. 1. 29. 선고 97누15821 판결(주식매수선택권을 저가로 부여한 사안).

74) 대법원 2018. 10. 25. 선고 39573 판결.

75) 대법원 2017. 2. 3. 선고 2014두14228 판결; 대법원 2013. 9. 27. 선고 2013두10335 판결; 대법원 2012. 10. 25. 선고 2012두12006 판결; 대법원 1987. 4. 14. 선고 86누378 판결.

진 경우 경제적 합리성에 관한 입증책임이 납세자에게 있는지 여부가 문제될 수 있는데 학설상으로는 과세관청이 특수관계인 간의 거래가 시가와 다른 조건으로 이루어졌음을 입증하였다면 경제적 합리성의 존부에 관한 입증책임은 납세자에게 귀속되거나 일응의 추정이 된다는 주장이 있다.[76] 하급심 판결은 그 반대 입장을 취하고 있다.[77] 경제적 합리성의 존부는 요건사실인 부당성을 구성하는 핵심적인 사실이므로 과세관청이 입증책임을 진다고 해석하는 것이 타당하다. 다만 과세관청이 시가를 입증하면 부당성이 사실상 추정되는 것으로 볼 여지는 있을 것이다.[78]

라. 소득세법 및 상증법에 따른 시가와 차이가 발생할 경우의 처리

개인과 법인 간에 재산을 양수 또는 양도하는 경우로서 그 대가가 법인세법 시행령 제89조의 규정에 의한 가액에 해당되어 해당 법인의 거래에 대하여는 법인세법상 부당행위계산부인 규정이 적용되지 않는 경우 해당 개인에 대하여도 양도소득의 부당행위계산부인 규정(소법 101 ①)을 적용하지 않는다(소령 167 ⑦).

마찬가지로 개인과 법인 간에 재산을 양수하거나 양도하는 경우로서 그 대가가 법인세법 제52조 제2항에 따른 시가에 해당하여 그 법인의 거래에 대하여 법인세법상 부당행위계산부인 규정이 적용되지 않는 경우에는 상증법 제35조 제1항, 제2항에 따라 증여세를 과세하지 않는다. 위 개인과 법인 간 거래에서 적용되는 과세가액의 산정방법은 소득세법이나 상증법에 따른 시가와 법인세법상의 시가가 차이가 날 경우에도 법인세법상의 시가를 기준으로 하도록 규정하고 있다(상증법 35 ③).[79]

---

76) 강석규, 「조세법쟁론」, 제8판, 삼일인포마인, 2024, 709-710면; 송동진, 「법인세법」, 제2판, 삼일인포마인, 371면; 이중교, 「조세법개론」, 삼일인포마인, 2023, 478면.
77) 하급심 판결인 서울고등법원 2023. 9. 12. 선고 2023누37034 판결(대법원 2023. 12. 21. 자 2023두54006 판결로 심리불속행 확정)은 경제적 합리성의 유무에 관한 입증책임이 과세관청에 있다고 판단하였으나, 그 근거로 인용하고 있는 대법원 1995. 12. 26. 선고 95누3589 판결은 시가의 입증책임을 판단한 것이라서 위 하급심 판결이 기존 대법원 판례에 근거를 둔 것이라고 말하기는 어렵다.
78) 조세소송에서의 입증책임 완화에 관하여는 서울행정법원 조세소송실무연구회, 「조세소송실무 2022」, 사법발전재단, 2022, 116면 이하 참조.
79) 재정경제부, 「2003 간추린 개정세법」, 재정경제부, 2004, 441면.

3   특수관계인과의 거래

가. 입법취지

법인의 행위 또는 소득금액의 계산이 이상성을 띤 경우라 하더라도 특수관계인과의 거래에 해당하는 경우에 한하여 해당 행위 또는 소득금액의 계산을 부인한다.[80] 법인세의 부담을 회피하기 위한 이상성을 띤 거래는 주로 특수관계인과의 사이에서만 이루어지기 때문이다.

특수관계인의 범위를 정하고 있는 법인세법 시행령 제2조 제5항 특수관계인을 제한적으로 열거하고 있는 규정이다. 즉, 특수관계인의 범위를 예시한 것이라고 보아서는 안 된다. 따라서 법인세법 시행령 제2조 제5항에서 열거하는 자 외의 자는 특수관계인에 포함될 여지가 없다.[81]

나. 특수관계인의 판정시기

특수관계인에 해당하는지의 여부는 거래 당시를 기준으로 하여 판단한다.[82] 부동산 등의 매매거래에 있어서 거래 당시란 그 부동산 등의 매매계약일을 가리킨다고 새긴다. 그리고 특수관계인인 법인간의 불공정한 합병(분할합병을 포함한다)에 있어서 특수관계인인 법인의 판정은 합병등기일이 속하는 사업연도의 직전 사업연도의 개시일(그 개시일이 서로 다른 법인이 합병한 경우에는 먼저 개시한 날을 말한다)부터 합병등기일까지의 기간에 의한다(법령 88 ②). 합병등기일이 속하는 사업연도의 직전 사업연도의 개시일부터 합병등기일까지의 기간에 의한다는 것은 그 기간 중 한 번이라도 특수관계에 해당하면 특수관계인에 관한 요건을 충족한 것으로 본다는 의미이다.

주주 간에 주식에 관하여 우선매수권을 부여하기로 하는 계약이 있고 그 계약에 따라 우선매수청구권을 행사함으로써 주식에 관한 양수도계약이 성립하는 경우에는 거래조건, 특히 가격이 결정되는 시점을 기준으로 판단하여야 할 것이다.

---

80) 상장주식의 매매거래가 거래소의 장내 경쟁매매방식으로 이루어진 경우 결과적으로 특수관계인 간에 매매가 체결되었다고 하더라도 제도의 취지상 특수관계인 간의 거래로 볼 수 없다. 대법원 2021. 6. 24. 선고 2021도436 판결.
81) 대법원 1986. 3. 25. 선고 86누30 판결.
82) 대법원 2009. 12. 10. 선고 2007두15872 판결: 「법인과 그 주주 사이에 특수관계가 있는 경우 그 중 어느 일방에 대하여 회사정리절차개시결정이나 파산선고결정이 있었다고 하여 곧 법인의 출자자인 관계까지 소멸하는 것은 아니므로 그 법인과 주주 사이의 특수관계 역시 소멸한다고 볼 수 없다.」

다. 특수관계인의 범위

1) 의 의

특수관계인이란 해당 법인과 다음 중 어느 하나의 관계에 있는 자를 말한다(법법 2 XII, 법령 2 ⑧).

① 임원(법법 40 ①)의 임면권의 행사·사업방침의 결정 등 해당 법인의 경영에 대하여 사실 상 영향력을 행사하고 있다고 인정되는 자와 그 친족(법령 2 ⑧ I)

해당 법인의 경영에 대하여 사실상 영향력을 행사하고 있다고 인정되는 자에는 상법 제 401조의2 제1항의 규정에 의한 업무집행지시자 등을 포함한다. 친족은 국세기본법 시행 령 제1조의2 제1항에 따른 자를 말한다.

② 비소액주주등과 그 친족(법령 2 ⑧ II)

소액주주등(법령 50 ②)이 아닌 주주등(이하 '비소액주주등')과 그 친족이다. 주주등이란 주주명부 또는 사원명부에 기재된 주주등을 의미하나, 주주명부 또는 사원명부에 기재된 주주등이 단순한 명의인이어서 그 주주등 외의 자가 실제의 권리자라면 그 실제의 권리 자를 주주등으로 본다. 주주등에는 의결권 없는 주식을 소유하고 있는 주주를 포함한다. 그러나 주주등이라 할지라도 소액주주등은 본조의 주주등의 범위에서 제외된다. 위에서 소액주주등이란 발행주식총수 또는 출자총액의 1퍼센트에 미달하는 주식 또는 출자지 분(이하에서 '주식등'이라 한다)을 보유한 주주등(이하 '소액주주등')을 말한다. 주식등 을 발행한 법인이 주권상장법인인지 또는 주권비상장법인인지의 여부와는 관계가 없다 (법령 50 ②).[83]

③ 법인의 임원·직원·생계유지자 및 이들과 생계를 함께 하는 친족(법령 2 ⑧ III)

㉮ 법인의 임원·직원 또는 비소액주주등의 직원(비소액주주등이 영리법인인 경우에는 그 임원을, 비영리법인인 경우에는 그 이사 및 설립자를 말한다)

㉯ 법인 또는 비소액주주등의 금전이나 그 밖의 자산에 의하여 생계를 유지하는 자 비소액주주등으로부터 받은 금전 그 밖의 자산이나 그 받은 금전 기타의 자산의 운 용에 의하여 얻는 수입을 일상생활비의 주된 원천으로 하고 있는 자를 말하는데, 그 주주등의 혼인 외 동거자 등이 전형적인 예이다.

㉰ 위 ㉮, ㉯에 규정된 자와 생계를 함께 하는 친족 위 ㉮, ㉯에 규정된 자와 일상생활을 공동으로 영위하는 친족을 말한다.[84]

---

83) 그러나 위의 소액주주등의 기준에 해당하는 주주등에 해당하더라도 해당 법인의 국가·지방자치단체 외의 지배주주등과 특수관계에 있는 자는 소액주주등으로 보지 않는다(법령 50 ②). 여기서의 특수관계에 있는 자는 법인세법 시행령 제43조 제8항에 따라 판단한다.

④ 해당 법인이 직접 또는 그와 위의 ①부터 ③까지의 관계에 있는 자를 통하여[85] 어느 법인의 경영에 대해 지배적인 영향력(기령 1의2 ④)을 행사하고 있는 경우 그 법인(법령 2 ⑧ IV)

⑤ 해당 법인이 직접 또는 그와 위의 ①부터 ④까지의 관계에 있는 자를 통하여 어느 법인의 경영에 대하여 지배적인 영향력(기령 1의2 ④)을 행사하고 있는 경우 그 법인(법령 2 ⑧ V)

⑥ 해당 법인에 30퍼센트 이상을 출자하고 있는 법인에 30퍼센트 이상을 출자하고 있는 법인이나 개인(법령 2 ⑧ VI)

⑦ 해당 법인이 공정거래법에 의한 기업집단에 속하는 법인인 경우 그 기업집단에 소속된 다른 계열회사 및 그 계열회사의 임원(법령 2 ⑧ VII)

위 내용을 도표로 정리하면 다음과 같다.

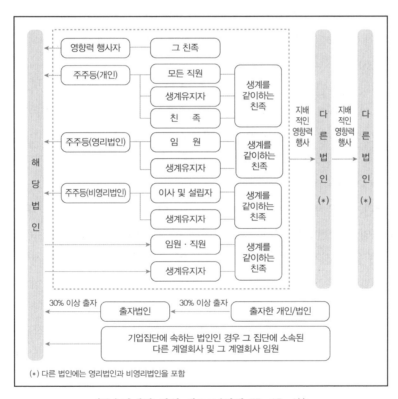

〈특수관계인 범위 개요도(법행 57-87-1)〉

---

84) 법통 52-87…2.

85) 해당 법인이 어느 법인의 경영에 관하여 지배적인 영향력을 행사하여야 하고 ①부터 ③까지의 관계에 있는 자가 해당 법인과 관계없이 독자적으로 어느 법인을 지배하는 경우는 여기에 해당하지 않는다. 대법원 2024. 7. 25. 선고 2022두63386 판결(양도소득세 사안). 법인세 관련 사건에서 같은 취지의 하급심 판결로 서울고등법원 2024. 5. 29. 선고 (춘천)2022누1284 판결(대법원 2024. 10. 8. 자 2024두46255 판결로 심리불속행 종결).

2) 특수관계인의 판단기준

특수관계인에 해당하는지의 여부를 판단할 때에는 해당 법인을 기준으로 하여 특수관계인에 해당하는지의 여부를 판정하여야 한다는 일방관계설[86]과 해당 법인 및 거래상대방 모두를 기준으로 하여 특수관계인에 해당하는지의 여부를 판정하여야 한다는 雙方관계설[87]이 대립한 바 있었다. 이에 관하여 대법원은 전원합의체 판결을 통하여 舊 법인세법 시행령 제87조 제1항의 문언 해석상 雙方관계설은 허용될 수 없다는 입장을 취함으로써 일방관계설을 취하였다.[88] 그러나 위 전원합의체 판결 직후 개정된 국세기본법 제2조 제20호 후단과 舊 법인세법 시행령 제87조 제1항 후단이 雙方관계설을 명문화함에 따라 이 문제는 입법적으로 해결되었다. 즉 특수관계인에 해당하는지의 여부는 해당 법인의 거래상대방이 해당 법인과 위의 ①부터 ⑦까지에 열거하는 관계에 있는 경우는 물론이고 해당 법인이 거래상대방과 위의 ①부터 ⑦까지에 열거하는 관계에 있는 경우까지 포함하여 판단하는 것이다(현행 법법 2 XII).

예를 들면 해당 법인인 甲 법인이 乙 법인의 주주인 경우에 甲 법인을 기준으로 하면 乙 법인은 甲 법인의 주주에 해당하지 않으므로 乙 법인은 해당 법인인 甲 법인의 특수관계인이 아닌 것으로 된다. 그러나 雙方관계를 기준으로 하게 되면 해당 법인인 甲 법인은 乙 법인의 주주로서 특수관계인에 해당하기 때문에 乙 법인도 해당 법인인 甲 법인의 특수관계인에 해당한다는 것이다.

그러나 雙方관계설은 특정법인의 거래상대방이 법인인 경우, 즉 거래상대방이 법인으로서 특정법인의 임원 임면권의 행사 등에 있어서 사실상 영향력을 행사할 수 있다고 인정되는 자 또는 주주등인 경우(법령 2 ⑤ I, II의 경우)와 출자관계 또는 출연관계에 있는 법인에 해당하는 경우(법령 2 ⑤ IV부터 VII까지의 경우)에만 그 적용이 가능하다고 하겠다.[89] 따라서 법인의 임원 임면권의 행사 등에 있어서 사실상 영향력을 행사할 수 있다고 인정되는 자 또는 법인의 주주등이 개인인 경우(법령 2 ⑤ I, II의 경우)와 법인의 임원·직원 등인 경우(법령 2 ⑤ III의 경우)에는 그 성격상 雙方관계설을 적용할 수 없다.

---

86) 장재식, 「조세법」, 서울대학교출판부, 1995, 388-389면.
87) 강인애, 「조세법 IV」, 조세통람사, 1993, 154면; 이종규, 「법인세법해설」, 삼일인포마인, 2001, 769면; 정인진, "부당행위계산의 부인", 「조세사건의 제문제(하)」, 법원행정처, 1993, 184면; 조달영, 「법인세법정해」, (주) 영화조세통람, 2003, 1135면.
88) 대법원 2011. 7. 21. 선고 2008두150 전원합의체 판결.
89) 김완석, 「세법상 특수관계자와 관련된 문제점 및 개선방안」, 한국경제연구원, 2005, 105-106면.

라. 특수관계인 외의 자를 통하여 이루어진 거래

법인세법 시행령 제88조 제2항은 부당행위계산부인 규정은 그 행위당시를 기준으로 하여 해당 법인과 특수관계인 간의 거래 뿐만 아니라 '특수관계인 외의 자를 통하여 이루어진 거래'에 대하여도 적용된다고 규정하고 있다.

판례는 甲 법인과 甲 법인의 이사들인 乙 등이, 甲 법인이 보유한 丙 법인 발행 주식 전부 및 丙 법인에 대한 경영권과 乙 등이 보유한 丙 법인 발행 주식 중 약 1/3에 해당하는 주식을 하나의 계약으로 일괄하여 특수관계인이 아닌 丁에게 매도하고 위 돈을 지급받아 각자가 양도한 주식 수의 비율대로 이를 나누어 가졌는데, 과세관청이 甲 법인이 乙 등에게 분여한 이익을 익금산입하여 甲 법인의 해당 사업연도 법인세 등을 증액하는 처분을 한 사안에서, 乙 등이 받은 돈 중 그들이 양도한 주식의 한국거래소 종가를 넘는 부분이 법인세법 제52조, 법인세법 시행령 제88조 제1항 제9호가 정한 부당행위계산 부인의 대상이 된다고 보면서 거래상대방이 특수관계인에 해당하지 않더라도 '특수관계인 외의 자를 통하여 이루어진 거래'에 해당한다고 보았다.[90]

또한 판례는 특수관계에 있는 甲 법인, 乙 법인 및 두 법인의 대표이사로서 특수관계에 있었던 丙(개인)이 특수관계인이 아닌 丁 법인에게 甲, 乙, 丙의 각 소유토지를 일괄매매하면서 甲 법인, 乙 법인과의 매매가액은 낮게, 丙과의 매매가액은 높게 정한 사안에서 법인세법 시행령 제88조 제2항이 특수관계인 외의 자를 통하여 이루어진 거래에 대하여도 부당행위계산부인 규정을 적용할 수 있도록 규정하고 있음을 들어 비록 위 매매계약의 거래상대방은 특수관계인이 아니지만 부당행위계산부인 규정이 적용될 수 있다고 보았다.[91]

부당행위계산부인 규정이 조세회피행위를 부인하기 위한 개별적 부인규정이고 국세기본법 제14조 제3항이 우회거래 및 단계거래부인의 원칙을 규정하고 있다는 점을 고려한다면 판례의 해석이 타당하다고 본다.

4 법인의 소득에 관한 조세부담의 감소

법인의 소득에 관한 조세 부담을 부당히 감소시킨 것으로 인정되어야 한다.[92] 판례는 그

---

90) 대법원 2019. 4. 23. 선고 2016두54213 판결.
91) 대구고등법원 2016. 1. 8. 선고 2014누6464 판결(대법원 2016. 6. 10. 자 2016두35014 판결로 심리불속행 종결).
92) 대법원은 소득세의 부당행위계산부인에 관한 소득세법 제55조 제1항 및 동법 시행령 제111조 제2항에 대한 위헌제청신청사건에서 "…소득세법의 위 부당행위계산부인 규정도 그 부당한 행위의 전형적인 것을 대통령령에 위임하여 규정하고 있는 것이고, 그 부당성의 판단기준을 위와 같이 경제적 합리성에 두고 있는 한 위 규정이 '조세의 부담을 부당하게 감소시킨 것으로 인정되는 때'라고 규정하였다 하여 이를 가지고 과세요

입증책임이 과세관청에 있다고 본다.[93] 법인의 소득에 관한 조세란 법인세를 의미한다.

가. 법인세 부담의 감소

법인세 부담이 감소하는 경우란 법인이 선택한 이상성(異常性)을 띤 행위 등을 기준으로 하여 산정한 법인세의 크기가 그 행위 등을 부인하고 경제적 합리성을 띤 정상적인 행위 등으로 바꾸어 산정한 법인세의 크기에 미치지 못하는 경우를 가리킨다. 즉 법인세부담의 감소 여부는 법인이 선택한 이상성을 띤 행위 등을 기준으로 하여 산정한 법인세의 크기와 그 법인의 행위 또는 소득금액의 계산을 부인하여 산정한 법인세의 크기를 비교하여 판정한다. 따라서 법인이 선택한 행위·형식이 비록 이상성이 있다고 하더라도 이와 같은 행위·형식에 의하여 법인세의 회피, 즉 법인세의 배제나 경감을 초래하지 않았거나 오히려 법인세 부담의 증가를 초래하는 경우에는 부당행위계산에 해당하지 않는다.

나. 조세회피의사 요부

다음으로 이상성을 띤 행위 등에 의하여 법인세부담이 감소되었다고 하더라도 그 법인이 법인세부담의 회피를 의욕하지 않았다면 부당행위계산을 구성하지 않는지가 문제이다. 즉 부당행위계산을 적용할 때 법인의 법인세부담의 회피의사, 즉 법인의 주관적인 조세회피의사를 그 요건으로 하는가에 관한 것이다.

이에 관하여는 법인의 주관적인 조세회피의사를 그 요건으로 한다는 긍정설과 법인의 주관적인 조세회피의사를 요건으로 하지 않는다는 부정설이 대립하고 있다.

부당행위계산의 요건을 판정할 때 법인의 소득에 대한 조세의 부담을 감소시킨 것으로 인정되면 충분하고 그 법인에게 법인세의 회피의사 또는 의도가 있어야 하는 것은 아니라고 새긴다. 만일 조세회피의 의사 내지 의도를 부당행위계산의 요건이라고 해석하게 되면 조세회피행위를 부인함으로써 조세부담의 공평을 실현하기 위하여 장치된 부당행위계산부인제도가 오히려 조세의 불공평을 심화시키는 도구로 둔갑되어 해당 제도의 취지에 배치되는 결과를 초래하게 된다. 왜냐하면 동일한 경제적 이익을 향유하고 있기 때문에 동일한 조세부담을 지워야 함에도 불구하고 법인세의 부담능력과는 관계가 없는 조세회피의 의사 또는

건명확주의 원칙을 규정한 헌법에 위배되는 무효의 규정이라 할 수는 없다…"고 판시하였다. 대법원 1992. 11. 24. 자 91부13 결정.

93) 대법원 1995. 12. 26. 선고 95누3589 판결. 그러나 위 판결이 경제적 합리성에 관한 입증책임도 과세관청에 있다는 취지인지는 분명하지 않다. 판결의 내용을 보면 이율이 현저히 낮다는 점에 관한 주장·입증책임만이 문제가 된 사안이다.

의도의 유무에 따라 조세부담의 크기에 차이가 생기기 때문이다.

　대법원도 '법인의 소득에 대한 조세의 부담을 부당히 감소시킨 것으로 인정되는 경우'라 함은 해당 법인이 행한 거래형태가 객관적으로 보아 경제적 합리성을 무시한 비정상적인 것이어서 조세법적인 측면에서 부당한 것이라고 인정되는 경우를 뜻한다고 할 것이므로, 반드시 조세부담을 회피하거나 경감시킬 의도가 있어야만 부당행위계산에 해당하는 것은 아니라고 하여 부정설의 입장을 지지하고 있다.[94]

　그러나 독일의 다수설은 조세회피가 성립하기 위해서는 부적합한 법적 형성만으로는 부족하고 경제적 이유 또는 적어도 개인적인 이유 등과 같은 주관적인 동기(Beweggründe)가 필요하다고 한다. 남용이란 목적적인 행위(finale Handlung)이므로, '조세법을 회피하기 위하여' 부적합한 법적 형성을 선택하는 것이 일반적이기 때문이다.[95] 납세의무자는 조세회피의도를 가지고 악의적으로, 그리고 의도적으로 이상한 행위를 선택하는 것이다. 그러므로, 납세의무자의 무지·무경험 또는 착오 등으로 인하여 부적합한 법적 형성을 한 경우에는 조세회피행위로 보지 않는다.[96] 이에 관하여 독일연방재정법원은 대체로 주관적인 의사가 필요하다는 견해를 취하여 왔으나, 재판부에 따라 주관적인 의사를 필요로 하지 않는다고 하는 판결도 나오고 있다.

제3절　부당행위계산의 유형과 그 부인의 효과

1　법인세법 시행령 제88조 제1항의 성격

　법인세법 시행령 제88조 제1항은 법인의 소득에 대한 조세의 부담을 부당히 감소시킨 것으로 인정되는 유형, 다시 말하면 부당행위계산의 유형을 열거하고 있다.

　부당행위계산의 유형을 열거하고 있는 법인세법 시행령 제88조 제1항이 법인세법 제52조 제1항에서 정하고 있는 부당행위계산의 유형을 예시하고 있는 규정(예시규정)인지, 아니면 부당행위계산의 유형을 한정적으로 열거하고 있는 규정(제한적 열거규정)인지에 관하여는 다툼의 여지가 있을 수 있다.

　예시규정으로 보는 입장은 ① 법인의 행위 또는 소득금액의 계산이 법인세법 제52조 제1

---

94) 대법원 1996. 7. 12 선고 95누7260 판결; 대법원 1992. 11. 24. 선고 91누6856 판결; 대법원 1989. 6. 13. 선고 88누5273 판결.

95) *Tipke/Lang*, Steuerrecht, 24.Aufl. 2021. Rn. 5.132.

96) *Drüen* in Tipke/Kruse, Kommentar zur AO und FGO, 2020, § 42 AO Rn. 24.

항의 부당행위계산의 요건을 충족하면 그 행위 또는 소득금액의 계산을 부인하도록 하고 있는 점, ② 법인세법 제52조 제1항이 부당행위계산의 요건에 관하여 완결적으로 규정하고 있는 점, ③ 부당행위계산의 유형을 열거하고 있는 법인세법 시행령 제88조 제1항 중 맨 마지막 호(제9호)에서 「그 밖에 제1호부터 제3호까지, 제3호의2, 제4호부터 제7호까지, 제7호의2, 제8호 및 제8호의2에 준하는 행위 '또는' 계산 및 그 외에 법인의 이익을 분여하였다고 인정되는 경우」라고 규정하여 부당행위계산의 유형으로 포괄적으로 열거하고 있는 점 등을 논거로 한다.

반면 제한적 열거규정으로 보는 입장은 위 「그 밖에 제1호부터 제3호까지, 제3호의2, 제4호부터 제7호까지, 제7호의2, 제8호 및 제8호의2에 준하는 행위 또는 계산 및 그 외에 법인의 이익을 분여하였다고 인정되는 경우」의 문언 중에서 '그 밖에 제1호부터 제3호까지, 제3호의2, 제4호부터 제7호까지, 제7호의2, 제8호 및 제8호의2에 준하는' 부분을 중요시하는 견해라고 할 수 있다.

판례는 종래 예시규정으로 보는 입장에 가까웠으나 최근에는 제한적 열거규정으로 해석하는 판결도 선고되고 있다.[1]

사견으로는 제도의 취지 및 문언상 예시규정으로 보는 입장이 보다 합리적이라고 본다. 다만 법인세법 시행령 제88조 제1항이 법인세 부당행위계산의 유형을 예시한 규정이라고 하여 모든 유형의 법인세 회피행위가 부당행위계산에 포섭될 수 있는 것은 아니고 법인세 회피행위로서 법인세법 제52조 제1항의 부당행위계산의 요건을 충족한 행위·계산만이 그 대상이 된다.

2 부당행위계산부인의 일반적 효과

가. 익금산입 또는 손금불산입

납세지 관할 세무서장 또는 관할 지방국세청장은 내국법인의 행위 또는 소득금액의 계산이 부당행위계산으로 인정되는 경우에는 그 법인의 행위 또는 소득금액의 계산에 관계없이 그 법인의 각 사업연도의 소득금액을 계산한다(법법 52 ①). 위 규정은 강행규정이므로 납세지 관할 세무서장 또는 관할 지방국세청장은 법인의 행위 또는 소득금액의 계산이 부당행위계산으로 인정되는 때에는 그 법인의 행위 또는 소득금액의 계산에 관계없이 그 법인의

---

1) 예시규정으로 본 것으로 대법원 1997. 5. 28. 선고 95누18697 판결; 대법원 1992. 10. 13. 선고 92누114 판결; 대법원 1992. 9. 22. 선고 91누13571 판결. 위 규정을 제한적 열거규정으로 해석하는 판례로는 대법원 1999. 11. 9. 선고 98두14082 판결; 대구고등법원 2015. 10. 23. 선고 2014누6877 판결(대법원 2016. 2. 18. 자 2015두 56847 판결로 심리불속행 종결).

각 사업연도의 소득금액을 계산하여야 한다.

납세지 관할 세무서장 등이 법인의 소득금액을 산정할 때에는 경제인이라면 선택하였을 합리적인 행위 또는 소득금액의 계산이 그 기준이 된다.[2] 그런데 경제인이라면 선택하였을 합리적인 행위 또는 계산의 구체적인 잣대는 시가이다. 이 경우에 부당행위계산을 부인하여 소득금액을 계산할 때에 시가를 기준으로 하여 소득금액을 계산할 것인지 아니면 시가에서 3억원 또는 시가의 5퍼센트에 상당하는 금액 중 적은 금액을 뺀 금액을 기준으로 하여 소득금액을 계산할 것인지가 문제이다. 부당행위계산부인 요건의 충족 여부는 시가에서 3억원 또는 시가의 5퍼센트에 상당하는 금액 중 적은 금액을 뺀 금액을 기준으로 하여 판정하지만, 일단 부당행위계산부인의 요건을 충족한 경우에는 시가를 기준으로 하여 부당행위계산을 부인하여 소득금액을 산정하여야 한다. 법인세법 시행령 제89조 제5항은 이를 구체화하여 내국법인의 행위 또는 소득금액의 계산이 부당행위계산에 해당하는 경우에는 시가와의 차액 등을 익금에 산입하거나 손금불산입함으로써 해당 법인의 각 사업연도의 소득금액을 계산하도록 하고 있다.

그리고 내국법인의 행위 또는 소득금액의 계산이 부당행위계산에 해당하여 익금산입하거나 손금불산입하는 금액에 대하여는 그 귀속에 따라 유보·상여·배당·기타소득 및 기타사외유출로 처분한다(법령 106). 또한 자산의 고가매입 등, 자산의 무상양도 등, 자본거래를 통한 이익분여, 기타의 부당행위계산으로서 귀속자에게 상증법에 의하여 증여세가 과세되는 금액은 기타사외유출로 처분한다.

거래계약의 체결시기와 양도·취득 시기가 다르다면 그 부당행위계산에 해당하는지 여부는 그 대금을 확정짓는 거래 당시를 기준으로 판단하지만, 익금에 산입하여 소득처분할 금액은 특별한 사정이 없는 한 취득시기를 기준으로 산정한다.[3]

나. 대응조정의 인정 여부

국제조세의 경우 이전가격과세에 따라 야기되는 이중과세를 시정하기 위하여 대응조정 (corresponding adjustment) 장치가 마련되어 있다(국조법 12). 그러나 내국법인간의 거래가 부당행위계산에 해당하여 이를 부인하는 경우에는 대응조정을 허용하지 않는다.[4]

---

2) 일본에서는 부인의 결과 어떻게 과세를 행할 것인가에 관한 규정 등이 결여되어 있어서 위헌이라는 주장이 제기된 바 있다(北野弘久, 「稅法学原論」, 青林書院, 1984, 97-98면). 그러나 최고재판소는 일본법인세법 제132조의 취지·목적에 비추어 보면 객관적이고 합리적인 기준에 따라서 행위계산을 부인할 권한을 세무서장에게 부여하고 있는 것이라고 해석할 수 있기 때문에 위헌은 아니라고 판시하였다[日本 最高裁判所 1978(昭和 53). 4. 21. 판결, 稅務訴訟資料 101号, 156면].

3) 대법원 2010. 5. 27. 선고 2010두1484 판결; 대법원 2010. 5. 13. 선고 2007두14978 판결 등.

예를 들어 제조업을 영위하는 甲법인이 그와 특수관계인이고 판매업을 영위하는 乙법인에게 시가 1,000원인 제품을 600원에 판매하고 乙법인은 해당 상품을 1,200원에 매출한다고 가정한다.

먼저 甲법인의 저가판매에 대하여는 부당행위계산부인규정을 적용하여 매출액을 1,000원으로 보고 그 차액 400원을 익금에 산입한다.

다음으로 乙법인에 대하여는 대응조정을 허용하지 않고 해당 법인이 계상하고 있는 매출액 1,200원과 매입가액 600원을 그대로 용인한다.

결국 하나의 거래에 있어서 甲법인의 거래가액(매출액)은 1,000원으로, 그의 상대방인 乙법인의 거래가액(매입액)은 600원으로 달리 취급하여 각각 과세소득금액을 산정하도록 하고 있는 것이다.

따라서 과세관청의 입장에서 보면 시가와 거래가액과의 차액 400원에 대하여는 甲법인의 과세소득금액에 포함함과 동시에 다시 乙법인의 과세소득금액에도 이중적으로 포함하여 과세를 행하는 결과가 된다. 부당행위계산부인으로 인하여 과세소득이 증가하는 법인의 경우 가산세를 통하여 제재를 받게 되므로 대응조정까지 부인하는 것은 과도한 불이익을 주는 것이라고 생각된다. 비교법적으로도 미국세법 및 일본법인세법 등은 대응조정을 인정하고 있는바,[5] 입법론으로는 대응조정의 도입을 고려할 필요가 있다.

다. 기존행위의 효력과의 관계

부당행위계산의 부인에 따라 당사자간에 이루어진 거래의 사법상의 법률효과가 부인되거나 새로운 법률행위가 창설되는 것이 아니다. 아울러 기존의 법률행위의 내용을 변경하거나 소멸시키는 효력이 결부되어 있지도 않다. 부당행위계산의 부인의 효과는 단지 각 사업연도의 소득금액의 계산에만 국한될 뿐이다.

예를 들어, 甲 법인은 그 법인이 소유하고 있는 부동산을 적정임대료에 미달하는 임대료로 대주주인 A에게 임대하고 있다. 과세관청은 甲 법인의 각 사업연도의 소득금액을 산정할 때 위의 부동산임대행위를 부당행위계산으로 보아 적정임대료에 미달하는 차액(예: 1억원)을 익금에 산입하여 귀속자인 A에게 배당으로 처분하게 된다. 이때 甲 법인은 저가임대행위(A에 대한 저가임대행위)에 대하여 법인세법상의 부당행위계산부인규정을 적용받았다고 하여 곧바로 A에게 정상임대료와의 차액 1억원의 추가지급을 청구할 권리를 취득하는 것은 아니다. 즉 부당행위계산부인규정을 적용받았다고 하여 그 적용의 효과로서 甲

---

4) 참고로 일본법인세법은 2006년 개정으로 대응조정을 인정하기 시작했다.
5) 미국세법 재무부 시행령 Regs. §1.482-1(g), 일본법인세법 제132조 제3항.

법인과 A 간의 임대차계약의 내용이 부당행위계산부인의 내용으로 변경되지 않는다.

라. 다른 세목과의 관계

부당행위계산부인의 결과 사법상의 법률효과에 영향을 미치지 않을 뿐만 아니라 소득세 등 다른 세목에도 원칙적으로 영향을 미치지 않는다.[6]

마. 조세포탈범의 구성요건과의 관계

조세회피(tax avoidance, Steuerumgehung)는 범죄가 아닌 방법으로 조세부담을 최소화 하거나 회피하는 것을 가리킨다.[7] 즉 조세회피행위는 범죄(조세포탈범)를 구성하지 않는다.

따라서 부당행위계산부인에 의하여 익금에 산입하거나 손금에 불산입하는 금액은 사기 나 그 밖의 부정한 행위로 법인세를 포탈한 경우에 해당하지 않는다고 새겨야 한다.[8]

3 부당행위계산의 유형에 따른 구체적 부인례

부당행위계산의 구체적인 유형은 다음과 같다(법령 88 ①). 그 중에서 자산의 고가매입 등, 자산의 무상 또는 저가양도 등, 금전 등의 무상 또는 저율대부 등, 자산 또는 용역의 고율이 용 등, 기타의 부당행위계산(자산의 고가매입 등, 자산의 무상 또는 저가양도 등, 금전 등의 무상 또는 저율대부 등, 자산 또는 용역의 고율이용 등에 준하는 행위 또는 계산에 한한다) 은 시가와 거래가액의 차액이 3억원 이상이거나 시가의 5퍼센트에 상당하는 금액 이상인 경우에 한정하여 적용한다(법령 88 ③).

---

6) 이는 조세회피부인의 결과에 일반적으로 수반되는 효과라고 한다. 渡辺徹也, 「スタンダード 法人税法」第2 版, 弘文堂, 2019, 302면.

7) Bittker/Lokken, *Federal Taxation of Income, Estates and Gifts* Volume 1, 1989, pp. 4−28.

8) 대법원 2013. 12. 12. 선고 2013두7667 판결: 「법인세법상 부당행위계산 부인으로 인한 세무조정금액 등 세무 회계와 기업회계의 차이로 생긴 금액은 특별한 사정이 없는 한 舊 국세기본법 제26조의2 제1항 제1호 소정의 사기 기타 부정한 행위로 얻은 소득금액으로 볼 수 없으나, 법인세법상 부당행위계산에 해당하는 거래임을 은폐하여 세무조정금액이 발생하지 않게 하기 위하여 부당행위계산의 대상이 되지 않는 자의 명의로 거래를 하고 나아가 그 사실이 발각되지 않도록 허위 매매계약서의 작성과 대금의 허위지급 등과 같이 적극적으로 서류를 조작하고 장부상 허위기재를 하는 경우에는 그것이 세무회계와 기업회계의 차이로 생긴 금액이라 하 더라도 이는 사기 기타 부정한 행위로써 국세를 포탈한 경우에 해당하여 그에 관한 법인세의 부과제척기간은 10년이 된다.」

가. 자산의 고가매입 등(법령 88 ① I)

자산을 시가보다 높은 가액으로 매입 또는 현물출자받았거나 그 자산을 과대상각한 경우이다. 대법원은 특수관계인인 법인이 발행한 신주를 시가보다 높은 가액으로 인수하더라도 이를 '자산을 시가보다 높은 가격으로 매입하는 경우' 또는 '그에 준하는 경우'에 해당한다고 볼 수는 없다고 한다.[9] 본 호 및 제4호가 정한 부당행위계산부인은 자산의 특정승계나 현물출자를 전제로 한 규정이므로 합병에 의한 포괄승계로 자산이 이전되는 경우에는 적용되지 않는다.[10]

1) 고가매입의 경우

자산의 고가매입에 따른 부인의 대상은 자산의 매입가액 중 시가초과액과 그 시가초과액에 대한 감가상각비이다. 위의 자산에는 매매의 목적물이 될 수 있는 일체의 자산이 포함된다고 새긴다.[11][12] 여러 자산을 포괄적으로 매입한 것으로 인정되는 경우에는 원칙적으로 개개의 자산별로 그 거래가격과 시가를 비교하는 것이 아니라 그 자산들의 전체 거래가격과 시가를 비교하여 포괄적 거래 전체로서 고가매입에 해당하는지 여부를 판단하여야 한다.[13]

고가매입은 매입가액의 전액을 지급한 경우, 그 일부만을 지급한 경우 및 그 전액을 지급하지 않은 경우에 따라서 그 취급을 달리한다.[14]

---

9) 대법원 2014. 6. 26. 선고 2012두23488 판결. 그 논거로는 ① 법령규정의 내용, ② 자본거래로 인한 순자산의 증가나 감소를 익금 또는 손금에 산입하지 않도록 정하고 있는 법인세법 제15조, 제17조, 제19조, 제20조의 각 규정 내용과 취지를 들고 있다. 다만 신주의 고가 인수로 인하여 특수관계인인 다른 주주에게 이익을 분여한 경우에는 법인세법 시행령 제88조 제1항 제8호 나목이 적용될 수 있다(같은 취지: 대법원 2015. 9. 10. 선고 2013두6206 판결; 대법원 2014. 7. 24. 선고 2013두15729 판결). 과거의 판례들은 신주의 고가 인수를 자산의 고가매수에 준하는 행위로 보아 법인세법 시행령 제88조 제1항 제9호를 적용하여 부당행위계산부인의 대상으로 보았다. 대법원 2004. 2. 13. 선고 2002두7005 판결; 대법원 1989. 12. 22. 선고 88누7255 판결. 2014년의 판결들은 실질적으로 과거의 판례들을 파기한 것으로 평가할 수 있다. 이철송, "법인주주의 신주인수관련행위부인의 주요쟁점", 「계간 세무사」 2014년 겨울호(통권 제143호), 2015, 111면.

10) 대법원 2015. 1. 15. 선고 2012두4111 판결.

11) 대법원은 주식의 포괄적 교환은 기본적으로 '법인의 자본을 증가시키는 거래'의 성격을 가지는 것이지만, 그 자본의 출자가 완전자회사가 되는 회사의 주식이라는 현물에 의하여 이루어지게 되므로 그러한 한도에서 '자산의 유상 양도라는 손익거래'의 성격도 병존한다고 본다. 따라서, 주식의 포괄적 교환에 의하여 완전모회사가 되는 회사가 완전자회사가 되는 회사의 주식을 시가보다 높은 가액으로 양수한 경우에는 법인의 자산이 과대계상되므로 법인세법 시행령 제88조 제1항 제1호의 부당행위계산 부인에 의하여 그 시가 초과액을 자산의 취득가액에서 제외하는 한편 그 금액을 완전모회사인 법인의 익금에 산입하여야 한다고 한다(대법원 2014. 11. 27. 선고 2012두25248 판결).

12) 법인이 자기주식을 취득하여 유상소각하는 경우 그 거래는 자본거래인 자본금의 환급에 해당하여 법인의 손익 또는 소득금액계산에는 영향이 없으므로 자기주식을 고가로 매수하더라도 부당행위계산부인의 대상이 되지 않는다. 대법원 1988. 11. 8. 선고 87누174 판결.

13) 대법원 2013. 9. 27. 선고 2013두10335 판결.

14) 법통 67-106···9.

가) 매입가액의 전액을 지급한 경우

자산을 매입한 사업연도에 매입가액 중 시가를 초과하는 금액을 손금에 산입하여 유보(△유보)로 처분하고, 해당 손금을 부인하여 그 귀속자에 따라 상여·배당·기타사외유출 또는 기타소득으로 처분한다.[15]

고가매입한 자산이 유형자산 및 무형자산인 때에는 시가초과액에 대한 감가상각비를 손금불산입하고 유보로 처분한다. 손금불산입할 감가상각비의 계산은 다음 계산식에 의하되, 시가초과부인액에 대한 감가상각비를 손금으로 계상하지 않은 것이 명백한 경우에는 손금불산입할 감가상각비로 보지 않는다.

$$회사\ 계상\ 감가상각비 \times \frac{시가초과부인액\ 잔액}{해당\ 사업연도\ 감가상각\ 전의\ 장부가액}$$

고가로 매입한 자산을 평가할 때에는 매입당시의 시가에 의하여 산정한 자산의 취득가액(장부가액)을 기준으로 하여 자산의 평가이익 또는 평가손실을 산정하여야 한다.

그리고 해당 자산을 양도한 때에는 매입당시의 시가에 의하여 자산의 취득가액을 계산하고, 이를 기준으로 하여 매출원가 또는 양도차익을 산정한다. 즉 자산을 매입한 사업연도에 손금산입하여 유보(△유보)로 처분한 시가초과액(상각부인액이 있는 경우에는 시가초과액에서 그 상각부인액을 차감한 금액을 말한다)은 해당 자산을 처분한 사업연도에 손금불산입하여 유보로 처분한다. 고가매입의 경우에도 시가초과액은 자산을 취득한 날이 속하는 사업연도의 법인의 과세표준에는 아무런 영향을 미치지 않고 해당 자산을 양도하여 대금을 청산한 날이 속하는 사업연도에 비로소 귀속되어 같은 금액 상당의 과세표준을 증가시키게 되는 것이다.[16]

나) 매입가액의 일부를 지급한 때

자산을 매입한 사업연도에 시가를 초과하는 금액을 손금에 산입하여 유보(△유보)로 소득처분하고, 해당 손금을 부인하여 유보(지급된 매입가액 중 시가를 초과하는 금액에 대하여는 그 귀속자에 따라 상여·배당·기타사외유출 또는 기타소득, 귀속자에게 증여세가 과세되는 경우에는 기타사외유출)로 처분한다. 매입가액을 분할하여 지급하는 때에는 시가에

---

15) 따라서 자산을 매입한 사업연도에 있어서는 법인세의 과세표준 자체의 증감은 없다.
16) 대법원 2008. 9. 25. 선고 2006두3711 판결.

상당하는 금액을 먼저 지급한 것으로 본다. 미지급한 매입가액 중 시가초과액에 상당하는 금액을 지급하는 경우에는 그때에 그 귀속자에 따라 상여·배당·기타소득 또는 기타사외 유출(귀속자에게 증여세가 과세되는 금액에 대하여 기타사외유출로 소득처분하는 경우를 포함한다)로 처분한다.

고가매입한 자산에 대하여 감가상각비를 계상한 때 및 해당 자산을 양도한 때의 부인례 는 매입가액의 전액을 지급한 때의 부인례와 같다.

다) 대금의 전부를 미지급한 때

시가를 초과한 금액은 손금에 산입하여 유보(△유보)로 처분함과 동시에 해당 손금을 부 인하여 유보로 처분한다. 뒤에 매입가액 중 시가초과액에 상당하는 금액을 실제로 지급하 는 때에 그 귀속자에 따라 상여·배당·기타소득 또는 기타사외유출(귀속자에게 증여세가 과세되는 금액에 대하여 기타사외유출로 소득처분하는 경우를 포함한다)로 처분한다.

고가매입한 자산에 대하여 감가상각비를 계상한 때 및 해당 자산을 양도한 때의 부인례 는 매입가액의 전액을 지급한 때의 부인례와 같다.

2) 고가로 현물출자 받은 경우

자산을 고가로 현물출자받은 경우의 부인의 대상은 현물출자로 취득한 자산의 취득가액 중 시가초과액과 그 시가초과액에 대한 감가상각비이다. 그리고 현물출자로 인한 자본금 중 시가초과액에 상당하는 금액도 부인의 대상이 된다. 여기서의 자산에는 현물출자의 목 적물이 될 수 있는 일체의 자산을 포함한다고 새긴다.

가) 자산의 취득가액 중 시가초과액 등

자산의 현물출자는 자본거래에 속하므로 자산을 현물출자받은 해당 사업연도에는 세무 조정이 필요하지 않다는 견해도 있을 수 있으나, 시가초과액을 손금산입하여 유보(△유보) 로 처분하고, 해당 손금을 부인하여 그 귀속자에 따라 상여·배당·기타사외유출 또는 기 타소득으로 처분함이 마땅하다고 생각한다.

고가로 현물출자받은 자산이 유형자산 및 무형자산인 때에는 시가초과액에 대한 감가상 각비를 손금불산입하고 유보로 처분한다. 손금불산입할 감가상각비의 계산은 다음 계산식 에 의하되, 시가초과액에 대한 감가상각비를 손금으로 계상하지 않은 것이 명백한 경우에 는 손금불산입할 감가상각비로 보지 않는다.

$$회사\ 계상\ 감가상각비 \times \frac{시가초과부인액\ 잔액}{해당\ 사업연도\ 감가상각\ 전의\ 장부가액}$$

고가로 현물출자받은 자산을 평가할 때에는 출자 당시의 시가에 의하여 산정한 자산의 취득가액(장부가액)을 기준으로 하여 자산의 평가이익 또는 평가손실을 산정하여야 한다.

그리고 해당 자산을 양도한 때에는 출자 당시의 시가에 의하여 매출원가 또는 장부가액을 산정하고, 이를 기준으로 하여 각 사업연도의 소득금액(매출총이익 또는 자산처분손익 등)을 계산한다. 따라서 그 시가초과액(상각부인액이 있는 경우에는 시가초과액에서 그 시가초과액에 대한 상각부인액을 차감한 금액을 말한다)은 해당 자산을 처분한 사업연도에 손금불산입하여 유보로 처분한다.

나) 자본금 중 시가초과액에 상당하는 금액

자본금 중 시가초과액에 상당하는 금액은 그 납입이 없었던 것으로 본다.[17]

나. 무수익자산의 매입 등(법령 88 ① II)

무수익자산을 매입 또는 현물출자받았거나 그 자산에 대한 비용을 부담한 경우이다.

1) 무수익자산의 범위

무수익자산의 범위를 둘러싸고 다음과 같은 견해의 대립이 있을 수 있다.

가) 제1설

무수익자산을 비업무용 자산과 동일한 개념으로 파악하는 견해이다. 즉 법인세법 제27조 제1호 및 같은 법 시행령 제49조에 규정되어 있는 업무와 관련없는 자산으로 이해하는 견해이다. 이와 같은 업무와 관련없는 자산에는 업무와 관련이 없는 부동산(비업무용 부동산)과 업무와 관련이 없는 동산(비업무용 동산)을 포함한다. 그 구체적인 범위에 관한 상세한 논의는 '업무무관경비의 손금불산입'(480면)에서 다루었다.

나) 제2설

무수익자산을 법인의 주된 목적사업과 관련이 없어서 업무에 사용하지 않는 자산으로서

---

17) 실무상으로는 「자본금과 적립금조정명세서(을)」에 반영하여야 할 것이다.

수익을 창출하지 않는 것으로 이해하는 견해이다. 법문에 충실한 해석인데, 제1설보다 그 범위가 좁다. 이 견해에 따르면 법인의 비업무용 자산에 해당하는 자산이라 할지라도 해당 자산으로부터 수익이 발생하는 경우에는 수익자산으로 보아야 한다.

다) 결 어

무수익자산을 비업무용 자산과 동일한 개념으로 파악하기는 어렵다고 생각한다. 법문 (法文)이 업무와 관련없는 자산이라는 용어를 선택하지 않고 무수익자산이라는 용어를 사용하고 있는 점에 비추어 볼 때 무수익자산의 의미를 확장하여 비업무용 자산과 동일하게 새길 수는 없다고 하겠다. 제2설을 지지하고자 한다.

대법원은 무수익자산을 법인의 수익파생에 공헌하지 못하거나 법인의 수익과 관련이 없는 자산으로서 장래에도 그 자산의 운용으로 수익을 얻을 가망성이 희박한 자산을 말한다고 판시하여 제2설의 입장을 취하고 있다.[18]

그러나 무수익자산을 제2설과 같이 해석하는 경우에도 어느 정도의 수익이 발생하여야만 수익자산으로 볼 것인지가 문제이다. 입법적으로 무수익자산의 범위를 특정하는 것이 바람직하다고 생각한다. 판례는 자기주식도 무수익자산에 해당할 수 있다는 입장이지만,[19] 자기주식은 그 본질이 미발행주식으로서 자산에 해당하지 않으므로 무수익자산에도 해당할 수 없다고 해석하는 것이 타당하다.[20]

2) 부당행위계산의 부인의 범위

무수익자산을 매입 또는 현물출자받은 경우 부인대상은 무수익자산의 매입 또는 현물출자를 받은 행위와 그 자산에 대한 비용의 부담행위이다. 이와 관련하여 무수익자산의 매입

---

18) 대법원 2020. 8. 20. 선고 2017두44084 판결; 대법원 2016. 2. 18. 선고 2015두52913 판결; 대법원 2014. 4. 10. 선고 2013두20127 판결; 대법원 2006. 1. 13. 선고 2003두13267 판결; 대법원 2000. 11. 10. 선고 98두 12055 판결. 이 규정은 본래 일본의 舊 법인세법기본통달 355(昭和 25年直法 1－100)에 규정되어 있던 것인데 학설은 이를 출자자 개인의 이용을 위하여 제공된 주택, 별장, 가재(家財), 골동품 등과 같이 기업이 자산으로 운용하거나 뒤에 시가가 급등할 것을 기다려 전매하는 것도 기대하기 어려운 자산으로 해석한다. 제2설의 입장과 유사하다고 판단된다. 武田昌輔 編, 「DHCコンメンタール 法人稅法」 Vol. 5-2, 第一法規, 1979, 5573－5574면.

19) 대법원 2023. 4. 27. 선고 2023두31263 판결(자기주식의 취득으로 주식가치가 제고될 수 있고 법인의 영업활동과 미처분 이익잉여금의 규모에 비추어 자기주식을 처분하여 시세차익이 가능한 경우에는 자기주식 취득이 무수익 자산에 해당하지 않고 상법에 따라 적법·유효하게 자기주식을 취득하였다면 매입대금은 업무무관 가지급금에 해당하지 않는다); 대법원 2020. 8. 20. 선고 2017두44084 판결; 서울고등법원 2022. 12. 16. 선고 2021누53186 판결(대법원 2023. 4. 13. 자 2023두31256 판결로 심리불속행 확정).

20) 법인세법 시행령 제11조 제2호의2가 자기주식의 양도가액을 정책적인 관점에서 익금으로 규정하고 있을 뿐이다. 그러나 자기주식을 자산처럼 취급하는 것은 그 본질에 반하기 때문에 해석론의 차원에서 자기주식을 자산으로 다루는 것에는 신중할 필요가 있다.

또는 현물출자를 받은 행위에 대한 부인의 범위 내지 효과를 둘러싸고 다음과 같은 견해의
대립을 상정할 수 있다.

가) 제1설

무수익자산의 매입 또는 현물출자 자체를 부인하는 견해이다. 이 견해에 따르면 무수익
자산의 매입 등에 따라 금전 또는 주식이 교부된 것이므로 매입가액 또는 현물출자가액을
손금에 산입하여 유보로 처분하고, 해당 손금을 부인하여 그 귀속자에 따라 상여·배당·
기타사외유출 또는 기타소득으로 처분한다. 무수익자산을 매입한 경우에는 대금의 지급 여
부에 따라 소득처분의 내용이 달라진다. 이에 관한 상세한 논의는 '자산의 고가매입 등'(718면)
에서 설명하였다.

그리고 해당 무수익자산은 세무계산상으로는 법인의 자산으로 보지 않으므로 그와 관련
된 비용(감가상각비를 포함한다)은 전액 손금불산입하고 사내유보(감가상각비 등) 또는 그
귀속자에 따라서 상여·배당·기타사외유출 또는 기타소득으로 처분한다.

법인이 무수익자산을 처분한 때에는 그 취득가액에서 손금불산입한 상각부인액을 공제
한 잔액을 손금불산입하여 유보로 처분하고 매도가액의 전액을 익금불산입하고 기타로 처
분하여야 한다.

다음으로 무수익자산을 현물출자받은 경우에는 그 무수익자산에 상당하는 가액만큼은
자본의 납입이 없는 것으로 보아 자본금에서 공제하여야 할 것이다.

나) 제2설

법인이 무수익자산을 처분하여 매도가액을 수령하기 전까지는 매입가액 또는 현물출자
로 인하여 교부한 주식의 가액을 무이자부로 대여한 것으로 보는 견해이다.[21] 그러므로 그
매입액 또는 현물출자로 인하여 교부한 주식의 가액에 대하여는 인정이자를 계산하여 익금
에 산입함과 동시에 특수관계인인 매도자 등에 대한 상여·배당·기타사외유출 또는 기타
소득으로 처분한다.

위의 경우에 매입가액을 지급하지 않았거나 그 일부만을 지급하였다면 그 미지급액 또는
적게 지급한 금액에 대하여는 인정이자를 계산하여서는 안 된다.

그리고 무수익자산과 관련된 비용(감가상각비를 포함한다)은 전액 손금불산입하고 사내
유보(감가상각비 등) 또는 그 귀속자에 따라 상여·배당·기타사외유출 또는 기타소득으
로 처분한다.

---

21) 강인애, 「신소득세법」, 한일조세연구소, 1998, 533면.

다) 결 어

무수익자산을 매입 또는 현물출자받은 경우에는 법인이 해당 무수익자산을 처분하여 그 매도가액을 수령하기 전까지는 매입가액 또는 현물출자로 인하여 교부한 주식의 가액을 그 자산을 매도한 특수관계인 등에게 무이자부로 대여한 것으로 보는 제2설이 타당하다고 생각한다. 즉 제2설을 지지하고자 한다.

대법원은 "…부당행위계산부인의 대상인 무수익자산의 매입으로 인정되면 세법상으로는 무수익자산의 매입이 부인되고 대신 매입대금 상당을 출자자 등에게 대여한 것으로 의제하여…인정이자를 익금산입함이 타당하다…"고 판시하여 제2설을 지지하고 있다.[22]

다. 자산의 무상·저가양도 등(법령 88 ① III)

자산을 무상 또는 시가보다 낮은 가액으로 양도 또는 현물출자한 경우이다. 자산을 무상 또는 저가로 양도한 행위와 자산을 무상 또는 저가로 현물출자한 행위가 부인의 대상이 된다.

양도 또는 현물출자의 대상이 되는 자산의 종류에는 제한이 없으며 자산의 무상양도란 증여를 의미한다고 본다.[23]

자산을 무상 또는 시가보다 낮은 가액으로 양도하거나 현물출자한 경우에는 시가대로 양도 또는 현물출자한 것으로 보아 그 시가에 상당하는 금액(무상양도 등의 경우) 또는 그 시가와 양도가액 또는 현물출자로 인하여 교부받은 주식가액과의 차액(저가양도 등의 경우)을 익금에 산입하고 그 귀속자에 따라 상여·배당·기타사외유출 또는 기타소득으로 처분한다. 자산의 무상양도 또는 저가양도에 해당하는 금액으로서 귀속자에게 상증법에 의하여 증여세가 과세되는 금액은 기타사외유출로 처분한다.

법인세법 시행령 제19조 제19호의2 각 목의 어느 하나에 해당하는 주식매수선택권 등의 행사 또는 지급에 따라 주식을 양도하는 경우에는 부당행위계산부인을 적용하지 않는다(법령 88 ① VIII의2 但). 그러나 주식매수선택권의 부여 자체는 저가양도에 해당할 수 있다.[24]

---

22) 대법원 2020. 8. 20. 선고 2017두44084 판결: 대법원 2000. 11. 10. 선고 98두12055 판결.

23) 유전개발사업권을 특수관계인에게 무상으로 이전하는 행위는 자산의 무상양도에 해당하며 이 경우 유전개발사업권의 시가는 현금흐름할인법(DCF법)으로 평가할 수 있다고 본 사례로 서울고등법원 2024. 1. 30. 선고 2022누66752 판결(대법원 2024. 5. 30. 자 2024두35392 판결로 심리불속행 종결).

24) 대법원 2010. 5. 27. 선고 2010두1484 판결: 「주식매수선택권의 부여가 저가양도로서 부당행위계산부인의 대상이 되는지 여부는 주식매수선택권의 행사 시기가 아니라 그 부여 시기를 기준으로 판단하여야 할 것이다. 따라서 주식매수선택권의 부여 당시에 정한 선택권의 행사가격이 부여 당시의 주식의 시가보다 높은 경우에는 특별한 사정(예컨대, 미공개 내부정보로 인하여 단기간 내에 주가가 상승할 것이 예상되는 경우임에도 이를 반영하지 아니한 채 행사가격을 약정하는 경우 등)이 없는 한 부당행위계산부인의 대상이 되는 저가양도에 해당한다고 보기는 어렵다.」

라. 불공정합병 등에 따른 양도손익의 감소(법령 88 ① III의2)

특수관계인인 법인 간 합병(분할합병을 포함한다)·분할시 불공정한 비율로 합병·분할하여 피합병법인 등의 합병·분할에 따른 양도손익을 감소시킨 경우이다. 다만, 자본시장법 제165조의4에 따라 합병(분할합병을 포함한다)·분할하는 경우는 제외한다.

마. 불량자산의 차환 등(법령 88 ① IV)

불량자산을 차환하거나 불량채권을 양수한 경우이다. 불량자산의 차환행위 또는 불량채권의 양수행위가 부인의 대상이 된다.

1) 불량자산의 차환

불량자산의 개념은 명확하지 않으나, 차환에 따라 이전하는 자산보다 자산의 유지·관리비 등이 많이 소요되어 수익력이 떨어지는 자산으로 해석한다.[25] 불량채권도 불량자산의 범위에 포함된다고 하겠다.

차환의 개념도 명확하지 않다. 사전적인 의미는 '새로 꾸어서 먼저 꾼 것을 반환하는 것'인데, 교환의 의미로 해석하고자 한다.

다음으로 본 호를 적용할 때 부인의 대상과 관련하여 견해의 대립이 있다.

제1설은 불량자산의 차환행위 자체를 부인하여야 한다는 견해이다. 이 견해는 교환한 날에 종전의 자산을 처분한 것으로 보고, 새로 취득한 자산은 그 취득 자체를 부인한다. 즉 종전 자산의 가액(시가)을 익금에 산입하여 그 귀속자에 따라 상여·배당·기타사외유출 또는 기타소득으로 처분한다. 그리고 차환으로 취득한 불량자산의 취득가액을 손금에 산입하여 유보(△유보)로 처분한다.

불량자산과 관련된 비용(감가상각비를 포함한다)은 전액 손금불산입하고 사내유보 또는 그 귀속자에 따라 상여·배당·기타사외유출 또는 기타소득으로 처분한다.

법인이 불량자산을 처분한 때에는 그 취득가액에서 손금불산입한 상각부인액을 공제한 잔액을 손금불산입하여 유보로 처분하고 매도가액의 전액을 익금불산입하고 기타로 처분하여야 한다.

제2설은 불량자산과의 차환으로 인하여 증가된 비용과 차환한 두 자산가액의 차액은 손금불산입 및 익금산입하여야 한다는 견해이다.[26]

---

25) 김두천, 「법인세법의 이론과 실제」, 조세통람사, 1988, 432면; 김현채, 「현대세법의 기본문제(1)」, 한국사법집정학회, 1986, 413면; 이전오, "법인의 부당행위계산부인규정의 적용요건 및 유형", 「변호사」, 제23집, 1993, 228면.

생각건대 불량자산과의 차환으로 인하여 비용이 증가하거나 차환한 두 자산가액 사이에 차액이 발생하는 경우에는 그 증가한 비용 및 두 자산가액 사이의 차액을 손금불산입 및 익금산입하고 그 귀속자에 따라서 상여·배당·기타사외유출 또는 기타소득으로 처분하여야 한다. 제2설을 지지한다.

2) 불량채권의 양수

불량채권이란 채권의 전부 또는 일부를 회수할 수 없는 부실채권·채권의 회수에 다액의 비용이 소요되는 채권 및 채권의 회수가 상당기간 지체되는 채권을 총칭한다고 새긴다.

불량채권의 양수를 부인할 때에도 불량자산의 차환에서와 같은 해석상의 다툼이 있다.

제1설은 불량채권의 양수행위를 부인하여야 한다는 견해이다. 이 견해에 의하면 불량채권의 양수가액을 손금에 산입하여 유보(△유보)로 처분하고, 해당 금액을 손금불산입하여 그 귀속자에 따라 상여·배당·기타사외유출 또는 기타소득으로 처분한다.

불량채권의 추심 등과 관련하여 지출한 비용은 전액 손금불산입하고 그 귀속자에 따라 상여·배당·기타사외유출 또는 기타소득으로 처분한다. 그리고 법인이 불량채권을 대손으로 처리한 때에는 그 금액을 손금불산입하여 유보로 처분하여야 한다.

제2설은 불량채권의 회수에 비용이 소요되거나 대손이 발생한 때에 손금불산입하여야 한다고 주장한다.[27]

생각건대 불량채권의 양수로 인하여 추가적인 회수비용을 지출하거나 대손이 발생한 경우에는 그 증가한 회수비용 및 대손금을 손금불산입하고 그 귀속자에 따라서 상여·배당·기타사외유출 또는 기타소득으로 처분하는 것이 타당하다고 하겠다. 즉 제2설을 지지하고자 한다.

바. 출연금의 대신 부담(법령 88 ① V)

법인이 그 특수관계인의 출연금을 대신 부담한 경우이다. 출연(出捐)이라 함은 자기의 의사에 의하여 현실의 출비(出費)나 의무의 부담과 같은 재산상의 손실을 가져옴으로써 상대방의 재산을 증가시키는 것을 말한다.

그러므로 특수관계인의 출연금을 대신 부담한 경우란 특수관계인이 부담하여야 할 출연금을 법인이 대신하여 부담하고 해당 출연금을 그 법인의 손비로 계상한 경우라고 새기고

---

26) 김두천, 「법인세법의 이론과 실제」, 조세통람사, 1988, 432면; 김현채, 「현대세법의 기본문제(1)」, 한국사법집정학회, 1986, 413면: "법인의 부당행위계산부인규정의 적용요건 및 유형", 「변호사」, 제23집, 1993, 228면.
27) 김두천(註26), 433면; 김현채(註26), 44, 67, 413면; 이전오(註26), 228면.

자 한다. 이 경우에는 해당 출연금을 손금불산입하고 그 귀속자에 따라 상여·배당·기타
사외유출 또는 기타소득으로 처분하여야 할 것이다.

사. 금전 등의 무상대부 등(법령 88 ① VI)

특수관계인에게 금전, 그 밖의 자산 또는 용역을 무상 또는 낮은 이율·요율이나 임대료
로 대부하거나 제공한 경우이다. 상표권자가 특수관계인인 상표 사용자에게 상표권 사용료
를 받지 않는 경우도 이 유형에 해당한다.[28]

다만, ① 주식매수선택권 등의 행사 또는 지급에 따라 금전을 제공하는 경우, ② 주주등
이나 출연자가 아닌 임원(소액주주등인 임원을 포함한다) 및 직원에게 사택을 제공하는 경
우, ③ 연결납세방식을 적용받는 연결법인 간에 연결법인세액의 변동이 없는 등 기획재정
부령(법칙 42의5)으로 정하는 요건을 충족하여 용역을 제공하는 경우는 적용범위에서 제외
한다(법령 88 ① VI 但).

위의 경우에는 무상 또는 낮은 이율·요율이나 임대료로 대부하거나 제공한 경우에는 시
가에 의하여 산정한 이자·요금 또는 임대료와 실제로 받은 대가(이자·요금 또는 임대료)
와의 차액을 익금에 산입하고, 그 귀속자에 따라 상여·배당·기타사외유출 또는 기타소득
으로 처분한다.

특수관계인에게 무상 또는 낮은 이율로 금전을 대부하는 행위를 부인하는 것을 가지급금
등의 인정이자의 계산이라고 부른다.

이하에서는 '가지급금 등의 인정이자의 계산'에 관하여 구체적으로 살펴보기로 한다.

1) 대상채권

가) 가지급금 등의 범위

(1) 가지급금

① 특수관계인에게 금전을 무상으로 대부하거나 낮은 이율로 대부하는 행위가 인정이자의
계산대상이 된다.[29] 법인세법은 금전의 무상대여액 등을 총칭하여 가지급금으로 부르
고 있다(법법 28 ① IV, 법령 53 ①, 법칙 28 ①). 그러므로 법인세법상 금전의 무상 또는 저리

---

28) 대법원 2023. 5. 18. 선고 2018두33005 판결. 다만 위 판결은 법인세법 시행령 제88조 제1항 제9호도 인용하
고 있기는 하다.
29) 법인이 상법 제341조에 따라 주주로부터 자기주식을 취득하면서 지급한 금액은 주주에게 우회적으로 자금
을 지원할 목적이 없었다면 인정이자 계산 대상 가지급금에 해당하지 않는다는 것이 행정해석이다. 서면법
인-2316, 2016. 2. 18.

대여행위의 부인을 '가지급금 등에 대한 인정이자의 계산'이라고 부른다.[30]

이와 같은 무상대여액(가지급금)에는 계정과목의 명칭 여하를 묻지 않고 특수관계인에게 무이자부 또는 낮은 이자율로 대여한 모든 채권이 포함된다. 단기대여금·장기대여금 및 가지급금 등이 주된 대상이 된다. 특수관계인이 발행한 회사채를 취득하는 경우 그 취득대금도 가지급금에 해당할 수 있다.[31]

② 회사의 설립이나 증자의 경우 일시적인 차입금으로 주금을 납입하고 회사설립 또는 증자절차 후 곧바로 그 납입금을 인출하여 차입금을 변제하는 주금의 가장납입금이 주주 등에 대한 가지급금 등에 해당하는지의 여부가 문제된다.

회사의 설립이나 증자의 경우에 당초부터 진정한 주금의 납입으로서 회사자금을 확보할 의도 없이 일시적인 차입금으로 단지 주금납입의 외형을 갖추고 회사설립이나 증자절차 후 곧바로 그 납입금을 인출하여 차입금을 변제한 경우, 즉 주금의 가장납입의 경우에도 현실적인 주금의 납입이 있은 것으로 보지 않을 수 없다. 다시 말하면 주금(株金)의 납입이 실제로 자본납입의 가장수단으로 이용된 것이라 할지라도 이는 해당 납입을 하는 발기인 또는 이사들의 주관적 의도의 문제에 불과하며, 이와 같은 발기인 내지 이사들의 내심적 사정에 의하여 회사의 설립이나 증자와 같은 집단적 절차의 일환을 이루는 주금 납입의 효력이 좌우되는 것은 타당하지 않다.

결론적으로 회사의 설립 또는 증자에 있어서 주금의 납입이 일시적인 차입금에 의하여 이루어졌다고 하여도 주식 또는 신주의 인수에 따른 주금의 납입으로는 유효하기 때문에 그 납입금을 인출하여 차입금을 변제하였다면 주식 또는 신주를 인수한 주주에게 그 금액을 무상대여하였다고 보는 것이 타당하다. 즉 해당 주주에 대한 업무무관 가지급금 등에 해당한다고 새겨야 한다.[32]

③ 가지급금이라 할지라도 정상적인 이자율에 따라 이자를 수령하는 경우에는 인정이자의 계산대상이 될 수 없다.[33]

정상적인 이자율에 따라 이자를 수령하는 경우에 그 금전의 대여행위는 부당행위계산에 해당하지 않기 때문이다. 가지급금 중에서 무이자부 대여 및 저리대여만이 인정이자의 계산대상이 된다.

---

30) 특수관계인에 대한 무이자부 대여금 및 저리대여금을 부인하여 인정이자를 계산하는 서식을 '가지급금 등의 인정이자조정명세서'(법인세법 시행규칙 별지 제19호 서식)라고 부르는 것이 그 단적인 예이다.

31) 대법원 2010. 10. 28. 선고 2008두15541 판결.

32) 같은 취지: 대법원 2001. 3. 27. 선고 99두8039 판결; 대법원 1983. 5. 24. 선고 82누522 판결. 상법에 관한 판결로서 같은 취지의 것으로 대법원 1985. 1. 29. 선고 84다카1823·1824 판결.

33) 이와는 달리 비업무용 자산 등에 대한 지급이자 손금불산입 규정을 적용할 때는 적정한 이자의 수령여부를 따지지 않는다.

④ 가지급금이 특수관계인인 채무자의 무자력으로 회수불능의 상태에 있다고 하더라도 인정이자를 당연히 익금에 산입할 수 없는 것은 아니고 인정이자도 회수불능 여부와 관계없이 익금에 산입하여야 한다.[34]

⑤ 마찬가지로, 특수관계인에게 금전을 무상으로 대여한 후 그 특수관계인에 대하여 회사정리절차개시결정 등이 있더라도 그 전·후를 통하여 당해 법인이 특수관계자에게 무상대여로 인한 이익을 분여하고 있다는 사정은 변함이 없고, 인정이자는 법인이 특수관계인으로부터 그 상당액의 이자를 실제로 지급받지 않았음에도 불구하고 지급받은 것으로 보아 이를 익금에 산입하는 것이며, 따라서 인정이자를 계산할 때 그 이자채권이 존재함을 전제로 한 회수불능 여부는 고려할 필요가 없으므로, 채무자인 특수관계인에 대하여 회사정리절차개시결정 등이 있더라도 채권자인 법인이 보유하는 대여금채권에 관한 인정이자 상당액은 익금산입의 대상이 된다.[35]

(2) 선급금 등

법인이 현실적으로 퇴직함이 없이 근속하고 있는 임원 또는 직원에 대하여 퇴직금을 지급하는 경우 또는 사업상의 필요를 넘거나 필요없이 특수관계인에게 선급금을 지급하는 경우에 미리 지급한 퇴직금 또는 선급금[36]도 인정이자의 계산대상이 되는 채권으로 보아야 한다.

(3) 채권의 회수지연

법인이 특수관계인에 대한 외상매출금, 미수금 등의 채권을 회수할 수 있음에도 불구하고 이를 장기간 방치하는 경우가 있다.[37] 또는 특수관계인에게 합리적인 사유없이 통상의

---

34) 대법원 2003. 12. 11. 선고 2002두7227 판결.
35) 대법원 2009. 12. 10. 선고 2007두15872 판결.
36) 대법원 1991. 1. 11. 선고 90누7432 판결.
37) 법인이 무효인 법률행위로 지출하였으나 그 상대방으로부터 미회수중인 금원도 마찬가지로 보아야 할 것이다. 이와 관련하여 법률행위의 무효 여부가 쟁점이 된 판례를 들어둔다.
　　[1] 대법원 2021. 7. 29. 선고 2017두63337 판결
　　법인이 주주들에게 자기주식 취득의 통지를 하면서 이사회에서 결의한 사항의 일부(자기주식 취득의 목적, 주식 1주를 취득하는 대가로 교부할 금전의 산정 방법, 양도의 대가로 금전 등을 교부하는 시기)를 누락하였고 특정 주주로부터만 자기주식을 양수하였으며 차입금으로 자기주식을 취득한 사안에서 과세관청은 그 거래가 상법 제341조 제1항 제2호 및 상법 시행령 제10조 제1호, 제2호에 위반하여 무효라는 전제 하에 법인이 자기주식을 양도한 주주로부터 회수하지 않은 주식양도대금을 업무무관 가지급금에 해당한다고 보고 과세한 바 있다. 대법원의 위 사안에서 법인이 자기주식 취득의 통지를 하면서 양도신청기간을 명시하였고 실제로 법인이 자기주식을 취득한 특정 주주에게 주식양도대금을 지급한 날은 양도신청기간 다음 날이었으며, 주주들이 가족들로서 해당 거래를 전후하여 이의를 제기하지 않았다는 점 등을 고려하여 보면, 법인이 자기주식 취득의 통지를 하면서 이사회에서 결의한 사항의 일부를 누락하였다는 이유만으로 주주들의 공평한 주식양도의 기회가 침해되었다고 보기 어렵고, 모든 주주들에게 자기주식 취득의 통지를 한 점 등에 비추어

거래처보다 매출채권의 결제기간(회수기간)을 장기로 정하고 있는 경우도 있을 수 있다. 판례는 위에서와 같이 회수를 게을리하여 방치하고 있는 외상매출금 및 미수금이나 정상적인 결제기간(특수관계인이 아닌 거래처와의 통상적인 결제기간을 말한다)이 경과된 외상매출금 등은 실질적으로 채권을 전부 회수한 후에 다시 가지급한 것과 같은 효과를 가져온다는 점에서 가지급금에 해당한다고 본다. 따라서 채권의 회수를 지연한 행위에 대하여 경제적 합리성을 인정할 수 없다면 법인세법 시행령 제88조 제1항 제6호에 규정되어 있는 금전의 무상대여로 부당행위계산부인의 대상이 된다.[38) 39)]

보면, 법인이 처음부터 특정 주주로부터만 자기주식을 취득하려고 하였다고 단정할 수 없다고 보았다. 또한 자기주식취득의 재원인 배당가능이익은 채권자의 책임재산과 회사의 존립을 위한 재산적 기초를 확보하기 위하여 직전 결산기상의 순자산액에서 자본금의 액, 법정준비금 등을 공제한 나머지로서 회사가 당기에 배당할 수 있는 한도를 의미하는 것이지 회사가 보유하고 있는 특정한 현금을 의미하는 것이 아니고, 또한 회사가 자기주식을 취득하는 경우 당기의 순자산이 그 취득가액의 총액만큼 감소하는 결과 배당가능이익도 같은 금액만큼 감소하게 되는데, 이는 회사가 자금을 차입하여 자기주식을 취득하더라도 마찬가지이다. 따라서 상법 제341조 제1항 단서는 자기주식 취득가액의 총액이 배당가능이익을 초과하여서는 안 된다는 것을 의미할 뿐 차입금으로 자기주식을 취득하는 것이 허용되지 않는다는 것을 의미하지는 않는다고 보아 자기주식취득이 유효하다고 보았다. 만일 자기주식취득이 무효였고 법인이 그 사실을 알면서도 회수를 지연하였다면 주식양도대금 상당액도 업무무관 가지급금으로 보아 과세할 수 있는 여지도 있을 것이다.

[2] 서울고등법원 2021. 4. 30. 2020누50234 판결(대법원 2021. 9. 30. 자 2021두41396 판결로 심리불속행 종결) 의약품도매업을 영위하는 원고 법인의 사업연도는 1. 1.~12. 31.로서 원고의 주주는 배우자 간인 대표이사 A(지분율 85%)와 이사 B(지분율 15%)로 구성되어 있다. 원고 법인은 2012년부터 2015년까지 사업연도 종료 후 개최되는 정기주주총회에서는 별도의 이익배당을 실시하지 않고, 사업연도 중에 임시주주총회를 개최하여 이익배당(이하 '이 사건 배당')을 결의하였다. 과세관청은 "이 사건 배당이 상법 제462조의3이 정한 중간배당의 요건인 이사회 결의, 정관의 근거규정을 갖추지 아니한 위법한 중간배당에 해당하여 무효"라고 판단한 뒤, 이를 업무무관 가지급금으로 보아 지급이자를 손금불산입하고 인정이자를 익금산입하여 2012부터 2015까지의 사업연도 법인세를 경정·고지하였다.

법원은 상법상 정기배당이란 원칙적으로 사업연도 종료 후 정기주주총회에서 이루어지는 것으로 그 배당이 결산기 말 이후에 지급되는 것을 의미하는 것으로 보아야 하므로 이 사건 배당은 상법상 정기배당에 해당하지 않고 중간배당을 위해서는 정관에 근거규정이 있어야 하고, 이사회의 결의가 있어야 하는데(상법 462의3 ①) 원고 법인의 정관에 중간배당에 관한 근거규정이 없고 이 사건 배당에 관하여 이사회 결의가 이루어지지 않았으므로 중간배당으로서의 요건을 갖추지 못했다고 보아 과세처분이 적법하다고 판단하였다. 그러나 위 판결의 사실관계를 보면 원고 법인의 주주는 A와 B(A의 처)로 구성되어 있고 B가 자신의 의사결정 권한을 사실상 A에게 위임하고 의결권을 행사하지 않는 관계이며, 원고 법인의 이사가 A, B 및 C(A의 자)로 구성되어 있는데 주주총회의 특별결의가 있으면 정관 개정과 동일한 효력이 있고, 판례는 회사와 이사와의 자기거래 사안에서 주주 전원의 동의로 이사회의 승인을 갈음할 수 있다는 입장을 취한 바 있다(대법원 1992. 3. 31. 선고 91다16310 판결)는 점을 고려하면 중간배당의 하자가 치유되었다고 볼 여지도 있다고 판단된다.

38) 대법원 2010. 5. 27. 선고 2007두23309 판결; 대법원 2010. 1. 14. 선고 2007두5646 판결. 그러나 위 판결들이 선고되기 전의 대법원 1993. 2. 9. 선고 92누10869 판결 및 대법원 1990. 5. 11. 선고 89누8095 판결은 법인이 특수관계인에 대한 외상매출금 회수를 지연시킨 것을 금전의 무상대여(법령 88 ① VI)로 볼 수는 없고 이익분여(법령 88 ① IX)에 부당행위계산부인의 대상으로 삼았다. 한편, 위 대법원 2010. 5. 27. 선고 2007두23309 판결 및 대법원 2010. 1. 14. 선고 2007두5646 판결 이후에 선고된 대법원 2010. 10. 28. 선고 2008두15541 판결; 대법원 2013. 11. 14. 선고 2011두25784 판결 및 대법원 2014. 8. 26. 선고 2014두4719 판결은 회수가 지연된 채권을 업무무관 가지급금으로 보아 그에 상당하는 차입금에 대한 지급이자를 손금불산입하면서도 그 회수지연이 부당행위계산에 해당할 경우에는 금전의 무상대여(법령 88 ① VI)가 아니라 그에

나) 가수금의 상계

동일인에 대한 가지급금 등과 가수금이 함께 있는 경우에는 이를 상계한 금액으로 한다. 다만, 동일인에 대한 가지급금 등과 가수금의 발생시에 각각 상환기간 및 이자율 등에 관한 약정이 있어 이를 상계할 수 없는 경우에는 상계를 하여서는 안 된다(법령 53 ③).

다) 대상채권의 예외

다음과 같이 기획재정부령으로 정하는 일정한 금전의 대여에 관하여는 인정이자를 계산하지 않는다(법령 89 ⑤ 但, 법칙 44).

(1) 미지급소득에 대한 소득세 등

소득세법에 의하여 지급한 것으로 보는 배당소득 및 상여금(이하에서 '미지급소득'이라 한다)에 대한 소득세(지방소득세와 미지급소득으로 인한 중간예납세액 상당액을 포함하며, 다음 계산식에 의하여 계산한 금액을 한도로 한다)를 법인이 납부하고 이를 가지급금 등으로 계상한 금액에 대하여는 해당 소득을 실지로 지급할 때까지의 기간에 상당하는 금액에 한하여 인정이자의 계산대상에서 제외한다.

$$\text{미지급소득에 대한 소득세액} = \text{종합소득 총결정세액} \times \frac{\text{미지급소득}}{\text{종합소득금액}}$$

위에서 미지급소득이란 다음의 소득을 말한다(소법 132 ① 및 135 ③).
① 법인이 이익 또는 잉여금의 처분에 의한 배당소득을 그 처분을 결정한 날부터 3월이 되는 날까지 지급하지 않아 그 3월이 되는 날에 지급한 것으로 의제하는 배당소득
② 법인이 이익 또는 잉여금의 처분에 의하여 지급하여야 할 상여를 그 처분을 결정한 날부터 3월이 되는 날까지 지급하지 않아 그 3월이 되는 날에 지급한 것으로 의제하는 상여. 다만, 그 처분이 11월 1일부터 12월 31일까지의 사이에 결정된 경우에는 다음 연도 1월 31일까지 지급하지 않아 1월 31일에 지급한 것으로 의제하는 상여

'준하는' 이익분여(법령 88 ① IX)에 해당하여 인정이자가 익금에 산입된다는 입장을 취하였다.
39) 만약 해당 법인이 그 채권에 대한 소멸시효 중단을 위한 조치를 취하지 않아 소멸시효가 완성된 경우에는 더 이상 그 채권의 보유를 전제로 하는 인정이자 익금산입을 계속할 수 없다(대법원 2013. 10. 30. 선고 2010 두4599 판결: 대법원 2009. 10. 29. 선고 2007두16561 판결).

(2) 국외투자법인에 대한 여비 등의 가지급금

정부의 허가를 받아 국외에 자본을 투자한 내국법인이 해당 국외투자법인에 종사하거나 종사할 자의 여비·급료 기타 비용을 대신하여 부담하고 이를 가지급금 등으로 계상한 금액은 그 금액을 실지로 환부받을 때까지의 기간에 상당하는 금액에 한하여 인정이자의 계산대상에서 제외한다.

(3) 우리사주조합 등에 대한 주식취득자금의 대여액

법인이 자본시장법의 규정에 의한 우리사주조합 또는 그 조합원에게 해당 법인의 주식취득(조합원간의 주식매매를 포함한다)에 소요되는 자금을 대여한 금액은 상환받을 때까지의 기간에 상당하는 금액에 한하여 인정이자를 계산하지 않는다.

(4) 퇴직금전환금

국민연금법에 의하여 근로자가 지급받은 것으로 보는 퇴직금전환금은 해당 근로자가 퇴직할 때까지의 기간에 상당하는 금액에 한하여 인정이자의 계산대상에서 제외한다.

(5) 귀속자 불분명으로 대표자에게 상여처분한 금액에 대한 소득세 등

익금산입 또는 손금불산입한 금액이 사외에 유출된 것은 분명하나, 다만 그 귀속이 불분명하여 대표자상여로 처분한 금액에 대한 소득세를 법인이 납부하고 이를 가지급금으로 계상한 금액은 특수관계가 소멸될 때까지의 기간에 상당하는 금액에 한하여 인정이자의 계산대상에서 제외한다.

(6) 직원에 대한 급료의 가불금

직원에 대한 월정급여액의 범위에서의 일시적인 급료의 가불금은 인정이자를 계산하지 않는다.

(7) 직원에 대한 경조사비 등의 대여액

직원에 대한 경조사비 또는 학자금(자녀의 학자금을 포함한다)의 대여액은 인정이자를 계산하지 않는다.

(8) 한국자산관리공사가 전액출자법인에게 대여한 금액

한국자산관리공사가 그가 전액 출자하여 설립한 법인에게 대여한 금액은 인정이자를 계산하지 않는다.

2) 인정이자의 계산

인정이자는 다음 계산식에 의하여 계산한다.

> 인정이자 = 가지급금 등의 적수 × 인정이자율 × 1 / 365(윤년인 경우 1 / 366)
>   − 실제 받거나 받기로 한 이자수입

가지급금 등의 크기가 사업연도 중에 증감하는 경우에는 그 적수에 의한다. 가지급금 등의 적수란 사업연도 중의 가지급금 등의 매일 매일의 잔액을 합산한 금액을 의미한다.

그리고 인정이자율은 가중평균차입이자율로 하되 예외적으로 경우별로 기획재정부령으로 정하는 당좌대출이자율을 적용한다. 이에 관하여는 시가의 개념에서 이미 설명하였다.

3) 가지급금 등에 대한 중복과세의 문제점

특수관계인에 대한 업무무관 가지급금에 대하여는 그 지급이자를 손금불산입하면서 동시에 인정이자를 계산하여 익금에 산입한다. 그리고 특수관계인에 대한 업무무관 가지급금에 대하여는 대손충당금의 설정을 허용하지 않으며, 설사 대손으로 확정되었다고 하더라도 손금산입(대손금)을 배제하고 있다.

특수관계인에 대한 업무무관 가지급금에 대하여 지급이자의 손금불산입과 부당행위계산의 부인(인정이자의 익금산입)의 규정을 동시에 적용하는 것에 대하여 동일한 소득에 대한 이중과세라는 비판이 제기되고 있다. 그러나 헌법재판소는 두 제도가 상이한 입법목적을 위해 서로 다른 적용요건을 가지고 있기 때문에 설령 어느 경우에 우연히 양자의 요건을 동시에 갖춤으로써 두 제도가 함께 적용된다 하더라도 그것이 하나의 행위에 대한 이중의 제재라든가 동일한 담세물에 대한 중복과세라고는 보기 어렵다고 판시한 바 있다.[40]

---

40) 헌법재판소 2007. 1. 17. 선고 2005헌바75・2006헌바7・8(병합) 전원재판부 결정: 「업무무관 가지급금에 대한 지급이자 손금불산입제도의 입법목적은 차입금을 생산적인 부분에 사용하지 아니하고 계열사 등 특수관계인에게 대여하는 비정상적인 행위를 제한함으로써 타인자본에 의존한 무리한 기업확장으로 기업의 재무구조가 악화되는 것을 방지하고, 기업자금의 생산적 운용을 통한 기업의 건전한 경제활동을 유도하는 데 있으므로 이 사건 심판대상조항들의 정당성은 인정된다. 또한 이 사건 손금불산입제도는 법인세의 부담을 증가시킴으로써 이러한 입법목적 달성을 유도하기 위한 것이므로 그 방법의 적절성도 인정된다. 이 사건 손금불산입제도의 입법목적은 앞에서 본 바와 같은 반면, 부당행위계산부인에 따른 인정이자 익금산입제도는 법인과 특수관계에 있는 자와의 거래가 경제적 합리성을 무시하여 조세법적 측면에서 부당한 것이라고 보일 때 과세권자가 객관적으로 타당하다고 인정되는 소득이 있었던 것으로 의제하여 과세함으로써, 과세의 공평을 기하고 조세회피행위를 방지하고자 하는 입법목적을 가지고 있다. 이와 같이 양 제도는 상이한 입법목적을 위해 서로 다른 적용요건을 가지고 있으므로 어느 경우에 우연히 양자의 요건을 동시에 갖춤으로써 두 제도가 함께 적용된다 하더라도 그것이 하나의 행위에 대한 이중의 제재라든가 동일한 담세물에 대한 중복과세라고는 보

이하에서는 업무무관 가지급금에 대한 지급이자의 손금불산입과 인정이자의 익금산입의 중복과세 여부에 관하여 검토하기로 한다.

첫째, 특수관계인에 대한 업무무관 가지급금을 취득하거나 보유하고 있는 내국법인이 각 사업연도에 지급한 차입금의 이자로서 다음 계산식에 의하여 계산한 금액은 이를 손금에 산입하지 않는다.

> 손금불산입액 = 지급이자 × 업무무관 가지급금 적수 / 차입금적수

위의 규정은 차입금이 있는 법인에 한하여 적용하는데, 차입자로부터 적정한 이자를 수령하더라도 지급이자 손금불산입 규정은 적용한다.

이와 같은 지급이자 손금불산입 규정은 기업의 재무구조를 개선함과 아울러 기업자금의 생산적 운용을 유도하기 위한 법적 장치이다.

둘째, 특수관계인에 대한 업무무관 가지급금 중 무상 또는 저리대여금에 대하여는 적정이자(인정이자)를 계산하여 이를 익금에 산입한다.

위의 규정은 해당 법인의 차입금의 유무 또는 과다와 관계없이 적용한다. 다만, 해당 법인이 해당 가지급금 등에 대하여 적정이자를 수령하고 있는 경우에는 위의 규정을 적용하지 않는다.

가지급금 등에 대한 인정이자의 익금산입제도는 무상 또는 저리대부를 통한 법인세의 회피를 부인하는 법적 장치이다.

생각건대 업무무관 가지급금에 대한 지급이자 손금불산입제도와 인정이자의 익금산입제도는 각기 그 취지 및 본질을 달리하는 별개의 제도인 것만은 분명하다. 그럼에도 불구하고 차입금이 있는 법인이 특수관계인에게 해당 법인의 업무와 관계없이 금전을 무상 또는 저리대여한 경우에는 결과적으로 동일한 소득에 대하여 중복적인 과세를 행하는 것임도 부인하기 어렵다.

소득과세의 본질에 비추어 볼 때 업무무관 가지급금 등에 대한 인정이자의 익금산입제도는 그 당위성을 수긍하지 않을 수 없다.

문제는 업무무관 가지급금에 대한 지급이자 손금불산입제도이다. 업무무관 가지급금에

기 어렵고, 따라서 피해 최소성의 원칙에 반한다고 할 수 없다. 나아가 이 사건 심판대상조항들의 입법목적인 차입금 유입 억제를 통한 기업의 건전한 재무구조유도와 기업자금의 생산적 운용이라는 조세정책적 공익은 차입금에 대한 지급이자 손금불산입에 따른 법인세 증가라는 사익에 비해 결코 작다고 할 수 없으므로 법익의 균형성을 상실하였다고 볼 수도 없다. 결국 부당행위계산부인과 함께 손금불산입 적용을 받는 것은 실질과세원칙과 과잉금지원칙에 위배되지 않는다고 할 것으로 재산권을 침해하지 않는다.」

대한 지급이자 손금불산입제도는 조세이론 또는 소득과세의 법리와는 거리가 먼 정책세제의 산물이기 때문이다. 입법적으로 그 적용범위를 축소하거나 폐지하여야 할 것이다.

아. 자산 또는 용역의 고율 이용(법령 88 ① VII)

특수관계인으로부터 금전, 그 밖의 자산 또는 용역을 높은 이율 등으로 차용하거나 제공받은 경우이다. 실제 지급한 이자 등과 시가에 의하여 산정한 이자 등과의 차액을 손금불산입한다. 다만, 연결납세방식을 적용받는 연결법인 간에 연결법인세액의 변동이 없는 등 기획재정부령(법칙 42의5)으로 정하는 요건을 충족하여 용역을 제공하는 경우는 제외한다.

판례는 법인이 특수관계인인 대표이사에게 지급한 보수가 해당 법인과 사업규모가 유사한 동종업체 중 상위업체의 대표이사들이 지급받는 보수보다 높은 경우에는 본 호에 해당할 수 있다고 본다.[41]

자. 파생상품거래를 통한 이익분여(법령 88 ① VII의2)

기업회계기준에 따른 통화선도, 통화선물, 통화스왑, 통화옵션 등 통화관련 파생상품에 근거한 권리를 행사하지 않거나 그 행사기간을 조정하는 등의 방법으로 이익을 분여하는 경우이다. 특수관계인간에 유리한 상황 또는 불리한 상황에 있는 장외 매수옵션(call option) 또는 매도옵션(put option) 등과 같은 파생상품거래를 통하여 매수옵션 또는 매도옵션을 행사하지 않거나 매수옵션 또는 매도옵션의 행사기간을 조정하는 방법 등에 의하여 이익을 분여하는 경우가 이에 해당한다. 판례는 내국법인이 국외 특수관계인과 함께 파생상품에 근거한 권리를 보유하다가 그 보유비율에 상응하는 권리를 행사하지 않은 채 국외 특수관계인으로 하여금 권리의 전부를 행사할 수 있게 하는 방법으로 국외 특수관계인에게 이익을 분여하는 행위도 국조령 제4조 제1호에서 규정하고 있는 '자산의 무상이전'에 준하는 것으로 보아 본 호에 따른 부당행위계산부인의 대상이 된다고 본다.[42]

차. 일정한 자본거래를 통한 이익분여(법령 88 ① VIII, VIII의2)

자본거래를 통한 이익분여에 관한 부당행위계산부인규정은 미실현이익을 과세대상으로 하는 것으로서 동일한 거래에 관하여 개인 주주에게 과세하는 증여세와의 형평을 유지하기

---

41) 대법원 2017. 9. 21. 선고 2015두60884 판결 및 그 1심 판결인 서울행정법원 2015. 5. 22. 선고 2013구합55147 판결 참조.
42) 대법원 2015. 11. 26. 선고 2014두335 판결.

위하여 규정한 것이다.[43] 자본거래를 통한 이익의 분여는 미실현손실에 해당하여 주식을 처분할 때 손금으로 인식이 되는데 그 손금부인, 즉 익금산입의 시기를 자본거래시점으로 앞당겨 놓은 조문이다. 증여세의 경우 재산 또는 이익의 이전이 있으면 부당성을 따지지 않고 과세를 하지만 자본거래를 통한 이익분여의 경우 어디까지나 부당행위계산부인의 적용례 중 하나이므로 '행위 또는 계산의 이상성'과 같은 일반적 요건을 충족하여야 한다.[44]

1) 불공정합병 등으로 인한 이익분여(법령 88 ① Ⅷ)

가) 개 관

다른 법인의 주주등인 법인이 합병(분할합병 포함), 증자, 감자에 해당하는 자본거래로 인하여 주주등(소액주주등은 제외)인 법인이 특수관계인인 다른 주주등에게 이익을 분여한 경우이다. 이익을 분여받은 특수관계인인 다른 주주등에는 법인은 물론이고 개인이 포함된다(법령 88 ① Ⅷ).

자본거래로 인하여 특수관계인인 다른 주주에게 분여한 이익은 익금에 산입한다(법령 88 ① Ⅷ, Ⅷ의2). 만일 이익을 분여받은 특수관계인인 다른 주주가 법인인 때에는 귀속자가 법인이므로 기타사외유출로 처분한다. 귀속자가 개인이고 그 개인에게 증여세가 과세되는 경우에는 기타사외유출로 처분하여야 한다(법령 106 ① Ⅲ 다, 자).

한편 이익을 분여받은 자가 법인인 경우 법인의 수익으로 익금에 산입한다(법령 11 Ⅷ).[45]

나) 불공정합병으로 인한 이익분여

(1) 요 건

특수관계인인 법인간의 합병(분할합병을 포함한다)에 있어서 주식등을 시가보다 높거나 낮게 평가하여 불공정한 비율로 합병한 경우이어야 한다. 다만, 자본시장법 제165조의4에 따라 합병(분할합병을 포함한다)하는 경우는 제외한다(법령 88 ① Ⅷ 가).

(가) 특수관계인인 법인 간의 합병

합병당사회사가 특수관계인에 해당하여야 한다. 특수관계에 있는 법인의 판정은 합병등기일이 속하는 사업연도의 직전 사업연도의 개시일(그 개시일이 서로 다른 법인이 합병한 경우에는 먼저 개시한 날을 말한다. 이하 같다)부터 합병등기일까지의 기간에 의한다. 즉

---

43) 재정경제부, 「'98 간추린 개정세법」, 재정경제부, 1999, 196면.
44) 같은 취지 대법원 2020. 12. 10. 선고 2018두34350 판결; 대법원 2004. 10. 28. 선고 2004두6280 판결; 대법원 1997. 2. 14. 선고 96누9966 판결.
45) 이 경우 자산의 취득가액을 조정하는 규정이 있다. 법인세법 시행령 제72조 제2항 제5호, 제4항 제3호, 제5항 제3호.

합병등기일이 속하는 사업연도의 직전 사업연도의 개시일부터 합병등기일까지의 기간 중 1회라도 특수관계에 있는 법인에 해당하는 경우에는 위의 요건을 충족한 것으로 보는 것이다. 분할합병도 여기서는 합병에 포함된다.

(나) 불공정합병

불공정합병이란 주식등을 시가보다 높거나 낮게 평가하여 불공정한 비율로 합병함으로써 특수관계인인 다른 주주등에게 분여한 이익이 합병법인의 주식등의 평가가액의 30퍼센트 이상이거나 3억원 이상인 경우의 해당 합병을 가리킨다(상증법 38, 상증령 28 ③ I, ⑤).

위에서 특수관계인인 다른 주주등에게 분여한 이익의 비율이란 다음의 ①에 의한 가액 중(분모)에서 ①에 의한 가액에서 ②에 의한 가액을 차감한 가액(분자)의 비율을 말한다.

① 합병 후 신설·존속하는 법인의 1주당 평가가액[46]

구분	주권상장·코스닥상장 법인	그 외 법인
합병 후 1주당 평가가액	Min[①,②] ① 합병등기일 이후 2개월간 최종시세가액의 평균액[단, 합병(분할합병)으로 신설 또는 존속하는 법인이 보유한 상장주식의 시가는 평가기준일 현재의 거래소 최종 시세가액] ② 단순평균액 $$= \frac{\text{합병 전 합병·피합병법인의 주식가액 합계액}}{\text{합병 후 주식수}}$$	② 단순평균액

〈출처: 상증행 39-28-5〉

② 합병비율 반영한 주가 과대평가법인의 합병 전 1주당 평가가액

$$= \begin{matrix}\text{주가가 과대평가된 합}\\ \text{병당사법인의 합병 전}\\ \text{1주당 평가가액}\end{matrix} \times \frac{\text{주가가 과대평가된 합병당사법인의 합병 전 주식수}}{\text{합병교부주식}}$$

구분	주권상장·코스닥상장 법인	그 외 법인
주가 과대평가 법인 합병 전 1주당 평가가액	Max[①,②] ① 다음 중 빠른 날 이전 2개월간 최종시세가액의 평균액 　㉮ 합병대차대조표 공시일 　㉯ 금융감독위원회 합병신고일 ② 비상장주식 평가방법에 의한 평가가액	합병대차대조표 공시일의 비상장주식 평가방법에 의한 평가가액

〈출처: 상증행 39-28-5〉

---

46) 합병 과정에서 합병법인의 주식은 시가보다 높게, 피합병법인의 주식은 시가보다 낮게 평가되어 피합병법인의 주주들에게 합병신주가 적게 배정됨으로써, 피합병법인의 주주들이 특수관계에 있는 합병법인의 주주들에게 이익을 분여하였다고 보아 과세관청이 법인세법 시행령 제88조 제1항 가목을 적용하여 과세한 사안에

(2) 효 과

특수관계인인 다른 주주등에게 분여한 이익을 익금에 산입하는데, 특수관계인인 다른 주주등에게 분여한 이익의 산정은 다음 계산식에 의한다.[47]

$$\text{익금산입액} = (\text{①의 가액} - \text{②의 가액}) \times \frac{\text{주가가 과대평가된 합병당사 법인의}}{\text{다른 주주의 합병 후 주식수}}$$

법인주주가 합병당사법인들의 주식을 함께 보유하고 있는 경우 주가가 과소평가된 합병당사법인의 주주로서 입은 손실과 주가가 과대평가된 합병당사법인의 주주로서 얻은 이익을 통산하여 실질적으로 분여하거나 분여받은 이익이 있는지 밝힌 다음 그 결과에 따라 부당행위계산부인 규정을 적용한다.[48]

다) 불균등증자로 인한 이익분여

법인의 자본(출자액을 포함한다)을 증가시키는 거래에 있어서 신주(전환사채·신주인수권부사채 또는 교환사채 등을 포함한다)를 배정받을 수 있는 권리의 전부 또는 일부를 포기하거나 신주를 시가보다 높은 가액으로 인수함으로써 이익을 분여한 경우이다. 다만,

---

서, 합병법인인 원고들은 합병법인이 합병 전 보유하던 피합병법인의 주식에 대하여 합병신주를 배정받아 자기주식으로 보유하게 되는 경우, 합병법인의 합병 전 주식가액에 이미 반영되어 있는 피합병법인의 주식가액이 다시 반영되는 결과 합병법인의 주식가액이 과대평가되므로, 합병법인이 합병 전 보유하던 피합병법인의 주식을 소각한 경우와 마찬가지로 그 주식가액을 합병법인의 주식가액에서 공제하여 합병에 따른 증여이익을 계산하여야 한다고 주장하였다. 그러나 대법원은 합병법인이 합병신주를 배정받아 이를 자기주식으로 상당한 기간 보유한 이상, 합병신주를 배정받지 않거나 합병신주를 배정받아 합병과 동시에 이를 소각한 경우와 동일하게 취급할 수 없고, 그러한 자기주식에도 양도성과 자산성이 있어 이를 다른 주주들이 소유한 주식과 달리 취급할 이유가 없다고 판시하였다(대법원 2021. 9. 30. 선고 2017두66244 판결). 법인세법이 자기주식을 자산으로 취급하는 이상 위와 같이 해석할 수 밖에 없다고 생각된다. 상세는 대법원 판례 해설 제130호(2021년 하), 2022, 249면 이하(이준엽 집필부분).

47) 위 대법원 2021. 9. 30. 선고 2017두66244 판결(前註)에서는 이익을 분여받은 합병법인 주주가, 동시에 피합병법인의 주주(법인)의 주주라면 자기증여 또는 자기이익분여에 해당하므로 그 부분에 관하여는 법인세나 증여세를 과세할 수 없다는 주장이 있었지만 대법원은 법인의 주주가 그 지분 범위 내에서 해당 법인의 자산에 관한 권리를 보유하더라도 그 자산 자체를 주주가 소유하는 것으로 볼 수 없다는 이유로 그 주장을 배척하였다(대법원 2021. 9. 30. 선고 2017두66244 판결). 법인세법은 법인과 주주 간의 분리원칙(Trennungsprinzip)에 입각해 있으므로 대법원 판결의 입장이 타당하다.

48) 대법원 2022. 12. 29. 선고 2018두59182 판결. 일방 법인의 주주로서 분여한 이익과 타방 법인의 주주로서 얻은 이익이 중첩되는 범위에서는 이른바 자기증여에 해당하기 때문이다. 위 판결은 주주로서 분여한 이익과 주주로서 얻은 이익의 각 합계액을 통산하였다. 즉, 일방 법인의 주주로서 분여한 이익의 합계액을 타방 법인의 특수관계 있는 주주 지분별로 안분하지 않았다. 주식의 포괄적 교환에 관하여 같은 취지로 판단한 것으로 서울고등법원 2015. 6. 12. 선고 2014누7598 판결(대법원 2015. 11. 17. 자 2015두3027 판결로 심리불속행 종결).

포기한 신주(이하에서 '실권주'라고 한다)가 자본시장법 제9조 제7항의 규정에 따른 모집 방법으로 배정되는 경우는 제외한다(법령 88 ① Ⅷ 나).[49]

(1) 신주를 저가발행하는 경우

신주의 인수가액이 시가(증자 후의 평가액)보다 낮은 경우에 신주인수권을 포기한 자는 신주를 인수한 자에 대하여 이익을 분여한 것으로 된다(법령 88 ① Ⅷ 나 前).

(가) 실권주를 다시 배정하는 경우

실권주를 다시 배정할 때 신주를 배정받을 수 있는 권리의 전부 또는 일부를 포기한 주주와 특수관계에 있는 자가 실권주를 인수한 경우에는 해당 권리를 포기한 주주가 다음 계산식에 의하여 계산한 금액에 상당하는 이익을 분여한 것으로 본다(상증령 29 ② Ⅰ). 이 경우 분여한 이익의 크기와 관계없이 과세한다는 점에 유의할 필요가 있다. 판례는 실권주를 다시 배정하는 과정에서 제3자가 신주를 저가 인수한 경우(제3자 배정)에는 특수관계에 있는 기존 주주들로부터 이익을 분여받은 결과가 되더라도 본조항이 적용되지 않는다고 한다.[50] 그러나 이 경우에는 법인세법 시행령 제88조 제1항 제8호의2에 해당할 수 있다.[51]

---

[49] 상증법은 자본시장법 시행령 제11조 제3항에 따라 모집으로 간주하는 경우에도 증여세를 과세하지만 법인세법은 그 경우에도 부당행위계산부인의 대상에서 제외하고 있다(상증령 29 ③).

[50] 대법원 2012. 3. 29. 선고 2011두29779 판결. 그러나 대법원은 회사법적 관점에서 주주 배정절차에서 발생한 실권주에 관하여 주주를 모집할 경우 이는 주주 배정절차의 연장선상에 있으므로 제3자 배정에 해당하지 않는다는 입장인데(대법원 2009. 5. 29. 선고 2007도4949 판결) 그 입장과는 모순되는 면이 있다.

[51] 대법원 2020. 12. 10. 선고 2018두34350 판결.

$$\text{분여이익} = [(가) - (나)] \times (다)$$

(가) 증자 후의 1주당 평가가액

구 분	주권상장(코스닥상장)법인	비상장법인
증자후 1주당 평가액	Min[①, ②] ① 권리락일 이후 2개월간의 최종시세가액의 평균액 ② 신주발행으로 인한 이론적 권리락 주가 $= \dfrac{(증자전\ 기업의\ 주식가치\ +\ 신주발행으로\ 인한\ 실제\ 증자대금)}{(증자전\ 발행주식총수\ +\ 증자에\ 의하여\ 증가한\ 주식수)}$ $= \dfrac{(증자전\ 1주당\ 평가액 \times 증자전\ 발행주식총수) + (신주1주당\ 인수가액 \times 증자에\ 의하여\ 증가한\ 주식수)}{증자전\ 발행주식총수\ +\ 증자에\ 의하여\ 증가한\ 주식수}$	② 신주발행으로 인한 이론적 권리락 주가
증자전 1주당 평가액	증자에 따른 권리락일 전 2개월이 되는 날부터 권리락 전일까지 2개월간 최종시세가액의 평균액	시가 또는 보충적 평가액

(나) 신주 1주당 인수가액
(다) 배정받은 실권주수

〈출처: 상증행 39-29-1〉

(나) 실권주를 다시 배정하지 않는 경우

실권주를 다시 배정하지 않을 때 신주를 배정받을 수 있는 권리의 전부 또는 일부를 포기한 주주와 특수관계에 있는 자가 실권주를 인수한 경우에는 해당 권리를 포기한 주주가 다음 계산식에 의하여 계산한 금액에 상당하는 이익을 분여한 것으로 본다. 다만 균등증자시의 증자 후의 1주당 가액에서 신주 1주당 인수가액을 차감한 금액이 균등증자시의 증자 후의 1주당 가액의 30퍼센트 이상이거나 분여된 이익이 3억원 이상인 경우에 한한다(상증령 29 ② II).

$$\text{분여이익} = ((가) - (나)) \times (다) \times (라) \times (마) / (다)$$
$$= A \times (라) \times (마) / (다)$$
$$= B \times (마) / (다)$$

(가) 기존주주가 모두 인수할 경우 증자 후 1주당 평가가액

구 분	주권상장(코스닥상장)법인	비상장법인
증자후 1주당 평가가액	Min[①, ②] ① 권리락일 이후 2개월간의 최종시세가액의 평균액 ② 신주발행으로 인한 이론적 권리락 주가 $= \dfrac{(증자전\ 기업의\ 주식가치 + 실권주가\ 없을\ 경우\ 유입될\ 증자대금)}{(증자전\ 발행주식총수 + 실권주가\ 없을\ 경우\ 증가할\ 주식수)}$ $= \dfrac{(증자전\ 1주당\ 평가액 \times 증자전\ 발행주식총수) + (신주1주당\ 인수가액 \times 실권주가\ 없을\ 경우\ 증가할\ 주식수)}{(증자전\ 발행주식총수 + 실권주가\ 없을\ 경우\ 증가할\ 주식수)}$	② 신주발행으로 인한 이론적 권리락 주가
증자전 1주당 평가가액	증자에 따른 권리락일 전 2개월이 되는 날부터 권리락 전일까지 2개월간 최종시세가액의 평균액	시가 또는 보충적 평가액

(나) 신주 1주당 인수가액
(다) 실권주 총수
(라) 증자 후 신주인수자의 실제 지분율
(마) 신주인수자와 특수관계에 있는 자의 실권주수

(A) 실권주주가 상실한 이익 = ((가) - (나)) × (다)
(B) 신주인수자가 얻은 간접이익 총액 = (A) × (라)
(C) 신주인수자 간접이익 총액 중 특수관계인으로부터 얻은 이익
　　= (B) × (마) / (다) ⇨ 분여이익

〈출처: 상증행 39-29-4〉

(2) 신주를 고가발행하는 경우

신주의 인수가액이 시가(증자 후의 평가액)보다 높은 경우에 신주를 인수한 자는 신주인수권을 포기한 자에 대하여 이익을 분여한 것으로 된다(법령 88 ① Ⅷ 나 後).

(가) 실권주를 다시 배정하는 경우

실권주를 다시 배정할 때 신주를 배정받을 수 있는 권리의 전부 또는 일부를 포기한 주주와 특수관계에 있는 자가 실권주를 인수한 경우에는 해당 권리를 포기한 주주에게 다음 계

산식에 의하여 계산한 금액에 상당하는 이익을 분여한 것으로 본다(상증령 29 ② Ⅲ).

분여이익 = ((가) - (나)) × (다) × (라) / (다)

= (A) × (라) / (다)

(가) 신주 1주당 인수가액
(나) 증자후의 1주당 평가가액

구 분	주권상장(코스닥상장)법인	비상장법인
증자후 1주당 평가액	Min[①, ②] ① 권리락일 이후 2개월간의 최종시세가액의 평균액 ② 신주발행으로 인한 이론적 주가 $= \dfrac{(\text{증자전 기업의 주식가치} + \text{신주발행으로 인한 실제 증자대금})}{(\text{증자전 발행주식총수} + \text{증자에 의하여 증가한 주식수})}$ $= \dfrac{(\text{증자전 1주당 평가액} \times \text{증자전 발행주식총수}) + (\text{신주1주당 인수가액} \times \text{증자에 의하여 증가한 주식수})}{\text{증자전 발행주식총수} + \text{증자에 의하여 증가한 주식수}}$	② 신주발행으로 인한 이론적 권리락 주가
증자전 1주당 평가액	증자에 따른 권리락일 전 2개월이 되는 날부터 권리락 전일까지 2개월간 최종시세가액의 평균액	시가 또는 보충적 평가액

(다) 실권주 총수
(라) 특수관계인이 인수한 실권주수

(A) 실권주주가 얻은 직접적 이익 = ((가) - (나)) × (다)
(B) 직접이익 중 특수관계인 인수분 = (A) × (라) / (다) ⇨ 분여이익

〈출처: 상증행 39-29-7〉

(나) 실권주를 다시 배정하지 않는 경우

실권주를 다시 배정하지 않고 해당 신주인수를 포기한 주주와 특수관계에 있는 자가 신주를 인수한 경우에는 해당 신주인수를 포기한 주주에게 다음 계산식에 의하여 계산한 금액에 상당하는 이익을 분여한 것으로 본다(상증령 29 ③ Ⅳ).[52]

---

52) 판례는 실권주주에게 이익을 분여한 경우라 함은 신주의 고가인수로 인하여 실권주주가 보유하고 있던 주식의 1주당 가액이 상승하는 것을 의미하므로, 신주의 고가인수가 있더라도 이를 전후하여 실권주주가 보유하고 있던 주식의 1주당 가액이 모두 음수로 평가되고 단지 그 음수의 절대치가 감소한 것에 불과하다면 그 주식의 가액은 없다고 보아야 하므로 그 주식의 가액이 상승하였다고 할 수 없고, 따라서 이러한 경우는

다만, 그 금액이 3억원 이상이거나 신주 1주당 인수가액에서 균등증자시의 증자 후의 1주당 가액을 차감한 금액이 신주 1주당 인수가액의 30퍼센트 이상 차이가 있는 경우에 한한다.

$$분여이익 = [(가) - (나)] \times (다) \times (라) = A \times (라)$$

(가) 신주 1주당 인수가액
(나) 증자 후의 1주당 평가가액

구 분	주권상장(코스닥상장)법인	비상장법인
증자후 1주당 평가액	$Min[①, ②]$ ① 권리락일 이후 2개월간의 최종시세가액의 평균액 ② 신주발행으로 인한 이론적 주가 $= \dfrac{(증자전\ 기업의\ 주식가치 + 실권주가\ 없을\ 경우\ 유입될\ 증자대금)}{(증자전\ 발행주식총수 + 실권주가\ 없을\ 경우\ 증가할\ 주식수)}$ $= \dfrac{(증자전\ 1주당\ 평가액 \times 증자전\ 발행주식총수) + (신주1주당\ 인수가액 \times 실권주가\ 없을\ 경우\ 증가할\ 주식수)}{(증자전\ 발행주식총수 + 실권주가\ 없을\ 경우\ 증가할\ 주식수)}$	② 신주발행으로 인한 이론적 권리락 주가
증자전 1주당 평가액	증자에 따른 권리락일 전 2개월이 되는 날부터 권리락 전일까지 2개월간 최종시세가액의 평균액	시가 또는 보충적 평가액

(다) 실권주 총수

(라) 특수관계인의 증자지분: $\dfrac{특수관계인의\ 인수\ 주식수}{균등증자할\ 경우\ 증자주식\ 총수}$

(A) 실권주주가 얻은 직접적 이익 $= ((가) - (나)) \times (다)$
(B) 직접이익 중 특수관계인 인수분 $= (A) \times (라) \Rightarrow$ 분여이익

〈출처: 상증행 39 - 29 - 8〉

라) 불균등감자로 인한 이익분여

법인의 감자시 주주등의 소유주식등의 비율에 의하지 않고 일부 주주등의 주식등을 소각함으로써 이익을 분여한 경우이다(법령 88 ① Ⅷ 다).

이 경우에 분여한 이익은 다음 각 경우 별로 다음의 계산식에 의하여 계산한다(상증령 29의2 ①, ②). 다만, 그 이익에 상당하는 금액이 감자한 주식등의 평가액의 30퍼센트 이상이거

신주의 고가인수로 인하여 신주 발행법인의 일반 채권자들이 이익을 분여받았음은 별론으로 하고 적어도 실권주주가 이익을 분여받았다고 할 수는 없으므로 위 규정에 의한 부당행위계산부인의 대상이 될 수 없다고 한다(대법원 2010. 11. 11. 선고 2008두8994 판결).

나 3억원 이상인 경우에 한하여 과세한다.

(1) 주식등을 시가보다 낮은 대가로 소각한 경우

$$\left(\begin{array}{c}\text{감자한 주식}\\\text{1주당 평가액}\end{array} - \begin{array}{c}\text{주식소각시}\\\text{지급한 1주당 금액}\end{array}\right) \times \text{총 감자주식수} \times \begin{array}{c}\text{대주주의}\\\text{감자 후}\\\text{지분비율}\end{array} \times \frac{\begin{array}{c}\text{대주주와 특수관계에 있는}\\\text{자의 감자주식수}\end{array}}{\text{총감자주식수}}$$

(2) 주식등을 시가보다 높은 대가로 소각한 경우

$$\left(\text{주식등의 소각시 지급한 1주당 금액} - \begin{array}{c}\text{감자한 주식등의}\\\text{1주당 평가액}\end{array}\right) \times \text{해당 주주등의 감자한 주식등의 수}$$

2) 그 밖의 자본거래를 통한 이익분여(법령 88 ① Ⅷ의2)

가) 의의

내국법인이 불공정합병, 불균등증자 또는 불균등감자로 인한 이익분여 외에 증자·감자, 합병(분할합병을 포함한다)·분할, 상증법 제40조 제1항에 따른 전환사채 등에 의한 주식의 전환·인수·교환 등 자본거래를 통하여 법인의 이익을 분여하였다고 인정되는 경우이다(법령 88 ① Ⅷ의2).[53] 위 규정은 같은 항 제8호와 달리, 읽기에 따라서는 자본거래를 직접 부당행위계산부인의 대상으로 하는 것처럼 적용될 수 있으므로 그 의미가 무엇인지 문제될 수 있다.

나) 입법의 경위

위 규정은 2007. 2. 28. 대통령령 제19891호로 신설된 것인데, 입법관련 자료에 따르면 위 개정은 '법령에 규정되지 않은 새로운 변칙행위'에 사전적으로 대처하지 못하는 문제점을 보완하기 위하여 포괄주의를 보완한 것이라고 한다.[54]

---

53) 다만, 법인세법 시행령 제19조 제19호의2 각 목의 어느 하나에 해당하는 주식매수선택권의 행사에 따라 주식을 발행하는 경우는 예외로 한다(법령 88 ① Ⅷ의2 但).
54) 국세청, 2007년 개정세법 해설, 국세청, 2007, 191면; 기획재정부, 2006 간추린 개정세법, 기획재정부, 2007, 168면.

다) 적용대상거래

(1) 자본거래의 당사자법인에 대한 적용가능성

우선 위 규정은 자본거래의 당사자인 두 특수관계법인에 대하여 적용될 수 있을 것인지 문제가 된다. 대법원 2020. 12. 10. 선고 2018두56602 판결은 통상의 신주발행시 발행법인이 특수관계인인 법인 주주에게 시가보다 고가로 신주를 발행한 사안에서 과세관청이 법인세법 시행령 제88조 제1항 제8호의2를 적용한 사안이다. 대법원은 원심 판결을 수긍하면서 과세처분을 취소한 원심 판결을 확정하였다. 상세한 이유설시는 그 원심 판결인 서울고등법원 2018. 8. 22. 선고 2017누82712 판결에 기재되어 있는데 다음과 같다.

첫째, 법인세법 시행령 제88조 제1항 제8호는 주주 상호간의 이익 분여에 관한 규정임이 문언상 명백하다. 그런데 이 사건 규정은 그 첫머리에 '제8호 외의 경우로서'라고 하면서 제8호에서 규정하고 있는 유형의 합병, 증자, 감자 외에 증자·감자, 합병, 분할, 신종사채에 의한 주식전환 등 법인의 자본을 증가시키거나 감소시키는 자본거래를 포괄하여 규정하고 있는바, 그 문언상으로도 이 사건 규정은 자본거래 유형을 포괄적으로 규정함으로써 제8호를 보완하여 제8호에 규정되지 않은 새로운 유형의 행위에 대처하기 위한 것으로 보인다.

둘째, 법인세법 시행령 제89조 제6항은 같은 법 시행령 제88조 제1항 제8호 및 제8호의2의 규정에 의하여 특수관계인에게 이익을 분여한 경우 제5항의 규정에 의하여 익금에 산입할 금액의 계산에 관하여는 그 유형에 따라 상증세법 제39조 등의 규정을 준용한다고 규정하고, 상증법 제1항 제1호, 제2호 각 목은 주주 배정방식의 신주 발행과 제3자 배정방식의 신주발행의 경우의 이익의 증여에 관하여 규정하고 있다. 위와 같이 법인세법 시행령 제89조 제6항과 상증법 제39조 제1항 제1호, 제2호가 위 제8호와 위 제8호의2가 각 적용되는 경우를 함께 규정하고 있는 점에 비추어 보아도, 위 제8호와 위 제8호의2는 같은 취지의 조항으로 해석하는 것이 자연스럽다.

셋째, 자본거래인 신주발행의 법적 성격상 발행법인이 발행가격을 높여 신주를 발행하였다고 하여도 원칙적으로 발행법인과 신주인수인과의 관계에서 신주인수인이 발행법인에 이익을 분여한 것이라고 보기 어렵다.

넷째, 자본잠식 상태에 있거나 재무상태가 매우 악화된 법인의 경우 주식의 시가가 0원이거나 이에 근접할 정도로 하락할 수 있고, 이러한 경우 법인으로서는 그 시가보다 훨씬 높은 가액으로 주식을 발행할 수밖에 없는데, 이러한 경우 주주가 신주를 고가로 인수함으로써 신주발행법인에 이익을 분여하였다고 보고 부당행위계산부인 규정인 이 사건 규정을 적용한다면 법인으로서는 사실상 추가 자금 조달이 어려워지게 되고, 이로 인하여 계속하여 사업활동을 할 수 있는 기회를 상실하게 된다.

생각건대, 통상의 신주발행시에 발행법인이 특수관계법인 주주에게 시가보다 낮은 가액으로 신주를 발행한다고 가정하더라도 제8호의2는 적용될 수 없다. 신주발행은 발행법인의 관점에서 자본거래이므로 이익을 분여할 수 없기 때문이다. 반대로 통상의 신주발행시에 발행법인의 특수관계법인 주주가 시가보다 높은 가액으로 신주를 인수한다고 가정하더라도 역시 시가를 초과하여 수입된 금액은 자본거래로 인한 순자산증가이므로 익금에 해당할 수 없어 이익을 분여받았다고 볼 수 없다.

그러나, 발행법인의 주주인 특수관계법인이 신주를 고가로 인수한 경우 그 신주를 처분하는 거래는 손익거래이고 시가대로 처분한다고 가정하면 순자산이 감소하게 되는바, 조세회피행위에 이용될 수 있으므로 입법적 대응이 필요할 것으로 생각된다. 일본의 하급심 판결 중에는 채무초과 상태인 완전자회사가 발행한 신주를 그 완전모회사가 인수한 사안에 관하여 주식의 액면가액을 초과하는 금액을 기부금으로 본 것들이 있으나,[55] 단일한 신주발행거래를 특별한 법률적 근거없이 분해하여 과세하는 것은 허용되지 않는다고 보아야 한다.[56]

(2) 신주의 제3자 직접배정

판례는 신주를 저가로 제3자에게 직접배정하는 경우 문언상 법인세법 시행령 제88조 제1항 제8호 나목은 적용될 수 없지만[57] 같은 항 제8호의2는 적용될 수 있다는 입장이다.[58] 예를 들어 甲 법인이 기존 주주가 1명이고 발행주식수는 100주, 1주당 시가 100원이라고 가정하여 보자. 그 경우 신주 100주를 제3자 배정방식으로 발행하면서 주당 50원에 발행한

---

55) 후쿠오카 지방재판소 2001(平成 13). 1. 17. 판결(訟務月報 48卷 6号 1560면); 도쿄지방재판소 2000(平成 12). 11. 30. 판결(訟務月報 48卷 11号 2785면.

56) 황남석, "단계거래원칙의 역적용에 관한 고찰", 「조세법연구」 제27집 제3호, 2021, 10면 이하. 그런데 출자전환의 경우에는 다르게 볼 여지가 있다. 예를 들어 甲 법인은 자회사인 乙 법인에 대하여 1000원의 대여금 채권을 갖고 있으며 乙 법인 주식의 시가는 0인데 발행가를 100원으로 하여 10주를 발행하는 출자전환을 하였다고 가정하여 보자. 출자전환이 아니었다면 앞서 본 바와 같이 판례는 신주발행거래 자체에 관하여는 법인세법 시행령 제88조 제1항 제8호의2를 적용할 수 없다고 본다. 그러나, 자산의 취득가액에 관한 법인세법 시행령 제72조 제2항 제4호의2는 위 경우 신주의 취득가액을 시가인 0으로 계상하도록 규정하고 있다. 따라서 갑 법인이 위 주식의 취득가액을 1000원으로 계상하였다면 시가를 초과하는 부분은 손금불산입(소득처분은 기타사외유출)하고 동시에 같은 금액을 손금산입(소득처분은 △유보)하여야 한다. 갑 법인이 추후에 위 주식을 처분하면 음의 유보부분이 추인되어 1000원의 과세소득이 발생하게 되므로 시간차는 있지만 결과적으로는 부당행위계산부인이 적용된 것과 다르지 않게 된다. 서울행정법원 2016. 5. 12. 선고 2015구합72115 판결(확정); 강석규, 「조세법쟁론」, 제8판, 삼일인포마인, 2024, 750~751면. 해석론으로는 위와 같은 결론이 명확하지만 대법원 2020. 12. 10. 선고 2018두56602 판결과는 출자전환 형식으로 신주발행이 행해졌는지 여부만이 차이가 있다. 유사한 사안에 관하여 전혀 다른 과세결과가 나오는 것은 바람직하지 않다.

57) 대법원 2015. 12. 23. 선고 2015두50085 판결; 대법원 2012. 3. 29. 선고 2011두29779 판결; 강석규(註56), 735면.

58) 대법원 2020. 12. 10. 선고 2018두34350 판결. 판례에 반대하는 입장으로는 강석규(註56), 736면.

다면 제3자가 신주를 인수한 후 甲 법인의 주식수는 200주, 주식가치는 1주당 75원이 될 것이다. 따라서 기존 주주가 제3자에게 1주당 25원씩 이익을 분여한 것이 된다. 위 경우 신주발행법인의 기존 주주와 제3자 간에 특수관계가 존재하여야 하는 점은 분명하지만 신주발행법인과 제3자 간에 특수관계가 존재하여야 하는지 여부는 다툼의 소지가 있다. 법문상으로는 소극적으로 해석하여야 할 것이다.

다음으로 신주를 고가로 제3자에게 직접배정하는 경우에는 어떻게 보아야 할 것인가? 위 예에서 甲 법인이 신주 100주를 특수관계인인 제3자에게 1주당 200원에 발행한다고 가정할 경우이다. 생각건대, 이 경우에도 위 제8호의2가 적용되는데 문제는 없다고 본다.

(3) 실권주의 제3자 배정

법인이 당초 주주 배정방식으로 신주를 발행하였으나 실권주가 발생하여 그 실권주를 제3자에게 고가나 저가로 배정할 경우에는 어떻게 처리할 것인지 문제이다. 대법원은 회사법의 해석과 관련하여서는 주주 배정방식에 의하여 신주를 발행하려고 하였는데 주주가 인수를 포기하거나 청약을 하지 않아 실권되면 그 실권주는 주주 배정절차의 연장선상에서 발행된다고 보고 있다.[59] 그 논리를 법인세법의 해석에까지 일관한다면 법인세법 시행령 제88조 제1항 제8호 나목이 적용된다고 볼 수 있을 것이다. 그러나, 대법원은 법인이 실권주를 제3자에게 저가배정한 사례에서 제3자는 기존 주주가 아니라는 점을 들어 제8호의2가 적용된다는 입장을 취하고 있다.[60]

(4) 불공정한 주식의 포괄적 교환 · 이전

주식의 포괄적 교환비율(이전비율)이 불공정할 경우 특수관계인 관계에 있는 「완전모회사가 될 법인의 법인 주주」와 「완전자회사가 될 법인의 법인 주주」 상호 간에 이익을 분여할 수 있다. 이 경우 이익을 분여한 법인에 대하여 익금에 산입할 이익분여금액은 법인세법 시행령 제89조 제6항, 상증법 제42조의2, 상증령 제32조의2 제1항 제1호,[61] 제28조에 따라 산정하고, 이익을 분여받은 법인은 법인세법 시행령 제11조 제8호에 따라 익금에 산입한다.

판례는 불공정한 주식교환이 문제된 사안에서 「완전모회사가 될 법인」과 「완전자회사가 될 법인의 법인 주주」 간에 법인세법 시행령 제88조 제1항 제1호를 적용하였다.[62] 만일 위와 같이 과세한 후에 다시 「완전모회사가 될 법인의 법인 주주」와 「완전자회사가 될 법인

---

59) 대법원 2012. 11. 15. 선고 2010다49380 판결; 대법원 2009. 5. 29. 선고 2007두4949 전원합의체 판결.
60) 대법원 2020. 12. 10. 선고 2018두34350 판결.
61) 대법원 2022. 12. 29. 선고 2019두19 판결은 개인 주주에게 증여세를 과세한 사안으로서 이익분여금액을 계산할 때 상증령 제32조의2 제1항 제2호를 적용하는 것은 위법하다고 보았다.
62) 대법원 2014. 11. 27. 선고 2012두25248 판결.

의 법인 주주」 간의 이익분여에 관하여 같은 항 제8호의2를 적용한다면 경제적 이중과세에 해당할 수 있다.[63]

라) 세무처리

제8호의2에 따른 그 밖의 자본거래로 인하여 특수관계인인 다른 주주에게 분여한 이익은 익금에 산입함과 동시에 기타사외유출로 처분한다.[64] 이익을 분여받은 주주는 개인이라면 증여세의, 법인이라면 법인세의 납세의무를 각각 지게 되기 때문이다.[65]

3) 익금산입액의 계산

위와 같이 일정한 자본거래를 통하여 특수관계인에게 이익을 분여한 경우 익금에 산입할 금액의 계산에 관하여는 그 유형에 따라 상증법 제38조, 제39조, 제39조의2, 제39조의3, 제40조, 제42조의2와 상증령 제28조 제3항부터 제7항까지,[66] 제29조 제2항, 제29조의2 제1항, 제2항, 제29조의3 제1항, 제30조 제5항 및 제32조의2를 준용한다. 이 경우 '대주주' 및 '특수관계인'은 이 영에 의한 '특수관계인'으로 보고, '이익' 및 '대통령령으로 정하는 이익'은 '특수관계인에게 분여한 이익'으로 본다(법령 89 ⑥).

---

63) 상세는 임상엽, "자본거래와 부당행위계산의 부인", 「조세법연구」 제24집 제1호, 2018, 69면 이하.

64) 이와 관련하여 대법원은 주식의 포괄적 교환·이전으로 인하여 완전자회사가 되는 회사의 개인 주주가 얻은 이익에 관하여 증여세를 과세할 때 '재산의 고가양도에 따른 이익의 증여'에 관한 상증법 제35조 제1항 제1호, 제2항이나 '신주의 저가발행에 따른 이익의 증여'에 관한 상증법 제39조 제1항 제1호 다목을 적용할 수는 없고, '법인의 자본을 증가시키는 거래에 따른 이익의 증여'에 관한 상증법 제42조 제1항 제3호를 적용해야 한다고 판시하였다(대법원 2014. 11. 27. 선고 2012두25248 판결; 대법원 2014. 9. 26. 선고 2012두6797 판결; 대법원 2014. 4. 24. 선고 2011두23047 판결).

65) 행정해석에 따르면, 배당을 할 때 지배주주 등(법령 제43조 제7항에 따른 지배주주 등과 그와 같은 조 제8항에 따른 특수관계 있는 주주 등)인 법인에게는 배당을 하지 않고 기타 주주 등에게만 배당을 하는 경우(차등배당)에 지배주주 등인 법인과 배당을 하는 법인간에는 부당행위계산 부인규정을 적용하지 않는다. 다만, 주주총회에서 지배주주에 대한 배당결의를 한 후 3개월이 경과할 때까지 해당 배당금을 지급하지 않음으로써 소득세법 제132조 제1항에 따라 지급한 것으로 의제되는 금액은 배당결의 후 3개월이 경과하는 날에 지배주주 등이 그 금액을 대여한 것으로 본다(법통 52-88…4). 이 경우 배당을 받지 않기로 한 법인과 차등배당에 따라 초과배당을 받은 주주가 특수관계인이라면 두 당사자간에는 법법 52에 따른 부당행위계산부인 또는 상증법 제41조의2에 따른 증여세 과세가 문제될 수 있다.

66) 상증령 제28조 제3항에 따라 합병에 따른 이익을 계산할 때 동일한 대주주가 합병당사법인의 주식 등을 동시에 소유하고 있는 상태에서 합병한 경우 그 대주주가 증여자와 수증자 모두에 해당함으로써 그 대주주 본인으로부터의 증여에 해당하는 금액은 영 제28조 제3항에 따른 증여재산가액에서 제외하는데(상속증여세법 기본통칙 38-28…3 ②), 법인세법을 적용할 때에도 법인주주가 이익을 분여한 자와 이익을 분여받은 자 모두에 해당할 때에는 마찬가지로 해석하여야 할 것이다.

4) 자본거래로 통한 이익분여행위와 부당행위계산의 요건 충족성 여부

한편 다른 법인의 주주인 법인이 불공정합병·불균등증자 및 불균등감자로 인하여 특수관계인인 다른 주주등에게 이익을 분여한 행위가 법인세법 제52조 제1항의 부당행위계산 부인의 요건을 충족하지 않는다는 견해가 있을 수 있다. 이 견해에 따르면 현행 법인세법 시행령 제88조 제8호, 제8호의2는 조세법률주의에 위반할 소지가 있다고 볼 수 있다.

그 논거는 다음과 같다.

첫째, 다른 법인의 주주인 법인이 불공정합병·신주인수권의 포기 또는 인수·주식의 소각에 따라 특수관계인인 다른 주주등에게 '사실상' 이익을 분여하였다고 하더라도 그것이 법인세법 제52조 제1항의 '특수관계인과의 거래'에 해당하는 것은 아니므로 부당행위계산에 해당하지 않는다.

이 경우에 거래의 상대방은 합병당사법인·신주를 발행하는 법인 또는 주식을 소각하는 법인이라고 하겠다. 법인세법 시행령 제88조 제2항에서 '해당 법인과 특수관계인간의 거래'에 '특수관계인 외의 자를 통하여 이루어진 거래'를 포함한다는 규정을 두고 있긴 하나, 해당 규정은 법인세법의 위임도 없이 임의로 규정한 것이고, 또한 법인세법 제52조 제1항에 위배하는 것이므로 그 효력을 부정하여야 할 것이다.

둘째, 그 밖의 자본거래의 범위가 불명확하고, 자본거래로 인하여 익금에 산입할 금액(법인이 상대방에게 분여한 이익)의 계산에 있어서 상증법 제28조 제3항 등(상대방으로부터 분여받은 이익)을 준용하도록 하고 있는 것은 서로 상반되는 경우를 준용하도록 하는 것이기 때문에 과세요건명확주의에 위배된다는 주장도 있을 수 있다.[67]

셋째, 자본거래로 인하여 분여한 이익을 익금에 산입하기 위하여는 부당행위계산부인의 일반규정이라고 할 수 있는 법인세법 제52조 제1항만으로는 불충분하고 해당 자본거래에 따른 이익분여행위를 부인할 수 있는 별개의 조세회피부인규정을 두어야 한다는 주장도 있다.[68]

카. 그 밖의 이익분여(법령 88 ① IX)

1) 그 밖의 이익분여의 범위

그 밖에 위의 가.부터 차.까지에 준하는 행위 또는 계산 및 그 외에 법인의 이익을 분여하였다고 인정되는 경우이다. 여기서 법인세법 시행령 제88조 제1항 제9호의 적용대상이 되려면 같은 항 제1호부터 제8호의2까지에 준하는 행위이어야 하는지 여부가 문제될 수 있다.

---

67) 최임정, "부당행위계산부인에 관한 연구", 서울시립대경영대학원 석사학위논문, 1998, 42면.
68) 위의 논문, 44면.

우선 법문상으로도 반드시 제1호부터 제8호의2까지에 준하는 행위일 것을 요구하지 않을 뿐만 아니라 법인세법 제52조가 부당행위계산부인의 대상을 폐쇄적으로 시행령에 위임하는 구조로 규정하고 있지 않다는 점을 고려하여 본다면 반드시 법인세법 시행령 제88조 제1항 제1호부터 제8호의2까지에 준하는 행위일 필요는 없다고 본다.[69] 대법원 판결을 살펴보면 제9호를 적용하면서 제1호부터 제8호의2까지 중에 어느 것에 준하는 것인지 함께 판시한 것도 있고 단순히 제9호만을 적용한 것도 있어[70] 제1호부터 제8호의2까지에 준할 필요가 없다는 입장에 서 있는 것으로 보인다.[71]

2) 주요 사례

대법원이 제9호를 적용한 대표적인 사례로는 다음의 것들이 있다.

가) 채권의 부당한 회수 지연 또는 포기

대법원은 법인이 특수관계인으로부터 지급받아야 할 채권의 회수를 정당한 사유 없이 지연시키는 행위는 법인세법 시행령 제88조 제1항 제6호에 준하는 행위로서 같은 항 제9호에 해당한다고 보았다.[72] 한편, 특수관계인에 대한 부당한 채권의 포기는 제9호의 적용대상이 될 수 있다는 것이 판례이다.[73]

나) 시가보다 높은 가격으로 거래가 예상됨에도 시가로 거래한 경우

대법원은 어떤 자산의 양도가 저가양도에 해당하지 아니하는 경우에도 자산의 양도를 수반하는 일련의 행위로 보아 해당 자산을 특수관계인에게 이전할 당시에 그로 인한 장래의 기대이익이 어느 정도 확정되어 있었다고 인정될 수 있는 경우에는 그 일련의 행위를 제9호에서 규정한 이익분여행위에 해당한다고 할 수 있다고 한다. 따라서 특수관계인이 아닌 자가 해당 자산을 시가보다 훨씬 높은 가격에 매수하려 한다는 사실을 알았거나 예상하면

---

69) 같은 취지: 김중곤, "세법상 부당행위계산 부인의 요건과 효과", 「법조」 통권 제587호, 2005. 8., 97–98면. 반대견해: 강석규, 「조세법」, 제8판, 삼일인포마인, 2024, 754면; 이태로/한만수, 「조세법강의」, 신정 14판, 박영사, 2020, 616면.
70) 대법원 2020. 3. 26. 선고 2018두56459 판결; 대법원 2015. 9. 10. 선고 2013두6206 판결.
71) 다만 대법원 2006. 11. 10. 선고 2006두125 판결(「…위 시행령 제88조 제1항이 조세의 부담을 부당하게 감소시키는 것으로 인정되는 경우에 관하여 제1호 내지 제8호에서는 개별적·구체적인 행위유형을 규정하고, 제9호에서는 '기타 제1호 내지 제8호에 준하는 행위 또는 계산 및 그 외에 법인의 이익을 분여하였다고 인정되는 경우'라고 하여 개괄적인 행위유형을 규정하고 있으므로, 제9호의 의미는 <u>제1호 내지 제8호에서 정한 거래행위 이외에 이에 준하는 행위</u>로서 특수관계자에게 이익분여가 인정되는 경우를 의미한다.…」)(강조는 저자)은 문언상 제1호부터 제8호의2까지에 준하는 행위이어야 한다는 입장을 취한 것으로 볼 여지가 있다.
72) 대법원 2014. 8. 26. 선고 2014두4719 판결; 대법원 2010. 10. 28. 선고 2008두15541 판결.
73) 대법원 2020. 3. 26. 선고 2018두56459 판결.

서도 특수관계인에게 해당 자산을 시가대로 양도하였다면 그 밖의 이익분여행위에 해당할 수 있다고 한다.[74]

다) 간접적인 이익의 분여

대법원은 甲 법인이 특수관계인인 乙 법인이 실시한 유상증자에 참여하여 신주를 시가보다 높은 가액으로 인수한 후 乙 법인으로 하여금 유상증자로 받은 신주인수대금 등으로 그 채권자들에 대한 채무를 변제하게 함으로써 또 다른 특수관계인인 소외 丙이 위 乙 법인의 채권자에 대하여 부담하는 보증채무를 면하게 한 일련의 행위를 甲 법인이 소외 丙에게 보증채무 해소라는 이익을 분여한 행위로 보아 제9호에 해당하는 부당행위계산으로 보았다.[75] 또한 대법원은 차입금을 상환하지 않고 상당한 금원을 낮은 이율의 정기예금에 예치한 후 이를 특수관계법인의 대출금에 대한 담보로 제공한 행위를 이익 분여로서 같은 제9호에 해당하는 부당행위계산으로 보았다.[76]

라) 특수관계인들간의 양도대금의 부당한 배분

판례는 특수관계에 있는 甲 법인, 乙 법인 및 두 법인의 대표이사로서 특수관계에 있었던 丙(개인)이 특수관계인이 아닌 丁 법인에게 甲, 乙, 丙의 각 소유토지를 일괄매매하면서 甲 법인, 乙 법인과의 매매가액은 낮게, 丙과의 매매가액은 높게 정한 사안에서 위와 같은 거래는 법인세법 시행령 제88조 제1항 제3호에 준하는 행위로서 같은 항 제9호에 규정된 '이익분여'에 해당하여 부당행위계산부인 규정이 적용된다고 판시하였다.[77]

또한 甲 법인과 甲 법인의 이사들인 乙 등이, 甲 법인이 보유한 丙 법인 발행 주식 전부 및 丙 법인에 대한 경영권과 乙 등이 보유한 丙 법인 발행 주식 중 약 1/3에 해당하는 주식을 하나의 계약으로 일괄하여 丁에게 매도하고 위 돈을 지급받아 각자가 양도한 주식 수의 비율대로 이를 나누어 가졌는데, 과세관청이 甲 법인이 乙 등에게 분여한 이익을 익금산입하여 甲 법인의 해당 사업연도 법인세 등을 증액하는 처분을 한 사안에서, 乙 등이 받은 돈 중 그들이 양도한 주식의 한국거래소 종가를 넘는 부분이 법인세법 제52조, 법인세법 시행령 제88조 제1항 제9호가 정한 부당행위계산 부인의 대상이 된다고 보았다.[78]

---

74) 대법원 2003. 6. 13. 선고 2001두9394 판결.
75) 대법원 2015. 9. 10. 선고 2013두6206 판결.
76) 대법원 2009. 5. 14. 선고 2006두11224 판결(법령 88 ① IV에 해당하지 않는다고 판시한 사안); 대법원 2009. 4. 23. 선고 2006두19037 판결.
77) 대구고등법원 2016. 1. 8. 선고 2014누6464 판결(대법원 2016. 6. 10. 자 2016두35014 판결로 심리불속행 종결).
78) 대법원 2019. 4. 23. 선고 2016두54213 판결.

제4절 국제거래에 관한 특례

국제거래에 대하여는 원칙적으로 법인세법 제52조의 규정을 적용하지 않는다(국조법 4 ②). 국제거래라 함은 거래당사자의 일방 또는 쌍방이 비거주자 또는 외국법인인 거래로서 유형자산 또는 무형자산의 매매·임대차, 용역의 제공, 금전의 대부·차용 기타 거래자의 손익 및 자산에 관련된 모든 거래를 말한다.

이와 같은 국제거래에 대하여는 국조법 제6조의 이전가격과세제도(정상가격에 의한 과세조정)에 의하여 소득금액을 조정하는 것이다. 다만, 다음에 열거하는 자산의 증여 등과 같이 이전가격과세제도를 적용하기 어려운 국제거래에 대하여는 법인세법 제52조의 규정을 적용하여 소득금액을 조정한다(국조법 4 ②, 국조령 4). 즉 거래당사자의 일방 또는 쌍방이 비거주자 또는 외국법인인 거래라 할지라도 자산의 증여나 채무면제 또는 업무와 관련 없는 비용의 지출 등과 같은 일부 국제거래에 대하여는 이전가격과세제도의 적용을 배제하고 국내거래와 마찬가지로 법인세법상의 조세회피행위의 부인규정, 즉 법인세법 제52조의 규정을 적용하도록 하고 있는 것이다.

① 자산을 무상으로 이전(현저히 낮은 대가로 이전하는 경우를 제외한다)하거나 채무면제가 있는 경우
② 수익이 없는 자산을 매입하였거나 현물출자를 받았거나 그 자산에 대한 비용을 부담한 경우[1]
③ 출연금을 대신 부담한 경우
④ 그 밖의 자본거래로서 법인세법 시행령 제88조 제1항 제8호 각 목의 어느 하나 또는 제8호의2에 해당하는 경우

나아가 판례는 특수관계인간의 국제거래에 대하여 국조법에서 정한 이전가격과세제도의 적용이 어렵고 그 거래의 실질이 내국법인의 국외 특수관계인에 대한 이익의 무상이전에 해당하는 경우 국조령 제4조 각 호에 포함되는 것으로 해석하였다. 이에 따라 내국법인이 국외 특수관계인과 함께 파생상품에 근거한 권리를 보유하다가 그 보유비율에 상응하는 권리를 행사하지 않은 채 국외 특수관계인으로 하여금 권리의 전부를 행사할 수 있게 하는 방법으로 국외 특수관계인에게 이익을 분여하는 행위는 국조령 제4조 제1호에서 정한 '자산의 무상이전'에 준하는 것으로서 법인세법 제52조 제1항, 법인세법 시행령 제88조 제1항 제8호의2에 따른 부당행위계산부인의 대상이 된다.[2]

---

1) 대법원 2020. 8. 20. 선고 2017두44084 판결.
2) 대법원 2015. 11. 26. 선고 2014두335 판결.

제9장

과세표준의 계산

제1절 개 요

　계속기업으로서의 내국법인의 과세표준은 기간과세의 원칙에 따라 매 사업연도 단위로 산정하게 된다. 이를 각 사업연도의 소득이라 한다.

　과세표준은 세액을 산정하기 위한 기초로서의 과세물건의 크기를 의미하는데, 내국법인의 각 사업연도의 소득에 대한 법인세의 과세표준은 각 사업연도의 소득의 범위 안에서 이월결손금·비과세소득 및 소득공제액을 차례대로 공제하여 산정한다(법법 13).

① 각 사업연도의 소득이란 특정한 사업연도에 속하는 익금의 총액에서 해당 사업연도에 속하는 손금의 총액을 뺀 금액이다(법법 14 ①).

② '각 사업연도의 소득의 범위 안'이라는 의미는 각 사업연도의 소득을 한도로 한다는 의미이다. 즉 각 사업연도의 소득에서 공제할 이월결손금·비과세소득 및 소득공제액의 합계액이 각 사업연도의 소득을 초과하는 경우에는 각 사업연도의 소득만큼만 공제를 허용한다는 의미이다. 이 경우의 법인세 과세표준은 영(0)이다. 위의 규정에 따라 해당 사업연도에 공제받지 못한 비과세소득 및 소득공제액과 최저한세의 적용으로 인하여 공제받지 못한 비과세소득 및 소득공제액은 소멸하며, 다음 사업연도 이후로의 이월공제가 허용되지 않는다(법칙5). 그러나 해당 사업연도에 공제받지 못한 이월결손금은 다음 사업연도 이후로 이월되며, 공제연한 내인 경우(각 사업연도의 개시일 전 15년 이내에 개시한 사업연도에서 발생한 결손금에 해당하는 경우)에는 공제가 가능하다. 다만 이월결손금 공제는 원칙적으로 각 사업연도 소득의 80퍼센트를 한도로 한다(법법 13 ① 但). 예를 들어 각 사업연도 소득금액이 8억원이고, 이월결손금 10억원, 비과세소득 5천만원, 소득공제액이 5천만원인 법인의 법인세 과세표준은 이월결손금 공제한도를 적용하면 6천만원이 된다.

각 사업연도의 소득금액	800,000,000
이월결손금*	(-)640,000,000
비과세소득	(-) 50,000,000
소득공제액	(-) 50,000,000
법인세 과세표준	60,000,000

*8억원의 80퍼센트인 6억4천만원을 한도로 한다.

위의 사례에서 해당 사업연도 중에 공제받지 못한 이월결손금 360,000,000원은 다음 사업연도로 이월될 수 있다.

제2절 이월결손금

1 결손금 공제제도의 의의

가. 결손금 공제의 제도적 취지

법인세는 법인의 존속기간 전체에 걸친 소득을 기준으로 과세하는 것이 타당하지만, 이와 같은 과세방법은 기술적으로 사실상 불가능에 가깝다. 그러므로 존속기간의 소득을 각각 1사업연도 단위로 구획하여 법인세를 산정하고 있는 것이다. 그러나 존속기간의 소득을 인위적인 사업연도로 구획하여 과세하는 기간과세의 원칙은 소득의 구획에 자의적인 요소의 개재를 부정하기 어렵다. 법인세는 누진세율구조를 채택하고 있기 때문에 존속기간의 소득이 동일할지라도 사업연도마다 소득금액이 평균적으로 발생하는 법인과 사업연도마다 소득금액의 변동이 심한 법인, 특히 음(-)의 소득금액(결손금)과 양(+)의 소득금액이 반복하여 발생하거나 사업연도별로 소득금액의 크기에 현저한 변동이 생기는 임시소득 및 변동소득 등이 있는 법인과의 사이에는 조세부담의 불공평을 초래하게 되므로 불합리하다. 과세의 편의상 법인의 소득금액을 과세기간단위로 구분하여 과세하고 있기는 하지만, 그 법인의 전 존속기간의 소득은 사업연도단위의 소득금액 또는 결손금의 차가감액이므로 어떤 사업연도에 발생한 결손금은 그 이전 또는 이후의 사업연도의 소득금액으로 보전하는 것이 마땅한 것이다. 다만, 결손금의 발생시기에 관계없이 제한없이 공제하기는 어려우므로 결손금의 발생 전 또는 발생 후의 일정기간 안에서만 공제를 허용하도록 하고 있다. 결손금공제(Verlustabzug)에는 이월공제(carry-over, Verlustvortrag)와 소급공제(carry-back, Verlustrücktrag)가 있다.

결손금의 이월공제제도나 결손금의 소급공제제도는 모두 기간과세제도가 안고 있는 모순을 시정 또는 완화하기 위한 법적 장치에 지나지 않으며, 결코 조세우대조치(Steuervergünstigung)가 아님에 유의하여야 한다.

법인세법은 결손금에 대하여 15년간 이월공제를 허용하고 있다. 그리고 중소기업에 대하여는 결손금을 1년간 소급공제하여 직전 사업연도의 납부세액을 환급해 주는 결손금 소급공제제도를 채택하고 있다.[1]

나. 결손금 및 이월결손금의 개념

1) 결손금의 개념

결손금(Verlust)이라 함은 각 사업연도에 속하는 손금의 총액이 그 사업연도에 속하는 익금의 총액을 초과하는 경우 그 초과하는 금액을 말한다(법법 14 ②, 13 I). 결손금은 법인이 장부를 비치·기장하여 실액방법에 의하여 소득금액을 산정함으로써 발생한다.

2) 이월결손금의 개념 및 공제가능한 이월결손금

이월결손금이라 함은 결손금으로서 발생 이후 각 사업연도의 과세표준 계산시 공제되지 않은 금액을 말한다.[2] 각 사업연도의 과세표준을 계산할 때 공제된 결손금이란 각 사업연도의 소득에서 공제한 금액은 물론이고, 각 사업연도의 결손금으로서 직전 사업연도의 과세표준에서 소급공제받은 결손금, 자산수증이익 또는 채무면제이익으로 이월결손금을 보전한 경우의 그 보전된 금액, 채무의 출자전환으로 주식등을 발행하는 경우로서 해당 주식등의 시가를 초과하여 발행된 금액으로 결손금을 보전한 경우의 그 보전된 결손금을 가리킨다.

---

1) 각 사업연도에 결손금이 발생한 경우에 그 결손금의 전부 또는 일부를 직전 사업연도의 과세표준에서 공제하여 세액을 재계산하고 그 차액을 직전 사업연도의 소득에 대하여 과세된 법인세액을 한도로 하여 환급하는 것이기 때문에 엄격한 의미에서는 소급공제기간을 1년이라고 말하는 것은 적절하지 않다. 사업연도가 1년 미만인 법인이 존재하기 때문이다.
그러나 대부분의 법인은 그 사업연도가 1년 단위이기 때문에 소급공제기간을 1년이라고 기술하였다.
2) 회계상 주식발행액면초과액, 감자차익·합병차익 및 분할차익으로 충당된 이월결손금은 각 사업연도의 과세표준 계산에 있어서 공제된 것으로 보지 않는다(법통 13-10…1). 과세표준 계산시 공제된 것이 아니기 때문이다.

여기서 이월결손금이라고 하여 언제나 과세표준 계산시에 공제될 수 있는 것은 아니라는 점에 유의하여야 한다. 법인세 과세표준을 계산할 때 각 사업연도의 소득금액에서 공제할 수 있는 이월결손금은 이월결손금 중에서도 ① 각 사업연도의 개시일 전 15년 이내에 개시한 사업연도에서 발생한 것으로, ② 그 초과금액이 법인의 법인세 과세표준과 세액의 신고 또는 수정신고나 과세관청의 법인세 과세표준과 세액의 결정 또는 경정에 의하여 확인된 것이어야 한다.[3] 이처럼 이월결손금 중에서도 위 두 가지 요건을 충족하는 것을 '공제가능한 이월결손금'이라 부르기로 한다. 법인세법 시행령 제18조 제1항 제2호에서 규정하는 결손금은 공제가능한 이월결손금에 포함되지 않는다.[4]

2 결손금의 소급공제

가. 의 의

중소기업에 해당하는 내국법인이 각 사업연도에 결손금이 발생한 경우에 직전 사업연도의 소득에 대하여 과세된 법인세액을 한도로 하여 해당 결손금의 소급공제에 따른 세액을 환급한다. 이를 결손금의 소급공제라고 한다. 이와 같은 결손금소급공제제도는 경기의 자동안정장치로서의 기능을 수행한다.[5]

결손금의 소급공제제도는 중소기업에 해당하는 내국법인에 국한하여, 그리고 소급공제기간을 1년으로 한정하여 극히 제한적으로 인정하고 있다. 결손금의 소급공제제도는 이미 확정·징수된 세액을 환급하여야 하기 때문에 국가세입을 불안정하게 하고 과거의 과세표준 및 세액을 재계산하여야 하기 때문에 사무를 복잡하게 하는 등의 문제점을 야기한다. 이를 내세워 소급공제의 기간을 1년으로 제한하고 있는 것이다.

그러나 결손금의 소급공제는 조세우대조치가 아니므로 모든 법인에 대하여 적용하도록 그 적용대상법인을 확대할 필요가 있다고 생각한다.

참고로 소급공제기간에 관한 외국의 입법례를 살펴보면 네덜란드, 캐나다 및 프랑스가 3년, 미국 및 독일이 2년, 영국 및 일본은 1년이다.[6]

---

3) 2009. 12. 31. 법인세법 개정으로 제13조 제1호 후단이 신설되기 이전에는 결손금을 실체법적으로 이해하여 특정 사업연도의 손금의 총액이 익금의 총액을 초과한다면 설령 확정절차에 의하여 확인되지는 않았다고 하더라도 그 실체적으로 존재하는 손금초과액이 결손금에 해당한다고 해석하여 왔다(대법원 2004. 6. 11. 선고 2003두13212 판결; 대법원 2002. 11. 26. 선고 2001두2652 판결; 대법원 1993. 11. 12. 선고 93누3677 판결 외 다수).

4) 법인세법 시행령 제18조 제1항은 법인세법 제18조 제6호에 관하여만 적용되기 때문이다.

5) 成道秀雄, "欠損金の繰戻制度", 「日税研論集」 第26号, 1994, 153면.

6) Michelsen, *Tax treatment of corporate losses*, Studies on International Fiscal Law Volume LXXXIIIa,

나. 요 건

① 중소기업에 해당하는 내국법인으로서 각 사업연도에 결손금이 발생하여야 한다.

  ㉮ 중소기업이란 조세특례제한법 시행령 제2조에 규정된 기업을 말한다. 이에 관한 상
    세한 논의는 '중소기업법인과 그 밖의 법인'(93면)에서 설명하였다.

  ㉯ 소급공제의 대상이 되는 결손금이란 중소기업에 해당하는 내국법인의 해당 사업연도
    의 결손금을 가리킨다.

② 직전 사업연도의 소득에 대하여 과세된 법인세액이 있어야 한다. 결손금의 소급공제는
  직전 사업연도의 소득에 대하여 과세된 법인세액이 있는 경우에 한하여 적용한다.
  그러므로 직전 사업연도에 결손금이 발생한 경우, 직전 사업연도에 각 사업연도의 소득
  은 발생하였으나 그 사업연도 이전에 발생한 이월결손금을 공제함으로써 과세된 법인세
  액이 없는 경우에는 결손금의 소급공제를 적용할 여지가 없다.

③ 결손금의 소급공제에 따른 법인세액의 환급은 결손금이 발생한 사업연도 · 그 직전 사업
  연도의 소득에 대한 법인세의 과세표준을 그 신고기한 내에 각각 신고한 경우에 한하여
  적용한다.

④ 결손금의 소급공제에 따른 법인세액의 환급을 받고자 하는 내국법인은 과세표준 신고기
  한 내에 납세지 관할 세무서장에게 소급공제법인세액환급신청서를 제출하여야 한다. 이
  와 같은 환급신청은 소급공제법인세액을 환급받기 위한 필요적 요건으로 새겨야 한다.
  따라서 과세표준 신고기한 내에 소급공제환급신청서를 제출하지 않고 국세기본법 제45조
  의2의 규정에 의하여 경정청구를 한 경우에는 소급공제에 관한 규정이 적용되지 않는다.[7]
  만일 환급신청을 하지 않은 경우에는 결손금의 이월공제를 선택한 것으로 보아 다음 사
  업연도 이후의 각 사업연도의 소득에서 이월결손금으로서 공제하게 된다. 즉 결손금이
  발생한 내국법인은 결손금의 소급공제에 따른 법인세액의 환급을 신청하여 결손금의 소
  급공제를 적용받든지, 또는 다음 사업연도 이후로 이월하여 이월결손금으로서 공제를
  받는 방법 중에서 택일하여야 하는 것이다.

International Fiscal Association(IFA), 1998, pp. 30-32.

7) 대법원 2003. 7. 25. 선고 2001두10721 판결: 「舊 법인세법(1998. 12. 28. 법률 제5581호로 전문 개정되기 전의
   것) 제38조의2 소정의 결손금 소급공제에 의한 환급은 중소기업을 대상으로 특별히 조세정책적 목적에서 인
   정된 제도이므로, 위 규정에 따라 환급을 받기 위하여는 이월결손금의 발생 등 실체적 요건과 과세표준확정
   신고기한 내에 환급신청을 해야 하는 등 절차적 요건이 충족되어야 할 것이고, 또한 국세의 과세표준 및 세액
   의 결정 또는 경정을 구하는 것을 내용으로 하는 舊 국세기본법(2000. 12. 29. 법률 제6303호로 개정되기 전의
   것) 제45조의2 소정의 경정 청구는 결손금이 발생한 경우 그 결손금에 대하여 직전 사업연도에 부과된 법인
   세액을 한도로 환급을 구할 수 있는 것을 내용으로 하는 위 舊 법인세법 제38조의2 소정의 결손금 소급공제
   에 의한 환급에는 적용되지 아니한다.」

다. 환급세액의 범위와 환급절차

1) 결손금소급공제에 의한 환급세액의 범위

가) 결손금소급공제에 의한 환급세액의 계산

결손금소급공제에 의한 환급세액(이하에서 '환급세액'이라 한다)은 직전 사업연도의 법인세 산출세액에서 결손금 소급공제에 따른 직전 사업연도의 법인세 산출세액을 공제하여 계산한다.

$$\text{환급세액} = \left(\begin{array}{c}\text{직전 사업연도의}\\\text{법인세 산출세액}\end{array}\right) - \left(\begin{array}{c}\text{결손금 소급공제에 따른 직전}\\\text{사업연도의 법인세 산출세액}\end{array}\right)$$

결손금 소급공제에 따른 직전 사업연도의 법인세 산출세액 =
(직전 사업연도 법인세 과세표준 − 소급공제 결손금액) × 직전 사업연도의 세율

위의 계산식 중 소급공제 결손금액이란 해당 사업연도의 결손금으로서 소급공제를 받고자 하는 금액을 가리키는데, 다만 직전 사업연도의 과세표준을 한도로 한다(법법 72 ① 각 호 외의 부분).

> **사례**
>
> 2022년의 과세표준이 5억원이며 2023년의 결손금이 7억원인 중소기업 해당 내국법인은 2022년의 과세표준 5억원을 한도로 하여 소급공제 결손금액을 임의로 선택하여 환급신청을 할 수 있다. 위의 경우에 해당 법인이 소급공제 결손금액을 4억원으로 하여 환급신청을 하였다면 해당 사업연도의 결손금 중 4억원은 소급공제를, 그리고 그 차액 3억원은 이월공제를 적용받게 된다. 직전 사업연도의 소득에 대한 법인세로서 공제 또는 감면된 법인세액이 없다고 가정하고 환급세액을 산출하여 보면 71,000,000원이 된다.
>
> 환급세액 = 80,000,000 − (500,000,000 − 400,000,000) × 9% = 71,000,000

나) 결손금 소급공제세액의 한도

결손금 소급공제세액은 직전 사업연도의 법인세액을 한도로 ① 직전 사업연도의 법인세 산출세액(토지등 양도소득에 대한 법인세를 제외한다. 이하 같다)에서 ② 직전 사업연도의 과세표준에서 소급공제를 받으려는 해당 사업연도의 결손금 상당액을 차감한 금액에 직전 사업연도의 각 사업연도 법인세율을 적용하여 계산한 금액을 차감한 금액(① - ②)에 관하여 환급을 신청할 수 있다(법법 72 ①).

2) 소급공제한 결손금의 취급

소급공제받은 결손금에 대하여는 법인세의 과세표준을 계산(법법 13 ①)할 때 이미 공제받은 결손금으로 본다. 즉 결손금으로서 소급공제받은 금액에 대하여는 중복적으로 이월공제를 허용하지 않는 것이다.

3) 결손금 소급공제세액의 환급

납세지 관할 세무서장이 결손금 소급공제에 의한 법인세 환급신청을 받은 때에는 지체없이 환급세액을 결정하여 국세기본법 제51조 및 제52조의 규정에 의하여 환급하여야 한다(법법 72 ③).

4) 결손금 소급공제 착오환급금의 반환

결손금 소급공제에 의하여 법인세를 환급받은 법인이 후에 결손금 소급공제 대상 법인이 아닌 것으로 밝혀진 경우 납세지 관할 세무서장은 환급결정의 취소없이 민사소송상 부당이득반환청구의 방법으로 그 착오환급한 환급세액의 반환을 청구할 수 있는가?

대법원은 과세관청은 결손금 소급공제 환급결정을 직권으로 취소한 이후에야 비로소 납세자를 상대로 착오환급 내지 과다환급한 환급세액의 반환을 요구할 수 있고 그 경우에도 민사소송에 의해서는 안 되고 국세기본법 제51조 제8항에 따라 강제징수하여야 한다고 한다.[8]

---

8) 대법원 2016. 2. 18. 선고 2013다206610 판결. 대법원은 그 근거로 결손금 소급공제는 일정한 중소기업을 대상으로 특별히 조세정책적 목적에서 인정된 제도로서 납세자의 환급청구권은 납세자의 신청에 기하여 관할 세무서장이 이월결손금의 발생 등 그 실체적 요건 및 절차적 요건의 충족 여부를 판단하여 환급세액을 결정함으로써 비로소 확정되므로(대법원 2000. 10. 27. 선고 2000다25590 판결), 결손금 소급공제 환급결정은 납세자의 권리·의무에 직접 영향을 미치는 과세관청의 행위로서 행정처분에 해당한다고 보아야 한다는 점을 들고 있다.

라. 증감세액의 징수와 환급

1) 환급세액 등의 징수

납세지 관할 세무서장은 다음의 사유 중 어느 하나에 해당하는 경우에는 환급세액('①'의 경우에는 감소된 결손금에 상당하는 환급세액)과 그 환급세액에 대하여 당초 환급세액의 통지일의 다음 날부터 환급세액의 고지일까지의 기간(일수)에 1일 25/100,000의 율을 곱하여 계산한 이자상당액을 가산한 금액을 해당 결손금이 발생한 사업연도의 법인세로서 징수한다(법법 72 ⑤).[9] 다만, 결손금 중 일부 금액만을 소급공제받은 경우에는 소급공제받지 않은 결손금이 먼저 감소된 것으로 본다(법령 110 ④).

① 결손금 소급공제에 의하여 법인세를 환급한 후 그 결손금이 발생한 사업연도에 대한 법인세의 과세표준과 세액을 경정함으로써 결손금이 감소된 경우
② 결손금이 발생한 사업연도의 직전 사업연도에 관한 법인세 과세표준과 세액을 법인세법 제66조에 따라 경정함으로써 결손금이 감소된 경우
③ 중소기업에 해당하지 않는 법인이 법인세를 환급받은 경우

징수할 환급세액은 다음 계산식과 같이 계산한다(법령 110 ④).

$$\text{징수할 환급세액} = \text{당초 환급세액} \times \frac{\text{감소된 결손금액으로서 소급공제받지 않은 결손금을 초과하는 금액}^*}{\text{소급공제 결손금액}}$$

*결국 소급공제 결손금액 중 감소액을 말한다.

앞의 사례에서 관할 세무서장의 과세표준과 세액의 경정에 의하여 해당 법인의 결손금이 3억원으로 확정되었다고 가정하고 환급취소세액을 계산하여 보면 17,750,000원이 된다.

$$\text{환급취소세액} = 71,000,000 \times \left(\frac{400,000,000 - 300,000,000}{400,000,000} \right) = 17,750,000$$

2) 직전 사업연도의 세액 등의 경정에 따른 증감세액의 징수와 환급

납세지 관할 세무서장은 당초 환급세액을 결정한 후 해당 환급세액의 계산의 기초가 된

---

9) 법인세법 제72조 제5항에 따른 환수처분은 국세기본법 제51조 제9항에 따른 환수처분과 달리 부과처분 및 징수처분에 해당하므로 부과제척기간 및 그 기산일에 관한 규정이 적용된다. 대법원 2022. 11. 17. 선고 2019두51512 판결.

직전 사업연도의 법인세액 또는 과세표준금액이 달라진 경우에는 즉시 당초 환급세액을 재결정하여 추가로 환급하거나 과다하게 환급한 세액상당액을 징수하여야 한다. 이 경우 환급세액 또는 과다하게 환급한 세액상당액을 징수할 경우에는 이자상당액을 가산하여 징수하여야 한다(법법 72 ⑥).

그리고 당초 환급세액을 경정할 때 소급공제 결손금액이 과세표준금액을 초과하는 경우 그 초과결손금액은 소급공제 결손금액으로 보지 않는다. 소급공제 결손금액으로 보지 않는 초과결손금액은 이월공제가 허용된다고 하겠다.

3 결손금의 이월공제

가. 의 의

내국법인의 각 사업연도의 소득에 대한 법인세의 과세표준을 계산할 때 각 사업연도의 개시일 전 15년 이내에 개시한 사업연도에서 발생한 결손금으로서 그 후의 각 사업연도의 과세표준을 계산할 때 공제되지 않은 금액은 이를 각 사업연도 소득의 80퍼센트 범위[10] 내에서 공제한다. 이를 결손금의 이월공제라고 한다.[11] 다만 중소기업과 회생계획을 이행 중인 기업 등 법인세법 시행령 제10조 제1항에 규정하는 법인의 경우에는 각 사업연도 소득의 100퍼센트까지 결손금을 이월공제한다(법법 13 ① I 각 호 외의 부분).[12]

나. 결손금의 이월공제

1) 이월공제의 대상이 되는 결손금의 요건

이월공제의 대상이 되기 위한 결손금은 다음의 두 요건을 충족하는 것이어야 한다(법법 13 ① I).

가) 각 사업연도 개시일 전 15년 이내에 개시한 사업연도에서 발생한 결손금일 것

각 사업연도의 개시일 전 15년 이내에 개시한 사업연도에서 발생한 결손금으로서 그 후

---

10) 이처럼 소득금액 중 일정 비율 이하로 제한한 것은 흑자법인으로 하여금 매년 최소한의 법인세를 부담하도록 하려는 것이다[제337회 국회(정기회) 기획재정위원회회의록(조세소위원회) 제2호, 2015. 11. 11, 55면(전문위원 권영진 진술부분)].
11) 결손금의 이월공제제도를 악용한 다양한 조세회피행위도 있을 수 있다. 이에 대응하기 위한 일본의 입법례에 관하여는 渡辺徹也, 「スタンダード 法人税法」第2版, 弘文堂, 2019, 174면.
12) 결손금의 이월공제기간에 관한 외국의 입법례를 살펴보면 미국, 영국, 프랑스, 독일, 프랑스, 오스트리아, 호주, 뉴질랜드, 독일 등은 무기한, 캐나다는 20년, 일본, 멕시코는 10년, 체코, 터키, 그리스 등은 5년이다.

의 각 사업연도의 과세표준을 계산할 때 공제되지 않은 금액이어야 한다(법법 13 ① I 가).

나) 법인세법 제60조에 따라 신고하거나 제66조에 따라 결정·경정되거나 국세기본법 제45조에 따라 수정신고한 과세표준에 포함된 결손금일 것

종래 부과권의 제척기간이 만료되지 않은 사업연도의 법인세를 결정 또는 경정할 때 부과권의 제척기간이 지난 사업연도로서 그 결정 또는 경정의 대상이 되는 사업연도의 개시일 전 10년(당시 결손금의 이월기간) 이내에 개시하는 사업연도에서 발생한 결손금이 추가로 밝혀지는 경우에 그 추가로 밝혀진 결손금에 대하여 이월공제를 허용할 것인지의 여부에 관하여는 견해의 대립이 있었다. 현행 법인세법 제13조 제1항 제1호 나목에 해당하는 규정을 신설하기 이전 시기의 대법원은 결손금을 실체법적으로 이해하고 있었을 뿐만 아니라 결손금의 결정 또는 경정을 항고소송의 대상이 되는 처분으로 보지 않았기 때문에[13] 설령 부과권의 제척기간이 지난 사업연도의 결손금이라 할지라도 그 결정 또는 경정의 대상이 되는 사업연도의 개시일 전 10년 이내에 개시하는 사업연도에서 발생한 결손금이라면 그 결손금의 금액을 구체적으로 확인하여 이월공제를 허용하여야 한다는 입장을 견지하고 있었다.[14] 그러나 2009. 12. 31. 법률 제9898호로 법인세법 제13조 제1항 제1호 나목[15]이 신설됨에 따라 2010년 1월 1일 이후에 최초로 과세표준을 신고하거나 결정 또는 경정하는 분부터는 그 결손금이 법인세 과세표준과 세액의 신고·수정신고·결정 또는 경정절차에 따라 확인된 결손금이 아닌 한 이월공제의 대상이 될 수 없게 되었다. 이에 따라 대법원도 과세관청의 결손금 감액경정은 이후 사업연도의 이월결손금 공제와 관련하여 법인세 납세의무자인 법인의 납세의무에 직접 영향을 미치는 과세관청의 행위로서, 항고소송의 대상이 되는 행정처분에 해당한다고 본다.[16] 따라서 2010년 1월 1일 이후 최초로 신고한 과세표준

---

13) 대법원 2002. 11. 26. 선고 2001두2652 판결.

14) 대법원 2004. 6. 11. 선고 2003두4522 판결; 대법원 2004. 6. 11. 선고 2003두13212 판결.

15) 당시에는 법인세법 제13조 제1호 후단이었으며 그 내용은 다음과 같았다. "이 경우 결손금은 제14조 제2항의 결손금으로서 제60조에 따라 신고하거나 제66조에 따라 결정·경정되거나, 「국세기본법」 제45조에 따라 수정신고한 과세표준에 포함된 결손금에 한정한다." 위와 같은 개정의 취지는 원칙적으로 공제가 가능한 이월결손금의 범위를 신고·경정 등으로 확정된 결손금으로 축소하여 법적 안정성을 도모하기 위한 것이라고 한다(대법원 2020. 7. 9. 선고 2017두63788 판결). 기획재정부는 위 규정의 입법취지를 '법적 안정성 등을 고려하여 공제가 가능한 이월결손금을 신고, 경정 등을 통해 확정된 결손금으로 명확화하기 위한 것'이라고 설명한다. 기획재정부, 「2009년 간추린 개정 세법」, 기획재정부, 2010, 269면. 그러나 위와 같이 결손금의 범위를 축소하는 입법은 응능부담원칙에 위반되므로 위헌의 소지가 있다고 본다. 비교법적으로도 한국과 같은 입법례는 찾기 어렵다.

16) 따라서 2009. 12. 31. 법률 제9898호로 개정된 법인세법이 시행된 2010. 1. 1. 이후 최초로 과세표준을 신고한 사업연도에 발생한 결손금 등에 대하여 과세관청의 결손금 감액경정이 있는 경우, 특별한 사정이 없는 한 납세의무자로서는 결손금 감액경정 통지가 이루어진 단계에서 그 적법성을 다투지 않는 이상 이후 사업연도 법인세의 이월결손금 공제와 관련하여 종전의 결손금 감액경정이 잘못되었다거나 과세관청이 경정한 결

에 포함된 해당 사업연도에서 발생한 결손금 등에 관하여 과세관청의 결손금 감액경정이 있는 경우 특별한 사정이 없는 한 납세의무자로서는 결손금 감액경정 통지가 이루어진 단계에서 적법성을 다투지 않았다면 이후 사업연도 법인세의 이월결손금 공제와 관련하여 종전의 결손금 감액경정이 잘못되었다거나 과세관청이 경정한 결손금 외에 공제될 수 있는 이월결손금이 있다는 주장을 할 수 없다. 그러나, 과세관청이 결손금 감액경정을 하면서 법인세법에서 정한 통지 등 절차[17]를 준수하지 않아 납세의무자에게 방어권행사 및 불복의 기회가 보장되지 않은 경우에는 납세의무자가 결손금 감액경정을 다투지 않았다고 하더라도 이후 사업연도의 법인세 부과처분에 관한 불복절차에서 선행하는 결손금 감액경정의 위법성을 다툴 수 있다.[18]

2) 이월공제의 대상이 되는 결손금의 범위

① 위에서의 결손금에는 적격합병에 있어서의 피합병법인의 승계결손금과 적격분할에 있어서의 분할신설법인등의 승계결손금을 포함한다.

그리고 구(舊) 자산재평가법의 규정에 의한 재평가적립금·주식발행액면초과액·감자차익·합병차익 및 분할차익으로 보전 또는 충당된 이월결손금은 각 사업연도의 과세표준을 계산할 때에는 각 사업연도의 소득에서 공제가 가능하다. 즉 재평가적립금 등으로의 보전 또는 충당과 과세표준 계산에서의 공제와는 별개의 사항인 것이다(법통 13-10…1).

② 다음 중 어느 하나에 해당하는 결손금은 각 사업연도의 과세표준을 계산할 때 공제된 것으로 본다. 즉 각 사업연도의 과세표준을 계산할 때 공제된 결손금에는 법인세의 과세표준을 계산할 때 각 사업연도의 소득에서 이월공제된 결손금은 물론이고 다음의 결손금이 포함되는 것이다.

㉮ 채무의 출자전환으로 주식등을 발행하는 경우로서 해당 주식등의 시가를 초과하여 발행된 금액으로 충당된 결손금

㉯ 무상으로 받은 자산의 가액 및 채무의 면제 또는 소멸로 인한 부채의 감소액으로 충당된 이월결손금

손금 외에 공제될 수 있는 이월결손금이 있다는 주장을 할 수 없다(이상, 대법원 2020. 7. 9. 선고 2017두63788 판결).

17) 법인세법 시행령 제109조 제1항은 '납세지 관할세무서장이 법 제70조에 따라 과세표준과 그 세액을 통지하는 경우에는 납부고지서에 그 과세표준과 세액의 계산명세를 첨부하여 고지해야 하며, 각 사업연도의 과세표준이 되는 금액이 없거나 납부할 세액이 없는 경우에는 그 결정된 내용을 통지해야 한다'고 정하고 있다. 이와 관련하여 「법인세 사무처리규정」 제70조는 '세무서장은 과세표준 및 세액 등의 결정 또는 경정을 한 때에는 「법인세법 시행령」 제109조에 따라 그 결정내용을 통지하여야 하며, 납부할 세액이 없는 경우에는 「법인세 과세표준 등 결정(경정)통지서(별지 제7호 서식)」로 통지하여야 한다고 규정하고 있다.

18) 대법원 2024. 12. 12. 선고 2021두34688 판결.

㉰ 직전 사업연도의 과세표준에서 소급공제받은 결손금

③ 이월결손금이 누적되어 있는 경우에는 먼저 발생한 사업연도의 결손금부터 차례대로 공
제한다(법령 10 ②).

이월결손금의 공제시한을 15년으로 제한하고 있기 때문에 먼저 발생한 사업연도의 이월
결손금부터 우선적으로 공제하는 것이 납세의무자의 이익과도 부합한다고 하겠다.

다. 추계방법에 의한 확정과 이월결손금 공제

법인세의 과세표준과 세액을 추계방법에 의하여 확정하는 경우에는 공제기한 안의 이월
결손금을 공제할 수 없고(법법 13 ① I), 외국자회사 수입배당금액의 익금불산입을 적용할
수 없으며(법법 18의4), 외국납부세액공제를 적용할 수 없다(법법 57). 다만, 천재·지변 기타
불가항력으로 장부나 그 밖의 증명증명서류가 멸실되어 추계방법에 의하여 확정을 하는 경
우에는 이월결손금의 공제가 허용된다(법법 68). 그러나 추계방법에 의하여 확정을 받는 사
업연도 중에 공제받지 못한 이월결손금이라고 하더라도 공제기한이 경과하지 않는 한 그
후 사업연도의 각 사업연도의 소득, 즉 실액방법에 따라 확정된 소득금액에서 공제할 수
있다(법칙 4 ② I).

라. 자산수증이익 등으로 보전하는 이월결손금

자산수증이익 또는 채무면제이익은 익금을 구성한다. 그러나 자산수증이익 또는 채무면
제이익 중 이월결손금의 보전에 충당된 금액은 이를 익금에 산입하지 않는다. 이 경우의
이월결손금은 본래의 이월결손금과는 범위면에서 차이가 있다.[19] 자산수증이익 등에 의하
여 보전되는 이월결손금은 먼저 발생한 결손금이 먼저 보전된 것으로 본다(법법 18 VI).

자산수증이익의 이월결손금 보전과 관련하여 해당 법인의 주주에게 상증법상의 증여에
해당하는 경우가 있음에 유의하여야 한다.

즉 특정법인의 주주 또는 출자자와 특수관계에 있는 자가 해당 특정법인에 대한 증여 또
는 일정한 거래를 통하여 그 특정법인의 주주 또는 출자자에게 이익을 분여한 경우에는 특
정법인의 주주 또는 출자자가 그 특수관계에 있는 자로부터 그 이익상당액을 증여받은 것
으로 보아 증여세를 과세하는 것이다(상증법 41).

위에서 특정법인이라 함은 한국거래소에 상장되지 않은 법인으로서 증여일이 속하는 사

---

[19] 이 경우에는 15년의 공제기한이 적용되지 않고 채무자회생법에 따른 회생계획인가의 결정을 받은 법인의
결손금으로서 법원이 확인한 것 및 「기업구조조정 촉진법」에 의한 기업개선계획의 이행을 위한 약정이 체
결된 법인으로서 금융채권자협의회가 의결한 결손금을 포함한다(법령 16 ① II).

업연도까지 결손금이 있는 법인 또는 증여일 현재 휴업 중이거나 폐업상태인 법인을 말한다(상증령 31).

그리고 특정법인에 대한 증여 또는 일정한 거래란 재산 또는 용역의 무상제공 또는 저가양도 등, 재산 또는 용역의 고가양수 등, 법인의 채무의 면제·인수 또는 변제, 저가현물출자 등과 같은 거래를 의미한다.

마. 합병 및 분할시 이월결손금의 승계

합병 및 분할시의 이월결손금의 승계에 관한 상세한 논의는 '합병시 이월결손금의 승계와 공제'(605면), '분할시 이월결손금의 승계와 공제'(642면) 및 물적분할시 '이월결손금의 승계'(662면)에서 이미 살펴보았다.

바. 사업양수도시 이월결손금 공제제한

내국법인이 다른 특수관계 내국법인의 사업을 양수하는 경우로서 자산의 70퍼센트 및 순자산의 90퍼센트 이상을 이전받는 경우(법령 86의2 ①) 사업양수법인의 종전 사업에서 발생한 결손금은 양수한 사업부문에서 발생한 소득금액의 범위에서는 공제할 수 없다(법법 50의2).[20] 이런 사업양수도는 경제적 실질이 합병과 동일하므로[21] 합병에서와 마찬가지의 제한을 둔 것이다.[22] 기존 사업과 양수한 사업의 회계는 구분경리하는 것을 원칙으로 한다(법법 113 ⑦). 예외적으로 구분경리하지 않는 경우 그 소득금액을 사업양수일 현재 양수법인의 사업용 자산가액과 양수한 사업부문의 사업용 자산가액 비율로 안분계산하여 위 이월결손금 공제금지 규정을 적용한다(법령 86의2 ②).

---

20) 위 규정이 신설되기 이전의 행정해석은 결손금 공제를 제한할 수 없다고 보았다. 법인, 서면－2019－법인－4289, 2020. 1. 29.
21) 이 비율은 舊 조세특례제한법(2017. 12. 19. 법률 제15227호로 개정되기 전의 것) 제37조에서 규정하던 자산의 포괄적 양도의 적용기준과 동일한 것이다[舊 조세특례제한법 시행령(2016. 5. 10. 대통령령 제271127호로 개정된 것) 제35조 제3항].
22) 다만 합병의 경우 합병 이전에 합병법인이 보유하던 자산의 처분손실(내재손실)의 손금 산입을 제한하는데(법법 45 ③), 합병과 경제적 실질이 동일한 사업양수도의 경우에도 같은 취지의 규정이 필요할 것으로 생각된다.

제3절 비과세소득

1 비과세소득의 의의

비과세소득이란 과세대상이 되는 소득이지만 공익상의 필요에 의하여 실정세법에서 과세에서 제외한 소득을 가리킨다. 과세소득에서 제외하였기 때문에 해당 소득은 법인세의 과세물건을 구성하지 않으며, 따라서 법인세의 납세의무도 성립할 여지가 없다. 그 구체적인 법적 성질에 관한 상세한 논의는 '세액의 감면'(817면)에서 살펴본다.

2 비과세소득의 내용

내국법인의 각 사업연도의 소득 중「공익신탁법」에 따른 공익신탁의 신탁재산에서 생기는 소득에 대하여는 각 사업연도의 소득에 대한 법인세를 과세하지 않는다(법법 51).

공익신탁이란 학술·종교·제사·자선·기예 기타 공익을 목적으로 하는 신탁을 말한다(신탁법 65).

이 밖에도 중소기업창업투자회사가 창업자 등에게 출자한 주식등을 양도함으로써 발생하는 양도차익 등에 대하여는 법인세를 과세하지 않는다(조특법 13 참조).

3 비과세소득의 이월공제제한

해당 사업연도의 과세표준을 계산할 때 공제되지 않은 비과세소득은 다음 사업연도 이후로 이월하여 공제할 수 없다(법법 13 ② I).

1 소득공제액의 의의

소득공제란 법인세의 과세표준을 산정할 때 각 사업연도의 소득금액에서 일정금액을 공제함으로써 해당 금액을 법인세의 과세에서 제외하기 위한 것인데, 법인세의 우대조치의 일종이다. 법인세의 과세표준에서 제외하여 법인세를 과세하지 않는다는 점에서 법인세의 우대조치의 일종인 비과세소득이나 익금불산입액과 그 성격이 크게 다를 바 없다.

현행법상 소득공제로서는 유동화전문회사 등과 같은 도관회사에 대한 소득공제(법법 51의2), 자기관리부동산투자회사의 소득공제(조특법 55의2) 등이 있다.

이하에서는 유동화전문회사 등과 같은 도관회사에 대한 소득공제(법법 51의2)에 대해서만 살펴보기로 한다.

2 도관회사에 대한 소득공제

가. 제도적 취지

자산유동화에 관한 법률에 따른 유동화전문회사, 자본시장법에 따른 투자회사·투자목적회사·투자유한회사·투자합자회사(기관전용 사모집합투자기구는 제외)·투자합자유한회사, 기업구조조정투자회사법에 의한 기업구조조정투자회사, 부동산투자회사법에 의한 기업구조조정부동산투자회사 및 위탁관리부동산투자회사, 선박투자회사법에 의한 선박투자회사, 「민간임대주택에 관한 특별법」에 따른 특수목적회사, 문화사업진흥기본법에 따른 문화산업전문회사, 해외자원개발사업법에 따른 해외자원개발투자회사와 일정한 요건을 갖춘 명목회사가 배당가능이익의 90퍼센트 이상을 배당할 경우에는 그 금액('배당금액')을 소득공제한다(법법 51의2).

유동화전문회사 등은 법령에서 정하는 특정한 투자 및 이익분배를 목적으로 설립된 특정목적회사(special purpose company)로서 실체가 없는 서류상의 회사(paper company)에 불과한 경우가 일반적이다. 이와 같은 회사는 본점 외의 영업소를 설치할 수 없을 뿐만 아니라 직원을 고용할 수 없도록 하고 있다.

유동화전문회사 등은 납입 받은 자금을 특정한 방법으로 투자 또는 운용하고 그를 통하여 얻은 이익을 그대로 투자가인 그 주주 또는 사원(이하에서 '주주등'이라 한다)에게 분배하는 것을 목적으로 하여 설립된 회사이다. 즉 유동화전문회사 등은 일반법인과는 달리 가득한 투자수익을 그대로 주주등에게 배당할 것을 목적으로 하여 설립된 도관(conduit) 내지 통과체(pass-through)의 성격을 띤 도관회사에 해당하는 것이다. 그러므로 이와 같은 도관회사가 그 본래의 설립목적에 따라 이익을 주주등에게 배당하는 경우에는 법인세 과세표준을 산정할 때 그 배당금액을 소득공제함으로써 배당금액에 관하여 법인세의 과세를 배제한다.

이와 같은 도관회사에 대한 소득공제제도는 도관회사의 소득에 대한 법인세와 소득세의 이중적인 과세를 방지하기 위하여 마련된 법적 장치로서 배당금손금산입법에 해당한다.

도관회사의 주주등이 수취하는 배당금액에 관하여는 배당소득으로서 소득세를 과세하되, 배당세액공제의 적용을 배제한다. 도관회사의 배당금액은 법인세의 과세표준 계산 단계에서 소득공제되므로 그 사원이 받는 배당금액은 이중과세가 문제되지 않기 때문이다.

나. 소득공제의 요건

1) 도관회사로서 배당가능이익의 90퍼센트 이상을 배당한 경우

도관회사가 배당가능이익의 90퍼센트 이상을 배당하여야 한다. 그리고 그 배당금액에 대하여 소득세 또는 법인세가 과세되어야 한다.

가) 도관회사의 범위

① 「자산유동화에 관한 법률」에 의한 유동화전문회사
② 「자본시장법」에 따른 투자회사, 투자목적회사, 투자유한회사 및 투자합자회사(자본시장법 제9조 제19항 제1호의 기관전용 사모집합투자기구는 제외[1]) 및 투자유한책임회사
③ 「기업구조조정투자회사법」에 의한 기업구조조정투자회사
④ 「부동산투자회사법」에 의한 기업구조조정부동산투자회사 및 위탁관리부동산투자회사
⑤ 「선박투자회사법」에 의한 선박투자회사
⑥ 「민간임대주택에 관한 특별법」에 따른 특수목적법인으로서 임대사업을 목적으로 「민간임대주택에 관한 특별법 시행령」 제4조 제1항 제3호 다목의 투자회사의 요건을 갖추어 설립된 법인

---

1) 입법자는 기관전용 사모집합투자기구(PEF)의 경우 동업기업과세특례제도의 적용을 받는 것이 그 제도적 본질에 부합한다고 판단하였던 것으로 보인다. 따라서 동업기업과세특례제도는 적용이 강제되는 제도가 아니지만 기관전용 사모집합투자기구의 경우에는 이중과세를 피하기 위하여 실질적으로 그 적용이 강제되는 결과가 된다. 상세는 임동원, "동업기업과세제도의 조세회피 관련 규정에 관한 연구", 「조세연구」 제14권 제3집, 2014, 47-48면.

⑦ 「문화사업진흥기본법」에 따른 문화산업전문회사

⑧ 「해외자원개발사업법」에 따른 해외자원개발투자회사

나) 배당가능이익의 90퍼센트 이상의 배당

배당가능이익의 90퍼센트 이상을 배당하여야 한다.[2] 배당가능이익이라 함은 기업회계기준에 따라 작성한 재무제표상의 법인세비용 차감 후 당기순이익에 이월이익잉여금을 가산하거나 이월결손금을 공제하고, 상법 제458조의 규정에 의하여 적립한 이익준비금을 차감한 금액을 말한다. 이 경우 ① 자본준비금을 감액하여 받는 배당(상법 461의2), ② 당기순이익, 이월이익잉여금 및 이월결손금 중 주식등, 채권, 자본시장법 제9조 제2항에 따른 집합투자재산의 평가손익은 제외한다[다만, 투자회사등이 자본시장법 제9조 제2항에 따른 집합투자재산을 시가법으로 평가한 평가손익과 「부동산투자회사법」에 따른 위탁관리 부동산투자회사 및 기업구조조정 부동산투자회사가 보유한 자산은 포함한다(법령 86의3 ① Ⅱ 가, 나)].

위의 배당에는 금전배당과 주식배당이 모두 포함된다. 최소한 배당가능이익의 90퍼센트 이상을 배당하도록 하고 있으므로 법인이 배당가능이익을 초과하여 배당한 경우에도 그 배당금의 소득공제는 허용된다. 다만, 해당 사업연도의 소득금액을 초과하는 배당금에 대해서는 소득공제가 배제된다.

유동화전문회사의 경우 재무제표상의 배당가능이익을 초과하여 유효하게 배당을 할 수 있는데(「자산유동화에 관한 법률」 30 ③), 그 경우에도 배당금액 전부에 관하여 소득공제가 가능하다.[3]

유동화전문회사등을 청산하는 과정에서 잔여배산 분배를 하는 경우에도 이 요건을 충족하는 것으로 본다(법법 79 ⑦, 51의2).[4]

다) 배당금에 대한 소득세 등의 과세

도관회사로부터 받는 배당금에 대하여 소득세 또는 법인세가 과세되어야 한다. 배당을 받은 주주등에 대하여 법인세법 또는 조특법에 따라 그 배당에 대한 소득세 또는 법인세가 비과세되는 경우에는 소득공제에 관한 규정을 적용하지 않는다. 다만, 배당을 받은 주주등

---

2) 이 요건을 두지 않을 경우 도관회사가 투자이익을 분배하지 않고 유보함으로써 과세를 이연할 수 있고 과세 시기를 임의로 조절하여 조세회피에 악용될 수 있기 때문이다. 안경봉/손영철, "사모펀드 과세제도의 문제점 및 개선방안", 「세무와 회계 연구」 제9권 제3호, 2020, 155면.

3) 대법원 2015. 12. 23. 선고 2012두3255 판결.

4) 다만 소득공제금액의 범위에 관하여 다툼이 있는데, 조세심판원(조심 2023. 6. 8. 자 2023서0064 결정) 및 행정해석(국세청 서면법규과-589, 2014. 6. 13.)은 의제배당금액의 범위에서만 소득공제가 가능하다고 해석하는 입장이다.

이 동업기업과세특례(조특법 100의15)를 적용받는 동업기업인 경우로서 그 동업자들(그 동압자들의 전부 또는 일부가 조특법 100의15 ③에 따른 상위 동업기업에 해당하는 경우에는 그 상위 동업기업에 출자한 동업자들을 말한다)에 대하여 조특법 제100조의18에 따라 배분받은 배당에 해당하는 소득에 관한 소득세 또는 법인세가 전부 과세되는 경우는 제외한다 (법법 51의2 ② I).[5]

라) 사실상 1인 또는 소수의 개인투자자가 지배하는 명목회사가 아닐 것

배당을 지급하는 내국법인이 주주등의 수 등을 고려하여 법인세법 시행령 제86조의2 제10항으로 정하는 기준에 해당하지 않는 법인이어야 한다(법법 51의2 ② II). 법인세법 시행령 제86조의2 제10항이 정하는 기준에 해당하는 법인은 다음의 두 요건을 모두 갖춘 법인을 말한다(법령 86의2 ⑩). 이는 사모펀드로서 사실상 1인 또는 소수의 개인투자자가 지배하는 경우를 배제하기 위한 것이다.[6]

① 사모방식으로 설립되었을 것
② 개인 2인 이하 또는 개인 1인 및 그 친족이 발행주식총수 또는 출자총액의 95퍼센트 이상의 주식등을 소유할 것. 다만, 개인 1인 등에게 배당 및 잔여재산의 분배에 관한 청구권이 없는 경우를 제외한다.

2) 소득공제의 신청

유동화전문회사 등에 대한 소득공제 규정을 적용받고자 하는 유동화전문회사 또는 증권투자회사는 법인세 과세표준신고와 함께 소득공제신청서에 배당소득의 법인세법 시행령 제138조의4에 따른 실질귀속자 명세를 첨부하여 납세지 관할 세무서장에게 제출하여야 한다. 다만 배당을 받은 주주 등이 동업기업(그 동업자들의 전부 또는 일부가 조특법 제100조의15 제3항에 따른 상위 동업기업에 해당하는 경우에는 그 상위 동업기업을 포함)인 경우 소득공제신청서와 함께 해당 동업기업으로부터 동업기업과세특례적용 및 동업자과세여부 확인서를 첨부하여야 한다(법법 51의2 ③, 법령 86의3 ⑨). 본 조에서의 소득공제신청은 소득공제를 적용받기 위한 필요적 요건은 아니라고 하겠다.

---

5) 반면 투자신탁의 경우 투자자 단계에서도 조특법에 의하여 비과세될 수 있어 형평성의 관점에서 문제가 있다는 비판이 있다. 안경봉/손영철, "사모펀드 과세제도의 문제점 및 개선방안", 「세무와 회계 연구」 제9권 제3호, 2020, 155면.
6) 이 요건은 개인 주주에 대하여만 적용되며 개인 투자자가 투자회사를 통하여 우회적으로 투자함으로써 소득유형을 변환하고 소득의 귀속시기를 조절하는 행위에 대응하기 위한 규정이다. 입법론으로는 법인 주주에 대하여도 적용하여야 한다는 주장이 있다. 이상, 안경봉/손영철(註5), 155-156면.

다. 소득공제의 대상 및 이월공제

도관회사가 배당한 배당금액의 전액을 해당 배당을 결의한 잉여금 처분의 대상이 되는 사업연도의 소득금액에서 공제한다. 다만, 각 사업연도의 소득금액에서 공제할 배당금액이 해당 배당을 결의한 잉여금 처분의 대상이 되는 사업연도의 소득금액에서 법인세법 제13조 제1항 제1호의 이월결손금을 뺀 금액을[7] 최초로 초과하는 경우 그 초과하는 금액을 해당 사업연도의 다음 사업연도 개시일부터 5년 이내에 끝나는 각 사업연도로 이월하여 그 이월된 사업연도의 소득금액에서 공제할 수 있다. 다만 내국법인이 이월될 사업연도에 배당가능이익의 90퍼센트 이상을 배당하지 않는 경우에는 그 이월된 금액을 공제할 수 없다. 최초로 이월된 사업연도 이후 사업연도의 배당금액이 해당 사업연도의 소득금액에서 이월결손금과 해당 사업연도로 이월된 금액을 순서대로 뺀 금액(해당 금액이 0보다 작은 경우에는 0으로 한다)을 초과하는 경우에는 그 초과하는 금액을 해당 사업연도의 다음 사업연도 개시일부터 5년 이내에 끝나는 각 사업연도로 이월하여 그 이월된 사업연도의 소득금액에서 공제할 수 있다. 이 경우에도 내국법인이 이월된 사업연도에 배당가능이익의 90퍼센트 이상을 배당하지 않으면 그 이월된 금액을 공제할 수 없다. 이처럼 이월된 금액('이월공제배당금액')을 해당 사업연도의 소득금액에서 공제하는 경우 이월공제배당금액을 해당 사업연도의 배당금액보다 먼저 공제하고, 이월공제배당금액이 둘 이상인 경우에는 먼저 발생한 것부터 공제한다(법법 51의2 ①, ④, ⑤, ⑥).

3　소득공제액의 이월공제제한

해당 사업연도의 과세표준을 계산할 때 공제되지 않은 소득공제액은 다음 사업연도 이후로 이월하여 공제할 수 없다. 조특법 제132조에 따른 최저한세의 적용으로 공제되지 않은 소득공제액도 마찬가지이다(법법 13 ② Ⅰ, Ⅱ).

---

7) 행정해석(사전 – 2023 – 법규법인 – 0312, 2023. 6. 23.)을 2025. 1. 1. 법인세법 개정시에 입법한 것이다. 위 개정이 있기 전에는 다음 사안에서 해석상 다툼이 있었다. 각 사업연도 소득금액(A)이 80, 이월결손금(B)이 30, 당기 배당금액(C)이 100이라고 가정한다. 각 사업연도 소득금액에서 이월결손금을 먼저 공제하고나서의 소득금액을 초과하는 금액을 이월공제 대상 배당금액으로 보면 당기에 공제받지 못한 50[C-(A-B)]을 모두 이월하여 공제할 수 있는 반면, 각 사업연도 소득금액을 초과하는 금액을 이월공제 대상 배당금액으로 볼 경우 이월가능한 공제금액은 20(C-A)이 되어 법인에 불리한 결과가 된다. 현행법은 전자의 입장을 명문화한 것이다. 이정은, "법인세법 일부개정법률안 검토보고", 기획재정위원회, 2024. 11., 33면.

제**5**절 해운기업에 대한 과세표준의 계산특례

1 개 요

해운산업은 막대한 부가가치를 창출하여 국민경제의 발전에 크게 기여하기 때문에 이를 육성·지원할 필요가 있다. 뿐만 아니라 해운산업은 국제적 이동성이 높은 산업으로서 경쟁해운국과 대등한 조세환경을 조성할 필요가 있다. 특히 유럽해운국들을 필두로 하여 대부분의 국가에서 새롭게 톤세제도를 도입하였거나 그 도입을 준비 중에 있으므로 우리나라도 이와 같은 추세에 발맞추어 톤세제도를 도입하였다.

톤세(Tonnage Tax)는 해운업을 영위하는 법인의 해운소득의 추정치에 대하여 부과하는 법인세이다. 즉 해운기업의 소득을 해운소득과 비해운소득으로 구분하여 해운소득에 대하여는 실제로 번 소득금액에 의하지 않고 선박의 순톤수와 운항일수에 바탕을 둔 추정이익[1](notional profit)을 기준으로 하여 법인세를 부과하도록 하고 있는데, 이와 같은 추정이익에 의하여 산정한 해운소득에 대하여 부과하는 법인세가 톤세인 것이다.

법인세의 과세표준은 각 사업연도에 속하는 익금에서 손금을 공제하여 각 사업연도의 소득금액을 계산하고, 이와 같이 산정된 각 사업연도의 소득금액에서 이월결손금·비과세소득 및 소득공제를 차감하여 산정한다(법법 13, 14 ①). 그러나 해운기업의 해운소득에 대하여는 과세표준의 계산특례를 인정하여 개별선박표준이익의 합계액, 즉 선박표준이익을 그 과세표준으로 하도록 정하고 있다. 이와 같은 해운기업의 해운소득에 대한 과세표준의 계산특례제도가 톤세제도이다.

톤세제도는 1996년 네덜란드 및 노르웨이에서 도입한 이래 독일, 영국, 덴마크, 스페인, 핀란드, 미국, 일본[2] 등이 경쟁적으로 도입하였고, 그 밖의 대부분의 국가들도 그 도입을 서두르고 있는 실정이다.[3] 현행 조특법상의 톤세제도는 2024. 12. 31.을 적용기한으로 한다.

---

1) 선박표준이익이라고도 한다.
2) 일본은 2008년에 톤세제도를 도입한 이후 계속적으로 적용범위를 늘려왔는데 최근에는 2018년 일본해상운송법 38, 조세특별조치법 59의2 개정으로 톤세의 적용범위를 크게 확대하였다.
3) 손원익, "톤세제도 도입방안, 기업과세제도 선진화를 통한 기업하기 좋은 조세환경 조성", 「기업과세제도 선진화 관련 공청회 자료」, 한국조세연구원, 2004, 142 – 14면.

2 계산특례의 요건

가. 일정한 요건을 갖춘 해운기업을 영위하는 내국법인

해운법상의 외항운송사업의 영위 등 일정한 요건을 갖춘 해운기업을 영위하는 내국법인이어야 한다. 해운법상의 외항운송사업의 영위 등 일정한 요건을 갖춘 해운기업이란 다음 중 어느 하나의 사업을 영위하는 기업으로서 해당 기업이 용선(다른 해운기업이 공동운항에 투입한 선박을 사용하는 경우를 포함한다)한 외국선박(국적취득조건부 나용선을 제외한다)의 연간운항순톤수(선박의 순톤수에 연간운항일수와 사용률을 곱하여 계산한 톤수를 말한다. 이하 같다)의 합계가 해당 기업이 소유한 선박 등 기획재정부령(조특칙 46의3)이 정하는 기준선박의 연간운항순톤수의 합계의 5배를 초과하지 않는 기업을 말한다(조특법 104의10 ①, 조특령 104의7 ①).

① 해운법 제3조에 따른 외항정기여객운송사업 또는 외항부정기여객운송사업
② 해운법 제25조에 따른 외항정기화물운송사업 또는 외항부정기화물운송사업(수산물운송사업을 제외한다)
③ 「크루즈산업의 육성 및 지원에 관한 법률」제2조 제4호에 따른 국제순항 크루즈선 운항사업

나. 계산특례의 적용신청

해운기업의 과세표준 계산의 특례를 적용받고자 하는 법인은 과세표준계산특례 적용을 신청하여야 하는데, 과세표준계산특례를 적용받고자 하는 사업연도부터 연속하여 5사업연도 동안 과세표준계산특례를 적용받아야 한다(조특법 104의10 ②).

과세표준계산특례를 적용받으려는 법인은 과세표준계산특례를 적용받으려는 최초 사업연도의 과세표준 신고기한까지 기획재정부령이 정하는 해운기업의 법인세과세표준계산특례 적용신청서에 요건충족 여부에 관한 해양수산부장관의 확인서를 첨부하여 납세지 관할 세무서장에게 제출하여야 한다(조특령 104의7 ⑤). 그리고 특례적용기업은 특례적용기간에 속하는 사업연도(해양수산부장관의 확인서에 의하여 요건의 충족을 확인할 수 있는 사업연도는 제외한다)의 과세표준을 신고하는 때에 기획재정부령이 정하는 해운기업의 법인세과세표준계산특례 요건명세서에 요건의 충족 여부에 관한 해양수산부장관의 확인서를 첨부하여 납세지 관할 세무서장에게 제출하여야 한다(조특령 104의7 ⑥).

다. 구분경리

특례적용기업은 해운소득과 비해운소득을 각각 별개의 회계로 구분하여 경리하여야 한다. 해운소득과 비해운소득에 공통되는 익금과 손금은 기획재정부령이 정하는 방법에 의하여 안분계산한다(조특령 104의7 ⑧).

3 과세표준 계산특례의 내용

가. 과세표준의 계산특례

1) 특례에 따른 과세표준의 계산

과세표준의 계산특례를 적용받는 해운기업의 해운소득에 대한 법인세 과세표준은 개별선박표준이익의 합계액에 의하여 산정하며, 비해운소득에 대한 법인세 과세표준은 통상적인 법인세 과세표준의 계산방법에 의하여 산정한다. 이와 같이 산정된 해운소득에 대한 개별선박표준이익의 합계액과 비해운소득에 대한 법인세 과세표준의 합계액이 해당 해운기업의 법인세 과세표준이다.

즉 과세표준의 계산특례규정을 적용받는 해운기업의 법인세 과세표준은 다음의 방법에 의하여 계산한 해운소득에 대한 법인세 과세표준과 비해운소득에 대한 법인세 과세표준을 합계한 금액으로 한다.

가) 해운소득의 과세표준

선박별로 다음 계산식에 의하여 계산한 개별선박표준이익의 합계액(이하에서 '선박표준이익'이라 한다)으로 한다.

- 해운소득(선박표준이익) = ∑ 개별선박표준이익
- 개별선박표준이익 = 개별선박순톤수 × 1톤당 1운항일 이익 × 운항일수 × 사용률

① 순톤수란 선박법 제3조 제1항 제3호의 규정에 의한 순톤수를 말한다(조특령 104의7 ③ Ⅱ).
② 운항일수란 특례적용기업이 소유한 선박의 경우에는 소유기간, 특례적용기업이 용선한 선박의 경우에는 용선기간에 속하는 일수를 말한다. 다만, 정비·개량·보수 및 기타 불가피한 사유로 30일 이상 연속하여 선박을 운항하지 않은 경우 그 기간은 제외한다(조특령 104의7 ③ Ⅲ).

③ 사용률이란 특례적용기업이 소유한 선박의 경우에는 100퍼센트, 특례적용기업이 용선한 선박의 경우에는 용선계약에 의한 용선비율, 특례적용기업이 공동운항에 투입한 선박의 경우에는 공동운항비율을 말한다(조특령 104의7 ③ Ⅳ).

④ 1톤당 1운항일 이익(톤세표준이익률)은 선박톤수·해운기업의 선박 소유 현황 및 운항소득·법인세 납부실적 및 외국의 운영사례 등을 감안하여 선박의 1톤당 30원을 초과하지 않는 범위 안에서 대통령령으로 정한다.

현행의 1톤당 1운항일 이익(톤세표준이익률)은 다음과 같다(조특령 104의7 ④). 기준선박이 아닌 선박에 대한 운항일 이익이 30% 높다.

개별선박의 순톤수	1톤당 1운항일 이익	
	기준선박	기준선박 외의 선박
1,000톤 이하분	14원	18.2원
1,000톤 초과 10,000톤 이하분	11원	14.3원
10,000톤 초과 25,000톤 이하분	7원	9.1원
25,000톤 초과분	4원	5.2원

> **사례**
>
> 해운기업이 소유하는 기준선박의 순톤수가 30,000톤인 경우의 개별선박표준이익은 다음과 같이 계산한다.
>
> (1,000톤 × 14원 + 9,000톤 × 11원 + 15,000톤 × 7원 + 5,000톤 × 4원) × 365일 × 100% = 86,870,000원

나) 비해운소득의 과세표준

해운소득 외의 소득(이하에서 '비해운소득'이라 한다)에 대하여는 일반적인 방법에 의하여 산정한 법인세 과세표준(법법 13의 규정에 의하여 산정한 과세표준)으로 한다.

2) 과세표준계산특례의 적용기간

과세표준계산특례를 적용받고자 하는 해운기업은 과세표준계산특례를 적용받고자 하는 사업연도부터 연속하여 5사업연도(이하에서 '과세표준계산특례적용기간'이라 한다) 동안 과세표준계산특례를 적용받아야 한다(조특법 104의10 ②). 이 경우에 최초의 특례적용대상기간은 외항운송사업의 면허·등록을 한 날이 속하는 사업연도부터 연속한 5사업연도의 기간으로 하고, 특례적용대상기간과 그 다음 특례적용대상기간은 연속한 기간으로 한다.

톤세제도를 조세회피목적으로 남용하는 것을 방지하기 위한 법적 장치이다.

과세표준계산특례를 적용받고 있는 법인이 과세표준계산특례적용기간 동안 과세특례의 적용요건(조특법 104의8 ①)을 2사업연도 이상 위반하는 경우에는 2회째 위반하게 된 사업연도부터 해당 과세표준계산특례적용기간의 잔여기간과 다음 5사업연도기간은 과세표준계산특례를 적용받을 수 없다(조특법 104의10 ⑥).

3) 해운소득과 비해운소득의 구분

가) 해운소득

① 외항해운활동 직접 발생 소득: 외항해상운송활동으로 발생하는 소득(조특령 104의7 ② I)

② 외항해운활동 간접 발생 소득: 외항해상운송활동과 연계된 활동으로서 다음 중 어느 하나에 해당하는 활동으로 발생하는 소득(조특령 104의7 ② II)

⑦ 화물의 유치·선적·하역 및 유지·관리와 관련된 활동

⑭ 외항해상운송활동을 위해 필요한 시설의 임대차와 관련된 활동으로서 기획재정부령이 정하는 활동

⑮ 직원의 모집·교육·훈련과 관련된 활동

⑯ 선박의 취득·유지·관리 및 폐기와 관련된 활동

⑰ 선박의 매각. 다만, 해운기업의 과세표준계산특례의 적용 이전부터 소유하고 있던 선박을 매각하는 경우에는 그 매각손익에 해당 선박의 총 소유기간 중 과세표준계산특례가 적용되기 전의 기간이 차지하는 비율을 곱하여 계산한 금액(이하 '특례적용 전 기간분'이라 한다)은 비해운소득으로 하되, 그 매각대금으로 해당 선박의 매각일이 속하는 사업연도의 종료일까지 새로운 선박을 취득하는 경우에는 특례적용전 기간분에 해당 선박의 매각대금 중 새로운 선박의 취득에 사용된 매각대금이 차지하는 비율을 곱하여 계산한 금액의 20퍼센트에 상당하는 금액만 비해운소득으로 한다.

⑱ 단일운송계약에 의한 기획재정부령이 정하는 복합운송활동

⑲ 앞의 ⑦부터 ⑱까지와 유사한 활동으로 기획재정부령이 정하는 활동

③ 외항해운활동 기타소득: 다음 중 어느 하나에 해당하는 소득(조특령 104의7 ② III)

⑦ 외항해상운송활동과 관련하여 발생한 소득세법 제16조의 이자소득과 소득세법 제17조 제1항 제5호의 집합투자기구로부터의 분배금 및 지급이자. 다만, 기업회계기준에 따른 유동자산에서 발생하는 이자소득등은 포함하되, 기업회계기준에 따른 비유동자산에서 발생하는 이자소득등과 그 밖에 기획재정부령이 정하는 이자소득등은 제외한다.

⑭ 외항해상운송활동과 관련하여 발생한 기업회계기준에 따른 화폐성 외화자산·부채

를 평가할 때 발생하는 원가평가금액과 원화기장액의 차익 또는 차손

ⓓ 외항해상운송활동과 관련하여 상환받거나 상환하는 외화채권·채무의 원화금액과 원화기장액의 차익 또는 차손

ⓔ 외항해상운송활동과 관련하여 발생하는 차입금에 대한 이자율 변동, 통화의 환율 변동, 운임의 변동, 선박 연료유 등 해운관련 주요 원자재 가격의 변동의 위험을 회피하기 위하여 체결한 기업회계기준에 의한 파생상품거래로 인한 손익

나) 비해운소득

해운소득 외의 그 밖의 소득을 말한다.

나. 결손금의 통산 배제 및 이월결손금의 공제 배제

과세표준의 계산특례규정을 적용할 때 비해운소득에서 발생한 결손금은 선박표준이익과 통산하지 않는다(조특법 104의10 ③). 그리고 과세표준의 계산특례규정을 적용받기 전에 발생한 이월결손금은 해운소득은 물론이고 비해운소득에 대한 과세표준을 계산할 때에도 이를 공제하지 않는다(조특법 104의10 ⑤). 과세표준의 계산특례규정을 적용받기 전에 발생한 이월결손금은 그 결손금의 발생원천이 해운소득 부문인지 또는 비해운소득 부문인지가 명확하지 않으므로 이월공제를 허용하지 않고 소멸된 것으로 보는 것이다.

다. 조세특례의 적용 배제 등

① 해운소득에 대하여는 국세기본법·조약·조세특례제한법 및 그 밖의 법률에 의한 비과세·세액면제·세액감면·세액공제 또는 소득공제 등의 조세특례에 관한 규정을 적용하지 않는다.

② 해운소득에 원천징수된 소득이 포함되어 있는 경우에 그 소득에 대한 원천징수세액은 법인세의 산출세액에서 기납부세액으로 공제하지 않는다.

제10장

세액의 계산

제1절 세액계산의 구조와 세율

1 법인세의 계산구조

내국법인의 각 사업연도의 소득에 대한 법인세 과세표준에 세율을 곱하여 법인세 산출세액(토지등 양도소득에 대한 법인세액이 있는 경우에는 이를 합한 금액으로 한다)을 계산한다. 이와 같은 법인세 산출세액에서 감면세액과 세액공제액을 차감하고 가산세와 감면분추가납부세액을 가산하여 내국법인이 실제로 부담하는 법인세액을 산정한다.

2 법인세의 세율과 산출세액의 계산

내국법인의 각 사업연도의 소득에 대한 법인세 산출세액은 그 과세표준에 다음의 초과누진세율[1]을 곱하여 계산한 금액으로 한다(법법 55 ①).

• 일반적인 내국법인의 경우

과세표준	세 율	산출세액
2억원 이하	9%	과세표준 × 9%
2억원 초과 200억원 이하	19%	1천800만원 + (2억원을 초과하는 금액의 19%)
200억원 초과 3천억원 이하	21%	37억8천만원 + (200억원을 초과하는 금액의 21%)
3천억원 초과	24%	625억8천만원 + (3천억원을 초과하는 금액의 24%)

---

1) 신용협동조합 등과 같은 조합법인의 각 사업연도 소득에 대한 법인세는 2014년 12월 31일 이전에 종료하는 사업연도까지 해당 법인의 결산재무제표상 당기순이익(법인세 등을 공제하지 않은 당기순이익을 말한다)에 기부금 손금불산입액 및 기업업무추진비 손금불산입액을 합계한 금액에 9%의 세율을 적용하여 과세한다. 이를 당기순이익과세라 한다. 다만, 해당 법인이 당기순이익과세를 포기한 때에는 그 이후의 사업연도에 대하여 당기순이익과세를 하지 않는다(조특법 72 ①).

• 부동산임대업을 주된 사업으로 하는 등 대통령령으로 정하는 요건에 해당하는 내국법인(법법 60의2 ① I)의 경우

과세표준	세율
200억원 이하	과세표준의 19%
200억원 초과 3천억원 이하	38억원 + (200억원을 초과하는 금액의 21%)
3천억원 초과	626억원 + (3천억원을 초과하는 금액의 24%)

다음으로 사업연도가 1년 미만인 내국법인의 각 사업연도의 소득에 대한 법인세의 산출세액은 다음 계산식에 의하여 계산한다(법법 55 ②, 법칙 45). 누진세율의 효과를 유지하기 위한 법적장치이다. 헌법재판소는 위와 같은 계산방법이 재산권을 침해한다고 보기 어렵다고 판단하였다.[2]

$$
\text{법인세산출세액} = \left\{ \left(\text{법인세 과세표준} \times \frac{12}{\text{사업연도의 월수}} \right) \times \text{세율} \right\} \times \frac{\text{사업연도의 월수}}{12}
$$

위의 계산식을 적용할 때 사업연도의 월수는 태양력에 따라 계산하되, 1개월 미만의 월수는 1개월로 한다(법령 92).

토지등 양도소득에 대한 법인세액 및 조특법 100의32에 따른 투자·상생협력 촉진을 위한 과세특례를 적용하여 계산한 법인세액이 있으면 그 법인세액들을 합한 금액을 산출세액으로 한다(법법 55 ①).

제 **2** 절　비영리내국법인의 자산양도소득에 대한 과세특례

1　의　의

비영리내국법인이 토지·건축물 및 일정한 주식을 양도한 경우에 그 토지등의 양도로 인하여 발생하는 소득은 비영리내국법인의 수익사업에서 생기는 소득에 해당하므로 해당 소득에 대하여는 각 사업연도의 소득에 대한 법인세가 과세된다.

---

2) 헌법재판소 2021. 6. 24. 선고 2018헌바44 결정.

그런데 9퍼센트, 19퍼센트, 21퍼센트의 초과누진세율로 되어 있는 법인세의 부담이 10퍼센트, 20퍼센트의 비례세율(주식등의 경우) 또는 6퍼센트부터 35퍼센트까지의 초과누진세율(토지등과 기타자산의 경우)을 적용하여 계산한 양도소득세의 부담보다 높은 경우가 있을 수 있다. 즉 비영리내국법인이 얻은 토지·건축물 및 일정한 주식의 양도소득에 대한 법인세의 부담이 거주자 등이 얻은 토지·건축물 및 일정한 주식의 양도소득에 대한 양도소득세의 부담보다 과중한 경우가 있을 수 있는 것이다.

그러므로 제조업 등과 같은 사업을 영위하는 비영리내국법인 외의 기타의 비영리내국법인의 자산양도소득에 대한 법인세를 계산할 때에는 해당 비영리내국법인에게 각 사업연도의 소득에 대한 법인세의 과세방식(이하에서 '법인세 과세방법'이라 한다) 또는 양도소득세의 과세방식(이하에서 '양도소득세 과세방법'이라 한다)을 선택할 수 있도록 특례규정을 마련하고 있다.

그리고 제조업 등과 같은 사업을 영위하지 않는 비영리내국법인은 기장 및 신고 등과 같은 납세순응력이 떨어지기 때문에 그 납세절차를 간소화할 필요가 있다. 그러므로 비영리내국법인이 자산양도소득에 대하여 양도소득세 과세방식을 선택하는 때에는 간편한 양도소득과세표준 예정신고 및 자진납부로써 법인세 과세표준신고 및 납부절차에 갈음하도록 하고 있다.

2 특례의 적용요건

가. 대상법인

자산양도소득이 있는 일정한 비영리내국법인이어야 한다(법법 62의2 ①).

1) 자산양도소득의 범위

자산양도소득이란 다음 자산의 양도로 인하여 발생하는 소득을 말한다.

가) 일정한 주식(법법 62의2 ① I)

여기서의 일정한 주식이란 소득세법 제94조 제1항 제3호에 따른 주식등과 대통령령으로 정하는 주식등을 말한다.

(1) 소득세법 제94조 제1항 제3호에 따른 주식

(가) 주권상장법인의 주식

자본시장법에 의한 주권상장법인의 주식으로서 대주주(소령 157 ①)가 양도하는 것과 대주주에 해당하지 않는 자가 증권시장에서의 거래에 의하지 않고 양도하는 것을 말한다. 따라서 소액주주(대주주가 아닌 자)가 증권시장을 통하여 양도하는 주권상장법인의 주식은 제외된다.

(나) 비상장법인의 주식등

주권상장법인이 아닌 법인의 주식을 말한다. 다만, 소유주식의 비율·시가총액 등을 고려하여 소득세법 시행령 제157조 제3항에서 정하는 주권비상장법인의 대주주에 해당하지 않는 자가 자본시장법에 따라 설립된 한국금융투자협회가 행하는 장외매매거래(자본시장법 286 ① V)에 의하여 양도하는 중소기업(소령 157의2 ①) 및 중견기업(소령 157의2 ②)의 주식등은 제외한다.

(2) 대통령령으로 정하는 주식등

「소득세법」제94조 제1항 제4호 나목(주식등으로 한정한다)·다목·라목에 따른 자산을 말한다.

나) 토지 또는 건물(건물에 부속된 시설물과 구축물을 포함한다)

토지라 함은 지적법에 의하여 지적공부에 등록하여야 할 지목에 해당하는 것을 말한다. 이에는 전·답·과수원·목장용지·임야·광천지·염전·대·공장용지·학교용지·잡종지 등이 모두 포함된다(지적법 5 ①).

그리고 건물이란 토지에 정착하는 공작물 중 지붕과 기둥 또는 벽이 있는 것과 이에 부수되는 시설물, 지하 또는 고가(高架)의 공작물에 설치하는 사무소·공연장·점포·차고·창고 등을 말한다(건축법 2 II). 이와 같은 건물에는 건물에 부속된 시설물과 구축물을 포함한다(법법 62의2 ① II).

다) 부동산에 관한 권리(법법 62의2 ① III, 소법 94 ① II)

부동산에 관한 권리와 기타자산의 양도로 생기는 수입을 말한다. 부동산에 관한 권리란 부동산을 취득할 수 있는 권리(건물이 완성되는 때에 그 건물과 이에 부수되는 토지를 취득할 수 있는 권리를 포함한다), 지상권, 전세권과 등기된 부동산임차권을 말한다(소법 94 ① II).

라) 기타자산(법법 62의2 ① III, 소법 94 ① IV)

(1) 영업권

사업용자산과 함께 양도하는 영업권(영업권을 별도로 평가하지 않았으나 사회통념상 영업권이 포함되어 양도된 것으로 인정되는 것과 행정관청으로부터 인가·허가·면허 등을 받음으로써 얻는 경제적 이익을 포함한다)

(2) 시설물이용권

이용권·회원권 그 밖에 그 명칭에 관계없이 시설물을 배타적으로 이용하거나 일반이용 자에 비하여 유리한 조건으로 이용할 수 있도록 약정한 단체의 일원이 된 자에게 부여되는 시설물이용권(법인의 주식등을 소유하는 것만으로 시설물을 배타적으로 이용하거나 일반 이용자에 비하여 유리한 조건으로 시설물이용권을 부여받게 되는 경우 해당 주식등을 포함 한다). 특정시설물의 예로서는 골프장·헬스클럽·콘도미니엄·스키장·고급사교장 및 사 우나 등을 들 수 있다.

(3) 특정주식

(가) 과점주주가 보유하는 부동산과다보유법인의 주식

법인의 자산총액 중 토지등의 가액이 50퍼센트 이상을 차지하고 있는 법인의 과점주주가 그 법인의 주식의 합계액의 50퍼센트 이상을 그 법인의 과점주주 외의 자에게 양도하는 경 우의 해당 주식을 가리킨다.

즉 다음의 ㉠ 및 ㉡의 요건을 동시에 충족하는 법인의 주주 1인 및 기타주주(이하에서 '과점주주'라 한다)가 그 법인의 주식의 합계액의 50퍼센트 이상을 그 과점주주 외의 자에 게 양도하는 경우의 해당 주식을 말한다(소법 94 ① Ⅳ 다, 소령 158 ① Ⅰ).

이 경우에 과점주주가 주식을 수회에 걸쳐 양도하는 때에는 그들 중 1인이 주식을 양도 하는 날부터 소급하여 3년 내에 그들이 양도한 주식을 합산한다. 그리고 어떤 주식의 양도가 과점주주가 소유하는 부동산과다보유법인의 주식의 양도에 해당하는지의 여부(아래 ㉠, ㉡ 의 요건에 해당하는지의 여부)와 법인의 주식의 합계액의 50퍼센트 이상을 양도한 것인지 의 여부에 관한 판정은 그들 중 1인이 주식을 양도하는 날로부터 소급하여 그 합산하는 기간 의 첫날 현재의 해당 법인의 주식의 합계액 또는 자산총액을 기준으로 한다(소령 158 ②).
㉠ 해당 법인의 자산총액 중 다음의 합계액이 차지하는 비율이 50퍼센트 이상인 법인
  (ⅰ) 토지, 건물, 부동산에 관한 권리
  (ⅱ) 해당 법인이 직접 또는 간접으로 보유한 다른 법인의 주식가액에 그 다른 법인의
       부동산등 보유비율을 곱하여 산출한 가액
㉡ 해당 법인의 주식의 합계액 중 주주 1인과 기타주주가 소유하고 있는 주식의 합계액이
   차지하는 비율이 50퍼센트 이상인 법인

(나) 체육시설업 등을 영위하는 부동산과다보유법인의 주식

체육시설업 등과 같은 특정사업을 영위하는 법인으로서 해당 법인의 자산총액 중 토지등의 가액이 80퍼센트 이상인 법인의 주식을 가리킨다(소령 158 ① V).

즉 다음의 ㉠ 및 ㉡의 요건을 동시에 충족하는 법인의 주식을 말한다.[1]

따라서 자산총액 중 토지등의 가액의 합계액이 차지하는 비율이 80퍼센트 이상에 해당하면서도 체육시설업 등을 영위하지 않는 법인의 주식이나 체육시설업 등을 영위하면서도 자산총액 중 토지등의 가액의 합계액이 차지하는 비율이 80퍼센트에 미달하는 법인의 주식은 체육시설업 등을 영위하는 부동산과다보유법인의 주식에 해당하지 않는 것이다.

체육시설업 등을 영위하는 부동산과다보유법인의 주식의 경우에는 단 한 주만 양도하더라도 기타자산을 구성하게 된다.

㉠ 해당 법인의 자산총액 중 토지·건물 및 부동산에 관한 권리의 가액의 합계액이 차지하는 비율이 80퍼센트 이상인 법인

㉡ 체육시설업·관광사업 중 휴양시설관련업·부동산업 및 부동산개발업으로서 골프장·스키장·휴양콘도미니엄 또는 전문휴양시설을 건설 또는 취득하여 직접 경영하거나 분양 또는 임대하는 사업을 영위하는 법인

2) 일정한 비영리내국법인

제조업, 건설업, 도·소매 및 소비자용품수리업, 부동산·임대 및 사업서비스업 등과 같은 사업에서 생기는 소득이 있는 비영리내국법인을 제외한 기타의 비영리내국법인이어야 한다(법법 62의2 ①).

즉 비영리내국법인이라 하더라도 제조업 등과 같은 사업에서 생기는 소득이 있는 비영리내국법인은 특례규정의 적용대상이 아닌 것이다.

자산양도소득에 대한 과세특례를 적용하여 예정신고 및 자진납부를 이행한 비영리내국법인이 해당 사업연도 중에 제조업 등과 같은 사업을 영위하게 되었더라도 그 양도소득에 대하여 특례규정을 적용할 수 있다는 것이 판례의 입장이다.[2]

---

1) 나머지 자산의 양도, 즉 두 번째 및 세 번째의 자산의 양도에 대하여는 각 사업연도에 대한 법인세 과세표준 신고를 이행하지 않고 양도소득과세표준 예정신고 및 자진납부만을 이행한 경우이다.

2) 대법원 2012. 1. 26. 선고 2010두3763 판결: ① 법인세법 제62조의2 제1항 소정의 '수익사업을 영위하는 비영리내국법인'은 위 규정의 문언 체계상 '양도소득이 발생할 당시 수익사업을 영위하는 비영리내국법인'이라고 새기는 것이 자연스럽고, ② 특례규정의 입법 취지는 수익사업을 영위하지 않는 비영리법인은 영리를 추구하는 법인이 아닌 점을 고려하여 자산양도소득에 대한 법인세 부담이 양도소득세보다 과중하여지지 않도록 하려는 것임을 고려할 때, 비영리내국법인이 수익사업을 영위하지 않던 기간에 토지를 양도하여 양도소득이 발생하였다면, 그 후 같은 사업연도 내에 수익사업을 영위했더라도 양도소득에 대하여 과세특례조항인 법인

나. 법인세 과세표준신고의 불이행

자산양도소득에 대한 과세특례를 적용받고자 하는 비영리내국법인은 해당 자산양도소득에 대하여 각 사업연도의 소득에 대한 법인세 과세표준신고를 하지 않아야 한다. 법인세 과세표준신고를 하지 않은 자산양도소득은 각 사업연도의 소득금액계산에 있어서 이를 포함하지 않는다(법법 62의2 ①). 즉 법인세 과세표준신고를 하지 않은 소득은 통상적인 법인세의 과세방법 대신에 양도소득세 과세방법을 선택한 것으로 보는 것이다.

이 때 비영리내국법인이 자산양도소득에 대하여 통상적인 법인세의 과세방법을 선택할 것인지 또는 양도소득세 과세방법을 선택할 것인지는 오로지 그 비영리내국법인의 선택에 의한다. 즉 해당 비영리내국법인의 선택권의 행사에 맡겨 놓고 있는 것이다.

다. 과세특례의 적용단위

비영리내국법인의 자산양도소득에 대한 과세특례는 자산의 양도일이 속하는 각 사업연도 단위별로 적용한다. 따라서 해당 사업연도 중에 양도한 자산 중 그 일부자산의 양도소득만을 선별하여 과세특례를 적용받을 수는 없다고 새긴다(법령 99의2 ②).

예를 들어 사업연도 중에 3회에 걸쳐 과세대상자산을 양도한 경우로서 첫 번째의 자산양도에 대하여만 각 사업연도의 소득에 대한 법인세 과세표준신고를 이행하였다면[3] 해당 사업연도 중에 양도한 모든 자산에 대하여 자산양도소득에 대한 과세특례를 적용하여서는 안되는 것이다.

3 과세특례의 내용 및 효과

가. 양도소득세 과세방법에 의한 법인세의 납부

비영리내국법인의 자산양도소득에 대하여 과세특례를 적용하는 경우에 그 자산양도소득에 대하여는 통상적인 법인세 과세방법에 의하지 않고 양도소득세 과세방법에 의하여 산정한 세액을 법인세로서 납부한다(법법 62의2 ②). 위에서 양도소득세 과세방법이란 부동산 등의 양도가액에서 필요경비·장기보유특별공제 및 양도소득기본공제를 차감하여 양도소득과세표준을 계산하고, 이와 같이 계산된 양도소득과세표준에 양도소득세율을 적용하여 법

세법 제62조의2를 적용할 수 있다고 한다.
3) 나머지 자산의 양도, 즉 두 번째 및 세 번째의 자산의 양도에 대하여는 각 사업연도에 대한 법인세 과세표준신고를 이행하지 않고 양도소득과세표준 예정신고 및 자진납부만을 이행한 경우이다.

인세세액을 산정하는 방법이다.

　그러나 자산양도소득에 대한 과세특례가 미치는 범위는 비영리내국법인의 각 사업연도의 소득에 대한 법인세에 한정된다. 토지 및 건축물의 양도에 대하여 토지등 양도소득에 대한 과세특례[4](법법 55의2)가 적용되는 경우에는 토지와 건축물을 양도한 비영리내국법인이 자산양도소득에 대한 과세특례(법법 62의2)를 선택하였다고 하더라도 자산양도소득에 대한 과세특례 선택의 효과는 토지등의 양도에 따른 통상적인 각 사업연도의 소득에 대한 법인세에 한정될 뿐이며 토지등 양도소득에 대한 추가과세에까지 미치는 것은 아니다. 토지 또는 건축물의 양도에 대하여 토지등 양도소득에 대한 과세특례(법법 55의2)가 적용되는 경우에는 자산양도소득에 대한 과세특례에 따른 통상적인 각 사업연도의 소득에 대한 법인세와 토지등 양도소득에 대한 법인세의 합계액을 법인세액으로 하는 것이다.

　다만, 비영리내국법인의 자산양도소득에 대한 과세특례를 적용할 때 양도소득세의 탄력세율제도(소법 104 ④)에 의한 할증세율[5]을 적용하는 때에는 토지등 양도소득에 대한 과세특례(법법 55의2)에 의한 법인세는 추가과세하지 않는다(법법 62의2 ②).

나. 법인세의 과세표준과 세액의 계산 특례

　법인세 과세표준의 신고를 하지 않은 자산양도소득에 대하여는 소득세법 제92조(양도소득 과세표준의 계산)의 규정을 준용하여 계산한 과세표준에 소득세법 제104조(양도소득세의 세율) 제1항을 적용하여 계산한 금액을 법인세로 납부하여야 한다(법법 62의2 ②). 세목의 명칭만 법인세이지 그 실질적인 내용은 양도소득세인 것이다.

1) 과세표준의 계산 특례

　비영리내국법인의 자산양도소득에 대한 법인세 과세표준은 자산의 양도로 인하여 발생한 총수입금액(양도가액)에서 필요경비를 공제한 양도차익에서 장기보유특별공제 및 양도소득기본공제(사업연도별 250만원)를 차감하여 계산한다(법법 62의2 ③). 이때에 양도가액, 필요경비 및 양도차익의 계산은 소득세법 제96조(양도가액), 제97조(양도소득의 필요경비 계산), 제100조(양도차익의 산정), 제101조(양도소득의 부당행위계산) 및 제102조(양도소득금액의 구분계산 등)를 준용한다. 자산양도소득에 대한 법인세 과세표준의 계산에 있어서 양도소득세 과세표준의 계산방법을 그대로 따르는 것이다.

　그러나 상속세과세가액 또는 증여세과세가액에 산입되지 않은 자산을 출연받은 비영리

---

4) 토지 및 건축물의 양도에 대하여 통상적인 법인세 외에 토지등 양도소득에 대한 추가과세를 행하는 경우이다.
5) 양도소득세의 기본세율에 15퍼센트를 가산한 범위 안에서 대통령령으로 할증세율을 정할 수 있다(소법 104 ④).

내국법인이 그 출연받은 날부터 3년 이내에 해당 자산을 양도하는 때에 한하여 해당 자산의 출연자의 취득가액을 승계한다(법령 99의2 ③). 다만, 다음 중 어느 하나에 해당하는 사업(보건업 외의 수익사업은 제외한다)에 1년 이상 직접 사용한 자산은 제외한다.

① 법령에서 직접 사업을 정한 경우에는 그 법령에 규정된 사업
② 행정관청으로부터 허가·인가 등을 받은 경우에는 그 허가·인가 등을 받은 사업
③ 기타의 경우에는 법인등기부상 목적사업으로 정하여진 사업

그런데 상증법에 의하여 상속세과세가액 또는 증여세과세가액에 산입되지 않은 출연재산이 그 후에 과세요인이 발생하여 그 과세가액에 산입되지 않은 상속세 또는 증여세의 전액 상당액이 부과되는 경우에는 해당 자산의 출연자의 취득가액을 승계하는 규정(법령 99의2 ③)을 적용하지 않는다.

다음으로 세무서장의 승인을 얻어 법인으로 보는 법인이 아닌 단체에 있어서는 그 법인으로 보는 단체로서 승인을 받기 전의 당초 취득한 가액을 취득가액으로 한다(법법 62의2 ④).

2) 세액의 계산 특례

위와 같이 산정한 과세표준에 양도소득세의 세율을 곱하여 법인세액을 계산한다. 그리고 자산양도소득에 대한 세액계산은 소득세법 제92조(양도소득세의 계산순서)를 준용한다.

3) 양도소득과세표준 예정신고와 자진납부

자산양도소득에 대한 과세특례에 관한 규정을 적용받는 비영리내국법인은 해당 자산양도소득에 대하여 소득세법 제105조부터 제107조까지의 규정을 준용하여 양도소득과세표준의 예정신고 및 자진납부를 하여야 한다(법법 62의2 ⑦). 즉 양도소득과세방법을 선택한 비영리내국법인은 자산을 양도한 달의 말일로부터 2월이 되는 날까지 자산양도소득에 대하여 양도소득과세표준 예정신고 및 자진납부를 하여야 한다.

양도소득과세표준예정신고를 한 경우에는 자산양도소득에 대한 법인세 과세표준과 세액을 신고한 것으로 본다. 다만, 해당 사업연도에 누진세율의 적용대상자산에 대한 예정신고를 2회 이상 하는 경우로서 다음 사유 중의 어느 하나에 해당하는 때에는 법인세 과세표준을 신고하여야 한다(법법 62의2 ⑧).

① 해당연도에 누진세율의 적용대상 자산에 대한 예정신고를 2회 이상 한 자가 이미 신고한 양도소득금액과 합산하여 신고하지 않은 경우
② 토지·건물을 2회 이상 양도한 경우로서 양도소득기본공제를 적용할 경우 당초 신고한 양도소득산출세액이 달라지는 경우

③ 주식등을 2회 이상 양도한 경우로서 양도소득기본공제를 적용할 경우 당초 신고한 양도
소득산출세액이 달라지는 경우

　다음으로 법인세에 대한 양도소득과세표준예정신고 및 자진납부를 이행한 비영리내국법
인도 법정신고기한 안에 법인세 과세표준신고를 함으로써 통상적인 과세방법으로 변경할
수 있다. 이 경우에 예정신고납부세액은 기납부세액으로서 통상적인 과세방법에 의하여 산
정한 납부하여야 할 법인세에서 공제할 수 있다(법령 99의2 ⑤).

4) 법인세 과세표준에 대한 신고 등의 특례

　양도소득세 과세방법에 의한 법인세 과세표준에 대한 신고 · 납부 · 결정 · 경정 및 징수
에 관하여는 통상적인 법인세의 과세준에 대한 신고 · 납부 · 결정 · 경정 및 징수에 관한
규정(법법 62의2 ⑥)을 준용한다.

　그러나 법인세에 대하여 양도소득과세표준예정신고 및 자진납부를 하는 때에는 소득세
법상의 양도소득과세표준의 예정신고와 자진납부(소법 105부터 107까지), 분납(소법 112)에 관
한 규정을 준용한다.

제**3**절　세액공제

1　서 론

가. 세액공제의 법적 성질

　세액공제(tax credits)라 함은 과세관청이 특정한 요건을 충족한 납세의무자에 대하여 일
정한 금액을 산출세액에서 공제함으로써 해당 세액의 납부를 면제하는 행정행위이다. 조세
우대조치의 하나이다.

　세액공제의 법적 성질에 관하여는 다툼이 있을 수 있으나, 조세의 면제행위로 이해하고
자 한다. 그리고 조세의 면제행위는 준법률행위적 행정행위인 확인행위로 새긴다. 그러므
로 세액공제는 일종의 확인행위로서 급부의무의 소멸이라는 법적 효과를 결부시키고 있는
점이 특이한 것이다.

　이론적으로 보면 세액공제는 과세처분과는 별개의 행정행위이다. 그러나 일반적으로는
과세처분을 행할 때에 동시에 세액공제행위도 행하게 된다. 왜냐하면 실무적으로는 과세처

분과 세액공제행위가 과세표준과 세액결정(경정)결의서라는 하나의 서식에 의하여 동시에 행하여지기 때문이다. 따라서 과세처분에 의하여 확정된 납세의무가 세액공제행위에 의하여 확정과 동시에 소멸하게 되는 것이다.

앞에서 논급한 바와 같이 세액공제와 세액면제는 다 같이 조세의 면제행위에 해당하므로 성질상 차이가 있는 것은 아니다. 뿐만 아니라 실정법상으로도 본원적으로 어떤 차이를 두고 있는 것도 아니다. 어떤 소득에 대한 우대조치를 설정할 때 세액공제의 혜택을 부여할 것인가 또는 세액면제의 혜택을 부여할 것인가는 전적으로 입법정책상의 문제이다.

단지 현행의 실정세법상 일부의 세액공제에 대하여는 세액면제와는 달리 8년에 걸쳐 이월공제를 허용하는 경우가 있다.

나. 세액공제의 제도적 취지

세액공제는 조세우대조치의 하나이다. 세액공제제도가 인정되고 있는 제도적 취지는 대체로 다음과 같다.
① 일정한 투자의 유도 등과 같은 공익목적의 실현
② 동일소득에 대한 국제간 이중과세의 방지
③ 담세력을 상실한 자 또는 담세력이 미약한 소득에 대한 세부담의 경감

법인세의 세액공제에는 법인세법상의 세액공제 외에도 조세특례제한법에서 광범위하게 인정되고 있다.

이하에서는 법인세의 세액공제 중 '법인세법상의 세액공제'를 중심으로 살펴보고자 한다.

2 세액공제의 내용

가. 외국납부세액공제

1) 외국납부세액공제의 의의

특정한 납세의무자에게 귀속되는 과세물건에 대하여 둘 이상의 국가에서 유사한 종목의 조세가 부과되는 현상을 국제적 이중과세(international double taxation)라고 한다.

이와 같은 국제적 이중과세가 발생하는 원인으로서는 거주지국과세와 원천지국과세가 경합하는 경우, 거주지국과세가 서로 경합하는 경우 및 원천지국과세가 서로 경합하는 경우를 들 수 있다.[1]

이 중에서 가장 전형적인 이중과세의 형태가 거주지국과세와 원천지국과세가 경합하는

경우이다. 이는 내국법인에 대하여 거주지국과세원칙을 적용하고 외국법인에 대하여 원천지국과세원칙을 적용하는 국가간에 거래가 이루어지는 경우에 발생하는 이중과세의 형태이다.

이와 같은 국제적 이중과세를 방지하기 위한 방법으로서는 국내법에서 일방적으로 조정장치를 설정하는 방법과 당사국간에 이중과세방지조약을 체결하는 방법이 있다.

국내법에 의한 이중과세의 방지는 거주지국이 이미 외국정부가 과세한 내국법인의 국외원천소득에 대하여 국내법에서 자국의 과세권을 포기 또는 제한하는 조정장치를 마련함으로써 수행한다. 이론적으로 이와 같은 조정장치로서는 외국세액손금산입방법(tax deduction method), 외국납부세액공제방법(tax credit method) 및 외국소득면제방법(tax exemption method) 등을 들 수 있다.[2]

(1) 외국납부세액공제방법

거주지국이 국외원천소득을 과세소득에 포함시키되, 거주지국의 법인세액에서 외국세액을 공제하여 주는 제도이다. 이와 같은 외국세액공제방법은 다시 세액공제의 한도액을 설정하는지의 여부에 따라 완전세액공제방법(full tax credit method)과 일반세액공제방법(ordinary tax credit method)으로 나눈다.

(가) 완전세액공제방법

거주지국의 법인세액에서 외국세액의 전액을 공제하여 주는 방법이다. 원천지국의 법인세율이 거주지국의 법인세율보다 높은 경우에는 그 공제되는 세액이 과다하게 거주지국의 세수가 줄게 되는 문제가 있다.

(나) 일반세액공제방법

거주지국의 법인세액에서 외국세액을 공제하여 주되, 국외원천소득에 자국의 법인세 실효세율을 곱하여 산정되는 금액을 한도로 외국세액을 공제하여 주는 방법이다. 공제한도액을 설정하는 방법에 따라 국별한도액방법(per country limitation method), 일괄한도액방법(overall country limitation method) 및 분리한도액방법(separate limitation method)이 있다.

① 국별한도액방법

국외원천소득이 발생한 장소가 2개국 이상인 경우에는 원천지국마다 각각 세액공제액의 한도액을 계산하는 방법이다. 독일 및 프랑스 등에서 채택하고 있는 방법이다.

② 일괄한도액방법

---

1) 이용섭, 「국제조세의 이론과 실무」, 세경사, 1999, 65-70면; 村井正, 「国際租税法の研究」, 法研出版, 1990, 179면.
2) 최명근, 「법인세법」, 세경사, 1998, 500면; 村井正(註1), 180면.

국외원천소득이 2개국 이상에서 발생한 경우에도 모든 국외원천소득을 합산하여 일괄적으로 한도액을 계산하는 방법이다.

③ 분리한도액방법

국외원천소득을 소득종류별로 구분하여 공제한도액을 산정하는 방법이다. 소득종류별 한도액방법이라고도 한다.[3] 현행 미국세법은 소득을 수동소득(passive category income)과 일반소득(general category income)의 2가지로 구분한다[IRC 904(d)(1)].

(2) 외국소득면제방법

거주지국에서 국외원천소득에 대한 과세권을 포기하는 방법이다. 즉 거주지국이 내국법인의 국외원천소득의 전부 또는 일부에 대하여 법인세를 비과세하는 방법이다. 법인세법은 일정한 외국자회사로부터 수입배당금액에 관하여 이 방법을 채택하고 있다. 상세한 논의는 '외국자회사 수입배당금액 익금불산입'(283면)을 참조하라.

(3) 외국세액손금산입방법

거주지국이 국외원천소득을 과세소득에 포함시키되, 해당 국외원천소득에 대한 외국법인세액(이하 '외국세액'이라 한다)을 손금으로 공제하는 방법이다. 따라서 거주지국의 과세소득에 합산되는 소득금액은 외국세액을 공제한 후의 국외원천소득인 것이다. 이중과세의 조정장치로서는 극히 불완전한 방법이다.[4]

2) 외국납부세액공제에 의한 이중과세 조정

가) 개 요

외국에 지점 또는 사업장을 두고 있는 법인의 각 사업연도의 소득에 대한 과세표준에 국외원천소득이 포함되어 있는 경우로서 그 국외원천소득에 대하여 외국에서 납부하였거나 납부할 외국법인세액에 대하여 해당 사업연도의 법인세액에서 공제할 수 있다(법법 57 ①).[5] 이를 외국납부세액공제라고 하고 국제적 이중과세를 조정하는 방법 중 하나이다.

외국납부세액공제방법을 선택하는 경우에는 일반세액공제방법에 의하여 해당 사업연도의 법인세액에 국외원천소득이 해당 사업연도의 과세표준에서 차지하는 비율을 곱하여 산

---

3) Herzfeld/Doernberg, *International Taxation*, 11.ed., 2018, pp. 214-215. 국별한도액방법이나 분리한도액방법은 교차 세액공제(cross-crediting)를 막기 위한 것이다.

4) 渡辺淑夫, 『外国税額控除 - 国際的二重課税排除の理論と実務』, 同文舘, 1993, 7면.

5) 현행 지방세법은 법인지방소득세를 독립세 방식으로 규율하고 있고 법인지방소득세의 세액공제 및 세액감면에 관하여 지방세특례제한법에서 정한다고 규정하고 있으나 두 법 모두 법인지방소득세에 관하여 외국납부세액공제를 허용하는 규정을 두고 있지 않다. 이러한 경우 한중조세조약을 근거로 법인지방소득세액에서 외국납부세액공제를 할 수는 없다는 것이 판례이다. 대법원 2024. 1. 11. 선고 2023두44634 판결.

출한 금액을 한도로 하여 공제하도록 하되, 그 공제한도액은 다시 국별한도액방법에 의한다.

이와 같은 외국세액공제방법은 외국에 지점 또는 사업장을 두고 있는 법인에만 그 적용이 가능하다.[6] 그러나 외국에 진출할 때 지점 또는 사업장을 설치하는 대신에 자회사를 설립한 법인이 그 자회사로부터 받는 배당소득에 대하여는 그 자회사가 납부하였거나 납부할 외국법인세액을 공제받을 수 없다.

이와 같은 기업의 해외진출형태(지점 또는 지회사)에 따른 과세상의 불공평을 시정하고 해외투자의 활성화를 지원하기 위하여 외국의 자회사가 납부하였거나 납부할 외국법인세액을 우리나라의 모기업에서 공제할 수 있도록 허용하고 있는데, 이를 간접외국납부세액공제(indirect tax credit)[7]라고 부른다.

즉 내국법인의 각 사업연도의 소득금액에 외국자회사로부터 받는 배당금 등이 포함되어 있는 경우에는 그 외국자회사가 납부하였거나 납부할 외국법인세액 중 배당금 등에 대응하는 금액의 전액 또는 일정액을 세액공제의 대상이 되는 외국법인세액으로 보도록 한다.

나) 요 건

내국법인의 각 사업연도의 과세표준에 국외원천소득이 포함되어 있는 경우와 외국법인의 각 사업연도의 과세표준에 국내사업장에 귀속되는 국외이자소득 등이 포함되어 있는 경우로서 그 국외원천소득에 대하여 외국납부세액을 납부하였거나 납부할 것이 있는 때이다. 내국법인이 법인세 과세표준과 세액을 추계하는 경우에는 외국납부세액공제를 적용하지 않는다. 다만, 천재지변 등으로 장부나 그 밖의 증명서류가 멸실되어 추계하는 경우에는 그렇지 않다(법령 68).

(1) 내국법인과 국내사업장이 있는 외국법인

외국법인세액은 전세계소득에 대하여 법인세의 납세의무를 지는 내국법인과 국외에서 발생하는 이자소득·배당소득 또는 사용료소득이 국내사업장에 귀속되는 외국법인에 대하

---

[6] 즉 공제 여부가 문제되고 있는 외국법인세액을 내국법인이 아닌 다른 독립된 권리·의무의 귀속주체가 납부하였다면 그 내국법인은 외국납부세액공제 등을 적용받을 수 없다. 대법원은 내국법인이 미국 델라웨어주 법률에 따라 설립된 유한파트너쉽의 유한책임사원이고 그 유한파트너쉽은 미국 유한책임회사를 경유하도록 투자구조가 설계된 사안에서 미국 유한책임회사가 일본에서 투자활동을 한 결과 원천징수세액이 공제된 배당소득을 지급받았다면 그 원천징수세액은 우리나라 사법상 독립된 권리·의무의 귀속주체로 판단되는 미국 유한책임회사가 납부한 것이므로(대법원 2014. 6. 26. 선고 2012두11836 판결) 내국법인은 법인세법 제57조 제1항 제1호에 따른 외국납부세액 공제를 적용받을 수 없다고 보았다(대법원 2016. 1. 14. 선고 2015두3393 판결).

[7] 이에 대하여 외국에 지점 또는 사업장을 둔 내국법인 등이 외국법인세액을 공제받는 것을 직접외국납부세액공제(direct tax credit)라고 부른다. Herzfeld/Doernberg, *International Taxation*, 11.ed., 2018, pp. 181ff.

여 적용한다(법법 57 ①, 97 ①).

(2) 국외원천소득

내국법인 또는 국내사업장이 있는 외국법인의 각 사업연도의 과세표준에 국외원천소득이 포함되어 있어야 한다. 국외원천소득은 국외에서 발생한 소득으로서 내국법인의 각 사업연도 소득의 계산에 관한 규정을 준용하여 산출한 금액으로 한다(법령 94 ② 전단).

특히 국외원천소득은 외국납부세액공제 한도액을 정하는 기준이 되는데 내국법인의 해당 사업연도에 속하는 국외에 원천을 둔 익금 총액에서 그와 관련된 손금 총액을 공제하여 산정하여야 한다. 따라서 국외원천소득 계산시 내국법인의 해당 사업연도의 과세표준을 계산할 때 손금에 산입된 금액(국외원천소득이 발생한 국가에서 과세할 때 손금에 산입된 금액은 제외한다)으로서 국외원천소득에 대응하는 다음의 직접비용과 배분비용(국외원천소득 대응 비용)을 국외원천소득에서 뺀다.[8]

① 직접비용: 해당 국외원천소득에 직접적으로 관련되어 대응되는 비용. 이 경우 해당 국외원천소득과 그 밖의 소득에 공통적으로 관련된 비용은 제외한다.

② 배분비용: 해당 국외원천소득과 그 밖의 소득에 공통적으로 관련된 비용 중 법인세법 시행규칙 제47조 제3항으로 정하는 배분방법에 따라 계산한 국외원천소득 관련 비용[9]

이 경우 내국법인이 연구개발비[10](법칙 47 ①)에 대해 법인세법 시행규칙 제47조 제2항에 규정된 계산방법인 매출액 방법 또는 매출총이익 방법(상세한 논의는 793면의 보론 참조)을 선택하여 적용하는 경우에는 그에 따라 계산한 금액을 국외원천소득대응비용으로 한다(법령 94 ② 각 호 외의 부분 後).[11]

법인세법 시행령 제94조 제2항을 적용할 때, 각 사업연도의 과세표준계산시 공제한 이월

---

8) 판례는 내국법인이 국외원천소득 발생 원천지국에 고정사업장을 두지 않아 그 국외원천소득에 대하여 수입금액에 일정한 원천징수세율을 곱하여 산출된 법인세를 부담했던 경우도 마찬가지라고 한다. 따라서 국외고정사업장을 두지 않은 내국법인이 외국방송사에 방송프로그램을 판매하여 얻은 국외원천소득에 대하여 외국에서 그 수입금액에 일정한 원천징수세율을 곱하여 산출된 법인세를 부담하였다고 하더라도 법인세법 제57조 제1항 제1호에 따라 외국납부세액공제의 한도액을 계산할 때는 그 수입금액에서 그와 관련된 경비를 공제하여 국외원천소득금액을 산정하여야 한다. 대법원 2015. 3. 26. 선고 2014두5613 판결.
조심 2023. 10. 26. 자 2021서2718·3720 결정은 보험회사의 책임준비금 이자는 국외원천소득 대응 비용에 해당하지 않는다고 판단하였다.
9) 이때 선택한 배분방법은 그 방법을 적용받으려는 사업연도부터 5개 사업연도 동안 연속하여 그 선택한 방법을 적용하여야 한다(법령 94 ② 각 호 외의 부분 後).
10) 법인세법 시행령 제19조에 따른 손비로서 조특법 제2조 제1항 제11호의 연구개발 활동에 따라 발생한 비용(연구개발 업무를 위탁하거나 공동연구개발을 수행하는데 드는 비용을 포함한다)을 말한다. 법인세법 시행규칙 제47조 제1항.
11) 연구개발 관련 비용의 경우 국외원천소득에 대응되는 비용을 납세자의 선택에 따라 적용할 수 있도록 하는 특례를 인정한 것이다.

결손금, 비과세소득 또는 소득공제액이 있는 경우의 국외원천소득은 법인세법 시행령 제96조 각 호를 준용하여 계산한 공제액등을 뺀 금액으로 한다(법령 94 ⑥). 이 경우 법인세법 시행령 제96조 각 호 중 '감면사업 또는 면제사업'은 '국외원천소득'으로 본다.[12]

(3) 외국법인세액

(가) 외국에서 납부하였거나 납부할 외국법인세액

내국법인의 각 사업연도의 과세표준에 합산된 국외원천소득에 대하여 외국에서 납부하였거나 납부할 외국법인세액이 있어야 한다.[13] 외국법인세액이라 함은 외국정부(지방자치단체를 포함한다)에 납부하였거나 납부할[14] 다음의 각 세액(가산세 및 가산금은 제외한다[15])을 말한다. 다만, 국제조세조정법 제12조 제1항에 따라 내국법인의 소득이 감액조정된 금액 중 국외특수관계인에게 반환되지 않고 내국법인에게 유보되는 금액에 대하여 외국정부가 과세한 금액과 해당 세액이 조세조약에 따른 비과세, 면제, 제한세율에 관한 규정에 따라 계산한 세액을 초과하는 경우 그 초과하는 세액을 제외한다.[16] 그러나 러시아 정부가 비우호국과의 조세조약의 이행중단을 내용으로 하는 자국 법령에 근거하여 조세조약에 따른 비과세·면제·제한세율에 관한 규정에 따라 계산한 세액을 초과하여 과세한 세액은 포함한다(법령 94 ①).

㉮ 초과이윤세 및 기타 법인의 소득 등을 과세표준으로 하여 과세된 세액

초과이윤세는 초과소득, 특별유보 등 법인소득의 일정부분을 과세표준으로 하여 부과하는 조세를 말하며 법인의 소득 등을 과세표준으로 하는 조세인지 여부는 우리 세법을

---

12) 위 규정에 관한 해석론 및 비판에 관하여는 박종수, "「법인세법」상 외국납부세액공제시 공제한도액 계산에 관한 쟁점 고소", 「조세학술논집」 제36집 제3호, 2020, 109면 이하.

13) 내국법인이 미국 소재 법인의 발행주식을 다른 미국법인에 양도하여 얻은 유가증권 양도소득에 해당하는 소득이 미국세법상 배당소득으로 취득되어 관련 세액(10% 제한세율 적용)이 원천징수된 경우 본래 내국법인의 양도소득에 관한 과세권은 거주지국인 대한민국이 가지므로 과세권이 없는 원천지국인 미국에서 납부한 위 세액은 법인세법 제57조 제1항의 '외국법인세액'에 해당하지 않는다는 것이 행정해석이다. 사전-2023-법규국조-0458, 2024. 2. 14.

14) 외국의 과세권이 인정되는 범위를 초과하여 납부한 세액은 외국납부세액공제의 대상이 아니다. 대법원 2024. 2. 8. 선고 2021두32248 판결.

15) 가산세 및 가산금을 제외하는 것은 납세자로서의 의무를 성실하게 이행하지 않은데 따른 세액이기 때문이다.

16) 예를 들어 한국 모회사의 미국 자회사가 이전가격과 관련하여 미국 과세당국으로부터 1차 조정을 받아 과세소득금액이 증가하였다고 가정하여 보자. 이 경우 한국 과세당국이 대응조정(국조법 12 ①)을 하면 한국 모회사의 소득금액이 줄게 된다. 실제로 한국 모회사가 그 소득감소액을 미국 자회사로 송금하면 별다른 문제가 생기지 않지만 그 금액을 그대로 보유한다면 그대로 과세가 되므로 대응조정의 효과가 발생하지 않게 된다. 그 경우의 이중과세를 막기 위하여 미국 자회사(국외특수관계인)에게 반환되지 않은 금액은 법인세법상의 이월익금으로 보아 익금산입하지 않는다(국조령 23). 위 익금불산입 조치로 인하여 국제적 이중과세는 배제되므로 국제적 이중과세를 배제하기 위한 외국납부세액공제를 허용할 필요가 없다. 만일 외국납부세액공제를 허용한다면 한국 모회사가 미국에 납부하여야 할 세액을 한국이 대신 납부하여 주는 꼴이 되기 때문이다. 이경근, 「국제조세의 이해와 실무」, 영화조세통람, 2016, 248-251면.

기준으로 판단한다.[17]

㉯ 법인의 소득 등을 과세표준으로 하여 과세된 세의 부가세액

여기에 해당하는 예로는 지방세법상 지방소득세 법인세분을 들 수 있다. 다른 나라의 예로는 인도의 초과이윤세(Companies Profit Surtax)가 이에 해당한다.[18][19]

㉰ 법인의 소득 등을 과세표준으로 하여 과세된 세와 동일한 세목에 해당하는 것으로서 소득 외의 수익금액 기타 이에 준하는 것을 과세표준으로 하여 과세된 세액

이자·배당 등 투자소득에 대한 원천소득세를 의미하는 것이다.[20] 원천소득세는 소득세를 확실하게 징수하는 것을 담보하기 위하여 소득을 지급하는 자가 소득세의 일부로서 징수하는 것으로 이자, 배당의 수익금액에 대하여 과세하는 조세이다. 수익금액을 과

---

17) 외국납부세액공제는 소득에 대한 이중과세를 배제하기 위한 것으로서 이중과세에 해당하는지 여부에 관한 판단은 우리나라의 조세정책에 속하는 문제이고 이를 외국 세법에 의지할 경우 납세자간의 공평, 세제의 중립성을 담보할 수 없기 때문이다. 이를 자국법기준원칙이라고 하기도 한다. 金子宏, 「租税法理論の形成と解明 下」, 有斐閣, 2010, 137-138면; 中野百々造, 「外国税額控除」, 税務経理協会, 2000, 27-28면.
판례 중에는 베트남의 외국인계약자세(外國人契約者稅)가 문제된 사안이 있다. 내국법인인 원고 회사는 베트남에 고정사업장을 두고 고속도로 공사 등의 건설용역을 제공하며 외국인계약자세로 소득(= 매출액 - 비용)의 20%에 해당하는 세액을 납부하는 대신 매출액의 2%에 해당하는 세액 약 28억원을 베트남에 납부하였다. 베트남의 외국인계약자세는 부가가치세와 기업소득세로 구성되는데, 대상 판결에서 문제된 것은 기업소득세였다. 기업소득세는 외국법인 등이 베트남에서 납부하는 조세로서, 납세자 선택에 따라 ① 매출액에서 비용을 차감한 소득에 세율(20퍼센트)을 곱한 세액(공제신고방법)이나, ② 매출액에 업종별 세율(예컨대, 건설업의 경우 2퍼센트)을 곱한 세액 등을 납부한다(고정비율방법). 원고 회사는 2016년 사업연도 법인세를 신고·납부하면서, 베트남 고정사업장에서 약 125억원의 결손금이 발생하였으므로 위 28억원의 외국인계약자세액 전액을 외국납부세액 이월공제액으로 신고하였다. 한편 과세관청은 위 사업연도에 베트남에서 원고 회사에게 결손금만 발생하였을 뿐 국외원천소득이 발생하지 않았다는 이유로 위 약 28억원의 이월공제액을 전액 감액하는 처분을 하여 그 처분의 당부가 다투어졌다. 법원은 ① 원고 회사의 베트남 원천소득은 '음수(-)'로서 '국외원천소득' 자체가 존재하지 않으므로 법인세법 제57조 제1항에 정해진 '내국법인의 각 사업연도의 과세표준에 국외원천소득이 포함되어 있는 경우'에 해당하지 않고 ② 원고 회사가 국외원천소득의 존재와 상관없이 외국인계약자세액을 베트남에 납부한 까닭에 우리나라에 납부하여야 할 법인세액은 발생하지 않으므로 이중과세 문제가 발생할 여지가 없다는 점을 들어 원고 회사의 청구를 기각하였다. 대구고등법원 2020. 11. 6. 선고 2019누3620 판결(대법원 2021. 3. 25. 자 2020두56223 판결로 심리불속행 종결).

18) 中野百々造, 「外国税額控除」, 税務経理協会, 2000, 29면.

19) 참고로 일본에서 문제가 된 사안은 다음과 같다. 손해보험업을 영위하는 일본법인은 영국 채널제도 건지(Guernsey) 섬에 본점을 둔 외국자회사를 두고 있었는데 외국자회사는 건지 섬의 소득세법에 따라 4개의 법인소득세 중 국제과세자격에 의한 법인소득세를 신청하여 건지 섬 과세당국의 승인을 받았다. 국제과세자격에 의한 법인소득세는 0%~30%의 세율 중에서 납세자와 과세당국이 합의한 세율에 따라 과세하는데 대상 사안에서는 26%로 합의되었다. 여기서 위 법인소득세가 조세의 개념에 포섭이 되는지 그리고 일본의 법인세와 유사한 외국법인세에 해당하는지 여부가 다투어졌다. 과세관청은 위 국제과세자격에 의한 법인소득세가 선택가능한 것이어서 강행성이 없고 공평성이 결여되었으므로 조세의 개념에 해당하지 않고 일본의 법인세와 다르다고 주장하였다. 하급심 판결들은 과세관청의 주장을 받아들여 외국법인세에 해당하지 않는다고 보았으나 최고재판소는 외국법인세에 해당한다고 보았다. 최고재판소 2009(平成 21). 12. 3. 판결(最高裁判所民事判例集 63巻 10号, 2283면). 상세는 大淵博義, 「法人税法解釈の検証と実践的展開 第Ⅰ巻」(改訂増補版), 税務経理協会, 2013, 653면 이하.

20) 矢内一好/高山政信, 「外国税額控除の理論と実際」, 同文舘出版, 2008, 41면.

세표준으로 하는 조세는 본래 외국법인세에 해당하지 않지만 법인의 소득을 과세표준으로 하는 조세와 성격이 같기 때문에 외국법인세에 포함시킨 것이다. 원천징수의 형태로 과세하더라도 소득세로서의 성격을 갖지 않는 조세는 여기에 해당하지 않는다.[21]

(나) 면제외국법인세액

국외원천소득이 있는 내국법인이 조세조약의 상대국에서 해당 국외원천소득에 대하여 법인세를 감면받은 세액 상당액은 해당 조세조약이 정하는 범위 안에서 세액공제의 대상이 되는 외국법인세액으로 본다(법법 57 ③). 이를 면제외국법인세액(tax sparing) 또는 간주외국법인세액이라 하고 특히 면제외국법인세액 또는 간주외국법인세액을 세액공제하여 주는 제도를 간주외국납부세액공제제도라고 한다.[22] 면제외국법인세액의 공제제도는 개발도상국의 경제발전을 지원하기 위하여 개발도상국이 외국인투자자에 대하여 조세감면을 하는 경우에 그 감면받은 세액을 세액공제의 대상이 되는 외국납부세액에 포함시킴으로써 개발도상국의 조세감면효과를 실질적으로 보장하기 위한 장치이다.[23] 또한 '조세조약이 정하는 범위 안에서'라는 것은 조세조약에서 간주외국법인세에 관한 규정을 두지 않는 경우에는 이 제도를 적용할 수 없다는 의미이다. 법문상으로는 직접외국납부세액만을 대상으로 하는 것처럼 규정되어 있으나 조세조약의 내용에 따라 간접외국납부세액까지 대상으로 할 수 있다.[24]

(다) 간접외국납부세액

내국법인의 각 사업연도의 소득금액에 외국자회사[내국법인이 의결권 있는 발행주식총수 또는 출자총액의 10퍼센트[25](해외자원개발사업을 영위하는 외국법인에 출자하는 경우에는 5퍼센트) 이상 출자하고 있는 외국법인으로서 그 외국법인의 배당확정일 현재 위 발행주식 또는 출자를 6월 이상[26] 계속하여 보유하고 있는 경우 그 외국법인을 말한다(법령 94 ⑨).]로부터 받는 수입배당금액이 포함되어 있는 경우 그 외국자회사의 소득에 대하여 부과된 외국법인세액 중 해당 수입배당금액에 대응하는 금액은 세액공제되는 외국법인세액

---

21) 中野百々造,「外国税額控除」, 税務経理協会, 2000, 29 – 30면. 영국과 호주의 우회수익세와 같이 외국이 일방적으로 도입한 디지털세를 여기서의 외국법인세액으로 볼 수 있을 것인지 여부가 문제될 수 있다. 이에 관하여는 우선 이경근, "우리나라 외국납부세액 공제제도의 문제점 및 개선방안",「조세재정 브리프」통권 제112호, 2021, 4~5면.
22) 배당소득에 관한 간주외국납부세액의 공제 대상자는 조세조약상 수익적 소유자에 해당하여야 한다. 기준 – 2023 – 법규국조 – 0079, 2024. 11. 28.
23) 水野忠恒, "外国税額控除",「日税研論集」第33号, 1995, 40면.
24) 예를 들어 한국·아일랜드 조세조약 제23조 제4항.
25) 이 지분 비율은 외국자회사 수입배당금액 손금불산입의 외국자회사 요건에 맞추기 위한 것이다.
26) 법인세법 시행령 제84조 제5항 제1호에 따른 적격구조조정 중 적격합병, 적격분할, 적격물적분할, 적격현물출자에 따라 외국자회사의 주식등을 승계받은 때에는 그 승계받기 전 법인이 취득한 때를 기준으로 판단한다.

으로 본다(법법 57 ④). 이를 간접외국납부세액이라 한다. 여기서 주의할 것은 내국법인이 외국자회사로부터 배당을 받은 경우에 비로소 외국법인세가 납부된 것으로 본다는 점과[27] 내국법인에 대하여 외국자회사 수입배당금액의 익금불산입제도가 적용되는 범위에서는 외국납부세액공제제도가 적용되지 않는다는 점(법법 57 ⑦)이다.

　외국자회사의 소득에 대하여 부과된 외국법인세액 중 해당 수입배당금액에 대응하는 금액은 아래의 계산식에 따라 계산하는데, 그 의미는 외국자회사의 해당 사업연도 법인세액 중 간접외국납부세액으로 공제되는 부분은 수입배당금액이 부담하는 외국법인세액, 즉 수입배당금액에 대응하는 부분의 외국법인세액이라는 것이다.[28]

$$\text{외국자회사의 해당 사업연도의 법인세액} \times \frac{\text{수입배당금액}}{\text{외국자회사의 해당 사업연도의 소득금액} - \text{외국자회사의 해당 사업연도의 법인세액}}$$

　위 계산식에서 '외국자회사의 해당 사업연도 법인세액'은 원칙적으로 직접외국납부세액공제에서의 외국법인세와 동일하게 해석한다. 또한 ㉮ 외국자회사가 외국손회사[29]로부터 지급받는 수입배당금액에 대하여 외국손회사의 소재지국 법률에 따라 외국손회사의 소재지국에 납부한 세액 및 ㉯ 외국자회사가 제3국의 지점 등에 귀속되는 소득에 대하여 그 제3국에 납부한 세액으로서 외국자회사가 외국납부세액으로 공제받았거나 공제받을 금액 또는 해당 수입배당금액이나 제3국(본점이나 주사무소 또는 사업의 실질적 관리장소 등을 둔 국가 외의 국가를 말한다) 지점 등 귀속소득에 대하여 외국자회사의 소재지국에서 국외소

---

27) 배당에 해당하는지 여부의 판단은 우리 법인세법에 의한다. 中野百々造, 「外国税額控除」, 税務経理協会, 2000, 78면. 내국법인 甲의 캐나다 법인인 외국자회사 乙이 파트너로 참여한 캐나다의 사업목적 유한책임파트너십(투과과세단체)의 사업활동 수익 중 캐나다의 세법에 따라 乙의 지분에 상응하는 수익을 乙의 소득과 합산하여 乙의 명의와 책임으로 신고·납부한다면, 내국법인 甲이 수취하는 배당소득 중 乙이 납부한 법인세 상당액은 법인세법 제57조 제4항에 따른 공제가능 간접외국납부세액에 해당한다(서면-2021-국제세원-3642, 2021. 12. 3.).
28) 中野百々造(註27), 82면.
29) 여기서 외국손회사란 다음의 요건을 모두 갖춘 법인을 말한다(법령 94 ⑩).
　㉠ 해당 외국자회사가 직접 외국손회사의 의결권 있는 발행주식총수 또는 출자총액의 10퍼센트(해외자원개발사업을 영위하는 경우에는 5퍼센트) 이상을 해당 외국손회사의 배당확정일 현재 6개월 이상 계속하여 보유하고 있을 것
　㉡ 내국법인이 외국손회사의 의결권 있는 발행주식총수 또는 출자총액의 10퍼센트(해외자원개발사업을 영위하는 경우에는 5퍼센트) 이상을 외국자회사를 통하여 간접 소유할 것. 이 경우 주식의 간접소유비율은 내국법인의 외국자회사에 대한 주식소유비율에 그 외국자회사의 외국손회사에 대한 주식소유비율을 곱하여 계산한다.

득 비과세·면제를 적용받았거나 적용받을 경우 해당 세액 중 50퍼센트에 상당하는 금액을 포함하여 계산한다.[30] 그리고 수입배당금액(외국자회사가 외국손회사로부터 지급받는 수입배당금액을 포함한다)은 이익이나 잉여금의 발생순서에 따라 먼저 발생된 금액부터 배당 또는 분배된 것으로 본다(법령 94 ⑧).

2015년 법인세법 시행령 개정 이전에는 외국손회사의 외국납부세액도 간접외국납부세액 공제의 대상이었으나 2015년 이후로 폐지되었다.[31]

(라) 외국 혼성(hybrid)사업체의 소득에 대한 외국법인세액

내국법인의 각 사업연도의 소득금액에 외국법인으로부터 받는 수입배당금액이 포함되어 있는 경우로서 그 외국법인의 소득에 대하여 해당 외국법인이 아니라 출자자인 내국법인이 직접 납세의무를 부담하는 경우 등과 같이 그 외국법인이 외국 혼성사업체인 경우에는 그 외국법인의 소득에 대하여 출자자인 내국법인에게 부과된 외국법인세액 중 해당 수입배당금액에 대응하는 것으로서 일정한 계산식에 따라 계산한 금액은 세액공제의 대상이 되는 외국법인세액으로 본다(법법 57 ⑥, 법령 94 ⑬).

① 외국 혼성사업체

외국 혼성 사업체란 법인세법상 외국법인으로서 외국세법상 도관(conduit)에 해당하는 것을 말한다.[32] 외국세법상 도관은 다음 중 어느 하나에 해당하여야 한다.

㉮ 외국법인의 소득이 그 본점 또는 주사무소가 있는 국가(이하 이 항에서 '거주지국'이라 한다)에서 발생한 경우: 거주지국의 세법에 따라 그 외국법인의 소득에 대하여 해당 외국법인이 아닌 그 주주 또는 출자자인 내국법인이 직접 납세의무를 부담하는 경우

㉯ 외국법인의 소득이 거주지국 이외의 국가(이하 이 항에서 '원천지국'이라 한다)에서 발생한 경우: 다음의 각 요건을 모두 갖춘 경우

ㄱ 거주지국의 세법에 따라 그 외국법인의 소득에 대하여 해당 외국법인이 아닌 그 주주 또는 출자자인 내국법인이 직접 납세의무를 부담할 것

ㄴ 원천지국의 세법에 따라 그 외국법인의 소득에 대하여 해당 외국법인이 아닌 그 주주 또는 출자자인 내국법인이 직접 납세의무를 부담할 것

② 외국법인세액으로 보는 금액

---

30) 따라서 외국자회사가 외국손회사 등 소재지국에 납부 후 자회사 소재지국에서 비과세·면제받은 세액도 공제받을 수 있다.

31) 외국손회사를 제외한 것은 수입배당금 익금불산입 제도가 내국손회사로부터 수입배당금을 그 적용범위에서 제외하고 있는 것과 균형을 맞추기 위한 것이다. 기획재정부, "2014년 세법개정안", 2014. 8. 6., 90면

32) 도관에 해당하는지 여부에 관하여 판단할 때 외국세법이 아니라 내국세법에 의하여 판단한다는 견해도 있을 수 있다. 그러나 규정의 입법취지에 비추어 볼 때 해당 외국세법에 따라 판단하여야 할 것이다.

세액공제의 대상이 되는 외국법인세액으로 보는 금액은 외국법인의 소득에 대하여 출자자인 내국법인에게 부과된 외국소득세액 중 해당 수입배당금액에 대응하는 것으로서 다음의 계산식에 따라 계산한 금액으로 한다(법령 94 ⑭).

$$
\text{내국법인이 부담한 외국법인의 해당 사업연도 소득에 대한 법인세액} \times \frac{\text{수입배당금액}}{\left(\text{외국법인의 해당 사업연도 소득금액} \times \text{내국법인의 해당 사업연도 손익배분비율}\right) - \text{내국법인이 부담한 외국법인의 해당 사업연도 소득에 대한 법인세액}}
$$

(4) 외국법인세액의 공제

외국법인세액의 공제를 받고자 하는 내국법인은 법인세 과세표준신고와 함께 외국납부세액공제세액계산서를 납세지 관할 세무서장에게 제출하여야 한다. 다만, 내국법인은 외국정부의 국외원천소득에 대한 법인세의 결정통지의 지연, 과세기간의 상이 등의 사유로 그 외국납부세액공제세액계산서를 과세표준신고와 함께 제출할 수 없는 경우 또는 외국정부가 국외원천소득에 대한 법인세를 경정함으로써 외국납부세액에 변동이 생긴 경우에는 그 결정 또는 경정통지를 받은 날로부터 3개월 이내에 외국납부세액공제세액계산서에 증명서류를 첨부하여 제출할 수 있다. 이 경우 환급세액이 발생하면 국세기본법 제51조에 따라 충당하거나 환급할 수 있다(법령 94 ③-⑤).

외국납부세액공제세액계산서의 제출은 외국법인세액의 공제 또는 손금산입을 적용받기 위한 필요적 요건은 아니라고 해석한다. 그러나 내국법인의 외국납부세액공제세액계산서의 제출은 내국법인이 외국세액공제방법과 외국세액손금산입방법 중의 어느 하나를 선택하기 위한 사인의 공법상의 의사표시로서의 성격도 지니고 있기 때문에 가급적 그 계산서를 제출하는 것이 바람직하다고 생각한다.

만일 외국납부세액을 납부한 내국법인이 국외원천소득이 산입된 사업연도의 과세표준신고를 하면서 외국납부세액 공제세액계산서를 제출하지 않았다면 그 과세표준과 세액의 결정 또는 경정 전에 내국법인으로 하여금 외국납부세액공제세액계산서를 제출하게 하고 그 제출한 외국납부세액 공제세액계산서에서 선택한 방법에 따라 이중과세를 조정하여야 할 것이다.

다) 공제범위액

(1) 외국법인세액의 공제범위액

① 해당 사업연도의 법인세산출세액(토지등 양도소득에 대한 법인세액 및 조특법 100의32에

따른 투자·상생협력 촉진을 위한 과세특례를 적용하여 계산한 법인세액을 제외한다)에 국외원천소득[33]이 해당 사업연도의 과세표준에서 차지하는 비율을 곱하여 산출한 금액을 한도(이하에서 '공제한도'라 한다)로 하여 외국법인세액(면제외국납부세액을 포함한다. 이하 같다)을 해당 사업연도의 법인세액에서 공제한다(법법 57 ① I). 이와 같이 한도를 두는 것은 국외원천소득이 발생한 원천지국에서 우리나라보다 높은 법인세율을 규정하고 있는 경우 그에 따른 외국법인세액을 전부 공제할 수 있도록 허용하게 되면 국내원천소득에 대하여 납부해야 할 법인세의 일부로 외국법인세액을 납부하는 결과가 되기 때문이다.[34]
외국법인세액은 외국세액을 납부한 때의 외국환거래법에 의한 기준환율 또는 재정환율에 의하여 환산한 금액으로 한다. 다만, 해당 사업연도 중에 확정된 외국납부세액이 분납 또는 납기 미도래로 인하여 미납된 경우 동 미납세액에 대한 원화환산은 그 사업연도 종료일 현재의 외국환거래법에 의한 기준환율 또는 재정환율에 의하며, 사업연도 종료일 이후에 확정된 외국납부세액을 납부하는 경우 미납된 분납세액에 대하여는 확정일 이후 최초로 납부하는 날의 기준환율 또는 재정환율에 의하여 환산할 수 있다(법칙 48).

$$\text{공제한도액} = \text{법인세산출세액} \times \frac{\text{국외원천소득}}{\text{법인세 과세표준}}$$

② 조세특례제한법 기타 법률에 의하여 면제 또는 세액감면을 적용받는 경우에는 법인세산출세액에 국외원천소득에서 국외원천소득 중 기획재정부령이 정하는 금액을 공제한 금액이 해당 사업연도의 과세표준 중에서 차지하는 비율을 곱하여 산출한 금액을 한도로 한다.

$$\text{공제한도액} = \text{법인세산출세액} \times \frac{\text{국외원천소득} - \text{기획재정부령이 정하는 금액}}{\text{법인세 과세표준}}$$

위의 계산식 중 '기획재정부령이 정하는 금액'이라 함은 조세특례제한법 기타 법률에 의한 면제 또는 세액감면의 대상이 되는 국외원천소득에 해당 면제 또는 감면비율을 곱하여 산출한 금액을 말한다(법칙 47).

③ 다음으로 둘 이상의 국가에 국외사업장을 두고 있는 내국법인이 외국법인세액의 공제를

---

[33] 국외원천소득금액은 법인세법 시행령 제94조 제15항에 따라 계산한다.
[34] 대법원 2015. 3. 26. 선고 2014두5613 판결.

적용받는 경우에는 국가별로 구분하여 계산한다(법령 94 ⑦). 종래에는 국별한도액방법과 일괄한도액방법 중 어느 하나를 선택할 수 있었으나, 저세율국을 활용한 과도한 외국납부세액공제를 방지하기 위하여 국별한도액방법만 허용하는 것으로 개정하였다 .

이하에서는 참고로 국별한도액방법과 일괄한도액방법으르 각각 선택한 경우의 공제한도액을 비교해 보기로 한다.[35]

국별한도액방법과 일괄한도액방법 사례 비교

구 분				국별한도액			일괄한도액		
구 분	소득금액	세 율	외국납부세액	공제한도	공제세액	미공제세액	공제한도	공제세액	미공제세액
A국	1,000	25%	250	300	250				
B국	2,000	35%	700	600	600	100	1800	1,800	275
C국	3,000	37.5%	1,125	900	900	225			
국내	4,000	30.0%	–	–	–	–			
합계	10,000	–	2,075	–	1,750	325		1,800	275
총부담세액				(3,000＋2,075 − 1,750) = 3,325			(3,000＋2,075−1,800)＝3,275		

※ 공제한도액 계산내역

• 국별한도액 계산(A국) : $3,000(총소득×국내세율) \times \dfrac{국별소득(1,000)}{총소득(10,000)} = 300$

• 일괄한도액 계산 : $3,000(총소득×국내세율) \times \dfrac{국외원천소득(6,000)}{총소득(10,000)} = 1,800$

다음으로 국별한도액방법을 적용할 때 어느 국가의 소득금액이 결손인 경우 기준국외원천소득금액계산은 각 국별 소득금액에서 그 결손금액을 총소득금액에 대한 국가별 소득금액 비율로 안분계산하여 차감한 금액으로 한다.

---

35) 법통 57－94…1.

국별 외국납부세액공제한도액 계산례

국가별	외국납부세액	국별소득	기준국외원천소득	세액공제한도액	비 고
A국	100	500	$500 - (600 \times \dfrac{500}{1,000}) = 200$	$120 \times \dfrac{200}{400} = 60$	산출세액 120
B국	0	△600			
C국	60	300	$300 - (600 \times \dfrac{300}{1,000}) = 120$	$120 \times \dfrac{120}{400} = 36$	
국내		200			
계	160	△600 1,000	320	96	

(2) 외국법인세액의 공제시기 및 이월공제

외국법인세액은 국외원천소득이 법인세 과세표준에 산입된 사업연도의 법인세액에서 공제하여야 한다(법법 57 ① I). 국외원천소득의 귀속시기는 소득원천지의 법령에 따라 판단하되 소득원천지국의 법령에 따른 확정시점이 불분명한 경우에는 우리 세법, 특히 국세기본법에 따라 판단하여야 할 것이다.[36] 간주외국납부세액공제의 경우에도 조세가 감면된 국외원천소득이 법인세 과세표준에 산입된 사업연도의 법인세액에서 공제하여야 할 것이다.[37] 문제는 간접외국납부세액공제의 경우 위 규정을 어떻게 적용할 것인지이다. 생각할 수 있는 방안은 ① 외국자회사의 배당의 재원이 된 잉여금이 그 외국자회사의 과세표준에 산입된 사업연도로 보는 것과 ② 내국법인이 외국자회사로부터 배당을 받은 사업연도로 보는 것 두 가지이다. 내국법인의 국외원천소득에 대응하는 것은 외국자회사의 소득금액이므로 전자가 타당하다.[38] 다만, 외국정부에 납부하였거나 납부할 외국법인세액이 공제한도를 초과하는 경우 그 초과하는 금액은 해당 사업연도의 다음 사업연도 개시일부터 10년 이내에 끝나는 각 사업연도('이월공제기간')에 이월하여 그 이월된 사업연도의 공제한도 범위에서 공제받을 수 있다. 외국정부에 납부하였거나 납부할 외국법인세액을 이월공제기간 내에 공제받지 못한 경우 그 공제받지 못한 외국법인세액은 이월공제기간의 종료일 다음 날

---

36) 같은 취지: 中野百々造, 「外国税額控除」, 税務経理協会, 2000, 243면.
37) 반면 일본에서는 조세의 감면이 구체적으로 확정된 날이 속하는 사업연도에 공제하여야 한다는 견해도 있다. 조세의 감면을 납부하여야 할 세액이 확정된 것과 동일시할 수 있기 때문이라고 한다. 법인세 과세표준이 산입된 사업연도와 조세의 감면이 구체적으로 확정된 날이 속하는 사업연도가 다르면 어느 견해를 취하느냐에 따라 결과가 다르게 된다. 그러나 우리 법문의 문언상 그렇게 해석하기 어렵다. 中野百々造(註36), 113면.
38) 행정해석도 전자의 입장이다. 서면인터넷방문상담2팀-1283, 2005. 8. 10(서면2팀-1283). 일본의 경우 간접외국납부세액공제는 외국자회사로부터 배당을 받은 날과 외국자회사가 납부할 법인세가 확정된 날 중 늦은 날이 속하는 사업연도에 적용하여야 한다는 학설이 있었다. 中野百々造(註36), 82면.

이 속하는 사업연도의 소득금액을 계산할 때 손금산입할 수 있다(법법 57 ②).

다만 공제한도금액을 초과하는 외국법인세액 중 국외원천소득대응비용과 관련된 외국법인세액에 관하여는 이월공제를 적용하지 않는다. 이 경우 해당 외국법인세액은 세액공제를 적용받지 못한 사업연도의 다음 사업연도의 소득금액을 계산할 때 손금에 산입할 수 있다(법령 94 ⑮). 사례를 통해서 살펴보면 다음과 같다.[39]

사례

내국법인 甲 법인은 국외원천소득으로 사용료소득이 있으며 내국세율은 20%, 외국납부세율은 40%라고 가정한다. 2023 사업연도에 관한 그 밖의 사항은 다음과 같다.

①	국내원천소득[40]	4,000
②	국외원천소득	1,200
③	국내원천소득에 포함되어 있는 국외원천소득 대응 비용	400
④	외국납부세액(= ② × 40%)	480
⑤	과세표준(= ① + ②)	5,200
⑥	산출세액(= ⑤ × 20%)	1,040
⑦	법령 94 ⑮ I에 따른 외국납부세액 공제한도액 (= 1,040 × 1,200/5200)	240
⑧	법령 94 ⑮ II에 따른 외국납부세액 공제한도액 [= 1,040 × (1,200-400)/5,200]	160

법인세법 시행령 제94조 제15항은 공제한도금액(⑧)을 초과하는 외국법인세액(④) 중 국외원천소득 대응 비용과 관련된 부분(⑦−⑧)은 해당 사업연도에 세액공제할 수 없지만 다음 사업연도의 손금에 산입할 수 있다. 위 예에서 외국납부세액 공제한도 초과액 320(=480−160)을 해당 사업연도에서 세액공제할 수 없지만, 다시 그 금액 중에서 국외원천소득 대응 비용과 관련된 부분(80=⑦−⑧)은 다음 사업연도의 손금에 산입할 수 있다.

---

39) 이하의 내용은 이동건 외 4, 「외국납부세액 공제한도에 관한 연구」, 한국공인회계사회, 2021, 151면 이하(특히 159−160면).

40) 국내원천소득이 결손인 경우에도 법인세법 시행령 제94조 제15항이 적용된다는 것이 행정해석이다(국조, 서면−2020−법령해석국조−5204, 2021. 5. 20.). 위 예규에 관한 해설은 화우 조세실무연구원, "국내 발생 소득이 결손인 경우 국외원천소득 대응 비용과 관련된 외국법인세액의 이월공제액의 계산", 2021. 11. 11. (http://www.hwawootax.com/view/communityView.asp?search_gubun=community&search_cate=01 &search_lan=kor&search_field=&search_word=&record_count=10&page_no=2&seq=614 2022. 1. 2. 최종방문).

위 규정의 입법취지는 이미 적법하게 납부한 외국법인세액 중 우리 법인세법상의 공제한 도계산을 위하여 국외원천소득에서 빼주는 대응 비용에 상응하는 부분은 외국납부세액으로 취급하지 않겠다는 것이다. 즉, 내국법인이 국외 고정사업장의 과세소득을 계산할 때 공제할 수 있었던 대응비용을 공제하지 않아 그 만큼 더 납부하게 된 외국납부세액 부분은 외국납부세액 공제대상에서 제외하겠다는 것이다.[41] 다만 2023. 1. 1. 이후 발생한 국외원천소득에 관한 외국법인세액은 세액공제를 적용받지 못한 사업연도의 다음 사업연도 소득금액 계산시 손금에 산입할 수 있다(법령 94 ⑮, 대통령령 제33265호 부칙 10). 그러나, 법인세법 시행령 제94조 제15항 본문은 국외원천소득대응비용과 관련된 외국법인세액에 관하여 이중과세를 조정해주지 않기로 한 입법적 결단을 규정한 것인데 그 단서에서 손금산입을 허용한 것은 논리적으로 부자연스럽다.

라) 고정사업장 삼각관계(triangular case)

외국납부세액공제와 관련하여 고정사업장 삼각관계의 과세관계가 문제된다. 전형적인 예는 A국(거주지국) 거주자인 갑 법인이 B국(원천지국)에서 이자소득을 거두었는데 그 소득은 C국(고정사업장 소재지국)에 귀속하는 경우이다. 이 경우 A, B, C 모두 과세권을 가지고 A-B 조세조약, A-C 조세조약이 적용되지만 고정사업장은 인(人)이 아니므로 B-C 조세조약은 적용될 수 없다. A국은 A-B 조약 또는 A-C 조약에 따라 이중과세를 조정하여야 할 의무를 부담하지만 C국이 이중과세조정의무를 부담하는지에 관하여는 다툼이 있다.[42] B국은 제한세율 내에서 과세권을 행사한다. 고정사업장 삼각관계 중에서 A국과 B국이 일치하는 경우를 특히 '고정사업장 샌드위치(Betriebsstätten-Sandwich)' 또는 '양자 간 삼각관계(Bilateral triangular case)'라고 부르는데 A국과 C국 중에 어느 국가가 우선적 과세권을 갖는지에 관하여 논란이 있다. OECD 모델조약 주석은 C국이 우선적 과세권을 갖고 A국은 이중과세조정의무를 부담한다고 해석하며[43] 우리 판례도 같은 입장이다.[44]

---

41) 위 규정에 관한 비판 및 입법론은 이동건 외 4(註39), 120 – 135면; 화우 조세실무연구원(註40).
42) OECD 모델조약 주석의 입장은 이중과세조정의무를 긍정한다. 상세는 황남석, "조세조약상 삼각관계의 과세문제", 「조세법연구」 제28집 제2호, 2022, 122면 이하.
43) 상세는 황남석(註42), 134면 이하.
44) 대법원 2024. 1. 25. 선고 2021두46940 판결.

3) 간접투자회사등에 대한 투자 관련 외국납부세액공제 특례

가) 의 의

내국법인의 각 사업연도 소득에 관한 과세표준에 후술하는 간접투자회사등으로부터 지급받은 소득이 합산되어 있는 경우 그 소득에 관하여 해당 간접투자회사등이 납부한 외국법인세액이 있는 경우에는 내국법인이 납부한 외국법인세액으로 보아 공제할 수 있다. 내국법인이 해외에 직접투자를 통해 얻은 수입금액에 관하여 외국납부세액을 공제받을 수 있는 것과 균형을 맞추어 내국법인이 해외에 간접투자를 한 경우에도 동일하게 세액공제를 받을 수 있도록 한 규정이다.[45]

나) 요 건

본 세액공제가 적용되려면 다음의 두 요건을 갖춘 소득이 내국법인의 각 사업연도 과세표준에 합산되어 있어야 한다(법법 57의2 ①).

(1) 간접투자회사등으로부터 지급받은 소득일 것

내국법인의 각 사업연도 소득에 관한 과세표준에 ① 자본시장법에 따른 투자회사, 투자목적회사, 투자유한회사, 투자합자회사(기관전용 사모집합투자기구는 제외[46]), 투자유한책임회사, 투자유한책임회사, 투자신탁, 투자합자조합 및 투자익명조합, ②「부동산투자회사법」에 따른 기업구조조정 부동산투자회사 및 위탁관리부동산투자회사, ③ 내국법인으로 보는 신탁재산(이하에서 총칭하여 '간접투자회사등'이라 한다)으로부터 지급받은 소득이 합산되어 있는 경우이어야 한다.

---

45) 이에 관한 상세는 김승기, "법인세법 일부개정법률안(정부제출: 11783) 검토보고", 2014. 11., 39면 주 13 및 정명호, "법인세법 일부개정법률안 검토보고", 기획재정위원회, 2021, 15면 이하; 김경호, "법인세법 일부개정법률안 검토보고", 기획재정위원회, 2022. 11., 110-121면.
이와 같은 특례 규정이 없다면 내국법인이 해외 간접투자를 한 경우에는 간접투자기구 단계 및 투자자 단계에서 모두 이중과세를 조정받을 수 없다. 먼저 간접투자기구 단계를 보면 간접투자기구가 투자신탁인 경우 도관으로서 법인세 납세의무가 없어 외국납부세액을 공제받을 수 없고, 간접투자기구가 투자회사인 경우 투자자에게 배당가능이익의 90퍼센트 이상을 배당하면 전액 배당소득공제를 받을 수 있어 법인세 산출세액이 없게 되어 외국납부세액공제를 받을 수 없다. 다음으로 투자자 단계를 보면 간접투자기구가 투자신탁인 경우 투자자별로 외국납부세액을 구분계산하는 것이 불가능하고 간접투자기구가 투자회사인 경우 외국에 세금을 납부한 주체는 투자회사이고 투자자는 이에 해당하지 않기 때문에 외국납부세액공제를 받을 수 없다.
46) 기관전용 사모집합투자기구를 특례 적용대상에서 제외한 것은 다음과 같은 이유에서이다. 즉, 기관경영참여형 사모집합투자기구는 동업기업과세특례를 적용받을 수 있는바, 동업기업과세특례를 적용받게 되면 경영참여형 사모집합투자기구 단계에서는 법인세를 과세하지 않고, 투자자 단계에서 수익과 비용을 안분하여 소득세, 법인세를 과세하게 된다. 경영참여형 사모집합투자기구가 외국에 납부한 세액 역시 수익, 비용 안분 비율에 따라 개별 투자자에게 귀속되므로 개별 투자자 단계에서 외국납부세액공제를 받을 수 있다. 김승기 (註45), 42-43면.

(2) 간접투자회사등이 내국법인에 지급한 소득에 관하여 외국법인세액을 납부하였을 것

간접투자회사등이 내국법인에 지급한 소득에 관하여 외국법인세액(법법 57 ①)을 납부하였어야 한다. 이를 간접투자외국법인세액이라고 한다(법령 94의2 ①, ②). 이 경우 외국법인세액에는 출자자인 간접투자회사등이 그 외국법인[외국 혼성(hybrid) 사업체]의 소득에 대하여 직접 납세의무를 부담한 경우 그 외국법인의 소득에 대하여 간접투자회사에게 직접 부과된 외국법인세액 중 해당 수입배당금액에 대응하는 것으로서 일정한 계산식에 따라 계산한 금액을 포함한다(법법 57 ⑥).[47] 또한 간접투자회사등이 다른 간접투자회사등이 발행하는 증권을 취득하는 구조로 투자한 경우로서 그 다른 간접투자회사등이 납부한 외국법인세액이 있는 경우 해당 세액도 포함한다.

다) 세액공제금액

위 두 요건을 충족할 경우 내국법인은 간접투자회사등으로부터 지급받은 소득을 익금에 산입하고 아래 (2)에 따라 계산한 금액을 세액공제한다(법법 57의2 ②, ③).

(1) 간접투자회사등으로부터 지급받은 소득

자본시장법 제238조 제6항에 따른 세후기준가격(간접투자외국법인세액이 차감된 가격)을 기준으로 계산된 금액이다. 다만 증권시장에 상장된 간접투자회사등의 증권의 매도에 따라 간접투자회사등으로부터 지급받은 소득은 대통령령(법령 94의2 ②)으로 정하는 바에 따라 계산한 금액으로 한다.

(2) 산출세액에서 공제하는 금액

간접투자외국법인세액을 세후기준가격을 고려하여 대통령령(법령 94의2 ③, ④)으로 정하는 바에 따라 계산한 금액이다.

---

47) 이에 관한 상세한 논의는 '(라) 외국 혼성(hybrid) 사업체의 소득에 대한 외국소득세액'(797면) 부분 참고.

사례

〈투자신탁으로부터 국외 투자소득을 지급받는 경우의 원천징수세액 및 외국납부세액공제〉

투자신탁이 국외투자에서 100원의 이자소득을 거두어 그 이자소득에 관하여 해당 외국에서 10퍼센트의 세율로 원천징수된 후에 나머지 90원이 투자신탁으로 송금되며 국내 배당소득세율은 14퍼센트, 이익의 100퍼센트가 배당된다고 가정한다. 이 가정 하에 투자신탁이 국외 투자소득을 투자자에게 지급할 때 원천징수의무가 있는 경우와 그렇지 않은 경우를 나누어 전자의 경우 원천징수세액의 계산방법을, 후자의 경우 익금에 산입되는 금액과 외국납부세액공제금액을 검토한다.

1. 투자신탁이 국외 투자소득을 투자자에게 지급할 때 원천징수의무를 지는 경우[48]

〈간접투자회사등이 원천징수의무를 지는 경우〉

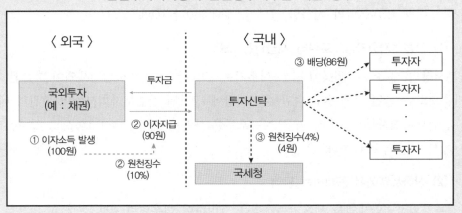

국외원천징수의 세율이 10퍼센트이므로 투자신탁은 이중과세조정을 고려하여 내국 투자자에게 배당할 때 이자소득의 4퍼센트에 해당하는 원천징수세액을 원천징수하면 된다. 이때 원천징수세액을 어떻게 구할 것인지가 문제되는데 구 법인세법(2022. 12. 31. 법률 제19193호로 개정되기 전의 것)은 원천징수세액을 (투자자별 세전소득 × 원천징수세율) - (투자자별 외국납부세액)의 산식으로 계산하도록 하였다. 그러나 금융업계가 원천징수의무자가 투자자별로 세전기준가격을 산출하는 시스템을 구현하는 것이 어렵다는 입장을 표명함에 따라 2022. 12. 31. 개정 법인세법 제73조 제2항은 원천징수세액을 (투자자별 세후소득 × 원천징수세율) - (투자자별 조정외국납부세액)의 산식에 의하도록 개정하였다. 위 사례를 전제로 하여 개정 전후의 원천징수세액 산출방식을 비교하면 다음과 같다. 어떤 방식에 의하건 원천징수세액은 동일하다.

[원천징수세액 산출 방식 비교]

구분	개정 전	개정 후
해외 이자소득(세전)	100	100
① 외국납부세액(10%)	△10	△10
과세표준	(세전 과세표준) 100	(세후 과세표준) 90
② 국내배당소득세액(14%)	△14(=100×0.14)	△12.6(=90×0.14)
③ 외국납부세액공제	10	8.6[=10×(1-0.14)] (투자자별 조정외국납부세액)
원천징수세액(= ②+③)	△4	△4
총 부담세액(= ①+②+③)	△14	△14

2. 투자신탁이 국외투자소득을 투자자에게 지급할 때 원천징수의무를 지지 않는 경우[49]

투자신탁이 국외 이자소득을 투자자에게 지급할 때 원천징수의무를 지지 않는다면 투자자인 법인은 법인세 신고시 국외 이자소득을 과세소득에 포함하여 신고하고 외국납부세액은 외국납부세액공제를 받게 된다. 이때 구 법인세법에서는 세전투자소득(100원)을 익금산입하고 10원에 관하여 외국납부세액공제를 신청하였다. 그러나 개정된 현행 법인세법은 간접투자회사등이 원천징수의무를 지는 경우와 균형을 맞추어 세후투자소득(90원)을 익금산입하고 그에 따라 조정된 간접투자 외국법인세액을 외국납부세액공제하도록 하는 규정을 두고 있다(법법 57의2 ②).

<간접투자회사등이 원천징수의무를 지지 않는 경우>

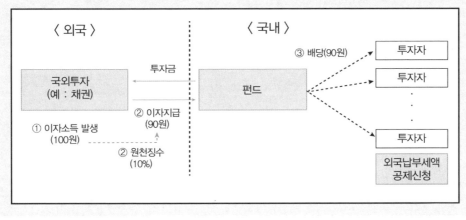

---

48) 투자자가 개인 또는 금융회사 이외의 법인인 경우(법법 73 ①)
49) 투자자가 금융회사인 경우이다(법법 73 ①).

807

라) 공제한도금액과 이월공제

세액공제금액은 다음의 공제한도금액을 한도로 한다. 위 '산출세액에서 공제하는 금액'이 공제한도금액을 초과하는 경우 그 초과하는 금액은 해당 사업연도의 다음 사업연도 개시일부터 10년 이내에 끝나는 각 사업연도로 이월하여 그 이월된 사업연도의 공제한도금액 내에서 공제할 수 있다(법법 57의2 ③).[50]

$$공제한도금액 \; = \; A \; \times \; \frac{B}{C}$$

A: 해당 사업연도의 산출세액(제55조의2에 따른 토지등 양도소득에 대한 법인세액 및 「조세특례제한법」 제100조의32에 따른 투자·상생협력 촉진을 위한 과세특례를 적용하여 계산한 법인세액은 제외한다)

B: 간접투자회사등으로부터 지급받은 소득(해당 소득에 대하여 간접투자외국법인세액이 납부된 경우로 한정한다)의 합계액

C: 해당 사업연도의 소득에 대한 과세표준

---

[50] 이 규정은 일반적인 외국납부세액 한도 계산식과 동일한 내용이지만 복수의 국가·자산에 분산투자되고, 투자자 변동 및 투자자산 배당 등이 수시로 발생하는 펀드의 특성상 펀드소득에 대한 외국납부세액공제 한도 계산을 일반적인 외국납부세액공제 한도와 함께 취급할 경우 그 한도액 산정이 곤란할 수 있다는 점을 고려하여 별개의 조문으로 둔 것이다. 김경호, "법인세법 일부개정법률안 검토보고", 기획재정위원회, 2022. 11., 120면.

[보론] 법인세법 시행규칙 제47조 제2항에 따른 연구개발비의 계산방법

1. 매출액 방법: 해당 사업연도에 내국법인의 전체 연구개발비 중 국내에서 수행되는 연구개발 활동에 소요되는 비용이 차지하는 비율(이하 '연구개발비용비율')의 구분에 따른 다음의 계산식에 따라 국외원천소득 대응 비용을 계산하는 방법

구 분	계산식
가. 연구개발비용비율이 50퍼센트 이상인 경우	$A \times \dfrac{50}{100} \times \dfrac{C}{B+C+D}$
나. 연구개발비용비율이 50퍼센트 미만인 경우	$(A \times \dfrac{50}{100} \times \dfrac{C}{C+D})$ $+$ $(A \times \dfrac{50}{100} \times \dfrac{C}{B+C+D})$

비고: 위의 계산식에서 기호의 의미는 다음과 같다.

A: 연구개발비

B: 기업회계기준에 따른 내국법인의 전체 매출액[내국법인의 법 제93조 제8호 가목 및 나목에 해당하는 권리·자산 또는 정보(이하 '권리등')를 사용하거나 양수하여 내국법인에게 그 권리등의 사용대가 또는 양수대가(이하 '사용료소득')를 지급하는 외국법인으로서 내국법인이 의결권이 있는 발행주식총수 또는 출자총액의 50퍼센트 이상을 직접 또는 간접으로 보유하고 있는 외국법인(이하 '외국자회사')의 해당 내국법인에 대한 매출액과 내국법인의 국외 소재 사업장(이하 '국외사업장')에서 발생한 매출액은 해당 내국법인의 전체 매출액에서 뺀다]

C: 해당 국가에서 내국법인에게 사용료소득을 지급하는 모든 비거주자 또는 외국법인의 해당 사용료소득에 대응하는 매출액(내국법인이 해당 매출액을 확인하기 어려운 경우에는 사용료소득을 기준으로 내국법인이 합리적으로 계산한 금액으로 갈음할 수 있다)의 합계액(내국법인의 국외사업장의 매출액을 포함한다). 다만, 외국자회사의 경우 그 소재지국에서 재무제표 작성 시에 일반적으로 인정되는 회계원칙에 따라 산출한 외국자회사의 전체 매출액(해당 외국자회사에 대한 내국법인의 매출액이 있는 경우 이를 외국자회사의 전체 매출액에서 뺀다)에 내국법인의 해당 사업연도 종료일 현재 외국자회사에 대한 지분비율을 곱한 금액으로 한다.

D: 해당 국가 이외의 국가에서 C에 따라 산출한 금액을 모두 합한 금액

2. 매출총이익 방법: 해당 사업연도에 내국법인의 연구개발비용비율의 구분에 따른 다음의 계산식에 따라 국외원천소득 대응 비용을 계산하는 방법

구 분	계산식
가. 연구개발비용비율이 50퍼센트 이상인 경우	$A \times \dfrac{75}{100} \times \dfrac{F}{E+F+G}$
나. 연구개발비용비율이 50퍼센트 미만인 경우	$(A \times \dfrac{25}{100} \times \dfrac{F}{F+G})$ $+$ $(A \times \dfrac{75}{100} \times \dfrac{F}{E+F+G})$

비고: 위의 계산식에서 기호의 의미는 다음과 같다.
　　A: 연구개발비
　　E: 기업회계기준에 따른 내국법인의 매출총이익(국외사업장의 매출총이익과 비거주자 또는 외국법인으로부터 지급받은 사용료소득은 제외한다)
　　F: 해당 국가에 소재하는 비거주자 또는 외국법인으로부터 내국법인이 지급받은 사용료소득과 내국법인의 해당 국가에 소재하는 국외사업장의 매출총이익 합계액
　　G: 해당 국가 이외의 국가에 소재하는 비거주자 또는 외국법인으로부터 내국법인이 지급받은 사용료소득과 내국법인의 해당 국가 이외의 국가에 소재하는 국외사업장의 매출총이익 합계액

나. 재해손실세액공제

내국법인이 각 사업연도 중 재해로 인하여 자산총액의 20퍼센트 이상을 상실하여 납세가 곤란하다고 인정되는 경우에는 일정한 법인세액에 재해상실비율을 곱하여 계산한 금액을 그 법인세액에서 공제한다.[51] 천재지변 등으로 인하여 납세자력을 상실한 법인의 세부담을 경감하여 주기 위해 마련한 장치이다. 그 계산식은 다음과 같다(법칙 49 ①).

$$\left(\begin{array}{c} \text{법인세법} \\ \text{제55조에 따른} \\ \text{산출세액} \end{array} + \begin{array}{c} \text{법인세법 제75조의3과} \\ \text{국세기본법} \\ \text{제47조의2부터} \\ \text{제47조의5까지에 따른} \\ \text{가산세액} \end{array} - \begin{array}{c} \text{다른 법률에} \\ \text{따른} \\ \text{공제 및} \\ \text{감면세액} \end{array} \right) \times \dfrac{\text{재해로 인하여 상실된 자산의 가액}}{\text{상실전 자산총액}}$$

---

[51] 자산의 상실없이 재해로 인하여 법인이 채무를 부담하게 된 경우는 이에 해당하지 않는다(대법원 2008. 9. 11. 선고 2006두11576 판결).

1) 요 건

가) 재해로 인한 자산의 상실

내국법인이 각 사업연도 중 재해로 인하여 자산총액의 20퍼센트 이상을 상실하여 납세가 곤란하다고 인정되는 경우이어야 한다.

(1) 재해의 범위

재해란 천재지변, 그 밖의 재해를 말한다. 그 밖의 재해에는 전화(戰禍), 화재, 화약류・가스류 등의 폭발사고, 건물의 도괴 및 기타 이에 준하는 물리적인 재해가 포함된다고 하겠다.

(2) 자산총액 등의 산정

자산총액 및 상실된 자산의 가액은 다음과 같이 산정한다.

① 자산총액

자산총액이란 다음 자산의 합계액을 말한다(법령 95 ①).

㉮ 사업용 자산

사업용 자산에는 모든 자산이 포함되지만, 다만 재해가 발생하더라도 멸실되지 않는 토지는 제외된다. 그리고 예금・받을어음・외상매출금 등은 해당 채권추심에 관한 증서가 소실된 경우에도 이를 상실된 자산의 가액에는 포함하지 않는다.

위의 경우에 그 재해자산이 보험에 가입되어 있어 보험금을 수령하더라도 그 재해로 인하여 상실된 자산의 가액을 계산할 때 위의 보험금을 차감하지 않는다(법칙 49 ②).

㉯ 변상책임이 있는 타인소유의 재산

상실한 타인소유의 자산으로서 그 상실로 인한 변상책임이 해당 법인에게 있는 것은 자산총액 및 상실된 자산의 가액에 포함한다.

위탁판매업을 영위하는 내국법인이 수탁받은 자산을 상실한 경우 또는 염색임가공업을 영위하는 내국법인이 임가공하기 위하여 보관하고 있던 타인 소유의 자산을 상실한 경우로서 그 자산의 상실에 따른 손실에 대하여 위탁자 등에게 변상책임을 지는 경우가 그 예라고 하겠다.

② 자산상실비율의 계산

자산상실비율이란 재해로 인하여 상실된 자산의 가액이 상실 전의 사업용 자산총액에서 차지하는 비율을 말한다.

자산상실비율은 재해발생일 현재 그 법인의 장부가액에 의하여 계산하되, 장부가 소실 또는 분실되어 장부가액을 알 수 없는 경우에는 납세지 관할 세무서장이 조사하여 확인한 재해발생일 현재의 가액에 의하여 이를 계산한다(법령 95 ②).

내국법인이 2 이상의 사업장을 둔 경우에 자산총액의 계산 및 자산상실비율이 20퍼센트 이상에 해당하는지의 여부의 판단은 내국법인 단위로 한다. 즉 재해가 발생한 사업장만을 단위로 하여 자산상실비율 등을 판단하지 않는다.

다음으로 법인이 동일한 사업연도 중에 2회 이상 재해를 입은 경우 재해상실비율의 계산은 다음 계산식에 의한다(법칙 49 ③).

$$\text{재해상실비율} = \frac{\text{재해로 인하여 상실된 자산가액의 합계액}}{\text{최초 재해발생 전 자산총액 + 최종 재해발생 전까지의 증가된 자산총액}}$$

나) 세액공제신청

재해손실세액공제를 받고자 하는 내국법인은 다음의 기한 안에 납세지 관할 세무서장에게 그 세액공제를 신청하여야 한다(법법 58 ②, 법령 95 ⑤).

① 과세표준 신고기한이 지나지 않은 법인세의 경우는 그 신고기한. 다만, 재해발생일로부터 신고기한까지의 기간이 3개월 미만인 경우는 재해발생일로부터 3개월로 한다.

② 위의 ① 외의 재해발생일 현재 미납부된 법인세와 납부하여야 할 법인세의 경우는 재해발생일부터 3개월 재해손실세액공제신청은 재해손실세액공제의 필요적 요건은 아니라고 새긴다. 납세지 관할 세무서장이 법인세(신고기한이 지나지 않은 것은 제외한다)에 대한 공제신청을 받으면 그 공제세액을 결정하여 해당 법인에게 알려야 한다.

2) 공제범위액

법인세액에 자산상실비율을 곱하여 계산한 금액을 그 세액에서 공제한다(법법 58 ①). 다만, 상실된 자산의 가액을 한도로 하여 공제한다.

납세지 관할 세무서장은 재해를 입은 법인의 재해손실세액공제액이 확인될 때까지 국세징수법에 의하여 그 법인세의 지정납부기한·독촉장에서 정하는 기한을 연장하거나 납부고지를 유예할 수 있다(법령 95 ⑥).

$$\text{재해손실세액공제액} = \text{법인세액} \times \text{자산상실비율}$$

가) 법인세액의 범위

위의 계산식에서 법인세액이란 다음의 법인세액을 가리키는데, 법인세 산출세액에 무기 장가산세, 무신고가산세, 과소신고가산세, 초과환급신고가산세, 납부·환급불성실가산세를 가산하고 다른 법률에 의한 공제 및 감면세액을 차감하여 계산한 금액으로 한다.

① 재해발생일 현재 부과되지 않은 법인세와 부과된 법인세로서 미납된 법인세

재해발생일 현재 과세처분 등에 의하여 납세의무가 확정된 법인세로서 미납된 세액(체납 세액을 포함한다)과 납세의무만 성립되고 아직 부과되지 않은 세액을 말한다.

납세의무자가 법인세 과세표준과 세액의 신고기한 안에 법인세 과세표준과 세액을 신고 하였으나, 자진납부하여야 할 세액은 납부하지 않은 경우 그 신고에 의하여 확정된 법인 세가 '재해발생일 현재 부과된 법인세'에 포함되는지의 여부가 문제가 된다. 재해손실세 액공제제도의 취지에 비추어 볼 때 '재해발생일 현재 부과된 법인세'에는 법인세 과세표 준과 세액의 신고에 의하여 확정된 법인세까지 포함된다고 해석하여야 한다.

② 재해발생일이 속하는 사업연도의 소득에 대한 법인세

나) 자산상실비율

이에 관하여는 '요건'에서 설명하였다.

다. 사실과 다른 회계처리에 기인한 경정에 따른 세액공제

1) 의 의

1997년 외환위기 이후 대형분식회계사건이 봇물 터지듯 연속하여 드러나고 있는 실정이 다. 기업이 금융기관 등으로부터의 자금의 차입 또는 회사채발행을 통한 자금의 조달, 신주 발행에 의한 자기자본의 확충, 경쟁입찰에서의 유리한 지위의 선점, 임원의 경영능력의 과 대포장 등을 위하여 그 기업의 결산을 확정할 때 분식회계를 통하여 가공적인 이익을 계상 하여 공표함으로써 금융기관·채권자·주주·국가기관 또는 거래처 등과 같은 이해관계자 를 사실상 속이는 것이다. 그리고 기업은 앞에서와 같은 특정한 목적을 달성한 후에는 분식 회계로 인하여 과다하게 신고·납부한 법인세의 경정청구를 함으로써 과다하게 납부한 법 인세액은 물론이고 그에 대한 국세환급가산금까지 일시에 되돌려 받음으로써 재정의 불안 정을 초래하고 있는 실정이다.

따라서 분식회계를 규제함으로써 기업경영의 투명성을 확보함과 아울러 재정의 불안정 을 해소하기 위하여 분식회계에 따라 과다하게 납부한 세액의 환급을 제한할 필요성이 제

기되고 있다.[52] 이와 같은 필요성에 따라 도입된 제도가 분식회계에 기인한 경정에 따른
세액공제제도인 것이다.

2) 요 건

내국법인이 사실과 다른 회계처리를 함으로 인하여 해당 내국법인・그 감사인 또는 그에
소속된 공인회계사가 경고・주의 등의 조치를 받은 경우로서 과다하게 계상한 과세표준 및
세액에 대하여 국세기본법에 의한 경정청구를 함으로써 해당 세액을 경정을 받은 때이다
(법법 58의3 ①).

가) 사실과 다른 회계처리로 인하여 해당 내국법인 등이 경고 등을 받은 경우

내국법인이 자본시장법 제159조에 따른 사업보고서 및 외부감사법 제23조에 따른 감사
보고서를 제출할 때 수익 또는 자산을 과다계상하거나 손비 또는 부채를 과소계상 하는 등
사실과 다른 회계처리를 함으로 인하여 해당 내국법인・그 감사인 또는 그에 소속된 공인
회계사가 대통령령으로 정하는 경고・주의 등의 조치(법령 95의3 ①)를 받은 경우이어야 한
다(법법 58의3 ① I).

나) 국세기본법에 의한 경정청구를 함으로써 해당 세액을 경정받은 경우

내국법인이 사실과 다른 회계처리에 기인하여 과다하게 계상한 법인세의 과세표준 및 세
액에 대하여 국기법 제45조의2에 따라 경정청구를 함으로써 해당 세액을 경정을 받은 경우
이어야 한다(법령 58의3 ① II, 법법 66 ② IV).

3) 세액공제의 방법

① 사실과 다른 회계처리에 기인하여 과다하게 계상한 법인세의 과세표준 및 세액에 대하
여 국기법 제45조의2에 따라 경정을 청구하여 경정을 받은 경우에는 과다납부한 세액을
환급하지 않고 그 경정일이 속하는 사업연도부터 각 사업연도의 법인세액에서 과다납부
한 세액을 공제한다. 이 경우 각 사업연도별로 공제하는 금액은 과다납부한 세액의 20퍼
센트를 한도로 하고, 공제 후 남아 있는 과다납부한 세액은 이후 사업연도에 이월하여
공제한다(법법 58의3 ①).

---

52) 일본에서는 1966년(昭和 41年)에 가장경리에 근거한 과대신고에 대하여 과세관청의 감액경정의무의 완화・
감액경정에 따른 법인세액의 환급의 제한 및 국세환급가산금에 있어서의 특례에 관한 규정을 신설한 바 있다.

사례

甲 주식회사는 제5기에 사실과 다른 회계처리에 기인하여 법인세 200억원을 과다납부하였는데, 제8기에 경정청구를 하여 그 전액에 대한 감액경정을 받았다. 사업연도별로 납부하여야 할 법인세는 제8기 70억원, 제9기 30억원, 제10기 20억원, 제11기 40억원, 제12기 60억원, 제13기 40억원이다.

위의 사례에서 사실과 다른 회계처리에 기인하여 과다납부한 법인세 200억원은 그 경정일이 속하는 제8기부터 각 사업연도의 법인세액에서 세액공제한다. 다만 각 사업연도별로 공제하는 금액의 한도액은 200억원의 20퍼센트인 40억원이고, 공제 후 남아 있는 과다납부세액은 이후 사업연도로 이월하여 공제하므로 제8기 40억원, 제9기 30억원, 제10기 20억원, 제11기 40억원, 제12기 40억원, 제13기 30억원을 세액공제한다.

② 내국법인이 해당 사실과 다른 회계처리와 관련하여 그 경정일이 속하는 사업연도 이전의 사업연도에 국기법 제45조에 따른 수정신고를 하여 납부할 세액이 있는 경우에는 그 납부할 세액에서 과다납부한 세액을 그 20퍼센트를 한도로 먼저 공제하여야 한다(법법 58의3 ②).

③ 동일한 사업연도에 사실과 다른 회계처리에 기인한 경정청구의 사유와 그 밖의 다른 경정청구의 사유가 함께 있는 경우에는 사실과 다른 회계처리로 인한 세액에 대해서만 환급을 제한한다. 이 경우에 사실과 다른 회계처리에 기인한 경정에 따른 세액공제액은 다음 계산식에 의하여 계산한 금액으로 한다(법령 95의3 ②).

$$\text{사실과 다른 회계처리에 기인한 경정에 따른 세액공제} = \text{과다납부한 세액} \times \left(\frac{\text{사실과 다른 회계처리로 인하여 과다계상한 과세표준}}{\text{과다계상한 과세표준의 합계액}} \right)$$

이에 대하여 사실과 다른 회계처리에 기인한 경정청구의 사유 외의 다른 경정청구의 사유에 의하여 감액된 세액은 다른 국세 등에 충당하고, 그 충당 후에도 잔여금이 있는 경우에는 국세환급금을 결정한 날로부터 30일 내에 환급하여야 한다(기법 51 ⑥).

④ 사실과 다른 회계처리에 기인한 경정에 따른 세액공제는 각 사업연도의 법인세액에서 감면세액·사실과 다른 회계처리에 기인한 경정에 따른 세액공제 외의 그 밖의 세액공

제(이하에서 '그 밖의 세액공제'라 한다)를 차감한 금액의 범위 안에서 공제한다. 즉 세액감면과 세액공제가 동시에 적용되는 경우에는 각 사업연도의 소득에 대한 세액감면 (면제를 포함한다)·이월공제가 허용되지 않는 그 밖의 세액공제·이월공제가 인정되는 그 밖의 세액공제·사실과 다른 회계처리에 기인한 경정에 따른 세액공제의 순서로 공제하여야 한다(법법 59 ①).

⑤ 앞서 본 바와 같이 사실과 다른 회계처리로 과다납부한 세액이 있는 내국법인은 원칙적으로 과다납부한 세액을 환급받을 수 없고 이월공제할 수 있을 뿐이다. 다만 내국법인이 해산할 당시에 과다납부한 세액이 남아 있다면 다음 각 경우에 따라 처리한다(법법 58의3 ③).

㉮ 합병 또는 분할에 따라 해산하는 경우: 합병법인 또는 분할신설법인(분할합병의 상대방 법인을 포함)이 남아 있는 과다납부한 세액을 승계하여 위 ①과 같이 세액공제한다.

㉯ 그 이외의 방법으로 해산하는 경우: 납세지 관할 세무서장 또는 관할 지방국세청장은 남아 있는 과다납부한 세액에서 청산소득에 대한 법인세 납부세액을 빼고 남은 금액을 즉시 환급해야 한다.

3 　세액감면 및 세액공제의 적용순위

법인세법 및 다른 법률의 적용에 있어서 법인세의 감면에 관한 규정과 세액공제에 관한 규정이 동시에 적용되는 경우에 그 적용순위는 별도의 규정이 있는 경우를 제외하고는 다음에 의한다. 다만, 세액감면과 이월공제가 허용되지 않는 세액공제의 합계액이 납부할 법인세액을 초과하는 경우에는 그 초과하는 금액은 이를 없는 것으로 본다(법법 59 ①).

위에서 '초과하는 금액은 이를 없는 것으로 본다'는 것은 초과하는 금액이 발생하더라도 그 초과하는 금액에 대하여는 환급을 허용하지 않겠다는 의미이다.

그리고 '납부할 법인세액'이란 법인세 산출세액(토지등 양도소득에 대한 법인세, 조특법 100의32에 따른 투자·상생협력 촉진을 위한 과세특례를 적용하여 계산한 법인세 및 가산세는 제외한다)의 의미로 해석한다. 따라서 가산세 및 추징세액[53]은 납부할 세액에 포함하지 않는 것이다.

① 각 사업연도의 소득에 대한 세액감면(면제를 포함한다)

---

[53] 추징세액에는 법인세법 또는 조세특례제한법에 의하여 법인세의 감면세액을 추징하는 경우에 해당 사업연도에 법인세에 가산하여 자진납부하거나 부과징수하는 세액, 법인세법 또는 조세특례제한법에 의하여 각종 준비금을 익금산입하는 경우와 감면세액을 추징하는 경우(법인세에 가산하여 자진납부하거나 부과징수하는 경우를 포함한다)에 있어서의 이자상당가산액 등이 포함된다.

② 이월공제가 인정되지 않는 세액공제

③ 이월공제가 인정되는 세액공제. 이 경우 해당 사업연도 중에 발생한 세액공제액과 이월 된 미공제액이 함께 있는 때에는 이월된 미공제액을 먼저 공제한다.

④ 사실과 다른 회계처리에 기인한 경정에 따른 세액공제. 이 경우 해당 세액공제액과 이월 된 미공제액이 함께 있는 때에는 이월된 미공제액을 먼저 공제한다.

제**4**절　세액의 감면

1 서 론

가. 세액감면의 의의와 법적 성질

과세관청이 과세처분에 의하여 확정한 법인세의 납세의무를 별개의 행정행위에 의하여 소멸시키는 경우에 그 납세의무를 소멸시키는 행정행위를 세액감면이라고 한다. 조세우대 조치의 일종이다.

실정법상으로는 세액의 감면이라는 용어 이외에도 세액의 면제[1] 등으로 혼용하고 있다. 세액감면의 법적 성질에 관하여는 확정된 급부의무(납부세액)의 전부 또는 일부를 해제 하는 것이므로 면제로 이해하는 것이 통설의 견해이다. 세액감면은 법률적 행정행위 중 명 령적 행위로 보는 것이다. 과세처분을 명령적 행위 중 하명으로 이해하는 학설의 논리적 연장선상에 선 견해이다.

그러나 저자는 세액감면을 과세처분과 마찬가지로 준법률행위적 행정행위인 확인행위로 이해한다. 즉 세액감면이란 특정한 사실이 법인세법에서 정하고 있는 세액감면요건을 충족 한 경우에 그 감면세액을 공적으로 확인하는 행위인 것이다. 이와 같은 세액감면요건을 확 인하는 행위에 대하여는 일반적인 확인행위의 법적 효과와는 달리 급부의무의 면제, 즉 납 세의무의 소멸이라는 공법적 효과를 부여하고 있는 것이다.

이론적으로 보면 세액감면은 과세처분과는 별개의 행정행위이다. 그러나 일반적으로는 과세처분과 함께 세액감면행위도 행한다. 왜냐하면 실무적으로는 과세처분과 세액감면행 위가 과세표준과 세액결정(경정)결의서라는 하나의 서식에 의하여 동시에 행하여지기 때

---

1) 일반적으로 세액의 전부를 소멸시키는 경우에는 법문상 "… 법인세를 면제한다"라고 표현한다. 이에 대하여 세액의 일부를 소멸시키는 경우에는 "… 법인세를 감면한다"는 등으로 표현한다.

문이다. 따라서 과세처분에 의하여 확정된 납세의무가 세액감면행위에 의하여 확정과 동시에 소멸하게 되는 것이다.

다음으로 세액감면은 비과세[2]와는 구별하지 않으면 안 된다.

비과세는 일반적으로 과세대상이 되는 소득을 특별한 이유에 의하여 과세소득에서 제외한 것이므로 해당 소득은 법인세의 과세물건을 구성하지 않는다. 그러므로 비과세하는 소득(비과세소득이라고 부른다)에 대하여는 아예 법인세의 납세의무 자체가 성립하지 않으므로 과세표준에 산입하지 않는 것이다. 일반적으로 법문상 "… 법인세를 과세하지 아니한다"라고 규정한다. 비과세소득을 과세소득으로 오인하여 과세한 처분의 법적 효력에 관하여는 견해의 대립이 있을 수 있으나, 해당 소득이 비과세소득인지 또는 과세소득인지가 명백하지 못한 경우가 일반적이므로 특별한 사정이 없는 한 취소할 수 있는 행정행위로 이해하여야 할 것이다.

이에 대하여 세액감면의 대상이 되는 소득은 법인세의 과세물건을 구성하므로 과세표준에 포함된다. 즉 과세표준에 산입하여 일단 세액을 확정하고 이와 같이 확정한 세액에서 그 확정행위와는 별개의 행정행위(확인행위)에 의하여 해당 세액의 전부 또는 일부의 급부의무를 소멸시키게 되는 것이다.

나. 제도적 취지

전술한 바와 같이 세액감면은 세제상의 우대조치의 일종이다. 이와 같은 세액감면은 기술개발의 지원, 산업구조조정의 장려, 인구의 지방분산의 촉진, 중소기업의 보호육성 및 산림개발사업의 육성 등을 위하여 설정된 세제상 장치이다.

특정한 소득에 대하여 어떤 세제상의 우대조치를 선택할 것인가, 즉 비과세·세액감면·세액공제·과세이연·이월과세 또는 저율과세 등과 같은 세제상의 우대수단 중 어떤 수단을 선택할 것인가는 순전히 입법정책상의 문제이다.

다. 세액의 감면과 감면신청과의 관계

감면소득이 있는 법인에게 감면신청을 요구하고 있는 경우가 적지 않다. 감면신청과 관련하여 특히 문제가 되고 있는 것은 감면신청을 요구하는 법문[3]이 감면의 필요적 요건으로서 규정한 것인지, 아니면 단순한 주의적 규정으로 규정한 것인지의 해석에 관한 것이다.

---

[2] 과세제외라고도 한다.
[3] 조세특례제한법 제20조부터 제22조까지 등과 같이 전혀 감면신청을 요구하고 있지 않은 경우도 있다.

현행법상 감면신청을 요구하고 있는 법문상의 표현은 크게 세 가지 유형으로 나누어 볼 수 있다.

첫째의 유형은 "… 감면을 받고자 하는 자는… 그 사유를 정부에 신청할 수 있다"(기법 48 ②)라고 규정하는 형식이다.

둘째의 유형은 "…의 규정을 적용받고자 하는 내국인은… 그 감면신청(세액감면신청)을 하여야 한다"(조특법 6 ⑦, 7 ③, 12 ③, 63 ④, 64 ②, 68 ⑤ 등)라고 규정하는 형식이다.

셋째의 유형은 "… 의 규정은 세액감면신청을 하는 경우에 한하여 이를 적용한다"(종전의 조특법 79 ③, 80 ④ 외)라고 규정하는 형식이다.

위의 유형 중 첫째의 유형은 감면신청 등이 임의적이어서 감면의 필요적 요건이 아님이 명백하고, 셋째의 유형은 법문의 표현으로 보아 감면신청이 감면의 필요적 요건임을 쉽게 알 수 있다.[4]

그러나 둘째의 유형에서는 해당 감면신청 등이 감면의 필요적 요건인지의 여부가 명백하지 않고, 따라서 해당 감면신청 등이 감면의 필요적 요건이라는 견해와 필요적 요건이 아니라는 견해가 서로 엇갈리고 있는 실정인 것이다.

대법원은 둘째의 유형에 있어서의 감면신청 등은 감면의 필요적 요건이 아니라고 판시하고 있다.[5]

2 감면세액의 계산

법인세법 및 조특법에 의하여 세액감면 또는 면제를 하는 경우 그 감면 또는 면제되는 세액은 별도의 규정이 있는 경우를 제외하고는 산출세액(토지등 양도소득에 대한 법인세 액 및 조특법 100의32에 따른 투자·상생협력 촉진을 위한 과세특례를 적용하여 계산한 법 인세액은 제외한다)에 그 감면 또는 면제되는 소득이 과세표준에서 차지하는 비율(100퍼센트를 초과하는 경우에는 100퍼센트)을 곱하여 산출한 금액(감면의 경우에는 그 금액에 해당 감면율을 곱하여 산출한 금액)으로 한다(법법 59 ②).

감면세액의 계산식을 일반화하면 다음과 같다. 감면세액의 계산을 아래의 계산식에 의하도록 하는 것은 누진세율의 효과를 보존하기 위해서이다.

---

4) 대법원 1995. 12. 22. 선고 95누10860 판결; 대법원 1994. 9. 30 선고 94누1654 판결; 대법원 1989. 3. 28. 선고 87누838 판결; 대법원 1989. 1. 17. 선고 87누681 판결.
5) 대법원 1997. 10. 24. 선고 97누10628 판결; 대법원 1986. 3. 11. 선고 85누695 판결 등.

$$감면세액 = 법인세\ 산출세액 \times \frac{감면소득금액}{법인세\ 과세표준} \times 감면율$$

감면 또는 면제세액을 계산할 때 각 사업연도의 과세표준계산시 공제한 이월결손금·비과세소득 또는 소득공제액(이하 이 항에서 '공제액등'이라 한다)이 있는 경우 감면 또는 면제되는 소득은 다음의 금액을 공제한 금액으로 한다(법령 96 ①).

① 공제액등이 감면사업 또는 면제사업에서 발생한 경우에는 공제액 전액

② 공제액등이 감면사업 또는 면제사업에서 발생한 것인지의 여부가 불분명한 경우에는 소득금액에 비례하여 안분계산한 금액

제**5**절 최저한세

1 최저한세의 의의

현행 세법은 국가정책상의 필요 등에 의하여 여러 가지 세제상의 우대조치(tax preferences)를 마련하고 있다. 특히 법인세에 관한 세제상의 우대조치에는 익금불산입, 특별감가상각비의 손금산입, 비과세소득, 소득공제, 감면세액, 세액공제, 낮은 세율의 적용, 과세이연, 이월과세 및 납부기한의 연장 등과 같은 다양한 수단들이 채택되고 있다. 뿐만 아니라 현행의 법인세는 특정한 사업 또는 산업을 중심으로 하여 우대조치를 마련하고 있기 때문에 동일한 내국법인에게 우대조치가 중복적으로 적용되는 경우가 많다.

한편, 세제상의 우대조치는 필연적으로 조세수입의 감소를 초래하고 아울러 세제상 우대조치를 적용받는 납세의무자와 그렇지 않은 납세의무자간에 조세부담의 형평을 침해하는 결과를 빚게 된다. 더욱이 한 납세의무자에게 세제상의 우대조치가 이중·삼중으로 중복적용되는 경우에는 그와 같은 현상이 더욱 현저하게 나타나게 된다.

따라서 내국법인이 법인세의 우대조치를 적용받는 경우에도 최소한 일정수준의 법인세를 부담하도록 함으로써 조세수입의 일실과 과세형평의 침해를 극소화하게끔 법적 장치를 마련하고 있다. 이와 같은 법적 장치가 최저한세(Alternative Minimum Tax)인 것이다.

2 법인세에서의 최저한세

가. 제도의 개요

내국법인에 대하여 세제상의 우대조치를 적용하더라도 최소한 세제상의 우대조치를 적용하지 않은 법인세 과세표준에 17퍼센트[과세표준이 100억원 초과 1천억원 이하 부분은 12퍼센트, 과세표준이 100억원 이하 부분은 10퍼센트, 중소기업 및 사회적 기업의 경우에는 7퍼센트(중소기업이 최초로 중소기업에 해당하지 않게 된 경우 그 최초로 중소기업에 해당하지 않게 된 과세연도의 개시일부터 3년 이내에 끝나는 과세연도에는 8퍼센트, 그 다음 2년 이내에 끝나는 사업연도에는 9퍼센트로 한다), 이하 같다]를 곱한 세액만큼은 부담하도록 하고 있는 것이 최저한세제의 골격이다(조특법 132 ①).

즉 내국법인에 대한 법인세를 계산할 때 세제상의 우대조치를 적용한 후의 세액(이하에서 '감면 후 세액'이라 한다)이 세제상의 우대조치를 전혀 적용하지 않은 법인세 과세표준에 17퍼센트에 미달하는 경우에 그 미달하는 세액에 상당하는 부분에 대하여는 세제상의 우대조치의 적용을 배제함으로써 최소한 최저한세만큼은 납세하도록 요구하는 제도인 것이다.

나. 최저한세의 적용요건

내국법인(특례세율을 적용받는 조합법인 등은 제외한다)의 각 사업연도의 소득에 대한 법인세와 외국법인의 각 사업연도의 국내원천소득에 대한 법인세를 계산할 때 다음의 감면 등을 적용한 후의 감면 후 세액이 최저한세에 미달하는 경우이다.

① 조세특례제한법에 의하여 각 사업연도의 소득금액계산에 있어서 손금으로 산입하는 연구·인력개발준비금 및 특별감가상각비
② 조세특례제한법에 의한 특정한 소득공제금액·손금산입금액·익금불산입금액 및 비과세금액
③ 조세특례제한법에 의한 세액공제금액
④ 조세특례제한법에 의한 특정한 법인세의 면제 및 감면

다. 최저한세제의 적용

내국법인(당기순이익과세를 적용받는 조합법인을 제외한다)의 각 사업연도의 소득과 외국법인의 각 사업연도의 국내원천소득에 대한 법인세를 계산할 때 감면 후 세액이 최저한

세에 미달하는 경우에 그 미달세액에 상당하는 부분에 대하여는 조세우대조치를 적용하지 않는다(조특법 132 ①).

1) 최저한세의 적용대상이 되는 금액

최저한세의 적용대상이 되는 금액은 최저한세에서 감면 후 세액을 공제하여 계산한다. 감면 후 세액이 최저한세보다 큰 경우에는 최저한세가 적용되지 않는 것이다.

> 최저한세의 적용대상이 되는 금액 = 최저한세 − 감면 후 세액

내국법인의 각 사업연도의 소득과 외국법인의 각 사업연도의 국내원천소득에 대한 법인세(토지등 양도소득에 대한 법인세·지점세·가산세 및 추징세액을 제외하고, 외국납부세액공제·재해손실세액공제·사실과 다른 회계처리에 기인한 경정에 따른 세액공제 등과 같이 최저한세의 적용대상으로 열거하고 있지 않은 세액공제·세액면제 및 감면을 하지 않은 것을 말한다)를 계산할 때 감면 후 세액이 최저한세에 미달하는 경우에 그 미달세액에 상당하는 부분에 대하여는 세제상의 우대조치를 적용하지 않는다(조특법 132 ①).

감면 후 세액이란 최저한세의 적용대상이 되는 세제상의 우대조치(특별감가상각비의 손금산입, 비과세소득, 소득공제, 손금산입, 익금불산입, 세액공제, 세액면제 및 감면)를 적용한 후의 법인세액을 말한다. 그런데 최저한세와의 비교대상이 되는 감면 후 세액을 산정할 때에는 토지등 양도소득에 대한 법인세·가산세 및 추징세액은 포함하지 않으며, 외국납부세액공제·재해손실세액공제·사실과 다른 회계처리에 기인한 경정에 따른 세액공제 등(이하에서 '외국납부세액공제 등'이라 한다) 등과 같이 최저한세의 적용대상으로 열거하고 있지 않은 세액공제·세액면제 및 감면은 법인세 산출세액에서 공제하는 세액공제 등에 포함하지 않은 것으로 한다.

감면 후 세액의 계산식을 나타내면 다음과 같다.

$$\text{감면 후 세액} = \binom{\text{법인세 산출세액}}{\text{토지등 양도소득에 대한 법인세 및 지점세 제외}} - \binom{\text{세액공제 등*}}{\text{외국납부세액공제 등 제외}}$$

*세액공제·세액면제 및 감면을 말한다.

이에 대하여 최저한세는 특별감가상각비의 손금산입과 비과세소득·손금산입·익금불산입 및 소득공제에 관한 규정을 적용하지 않고 산정한 과세표준에 17퍼센트[과세표준이 100억원 초과 1천억원 이하 부분은 12퍼센트, 과세표준이 100억원 이하 부분은 10퍼센트, 중소기업 및 사회적 기업의 경우에는 7퍼센트(중소기업이 최초로 중소기업에 해당하지 않게 된 경우 그 최초로 중소기업에 해당하지 않게 된 과세연도의 개시일부터 3년 이내에 끝나는 과세연도에는 8퍼센트, 그 다음 2년 이내에 끝나는 사업연도에는 9퍼센트로 한다)]를 곱하여 계산한 세액을 말한다.

최저한세의 계산식을 나타내면 다음과 같다.

> 최저한세 = (법인세 과세표준 + 연구·인력개발준비금 및 특별감가상각비 + 비과세소득
>   + 손금산입액 + 익금불산입금액 + 소득공제금액) × 17%(12%, 10%, 9%, 8%
>   또는 7%)

2) 최저한세에 미달하는 조세우대조치의 부인

내국법인의 각 사업연도의 소득 등에 대한 법인세를 계산할 때 감면 후 세액이 최저한세에 미달하는 경우에 그 미달세액에 상당하는 부분에 대하여는 조세우대조치를 적용하지 않는다.

이 경우 미달세액에 상당하는 부분에 대한 조세우대조치의 적용을 배제할 때 어떤 조세우대조치를 적용 배제할 것인가가 문제이다. 어떤 조세우대조치의 적용을 배제할 것인지에 따라서 다음 사업연도 이후의 법인세의 납세의무의 크기에 영향을 미치기 때문이다.

납세의무자가 신고하는 경우와 과세관청이 경정하는 경우로 구분하여 그 규율을 달리하고 있다.

가) 납세의무자가 신고하는 경우

납세의무자가 법인세의 과세표준과 세액을 신고(국세기본법에 의한 수정신고 및 경정 등의 청구를 포함한다)하는 때에는 해당 납세의무자가 최저한세의 적용에 따라 그 적용을 배제할 조세우대조치를 임의로 선택할 수 있도록 하고 있다.

이 경우에 납세의무자는 자신의 법인세부담을 최소화할 수 있도록 그 적용을 배제할 조세우대조치를 선택하게 될 것이다.

나) 과세관청이 경정하는 경우

납세의무자가 신고(국세기본법에 의한 수정신고 및 경정 등의 청구를 포함한다)한 법인세액이 최저한세액에 미달하여 법인세를 경정하는 경우에는 다음 순서(동일한 조세우대조치[1]안에서 그 일부를 적용배제하여야 할 경우에는 조특법 제132조 제1항 각 호에 열거된 조문 순서에 의한다)에 따라 조세우대조치를 배제하여 세액을 계산한다. 일반적으로 납세의무자의 다음 사업연도 이후의 법인세부담이 경감될 수 있도록 적용배제순서를 정하여 놓고 있다(조특령 126 ④).

① 특별감가상각비
② 준비금의 손금산입
③ 손금산입 및 익금불산입
④ 세액공제. 이 경우 동일 조문에 의한 세액공제 중 이월된 세액공제가 있는 경우에는 나중에 발생한 것부터 적용배제한다.
⑤ 법인세의 면제 및 감면
⑥ 소득공제 및 비과세

라. 조세우대조치의 성격이 바뀐 경우

최저한세의 적용 대상이 아닌 조세우대조치로서 이월공제를 받고 있던 항목이 법령의 개정으로 최저한세의 적용 대상으로 바뀌었고 이에 관한 경과규정이 없다면 그 이월공제액에 대하여도 최저한세가 적용될 것인지 여부가 문제된다. 이 문제는 신뢰보호의 원칙과의 관계에서 살펴보아야 하는데 원칙적으로 납세의무자의 신뢰를 보호할 필요성이 크다고 생각되므로 소극적으로 해석하여야 할 것이다.[2]

---

[1] 특별감가상각비, 준비금의 손금산입, 손금산입 및 익금불산입, 세액공제, 법인세의 면제 및 감면, 소득공제 및 비과세를 말한다. 예를 들면 중소기업 등 투자 세액공제(조특법 5)와 생산성향상시설투자세액공제(조특법 24)를 적용받는 내국법인이 세액공제 중의 일부를 적용 배제하여야 할 경우에는 조세특례제한법 제132조 제1항 제3호에서 앞서 열거하고 있는 중소기업투자세액공제부터 그 적용을 배제한다는 의미이다.

[2] 서울고등법원 2018. 11. 28. 선고 2018누52817 판결(대법원 2019. 4. 11. 자 2018두66685 판결로 심리불속행 종결)은 이러한 이월공제에 관하여는 최저한세가 적용되지 않는다는 입장이다. 반면 조세심판원은 그와 반대 입장이다(조심 2021. 7. 8. 자 2020서7914 결정; 조심 2017. 10. 24. 자 2017서2807 결정).

제11장

중간예납 · 원천징수 및 수시부과결정

제1절 서 론

법인세는 사업연도를 시간적 단위로 하여 해당 기간의 소득금액에 대하여 과세한다. 따라서 해당 사업연도가 종료하지 않으면 소득금액을 산정할 수 없으므로 법인세를 확정할 수 없다. 그러므로 법인세에 있어서는 사업연도가 종료된 후에 납세의무자가 자기의 과세표준과 세액을 스스로 확정하여 신고함과 아울러 세액을 자진납부하도록 하고 있는 것이다. 만일 과세표준과 세액을 신고하여야 할 납세의무자가 그 신고를 이행하지 않거나 신고한 과세표준과 세액의 내용에 오류 또는 탈루가 있는 경우에는 과세관청이 해당 과세표준과 세액을 결정 또는 경정하고 세액을 징수한다.

그러나 이와 같은 법인세의 확정 및 징수절차는 소득의 발생시점과 납세의무의 확정시점 간의 시차로 말미암아 적시에 조세채권을 확보할 수 없는 난점이 있으며, 납세의무자의 측면에서도 세액의 일시납부에 따른 자금부담의 압박과 심리적 중압감을 유발한다.

따라서 사업연도가 종료하기 전, 즉 사업연도의 진행 중에 납부하여야 할 법인세의 일부를 예납적으로 조기징수하는 제도가 채택되고 있는데, 이와 같은 예납제도에는 중간예납을 비롯하여 원천징수 및 수시부과결정 등이 포함된다.

이와 같은 중간예납세액 · 원천징수세액 및 수시부과세액은 법인세의 과세표준과 세액을 신고납부하거나 법인세의 과세표준과 세액을 결정 또는 경정하여 징수할 때 기납부세액으로서 공제하고 그 차액만을 자진납부하거나 징수하게 된다.

제2절　중간예납

1　중간예납의 의의

내국법인으로서 각 사업연도(합병이나 분할에 의하지 않고 새로 설립된 법인인 경우에는 설립 후 최초의 사업연도는 제외한다)의 기간이 6개월을 초과하는 법인은 해당 사업연도 개시일부터 6개월간을 중간예납기간으로 하여 중간예납세액을 납부하되, 그 후에 사업연도를 단위로 하여 확정한 법인세액에서 이미 납부한 중간예납세액 등을 공제하여 정산하는 절차를 마련하여 놓고 있다. 즉 중간예납기간 중의 법인세 추산액, 즉 확정되지 않은 소득금액에 대한 법인세의 예상액을 미리 납부하게 하고 사업연도가 끝나서 소득금액이 확정된 후에 이를 정산하는 제도를 두고 있는 것이다. 이때에 미리 납부하는 중간예납기간 중의 법인세 추산액이 법인세의 중간예납에 해당하는 것이다.

이와 같은 중간예납제도는 다음과 같은 이유에서 채택되고 있다.

① 세액의 납부를 시간적으로 분산함으로써 한꺼번에 거액의 법인세를 부담하는 것을 피할 수 있다. 아울러 거액의 일시부담에 따른 납세의무자의 심리적 중압감 및 조세에 대한 저항감을 완화할 수 있다.

② 조세를 조기징수하여 세액의 면탈을 방지할 수 있다.

③ 조세수입의 평준화를 기할 수 있다.

2　중간예납의무자

내국법인으로서 각 사업연도의 기간이 6개월을 초과하는 법인은 중간예납세액을 납부할 의무가 있다. 직전 사업연도의 법인세액이 없는 내국법인도 중간예납세액의 납부의무를 진다. 그러나 각 사업연도의 기간이 6개월 이하인 법인의 경우에는 중간예납세액의 납부의무를 지지 않는다. 그리고 다음의 경우에도 중간예납세액의 납부의무가 없다(법법 63 ①).

첫째, 신설법인은 설립 후 최초의 사업연도에 한하여 중간예납세액의 납부의무를 지지 않는다. 다만, 합병 또는 분할에 의하여 신설된 법인은 설립 후 최초의 사업연도라 하더라도 중간예납세액의 납부의무를 진다.

둘째, 학교법인, 서울대학교, 인천대학교, 산학협력단은 중간예납세액을 납부할 의무가 없다.

셋째, 직접 사업연도의 중소기업으로서 법인세 산출세액 기준으로 계산한 중간예납세액이 50만원 미만인 내국법인은 중간예납세액의 납부의무를 지지 않는다.

3 중간예납기간

법인세 중간예납은 해당 사업연도 개시일부터 6월간을 중간예납기간으로 한다(법법 63 ②).

4 중간예납세액의 계산구조

중간예납세액은 ① 직전 사업연도의 산출세액을 기준으로 하는 방법 또는 ② 해당 중간예납기간의 법인세액을 기준으로 하는 방법 중 하나를 선택하여 계산한다. 다만, 연결모법인 또는 연결자법인이 직전 연결사업연도 종료일 현재 공정거래법 제31조 제1항에 따른 공시대상기업집단에 속하는 내국법인[1]에 해당하는 경우에는 ②의 방법에 의하여야 한다(법법 63의2 ① 각 호 외의 부분).

가. 직전 사업연도의 산출세액을 기준으로 하는 방법

해당 사업연도의 과세표준이 적어도 직전 사업연도의 과세표준과 같거나 그 금액보다 클 것이라는 전제 위에 직전 사업연도에 납부한 법인세액의 절반에 해당하는 금액을 미리 예납하게 하는 방법이다.

즉 중간예납세액은 직전 사업연도의 법인세로서 확정된 산출세액(가산세를 포함하며, 토지등 양도소득에 대한 법인세 및 조특법 100의32에 따른 투자·상생협력 촉진을 위한 과세특례를 적용하여 계산한 법인세는 제외한다)에서 다음 각 금액을 공제한 금액을 직전 사업연도의 월수로 나눈 금액에 6을 곱하여 계산한 금액으로 한다(법법 63의2 ① I). 이 경우 연결납세방식을 적용받지 않게 된 법인이 연결납세방식을 적용받지 않는 최초의 사업연도에 중간예납세액을 납부하는 경우에는 직전 연결사업연도의 연결법인별 산출세액을 직전 사업연도의 법인세로서 확정된 산출세액으로 본다(법법 63의2 ④).
① 해당 사업연도의 직전 사업연도에 감면된 법인세액(소득에서 공제되는 금액을 제외한다)
② 해당 사업연도의 직전 사업연도에 법인세로서 납부한 원천징수세액

---

1) 다만 조특령 제2조 제1항 제1호의 요건을 갖춘 기업은 제외한다(법법 63의2 ① 각 호 외의 부분 但, 법령 100 ④).

③ 해당 사업연도의 직전 사업연도에 법인세로서 납부한 수시부과세액

이를 계산식으로 표시하면 다음과 같다.

$$중간예납세액 = (A - B - C - D) \times \frac{6}{E}$$

A: 해당 사업연도의 직전 사업연도에 대한 법인세로서 확정된 산출세액(가산세를 포함하고, 제55조의
　2에 따른 토지등 양도소득에 대한 법인세액 및 「조특법」 제100조의32에 따른 투자·상생협력 촉진
　을 위한 과세특례를 적용하여 계산한 법인세액은 제외한다. 이하 이 조에서 같다)
B: 해당 사업연도의 직전 사업연도에 감면된 법인세액(소득에서 공제되는 금액은 제외한다)
C: 해당 사업연도의 직전 사업연도에 법인세로서 납부한 원천징수세액
D: 해당 사업연도의 직전 사업연도에 법인세로서 납부한 수시부과세액
E: 직전 사업연도 개월 수. 이 경우 개월 수는 태양력에 따라 계산하되, 1개월 미만의 일수는 1개월로
　한다.

그리고 합병으로 인하여 설립된 합병법인이 설립 후 최초의 사업연도에 직전 사업연도 실적에 의한 중간예납세액을 납부하는 경우의 직전 사업연도는 피합병법인의 합병등기일이 속하는 사업연도의 직전 사업연도로 한다. 또한 합병 후 존속하는 합병법인이 합병 후 최초의 사업연도에 직전 사업연도 실적에 의한 중간예납세액을 납부하는 경우의 직전 사업연도는 합병법인의 직전 사업연도와 피합병법인의 합병등기일이 속하는 사업연도의 직전 사업연도를 모두 포함한다(법법 63의2 ③).

법인이 사업연도의 변경으로 인하여 직전 사업연도가 1년 미만인 경우에는 그 기간을 직전 사업연도로 본다(법칙 51 ①).

중간예납의 납부기한까지 중간예납세액을 납부하지 않은 경우 이 방법에 의해 중간예납세액을 계산한다(법법 63의2 ② I).

나. 해당 중간예납기간의 법인세액을 기준으로 하는 방법

내국법인은 중간예납기간을 1사업연도로 보고 계산한 과세표준에 세율을 적용하여 산출한 법인세액에서 다음 금액을 공제한 금액을 중간예납세액으로 하여 납세지 관할세무서 등에 납부할 수 있다(법법 63의2 ① II).

① 해당 중간예납기간에 해당하는 감면세액(소득에서 공제되는 금액은 제외한다)

② 해당 중간예납기간에 법인세로서 납부한 원천징수세액

③ 해당 중간예납기간에 법인세로서 부과한 수시부과세액

중간예납세액을 산정하기 위해서는 중간예납기간의 과세표준의 계산이 선행되어야 한다. 과세표준의 계산은 비치·기장한 장부를 근거로 실액방법에 의하는 것이 원칙이겠으나, 장부와 증명서류가 없거나 중요한 부분이 미비 또는 허위인 경우에는 추계방법에 의하여 산정하는 경우도 있을 수 있다.

과세표준의 계산에 있어서는 각 사업연도의 소득에 대한 과세표준의 계산에 관한 규정을 적용한다.

이와 같이 산정된 중간예납기간의 과세표준을 6(6개월)으로 나눈 금액에 12를 곱하여 1년으로 환산한 과세표준을 계산한다. 1년으로 환산한 과세표준에 초과누진세율을 적용하여 세액을 산출하고 이와 같이 산출된 세액에 그 사업연도의 월수를 12로 나눈 수를 곱하여 계산한 금액을 그 산출세액으로 한다.

중간예납세액을 계산하는 계산식은 다음과 같다.

중간예납세액 = (A - B - C - D)

A: 해당 중간예납기간을 1사업연도로 보고 제2장 제1절에 따라 계산한 과세표준에 제55조를 적용하여 산출한 법인세액
B: 해당 중간예납기간에 감면된 법인세액(소득에서 공제되는 금액은 제외한다)
C: 해당 중간예납기간에 법인세로서 납부한 원천징수세액
D: 해당 중간예납기간에 법인세로서 부과한 수시부과세액

다음의 어느 하나에 해당하는 경우에는 이 방법에 의해 중간예납세액을 계산한다(법법 63의2 ② II).

① 직전 사업연도의 법인세로서 확정된 산출세액(가산세는 제외)이 없는 경우(법법 51의2 ① 각 호의 법인은 제외)

② 해당 중간예납기간 만료일까지 직전 사업연도의 법인세액이 확정되지 아니한 경우

③ 분할신설법인 또는 분할합병의 상대방 법인의 분할 후 최초의 사업연도인 경우

다. 선택권이 제한되는 경우

다만 다음의 각 경우에는 법인이 임의로 계산방법을 선택할 수 없다(법법 63의2 ① 但, ②).

1) 직전 사업연도의 산출세액을 기준으로 하는 방법을 적용하여야 하는 경우

법인세법 제63조 제3항에 따른 중간예납의 납부기한까지 중간예납세액을 납부하지 않은 경우에는 직전 사업연도의 산출세액을 기준으로 하는 방법을 적용하여야 한다. 다만, 아래에서 해당 중간예납기간의 법인세액을 기준으로 하는 방법에 의하여야 하는 경우에는 그렇지 않다.

2) 해당 중간예납기간의 법인세액을 기준으로 하는 방법

① 다만, 연결모법인 또는 연결자법인이 직전 연결사업연도 종료일 현재 공정거래법 제31조 제1항에 따른 공시대상기업집단에 속하는 내국법인[2]에 해당하는 경우, ② 직전 사업연도의 법인세로서 확정된 산출세액(가산세 제외)이 없는 경우,[3] ③ 해당 중간예납기간 만료일까지 직전 사업연도의 법인세액이 확정되지 않은 경우, ④ 분할신설법인 또는 분할합병의 상대방 법인의 분할 후 최초의 사업연도인 경우, ⑤ 합병법인 또는 피합병법인이 합병당시 위 공시대상기업집단에 속하는 내국법인인 경우로서 해당 합병법인의 합병 후 최초의 사업연도인 경우에는 해당 중간예납기간의 법인세액을 기준으로 하는 방법을 적용하여야한다.

5 중간예납세액의 납부 및 징수

가. 중간예납세액의 납부

중간예납세액은 그 중간예납기간이 경과한 날부터 2개월 이내에 납세지 관할세무서, 한국은행(그 대리점을 포함한다) 또는 체신관서(이하 '납세지 관할세무서 등'이라 한다)에 납부하여야 한다(법법 63 ③). 내국법인이 중간예납세액을 납부하는 때에는 법인세중간예납신고납부계산서를 납세지 관할 세무서장에게 제출하여야 한다. 그리고 중간예납기간의 실

---

2) 다만 업종별 매출액 등을 고려하여 대통령령으로 정하는 법인은 제외한다.
3) 법인세법 제51조의2 제1항 각 호 또는 조특법 제104조의31 제1항의 법인의 경우는 제외한다.

적에 의하여 중간예납세액을 납부하는 내국법인은 법인세중간예납신고납부계산서에 기업
회계기준을 준용하여 작성한 재무상태표·포괄손익계산서·세무조정계산서 및 세무조정
계산서 부속서류를 첨부하여 제출하여야 한다. 납부할 중간예납세액이 1천만원을 초과하는
내국법인은 다음의 금액을 납부기한이 경과한 날부터 1개월(중소기업의 경우에는 2개월)
이내에 분납할 수 있다(법법 63 ④ 및 법령 100 ③).
① 납부할 세액이 2천만원 이하인 때에는 1천만원을 초과하는 금액
② 납부할 세액이 2천만원을 초과하는 때에는 그 세액의 50퍼센트 이하의 금액

나. 중간예납세액의 징수

납세지 관할 세무서장은 내국법인이 중간예납세액의 전부 또는 일부를 납부하지 않은 때
에는 그 미납된 중간예납세액을 납부기한이 경과한 날부터 2개월 이내에 징수하여야 한다.
다만, 중간예납기간의 실적에 의하여 중간예납세액을 계산·납부하여야 할 내국법인[4]이
중간예납세액을 납부하지 않은 때에는 중간예납세액을 결정하고 납부기한이 경과한 날부
터 3개월 이내에 징수하여야 한다(법법 71 ②).

내국법인이 중간예납세액을 납부하지 않았거나 납부하여야 할 세액에 미달되게 납부한
경우에는 그 납부하지 않았거나 미달하게 납부한 세액에 대하여 납부불성실가산세를 적용
한다(법법 76 ① Ⅲ).

6 중간예납제도의 탄력적 운용

납세지 관할 세무서장은 중간예납기간 중 휴업 등의 사유로 수입금액이 없는 법인에 대
하여 그 사실이 확인된 경우에는 해당 중간예납기간에 대한 법인세를 징수하지 않는다(법
법 63의2 ⑤).

---

4) 직전 사업연도의 법인세액이 없거나 해당 중간예납기간 만료일까지 확정되지 않은 경우와 분할신설법인 및
　분할합병의 상대방법인의 분할 후 최초의 사업연도의 경우가 이에 해당한다(법법 63 ① 但).

제3절 원천징수

1 원천징수의 의의

원천징수(tax withholding, Quellenabzug)는 납세의무자(소득자) 자신이 직접 과세관청에 세액을 납부하지 않고 납세의무자에게 소득금액 등을 지급하는 제3자가 소득금액 등을 지급할 때에 그 납세의무자의 세액을 징수하여 과세관청에 납부하는 제도이다. 원천징수제도는 납세의무자가 실체법적으로 부담하고 있는 납세의무의 이행을 절차법적인 원천징수라는 간접적인 방법에 의하여 실현하는 제도인 것이다.

원천징수의무를 지는 제3자를 원천징수의무자 또는 지급자(이하에서 '원천징수의무자'라고 한다)라고 하며, 납세의무자를 원천납세의무자·납세의무자 또는 수급자 등(이하에서 '원천납세의무자'라고 한다)으로 부른다. 이와 같은 원천징수제도가 채택되고 있는 이유는 다음과 같다.

① 소득의 발생원천에서 원천징수를 하게 되므로 세원의 포착에 기여하여 탈세를 방지한다.
② 소득의 지급시점에서 원천징수를 하게 되므로 조세수입의 조기확보와 정부재원의 평준화를 기할 수 있다.
③ 원천징수의무자가 국가에 대위하여 원천징수를 하게 되므로 징세비의 절약과 징수사무의 간소화 및 능률화를 기할 수 있다.
④ 소득이 지급되는 시점에 원천징수를 하게 되므로 납세의무자의 세부담을 누적화하지 않는다.
⑤ 소득의 발생과 해당 소득에 대한 조세의 납부 사이의 시차(time lag)를 단축함으로써 경기의 자동조절기능을 강화한다.

원천징수의 유형, 원천징수관계의 법적 성격 등은 저자의 「소득세법론」에서 상세히 다루었으므로 본서에서는 그 구체적인 검토를 생략한다.

2 원천징수의무자와 원천징수대상소득

가. 원천징수의무자

1) 내국법인에게 일정한 소득금액을 지급하는 자

내국법인(자본시장법에 따른 투자신탁재산에 귀속되는 시점에는 해당 소득금액이 어느 누구에게도 지급된 것으로 보지 않는다[1])에게 원천징수대상소득을 지급하는 자이다.[2] 즉 국내에서 내국법인에게 원천징수대상소득을 지급하는 자는 법인 또는 개인인지의 여부·사업의 영위 여부 등에 관계없이 원천징수의무를 지우는 특정한 절차를 거침이 없이 당연히 법인세의 원천징수의무를 부담한다(법법 73 ①, 73의2 ①). 이러한 원천징수의무자는 특별한 사정이 없는 한 계약 등에 의하여 자신의 채무이행으로서 이자소득금액을 실제 지급하는 자를 의미한다.[3] 또한 원천징수의무자를 대리하거나 그 위임을 받은 자의 행위는 수권 또는 위임의 범위에서 본인 또는 위임인의 행위로 본다(법법 73 ⑥, 73의2 ④). 여기서 원천징

---

1) 법인세법은 펀드-투자자 간 이중과세를 조정하기 위하여 펀드를 납세주체에서 제외함으로써 펀드 단계에서는 과세를 하지 않고 투자자 단계에서 과세를 하는 체계를 취하고 있다. 따라서 펀드에 대한 원천징수를 면제하기 위하여 소득금액이 펀드에 귀속되는 시점에는 소득금액이 지급되지 않는 것으로 규정한 것이다(법법 73 ⑤). 김경호, "법인세법 일부개정법률안 검토보고", 기획재정위원회, 2022. 11., 111-112면.
2) 서면-2023-국제세원-3116, 2023. 12. 21.은 내국법인 甲이 자본시장법에 따라 국내에 설정된 집합투자기구('국내펀드')가 발행하는 집합투자증권을 싱가포르 법률에 따라 싱가포르에서 Variable Capital Company의 형태로 설립된 투자기구('국외투자기구')에 판매한 사안에 관한 것이다. 위 국외투자기구는 국내에서 자본시장법상 집합투자업을 영위하는 자산운영사가 국내외 투자자들로부터 투자자금을 모집하여 위 국내펀드를 포함한 국내외의 다양한 투자대상자산을 취득, 처분 또는 그 밖의 방법으로 운영하고 그 결과 발생한 수익을 투자자들에게 배분하여 귀속시키는 투자행위를 할 목적으로 싱가포르에 설립된 것이다. 국내펀드는 내국법인 갑을 통하여 국외투자기구에 집합투자증권을 판매함으로써 모집한 투자금을 운용하고, 그에 따라 발생한 수익을 내국법인 갑을 통하여 국외투자기구에 배분하며, 국외투자기구는 다시 그 수익을 투자자에게 배분하여 귀속시켰다. 내국법인 갑은 국내펀드의 판매사로서 국외투자기구에 배분되는 국내펀드의 수식에 관하여 원천징수의무를 부담하는데 국내원천소득을 일차적으로 지급받는 국외투자기구와 해당 소득의 실질귀속자인 다른 내국법인 중 누구를 기준으로 원천징수를 하여야 하는지가 문제되었는데, 위 행정해석은 소득의 실질귀속자인 다른 내국법인을 소득자로 보아 법인세법 제73조에 따라 원천징수하여야 한다고 해석하였다.
3) 대법원 2014. 12. 11. 선고 2011두8246 판결(甲 법인은 아파트 신축·분양사업의 시행자로서 1997년 위 아파트 신축공사를 도급받은 乙 법인으로부터 사업시행자금을 대여받았다. 甲 법인은 위 대여금을 변제하지 못하게 되자 2003. 9. 1. 乙 법인에 광주시 소재 주택신축사업권 등을 양도하기로 약정하였으나, 2005. 10. 28. 다시 丙사와 위 주택신축사업권 등에 관한 양도계약을 체결하였다. 丙사가 2005. 11. 25. 위 주택신축사업에 관한 사업주체변경승인신청을 관할 관청에 접수하자, 乙 법인은 2005. 12. 5. 甲 법인 등을 상대로 사업주체명의변경금지가처분 결정을 받았고, 丙사는 甲사의 동의를 얻어 2006. 3. 15. 피공탁자를 乙 법인으로 하여 甲 법인의 乙 법인에 대한 대여원리금을 공탁함으로써 甲 법인의 위 채무를 대위변제하였고 乙 법인은 2006. 3. 28. 위 공탁금을 수령하였다. 대법원은 위 사안에서 甲 법인의 乙 법인에 대한 대여원리금 채무를 공탁함으로써 이 사건 소득금액을 실제로 지급한 자는 대위변제를 한 丙 법인이고 甲 법인은 이를 실제로 지급한 바 없으므로 甲 법인은 법인세법 제73조 제1항에 의하여 원천징수의무를 부담하는 '소득금액을 지급하는 자'에 해당한다고 볼 수는 없다고 판단하였다); 대법원 2009. 3. 12. 선고 2006두7904 판결.

수의무자를 대리하거나 그 위임을 받은 자는 원천징수의무자로부터 원천납세의무자에 대한 소득금액의 지급과 아울러 원천징수업무 즉, 원천납세의무자로부터 법인세를 원천징수하는 업무와 원천징수한 법인세를 관할 세무서에 납부할 업무 등을 수권 또는 위임받은 자를 말하며 위임은 묵시적으로도 이루어질 수 있으나 원천징수의 성격과 효과 등에 비추어 볼 때 묵시적 위임이 있다고 하려면 명시적 위임이 있는 경우와 동일시할 수 있을 정도로 그 위임 의사를 추단할 만한 사정이 있어야 한다는 것이 판례의 태도이다.[4]

2) 원천징수의무자의 지급을 대리하거나 그 지급권한을 위임 또는 위탁받은 자

외국법인이 발행한 채권 또는 증권에서 발생한 이자소득금액 또는 배당소득금액을 내국법인에게 지급하는 경우 국내에서 그 지급을 대리하거나 그 지급권한을 위임 또는 위탁받은 자가 그 소득에 대한 법인세를 원천징수하여야 한다(법법 73 ⑧).

3) 원천징수대상채권 등에서 발생하는 이자 등의 계산기간 중에 해당 채권 등을 매도하는 법인

내국법인이 원천징수대상채권 등에서 발생하는 이자 등의 계산기간 중에 그 채권 등을 매도하는 경우에는 원천징수대상채권 등의 보유기간에 따른 이자 등에 대하여 해당 법인이 원천징수의무자를 대리하여 법인세를 원천징수하여야 한다. 이 경우에는 해당 내국법인을 원천징수의무자로 보아 법인세법을 적용한다(법법 73의2 ①).

나. 원천징수대상소득

원천징수대상소득은 다음과 같다(법법 73 ①).

---

4) 대법원 2022. 7. 28. 선고 2019두33903 판결; 대법원 2018. 3. 15. 선고 2017두48550 판결(원고 은행은 기업어음 발행기업과 당좌예금계약을 체결하고 발행기업에 기업어음용지를 교부하였는데, 발행 및 할인된 후 한국예탁결제원에 예탁되어 있던 기업어음이 통상적인 결제 과정과는 달리 어음의 만기 전에 인출되었고, 그 소지인이 이를 직접 지급제시하여 원고 은행으로부터 어음금을 지급받았으며, 그러한 경위로 한국예탁결제원 등에 의하여 어음할인에 따른 이자소득이 원천징수되지 않은 사안에서, 대법원은 ① 원고 은행이 발행기업으로부터 당좌예금계약상 기업어음의 어음금 지급 외에 원천징수업무까지 명시적으로 위탁받은 바 없는 점, ② 원고 은행이 원천징수대상 소득인 할인액 발생의 원인이 되는 기업어음의 할인에 관여한 바 없고 어음금 지급 위탁과 관련하여 발행기업으로부터 받은 수수료의 액수 등에 비추어 보아도 원천징수업무의 묵시적 위임 의사를 추단하기 어려운 점 등의 사정을 들어, 원고 은행이 발행기업으로부터 위 어음금 할인액에 대한 원천징수업무를 수권 또는 위임받았다고 보기 어렵다는 이유로, 원고 은행은 舊 법인세법 제73조 제4항에 따른 원천징수의무를 부담하지 않는다고 판단하였다).

1) 이자소득금액(법법 73 ① I, 소법 16 ①)

다음의 이자소득금액을 말한다. 차입금과 이자의 변제에 관한 특별한 약정이 없이 차입금과 그 차입금에 대한 이자에 해당하는 금액의 일부만을 변제한 경우 이자를 먼저 변제한 것으로 본다. 다만 비영업대금의 이익의 경우에는 원금을 먼저 변제한 것으로 본다(법칙 56).

① 국가나 지방자치단체가 발행한 채권 또는 증권의 이자와 할인액

② 내국법인이 발행한 채권 또는 증권의 이자와 할인액

③ 국내에서 받는 예금(적금·부금·예탁금과 우편대체를 포함한다)의 이자

④ 상호저축은행법에 의한 신용계(信用契) 또는 신용부금(信用賦金)으로 인한 이익

⑤ 외국법인의 국내지점 또는 국내영업소에서 발행한 채권이나 증권의 이자와 할인액

⑥ 외국법인이 발행한 채권 또는 증권의 이자와 할인액

⑦ 국외에서 받는 예금의 이자

⑧ 대통령령(소령 24 ①)으로 정하는 채권 또는 증권의 환매조건부 매매차익

⑨ 대통령령(소령 25 ①)으로 정하는 일정한 저축성보험의 보험차익

⑩ 대통령령(소령 26 ①)으로 정하는 일정한 직장공제회 초과반환금

⑪ 비영업대금의 이익

⑫ 위 ①부터 ⑪까지의 소득과 유사한 소득으로서 금전 사용에 따른 대가의 성격이 있는 것

⑬ 위 ①부터 ⑫까지의 소득 중 어느 하나에 해당하는 소득을 발생시키는 거래 또는 행위와 자본시장법 제5조에 따른 파생상품이 소득세법 시행령 제26조 제5항에 따라 결합된 경우 해당 파생상품의 거래 또는 행위로부터의 이익

2) 금융 및 보험업의 수입금액(법법 73 ① I, 소법 16 ①)

금융 및 보험업을 하는 법인의 금융 및 보험업의 수입금액이란 금융 및 보험업을 하는 법인이 지급받는 이자소득금액 등을 말한다. 금융 및 보험업을 하는 법인이 지급받는 이자소득금액 등(금융 및 보험업의 수입금액)은 해당 법인의 사업소득을 구성하는 것이지만, 징수의 편의를 고려하여 이자소득으로 의제하여 법인세를 원천징수하도록 하고 있다.

그러나 일정한 금융회사 등에게 지급되는 특정 이자소득금액 등에 대해서는 원천징수를 배제한다(법법 73 ① 괄호, 법령 111 ①).

3) 투자신탁이익(법법 73 ① II, 소법 17 ① V)

소득세법 제17조 제1항 제5호에 따른 집합투자기구로부터의 이익 중 자본시장법에 따른 투자신탁의 이익('투자신탁이익')을 말한다.

3 원천징수의 배제

법인세가 부과되지 않거나 면세되는 소득 등 일정한 소득에 대하여는 법인세를 원천징수하지 않는다(법법 73 ④, 73의2 ②, 법령 111 ②, 113 ④).

4 원천징수의무자의 대리인 등

원천징수의무자를 대리하거나 그 위임을 받은 자의 행위는 수권 또는 위임의 범위 안에서 본인 또는 위임인의 행위로 본다(법법 73 ⑥). 그리고 금융실명법 제2조 제1호 각 목의 어느 하나에 해당하는 금융회사등이 내국법인(거주자를 포함한다. 이하 같다)이 발행한 어음 또는 채무증서를 인수·매매·중개 또는 대리하는 경우에는 금융회사 등과 해당 내국법인간에 대리 또는 위임의 관계가 있는 것으로 보아 원천징수에 관한 규정을 적용한다(법법 73 ⑦). 또한 외국법인이 발행한 채권 또는 증권에서 발생하는 원천징수대상소득을 내국법인에 지급하는 경우에는 국내에서 그 지급을 대리하거나 그 지급권한을 위임받거나 위탁받은 자가 그 소득에 대한 법인세를 원천징수하여야 한다(법법 73 ⑧).

자본시장법에 따른 신탁업자가 신탁재산을 직접 운용하거나 보관·관리하는 경우 해당 신탁업자와 법인세법 제73조 제1항 각 호의 소득금액을 신탁재산에 지급하는 자 간에 대리 또는 위임관계가 있는 것으로 본다(법령 111 ⑦).

5 원천징수의무의 승계

가. 법인이 해산한 경우

법인이 해산한 경우에 원천징수를 하여야 할 법인세를 징수하지 않았거나 징수한 법인세를 납부하지 않고 잔여재산을 분배한 때에는 청산인과 잔여재산의 분배를 받은 자가 각각 그 분배한 재산의 가액과 분배받은 재산의 가액을 한도로 그 법인세를 연대하여 납부할 책임을 진다(법령 116 ①).

나. 법인이 합병한 경우

법인이 합병 또는 분할로 인하여 소멸한 경우 합병법인 등은 피합병법인 등이 원천징수하여야 할 법인세를 징수하지 않았거나 징수한 법인세를 납부하지 않은 것에 대하여 납부할 책임을 진다(법령 116 ②).

6 원천징수의 시기

원천징수하는 법인세에 있어서는 그 소득금액을 지급하는 때에 원천징수하는 법인세의 납세의무가 성립되며 동시에 특별한 절차를 거침이 없이 저절로 해당 납세의무가 확정되는 것이다(기법 21 ② I, 22 ② III). 따라서 원천징수의무자는 원칙적으로 소득금액을 지급하는 시기에 원천징수를 할 의무가 있다(법법 73 ①). 즉 소득금액 또는 수입금액의 지급시기가 원천징수의 시기이다.

이자소득 등의 지급시기는 소득세법 시행령 제190조 각 호에 규정된 날로 한다. 다만, 금융기관 등이 할인매출방식의 어음을 발행하여 매출하는 경우 해당 어음의 이자와 할인액에 대한 원천징수는 해당 어음을 할인매출하는 날에 지급한 것으로 보아 원천징수하고, 자본시장법에 따른 신탁업자가 운용하는 신탁재산에 귀속되는 소득금액은 소득세법 제155조의 2에 따른 특정일에 지급하는 것으로 보아 원천징수한다(법령 111 ⑥).

7 원천징수의 방법

가. 이자소득 등에 대한 원천징수

이자소득금액 및 투자신탁이익을 내국법인에게 지급하는 자가 그 금액을 지급하는 때에는 그 지급하는 금액에 다음의 세율을 적용하여 계산한 금액에 상당하는 법인세를 원천징수하여 다음 달 10일까지 납세지 관할 세무서등에 납부하여야 한다(법법 73 ①, ②).

① 이자소득금액의 경우

14퍼센트의 세율을 적용한다. 다만, 소득세법 제16조 제1항 제11호의 비영업대금의 이익에 관하여는 25퍼센트의 세율을 적용하되 「온라인투자연계금융업 및 이용자보호에 관한 법률」에 따라 금융위원회에 등록한 온라인투자연계금융업자를 통하여 지급받은 이자소득에 관하여는 14퍼센트의 세율을 적용한다.[5]

② 투자신탁이익의 경우

14퍼센트의 세율을 적용한다. 다만, 투자신탁이익에 관하여 간접투자외국법인세액이 납부되어 있는 경우에는 ① 투자신탁이익(세후기준가격을 기준으로 계산된 금액)에 관한 원천징수세액에서 ② 간접투자외국법인세액을 세후기준가격을 고려하여 대통령령(법령 111 ②)으로 정하는 바에 따라 계산한 금액을 뺀 금액을 원천징수한다(법법 73 ②). 위 규

---

5) 온라인투자연계금융업을 지원하기 위하여 그 거래의 본질은 비영업대금이지만 원천징수세율을 14%에 맞춘 것이다. 김경호, "법인세법 일부개정법률안 검토보고", 기획재정위원회, 2022. 11., 80-84면.

정의 입법취지에 관한 상세한 논의는 '간접투자회사등에 대한 투자 관련 외국납부세액 공제 특례'(804면) 참조. 이때 ①의 금액을 원천징수세액의 한도로 하고 ②의 금액이 ①의 금액을 초과하는 경우에는 해당 간접투자외국법인세액의 납부일부터 10년이 지난 날이 속하는 연도의 12월 31일까지의 기간 중에 투자신탁이익을 지급받는 때에 해당 투자신탁이익에 대한 원천징수세액을 한도로 공제할 수 있다(법법 73 ③).

나. 채권등의 보유기간에 따른 이자 등에 대한 원천징수의 특례

1) 개관

법인세법은 내국법인이 소득세법 제46조 제1항에 따른 채권등 또는 투자신탁의 수익증권을 타인에게 매도(중개·알선·유상이체를 포함하되 환매주건부 채권매매 등은 제외한다)하는 경우 그 내국법인을 원천징수의무자로 보는 특례를 두고 있다(법법 73의2 ①).

원천징수대상채권등의 이자등(원천징수대상채권 등의 이자 등을 지급받기 전에 매도하는 경우에는 그 채권등을 매도하는 경우의 이자등을 말한다)에 대한 원천징수대상소득은 내국법인이 원천징수대상채권등(신탁업자가 운용하는 신탁재산에 귀속되는 채권 등을 포함한다)을 취득하여 보유한 기간에 발생한 소득으로 한다(법령 113 ①).

2) 원천징수대상채권등의 범위

원천징수대상채권등이라 함은 소득세법 제46조 제1항에 따른 채권등 또는 투자신탁의 수익증권을 말한다(법법 73의2 ①, 소법 46 ①). 다만, 법인세가 비과세되거나 면제되는 채권등은 제외한다(법법 73의2 ②).

3) 원천징수대상채권등의 보유기간에 따른 이자 등의 계산

가) 원천징수대상채권등의 보유기간에 따른 이자 등의 계산

원천징수대상채권등의 보유기간에 따른 이자 등은 그 채권 등의 보유기간에 대하여 이자계산기간에 약정된 이자계산방식에 따라 그 채권 등의 이자율을 적용하여 계산한다(법령 113 ②).[6]

---

[6] 아래 산식은 원천징수대상이 되는 소득을 획일적으로 계산하도록 함으로써 보유기간별 이자상당액의 총액에 대한 원천징수의 실효성을 확보하기 위한 것이다. 따라서 법인세법 시행령 제73조 제8항에 따라 원천징수의무를 부담하는 법인은 원천징수대상채권을 타인에게 매도할 경우 그 매도 시점에 아래 산식에 따라 계산한 금액을 채권의 보유기간 이자 상당액에 대한 원천징수대상금액으로 보아 원천징수를 할 의무가 있으며 매도시에 해당 채권의 처분손실이 발생하더라도 이를 고려하여서는 안 된다. 대법원 2017. 12. 22. 선고 2014두2256 판결.

$$
\begin{array}{c}
\text{원천징수대상채권 등의} \\
\text{보유기간에 따른 이자 등}
\end{array}
=
\begin{array}{c}
\text{원천징수대상채권} \\
\text{등의 액면가액}
\end{array}
\times \text{보유기간} \times \text{이자율}
$$

(1) 원천징수대상채권등의 보유기간

(가) 원천징수대상채권등의 보유기간의 계산

원천징수대상채권등의 이자소득금액을 지급받기 전에 매도하는 경우에는 해당 채권 등의 취득일 또는 직전 이자소득금액의 계산기간 종료일의 다음 날부터 매도하는 날(매도하기 위하여 알선·중개 또는 위탁하는 경우에는 실제로 매도하는 날)까지의 기간을 말한다. 다만, 취득한 날 또는 직전 이자소득금액의 계산기간 종료일부터 매도하는 날 전일까지로 기간을 계산하는 약정이 있는 경우에는 그 기간으로 한다(법령 113 ②).

(나) 원천징수대상채권등의 보유기간의 입증

원천징수대상채권등의 보유기간의 확인에 관하여는 소득세법 시행령 제102조 제8항을 준용한다(법령 113 ⑧).

(다) 취득일이 상이한 원천징수대상채권 등의 보유기간의 계산

법인이 취득일이 서로 다른 동일종목의 원천징수대상채권등을 매도하는 경우의 기간계산방법에 관하여는 개별법·선입선출법 또는 후입선출법을 준용하거나 기획재정부령이 정하는 방법(법칙 59 ③) 중 하나를 선택하여 적용할 수 있다. 이 경우 법인이 보유기간의 계산방법을 신고하지 않거나 신고한 방법과 상이한 방법을 적용하여 계산한 경우에는 선입선출법의 방법을 준용하여 보유기간을 계산한다(법령 113 ⑦).

법인은 다음의 기한 안에 납세지 관할 세무서장에게 기간계산방법을 신고하여야 하며, 신고한 방법은 계속적으로 적용하여야 한다.

① 보유기간에 따른 이자 등에 대한 원천징수세액 납부일
② 보유기간에 따른 이자 등에 대한 법인세 과세표준 신고일

(2) 이자율

해당 채권 등의 이자계산기간에 대하여 약정된 이자계산방식에 의한 이자율에 발행시의 할인율을 가산하고 할증률을 차감한 이자율로 한다. 다만, 국가가 발행하는 원금과 이자가 분리되는 원금이자분리채권, 국채·산업금융채권·예금보험기금채권과 예금보험기금채권상환기금을 공개시장에서 발행하는 경우에는 발행시의 할인율과 할증률을 가감하지 않는

다(법령 113 ② Ⅱ 가).

그런데 만기상환일에 각 이자계산기간에 대한 보장이율을 추가로 지급하는 조건이 있는 전환사채·교환사채 또는 신주인수권부사채의 경우에는 그 추가지급이율을 가산한 이자율을 적용한다. 다만, 전환사채 또는 교환사채를 주식으로 전환청구 또는 교환청구를 한 경우로서 이자지급의 약정이 있는 경우에는 전환청구일 또는 교환청구일부터는 해당 약정이자율을 적용한다(법령 113 ② Ⅱ 나).

나) 투자신탁 수익증권의 계산특례

투자신탁 수익증권을 취득한 법인이 투자신탁의 수익계산기간 중도에 매도(자본시장법에 따른 집합투자업자가 취득하여 매도하는 증권의 경우를 포함한다)한 경우의 보유기간에 따른 이자 등은 위의 계산식에 의하지 않고 해당 투자신탁이익으로 하도록 하고 있다(법령 113 ⑤).

4) 원천징수의 내용

법인세법 제73조의2 제1항에 따라 원천징수의무를 지는 내국법인은 해당 원천징수대상채권등의 보유기간에 따른 이자, 할인액 및 투자신탁이익('이자등')의 금액에 14퍼센트의 세율을 적용하여 계산한 금액에 상당하는 법인세를 원천징수하여 그 징수일이 속하는 달의 다음 달 10일까지 납세지 관할 세무서등에 납부하여야 한다. 이 경우 해당 내국법인을 원천징수의무자로 본다(법법 73의2 ①). 그리고 원천징수대상채권등의 매도에 따른 이자 등에 대한 원천징수의무자가 납세의무자로서 납부한 법인세액에 대해서는 해당 법인을 납세의무자로 본다(법법 74 ②). 즉, 원천징수대상채권 등을 매도하는 법인이 스스로 자신의 원천징수대상채권 등의 보유기간에 따른 이자 등에 대한 법인세를 원천징수하여 납부하여야 하는 것이다. 원천징수대상채권 등을 매도하는 법인이 원천징수의무자이며, 또한 본래의 납세의무자에 해당한다. 이 경우 법인세가 부과되지 않거나 면제되는 소득 등 대통령령으로 정하는 소득에 대해서는 법인세를 원천징수하지 않는다(법법 73의2 ②).

차입금과 이자의 변제에 관한 특별한 약정이 없이 차입금과 그 차입금에 대한 이자에 해당하는 금액의 일부만을 변제한 경우 이자를 먼저 변제한 것으로 본다. 다만 비영업대금의 이익의 경우에는 원금을 먼저 변제한 것으로 본다(법칙 56).

내국법인이 대통령령으로 정하는 금융회사 등이나 자본시장법에 따른 집합투자업자에게 원천징수대상채권등을 매도하는 경우로서 당사자간의 약정이 있을 때에는 그 약정에 따라 원천징수의무를 대리하거나 그 위임을 받은 자의 행위는 수권 또는 위임의 범위에서 본인 또는 위임인의 행위로 본다(법법 73의2 ③).

또한 자본시장법에 따른 신탁재산에 속한 원천징수대상채권등을 매도하는 경우 자본시장법에 따른 신탁업자와 수익자(수익자과세신탁의 경우) 또는 위탁자(위탁자과세신탁의 경우) 간에 대리 또는 위임의 관계가 있는 것으로 본다(법법 73의2 ④).

5) 원천징수세액의 공제

원천징수대상채권 등의 매도에 따른 이자 등에 대한 원천징수의무자가 납세의무자로서 납부한 법인세액에 대하여는 해당 법인을 납세의무자로 보아 산출세액에서 이를 공제한다(법법 74 ②). 법인이 선이자지급방식의 채권 등을 취득한 후 사업연도가 종료되어 원천징수된 세액을 전액 공제하여 법인세를 신고하였으나 그 후의 사업연도 중 해당 채권 등의 만기상환일이 도래하기 전에 매도함으로써 해당 사업연도 전에 공제한 원천징수세액이 보유기간에 따른 이자 등에 대한 세액을 초과하는 경우에 그 초과하는 금액은 해당 원천징수대상채권 등을 매도한 날이 속하는 사업연도의 법인세에 가산하여 납부하여야 한다(법령 113 ⑥).

8 소액부징수와 과세최저한

원천징수세액이 1천원 미만인 경우에는 해당 법인세를 징수하지 않는다(법법 73 ① 각 호의 부분 괄호).

9 원천징수세액의 납부

원천징수의무자는 원천징수한 법인세 등을 그 징수일이 속하는 달의 다음 달 10일까지 국세징수법에 의한 납부서와 함께 관할세무서·한국은행 또는 체신관서에 납부하여야 한다(법령 115 ①).

이 경우에 직전연도[7]의 상시고용인원이 20인 이하인 원천징수의무자(금융 및 보험업을 영위하는 법인을 제외한다)로서 원천징수 관할 세무서장으로부터 원천징수세액을 매 반기별로 납부할 수 있도록 승인을 얻거나 국세청장이 정하는 바에 따라 지정을 받은 자는 원천징수한 법인세를 그 징수일이 속하는 반기의 마지막 달의 다음 달 10일까지 납부할 수 있다(법법 73 ⑨, 법령 115 ②). 직전연도의 상시고용인원수는 직전연도의 1월부터 12월까지의 매월 말일 현재의 상시고용인원의 평균인원수로 한다.

---

7) 신규로 사업을 개시한 사업자의 경우 신청일이 속하는 반기를 말한다(법령 115 ② 괄호).

제4절 수시부과결정

1 수시부과결정의 개념

법인세는 사업연도 단위로 소득금액을 파악하여 과세하는 것이므로 그 사업연도가 종료하지 않으면 과세표준이 확정될 수 없고, 따라서 법인세의 납세의무를 확정할 수도 없는 것이다. 그러므로 법인세와 같이 기간과세를 채택하고 있는 세목에 있어서는 사업연도가 종료한 후에 납세의무를 확정하는 것이 마땅한 것이다. 그러나 과세표준과 세액의 신고기한까지 기다려서는 조세채권을 확보하기 어려운 긴급한 사유가 있는 경우에는 사업연도가 진행 중이든 또는 신고기한이 도래하기 전이든 가리지 않고 기한의 이익을 박탈하여 미리 과세권을 행사하게 된다. 이를 수시부과결정이라고 한다.

2 수시부과사유

수시부과결정은 과세관청의 조사결정권이 조기에 행사되는 예외조치이다. 따라서 그 사유는 엄격하게 제한적으로 해석되어야 하며, 납세의무자가 수시부과결정으로 인하여 의외의 불이익을 입지 않도록 그 적용에 신중을 기하여야 한다. 수시부과사유, 즉 수시부과의 필요성이 충족되지 않았음에도 불구하고 수시부과를 행한 경우에 해당 수시부과결정은 위법한 처분인 것이다.

가. 법인세 포탈의 우려가 있는 경우

수시부과의 사유는 다음과 같이 법인세 포탈의 우려가 있다고 인정되는 경우이다(법령 108 ①).
① 신고를 하지 않고 본점 등을 이전한 경우
② 사업부진 기타 사유로 휴업 또는 폐업상태에 있는 경우[1]
③ 그 밖에 조세를 포탈할 우려가 있다고 인정되는 상당한 이유가 있는 경우

---

1) 대법원 1986. 7. 22. 선고 85누297 판결: 「법인소유의 사업부동산에 대한 강제경매 개시결정이 있은 사실만으로서는 '사업부진 기타사유로 인하여 휴업 또는 폐업상태에 있는 경우'에 해당되어 법인세 수시부과요건을 갖춘 것으로 보기 어렵다.」

나. 주한국제연합군 등으로부터 사업수입금액을 외환증서 등으로 영수하는 경우

내국법인이 주한국제연합군 또는 외국기관으로부터 사업수입금액을 외국환은행을 통하여 외환증서 또는 원화로 영수할 때에는 그 영수할 금액에 대한 과세표준을 수시로 결정할수 있다(법령 108 ③).

3 수시부과세액의 결정

1) 법인세 포탈 등의 우려가 있는 경우

해당 사업연도의 사업개시일로부터 그 사유가 발생한 날까지를 수시부과기간으로 하여실액방법 또는 추계방법에 의하여 과세표준과 세액을 결정한다. 수시부과기간이 1년 미만인 경우의 수시부과결정에 따른 법인세 산출세액은 다음 계산식과 같이 계산한다.

$$\text{산출세액} = (\text{수시부과기간의 법인세 과세표준} \times \frac{12}{\text{수시부과기간}} \times \text{법인세율} \times \frac{\text{수시부과기간}}{12})$$

사업부진 기타 사유로 휴업 또는 폐업상태에 있는 경우로서 납세지 관할 세무서장 또는관할 지방국세청장이 조사 결과 명백한 탈루혐의가 없다고 인정하는 경우에는 동업자 권형방법에 의하되, 동일업종의 다른 법인이 없는 경우에는 직전 사업연도의 소득률방법에 의하여 그 과세표준과 세액을 결정할 수 있다.

2) 주한국제연합군 등으로부터 사업수입금액을 외환증서 등으로 영수하는 경우

사업수입금액에서 매입비 및 사업용자산에 대한 임차료, 대표자·임원 및 직원의 급여·임금 및 퇴직급여(이하에서 '매입비용등'이라 한다)와 사업수입금액에 기준경비율을 곱하여 계산한 금액의 합계액을 공제한 금액에 법인세율을 적용하여 산출세액을 계산한다(법령 108 ④). 이를 계산식으로 나타내면 다음과 같다.

$$\text{수시부과세액} = [\text{사업수입금액} - \{\text{매입비용등} + (\text{사업수입금액} \times \text{기준경비율})\}] \times \text{기본세율}$$

위의 계산식에서 사업수입금액이란 내국법인이 주한국제연합군 또는 외국기관으로부터 외국환은행을 통하여 외환증서 또는 원화로 영수하는 수입금액을 말한다.

4 수시부과결정의 효력

수시부과결정은 세액의 정산, 즉 확정절차(과세표준과 세액의 신고 또는 결정)를 전제로 하는 잠정적인 결정의 성격을 지니고 있다. 즉, 수시부과결정은 사업연도 또는 과세표준과 세액 신고기한이 경과하기 전에 그 수시부과할 사유가 발생한 때까지의 소득에 대하여 미리 부과하는 것으로서 수시부과에 의하여 결정된 과세표준이라 하더라도 다시 법인세 과세표준에 통산하게 된다.

즉 수시부과결정을 받은 내국법인도 과세표준과 세액의 신고의무를 진다. 그리고 과세관청도 수시부과결정을 한 소득금액을 포함하여 법인세의 과세표준과 세액을 결정 또는 경정을 하여야 하는 것이다. 납세의무자가 과세표준과 세액을 신고하거나 과세관청이 과세표준과 세액을 결정 또는 경정을 할 때 수시부과세액은 이미 납부한 세액(기납부세액)으로서 산출세액에서 공제하게 된다.

제12장

과세표준과 세액의 신고와 자진납부

제 1 절 과세표준과 세액의 신고

1 의의와 법적 성질

가. 법인세의 확정방법과 납세신고와의 관계

법인세의 납세의무가 있는 내국법인은 자기의 법인세 과세표준과 세액을 스스로 과세관청에게 신고하여야 한다. 즉 납세의무 있는 내국법인은 각 사업연도의 종료일부터 3개월(법인세법 제60조의2 제1항 본문에 따라 내국법인이 성실신고확인서를 제출하는 경우 4개월) 이내에 해당 사업연도의 법인세의 과세표준과 세액을 납세지 관할 세무서장에게 신고하여야 한다(법법 60 ①). 이를 법인세의 과세표준과 세액의 신고(이하에서 '과세표준신고'라고 한다)라고 하는데, 과세표준신고를 강학상 납세신고라고 부른다.

사업연도의 종료에 따라 자동적으로 성립한 법인세의 추상적 납세의무는 납세의무 있는 내국법인의 과세표준신고행위 또는 과세관청의 과세처분과 같은 확정절차를 거침으로써 비로소 구체적 납세의무로 바뀌게 된다.

법인세는 신고납세제도를 채택하고 있기 때문에 과세표준신고에 의하여 법인세의 납세의무가 구체적으로 확정된다.[1] 즉 법인세에 있어서는 과세표준신고가 법인세의 납세의무를 확정짓는 원칙적인 수단인 것이다.

나. 납세신고의 법적 성질

신고납세제도 아래에서의 납세신고(Tax returns, Steueranmeldung)는 특정한 세목에 대하여 해당 세법에서 정하고 있는 과세요건을 충족한 납세의무자가 자기의 과세표준과 세

---

[1] 신고납세제도를 채택하고 있는 세목에 있어서의 납세신고의 효력에 관하여는 김완석, "납세신고의 법적 성질에 관한 연구", 「월간조세」, 1993. 9.-10., 통권 제64호, 제65호를 참조

액을 스스로 확인·산정하여 과세관청에게 알리는 행위이다. 납세의무자가 자기의 과세표준과 세액을 과세관청에 신고하는 경우에는 그 신고하는 내용대로 납세의무가 확정되는 법적 효과가 부여되고 있다.[2]

특정한 납세의무자가 부담하여야 할 납세의무의 크기는 그 납세의무자 자신이 가장 정확하게 알고 있기 때문에 일차적으로 본인으로 하여금 스스로 자신이 부담하여야 할 납세의무의 크기를 측정하여 신고하도록 하고 있는 것이다.

원래 신고납세제도는 일찍이 미국에서 채택되어 온 조세확정방법으로서 납세의무자가 스스로 자기의 과세표준과 세액을 확정하기 때문에 자기부과방식(self-assessment system)[3]이라고도 불린다. 민주적 납세사상에 적합하고 조세의 능률적 징수의 요청에도 부합하는 제도이기는 하나, 국민의 높은 납세의식과 자발적인 납세협력(voluntary compliance)을 해당 제도의 존립기반으로 하고 있다.

한편, 납세신고는 사인인 납세의무자가 공법관계에서 하는 행위로서 해당 행위에 의하여 납세의무의 확정이라는 공법적 효과가 발생하는 사인의 공법집위이다. 즉 납세신고는 과세관청의 과세처분과 마찬가지로 납세의무자가 추상적으로 성립하고 있는 그 자신의 납세의무를 스스로 확정하는 조세확정행위인 것이다.

그러나 납세신고행위를 사인의 공법집위로 파악하면서도 그 행위의 성질을 둘러싸고 의사표시설·통지행위설 및 확인행위설이 서로 대립하고 있다.

생각건대 납세신고는 법령에서 정하고 있는 과세요건을 충족함으로써 이미 객관적으로 성립하고 있는 납세의무의 내용(과세표준과 세액 등)을 납세의무자가 구체적으로 판단·확정하는 행위이기 때문에 확인행위의 성질을 갖는다고 이해하고자 한다. 즉 확인행위설에 찬성한다. 이와 같은 납세신고는 수령을 요하는 공법집위이므로 상대방에게 고지함으로써 효력이 발생한다. 즉 과세관청에 납세신고서를 제출함으로써 비로소 납세신고행위가 효력을 발생하는 것이다.

2 신고의무자

내국법인으로서 각 사업연도의 소득에 대한 법인세의 납세의무가 있는 내국법인이다. 각 사업연도의 소득금액이 없거나 결손금이 있는 법인도 법인세의 과세표준과 세액을 신고할 의무가 있다.

2) Tipke/Lang, Steuerrecht, 24.Aufl., 2021, Rn. 21.5.
3) Barr et al, *Self-Assessment for Income Tax*, 1977, p. 3; Bittker/Lokken, *Federal Taxation of Income, Estates and Gifts*, 2020, ¶ 111.1. p. 1.

그러나 비영리법인은 법인세가 원천징수된 이자소득(비영업대금의 이익을 제외하고, 투자신탁이익을 포함한다. 이하에서도 같다)에 대하여 과세표준의 신고를 하지 않거나 그 일부금액에 대하여만 과세표준을 신고할 수 있다. 예를 들면 법인세가 원천징수된 이자소득이 10억원인 비영리내국법인은 그 이자소득 중 일부분인 3억원이나 5억원만을 법인세 과세표준에 포함하여 신고할 수도 있다. 과세표준의 신고를 하지 않은 이자소득은 각 사업연도의 소득에 대한 법인세의 과세표준을 계산할 때 과세표준에 포함하지 않는다. 법인세의 과세표준에 포함하지 않은 이자소득은 해당 이자소득에 대한 법인세의 원천징수(분리과세)로써 법인세의 납세의무가 종결되는 것이다. 위의 예에서 이자소득 중 과세표준에 포함하여 신고한 3억원 또는 5억원은 각 사업연도의 소득에 대한 법인세의 과세표준에 산입하지만, 신고에서 제외된 7억원 또는 5억원은 이자소득에 대한 법인세의 원천징수로써 그 납세의무가 종결되는 것이다.

비영리내국법인이 과세표준신고를 하지 않은 이자소득은 수정신고, 기한 후 신고 또는 경정 등에 의하여 이를 과세표준에 포함시킬 수 없다(법법 62 및 법령 99 ①).

3 신고기한

가. 원 칙

각 사업연도의 종료일이 속하는 달의 말일부터 3개월(법법 60의2 ① 본문에 따라 내국법인이 성실신고확인서를 제출하는 경우 4개월) 이내에 과세표준과 세액을 신고하여야 한다(법법 60 ①). 그러나 신고서 등의 신고기한일에 국세정보통신망이 정전, 통신상의 장애, 프로그램의 오류 등의 사유에 의하여 그 가동이 정지되어 전자신고를 할 수 없게 되는 경우에는 그 장애가 복구되어 신고할 수 있게 된 날의 다음 날을 신고기한으로 한다(기법 5 ③).

나. 신고기한의 연장

내국법인이 천재·지변 또는 다음의 사유에 해당하여 납세지 관할 세무서장의 승인을 얻은 때에는 그 신고기한이 연장된다. 이 경우에는 그 신고기한 만료일 3일 전까지(부득이한 경우에는 만료일까지) 납세지 관할 세무서장에게 신고기한의 연장을 신청하여야 한다(기법 6, 기령 2 ①).
① 납세자가 화재·전화 기타 재해를 입거나 도난을 당한 때
② 납세자 또는 그 동거가족이 질병으로 위중하거나 사망하여 상중인 때

③ 정전, 프로그램의 오류 기타 부득이한 사유로 한국은행(그 대리점을 포함한다) 및 체신 관서의 정보통신망의 정상적인 가동이 불가능한 때

④ 금융기관(한국은행 국고대리점 및 국고수납대리점인 금융기관에 한한다) 또는 체신관 서의 휴무 그 밖에 부득이한 사유로 인하여 정상적인 세금납부가 곤란하다고 국세청장 이 인정하는 때

⑤ 권한 있는 기관에 장부·서류가 압수 또는 영치된 때

⑥ 그 밖에 불가항력으로 인한 때

다음으로 외부감사법 제4조에 따라 감사인에 의한 감사를 받아야 하는 내국법인이 해당 사업연도의 감사가 종결되지 않아 결산이 확정되지 않았다는 사유로 신고기한의 연장을 신 청한 경우에는 그 신고기한을 1개월의 범위에서 연장할 수 있다(법법 60 ⑦).[4]

이와 같이 신고기한이 연장된 내국법인이 세액을 납부할 때에는 기한 연장일수에 연 2.9 퍼센트를 적용하여 계산한 금액을 가산하여 납부하여야 한다(법법 60 ⑧). 이 경우 기한 연 장일수는 법정신고기한의 다음 날부터 신고 및 납부가 이루어진 날(연장기한까지 신고납 부가 이루어진 경우에만 해당한다) 또는 연장된 날까지의 일수로 한다.

4 　신고방법

① 납세신고는 요식행위이다. 그러므로 내국법인은 해당 사업연도의 소득에 대한 법인세의 과세표준과 세액(토지등 양도소득에 대한 법인세를 포함한다)을 법인세 과세표준 및 세 액신고서에 의하여 신고하여야 한다(법법 60 ①, 법령 97 ②).[5]

② 내국법인이 해당 사업연도의 소득에 대한 법인세의 과세표준과 세액을 신고할 때 법인 세 과세표준 및 세액신고서에 다음의 서류를 첨부하여야 한다.

　㉮ 기업회계기준을 준용하여 작성한 개별 내국법인의 재무상태표·포괄손익계산서 및 이익잉여금처분계산서(또는 결손금처리계산서)

　기업회계기준을 준용하여 작성한 개별 내국법인의 재무상태표·포괄손익계산서 및

---

4) 신고기한의 연장을 신청하려면 신고기한의 종료일 3일 전까지 기획재정부령으로 정하는 신고기한연장신청서 를 납세지 관할 세무서장에게 제출하여야 한다(법령 97 ⑫)

5) 대법원 2009. 7. 23. 선고 2007두21297 판결: 「납세자가 법정신고기한 내에 과세표준신고서를 제출하였으나 그 과세표준신고서에 기재된 결손금액이 세법에 의하여 신고하여야 할 결손금액에 미달하는 때에는 관할 세 무서장에게 결손금액의 증액을 내용으로 하는 경정청구를 할 수 있고, 이 경우 경정청구를 받은 세무서장은 그 청구를 받은 날부터 2월 이내에 결손금액을 경정하거나 경정하여야 할 이유가 없다는 뜻을 그 청구를 한 자에게 통지하여야 할 의무가 있으므로, 만약 세무서장이 납세자의 결손금액증액경정청구에 대하여 그 전부 나 일부를 거부한 경우에는 납세자로서는 그 거부처분의 취소를 구하는 항고소송을 제기할 수 있다.」

이익잉여금처분계산서(또는 결손금처리계산서)를 말한다. 그런데 기업회계기준에 따라 원화 외의 통화를 기능통화로 채택한 경우 재무상태표, 포괄손익계산서, 이익잉여금처분계산서(또는 결손금처리계산서) 및 현금흐름표(이하에서 '재무제표'라 한다)는 기업회계기준을 준용하여 작성한 기능통화로 표시된 재무제표(이하에서 '기능통화재무제표'라 한다)를 말한다.

내국법인이 해당 사업연도의 소득에 대한 법인세의 과세표준과 세액을 신고할 때 기업회계기준을 준용하여 작성한 개별 내국법인의 재무상태표·포괄손익계산서·이익잉여금처분계산서(또는 결손금처리계산서)와 다음 항의 세무조정계산서를 첨부하지 않은 경우에는 이를 신고로 보지 않는다. 다만, 사업소득과 채권매매익 외의 수익사업을 영위하는 비영리내국법인은 예외로 한다(법법 60 ⑤).

그리고 합병 또는 분할로 인하여 소멸하는 법인의 최종사업연도의 과세표준과 세액을 신고할 때에는 이익잉여금처분계산서(또는 결손금처리계산서)를 제출하지 않은 경우에도 적법하게 신고한 것으로 본다.

㉯ 세무조정계산서

법인세 과세표준 및 세액조정계산서를 말하는데, 기업회계와 세무회계의 정확한 조정 또는 성실한 납세를 위하여 필요하다고 인정하여 대통령령으로 정하는 내국법인[6]의 경우에는 세무사에 따른 세무사등록부에 등록한 세무사, 공인회계사(세무대리업무등록부에 등록한 공인회계사 포함), 변호사로서 일정한 조정반[7]에 소속된 자가 작성하여야 한다(법법 60 ⑨). 세무조정계산서를 작성할 수 있는 세무사의 요건에 관하여 필요한 사항은 국세청장이 정할 수 있다.

세무사가 작성한 세무조정계산서를 첨부하여야 할 법인(외부조정계산서 첨부대상법인)이 그 법인이 직접 작성한 세무조정계산서를 첨부하여 신고한 경우에도 신고의 효력에는 영향이 없다. 다만, 행정상 불이익이 따를 수 있을 뿐이다.[8]

㉰ 그 밖에 대통령령이 정하는 서류

그 밖에 대통령령이 정하는 서류란 다음의 서류를 말한다. 다만, 내국법인이 전자신고로 법인세 과세표준과 세액을 신고하는 경우에는 부속서류 중 기획재정부령이 정하는 서류를 제출하지 아니할 수 있다. 이 경우 신고서에 첨부하지 않은 서류가 신고내용의 분석 등에 필요하여 납세지 관할 세무서장 또는 관할 지방국세청장이 서면으로 그 제출을 요구하는 경우에는 이를 제출하여야 한다.

---

6) 그에 관하여는 법인세법 시행령 제97조의2가 규정하고 있다.
7) 조정반의 요건에 관하여는 법인세법 시행령 제97조의3이 규정하고 있다.
8) 국세청, 법인 1264.21-84, 1982. 1. 12.

ⅰ) 세무조정계산서 부속서류 및 기업회계기준에 의하여 작성한 현금흐름표(외부감사법 4에 의하여 외부감사의 대상이 되는 법인만 해당한다)

ⅱ) 기업회계기준에 따라 원화 외의 통화를 기능통화로 채택한 경우 원화를 표시통화로 하여 기업회계기준에 따라 기능통화재무제표를 환산한 재무제표(표시통화재무제표)

ⅲ) 기업회계기준에 따라 원화 외의 통화를 기능통화로 채택한 법인이 원화 외의 기능통화를 채택하지 않았을 경우에 작성하여야 할 재무제표를 기준으로 과세표준을 계산하는 방법을 적용하는 경우 원화 외의 기능통화를 채택하지 않고 계속하여 기업회계기준을 준용하여 원화로 재무제표를 작성할 경우에 작성하여야 할 재무제표(원화재무제표)

ⅳ) 합병 또는 분할한 경우에는 합병등기일 또는 분할등기일 현재의 피합병법인 등의 재무상태표와 합병법인 등이 그 합병 또는 분할로 승계한 자산 및 부채의 명세서 등

③ 내국법인이 국세기본법 제2조 제19호에 따른 국세정보통신망을 이용하여 재무제표, 기능통화재무제표, 원화재무제표 및 표시통화재무제표를 제출하는 때에는 표준재무상태표·표준손익계산서 및 표준손익계산서부속명세서(이하에서 '표준재무제표'라 한다)를 제출하는 것으로 갈음할 수 있다. 다만, 한국채택국제회계기준을 적용하는 법인은 표준재무제표를 제출하여야 한다(법령 97 ⑪).

④ 다음 중 어느 하나에 해당하는 소규모 내국법인은 성실한 납세를 위하여 법인세의 과세표준과 세액을 신고할 때 성실신고확인서[9]를 납세지 관할 세무서장에게 제출하여야 한다. 다만 외부감사법 4에 따라 감사인에 의한 감사를 받은 내국법인은 이를 제출하지 않아도 된다(법법 60의2 ①). 소규모 내국법인 등에 대한 세원투명성 및 과세형평을 제고하기 위한 것이다.

㉮ 부동산 임대업을 주된 사업으로 하는 등 대통령령(법령 97의4 ②)으로 정하는 요건에 해당하는 내국법인(성실신고확인대상 소규모 법인)

㉯ 소득세법 제70조의2 제1항에 따른 성실신고확인대상사업자가 사업용자산을 현물출

---

9) 성실신고확인제도는 성실신고확인 대상인 소규모 법인 또는 법인전환사업자의 성실한 납세를 위하여 법인세 신고시 비치·기록된 장부와 증명서류에 따라 계산한 과세표준 금액(매출 및 비용계상)의 적정성을 세무대리인이 확인·검증하고 세무대리인이 작성한 성실신고확인서를 함께 제출하도록 하는 제도이다. 성실신고확인서는 법인세법 제112조 및 제116조에 따라 비치·기록된 장부와 증명서류에 의하여 계산한 과세표준금액의 적정성을 세무사 등 대통령령으로 정하는 자가 대통령령으로 정하는 바에 따라 확인하고 작성한 확인서를 말한다.

자하는 등 대통령령으로 정하는 방법에 따라 내국법인으로 전환한 경우 그 내국법인 (사업연도 종료일 현재 법인으로 전환한 후 3년 이내의 내국법인으로 한정한다).

㉱ 위 ㉮에 따라 전환한 내국법인이 그 전환에 따라 경영하던 사업을 ㉮에서 정하는 방법 으로 인수한 다른 내국법인(㉮에 따른 전환일부터 3년 이내인 경우로서 그 다른 내국 법인의 사업연도 종료일 현재 인수한 사업을 계속 경영하고 있는 경우로 한정한다).

제2절 세액의 자진납부

1 신고세액의 자진납부

내국법인은 각 사업연도의 소득에 대한 법인세 산출세액에서 감면세액·세액공제액 및 기납부세액을 공제한 금액을 각 사업연도의 소득에 대한 법인세로서 법정신고기한 내에 납 세지 관할세무서[한국은행(그 대리점을 포함한다) 또는 체신관서]에 납부하여야 한다(법 법 64 ①). 이를 신고세액의 자진납부라고 한다.

위에서의 감면세액이란 감면세액(면제세액을 포함한다)은 물론이고 세액공제를 포함한 것으로 해석하여야 한다.

그리고 법인세 산출세액에서 공제할 기납부세액은 다음의 세액으로 하되, 가산세를 제외 한 금액으로 한다.

① 중간예납세액
② 수시부과세액
③ 원천징수세액

2 세액의 분납

납부세액이 1천만원을 초과할 때에는 다음 금액을 납부기한이 경과한 날부터 1월(중소 기업의 경우에는 2개월) 이내에 분납할 수 있다(법법 64 ②, 법령 101 ②).

① 납부할 세액이 2천만원 이하인 때에는 1천만원을 초과하는 금액
② 납부할 세액이 2천만원을 초과하는 때에는 그 세액의 50퍼센트 이하의 금액

제**3**절 보정요구와 수정신고 등

1 보정요구

　납세지 관할 세무서장 및 관할 지방국세청장은 제출된 신고서 기타 서류에 미비 또는 오류가 있는 때에는 이를 보정할 것을 요구할 수 있다(법법 60 ⑥).

2 수정신고

　법인세 과세표준신고서를 법정신고기한까지 제출한 법인은 그 과세표준신고서에 기재된 과세표준 및 세액이 세법에 따라 신고하여야 할 과세표준 및 세액에 미치지 못하거나 그 과세표준신고서에 기재된 결손금액 또는 환급세액이 세법에 따라 신고하여야 할 결손금액이나 환급세액을 초과할 때 또는 세무조정과정에서의 누락 등 불완전한 신고를 한 때에 내국법인은 납세지 관할 세무서장이 과세표준과 세액을 결정 또는 경정하여 통지를 하기 전까지는 언제든지 과세표준수정신고서를 제출할 수 있다(기법 45).

　법인세의 수정신고의 법적 성질도 당초 신고의 법적 성질과 전혀 다를 바 없다. 즉 법인세에 대하여 수정신고(amended tax returns)를 행하게 되면 그 수정신고한 내용대로 법인세의 납세의무가 다시 확정되는 것이다.

　한편, 법인세의 법정신고기한 경과 후 2년 이내에 수정신고를 이행한 경우에는 수정신고의 이행시기에 따라 과세신고가산세 및 초과환급신고가산세의 50퍼센트, 20퍼센트 또는 10퍼센트에 상당하는 세액을 경감한다. 다만, 과세표준과 세액을 경정할 것을 미리 알고 제출한 경우는 가산세를 경감하지 않는다.

3 기한 후 신고

　법정신고기한까지 과세표준신고서를 제출하지 않은 법인은 납세지 관할 세무서장이 세법에 따라 법인세의 과세표준과 세액(법인세법 및 세법에 따른 가산세를 포함한다)을 결정하여 통지하기 전까지 기한후과세표준신고서를 제출할 수 있다. 기한후과세표준신고서를 제출한 법인으로서 세법에 따라 납부하여야 할 세액이 있는 법인은 기한후과세표준신고서의 제출과 동시에 그 세액을 납부하여야 한다. 법정신고기한이 지난 후 1개월 이내에 기한 후 신고·납부를 한 경우에는 무신고가산세의 50퍼센트, 1개월 초과 6개월 이내에 기한 후 신고·납부를 하는 경우 무신고가산세의 20퍼센트에 상당하는 세액을 경감한다.

납세지 관할 세무서장은 기한후과세표준신고서를 제출하고 해당 세액을 납부한 법인의 법인세 과세표준과 세액을 그 신고일부터 3개월 이내에 결정하여야 한다(기법 45의3).

4 경정청구

과세표준확정신고서를 법정신고기한까지 제출한 자가 다음의 사유에 해당하는 때에는 그 법정신고기한이 지난 후 5년 이내에 관할 세무서장에게 최초신고 및 수정신고한 과세표준과 세액의 경정을 청구할 수 있다. 다만, 결정 또는 경정으로 인하여 증가된 과세표준 및 세액에 대해서는 해당 처분이 있음을 안 날(처분의 통지를 받은 때에는 그 받은 날)부터 90일 이내(법정신고기한이 지난 후 5년 이내에 한한다)에 경정을 청구할 수 있다(기법 45의2 ①). 이를 일반적 경정청구라고 부른다.

① 과세표준신고서에 기재된 과세표준 및 세액이 세법에 따라 신고하여야 할 과세표준 및 세액을 초과하는 때
② 과세표준신고서에 기재된 결손금액 또는 환급세액이 세법에 따라 신고하여야 할 결손금액 및 환급세액에 미달하는 때

과세표준신고서를 법정신고기한까지 제출한 내국법인 또는 법인세의 과세표준 및 세액의 결정을 받은 내국법인은 다음 중 어느 하나에 해당하는 사유(이하에서 '후발적 사유'라고 한다)가 발생하였을 때에는 그 사유가 발생한 것을 안 날로부터 3개월 이내에 경정을 청구할 수 있다(기법 45의2 ②, 기령 25의2).[1] 이를 후발적 사유에 따른 경정청구라고 부른다.

① 최초의 신고 등에서 과세표준 및 세액의 계산근거가 된 거래 또는 행위 등이 그에 관한 소송에 대한 판결에 의하여 다른 것으로 확정되었을 때
② 소득의 귀속을 제3자에게 변경시키는 결정 또는 경정이 있을 때
③ 조세조약의 규정에 의한 상호합의가 최초의 신고 등의 내용과 다르게 이루어진 때
④ 결정 또는 경정으로 인하여 해당 결정 또는 경정의 대상이 되는 사업연도 외의 사업연도에 대하여 최초에 신고한 법인세의 과세표준 및 세액이 세법에 따라 신고하여야 할 과세

---

1) 대법원 2006. 1. 26. 선고 2005두7006 판결: 「국세기본법 제45조의2 제2항 제1호에 의하면, 최초에 신고하거나 결정 또는 경정한 과세표준 및 세액의 계산근거가 된 거래 또는 행위 등이 그에 관한 소송에 대한 판결에 의하여 다른 것으로 확정된 때에는 제1항에서 규정하는 기간에 불구하고 그 사유가 발생한 것을 안 날부터 2월 이내에 경정을 청구할 수 있도록 규정하고 있는바, 최초에 신고하거나 결정 또는 경정한 과세표준 및 세액의 계산근거가 된 거래 또는 행위 등에 대하여 분쟁이 생겨 그에 관한 판결에 의하여 다른 것으로 확정된 때에는, 납세의무자는 국세부과권의 제척기간이 경과한 후라도 국세기본법 제45조의2 제2항 제1호의 규정에 따른 경정청구를 할 수 있다.」

표준 및 세액을 초과할 때

⑤ 그 밖에 위와 유사한 사유로서 다음의 사유가 법인세의 법정신고기한이 지난 후에 발생하였을 때

㉮ 최초의 신고 등에 있어서 과세표준 및 세액의 계산근거가 된 거래 또는 행위 등의 효력에 관계되는 관청의 허가 기타의 처분이 취소된 경우

㉯ 최초의 신고 등에 있어서 과세표준 및 세액의 계산근거가 된 거래 또는 행위 등의 효력에 관계되는 계약이 해제권의 행사에 의하여 해제되거나 또는 해당 계약의 성립 후 발생한 부득이한 사유로 인하여 해제되거나 취소된 경우

㉰ 최초의 신고 등에 있어서 장부 및 증명서류의 압수 기타 부득이한 사유로 인하여 과세표준 및 세액을 계산할 수 없었으나 그 후 해당 사유가 소멸한 경우

㉱ 기타 위의 ㉮부터 ㉰까지에 준하는 사유가 있는 경우

위와 같은 일반적 경정청구 또는 후발적 사유에 따른 결정청구를 받은 세무서장은 그 청구를 받은 날로부터 2개월 이내에 과세표준 및 세액을 경정하거나 경정할 이유가 없다는 뜻을 청구자에게 통지하여야 한다(기법 45의2 ③). 만일 2개월이 되는 날까지 경정을 행함이 없이 거부의 통지도 하지 않은 경우에는 부작위를 구성하며, 경정을 할 이유가 없다는 뜻을 통지한 경우에는 거부처분에 해당한다. 부작위와 거부처분은 모두 독립하여 불복의 대상이 된다.

제13장

과세표준과 세액의 결정 등과 징수

제1절 과세표준과 세액의 결정 등

1 서 론

가. 개 념

법인세의 납세의무는 사업연도가 끝나는 날에 성립한다(기법 21 ①). 그러나 이와 같은 추상적인 납세의무의 성립만으로는 구체적으로 과세관청의 징수권이나 납세의무자의 납부의무가 확정되는 것은 아니다.

법인세는 신고납세제도를 채택하고 있으므로 납세신고에 의하여 납세의무가 확정된다. 다만, 과세표준신고를 하여야 할 내국법인이 그 신고를 이행하지 않은 때에는 납세의무가 구체적으로 확정되지 못하고 단지 추상적으로만 존재하게 된다. 이 경우에는 과세관청이 해당 내국법인의 과세표준과 세액을 확정하는 절차를 밟게 되는데, 이를 결정이라고 한다. 이와 같은 결정에 의하여 과세표준신고를 이행하지 않은 내국법인의 납세의무가 비로소 구체적으로 확정되게 되는 것이다.

내국법인이 과세표준신고를 하였으나 그 신고내용에 탈루 또는 오류가 있는 경우와 과세관청이 과세표준과 세액을 결정하였으나 그 결정에 탈루 또는 오류가 있는 경우에는 과세관청이 해당 내국법인의 과세표준과 세액을 다시 고쳐서 확정한다. 이와 같은 확정절차를 경정이라 함은 전술한 바와 같다. 경정[1]은 납세신고 또는 결정에 의하여 구체적으로 확정된 납세의무의 크기를 다시 고쳐서 확정하는 처분인 것이다.

한편, 과세표준과 세액을 경정한 후 그 경정에 탈루 또는 오류가 있는 것을 발견한 때에

---

1) 독일세법에서의 변경(Änderung)과 거의 같은 개념이다. 팁케(Tipke) 교수는 변경을 감액변경(Änderung durch Einschränkung)과 증액변경(Änderung durch Erweiterung)으로 구분하고, 감액변경에는 부분 취소, 부분 철회 및 행정행위의 축소적 변경을 포함시키고 있다(*Tipke/Lang*, Steuerrecht, 21. Aufl., 2012, § 21 Rn. 387).

는 즉시 이를 다시 경정하게 된다. 이를 재경정이라고 부르기도 한다. 일반적으로는 경정과 재경정 등을 총칭하여 경정이라고 부른다.

법인세의 납세의무는 납세신고에 의하여 확정되는 것이지만, 납세의무자가 법인세의 과세표준과 세액을 신고하지 않았거나 신고한 내용에 오류 또는 탈루가 있는 때에는 보충적으로 과세관청이 확정권을 행사하여 그 과세표준과 세액을 결정 또는 경정하는 것이다. 이와 같은 결정 및 경정을 강학상 과세처분이라고 부른다.

나. 법적 성질

과세관청이 행하는 과세표준과 세액의 결정(경정을 포함한다. 이하 같다), 즉 과세처분의 법적 성질에 관하여는 하명행위라는 설과 확인행위라는 설이 대립되고 있다. 과세관청이 과세표준과 세액을 결정하는 처분은 이미 성립되어 있는 조세채무의 내용을 구체적으로 판단·확정하는 행위이기 때문에 확인행위에 해당한다고 새긴다.[2] 한편, 납세의 고지는 통지행위 중 의사의 통지(이행의 청구)에 해당한다. 징수실무상으로는 과세표준과 세액의 결정통지를 납부고지서에 의하여 갈음하는 경우가 일반적인데, 이 경우의 납부고지는 확인행위의 성질(과세표준과 세액의 통지)과 통지행위의 성질(납부의 고지)을 아울러 갖는 복합적인 행위로 이해하여야 할 것이다.[3]

다. 근거과세의 원칙

과세는 장부와 이에 관계되는 증거에 근거하여 객관성 있게 이루어져야 한다. 따라서 납세의무자가 세법에 따라 장부를 갖추어 기록하고 있는 경우에는 국세 과세표준과 세액의 결정 또는 경정은 그 장부와 이에 관계되는 증거자료와 같은 직접증거에 의하여야 하고, 장부의 내용이 사실과 다르거나 장부의 기록에 누락된 것이 있을 때에는 그 부분에 대해서만 정부가 조사한 사실에 따라 결정 또는 경정할 수 있도록 하고 있는 것이다. 다만, 이 경우에도 정부는 조사한 사실과 결정의 근거를 결정서에 적어야 한다(기법 16).

한편, 추계과세를 행하기 위해서는 엄격한 요건, 즉 추계과세의 필요성을 충족하는 때에만 허용하여야 한다. 대법원이 "납세의무자가 신고·납부시에 제시한 제반 증명서류 등의

---

2) 같은 취지: 田中二郎, 「租税法」, 有斐閣, 1985, 196면; 清永敬次, 「税法」, 新版, ミネルヴァ書房, 1984, 178-180면; 新井隆一, 「租税法の基礎理論」, 日本評論社, 1986, 125-126면; 中川一郎(編), 「税法学体系: 総論」, 三晃社, 1974., 202면.
3) 대법원도 납세고지를 부과결정을 고지하는 과세처분의 성질과 확정된 세액의 납부를 명하는 징수처분의 성질을 아울러 갖는다고 판시하고 있다(대법원 1985. 1. 29. 선고 84누111 판결).

부당성을 지적하고 새로운 과세자료를 제시받아 실지조사를 하여 보았으나 해당 과세자료에 의해서도 도저히 과세표준과 세액을 결정할 수 없을 때에 한하여 비로소 추계결정을 할 수 있다"고 판시[4]한 것은 이를 단적으로 나타낸 것이라고 하겠다.

2 결정시기

　과세표준신고를 하여야 할 자가 신고를 하지 않은 때에는 해당 법인의 각 사업연도의 소득에 대한 법인세의 과세표준과 세액을 결정하여야 한다. 이와 같은 결정은 신고기한부터 1년 내에 완료하여야 한다. 다만, 국세청장이 조사기간을 따로 정하거나 부득이한 사유로 인하여 국세청장의 승인을 얻은 경우에는 예외로 한다(법령 103 ③). 그러나 위의 결정기간은 훈시규정에 불과하며, 설사 이 기간을 경과하여 과세표준과 세액을 결정하였다고 하더라도 법인세 부과권의 제척기간 내에 행한 것이라면 적법하다.

3 결정기관

　법인세의 과세표준과 세액의 결정 또는 경정은 납세지 관할 세무서장이 행한다. 다만, 국세청장이 특히 중요하다고 인정하는 것에 대하여는 납세지 관할 지방국세청장이 이를 결정 또는 경정할 수 있으며, 이 경우 납세지 관할 세무서장은 해당 과세표준을 결정 또는 경정하기 위하여 필요한 서류를 납세지 관할 지방국세청장에게 지체 없이 송부하여야 한다(법령 103 ①).

4 결정방법

가. 결정방법의 유형

　과세표준과 세액을 결정 또는 경정하는 방법(이하에서 '결정방법'이라고 한다)은 그 결정 또는 경정의 근거로 삼은 증거 또는 자료가 직접적인 것인지 아니면 간접적인 것인지, 즉 직접증거인지 아니면 간접증거인지에 따라서 실액방법과 추계방법으로 구별할 수 있다. 실액방법이란 장부 및 이에 관계되는 증명서류와 같은 직접증거를 바탕으로 과세표준을 산정하는 방법이다. 조세법상의 응능부담의 원칙과 근거과세의 원칙은 원칙적으로 실액방법에 따라 과세표준을 산정할 것을 요구하고 있다. 실액방법은 과세표준과 세액을 납세의무

---

4) 대법원 1980. 3. 11. 선고 79누408 판결 등.

자가 스스로 신고함으로써 확정되는 구조를 취하고 있는 신고납세제도와 친숙한 제도라고 할 수 있다.

　한편 납세의무자가 직접증거를 갖추고 있지 않거나 납세의무자가 제시하는 직접증거가 허위인 경우에는 직접증거에 의한 과세표준의 산정이 불가능하다. 이 경우에도 과세를 포기하는 것은 합당하지 않다. 왜냐하면 불성실한 납세의무자는 과세에서 제외됨으로써 오히려 우대되고 성실한 납세의무자만이 조세를 부담함으로써 불리하게 취급되는 결과를 가져오기 때문이다.[5] 그러므로 이 경우에는 간접적인 증거에 바탕을 둔 추계방법에 의하여 과세하지 않을 수 없는 것이다.

　즉 납세의무자가 과세표준을 산정할 수 있는 직접증거를 갖추고 있지 않거나 납세의무자가 직접증거라고 제시하는 자료가 허위임이 명백한 경우와 같이 직접증거에 의존할 수 없는 명백한 사유가 있는 경우에는 부득이 간접증거에 의하여 과세표준을 추정하여 산정할 수밖에 없다. 즉 추계방법은 실액방법에 의한 과세가 불가능할 경우에 한하여 허용되는 예외적인 과세표준의 인정방법인 것이다.

나. 실액방법에 의한 결정

1) 요　건

　내국법인이 장부를 비치·기장하는 경우로서 그 비치·기장한 장부와 증명서류를 근거로 하여 소득금액을 계산할 수 있을 때에는 그 비치·기장한 장부와 증명서류에 의하여 과세표준을 산정한다(법법 66 ③). 납세의무자가 비치·기장하고 있는 장부와 증명서류는 진실한 증거자료로 추정한다(기법 81의5 ①). 따라서 과세관청이 납세의무자가 제시하는 장부와 이에 관계있는 증명자료의 중요한 부분이 허위임을 이유로 추계과세를 하는 경우에는 그 추계과세의 요건을 이루는 근거사실에 대하여 입증책임을 지는 것이다.

2) 결정방법

　내국법인이 비치·기장한 장부·증명서류 등과 같은 직접증거를 근거로 하여 과세표준과 세액을 확정한다. 이와 같은 실액방법은 장부·증명서류 등과 같은 직접증거를 근거로 하여 행하게 된다.

　내국법인의 수입금액을 추계결정 또는 경정한 경우에도 해당 법인이 비치한 장부 기타 증명서류에 의하여 소득금액을 계산할 수 있는 경우에는 해당 사업연도의 법인세 과세표준

---

5) 南博方, 『租稅爭訟の理論と實際』, 弘文堂, 1980, 103면; 金子宏, 『租稅法』, 第17版, 弘文堂, 2012, 754면; 岸田貞夫, "推計課稅," 『租稅判例百選』, 第3版, 別冊ジュリスト 120号, 1992., 162면.

과 세액은 실지조사에 의하여 결정 또는 경정하여야 한다(법령 105 ②).

다. 추계방법에 의한 결정

1) 추계과세의 요건

과세관청이 직접자료에 의하지 않고 여러 가지 간접적인 자료를 근거로 하여 소득금액을 추정계산하는 방법이 추계방법이다. 법인세의 이상이 직접자료를 근거로 하여 소득의 실액을 파악하는 데에 있으므로 실액방법이 원칙적인 확정방법이라고 하겠다.

따라서 추계방법에 의한 결정은 직접증거를 입수할 수 없거나 입수한 직접증거가 현저히 부정확하거나 신뢰성이 결여되어 '추계의 필요성'[6]이 인정되는 경우에 한하여 허용된다.

즉 추계방법에 의한 결정의 요건은 다음과 같은 명백한 객관적인 사유로 실액방법에 의한 결정을 할 수 없는 때이다(법법 66 ③ 但, 법령 104 ①).

① 과세표준을 계산할 때 필요한 장부와 증명서류가 없거나[7] 중요한 부분이 미비 또는 허위인 때

② 기장의 내용이 시설규모·종업원수·원자재·상품·제품 시가·각종 요금 등에 비추어 허위임이 명백한 때

③ 기장의 내용이 원자재사용량·전력사용량 기타 조업상황에 비추어 허위임이 명백한 때

위에서의 추계과세의 요건은 크게 과세표준을 계산할 때 필요한 장부와 증명서류가 없는 경우와 과세표준을 계산할 때 필요한 장부와 증명서류의 중요한 부분이 미비 또는 허위인 경우로 대별할 수 있다. 위의 ② 및 ③에서의 기장의 내용이 시설규모·종업원수·원자재·상품·제품시가·각종 요금 등에 비추어 허위임이 명백한 때와 기장의 내용이 원자재사용량·전력사용량 기타 조업상황에 비추어 허위임이 명백한 때란 결국 과세표준을 계산할 때 필요한 장부와 증명서류의 중요한 부분이 허위인 경우(위의 ①의 후단의 경우)의 예시에 지나지 않는 것이다.[8]

추계방법에 의한 결정은 납세의무자에게 불이익을 주게 되는 것이므로 그 요건의 해석은 엄격히 하여야 한다. 추계과세의 필요성에 관한 입증책임은 과세관청에게 있다.[9]

추계과세의 요건에 관한 위법성이 다투어지고 있는 경우에 처분시와 판결시 중 어떤 시

---

6) 金子宏, 「租税法」, 第17版, 弘文堂, 2012, 755면.
7) 장부 및 증명서류가 과세표준확정신고 후에 멸실된 경우에 그 멸실의 원인이 천재·지변 등 불가항력에 해당하지 않는 한 추계사유인 '장부와 증명서류가 없는 때'에 해당한다(대법원 1995. 12. 8. 선고 95누2777 판결).
8) 김완석, "추계과세방법과 그 합리성에 관한 연구," 「한국조세연구」 제9권, 1995, 176면.
9) 대법원 1983. 11. 22. 선고 83누444 판결.

점의 사실 및 법 상태를 기준으로 하여 위법성을 판단할 것인가가 문제이다. 추계의 필요성은 추계과세의 절차적 요건을 이루는 것이므로 처분시를 기준으로 하여 추계과세의 위법성을 판단하여야 한다.[10] 다만, 처분시의 사실에 관련된 장부·증명서류 및 그 이후에 거래상대방으로부터 받은 진정한 내용의 서류로서 처분당시의 사정을 제대로 반영하고 있는 것은 취소심판의 심리과정 또는 취소소송의 변론종결시까지 제출할 수 있다고 하겠다.

2) 결정방법

가) 추계방법의 합리성의 확보

추계방법에 의한 결정 등의 요건이 충족되어 추계방법에 의한 결정 등을 하는 경우에도 소득의 실액에 근접할 수 있는 합리적인 추계방법이 선택되지 않으면 안 된다. 추계방법의 합리성을 확보하기 위해서는 첫째, 추계방법이 객관성을 가져야 하고, 둘째, 추계의 기초가 된 사실이 정확하여야 하며, 셋째, 선정된 추계방법이 특정 납세의무자에게 적용됨에 있어서 구체적·개별적 타당성을 갖추어야 하는 것이다.[11]

합리성·타당성이 결여된 추계방법에 의하여 행하여진 과세처분은 위법이다. 추계방법의 합리성과 타당성에 관한 입증책임은 과세관청에게 있다.[12]

나) 소득금액의 추계방법

(1) 소득금액의 추계방법

① 법인세의 과세표준을 추계결정 등을 하는 경우에는 다음의 방법에 의한다(법법 66 ③ 및 법령 104 ②).

㉮ 기준경비율 방법(법령 104 ② I)

사업수입금액에서 다음의 금액을 공제한 금액을 과세표준으로 하여 그 세액을 결정 또는 경정하는 방법이다. 이를 기준경비율 방법이라고 한다. 이 경우 공제할 금액이 사업수입금액을 초과하는 경우에 그 초과금액은 없는 것으로 본다.

---

10) 대법원 1988. 6. 7. 선고 87누1079 판결: 「행정처분의 적법 여부는 처분당시의 사유와 사정을 기준으로 판단하여야하고 처분청이 처분 이후에 추가한 새로운 사유를 보태어서 당처 처분의 흠을 치유시킬 수 없다고 할 것이지만, 이는 과세처분의 사유의 추가와 과세처분사유를 뒷받침 할 수 있는 과세원인과 과세표준액 등에 관한 자료의 추가제출과는 구별되는 개념이므로 과세처분취소소송에 있어 소송 당사자는 사실심 변론종결시까지 과세원인과 과세표준액 등에 관한 모든 자료를 제출할 수 있고 그 자료에 의하여 과세처분의 적법여부를 주장할 수 있다.」

11) 이태로/한만수, 「조세법강의」, 신정14판, 박영사, 2020, 414면 이하; 金子宏, 「租税法」, 第17版, 弘文堂, 2012, 757면.

12) 대법원 1984. 4. 10. 선고 81누48 판결.

㉠ 매입비용과 사업용 유형자산 및 무형자산에 대한 임차료로서 증명서류에 의하여 지출하였거나 지출할 금액

매입비용이란 재화의 상품·제품·원료·소모품 등과 동력·열 등 관리할 수 있는 자연력의 매입에 소요되는 금액, 외주가공비, 운송업 및 운수관련서비스업을 영위하는 자가 사업과 관련하여 타인의 운송수단을 이용하고 그 대가로 지급하는 금액을 말한다.[13] 그러나 사업용 유형자산 및 무형자산의 매입비용은 포함하지 않는다. 그리고 사업용 유형자산 및 무형자산에 대한 임차료란 사업에 직접 사용하는 건축물 및 기계장치 등과 같은 자산을 임차하고 그 대가로 지급하는 금액을 말한다.[14]

㉡ 대표자 및 임원 또는 직원의 급여와 임금 및 퇴직급여로서 증명서류에 의하여 지급하였거나 지급할 금액

㉢ 사업수입금액에 기준경비율을 곱하여 계산한 금액

사업수입금액에 국세청장이 제정한 기준경비율(소령 145)을 곱하여 계산한 금액을 말한다.

㉯ 동업자 권형방법 등(법령 104 ② Ⅱ)

기준경비율이 결정되지 않았거나 천재·지변 기타 불가항력으로 증명서류장부나 그 밖의 증명서류가 멸실된 때에는 기장이 가장 정확하다고 인정되는 동일업종의 다른 법인의 소득금액을 고려하여 산정한다. 다만, 동일업종의 다른 법인이 없는 경우로서 과세표준신고 후에 장부 등이 멸실된 때에는 과세표준신고서 및 그 첨부서류에 의하고, 과세표준신고 전에 장부 등이 멸실된 때에는 직전 사업연도의 소득률에 의하여 과세표준을 결정 또는 경정한다.

㉰ 단순경비율법 등(법령 104 ② Ⅲ)

조특법 제7조 제1항 제2호 가목에 따른 소기업이 폐업한 때에는 수입금액에서 수입금액에 소득세법 시행령 제145조에 따른 단순경비율을 곱한 금액을 뺀 금액, 수입금액에 직접 사업연도의 소득률을 곱하여 계산한 금액, 위 기준경비율 방법에 따라 계산한 금액 중 적은 금액을 과세표준으로 하여 결정 또는 경정하는 방법이다.

다만 조세탈루혐의가 있다고 인정되는 경우로서 법인세법 시행규칙 제53조 제2항에서 규정하는 사유가 있으면 위 방법을 사용할 수 없다.

ⅰ) 무자료거래, 위장·가공 거래 등 거래내용이 사실과 다른 혐의가 있는 경우

ⅱ) 구체적인 탈세 제보가 있는 경우

---

13) 국세청 고시 제2001-27호, 2001. 1. 27.
14) *Ibid.*

iii) 거래상대방이 조세범처벌법에 따른 범칙조사를 받고, 조사과정에서 해당 법인과
의 거래내용이 파악된 경우

iv) 법인의 사업내용, 대표자의 재산상황 등을 감안할 때 명백한 탈루혐의가 있다고
인정되는 경우

② 위의 추계방법을 정하고 있는 법인세법 시행령 제104조 제2항이 추계방법을 예시한 규
정인지, 아니면 추계방법을 제한적으로 열거한 규정인지를 둘러싸고 예시설과 제한설[15]
이 대립하고 있다.

추계방법도 추계요건과 마찬가지로 엄격해석을 요구한다고 보아야 하기 때문에 제한설
에 찬성하고자 한다. 대법원도 제한설의 입장에서 법령에서 규정하고 있는 추계방법에
근거하지 않은 것은 자의적인 추계에 해당하여 위법이라고 판시한 바 있다.[16]

(2) 추계결정시의 소득금액 및 세액의 계산특례

(가) 감가상각의 의제

추계방법에 의하여 결정을 하는 경우에는 감가상각자산에 대한 감가상각비를 손금에 산
입한 것으로 본다.

(나) 이월결손금의 공제

추계방법에 의하여 결정을 하는 경우에는 이월결손금의 공제를 허용하지 않는다. 다만,
천재지변이나 그 밖에 불가항력으로 장부나 그 밖의 증명서류가 멸실되어 추계하는 경우에
는 이월결손금을 공제한다(법법 68).

추계결정 또는 경정을 함에 따라 공제받지 못한 이월결손금이라 하더라도 그 후의 실액
방법에 의하여 과세표준과 세액을 확정하는 사업연도의 소득금액에서 그 이월결손금(공제
연한이 경과하지 않은 이월결손금을 말한다)을 공제할 수 있다.

(다) 사업수입 이외의 수익·부당행위계산 부인금액·환입할 충당금 등의 가산

사업수입 이외의 수익에서 그에 대응하는 비용을 차감한 금액, 부당행위계산부인에 따라 익
금에 산입하는 금액, 익금에 산입하여야 할 준비금 또는 충당금이 있는 경우 그 준비금 또는
충당금을 더한 금액을 과세표준으로 하여 그 세액을 결정 또는 경정하여야 한다(법령 104 ③).

---

15) 김형선, "추계과세소송에 있어서의 입증문제," 「사법논집」 제9집, 법원행정처, 1983, 711면; 김진우, 「조세법
체계」, 육법사, 1984, 157면.
16) 대법원 1985. 10. 8. 선고 85누426 판결.

(라) 외국납부세액공제의 적용 배제

내국법인이 법인세 과세표준과 세액을 추계하는 경우에는 외국납부세액공제를 적용하지 않는다. 다만, 천재지변 등으로 장부나 그 밖의 증명서류가 멸실되어 추계하는 경우에는 그렇지 않다(법령 68).

다) 사업수입금액의 추계방법

다음 방법에 의하여 계산한 금액으로 한다(법령 105 ①).

① 기장이 정당하다고 인정되어 기장에 의하여 조사결정한 동일업종의 업황이 유사한 다른 법인의 사업수입금액을 고려하여 계산하는 방법

② 국세청장이 사업의 종류, 지역 등을 감안하여 사업과 관련된 인적·물적시설(종업원·객실·사업장·차량·수도·전기 등)의 수량 또는 가액과 매출액의 관계를 정한 영업효율이 있는 때에는 이를 적용하여 계산하는 방법

③ 국세청장이 업종별로 투입원재료에 대하여 조사한 생산수율을 적용하여 계산한 생산량에 해당 사업연도 중에 매출한 수량의 시가를 적용하여 계산하는 방법

④ 국세청장이 사업의 종류별·지역별로 정한 다음의 기준에 의하여 계산하는 방법

　㉮ 생산에 투입되는 원·부재료 중에서 일부 또는 전체의 수량과 생산량과의 관계를 정한 원단위투입량

　㉯ 인건비·임차료·재료비·수도광열비 기타 영업비용 중에서 일부 또는 전체의 비용과 매출액의 관계를 정한 비용관계비율

　㉰ 일정기간 동안의 평균재고금액과 매출액 또는 매출원가와의 관계를 정한 상품회전율

　㉱ 일정기간 동안의 매출액과 매출총이익의 비율을 정한 매매총이익률

　㉲ 일정기간 동안의 매출액과 부가가치액의 비율을 정한 부가가치율

⑤ 추계결정·경정대상사업자에 대하여 위의 ②부터 ④까지의 비율을 산정할 수 있는 경우에는 이를 적용하여 계산하는 방법

⑥ 주로 최종소비자를 대상으로 거래하는 업종에 대하여는 국세청장이 정하는 입회조사기준에 의하여 계산하는 방법

5 과세표준과 세액의 경정

내국법인의 과세표준의 신고내용 또는 결정내용에 오류나 누락이 있는 경우에는 과세관청이 해당 내국법인의 과세표준과 세액을 다시 고쳐서 확정한다. 이와 같은 확정절차를 경

정이라 함은 전술한 바와 같다. 경정은 납세신고 또는 결정에 의하여 구체적으로 확정된 납세의무의 크기를 다시 고쳐서 확정하는 처분인 것이다.

그리고 과세표준과 세액을 경정한 후 그 경정에 오류나 누락이 있는 것을 발견한 때에는 즉시 이를 다시 경정하게 된다. 이를 재경정이라고 부른다. 일반적으로는 경정과 재경정 등을 총칭하여 경정이라고 부른다. 경정의 경우에도 실액방법에 의한 것이 원칙이고 예외적으로 추계방법에 의할 수 있다.

경정의 사유는 다음과 같다(법법 66 ②, ④).

① 신고내용에 오류 또는 누락이 있는 때

② 지급명세서, 매출·매입처별계산서합계표의 전부 또는 일부를 제출하지 않은 때

③ 다음 중 어느 하나에 해당하는 경우로서 시설 규모나 영업 현황으로 보아 신고내용이 불성실하다고 판단되는 때

  ⑦ 신용카드가맹점 가입요건에 해당하는 법인이 정당한 사유 없이 신용카드가맹점으로 가입하지 않은 경우

  ⑭ 신용카드가맹점이 정당한 사유 없이 신용카드에 의한 거래를 거부하거나 신용카드 매출전표를 사실과 다르게 발급한 경우

  ⑮ 현금영수증가맹점으로 가입하여야 하는 법인 및 현금영수증가맹점가입대상자로 지정받은 법인이 정당한 사유 없이 현금영수증가맹점으로 가입하지 않은 경우

  ⑯ 현금영수증가맹점이 정당한 사유 없이 현금영수증 발급을 거부하거나 사실과 다르게 발급한 경우

6 과세표준과 세액 결정·경정의 처분성

과세관청의 법인세 과세표준 결정·경정은 조세부과처분에 앞선 것으로서 그로 인하여 바로 과세처분의 효력이 발생하지 않고 이에 따른 법인세 부과처분이 있을 때 그 부과처분을 다툴 수 있으므로 항고소송의 대상이 되는 행정처분에 해당하지 않는다.[17]

7 과세표준과 세액의 통지

과세관청이 내국법인의 각 사업연도의 소득에 대한 법인세의 과세표준과 세액을 결정 또는 경정한 경우에는 해당 내국법인에게 알려야 한다(법법 70). 내국법인의 각 사업연도의 과

---

17) 대법원 2012. 1. 27. 선고 2011두29793 판결; 대법원 1986. 1. 21. 선고 82누236 판결.

세표준이 되는 금액이 없거나 납부할 세액이 없는 경우에도 그 결정된 내용을 알려야 한다.

납세지 관할 세무서장이 과세표준과 세액의 통지를 하는 때에는 납부고지서에 그 과세표준과 세액의 계산명세서를 붙여서 고지하여야 하며, 관할 지방국세청장이 과세표준과 세액을 결정 또는 경정한 때에는 해당 사실을 부기하여야 한다.

과세관청이 내부적으로는 과세표준과 세액을 결정하였다고 하더라도 납부할 세액 등이 없음을 이유로 과세표준과 세액의 통지를 하지 않은 경우에는 과세처분으로서의 효력을 발생하지 않는다.[18]

납부고지서에 의한 고지행위의 성질은 그 고지의 대상이 되는 세액이 이미 납세신고에 의하여 확정되어 있는 세액을 고지하는 것인지, 아니면 결정 또는 경정에 따라 새로이 확정한 세액을 고지하는 것인지에 따라서 서로 다르다. 전자는 이행의 청구에 지나지 않지만, 후자의 경우에는 과세처분(확인행위)의 성격과 조세채권에 대한 이행의 청구(의사의 통지)의 성격을 아울러 지니고 있는 복합적인 행정행위이다. 한편, 납부고지서에는 과세연도·세목·세액 및 그 산출근거·납부기한과 납부장소 등을 기재하여야 하는데, 이와 같은 기재사항 중 일부의 기재를 누락시킨 하자가 있는 경우에는 해당 과세처분 자체가 위법하여 취소대상이 된다.[19] 그러나 익금과 손금 등 세액산출의 실질적 근거나 경로, 경위, 근거법령 등은 기재하지 않아도 무방하다.[20]

제2절 가 산 세

1 서 론

가. 개 념

조세법은 본래의 납세의무 외에도 과세권의 행사와 조세채권의 확보를 용이하게 하기 위하여 장부의 비치·기장, 과세표준과 세액의 신고, 지급명세서 및 계산서의 제출, 원천징수세액의 납부 등과 같은 작위 또는 급부를 내용으로 하는 협력의무를 납세의무자에게 지우고 있다. 이와 같은 세법상의 각종 의무를 이행하지 않을 경우에 그에 대한 제재로서 조세의 형태로 가산세를 과징하도록 하고 있는 것이다.

---

18) 대법원 1989. 10. 27. 선고 88누9077 판결.
19) 대법원 1984. 3. 13. 선고 83누686 판결 등.
20) 대법원 2004. 1. 27. 선고 2001두11014 판결.

　　법인세법상의 가산세에는 무신고가산세, 과소신고가산세, 초과환급신고가산세, 납부·환급불성실가산세, 무기장가산세, 성실신고확인서 제출 불성실 가산세, 주주등의 명세서 미제출가산세, 원천징수납부불성실가산세, 증명불비가산세, 주식변동상황명세서제출불성실가산세, 지급명세서제출불성실가산세, 계산서제출불성실가산세, 기부금영수증불성실가산세, 신용카드매출전표미발급가산세 및 현금영수증미발급가산세가 있다.

나. 가산세의 법적 성질

　　가산세는 조세법상의 질서위반행위에 대한 제재로서 과하는 일종의 금전벌이다. 즉, 가산세란 세법상의 의무이행을 확보하기 위하여 이들 의무를 태만히 하였을 때 과하여지는 일종의 행정벌, 특히 행정질서벌의 성질을 지닌 제재로 이해하는 것이 통설[1]이며 판례[2]의 입장이다.

　　즉 가산세를 과태료의 일종으로 파악하는 것이다.[3] 이에 대하여 가산세를 세법상의 의무이행을 확보하기 위한 경제적 부담으로 보는 견해(경제적 부담설)[4]와 납세의무를 정당하게 이행한 자와의 공평부담을 도모하기 위한 행정상의 조치임과 아울러 침해된 국고이익의 회복수단으로서 손해배상적 성격을 지니고 있음을 강조하는 견해(손해배상설)[5]도 있다. 한편, 가산세는 과태료의 성질을 지니지만 과세관청이 세법이 정하는 바에 따라 조세의 형식으로 과징한다.

다. 조세벌과의 관계

　　조세법의 실효성 내지 납세의무자에 대한 의무이행을 확보하기 위하여 과하여지는 제재 중 가장 중추적인 위치를 차지하고 있는 것으로서는 조세벌과 가산세의 두 가지 유형을 들 수 있다. 가산세는 세법상의 의무불이행 또는 의무위반에 대하여 조세의 형식으로 과징하지만, 조세벌은 세법상의 의무위반에 대하여 형벌의 형식으로 과하는 제재이다. 하나의 세법상의 의무위반 또는 의무불이행이 조세범의 구성요건과 가산세의 과징요건을 경합적으로 충족하기 때문에 조세벌과 가산세를 병과하는 경우가 있을 수 있다.

　　이 경우에 조세벌과 가산세의 병과가 헌법 제13조 제1항의 일사부재리의 원칙(*Ne bis in*

---

1) 최명근, 「법인세법」, 세경사, 1998, 563면; 이철송, "현행 가산세제의 합리화," 「조세법의 논점」 이태로교수화갑기념논문집, 조세통람사, 1992, 187면.
2) 대법원 1977. 6. 7. 선고 74누212 판결.
3) 木村弘之亮, 「租税過料法」, 弘文堂, 1991, 1−23면.
4) 金子宏, 「租税法」, 第17版, 弘文堂, 2012, 10면.
5) 池本征男, "加算税制度に関する若干の考察", 「税大論叢」 第14号, 1980, 167면.

idem), 즉 이중처벌의 금지원칙에 위배되는 것이 아닌가 하는 논의가 제기되고 있다. 가산세는 과세관청이 과세절차에 따라 조세의 형식으로 과징하는 것이고, 조세벌은 사법절차 또는 과벌적 행정절차에 따라 형벌의 형식으로 과하는 것이기 때문에 이중처벌이 아니라고 하는 것이 통설[6]이며 판례[7]의 입장이다. 미국에서도 사기에 의한 과소신고행위에 대하여 형벌(조세포탈범)과 민사벌(가산세)을 병과하는 것이 수정헌법 제5조의 이중처벌의 금지원칙(doctrine of double jeopardy)에 위반하는 것이 아닌가 하는 다툼이 있었다. 과소신고행위에 대한 민사벌(civil penalty)은 형사적인 제재가 아닌 민사적인 제재에 해당하고, 기본적으로 세입을 확보하려는 안전장치로서 납세의무자의 과소신고로 인하여 증가한 조사비용과 국고손실의 변상을 위하여 마련된 제도이기 때문에 해당 행위에 대하여 형벌과 민사벌을 병과하더라도 이중처벌이 아니라고 판시한 바 있다.[8]

2 가산세의 과징요건

가산세는 행정질서벌로서 과세관청에 의하여 조세의 형식으로 과징되기 때문에 형법총칙의 규정을 적용하지 않으며, 따라서 행위자의 책임능력·책임조건[9] 등을 고려하지 않고 가산세의 과징요건을 충족하였는지의 여부만을 확인하여 조세의 부과절차에 따라 과징하게 된다. 그러나 가산세는 세법상의 의무위반 또는 의무불이행에 대한 제재이기 때문에 납세자에게 귀책사유가 없는 경우까지 획일적으로 제재를 가하는 것은 타당하지 않다. 납세자가 의무에 위반하거나 의무를 불이행한 것이 정당한 사유에 기인한 경우에는 가산세의 책임이 조각(阻却)된다.[10]

3 가산세의 성립과 확정

가산세의 성립시기에 관하여는 국세기본법 제21조 제2항 제11호가 규정하고 있다. 가산세의 확정시기에 관하여는 특별한 규정이 없고 제재는 제재권자가 제재규정에 따라 이를

---

6) 최명근, 「법인세법」, 세경사, 1998, 563면.
7) 거주지를 이전하고 전입신고를 하지 아니하였다는 이유로 과태료를 과징하고 다시 그 후에 형사처벌을 하더라도 일사부재리의 원칙에 어긋나는 것이라고 할 수 없다(대법원 1989. 6. 13. 선고 88도1983 판결).
8) Helvering v. Mitchell, 303 U. S. 391(1938).
9) 세법상 가산세는 과세권의 행사 및 조세채권의 실현을 용이하게 하기 위하여 납세자가 정당한 이유없이 법에 규정된 신고·납부 등 각종 의무를 위반한 경우에 개별세법이 정하는 바에 따라 부과되는 행정상의 제재로서 납세자의 고의·과실은 고려되지 않는다(대법원 1993. 6. 8. 선고 93누6744 판결; 대법원 1991. 9. 13. 선고 91누773 판결; 대법원 1989. 10. 27. 선고 88누2830 판결).
10) 이철송, "현행 가산세제의 합리화," 「조세법의 논점」 이태로교수화갑기념논문집, 조세통람사, 1992, 192면; 木村弘之亮, 「租稅過料法」, 弘文堂, 1991, 164-166면.

과할 때 이루어지는 것이므로 본세의 확정방식과는 무관하게 국세기본법상의 일반적인 납세의무 확정절차에 따라 가산세의 납세의무 성립 이후에 국가가 과세표준과 세액을 결정·부과할 때 확정되는 것으로 보아야 한다.[11]

4　가산세의 내용

국세기본법상 가산세에는 무신고가산세, 과소신고가산세, 초과환급신고가산세, 납부불성실·환급불성실가산세, 원천징수납부불성실가산세가 있고 법인세법상 가산세에는 무기장가산세, 증빙불비가산세, 성실신고확인서 제출 불성실 가산세, 주주등의 명세서 제출 불성실가산세, 주식등변동상황명세서 제출 불성실가산세, 계산서·계산서합계표·매입처별세금계산서합계표 불성실가산세, 기부금영수증발급불성실가산세, 신용카드매출전표미발급가산세, 현금영수증가맹점가입·현금영수증발급 불성실가산세 및 성실신고확인서 미제출 가산세가 있다.

신고불성실가산세(무신고가산세, 과소신고가산세 및 초과환급신고가산세를 말한다. 이하 같다)와 무기장가산세가 동시에 해당하는 경우에는 그 중 큰 금액에 해당하는 가산세만을 적용하고, 신고불성실가산세와 무기장가산세의 가산세액이 같은 경우에는 신고불성실가산세만을 적용한다(기법 47의2 ⑥). 가산세는 그 내용에 따라 크게 두 가지 종류로 나눌 수 있다.

가. 납세의무자가 법정기한까지 과세표준과 세액을 신고·납부하지 않은데 관한 제재

여기에 속하는 가산세는 본세의 납세의무가 성립하지 않는 경우에는 별도로 부과할 수 없다.[12]

1) 무신고가산세

내국법인이 법정신고기한까지 법인세 과세표준신고서를 제출하지 않은 경우에 부과하는 가산세인데, 그 무신고가 납세자의 부정행위로 이루어졌는지의 여부에 따라 부정무신고가산세와 일반무신고가산세로 구분한다. 법문은 '법정신고기한까지 세법에 따른 과세표준신

---

11) 김용대, "본세의 취소와 가산세", 「조세법연구 Ⅳ」, 1998, 301-302면; 대법원 1998. 3. 24. 선고 95누15704 판결.
12) 대법원 2018. 11. 29. 선고 2015두56120 판결.

고서를 제출하지 않은 경우'라고 표현하고 있는데, 법인세에 있어서의 세법에 따른 과세표준신고는 법인세 과세표준신고서를 가리킨다고 해석하여야 한다. 즉 법인세 중간예납신고는 이곳에서의 세법에 따른 과세표준신고에 해당하지 않는다.

무신고가산세를 적용할 때에는 내국법인이 법인세 과세표준신고를 이행하였더라도 그 신고서에 기업회계기준을 준용하여 작성한 재무상태표·포괄손익계산서·이익잉여금처분계산서(또는 결손금처리계산서) 및 세무조정계산서를 첨부하지 않은 경우에는 신고로 보지 않고 무신고가산세를 적용한다.

가) 일반무신고가산세(기법 47의2 ①)

(1) 적용요건

내국법인이 법정신고기한 내에 법인세 과세표준신고서를 제출하지 않은 경우이다.

(2) 가산세액의 계산

법인세 산출세액의 20퍼센트에 상당하는 금액(일반무신고가산세액)을 납부할 세액에 가산하거나 환급받을 세액에서 공제한다. 다만, 법인세 산출세액의 20퍼센트에 상당하는 금액이 수입금액에 0.07퍼센트를 곱하여 계산한 금액보다 적은 경우(청산소득에 대한 법인세액이 없는 경우는 제외한다)에는 수입금액에 0.07퍼센트를 곱하여 계산한 금액을 납부할 법인세액에 가산하거나 환급받을 세액에서 공제한다. 그러므로 청산소득에 대한 법인세액이 없는 경우에는 무신고가산세의 적용이 없다.

위에서 수입금액이란 법인세법 제60조에 따라 법인세 과세표준 및 세액신고서에 적어야 할 해당 수입금액으로 한다(기령 27 ② Ⅱ).

나) 부정무신고가산세(기법 47의2 ②)

(1) 적용요건

내국법인이 부정행위로 법인세 과세표준신고서를 제출하지 않은 경우이다. 부정행위란 내국법인이 법인세 과세표준 또는 세액 계산의 기초가 되는 사실의 전부 또는 일부를 은폐하거나 가장하는 것에 기초하여 법인세 과세표준 또는 세액의 신고의무를 위반하는 것으로서 다음의 방법을 말한다(기령 12의2 ①, 조세범 처벌법 3 ⑥).
① 이중장부의 작성 등 장부의 거짓 기록
② 거짓 증명 또는 거짓 문서(이하에서 '거짓 증명 등'이라 한다)의 작성 및 수취
③ 장부와 기록의 파기

④ 재산의 은닉, 소득·수익·행위·거래의 조작 또는 은폐

⑤ 고의적으로 장부를 작성하지 않거나 비치하지 않는 행위 또는 계산서, 세금계산서 또는
계산서합계표, 세금계산서합계표의 조작

⑥ 조특법 제24조 제1항 제4호에 따른 전사적 기업자원관리설비의 조작 또는 전자세금계산
서의 조작 그 밖에 국세를 포탈하거나 환급·공제받기 위한 사기, 그 밖의 부정한 행위

⑦ 그 밖에 위계(僞計)에 의한 행위 또는 부정한 행위

(2) 가산세액의 계산

내국법인이 부당한 방법으로 법인세 과세표준을 신고하지 않은 경우에는 다음의 금액을
합한 금액을 납부할 세액에 더하거나 환급받을 세액에서 뺀다.

(가) 부정행위로 신고하지 않은 법인세 과세표준에 대한 가산세액

과세표준 중 부정행위로 신고하지 않은 과세표준에 상당하는 금액(부정무신고과세표준)
이 과세표준에서 차지하는 비율을 산출세액에 곱하여 계산한 금액의 40퍼센트에 상당하는
금액으로 한다. 다만, 법인세 산출세액의 40퍼센트에 상당하는 금액이 무신고한 과세표준
과 관련된 수입금액(부당무신고수입금액)에 0.14퍼센트를 곱하여 계산한 금액보다 적은 경
우(청산소득에 대한 법인세액이 없는 경우는 제외한다)에는 수입금액에 0.14퍼센트를 곱하
여 계산한 금액을 납부할 법인세액에 더하거나 환급받을 세액에서 뺀다.

위에서 부정무신고수입금액은 이중장부의 작성 등 장부의 거짓 기록, 거짓 증명 등의 작성
등과 같은 부정한 행위로 무신고한 수입금액을 합산하여 계산한다. 그리고 가산세액을 계산
할 때 과세표준 중 부당무신고과세표준이 과세표준에서 차지하는 비율이 1보다 큰 경우에는
1로 하고, 영(0)보다 작은 경우(陰인 경우)에는 영(0)으로 한다.

(나) 무신고한 과세표준 외의 부분에 대한 가산세액

과세표준 중 부정무신고과세표준을 차감한 과세표준에 상당하는 금액이 과세표준에서
차지하는 비율을 '산출세액에 곱하여 계산한 금액'의 20퍼센트에 상당하는 금액으로 한다.
다만, 법인세 산출세액의 20퍼센트에 상당하는 금액이 부당한 방법으로 무신고한 과세표준
과 관련된 수입금액(부당무신고수입금액)에 0.07퍼센트를 곱하여 계산한 금액보다 적은 경
우(청산소득에 대한 법인세액이 없는 경우는 제외한다)에는 수입금액에 0.07퍼센트를 곱하
여 계산한 금액을 납부할 법인세액에 더하거나 환급받을 세액에서 뺀다.

가산세액을 계산할 때 과세표준 중 부당무신고과세표준을 차감한 과세표준에 상당하는
금액이 과세표준에서 차지하는 비율이 1보다 큰 경우에는 1로 하고, 영(0)보다 작은 경우

(음인 경우)에는 영(0)으로 한다.

2) 과소신고가산세

내국법인이 법정신고기한 내에 법인세 과세표준신고서를 제출한 경우로서 신고한 법인세 과세표준이 법인세법에 따라 신고하여야 할 법인세 과세표준에 미달한 경우에 부과하는 가산세인데, 그 과소신고가 내국법인의 부당한 방법에 의하여 이루어졌는지의 여부에 따라 부당과소신고가산세와 일반과소신고가산세로 구분한다. 다음으로 과소신고가산세와 무기장가산세가 동시에 적용되는 경우에는 각각 그 중 큰 금액에 해당하는 가산세만을 적용하고, 가산세액이 같은 경우에는 과소신고가산세만을 적용한다.

가) 일반과소신고가산세(기법 47의3 ①)

(1) 적용요건

내국법인이 법정신고기한 내에 법인세 과세표준신고서를 제출한 경우로서 신고한 법인세 과세표준이 법인세법에 따라 신고하여야 할 법인세 과세표준에 미달한 경우이다.

(2) 가산세액의 계산

과소신고한 과세표준 상당액이 과세표준에서 차지하는 비율을 산출세액에 곱하여 계산한 금액의 10퍼센트에 상당하는 금액(일반과소신고가산세액)을 납부할 세액에 가산하거나 환급받을 세액에서 공제한다. 과소신고한 과세표준은 법인세법에 따라 신고하여야 할 과세표준과 납세자가 신고한 과세표준과의 차액을 한도로 한다. 이 경우 과세표준을 결손금으로 신고한 때에는 과소신고한 과세표준은 결손이 없는 것으로 보아 계산한다.

가산세액을 계산할 때 과소신고한 과세표준 상당액이 과세표준(과세표준을 결손금으로 신고한 경우 그 결손금액을 과세표준에 합한 금액을 말한다)에서 차지하는 비율이 1보다 큰 경우에는 1로 하고, 영(0)보다 작은 경우(陰인 경우)에는 영(0)으로 한다.

나) 부정과소신고가산세(기법 47의3 ②)

내국법인이 부정행위로 법인세 과세표준을 과소신고한 경우에는 다음의 금액을 합한 금액을 납부할 세액에 가산하거나 환급받을 세액에서 공제한다. 과소신고한 과세표준은 법인세법에 따라 신고하여야 할 과세표준과 내국법인이 신고한 과세표준과의 차액을 한도로 한다. 이 경우 과세표준을 결손금으로 신고한 때에는 과소신고한 과세표준은 결손이 없는 것으로 보아 계산한다.

(1) 부정행위로 과소신고한 과세표준에 대한 가산세액

과세표준 중 부정행위로 과소신고한 과세표준에 상당하는 금액(부당과소신고과세표준)이 과세표준에서 차지하는 비율을 산출세액에 곱하여 계산한 금액의 40퍼센트에 상당하는 금액(부당과소신고가산세액)으로 한다.

(2) 부당한 방법으로 과소신고한 과세표준 외의 부분에 대한 가산세액

과소신고한 과세표준 상당액 중 부당과소신고과세표준을 차감한 과세표준이 과세표준에서 차지하는 비율을 산출세액에 곱하여 계산한 금액의 10퍼센트에 상당하는 금액으로 한다.

3) 초과환급신고가산세

내국법인이 법정신고기한 내에 법인세 과세표준신고서를 제출한 경우로서 신고납부하여야 할 세액을 내국법인이 환급받을 세액으로 신고하거나 내국법인이 신고한 환급세액이 신고하여야 할 환급세액을 초과하는 경우이다. 환급신고 또는 초과환급신고가 내국법인의 부당한 방법에 의하여 이루어졌는지의 여부에 따라 부당초과환급가산세와 일반초과환급가산세로 구분한다.

가) 일반초과환급신고가산세(기법 47의3 ①)

(1) 적용요건

내국법인이 법정신고기한 내에 법인세 과세표준신고서를 제출한 경우로서 법인세법에 따라 신고납부하여야 할 세액을 내국법인이 환급받을 세액으로 신고하거나 내국법인이 신고한 환급세액이 법인세법에 따라 신고하여야 할 환급세액을 초과하는 경우이다.

(2) 가산세액의 계산

환급신고한 세액 또는 초과환급신고한 세액의 10퍼센트에 상당하는 금액을 납부할 세액에 가산하거나 환급받을 세액에서 공제한다. 이 경우 내국법인이 환급신고를 하였으나 납부하여야 할 세액이 있는 경우에는 납부하여야 할 세액을 과소신고한 것으로 보아 법법 47의3(과소신고가산세)을 적용한다.

위에서 초과환급신고한 세액은 내국법인이 신고한 환급세액과 세법에 따라 신고하여야 할 환급세액과의 차액을 한도로 한다.

나) 부정초과환급신고가산세(기법 47의3 ②)

부정행위로 초과환급신고한 세액이 있는 경우에는 다음의 금액을 합한 금액을 납부할 세액에 가산하거나 환급받을 세액에서 공제한다. 이 경우에 초과환급신고한 세액은 내국법인이 신고한 환급세액과 세법에 따라 신고하여야 할 환급세액과의 차액을 한도로 한다.

(1) 부정행위로 초과환급신고한 세액에 대한 가산세액

초과환급신고한 세액 중 부정행위로 초과환급신고한 세액의 40퍼센트에 상당하는 금액을 납부할 세액에 가산하거나 환급받을 세액에서 공제한다. 초과환급신고한 세액 중 부당한 방법으로 초과환급신고한 세액은 내국법인이 환급신고한 세액에 과세표준 중 부당과신고과세표준이 과세표준(과세표준을 결손금으로 신고한 경우 그 결손금액을 과세표준에 합한 금액을 말한다)에서 차지하는 비율을 곱하여 계산한다. 이 경우에 비율이 1보다 큰 경우에는 1로, 영(0)보다 작은 경우(陰인 경우)에는 영(0)으로 한다.

(2) 부정행위로 초과환급신고한 세액 외의 부분에 대한 가산세액

초과환급신고한 세액 중 부정행위로 초과환급신고한 세액 외의 세액의 10퍼센트에 상당하는 금액을 납부할 세액에 가산하거나 환급받을 세액에서 공제한다. 초과환급신고한 세액 중 부정행위로 초과환급신고한 세액 외의 세액은 내국법인이 환급신고한 세액에 과세표준 상당액 중 부당과소신고과세표준을 차감한 과세표준이 과세표준(과세표준을 결손금으로 신고한 경우 그 결손금액을 과세표준에 합한 금액을 말한다)에서 차지하는 비율을 곱하여 계산한다. 이 경우에 비율이 1보다 큰 경우에는 1로, 영(0)보다 작은 경우(陰인 경우)에는 영(0)으로 한다.

4) 납부 · 환급불성실가산세

내국법인이 법정신고기한 내에 법인세를 자진납부하지 않거나 자진납부한 세액이 자진납부하여야 할 세액에 미달한 경우에는 납부 · 환급불성실가산세를 납부할 세액에 가산하거나 환급받을 세액에서 공제한다(기법 제47의4). 법법 76 ②, 98 ②, ③에 따른 원천징수납부불성실가산세가 부과되는 때에는 납부 · 환급불성실가산세를 적용하지 않는다(기법 47의4 ⑤).

가) 납부불성실가산세(기법 47의4 ① I)

(1) 적용요건

내국법인이 법정신고기한 내에 법인세를 자진납부하지 않거나 자진납부한 세액이 자진납부하여야 할 세액에 미달한 경우이다.

(2) 가산세액의 계산

다음 계산식을 적용하여 계산한 금액을 납부할 세액에 가산하거나 환급받을 세액에서 공제한다.

> 납부불성실가산세 = 납부하지 않은 세액 또는 미달한 세액 × 납부기한의 다음 날부터 자진납부일 또는 납세고지일까지의 기간 × 금융기관이 연체대출금에 대하여 적용하는 이자율 등을 고려하여 대통령령이 정하는 이자율

나) 환급불성실가산세(기법 47의4 ① II)

(1) 적용요건

내국법인이 환급받은 세액이 법인세법에 따라 환급받아야 할 세액을 초과하는 경우이다.

(2) 가산세액의 계산

다음 계산식을 적용하여 계산한 금액을 납부할 세액에 가산하거나 환급받을 세액에서 공제한다.

> 환급불성실가산세 = 초과하여 환급받은 세액 × 환급받은 날의 다음 날부터 자진납부일 또는 납세고지일까지의 기간 × 금융기관이 연체대출금에 대하여 적용하는 이자율 등을 고려하여 대통령령이 정하는 이자율

5) 원천징수납부불성실가산세

원천징수의무자가 원천징수하였거나 원천징수하여야 할 세액을 납부기한까지 납부하지 않거나 부족하게 납부하는 경우에는 원천징수납부불성실가산세로서 납부하여야 한다. 다만, 원천징수의무자가 국가나 지방자치단체인 경우에는 예외로 한다(기법 47의5).

나. 협력의무 위반에 관한 제재

여기에 속하는 가산세는 본세의 납세의무가 성립하지 않거나 산출세액이 없는 경우에도 별도로 과세할 수 있다.[13] 이런 유형의 가산세는 비교법적으로도 매우 드물다.[14]

---

13) 대법원 2018. 11. 29. 선고 2015두56120 판결.
14) 일본세법도 과소신고가산세, 무신고가산세, 불납부가산세 및 각각의 가산세에 대한 중가산세를 두고 있을 뿐이다.

1) 성실신고확인서 제출 불성실 가산세

성실신고 확인대상인 내국법인이 각 사업연도 종료일이 속하는 달의 말일부터 4개월 이내에 성실신고확인서를 납세지 관할 세무서장에게 제출하지 않은 경우 법인세 산출세액의 5퍼센트와 수입금액의 0.02퍼센트 중 큰 금액을 가산세로 한다(법법 75 ①).[15]

2) 주주등의 명세서 등 제출 불성실 가산세

가) 주주등의 명세서 미제출가산세

법인세법 제109조 제1항 또는 제111조 제1항 후단에 따라 주주등의 명세서를 제출하여야 하는 내국법인이 명세서를 제출하지 않거나 명세서에 주주등의 명세의 전부 또는 일부를 누락한 채로 제출하거나 제출한 명세서가 불분명한 경우에는 해당 주주등이 보유한 주식등의 액면금액(무액면주식인 경우에는 자본금에 전입한 금액을 자본금 전입에 따라 신규로 발행한 주식수로 나누어 계산한 금액을 말한다) 또는 출자가액의 0.5퍼센트에 해당하는 금액을 설립일이 속하는 사업연도의 법인세에 가산하여 징수하여야 한다. 이 경우 산출세액이 없는 경우에도 가산세는 징수한다(법법 75의2 ①).

나) 주식등변동상황명세서 제출 불성실 가산세

납세지 관할 세무서장은 주식등 변동상황명세서를 제출하여야 할 내국법인이 주식변동상황명세서를 그 제출기한까지 제출하지 않았거나 변동상황을 누락하여 제출한 경우와 제출한 주식변동상황명세서가 불분명한 경우에 해당하는 경우에는 미제출·누락제출 및 불분명하게 제출한 주식등의 액면금액 또는 출자가액의 2퍼센트에 상당하는 금액을 가산한 금액을 법인세로서 징수하여야 한다. 이 가산세는 산출세액이 없는 경우에도 적용한다(법법 75의2 ②).

3) 무기장가산세

가) 요 건

내국법인이 장부의 비치·기장의무를 이행하지 않은 경우이다. 다만, 비영리내국법인은

---

15) 다만 법인세법 제55조의2에 따른 토지등 양도소득에 대한 법인세액 및 조특법 제100조의32에 따른 투자·상생협력 촉진을 위한 과세특례를 적용하여 계산한 법인세액은 제외한다. 성실신고확인제도는 소규모법인의 매출누락 및 가공경비를 사전에 방지하여 각 사업연도의 소득에 대한 성실한 장부 기장의무 이행을 위해 도입된 제도이므로 토지등 양도소득에 대한 법인세 및 투자·상생협력 촉진을 위한 과세특례를 적용하여 계산한 법인세 산출세액에도 성실신고확인서 미제출 가산세를 부과하는 것은 불합리하기 때문이다. 법인세법 제75조의2부터 제75조의9까지 및 제76조 제1항에서도 같다.

장부의 비치·기장의무를 이행하지 않은 경우에도 무기장가산세의 규정을 적용하지 않는다(법법 75의3 ①).

나) 가산세액의 계산

법인세 산출세액(토지등 양도소득에 대한 법인세액 및 조특법 100조32에 따른 투자·상생협력·촉진을 위한 과세특례를 적용하여 계산한 법인세액은 제외한다)의 20퍼센트에 상당하는 금액(그 금액이 해당 법인의 수입금액의 0.07퍼센트에 상당하는 금액보다 적거나 산출세액이 없는 때에는 그 수입금액의 0.07퍼센트에 상당하는 금액)으로 한다(법법 75의3 ①).

4) 기부금영수증발급불성실가산세

비영리내국법인이 기부금영수증(전자기부금영수증 포함)을 사실과 다르게 발급하거나 기부법인별 발급명세를 작성·보관하지 않는 경우에는 다음의 금액을 산출세액에 가산하여 징수하여야 한다. 이 경우 산출세액이 없는 경우에도 가산세는 징수한다(법법 75의4 ①). 다만, 상증법 제78조 제3항의 규정에 따라 보고서 제출의무를 이행하지 않거나 출연받은 재산에 대한 장부의 작성·비치 의무를 이행하지 않아 가산세가 부과되는 경우에는 ②의 가산세를 적용하지 않는다.

① 기부금영수증의 경우

사실과 다르게 발급된 금액의 5퍼센트에 상당하는 금액

② 기부법인별 발급명세의 경우

작성·보관하지 않은 금액의 0.2퍼센트에 상당하는 금액

5) 증명불비가산세

법인[국가·지방자치단체·비영리법인(사업소득에 해당하는 수익사업과 관련된 부분은 제외한다)을 제외한다]이 사업과 관련하여 사업자[16]로부터 재화 또는 용역을 공급받고 증명서류(신용카드매출전표, 현금영수증, 세금계산서, 계산서)를 받지 않거나 사실과 다른 증명서류를 받은 경우에는 그 받지 아니하거나 사실과 다르게 받은 금액으로 손금에 산입하는 것이 인정되는 금액의 2퍼센트에 상당하는 금액을 가산한 금액을 법인세로서 징수하여야 한다(법법 75의5).[17] 법인이 거래의 중간에 서류상 끼워 넣은 법인으로부터 세금계산서

---

16) 여기서의 사업자는 부가가치세법 또는 소득세법에 따라 사업자등록을 한 사업자로 한정되지 않는다(대법원 2016. 6. 10. 선고 2015두60341 판결).

17) 이 경우에도 그 밖의 서류에 의해 비용지출이 인정되면 손금산입이 허용된다(대법원 2016. 6. 10. 선고 2015 두60341 판결).

를 수취한 경우는 실제로 재화 또는 용역을 공급하는 거래행위를 한 자로부터 법정증명서류를 수취한 경우에 해당하지 않으므로 가산세 부과대상이다.[18] 다만, 경비 등의 지출증명 수취 및 보관의무가 배제되는 경우(법법 116 ② 但)와 계산서·세금계산서 또는 신용카드매출전표를 교부받지 않고 지출한 기업업무추진비로서 손금불산입한 금액에 대해서는 이 가산세를 적용하지 않는다(법령 120 ④). 이 경우 산출세액이 없는 경우에도 가산세는 징수한다.

6) 신용카드 및 현금영수증 발급 불성실 가산세

가) 신용카드매출전표미발급가산세

계산신용카드가맹점이 신용카드에 의한 거래를 거부하거나 신용카드매출전표를 사실과 다르게 발급한 경우에는 관할 세무서장으로부터 통보받은 건별 발급거부금액 또는 건별로 사실과 다르게 발급한 금액(건별로 발급하여야 할 금액과의 차액을 말한다)의 5퍼센트에 상당하는 금액(건별로 계산한 금액이 5천원 미만이면 5천원으로 한다)을 가산한 금액을 법인세로서 징수하여야 한다. 이를 신용카드매출전표미발급가산세라 한다. 신용카드매출전표미발급가산세는 산출세액이 없는 경우에도 이를 적용한다(법법 75의6 ①, ③).

나) 현금영수증미발급가산세

현금영수증가맹점으로 가입하여야 할 내국법인이 가입하지 않거나 현금영수증가맹점이 건당 5천원 이상의 거래금액에 대하여 현금영수증 발급을 거부하거나 사실과 다르게 발급하는 경우에는 다음 중 어느 하나에 해당하는 금액을 해당 사업연도의 법인세액에 더한다. 현금영수증미발급가산세는 산출세액이 없는 때에도 이를 적용한다(법법 75의6 ②, ③).
① 현금영수증가맹점으로 가입하지 않은 경우
　가맹하지 않은 각 과세기간의 총수입금액의 1퍼센트에 상당하는 금액
② 현금영수증 발급을 거부하거나 사실과 다르게 발급한 경우
　해당 과세기간의 거래에 대하여 관할 세무서장으로부터 통보받은 건별 발급거부금액 또는 건별로 사실과 다르게 발급한 금액(건별로 발급하여야 할 금액과의 차액을 말한다)의 5퍼센트에 상당하는 금액(건별로 계산한 금액이 5천원에 미달하는 경우는 5천원으로 한다)

7) 지급명세서제출불성실가산세

납세지 관할 세무서장은 지급명세서 또는 근로소득간이지급명세서를 제출하여야 할 자

---

18) 대법원 2012. 4. 26. 선고 2010두24654 판결.

가 그 기한까지 제출하지 않거나 제출된 지급명세서등이 불분명한 경우에 해당하거나 제출된 명세서에 게재된 지급금액[19]이 사실과 다른 경우에는 각각의 경우에 따라 정해진 금액을 가산한 금액을 법인세로서 징수하여야 한다(법법 75의7 ①). 외국법인에 대하여도 이 가산세를 부과할 수 있다.

8) 계산서 · 계산서합계표 · 매입처별세금계산서합계표 불성실 가산세

납세지 관할 세무서장은 법인(국가 · 지방자치단체 및 사업소득에 해당하는 수익사업을 영위하지 않는 비영리법인은 제외한다)이 다음 사유 중의 어느 하나에 해당하는 경우에는 각각의 정함에 따른 금액을 더한 금액을 법인세로서 징수하여야 한다. 이 가산세는 산출세액이 없는 경우에도 적용한다(법법 75의8 ①, ③). 다만, 법인세법 제75조의5에 따른 가산세(증명불비가산세) 및 부가가치세법 제60조 제2항, 제3항 및 제5항부터 제7항까지의 규정에 따른 가산세가 부과되는 부분은 제외한다(법법 75의8 ②).

① 계산서를 발급하지 않은 경우 또는 발급한 분의 계산서에 필요적 기재사항의 전부 또는 일부를 적지 않거나 사실과 다르게 적은 경우(발급한 계산서의 필요적 기재사항 중 일부가 착오로 사실과 다르게 적었으나, 해당 계산서의 그 밖의 기재사항으로 보아 거래사실이 확인되는 경우에는 사실과 다르게 적은 계산서로 보지 않는다) : 공급가액의 1퍼센트
② 매출 · 매입처별 계산서합계표를 기한 내에 제출하지 않은 경우 또는 제출하였으나 적어야 할 사항(거래처별 사업자등록번호 및 공급가액을 말한다)의 전부 또는 일부를 적지 않거나 사실과 다르게 적은 경우(아래 ④의 경우 매출가액 또는 매입가액은 제외한다) : 공급가액의 0.5퍼센트
③ 법법 120의2 ①에 따라 매입처별세금계산서합계표를 제출하지 않거나 제출한 경우로서 그 매입처별세금계산서합계표에 거래처별 사업자등록번호 또는 공급가액의 전부 또는 일부를 적지 않거나 사실과 다르게 적은 경우(아래 ④의 경우 매출가액 또는 매입가액은 제외한다) : 공급가액의 0.5퍼센트
④ 계산서 등을 발급하지 않거나 허위의 계산서를 수수한 경우 : 공급가액의 2퍼센트 또는 1퍼센트
⑤ 법인세법 제121조 제7항에 따른 기한이 지난 후 재화 또는 용역의 공급시기가 속하는 사업연도 말의 다음 달 11일까지 국세청장에게 전자계산서 발급명세를 전송하는 경우(위 ④에 해당하는 경우는 제외한다) : 0.5퍼센트

---

19) 법인세법 제120조에 따른 법인이 합병 · 분할 또는 해산함으로써 법인세법 제84조, 제85조 또는 제87조에 따라 과세표준을 신고 · 결정 또는 경정한 경우의 지급금액은 합병등기일, 분할등기일 또는 해산등기일까지 제출하여야 하는 금액으로 한다(법령 120 ⑪).

⑥ 법인세법 제121조 제7항에 따른 기한이 지난 후 재화 또는 용역의 공급시기가 속하는 사업연도 말의 다음 달 11일까지 국세청장에게 전자계산서 발급명세를 전송하지 않은 경우(위 ④에 해당하는 경우는 제외한다) : 1퍼센트

9) 업무용 승용차 관련비용 명세서 제출 불성실 가산세

업무용 승용차 관련비용 등을 손금에 산입한 내국법인이 업무용 승용차 관련비용 등에 관한 명세서를 제출하지 않거나 사실과 다르게 제출한 경우 각 경우마다 정해진 비율로 계산한 금액을 가산세로 해당 사업연도의 법인세액에 더하여 납부하여야 한다(법법 74의2).

5　가산세의 감면

가. 천재·지변 등에 의한 가산세의 감면

가산세의 부과원인이 되는 사유가 천재·지변 등 기한연장사유(기법 6 ①)에 해당하거나 납세자가 의무를 이행하지 않은 데 대한 정당한 사유가 있는 때에는 해당 가산세를 감면한다(기법 48 ①, 기령 28).

나. 수정신고 등에 의한 가산세의 감면

정부는 납세자가 수정신고를 한 경우 등 어느 하나에 해당하는 경우에는 해당 가산세액의 일정률에 상당하는 금액을 감면한다(기법 48 ②, 기령 28).

6　가산세의 한도

지급명세서제출불성실가산세, 계산서제출불성실가산세, 증명불비가산세, 주식변동상황명세서제출불성실가산세 및 기부금영수증발급불성실가산세와 같이 납세자의 납세협력의무 위반에 대하여 부과하는 가산세는 그 의무위반의 종류별로 한도액을 설정하여 과세기간 단위로 각각 5천만원(중소기업기본법에 따른 중소기업이 아닌 법인은 1억원)을 한도로 한다. 다만, 해당 의무를 고의적으로 위반한 경우에는 가산세의 한도액에 관한 규정을 적용하지 않는다(기법 49).

제3절 세액의 징수와 환급

1 세액의 징수

가. 신고세액 등의 징수

납세지 관할 세무서장은 내국법인이 법인세 과세표준신고와 함께 각 사업연도의 소득에 대한 법인세로서 납부하여야 할 세액의 전부 또는 일부를 납부하지 않은 때에는 그 미납된 법인세액을 그 납부기한이 경과한 날부터 2개월 이내에 징수한다. 위에서의 징수시기에 관한 규정은 주의적 규정에 지나지 않는다.

다음으로 납세지 관할 세무서장이 내국법인의 법인세 과세표준과 세액을 결정 또는 경정한 경우로서 징수할 세액이 있는 때에는 지체 없이 징수하여야 한다. 이 경우에 징수할 세액은 각 사업연도의 법인세 산출세액에 가산세를 가산하고 감면세액(세액공제를 포함한다) 및 기납부세액을 공제하여 계산한다. 기납부세액에는 중간예납세액·수시부과세액·원천징수세액(의제원천징수세액을 포함한다) 및 자진납부세액을 말한다.

나. 중간예납세액의 징수

납세지 관할 세무서장은 내국법인이 납부하여야 할 중간예납세액의 전부 또는 일부를 납부하지 않은 때에는 그 미납된 중간예납세액을 납부기한이 경과한 날부터 2개월 이내에 징수하여야 한다. 다만, 직전 사업연도의 법인세액이 없거나 해당 중간예납기간 만료일까지 확정되지 않은 경우와 분할신설법인 및 분할합병의 상대방법인의 분할 후 최초의 사업연도에 해당하여 해당 중간예납기간의 실적에 의하여 중간예납세액을 납부하여야 하는 법인이 중간예납세액을 납부하지 않은 때에는 해당 중간예납세액을 결정하여 납부기한이 경과한 날부터 3개월 이내에 징수해야 한다. 위에서의 징수기한은 주의적 규정이다.

다. 원천징수세액의 징수

납세지 관할 세무서장은 원천징수의무자가 그 징수하여야 할 법인세액을 징수하지 않았거나 징수한 법인세액을 기한 내에 납부하지 않은 때에는 지체 없이 원천징수의무자로부터 그 원천징수의무자가 원천징수하여 납부하여야 할 법인세액에 상당하는 금액에 원천징수납부불성실가산세를 가산한 금액을 법인세로서 징수하여야 한다. 다만, 원천징수의무자가 원천징수를 하지 않았으나, 납세의무자가 해당 법인세액을 이미 납부한 때에는 원천징수의 무자로부터 가산세만을 징수한다(법법 71 ③). 납세의무자가 해당 법인세액을 이미 납부한 때에는 납세의무자가 해당 법인세액을 신고납부한 때는 물론이고 관할 세무서장 및 지방국세청장이 납세의무자의 법인세를 결정 또는 경정함에 따라 해당 법인세액을 납부한 때를 포함한다.

2 세액의 환급

① 납세지 관할 세무서장은 중간예납·수시부과 및 원천징수세액과 같은 기납부세액이 각 사업연도의 소득에 대한 법인세액(가산세를 포함한다)을 초과하는 때에는 그 초과하는 금액, 즉 환급세액을 환급하거나 다른 국세·가산금과 강제징수비에 충당하여야 한다(법법 71 ④). 세액의 환급절차는 국세기본법 제51조부터 제54조까지에서 정하고 있다.

② 중소기업이 각 사업연도에 결손금이 발생한 경우 그 결손금에 대하여 소급공제를 받고자 하는 경우에는 직전 사업연도의 소득에 대하여 과세된 법인세액을 한도로 하여 직전 사업연도의 법인세 산출세액에서 소급공제받고자 하는 해당 사업연도의 결손금을 차감하여 다시 산정한 직전 사업연도의 법인세 산출세액을 차감한 금액을 환급신청할 수 있다. 위의 법인세의 환급신청을 받은 납세지 관할 세무서장은 지체없이 환급세액을 결정하고 국세기본법 제51조 및 제52조의 규정에 의하여 환급하여야 한다.

이에 관한 상세한 논의는 '결손금의 소급공제'(756면)에서 다루었다.

제14장

법인과세 신탁재산의 각 사업연도 소득에 대한 법인세 과세특례

제1절 통칙

법인세법 제5조 제2항에 따라 내국법인으로 보는 신탁재산('법인과세 신탁재산') 및 이에 귀속되는 소득에 대하여 법인세를 납부하는 신탁의 수탁자('법인과세 수탁자')에 대해서는 법인세법 제2장의2의 규정을 제1장 및 제2장의 규정에 우선하여 적용한다.

1 신탁재산에 대한 법인세 과세방식의 적용

가. 소득의 구분과세

신탁재산을 내국법인으로 보아 법인세를 과세하는 경우 그 신탁의 수탁자는 신탁재산에 귀속되는 소득과 그 외의 소득을 구분하여 법인세를 납부하여야 한다(법법 75의11 ①).

나. 납세지

법인과세 신탁재산의 법인세 납세지는 그 법인과세 수탁자의 납세지로 한다(법법 75의12 ④). 관할 지방국세청장이나 국세청장은 위 납세지가 법인과세 신탁재산의 납세지로 적당하지 않다고 인정되는 일정한 사유가 있는 경우 그 납세지를 지정할 수 있다(법령 120의3).

다. 수익자의 제2차 납세의무

재산의 처분 등에 따라 법인과세 수탁자가 법인과세 신탁재산의 재산으로 그 법인과세 신탁재산에 부과되거나 그 법인과세 신탁재산이 납부할 법인세 및 강제징수비를 충당하여도 부족한 경우에는 그 신탁의 수익자(신탁법 제101조에 따라 신탁이 종료되어 신탁재산이 귀속되는 자를 포함)는 분배받은 재산가액 및 이익을 한도로 그 부족한 금액에 대하여 제2

차 납세의무를 진다(법법 75의11 ②).

라. 배당의 간주

법인과세 신탁재산이 그 이익을 수익자에게 분배하는 경우에는 배당으로 본다(법법 75의11 ③).

마. 법인세 과세방식 적용의 종료

신탁계약의 변경 등으로 법인과세 신탁재산이 법인과세 방식에 해당하지 않게 되는 경우에는 그 사유가 발생한 날이 속하는 사업연도분부터 법인세법 제5조 제2항을 적용하지 않는다(법법 75의11 ④).

2 법인과세 신탁재산의 설립 및 해산 등

가. 설립일과 해산일의 의제

법인과세 신탁재산은 신탁법 제3조에 따라 그 신탁이 설정된 날에 설립된 것으로 보고 신탁법 제98조부터 제100조까지의 규정에 따라 그 신탁이 종료된 날(신탁이 종료된 날이 분명하지 않은 경우에는 부가가치세법 제5조 제3항에 따른 폐업일을 말한다)에 해산된 것으로 본다(법법 75의12 ①, ②).[1]

나. 사업연도 설정 및 신고

법인과세 수탁자는 법인과세 신탁재산에 대한 사업연도를 따로 정하여 법인설립신고 또는 사업자등록과 함께 납세지 관할 세무서장에게 사업연도를 신고하여야 한다. 이 경우 사업연도의 기간은 1년을 초과하지 못한다(법법 75의12 ③). 법인과세 신탁재산의 최초 사업연도 개시일은 신탁법 제3조에 따라 그 신탁이 설정된 날로 한다(법령 120의2).

다. 공동수탁자가 있는 경우의 특례

하나의 법인과세 신탁재산에 신탁법 제50조에 따라 둘 이상의 수탁자가 있는 경우에는 법인세법 제109조, 제109조의2에 따라 수탁자 중 신탁사무를 주로 처리하는 수탁자('대표

---

1) 법인과세 신탁재산의 설립신고와 수탁자 변경신고에 관하여는 법인세법 제109조, 제109조의2가 규정하고 있다.

수탁자')로 신고한 자가 법인과세 신탁재산에 귀속되는 소득에 대하여 법인세를 납부하여야 한다. 이 경우 대표수탁자 외의 수탁자는 법인과세 신탁재산에 관계되는 법인세에 대하여 연대하여 납부할 의무가 있다(법법 75의13).

제2절 과세표준과 그 계산

1 소득공제에 의한 이중과세 조정

이중과세 조정을 위하여 법인과세 신탁재산이 수익자에게 배당한 금액에 대하여 법인과세 신탁재산에 소득공제를 적용하고 소득공제를 적용받은 신탁재산으로부터 배당을 받는 수입배당금액에 대해서는 익금불산입 규정을 적용하지 않는다(법법 75의14 ①). 이때 공제하는 수입배당금액이 해당 배당을 결의한 잉여금 처분의 대상이 되는 사업연도의 소득금액을 초과하는 경우 그 초과금액은 없는 것으로 본다(법령 120의4 ①).

배당을 받은 법인과세 신탁재산의 수익자에 대하여 법인세법 또는 조특법에 따라 그 배당에 대한 소득세 또는 법인세가 비과세되는 경우에는 소득공제를 적용하지 않는다. 다만, 배당을 받은 수익자가 조특법 제100조의15에 따라 동업기업과세특례를 적용받는 동업기업인 경우로서 그 동업자들(그 동업자들의 전부 또는 일부가 조특법 제100조의15 제3항에 따른 상위 동업기업에 해당하는 경우에는 그 상위 동업기업에 출자한 동업자들을 말한다)에 대하여 조특법 제100조의18에 따라 배분받은 배당에 해당하는 소득에 대한 소득세 또는 법인세가 전부 과세되는 경우는 소득공제를 적용한다(법법 75의14 ②).

2 신탁의 합병과 분할

가. 신탁의 합병

법인과세 신탁재산에 대한 신탁법 제90조에 따른 신탁의 합병은 법인의 합병으로 보아 법인세법을 적용한다. 이 경우 신탁이 합병되기 전의 법인과세 신탁재산은 피합병법인으로 보고, 신탁이 합병된 후의 법인과세 신탁재산은 합병법인으로 본다(법법 75의15 ①).

나. 신탁의 분할

법인과세 신탁재산에 대한 신탁법 제94조에 따른 신탁의 분할(분할합병을 포함한다)은 법인의 분할로 보아 법인세법을 적용한다. 이 경우 신탁의 분할에 따라 새로운 신탁으로 이전하는 법인과세 신탁재산은 분할법인등으로 보고, 신탁의 분할에 따라 그 법인과세 신탁재산을 이전받은 법인과세 신탁재산은 분할신설법인등으로 본다(법법 75의15 ②).

3 법인과세 신탁재산의 소득금액 계산

수탁자의 변경에 따라 법인과세 신탁재산의 수탁자가 그 법인과세 신탁재산에 대한 자산과 부채를, 변경되는 수탁자에게 이전하는 경우 그 자산과 부채의 이전가액을 수탁자 변경일 현재의 장부가액으로 보아 이전에 따른 손익은 없는 것으로 한다(법법 75의16 ①).[1]

법인과세 수탁자는 법인과세 신탁재산별로 신탁재산에 귀속되는 소득을 각각 다른 회계로 구분하여 기록하여야 한다(법법 113 ⑥).

4 법인과세 신탁재산의 외국납부세액공제

법인과세 신탁재산이 국외의 자산에 투자하여 얻은 소득에 대하여 납부한 외국법인세액(법법 57 ①, ⑥)이 있는 경우 그 소득이 발생한 사업연도의 과세표준 신고 시 그 사업연도의 법인세액에서 그 사업연도의 외국납부세액[2]을 빼고 납부하여야 한다(법법 57의2 ①).

---

1) 수탁자 신탁과세제도는 신탁재산을 별도의 법인으로 보아 과세하는 제도이지만 납세의무를 대리하여 부담하는 주체는 수탁자에 해당하므로 수탁자의 변경은 납세의무를 대리하여 부담하는 자의 변경에 불과하고 실질적인 신탁재산의 이전에 해당하는 것은 아니기 때문이다.

2) 소득세법 제129조 제1항 제2호에 따른 세율을 곱하여 계산한 세액을 한도로 하고 이를 초과하는 금액은 없는 것으로 본다.

제**3**절　신고 · 납부 및 징수

1　원천징수의무의 특례

가. 수탁자가 금융회사 등인 경우 원천징수의무 면제

　법인과세 신탁재산의 수탁자가 법인세법 시행령 제111조 제1항 각 호에 규정된 금융회사 등에 해당하는 경우로서 법인과세 신탁재산이 ① 소득세법 제16조 제1항에 따른 이자소득의 금액[1] 또는 ② 소득세법 제17조 제1항 제5호에 따른 집합투자기구로부터의 이익 중 투자신탁이익의 금액을 지급받을 때에는 원천징수하지 않는다(법법 75의18 ①, 법령 120의5 ①).[2] 법인세법 제73조 제1항은 일정한 금융회사 등(법령 111 ④ 각 호)이 수취인인 일정한 소득의 경우 소득을 지급하는 자의 원천징수의무를 면제하도록 규정하고 있는데[3] 그 규정과 균형을 맞추기 위한 것이다.

나. 원천징수대상채권등 매도시의 원천징수의무

　법인과세 신탁재산에 속하는 채권등 또는 투자신탁의 수익증권(소법 46 ①)을 타인에게 매도[4]하는 경우에는 법인과세 수탁자를 원천징수의무자로 본다(법법 75의18 ②). 법인세법 제73조의2 제1항은 내국법인이 채권등 또는 투자신탁의 수익증권(소법 46 ①)을 타인에게 매도하는 경우 그 내국법인에게 원천징수의무를 지우는데 그 규정과 균형을 맞추기 위한 것이다.

2　성실신고확인서 제출 및 중간예납의무 면제

　법인과세 신탁재산에 관하여는 성실신고확인서 제출과 중간예납의무 규정을 적용하지

---

1) 금융 및 보험업을 하는 법인의 수입금액을 포함한다. 다만 법인세법 제73조의2 제1항 전단에 따른 원천징수 대상채권등(「주식 · 사채 등의 전자등록에 관한 법률」 제59조 각 호 외의 부분 전단에 따른 단기사채등 중 같은 법 제2조 제1호 나목에 해당하는 것으로서 만기 1개월 이내의 것은 제외)의 이자등(법법 73의2 ① 前)을 자본시장법에 따른 투자회사 및 조특법 제104조의3 제1항에 따른 자본확충목적회사가 아닌 법인에 지급하는 경우는 제외한다(법령 120의5 ① I).
2) 이중교, "신탁 관련 소득과세의 문제점", 「세무와 회계 연구」 제9권 제3호, 2020, 127면.
3) 이 경우 수입원천인 이자수입이 사업수입에 해당하기 때문에 원천징수를 하지 않도록 규정하고 있는 것이다.
4) 중개 · 알선과 그 밖에 대통령령으로 정하는 경우를 포함하되, 환매조건부 채권매매 등 대통령령으로 정하는 경우를 제외한다.

않는다(법법 75의17). 성실신고확인서는 부동산 임대업 등 수동적 소득이 주수입원인 대규모 내국법인에 대한 관리 강화를 위하여 도입된 제도이므로 법인과세 신탁재산에 대하여는 적용할 실익이 적다. 중간예납의무 규정을 적용하지 않기로 한 것은 도관의 성격이 강한 유동화전문회사 등에 대하여도 중간예납의무를 배제하고 있고(법법 63의2 ② Ⅱ 가) 법인과세 신탁재산의 신고 및 납부부담이 발생하는 수탁자는 본인의 고유재산에 관한 신고 및 납부의무에 더하여 개별 신탁재산에 대한 중간예납의무까지 부담할 경우 납세협력부담이 과중하게 될 수 있다는 점이 고려된 것으로 보인다.

제15장

동업기업에 대한 과세특례

제1절 동업기업에 대한 과세특례의 의의

1 의 의

동업기업과세제도는 동업기업(partnership)을 도관(conduit, pass through entity)으로 취급하여 동업기업이 얻은 소득에 대하여 동업기업단계에서는 법인세 또는 소득세를 과세하지 않고, 그 구성원인 동업자(partner)에게 동업기업의 소득을 손익분배비율에 따라 배분하여 각각 법인세 또는 소득세를 과세하는 제도이다. 동업기업과 동업자에 대한 이중적인 소득과세를 배제하고, 인적회사 및 조합의 설립을 통한 공동사업의 활성화를 지원하기 위한 세제상의 장치이다.

합자회사·합명회사와 같은 인적회사나 일정한 인적용역을 제공하는 유한회사가 얻는 소득에 대하여는 그 합자회사 등에게 각 사업연도의 소득에 대한 법인세를 과세하면서 그 합자회사 등이 사원에게 배당금을 지급하는 경우에는 그 사원에게 배당금에 대한 소득세를 과세한다. 그리고 민법상의 조합이나 특별법상의 조합(예: 변호사법에 의한 법무조합, 중소기업창업지원법에 따른 중소기업창업투자조합 등) 등은 독립된 별개의 납세의무자로 취급하지 않고 도관으로 보아 그 조합 등이 번 소득금액은 각 조합원의 손익분배비율 또는 출자지분의 비율에 따라 각 조합원에게 배분하여 그 조합원에게 법인세 또는 소득세를 과세한다.

그런데 2009년 1월 1일 이후 개시하는 사업연도부터 동업기업과세특례제도를 도입하여 합자회사·합명회사 및 일정한 인적용역을 제공하는 유한회사에 대하여는 종래의 과세방식(합자회사 등에 대하여 법인세를 과세하고, 합자회사 등이 사원에게 배당금을 지급하는 경우에는 그 사원에게 소득세를 과세하는 방식)과 동업기업과세특례방식(조특법 100의 14부터 100의26까지) 중 어느 하나를 선택적으로 적용받을 수 있도록 하고 있다. 그리고 민법상의 조합·상법상의 익명조합이나 특별법상의 조합 등에 대하여는 종래의 공동사업자에 대한 과세방식과 동업기업과세특례방식 중 어느 하나를 선택적으로 적용받을 수 있도록 하고 있다.

2 용어의 정의

가. 동업기업

동업기업이란 2명 이상이 금전이나 그 밖의 재산 또는 노무 등을 출자하여 공동사업을 경영하면서 발생한 이익 또는 손실을 배분받기 위하여 설립한 단체를 말한다. 동업기업의 개념적 속성은 다음과 같다.

첫째, 동업기업은 반드시 2명 이상의 동업자로 구성되어야 한다. 동업자의 구성원에는 거주자, 비거주자, 내국법인 또는 외국법인을 가리지 않는다.

둘째, 동업기업은 공동사업의 경영을 통하여 얻은 이익을 배분받기 위하여 설립한 단체이다. 즉 동업기업은 사업성을 그 기본적 속성으로 한다.

사업(business, Gewerbebetrieb)이란 일의적으로 정의하기는 어려우나, 독립적인 지위에서 영리를 목적으로 계속·반복적으로 행하는 사회적 활동이라고 정의하고자 할 수 있다. 즉 사업은 독립성·영리목적성 및 계속반복성을 갖추고 있어야 한다. 즉 사업이란 자기의 계산과 위험에 의한 행위(Handeln auf eigene Rechnung und Gefahr)로서 일정한 경제적 성과(wirtschaftlichen Erfolg)를 얻을 목적으로 계속적으로 반복되는 사회적 활동인 것이다.

셋째, 동업기업은 조합이나 인적회사의 성격을 갖는 법인을 대상으로 한다. 그러므로 동업기업의 형태로서 민법상의 조합, 상법상의 합자조합과 익명조합, 특별법상의 조합, 인적회사인 합명회사와 합자회사, 법무법인·특허법인·노무법인 및 법무사합동법인 등과 같은 특별법상의 법인으로 한정하여 인정하고 있다. 다만, 전문적인 인적용역을 제공하는 특별법상의 법인인 법무법인(유한)·회계법인·세무법인 및 관세법인은 그 사원이 유한책임을 지는 유한회사에 해당하지만 그 법인의 인적회사적 성격에 착안하여 동업기업과세특례제도의 적용대상으로 하고 있다.

나. 동업자

동업자(partner)란 동업기업의 출자자인 거주자, 비거주자, 내국법인 및 외국법인을 말한다. 그리고 동업자를 그 유형에 따라 다시 거주자, 비거주자, 내국법인 및 외국법인의 4개의 군(群)으로 나누는데, 이와 같이 나눈 4개의 군을 동업자군(partner group)이라 부른다.

다. 배분과 분배

배분(allocation)이란 동업기업의 소득금액 또는 결손금 등을 각 과세연도의 종료일에 자산의 실제 분배 여부에 관계없이 동업자의 소득금액 또는 결손금 등으로 귀속시키는 것을 말한다. 이에 대하여 분배(distribution)란 동업기업의 자산이 동업자에게 실제로 이전되는 것을 말한다.

라. 지분가액

지분가액(outside basis)이란 동업자가 보유하는 동업기업 지분의 세무상 장부가액[1]으로서 동업기업 지분의 양도 또는 동업기업 자산의 분배시 과세소득의 계산 등의 기초가 되는 가액을 말한다.

마. 동업자군별 동업기업 소득금액 또는 결손금

동업자군별 동업기업 소득금액 또는 결손금은 동업자를 거주자, 비거주자, 내국법인 및 외국법인의 네 개의 동업자군으로 구분하고, 각 동업자군별로 동업기업을 각각 하나의 거주자, 비거주자, 내국법인 또는 외국법인으로 보아 소득세법 또는 법인세법에 따라 계산한 해당 과세연도의 소득금액 또는 결손금을 말한다.

바. 동업자군별 손익배분비율

동업자군별 손익배분비율이란 동업자군별로 해당 군에 속하는 동업자들의 손익배분비율을 합한 비율을 말한다.

사. 동업자군별 배분대상 소득금액 또는 결손금

동업자군별 배분대상 소득금액 또는 결손금이란 동업자군별 동업기업 소득금액 또는 결손금에 동업자군별 손익배분비율을 곱하여 계산한 금액을 말한다.

---

1) 일반적으로 '세무상 장부가액'이란 세무회계에 따라 수정된 장부상 평가가액을 의미하는 것으로서 자산의 취득가액에 자본적 지출·자산평가증 등을 가산하고 감가상각·평가손실 등을 차감한 해당 자산의 장부상 대차잔액을 가리키는 것이다(대법원 2013. 5. 23. 선고 2010두28601 판결).

제**2**절　동업기업에 대한 과세특례의 적용범위

1　적용범위

동업기업과세특례는 동업기업으로서 다음 중 어느 하나에 해당하는 단체가 동업기업과세특례의 적용신청을 한 경우 해당 동업기업 및 그 동업자에 대하여 적용한다(조특법 100의 15 ①, 조특령 100의15 ①, ②).

① 민법에 따른 조합(자본시장법 9 ⑱ Ⅴ의 투자합자조합은 제외한다)

② 상법에 따른 합자조합과 익명조합(자본시장법 9 ⑱ Ⅵ의 투자익명조합은 제외한다)

③ 상법에 따른 합명회사 및 합자회사(자본시장법 9 ⑱ Ⅳ의 투자합자회사 중 자본시장법 9 ⑲ Ⅰ의 기관전용 사모집합투자기구가 아닌 것은 제외한다[1]))

④ 변호사법 제40조 및 제58조의18에 따른 법무법인 및 법무조합

⑤ 변리사법 제6조의3 및 같은 법 시행령 제14조에 따른 특허법인

⑥ 공인노무사법 제7조의2에 따른 노무법인

⑦ 법무사법 제33조에 따른 법무사합동법인

⑧ 전문적인 인적용역을 제공하는 법인으로서 다음 중 어느 하나에 해당하는 것

　㉮ 변호사법 제58조의2에 따른 법무법인(유한)

　㉯ 공인회계사법 제23조에 따른 회계법인

　㉰ 세무사법 제16조의3에 따른 세무법인

　㉱ 관세사법 제17조에 따른 관세법인

⑨ 법인세법 제2조 제3호의 외국법인 또는 소득세법 제2조 제3항에 따른 비거주자로 보는 법인 아닌 단체 중 제1호부터 제4호까지의 규정에 따른 단체와 유사한 단체로서 다음 사항 모두에 해당하는 외국단체

　㉮ 위 ①부터 ⑧까지의 단체(기관전용 사모집합투자기구는 제외)와 유사할 것

　㉯ 법인세법 제94조 또는 소득세법 제120조에 따른 국내사업장을 갖고 사업을 경영할 것

　㉰ 설립지국에서 동업기업과세특례와 유사한 제도를 적용받을 것

---

1) 즉 기관전용 사모집합투자기구(PEF)는 동업기업에 해당한다. 기관전용 사모집합투자기구는 투자합자회사의 일종이지만 공동사업적 성격을 가지고 이익배당·손실배분을 할 때 자율성·유연성을 인정하는 등 동업기업과세특례의 적용에 적합하다는 점을 고려한 것이다.

2 　다단계 동업기업에 대한 적용 배제

동업기업과세특례를 적용받는 동업기업의 동업자는 동업기업의 자격으로 동업기업과세특례를 적용받을 수 없다(조특법 100의15 ① 但). 다단계 동업기업의 형성을 통한 조세회피를 막기 위한 장치이다.

예를 들어 AB는 A와 B로 구성된 동업기업이고, 동업자 A는 aa와 ab로 구성된 동업기업이라고 하자. 이 경우 동업기업 AB가 동업기업과세특례를 적용받고 있다면, aa와 ab로 구성된 동업기업인 A는 동업기업과세특례제도를 적용받을 수 없는 것이다.

반면에 A가 B와 함께 동업기업 AB를 구성하고 있고, C와 함께 동업기업 AC를 구성하고 있다면 A는 동업기업 AB의 동업자로서 과세특례를 적용받는 동시에, 다시 동업기업 AC의 동업자로서 과세특례를 적용 받을 수 있는 것이다.

다만 동업기업과세특례를 적용받는 동업기업에 출자한 동업자가 자본시장법 제9조 제19항 제1호의 기관전용 사모집합투자기구로서 대통령령으로 정하는 요건을 갖춘 투자합자회사인 경우 그 투자합자회사는 자기에게 출자한 동업자와의 관계에서 동업기업의 자격으로 동업기업과세특례를 적용받을 수 있다.[2] 이 경우 해당 투자합자회사의 동업자는 동업기업의 자격으로 동업기업과세특례를 적용받을 수 없다(조특법 100의15 ②).[3]

3 　동업기업과세특례의 적용 및 포기신청

가. 동업기업과세특례의 적용신청

동업기업과세특례를 적용받으려는 기업은 동업기업과세특례를 적용받으려는 최초의 과세연도의 개시일 이전(기업을 설립하는 경우로서 기업의 설립일이 속하는 과세연도부터 적용받으려는 경우에는 그 과세연도의 개시일부터 1개월 이내)에 동업자 전원의 동의서[4]와 함께 동업기업과세특례 적용신청서를 납세지 관할 세무서장에게 제출하여야 한다(조특령 100의16 ①). 동업기업과세특례의 적용신청은 납세자의 선택권의 행사에 해당한다.

---

2) 자본시장법상 기관전용 사모집합투자기구는 다른 기관전용 사모집합투자기구에 대하여 재간접투자(Fund of Funds)가 허용되므로 투자자명부 및 소득배분 등이 체계적으로 관리되는 기관전용 사모집합투자기구에 대하여 동업기업과세특례의 수직적 중복적용을 허용하고 있는 것이다. 기획재정위원회, "조세특례제한법 일부 개정법률안 검토보고", 2023. 11., 257 – 267면.
3) 이 경우 조특법 제100조의15 제2항 전단에 따라 동업자인 동시에 동업기업의 자격으로 동업기업과세특례를 적용받는 자는 동업자의 자격으로 자기가 출자한 동업기업(동업기업과세특례를 적용받는 동업기업을 말한다)와의 관계에서 '상위 동업기업'이라고 하고 그 출자를 받은 동업기업은 상위 동업기업과의 관계에서 '하위 동업기업'이라고 한다. 조특법 제100조의15 제3항.
4) 외국단체의 경우에는 조특령 제100조의15 제2항 각 호에 해당하는 사항을 입증할 수 있는 서류를 포함한다.

나. 동업기업과세특례의 포기

동업기업과세특례를 적용받고 있는 동업기업이 동업기업과세특례의 적용을 포기하려면 동업기업과세특례를 적용받지 않으려는 최초의 과세연도의 개시일 이전에 동업자 전원의 동의서와 함께 동업기업과세특례 포기신청서를 납세지 관할 세무서장에게 제출하여야 한다(조특령 100의16 ②).

제**3**절 동업기업 및 동업자의 납세의무

1 동업자의 소득세 등

동업기업이 번 소득에 대해서는 소득세법 또는 법인세법의 규정에도 불구하고 동업기업에게 소득세(거주자의 소득과 비거주자의 국내원천소득에 대한 소득세) 또는 법인세(각 사업연도의 소득, 청산소득 및 토지등 양도소득에 대한 법인세)를 부과하지 않는다(조특법 100의16 ①). 동업기업이 얻는 소득은 모두 그 동업기업의 동업자에게 배분되어 그 동업자에게 소득세 또는 법인세를 과세하기 때문이다.

다음으로 동업기업의 구성원인 동업자(상위 동업기업인 동업자는 제외)는 동업기업으로부터 배분받은 소득에 대하여 소득세 또는 법인세 납세의무를 진다(조특법 100의16 ②). 즉 동업기업의 소득금액은 각 과세연도의 종료일에 자산의 실제 분배 여부에 관계없이 그 손익배분비율에 따라 각 동업자의 소득금액으로 귀속시켜 그 동업자에게 소득세 또는 법인세 납세의무를 지우는 것이다.

2 동업기업전환법인의 준청산소득에 대한 법인세

내국법인이 동업기업과세특례를 적용받는 경우 해당 내국법인('동업기업 전환법인'이라 한다)은 해산에 의한 청산소득의 금액(법인세법 제79조 제1항에 따른 청산소득의 금액)에 준하여 다음 계산식에 따라 계산한 과세표준에 법인세법 제55조 제1항에 따른 세율을 곱하여 계산한 금액을 법인세('준청산소득에 대한 법인세'라 한다)로 납부할 의무가 있다(조특법 100의16 ③).

$$준청산소득 = 준청산일 현재의 잔여재산가액 - 준청산일 현재의 자기자본 총액$$

위에서 준청산일이란 해당 내국법인이 동업기업과세특례를 적용받는 최초 사업연도의 직전 사업연도의 종료일을 말한다.

동업기업 전환법인은 동업기업과세특례를 적용받는 최초 사업연도의 직전 사업연도의 종료일 이후 3개월이 되는 날까지 준청산소득에 대한 법인세의 과세표준과 세액을 납세지 관할 세무서장에게 신고하여야 한다. 그리고 이러한 동업기업 전환법인은 준청산소득에 대한 법인세의 세액을 신고기한부터 3년간 균등액 이상 납부하여야 한다(조특법 100의16 ④, ⑤).

제4절 동업기업 소득금액 등의 계산 및 배분

1 손익배분비율

가. 단일의 약정 손익배분비율

동업기업의 소득금액 또는 결손금을 각 동업자에게 배분하는 기준이 손익배분비율이다. 손익배분비율은 동업자간 약정한 단일의 손익배분비율로서 동업기업의 소득의 계산 및 배분명세서를 신고할 때 납세지 관할 세무서장에게 신고한 비율을 말하는데, 약정손익배분비율이라고 부르기로 한다. 그러나 신고한 단일의 약정손익배분비율이 없는 때에는 출자지분의 비율에 따른다(조특령 100의17 ①).

동업자군별 배분대상 소득금액 또는 결손금을 배분할 때 과세연도 중 동업자가 가입하거나 탈퇴하여 손익배분비율이 변경되는 경우에는 변경 이전과 변경 이후 기간별로 산출한 동업자군별 배분대상 소득금액 또는 결손금을 각각의 해당 손익배분비율에 따라 계산하여야 한다(조특령 100의17 ⑤).

나. 조세회피행위의 부인

조세회피의 우려가 있다고 인정되는 특정 사유가 발생하면 해당 사유가 발생한 과세연도에 대해서는 직전 과세연도의 손익배분비율을 적용한다. 위에서 조세회피의 우려가 있다고 인정되는 특정 사유란 다음 중 어느 하나에 해당하는 경우로서 직전 과세연도의 손익분배비율과 해당 과세연도의 손익배분비율을 달리 적용하는 경우를 말한다.

① 해당 동업기업 내 어느 하나의 동업자군의 동업자군별 동업기업 소득금액 및 결손금의 합계가 직전 과세연도에는 영(0)보다 크고 해당 과세연도에는 영보다 적은 경우

② 해당 동업기업 내 어느 하나의 동업자군의 동업자군별 동업기업 소득금액 및 결손금의 합계가 직전 과세연도에는 영보다 적고 해당 과세연도에는 영보다 큰 경우

　다음으로 어느 동업자의 출자지분과 그와 특수관계에 있는 자의 출자지분의 합계가 해당 동업기업의 출자총액의 50퍼센트 이상인 경우가 있을 수 있다. 이 경우 그 동업자와 특수관계인인 동업자간에 약정손익배분비율이 있는 경우에도 그 약정손익배분비율을 적용하지 않고 출자지분의 비율을 적용한다.

　한편, 조세회피의 우려가 있다고 인정되더라도 해당 동업기업이 자본시장법에 따른 기관전용 사모집합투자기구인 경우로서 정관, 약관 또는 투자계약서에서 정한 비율, 순서 등에 따라 결정된 이익의 배당률 또는 손실의 배분율을 약정손익배분비율로 신고한 때에는 해당 비율에 따른다. 이 경우 같은 법 제86조 제1항 및 제272조 제11항에 따른 성과보수는 업무집행사원에 대한 이익의 우선배당으로 본다.

2　소득금액 등의 배분

　동업자군별 배분대상 소득금액 또는 결손금은 각 과세연도의 종료일에 해당 동업자군에 속하는 동업자들에게 동업자 간의 손익배분비율에 따라 배분(allocation)한다(조특법 제100조의18 ①). 그 배분과정은 다음과 같다.

가. 동업자군별 동업기업 소득금액 또는 결손금의 계산

　동업자를 거주자, 비거주자, 내국법인 및 외국법인의 네 개의 동업자군으로 구분하여 각 군별로 동업기업을 각각 하나의 거주자, 비거주자, 내국법인 또는 외국법인으로 보아 소득세법 또는 법인세법에 따라 해당 과세연도의 소득금액 또는 결손금을 계산한다. 이를 동업자군별 동업기업 소득금액 또는 결손금이라 한다.

나. 동업자군별 배분대상 소득금액 또는 결손금의 계산

　동업자군별 동업기업 소득금액 또는 결손금에 동업자군별 손익배분비율을 곱하여 해당 동업자군의 동업기업 소득금액 또는 결손금을 계산한다. 이를 동업자군별 배분대상 소득금액 또는 결손금이라 한다. 위에서 동업자군별 손익배분비율이란 동업자군별로 해당 군에

속하는 동업자들의 손익배분비율을 합한 비율을 말한다.

다. 동업자의 배분 소득금액 또는 결손금의 계산

동업자군별 배분대상 소득금액 또는 결손금을 해당 동업자군에 속하는 동업자들에게 동업자간의 손익배분비율에 따라 배분한다. 이를 동업자의 배분 소득금액 또는 결손금이라 부르기로 한다. 동업자의 배분 소득금액 또는 결손금의 소득구분에 관해서는 뒤에서 다룬다.

이때 하위 동업기업의 소득금액 또는 결손금에 대한 상위 동업기업의 동업자군별 배분대상 소득금액 또는 결손금은 다음의 계산식에 따라 계산한다.

$$A \times B \times C$$

A: 하위 동업기업의 동업자군별 소득금액 및 결손금
B: 하위 동업기업에 대한 상위 동업기업의 손익배분비율
C: 상위 동업기업의 동업자군별 손익배분비율

3 결손금의 배분한도와 배분의 제한

가. 결손금의 배분한도

동업기업의 결손금은 각 동업자들에게 배분된다. 그런데 각 동업자에게 배분되는 결손금은 동업기업의 해당 과세연도의 종료일 현재 해당 동업자의 지분가액을 한도로 한다. 지분가액을 초과하는 해당 동업자의 결손금(배분한도 초과결손금)은 해당 과세연도의 다음 과세연도 개시일 이후 15년 이내에 종료하는 각 과세연도에 이월하여 배분한다(조특법 100의18 ②). 이 경우 배분한도 초과결손금은 이월된 각 과세연도에 배분하는 동업기업의 각 과세연도의 결손금이 지분가액에 미달할 때에만 그 미달하는 금액의 범위에서 추가로 배분한다. 그리고 배분한도 초과결손금에 해당하는 금액은 소득세법 및 법인세법에 따라 이월결손금의 공제를 적용할 때 해당 배분한도 초과결손금이 발생한 동업기업의 과세연도의 종료일에 발생한 것으로 본다.

한편, 동업자군별로 둘 이상으로 구분된 결손금이 발생한 때에는 배분한도 초과결손금은 각각의 구분된 결손금의 크기에 비례하여 발생한 것으로 본다.

나. 수동적 동업자에 대한 결손금 배분의 배제

동업기업의 경영에 참여하지 않고 출자만 하는 자로서 다음 중 어느 하나에 해당하는 동업자(수동적 동업자)에게는 결손금을 배분하지 않되, 해당 과세연도의 종료일부터 15년 이내에 끝나는 각 과세연도에 그 수동적 동업자에게 소득금액을 배분할 때 배분되지 않은 결손금을 그 배분대상 소득금액에서 공제하고 배분한다(조특령 100의18 ②).

① 다음의 요건을 모두 갖춘 동업자
   ㉮ 동업기업에 성명 또는 상호를 사용하게 하지 아니할 것
   ㉯ 동업기업의 사업에서 발생한 채무에 대하여 무한책임을 부담하기로 약정하지 아니할 것
   ㉰ 법인세법 시행령 제43조 제6항 각호에 따른 임원 또는 이에 준하는 자가 아닐 것
② 해당 동업기업이 기관전용 사모집합투자기구인 경우에는 그 유한책임사원

4 동업자가 배분받은 소득금액 등의 소득구분

동업자가 동업기업의 과세연도의 종료일이 속하는 과세연도의 소득세 또는 법인세 과세표준을 계산할 때 배분받은 소득금액 또는 결손금은 다음의 소득구분에 따른 익금 또는 손금으로 보아 계산한다. 다만, 수동적동업자(자본시장법 제9조 제19항 제1호에 따른 기관전용 사모집합투자기구의 수동적동업자 중 비거주자 또는 외국법인은 제외한다)의 경우에는 배분받은 소득금액은 동업자군에 따라 소득세법 또는 법인세법상의 배당소득(거주자의 배당소득, 비거주자의 국내원천소득인 배당소득, 외국법인의 국내원천소득인 배당소득)으로 본다(조특법 100의18 ④).

가. 배분받은 소득금액

1) 거주자로 구성된 동업자군의 경우

이자소득, 배당소득, 사업소득, 기타소득 및 양도소득으로 구분하여 해당 소득의 수입금액으로 한다.

2) 비거주자로 구성된 동업자군의 경우

가) 국내사업장이 있는 비거주자 등의 경우

국내원천소득 중 이자소득, 배당소득, 부동산임대소득, 선박 등의 임대소득, 사업소득, 인

적용역소득, 양도소득, 사용료소득, 유가증권의 양도소득 및 기타소득으로 구분하여 각 소득의 수입금액으로 한다.

나) 그 밖의 비거주자의 경우

국내원천소득 중 이자소득, 배당소득, 선박 등의 임대소득, 사업소득, 인적용역소득, 유가증권의 양도소득 및 기타소득으로 구분하여 각 소득의 수입금액으로 한다.

3) 내국법인으로 구성된 동업자군의 경우

익금으로 한다.

4) 외국법인으로 구성된 동업자군의 경우

가) 국내사업장이 있는 외국법인 등의 경우

익금으로 한다.

나) 그 밖의 외국법인의 경우

국내원천소득 중 이자소득, 배당소득, 선박 등의 임대소득, 사업소득, 인적용역소득, 사용료소득, 유가증권의 양도소득 및 기타소득의 수입금액으로 한다.

나. 배분받은 결손금

1) 거주자로 구성된 동업자군의 경우

사업소득 또는 양도소득의 필요경비로 한다.

2) 비거주자로 구성된 동업자군의 경우

국내사업장이 있는 비거주자 등에 한정하여 부동산임대소득, 선박 등의 임대소득, 사업소득, 인적용역소득, 양도소득, 사용료소득 및 유가증권의 양도소득의 필요경비로 한다.

3) 내국법인으로 구성된 동업자군의 경우

손금으로 한다.

4) 외국법인으로 구성된 동업자군의 경우

국내사업장이 있는 외국법인 등에 한정하여 손금으로 한다.

5 세액공제액 및 가산세 등의 배분

가. 배분대상이 되는 세액 등의 범위

동업기업과 관련된 다음의 금액은 각 과세연도의 종료일에 동업기업자간의 손익배분비율에 따라 동업자에게 배분한다. 이 경우 하위 동업기업과 관련된 다음의 각 금액은 하위 동업기업에 대한 상위 동업기업의 손익배분비율과 상위 동업기업의 동업자 간 손익배분비율을 곱한 비율에 따라 상위 동업기업의 동업자에게 배분한다(조특법 100의18 ⑤). 다만, 법인세법에 따른 토지등 양도소득에 대한 법인세는 내국법인 및 외국법인인 동업자에 한정하여 적용한다. 이 경우 배분대상이 되는 세액공제액 등은 동업기업을 하나의 내국법인으로 보아 계산한 금액으로 한다(조특령 100의19 ①).

① 법인세법 및 조세특례제한법에 따른 세액공제 및 세액감면
② 동업기업에서 발생한 소득에 대하여 법인세법 제73조 및 제73조의2에 따라 원천징수된 세액
③ 법인세법에 따른 가산세 및 조세특례제한법에서의 동업기업과 관련된 가산세
   법인세법에 따른 가산세 및 조세특례제한법에서의 동업기업과 관련된 가산세에는 기장 불성실가산세, 원천징수납부불성실가산세, 증빙불비가산세, 지급명세서제출불성실가산세, 계산서제출불성실가산세, 신용카드매출전표미발급가산세, 현금영수증미발급가산세, 동업기업의 소득계산배분명세신고불이행가산세, 동업기업의 원천징수불이행가산세가 포함된다(법법 75, 75의2-75의9, 조특법 100의25).
④ 법인세법 제55조의2에 따른 토지등 양도소득에 대한 법인세

나. 세액공제액 등의 공제 또는 가산

동업자(상위 동업기업인 동업자는 제외)는 동업기업의 과세연도 종료일이 속하는 과세연도의 소득세 또는 법인세를 신고·납부할 때 배분받은 금액 중 세액공제액 등을 다음의 방법에 따라 공제하거나 가산하여야 한다(조특법 100의18 ⑤).

① 세액공제·세액감면금액
   산출세액에서 공제한다.
② 원천징수세액
   기납부세액으로 공제한다. 다만, 다음 거주자·비거주자·외국법인인 수동적동업자의 경우와 거주자인 동업자(수동적동업자는 제외한다)로서 배분받은 소득이 이자소득 및

배당소득의 수입금액으로 구분되는 경우에는 동업기업이 해당 동업자가 배분받은 소득에 대한 소득세 또는 법인세를 원천징수할 때 해당 세액에서 공제하되, 해당 세액을 초과하는 금액은 없는 것으로 본다.

③ 가산세

산출세액에 합산한다.

④ 토지등 양도소득에 대한 법인세에 상당하는 세액

산출세액에 합산한다. 이 경우 토지등 양도소득에 대한 법인세에 상당하는 세액은 동업기업을 하나의 내국법인으로 보아 산출한 금액에 내국법인 및 외국법인인 동업자의 손익배분비율의 합계를 곱한 금액으로 한다. 동업자인 거주자 및 비거주자에 대하여는 양도소득세를 과세하기 때문에 '토지등 양도소득에 대한 법인세'는 동업자인 내국법인과 외국법인에 한하여 적용한다.

제5절 동업기업과 동업자간의 거래

동업자가 동업자의 자격이 아닌 제3자의 자격으로 동업기업과 거래를 하는 경우 동업기업과 동업자는 해당 과세연도의 소득금액을 계산할 때 그 거래에서 발생하는 수익 또는 손비를 익금 또는 손금에 산입한다. 다만, 동업기업 또는 동업자가 소득금액을 부당하게 감소시킨 것으로 인정되는 경우 납세지 관할 세무서장은 법법 52(부당행위계산의 부인)를 준용하여 해당 소득금액을 계산할 수 있다. 이 경우 동업기업과 동업자는 특수관계에 있는 자로 보아 부당행위계산부인의 요건의 충족 여부를 가린다(조특법 100의19 ①, ②).

위에서 동업자가 동업자의 자격이 아닌 제3자의 자격으로 동업기업과 거래를 하는 경우란 동업자가 동업기업으로부터 얻는 거래대가가 동업기업의 소득과 관계없이 해당 거래를 통하여 공급되는 재화 또는 용역의 가치에 따라 결정되는 경우로서 다음 중 어느 하나에 해당하는 거래를 말한다(조특령 100의20 ①).

① 동업자가 동업기업에 재화를 양도하거나 동업기업으로부터 재화를 양수하는 거래

② 동업자가 동업기업에게 금전, 그 밖의 자산을 대부하거나 임대하는 거래 또는 동업기업으로부터 금전, 그 밖의 자산을 차입하거나 임차하는 거래

③ 동업자가 동업기업에게 용역(해당 동업기업이 영위하는 사업에 해당하는 용역은 제외한다)을 제공하는 거래 또는 동업기업으로부터 용역을 제공받는 거래

④ 그 밖에 위 ①부터 ③까지와 비슷한 거래로서 기획재정부령으로 정하는 거래

제6절 지분가액의 조정 · 지분의 양도와 자산의 분배

1 지분가액의 조정

가. 지분가액의 조정 사유

동업기업과세특례제도 아래에서는 실제 소득금액의 분배와는 관계없이 각 과세연도의 종료일에 동업기업의 소득금액 또는 결손금을 동업자에게 배분하여 소득세 또는 법인세를 과세하는 것이므로 이미 과세되었거나 공제를 받은 소득금액 또는 결손금이 지분의 양도 또는 자산의 분배시에 이중적으로 과세되거나 공제되지 않도록 지분가액을 증액 또는 감액 조정할 필요가 있다.

1) 지분가액의 증액조정

동업자가 다음의 사유가 발생하면 다음의 금액을 가산하여 동업자의 지분가액을 증액조정하여야 한다(조특법 100의20 ①, 조특령 100의21 ②).
① 동업기업에 자산을 출자하는 경우: 출자일 현재의 자산의 시가
② 동업기업의 지분을 매입하는 경우 또는 상속·증여받는 경우: 지분의 매입가액 또는 상속·증여일 현재의 지분의 시가
③ 동업기업으로부터 소득금액을 배분받는 경우: 소득금액. 이 경우 소득세법, 법인세법 및 조세특례제한법에 따른 비과세소득도 지분가액에 가산하여 증액조정을 하여야 한다. 비과세효과를 그대로 유지하기 위한 장치이다.

2) 지분가액의 감액조정

동업자가 다음의 사유가 발생하면 다음의 금액을 공제하여 동업자의 지분가액을 감액조정하여야 한다(조특법 100의20 ②, 조특령 100의21 ③). 지분가액을 감액조정하는 경우 지분가액의 최저금액은 영(0)으로 한다.
① 동업기업의 자산을 분배받는 경우: 분배일 현재의 자산의 시가
② 동업기업의 지분을 양도하거나 상속·증여하는 경우: 지분가액의 양도일 또는 상속·증여일 현재의 해당 지분의 지분가액
③ 동업기업으로부터 결손금을 배분받은 경우: 결손금의 금액

나. 지분가액의 조정 순서

둘 이상의 지분가액 조정 사유가 동시에 발생하면 다음의 순서에 따라 지분가액을 조정하여야 한다. 자산의 출자와 자산의 분배는 과세연도의 도중에 발생하고 소득금액과 결손금의 배분은 과세연도의 종료일에 이루어지기 때문에 자산의 출자와 자산의 분배에 따른 조정을 소득금액과 결손금의 배분에 따른 조정보다 우선적으로 적용하도록 하고 있다.

① 동업기업에 자산을 출자하는 경우, 동업기업의 지분을 매입하거나 상속·증여받는 경우
② 동업기업의 자산을 분배받는 경우, 동업기업의 지분을 양도하거나 상속·증여하는 경우
③ 동업기업으로부터 소득금액을 배분받는 경우
④ 동업기업으로부터 결손금을 배분받은 경우

2 동업기업 지분의 양도

동업자가 동업기업의 지분을 타인에게 양도하는 경우 해당 지분의 양도소득에 대하여는 주식등 또는 특정주식(소법 94 ① Ⅲ, Ⅳ 다.의 자산)을 양도한 것으로 보아 소득세법 또는 법인세법에 따라 양도소득세 또는 법인세를 과세한다(조특법 100의21). 즉 동업자가 개인인 경우에는 양도소득세를, 그리고 법인인 경우에는 각 사업연도의 소득에 대한 법인세를 과세하는 것이다.

동업기업 지분의 양도소득은 양도일 현재의 해당 지분의 지분가액을 취득가액으로 보아 계산한다(조특령 100의22). 즉 지분의 양도소득을 계산할 때 출자금액이나 이미 과세받은 소득금액 등으로 이루어진 지분가액을 취득가액으로 하여 그 양도가액에서 공제하도록 하고 있다.

3 동업기업 자산의 분배

가. 분배받은 자산의 시가가 지분가액을 초과하는 경우

동업자가 동업기업으로부터 자산을 분배받은 경우 그 분배받은 자산의 시가가 분배일의 해당 동업자의 지분가액을 초과하면 그 초과하는 금액은 분배일이 속하는 과세연도의 배당소득으로 본다(조특법 100의22 ①). 즉 지분가액을 초과하는 분배금을 배당소득으로 보아 동업자에게 소득세 또는 법인세를 과세하는 것이다.

나. 분배받은 자산의 시가가 지분가액에 미달하는 경우

동업자가 다음의 사유에 따라 동업기업으로부터 자산을 분배받은 경우 그 분배받은 자산의 시가가 분배일의 해당 동업자의 지분가액에 미달하면 그 미달하는 금액은 그 분배일이 속하는 과세연도에 주식등이나 특정주식을 양도함에 따라 발생한 손실로 본다(조특법 100의22 ②, 조특령 200의23).
① 동업기업이 해산에 따른 청산, 분할, 합병 등으로 소멸되는 경우
② 동업자가 동업기업을 탈퇴하는 경우

제**7**절　동업기업 소득의 계산 및 배분명세 신고

동업기업은 각 과세연도의 종료일이 속하는 달의 말일부터 3개월이 되는 날이 속하는 달의 15일까지 해당 과세연도의 소득의 계산 및 배분명세를 관할 세무서장에게 신고하여야 한다. 각 과세연도의 소득금액이 없거나 결손금이 있는 동업기업의 경우에도 같다(조특법 100의23).

이러한 신고를 할 때에는 다음의 서류를 제출하여야 하며, 다음의 '①' 및 '②'의 서류를 첨부하지 않으면 신고로 보지 않는다(조특령 100의24).
① 기업회계기준을 준용하여 작성한 재무상태표와 손익계산서
② 기획재정부령으로 정하는 지분가액조정명세서
③ 그 밖에 기획재정부령으로 정하는 서류

제**8**절　비거주자 또는 외국법인인 동업자에 대한 원천징수와 과세표준확정신고

1 원천징수

동업기업은 비거주자 또는 외국법인인 동업자에게 배분된 소득에 관하여는 조특법 제100조의24 제1항 각 호의 세율을 적용하여 계산한 금액에 상당하는 소득세 또는 법인세를 징수하여 동업기업의 소득의 계산 및 배분명세 신고기한(신고하지 않은 금액을 분배하는 경우에는 해당 분배일이 속하는 달의 다음 달 10일과 신고기한 중 빠른 날)까지 납세지 관할 세무

서장에게 납부하여야 한다(조특법 100의24 ①).

동업기업은 위와 같이 원천징수를 하는 경우에는 소득세법 및 법인세법에 따라 지급명세서를 제출하여야 한다. 이 경우 해당 소득은 동업기업이 소득의 계산 및 배분명세 신고를 할 때(신고를 하지 않은 금액이 분배되는 경우에는 분배할 때)에 비거주자 또는 외국법인인 동업자에게 지급된 것으로 본다(조특법 100의24 ②).

2 과세표준확정신고

국내원천소득이 있는 비거주자 및 외국법인인 수동적동업자 외의 동업자는 비거주자 또는 외국법인의 과세방법에 관한 규정을 준용하여 소득세의 과세표준확정신고를 하거나 법인세의 과세표준신고를 하여야 한다. 다만, 동업기업이 소득세 또는 법인세를 원천징수하여 납부한 경우에는 과세표준확정신고 또는 과세표준신고를 하지 아니할 수 있다(조특법 100의24 ④). 이와 같이 과세표준확정신고를 할 때 동업기업이 국내에서 사업을 영위하는 장소를 비거주자 또는 외국법인인 동업자의 국내사업장으로 본다(조특법 100의24 ⑥).

한편, 비거주자 또는 외국법인인 동업자가 소득세법 또는 법인세법에 따른 국내사업장(동업기업이 국내에서 사업을 영위하는 장소를 비거주자 또는 외국법인인 동업자의 국내사업장으로 보는 경우는 제외한다)이 있고 동업자에게 배분된 소득이 그 국내사업장에 귀속되는 소득인 경우에는 원천징수규정을 적용하지 않고 그 국내사업장의 과세표준에 합산하여 신고·납부하여야 한다(조특법 100의24 ⑧).

제**9**절 가산세 등

1 가산세

가. 신고불성실가산세

관할 세무서장은 동업기업이 해당 과세연도의 소득계산 및 배분명세서 신고를 하지 않거나 신고하여야 할 소득금액보다 적게 신고한 경우에는 다음의 금액을 가산세로 징수하여야 한다(조특법 100의25 ①).
① 무신고의 경우에는 신고하여야 할 소득금액의 4퍼센트
② 과소신고의 경우에는 적게 신고한 소득금액의 2퍼센트

나. 원천징수납부불성실가산세

관할 세무서장은 동업기업이 원천징수하였거나 원천징수하여야 할 세액을 납부기한에 납부하지 않거나 적게 납부하는 경우에는 원천징수납부불성실가산세를 징수하여야 한다(조특법 100의25 ②).

2 준용규정

법인이 아닌 동업기업의 경우 과세연도, 납세지, 사업자등록, 세액공제, 세액감면, 원천징수, 가산세, 토지등 양도소득에 대한 법인세 등, 결정 및 경정, 장부의 비치·기장, 구분경리, 지출증명서류의 제출 및 보관, 신용카드가맹점 가입·발급의무 등, 지급명세서의 제출의무, 매입처별세금계산서합계표의 제출, 계산서의 작성·교부 등, 질문·조사 및 그 밖에 기획재정부령이 정하는 사항에 대하여는 해당 동업기업을 하나의 내국법인으로 보아 법인세법과 조세특례제한법의 해당 규정을 준용한다(조특법 100의26, 조특령 100의27).

연결사업연도의 소득에 대한 법인세 과세표준 계산 등의 특례

　　연결납세제도(Consolidated tax return system)란 법률상 독립되어 있는 법인들이 출자관계를 통하여 경제적으로 결합되어 있는 경우 그 관계회사집단(affiliated group), 즉 연결집단[1]을 하나의 과세단위로 하는 연결납세방식[2]에 의하여 법인세를 과세하는 제도이다. 즉 관계회사집단에 속하는 연결법인[3]의 소득을 연결하여 집단 전체의 과세표준을 산정하고, 이에 대하여 법인세를 과세하는 방식이다. 법인세는 개별법인을 과세단위로 하는 개별법인단위주의가 원칙이지만, 예외적으로 관계회사집단을 과세단위로 하는 연결납세제도를 인정하고 있는 것이다.

　　연결납세제도를 도입한 이유는 기업의 조직형태(사업부제와 분사화)에 조세중립성을 보장하여 기업경영의 효율성을 제고하고 경제적으로 동일체인 모회사와 자회사를 경제적 실질에 맞게 과세함으로써 세부담의 수평적 형평성을 높이기 위함이다.

　　연결납세제도의 유형에는 소득통산형 또는 연결납세형(consolidation model)과 손익대체형(profit and loss transfer model)이 있는데, 우리나라의 연결납세제도는 소득통산형에 속한다.

　　우리나라는 2010년 1월 1일 이후 개시하는 사업연도분부터 연결납세제도를 적용하도록 하고 있다.[4]

---

1) 연결집단이란 연결법인 전체를 말한다(법법 2 Ⅷ).
2) 연결납세방식이란 둘 이상의 내국법인을 하나의 과세표준과 세액을 계산하는 단위로 하여 법인세법 제2장의 3에 따라 법인세를 신고·납부하는 방식을 말한다(법법 2 Ⅵ).
3) 연결법인이란 연결납세방식을 적용받는 내국법인을 말한다(법법 2 Ⅶ).
4) 이에 대하여 미국은 1917년부터 도입하여 시행하고 있으며, 일본은 2002년부터 도입하여 시행하고 있다.

제2절　연결납세방식의 적용과 취소 등

1　연결납세방식의 적용 등

가. 적용대상 법인의 범위

연결납세제도는 그 적용을 강제하지 않고 연결집단의 임의적인 선택에 맡기고 있다. 즉 연결납세제도는 연결납세방식을 적용받고자 하는 법인의 신청에 따라 관할 지방국세청장이 승인하는 경우에 한하여 그 적용을 받을 수 있다(법법 76의8 ①).

연결납세방식을 적용받을 수 있는 관계회사집단은 모법인(parent company : 이하에서 '연결모법인'이라 한다)과 최소한 하나 이상의 자법인(subsidiary)으로 구성된다(법법 2 Ⅸ, Ⅹ). 현행 법인세법은 연결대상이 되는 자법인을 연결지배를 받는 법인(이하에서 '연결자법인'이라 한다)으로 한정하고 있다.

연결납세방식을 적용받을 수 있는 연결법인 중 연결가능모법인과 연결가능자법인의 범위는 다음과 같다.

1) 연결가능모법인의 범위

내국법인이 그 대상이 된다. 다만, 다음의 법인은 제외한다(법법 76의8 ①, 법령 120의12).

① 비영리내국법인
② 해산으로 청산 중인 법인
③ 유동화전문회사 등으로서 배당금에 대하여 소득공제를 적용받은 법인(법법 51의2 ① 각 호, 조특법 104의31 ①)
④ 다른 내국법인(비영리내국법인은 제외)으로부터 연결지배(법법 2 Ⅹ의2)를 받는 법인
⑤ 동업기업과세특례를 적용하는 동업기업
⑥ 해운기업으로서 과세표준계산특례를 적용하는 법인

위 법인들의 경우 연결가능모법인이 될 수 없는 이유를 살펴보면 ①, ⑤, ⑥의 경우 과세소득의 계산방식에 관한 특례가 적용되므로 과세소득계산방법이 일치하지 않고, ②, ③의 경우 기업의 계속성과 연결집단 소득과의 일체성이라는 점에서 적절하지 않으며, ④의 경우 연결집단 내의 일부만을 대상으로 연결납세방식을 적용할 수 있게 되어 연결범위를 인위적으로 조작할 우려가 있기 때문이다.

2) 연결가능자법인의 범위

가) 연결가능자법인의 범위

연결가능자법인이란 다음의 법인을 제외한 그 밖의 내국법인으로서 연결모법인의 연결
지배를 받는 연결법인을 말한다(법법 76의8 ①, 법령 120의12).

① 해산으로 청산 중인 법인

② 유동화전문회사 등으로서 배당금에 대하여 소득공제를 적용받은 법인

③ 동업기업과세특례를 적용하는 법인

④ 해운기업으로서 과세표준계산특례를 적용하는 법인

나) 연결지배의 개념

연결지배란 내국법인(연결모법인)이 다른 내국법인(연결자법인)의 발행주식총수또는
출자총액의 90퍼센트[1] 이상을 보유하고 있는 경우를 말한다. 이 경우 그 보유비율은 다음
과 같이 계산한다(법법 2 X의2).

① 의결권 없는 주식 또는 출자지분을 포함한다.

② 「상법」 또는 「자본시장법」에 따라 보유하는 자기주식을 제외한다.

③ 「근로자복지기본법」에 따른 우리사주조합을 통하여 근로자가 취득한 주식 및 그 밖에
대통령령으로 정하는 주식으로서 발행주식총수의 5퍼센트 이내의 주식은 해당 법인이
보유한 것으로 본다.

④ 연결가능모법인이 연결가능자법인을 통하여 또 다른 내국법인의 주식 또는 출자지분을
간접적으로 보유하는 경우 또 다른 내국법인에 대한 주식 또는 출자지분의 보유 비율은
다음 계산식에 따라 계산한다. 이 경우 연결가능자법인이 둘 이상인 경우에는 각 연결가
능자법인별로 다음 계산식에 따라 계산한 비율을 합산한다(법법 2 X의2 라, 법령 2 ⑥, ⑦).[2]

> 연결가능자법인에 대한 주식 또는 출자지분 보유비율 × 연결가능자법인의 또 다른
> 내국법인에 대한 주식 또는 출자지분 보유비율

---

1) 참고로 미국의 경우 80퍼센트 이상 소유기준을 적용하고 있다. IRC 1504(a)(1), (2).

2) 구체적인 계산 사례에 관하여는 김경호, "법인세법 일부개정법률안 검토보고", 기획재정위원회, 2022. 11., 92
-93면.

나. 연결납세방식의 적용신청 등과 승인

연결가능모법인과 연결가능자법인('연결대상법인등')은 최초의 연결사업연도 개시일의 전날까지 연결납세방식 적용 신청서를 해당 내국법인의 납세지 관할 세무서장에게 경유하여 관할 지방국세청장에게 제출하여야 한다(법령 120의13 ①). 연결납세방식 적용 신청서를 제출하는 연결대상법인 등은 연결사업연도를 함께 신고하여야 한다.[3] 이 경우 연결사업연도와 사업연도가 다른 연결대상법인 등은 사업연도의 변경을 신고한 것으로 본다. 연결납세방식을 적용받는 각 연결법인의 사업연도는 연결사업연도와 일치하여야 한다(법법 76의8 ②). 사업연도가 법령 등에 규정되어 연결사업연도와 일치시킬 수 없는 연결가능자법인으로서 대통령령으로 정하는 요건을 갖춘 내국법인인 경우에는 연결사업연도를 해당 내국법인의 사업연도로 보아 연결납세방식을 적용할 수 있다(법법 76의8 ③). 연결납세방식을 적용받는 연결모법인 간의 적격합병, 적격분할, 적격 주식의 포괄적 교환·이전, 적격분할의 경우 그 합병일, 분할일, 교환·이전일이 속하는 연결사업연도에 한하여 각 연결법인의 사업연도가 연결사업연도와 일치하지 않더라도 연결납세방식을 적용할 수 있다(법법 76의8 ⑥, 법령 120의12 ⑥).

이러한 연결납세방식의 적용신청을 받은 국세청장은 최초의 연결사업연도 개시일부터 3개월이 되는 날까지 승인 여부를 서면으로 통지하여야 하며, 그 날까지 통지하지 않은 경우에는 승인한 것으로 본다(법법 76의8 ①, 법령 120의13 ①, ③). 연결가능자법인이 둘 이상일 때에는 해당 법인 모두가 연결납세방식을 적용하여야 하고 그 중 일부법인만 선별적으로 연결납세방식을 적용받을 수는 없다.

2 연결납세방식의 취소

연결모법인의 납세지 관할 지방국세청장은 다음 중 어느 하나의 사유에 해당하는 경우에는 연결납세방식의 적용 승인을 취소할 수 있다(법법 76의9 ①).
① 연결법인의 사업연도가 연결사업연도와 일치하지 않는 경우
② 완전모법인이 연결지배하지 않는 내국법인에 대하여 연결납세방식을 적용하는 경우
③ 연결모법인의 연결가능자법인에 대하여 연결납세방식을 적용하지 않는 경우
④ 증명서류장부나 그 밖의 증명서류에 의하여 연결법인의 소득금액을 계산할 수 없는 경우
⑤ 연결법인에 수시부과사유가 있는 경우

---

3) '연결사업연도'란 연결집단의 소득을 계산하는 1회계기간을 말한다(법법 2 XI).

⑥ 연결모법인이 다른 내국법인(비영리내국법인 제외)의 연결지배를 받는 경우

국세청장이 위의 사유에 따라 연결납세방식의 적용 승인을 취소하는 때에는 그 취소사유를 연결모법인에게 서면으로 통지하여야 한다. 법문상으로는 '취소'라고 표현하고 있으나, 강학상의 철회에 해당한다.

연결납세방식을 적용받은 연결사업연도와 그 다음 연결사업연도의 개시일부터 4년 이내에 끝나는 연결사업연도 중에 연결납세방식의 적용 승인이 취소된 경우 연결납세방식을 적용받은 각 연결법인은 ① 연결사업연도 동안 다른 연결법인의 결손금과 합한 해당 법인의 소득금액을 그 취소된 사업연도의 익금에, ② 연결사업연도 동안 다른 연결법인의 소득금액과 합한 해당 법인의 결손금을 그 취소된 사업연도의 손금에 각각 산입하여야 한다(법법 76의9 ②). 다만 연결모법인이 다른 내국법인(비영리내국법인 제외)의 완전지배를 받게 되어 연결납세방식의 적용 승인이 취소된 연결집단이, 취소된 날부터 1개월 이내에 새로운 모법인을 기준으로 연결납세방식의 적용신청서를 제출하여 승인을 받으면 부득이한 사유가 있는 것으로 보아 그 예외를 인정한다(법법 76의9 ② 但, 법령 120의14 ②).

연결납세방식의 적용 승인이 취소된 연결법인은 취소된 날이 속하는 사업연도와 그 다음 사업연도의 개시일부터 4년 이내에 종료하는 사업연도까지는 연결납세방식의 적용당시와 동일한 법인을 연결모법인으로 하여 연결납세방식을 적용받을 수 없다(법법 76의9 ③).

한편, 연결납세방식의 적용 승인이 취소된 경우 각 연결사업연도의 개시일 전 15년 이내에 개시한 연결사업연도의 결손금 중에서 각 연결법인에 귀속하는 금액으로서 연결사업연도의 과세표준을 계산할 때 공제되지 않은 금액은 해당 연결법인의 결손금으로 본다(법법 76의9 ④).

3 연결납세방식의 포기

연결법인은 연결납세방식의 적용을 포기할 수 있다. 연결납세방식의 적용을 포기하려는 연결법인은 연결납세방식을 적용하지 않으려는 사업연도 개시일 전 3개월이 되는 날까지 연결모법인이 연결납세방식 포기신고서를 납세지 관할 세무서장을 경유하여 관할 지방국세청장에게 신고하여야 한다. 다만, 연결납세방식을 최초로 적용받은 연결사업연도와 그 다음 연결사업연도의 개시일부터 4년 이내에 종료하는 연결사업연도까지는 연결납세방식의 적용을 포기할 수 없다(법법 76의10, 법령 120의15).

한편, 2024. 1. 1.부터 연결납세 대상법인의 범위가 확대됨에 따라 2024. 1. 1. 당시 종전 규정에 따른 완전자법인이 아닌 법인이 연결납세 대상에 포함되는 경우 해당 사업연도에 연결납세방식을 조기 포기할 수 있는 특례가 있다(법법 부칙 15의2). 연결납세 대상법인의 범

위가 확대됨에 따라 납세자가 입을 수 있는 불측의 피해를 방지하기 위한 것이다.

이와 같이 연결납세방식의 적용을 포기한 연결법인은 연결납세방식이 적용되지 않는 최초의 사업연도와 그 다음 사업연도의 개시일부터 4년 이내에 종료하는 사업연도까지는 연결납세방식의 적용당시와 동일한 법인을 연결모법인으로 하여 연결납세방식을 적용받을 수 없다(법법 76의10 ②).

한편, 연결납세방식의 적용을 포기한 경우 각 연결사업연도의 개시일 전 15년 이내에 개시한 연결사업연도의 결손금 중에서 각 연결법인에 귀속하는 금액으로서 연결사업연도의 과세표준을 계산할 때 공제되지 않은 금액은 해당 연결법인의 결손금으로 본다(법법 76의10 ②).

4 연결자법인의 추가 및 배제

가. 연결자법인의 추가

연결모법인이 새로 다른 내국법인을 연결지배하게 된 경우에는 연결지배가 성립한 날이 속하는 연결사업연도의 다음 연결사업연도부터 해당 내국법인은 연결납세방식을 적용하여야 한다. 다만, 법인의 설립등기일부터 연결모법인이 연결지배하는 내국법인은 설립등기일이 속하는 사업연도부터 연결납세방식을 적용하여야 한다(법법 76의11). 연결납세방식을 적용받는 연결모법인 간의 적격합병, 적격분할, 적격 주식의 포괄적 교환·이전, 적격분할의 경우 그 합병일, 분할일, 교환·이전일이 속하는 연결사업연도에 관하여 연결납세방식을 적용할 수 있다(법법 76의8 ⑥)

연결모법인은 위의 규정에 따라 연결자법인의 변경이 있는 경우 1개월 이내에 연결법인 변경신고서를 납세지 관할 세무서장을 경유하여 국세청장에게 제출하여야 한다(법령 120의16 ①).

나. 연결자법인의 배제

연결모법인의 연결지배를 받지 않게 되거나 해산한 연결자법인은 해당 사유가 발생한 날이 속하는 연결사업연도의 개시일부터 연결납세방식을 적용하지 않는다(이와 같이 연결납세방식을 적용하지 않게 된 개별법인을 '연결배제법인'이라고 한다).[4] 다만 연결자법인이

---

[4] 연결모법인이던 모회사가 연결납세방식을 적용하지 않는 완전자법인에 흡수합병되는 경우 그 모회사는 더 이상 연결납세방식의 적용 대상이 되는 연결모법인에 해당하지 않게 되므로 그 모회사가 완전지배하는 자회사(기존의 연결자법인) 역시 '연결모법인'의 완전지배를 받지 않게 되므로 연결배제법인이 된다는 것이 행정해석이다. 기획재정부 법인세제과-192, 2021. 3. 30.

다른 연결법인에 흡수합병되어 해산하는 경우에는 해산등기일이 속하는 연결사업연도에 연결납세방식을 적용할 수 있다(법법 76의12 ①). 연결자법인이 다른 연결법인에 흡수합병되는 경우에는 경제적 실질에 변화가 없다고 볼 수 있기 때문이다. 또한 연결납세방식을 적용받는 연결모법인 간의 적격합병, 적격분할, 적격 주식의 포괄적 교환·이전, 적격분할의 경우 그 합병일, 분할일, 교환·이전일이 속하는 연결사업연도에 관하여 연결납세방식을 적용할 수 있다(법법 76의8 ⑥)

　연결납세방식을 적용받은 연결사업연도와 그 다음 연결사업연도의 개시일부터 4년 이내에 끝나는 연결사업연도 중에 위와 같이 연결이 배제된 경우에는 다음 구분에 따라 소득금액 또는 결손금을 해당 사유가 발생한 날이 속하는 사업연도의 익금 또는 손금에 각각 산입한다. 다만, 연결자법인이 파산함에 따라 해산하는 경우 또는 연결자법인이 다른 연결법인에 흡수합병되어 해산하는 경우는 부득이한 사유가 있는 것으로 보아 예외로 한다(법법 76의12 ②, 법령 120의16 ②).

연결사업연도 동안 다른 연결법인의 결손금과 합한 연결배제법인의 소득금액	⇒ 연결배제법인의 익금에 산입
연결사업연도 동안 다른 연결법인의 소득금액과 합한 연결배제법인의 결손금	⇒ 연결배제법인의 손금에 산입
연결사업연도 동안 연결배제법인의 결손금과 합한 해당 법인의 소득금액	⇒ 해당 법인의 익금에 산입
연결사업연도 동안 연결배제법인의 소득금액과 합한 해당 법인의 결손금	⇒ 해당 법인의 손금에 산입

　연결모법인은 위의 규정에 따라 연결자법인의 변경이 있는 경우 그 변경사유가 발생한 날부터 1개월 이내에 대통령령으로 정하는 바에 따라 납세지 관할 지방국세청장에게 신고하여야 한다(법법 76의12 ④).

제3절 연결납세에 있어서의 사업연도와 납세지

1 연결사업연도

가. 연결사업연도의 의의

연결사업연도란 연결집단의 소득을 계산하는 1회계기간을 말한다. 연결납세방식을 적용받는 각 연결법인의 사업연도는 연결사업연도와 일치하여야 한다. 이 경우 연결사업연도의 기간은 1년을 초과하지 못하며, 연결사업연도의 변경에 관하여는 일반 법인의 사업연도 변경에 관한 규정(법법 7)을 준용한다(법법 76의8 ②).

나. 연결사업연도 및 사업연도의 의제

연결납세방식을 적용할 때 사업연도(이하에서 '본래사업연도'라 한다)가 법령 등에 규정되어 연결사업연도와 일치시킬 수 없는 완전자법인으로서 금융투자업(신탁업은 제외한다)을 영위하는 법인·보험회사 및 상호저축은행은 연결사업연도를 해당 내국법인의 사업연도로 보아 연결납세방식을 적용할 수 있다(법법 76의8 ③ 및 법령 120의12 ③).

또한 연결모법인간의 적격합병·적격분할 또는 과세특례가 적용되는 주식의 포괄적 교환·이전시 연결납세방식이 지속적으로 적용될 수 있도록 일정한 기간을 연결사업연도로 의제한다(법법 76의8 ⑥, 법령 120의12 ⑤-⑦).

다음으로 연결납세방식을 적용받은 연결법인이 연결납세방식의 적용승인이 취소된 경우 취소된 날이 속하는 연결사업연도의 개시일부터 그 연결사업연도의 종료일까지의 기간과 취소된 날이 속하는 연결사업연도 종료일의 다음 날부터 본래사업연도 개시일의 전일까지의 기간을 각각 1사업연도로 본다(법법 76의9 ⑥). 그리고 연결납세방식을 적용받은 연결법인이 연결납세방식의 적용을 포기하는 경우에는 국세청장에게 신고한 날이 속하는 연결사업연도의 종료일의 다음 날부터 본래사업연도 개시일의 전일까지의 기간을 1사업연도로 본다(법법 76의10 ③).

2 연결법인의 납세지

연결법인의 납세지는 연결모법인의 납세지로 한다(법법 76의8 ④).

제4절 과세표준과 세액의 계산

1 연결과세표준의 계산

각 연결사업연도의 소득에 대한 과세표준은 각 연결사업연도의 소득의 범위 안에서 연결사업연도의 이월결손금, 연결법인의 비과세소득 및 연결법인의 소득공제액을 차례로 뺀 금액으로 한다(법법 76의13 ①, 법령 120의17).

가. 각 연결사업연도의 소득

각 연결사업연도의 소득은 각 연결법인별로 다음의 순서에 따라 계산한 소득 또는 결손금[1]을 합한 금액으로 한다(법법 4 ②, 76의14 ①).

1) 연결법인별 각 사업연도의 소득 산정

법인세법 제14조(각 사업연도의 소득)에 따라 각 연결법인의 각 사업연도의 소득 또는 결손금을 계산한다.

2) 연결법인별 연결조정항목의 제거

내국법인 수입배당금액의 익금불산입(법법 18의2)에 따라 익금에 산입하지 않은 각 연결법인의 수입배당금액 상당액을 익금에 산입하고, 기부금의 손금불산입 규정(법법 24) 및 기업업무추진비의 손금불산입 규정(법법 25)에 따라 손금에 산입하지 않은 기부금 및 기업업무추진비 상당액을 손금에 산입한다(법법 76의14 ① Ⅱ).

3) 연결법인간 거래손익의 조정

연결법인이 다른 연결법인으로부터 받은 수입배당금액 상당액을 익금에 산입하지 않고, 다른 연결법인에 지급한 기업업무추진비 상당액과 다른 연결법인에 대한 채권에 대하여 설정한 대손충당금 상당액을 손금에 산입하지 않으며, 유형자산 및 무형자산 등 일정한 자산을 다른 연결법인에 양도함에 따라 발생하는 소득 또는 손실을 익금 또는 손금에 산입하지 않는다. 연결법인 간 내부거래에서 발생한 손익을 제거하기 위한 장치이다(법법 76의14 ①).

이하에서는 연결법인 간 내부거래 중 특히 자산양도손익의 제거(자산양도손익의 과세이

---

[1] 결손금의 배분에 관하여는 법인세법 시행령 제120조의17 제5항.

연)에 관하여 구체적으로 살펴보기로 한다.

가) 양도손익의 과세이연

연결법인이 유형자산 및 무형자산 등 일정한 자산(이하에서 '양도손익이연자산'이라 한다)을 다른 연결법인(이하 '양수법인'이라 한다)에 양도함에 따라 발생한 연결법인(이하 '양도법인'이라 한다)의 양도소득 또는 양도손실은 익금 또는 손금에 산입하지 않는다(법법 76의14 ① Ⅲ 라.). 다만, 해당 양도손익이연자산의 양도에 대하여 법인세법 제52조(부당행위계산의 부인) 제1항이 적용되는 경우에는 위의 규정을 적용하지 않는다(법령 120의18 ②). 예를 들어 연결법인 간의 자산의 저가양도의 경우 양도법인에 대하여는 시가와 양도가액과의 차액을 익금에 산입하고, 양수법인에 대하여는 실제로 취득한 가액을 취득가액으로 계상하도록 하는 것이다.[2]

이 경우 유형자산 및 무형자산 등 일정한 자산이란 다음의 자산(①부터 ③까지의 자산은 거래 건별 장부가액이 1억원 이하인 자산은 제외할 수 있다)을 말한다. ①~⑤의 자산은 양도시점에 국내에 소재하여야 한다(법령 120의18 ①).

① 법인세법 시행령 제24조 제1항 제1호의 유형자산(건축물은 제외한다)

② 법인세법 시행령 제24조 제1항 제2호의 무형자산

③ 매출채권, 대여금, 미수금 등의 채권

④ 자본시장법 제3조 제1항에 따른 금융투자상품

⑤ 토지와 건축물

---

[2] 연결납세제도를 도입한 취지에도 불구하고 부당행위계산부인을 적용하는 것은 조세회피행위의 우려 때문이다. 예를 들어 甲 법인이 乙 법인의 발행주식을 전부 취득하여 완전지배하게 되었고 연결납세를 적용한다고 가정하여 본다. 연결납세 후 1 사업연도에 乙 법인에게 1억원의 자산처분손실이 발생하였다면 연결납세의 적용을 개시한 후 4년 내에 발생한 것이기 때문에 甲 법인의 소득과 통산할 수 없다. 법인세법은 연결법인이 연결납세를 개시한 사업연도와 그 다음 사업연도의 개시일부터 4년 이내에 끝나는 연결사업연도에 발생한 자산(연결납세방식을 적용하기 전에 취득한 자산에 한한다)의 처분손실은 해당 연결법인의 연결소득 개별귀속액을 초과하여 연결사업연도소득에서 공제될 수도 없고 다른 연결법인의 소득과 통산될 수 없도록 규정하고 있기 때문이다(법법 76의14 ② Ⅱ). 만일 위 사례에서 乙 법인이 장부가액 및 시가가 100만원인 비품을 甲 법인에게 1억 100만원에 매각하고 甲 법인이 해당 비품을 외부에 100만원에 처분하면 乙 법인은 1억원의 양도차익이 발생하게 되는데 이와 같은 거래에 관하여 부당행위계산부인 규정을 적용하지 않는다면 乙 법인은 양도차익 1억원에서 자산처분손실 1억원을 공제함으로써 공제할 수 없는 이월결손금을 사용한 것과 같은 효과를 누리게 된다. 장부가액 100만원의 비품은 양도손익이연자산에 해당하지 않기 때문에 위와 같은 효과가 발생할 수 있는 것이다. 상세는 김천웅/김원배, "연결납세제도에서 양도손익이연자산에 대한 부당행위계산부인의 문제점과 개선방안에 대한 연구", 「회계정보연구」제29권 제2호, 2011, 287면 이하; 이준규, 「연결납세」, 삼일인포마인, 2014, 145-146면. 조세회피행위에 대응하기 위한 입법취지는 수긍할 수 있지만 연결납세제도의 존재 의의와는 상충되는 측면이 있으므로 입법론으로는 대응조정을 인정할 필요가 있다. 같은 취지로 김천웅/김원배(註2), 296면.

⑥ 외국법인의 주식등(해당 외국법인의 주식등을 다른 연결법인에 전액 양도하는 경우에
한한다).

나) 이연된 양도손익의 익금산입 또는 손금산입

양수법인에게 다음 중 어느 하나의 사유가 발생한 때에는 익금 또는 손금에 산입하지 않
은 양도소득 또는 양도손실 중 일정한 금액을 그 사유가 발생한 날이 속하는 사업연도에
양도법인의 익금 또는 손금에 산입한다.

① 양도손익이연자산을 감가상각하는 경우

$$익금 \ 또는 \ 손금에 \ 산입할 \ 금액 = 양도소득 \ 또는 \ 양도손실 \times \frac{감가상각액}{양수법인의 \ 장부가액}$$

다만, 위의 금액에 관계없이 다음 계산식에 따라 계산한 금액을 선택할 수 있다.

$$\begin{matrix} 익금 \ 또는 \ 손금에 \\ 산입할 \ 금액 \end{matrix} = \begin{matrix} 양도소득 \ 또는 \\ 양도손실 \end{matrix} \times \frac{해당 \ 사업연도의 \ 월수}{양도손익이연자산의 \ 내용연수 \ 중 \ 미경과월수}$$

② 양도손익이연자산을 양도(다른 연결법인에 양도하는 경우는 제외한다)하는 경우

$$익금 \ 또는 \ 손금에 \ 산입할 \ 금액 = 양도소득 \ 또는 \ 양도손실 \times 양도손익이연자산의 \ 양도비율$$

③ 양도손익이연자산에 대손이 발생하거나 멸실된 경우

$$익금 \ 또는 \ 손금에 \ 산입할 \ 금액 = 양도소득 \ 또는 \ 양도손실 \times \frac{대손금액 \ 또는 \ 멸실금액}{양수법인의 \ 장부가액}$$

④ 양도한 채권의 지급기일이 도래하는 경우

$$익금 \ 또는 \ 손금에 \ 산입할 \ 금액 = 양도법인의 \ 양도가액 - 양도법인의 \ 장부가액$$

⑤ 양도손익이연자산을 소각하는 경우

> 익금 또는 손금에 산입할 금액 = 양도소득 또는 양도손실 × 양도손익이연자산의 소각비율

한편, 양도법인 또는 양수법인이 연결납세방식을 적용받지 않게 된 경우에는 위와 같이 양도법인이 양도손익이연자산을 양도할 때 익금 또는 손금에 산입하지 않은 금액 중 위의 ①부터 ⑤까지에 의하여 익금 또는 손금에 산입하고 남은 금액은 연결납세방식을 적용받지 않게 된 날이 속하는 사업연도에 양도법인의 익금 또는 손금에 산입한다(법령 120의18 ④).

양도법인 또는 양수법인을 다른 연결법인이 합병하는 경우 합병법인을 양도법인 또는 양수법인으로 보아 익금 또는 손금에 산입하며, 양도법인이 분할하는 경우 익금 또는 손금에 산입하지 않은 금액은 분할법인 또는 분할신설법인(분할합병의 상대방 법인을 포함한다)이 분할등기일 현재 순자산가액을 기준으로 안분하여 각각 승계하고, 양수법인이 분할하는 경우로서 분할신설법인이 양도손익이연자산을 승계하는 경우에는 분할신설법인이 해당 자산을 양수한 것으로 보아 익금 또는 손금에 산입한다(법령 120의18 ⑤, ⑥).

연결법인에게 손금불산입되는 대손충당금이 있는 경우 당초 손비로 계상한 채권별 대손충당금의 크기에 비례하여 손금불산입액을 배분한다(법령 120의18 ⑧).

4) 연결조정항목의 연결법인별 배분

연결집단을 하나의 내국법인으로 보아 법인세법 제18조의3에 따른 수입배당금의 익금불산입은 수입배당금의 익금불산입액, 기부금의 손금불산입액 및 기업업무추진비의 손금불산입액을 계산한 후에 해당 금액 중 다음의 방법에 의하여 계산한 금액을 각 연결법인별로 배분하여 익금 또는 손금에 불산입한다.

가) 연결법인의 수입배당금액의 익금불산입액

법인세법 제18조의3에 따른 수입배당금액의 익금불산입액은 연결집단을 하나의 내국법인으로 보아 계산한 수입배당금액의 익금불산입액은 수입배당금액을 지급한 내국법인에 출자한 각 연결법인의 출자비율의 합계액 중 해당 연결법인의 출자비율이 차지하는 비율에 따라 해당 연결법인에 배분하여 익금에 산입하지 않는다(법령 120의19 ①).

나) 연결법인의 기부금의 손금불산입액

연결집단을 하나의 내국법인으로 보아 계산한 기부금 손금불산입액 중 각 연결법인별 배

분액은 다음의 금액의 합계액으로 한다.

① 법인세법 제24조 제1항, 제2항에 따른 기부금 외의 기부금으로서 해당 연결법인이 지출한 기부금(법령 120의20 ① I)

② 법인세법 제24조 제1항, 제2항에 따른 기부금에 대하여는 각각 다음 계산식에 따라 계산한 금액(법령 120의20 ① II)

$$
\text{연결집단을 하나의 내국법인으로 보아 계산한 기부금의 손금불산입액} \times \frac{\text{해당 연결법인의 해당 기부금 지출액}}{\text{각 연결법인의 해당 기부금 지출액의 합계액}}
$$

손금에 산입하지 않은 특례기부금 및 일반기부금의 손금산입한도액 초과금액을 이월하여 손금에 산입하는 경우 먼저 발생한 사업연도의 손금산입한도액 초과금액부터 손금에 산입하며, 각 연결법인은 손금산입한도 초과금액에 비례하여 해당 사업연도의 한도미달액에 충당한다(법령 120의20 ②).

$$
\text{연결집단을 하나의 내국법인으로 보아 계산한 기부금 한도초과 이월액 중 손금산입액} \times \frac{\text{해당 연결법인의 해당 기부금의 손금산입한도 초과금액}}{\text{각 연결법인의 해당 기부금의 손금산입한도 초과금액의 합계액}}
$$

다) 연결법인의 기업업무추진비의 손금불산입액

연결집단을 하나의 내국법인으로 보아 계산한 기업업무추진비 손금불산입액 중 각 연결법인별 배분액은 다음의 금액의 합계액으로 한다(법령 120의21 ①).

① 법인세법 제25조 제1항에 따른 손금불산입액 중 다음 계산식에 따라 계산한 금액

$$
\text{연결집단을 하나의 내국법인으로 보아 계산한 해당 기업업무추진비의 손금불산입액} \times \frac{\text{해당 연결법인의 기업업무추진비 지출액}}{\text{각 연결법인의 기업업무추진비 지출액의 합계액}}
$$

② 법인세법 제25조 제2항에 따른 기업업무추진비의 손금불산입액 중 해당 연결법인이 지출한 금액

나. 과세표준

1) 과세표준의 계산구조

각 연결사업연도의 소득에 대한 과세표준은 각 연결사업연도의 소득의 범위에서 다음의 금액을 차례로 뺀 금액으로 한다(법법 76의13 ①).

① 각 연결사업연도의 개시일 전 15년 이내에 개시한 연결사업연도의 결손금(연결법인의 연결납세방식의 적용 전에 발생한 결손금을 포함한다)으로 그 후의 각 연결사업연도(사업연도를 포함한다)의 과세표준을 계산할 때 공제되지 않은 금액

② 각 연결법인의 비과세소득의 합계액

③ 각 연결법인의 소득공제액의 합계액

2) 이월결손금의 범위

가) 이월결손금의 범위

각 연결사업연도의 개시일 전 15년 이내에 개시한 연결사업연도의 결손금(연결법인의 연결납세방식의 적용 전에 발생한 결손금을 포함한다)으로 그 후의 각 연결사업연도(사업연도를 포함한다)의 과세표준을 계산할 때 공제되지 않은 금액은 각 연결사업연도의 소득의 범위에서 공제하여 과세표준을 계산한다. 다만 이월결손금은 후술하는 연결소득개별귀속액의 80퍼센트 범위 내에서 공제할 수 있다(법법 76의13 ① 但). 이월결손금 공제의 범위를 제한하는 법인세법 제13조 단서와 같은 취지이다. 중소기업과 회생계획을 이행 중인 기업 등 대통령령으로 정하는 연결법인의 경우는 100퍼센트를 한도로 한다(법법 76의13 ① 但 괄호).

이월결손금이 누적되어 있는 경우에는 먼저 발생한 사업연도의 결손금부터 먼저 공제한다(법령 120의17 ②).

위에서 연결사업연도의 결손금이란 법인세법 제76조의13 제4항에 따라 해당 연결사업연도의 소득금액을 계산할 때 손금에 산입하지 않는 처분손실(내재손실의 손금불산입액)과 각 연결사업연도의 소득이 0보다 적은 경우 해당 금액으로서 과세표준과 세액의 신고수정신고나 과세표준과 세액의 결정경정한 과세표준에 포함된 결손금을 말한다(법법 76의13 ②).

연결자법인이 연결모법인의 완전 지배를 받지 않게 되거나 해산함에 따라 연결납세방식을 적용하지 않게 되는 경우 그 연결자법인에서 발생한 결손금으로서 각 연결사업연도의 과세표준을 계산할 때 공제되지 않은 금액은 각 연결사업연도의 과세표준을 계산할 때 결손금에 넣지 않는다(법령 120의17 ③).

나) 이월결손금의 공제 제한

이월결손금을 공제할 때 다음의 결손금은 각 해당 금액을 한도로 하여 공제한다(법법 76의13 ③).

① 연결법인의 연결납세방식의 적용 전에 발생한 결손금: 각 연결사업연도의 소득 중 해당 연결법인에 귀속되는 소득으로서 다음 계산식에 따라 계산한 소득금액(이하 '연결소득개별귀속액'이라 한다. 법령 120의17 ④)

$$
\text{법 제76조의14 제1항에 따른 각 연결사업연도의 소득금액} \times \frac{\text{법 제76조의14 제1항 제1호부터 제4호까지의 규정에 따른 금액(0보다 큰 경우에 한정)}}{\text{연결집단의 법 제76조의14 제1항 제1호부터 제4호까지의 규정에 따른 금액(0보다 큰 경우에 한정)의 합계액}}
$$

② 연결모법인이 법인세법 제44조 제2항 각 호의 요건을 갖춘 합병에 따라 피합병법인의 자산을 양도받는 경우 합병등기일 현재 피합병법인(합병등기일 현재 연결법인이 아닌 법인에 한정한다)의 법인세법 제13조 제1호의 결손금: 연결모법인의 연결소득개별귀속액 중 피합병법인으로부터 승계받은 사업에서 발생한 소득

③ 연결모법인이 법인세법 제46조 제2항 각 호의 요건을 갖춘 분할합병에 따라 소멸한 분할법인의 자산을 양도받는 경우 분할등기일 현재 소멸한 분할법인의 법인세법 제13조 제1호의 결손금 중 연결모법인이 승계받은 사업에 귀속하는 금액: 연결모법인의 연결소득개별귀속액 중 소멸한 분할법인으로부터 승계받은 사업에서 발생한 소득

다) 내재손실의 공제 제한

다음의 처분손실은 해당 금액을 한도로 해당 연결사업연도의 소득금액을 계산할 때 손금에 산입한다[내재손실(built-in loss)[3]의 손금불산입]. 이 경우 손금에 산입하지 않은 처분손실은 결손금으로 보고 해당 금액을 한도로 이후 연결사업연도의 과세표준에서 공제한다(법법 76의14 ②). 연결납세방식 적용 전에 발생한 이월결손금과 실질이 동일한 내재손실을 이용한 조세회피를 방지하기 위하여 합병 전 또는 연결납세방식 적용 전에 취득한 자산의 처분손실은 해당 법인의 소득을 한도로 하여 공제하도록 한 것이다.

① 연결모법인이 다른 내국법인(합병등기일 현재 연결법인이 아닌 법인에 한정한다)을 적

---

[3] 법인이 연결집단의 연결법인이 되기 직전의 자산의 시가가 그 자산에 대한 장부가액에 미달하는 경우 그 차액을 말한다. 이와 같은 내재손실이 포함된 상태에서 연결납세를 적용하게 되면 조세회피가 발생하게 된다.

격합병(연결모법인을 분할합병의 상대방법인으로 하는 적격분할합병을 포함한다)하는 경우 합병등기일 이후 5년 이내에 끝나는 연결사업연도에 발생한 합병 전 연결모법인 및 연결자법인(기존연결법인)과 피합병법인(분할법인 포함)이 합병 전 각각 보유하던 자산의 처분손실은 다음의 구분에 따른 소득금액을 한도로 한다.

㉮ 기존연결법인의 자산처분손실의 경우 기존연결법인의 소득금액(합병 전 연결모법인 의 사업에서 발생한 소득금액 및 연결자법인의 연결소득개별귀속액)

㉯ 피합병법인이 합병 전 보유하던 자산의 처분손실의 경우 연결모법인의 연결소득개별 귀속액 중 피합병법인으로부터 승계받은 사업에서 발생한 소득금액

② 내국법인이 다른 내국법인의 연결가능자법인이 된(설립등기일부터 완전자법인이 된 경 우는 제외한다) 이후 연결납세방식을 적용한 경우 완전자법인이 된 사업연도와 그 다음 사업연도의 개시일부터 4년 이내에 끝나는 연결사업연도에 발생한 자산의 처분손실은 다음의 구분에 따른 금액을 한도로 한다.

㉮ 연결모법인의 자산처분손실의 경우 해당 연결모법인의 연결소득개별귀속액

㉯ 연결자법인의 자산처분손실의 경우 해당 연결자법인의 연결소득개별귀속액

2 세액의 계산

가. 연결산출세액

1) 일반적인 경우

각 사업연도의 소득에 대한 법인세는 연결과세표준에 법인세법 제55조 제1항의 세율을 적용하여 계산한 금액을 연결산출세액으로 한다. 이 경우 연결법인이 토지등을 양도하는 경우(해당 토지등을 다른 연결법인이 양수하여 법인세법 제76조의14 제1항 제3호가 적용 되는 경우 포함) 또는 조특법 제100조의32 제2항에 따른 미환류소득(법인세법 제76조의14 에 따른 연결법인간 거래손익의 조정 등을 하지 않고 계산한 소득으로서 대통령령으로 정 하는 금액을 말한다)이 있는 경우에는 제55조의2에 따른 토지등 양도소득에 대한 법인세 및 조특법 제100조의32에 따른 투자·상생협력 촉진을 위한 과세특례를 적용하여 계산한 법인세를 합산한 금액을 연결산출세액으로 한다(법법 76의15 ①, ②, 법령 120의22 ①). 해당 토 지등을 다른 연결법인이 양수한 경우에 그 토지등의 양도손익이 내부거래로서 연결소득금 액에서 제외되어 과세가 이연되더라도 토지등 양도소득에 대한 법인세만은 과세한다. 토지 등 양도소득 및 미환류소득에 대한 법인세는 각기 별도의 입법목적이 있으므로 각 연결법 인(개별법인) 단위로 세액을 계산하여 연결산출세액에 가산하도록 하고 있다.

연결산출세액 중 각 연결법인에 귀속되는 금액, 즉 연결법인별 산출세액은 다음 ①의 금액에 ②의 비율을 곱하여 계산한 금액으로 한다. 이 경우 연결법인에 토지등 양도소득에 대한 법인세액 및 미환류소득에 관한 법인세액이 있는 경우에는 이를 가산한다(법법 76의15 ④, 법령 120의22 ②).

① 해당 연결법인의 연결소득개별귀속세액에서 법인세법 제76조의13 제1항에 따라 각 연결사업연도의 과세표준계산시 공제된 결손금(해당 연결법인의 연결소득개별귀속액에서 공제된 금액을 말한다)과 해당 연결법인의 비과세소득 및 소득공제액을 뺀 금액(이하 '과세표준 개별귀속액'이라 한다)

② 법인세법 제76조의13 제1항에 따른 연결사업연도의 소득에 대한 과세표준에 대한 법인세법 제76조의15 제1항의 연결산출세액(법인세법 제55조의2에 따른 토지등 양도소득에 대한 법인세액 및 미환류소득에 관한 법인세액은 제외한다)의 비율(이하 '연결세율'이라 한다)

위와 같이 각 연결법인의 과세표준 개별귀속액을 계산할 때 2 이상의 연결법인의 연결소득개별귀속액에서 다른 연결법인의 결손금을 공제하는 경우에는 각 연결소득개별귀속액(해당 법인에서 발생한 결손금을 뺀 금액을 말한다)의 크기에 비례하여 공제한다(법령 120의22 ③).

2) 정산금이 있는 경우

정산금이 있는 경우 연결법인별 산출세액은 다음의 각 계산식에 따라 계산한다. 이 경우 연결법인에 토지등양도소득에 대한 법인세가 있으면 이를 더한다(법령 120의22 ④ 각 호 외의 부분). 다만 연결모법인이 모든 연결자법인을 완전 지배하는 경우이거나 연결과세표준 및 세액 신고기한 내에 연결사업연도 종료일 현재 연결자법인의 발행주식총수 또는 출자총액(연결법인이 보유하지 않은 주식 또는 출자지분으로 한정)의 90퍼센트 이상의 동의를 받은 경우에는 일반적인 경우에 따라 계산된 금액을 연결법인별 연결산출세액으로 할 수 있다(법령 120의22 ⑤).

가) 결손금을 공제한 연결법인의 산출세액

연결법인별 산출세액 = A × B ÷ C

A : 법 제76조의14 제1항 본문에 따른 연결법인별 소득에서 법 제76조의13 제1항에 따라 각 연결사업연도의 과세표준 계산 시 공제된 결손금(해당 법인에서 발생한 결손금을 해당 법인의 소득에서 공제한 금액에 한한다)과 비과세소득 및 소득공제액을 뺀 금액
B : 연결법인별 A에 해당하는 금액의 합계액에 법 제55조 제1항에 따른 세율을 적용하여 계산한 금액(이하 이 조 및 제120조의26에서 "조정연결산출세액"이라 한다)
C : 연결법인별 A에 해당하는 금액을 합한 금액(이하 이 조 및 제120조의26에서 "연결조정 과세표준상당액"이라 한다)

나) 결손금을 지급한 연결법인의 산출세액

연결법인별 산출세액 = D × E ÷ F

D : 제1호의 계산식 중 B에 해당하는 금액에서 법 제76조의15 제1항에 따른 연결산출세액을 차감한 금액
E : 연결법인별로 법 제76조의14 제1항에 따라 다른 연결법인의 소득에서 공제한 결손금과 법 제76조의13 제1항 제1호에 따라 다른 연결법인의 연결소득개별귀속액에서 공제한 결손금을 합한 금액
F : 모든 연결법인의 E에 해당하는 금액을 합한 금액

다) 결손금을 공제하고 동시에 결손금을 지급한 연결법인의 산출세액

위 각 계산식에 따른 연결법인별 연결산출세액을 더한 금액으로 한다.

나. 세액감면 및 세액공제 등

연결산출세액에서 공제하는 연결법인의 감면세액과 세액공제액은 각 연결법인별로 계산한 감면세액과 세액공제액의 합계액으로 한다(법법 76의16 ①). 이 경우 각 연결법인의 감면세액과 세액공제액은 연결법인별 산출세액을 제55조의 산출세액으로 보아 세액감면과 세액공제를 적용하여 계산한 금액으로 하며, 연결집단을 하나의 내국법인으로 보아 최저한세를 적용한다(법법 76의16 ②, 조특법 132 ①).

법인세 최저한세액에 미달하여 세액공제 또는 세액감면 등을 하지 않는 세액은 다음과 같이 각 연결법인의 공제·감면 세액에 따라 안분하여 배분한다(법령 120의23 ②).

$$\text{최저한세액에 미달하여 추가로 납부할 세액} \times \frac{\text{해당 법인의 공제·감면세액}}{\text{연결법인의 공제·감면세액 합계}}$$

세액감면과 세액공제의 적용순서는 법인세법 제59조 제1항을 준용하며, 연결법인의 적격합병과 적격분할에 따른 세액감면과 세액공제의 승계는 법인세법 제44조의3 제2항, 제46조의3 제2항 및 제59조 제1항을 준용한다(법법 76의17 ③).

제5절 세액의 신고 및 납부와 결정·경정 및 징수 등

1 연결법인의 연대납세의무

연결법인은 각 연결사업연도의 소득에 대한 법인세(각 연결법인의 토지등 양도소득에 대한 법인세 및 조특법 제100조의32에 따른 투자·상생협력 촉진을 위한 과세특례를 적용하여 계산한 법인세를 포함한다)를 연대하여 납부할 의무가 있다(법법 3 ③).

2 과세표준과 세액의 신고와 납부

가. 과세표준과 세액의 신고

연결모법인은 각 연결사업연도의 종료일이 속하는 달의 말일부터 4개월 이내에 해당 연결사업연도의 소득에 대한 법인세의 과세표준과 세액을 납세지 관할 세무서장에게 신고하여야 한다. 다만, 외부감사법 제4조에 따라 감사인에 의한 감사를 받아야 하는 연결모법인 또는 연결자법인이 해당 사업연도의 감사가 종결되지 않아 결산이 확정되지 않았다는 사유로 대통령령으로 정하는 바에 따라 신고기한의 연장을 신청한 경우에는 그 신고기한을 1개월의 범위에서 연장할 수 있다.

연결사업연도의 소득에 대한 법인세의 과세표준과 세액의 신고서에는 다음의 서류를 첨부하여야 하며, ①부터 ④까지의 서류를 첨부하지 않으면 신고로 보지 않는다(법법 76의17).
① 연결소득금액 조정명세서
② 기업회계기준을 준용하여 작성한 연결집단의 연결재무상태표, 연결손익계산서

③ 각 연결법인의 기업회계기준을 준용하여 작성한 재무상태표·손익계산서 및 이익잉여금
  처분계산서(또는 결손금처리계산서), 세무조정계산서, 기타 대통령령으로 정하는 서류
④ 연결법인간 출자현황신고서 및 연결법인간 거래명세서

나. 연결법인세액의 납부

1) 연결모법인

연결모법인은 연결산출세액에서 다음의 법인세액(가산세는 제외한다)을 공제한 금액을
각 연결사업연도의 소득에 대한 법인세로서 연결사업연도의 종료일이 속하는 달의 말일부
터 4개월 이내에 납세지 관할세무서 등에 납부하여야 한다(법법 76의19 ①).
① 해당 연결사업연도의 감면세액·세액공제액
② 해당 연결사업연도의 연결중간예납세액
③ 해당 연결사업연도의 각 연결법인의 원천징수된 세액의 합계액

2) 연결자법인

연결자법인은 연결사업연도의 종료일이 속하는 달의 말일부터 4개월 이내에 연결법인별
산출세액에서 다음의 금액을 뺀 금액에 가산세를 가산하여 연결모법인에게 지급하여야 한
다(법법 76의19 ②).
① 해당 연결사업연도의 해당 법인의 감면세액
② 해당 연결사업연도의 연결법인별 중간예납세액
③ 해당 연결사업연도의 해당 법인의 원천징수된 세액

다. 연결법인 간 세액배분의 조정

1) 제도의 취지

연결자법인이 위와 같이 계산한 금액이 음수인 경우 연결모법인은 음의 부호를 뗀 금액
을 연결사업연도의 종료일이 속하는 달의 말일부터 4개월이 되는 날까지 연결자법인에게
지급하여야 한다(법법 76의19 ③). 연결자법인의 경우 소수주주가 존재한다면 결손금을 통산
하는 결과 해당 법인의 소수주주는 결손금 소멸로 인한 미래 법인세액 부담액이 증가하고
그로 인한 기업가치의 하락에 따라 손실을 입을 가능성이 있기 때문에 연결모법인이 연결
자법인에게 결손금 상당액을 지급하도록 한 것이다. 연결집단 전체에 결손이 발생하여 소
득이 음수라면 결손금 이전에 따른 손익을 정산한 금액('정산금')을 다음의 구분에 따라 각

연결법인의 소득·결손금 크기에 비례하여 연결법인별로 배분하여야 한다(법법 76의19 ⑤).

2) 연결자법인이 연결모법인에게 정산금을 지급하여야 하는 경우

다음 중 어느 하나에 해당하는 연결자법인이 있는 경우에는 해당 연결자법인이 대통령령 (법령 120의26 ①)으로 정하는 바에 따라 계산한 정산금을 연결사업연도의 종료일이 속하는 달의 말일부터 4개월 이내에 연결모법인에게 지급한다(법법 76의19 ⑤ I).

① 연결자법인의 해당 연결사업연도 소득금액에 법인세법 제76조의14 제1항에 따라 다른 연결법인의 결손금이 합하여진 경우
② 연결자법인의 연결소득 개별귀속액에서 다른 연결법인의 법인세법 제76조의13 제1항 제1호에 따른 결손금이 공제된 경우

3) 연결모법인이 연결자법인에게 정산금을 지급하여야 하는 경우

다음 중 어느 하나에 해당하는 연결자법인이 있는 경우에는 연결모법인이 대통령령(법령 120의26 ②)으로 정하는 바에 따라 계산한 정산금을 연결사업연도의 종료일이 속하는 달의 말일부터 4개월 이내에 연결자법인에게 지급한다(법법 76의19 ⑤ II).

① 연결자법인의 해당 연결사업연도 결손금이 법인세법 제76조의14 제1항에 따라 다른 연결법인의 소득금액에 합하여진 경우
② 연결자법인의 법인세법 제76조의13 제1항 제1호에 따른 결손금이 다른 연결법인의 연결 소득 개별귀속액에서 공제된 경우

4) 정산금을 영(0)으로 할 수 있는 경우

연결모법인이 모든 연결자법인을 완전 지배하는 경우이거나 각 연결사업연도 결산 전에 연결자법인의 연결법인 외 주주의 동의를 받은 경우에는 정산금을 영(0)으로 할 수 있다 (법령 120의26 ③).

3 연결중간예납

연결사업연도가 6개월을 초과하는 연결모법인은 각 연결사업연도 개시일부터 6개월이 되는 날까지를 중간예납기간으로 하여 다음 가. 나 중 어느 하나에 해당하는 방법을 선택하 여 계산한 금액(연결중간예납세액)을 중간예납기간이 지난 날부터 2개월 이내에 납세지 관할 세무서 등에 납부하여야 한다. 다만, 연결모법인 또는 연결자법인이 직전 연결사업연 도 종료일 현재 공정거래법 제31조 제1항에 따른 공시대상기업집단에 속하는 내국법인[1]에

해당하는 경우에는 아래 나.의 방법에 따라 계산한 연결중간예납세액을 납세지 관할 세무서등에 납부하여야 한다(법법 76의18 ①).

가. 직전 연결사업연도의 산출세액을 기준으로 하는 방법

$$연결중간예납세액 \ = \ (A \ - \ B \ - \ C) \ \times \ \frac{6}{D}$$

A : 해당 연결사업연도의 직전 연결사업연도에 대한 법인세로서 확정된 연결산출세액(가산세를 포함하고, 제55조의2에 따른 토지등 양도소득에 대한 법인세액 및 「조세특례제한법」 제100조의32에 따른 투자·상생협력 촉진을 위한 과세특례를 적용하여 계산한 법인세액은 제외한다)
B : 해당 연결사업연도의 직전 연결사업연도에 감면된 법인세액(소득에서 공제되는 금액은 제외한다)
C : 해당 연결사업연도의 직전 연결사업연도에 각 연결법인이 법인세로서 납부한 원천징수세액의 합계액
D : 직전 연결사업연도의 개월 수. 이 경우 개월 수는 역에 따라 계산하되, 1개월 미만의 일수는 1개월로 한다.

나. 해당 중간예납기간의 법인세액을 기준으로 하는 방법

$$연결중간예납세액 = (A \ - \ B \ - \ C)$$

A : 해당 중간예납기간을 1연결사업연도로 보고 제76조의15를 적용하여 산출한 법인세액
B : 해당 중간예납기간에 감면된 법인세액(소득에서 공제되는 금액은 제외한다)
C : 해당 중간예납기간에 각 연결법인이 법인세로서 납부한 원천징수세액의 합계액

다. 선택권이 제한되는 경우

다만 다음의 각 경우에는 연결모법인이 임의로 계산방법을 선택할 수 없다(법법 76의18 ① 但, ②).

1) 직전 연결사업연도의 산출세액을 기준으로 하는 방법을 적용하여야 하는 경우

연결중간예납의 납부기한까지 연결중간예납세액을 납부하지 않은 경우에는 직전 연결사업연도의 산출세액을 기준으로 하는 방법을 적용하여야 한다. 다만, 아래에서 해당 중간예납기간의 법인세액을 기준으로 하는 방법에 의하여야 하는 경우에는 그렇지 않다.

---

1) 조특령 제2조 제1항 제1호의 요건을 갖춘 기업은 제외한다(법법 76의18 ① 각 호 외의 부분 但, 법령 120의25 ③).

2) 해당 중간예납기간의 법인세액을 기준으로 하는 방법

① 연결모법인 또는 연결자법인이 직전 연결사업연도 종료일 현재 공정거래법 제31조 제 1항에 따른 공시대상기업집단에 속하는 내국법인에 해당하는 경우, ② 직전 연결사업연도의 법인세로서 확정된 연결산출세액(가산세 제외)이 없는 경우, ③ 해당 중간예납기간 만료일까지 직전 연결사업연도의 연결산출세액이 확정되지 않은 경우에는 해당 중간예납기간의 법인세액을 기준으로 하는 방법을 적용하여야 한다.

4 　과세표준과 세액의 결정·경정 및 징수 등

가. 결정·경정 및 징수 등

각 연결사업연도의 소득에 대한 법인세의 결정·경정·징수 및 환급에 관하여는 법인세법 제66조(제3항 단서는 제외한다), 제67조, 제70조, 제71조, 제73조, 제73조의2 및 제74조를 준용한다(법법 76의20).

나. 가산세

연결모법인은 각 연결법인별로 법인세법 제75조 및 제75조의2부터 제75조의9까지의 규정을 준용하여 계산한 금액의 합계액을 각 연결사업연도의 소득에 대한 법인세액에 가산하여 납부하여야 한다(법법 76의21).

다. 중소·중견기업 관련 규정의 적용

각 연결사업연도의 소득에 대한 법인세액을 계산할 때 연결집단을 하나의 내국법인으로 보아 그 연결집단이 법인세법 및 조특법에 따른 중소기업 또는 중견기업에 해당하는 경우에는 다음 구분에 따라 법인세법 및 조특법에 따른 중소기업 또는 중견기업에 관한 규정을 적용한다(법법 76의22 ①).[2]

---

2) 연결납세방식을 적용하는 최초의 연결사업연도의 직전 사업연도 당시 중소기업에 해당하는 법인이 연결납세방식을 적용함에 따라 중소기업에 관한 규정을 적용받지 못하게 되는 경우에는 연결납세방식을 적용하는 최초의 연결사업연도와 그 다음 연결사업연도의 개시일부터 5년 이내에 끝나는 연결사업연도까지는 중소기업에 관한 규정을 적용한다.

1) 연결집단이 중소기업에 해당하는 경우

중소기업에 해당하는 연결법인에 대하여는 중소기업에 관한 규정을 적용하고, 중견기업에 해당하는 연결법인에 대하여는 중견기업에 관한 규정을 적용한다. 즉, 중견기업에 해당하는 연결법인에 대하여 중소기업에 관한 규정을 적용하지 않는다.

2) 연결집단이 중견기업에 해당하는 경우

중소기업에 해당하는 연결법인과 중견기업에 해당하는 연결법인에 각각 중견기업에 관한 규정을 적용한다.

3) 연결집단의 중소기업·중견기업 해당 여부 판정기준

법인세법 제76조의22는 연결집단을 하나의 내국법인으로 보아 중소기업 또는 중견기업에 해당하는지 여부를 판정할 때 어떤 기준에 의할 것인지에 관하여 규정하고 있지 않다. 이와 관련하여 연결집단의 매출액을 어떻게 산정하여야 할 것인지가 문제되었는데 판례는 각 연결법인의 매출액을 단순 합산하는 방식, 각 연결법인의 매출액을 합산한 다음 연결법인 간 내부거래 매출액을 전부 제거하는 방식, 연결법인 간 내부거래 매출액을 제거하되 이를 일부만 제거하는 방식 등 다양한 방식이 논의될 수 있다고 전제한 후 각 연결법인의 매출액을 단순 합산하는 방식이 타당하다고 판단하였다.[3]

---

3) 대전고등법원 2024. 9. 25. 선고 (청주)2024누50118 판결(대법원 2025. 2. 13. 자 2024두60091 판결로 심리불속행 종결). 그러나 법원의 판단은 지나치게 경직된 것으로 보이고 제도의 취지에 관한 충분한 검토가 결여된 것으로 보인다.

제4편

내국법인의 토지등 양도소득에 대한 법인세

제 1 장

토지등 양도소득에 대한 과세의 근거

제1절 의 의

지가가 급등하는 지역에 소재하는 토지, 주택 및 비사업용 토지를 양도한 경우에는 그 양도로 인하여 발생한 소득금액에 10퍼센트, 30퍼센트 또는 40퍼센트를 곱하여 산출한 세액을 '토지등 양도소득에 대한 법인세'로 하여 '각 사업연도의 소득에 대한 법인세'에 추가하여 납부하도록 하고 있다(법법 55의2 ① 본문).

제2절 연 혁

과거에는 법인의 부동산 투기를 억제하고 개인에 대하여 부과되는 고율의 양도소득세와의 과세형평을 도모하기 위하여 법인의 부동산 양도차익에 대하여 일반 법인세 외에 '특별부가세'가 15퍼센트의 단일세율로 부과된 바 있었다. 그러나 부동산 처분을 통한 상시구조조정의 필요성이 대두되면서 2001. 12. 31. 법인세법 개정시 특별부가세 제도가 폐지되고 부동산 투기의 재발을 방지하기 위하여 부동산 가격이 급등할 우려가 있는 특정지역에 소재한 토지 및 건물(건물에 부속된 시설물 및 구축물을 포함한다. 이하 '토지등'이라고만 한다)을 양도하는 경우 그 양도소득에 대하여 세율 10퍼센트(미등기 토지는 20퍼센트)의 법인세를 일반 법인세에 추가하여 납부하도록 하는 규정을 법인세법 제55조의2로 신설하였는바, 이를 '토지등 양도소득에 대한 법인세'라고 하였다.

그 후 2003. 12. 30. 법인세법 개정시, 주택가격 안정대책의 일환으로 다주택 소유자에 대한 양도소득세와 법인세를 중과세한다는 방침에 따라 법인이 양도하는 주택(그 부수토지를 포함함)의 양도소득에 대해서도 30퍼센트(미등기 양도분은 40퍼센트)의 세율을 적용하여 토지등 양도소득에 대한 법인세를 과세토록 하였고(법법 55의2 ① V), 2005. 12. 31. 법인세법 개정시에는 토지를 생산적인 용도로 사용하지 않고 재산증식의 수단으로 이용하는 것을 방지하기 위하여 법인의 비사업용 토지의 양도소득에 대해서도 2007. 1. 1. 이후 양도분부터 30퍼센트(미등기 양도분은 40퍼센트)의 세율로 과세하는 규정을 신설하여(법법 55의2 ① Ⅲ) 그 과세대상을 점차 확대하였다.

한편, 2009. 5. 21. 개정된 법인세법은 주택 및 비사업용 토지에 대한 지나친 중과로 인한 부동산 시장의 심각한 왜곡현상을 해결하기 위해, 부동산가격 급등 우려가 있는 특정지역 내에 소재한 주택 및 비사업용 토지에 한하여 토지등 양도소득에 대한 법인세를 과세하되, 이들 과세대상을 2009. 3. 16.부터 2010. 12. 31.까지 양도함으로써 발생하는 양도소득에 대해서는 법인세법 제55조의2 제1항 제2호 및 제3호의 중과세율을 적용하지 않고 10퍼센트의 세율을 적용하여 세액을 산출하도록 하였고(법법 55의2 ① Ⅰ, Ⅷ 참조), 2010. 12. 30. 법률 제10423호로 개정된 법인세법은 주택 및 비사업용 토지에 대한 기존 세율규정의 적용중지기한을 2012. 12. 31.까지 양도하는 토지등으로 2년간 연장하였다.[1)]

2020. 8. 18. 법률 제17476호로 개정된 법인세법은 2020. 6. 17. 발표된 '주택시장 안정을 위한 관리방안'의 후속조치로서 다주택자가 법인을 통해 주택을 분산 보유함으로써 조세부담을 회피하는 것을 방지하고 개인과 법인 간의 과세형평을 제고하기 위하여 법인의 주택·별장 양도소득에 대한 추가 법인세율을 현행 10퍼센트에서 20퍼센트로 상향 조정하고, 주택을 취득할 수 있는 권리로서 조합원입주권 및 분양권을 양도하는 경우에도 추가로 법인세를 부과하도록 하였다.

제3절 제도적 기능

이와 같은 토지등 양도소득에 대한 과세특례는 법인이 부동산 가격의 급등에 따라 얻은 투기이득을 법인세로서 흡수함으로써 부동산투기를 억제하기 위한 법적 장치로서의 기능을 갖는다. 또한 개인에 대하여 부과되는 고율의 양도소득세와 과세형평을 도모하기 위한 것이기도 하다.

---

1) 헌법재판소 2011. 10. 25. 선고 2010헌바21 전원재판부 결정.

제2장

과세특례의 적용요건

내국법인이 다음 중 어느 하나에 해당하는 토지, 건물(건물에 부속된 시설물과 구축물을 포함한다), 주택을 취득하기 위한 권리로서 소득세법 제88조 제9호에 따른 조합원입주권 및 같은 조 제10호에 따른 분양권(이하 이 조 및 제95조의2에서 '토지등'이라 한다)을 양도한 경우에는 토지등 양도소득에 대하여 법인세가 과세된다(법법 55의2 ①).[1]

1 국내에 소재하는 주택 및 별장

국내에 소재하는 주택(그 부수토지를 포함한다) 및 주거용 건축물로서 상시 주거용으로 사용하지 않고 휴양·피서·위락 등의 용도로 사용하는 건축물('별장')이어야 한다. 다만, 일정한 주택은 제외한다(법법 55의2 ① II).

2 비사업용 토지

가. 의의

비사업용 토지는 토지를 소유하는 기간(기간기준) 중 일정기간 동안 농업을 주업으로 하지 않은 법인이 소유하는 논밭 및 과수원(농지), 임야, 목장용지, 그 밖의 비사업용 나지, 일정한 기준면적을 초과하는 주택부속토지, 별장의 부속토지, 그 밖에 법인의 업무와 직접 관련이 없다고 인정할 만한 상당한 이유가 있는 토지 중 어느 하나에 해당하는 토지(대상 토지기준)를 말한다(법법 55의2 ① III, ②). 즉, 비사업용 토지란 기간기준(일정기간)과 대상

---

1) 법인세법은 2009년 3월 16일부터 2012년 12월 31일까지 양도하는 부동산의 경우에는 ① '특정지역에 있는' 부동산으로서 주택(이에 부수되는 토지를 포함한다)과 ② '특정지역에 있는' 부동산으로서 비사업용 토지에 대하여만 토지등 양도소득을 과세하였다(법법 55의2 ⑧).그 밖에 부동산가격이 급등하거나 급등할 우려가 있어 부동산가격의 안정을 위하여 필요한 경우에 대통령령으로 정하는 부동산의 양도소득에 대하여도 토지등 양도소득에 대한 법인세를 과세하도록 규정하고 있으나(법법 55의2 ① I 다) 법인세법 시행령은 2012년 12월 31일까지도 부동산의 범위를 정하고 있지 않았으므로 이에 대하여 토지등 양도소득에 대한 법인세를 과세하지 못하였다. 그러나, 2013년 1월 1일부터는 특정지역에 있는지 여부를 묻지 않고 다음 중 어느 하나에 해당하는 토지등을 양도할 경우의 양도소득에 대하여는 모두 법인세가 과세된다.

토지기준(일정한 토지등)을 모두 충족하는 토지를 말한다.[2]

나. 기간기준

1) 일정기간의 범위

토지를 소유하는 기간 중 일정기간(법령 92의3) 동안 대상토지기준에 해당하여야 한다.

비사업용 토지를 판정하기 위해서는 토지의 양도일의 토지의 이용현황은 물론이고 그 보유기간 중의 토지의 이용현황을 고려하는 것이 바람직하다. 그러나 세무행정의 집행가능성을 고려하여 양도일 직전의 일정기간으로 한정하여 그 기간 동안의 토지의 이용현황을 기준으로 하여 비사업용 토지에 해당하는지의 여부를 판정하도록 하고 있는 것이다. 즉 일정기간이란 비사업용 토지를 판정하기 위한 시간적 기준이다.

2) 일정기간의 계산의 특례

다음 중 어느 하나에 해당하는 토지에 대하여는 다음의 해당일을 양도일로 보아 비사업용 토지에 해당하는지 여부를 판정한다(법령 92의11 ②). 즉 부득이한 사유가 발생하기 직전의 기간을 기준으로 하여 일정기간의 충족 여부를 따지는 것이다.

① 민사집행법에 따른 경매에 따라 양도된 토지: 최초의 경매기일
② 국세징수법에 따른 공매에 따라 양도된 토지: 최초의 공매일
③ 그 밖에 토지의 양도에 일정한 기간이 소요되는 경우 등 기획재정부령이 정하는 부득이한 사유에 해당되는 토지: 그 해당일

3) 부득이한 사유로 비업무용 토지로 보지 않은 토지의 일정기간 계산

토지의 취득 후 법령에 따른 사용의 금지 등 부득이한 사유가 있어 비사업용 토지에 해당하는 경우에는 해당 기간 동안은 대상토지기준(법법 55의2 ② 각 호의 어느 하나)에 해당하지 않은 토지로 보아 해당 토지가 비사업용 토지에 해당하는지의 여부를 판정한다(법법 55의2 ③, 법령 92의11 ①). 즉 토지를 사업용으로 사용하지 못하는 부득이한 사유가 있는 경우에는 해당 기간 동안은 사업용 토지에 해당한 것으로 의제하여 해당 토지가 비사업용 토지에 해당하는지의 여부를 따지는 것이다. 부득이한 사유 및 기간 중 중요한 것은 다음과 같다(법령

---

2) 법인세법 제55조의2 제1항 제3호가 법인의 비사업용 토지의 양도소득에 관하여 법인세를 중과하는 취지는, 토지를 그 생산력 등 고유한 특성을 활용하는 방식으로 사용하지 않고 단순히 거래의 객체로 삼아 양도차익을 통한 재산증식 수단으로 이용하는 법인을 규제함으로써 부동산 투기수요를 억제하여 부동산시장을 안정화하고 투기이익을 환수하려는 데 있다. 서울고등법원 2024. 1. 10. 선고 2023누47086 판결 [대법원 2024. 5. 30. 자 2024두34689 판결로 심리불속행 종결].

92의11 ①, 법칙 46의2).

> **가)** 토지를 취득한 후 법령에 따라 사용이 금지 또는 제한된 토지: 사용이 금지 또는 제한된 기간

> **나)** 토지를 취득한 후 「문화유산의 보존 및 활용에 관한 법률」 또는 「자연유산의 보존 및 활용에 관한 법률」에 따라 지정된 보호구역 안의 토지: 보호구역으로 지정된 기간

> **다)** 지상에 건축물이 정착되어 있지 않은 토지를 취득하여 사업용으로 사용하기 위하여 건설에 착공(착공일이 불분명한 경우에는 착공신고서 제출일을 기준으로 한다)한 토지: 해당 토지의 취득일부터 2년 및 착공일 이후 건설이 진행 중인 기간(천재지변, 민원의 발생 그 밖의 정당한 사유로 인하여 건설을 중단한 경우에는 중단한 기간을 포함한다).

> **라)** 도시계획의 변경 등 정당한 사유로 인하여 사업에 사용하지 않은 토지: 해당 사유가 발생한 기간

도시계획의 변경에 따라 토지의 본래 용도에 따른 사용이 제한되었는지 여부를 원칙적인 기준으로 판단하되 토지의 취득 목적과 실제 이용현황 및 본래 용도의 변경가능성도 고려한다.[3]

다. 대상토지기준

1) 범위와 판단기준

비사업용 토지라 함은 농업을 주업으로 하지 않은 법인이 소유하는 농지, 임야, 목장용지, 그 밖의 비사업용 나지(裸地), 일정한 기준면적을 초과하는 주택부속토지, 별장의 부속토지, 그 밖에 법인의 업무와 직접 관련이 없는 일정한 토지를 말한다(법법 55의2 ②).

비사업용 토지에 해당하는지의 여부는 토지의 이용목적, 이용상황 및 용도 등을 기준으로 삼아 판단하며 농지, 임야, 목장용지 및 그 밖의 토지의 판정은 특별한 규정이 있는 경우를 제외하고는 사실상의 현황에 의하되, 사실상의 현황이 분명하지 않은 경우에는 공부상의 등재현황에 의한다(법령 92의4).

2) 예외사유

법인세법은 비사업용 토지 중 농지, 임야, 목장용지의 경우에는 토지의 이용상황, 관계법률의 이행여부 및 수입금액 등을 고려하여 법인의 업무와 직접 관련이 있다고 인정할 만

---

3) 대법원 2016. 7. 14. 선고 2014두7886 판결; 대법원 2013. 10. 31. 선고 2011두14425 판결.

한 상당한 이유가 있는 것으로서 대통령령(법령 92의8 ①)으로 정하는 것[4]은 대상토지에서 제외한다(법법 55의2 ② IV 다). 판례는 비사업용 토지에 해당하는 대지의 경우 부동산 투기에 이용될 우려가 크고 농지, 임야, 목장용지에 해당하지 않으므로 위 예외에 해당할 수 없다고 본다.[5]

3　조합원입주권 및 분양권

주택을 취득하기 위한 권리로서 소득세법 제88조 제9호에 따른 조합원입주권 및 같은 조 제10호에 따른 분양권을 말한다(법법 55의2 ① IV).

---

4) 한정적 열거이다. 서울고등법원 2024. 1. 10. 선고 2023누47086 판결[대법원 2024. 5. 30. 자 2024두34689 판결로 심리불속행 종결].
5) 서울고등법원 2024. 1. 10. 선고 2023누47086 판결[대법원 2024. 5. 30. 자 2024두34689 판결로 심리불속행 종결].

제3장

비 과 세

1 비과세소득의 내용

다음 중 어느 하나에 해당하는 토지등 양도소득에 대하여는 토지등 양도소득에 대한 법인세를 과세하지 않는다. 다만, 미등기 토지등에 대한 토지등 양도소득에 대하여는 과세한다(법법 55의2 ④).

가. 파산선고에 의한 토지등의 처분으로 인하여 발생하는 소득

파산선고에 의한 토지등의 처분으로 인하여 발생하는 소득에 대하여는 토지등 양도소득에 대한 법인세를 과세하지 않는다. 납세자력(納稅資力)을 상실하였기 때문이다.

나. 농지의 교환 또는 분할·통합으로 인하여 발생하는 소득

일정한 농지의 교환 또는 분할·통합으로 인하여 발생하는 소득에 대하여는 토지등 양도소득에 대한 법인세를 과세하지 않는다.

다. 「도시 및 주거환경정비법」 등의 규정에 의한 환지처분 등으로 인하여 발생하는 소득

「도시 및 주거환경정비법」 그 밖의 법률의 규정에 의한 환지처분 등 일정한 사유로 인하여 발생하는 소득에 대하여는 토지등 양도소득에 대한 법인세를 과세하지 않는다(법령 92의2 ④).

2 비과세의 배제

미등기 토지등에 대한 토지등 양도소득에 대하여는 토지등 양도소득에 대한 법인세의 비과세에 관한 규정을 적용하지 않는다. 토지투기의 온상이 되고 있는 미등기전매를 억제하고 세원의 원천적인 탈루를 봉쇄하기 위한 법적 장치이다.

위에서 미등기 토지등이란 토지등을 취득한 법인이 그 취득에 관한 등기를 하지 않고 양도하는 토지등을 말한다. 다만, 양도 당시 그 토지의 취득등기가 불가능한 일정한 토지등은 제외한다(법법 55의2 ⑤, 법령 92의2 ⑤).

제4장

토지등 양도소득의 귀속사업연도

1 원 칙

토지등 양도소득(장기할부조건에 의한 토지등의 양도소득을 포함한다)의 귀속사업연도, 양도시기 및 취득시기는 그 대금을 청산한 날이 속하는 사업연도로 한다. 다만, 대금을 청산하기 전에 소유권 등의 이전등기(등록을 포함한다)를 하거나 상대방이 해당 자산을 사용수익하는 경우에는 그 이전등기일(등록일을 포함한다) 또는 사용수익일 중 빠른 날로 한다(법령 92의2 ⑥).

2 예약매출을 할 때의 특례

예약매출에 의하여 토지등을 양도하는 경우에는 그 계약일에 토지등이 양도된 것으로 본다. 그 계약일에 토지등이 양도되는 것으로 보는 경우의 토지등 양도소득은 작업진행률을 기준으로 하여 계산한 수익과 비용 중 과세지역지정기간에 상응하는 수익과 비용을 각각 해당 사업연도의 익금과 손금으로 하여 계산한다. 다만, 작업진행률을 계산할 수 없다고 인정되는 경우로서 기획재정부령이 정하는 경우에는 계약금액 및 총공사예정비를 그 목적물의 착수일부터 인도일까지의 기간에 균등하게 배분한 금액 중 과세지역지정기간에 상응하는 금액을 각각 해당 사업연도의 익금과 손금으로 하여 계산한다(법령 92의2 ⑦, ⑧).

제5장

토지등 양도소득 및 세액의 계산

　토지등 양도소득에 대한 법인세의 과세표준은 토지등 양도소득인데, 토지등의 양도금액에서 양도당시의 장부가액을 차감하여 계산한다(법법 55의2 ⑥).[1] 여기서 장부가액은 회계상 장부가액이 아닌 세무상 장부가액을 말하는 것인데, 이는 세무회계에 따라 수정된 장부상 평가가액을 의미하는 것으로서 자산의 취득가액에 자본적 지출·자산평가증 등을 가산하고 감가상각·평가손실 등을 차감한 해당 자산의 장부상 대차잔액을 가리키는 것이다.[2] 따라서 판매수수료와 같이 '자산을 양도하기 위해 지출하는 비용'은 일반적으로 자산과 관련한 자본적 지출로는 보기 어려우므로 이는 장부가액에 포함되지 않으며 양도가액에서 차감될 수 없다.[3]

　각 사업연도 소득금액 계산상 익금에 산입되는 토지등 양도금액이 부당행위계산부인에 의하여 증액된 경우 토지등 양도소득을 계산할 때의 양도금액도 그 증액된 금액으로 계산할 수 있는지가 문제될 수 있다. 명시적인 준용 규정은 없지만 동일한 토지등에 관하여 각 사업연도 소득금액 계산시의 양도금액과 토지등 양도소득 계산시의 양도금액이 달라질 수는 없으므로 이를 긍정하여야 할 것이다.[4]

　법인이 각 사업연도에 2 이상의 토지등을 양도하는 경우에 있어서 토지등 양도소득은 해당 사업연도에 양도한 자산별로 계산한 토지등 양도소득을 합산한 금액으로 한다. 이 경우

---

1) 다만 비영리 내국법인이 1990년 12월 31일 이전에 취득한 토지등 양도소득은 양도금액에서 장부가액과 1991년 1월 1일 현재 상증법 제60조와 제61조 제1항에 따라 평가한 가액 중 큰 가액을 뺀 금액으로 할 수 있다(법법 55의2 ⑥ 但).
2) 대법원 2013. 5. 23. 선고 2010두28601 판결.
3) 대법원 2013. 5. 23. 선고 2010두28601 판결. 헌법재판소 2011. 10. 25. 선고 2010헌바21 전원재판부 결정은 위 법인세법 제55조의2 제6항에 대한 헌법소원사건이다. 위 사건에서는 ① 토지등을 양도하기 위하여 직접 지출한 비용의 공제를 불허하는 이 사건 법률조항이 청구인의 재산권을 침해하는지 여부, ② 개인의 양도소득세의 경우와는 달리, 법인이 토지등을 양도하기 위하여 직접 지출한 비용의 공제를 불허하는 이 사건 법률조항이 개인과 법인을 불합리하게 차별하여 청구인의 평등권을 침해하거나 조세평등주의에 위반되는지 여부, ③ 이 사건 법률조항이 청구인에게 실제 귀속되는 소득의 범위를 넘어서 과세함으로써 조세법률주의 등에 위반되는지 여부 등이 다루어졌으나 헌법재판소는 합헌으로 결정하였고, 이후 동일한 쟁점에 관하여 다시 헌법재판소 2017. 11. 30. 선고 2016헌바182 결정에서도 같은 결정을 유지하였다.
4) 입법적 오류로 생각되므로 입법적인 보완이 필요하다.

양도한 자산 중 양도당시의 장부가액이 양도금액을 초과하는 토지등이 있는 경우에는 그 초과하는 금액을 차감하여 토지등 양도소득을 계산한다.

이와 같은 토지등 양도소득에 다음의 세율을 곱하여 세액을 산출하고, 해당 세액을 각 사업연도의 소득금액에 대한 법인세액에 추가하는 것이다(법법 55의2 ①). 이 경우 하나의 자산이 다음의 각 부동산 중 둘 이상에 해당할 때에는 그 중 가장 높은 세액을 적용한다.

① 2012년 12월 31일까지 양도한 다음의 어느 하나에 해당하는 부동산: 10퍼센트

   ㉮ 특정지역에 있는 부동산으로서 주택(부수토지 포함)

   ㉯ 특정지역에 있는 부동산으로서 비사업용 토지

   ㉰ 그 밖에 부동산가격이 급등하거나 급등할 우려가 있어 부동산가격의 안정을 위하여 필요한 경우에 대통령령으로 정하는 부동산

② 국내에 소재하는 주택(부수토지 포함) 및 별장(농어촌주택 제외): 20퍼센트(미등기 토지등의 양도소득에 대하여는 40퍼센트)

③ 비사업용 토지: 10퍼센트(미등기 토지등의 양도소득에 대하여는 40퍼센트)

④ 조합원입주권 및 분양권: 20퍼센트

제5편

미환류소득에 대한 법인세

제1장

제도의 취지

본래 미환류소득에 대한 법인세는 일정한 법인이 해당 사업연도의 소득 중 일정액 이상을 투자, 임금, 배당 등으로 사용하지 않는 경우 그 미환류소득에 대하여 10퍼센트의 법인세를, 2017. 12. 31.까지 한시적으로 추가 과세하는 제도로서 도입한 것이다.

미환류소득에 대한 법인세의 일몰기한이 도래함에 따라 새로 조특법 제100조의32로 투자·상생협력 촉진을 위한 조세특례제도를 2025년 12월 31일까지 도입함으로써 실질적으로 미환류소득에 대한 법인세의 일몰기한을 연장하였다.[1] 다만, 투자·상생협력 촉진을 위한 조세특례제도는 과거의 미환류소득에 대한 법인세제도와 달리 배당은 환류 대상 항목에서 제외하고 있다. 이 책에서는 편의상 보다 일반적인 명칭인「미환류소득에 대한 법인세」로 부르기로 한다.

이 제도는 기업의 소득을 투자, 임금 증가 또는 상생협력출연금 등으로 활용하도록 유도함으로써 궁극적으로 기업소득이 투자 또는 임금 등을 통하여 가계소득으로 연결되도록 하여 기업소득과 가계소득간에 선순환을 유도하기 위한 장치라고 할 수 있다. 즉 기업소득에 비하여 가계소득 증가가 둔화되고 있는 문제에 대처하기 위한 제도인 것이다. 그러나 법인으로 하여금 소득을 유보하지 않는 방향으로 유도할 경우 법인이 재원 조달을 외부에 의존하게 되어 재무구조가 취약해질 우려가 있고 법인이 스스로 적정한 유보금의 수준을 결정하는 자율성을 침해하는 측면도 있다.

우리 법인세법은 1991년부터 2001년까지 유사한 취지의 제도로서 적정유보초과소득에 대한 법인세 과세규정을 두고 있었으나 2001. 12. 31. 법률 제6558호로 개정된 법인세법은 이를 폐지한 바 있었다.[2] 과거 적정유보초과소득에 대한 법인세 과세제도는 유보를 통한

---

1) 한국에서의 경험적 연구결과에 따르면 미환류소득에 대한 법인세 제도는 실제로 도입 취지에 부합하는 방향으로 작동한 것으로 보인다. Kim/Kim/Kronlund, Do Firms Save Too Much Cash?-Evidence from a Tax on Corporate Savings (https://ssrn.com/abstract=3288866), pp. 34-35.
2) 그 당시 제도를 폐지한 이유는 외환위기 직후 기업의 유동성 확보와 재무구조 개선이 보다 시급하다는 판단에 따른 것이었다고 한다. 기획재정부, "2014년 세법개정안 주요내용 설명자료", 2014. 8. 6., 10면. 위 제도의 연혁 및 주요 내용에 관하여는 김승기, "법인세법 일부개정법률안(정부제출: 11783) 검토보고", 2014. 11., 9-11면; 김윤경, "사내유보금 과세제도 도입의 문제점과 정책방향",「사내유보금 과세제도 도입의 문제점과

배당소득과세 회피를 막기 위하여 배당을 유도하는데 중점을 두었으나, 미환류소득에 대한 법인세 과세제도는 투자, 임금 증가의 유도를 목적으로 한다는 점에서 차이가 있다.[3]

정책방향」, 한국경제연구원, 2014, 6-8면. 우리나라 사내유보과세제도의 연혁에 관하여는 김상헌, 「법인의 사내유보금에 대한 과세방안 연구」, 국회예산정책처, 2011, 7면.

3) 미환류소득에 대한 법인세 제도의 한계에 관하여는 류지민, "제재적 조세로서 기업소득 환류세제에 관하여", 「조세법연구」 제22집 제2호, 2016, 383-412면.

제**2**장

외국의 입법례

유사한 취지의 입법례로는 미국의 유보이익세와 인적지주회사세, 일본의 동족회사에 대한 추가과세제도를 들 수 있다. 이에 관한 상세한 논의는 '주요 외국의 이중과세 조정방법'(44면)에서 이미 살펴보았다.

제3장

미환류소득에 대한 법인세의 과세요건

1 대상법인

각 사업연도 종료일 현재 공정거래법 제31조 제1항에 따른 상호출자제한기업집단에 속하는 내국법인에 대하여 적용된다(조특법 100의32 ①).

2 미환류소득

대상법인이 투자포함방식과 투자제외방식 중 어느 하나의 방법을 선택하여 산정한 금액이 양수인 경우 이를 미환류소득이라고 한다. 미환류소득은 투자, 임금 또는 상생협력출연금 등으로 환류하지 않은 소득을 말하며 각 사업연도의 종료일이 속하는 달의 말일부터 3개월[1]이내에 납세지 관할 세무서장에게 신고해야 한다(조특법 100의32 ② 각 호 외의 부분).

법인세법이 두 가지 방식 중 하나를 선택하도록 한 것은 기업별·업종별로 투자소요가 다양한 점을 감안하여 투자소요가 많은 법인은 투자포함방식을, 그렇지 않은 법인은 투자제외방식을 선택할 수 있도록 한 것이다.[2]

이때 선택한 방법은 해당 사업연도의 개시일부터 3년(투자포함방식) 또는 1년(투자제외방식)이 되는 날이 속하는 사업연도까지 계속 적용해야 한다(조특법 100의32 ③, 조특령 199의32 ⑮).[3] 만일 대상법인이 어느 하나의 방법을 선택하여 신고하지 않은 경우에는 미환류소득이 적게 산정되거나 초과환류액이 많게 산정되는 방법을 선택하여 신고한 것으로 본다(조특법 100의32 ④, 조특령 100의32 ⑯).[4]

---

1) 연결납세방식을 선택한 경우에는 각 연결사업연도의 종료일이 속하는 달의 말일부터 4개월이다.
2) 기획재정부, "2014년 세법개정안 주요내용 설명자료", 2014. 8. 6., 8면.
3) 다만 그 법인이 합병을 하거나 사업을 양수하는 등 기획재정부령으로 정하는 경우에는 그 선택한 방법을 변경할 수 있다(조특령 100의32 ⑯).
4) 미환류소득이 있는 내국법인이 다음 사업연도에 대상법인에 해당하지 않게 되는 경우에도 미환류소득에 대한 법인세를 납부하여야 한다(조특령 93 ⑱).

$$미환류소득 = 기업소득 \times 대통령령으로 정하는 비율 - 공제액$$

가. 투자포함방식

해당 사업연도(2025년 12월 31일이 속하는 사업연도까지를 말한다)의 소득 중 대통령령으로 정하는 소득('기업소득')에 70퍼센트의 비율을 곱하여 산출한 금액에서 일정한 공제액을 빼는 방법(조특법 100의32 ② I 각 목 외의 부분, 조특령 100의32 ⑤)으로서 공제항목에 투자 합계액이 포함되므로 편의상 투자포함방식이라고 한다. 이 경우 미환류소득에 투자 합계액은 포함되지 않는 결과가 된다.

1) 기업소득

기업소득은 각 사업연도 소득에 다음의 가산액을 더하고 차감액을 뺀 금액으로 한다. 기업소득의 상한은 3000억원으로 한다(조특령 100의32 ④).

$$기업소득 = 각 사업연도 소득 + 가산액 - 차감액$$

가) 가산액

① 법인세법 제18조 제4호에 따른 환급금에 대한 이자
② 법인세법 제24조 제5항에 따라 이월되어 해당 사업연도의 손금에 산입한 금액
③ 해당 사업연도에 조특법 제100조의32 제2항 제1호 가목을 적용받은 자산에 대한 감가상각비로서 해당 사업연도에 손금으로 산입한 금액

나) 차감액

① 해당 사업연도의 법인세액(법인세법 제15조 제2항 제2호에 따른 외국법인세액을 포함한다),[5] 법인세 감면액에 대한 농어촌특별세액 및 법인지방소득세
② 상법 제458조에 따라 적립하는 이익준비금
③ 법령에 따라 의무적으로 적립하는 적립금으로서 기획재정부령으로 정하는 금액[6]

---

5) 해당 사업연도의 법인세액은 각 사업연도 소득에 관한 법인세이다(조특령 100의32 ④ II, 조특칙 45의9 ②).
6) 행정해석에 따르면 이 법령상 의무적립금이 다시 환입되더라도 기업소득에 다시 가산하지 않는다. 기획재정부 법인세제과-657, 2024. 11. 28.

④ 법인세법 제13조 제1항 제1호에 따라 해당 사업연도에 공제할 수 있는 결손금(합병법인 등의 경우에는 법인세법 제45조 및 제46조의4에 따라 계산한 금액)[7]

⑤ 법인세법 제16조 제1항 제5호에 해당하는 금액(합병대가 중 주식등으로 받은 부분만 해당)으로서 해당 사업연도의 익금에 산입한 금액(법인세법 제18조의2에 따른 익금불산입 적용 전의 금액)

⑥ 법인세법 제16조 제1항 제6호에 해당하는 금액(분할대가 중 주식등으로 받은 부분만 해당)으로서 해당 사업연도의 익금에 산입한 금액(법인세법 제18조의2에 따른 익금불산입 적용 전의 금액)

⑦ 법인세법 제24조 제2항에 따라 기부금 손금산입한도를 넘어 손금불산입한 금액

⑧ 법인세법 제44조 제1항에 따른 양도손익으로서 해당 사업연도에 익금에 산입한 금액

⑨ 법인세법 제46조 제1항에 따른 양도손익으로서 해당 사업연도에 익금에 산입한 금액

⑩ 법인세법 제51조의2 제1항에 따라 배당한 금액

⑪ 「공적자금관리 특별법」 제2조 제1호에 따른 공적자금의 상환과 관련하여 지출하는 금액으로서 기획재정부령(조특령 45의9 ④)으로 정하는 금액

2) 공제액

가) 기계장치 등 자산에 대한 투자 합계액(조특법 100의32 ② I, 조특령 100의32 ⑥)

(1) 국내사업장에서 사용하기 위하여 새로이 취득하는 사업용 자산

다음 각 자산으로 중고품 및 제3조에 따른 금융리스 외의 리스자산은 제외하며, 조특법 제104조의10에 따라 해운기업에 대한 법인세 과세표준 계산특례를 적용받는 내국법인의 경우 기획재정부령으로 정하는 자산으로 한정한다. 투자가 2개 이상의 사업연도에 걸쳐서 이루어지는 경우에는 그 투자가 이루어지는 사업연도마다 해당 사업연도에 실제 지출한 금액을 기준으로 투자 합계액을 계산한다(조특령 100의32 ⑦).

(가) 사업용 유형자산 중 다음에 해당하는 것

다만 자본적 지출에 해당하는 분(기존 보유 자산에 대한 자본적 지출을 포함)을 포함하되 해당 사업연도에 즉시상각된 분은 제외한다.

① 기계 및 장치, 공구, 기구 및 비품, 차량 및 운반구, 선박 및 항공기, 그 밖에 이와 유사한

---

7) 법문상으로는 해당 사업연도의 각 사업연도 소득에서 실제 차감된 결손금을 가리키는 것으로 해석하는 것이 타당할 것으로 판단되나 행정해석은 공제가능한 결손금을 가리키는 것으로 해석하고 있다. 사전-2020-법령 해석법인-1059, 2020. 12. 7.; 화우 조세실무연구원, 「조세 예규 및 심결례 해설」, 법무법인 화우, 2021, 179-180면.

사업용 유형자산

② 기획재정부령으로 정하는 신축·증축하는 업무용 건축물

　　　　(나) 법인세법 시행령 제24조 제1항 제2호 가목부터 라목까지 및 바목의 무형자산
　　　　　　[다만 영업권(합병 또는 분할로 인하여 합병법인등이 계상한 영업권 포함)은
　　　　　　제외]

　　　(2) 「벤처기업육성에 관한 특별조치법」 제2조 제1항에 따른 벤처기업에 다음 어느 하나에
　　　　　해당하는 방법으로 출자하여 취득한 주식등

　　　　(가) 해당 기업의 설립시에 자본금으로 납입하는 방법

　　　　(나) 해당 기업이 설립된 후 유상증자하는 경우로서 증자대금을 납입하는 방법

　　나) 조특령 제26조의4 제2항에 따른 상시근로자의 해당 사업연도 임금 증가금액(조특법 100
　　　의32 ② I 나)

이때 임금 증가 금액은 소득세법 제20조 제1항 제1호, 제2호에 따른 근로소득(해당 법인이 손금으로 산입한 금액에 한한다)의 합계액으로서 직접 사업연도 대비 해당 사업연도에 증가한 금액으로 한다. 이때 해당 사업연도에 상시근로자 수가 직전 사업연도보다 증가한 경우 기존 상시근로자의 임금증가금액에 150퍼센트를, 신규 상시근로자 임금증가금액에 200퍼센트를 곱한 금액을 더하고 청년정규직근로자 수가 직전 사업연도보다 증가한 경우 해당 사업연도의 청년정규직근로자에 대한 임금증가금액을 더한다. 해당 사업연도에 정규직 전환 근로자가 있는 경우 그 임금증가금액을 더한다.

　　다) 「대·중소기업 상생협력 촉진에 관한 법률」 제2조 제3호에 따른 상생협력을 위하여
　　　지출하는 금액에 300퍼센트를 곱한 금액(조특법 100의32 ② I 다)

상생협력을 위하여 지출하는 금액에 해당하는 항목은 조특령 제100조의32 제14항에 규정되어 있다.

나. 투자제외방식

기업소득에 15퍼센트의 비율을 곱하여 산출한 금액에서 일정한 공제액을 빼는 방법(조특법 100의32 ② II, 조특령 100의32 ⑤)을 말한다. 공제항목에 투자 합계액이 제외되므로 편의상 투자제외방식이라고 한다.

1) 기업소득

여기서의 기업소득은 투자합산방식의 경우와 동일하다.

2) 공제액

공제액은 원칙적으로 투자합산방식의 경우와 동일하지만 조특법 제100조의32 제2항 제1호 가목에 규정된 '기계장치 등 대통령령으로 정하는 자산에 대한 투자합계액'은 제외한다 (조특법 100의32 ② Ⅱ 괄호).

제4장

과세표준 및 세율·산출세액

1 과세표준

미환류소득에 대한 법인세의 과세표준은 미환류소득에서 차기환류적립금과 이월된 초과환류액을 공제한 금액을 말한다. 차기환류적립금이란 대상법인(다만, 조특법 100의32 ④이 적용되는 법인을 제외한다)이 해당 사업연도의 미환류소득 전부 또는 일부를 다음 사업연도의 투자, 임금 등으로 환류하기 위한 금액으로 적립한 것을 말하고(조특법 100의32 ⑤),[1] 초과환류액이란 조특법 100의32 ② 각 호 중 어느 하나의 방법에 따라 산정한 금액이 음수인 경우 음의 부호를 뗀 금액을 말한다(조특법 100의32 ②).[2]

2 세율 및 산출세액

과세표준에 20퍼센트의 세율을 적용한 산출한 세액을 미환류소득에 대한 법인세로 하여 각 사업연도 소득에 대한 법인세액에 추가하여 납부한다(조특법 100의32 ①).

---

1) 이 경우 해당 사업연도의 미환류소득에서 차기환류적립금을 공제할 수 있다(조특법 100의32 ⑤).
2) 해당 사업연도에 초과환류액(조특법 제100조의32 제6항에 따라 초과환류액으로 차기환류적립금을 공제한 경우에는 그 공제 후 남은 초과환류액을 말한다)이 있는 경우 그 초과환류액을 다음 2개 사업연도까지 이월하여 그 다음 2개 사업연도 동안 미환류소득에서 공제할 수 있다(조특법 100의32 ⑦).

제5장

사후관리

1 차기환류적립금의 미지출

대상 법인이 직전 2개 사업연도에 차기환류적립금을 적립한 경우 다음 계산식에 따라 계산한 금액(음수인 경우 영으로 본다)을 그 다음다음 사업연도의 법인세액에 추가하여 납부하여야 한다(조특법 100의32 ⑥). 차기환류적립금이 적립된 목적(투자, 임금, 상생협력출연금)대로 지출되지 않은 경우에는 그 부분에 대하여 사후에 과세하기 위한 것이다.

> (차기환류적립금 - 해당 사업연도의 초과환류액) × 20%

2 사업용 자산의 처분

대상 법인이 조특령 제100조의32 제6항 제1호 가목에 따른 자산의 투자완료일, 같은 항 제1호 나목의 자산의 매입일 또는 같은 항 제2호의 자산의 취득일부터 2년이 지나기 전에 해당 자산을 양도하거나 대여하는 경우[1] 또는 조특령 제100조의32 제6항 제1호 가목에 따른 업무용 건축물에 해당하지 않게 되는 등 기획재정부령으로 정하는 경우에 해당하게 되면 그 자산에 대한 투자금액의 공제로 인하여 납부하지 않은 세액에 조특령 제100조의32 제21항에 따라 계산한 이자 상당액을 가산하여 납부하여야 한다(조특법 100의32 ⑧, 조특령 100 의32 ⑳).

---

1) 다만 이에 관하여는 조특령 제100조의32 제20항 제1호 단서에 예외가 규정되어 있다.

제**6**장

미환류소득 및 초과환류액의 승계

합병 또는 분할에 따라 피합병법인 또는 분할법인이 소멸하는 경우 합병법인 또는 분할신
설법인은 기획재정부령으로 정하는 바에 따라 미환류소득 및 초과환류액을 승계할 수 있다
(조특령 100의32 ㉓).

제6편

내국법인의 청산소득에
대한 법인세

제1장

청산소득에 대한 과세의 근거

청산소득에 대한 법인세는 법인이 청산절차를 거쳐 해산하는 과정에서 실현된 소득에 대하여 과세하는 특수한 법인세이다. 각 사업연도의 소득에 대한 법인세가 매 사업연도단위로 과세하는 법인세라면 청산소득에 대한 법인세는 법인이 청산으로 해산할 때에 단 1회 과세하는 법인세라고 할 수 있다.

청산소득에 대한 법인세는 잔여재산의 가액이 해산법인의 자기자본의 총액을 초과하는 경우에 그 초과액을 과세대상으로 하는데, 그 초과액은 자산의 보유기간 중의 가치증가액과 각 사업연도의 소득으로 포착되지 않고 탈루된 비밀준비금(Stillen Reserven, secret reserve) 내지 미실현이익으로 구성된다.[1] 즉 청산소득에 대한 법인세는 법인이 청산으로 해산하는 단계에서 청산의 과정을 통하여 실현된 가치증가익 등을 포착하여 과세하는 것으로서 정산적 성격이 강하다.

그러나 내국법인이 상법의 규정에 의하여 조직변경하는 경우, 특별법에 의하여 설립된 법인이 해당 특별법의 개정 또는 폐지로 인하여 상법상의 회사로 조직변경하는 경우 및 그 밖에 법률에 의하여 내국법인이 조직변경하는 경우로서 대통령령이 정하는 경우[2]에는 청산소득에 대한 법인세를 부과하지 않는다(법법 78).

---

1) 대법원 1992. 11. 10. 선고 91누12714 판결:「해산에 의한 청산소득에 대하여 법인세를 과세하는 것은 법인의 각 사업연도의 소득에 대하여 법인세를 과세할 때 탈루되어 과세되지 아니한 소득에 대하여 그 인격의 종식 단계에서 과세하고, 아울러 물가상승에 의한 자산의 가치증가이익이 청산과정에서의 환가처분에 의하여 실현되므로 그 실현이익에 대하여 과세하려는 것이다.」: *Tipke/Lang*, Steuerrecht, 24.Aufl., 2021, Rn. 11.100.
2) '대통령령이 정하는 경우'란 변호사법에 의하여 법무법인이 변호사법인(유한)으로 조직변경하는 경우, 관세사법에 따라 관세사법인이 관세법인으로 조직변경하는 경우, 변리사법에 따라 특허법인이 특허법인(유한)으로 조직변경하는 경우, 협동조합기본법 제60조의2 제1항에 따라 법인등이 협동조합으로 조직변경하는 경우, 지방공기업법 제80조에 따라 지방공사가 지방공단으로 조직변경하거나 지방공단이 지방공사로 조직변경하는 경우를 말한다(법령 120의26).

제2장

납세의무자

청산소득에 대한 법인세는 내국법인에 한하여 납세의무를 지운다. 외국법인은 그 청산절차가 해당 법인의 거주지국(외국)에서 이루어지기 때문에 청산소득에 대하여 법인세 납세의무를 지우지 않는다.

청산소득에 대한 법인세의 납세의무는 청산법인이 진다. 그런데 청산종결의 등기가 경료되고 난 다음에도 청산법인에 대하여 그 법인의 청산소득에 대한 법인세 또는 각 사업연도의 소득에 대한 법인세를 과세할 수 있는지가 문제이다.

청산법인에 대하여 청산종결의 등기를 경료하였다고 하더라도 채무의 변제(법인세의 납부)라는 청산사무가 종결되지 않았다면 청산이 종결되었다고 할 수 없다. 그러므로 청산법인은 잔존하는 청산사무의 범위 안에서 법인격을 갖고 청산인의 의무를 지기 때문에 청산종결의 등기를 경료한 후에도 해당 청산법인을 납세의무자로 하여야 할 것이다.[1] 행정해석도 같은 입장을 취하고 있다.[2]

---

1) 대법원 1982. 3. 23. 선고 81도1450 판결; 대법원 1968. 6. 18. 선고 67다2528 판결.
2) 국세기본법 기본통칙 38-0…7[청산종결 등기와의 관계]
   주식회사 등이 「부과되거나 납부할 국세」를 완납하지 아니하고 청산종결의 등기를 한 경우 그 등기는 적법한 청산종결에 기한 것이 아니기 때문에 회사는 청산을 위하여 필요한 범위 내에서 존속하는 것으로 보며, 「부과되거나 납부할 국세」에 대한 납부의무는 소멸하지 않는다.

제3장

과세표준과 세액의 계산

제1절 개 요

내국법인의 청산소득에 대한 법인세의 과세표준은 청산소득금액으로 한다(법법 77). 청산소득금액은 잔여재산의 가액에서 해산등기일 현재의 자기자본의 총액을 공제하여 산정하는데, 주로 자산의 보유기간 중의 가치증가액으로 이루어진 것이라고 하겠다.

제2절 청산소득금액의 계산

1 회사의 해산·청산 및 계속

가. 회사의 해산

1) 해산의 의의 및 법적 성질

회사의 해산(dissolution, Auflösung)이란 회사의 법인격을 소멸시키는 원인이 되는 법률사실을 말한다. 회사의 해산사유로서는 존립기간의 만료 기타 법정사유의 발생, 회사의 합병·분할, 총사원의 동의 또는 주주총회의 특별결의, 회사의 파산, 법원의 해산명령 및 해산판결 등을 들 수 있다. 회사는 해산에 의해 영업능력은 잃지만 청산의 목적범위 내에서는 권리능력을 갖는다. 해산 후 존속하는 청산 중의 회사(청산법인)의 법적성질에 관하여는 견해의 대립이 있으나, 해산 전의 회사와 동일한 회사로서 다만 그 목적이 청산의 범위 내로 축소되는 것이라고 보는 동일회사설(Identitätstheorie)이 통설이다.[1]

---

1) 정찬형, 「상법강의(상)」, 제15판, 박영사, 2012, 519면.

2) 해산의 효과

합병·분할 및 파산의 경우를 제외하고 회사의 해산에 의하여 청산절차가 개시된다. 합병·분할 및 파산 외의 사유로 해산하는 경우에는 본점소재지에서는 2주간, 지점소재지에서는 3주간 내에 해산등기를 하여야 한다. 해산등기는 설립등기와는 달리 대항요건에 불과하다.

나. 회사의 청산

청산이란 회사의 해산 후에 그 재산적 권리의무를 정리하여 법인격을 소멸시키는 것을 말한다. 청산은 청산법인의 업무집행기관인 청산인이 수행하는데, 그 직무권한은 청산사무로 한정하고 있다. 청산사무란 현존 사무의 종결·채권의 추심과 채무의 변제·재산의 환가처분 및 잔여재산의 분배를 말한다.

청산인은 잔여재산의 분배를 포함한 모든 청산사무를 종결하였을 때에 총사원 또는 주주총회 등의 승인을 얻은 후 청산종결의 등기를 하여야 한다. 청산이 사실상 종결되지 않은 때에는 청산종결의 등기를 하였더라도 법인격이 소멸하지 않는다.[2]

한편, 해산이 의제된 휴면회사(상법 520의2)가 그 날로부터 3년 내에 회사계속의 결의를 하지 않으면 그 3년이 경과한 때에 청산이 종결된 것으로 의제한다.

다. 회사의 계속

회사의 계속이란 일정한 해산사유로 인하여 해산된 회사가 상법의 규정과 사원의 의사에 따라 다시 해산 전의 회사로 복귀하여 존속하는 것을 말한다.[3] 회사의 계속의 경우에 이미 회사가 해산등기를 하였을 때에는 본점소재지에서는 2주간, 지점소재지에서는 3주간 내에 회사의 계속등기를 하여야 한다.

회사의 계속에 의하여 해산한 회사는 장래에 향하여 해산 전의 회사로 복귀하여 다시 영업능력을 회복한다.

---

2) 대법원 1968. 6. 18. 선고 67다2528 판결.
3) 이철송, 「회사법강의」, 제20판, 박영사, 2012, 136면.

2 해산에 의한 청산소득

내국법인이 해산(합병 또는 분할에 의한 해산을 제외한다)한 경우에 청산소득금액은 그 법인의 해산에 의한 잔여재산의 가액에서 해산등기일 현재의 자기자본의 총액을 뺀 금액으로 한다(법법 79 ①).

이를 계산식으로 표시하면 다음과 같다.

> 청산소득금액 = 잔여재산의 가액 − 해산등기일 현재의 자기자본의 총액

청산소득금액과 청산기간 중에 생기는 각 사업연도의 소득금액을 계산할 때 해산에 의한 청산소득금액의 계산에 관한 규정(법법 79)을 제외하고는 내국법인의 각 사업연도의 소득금액의 계산에 관한 규정(법법 14부터 54까지 및 조특법 104의31)을 준용한다(법법 79 ⑦).

가. 잔여재산의 가액

① 잔여재산의 가액은 자산총액에서 부채총액을 공제한 금액으로 한다(법령 121 ①). 위에서 자산총액이라 함은 해산등기일 현재의 자산의 합계액으로 하되, 추심할 채권과 환가처분할 자산에 대하여는 다음의 금액으로 한다(법령 121 ②).

　㉮ 추심할 채권과 환가처분할 자산은 추심 또는 환가처분한 날 현재의 금액

　㉯ 추심 또는 환가처분 전에 분배한 경우에는 그 분배한 날 현재의 시가에 의하여 평가한 금액

② 다음으로 부채총액을 계산할 때 청산소득에 대한 법인세의 미지급금을 포함할 것인가가 문제이다.

이곳에서의 부채총액의 계산은 청산법인의 잔여재산의 가액을 산정하기 위한 과정으로서 행하여지는 것이기 때문에 당연히 미지급법인세가 포함된다는 견해가 있다. 이에 대하여 각 사업연도의 소득금액의 계산에 관한 규정이 준용되는 청산소득금액의 계산에 있어서 법인세의 미지급금은 부채총액에 포함되지 않는다는 견해가 주장되고 있다. 법인세는 각 사업연도의 소득금액의 계산에 있어서 손금불산입하는 것이므로 각 사업연도의 소득금액의 계산에 관한 규정이 준용되는 청산소득금액의 계산에 있어서도 당연히 손금불산입하여야 한다는 논리에 바탕을 두고 있다.

대법원은 뒤의 견해를 지지하여 부채총액에 청산소득에 대한 법인세의 미지급금을 포함

하지 않는다고 판시한 바 있다.[4]

③ 해산등기일 이후 청산과정에서 발생되는 청산인의 보수, 청산사무소의 비용, 잔여재
산을 분배할 때 소요되는 통신비·송금수수료 및 기타비용, 청산소득에 대한 법인세
의 신고납부 등과 관련한 비용, 청산종료에 따른 등기 등의 비용과 같은 청산관련비용
은 잔여재산의 가액에서 차감하여야 할 것이다.[5]

청산관련비용은 청산업무를 수행하기 위하여 필수적으로 지출하여야 하는 비용이므
로 그 잔여재산의 가액에서 공제함이 마땅하다고 하겠다.

나. 자기자본의 총액

1) 세무계산상의 자기자본의 총액

자기자본의 총액이란 해산등기일 현재의 자본금 또는 출자금과 잉여금의 합계금액을 말
한다. 청산소득에 대한 과세는 주주가 실질적으로 납입한 자본의 금액과 이미 과세받은 이
월익금을 제외하고 청산 등의 과정에서 새로이 실현된 소득을 그 대상으로 하여 이루어지
기 때문에 자기자본의 총액을 공제하도록 하고 있는 것이다.

위에서의 '자본금 또는 출자금과 잉여금의 합계금액'이 재무상태표상의 자본금 또는 출
자금과 잉여금의 합계금액을 가리키는 것인지, 아니면 세무계산상의 자본금 또는 출자금과
잉여금의 합계금액을 의미하는 것인지에 관하여 다툼이 있을 수 있다.

이를 세무계산상의 자본금 또는 출자금과 잉여금의 합계금액을 의미한다고 해석하는 것
이 대법원과 헌법재판소의 입장이지만[6] 법인세법 제79조 제4항에서 세무상 이월결손금을
공제하도록 규정하고 있는 것을 고려하면 세무상 이월결손금이 반영되지 않은 재무상태표
상의 자본금 또는 출자금과 잉여금의 합계금액으로 해석하는 것이 타당하다. 그렇게 해석
하지 않으면 세무상 이월결손금을 두 번 공제하는 결과가 되기 때문이다.[7]

---

4) 대법원 2001. 5. 8. 선고 98두9363 판결: 「청산법인이 법인의 해산일 현재의 보유부동산을 해산일 이후 양도함
에 따라 발생한 양도차익에 대한 특별부가세 역시 그 성질상 각 사업연도의 소득에 대한 법인세와 구별할
필요가 없으므로 청산소득금액 산정시 자산총액에서 이를 공제하여서는 아니된다.」
위의 판결은 청산법인이 그 법인의 해산일 현재의 보유부동산을 해산일 이후 양도함에 따라 발생한 양도차익
에 대한 특별부가세의 공제 여부에 관한 것이나 각 사업연도의 소득에 대한 법인세 또는 청산소득에 대한
법인세에서도 그대로 타당하다고 하겠다.
5) 山本守之, 「体系法人税法」, 13年度版, 税務経理協会 2001, 1183면.
6) 대법원 2011. 5. 13. 선고 2008두14074 판결; 헌법재판소 2009. 12. 29. 선고 2007헌바78 전원재판부 결정;
헌법재판소 2007. 4. 26. 선고 2005헌바83 결정. 일본 학설 중 같은 취지로 吉牟田勲, 「新版 法人税法詳説」,
中央経済社, 1997, 387-388면. 그러나 일본법은 한국법과 문언이 다르다.
7) 본서 제21판까지의 견해를 변경한다.

2) 자기자본의 총액에서의 가감항목

가) 법인세 환급세액

내국법인의 해산에 의한 청산소득의 금액을 계산할 때 그 청산기간 중에 국세기본법에 의하여 환급되는 법인세액이 있을 때에는 이에 상당하는 금액은 그 법인의 해산등기일 현재의 자기자본의 총액에 가산하여야 한다(법법 79 ③).

나) 이월결손금

① 내국법인의 해산에 의한 청산소득의 금액을 계산할 때 해산등기일 현재 해당 내국법인에게 이월결손금이 있는 경우에는 그 이월결손금은 그 날 현재의 그 법인의 자기자본의 총액에서 그 상당하는 금액과 상계하여야 한다. 다만, 상계하는 이월결손금의 금액은 자기자본의 총액 중 잉여금의 금액을 초과하지 못하며 초과하는 이월결손금이 있을 때에는 이를 없는 것으로 본다(법법 79 ④). 이때 해산등기일 전 2년 이내에 자본금 또는 출자금에 전입한 잉여금이 있는 경우에는 해당 금액을 자본금 또는 출자금에 전입하지 않은 것으로 보아 상계한다(법법 79 ⑤). 법인이 청산소득을 줄이기 위하여 청산 전에 잉여금을 자본금 또는 출자금에 전입함으로써 자기자본의 총액을 늘리는 방식의 조세회피행위에 대응하기 위한 것이다.

이월결손금이란 다음의 이월결손금을 말한다. 다만, 자기자본의 총액에서 이미 상계되었거나 상계된 것으로 보는 이월결손금을 제외한다(법령 121 ③, 법령 16 ①).

　⑦ 결손금으로서 그 후의 각 사업연도의 과세표준을 계산할 때 공제되지 않은 금액

　　결손금(Verlust)이라 함은 각 사업연도에 속하는 손금의 총액이 그 사업연도에 속하는 익금의 총액을 초과하는 경우 그 초과하는 금액을 말한다(법법 14 ②, 13 I).

　　그런데 법인세 과세표준을 계산할 때 각 사업연도의 소득금액에서 공제할 결손금은 어느 사업연도에 속하는 손금의 총액이 그 사업연도에 속하는 익금의 총액을 초과하는 것만으로 충분하지 않고 그 초과금액이 법인의 법인세 과세표준과 세액의 신고 또는 수정신고나 과세관청의 법인세 과세표준과 세액의 결정 또는 경정에 의하여 확인된 것이어야 한다.[8] 다시 말한다면 법인세법상의 결손금이란 특정 사업연도의 익금의 총액을 초과하는 손금의 금액 중 과세표준과 세액의 확정절차(신고·수정신고

---

[8] 2009. 12. 31. 이전에는 결손금을 실체법적으로 이해하여 특정 사업연도의 손금의 총액이 익금의 총액을 초과한다면 설령 확정절차에 의하여 확인되지는 않았다고 하더라도 그 실체적으로 존재하는 손금초과액이 결손금에 해당한다고 해석하여 왔다(대법원 2002. 11. 26. 선고 2001두2652 판결; 대법원 1993. 11. 12. 선고 93누3677 판결 등 다수).

·결정 및 경정)를 통하여 확인된 결손금만이 법인세의 과세표준을 계산할 때 공제
의 대상이 되는 것이다. 이와 같은 결손금은 법인이 장부를 비치·기장하여 실액방
법에 의하여 소득금액을 산정하는 경우에 발생하게 된다.

한편, 본 조에서의 결손금은 그 발생연도는 고려할 필요가 없다. 그러나 법인의 합병
에 의하여 피합병법인으로부터 승계받은 이월결손금, 즉 승계결손금은 본 조에서는
이월결손금으로 보지 않는다.

그리고 위에서 각 사업연도의 과세표준을 계산할 때 공제된 이월결손금이라 함은 각
사업연도의 과세표준을 산정할 때 각 사업연도의 소득금액에서 공제된 이월결손금을
말하는데, 소급공제를 받은 결손금과 자산수증이익 및 채무면제이익으로 충당된 이월
결손금도 각 사업연도의 과세표준을 계산할 때 공제된 금액으로 본다(법령 10 ③).

㉯ 법원이 확인한 결손금 등으로서 그 후의 각 사업연도의 과세표준을 계산할 때 공제되
지 않은 금액

신고된 각 사업연도의 과세표준에 포함되지 않았으나 다음 중 어느 하나에 해당하는
결손금 중 법인세법상의 결손금에 해당하는 것을 말한다(법령 16 ① II).

(i) 채무자회생법에 따른 회생계획인가의 결정을 받은 법인의 결손금으로서 법원이
확인한 것

(ii) 「기업구조조정 촉진법」에 의한 경영정상화계획의 이행을 위한 약정이 체결된 법
인으로서 채권금융기관협의회가 의결한 결손금

② 이월결손금을 자기자본의 총액과 상계할 때 자기자본 중 잉여금의 금액을 초과할 수 없
는데, 위에서 잉여금이란 세무계산상의 잉여금으로 새긴다. 따라서 잉여금은 재무상태
표상의 이익잉여금 및 자본잉여금(재평가적립금을 포함한다)의 합계액에 세무조정사항
중 유보(△유보를 포함한다)로 처분된 사항을 가감하여 산정하여야 한다. 그리고 청산
기간 중에 환급되는 법인세액이 있는 때에는 그 금액도 잉여금에 가산하여야 할 것이다.

3 청산 중 사업계속의 경우의 청산소득

해산으로 인하여 청산 중인 내국법인이 그 해산에 의한 잔여재산의 일부를 주주등에게
분배한 후 상법규정[9]에 의하여 사업을 계속하는 경우에는 그 해산등기일부터 계속등기일
까지의 사이에 분배한 잔여재산의 분배액의 총합계액에서 해산등기일 현재의 자기자본의
총액을 공제한 금액을 그 법인의 해산에 의한 청산소득금액으로 한다(법법 79 ②).

---

9) 상법 제229조, 제285조, 제519조 또는 제610조를 말한다.

4 청산 중의 각 사업연도의 소득

내국법인의 해산에 의한 청산소득금액을 계산할 때 그 청산기간 중에 생긴 각 사업연도의 소득이 있을 때에는 이를 그 법인의 해당 각 사업연도의 소득금액에 산입한다(법법 79 ⑤). 그런데 청산법인은 영업능력이 없고 청산목적의 범위 안에서만 존속하는 것이므로 청산기간 중에 각 사업연도의 소득이 발생하는 경우는 흔하지 않다.

청산기간 중에 생긴 각 사업연도의 소득의 예로서는 청산기간 중에 발생하는 해산 전 계속기업상태의 사업수입 및 임대수입, 공·사채 및 예금의 이자수입 등을 들 수 있다. 그러나 해산등기일 현재 보유하고 있던 자산으로서 청산기간 중에 처분한 금액(환가를 위한 재고자산의 처분액을 포함한다)은 청산소득에 포함된다고 하겠다.

청산법인에 대하여 각 사업연도의 소득에 대한 법인세로서 과세한 소득은 다시 청산소득에 포함하여 중복적으로 과세하여서는 안 된다. 청산법인의 각 사업연도의 소득금액 및 과세표준의 계산은 일반적인 내국법인의 각 사업연도의 소득금액과 과세표준의 계산과 같다.

제3절 세 율

내국법인의 청산소득에 대한 법인세는 청산소득에 대한 법인세의 과세표준에 내국법인의 각 사업연도의 소득에 대한 법인세의 세율(법법 55 ①)을 적용하여 계산한 금액으로 한다(법법 83).

제4장

과세표준과 세액의 신고와 납부

제1절 확정신고

청산소득에 대한 법인세의 납부의무가 있는 내국법인은 다음의 기한 내에 청산소득에 대한 법인세 과세표준과 세액을 납세지 관할 세무서장에게 신고하여야 한다. 청산소득금액이 없더라도 신고하여야 한다.

① 해산에 의한 청산소득에 대하여는 잔여재산가액 확정일이 속하는 달의 말일부터 3개월 이내

위에서 잔여재산가액확정일이란 다음의 날을 말한다(법령 124 ③).

㉮ 해산등기일 현재의 잔여재산의 추심 또는 환가처분을 완료한 날

㉯ 해산등기일 현재의 잔여재산을 그대로 분배하는 경우에는 그 분배를 완료한 날

② 사업계속의 경우에는 계속등기일이 속하는 달의 말일부터 3개월 이내

청산소득에 대한 법인세 과세표준과 세액의 신고를 할 때에는 청산소득에 대한 법인세 과세표준 및 세액신고서에 다음의 서류를 첨부하여 납세지 관할 세무서장에게 제출하여야 한다(법법 84 ②, 법령 124 ②).

① 잔여재산가액 확정일 또는 계속등기일 현재의 그 해산한 법인의 재무상태표

② 해산한 법인의 본점소재지·청산인의 성명 및 주소 또는 거소·잔여재산가액의 확정일 및 분배예정일 기타 필요한 사항을 기재한 서류

내국법인[1]이 해산에 의한 잔여재산가액이 확정되기 전에 그 잔여재산의 일부를 주주등에게 분배하거나 해산등기일부터 1년이 되는 날까지 잔여재산가액이 확정되지 않은 경우에는 다음의 날이 속하는 달의 말일부터 1개월 이내에 납세지 관할 세무서장에게 청산소득에 대한 중간신고를 하여야 한다. 다만, 국유재산법 제80조에 규정한 청산절차에 따라 청산하는 법인의 경우에는 다음의 ②의 규정을 적용하지 않는다(법법 85 ①).

① 해산에 의한 잔여재산가액이 확정되기 전에 그 일부를 주주등에게 분배한 경우에는 그 분배한 날
② 해산등기일부터 1년이 되는 날까지 잔여재산가액이 확정되지 않은 경우에는 그 1년이 되는 날

법인이 청산소득에 대한 중간신고를 하는 때에는 청산소득에 대한 법인세 과세표준 및 세액신고서에 해산등기일 및 그 분배한 날 또는 해산등기일부터 1년이 되는 날 현재의 재무상태표와 해산한 법인의 본점소재지·청산인의 성명 및 주소 또는 거소·잔여재산가액의 확정일 및 분배예정일 기타 필요한 사항을 기재한 서류를 각각 첨부하여 납세지 관할 세무서장에게 제출하여야 한다.

1 확정신고

해산에 의한 청산소득 또는 사업계속의 경우의 청산소득이 있는 내국법인으로서 확정신고를 한 법인은 그 해산에 의한 청산소득금액에 세율을 적용하여 계산한 금액에서 중간신고와 함께 납부한 세액의 합계액을 공제한 금액을 법인세로서 신고기한 내에 납세지 관할 세무서장에게 납부하여야 한다.

---

1) 단, 법인세법 제51조의2 제1항 각 호에 규정되어 있는 유동화전문회사 등 또는 조특법 제104조의31 제1항에 규정되어 있는 프로젝트금융투자회사는 중간신고가 면제된다.

2 중간신고

가. 잔여재산가액의 확정일 전에 그 일부를 분배한 경우

해산에 의한 잔여재산의 가액이 확정되기 전에 그 일부를 주주등에게 분배하는 경우 해당 법인은 청산소득에 대한 법인세의 중간신고의무를 진다. 이와 같은 중간신고의무가 있는 내국법인으로서 그 분배하는 잔여재산의 가액(전에 분배한 잔여재산의 가액이 있을 때에는 그 합계액)이 그 해산등기일 현재의 자기자본의 총액을 초과하는 경우에는 그 초과하는 금액에 세율을 적용하여 계산한 금액(전에 잔여재산의 일부를 분배함으로써 납부한 법인세액이 있는 때에는 그 세액의 합계액을 뺀 금액)을 그 신고기한 내에 납세지 관할 세무서장에게 납부하여야 한다.

나. 해산등기일부터 1년 내에 잔여재산가액이 확정되지 않은 경우

해산등기일부터 1년이 되는 날까지 잔여재산가액이 확정되지 않은 경우에는 그 1년이 되는 날부터 1개월 이내에 중간신고를 하여야 한다. 이와 같이 중간신고의무가 있는 내국법인으로서 해산등기일부터 1년이 되는 날 현재의 잔여재산가액예정액이 그 해산등기일 현재의 자기자본총액을 초과하는 경우에는 그 초과하는 금액에 세율을 적용하여 계산한 금액을 그 신고기한 내에 납세지 관할 세무서장에게 납부하여야 한다.

위에서 잔여재산가액예정액이란 해산일로부터 1년이 되는 날 현재의 자산을 시가에 의하여 평가한 금액의 합계액에서 부채총액을 뺀 금액으로 한다(법령 126 ②).

제 5 장

과세표준과 세액의 결정·경정과 징수

제1절 결정과 경정

납세지 관할 세무서장 또는 관할 지방국세청장은 내국법인이 청산소득에 대한 확정신고 또는 중간신고를 하지 않은 경우에는 해당 법인의 청산소득에 대한 법인세의 과세표준과 세액을 결정한다.

또한 납세지 관할 세무서장 또는 관할 지방국세청장은 청산소득에 대한 확정신고 또는 중간신고를 한 내국법인이 그 신고한 내용에 오류 또는 탈루가 있는 때에는 해당 법인의 청산소득에 대한 법인세의 과세표준과 세액을 경정한다.

그리고 청산소득에 대한 법인세의 과세표준과 세액을 결정 또는 경정한 후 그 결정 또는 경정에 오류 또는 탈루가 있는 것이 발견된 때에는 납세지 관할 세무서장 또는 관할 지방국세청장은 즉시 이를 다시 경정한다.

청산소득에 대한 법인세의 과세표준과 세액을 결정 또는 경정하는 경우에는 내국법인의 각 사업연도의 소득에 대한 법인세의 과세표준과 세액의 결정 또는 경정에 관한 규정을 준용한다.

1 가산세

청산소득에 대한 법인세의 가산세도 내국법인의 각 사업연도의 소득에 대한 법인세의 가산세와 다를 바 없다. 다만, 청산소득에 대한 법인세의 무신고가산세에 있어서 법인세액이 없는 경우에는 수입금액 기준에 의하여 가산세를 산정하는 규정은 적용하지 않는다(기법 47의2 ④).

2 과세표준과 세액의 통지

납세지 관할 세무서장 또는 관할 지방국세청장이 내국법인의 청산소득에 대한 법인세의 과세표준과 세액을 결정 또는 경정한 경우에는 이를 그 법인이나 청산인에게 알려야 한다. 다만, 그 법인이나 청산인에게 알릴 수 없을 때에는 공시로써 이에 갈음할 수 있다(법법 88). 위에서의 공시(公示)란 국세기본법 제11조의 공시송달을 의미한다고 새긴다.

제2절 징 수

납세지 관할 세무서장 또는 관할 지방국세청장은 내국법인이 청산소득에 대한 확정신고 또는 중간신고와 함께 납부하여야 할 법인세의 전부 또는 일부를 납부하지 않으면 그 미납된 법인세액을 납부기한이 지난 날로부터 2개월 이내에 징수하여야 한다(법법 89 ①).

또한 납세지 관할 세무서장은 내국법인이 청산소득에 대한 확정신고 또는 중간신고와 함께 납부하였거나 납세지 관할 세무서장이 징수한 세액이 납세지 관할 세무서장 또는 관할 지방국세청장이 결정 또는 경정한 법인세액보다 적으면 그 부족한 금액에 상당하는 법인세를 징수하여야 한다.

한편 청산소득에 대한 법인세를 징수할 때에는 국세기본법 제47조의4 제1항 제1호의 납부지연가산세(납부고지서에 따른 납부기한의 다음 날부터 부과되는 분에 한정한다) 및 제3호와 같은 조 제7항을 적용하지 않는다(법법 90).

제7편

외국법인의 각 사업연도의 소득에 대한 법인세

제 1 장

원천지국과세의 원칙

제1절 원천지국과세의 원칙

법인세의 납세의무자는 소득이 귀속하는 법인이다. 법인세법은 법인세의 납세의무자를 내국법인과 외국법인으로 구별하고, 이에 따라 과세소득의 범위 및 과세방법 등에 차이를 두고 있다. 내국법인이라 함은 국내에 본점이나 주사무소 또는 사업의 실질적 관리장소를 둔 법인을 말한다. 이에 대하여 외국법인은 외국에 본점 또는 주사무소를 둔 법인(국내에 사업의 실질적 관리장소가 소재하지 않는 경우에 한한다)을 가리킨다(법법 2 I, III).

내국법인에 대하여는 거주지국과세원칙(residence principle)에 따라 소득의 발생장소를 묻지 않고 전세계소득(world-wide income)에 대하여 무제한납세의무를 지우며, 사업연도 단위로 모든 소득을 종합하여 과세한다. 그러나 외국법인에 대하여는 원천지국과세원칙 (source principle)에 따라 국내원천소득에 한하여 제한납세의무를 지우되, 국내사업장 등을 두고 있는지의 여부에 따라 종합과세하거나 분리과세하도록 하고 있다.

제2절 국제적 이중과세와 그 방지책

우리나라를 비롯한 대부분의 국가들은 내국법인에 대하여는 거주지국과세의 원칙, 외국 법인에 대하여는 원천지국과세의 원칙을 채택하고 있다. 그러므로 내국법인이 다른 국가의 영토 안에서 일정한 소득을 가득하는 경우에 해당 소득은 거주지국의 과세소득을 구성함은 물론이고 원천지국의 과세소득에도 해당함으로써 동일한 소득에 대하여 서로 다른 국가간 에 과세권의 경합이 일어나게 된다. 이와 같은 거주지국과세와 원천지국과세의 경합 (conflict of residence against source)이 국제적 이중과세가 발생하는 가장 일반적인 원인 이다.

다음으로 국가간에 내국법인 또는 외국법인의 정의가 다를 경우에는 어떤 나라의 내국법인이 동시에 다른 나라의 내국법인으로 되는 경우가 생길 수 있다. 이를 거주지국과세의 경합이라고 한다. 또한 국가간에 소득원천에 관한 정의가 다름에 따라 원천지국과세의 경합이 발생할 수도 있다.

이상과 같은 국제적 이중과세를 방지하기 위하여 각국은 국내법에서 이중과세를 배제하는 법적 장치를 마련하는 경우도 있고, 당사국간에 조세조약을 체결하여 이중과세를 배제하는 경우도 있다. 국내법상 국제적 이중과세를 방지하기 위하여 선택되는 수단으로서는 외국세액손금산입방법(tax deduction method), 외국세액공제방법(tax credit method)과 외국소득면제방법(tax exemption method) 등이 있다.

그러나 이와 같은 국내법상의 이중과세방지장치, 즉 외국세액손금산입방법, 외국세액공제방법 및 외국소득면제방법만으로는 효과적으로 이중과세를 방지하기는 어려우며, 관계국 사이에 과세권의 배분에 관한 조세조약을 체결함으로써 국제적 이중과세를 방지하는 방안이 활용되고 있다.

제**3**절　법인세법과 조세조약과의 관계

1　국내세법과 조세조약과의 관계

국제간에 자본이나 재화의 이동·기업의 해외진출·기술 및 인적 교류가 빈번하여짐에 따라 필연적으로 국제간의 이중과세문제가 제기되고, 이를 방지하기 위하여 국가 간에 조세조약의 체결이 급속도로 증가하고 있는 추세에 있다.

이에 따라 조세조약이 국내세법(법인세법)의 규정과 상충·모순되는 경우가 발생할 수 있는데, 이 경우에 조세조약의 국내법적 효력이 문제가 된다. 특정국가와 체결한 조세조약의 내용이 법인세법에서의 납세의무자·과세소득의 범위 및 세율 등에 관한 규정과 상치하는 경우가 그 예이다.

우리 헌법 제6조 제1항에서 "헌법에 의하여 체결·공포된 조약과 일반적으로 승인된 국제법규는 국내법과 같은 효력을 가진다"고 규정하고 있다. 그런데 조약이 국내법과 같은 효력을 갖는다고 하더라도 국내법의 어떤 법과 같은 효력을 갖는지가 문제가 된다. 조약은 원칙적으로 국내법의 체계상 법률과 같은 효력을 갖는다고 하겠다. 판례도 같은 견해에 서 있다.[1]

---

1) 헌법재판소 2001. 9. 27. 선고 2000헌바20 결정(국제통화기금조약 제9조 제3항 등 헌법소원); 헌법재판소

따라서 조세조약이 국내세법과 서로 충돌할 경우에는 특별법우선의 원칙·신법우선의 원칙이 적용된다고 한다.[2] 특히 조세조약은 그 인적적용범위가 양 체약국의 거주자에 국한되고, 그 규율내용이 특정한 소득에 대한 과세와 관련된 특례사항이기 때문에 국내세법의 특별법으로서 국내세법에 우선하여 적용된다.[3]

다만 조세조약이 과세권의 배분·조정에 관한 사항 이외에 구체적인 절차와 방법에 관하여 규정하고 있지 않은 경우 체약당사국의 국내법령에 따른다.[4]

2 국내세법에 의한 조세조약의 남용의 규제

조세조약을 국내세법에 대한 특별법으로 새기는 경우에 국내세법(예: 국조법 3)에 근거하여 조세조약의 남용을 규제하는 것에 대하여 의문을 제기하게 된다.

이와 관련하여 OECD 모델조세조약 주석서의 제1조 주석에서는 조세조약남용을 방지하려는 체약국 국내법의 남용방지규정이 조세조약과 충돌하지 않는다고 해설하고 있다.[5]

국내의 학설은 국내세법에 근거하여 조세조약의 남용행위를 부인할 수 있다는 견해와 일반법인 국내세법으로 특별법인 조세조약을 제한하는 것은 허용되지 않기 때문에 국내세법에 근거하여 조세조약의 남용행위를 부인할 수 없다는 두 가지 견해로 갈리고 있다.

대부분의 견해는 입법자가 조세조약을 무력화시킬 의도 아래 국내세법에서 조세조약의 남용을 부인할 수 있는 조항을 신설하였다면 그 국내세법이 우선한다는 입장을 취하고 있

2001. 3. 21. 선고 99헌마139·142·156·160(병합) 결정(대한민국과 일본국간의 어업에 관한 협정비준 등 위헌확인); 대법원 1995. 7. 14. 선고 94누3469 판결; 대법원 1995. 6. 13. 선고 94누7621 판결; 대법원 1989. 1. 31. 선고 85누883 판결.
2) 김남진/김연태, 「행정법I」, 법문사, 2006, 59면; 김성수, 「행정법I」, 법문사, 2000, 79면.
3) 박용석, "조세조약과 국내세법과의 관계에 관한 고찰", 「법조」 46권 1호(통권 484호), 1997, 130면; 이용섭, 「국제조세」, 세경사, 2003, 124면; 金子宏, 「租税法」, 第11版, 弘文堂, 2006., 112면; 藤本哲也, 「国際租税法」, 中央経済社, 2005, 120-121면; 谷口勢津夫, 「租税条約論: 租税条約の解釈及び適用と国内法」, 清文社, 1999, 29면; 小松芳明, 「租税条約の研究」, 有斐閣, 1982, 25면; Birk in Hübschmann/Hepp/Spitaler, AO-FGO Kommentar, 2008, § 2 AO Rn 165(조세조약은 체약국의 과세권을 제약하는 기능을 갖기 때문에 특별법이라는 취지); Reimer/Rust, Klaus Vogel on Double Taxation Conventions, 5.ed., 2022, pp. 37, 77. 국내 판례로는 서울고등법원 2010. 2. 12. 선고 2009누8016 판결(대법원 2012. 1. 27. 선고 2010두5950 판결로 확정되었으나 위 대법원 판결은 이 점에 관하여는 판시하지 않았다). 세법 판례는 아니지만 대법원 1986. 7. 22. 선고 82다카1372 판결은 국제항공운송에 관한 법률관계에 관하여는 1955년 헤이그에서 개정된 바르샤바협약이 일반법인 민법에 대한 특별법으로서 우선 적용되어야 한다고 판시하였다. 독일에서는 조세조약은 내국세법에 의해 규율되는 과세요건을 변경하는 것이 아니라 그 과세권만을 배분할 뿐이라서 내국세법과 적용영역이 중첩되지 않는다는 점을 들어 조세조약은 특별법이 아니라 다른 법(leges aliud)에 해당할 뿐이라는 반론도 있다. Birk in Hübschmann/Hepp/Spitaler, AO-FGO Kommentar, 2008, § 2 AO Rn. 165.
4) 대법원 1995. 7. 14. 선고 94누3469 판결; 대법원 1995. 6. 13. 선고 94누7621 판결.
5) OECD, Model Tax Convention on Income and on Capital, 2010, 제1조 문단 22.1.

다.6) 이 경우에도 국제법의 위반문제는 별개의 문제로 남는다.

판례는 국세기본법 제14조 제1항에서 규정하는 실질과세의 원칙은 소득이나 수익, 재산, 거래 등의 과세대상에 관하여 귀속 명의와 달리 실질적으로 귀속되는 자가 따로 있는 경우에는 형식이나 외관을 이유로 귀속 명의자를 납세의무자로 삼을 것이 아니라 실질적으로 귀속되는 자를 납세의무자로 삼겠다는 것이므로, 재산의 귀속 명의자는 이를 지배·관리할 능력이 없고, 명의자에 대한 지배권 등을 통하여 실질적으로 이를 지배·관리하는 자가 따로 있으며, 그와 같은 명의와 실질의 괴리가 조세를 회피할 목적에서 비롯된 경우에는 그 재산에 관한 소득은 재산을 실질적으로 지배·관리하는 자에게 귀속된 것으로 보아 그를 납세의무자로 삼아야 할 것이고, 이러한 원칙은 법률과 같은 효력을 가지는 조세조약의 해석과 적용에 있어서도 이를 배제하는 특별한 규정이 없는 한 그대로 적용된다고 판시하여 국내세법이 우선한다는 입장에 가까운 것으로 보인다.7)

조세조약은 양 체약국이 그 조약을 준수할 것을 전제로 하여 체결한 규범이다. 그러므로 특정국가가 조세조약에서의 규율내용과 다른 내용에 의하여 과세할 필요가 있다고 인정하는 경우에는 먼저 그 조세조약을 변경하거나, 상대국이 조세조약의 변경에 동의하지 않는다면 그 조세조약에서 정한 절차에 따라 해당 조세조약을 종료시킨 후에 국내세법을 제정하여 시행하는 것이 타당하다고 하겠다. 이와 같은 절차에 의하지 않고 일방적으로 조세조약을 무효화(override)하는 국내세법을 제정하는 것은 국제법에 위반될 뿐만 아니라 장기적으로는 상대국으로부터 보복과세를 감수하여야 한다.8)

6) 안경봉/윤지현, "실질과세원칙과 조세조약의 적용", 「2006년 추계학술대회 논문집」, 한국세법학회, 2006, 207면; 이재호, "국내세법의 적용과 Treaty Override", 「조세학술논집」 제22호 제2호, 2006, 158면.
7) 대법원 2013. 7. 11. 선고 2010두20966 판결; 대법원 2012. 4. 26. 선고 2010두11948 판결.
8) 박용석, "조세조약과 국내세법과의 관계에 관한 고찰", 「법조」 46권 1호(통권 484호), 1997, 130면; 안종석/홍범교, 「조세조약 남용에 대한 대응방안 연구」, 한국조세연구원, 2006, 169면.

제**2**장

외국법인의 국내원천소득의 범위

제1절 **국내원천소득의 개념**

  외국법인은 국내원천소득에 한하여 법인세의 납세의무를 진다.[1] 그러므로 국내원천소득의 범위를 명확하게 할 필요가 있다.

  국내원천소득에 해당하는지의 여부를 결정하는 기준, 즉 소득원천지를 구분하는 기준을 소득원천규정(source rule)[2]이라고 한다. 이와 같은 소득원천규정은 국내원천소득과 국외원천소득을 구분하는 기준이 될 뿐만 아니라 외국납부세액공제액의 한도를 산정하는 기초를 제공한다. 외국법인의 국내원천소득의 범위에 관하여는 법인세법 제93조에서 10종류의 소득으로 구분하고 있다.

  소득원천규정에 해당하는 법인세법 제93조는 다음과 같은 의의를 갖는다.

  첫째, 외국법인에 대한 과세대상소득의 범위를 한정하는 의미를 갖는다. 법인세법은 외국법인에 대한 과세소득을 열거주의방식에 의하여 규정하고 있다. 따라서 법인세법에서 열거하고 있지 않는 소득은 설사 해당 소득발생의 원천이 국내에 있다고 하더라도 과세소득을 구성하지 않는다.[3]

  둘째, 법인세법은 국내원천소득을 소득의 종류별로 10종류로 구분하고 있는데, 이는 소득종류별로 과세방법 및 원천징수세율 등을 달리 규정하고 있기 때문이다. 하나의 소득항목이 둘 이상의 소득종류에 포섭될 수 있는 경우에 어떤 소득종류에 해당하는 것으로 보아야 할 것인지 문제될 수 있다. 예를 들어 국내사업장을 두지 않고 있는 외국은행이 국내의

---

1) 외국의 법인격 없는 사단·재단 기타 단체가 법인세법 제93조에서 규정한 국내원천소득을 얻어 이를 구성원들에게 분배하는 영리단체에 해당하는 경우, 舊 법인세법상 외국법인으로 볼 수 있다면 그 단체를 납세의무자로 하여 국내원천소득에 대하여 법인세를 징수하여야 하고, 舊 법인세법상 외국법인으로 볼 수 없다면 단체의 구성원들을 납세의무자로 하여 그들 각자에게 분배되는 소득금액에 대하여 그 구성원들의 지위에 따라 소득세나 법인세를 징수하여야 한다(대법원 2013. 7. 11. 선고 2011두4411 판결).

2) Doernberg, *International Taxation*, 4.ed., 1999, p. 67.

3) 대법원 판례는 법인세법 제93조에 열거되어 있지 않은 소득은 국내에 원천이 있더라도 국내에서 과세되지 않는 것으로 본다. 대법원 1996. 11. 15. 선고 95누8904 판결, 대법원 1987. 6. 9. 선고 85누880 판결.

채무자에게 금전을 대여하고 이자를 수취하는 경우 그 소득을 사업소득으로 볼 것인가 아니면 이자소득으로 볼 것인가의 문제이다. 이와 관련하여 두 가지 접근방법이 있을 수 있다. ① 법인세법의 해석은 결국 내국세법 해석문제이므로 내국세법, 특히 소득원천설에 입각하고 있는 소득세법의 해석론을 따르는 방법이 있을 수 있다.[4] ② 법인세법의 국내원천소득에 관한 분류는 실질적으로 모델조약의 소득분류를 수용한 것이므로 모델조약의 입장을 따르는 방법이 있을 수 있다. 이 경우 소득이 발생한 자산을 기준으로 하는 소득분류(이자소득, 배당소득, 사용료소득)이 소득이 발생한 활동을 기준으로 하는 소득분류(사업소득, 인적용역소득)보다 우선한다.[5] 사견으로는 ②의 방법이 조세조약과의 정합성을 고려한 법인세법의 규율 체계에 부합한다고 생각한다.

제**2**절 국내원천소득의 범위

법인세법은 외국법인의 국내원천소득을 다음과 같이 10종류로 구분하여 정하고 있다(법법 93).

1 국내원천 이자소득

외국법인이 지급받는 다음의 소득으로서 소득세법 제16조 제1항에 따른 이자소득[1]과 그 밖의 대금의 이자 및 신탁의 이익을 말한다(법법 93 I).
① 국가, 지방자치단체, 거주자, 내국법인, 외국법인의 국내사업장 또는 비거주자의 국내사업장으로부터 지급받는 소득

---

4) 서울고등법원 2021. 7. 21. 선고 2019누62316 판결(대법원 2021. 12. 16. 자 2021두49505 판결로 심리불속행 확정)은 법인세법의 경우 법인의 소득을 종류별로 구분하여 개념을 규정하지 않고 있는 반면, 소득세법은 개인의 소득을 그 발생원인이나 담세력의 상위에 따라 구분하여 이들 소득의 내용을 규정함과 아울러, 각 소득금액의 계산도 각 소득에 따라 다른 방법으로 계산하도록 규정하고 있으므로, 법인세법이 필요에 따라 소득세법의 규정을 인용하여 소득을 구분할 경우에는 그 소득의 개념은 소득세법의 규정내용에 따라 확정되어야 한다고 판시하였다.

5) 다만, 예외적으로 고정사업장에 귀속하는 배당소득, 이자소득, 사용료소득은 사업소득으로 분류한다. 이상, OECD 모델조약 제7조 제4항, 제10조 제4항, 제11조 제4항, 제12조 제3항; Reimer/Rust, *Klaus Vogel on Double Taxation Conventions*, 5.ed., 2022, pp. 36-37.

1) 국외에서 받는 예금의 이자(소법 16 VII)를 제외한다. 지급보증수수료는 이자소득에 해당하지 않는다. 대법원 2024. 2. 8. 선고 2021두32248 판결. 관련 논의는 황남석, "조세조약상 지급보증수수료의 법적 성격과 이중과세조정의 가능성", 「사법」 제36호, 2023, 551면 이하.

② 외국법인 또는 비거주자로부터 지급받는 소득으로서 해당 소득을 지급하는 외국법인 또는 비거주자의 국내사업장과 실질적으로 관련하여 그 국내사업장의 소득금액을 계산할 때 필요경비 또는 손금에 산입되는 것

다만, 거주자 또는 내국법인의 국외사업장을 위하여 그 국외사업장이 직접 차용한 차입금의 이자는 제외한다(법법 93 I).[1] 즉, 이자소득의 원천지는 원칙적으로 지급자의 거주지에 따라 결정하지만 예외적으로 이자소득의 지급자가 내국법인의 국외사업장인 경우 사용지에 따라 결정한다.[2] 국채법 제5조 제1항에 따라 발행하는 국채, 「한국은행 통화안정증권법」에 따른 통화안정증권 및 대통령령으로 정하는 채권에서 발생하는 국내원천 이자소득은 법인세를 과세하지 않는다(법법 93의3 ① I).[3] 그 비과세 적용의 절차는 법인세법 시행령 제132조의4에 규정되어 있다.

2 국내원천 배당소득

내국법인 또는 법인으로 보는 단체나 그 밖에 국내에 소재하는 자로부터 지급받는 다음의 배당소득을 가리킨다. 배당금의 지급자가 내국법인(법인으로 보는 법인격 없는 단체를 포함한다)인 경우에만 국내원천소득을 구성한다. 외국법인이 외국법인으로부터 받는 이익이나 잉여금의 배당 또는 분배금 등은 우리나라의 과세소득을 구성하지 않는다(법법 93 II).

---

1) 이 경우에는 그 국외사업장이 소재하는 국가의 국내원천소득을 구성하게 된다.
2) 대법원 2016. 1. 14. 선고 2013두10267 판결은 내국법인인 보증인이 그 해외 자회사인 주채무자를 위해 비거주자나 외국법인인 채권자에게 지급하는 이자소득의 경우 '국가, 지방자치단체, 거주자, 내국법인, 외국법인의 국내사업장 또는 비거주자의 국내사업장으로부터 지급받는 소득'에 해당하고 그 단서인 '거주자 또는 내국법인의 국외사업장을 위하여 그 국외사업장이 직접 차용한 차입금의 이자'에는 해당하지 않는다고 판시하고 내국법인인 보증인은 법인세법 제98조 제1항에 따른 원천징수의무가 있다고 보았다. 위 판결은 그 이유로 다음의 네 가지를 들고 있다. ① 법인세법 제93조 제1호는 거주자 또는 내국법인의 국외사업장이 직접 차용한 차입금의 이자만을 예외적으로 국내원천소득에서 제외하도록 명시하고 있는 점, ② 보증인이 주채무자를 위해 채권자에게 이자소득을 지급하는 경우 지급 이후에는 보증인과 주채무자 간에 구상관계만 존재할 뿐이어서 소득의 원천지는 이자소득의 지급시점을 기준으로 판단할 필요가 있는 점, ③ 채권자가 이자소득을 지급받는 때에 그 보증인을 원천징수의무자로 삼는 것이 소득의 발생원천에서 지급시점에 원천징수를 함으로써 과세편의와 세수확보를 기한다는 원천징수제도의 본질에도 부합하는 점, ④ 법인세법 제93조 제1호 등이 법인과 그 사업장을 각각 구별하여 규율하고 있으므로 내국법인의 해외 자회사에 대해서까지 법인세법 제93조 제1호 단서를 적용하는 것은 법인세법 제93조 제1호 본문이 이자소득의 원천지에 관한 원칙적인 판단기준으로 정한 지급지주의를 형해화하는 결과를 초래하는 점.
3) 외국법인의 국채 투자를 유도하여 국내 자금조달을 용이하게 하고, 향후 세계국채지수 편입에 따라 한국 국채에 관한 안정적인 글로벌 수요를 확보를 도모하려는 취지의 규정이다. 김경호, "법인세법 일부개정법률안 검토보고", 기획재정위원회, 2022. 11., 123면.

① 소득세법 제17조 제1항에 따른 배당소득(같은 항 제6호에 따른 소득 제외)

② 국조법 제13조 또는 제22조에 따라 배당으로 처분된 금액

　대법원은 국세기본법 제14조 제1항이 규정하는 실질과세의 원칙은 국내원천 배당소득에 대한 원천징수에도 그대로 적용되므로, 국내원천 배당소득을 지급하는 자는 특별한 사정이 없는 한 그 소득에 관하여 귀속 명의와 달리 실질적으로 귀속되는 자가 따로 있는지를 조사하여 실질적인 귀속자를 기준으로 그 소득에 대한 법인세를 원천징수할 의무가 있다고 한다. 다만 국내원천 배당소득을 지급하는 자는 조세수입의 조기확보와 조세징수의 효율성 도모 등의 공익적 요청에 따라 원천징수의무를 부담하는 반면, 질문검사권 등 세법이 과세관청에 부여한 각종 조사권한은 가지고 있지 않은 점 등을 고려하면, 국내원천 배당소득을 지급하는 자가 거래 또는 소득금액의 지급과정에서 성실하게 조사하여 확보한 자료 등을 통해서도 그 소득의 실질적인 귀속자가 따로 있다는 사실을 알 수 없었던 경우까지 실질적인 귀속자를 기준으로 그 소득에 대한 법인세를 원천징수할 의무가 있다고 볼 수는 없다고 하여 그 한계를 설정하고 있다.[4]

　내국법인이 완전자회사인 미국법인 발행주식을 다른 미국법인(해당 내국법인의 완전모회사의 또 다른 완전자회사)에게 양도하고 지급받은 소득이 미국세법상 배당소득으로 취급되어 미국 법인세가 원천징수된 경우 내국법인이 지급받은 해당 소득은 미국세법에 따라 배당소득으로 취급되는 범위에서 한미조세조약 제12조의 배당소득에 해당한다.[5]

3　국내원천 부동산소득

　국내에 있는 부동산 또는 부동산상의 권리와 국내에서 취득한 광업권, 조광권, 흙·모래·돌의 채취에 관한 권리 또는 지하수의 개발·이용권의 양도·임대 또는 그 밖의 운영으로 인하여 발생하는 소득을 가리킨다(법법 93 Ⅲ). 다만, 이와 같은 부동산등의 양도로 인한 소득이 아래의 양도소득과 경합하는 경우에는 양도소득으로 한다.

　국내원천소득에 해당하는지의 여부는 부동산등의 소재지를 기준으로 한다.

---

4) 이상 대법원 2013. 4. 11. 선고 2011두3159 판결. 위 판결에 대하여 찬동하는 견해로는 강남규, "2013년 국제조세 판례회고", 「조세학술논문집」 제30집 제2호, 2014, 192면. 원천징수의무자가 주식인수계약상의 명의인이 소득의 실질적인 귀속자가 아니라는 사실을 알 수 없었던 것은 아니라고 보아 원천징수납부불성실 가산세 부과처분이 정당하다고 본 사안으로 대법원 2017. 12. 28. 선고 2017두59253 판결.
5) 해당 원천징수 세액은 법인세법 제57조 제1항의 외국법인세액에 해당한다. 이상 기획재정부 국제조세제도과 -520, 2024. 9. 27.

4　국내원천 선박등임대소득

거주자・내국법인 또는 외국법인의 국내사업장이나 비거주자의 국내사업장에 선박, 항공기, 등록된 자동차나 건설기계, 산업상・상업상 또는 과학상의 기계・설비 및 장치, 그 밖에 운반구・공구・기구 및 비품을 임대함으로써 발생하는 소득을 말한다(법법 93 IV).[6] 선박 등의 임대소득이 국내원천소득에 해당하는지의 여부의 판단은 임차인의 거주지를 기준으로 하되, 외국법인 등의 국내사업장에 임대한 경우에는 그 임대한 선박 등의 사용지를 기준으로 한다.

5　국내원천 사업소득

가. 국내원천 사업소득의 범위

외국법인이 국내에서 경영하는 사업에서 발생하는 소득(조세조약에 따라 국내원천 사업소득으로 과세할 수 있는 소득을 포함한다)으로서 다음의 소득은 국내원천 사업소득으로 한다(법법 93 V). 귀속주의(attribution principle)에 따라서 국내사업장에 실질적으로 관련되는(effectively connected), 즉 실질적으로 귀속되는 소득을 사업소득으로 하고 있다. 다만, 다음의 ' 6 국내원천 인적용역소득'은 제외한다.

① 소득세법 제19조에 규정된 사업에서 발생하는 소득

소득세법 제19조에 규정된 사업 중 국내에서 영위하는 사업에서 발생하는 다음의 소득을 말한다(법령 132 ②). 다만, 국내원천 인적용역소득은 제외하고 외국법인이 국내에서 영위하는 사업을 위해 국외에서 광고, 선전, 정보의 수집과 제공, 시장조사, 그 밖에 그 사업수행상 예비적 또는 보조적인 성격을 가진 행위를 하는 경우 또는 국외에서 영위하는 사업을 위해 국내에서 이들 행위를 하는 경우 해당 행위에서는 소득이 발생하지 않는 것으로 본다.

㉮ 외국법인이 국외에서 양도받은 재고자산을 국외에서 제조・가공・육성 기타 가치를

---

6) 2003. 12. 30. 법인세법(법률 제7005호) 개정 전에는 산업상・상업상 또는 과학상의 기계・설비 및 장치, 그 밖에 운반구・공구・기구 및 비품을 임대함으로써 발생하는 소득을 사용료소득으로 구분하였으나 위 개정으로 임대소득으로 변경하였다. 위 기계・설비 등의 임대소득에 대하여 선박・항공기 임대소득(2% 원천징수세율)과 과세형평을 유지하기 위한 것이 개정취지라고 한다. 국세청, 「개정세법 해설 2004」, 2004, 299면: 재정경제부, 「2003 간추린 개정 세법」, 2004, 343면. 한편 위 개정 전 법률이 적용된 사건으로서 국내통신사업자의 통신위성 사용대가가 외국법인의 국내원천소득인 사용료소득(현행법상 선박등 임대소득)에 해당하는지 아니면 사업소득에 해당하는지 여부가 문제된 사안이 있었다. 대법원은 OECD 기술자문그룹이 2002. 2. 1. 발표한 보고서에서 제시한 기준에 입각하여 위 통신위성 사용대가는 사업소득에 해당한다고 판단하였다. 대법원 2008. 1. 18. 선고 2005두16475 판결. 상세는 백제흠, 「세법의 논점」, 박영사, 2016, 345-353면.

증대시키기 위한 행위(제조 등)를 하지 않고 이를 국내에서 양도하는 경우(국내에서 제조 등을 한 후 양도하는 경우 포함)에는 그 국내에서의 양도에 의하여 발생하는 모든 소득(법령 132 ② I)

재고자산이 양수자에게 인도되기 직전에 국내에 있거나 또는 양도자인 해당 외국법인의 국내사업장에서 행하는 사업을 통하여 관리되고 있는 경우, 재고자산의 양도에 관한 계약이 국내에서 체결된 경우 및 재고자산의 양도에 관한 계약을 체결하기 위하여 주문을 받거나 협의 등을 하는 행위 중 중요한 부분이 국내에서 이루어지는 경우에는 해당 재고자산의 양도가 국내에서 이루어지는 것으로 본다(법령 132 ⑤).

㉯ 외국법인이 국외에서 제조 등을 행한 재고자산을 국내에서 양도하는 경우(국내에서 제조 등을 한 후 양도하는 경우를 포함한다)에는 그 양도에 의하여 발생하는 소득 중 국외에서 제조 등을 행한 타인으로부터 통상의 거래조건(법칙 65 ①)에 따라 해당 자산을 취득하였다고 가정할 때에 이를 양도하는 경우(국내에서 행한 제조 등을 한 후 양도하는 경우를 포함한다) 그 양도에 의하여 발생하는 소득(법령 132 ② II)

㉰ 외국법인이 국내에서 제조 등을 행한 재고자산을 국외에서 양도하는 경우(국외에서 제조 등을 한 후 양도하는 경우를 포함한다)에는 그 양도에 의하여 발생하는 소득 중 국내에서 제조한 해당 재고자산을 국외의 타인에게 통상의 거래조건(법칙 65 ①)에 따라 양도하였다고 가정할 때에 그 국내에서 행한 제조 등에 의하여 발생하는 소득(법령 132 ② III)

㉱ 외국법인이 국외에서 건설·설치·조립 기타 작업에 관하여 계약을 체결하거나 필요한 인원이나 자재를 조달하여 국내에서 작업을 시행하는 경우에는 해당 작업에 의하여 발생하는 모든 소득(법령 132 ② IV)

㉲ 외국법인이 국내 및 국외에 걸쳐 손해보험 또는 생명보험사업을 영위하는 경우에는 해당 사업에 의하여 발생하는 소득 중 국내에 있는 해당 사업에 관한 영업소 또는 보험계약의 체결을 대리하는 자를 통하여 체결한 보험계약에 의하여 발생하는 소득(법령 132 ② V)

㉳ 출판사업 또는 방송사업을 영위하는 외국법인이 국내 및 국외에 걸쳐 타인을 위하여 광고에 관한 사업을 행하는 경우에는 해당 광고에 관한 사업에 의하여 발생하는 소득 중 국내에서 행하는 광고에 의하여 발생한 소득(법령 132 ② VI)

㉴ 외국법인이 국내 및 국외에 걸쳐 선박에 의한 국제운송업을 영위하는 경우에는 국내에서 승선한 여객이나 선적한 화물에 관련하여 발생하는 수입금액을 기준으로 하여 판정한 그 외국법인의 국내업무에서 발생하는 소득(법령 132 ② VII)[7]

OECD모델조약은 사업소득(제7조)과 별개로 국제 해운 및 항공 운송소득(제8조)을 독립시켜서 규정하는 태도를 취하고 있다.

대법원은 국내원천 기타소득에 관한 법인세법 제93조 제10호 타목을 적용하여 국내 및 국외를 불문하고 국제운송업에서 발생하는 소득 전부를 국내원천소득으로서 과세할 수는 없다고 한다. 또한 국내원천 사업소득에 해당하는 선박의 외국항행소득의 존재 및 범위는 원칙적으로 과세관청이 입증책임을 진다고 한다.[8]

㉘ 외국법인이 국내 및 국외에 걸쳐 항공기에 의한 국제운송업을 영위하는 경우에는 국내에서 탑승한 여객이나 적재한 화물에 관련하여 발생하는 수입금액과 경비, 국내업무용 유형·무형자산의 가액이나 그 밖에 그 국내업무가 해당 운송업에 대한 소득의 발생에 기여한 정도 등을 고려하여 기획재정부령(법칙 66)으로 정하는 방법에 따라 계산한 그 법인의 국내업무에서 발생하는 소득(법령 132 ② VIII)[9]

OECD모델조약은 사업소득(제7조)과 별개로 국제 해운 및 항공 운송소득(제8조)을 독립시켜서 규정하는 태도를 취하고 있다.

㉙ 외국법인이 국내 및 국외에 걸쳐 위의 ㉮부터 ㉘까지 이외의 사업을 영위하는 경우에는 해당 사업에서 발생하는 소득 중 해당 사업에 관련된 업무를 국내업무와 국외업무로 구분하여 이들 업무를 각각 다른 독립사업자가 행하고, 또한 이들 독립사업자간에 통상의 거래조건(법칙 65 ①)에 의한 거래가격에 따라 거래가 이루어졌다고 가정할 경우 그 국내업무와 관련하여 발생하는 소득 또는 그 국내업무에 관한 수입금액과 경비·소득 등을 측정하는 데 합리적이라고 판단되는 요인을 고려하여 판정한 그 국내업무와 관련하여 발생하는 소득(법령 132 ② IX)

㉚ 외국법인이 발행한 주식 또는 출자증권으로서 유가증권시장 등에 상장 또는 등록된 것에 투자하거나 기타 이와 유사한 행위를 함으로써 발생하는 소득(법령 132 ② X)

㉛ 외국법인이 산업상·상업상 또는 과학상의 기계·설비·장치·운반구·공구·기구 및 비품을 양도함으로 인하여 발생하는 소득(법령 132 ② XI)

② 국외에서 발생하는 소득으로서 국내사업장에 귀속되는 것(법령 132 ③)

국외에서 발생하는 소득으로서 국내사업장에 귀속되는 것은 국내원천 사업소득에 포함된다. 다시 말하면 해당 소득을 발생시키는 재산 또는 권리가 국내사업장과 실질적으로 관련되는 경우에는 설사 국외에서 발생한 소득이라 할지라도 해당 소득을 귀속주의에 따라 국내원천 사업소득에 포함하도록 하고 있다.[10]

---

7) 다만 법인세법은 상호주의에 따른 면세를 규정하고 있다(법법 93 ① III, ④).
8) 대법원 2024. 7. 25. 선고 2022두51031 판결. 이상의 내용은 ㉘에 관하여도 동일하게 적용될 것이다.
9) 다만 법인세법은 상호주의에 따른 면세를 규정하고 있다(법법 93 ① III, ④).

나. 고정사업장 과세원칙

조세조약상 사업소득에 관하여는 「고정사업장이 없으면 과세하지 못한다」(no taxation without permanent establishment)는 일반원칙이 확립되어 있다. 즉 일방체약국은 타방체약국의 거주자 또는 내국법인이 자국(일방체약국)에서 고정사업장을 설치하고 해당 고정사업장을 통하여 사업을 수행하지 않는 한 해당 타방체약국의 거주자 또는 내국법인의 사업소득에 대하여 과세하여서는 안 된다는 원칙이다.

이 원칙은 무역거래나 사업의 준비적 활동 등을 과세의 대상에서 제외함으로써 국제적 경제활동에 대한 조세의 저해적 효과를 가능한 한 배제할 목적으로 인정되고 있으며, 오늘날에는 일반원칙으로 터 잡게 되었다(OECD모델조약 7 ①).

우리나라가 체결한 조세조약들도 이와 같은 원칙을 수용하여 우리나라에 고정사업장을 두고 있지 않는 외국법인의 사업소득에 대하여 법인세를 과세하지 않고 있다. 고정사업장에 관한 상세한 논의는 '국내사업장의 개념'(998면 이하)을 참조하라.

6 국내원천 인적용역소득

국내에서 인적용역을 제공함으로 인하여 발생하는 소득을 가리킨다. 즉 외국법인이 얻는 인적용역소득이 국내원천소득에 해당하기 위해서는 그 용역의 제공 장소가 국내이어야 한다(국외에서 제공하는 인적용역 중 대통령령으로 정하는 인적용역[11])을 제공함으로써 발생하는 소득이 조세조약에 따라 국내에서 발생하는 것으로 간주되는 소득을 포함한다). 인적용역소득에는 인적용역을 제공받는 자가 인적용역의 제공과 관련하여 항공료·숙박비 또는 식사대 등의 비용을 부담하는 경우 그 인적용역을 제공받는 자가 항공회사·숙박업자 또는 음식업자에게 실제로 지급(인적용역을 제공하는 자를 통해 지급하는 경우를 포함한다)한 사실이 확인되는 항공료·숙박비 또는 식사대는 제외한다(법법 93 Ⅵ, 법령 132 ⑦). 여기서, 인적용역이란 다음의 용역을 말한다(법령 132 ⑥).

① 영화 및 연극의 배우·음악가 기타 공중연예인이 제공하는 용역

② 직업운동가가 제공하는 용역

③ 변호사·공인회계사·건축사·측량사·변리사 기타 자유직업자가 제공하는 용역

④ 과학기술·경영관리 기타 분야에 관한 전문적 지식 또는 특별한 기능을 가진 자가 해당

---

10) 예컨대 국외에서 행하는 광고에 국내 지점이 관련되어 귀속된 소득은 국내사업장의 과세대상이 된다.

11) 국외에서 제공하는 인적용역 중 대통령령으로 정하는 인적용역이란 과학기술, 경영관리 기타 분야에 관한 전문적 지식 또는 특별한 기능을 가진 자가 해당 지식 또는 기능을 활용하여 제공하는 용역을 말한다(법법 93 Ⅵ의 괄호, 법령 132 ⑥ Ⅳ).

지식 또는 기능을 활용하여 제공하는 용역

7 국내원천 부동산등양도소득

다음의 어느 하나에 해당하는 자산·권리의 양도소득을 말하는데, 그 소득을 발생하는 자산·권리가 국내에 있는 경우로 한정한다. 즉 양도자산의 소재지가 국내원천소득의 판정 기준이 되는 것이다(법법 93 Ⅶ).

① 토지, 건물, 부동산에 관한 권리(부동산을 취득할 수 있는 권리·지상권·전세권과 등기된 부동산 임차권)와 기타자산 중 영업권 및 특정시설물이용권

② 주식등 중 부동산주식등

부동산주식등이란 내국법인의 주식등(주식등을 기초로 하여 발행한 예탁증서 및 신주인수권을 포함한다) 중 양도일이 속하는 사업연도 개시일 현재의 그 법인의 자산총액 중 토지·건물 및 부동산에 관한 권리의 가액(소법 94 ① Ⅰ, Ⅱ)과 해당 법인이 보유한 다른 부동산 과다보유법인의 주식가액에 그 다른 법인의 부동산 보유비율을 곱하여 산출한 가액[12]을 더한 합계액의 비율이 50퍼센트 이상인 법인의 주식등(이하에서 '부동산주식등'이라 한다)으로서 증권시장에 상장되지 않은 주식등을 말한다. 이 경우 조세조약의 해석·적용과 관련하여 그 조세조약 상대국과 상호합의에 따라 우리나라에 과세권한이 있는 것으로 인정되는 부동산주식등도 포함한다.

2016년부터는 부동산 과다보유법인을 판정하는 산식의 분자에 내국법인의 부동산가액 뿐만 아니라 내국법인이 소유한 다른 부동산 과다보유법인의 주식가액(부동산보유비율 상당액)도 합산하도록 개정된 것이다. 외국법인이 주주로서 부동산을 과다보유하고 있는 내국법인으로 하여금 현물출자나 자회사를 통하여 간접적으로 부동산을 보유하도록 함으로써 그 내국법인을 부동산 과다보유법인의 범위에서 배제되도록 하는 조세회피행위에 대처하기 위한 것이다. 양도소득세의 과세대상이 되는 특정주식과는 달리 과점주주기준과 매각비율기준 등은 그 요건으로 하고 있지 않다.

---

12) 자산총액 및 주식가액은 소득세법 시행령 제158조 제4항, 제5항을 준용하여 계산한다. 이 경우 양도일은 '양도일이 속하는 사업연도 개시일'로 본다(법령 132 ⑫).

$$\frac{\text{해당 법인의}}{\text{부동산가액}} + \left[\text{해당 법인이 보유한}\atop\text{다른 법인의 주식가액}\times\frac{\text{다른 법인의 부동산}}{\text{다른 법인의 총자산}}\right] \geqq 50\%$$
$$\overline{\qquad\qquad\text{해당 법인의 총자산가액}\qquad\qquad}$$

다음으로 부동산주식등 외의 그 밖의 주식등은 양도소득을 발생하는 자산 또는 권리에서 제외된다. 부동산주식등 외의 그 밖의 주식등의 양도로 인하여 얻는 소득은 다음의 '9. 유가 증권의 양도소득'에 해당하기 때문이다.

8　국내원천 사용료소득

국내원천 사용료소득(royalties)이란 다음의 자산·정보 또는 권리(이하에서 '권리등'이 라 한다)를 국내에서 사용하거나 그 대가를 국내에서 지급하는 경우 그 대가 및 그 권리 등을 양도함으로써 발생하는 소득을 말한다. 이 경우 법인세법 제93조 제4호에 따른 산업 상·상업상·과학상의 기계·설비·장비 등을 임대함으로써 발생하는 소득을 조세조약에 서 사용료소득으로 구분하는 경우 그 사용대가를 포함한다.[13] 사용료소득이 국내원천소득 에 해당하는지의 여부를 판정하는 기준은 해당 소득의 발생원천이 되는 자산 등의 사용지 또는 그 대가의 지급지이다(법법 93 Ⅷ).

① 학술 또는 예술상의 저작물(영화필름 포함)의 저작권·특허권·상표권·디자인권·모 형·도면이나 비밀의 공식 또는 공정·라디오와 텔레비전방송용 필름 및 테이프·그 밖 에 이와 유사한 자산이나 권리

② 산업상·상업상 또는 과학상의 지식·경험에 관한 정보 또는 노하우

　㉮ 인적용역소득(사업소득)과의 구별

　　산업상·상업상 또는 과학상의 지식 또는 경험에 관한 정보 또는 노하우 (know-how)의 양도로 인하여 발생하는 사용료소득과 인적용역소득(사업소득)과의 구별이 문제인데. 이들을 구별하는 기준은 아래와 같다.[14]

---

13) 국내세법에서 사업소득으로 구분하고 있는데 국내세법상 사업소득의 원천징수세율(2퍼센트)과 사용료소득 (20퍼센트)의 원천징수세율 간에 크게 차이가 나는 점을 고려한 것이다. 기획재정부, "2020년 세법개정안 상세본", 2020. 7. 22., 174면.

14) 이용섭, 「국제조세」, 세경사, 2003, 406-407면. 외국법인(본사)이 내국법인(자회사)에 제공하기로 약정한 경영지원용역 중에 외국법인이 보유한 노하우에 관한 대가가 포함되었는지 여부가 문제된 사안에서 법원은 "전문 지식과 경험 등을 활용하여 상당한 시간과 비용을 들여 임무를 수행하고 이로써 새로이 획득한 결과 물을 상대방에게 제공했으며, 그에 대한 대가로 해당 용역 수행 과정에서 발생한 인건비 등 실비변상적 성

첫째, 사용료소득이 사용료를 발생시키는 자산이나 정보를 중시하는 데 대하여 인적 용역소득은 용역을 제공하는 인적 주체를 중시하는 개념이다. 비밀보호규정이 있거나 제3자에게 공개하지 못하게 하는 특별한 장치가 있다면 노하우에 해당한다.

둘째, 사용료를 발생시키는 노하우계약에 있어서 노하우 제공자는 노하우 수취자가 그 기법 등을 적용하는 데에 특별한 역할을 하여야 할 의무도 없고 또한 그 결과에 대해서 보증하지 않는 것이 상례이다. 그러나 인적용역계약에 있어서는 용역제공자가 상대방을 위하여 기술을 활용하여 스스로 용역을 제공하여야 하고 그 제공한 용역의 결과에 대하여도 보증하는 것이 일반적이다.

셋째, 대가가 그 제공된 기술이나 공업소유권 등을 사용한 횟수·기간·생산량 또는 사용의 이익에 대응하여 산정되는 경우에는 사용료소득으로 보아야 한다. 그리고 대가로서 지급되는 금액이 도면 등의 작성비용이나 용역제공을 위하여 지출한 비용에 통상이윤을 가산한 금액을 훨씬 초과하는 경우에 그 대가도 사용료소득으로 보아야 한다.

㉯ 소프트웨어의 도입대가의 소득구분

내국법인이 외국법인으로부터 도입한 소프트웨어의 기능과 도입가격, 특약내용 등에 비추어 그 소프트웨어의 도입이 단순히 상품을 수입한 것이 아니라 노하우(know-how) 또는 그 기술을 도입한 것이라면, 그 기술도입 대가는 사용료소득으로 보아야 한다.[15] 그러나 해당 소프트웨어가 범용 소프트웨어로서 외국의 공급업자가 스스로 소프트웨어를 복제한 후 국내법인이 이를 복제판매권 등을 수여받지 않은 채 수입하여 판매한 상품에 불과한 경우에는 이를 노하우의 전수라고는 보기는 어렵다.[16]

격의 금액을 수령한 경우에는, 이는 '노하우 등의 사용료'가 아닌 '인적용역 제공의 대가'가 지급된 것으로 보아야 하며, 설령 그와 같은 용역 수행 과정에서 기존 지식재산권이나 노하우 등의 일부 사용이나 전수가 이루어졌더라도 이것이 주된 목적이 아니고 부수적인 경우에도 마찬가지이다."라고 판시하였다. 서울고등법원 2024. 2. 27. 선고 2023누49785 판결(대법원 2024. 7. 11. 자 2024두39028 판결로 심리불속행 종결).

[15] 내국법인이 국내 고정사업장이 없는 미국법인(게임 개발사)과 게임개발계약을 체결하고 내국법인이 원하는 게임을 개발·제작해 줄 것을 의뢰하여 소프트웨어를 도입한 경우로서 내국법인이 개발비를 부담하고 개발 결과물에 관한 소유권, 지적재산권 등 포괄적인 권리를 원시취득하며 해당 게임의 향후 운영 및 개발의 성공 여부에 관한 위험 및 책임을 부담한다면 내국법인이 지급하는 대가는 법인세법 제93조 제8호 및 한미조세조약에 따른 사용료소득에 해당하지 않는다. 서면-2024-국제세원-1546, 2024. 7. 24.
또한 게임 퍼블리셔인 내국법인과 국내 고정사업장이 없는 게임 개발사인 스웨덴 법인이 계약을 통해 스웨덴 법인은 게임을 개발하고 해당 게임의 지적재산권을 보유하며 내국법인은 게임과 관련된 모든 자산을 사용하여 활동을 수행할 수 있는 권리를 부여받은 경우로서 내국법인이 게임 출시 후에 스웨덴 법인에게 지급할 지적재산권에 관한 사용료를 게임 순수익의 일정 비율로 지급하기로 하였을 때, 내국법인이 스웨덴 법인에게 게임 개발 중에 개발 단계별로 지급한 최소보장금액(minimum guarantee)가 해당 사용료에서 사용된다면 해당 최소보장금액은 사용료에 해당한다. 사전-2024-법규국조-0012, 2024. 9. 30.
[16] 대법원 1997. 12. 12. 선고 97누4005 판결. 서울고등법원 2022. 1. 20. 선고 2021누38088 판결(대법원 2022. 6. 16. 자 2022두36155 판결)은 미국법인(본사)의 자회사인 내국법인(원고)이 미국법인으로부터 컴퓨터 소프트웨어들을 수입하여 국내 플랜트설계회사, 조선사 등에 판매하고 그 제품에 관한 유지보수, 자문, 교육 등의

③ 사용지(使用地)를 기준으로 국내원천소득 해당 여부를 규정하는 조세조약(사용지 기준 조세조약)에서 사용료의 정의에 포함되는 그 밖에 이와 유사한 재산 또는 권리[특허권, 실용신안권, 상표권, 디자인권 등 권리의 행사에 등록이 필요한 권리(이하에서 '특허권 등'이라 한다)가 국내에서 등록되지 아니하였으나 그에 포함된 제조방법·기술·정보 등이 국내에서의 제조·생산과 관련되는 등 국내에서 사실상 실시되는 것을 말한다][17]

9 국내원천 유가증권양도소득

다음 중 어느 하나에 해당하는 주식등(주식등을 기초로 하여 발행한 예탁증서 및 신주인수권, 자본시장법에 따른 증권시장에 상장된 부동산주식등을 포함한다) 또는 그 밖의 유가증권(자본시장법 제4조에 따른 증권을 포함한다)을 양도함으로써 발생하는 소득으로서 대통령령으로 정하는 소득을 말한다.

그러나 국내사업장이 없는 외국법인이 자본시장법 제5조 제2항, 제3항(자본시장법시행령 제186조의2에 따른 위험회피목적의 거래인 것)에 따른 장내파생상품의 거래에 의한 선물거래를 통하여 취득한 소득은 국내원천소득으로 보지 않는다(법법 93 IX, 법령 132 ⑨). 또한 국채법 제5조 제1항에 따라 발행하는 국채, 「한국은행 통화안정증권법」에 따른 통화안정증권 및 대통령령으로 정하는 채권의 양도로 발생하는 국내원천 유가증권양도소득도 법인세를 과세하지 않는다(법법 93의3 ①).[18] 그 비과세 적용의 절차는 법인세법 시행령 제132

용역을 제공한 사안에 관하여 소프트웨어의 수입대가가 상품대금으로서 사업소득에 해당하며 노하우와 기술의 사용대가로서 국내원천 사용료소득에 해당하지 않는다고 판단하였다. 그 근거로 문제가 된 소프트웨어들이 불특정 다수인에게 판매할 목적으로 개발하여 상품화한 제품으로서 원고는 이를 완제품 형태로 수입하여 국내에 재판매한 점, 원고가 고객사들에게 소프트웨어의 설치, 사용 및 유지 관리의 편의를 돕기 위한 컨설팅, 교육 등을 제공하였다거나 가격이 고가이거나 고객사들에게 비밀준수의무를 지웠다는 사실만으로 노하우 전수가 있었다고 보기 어렵다는 점, 원고는 판매대리점의 지위에서 소프트웨어를 불특정 다수인에게 판매하였고 미국 본사에 지급한 금액은 본사가 책정한 개당 거래단가에 기초하여 결정된 점 등을 들고 있다.

17) 한미조세협약 제6조 제3항, 제14조 제4항은 특허권의 속지주의 원칙상 특허권자가 특허물건을 독점적으로 생산, 사용, 양도, 대여, 수입 또는 전시하는 등의 특허실시에 관한 권리는 특허권이 등록된 국가의 영역 내에서만 그 효력이 미친다고 보아 미국법인이 국내에 특허권을 등록하여 국내에서 특허실시권을 가지는 경우에 그 특허실시권의 사용대가로 지급받은 소득만을 국내원천소득으로 정하고 있다(사용지주의). 이와 관련하여 대법원은 한미조세조약의 해석상 특허권이 등록된 국가 외에서는 특허권의 침해가 발생할 수 없어 이를 사용하거나 그 사용의 대가를 지급한다는 것을 관념할 수 없으므로 미국법인이 특허권을 국외에서 등록했을 뿐 국내에는 등록하지 않았다면 미국법인이 그와 관련해서 지급받은 소득은 그 사용의 대가가 될 수 없어 국내원천소득으로 볼 수 없다고 판시하여 왔다(대법원 2018. 12. 27. 선고 2016두42883 판결; 대법원 2014. 11. 27. 선고 2012두18356 판결). 이에 2019. 12. 31. 법률 제16833호로 법인세법을 개정하면서 위 대법원 판결과 같은 사안에서 한국이 국내 미등록 특허의 사용대가에 관한 과세권을 행사할 수 있도록 하기 위한 입법을 하였다. 그러나, 개정 내용에도 불구하고 입법의도대로 한국이 과세권을 행사할 수 있을지는 의문이다. 상세는 우선 황남석, "조세조약에 의한 소득구분변경의 한계", 「조세법연구」 제24집 제2호, 2018, 242면 이하.
18) 외국법인의 국채 투자를 유도하여 국내 자금조달을 용이하게 하고, 향후 세계국채지수 편입에 따라 한국

조의4에 규정되어 있다.

① 내국법인이 발행한 주식등과 그 밖의 유가증권

　　대법원은 외국법인간의 합병으로 인하여 내국법인이 발행한 주식이 포괄승계되는 경우나[19] 외국법인의 분할에 따라 해당 외국분할법인이 자산으로 보유하던 내국법인의 발행주식을 분할신설법인에게 이전하는 것도[20] 이에 해당한다고 본다.

② 외국법인이 발행한 주식등(자본시장법에 따른 증권시장에 상장된 것으로 한정한다)

③ 외국법인의 국내사업장이 발행한 그 밖의 유가증권

　　그 밖에 대통령령이 정하는 다음의 소득도 유가증권의 양도소득에 속한다(법령 132 ⑧).

④ 국내사업장을 가지고 있는 외국법인이 주식 또는 출자증권을 양도함으로써 발생하는 소득

⑤ 국내사업장을 가지고 있지 않은 외국법인이 해당 주식 또는 출자증권을 양도함으로써 발생하는 소득. 다만, 증권시장을 통하여 주식 또는 출자증권을 양도(자본시장법 78에 따른 중개에 따라 주식을 양도하는 경우를 포함한다)함으로써 발생하는 소득으로서 해당 양도법인 및 그 특수관계인이 해당 주식 또는 출자증권의 양도일이 속하는 연도와 그 직전 5년의 기간 중 계속하여 그 주식 또는 출자증권을 발행한 법인의 발행주식총수 또는 출자총액(외국법인이 발행한 주식 또는 출자증권의 경우에는 증권시장에 상장된 주식총수 또는 출자총액)의 25퍼센트 미만을 소유한 경우를 제외한다.

⑥ 국내사업장을 가지고 있는 외국법인이 주식 또는 출자증권외의 유가증권을 양도함으로써 발생하는 소득. 다만, 해당 유가증권의 양도시에 이자소득으로 과세되는 소득을 제외한다.

⑦ 국내사업장을 가지고 있지 않은 외국법인이 내국법인 또는 거주자나 비거주자·외국법인의 국내사업장에 주식 또는 출자증권외의 유가증권을 양도함으로써 발생하는 소득. 다만, 해당 유가증권의 양도시에 이자소득으로 과세되는 소득을 제외한다.

10 국내원천 기타소득

　위의 1부터 9까지에 열거한 소득 이외의 것으로서 다음의 소득을 기타소득으로 한다(법법 93 X).

① 국내에 있는 부동산 및 그 밖의 자산이나 국내에서 경영하는 사업과 관련하여 받은 보험

국채에 관한 안정적인 글로벌 수요를 확보를 도모하려는 취지의 규정이다. 김경호, "법인세법 일부개정법률안 검토보고", 기획재정위원회, 2022. 11., 123면.
19) 대법원 2017. 12. 13. 선고 2015두1984 판결(합병법인이 합병 전에 피합병법인의 주식 전부를 보유하고 있는 경우라고 하여 달리 볼 것은 아니며 또한 위 경우에 합병법인의 주식이나 합병교부금이 피합병법인 주주에게 교부되지 아니하였다 하더라도 마찬가지이다); 대법원 2013. 11. 28. 선고 2010두7208 판결.
20) 대법원 2013. 11. 28. 선고 2009다79736 판결.

금·보상금 또는 손해배상금

② 국내에서 지급하는 위약금이나 배상금으로서 대통령령으로 정하는 소득

국내에서 지급하는 위약금 또는 배상금이란 재산권에 관한 계약의 위약 또는 해약으로 인하여 지급받는 손해배상으로서 그 명목 여하에 불구하고 본래의 계약내용이 되는 지급 자체에 대한 손해(적극적 손해)를 넘어 배상받는 금전 또는 기타 물품의 가액(소극적 손해)을 말한다(법령 132 ⑩).[21)][22)]

내국법인이 계약금으로 지급한 돈을 위약금으로서 몰취된 경우도 여기에 해당하는지 여부가 문제되는데, 대법원은 그 경우에도 소극적 손해에 해당하고 내국법인이 원천징수의무를 부담한다고 해석한다. 그러나 대법원의 입장은 내국법인에게 사후적으로 원천징수의무를 지우는 것과 다르지 않아 원천징수의무의 한계를 벗어나는 책임을 지우는 결과가 되므로 부당하다.[23)]

③ 국내에 있는 자산을 증여받아 생기는 소득

반대해석으로 외국법인의 채무면제이익은 국내원천 기타소득에 해당하지 않는다고 보아야 할 것이다.[24)]

④ 국내에서 지급하는 상금·현상금·포상금, 그 밖에 이에 준하는 소득

⑤ 국내에서 발견된 매장물로 인한 소득

⑥ 국내법에 따른 면허·허가, 그 밖에 이와 유사한 처분에 의하여 설정된 권리와 부동산 외의 국내자산을 양도함으로써 생기는 소득

⑦ 국내에서 발행된 복권·경품권, 그 밖의 추첨권에 의하여 받는 당첨금품과 승마투표권·승자투표권·소싸움경기투표권·체육진흥투표권의 구매자가 받는 환급금

---

21) 헌법재판소 2010. 2. 25. 선고 2008헌바79 전원재판부 결정. 대법원 2010. 4. 29. 선고 2007두19447 판결(외국법인이 고등훈련기 양산참여권을 포기하는 대가로 받은 금전은 재산권에 관한 계약의 위약 또는 해약에 따른 손해배상금으로서, 외국법인에게 현실적으로 발생한 손해의 전보나 원상회복을 위한 배상금이 아니라 외국법인이 장차 양산사업에 참여하였을 경우 얻을 기대이익에 대한 배상금이므로 본래의 계약내용이 되는 지급 자체에 대한 손해를 넘어 배상받는 금전에 해당한다).

22) 대법원은 국제적 선박금융의 경우 외국법인인 발주자가 계약해제로 인하여 보증인으로부터 환급받는 선수금 이자는 통상적인 선박금융비용 및 그 밖의 선박건조계약 체결비용의 범위에 속하므로 적극적 손해에 포함된다고 보아 보증인이 국내원천 기타소득으로서 원천징수할 의무가 없다고 판단하였다(대법원 2019. 4. 23. 선고 2017두48482 판결).

23) 대법원 2019. 7. 4. 선고 2017두38645 판결. 참고로 소득세법 제127조 제1항 제6호 나목은 그러한 경우 거주자에게 원천징수의무를 지우지 않도록 규정하고 있다.

24) 반대해석으로 국조, 서면-2018-국제세원-2109, 2018. 9. 20. 여기서의 증여 개념은 상증법상 증여포괄주의에 따른 증여 개념과 동일하게 해석하여서는 안 된다. 따라서 외국법인이 내국자법인 발행주식을 시가보다 현저하게 저가양도하더라도 시가와 대가의 차액이 여기서의 소득에 해당한다고 볼 수는 없다. 조심 2024. 10. 30. 자 2022중2748 결정(합동).

⑧ 법인세법에 따라 기타소득으로 처분된 금액

⑨ 국외특수관계인이 보유하고 있는 내국법인의 주식등이 대통령령이 정하는 자본거래로
인하여 그 가치가 증가함으로써 발생하는 소득
　위에서 대통령령이 정하는 자본거래로 인하여 그 가치가 증가함으로써 발생하는 소득이
란 법인세법 시행령 제88조 제1항 제8호 각 목의 어느 하나 또는 같은 항 제8호의2에
해당하는 거래로 인하여 주주등인 외국법인이 특수관계있는 다른 주주등으로부터 이익
을 분여받아 발생한 소득을 말한다(법령 132 ⑭).[25]

⑩ 사용지 기준 조세조약 상대국의 법인이 소유한 특허권등으로서 국내에서 등록되지 아니
하고 국외에서 등록된 특허권등을 침해하여 발생하는 손해에 대하여 국내에서 지급하는
손해배상금·보상금·화해금·일실이익 또는 그 밖에 이와 유사한 소득(이 경우 해당
특허권등에 포함된 제조방법·기술·정보 등이 국내에서의 제조·생산과 관련되는 등
국내에서 사실상 실시되거나 사용되는 것과 관련되어 지급하는 소득으로 한정한다)

⑪ 소득세법 제21조 제1항 제27호에 따른 가상자산소득(외국법인이 가상자산사업자등이
보관·관리하는 가상자산[26]을 인출하는 경우 인출시점을 양도시점으로 보아 법인세법
제92조 제2항 제1호 나목에 따라 계산한 금액[27])을 포함한다).[28]

⑫ 위의 ①부터 ⑪까지 외에 국내에서 하는 사업이나 국내에서 제공하는 인적용역 또는 국
내에 있는 자산과 관련하여 제공받은 경제적 이익으로 생긴 소득(다만, 국가 또는 특별법에
따라 설립된 금융회사 등이 발행한 외화표시채권을 상환함으로써 받은 금액이 그 외화표시채권의 발

---

25) 외국법인 甲, 乙이 내국법인 丙의 신주발행시에 丙으로부터 신주를 저가로 인수함으로써 甲, 乙과 특수관계에
있는 丙의 기존 주주들로부터 분여받은 이익이 있었던 경우 이를 본조항에 따른 외국법인의 국내원천소득으
로 볼 수 있는지 여부가 다투어진 사안에서, 관할 세무서장은 위 거래가 법인세법 시행령 제88조 제1항 제8호
나목에 해당한다고 주장하였다. 그러나 대법원은 甲, 乙은 병의 기존 주주가 아니므로 위 신주발행 당시 丙으
로부터 신주를 저가로 인수한 것은 상법 제418조 제2항에 따른 제3자 배정에 해당하고 위 법인세법 시행령
제88조 제1항 제8호 나목은 제3자 배정에 관하여는 규정하고 있지 않으므로 위 거래로 인하여 甲, 乙이 분여
받은 이익을 현행 법인세법 제93조 제10호 자목에서 규정하고 있는 외국법인의 국내원천소득으로 볼 수 없다
고 판단하였다(대법원 2015. 12. 23. 선고 2015두50085 판결).
26) 가상자산(virtual asset)은 가상화폐(virtual currency), 암호화폐(crypto currency) 등으로 불리우는 것인데
지급·결제수단으로서의 기능과 자산으로서의 기능을 함께 가지고 있다. 2019년말 국제회계기준위원회
(IASB) 산하 국제회계기준해석위원회와 한국회계기준원은 가상자산을 재고자산 또는 무형자산으로 규정
하였고, 대법원도 대표적인 가상자산인 비트코인(bitcoin)을 재산적 가치가 있는 무형의 재산이라고 판단하
였다(대법원 2018. 5. 30. 선고 2018도3619 판결). 상세는 국회예산정책처, "가상화폐 과세상 쟁점과 글로벌
동향", NABO FOCUS 2020. 2. 17. 제12호; 국회예산정책처, 「4차 산업혁명에 따른 조세환경 변화와 정책
과제」, 2020. 6., 103−116면.
27) 법인세법 시행령 제132조 제17항.
28) 가상자산소득을 기타소득으로 분류하여 과세하는 방안은 대다수의 조세조약과의 정합성을 떨어뜨리고 불필
요한 조세분쟁을 일으킬 우려가 있다는 비판으로 이경근, "가상자산에 대한 정부 세법 개정안의 평가 및
개선방안" 「세무와 회계 연구」 제9권 제4호, 2020, 544−549면.

행가액을 초과하는 경우에 그 차액은 포함하지 않음). 또는 이와 유사한 소득으로서 대통령령
으로 정하는 소득.

열거된 기타소득 이외의 기타소득을 포괄하는 규정이다. 그러나 법인세법 제93조 각 호
에 포섭되지 않는 소득이 모두 여기에 해당한다고 해석할 수는 없다. 법인세법 제93조
각 호의 해석상 각 호에서 국내원천소득의 범위에서 제외하는 소득은 위 규정으로도 과
세할 수 없다고 봄이 타당하다.[29] 예를 들어 외국법인 甲이 보유하고 있던 비상장 내국
법인 乙의 주식을 자신의 완전자회사인 외국법인 丙에게 현물출자하고 그 현물출자를
받은 외국법인 丙이 완전모회사인 외국법인 甲에게 그 대가로 신주를 발행한 경우 내국
법인 乙 주식의 시가와 외국법인 丙이 발행한 신주액면가액의 차액은 법인세법 제93조
제10호의 기타소득에 해당하지 않는다.[30] 외국법인 甲이 보유하고 있던 유가증권을 양
도함으로써 발생하는 소득은 법인세법 제93조 제9호의 포섭대상으로서 구체적으로 제9
호에 해당하지 않는다면 나아가 다른 규정으로 과세하지 않는다는 것이 입법자의 의사
로 해석되기 때문이다. 판례는 내국법인 甲(원고)이 자신이 주주로 있는 다른 내국법인
乙에 대한 경영권 방어 및 지배력 유지를 위하여 외국법인 丙에게 내국법인 乙의 유상증
자에 참여하도록 하고 만일 내국법인 乙의 주가가 하락하면 내국법인 甲이 그 손실을
보전하여 주기로 옵션계약을 체결한 후에 그 옵션계약에 따라 내국법인 甲이 정산금을
지급한 사안에서 위 정산금은 내국법인 乙의 주식과 관련된 경제적 이익 제공으로 인해
발생한 국내원천 기타소득이라고 판단하였다.[31]

법인세법 시행령은 국내사업장이 없는 외국법인이 자본시장법에 따라 국내사업장이 없는
비거주자·외국법인과 유가증권(채권 등을 제외한다) 대차거래를 하여 유가증권 차입자
로부터 지급받는 배당 등의 보상금상당액은 국내원천소득으로 보지 않는다(법령 132 ⑮).

---

29) 같은 취지로 대법원 2024. 7. 25. 선고 2022두51031 판결.
30) 기획재정부 국제조세제도과-240, 2021. 5. 31. 반면 다른 행정해석은 동일한 사실관계에서 외국법인 B가
    외국법인 A에게 현저히 낮은 발행가액으로 신주를 발행하였다면 외국법인 B는 국내원천 기타소득을 얻게
    된다고 한다(서면-2020-법령해석국조-2773, 2021. 1. 25.). 또한 외국법인이 내국 완전자법인에 대하여
    보유하고 있던 채권을 출자전환한 경우, 내국 완전자법인 주식의 시가가 출자전환된 채권가액을 초과하면
    그 초과액은 국내에 있는 자산과 관련하여 제공받은 경제적 이익으로 생긴 소득으로서 국내원천 기타소득
    에 해당한다고 해석한 행정해석도 있다(서면-2022-국제세원-0235, 2022. 5. 4.). 위 두 행정해석은 타당
    하다고 보기 어렵다.
31) 수원고등법원 2024. 10. 11. 선고 2023누13957 판결(대법원 2025. 2. 13. 자 2024두60916 판결로 심리불속행
    종결).

제3장

외국법인의 각 사업연도의 소득에 관한 과세방법

제1절 개 요

외국법인에 대하여는 국내사업장 등의 설치 유무에 따라 국내원천소득에 대한 법인세를 종합과세하거나 분리과세하게 된다(법법 91). 즉 국내사업장을 가진 외국법인과 국내원천 부동산소득이 있는 외국법인에 대하여는 국내원천소득의 총합계금액(법법 98 ①, 98의3 또는 98의5, 98의6 또는 98의8에 따라 원천징수되는 국내원천소득금액은 제외한다)을 종합하여 과세한다. 위의 경우에 해당하지 않는 외국법인은 각 국내원천소득별로 법인세를 완납적으로 원천징수하되, 다만 양도소득만은 별도로 과세표준의 신고 또는 결정에 의하여 납세의무를 확정 짓도록 하고 있다.

다음으로 조세조약상 사업소득에 관하여는 국내사업장이 없으면 과세하지 못한다는 원칙이 확립되어 있음은 전술한 바 있다. 즉 일방체약국은 타방체약국의 내국법인이 그 일방체약국에서 국내사업장을 설치하고 사업을 경영하지 않는 한 해당 내국법인의 사업소득에 대하여 과세할 수 없는 것이다. 우리나라가 체결한 조세조약들도 이와 같은 원칙을 수용하여 우리나라에 국내사업장을 두고 있지 않은 외국법인에 대하여는 법인세를 과세할 수 없도록 약정하고 있다.

결론적으로 국내사업장의 설치 여부는 외국법인의 과세와 관련하여 외국법인의 국내원천소득의 범위 및 과세방법 등에 결정적 영향을 미치는 기준이 된다.

제**2**절　국내사업장 등의 개념

1　국내사업장의 개념

가. 국내사업장의 정의

　　외국법인의 국내사업장이란 외국법인이 국내에서 사업의 전부 또는 일부를 수행하기 위하여 설치한 사업상의 고정된 장소(a fixed place), 즉 고정사업장(permanent establishment: PE)을 가리킨다(법법 94 ①).[1] 법인세법상 국내사업장이 되기 위해서는 일반적으로 다음의 요건을 모두 충족하여야 한다.

　　첫째, 사업의 경영주체는 기업인 외국법인이다.[2]

　　둘째, 국내에 사업장소(place of business)가 존재하여야 하고, 그 사업장소는 고정(fixed)되어 있어야 한다. 위에서 국내란 대한민국의 영역은 물론이고 영해 밖의 대륙붕[3]까지 포함하는 것으로 새긴다. 그리고 대한민국의 영토는 한반도와 그 부속도서이므로(헌법 3) 휴전선 북방지역도 당연히 국내의 범위에 포함하여야 할 것이나, 다만 이 지역(미수복지역)에서는 우리나라의 과세권이 실효적으로 행사되지 못하고 있을 뿐이다. 그리고 고정(fixed)이란 공간적·시간적인 고정성을 가리킨다. 즉 고정이란 지리적으로 특정되어야 할 뿐만 아니라 시간적으로도 어느 정도의 항구성을 지녀야 한다는 의미이다.

　　셋째, 고정된 사업장소에서 사업이 수행되어야 한다. 즉 사업의 전부 또는 일부가 고정된 사업장소를 통하여(through) 수행되어야 한다.

　　고정된 사업장소에서 수행하는 사업활동이란 외국법인의 사업에 필수적(essential)일 뿐만 아니라 중요(significant)한 활동을 의미하며,[4] 오로지 예비적이고 보조적인 활동만을

---

1) 조세조약상의 고정사업장(Permanent Establishment)은 그 유무에 따라 외국법인에 대한 과세권을 배분하는 것을 일차적 기능으로 함에 반하여 법인세법상의 국내사업장은 그 유무에 따라 외국법인의 소득을 순소득 기준으로 과세할 것인지 혹은 총소득 기준으로 과세할 것인지 나누는 것을 일차적 기능으로 한다는 점에서 두 개념은 본질적으로 차이가 있다. 그러나 실제로 실정법 차원에서는 두 개념의 표지에 차이가 없기 때문에 양자를 구별할 실익은 없다.

2) 스웨덴법인이 특수관계없는 내국법인 甲을 통해 위탁생산한 제품을 국내 특수관계법인 乙에게 판매하고, 그 특수관계법인 乙이 해당 제품을 국내 특정기관에 공급하는 거래에서, 甲 법인의 수탁제조활동이 甲 법인의 통상적인 사업활동의 일환으로 이행되고 乙 법인은 거래당사자로서 자기 책임과 계산으로 제품을 구매하여 판매하는 경우, 甲 법인과 乙 법인은 법인세법 제94조 및 한국·스웨덴 조세조약 제5조에서 규정하는 국내사업장에 해당되지 않는다. 서면-2021-국제세원-1952, 2021. 6. 11.

3) 해저천연자원 기타 천연자원의 탐사 및 채취로 한정된다(법법 94 ② VI).

4) 카지노 이용고객 모집 전문업체인 필리핀법인이 외국인 전용 카지노를 운영하는 내국법인과 카지노 이용고객을 모집, 알선하여 주는 계약을 체결하고 그 내국법인의 영업장인 건물 일부에 사무실을 개설하여 카지노

수행할 경우에 그와 같은 예비적이고 보조적인 활동은 위의 사업활동에 포함되지 않는다.

국내사업장에는 다음의 장소가 포함된다(법법 94 ②).

① 지점, 사무소 또는 영업소

② 상점, 그 밖의 고정된 판매장소

③ 작업장, 공장 또는 창고

④ 6개월을 초과하여 존속하는 건축장소, 건설·조립 또는 설치공사의 현장 또는 이와 관련되는 감독활동을 수행하는 장소

⑤ 고용인을 통하여 용역을 제공하는 경우로서 다음 중 어느 하나에 해당되는 장소

　㉮ 용역의 제공이 계속되는 12개월 기간 중 합계 6개월을 초과하는 기간 동안 용역이 수행되는 장소

　㉯ 용역의 제공이 계속되는 12개월 기간 중 총 6개월을 초과하지 않는 경우로서 유사한 종류의 용역이 2년 이상 계속적·반복적으로 수행되는 장소

⑥ 광산·채석장 또는 해저천연자원 기타 천연자원의 탐사 및 채취장소

위에서 해저천연자원의 탐사 및 채취장소에는 국제법에 따라 우리나라가 영해 밖에서 주권을 행사하는 지역으로서 우리나라의 연안에 인접한 해저지역의 해상(海床)과 하층토(下層土)에 있는 것을 포함한다.

나. 종속대리인을 둔 경우

외국법인이 국내사업장을 가지고 있지 않은 경우에도 국내에 종속대리인(dependent agent)을 두고 있는 경우에는 국내사업장을 둔 것으로 간주한다. 즉 외국법인이 국내사업장을 두고 있지 않은 경우에도 다음과 같은 대리인을 두고 사업을 경영하는 경우에는 그 자의 사업장소재지(사업장이 없는 경우에는 주소지로 하고, 주소지가 없는 경우에는 거소지로 한다)에 국내사업장을 둔 것으로 본다(법법 94 ③).[5]

① 국내에 외국법인을 위하여 다음의 어느 하나에 해당하는 계약('외국법인 명의 계약등')을 체결할 권한을 가지고 그 권한을 반복적으로 행사하는 자

이용고객의 모집, 게임지원, 게임비 공동정산 등의 활동을 한 경우 그 활동은 위 필리핀법인의 본질적이고 중요한 사업활동에 해당하므로 그 국내 사무실은 필리핀법인의 국내 고정사업장에 해당한다(대법원 2016. 7. 14. 선고 2015두51415 판결).

5) OECD, *BEPS ACTION 7(Preventing the Artificial Avoidance of PE Status)*, 2015, pp. 19-20; OECD, *Model Tax Convention on Income and on Capital(Condensed Version)*, 2017, 제5조 문단 90 이하. 법인세법의 종속대리인 관련 규정은 위 두 문헌의 내용을 충실하게 반영하고 있다. 그 상세는 이경근, "최근 개정된 국내세법상 고정사업장 규정의 의의와 한계", 「월간 재정포럼」 통권 제282호, 2019, 34면 이하.

㉮ 외국법인 명의의 계약

㉯ 외국법인이 소유하는 자산의 소유권 이전 또는 소유권이나 사용권을 갖는 자산의 사용권 허락을 위한 계약

㉰ 외국법인의 용역제공을 위한 계약

계약체결권은 외국법인의 사업의 본질적인 업무와 관련하여 체결하는 계약으로서 외국법인을 구속할 정도의 계약의 중요하고 실질적인 사항을 협상하고 합의할 수 있는 권한을 말한다.[6] 계약서에 서명할 권한은 계약체결권에 필수적인 것은 아니라고 하겠다.[7] 그리고 위에서 반복적으로 행사한다는 의미는 상시로(habitually), 어느 정도로 규칙성 있게(with certain regularity) 행사하는 것을 말한다.[8]

② 계약을 체결하는 과정에서 중요한 역할을 반복적으로 수행하는 자

국내에서 외국법인을 위하여 외국법인 명의 계약등을 체결할 권한을 가지고 있지 않더라도 계약을 체결하는 과정에서 중요한 역할(외국법인이 계약의 중요사항을 변경하지 아니하고 계약을 체결하는 경우로 한정한다)을 반복적으로 수행하는 자[9]

③ 그 밖에 이에 준하는 자

그 밖에 이에 준하는 자란 다음의 자를 말한다. 아래의 외국법인에는 해당 외국법인의 과점주주, 해당 외국법인이 과점주주인 다른 법인, 기타 해당 외국법인의 특수관계인을 포함한다(법령 133).

㉮ 외국법인의 자산을 상시 보관하고 관례적으로 이를 배달 또는 인도하는 자[10]

---

6) 위 규정은 대리인이 외국법인이나 비거주자를 위하여 재화의 판매거래에서 중요한 역할을 수행하는 경우 뿐만 아니라 무형자산의 사용권 허여거래 또는 용역제공거래에 개입하여 그 계약체결과정에서 중요한 역할을 수행하는 경우에도 그 대리인을 종속대리인으로 취급할 수 있다는 점을 분명하게 한 것이다. 이경근, "최근 개정된 국내세법상 고정사업장 규정의 의의와 한계", 「월간 재정포럼」 통권 제282호, 2019, 38면.

7) OECD, *Model Tax Convention on Income and on Capital*, 2014, 제5조 문단 33.

8) 이승문, "고정사업장 과세에 관한 연구", 경희대학교 법무대학원 석사학위논문, 2000, 46면.

9) 대법원 2016. 1. 14. 선고 2014두8896 판결(「…싱가포르법인이 종속대리인을 통해 국내에 고정사업장을 가지고 있다고 하기 위해서는, 그 대리인이 상시로 계약체결권을 행사하여야 하고 그 권한도 예비적이거나 보조적인 것을 넘어 사업활동에 본질적이고 중요한 것이어야 한다. 여기서 '본질적이고 중요한 사업활동'인지 여부는 그 사업활동의 성격과 규모, 전체 사업활동에서 차지하는 비중과 역할 등을 종합적으로 고려하여 판단하여야 한다…」). 뱁스(BEPS) 행동계획 제7호 보고서와 2017년 개정된 OECD 모델조세조약 제5조 제5항은 종속대리인 요건을 완화하고 고정사업장 과세를 강화하고 있는데 이를 반영한 입법이다. OECD, *BEPS ACTION 7(Preventing the Artificial Avoidance of PE Status)*, 2015, p. 32; OECD, *Model Tax Convention on Income and on Capital(Condensed Version)*, 2017, 제5조 문단 82 이하.

10) 법인세법상으로는 조세조약이 우선하므로 특정한 조세조약에서 '외국법인의 자산을 상시 보관하고 관례적으로 이를 배달 또는 인도하는' 활동을 예비적, 보조적 활동으로 볼 경우 국내사업장에 해당하지 않게 된다. 그러나 부가가치세법 시행령 제8조는 조세조약에 대한 고려없이 법인세법 제94조에 따른 장소를 그대로 사업장으로 보고 부가가치세법에는 조세조약이 적용되지 않으므로 여전히 '외국법인의 자산을 상시 보관하고 관례적으로 이를 배달 또는 인도하는 자'가 국내사업장에 해당할 수 있다. 이 경우 법인세법과 부가가치세법

㉯ 중개인·일반위탁매매인 기타 독립적 지위의 대리인으로서 주로 특정 외국법인만을 위하여 계약체결 등 사업에 관한 중요한 부분의 행위를 하는 자(이들이 자기사업의 정상적인 과정에서 활동하는 경우를 포함한다)

㉰ 보험사업(재보험사업은 제외한다)을 영위하는 외국법인을 위하여 보험료를 징수하거나 국내 소재 피보험물에 대한 보험을 인수하는 자

다. 국내사업장으로 보지 않는 경우(특정 활동 장소)

1) 원　칙

외국법인이 국내에서 영위하는 사업을 위해 국외에서 광고, 선전, 정보의 수집과 제공, 시장조사, 그 밖에 그 사업수행상 예비적(preparatory) 또는 보조적(auxiliary)인 성격을 가진 행위를 하는 경우 또는 국외에서 영위하는 사업을 위해 국내에서 이들 행위를 하는 경우[11]에는 해당 행위에서는 소득이 발생하지 않는 것으로 본다(법법 94 ④). 반대로 자산의 구입, 보관, 광고선전 등의 특정 활동이 외국법인의 전체 사업활동에서 필수적이고 주요한 부분에 해당한다면 해당 장소는 국내사업장이다.[12]

2) 예　외

위 원칙에 해당하는 경우에도 특정 활동 장소가 다음 중 어느 하나에 해당하는 경우에는 국내사업장에 포함된다(법법 94 ⑤). 외국법인이 사업활동을 분할하는 경우에도 특정 활동 장소에서의 활동이 본질적인 사업활동과 상호 보완적인 관계에 있다면 해당 장소를 국내사업장으로 취급하기 위한 규정이다.[13]

① 외국법인 또는 법인세법 시행령 제133조 제3항으로 정하는 특수관계가 있는 외국법인(비거주자를 포함한다. '특수관계가 있는 자'라 한다)이 특정 활동 장소와 같은 장소 또는 국내의 다른 장소에서 사업을 수행하고 다음 각 목의 요건을 모두 충족하는 경우

상에 국내사업장의 범위가 불일치하는 문제가 발생할 수 있으므로 부가가치세법의 입법적 보완이 필요하다.
11) 이런 비영업적 기능만을 수행하는 사무소를 외국법인연락사무소라고 하는데 법인세법은 그 현황 자료 및 매입처별 계산서합계표를 관할 세무서장에게 제출할 의무를 지우고 있다(법법 94의2). 실질이 국내사업장임에도 연락사무소로 등록하여 조세회피를 꾀하려는 사례에 대응하기 위한 것이다. 김경호, "법인세법 일부 개정법률안 검토보고", 기획재정위원회, 2022. 11., 126-127면.
12) 기획재정부, "2018년 세법개정안 보도자료3 문답자료", 2018. 7. 30.자 45면.
13) 이경근, "최근 개정된 국내세법상 고정사업장 규정의 의의와 한계", 「월간 재정포럼」 통권 제282호, 2019, 39면. 이 규정은 2017년 OECD 모델조세조약 제5조 제4.1항을 수용한 것이다. 위 제4.1항은 하나의 기업 혹은 그 관계기업들이 통합된 활동을 여러 개의 활동으로 쪼갠 후에 각 부분이 예비적·보조적 활동을 수행할 뿐이라고 주장하는 경우에 대응하기 위한 규정이다. OECD, Model Tax Convention on Income and on on Capital(*Condensed Version*), 2017, 문단 79.

㉮ 특정 활동 장소와 같은 장소 또는 국내의 다른 장소에 해당 외국법인 또는 특수관계
가 있는 자의 국내사업장이 존재할 것
㉯ 특정 활동 장소에서 수행하는 활동과 가목의 국내사업장에서 수행하는 활동이 상호
보완적일 것

② 외국법인 또는 특수관계가 있는 자가 특정 활동 장소와 같은 장소 또는 국내의 다른 장
소에서 상호 보완적인 활동을 수행하고 각각의 활동을 결합한 전체적인 활동이 외국법
인 또는 특수관계가 있는 자의 사업 활동에 비추어 예비적이며 보조적인 성격을 가진
활동에 해당하지 않는 경우

2 국내원천 부동산소득의 범위

국내에 있는 부동산 또는 부동산상의 권리와 국내에서 취득한 광업권, 조광권, 토사석 채
취에 관한 권리 또는 지하수의 개발 및 이용권의 양도·임대 또는 그 밖의 운영으로 인하여
발생하는 소득을 가리킨다. 다만 국내원천 부동산등양도소득은 포함되지 않는다(법법 91 ①,
93 Ⅲ).

제**3**절 종합과세하는 경우

1 종합과세의 방법

국내사업장을 가진 외국법인과 국내원천 부동산소득이 있는 외국법인은 해당 사업연도
에 발생한 국내원천소득 중 국내사업장과 실질적으로 관련되거나 그 국내사업장에 귀속되
는 모든 소득과 국내원천 부동산소득을 종합하여 과세한다(법법 91).

위의 경우에 해당하지 않는 외국법인은 각 국내원천소득금액별로 분리하여 과세하는데,
국내원천 부동산등양도소득 외의 국내원천소득은 완납적 원천징수로써 납세의무가 종결된
다. 그러나 국내원천 부동산등양도소득에 관하여는 예납적 원천징수를 한 후 다시 신고 또
는 결정 등에 의하여 납세의무를 확정하도록 하고 있다.

2 과세표준의 계산

가. 과세표준의 계산구조

1) 개 요

국내사업장을 가진 외국법인 등의 각 사업연도의 소득에 대한 법인세의 과세표준은 국내원천소득의 총합계금액(법법 98 ①, 98의3, 98의5, 98의6 또는 98의8에 따라 원천징수되는 국내원천소득금액은 제외한다)에서 이월결손금, 비과세소득 및 선박 등의 외국항행소득을 차례로 공제한 금액으로 한다(법법 91 ①).

과세표준을 계산할 때 미처 공제받지 못한 비과세소득과 선박 등의 외국항행소득은 소멸하며, 다음 사업연도에 이월하여 공제할 수는 없다(법법 91 ⑤).

과세표준을 계산하는 계산식을 표시하면 다음과 같다.

> 과세표준 = 국내원천소득의 총합계금액 − (이월결손금＋비과세소득＋선박 등의 외국항행소득)

2) 국내원천소득의 총합계금액

국내원천소득의 총합계금액이란 그 사업연도에 속하는 국내원천소득의 익금의 총액에서 그 사업연도에 속하는 국내원천소득의 손금의 총액을 뺀 금액으로 한다. 그러나 '법인세법 제98조 제1항, 제98조의3, 제98조의5 또는 제98조의6에 따라 원천징수되는 국내원천소득금액'을 제외한다(법법 91 ①, 92 ①).

위에서 '법인세법 제98조 제1항, 제98조의3, 제98조의5 또는 제98조의6에 따라 원천징수되는 국내원천소득금액'이란 국내원천 이자소득, 국내원천 배당소득,[1] 국내원천 선박등임대소득, 국내원천 사업소득, 국내원천 인적용역소득, 국내원천 부동산등양도소득, 국내원천 사용료소득, 국내원천 유가증권양도소득 및 국내원천 기타소득으로서 국내사업장과 실질적으로 관련되지 않거나 그 국내사업장에 귀속되지 않는 소득의 금액, 외국법인의 원천징수대상채권 등에 대하여 원천징수의 특례가 적용되는 이자 등, 기획재정부장관이 고시하는 국가 등에 있는 외국법인의 국내원천소득으로서 법인세가 비과세 또는 면제되거나 제한세율을 적용받는 이자소득 등에 대하여 원천징수 특례를 적용한 경우의 해당 소득을 말한다.

---

1) 다만 국내사업장에 귀속되거나 국내사업장과 실질적으로 관련된 국내원천 배당소득 중 소득세법 제17조 제1항 제5호의 집합투자기구로부터의 이익은 외국법인에게 지급될 때 법인세법 제73조에 따라 예납적으로 원천징수된다(법법 97).

이와 같은 소득에 대하여는 각 국내원천소득의 금액을 과세표준으로 하여 법인세를 원천징수하여야 한다(법법 91 ③).

3) 이월결손금

이월결손금의 범위는 내국법인의 경우와 같고 국내에서 발생한 것만 해당한다(법법 91 ① I, 13 ① I). 다만 그 공제의 범위는 각 사업연도 소득의 80퍼센트로 한다(법법 91 ① 但).

4) 비과세소득

법인세법 및 다른 법률에 규정하는 비과세소득을 말한다(법법 91 ① II).

5) 선박 등의 외국항행소득

선박이나 항공기의 외국항행으로 인하여 발생하는 소득으로 한다. 다만, 그 외국법인의 본점 또는 주사무소가 있는 해당 국가가 우리나라의 법인이 운용하는 선박이나 항공기에 대하여 동일한 면제를 하는 경우만 해당한다. 즉 상호면세의 규정을 적용한다(법법 91 ① III). 선박 또는 항공기의 외국항행으로 인하여 발생하는 소득은 다음의 소득으로 한다(법칙 62).
① 외국항행을 목적으로 하는 정상적인 업무에서 발생하는 소득
② 자기소유 선박을 외국항행을 조건으로 정기용선계약(나용선인 경우를 제외한다)을 체결하고 동 계약에 의하여 자기소유 선박이 외국항행을 함으로써 지급받는 용선료 수입

나. 과세표준과 세액 등의 계산에 관한 특례

1) 각 사업연도의 소득 등에 관한 규정의 준용

국내사업장이 있는 외국법인과 국내원천 부동산소득이 있는 외국법인의 각 사업연도의 국내원천소득의 총합계금액은 내국법인의 각 사업연도의 소득에 대한 법인세 과세표준의 계산 등에 관한 규정(법법 14-18, 18의2, 19, 19의2, 20-31, 33-38, 40-42, 42의2, 43, 44, 44의2, 44의3, 45, 46, 46의2-46의5, 47, 47의2, 50, 51, 52, 53, 53의2, 54, 조특법 138)을 준용하여 계산한 금액으로 한다(법법 92 ①). 다만, 합병 및 인적분할에 관한 규정을 준용할 때 합병법인 및 분할신설법인등은 피합병법인 및 분할법인등의 결손금을 승계하지 않는 것으로 본다(법법 92 ① 但).

2) 국내원천소득의 총합계금액의 계산 특례

외국법인의 각 사업연도의 국내원천소득의 총합계금액을 계산할 때 익금과 손금의 계산은 별도의 규정이 있는 경우를 제외하고는 다음의 규정에 따른다(법령 129 ①, ②).

① 손금은 국내원천소득과 관련되는 수입금액·자산가액과 국내원천소득에 합리적으로 배분되는 것에 한한다.

② 퇴직급여충당금을 계상하는 경우에는 해당 외국법인의 임원 또는 직원 중 해당 외국법인이 국내에서 영위하는 사업을 위하여 국내에서 채용하고 국내사업장에서 상시 근무하거나 국내원천 부동산소득의 발생지에서 상시 근무하는 임원 또는 직원에 대한 것에 한한다.

③ 손금불산입하는 법인세·법인지방소득세·벌금·과료·과태료·가산금·강제징수비·공과금 등은 외국의 법령에 의하여 부과된 것을 포함한다.

④ 감가상각의 대상이 되는 유형자산과 무형자산(개발비·사용수익기부자산가액·주파수이용권 및 공항시설관리권을 제외한 것을 말한다)은 해당 외국법인의 유형자산 및 무형자산 중 국내사업장에 귀속되는 사업용자산에 한한다.

⑤ 장기할부기간 중에 국내사업장을 가지지 않게 된 때에는 회수되지 않은 판매 또는 양도금액과 이에 대응하는 비용은 국내사업장을 가지지 않게 된 날이 속하는 사업연도의 익금과 손금에 각각 산입한다.

⑥ 무형자산 중 개발비·사용수익기부자산가액·주파수이용권 및 공항시설관리권은 해당 외국법인의 무형자산 중 해당 외국법인이 국내에서 영위하는 사업에 귀속되거나 국내에 있는 자산과 관련되는 것에 한정한다.

⑦ 기획재정부령으로 정하는 외국법인 국내지점의 임직원에게 부여된 기획재정부령으로 정하는 주식매수선택권 등이 행사되거나 지급되는 경우로서 국내지점이 외국법인에 그 행사 또는 지급비용으로 보전하는 금액 중 국내 근로제공으로 발생하는 소득에 해당하는 금액은 손금에 산입한다.

⑧ 국내사업장에서 발생된 판매비 및 일반관리비 기타의 경비 중 국내원천소득의 발생과 관련되지 않는 다음의 금액은 손금에 산입하지 않는다(법칙 63).

　　㉮ 국내사업장이 약정 등에 따른 대가를 받지 않고 본점 등을 위하여 재고자산을 구입하거나 보관함으로써 발생한 경비

　　㉯ 기타 국내원천소득의 발생과 합리적으로 관련되지 않는 경비

3) 국내사업장과 본점 등의 거래에 대한 국내원천소득금액의 계산

가) 국내원천소득금액의 기준가격

외국법인의 국내사업장의 각 사업연도의 소득금액을 결정할 때 국내사업장과 국외의 본점 및 다른 지점(본점등)간 거래(내부거래)에 따른 국내원천소득금액의 계산은 법인세법 시행령에서 달리 정하지 않는 한 정상가격(법령 131 ①)에 의하여 계산한 금액으로 한다(법

령 130 ①). 이때 내부거래에 따른 비용은 정상가격의 범위에서 국내사업장에 귀속되는 소득과 필수적 또는 합리적으로 관련된 비용에 한정하여 손금에 산입하고, 자금거래에 따른 이자(법령 129의3에 따른 이자는 제외), 보증거래에서 발생한 수수료 등 일정한 비용은 손금에 산입하지 않는다. 다만, 자금거래에 따른 이자에 대해 조세조약에 따라 손금에 산입할 수 있는 경우에는 그렇지 않다(법령 130 ②, 법칙 64 ①). 위와 같은 규정 내용은 고정사업장 귀속소득의 계산에 관한 OECD 공식입장(Authorized OECD Approach, 'AOA')을 수용한 것이다.[2]

나) 경비배분원칙

외국법인의 국내사업장의 각 사업연도의 소득금액을 결정할 때 본점등을 관할하는 관련지점 등의 경비 중 공통경비로서 그 국내사업장의 국내원천소득의 발생과 합리적으로 관련된 것은 국내사업장에 배분하여 손금에 산입한다(법령 130 ③).

다) 국내사업장에 배분하지 않는 본점 등의 경비

다음의 본점 등의 경비는 국내사업장에 배분하지 않는다(법칙 64 ④).
① 본점 등에서 수행하는 업무 중 회계감사, 각종 재무제표의 작성 또는 주식발행 등 본점만의 고유 업무를 수행함으로써 발생하는 경비
② 본점 등의 특정부서나 특정지점만을 위하여 지출한 경비
③ 다른 법인에 대한 투자와 관련되어 발생하는 경비
④ 기타 국내원천소득의 발생과 합리적으로 관련되지 않는 경비

라) 본점 등의 경비배분방법

외국법인의 국내사업장에 본점 및 그 국내사업장을 관할하는 관련지점 등의 공통경비를 배분할 때 배분의 대상이 되는 경비를 경비항목별 기준에 따라 배분하는 항목별 배분방법에 의하거나 배분의 대상이 되는 경비를 국내사업장의 수입금액이 본점 및 그 국내사업장을 관할하는 관련지점 등의 총수입금액에서 차지하는 비율에 따라 배분하는 일괄배분방법에 의할 수 있다(법칙 64 ⑤). 본점 등의 경비배분에 관한 구체적인 계산방법, 첨부서류의 제출 기타 필요한 사항은 국세청장이 정한다(법칙 64 ⑦).

마) 외화의 원화환산

공통경비를 배분하는 경우 외화의 원화환산은 해당 사업연도의 외국환거래법에 의한 기

---

2) 김범준, "고정사업장 과세의 해석상 쟁점 및 정책적 과제", 「사법」 제60호, 2022, 94면 이하.

준환율 또는 재정환율의 평균을 적용한다(법칙 64 ⑥).

4) 외국은행 본·지점 간 자금거래시 이자의 손익계산

가) 간주자본 지급이자의 손금불산입

외국은행(법칙 63의2 ②) 국내지점의 자본금 계정상의 금액이 다음의 방법에 따라 산정한 금액(이하 '자본금 추산액')에 미달하는 경우에는 외국은행의 본점 또는 해외지점으로부터 공급받은 총자금 중 그 미달하는 금액에 상당하는 금액에 대한 지급이자(이하 '간주자본 지급이자')를 손금에 산입하지 않는다. 외국은행 국내지점이 외국은행 본점 또는 다른 지점으로부터 제공받은 자금의 원천이 외국은행의 자금이라면 그에 대한 이자를 외국은행 국내지점의 손금으로 보아서는 안 되는데 간주자본 지급이자 규정은 그 자금의 원천을 외국은행으로 보아야 하는 기준을 설정하고 그 기준 이내인 지급이자를 손금불산입하기 위한 것이다. 간주자본 지급이자 손금불산입 규정에 따라 손금불산입되는 이자는 다음 산익에 따라 계산한다.

$$\text{손금불산입액} = \begin{array}{c}\text{본점 또는 해외지점으}\\\text{로부터 공급받은 총자}\\\text{금에 대한 지급이자}\end{array} \times \frac{(\text{자본금 추산액} - \text{지점의 자본금 계정금액})}{\text{본점 또는 해외지점으로부터 공급받은 총자금}}$$

위 산식에서 국내지점은 자본금 추산액을 계산할 때 다음의 방법 중 어느 하나의 방법에 따라 산정한 금액을 선택하여 적용할 수 있다(법령 129의3 ①).
① 국내지점의 총자산액에 외국은행의 본·지점 전체의 해당 사업연도 말 현재 재무상태표상의 총자산액에서 자기자본금이 차지하는 비율을 곱하여 산정한 금액
② 국제결제은행이 정하는 기준에 따라 국내지점의 위험가중자산에 외국은행 본·지점의 자기자본금이 위험가중자산에서 차지하는 비율을 곱하는 방법으로 산정한 금액(법칙 63의2 ①)

한편, 자본금 추산액을 산정할 때 본·지점 간 회계처리 방법에 차이가 있으면 본점의 회계처리 방법을 사용할 수 있다. 이 경우 국내지점은 본점의 회계처리 방법으로 조정한 자료를 보관·비치하여야 한다.

나) 과소자본 지급이자와의 적용 순서

국조법 제22조에 따라 손금에 산입되지 않는 지급이자(이하에서 '과소자본 지급이자'라

한다)와 간주자본 지급이자가 동시에 발생한 경우에는 둘 중 큰 손금불산입액을 한도로 하여 과소자본 지급이자를 먼저 손금불산입한다(법령 129의3 ③).

3 세액의 계산

국내사업장을 가진 외국법인과 국내원천 부동산소득이 있는 외국법인의 각 사업연도의 소득에 대한 법인세는 그 과세표준에 내국법인의 각 사업연도의 소득에 대한 법인세의 세율(법법 55)을 곱하여 계산한 금액(토지 등의 양도소득에 대한 법인세액이 있는 경우에는 이를 합한 금액으로 한다)으로 한다(법법 95 ①).

이와 같은 세액에서 감면세액 및 세액공제액을 공제하여 납부세액을 산정한다. 재해손실세액을 적용할 때 사업용 자산은 그 외국법인이 국내에 가지고 있는 자산으로 한정한다(법령 135).

그리고 조세조약에서 지점세를 과세할 수 있도록 체약한 당사국의 외국법인의 국내사업장에 대하여는 법인세 외에 법인세 과세후 소득에 대하여 추가로 지점세를 과세한다(법법 96). 지점세에 관한 상세한 논의는 '지점세'(1029면)에서 다룬다.

한편, 국내사업장 등이 없는 외국법인으로서 국내원천 부동산등 양도소득이 있는 외국법인의 각 사업연도의 소득에 대한 법인세는 그 과세표준에 내국법인의 각 사업연도의 소득에 대한 법인세의 세율을 적용하여 계산한 금액(토지등 양도소득에 대한 법인세액이 있는 경우에는 이를 합한 금액으로 한다)으로 한다(법법 95). 세액을 계산할 때 원천징수된 세액은 기납부세액으로서 공제한다(예납적 원천징수).

4 과세표준과 세액의 신고 등

국내사업장이 있거나 국내원천 부동산소득이 있는 외국법인의 각 사업연도의 소득에 대한 법인세 과세표준과 세액의 신고·납부·결정·경정 및 징수에 대하여는 달리 정하고 있는 경우를 제외하고는 내국법인의 각 사업연도의 소득에 대한 법인세 과세표준과 세액의 신고[3]·납부·결정·경정 및 징수에 관한 규정을 준용한다(법법 97 ①).

각 사업연도의 소득에 대한 법인세의 과세표준을 신고하여야 할 외국법인이 본점 등의 결산이 확정되지 않거나 기타 부득이한 사유로 인하여 법정신고기한 안에 신고서를 제출할 수 없는 경우에는 납세지 관할 세무서장 또는 관할 지방국세청장의 승인을 얻어 그 신고기

---

[3] 법인세 과세표준 및 세액신고서에 첨부하는 서류(법법 60 ② I의 규정에 의한 서류)에는 이익잉여금처분계산서 또는 결손금처리계산서는 제외한다.

한을 연장할 수 있다. 법인세의 과세표준 신고기한을 연장 받으려는 외국법인은 해당 사업
연도 종료일로부터 60일 이내에 납세지 관할 세무서장에게 신고기한연장 승인신청을 하여
야 하며, 그 승인신청을 받은 납세지 관할 세무서장은 그 날로부터 7일 이내에 승인 여부를
결정하고 그 승인 여부를 지체 없이 통지하도록 하고 있다(법법 97 ②, 법령 136).

법인세의 과세표준 신고기한의 연장승인을 얻은 외국법인이 신고세액을 납부하는 때에
는 기한연장일수(신고기한의 다음 날부터 연장승인을 얻은 날 또는 연장승인기한 안에 실
제로 신고·납부한 경우에는 그 신고·납부한 날까지의 일수)에 연 2.9퍼센트의 이율을 적
용하여 계산한 금액을 가산하여 납부하도록 하고 있다(법법 97 ③).

제**4**절 분리과세하는 경우

1 분리과세의 방법

국내사업장 등이 없는 외국법인(국내사업장을 가진 외국법인과 부동산소득이 있는 외국
법인 외의 외국법인을 말한다)의 국내원천소득금액과 국내사업장을 가진 외국법인의 국내
원천 이자소득·국내원천 배당소득[1]·국내원천 선박등임대소득·국내원천 사업소득·국
내원천 인적용역소득·국내원천 부동산등양도소득·국내원천 사용료소득·국내원천 유가
증권양도소득 및 국내원천 기타소득으로서 국내사업장과 실질적으로 관련되지 않거나 그
국내사업장에 귀속되지 않는 소득금액(이하에서 '국내사업장 등이 없는 외국법인의 국내원
천소득금액'이라 부른다)에 대하여는 각 국내원천소득의 금액을 과세표준으로 하여 분리과
세한다. 이 경우에 국내원천 부동산등양도소득 외의 그 밖의 국내원천소득은 법인세의 완
납적 원천징수로서 납세의무가 종결되나, 국내원천 부동산등양도소득은 예납적 원천징수
를 한 후 다시 법인세 과세표준의 신고 또는 결정에 의하여 납세의무를 확정짓도록 하고
있다(법법 91 ②, 98 ①).

---

1) 다만 국내사업장에 귀속되거나 국내사업장과 실질적으로 관련된 국내원천 배당소득 중 소득세법 제17조 제1
항 제5호의 집합투자기구로부터의 이익은 외국법인에게 지급될 때 법인세법 제73조에 따라 예납적으로 원천
징수된다(법법 97).

2 과세표준의 계산

국내사업장 등이 없는 외국법인의 국내원천소득에 대하여는 각 국내원천소득금액별로 분리과세한다. 그러므로 국내사업장 등이 없는 외국법인의 각 사업연도의 소득에 대한 법인세의 과세표준은 각 국내원천소득금액인 것이다(법법 91 ②).

국내사업장 등이 없는 외국법인에게 국내원천소득을 지급하는 자는 해당 국내원천소득(국내원천 부동산등양도소득은 제외한다)을 지급하는 때에 법인세를 완납적으로 원천징수하여 납부하는 것이므로 소득별 수입금액(이자소득, 배당소득, 선박 등의 임대소득, 사업소득, 인적용역소득, 유가증권의 양도소득, 사용료소득 및 기타소득) 또는 양도차익(유가증권의 양도소득으로서 그 취득가액 및 양도비용이 확인되는 경우에 한한다)을 과세표준으로 한다(법법 92 ②).

이하에서 그 과세표준을 국내원천소득의 구분별로 구체적으로 살펴보기로 한다.

가. 국내원천 부동산등양도소득

① 국내원천 부동산등양도소득금액은 토지등의 양도가액에서 취득가액과 토지등을 양도하기 위하여 직접 지출한 비용을 공제한 금액으로 한다(법법 92 ③).

이 경우에 취득가액 및 양도가액은 실지거래가액에 의하되, 실지거래가액이 불분명한 경우에는 소득세법의 규정을 준용하여 계산한 가액(매매사례가액·감정가액·환산가액 또는 기준시가에 의한 가액)으로 한다. 그리고 자산의 양도시기 및 취득시기 등도 소득세법의 규정을 준용한다(법법 92 ④).

한편, 양도소득의 부당행위계산에 관하여는 소득세법 제101조를 준용한다(법법 92 ⑥).

② 상증법에 따라 상속세과세가액 또는 증여세과세가액에 산입하지 않은 토지등을 출연받은 외국법인이 그 출연받은 날부터 3년 이내에 해당 토지등을 양도하는 경우에는 해당 토지등을 출연한 출연자의 취득가액을 해당 외국법인의 취득가액으로 한다(법법 92 ③ I). 그러나 1년 이상 법령에서 규정된 사업 또는 행정관청의 허가·인가 등을 받은 사업에 직접 사용하던 토지등을 양도하는 때에는 취득가액의 승계에 관한 규정을 적용하지 않는다.

③ 국내사업장 등이 없는 외국법인이 각 사업연도에 자산을 2회 이상 양도한 경우의 양도소득금액의 계산은 해당 사업연도에 양도한 자산별로 계산한 양도소득금액을 합산한 금액으로 한다. 이 경우 양도한 자산 중 해당 자산의 취득가액 및 토지등을 양도하기 위하여 직접 지출한 비용의 합계액이 해당 자산의 양도가액을 초과하는 자산이 있는 때에는

그 초과하는 금액을 차감하여 양도소득금액을 계산한다(법령 129의2 ⑥).

나. 그 밖의 국내원천소득

1) 원칙

국내사업장 등이 없는 외국법인의 국내원천소득에 대하여는 해당 소득을 외국법인에게 지급하는 자가 그 국내원천소득에 대한 법인세를 완납적으로 원천징수하도록 하고 있기 때문에 해당 국내원천소득의 수입금액을 각 사업연도의 소득에 대한 법인세의 과세표준으로 한다(법법 92 ② I). 즉 양도소득을 제외한 그 밖의 국내원천소득의 각 사업연도의 소득에 대한 법인세 과세표준은 각 소득별 수입금액으로 하고 있는 것이다.

다만 국내사업장이 없는 외국법인의 국내원천 유가증권양도소득이 해당 법인과 특수관계가 있는 외국법인(비거주자를 포함한다)간의 거래로서 그 거래가격이 정상가격보다 낮고, 그 차액이 3억원 이상이거나 정상가격의 5퍼센트에 상당하는 경우에는 정상가격을 해당 수입금액으로 한다(법법 92 ② II, 법령 131 ⑤).[2]

위에서 '특수관계'란 다음 중 어느 하나의 관계를 말한다(법령 131 ②).
① 일방이 타방의 의결권 있는 주식의 50퍼센트 이상을 직접 또는 간접으로 소유하고 있는 관계
② 제3자가 일방 또는 타방의 의결권 있는 주식의 50퍼센트 이상 직접 또는 간접으로 각각 소유하고 있는 경우 그 일방과 타방간의 관계

다음으로 '정상가격'이란 국조법 제8조 및 국조령 제5조부터 제16조까지에 따른 방법을 준용하여 계산한 가액(정상가격을 산출할 수 없는 경우에는 소득세법 제99조 제1항 제3호부터 제6호까지의 규정과 상증법 제63조 제3항을 준용하여 평가한 가액)을 말한다(법령 131 ③).

2) 국내원천 유가증권양도소득의 특례

국내원천 유가증권양도소득에 관한 각 사업연도의 소득에 대한 법인세 과세표준은 수입금액으로 하거나 유가증권의 양도차익, 즉, 수입금액에서 확인된 해당 유가증권의 취득가액 및 양도비용을 공제하여 계산한 금액으로 할 수 있다(법법 92 ② I 가).[3] 유가증권의 양도차익을 산정할 때 취득가액이 서로 다른 동일종목의 유가증권(채권의 경우에는 액면가액, 발행일 및 만기일, 이자율 등 발행조건이 같은 동일종목의 채권을 말한다)을 보유한 외국법인이 해당 유

---

2) 이 경우에는 국조법 제6조가 적용되지 않는다. 외국법인 간의 거래이기 때문이다.
3) 여기서의 양도에는 교환이 포함된다. 대법원 2013. 7. 11. 선고 2011두4411 판결.

가증권을 양도한 경우 수입금액에서 뺄 취득가액은 이동평균법에 준하여 계산한다.

위에서 확인된 유가증권의 취득가액 및 양도비용이란 유가증권의 양도자 또는 그 대리인이 원천징수의무자에게 원천징수를 하는 날까지 제출하는 출자금 또는 주금납입영수증·양도증서·대금지급영수증, 그 밖에 출자 또는 취득 및 양도에 소요된 금액을 증명하는 자료에 의하여 그 유가증권의 취득가액 및 양도비용이 확인된 다음의 금액을 말한다(법령 129 ③).

① 해당 유가증권의 취득 또는 양도에 실지로 직접 소요된 금액(그 취득 또는 양도에 따른 조세·공과금 또는 중개수수료를 포함한다).

다만, 해당 유가증권이 출자증권 또는 주식으로서 그 출자증권 또는 주식에 법인의 잉여금의 전부 또는 일부를 출자 또는 자본금에 전입함으로써 취득한 것이 포함되어 있는 경우에는 다음 계산식에 의하여 계산한 금액으로 한다.

$$\frac{\text{구 주식 1주당 장부가액}}{(1 + \text{구 주식 1주당 신주배정수})} = \text{1주당 장부가액}$$

법문상으로는 명확하게 규정되어 있지 않지만 출자 또는 자본금 전입시에 의제배당으로 과세된 출자증권 또는 주식은 그 액면가액을 취득가액으로 해석하는 것이 타당하다(법령 14 ① I. 가 참조). 그렇게 하지 않으면 배당소득과 유가증권양도소득으로 이중과세되기 때문이다.

② 수증자, 그 밖에 이에 준하는 자가 양도한 유가증권의 취득가액은 해당 양도자산의 당초의 증여자, 그 밖에 이에 준하는 자를 해당 유가증권의 양도자로 보고 위의 ①에 따라 계산한 금액. 다만, 해당 유가증권이 국내원천 기타소득(자산수증이익)으로 과세된 경우에는 해당 유가증권의 수증당시의 시가로 한다.[4]

③ 법인세법 시행령 제88조 제1항 제8호 각목의 어느 하나 또는 같은 항 제8호의2에 해당하는 자본거래로 인하여 취득한 유가증권의 취득가액은 해당 유가증권의 취득 또는 양도에 실지로 직접 소요된 금액(그 취득 또는 양도에 따른 조세·공과금 또는 중개수수료를 포함한다)에 그 자본거래로 인하여 생긴 기타소득의 금액(법령 132 ⑭)을 더한 금액으로 한다.

---

4) 판례는 조세조약에 따라 기타소득이 비과세·면제된 경우를 '과세된 경우'와 동일시할 수는 없다고 해석한다. 즉 여기서의 '과세된 경우'는 '과세될 수 있는 경우'로 확장해석할 수 없다는 것이다. 대법원 2016. 9. 8. 선고 2016두39290 판결.

3) 국내원천 가상자산소득의 특례

국내원천 가상자산소득[5]에 관한 외국법인의 각 사업연도 국내원천소득금액은 수입금액[6]에서 취득가액[7] 등을 공제하여 계산한 금액으로 할 수 있다.

3 원천징수와 그 특례

가. 원천징수시기와 원천징수세율의 특례

외국법인에 대하여 국내원천소득 중 국내원천 이자소득, 국내원천 배당소득, 국내원천 선박등임대소득, 국내원천 사업소득, 국내원천 인적용역소득, 국내원천 부동산등양도소득, 국내원천 사용료소득, 국내원천 유가증권양도소득 및 국내원천 기타소득으로서 국내사업장과 실질적으로 관련되지 않거나 그 국내사업장에 귀속되지 않는 소득의 금액(국내사업장이 없는 외국법인에 지급하는 금액을 포함한다)을 지급하는 자[8](국내원천 부동산등양도소득의 금액을 지급하는 거주자 및 비거주자를 제외한다)는 그 지급하는 때에 그 지급액(양도소득과 유가증권의 양도소득의 경우에는 양도차익에 의할 수도 있다)에 원천징수의 특례세율을 적용하여 산출한 세액을 해당 법인의 각 사업연도의 소득에 대한 법인세로서 원천징수하여 그 원천징수한 날이 속하는 달의 다음 달 10일까지 정부에 납부하여야 한다(법법 98 ①). 원천징수의무자가 법인세를 원천징수할 때에는 대통령령으로 정하는 바에 따라 그 지급금액과 그 밖에 필요한 사항을 적은 원천징수영수증을 그 지급받는 자에게 발급하여야 한다(법법 98 ⑬).

원천징수를 하는 경우 배당소득의 지급시기에 관하여는 소득세법 제131조 제2항, 소득세법 시행령 제191조(Ⅳ 제외)를, 기타소득의 지급시기에 관하여는 소득세법 제145조의2, 소

---

5) 특정금융정보법 제2조 제3호에 따른 가상자산('가상자산')을 양도하거나 대여함으로써 발생하는 소득을 말한다(소법 21 ①).
6) 외국법인이 특정금융정보법 제2조 제1호 하목에 따른 가상자산 사업자 또는 이와 유사한 사업자가 보관·관리하는 가상자산을 인출하는 경우에는 그 시점에서 그 가상자산을 보관·관리하는 사업자가 표시한 그 가상자산 1개의 가액과 인출한 가상자산의 수량을 곱한 금액을 말한다(법령 129 ④).
7) 소득세법 제37조 제1항 제3호 및 같은 법 시행령 제88조 제2항부터 제4항까지의 규정에 따른 가상자산의 필요경비계산규정을 준용하여 계산하되, 평가방법은 「가상자산이용자 보호 등에 관한 법률」 제7조 제1항 제3호의 가상자산주소별로 이동평균법을 적용하여 계산한 금액을 말한다. 다만, 외국법인이 가상자산사업자에게 가상자산을 직접 입고한 경우 입고한 가상자산의 취득가액은 입고시점에 해당 가상자산사업자가 표시한 그 가상자산 1개의 가액에 입고한 가상자산의 수량을 곱한 금액으로 한다(법령 129 ⑤).
8) 대법원은 "'외국법인에게 지급되는 국내원천인 이자소득에 대하여 원천징수의무를 부담하는 같은 법 제98조 제1항에서의 소득금액을 지급하는 자'라 함은 계약 등에 의하여 자신의 채무이행으로서 이자소득의 금액을 실제 지급하는 자를 의미한다"고 판시하였다(대법원 2009. 3. 12. 선고 2006두7904 판결).

득세법 시행령 제202조 제3항을 준용한다(법령 137 ①). 다만, 유동화전문회사 등(법법 51의2 각 호에 해당하는 내국법인 또는 조특법 제104조의31 제1항에 따른 내국법인)이 이익 또는 잉여금의 처분[9])에 의한 배당소득을 그 처분을 결정한 날부터 3개월이 되는 날까지 지급하지 않은 때에는 그 3개월이 되는 날에 배당소득을 지급한 것으로 본다(법령 137 ②).

국내사업장 등이 있는 외국법인 외의 외국법인의 국내원천소득(국내원천 부동산등양도 소득은 제외한다)의 경우에는 법인세의 신고와 결정·경정에 의해서는 법인세의 부과 및 징수에 있어서의 실효성을 담보하기 어렵기 때문에 완납적인 원천징수제도를 두고 있다(법법 97 ①). 다만, 사업소득 중 조세조약에 따라 국내원천 사업소득으로 과세할 수 있는 소득은 제외한다(법법 98 ① III 괄호).

다음으로 국내원천 부동산등양도소득의 경우에는 조세채권의 조기확보를 위하여 자산의 양수자(양수자가 거주자 및 비거주자인 경우를 제외한다)가 양수대가를 지급할 때에 법인 세를 원천징수하여 납부하도록 하되, 과세표준과 세액의 신고·결정 및 경정을 통하여 정산하도록 하고 있다. 즉 양도소득에 대한 원천징수는 예납적 원천징수에 해당한다(법법 97 ①, 98 ① 각 호 외의 부분).

외국법인의 국내원천소득에 대한 원천징수의 특례세율은 다음과 같다(법법 98 ① 각 호).
① 국내원천 이자소득(법법 98 ① I)
   ㉮ 국가·지방자치단체 및 내국법인이 발행하는 채권에서 발생하는 이자소득: 지급금 액의 14퍼센트
   ㉯ 위 ㉮ 외의 이자소득: 지급금액의 20퍼센트
② 국내원천 배당소득(법법 98 ① II): 지급금액의 20퍼센트
③ 국내원천 선박등임대소득 및 국내원천 사업소득(법법 98 ① III, 조세조약에 따라 국내원 천 사업소득으로 과세할 수 있는 소득 제외): 지급금액의 2퍼센트
④ 국내원천 인적용역소득(법법 98 ① IV): 지급금액의 20퍼센트. 다만, 국외에서 제공하는 인적용역 중 대통령령으로 정하는 인적용역[10])을 제공함으로써 발생하는 소득이 조세조 약에 따라 국내에서 발생하는 것으로 보는 소득의 경우 지급금액의 3퍼센트

---

9) 여기서의 '이익 또는 잉여금의 처분에 의한 배당'에는 '재무제표상 배당가능이익을 초과하는 이익 또는 잉여 금의 처분에 의한 배당'도 포함된다고 보아야 한다. 법인세법 제51조의2 제1항은 유동화전문회사를 일종의 도관으로 보아 일정한 요건을 충족하면 유동화전문회사 단계에서 법인세를 부과하지 않는 대신 출자자 단계 에서 소득세 또는 법인세를 과세하고자 하는 입법취지를 갖고 있고, 유동화전문회사는 재무제표상 배당가능 이익을 초과하여서도 유효한 배당을 할 수 있을 뿐만 아니라(「자산유동화에 관한 법률」 제30조 제3항) 이에 대하여도 해당 사업연도 소득의 범위 내에서 법인세법 제51조의2 제1항에 따른 소득공제가 가능하기 때문이 다. 대법원 2015. 12. 23. 선고 2012두3255 판결.
10) 대통령령으로 정하는 인적용역이란 과학기술, 경영관리 기타 분야에 관한 전문적 지식 또는 특별한 기능을 가진 자가 해당 지식 또는 기능을 활용하여 제공하는 용역을 말한다(법령 137 ⑧, 132 ⑥ IV).

⑤ 국내원천 부동산등양도소득(법법 98 ① V) : 지급금액의 10퍼센트. 다만, 해당 양도한 자산의 취득가액 및 양도비용이 확인되는 경우에는 그 지급금액의 10퍼센트에 상당하는 금액과 그 자산의 양도차익의 20퍼센트에 상당하는 금액 중 적은 금액으로 한다.

⑥ 국내원천 사용료소득(법법 98 ① VI) : 지급금액의 20퍼센트

⑦ 국내원천 유가증권양도소득(법법 98 ① VII) : 지급금액(법법 92 ② II에 해당하는 경우 정상가격)의 10퍼센트. 다만 법인세법 제92조 제2항 제1호 가목에 따라 해당 유가증권의 취득가액 및 양도비용이 확인되는 경우에는 그 지급금액의 10퍼센트에 상당하는 금액과 같은 호 단서에 따라 계산한 금액(양도차익)의 20퍼센트에 상당하는 금액 중 적은 금액으로 한다.

⑧ 국내원천 기타소득(법법 98 ① VIII)

㉮ 사용지 기준 조세조약 상대국의 법인이 소유한 특허권등으로서 국내에서 등록되지 않고 국외에서 등록된 특허권등을 침해하여 발생하는 손해에 대하여 국내에서 지급하는 손해배상금·보상금·화해금·일실이익 또는 그 밖에 이와 유사한 소득: 15퍼센트.[11]

㉯ 가상자산소득: 다음의 구분에 따른 금액. 다만 가상자산을 교환하거나 인출하는 경우에는 다음의 구분에 상당하는 금액으로써 가상자산 단위로 표시한 대통령령(법령 137 ⑩)으로 정하는 금액으로 한다.

ⓐ 가상자산의 취득가액 등이 확인되는 경우: 지급금액의 10퍼센트에 해당하는 금액과 법인세법 제92조 제2항 제1호 나목에 따라 계산한 금액의 20퍼센트 중 적은 금액

ⓑ 가상자산의 취득가액 등이 확인되지 않는 경우: 지급금액의 10퍼센트

㉰ 위 ㉮, ㉯ 외의 기타소득: 지급금액[법인세법 제93조 제10호 다목의 소득에 대해서는 대통령령(법령 137 ①)으로 정하는 금액]의 20퍼센트

나. 외국법인의 원천징수대상채권 등에 대한 원천징수의 특례

국내사업장이 없거나 국내사업장과 실질적으로 관련되거나 그 국내사업장에 귀속될 수 있는 소득이 없는 외국법인(법법 98 ①)에게 원천징수대상채권 등[12]의 이자 및 할인액(이하에서 '이자등'이라 한다)을 지급하는 자 또는 원천징수대상채권 등의 이자 등을 지급받기

---

11) 조세조약상 사용료의 제한세율이 15퍼센트임을 고려한 것이다.
12) 원천징수대상채권 등의 범위는 소득세법 제46조 제1항에 따른 채권등 또는 투자신탁의 수익증권을 말한다 (법법 73 ⑩).

전에 외국법인으로부터 원천징수대상채권 등을 매수하는 자는 그 지급금액에 대하여 법인세법·조세특례제한법 또는 조세조약에 의한 세율(이하에서 '적용세율'이라 한다)을 적용하는 경우에 그 지급금액에 다음의 세율을 적용하여 계산한 금액을 원천징수하여야 한다(법법 98의3 ①, 법령 138의3 ①).

① 지급금액 중 해당 외국법인의 보유기간이자상당액에 대하여는 해당 외국법인에 대한 적용세율
② 지급금액 중 보유기간이자상당액(앞의 ①에 해당하는 금액)을 뺀 금액에 대하여는 14퍼센트

위의 경우 ①의 세율이 ②의 세율보다 높은 경우로서 해당 외국법인이 원천징수대상채권 등의 보유기간을 입증하지 못하는 경우에는 지급금액 전액을 해당 외국법인의 보유기간이자상당액으로 보며, ①의 적용세율이 ②의 세율보다 낮은 경우로서 해당 외국법인이 원천징수대상채권 등의 보유기간을 입증하지 못하는 경우에는 해당 외국법인의 보유기간이자상당액은 없는 것으로 본다.

다. 외국법인의 유가증권 양도소득 등에 관한 신고·납부의 특례

① 국내사업장이 없는 외국법인은 동일한 내국법인의 주식 또는 출자증권을 동일한 사업연도(해당 주식 또는 출자증권을 발행한 내국법인의 사업연도를 말한다)에 2회 이상 양도함으로써 비로소 조세조약에서 정한 과세기준을 충족하게 된 때에는 양도 당시 원천징수되지 않은 소득에 대한 원천징수세액 상당액을 양도일이 속하는 사업연도의 종료일부터 3개월 이내에 납세지 관할 세무서장에게 신고·납부하여야 한다(법법 98의2 ①).[13] 국내사업장이 있는 외국법인의 소득으로서 그 국내사업장과 실질적으로 관련되지 않거나 그 국내사업장에 귀속되지 않은 소득도 마찬가지이다(법법 98의2 ②).
납세지 관할 세무서장은 외국법인이 위의 신고·납부를 하지 않거나 신고하여야 할 과세표준에 미달하게 신고한 경우 또는 납부하여야 할 세액에 미달하게 납부한 경우에는 가산세를 가산한 세액을 결정 또는 경정하고 이를 징수하여야 한다.
② 국내사업장이 없는 외국법인은 주식·출자증권 또는 그 밖의 유가증권(이하에서 '주식 등'이라 한다)을 국내사업장이 없는 비거주자 또는 외국법인에게 양도하는 경우로서 대통령령으로 정하는 경우에는 그 양도로 인하여 발생하는 소득의 10퍼센트(양도한 자산

---

13) 2회 이상의 양도로 인하여 한국이 과세권을 가지게 되는데 그 이전의 1회분 주식양도에 관하여 소득의 지급자에게 소급적으로 원천징수의무를 지울 수 없기 때문이다.

의 취득가액 및 양도가액이 확인되는 경우에는 그 지급금액 등의 10퍼센트에 상당하는
금액과 소득금액의 20퍼센트에 상당하는 금액 중 적은 금액)를 지급받은 날이 속하는
달의 다음 다음 달 10일까지 해당 주식등 유가증권을 발행한 내국법인의 소재지를 관할
하는 세무서장에게 신고·납부하여야 한다. 다만, 주식등 양도에 따른 소득의 금액을 지
급하는 자가 법인세법 제98조에 따라 해당 주식등의 양도로 발생한 국내원천소득에 대
한 법인세를 원천징수하여 납부한 경우에는 그렇지 않다(법법 98의2 ③).

위에서 국내사업장이 없는 비거주자 또는 외국법인에게 양도하는 경우로서 대통령령으
로 정하는 경우란 조특령 제18조 제4항 제1호, 제2호에 따라 과세되는 주식등 유가증권
과 외국에서 거래되는 원화표시 유가증권(외국유가증권시장 외에서 거래되는 것을 말
한다)을 양도하는 경우를 말한다(법령 138의2 ③).

③ 국내사업장이 없는 외국법인은 국내에 있는 자산을 국내사업장이 없는 비거주자나 외국
법인으로부터 증여받아 소득이 발생하는 경우에는 수입금액의 20퍼센트를 증여받은 날
이 속하는 달의 말일부터 3개월 이내에 납세지 관할 세무서장에게 신고·납부하여야 한
다. 다만, 자산을 증여하는 자가 국내원천소득에 대한 법인세를 원천징수하여 납부한 경
우에는 그렇지 않다(법법 98의2 ④).

라. 국외투자기구에 대한 실질귀속자 특례

외국법인이 국외투자기구[14]를 통하여 국내원천소득을 지급받는 경우에는 그 외국법인을
국내원천소득의 실질귀속자[15]로 본다.[16] 다만, 국외투자기구가 다음의 어느 하나에 해당하
는 경우에는 그 국외투자기구를 국내원천소득의 실질귀속자로 본다(법법 93의2 ①).[17] 외국
법인이 국외투자기구를 통하여 국내원천소득을 지급받는 경우의 실질귀속자 판정 기준을
명확하게 하기 위한 규정으로서 원칙적으로 국외투자기구에 실제로 투자한 투자자가 실질
귀속자로서 국내세법과 조세조약을 적용받도록 한 것이다.[18]

14) 투자권유를 하여 모은 금전 등을 재산적 가치가 있는 투자대상자산의 취득, 처분 또는 그 밖의 방법으로
운용하고 그 결과를 투자자에게 배분하여 귀속시키는 투자행위를 하는 기구로서 국외에서 설립된 기구를
말한다(법법 93의2 ① 괄호).
15) 그 국내원천소득과 관련하여 법적 또는 경제적 위험을 부담하고 그 소득을 처분할 수 있는 권리를 가지는
등 그 소득에 대한 소유권을 실질적으로 보유하고 있는 자를 말한다(법법 93의2 ① 괄호).
16) 법인세법 제93조의2 각 호 외의 부분 단서와의 관계상 국외투자기구가 국내원천소득의 실질귀속자에 해당
하지 않는다는 판단을 전제로 한다. 이창희, "국외투자기구에 대한 실질귀속자 특례", 「서울대학교 법학」
제60권 제3호, 2019, 188면.
17) 소득세법 제2조 제3항에 따른 법인으로 보는 단체 외의 법인 아닌 단체인 국외투자기구는 ②, ③에 해당하는
경우로 한정한다.
18) 김정홍, "케이만 유한 파트너쉽의 외국법인 해당 여부에 대한 검토 및 향후 과제", 「조세학술논집」 제36집

① 다음의 요건을 모두 충족하는 경우

㉮ 조세조약에 따라 그 설립된 국가에서 납세의무[19]를 부담하는 자에 해당할 것

㉯ 국내원천소득에 대한 조세조약이 정하는 비과세·면제 또는 제한세율을 적용받을 수 있는 요건을 갖추고 있을 것

② ①에 해당하지 않는 국외투자기구가 조세조약에서 국내원천소득의 수익적 소유자로 취급되고 있는 것으로 규정되고[20] 국내원천소득에 대하여 조세조약이 정하는 비과세·면제 또는 제한세율을 적용받을 수 있는 요건을 갖추고 있는 경우

③ 위 ①, ②에 해당하지 않는 국외투자기구가 그 국외투자기구에 투자한 투자자를 입증하지 못하는 경우(투자자가 둘 이상인 경우로서 투자자 중 일부만 입증하는 경우에는 입증하지 못하는 부분으로 한정한다). 이 경우에는 그 국외투자기구에 대하여 조세조약에 따른 비과세·면제 및 제한세율[21]의 규정을 적용하지 않는다(법법 93의2 ②).

마. 조세회피지역에 소재하는 외국법인에 대한 원천징수절차의 특례

1) 제도적 취지

국내 원천징수의무자가 기획재정부장관이 고시하는 조세회피지역에 소재하는 외국법인에게 투자소득을 지급하는 경우에는 우선 국내세법에 따라 소득세를 원천징수하여 납부하도록 하되, 펀드 등이 5년 이내에 해당 투자소득의 실질귀속자임을 입증하는 서류를 갖추어 경정을 청구하는 경우에는 해당 조세조약을 적용하여 기납부세액을 환급한다. 다만, 국세청에 사전에 신고하여 승인을 얻은 외국법인에 대하여는 처음부터 조세조약을 적용할 수 있도록 예외를 허용하고 있다.

조세회피지역에 소재하는 외국법인이 조세조약을 남용하여 조세회피를 하는 행위(treaty shopping)를 방지하기 위한 법적 장치이다.

제1호, 2020, 96면.

19) 여기서의 납세의무는 조세조약을 적용받기 위하여 거주자에게 요구되는 포괄적 납세의무(comprehensive liability to tax)를 의미한다. 2017년 OECD 모델조약 제4조 주석 문단 2.

20) 2017년 OECD 모델조약 제1조 주석 문단 40은 다음과 같은 조문을 그 예로 들고 있다.

> 이 조약의 다른 규정에 불구하고, 일방체약국에서 설립되어 타방체약국에서 발생된 소득을 수취하는 집합투자기구는, 해당 소득을 수취하는 일방체약국의 거주자인 개인이 동일한 상황에서 해당 소득을 수취하였다면 그 소득의 수익적 소유자로 간주되었을 경우라면, 해당 소득에 관하여 조세조약을 적용할 때에는 설립지국의 거주자인 개인이면서 동시에 수취하는 소득의 수익적 소유자로 본다. 다만, 집합투자기구 설립지국의 거주자가 집합투자기구에 관한 수익적 지분을 보유하는 범위 내에서만 그렇다.

21) 조세조약에 따라 체약상대국의 거주자 또는 법인에 대하여 과세할 수 있는 최고세율을 말한다.

2) 원천징수절차의 특례

원천징수의무자가 기획재정부장관이 고시하는 국가 또는 지역(조세회피지역)에 소재하는 외국법인의 국내원천소득 중 이자소득, 배당소득, 부동산주식등[22] 양도소득, 사용료소득, 및 유가증권양도소득(이하에서 '투자소득'이라 한다)에 대하여 각 사업연도의 소득에 대한 법인세로서 원천징수하는 경우에는 법인세법 및 조세조약에서의 비과세·면제 또는 제한세율의 규정에 불구하고 외국법인의 국내원천소득에 대한 원천징수의 특례세율(법법 98 ①)을 적용하여 법인세를 원천징수하여야 한다(법법 98의5 ①).

그러나 국세청장이 조세조약에서의 비과세·면제 또는 제한세율[23]의 규정을 적용받을 수 있음을 사전승인하는 경우에는 비과세 또는 면제하거나 제한세율을 적용하여 법인세를 원천징수한다. 조세조약에서의 비과세·면제 또는 제한세율의 적용을 위한 사전승인신청을 받은 국세청장은 국내원천소득을 직접 또는 간접적으로 수취할 법인이 해당 국내원천소득과 관련하여 다음 중 어느 하나에 해당하는 경우에는 사전승인을 하여야 한다(법령 138의5 ②).

① 소득수취법인이 해당 국내원천소득의 실질귀속자에 해당하고 해당 체약상대국의 법인인 경우
② 소득수취법인이 조세조약 체약상대국의 정부기관 등에 해당하는 경우
③ 소득수취법인의 발행주식이 체약상대국의 법령에 의하여 인정되는 유가증권시장에 상장된 상장법인의 주식으로서 정규적인 거래가 이루어지는 경우
④ 소득수취법인의 발행주식총수의 50퍼센트 이상이 체약상대국의 개인·정부기관 등 또는 상장법인에 의하여 직접 또는 간접으로 소유되는 법인인 경우
⑤ 소득수취법인이 체약상대국의 연금·기금 또는 그와 유사한 단체인 경우에는 동 연금·기금 또는 단체로부터 수혜를 받는 자의 50퍼센트 이상이 체약상대국의 거주자인 경우
⑥ 소득수취법인의 최근 3년 동안의 수입금액(3년 이내에 설립된 법인은 설립이후 현재까지의 수입금액) 중 주식·채권의 보유나 양도 또는 무형자산의 사용이나 양도로부터 발생하는 최근 3년 동안의 수입금액(3년 이내에 설립한 법인은 설립이후 현재까지 수입금액)의 비율이 10퍼센트 이하인 법인인 경우
⑦ 소득수취법인이 다음의 요건을 모두 갖춘 투자회사 그 밖에 이에 준하는 단체(이하에서 '투자회사등'이라 한다)인 경우
　㉮ 투자회사등의 사업활동의 투명성과 독립성이 보장되도록 체약상대국의 금융당국이 동 투자회사 등을 규율하고 있을 것

---

22) 부동산주식등에 관하여는 법인세법 제93조 제6호 나목 참조.
23) 조세조약상 제한세율의 적용을 받기 위한 절차 등에 관하여는 법인세법 제98조의6, 법인세법 시행령 제138조의7 참조.

㉯ 직전과세연도(신규로 설립된 법인인 경우 현재 과세연도)기간 중에 투자회사 등의
투자자가 일일평균 100명 이상일 것
⑧ 소득수취법인이 해당 소득에 대하여 부담할 세액이 원천징수세율의 특례(법법 98 ①)를
적용하여 계산한 세액과 해당국과의 조세조약에 따라 과세될 세액과의 차익의 50퍼센트
이상이 되는 경우

3) 실질귀속자의 경정청구

국내원천소득을 실질적으로 귀속받는 법인(그 대리인 또는 납세관리인을 포함한다)이
해당 소득에 대하여 조세조약에서의 비과세·면제 또는 제한세율의 규정을 적용받고자 하
는 경우에는 법인세가 원천징수된 날이 속하는 달의 다음 달 11일부터 5년 이내에 원천징
수의무자의 납세지 관할 세무서장에게 경정을 청구할 수 있다. 다만 국세기본법 제45조의2
제2항 각 호의 어느 하나에 해당하는 사유, 즉 후발적 경정사유가 발생하였을 때에는 그
사유가 발생한 것을 안 날부터 3개월 이내에 경정을 청구할 수 있다(법법 98의5 ②).

경정청구를 받은 세무서장은 그 청구를 받은 날부터 6개월 이내에 과세표준과 세액을 경
정하거나 경정하여야 할 이유가 없다는 뜻을 그 청구를 한 자에게 통지하여야 한다. 세무서
장은 경정청구를 한 국내원천 이자소득, 국내원천 배당소득, 국내원천 사용료소득, 국내원
천 유가증권양소득을 수취한 자가 해당 국내원천소득의 실질귀속자에 해당하는 경우에는
경정하여야 한다(법령 138의6 ②).

지급명세서와 원천징수영수증에 기재된 소득자가 해당 소득의 형식귀속자에 불과하고
실질귀속자는 따로 있는 경우 그 형식귀속자가 국세기본법 제45조의2 제4항에 정한 원천징
수대상자로서 과세표준 및 세액의 경정청구권을 행사할 수 있는지 여부가 문제될 수 있다.
판례는 소득의 실질적인 귀속 여부는 실체적 심리를 거쳐서 비로소 판명되는 것이므로, 지
급명세서와 원천징수영수증에 기재된 소득자가 해당 소득의 실질귀속자임을 전제로 경정
청구를 하는 이상 그 청구를 허용할 필요가 있다는 이유로 이를 긍정하고 있다.[24] 판례의
입장이 타당하다.

바. 외국법인에 대한 조세조약상 제한세율 적용을 위한 원천징수절차의 특례

과거에는 소득의 실질귀속자가 아닌 외국법인[25]이 부당하게 조세조약의 혜택을 받은 경
우 과세관청이 원천징수의무자에게 본세 및 가산세를 부과하였다. 이에 따라 원천징수의무

---

24) 대법원 2017. 7. 11. 선고 2015두55134·55141 판결.
25) 비거주자에 관하여는 소득세법 제156조의6이 규정하고 있다.

자가 부당하게 피해를 입는 사례가 발생하자 2011. 12. 31.에 법인세법을 개정하면서 소득의 실질귀속자인 외국법인이 조세조약에 따른 제한세율을 적용받고자 할 경우에는 제한세율 적용신청서 및 국내원천소득의 실질귀속자임을 증명하는 서류('신청서등')를 원천징수의무자에게 제출하도록 하였다(법법 98의6 ①).[26] 국외투자기구를 국내원천소득의 실질귀속자로 보는 경우(법법 93의2 ① I)에는 그 국외투자에 투자한 투자자의 국가별 현황 등이 포함된 실질귀속자 특례 국외투자기구 신고서를 함께 제출하여야 한다(법령 138의7 ① 後). 이 경우 해당 국내원천소득이 국외투자기구(법령 138의7 ②)를 통하여 지급되는 경우에는 그 국외투자기구가 실질귀속자로부터 신청서등을 제출받아 그 명세가 포함된 실질귀속자 특례 국외투자기구 신고서와 함께 원천징수의무자에게 제출해야 한다(법법 98의6 ②, 법령 138의7 ③, ④).[27]

원천징수의무자는 실질귀속자 또는 국외투자기구로부터 제출받은 신청서등에 누락된 사항이나 미비한 사항이 있으면 보완을 요구할 수 있고, 신청서등 또는 국외투자기구 신고서를 제출받지 못하거나 제출된 서류를 통해서는 실질귀속자를 파악할 수 없는 등 대통령령으로 정하는 사유(법령 138의7 ⑦)에 해당하는 경우에는 제한세율을 적용하지 않고 원천징수해야 한다(법법 98의6 ③).[28] 이에 따라 적용받은 제한세율에 오류가 있거나 제한세율을 적용받지 못한 실질귀속자가 제한세율을 적용받으려는 경우에는 실질귀속자[29] 또는 원천징수의무자가 세액이 원천징수된 날이 속하는 달의 다음 달 11일부터 5년 이내에 원천징수의무자의 납세지 관할 세무서장에게 경정을 청구할 수 있다(법법 98의6 ④, 법령 138의8). 다만, 국세기본법 제45조의2 제2항 각 호의 어느 하나에 해당하는 사유, 즉 후발적 경정사유가

---

26) 이경근, 「국제조세의 이해와 실무」, ㈜조세영화통람, 2016, 668-669면. 다만 자본시장법 296 V에 따른 외국예탁결제기관이 같은 법 제294조에 따른 한국예탁결제원에 개설한 계좌를 통하여 지급받는 국내원천소득의 경우에는 제한세율 적용신청서를 제출하지 않을 수 있다(법령 138의7 ① 但).

27) 다만 일정한 요건을 모두 갖춘 국외공모집합투자기구는 그렇지 않다(법령 138의7 ③ 但).

28) 판례는 국세기본법 제14조 제1항이 규정하는 실질과세의 원칙은 법인세법 제98조 제1항 제3호가 규정하는 국내원천 배당소득에 대한 원천징수에도 그대로 적용되므로, 국내원천 배당소득을 지급하는 자는 특별한 사정이 없는 한 그 소득에 관하여 귀속 명의와 달리 실질적으로 귀속되는 자가 따로 있는지를 조사하여 실질적인 귀속자를 기준으로 그 소득에 대한 법인세를 원천징수할 의무가 있다고 한다. 다만 국내원천 배당소득을 지급하는 자는 조세수입의 조기확보와 조세징수의 효율성 도모 등의 공익적 요청에 따라 원천징수의무를 부담하는 반면, 질문검사권 등 세법이 과세관청에 부여한 각종 조사권은 가지고 있지 아니한 점 등을 고려하면, 국내원천 배당소득을 지급하는 자가 거래 또는 소득금액의 지급과정에서 성실하게 조사하여 확보한 자료 등을 통해서도 그 소득의 실질적인 귀속자가 따로 있다는 사실을 알 수 없었던 경우까지 실질적인 귀속자를 기준으로 그 소득에 대한 법인세를 원천징수할 의무가 있다고 볼 수는 없다고 하여 원천징수의무자의 원천징수의무의 범위를 제한하고 있다(대법원 2017. 12. 28. 선고 2017두59253 판결, 대법원 2016. 11. 9. 선고 2013두23317 판결, 대법원 2015. 8. 19. 선고 2014두40166 판결, 대법원 2013. 9. 26. 선고 2011두12917 판결).

29) 국외투자기구도 법인세법 제98조의6 제1항에서 정한 '국내원천소득을 실질적으로 귀속받는 외국법인'에 해당하면 조세조약에 따른 제한세율을 적용받기 위한 경정청구를 할 수 있다는 것이 판례이다. 대법원 2022. 10. 27. 선고 2020두47397 판결. 관련 논의는 김범준, "국외공모투자기구에게 지급된 소득의 경정청구권자에 관한 해석", 「세무와 회계연구」, 제11권 제1호, 2022, 201면 이하.

발생하였을 때에는 그 사유가 발생한 것을 안 날부터 3개월 이내에 경정을 청구할 수 있다. 이와 관련하여 지급명세서와 원천징수영수증에 기재된 형식적 소득 귀속자가 원천징수대상자로서 과세표준 및 세액의 경정청구를 할 수 있는지 여부가 문제되는데, 대법원이 이를 긍정하는 입장임은 앞서 본 바와 같다.[30)]

사. 외국법인에 대한 이자·배당 및 사용료에 대한 세율의 적용 특례

조세조약의 규정상 외국법인의 국내원천소득 중 이자, 배당 또는 사용료소득에 대해서는 제한세율과 다음의 세율 중 낮은 세율을 적용한다. 다만 조세회피지역에 소재하는 외국법인에 대한 원천징수절차의 특례(법법 98의5)가 적용되는 경우에는 그 특례에 따라 원천징수한다.[31)]

① 조세조약의 대상 조세에 지방소득세가 포함되지 않는 경우: 법인세법 제98조 제1항 제1호, 제2호, 제6호에서 규정하는 세율

② 조세조약의 대상 조세에 지방소득세가 포함되는 경우: 법인세법 제98조 제1항 제1호, 제2호, 제6호에서 규정하는 세율에 지방세법 제103조의52 제1항의 원천징수하는 법인세의 10퍼센트를 반영한 세율

아. 외국인 통합계좌를 통하여 지급받는 국내원천소득에 관한 원천징수 특례

외국법인 또는 국외투자기구가 외국인 통합계좌(자본시장법 12 ② I 나)를 통하여 국내원천소득을 지급받는 경우 해당 국내원천소득을 외국인 통합계좌를 통하여 지급하는 자는 외국인 통합계좌의 명의인에게 그 소득금액을 지급할 때 법인세법 제98조 제1항 각 호의 구분에 따른 금액을 법인세로 원천징수하여야 한다. 이와 같이 소득을 지급받은 외국법인 또는 국외투자기구는 조세조약상 비과세·면제 또는 제한세율을 적용받으려는 경우에는 납세지 관할 세무서장에게 경정을 청구할 수 있다(법법 98의8).

자. 그 밖의 특례

① 국내원천소득이 국외에서 지급되는 경우에 그 지급자가 국내에 주소·거소·본점·주

---

30) 대법원은 그 이유로서 소득의 실질적인 귀속 여부는 실체적 심리를 거쳐서 비로소 판명되는 것이므로, 지급명세서와 원천징수영수증에 기재된 소득자가 해당 소득의 실질귀속자임을 전제로 경정청구를 하는 이상 그 청구를 허용할 필요가 있다는 점을 든다. 대법원 2017. 7. 11. 선고 2015두55134·55141 판결.

31) 이 경우 법인세법 제98조의5 제3항에 따라 과세표준과 세액을 경정하는 경우에는 제한세율과 법인세법 제98조의7 제1항 각 호에서 규정한 세율 중 낮은 세율을 적용한다.

사무소 또는 국내사업장(소득세법 제120조에 따른 국내사업장을 포함)을 둔 경우에는 그 지급자가 해당 국내원천소득을 국내에서 지급하는 것으로 보고 원천징수한다(법법 98 ⑨).

② 국내사업장이 없는 외국법인에게 외국차관자금으로 비거주자의 국내원천소득 중 이자소득·사업소득·인적용역소득 및 사용료소득을 지급하는 자는 해당 계약조건에 따라 그 소득을 자기가 직접 지급하지 않는 경우에도 그 계약상의 지급조건에 따라 그 소득이 지급될 때마다 원천징수를 하여야 한다(법법 98 ⑤).

③ 외국을 항행하는 선박이나 항공기를 운영하는 외국법인의 국내대리점으로서 외국법인의 종속대리인에 해당하지 않는 자가 그 외국법인에 외국을 항행하는 선박이나 항공기의 항행에서 생기는 소득을 지급할 때에는 그 외국법인의 국내원천소득금액에 대하여 원천징수하여야 한다(법법 98 ⑥).

④ 유가증권을 자본시장법에 따른 투자매매업자 또는 투자중개업자를 통하여 양도하는 경우에는 해당 투자매매업자 또는 투자중개업자가 원천징수를 하여야 한다. 다만, 자본시장법에 따라 주식을 상장하는 경우로서 이미 발행된 주식을 양도하는 경우에는 해당 주식을 발행한 법인이 원천징수하여야 한다(법법 98 ⑦).

⑤ 외국법인에게 건축, 건설, 기계장치 등의 설치·조립 기타의 작업이나 그 작업의 지휘·감독 등에 관한 용역을 제공함으로써 발생하는 국내원천소득 또는 법인세법 제93조 제6호에 따라 인적용역을 제공함에 따른 국내원천소득(조세조약에서 사업소득으로 구분하는 경우를 포함)을 지급하는 자는 해당 소득이 국내사업장에 귀속되는 경우에도 원천징수세율의 특례규정(세율: 20퍼센트)에 따라 원천징수를 하여야 한다. 다만, 해당 국내사업장이 사업자등록을 한 경우를 제외한다(법법 98 ⑧).

⑥ 외국법인이 민사집행법에 따른 경매 또는 국세징수법에 따른 공매로 인하여 법인세법 제93조에 따른 국내원천소득을 지급받는 경우에는 해당 경매대금을 배당하거나 공매대금을 배분하는 자가 해당 외국법인에 실제로 지급하는 금액의 범위에서 원천징수를 하여야 한다(법법 98 ⑩).

⑦ 외국법인에 대하여 원천징수를 할 경우 배당소득 및 기타소득의 지급시기에 관하여는 각각 소득세법 제131조 제2항, 같은 법 시행령 제191조(IV 제외), 소득세법 제145조의2, 같은 법 시행령 제202조 제3항을 준용한다(법령 137 ①).

⑧ 이자소득 중 외국법인 또는 비거주자로부터 지급받는 소득으로서 해당 소득을 지급하는 외국법인 또는 비거주자의 국내사업장과 실질적으로 관련하여 그 국내사업장의 소득금액계산에 있어서 필요경비 또는 손금에 산입되는 것의 지급시기는 위의 소득을 지급하는 외국법인 또는 비거주자의 해당 사업연도 또는 과세기간의 소득에 대한 과세표준의

신고기한의 종료일(신고기한을 연장한 경우에는 그 연장한 기한의 종료일)로 한다(법령 137 ④).

⑨ 외국인의 국내 투자자금의 변동성이 확대되어 외환부문의 건전성을 저해하는 등 금융시장에 불안을 초래하고 통화정책을 수행하는 데 어려움에 처하거나 처할 우려가 있어 긴급히 필요하다고 인정되는 때에는 외국법인의 소득 중 다음의 소득에 대하여는 해당 원천징수의 세율(법법 98 ①의 세율)을 인하하거나 영의 세율로 할 수 있다. 이 경우 기획재정부장관은 인하할 세율과 그 필요성에 관한 내용을 국회 소관 상임위원회에 사전에 보고하여야 한다(법법 98 ②).

    ㉠ 국내원천 이자소득 중 국채법 제3조 제1항에 따라 발행하는 국채 및 대통령령으로 정하는 채권에서 발생하는 소득

    ㉡ 국내원천 유가증권양도소득 중 국채 등의 양도로 인하여 발생하는 소득

⑩ 국내원천 인적용역소득이 법인세법 제98조 제1항 제4호에 따른 20퍼센트 또는 3퍼센트의 세율로 원천징수되는 외국법인은 국내용역 제공기간(용역 제공기간이 불분명할 때에는 입국일부터 출국일까지의 기간)에 발생한 국내원천 인적용역소득에서 그 소득과 관련되는 것으로 입증된 비용을 뺀 금액(과세표준)을 용역 제공기간 종료일부터 3개월 이내에 대통령령으로 정하는 바에 따라 원천징수의무자의 납세지 관할 세무서장에게 신고·납부할 수 있다(법법 99 ①).

⑪ 국내에 고정사업장이 없는 외국법인의 경우 국내원천 가상자산소득(기타소득)을 지급하는 자가 원천징수하여야 하지만, 가상자산사업자등을 통하여 발생하는 외국법인의 국내원천 가상자산소득(기타소득)은 가상자산사업자등이 원천징수세액(법법 98 ① Ⅷ 나)을 인출하는 달의 다음 달 10일(매년 1월 1일부터 12월 31일까지 인출하지 않은 경우 그 다음연도 1월 10일)까지 대통령령으로 정하는 바(법령 137 ⑫)에 따라 납세지 관할 세무서등에 납부하여야 한다(법법 98 ⑯).[32]

차. 원천징수의무 불이행의 효과

위에서 본 원천징수의무자가 원천징수의무를 이행하지 않을 경우 납세지 관할 세무서장은 지체없이 국세징수의 예에 따라 원천징수의무자로부터 그 징수하는 금액에 가산세(기법 47의5 ①)를 더하여 징수하여야 한다. 이 경우 원천납세의무자에 대하여 직접 징수처분을 할 수 있는지가 문제인데 원천납세의무자인 비거주자에게 소득세를 직접 징수할 수 없다고

---

32) 이때 가상자산을 양도·대여·인출하는 자가 원천징수대상에 해당하는지 여부에 대하여 가상자산사업자등이 확인하는 방법은 대통령령으로 정한다(법법 98 ⑰).

판시한 판례[33]에 비추어 보아 부정적으로 해석하여야 할 것이다.[34]

4 세액의 계산

국내사업장 등이 없는 외국법인의 부동산등양도소득 외의 국내원천소득은 완납적 원천징수로써 납세의무가 종결된다. 여기에 해당하는 국내원천소득의 세액계산에 관한 상세한 논의는 앞의 '원천징수와 그 특례'(1013면)에서 살펴본 바와 같다.

5 과세표준과 세액의 신고 등

국내사업장 등이 없는 외국법인으로서 국내원천 부동산등양도소득이 있는 외국법인의 각 사업연도의 소득에 대한 법인세 과세표준 및 세액의 신고·납부·결정·경정 및 징수에 대하여는 내국법인의 각 사업연도의 소득에 대한 법인세 과세표준과 세액의 신고·납부·결정·경정 및 징수에 관한 규정을 준용한다(법법 97 ①).

그러나 국내사업장 등이 없는 외국법인으로서 양도소득 외의 국내원천소득이 있는 외국법인은 완납적 원천징수로써 납세의무가 종결된 것이므로 특별한 납세절차를 필요로 하지 않는다.

6 외국법인의 국채 등 이자·양도소득에 관한 과세특례 등

가. 외국법인의 일정한 이자·양도소득에 관한 법인세 비과세

원천징수의 대상이 되는 외국법인의 국내원천 이자소득 중 국채등[국채(국채법 5 ①), 통화안정증권(「한국은행 통화안정증권법」), 대통령령으로 정하는 채권 및 적격외국금융회사등을 통하여 취득·보유·양도하는 국채등(법법 93의3 ②)]에서 발생하는 소득 및 국내원천유가증권양도소득 중 국채등의 양도로 발생하는 소득에 관하여는 법인세를 과세하지 않는다. 외국법인의 국채 투자를 유도하여 국내 자금조달을 용이하게 하고, 향후 세계국채지수 편

---

33) 대법원 2016. 1. 28. 선고 2015두52050 판결. 국내 법인세 법률관계에 관하여 같은 취지의 것으로 대법원 1984. 2. 14. 선고 82누177 판결("…원천징수제도에 있어서 조세법률관계는 원칙적으로 원천징수의무자와 과징권자인 세무관서와의 간에만 존재하게 되고 납세의무자와 세무관서와의 사이에 있어서는 원천징수된 세금을 원천징수의무자가 세무관서에 납부한 때에 납세의무자로부터 납부가 있는 것으로 되는 것 이외에는 원칙적으로 양자간에는 조세법률관계가 존재하지 아니하고 납세의무자는 특단의 사정이 없는 한 원천징수의 유무에 불구하고 그 조세채무의 불이행 또는 이행지체의 책임을 과세권자로부터 추궁당하지 아니한다…").

34) 김완석/정지선, 「소득세법론」 제26판, 삼일인포마인, 2020, 822-825면.

입에 따라 한국 국채에 관한 안정적인 글로벌 수요를 확보를 도모하려는 취지의 규정이다.[35]

나. 국외투자기구의 실질귀속자 의제

외국법인이 사모·공모 국외투자기구를 통하여 위 일정한 이자·양도소득을 지급받은 경우에는 법인세법 제93조의2 제1항에도 불구하고 해당 국외투자기구를 위 각 소득의 실질귀속자로 본다(법법 93의3 ③).

다. 비과세적용신청절차

비과세를 적용받으려는 외국법인(실질귀속자로 의제하는 국외투자기구 포함[36]) 또는 적격외국금융회사등은 납세지 관할 세무서장에게 비과세적용신청을 하여야 한다(법법 93의3 ③, 법령 132의4). 비과세를 적용받지 못한 외국법인(실질귀속자로 의제하는 국외투자기구 포함) 또는 적격외국금융회사등 또는 위 일정한 이자·양도소득을 지급하는 자가 납세지 관할 세무서장에게 경정을 청구할 수 있다(법법 93의3 ⑥). 국세기본법은 원천징수대상자인 외국법인에 대하여 경정청구권을 원칙적으로 인정하지 않고 있는 것(기법 45의2 ⑤)에 관한 예외이다.[37] 경정청구의 기한 및 방법·절차 등에 관하여는 법인세법 제98조의4 제5항부터 제7항까지를 준용한다.

라. 내국법인의 신고·납부절차

사모·공모 국외투자기구의 투자자 중 내국법인이 포함되어 있으면 해당 국외투자기구의 원천징수의무가 면제되고 해당 내국법인이 직접 신고·납부하여야 한다(법법 93의3 ⑤, 법령 132의5).

---

35) 김경호, "법인세법 일부개정법률안 검토보고", 기획재정위원회, 2022. 11., 123면.
36) 이 경우 투자자별로 비과세를 신청할 필요가 없고 국외투자기구의 거주자 증명서만 제출하면 된다.
37) 이 규정에 관하여는 국외투자기구를 실질귀속자로 의제하는 규정 및 실질귀속자에 대하여 경정청구권을 인정하고 있는 판례(대법원 2022. 10. 26. 선고 2020두47937 판결)와 상충하는 측면이 있다는 지적도 있다. 이정은, "법인세법 일부개정법률안 검토보고", 기획재정위원회, 2024. 11., 69-70면.

7 조세조약에 따른 비과세·면제의 신청

가. 비과세·면제신청서의 제출

국내원천소득(법법 93 V 제외)을 실질적으로 귀속받는 외국법인('실질귀속자'[38])이 조세조약에 따라 비과세 또는 면제를 적용받으려는 경우에는 대통령령(법령 138의4)으로 정하는 바에 따라 비과세·면제신청서 및 국내원천소득의 실질귀속자임을 증명하는 서류('신청서등')를 국내원천소득을 지급하는 자('소득지급자')에게 지급하고 해당 소득지급자는 그 신청서등을 납세지 관할 세무서장에게 제출하여야 한다(법법 98의4 ①, 법령 138의4 ①). 국외투자기구를 국내원천소득의 실질귀속자로 보는 경우(법법 93의2 ① I) 그 국외투자기구에 투자한 투자자의 국가별 현황 등이 포함된 국외투자기구신고서를 함께 제출하여야 한다(법법 98의4 ① 但). 다만 국내원천소득 중 국내원천 사업소득은 신청의무가 면제되어 있다(법법 98의4 ① 괄호).[39]

이 경우 국내원천소득이 국외투자기구를 통하여 지급되는 경우에는 그 국외투자기구가 대통령령으로 정하는 바에 따라 실질귀속자로부터 신청서등을 제출받아 이를 그 명세가 포함된 국외투자기구 신고서와 함께 비과세·면제신청서를 소득지급자에게 제출하고 해당 소득지급자는 그 신고서와 신청서등을 납세지 관할 세무서장에게 제출하여야 한다(법법 98의4 ②, 법령 138의4 ①, ②).

한편 소득지급자는 실질귀속자 또는 국외투자기구로부터 제출받은 신청서등에 누락된 사항이나 미비한 사항이 있으면 보완을 요구할 수 있고 신청서등 또는 국외투자기구 신고서를 제출받지 못하거나 제출된 서류를 통해서는 실질귀속자를 파악할 수 없는 등 대통령령으로 정하는 사유(법령 138의4 ⑬)에 해당하는 경우에는 비과세 또는 면제를 적용하지 않고 법인세법 제98조 제1항 각 호의 금액을 원천징수하여야 한다(법법 98의4 ③).

---

38) 실질귀속자에 관하여는 법인세법 제93조의2 제1항 각 호 외의 부분 본문이 '해당 국내원천소득과 관련하여 법적 또는 경제적 위험을 부담하고 그 소득을 처분할 수 있는 권리를 가지는 등 해당 소득에 대한 소유권을 실질적으로 보유하고 있는 자'로 정의하고 있다.

39) 2024. 12. 31. 법률 제20613호로 법인세법이 개정되기 전에는 국내원천 인적용역소득에 관하여도 신청의무가 면제되고 있었으나 국내원천 인적용역소득에 관하여만 조세조약에 따른 비과세·면제를 받기 위해 신청을 면제할 이유가 크지 않았고 특히 인적용역소득은 고정사업장이 없어도 체류기간, 금액 등에 따라 원천지국에서 과세가 가능한 경우가 다수 존재함에도 실무적으로 구분이 어려운 상황이었다. 이에 비과세 요건, 소득 구분 등 오류로 과세누락되는 경우를 방지하고, 원천징수의 적정여부 판단에 따라 필요한 자료를 확보하기 위해 위 개정으로 국내원천 인적용역소득에 관하여도 비과세·면제 적용을 받기 위한 신청을 의무화한 것이다. 현행법은 여전히 국내원천 사업소득에 관하여는 외국법인의 비과세·면제 적용신청 의무를 배제하고 있는데, 이는 사업소득은 다른 소득과 구분이 상대적으로 용이하고 고정사업장이 없을 때 조세조약상 국내 과세권이 없어 과세정보의 확보 필요성이 낮기 때문이라고 한다. 이정은, "법인세법 일부개정법률안 검토보고", 기획재정위원회, 2024. 11., 71-72면.

신청서등을 제출받은 납세지 관할 세무서장은 비과세 또는 면제요건 충족 여부를 검토한 결과 비과세·면제 요건이 충족되지 않거나 해당 신청서등의 내용이 사실과 다르다고 인정되는 경우에는 법인세법 제98조 제4항에 따른 세액을 소득지급자로부터 징수하여야 한다. 이 경우 신청서등에 기재된 내용만으로는 비과세·면제 요건의 충족 여부를 판단할 수 없는 경우에는 상당한 기한을 정하여 소득지급자에게 관련 서류의 보완을 요구할 수 있다(법법 98의4 ④).

나. 실질귀속자 또는 소득지급자의 경정청구

비과세 또는 면제를 적용받지 못한 실질귀속자가 비과세 또는 면제를 적용받으려는 경우에는 실질귀속자 또는 소득지급자가 세액이 원천징수된 날이 속하는 달의 다음 달 11일부터 5년 이내에 대통령령으로 정하는 바에 따라 소득지급자의 납세지 관할 세무서장에게 경정을 청구할 수 있다.[40] 다만 국세기본법 제45조의2 제2항 각 호의 어느 하나에 해당하는 사유, 즉 후발적 경정사유가 발생하였을 때에는 그 사유가 발생한 것을 안 날부터 3개월 이내에 경정을 청구할 수 있다(법법 98의4 ⑤). 경정을 청구받은 세무서장은 청구를 받은 날부터 6개월 이내에 과세표준과 세액을 경정하거나 경정하여야 할 이유가 없다는 뜻을 청구인에게 알려야 한다(법법 98의4 ⑥).

---

[40] 비거주자 및 외국법인은 국세기본법 제45조의2에 규정된 경정청구권을 행사할 수 없다. 위 제도에 관한 상세는 김정홍, "국세기본법 제45조의2에 따른 국외 원천징수대상자의 경정청구권에 관한 소고", 「계간 세무사」 2019 겨울호, 2020, 10면 이하.

제4장

지 점 세

1 의 의

지점세(Branch tax)라 함은 외국법인의 국내사업장의 법인세 과세 후 소득에 대하여 추가로 과세하는 조세이다. 지점이윤세(Branch profits tax)라고도 한다. 이와 같은 지점세는 직접투자형태인 자회사와 직접진출형태라고 할 수 있는 지점과의 조세부담의 불균형을 시정하는 데에 그 이론적 기초를 두고 있다.[1]

즉 자회사가 설립된 국가에서는 자회사에 대한 법인세와 그 주주에 대한 배당소득세를 과세하게 되나, 외국법인의 지점에 대하여는 법인세만 과세할 수 있을 뿐이다. 그러므로 외국법인의 국내지점에 대하여는 법인세 과세 후 소득을 외국법인에게 배당한 것과 동일하게 취급하여 지점세를 과세하는 것이다.[2]

그러므로 지점세의 세율은 배당소득에 대한 세율과 동일한 것이 보통이다.

2 대상법인

조세조약에서 지점세를 과세할 수 있도록 체약한 당사국[3]의 외국법인의 국내사업장에 한하여 지점세의 납세의무를 진다. 외국법인의 국내사업장이라고 하여 모두 지점세의 납세의무를 지는 것이 아닌 것이다. 다만, 체약당사국의 외국법인의 국내사업자이라 하더라도 비영리외국법인의 국내사업장은 지점세의 납세의무를 지지 않는다.

3 과세대상 소득금액

지점세의 과세표준은 과세대상 소득금액이다. 과세대상 소득금액은 각 사업연도의 소득금액에서 법인세, 법인지방소득세, 국내사업장이 사업을 위하여 재투자할 것으로 인정되는

---

1) 矢内一好, 「租稅條約の論点」, 中央經濟社, 1997, 212-213면.
2) Doernberg, *International Taxation*, 4.ed., 1999, p. 52.
3) 이용섭, 「국제조세」, 세경사, 2003, 208면.

금액과 과소자본세제에 의한 손금불산입액을 차감하여 계산하는 것이 원칙이지만, 해당 사업연도 중에 자본금 상당액이 감소한 경우 및 해당 사업연도에 결손금이 발생한 경우에는 그 산정방법을 달리하고 있다.

그러나 우리나라와 해당 외국법인의 거주지국과 체결한 조세조약에서 이윤의 송금액에 대하여 과세할 수 있도록 규정하고 있는 경우에는 송금액으로 한다.

가. 조세조약에서 이윤의 송금액에 대하여 과세할 수 있도록 규정하고 있는 경우

우리나라와 해당 외국법인의 거주지국과 체결한 조세조약에서 이윤의 송금액에 대하여 과세할 수 있도록 규정하고 있는 경우에는 송금액으로 한다(법법 96 ① 본문).

위에서 송금액이라 함은 각 사업연도소득 중 실제로 송금한 이윤을 말한다. 다만, 각 사업연도에 실제로 송금한 이윤이 직전 사업연도 과세대상소득금액을 초과할 경우 그 초과분 중 직전 사업연도까지의 미과세누적유보소득을 한도로 한다(법령 134 ⑤).

나. 기타의 경우

1) 일반적인 경우

과세대상 소득금액은 해당 국내사업장의 각 사업연도의 소득금액에서 법인세 등과 국내사업장이 사업을 위하여 재투자할 것으로 인정되는 금액을 차감하여 계산한다.

이를 계산식으로 표시하면 다음과 같다(법법 96 ②).

> 과세대상 소득금액 = 각 사업연도의 소득금액 – 법인세 – 법인지방소득세 – 국내사업장이 사업을 위하여 재투자할 것으로 인정되는 금액 – 과소자본세제에 의한 손금불산입액

가) 법인세

법인세에 외국납부세액공제, 재해손실에 대한 세액공제와 다른 법률에 따른 감면세액·세액공제액을 빼고 법인세법상의 가산세와 법인세법 또는 조특법에 의한 추가납부세액을 가산한 금액을 말한다(법법 96 ② I).

나) 법인지방소득세(법법 96 ② II)

다) 국내사업장이 사업을 위하여 재투자할 것으로 인정되는 금액(법법 96 ② III)

해당 국내사업장이 사업을 위하여 재투자할 것으로 인정되는 금액이라 함은 해당 사업연도 종료일 현재의 자본금 상당액이 해당 사업연도 개시일 현재의 자본금 상당액을 초과하는 금액을 말한다.

위에서 자본금 상당액이란 해당 사업연도 종료일 현재 재무상태표상의 자산의 합계액에서 부채(충당금을 포함하며, 미지급법인세를 제외한다)의 합계액을 공제한 금액을 말한다.

라) 과소자본세제에 의한 손금불산입액

국조법 제22조(배당으로 간주된 이자의 손금불산입)의 규정에 의하여 손금에 산입되지 않은 금액을 말한다.

2) 해당 사업연도 중에 자본금 상당액이 감소한 경우

해당 사업연도 개시일 현재의 자본금 상당액이 해당 사업연도 종료일 현재의 자본금 상당액을 초과하는 경우에는 그 초과하는 금액(자본금 상당액 감소액)을 해당 사업연도의 소득금액에 합산한다. 이 경우 합산되는 금액은 직전 사업연도 종료일 현재의 미과세누적유보소득금액을 초과하지 못한다(법령 134 ①).

이를 계산식으로 표시하면 다음과 같다.

> 과세대상 소득금액 = 각 사업연도의 소득금액 − 법인세 등 + 자본금 상당액 감소액

위에서 미과세누적유보소득금액이라 함은 각 사업연도의 소득금액 중 지점세가 과세되지 않은 부분으로서 아래의 ①의 금액에서 ②의 금액을 뺀 금액으로 한다(법령 134 ③).
① 해당 사업연도의 직전 사업연도까지의 각 사업연도 소득금액의 합계액에서 해당 사업연도의 직전 사업연도까지의 각 사업연도 결손금 합계액과 해당 사업연도의 직전 사업연도까지의 각 사업연도의 소득에 대한 법인세 및 법인지방소득세의 합계액을 차감한 금액
② 해당 사업연도의 직전 사업연도까지의 각 사업연도의 지점세 과세대상 소득금액의 합계액

미과세누적유보소득금액을 계산하는 계산식을 표시하면 다음과 같다.

$$
\begin{array}{l}
\text{미과세} \\
\text{누적유} = \text{까지의 각 사} - \left(\begin{array}{c} \text{직전 사업} \\ \text{연도까지의} \\ \text{결손금} \\ \text{합계액} \end{array} + \begin{array}{c} \text{직전 사업연도} \\ \text{까지의 법인세} \\ \text{및 지방소득} \\ \text{세의 합계액} \end{array} + \begin{array}{c} \text{직전 사업연도} \\ \text{까지의 지점세} \\ \text{과세대상 소득} \\ \text{금액의 합계액} \end{array} \right)
\end{array}
$$

3) 해당 사업연도에 결손금이 발생한 경우

해당 사업연도에 결손금이 발생한 경우에는 해당 사업연도의 자본금 상당액 감소액이 결손금을 초과하는 금액을 과세대상 소득금액으로 한다. 다만, 미과세누적유보소득금액을 한도로 한다(법령 134 ④).

이를 계산식으로 표시하면 다음과 같다.

$$
\text{과세대상 소득금액} = \text{자본금 상당액 감소액} - \text{결손금}
$$

4) 국내사업장을 가지지 않게 된 경우의 특례

외국법인이 국내사업장을 가지지 않게 된 경우로서 의제사업연도의 과세대상소득금액을 계산하는 때에는 의제사업연도 종료일 현재의 자본금 상당액은 영(0)으로 본다(법령 134 ⑥). 그리고 외국법인이 국내사업장을 가지지 않게 된 경우로서 의제사업연도의 과세대상 소득금액을 계산하는 때에는 의제사업연도 종료일까지 미송금한 이윤 상당액은 의제사업 연도 종료일에 전액 송금한 것으로 본다.

4 세 율

지점세의 세율은 20퍼센트로 한다. 다만, 우리나라와 해당 외국법인의 거주지국과 체결한 조세조약으로 세율을 따로 정하는 경우[4]에는 그 조약에 따른다(법법 96 ③).

---

4) 캐나다·브라질·호주의 법인의 국내사업장에 대하여는 15퍼센트, 필리핀 및 인도네시아의 법인의 국내사업 장에 대하여는 10퍼센트, 프랑스 및 카자흐스탄의 법인의 국내사업장에 대하여는 5퍼센트로 정하여져 있다.

보 칙

제**1**장

법인의 설립 또는 설치신고

제1절 법인의 설립 또는 설치신고

1 내국법인의 설립신고

내국법인은 그 설립등기일(사업의 실질적 관리장소를 두게 된 경우에는 그 실질적 장소를 두게 된 날을 말하며, 법인과세 신탁재산의 경우에는 설립일을 말한다)부터 2개월 이내에 법인설립신고서에 정관(현물출자가 있는 경우에는 그 출자목적물의 명세서를 첨부하여야 한다) 및 주주등의 명세서를 첨부하여 이를 납세지 관할 세무서장에게 신고하여야 한다. 이 경우 부가가치세법에 의한 사업자등록을 한 때에는 법인설립신고를 한 것으로 본다(법법 109 ①).

2 외국법인의 국내사업장설치신고

외국법인이 국내사업장을 가지게 되었을 때에는 그 날부터 2개월 이내에 국내사업장설치신고서에 국내사업장을 가지게 된 날 현재의 재무상태표·본점 등의 등기에 관한 서류 및 정관을 첨부하여 이를 납세지 관할 세무서장에게 신고하여야 한다(법법 109 ②). 국내에 고정된 장소를 가지고 있지 않은 외국법인이 국내에 종속대리인을 둠으로써 그 자의 사업장소재지에 국내사업장을 둔 것으로 보는 경우에는 국내사업장설치신고서만을 제출할 수 있다.

3 법인명·소재지 및 대표자 변경신고

내국법인과 외국법인은 신고한 법인의 설립 또는 설치신고서 및 그 첨부서류의 내용이 변경된 경우에는 그 변경사항이 발생한 날부터 15일 이내에 그 변경된 사항을 납세지 관할 세무서장에게 신고하여야 한다(법법 109 ③).

그리고 외국법인이 그 관리책임자를 변경한 때에는 그 성명과 주소 또는 거소를 지체 없이 납세지 관할 세무서장에게 신고하여야 한다. 관리책임자가 그 주소 또는 거소를 변경한 때에도 그 사항을 지체 없이 납세지 관할 세무서장에게 신고하여야 한다.

제**2**절 비영리법인의 수익사업개시신고

비영리내국법인과 비영리외국법인(국내사업장을 가지고 있는 외국법인만 해당한다)이 새로 수익사업[일정한 사업소득 및 대가를 얻는 계속적 행위로 인하여 생기는 수입으로서 채권 등의 매매익에 따른 수익사업(법법 4 ③ I, Ⅶ)만 해당한다]을 시작한 경우에는 그 개시일부터 2개월 이내에 일정한 사항을 기재한 신고서에 그 사업개시일 현재의 그 수익사업에 관련된 재무상태표와 그 밖에 대통령령으로 정하는 서류를 첨부하여 납세지 관할 세무서장에게 신고하여야 한다(법법 110).

제**3**절 사업자등록

신규로 사업을 시작하는 법인은 사업장마다 해당 사업의 개시일부터 20일 내에 납세지 관할 세무서장에게 등록하여야 한다(법법 111 ①). 부가가치세법에 따라 사업자등록을 한 사업자는 해당 사업에 관하여 위의 규정에 따른 사업자등록을 한 것으로 보기 때문에 법인세법의 규정에 의하여 사업자등록을 하여야 할 자는 부가가치세 면세사업을 경영하는 법인으로 한정된다. 그리고 법인이 법인설립신고를 한 경우에는 사업자등록을 신청한 것으로 본다. 사업자등록에 관하여는 부가가치세법 제8조를 준용한다(법법 111 ④).

제2장

근거과세를 실현하기 위한 법적 장치

제1절 서 론

　과세는 기장 및 증거에 근거하여 객관성 있게 이루어져야 한다. 이를 근거과세의 원칙이라고 하는데, 국세를 부과할 때 준거하여야 할 기본원칙이다(기법 16 ①).

　법인세법은 근거과세의 원칙을 구현하기 위한 법적 장치로서 법인에게 직접적인 증거자료인 장부 및 증명서류를 작성·수취 및 보관하게 하고 그 기장한 장부 등에 의하여 과세표준과 세액을 확정하도록 하고 있는 것이다. 다만, 이와 같은 장부를 비치하고 있지 않은 경우 또는 그 비치한 장부가 현저히 부정확하거나 신뢰성이 결여되어 추계의 필요성이 인정되는 경우에만 간접적인 증거 또는 자료에 의한 과세표준의 추정을 허용하고 있을 뿐이다.

　그리고 사업상 일정한 거래를 하거나 특정한 소득금액 또는 수입금액을 지급하는 경우에는 세금계산서 및 계산서의 교부와 제출, 신용카드가맹점 및 현금영수증가맹점의 가입과 신용카드매출전표 등의 발급, 세금계산서·계산서 및 신용카드매출전표 등의 수취, 지급조서 및 주식등 이동상황명세서 등의 제출을 강제함으로써 가능한 한 모든 거래자료 또는 소득자료의 양성화를 기대하고 있다.

제2절 장부의 비치·기장과 구분경리

1 장부의 비치·기장의무

가. 기장의무자

　납세의무가 있는 법인은 장부를 갖추어 두고 복식부기방식으로 장부를 기장하여야 하며, 장부와 관계있는 중요한 증명서류를 비치·보존하여야 한다(법법 112). 장부의 비치·기장의무는 근거과세를 실현하기 위한 전제를 이룬다.

그렇지만 비영리내국법인은 일정한 사업소득 및 대가를 얻는 계속적 행위로 인하여 생기는 수입으로서 채권 등의 매매익을 얻는 수익사업(법법 4 ③ I, VII)을 영위하는 경우에 한하여 기장의무를 진다.

나. 기장의무의 구분과 내용

기장의무 있는 법인은 복식부기에 의한 장부를 비치·기장 및 보존하여야 한다. 복식부기에 의한 기장은 법인의 재산과 자본의 변동을 빠짐없이 이중기록하여 계산하는 정규의 부기형식에 의하여 기장하는 것으로 한다(법령 155).

다. 기장의무의 불이행에 따른 제재

1) 무기장가산세의 과징

법인이 장부의 비치·기장의무를 이행하지 않은 경우에는 납세지 관할 세무서장이 결정한 산출세액(토지등 양도소득 및 미환류소득에 대한 법인세를 제외한다. 이하에서 같다)의 20퍼센트에 상당하는 금액(그 금액이 해당 법인의 수입금액의 0.07퍼센트에 미달하거나 산출세액이 없는 때에는 그 수입금액의 0.07퍼센트에 상당하는 금액)의 가산세를 과징한다. 다만, 비영리내국법인에 대하여는 무기장가산세를 적용하지 않는다(법법 76 ①).

2) 추계방법에 의한 확정

사업자가 장부를 비치·기장하지 않았거나 중요한 부분이 미비 또는 허위임이 명백한 경우에는 추계방법에 의하여 과세표준과 세액을 확정하게 된다(법령 104 ①).

라. 장부의 보관의무

사업자는 작성한 장부 및 증명서류를 그 거래사실이 속하는 과세기간에 대한 과세표준확정신고기한이 경과한 날로부터 5년간 보관하여야 한다. 이 경우에 납세자는 장부와 증명서류를 마이크로필름, 자기테이프, 디스켓 기타 정보보존장치에 의하여 보존할 수 있다(기법 85의3).

한편 조세포탈을 위한 증거인멸의 목적으로 비치를 요하는 장부 또는 증명서류를 과세표준확정신고기한이 지난 날부터 5년 이내에 소각, 파기 또는 은닉한 자는 조세범처벌법에 의하여 2년 이하의 징역 또는 2천만원 이하의 벌금에 처한다(처법 8).

2　구분경리

가. 구분경리를 하여야 할 법인

1) 수익사업을 영위하는 비영리법인

비영리법인이 수익사업을 하는 경우에는 자산·부채 및 손익을 해당 수익사업에 속하는 것과 수익사업이 아닌 그 밖의 사업에 속하는 것을 각각 다른 회계로 구분하여 기록하여야 한다(법법 113 ①). 이를 '구분경리'라고 한다.[1]

2) 신탁회사

자본시장법의 적용을 받는 법인은 각 사업연도의 소득금액을 계산할 때 신탁재산에 귀속되는 소득과 그 밖의 소득을 각각 다른 회계로 구분하여 기록하여야 한다(법법 113 ②).

3) 이월결손금을 승계받은 합병법인 및 분할신설법인 등

다른 내국법인을 적격합병하는 법인 또는 내국법인이 적격분할합병하는 경우의 분할신설법인등은 다음의 구분에 따른 기간 동안 자산·부채 및 손익을 피합병법인 또는 분할법인으로부터 승계받은 사업에 속하는 것과 그 밖의 사업에 속하는 것으로 각각 다른 회계로 구분하여 기록하여야 한다(법법 113 ③, ④).

① 합병등기일 현재 결손금(법법 13 ① I)이 있는 경우 또는 합병등기일 또는 분할등기일 현재 피합병법인 또는 분할법인 등의 이월결손금을 공제받으려는 경우: 그 이월결손금을 공제받는 기간

② 그 밖의 경우: 합병 또는 분할 후 5년간

다만, 중소기업간 또는 동일사업을 영위하는 법인간에 합병 또는 분할합병하는 경우에는 구분경리하지 않을 수 있다. 이 경우 중소기업의 판정은 합병 또는 분할합병 전의 현황에 따르고, 동일사업을 영위하는 법인(분할법인의 경우 승계된 사업분에 한정한다)의 판정은 한국표준산업분류에 따른 세분류(또는 법률에 따른 합병으로서 실질적으로 동일한 사업을 영위하는 것으로 보아 기획재정부령으로 정하는 것)에 따른다. 이 경우 합병법인 또는 피합병법인이나 분할법인(승계된 사업분에 한정한다) 또는 분할합병의 상대방법인이 2 이상의 세분류에 해당하는 사업을 영위하는 경우에는 사업용 자산가액 중 동일사업에 사용하는 사업용 자산가액의 비율이 각각 70퍼센트를 초과하는 경우에만 동일사업을 영위하는 것으로 본다(법령 156 ②).

---

[1] 소득세법은 이를 구분기장이라고 부르기도 한다. 소득세법 제161조.

4) 연결모법인

다음으로 연결모법인이 다른 내국법인(합병등기일 현재 연결법인이 아닌 경우만 한정한다)을 적격합병(연결모법인을 분할합병의 상대방법인으로 하는 적격분할합병을 포함한다)한 경우에는 다음의 구분에 따른 기간 동안 자산·부채 및 손익을 피합병법인(분할법인을 포함한다)으로부터 승계받은 사업에 속하는 것과 그 밖의 사업에 속하는 것을 각각 별개의 회계로 구분하여 기록하여야 한다(법법 113 ⑤).

① 합병등기일 현재 결손금이 있는 경우 또는 피합병법인의 이월결손금을 공제받으려는 경우: 그 이월결손금을 공제받는 기간
② 그 밖의 경우: 합병 후 5년간

다만 중소기업 간 또는 동일사업을 하는 법인 간에 합병하는 경우에는 구분경리를 하지 않을 수 있다(법법 113 ⑤).

5) 법인과세 신탁재산

법인과세 수탁자는 법인과세 신탁재산별로 신탁재산에 귀속되는 소득을 각각 다른 회계로 구분하여 기록하여야 한다(법법 113 ⑥).

6) 법인세의 감면을 받는 법인

법률에 의하여 법인세가 감면되는 사업과 기타의 사업을 겸영하는 법인은 자산·부채 및 손익을 감면사업에 속하는 것과 그 밖의 사업에 속하는 것을 각각 별개의 회계로 구분하여 기록하여야 한다(법칙 75 ②).

나. 구분경리의 방법

구분경리를 하여야 할 법인은 구분하여야 할 사업 또는 재산별로 자산·부채 및 손익을 법인의 장부상 각각 독립된 계정과목에 의하여 구분하여 기장하여야 한다. 다만, 각 사업 또는 재산별로 구분할 수 없는 공통되는 익금과 손금은 그렇지 않다(법령 156).

이하에서는 구분경리할 법인의 유형별로 구분경리의 방법에 관하여 살펴보기로 한다.

1) 비영리법인의 구분경리

가) 수익사업의 자본금 등의 산정(법칙 76 ①부터 ⑤까지)

① 수익사업과 기타의 사업에 공통되는 자산과 부채는 이를 수익사업에 속하는 것으로 한다.

② 수익사업의 자산의 합계액에서 부채(충당금을 포함한다)의 합계액을 공제한 금액을 수익사업의 자본금으로 한다.

③ 비영리법인이 기타의 사업에 속하는 자산을 수익사업에 지출 또는 전입한 경우 그 자산가액은 자본의 원입으로 경리한다. 이 경우 자산가액은 시가에 의한다.

④ 비영리법인이 수익사업에 속하는 자산을 기타의 사업에 지출한 경우 그 자산가액 중 수익사업의 소득금액(잉여금을 포함한다)을 초과하는 금액은 자본원입액의 반환으로 한다. 이 경우 조특법 제74조 제1항 제1호의 규정을 적용받는 법인이 수익사업회계에 속하는 자산을 비영리사업회계에 전입한 경우에는 이를 비영리사업에 지출한 것으로 한다.[2]

나) 공통손익의 안분(법칙 76 ⑥)

비영리법인이 수익사업과 기타의 사업의 손익을 구분경리하는 경우 공통되는 익금과 손금은 다음의 규정에 의하여 구분계산하여야 한다. 다만, 공통익금 또는 손금의 구분계산에 있어서 개별손금(공통손금 외의 손금의 합계액을 말한다. 이하에서 같다)이 없는 경우나 기타의 사유로 다음의 규정을 적용할 수 없거나 적용하는 것이 불합리한 경우에는 공통익금의 수입항목 또는 공통손금의 비용항목에 따라 국세청장이 정하는 작업시간·사용시간·사용면적 등의 기준에 의하여 안분계산한다. 위에서 공통되는 익금이란 과세표준이 되는 것을 말하며, 공통되는 손금은 익금에 대응하는 것을 가리킨다.

① 수익사업과 기타의 사업의 공통익금은 수익사업과 기타의 사업의 수입금액 또는 매출액에 비례하여 안분계산

② 수익사업과 기타의 사업의 업종이 동일한 경우의 공통손금은 수익사업과 기타의 사업의 수입금액 또는 매출액에 비례하여 안분계산

위에서 업종은 한국표준산업분류에 의한 소분류에 의하되, 소분류에 해당 업종이 없는 경우에는 중분류에 의한다.

③ 수익사업과 기타의 사업의 업종이 다른 경우의 공통손금은 수익사업과 기타의 사업의 개별손금액에 비례하여 안분계산

2) 합병법인 및 분할신설법인등의 구분경리(법칙 77)

합병법인이 피합병법인으로부터 승계받은 사업과 그 밖의 사업을 구분경리할 때 자산·

---

2) 사립학교법인이 부동산임대사업으로 사용하던 부동산을 학교 운영시설로 사용하기 위하여 고유목적사업에 전입하면서 그 시가와 장부가액의 평가차익을 자산의 임의평가차익으로 보아 익금불산입하였으나 과세관청은 그 평가차익을 유형자산처분이익으로 보아 법인세를 부과한 사안에서 대법원은 그 평가차익이 유형자산처분이익에 해당하지 않는다고 보아 과세처분을 취소하였다(대법원 2016. 8. 18. 선고 2016두31173 판결).

부채 및 손익의 구분계산은 '사업별 구분경리'의 방법에 의하되, '사업장별 구분경리'의 방법에 의하여 구분경리할 수 있다. 사업장별 구분경리의 방법을 선택한 합병법인은 피합병법인의 이월결손금을 공제받고자 하는 사업연도가 종료할 때까지 이를 계속 적용하여야 한다.

한편, 분할신설법인등이 분할법인등으로부터 승계받은 사업과 그 밖의 사업을 구분경리하는 경우에는 위의 합병법인의 구분경리에 관한 규정을 준용한다.

가) 사업별 구분경리

합병법인이 피합병법인으로부터 승계받은 사업과 그 밖의 사업을 구분경리할 때 자산·부채 및 손익의 구분계산은 다음의 규정에 의한다(법칙 77 ①).

① 자산과 부채는 용도에 따라 각 사업별로 구분하되, 용도가 분명하지 않은 차입금은 총수입금액에서 각 사업의 해당 사업연도의 수입금액이 차지하는 비율에 따라 안분계산

② 현금·예금 등 당좌자산 및 투자자산은 자금의 원천에 따라 각 사업별로 구분하되, 그 구분이 분명하지 않은 경우에는 총수입금액에서 각 사업의 해당 사업연도의 수입금액이 차지하는 비율에 따라 안분계산

③ 위의 ① 및 ② 외의 자산 및 잉여금 등은 용도·발생원천 또는 기업회계기준에 따라 계산

④ 각 사업에 속하는 익금과 손금은 각각 독립된 계정과목에 의하여 구분기장하되, 각 사업에 공통되는 익금과 손금은 비영리법인의 규정을 준용하여 구분계산

나) 사업장별 구분경리

합병법인은 위의 구분계산규정에 불구하고 다음의 방법에 의하여 구분경리할 수 있다. 이 경우 합병법인은 피합병법인의 이월결손금을 공제받고자 하는 사업연도가 종료할 때까지 이를 계속 적용하여야 한다(법칙 77 ②).

① 피합병법인으로부터 승계받은 사업장과 기타의 사업장별로 자산·부채 및 손익을 각각 독립된 회계처리에 의하여 구분계산. 이 경우 피합병법인으로부터 승계받은 사업장의 자산·부채 및 손익은 이를 피합병법인으로부터 승계받은 사업에 속하는 것으로 한다.

② 본점 등에서 발생한 익금과 손금 등 각 사업장에 공통되는 익금과 손금은 법인세법 시행규칙 제76조 제6항 및 제7항의 규정을 준용하여 안분계산

③ 제1호 및 제2호의 규정을 적용할 때 합병등기일 이후 새로이 사업장을 설치하거나 기존 사업장을 통합한 경우에는 그 주된 사업내용에 따라 피합병법인으로부터 승계받은 사업장, 기타의 사업장 또는 공통사업장으로 구분

이 경우 주된 사업내용을 판정하기 곤란한 경우에는 다음에 의한다.

㉮ 새로이 사업장을 설치한 경우에는 합병법인의 사업장으로 보아 구분경리

㉯ 기존 사업장을 통합한 경우에는 통합한 날이 속하는 사업연도의 직전 사업연도의 각 사업장별 수입금액(수입액이 없는 사업장이 있는 경우에는 각 사업장별 자산총액을 말한다)이 많은 법인의 사업장으로 보아 구분경리

3) 감면법인의 구분경리

감면법인이 감면사업과 기타의 사업의 손익을 구분경리하는 경우 공통되는 익금과 손금은 다음의 규정에 의하여 구분계산하여야 한다. 다만, 공통익금 또는 손금의 구분계산에 있어서 개별손금이 없는 경우나 기타의 사유로 다음의 규정을 적용할 수 없거나 적용하는 것이 불합리한 경우에는 공통익금의 수입항목 또는 공통손금의 비용항목에 따라 국세청장이 정하는 작업시간·사용시간·사용면적 등의 기준에 의하여 안분계산한다(법칙 75 ②). 위에서 공통되는 익금이란 과세표준이 되는 것을 말하며, 공통되는 손금은 익금에 대응하는 것을 가리킨다.

① 감면사업과 기타의 사업의 공통익금은 감면사업과 기타의 사업의 수입금액 또는 매출액에 비례하여 안분계산

② 감면사업과 기타의 사업의 업종이 동일한 경우의 공통손금은 감면사업과 기타의 사업의 수입금액 또는 매출액에 비례하여 안분계산

③ 감면업과 기타의 사업의 업종이 다른 경우의 공통손금은 감면사업과 기타의 사업의 개별손금액에 비례하여 안분계산

제3절 지출증명서류의 작성·수취와 보관

1 지출증명서류의 작성·수취와 보관

법인은 각 사업연도에 그 사업과 관련된 모든 거래에 관한 증명서류를 작성하거나 받아서 법인세의 과세표준과 세액의 신고기한이 지난날부터 5년간 보관하여야 한다. 다만, 각 사업연도 개시일 전 5년이 되는 날 이전에 개시한 사업연도에서 발생한 결손금(법법 13 ① 1)을 각 사업연도의 소득에서 공제하려는 법인은 해당 결손금이 발생한 사업연도의 증명서류를 공제되는 소득의 귀속 사업연도의 신고기한부터 1년이 되는 날까지 보관하여야 한다(법법 116 ①).

법인이 사업과 관련된 거래에 관한 증명서류를 갖추고 있지 않을 때에는 그 법인이 손금을 실제로 지출하였는지의 여부를 확인할 수 없으므로 손금불산입한다. 나아가서 법인이 사업과 관련된 거래증명서류를 전혀 갖추고 있지 않거나 그 중요한 부분이 미비인 때에는 추계방법의 적용요건을 충족하게 된다(법령 104 ①).

2　적격영수증의 수취

가. 제도의 취지

법인이 손금을 지출하고 수취하는 영수증의 형식으로서는 계산서 등과 같은 적격영수증과 그 밖의 영수증과 같은 비적격영수증으로 대별할 수 있다.

법인이 손금을 지출하고 그 증명서류를 갖추지 못한 경우에 해당 금액에 대하여는 손금불산입한다. 그리고 법인이 다른 사업자로부터 재화 또는 용역을 공급받고 그 대가를 지급할 때 적격영수증을 받지 않고 비적격영수증을 받은 경우에 해당 금액에 대하여 손금산입은 허용하지만,[3] 적격증빙 미수취가산세를 과징하도록 하고 있다.

법인이 다른 사업자로부터 재화 등을 구입하는 경우의 지출증빙을 계산서 등으로 제한함으로써 법인의 손금지출내용의 투명성을 제고함과 아울러 거래상대방인 사업자의 매출액의 양성화를 유도하기 위하여 마련된 제도적인 장치이다.

나. 적격영수증의 수취의무

법인이 다른 사업자로부터 재화 또는 용역을 공급받고 그 대가를 지급하는 경우에는 경비 등의 지출증빙의 형식을 제한하여 반드시 계산서 등과 같은 적격영수증만을 수취하여야 한다. 법인이 사업과 관련하여 다른 사업자로부터 재화 또는 용역을 공급받고 그 대가를 지급하면서 비적격영수증을 수취하였다면 해당 금액(기업업무추진비를 지출하고 신용카드매출전표 등을 교부받지 않음으로써 손금불산입된 금액은 제외한다)에 대하여는 적격증빙 미수취가산세를 과징한다.

1) 적격영수증의 수취의무자

모든 법인은 적격영수증을 수취할 의무가 있다. 영리법인 또는 비영리법인, 내국법인 또는 외국법인을 불문하고 모두 적격영수증을 수취할 의무를 진다.

---

3) 그러나 법인이 1회 접대에 3만원을 초과하는 기업업무추진비를 지출하면서 적격영수증을 수취하지 않은 경우에는 해당 금액에 대하여는 손금불산입하도록 하고 있다(법법 25 ②).

2) 적격영수증을 수취하여야 할 거래의 범위

다른 사업자로부터 재화 또는 용역을 공급받고 그 대가를 지급하는 경우이다.

가) 다른 사업자

다른 사업자란 다음에 해당하는 자를 말한다(법령 158 ①).

① 법인. 다만, 비영리법인(수익사업과 관련된 부분은 제외한다)·국가 및 지방자치단체·
  금융 및 보험업을 영위하는 법인·국내사업장이 없는 외국법인은 제외한다.
② 부가가치세법에 의한 사업자. 다만, 읍·면지역에 소재하는 부가가치세법에 의한 간이
  과세자로서 신용카드가맹점이 아닌 사업자를 제외한다.
③ 소득세법에 의한 사업자와 부동산임대소득·사업소득 또는 사용료소득이 있는 비거주
  자. 다만, 국내사업장이 없는 비거주자는 제외한다.

나) 대상거래

재화 또는 용역을 공급받고 그 대가를 지급하는 경우이다. 다만, 소액거래 등에 대하여는
예외로 한다.

3) 적격영수증의 범위

적격영수증이란 계산서·세금계산서 및 매입자발행세금계산서·신용카드매출전표(직
불카드, 외국에서 발행된 신용카드, 선불카드를 사용하여 거래하는 경우 그 증명서류를 포
함한다. 이하 '신용카드매출전표 등'이라 한다)·현금영수증을 말한다(법법 116 ②).

다. 적격영수증의 수취의무의 배제

일정한 거래에 대하여는 적격영수증을 수취하지 않아도 된다. 즉 비적격영수증의 수취
및 보관도 무방하다(법법 116 ② 但, 법령 158 ②, 법칙 79).

제**4**절 신용카드가맹점 가입·발급의무 등

1 신용카드가맹점 가입·발급의무 등

국세청장은 주로 사업자가 아닌 소비자에게 재화 또는 용역을 공급하는 법인으로서 소득세법 시행령 별표 3의 2에 따른 소비자대상업종을 영위하는 법인에 대하여 납세관리를 위하여 필요하다고 인정하는 경우에는 신용카드가맹점으로 가입하도록 지도할 수 있다(법법 117, 법령 159). 신용카드가맹점은 사업과 관련하여 신용카드에 의한 거래를 이유로 재화 또는 용역을 공급하고 그 사실과 다르게 신용카드매출전표를 발급해서는 안 된다.

2 현금영수증가맹점 가입·발급의무 등

주로 사업자가 아닌 소비자에게 재화나 용역을 공급하는 법인으로서 소득세법 시행령 별표 3의 2에 따른 소비자 대상업종을 경영하는 법인은 그 요건에 해당하는 날이 속하는 달의 말일부터 3개월 이내에 현금영수증가맹점으로 가입하여야 한다(법법 117의2). 다만, 정부·지방자치단체와 항공운송업을 영위하는 법인(외국을 항행하는 항공기에서 재화를 판매하는 경우)은 제외한다(법령 159의2 ①).

3 기부금영수증 발급명세의 작성·보관의무

기부금영수증을 발급하는 자가 내국법인(기부자)에게 손금산입에 필요한 기부금영수증을 발급하는 경우에는 기부법인별 발급합계표를 작성하여 발급한 날부터 5년간 보관하여야 한다(법법 112의2). 기부법인별 발급명세서에는 기부법인의 상호, 사업자등록번호 및 본점 등의 소재지, 기부금액, 기부금 기부일자, 기부금영수증 발급일자와 그 밖에 기획재정부령이 정하는 사항이 포함되어야 한다. 기부금영수증을 발급하는 자가 기부금영수증을 사실과 다르게 기재하거나 기부자별 발급명세서를 작성·보관하지 않은 경우에는 기부금영수증작성불성실가산세를 부과한다(법법 76 ⑩). 그 구체적인 내용은 가산세에서 설명한 바와 같다.

다음으로 기부금영수증을 발급하는 법인은 국세청장·지방국세청장 또는 관할 세무서장의 요청이 있는 경우에는 기부자별 발급명세서를 제출하여야 한다(법법 112의2 ②). 그리고 기부금영수증을 발급하는 법인은 해당 과세기간의 기부금영수증 총 발급건수 및 금액 등을 기재한 기부금영수증 발급명세서를 해당 사업연도 종료일이 속하는 달의 말일부터 6개월 이내에 관할 세무서장에게 제출하여야 한다(법법 112의2 ③).

4 전자기부금영수증 발급의무

기부금영수증을 발급하는 법인은 해당 사업연도의 직전 사업연도에 받은 기부금에 관하여 발급한 기부금영수증의 총합계액이 3억원 이상으로서 대통령령으로 정하는 금액을 초과하는 경우에는 해당 사업연도에 받은 기부금에 관하여 그 기부금을 받은 날이 속하는 연도의 다음 연도 1월 10일까지 전자기부금영수증을 발급하여야 한다(법법 112의2 ④).

제5절 유보소득 계산 명세서의 제출

일정한 내국법인은 국조법 제34조 제3호에 따른 특정외국법인의 유보소득 계산 명세서를 납세지 관할 세무서장에게 제출하여야 한다. 그 내국법인이 유보소득 계산 명세서를 제출기한까지 제출하지 않거나 제출한 명세서의 전부 또는 일부를 적지 않는 등 제출한 명세서가 대통령령으로 정하는 불분명한 경우에 해당할 때에는 해당 특정외국법인의 배당 가능한 유보소득금액의 0.5퍼센트에 상당하는 금액을 가산한 금액을 법인세로서 징수하여야 한다. 이 경우 산출세액이 없는 경우에도 가산세는 징수한다(법법 76 ⑬). 특정외국법인의 유보소득에 대한 세원관리를 위한 것이다.

제6절 주주명부 등의 작성·비치

비영리법인 외의 내국법인은 주주 또는 사원(유한회사의 사원을 말한다)의 주주명부 또는 사원명부를 작성하여 갖추어 두어야 한다(법령 160).

주주명부 등을 작성·비치하여야 할 법인은 주식회사와 유한회사에 한한다. 합명회사와 합자회사는 사원의 성명·주민등록번호 및 주소, 사원의 출자의 목적과 그 가격 또는 평가의 표준을 정관의 절대적 기재사항으로 하고 있으며, 또한 사원의 성명·주민등록번호 및 주소, 사원의 출자의 목적과 재산출자에 있어서의 그 가격과 이행한 부분 등을 등기사항[1)

으로 하고 있기 때문에 별도로 주주명부 또는 사원명부를 작성·비치하게 할 필요가 없다 (상법 270, 271).

제7절 주식등변동상황명세서의 제출

① 사업연도 중에 주식등의 변동사항이 있는 법인은 법인세의 과세표준 신고기한까지 주식 등변동상황명세서를 납세지 관할 세무서장에게 제출하여야 한다(법법 119). 즉 사업연도 중에 주식등의 변동사항이 있는 영리법인은 주식등변동상황명세서를 제출할 의무를 진 다. 그러나 조합법인등(농업협동조합법에 따라 설립된 조합과 그 중앙회 등, 투자회사 등과 같은 법령 161 ①에서 정하는 법인)은 주식등변동상황명세서의 제출의무가 없다. 한편, 주주명부 또는 사원명부의 작성·비치에서와는 달리 합명회사와 합자회사도 주식 등변동상황명세서의 제출의무가 있다.

② 다음의 주식등에 대하여는 주식등변동상황명세서의 제출에 관한 규정을 적용하지 않는 다(법법 119 ②).

㉮ 주권상장법인으로서 해당 사업연도 중 주식의 명의개서 또는 변경을 취급하는 자를 통하여 1회 이상 주주명부를 작성하는 법인의 경우에는 지배주주(그 특수관계인을 포함한다) 외의 주주등이 소유하는 주식등

㉯ 그 밖의 법인의 경우에는 해당 법인의 소액주주가 소유하는 주식등

③ 천재·지변 기타 특수한 사유가 발생한 경우 주식등변동상황명세서의 제출은 다음에 게 기하는 규정에 의하여 그 의무를 면제하거나 그 기한을 연장할 수 있다(법령 163 ②).

㉮ 천재·지변 등 불가항력인 사유로 인하여 장부 기타 증명서류가 멸실된 때에는 그 사유가 발생한 월의 전월 이후분은 해당 사업이 원상회복한 월이 속하는 전월분까지 그 보고서의 제출의무를 면제

㉯ 권한 있는 기관에 장부 기타 증명서류가 압수 또는 영치된 경우 그 사유가 발생한 당월분과 직전월분에 대하여는 보고서의 제출이 가능한 상태로 된 날이 속하는 월의 다음 달 말일까지 제출기한을 연장

---

1) 합자회사에 있어서는 합명회사의 정관의 기재사항과 설립등기사항 외에 각 사원의 무한책임 또는 유한책임 인 것을 정관에 기재함과 아울러 등기하도록 하고 있다.

제8절 매입처별 세금계산서합계표의 제출

부가가치세법 및 조세특례제한법에 따라 부가가치세가 면제되는 사업을 하는 법인은 재화나 용역을 공급받고 세금계산서를 발급받은 경우에는 매년 그 다음 연도 2월 10일까지 매입처별 세금계산서합계표(부가가치세법 제54조에 따른 매입처별 세금계산서합계표를 말한다. 이하 같다)를 납세지 관할 세무서장에게 제출하여야 한다. 다만, 부가가치세법 제54조 제5항에 따라 제출한 경우에는 그러하지 않다(법법 120의3).

제9절 가상자산 거래내역 등의 제출

「가상자산 이용자 보호 등에 관한 법률」에 따른 가상자산사업자는 가상자산 거래내역 등 법인세 부과에 필요한 자료를 대통령령으로 정하는 바에 따라 거래가 발생한 날이 속하는 분기 또는 연도의 종료일의 다음다음 달 말일까지 납세지 관할 세무서장, 지방국세청장 또는 국세청장에게 제출하여야 한다. 국세청장은 가상자산 거래내역 등 법인세 부과에 필요한 자료를 제출하지 않은 경우 시정명령을 할 수 있다(법법 120의4).

제10절 계산서의 작성·발급 등

1 계산서의 의의

계산서나 영수증(이하에서 '계산서등'이라 한다)은 사업자가 재화나 용역을 공급하면 그 거래내용을 기재하여 상대방에게 발급하는 증명서류이다. 이와 같은 계산서 등은 재화 또는 용역을 공급하는 사업자는 물론이고 재화 또는 용역을 공급받는 사업자의 경우에도 거래의 기초증명서류로서 기능한다. 아울러 계산서 등은 과세자료로서의 기능을 수행한다. 계산서는 대통령령으로 정하는 전자적 방법으로 작성한 계산서('전자계산서')를 발급하여야 한다(법법 121 ①).

2 발급의무자

가. 재화 등의 공급자

계산서의 발급의무를 지는 자는 재화 또는 용역을 공급하는 법인이다. 부가가치세법에 의하여 세금계산서 또는 영수증을 작성·발급하였거나 매출·매입처별 세금계산서합계표를 제출한 분에 대하여는 계산서 등을 작성·발급하였거나 매출·매입처별 계산서합계표를 제출한 것으로 보도록 하고 있다(법법 121 ④). 따라서 계산서 등의 발급의무를 지는 법인은 사실상 부가가치세가 면제되는 사업을 하는 법인으로 한정된다고 하겠다.

법인이 토지, 건축물 및 각각의 분양권을 공급하는 경우에는 계산서의 작성·발급의무가 없다(법법 121 ④, 법령 164 ③).

나. 위탁판매 또는 대리인에 의한 판매의 경우의 특례

부가가치세가 면제되는 농산물·축산물·수산물과 임산물의 위탁판매 또는 대리인에 의한 판매의 경우에는 수탁자나 대리인이 재화를 공급한 것으로 보아 계산서 등을 작성하여 해당 재화를 공급받는 자에게 주어야 한다. 다만, 위탁자 또는 본인의 명의로 계산서 등을 발급하는 경우에는 그렇지 않다(법법 121 ②).

다. 세관장

세관장은 수입되는 재화에 대하여 재화를 수입하는 법인에 계산서를 발급하여야 한다(법법 121 ③).

3 계산서 등의 제출

법인은 발급하였거나 발급받은 계산서의 매출·매입처별합계표를 매년 1월 31일까지 납세지 관할 세무서장에게 제출하여야 한다. 다만 일정한 경우 계산서의 합계표를 제출하지 않을 수 있다(법법 121 ⑤).

사업자가 부가가치세법의 규정에 의하여 매출·매입처별 세금계산서합계표 또는 영수증을 작성·발급 또는 제출한 경우에는 계산서를 작성·발급하였거나 매출·매입처별 계산서합계표를 제출한 것으로 본다(법법 121 ④).[1]

---

1) 국외거래의 경우에는 부가가치세가 적용될 수 없다고 해석하므로 실무상 계산서만을 발급하고 있다.

4　소득세법의 준용

계산서 등의 작성·발급과 매출·매입처별 계산서합계표의 제출에 관하여 법인세법 시행령에서 정하고 있는 경우를 제외하고는 소득세법 시행령 제211조부터 제212조의2까지의 규정을 준용한다.

5　계산서 작성의무 불이행에 관한 제재

계산서 작성의무를 불이행한 경우 가산세가 과세될 수 있고(법법 75의2), 조세범 처벌법에 따라 형사처벌의 대상이 될 수 있다(처법 10).[2]

6　매입자발행계산서의 발행

사업자등록을 한 사업자('사업자')로부터 재화 또는 용역을 공급받은 법인이 재화 또는 용역을 공급한 법인 또는 사업자의 부도·폐업, 공급 계약의 해제·변경 또는 그 밖에 대통령령으로 정하는 사유로 계산서를 발급받지 못한 경우에는 납세지 관할 세무서장의 확인을 받아 매입자발행계산서를 발행할 수 있다(법법 121의2 ①, 법령 164의2).

제11절　지급명세서의 제출

1　지급명세서의 제출의무

가. 지급명세서의 제출의무자

지급명세서란 원천징수의 대상이 되는 소득금액을 지급받는 자의 인적사항·소득금액의 종류와 금액·소득금액의 지급시기와 귀속사업연도 등을 기재한 과세자료이다. 지급명세서의 제출의무는 소득자(소득을 지급받는 법인)의 소득금액에 관한 과세자료를 수집하기 위하여 해당 소득금액을 지급하는 자에게 지운 협력의무로서 지급명세서의 제출을 내용으로 하는 작위의무이다. 지급명세서의 제출의무자는 법인세의 원천징수의무자, 즉 내국법인

---

2) 허위로 법인세법에 따른 계산서를 발급하거나 발급받은 행위는 조세범 처벌법 제10조 제3항 제2호의 죄를 범한 경우에 해당하므로 같은 법 제10조 제3항 제1호를 적용하면 위법하다는 것이 판례이다. 대법원 2021. 6. 30. 선고 2016도4788 판결.

에게 원천징수대상 소득금액을 지급하는 자이다.

나. 천재 등에 의한 제출의무의 면제 등

천재·지변 기타 특수한 사유가 발생한 경우 지급명세서의 제출은 다음의 규정에 따라 그 의무를 면제하거나 지급명세서의 제출기한을 연장할 수 있다(법령 163 ②).

① 천재·지변 등 불가항력인 사유로 인하여 장부 기타 증명서류가 멸실된 때에는 그 사유가 발생한 월의 전월 이후 분은 해당 사업이 원상회복된 월이 속하는 전월 분까지 그 보고서의 제출의무를 면제

② 권한 있는 기관에 장부 기타 증명서류가 압수 또는 영치된 경우 그 사유가 발생한 당월분과 직전월분에 대하여는 보고서의 제출이 가능한 상태로 된 날이 속하는 월의 다음 달 말일까지 제출기한을 연장

다. 소득세법의 준용

지급명세서의 제출에 관하여는 소득세법 제164조와 소득세법 시행령 제213조, 제214조를 준용한다.

2 외국법인의 국내원천소득 등에 대한 지급명세서제출의무의 특례

지급명세서 제출의무는 원천징수 대상 소득의 금액과 귀속자 등을 기재한 명세서를 관할 세무서장에게 제출하도록 함으로써 과세관청의 용이한 소득원 파악과 거래의 객관성 제고 등을 도모하기 위한 협력의무이다.[3]

① 외국법인에 국내원천소득을 지급하는 자는 그 지급일이 속하는 연도의 다음 연도 2월 말일(휴업하거나 폐업한 경우에는 휴업일 또는 폐업일이 속하는 달의 다음 다음 달 말일)까지 납세지 관할 세무서장에게 지급명세서를 제출하여야 한다. 다만, 다음의 소득을 지급하는 경우에는 그렇지 않다(법법 120의2, 법령 162의2 ①).

㉮ 법인세법 및 조세특례제한법에 의하여 법인세가 과세되지 않거나 면제되는 국내원천소득[4]

㉯ 국내원천소득 중 이자소득·배당소득·선박 등의 임대소득·사용료소득·유가증권의 양도소득 및 기타소득(국내에서 발행된 복권·경품권 기타 추첨권에 의하여 받는

---

3) 대법원 2016. 12. 1. 선고 2014두8650 판결.
4) 다만 이에 대하여는 법인세법 시행령 제162조의2 제1항 제1호 단서 및 본문 이외의 각 목에 예외가 규정되어 있다.

당첨금품과 승마투표권 및 승자투표권의 구매자가 받는 환급금을 제외한다)으로서 국내사업장과 실질적으로 관련되거나 그 국내사업장에 귀속되는 소득(법인세가 원천징수되는 소득은 제외한다)

㉠ 국내원천소득 중 부동산임대소득

㉣ 국내원천소득 중 사업소득과 인적용역소득(원천징수되는 소득은 제외한다)

㉤ 국내원천소득 중 기타소득으로서 국내에서 발행된 복권·경품권 기타 추첨권에 의하여 받는 당첨금품과 승마투표권 및 승자투표권의 구매자가 받는 환급금

㉥ 비과세 또는 면제신청을 한 국내원천소득[5]

㉦ 원천징수세액이 1천원 미만인 소득

㉧ 그 밖에 지급명세서를 제출할 실효성이 없다고 인정되는 소득으로서 기획재정부령이 정하는 소득

② 법인세법 제98조 제7항 또는 법인세법 시행령 제138조의3에 따라 소득금액을 대신 지급하면서 원천징수의무를 지는 경우에는 해당 원천징수의무자가 그 지급금액에 대한 지급명세서를 제출하여야 한다(법령 162의2 ③).[6]

③ 이자소득·배당소득 및 유가증권의 양도소득에 대하여는 지급명세서에 갈음하여 기획재정부령이 정하는 지급명세서를 제출할 수 있다(법령 162의2 ④).

④ 외국법인의 국내원천소득 등에 대한 지급명세서의 제출에 있어서는 소득세법 제164조와 소득세법 시행령 제215조, 제216조의 규정을 준용한다.

---

5) 외국법인이 납세지 관할 세무서장에게 비과세 또는 면제신청을 하지 않은 경우에는 그 국내원천소득이 조세조약에 따라 법인세 비과세 또는 면제 대상에 해당하더라도 원천징수의무자의 지급명세서 제출의무가 면제되지 않는다. 대법원 2016. 12. 1. 선고 2014두8650 판결. 위 판결은 그 논거로 ① 법인세법 제120조의2 제1항 단서, 제98조의4, 법인세법 시행령 제162조의2 제1항 제1호, 제6호의 문언과 체계에 의하면 조세조약에 따라 법인세 비과세 또는 면제대상이 되는 외국법인의 국내원천소득에 관하여는 외국법인이 납세지 관할세무서장에게 신청을 하여 비과세 또는 면제대상임이 확인되는 소득인 경우에만 지급명세서 제출의무가 면제되도록 규정되어 있는데, 이는 원천징수 대상 소득의 금액과 귀속자 등을 기재한 지급명세서를 제출할 의무를 원천징수의무자에게 부과함으로써 과세관청으로 하여금 소득의 귀속자인 외국법인의 실체와 국내원천소득의 종류 및 성격 등을 원천징수단계에서 확인하여 어떠한 조세조약을 적용할 것인지 등을 판단할 수 있는 기회를 갖도록 하여 적정한 과세권의 실현을 도모하는 한편, 비과세 또는 면제신청을 통하여 이러한 기회가 부여된 것으로 볼 수 있는 때에 한하여 그와 같은 의무를 면제하기 위한 것이라는 점, ② 법인세법 제76조 제7항 단서는 지급명세서 제출의무가 본세의 납세의무와는 무관하게 부과되는 것임을 명시하고 있는 점 등을 들고 있다. 위 판결에 대한 평석으로는 이정원, "원천징수의무자의 지급명세서 제출의무", 「대법원판례해설 제110호」, 법원도서관, 2017, 289-305면.
6) 법인세법 시행령 제162조의2 제3항은 법인세법에서 정한 지급명세서 제출의무자를 위임 없이 확장한 것이 아니라 법인세법 관련 규정의 의미를 명시한 것에 지나지 않으므로 무효가 아니다(대법원 2016. 12. 1. 선고 2014두8650 판결).

제3장

질문·조사

법인세에 관한 사무에 종사하는 공무원은 그 직무수행에 필요한 경우에는 다음의 자에게 질문하거나 해당 장부·서류 또는 그 밖의 물건을 조사하거나 그 제출을 명할 수 있다. 이 경우 직무상 필요한 범위 외에 다른 목적등을 위하여 그 권한을 남용해서는 안 된다(법법 122).

① 납세의무자 또는 납세의무가 있다고 인정되는 자

② 원천징수의무자

③ 지급명세서 제출의무자 및 매출·매입처별계산서합계표 제출의무자

④ 외국법인이 국내에서 행하는 사업이나 국내에 있는 자산의 경영 또는 관리책임자의 성명

⑤ 납세의무자 또는 납세의무가 있다고 인정되는 자와 거래가 있다고 인정되는 자

⑥ 납세의무자가 조직한 동업조합과 이에 준하는 단체

⑦ 기부금영수증을 발급한 법인

법인세에 관한 사무에 종사하는 공무원이 법인세에 관한 조사를 위하여 장부·서류 기타 물건을 조사할 때에는 조사원증과 납세자권리헌장을 담은 문서를 관계인에게 제시 또는 교부하여야 한다(법령 165 ①, 기법 81의2). 조사원증 등을 제시하지 않고 행한 질문검사권의 행사는 위법이다.[1]

---

1) 최명근, 「세법학총론」, 세경사, 1999, 388면.

찾아보기

판례 찾아보기

저자 김 완 석

▌저자 약력
- 중앙대학교 및 동 대학원 졸업(법학 박사)
- 국세청 직세국 등 근무
- 한국조세법학회·한국세무학회·한국조세연구포럼·한국세법학회·한국토지공법학회 및 한국공법학회 회원
- 중앙법학회 회장
- 한국조세학회 조세법연구회장
- 사단법인 한국세무학회장
- 법무연수원 및 사법연수원 강사
- 감사원 자문위원, 국무총리 산하 소득파악위원회 위원
- 사법시험·행정고등고시·입법고시 및 세무사시험위원(조세법)
- 한국조세재정연구원 초빙연구위원 및 자문위원
- 한국지방세연구원 자문위원
- 행정자치부 법제정비자문위원회 위원장
- 재정경제부 세제발전심의위원회 부위원장
- 기획재정부 조세법령개혁위원회 공동위원장
- 기획재정부 국세예규심사위원회 민간위원
- 조세심판원 비상임 조세심판관
- 서울시립대학교 세무대학원장 및 지방세연구 소장
- 서울시립대학교 세무전문대학원 및 법학전문대학원 교수
- 조세심판원 정책자문위원회 위원장(현)
- 강남대학교 대학원(세무학과) 석좌교수(현)

▌주요 저서·논문
- 조세심판에 관한 연구, 1990.
- 납세신고의 법적 성질에 관한 연구, 1993.
- 독일의 세무대리제도에 관한 연구(공저), 1994.
- 추계과세의 방법과 그 합리성에 관한 연구, 1995.
- 소득세제도 및 행정의 개선에 관한 연구, 1996.
- 경정청구제도에 관한 연구, 1997.
- 소득처분에 관한 연구, 1997.
- 행정쟁송의 재결 등에 따른 경정결정 등의 제척기간, 2000.
- 해당 재산에 대한 조세의 우선권, 2001.
- 소급과세의 금지에 관한 연구, 2003.
- 국세기본법 제22조의 2의 해석론, 2003.
- 세법상 특수관계인과 관련된 문제점 및 개선방안, 2005.
- 조세체계의 개편에 관한 연구, 2006.
- 수증재산에 대한 소득세와 증여세의 경합과 그 조정에 관한 연구, 2009.
- 제2차 납세의무제도의 문제점과 개선방안, 2012.
- 조세법령 새로 쓰기(소득세법편), 2012.
- 법인세의 후발적 경정청구, 2013.
- 소득세법상 주소의 개념, 2015.
- 조세법령 새로 쓰기(국세기본법편), 2016.
- 거래내용에 관한 실질과세의 원칙의 적용 범위, 2016.
- 주식 명의신탁에 따른 증여의제제도의 개선방안, 2016.
- 상속으로 인한 납세의무의 승계의 해석상 논점, 2018.
- 명의사업자의 이름으로 납부한 국세환급금의 환급청구권자, 2018.
- 하자있는 세무조사에 근거한 과세처분의 효력, 2019.
- 가업승계세제의 평가와 입법적 개선방안, 2020.
- 조세감면법령의 개정과 납세자의 신뢰보호, 2020.
- 주석 국세기본법(공저), 삼일인포마인, 2023.
- 조세법 해석방법에 관한 대법원 판례의 검토, 2022.
- 소득세법론(공저), 삼일인포마인, 2025

저자 황 남 석

▌저자 약력
- 서울대학교 법과대학 사법학과(법학사)
- 서울대학교 대학원 법학과(법학석사 : 상법전공)
- 서울시립대학교 세무전문대학원(세무학박사 : 조세법전공)
- 사법연수원 수료(제29기)
- 변호사
- 성신여자대학교 법학과 전임강사
- 경희대학교 법과대학 및 법학전문대학원 조교수, 부교수, 교수(현, 상법 및 세법 담당)
- 사법시험·행정고등고시·세무사·관세사시험위원(조세법/상법)
- 국세청 국세심사위원회 위원(전)
- 국세청 법령해석위원회 위원(현)
- 기획재정부 세제발전심의위원회 위원(현)
- 기획재정부 국세예규심사위원회 민간위원(현)
- 대법원 전문직 재판연구관(전)

▌주요 저서·논문
- 주식회사간의 물적분할(Ausliederung)에 관한 독일의 과세제도, 2009.
- 독일조직재편세법에 관한 고찰, 2009.
- 미국 내국세입법(Internal Revenue Code)상 법인에 대한 출자에 관한 과세 소고, 1990.
- 미국 내국세입법(Internal Revenue Code)상 회사의 인적분할에 대한 과세 연구(상), (하), 2010.
- 개정된 합병세제의 해석: 적용상의 문제점(공저), 2010.
- 법인세법상의 현물출자시 과세특례에 관한 문제점, 2011.
- 미국 회사법상의 회사분할제도에 관한 연구, 2011.
- 최근 한국 법인세제의 동향-조직재편세제를 중심으로, 2012.
- 기업회계기준의 법규성 재고, 2012.
- 상법상 배당가능이익에 의한 자기주식 취득의 쟁점, 2012.
- 세법상 준비금에 관한 고찰, 2012.
- 더블 아이리시 구조와 실질과세원칙, 2018.
- 관세법상 거래가격 산정을 위한 구매자와 판매대리인의 구별기준, 2018.
- 원천지국 과세원칙으로의 전환 필요성에 관한 고찰, 2019.
- 프랑스세법상의 조세법률주의, 2019.
- 과오납금 환급 시 국세환급금에 적용할 이자율에 관한 연구, 2020.
- 적격분할의 포괄승계요건에 관한 고찰, 2020.
- 법인이 임직원을 위해 지출한 법률비용의 손금성, 2020 (공저).
- 영상물 방영권이 관세법상 재현생산권에 해당하는지 여부, 2020.
- 단계거래원칙의 역적용에 관한 고찰, 2021.
- 증권거래세의 과세근거와 그 함의, 2021.
- 조세조약상 삼각관계의 과세문제, 2022.
- 회사분할과세론, (주)한국학술정보, 2011.
- 우리 법인세법의 성립과정 연구, 마인트탬, 2017.
- 주석 국세기본법, 삼일인포마인, 2023(공저).
- 조직재편세제의 이론과 실무, 상경사, 2019(공저)
- 독일 상속세 및 증여세법, 북플, 2019(번역)
- 국제조세입문, 2021(공역)
- WTO 관세평가협정, 정독, 2022(공역)
- 회사법론, 정독, 2025

2025년 개정증보판 **법인세법론**

2000년 2월 25일 초 판 발행
2025년 3월 31일 개정 25판 발행

저   자 김 완 석
         황 남 석
발 행 인 이 희 태
발 행 처 **삼일피더블유씨솔루션**
서울특별시 용산구 한강대로 273 용산빌딩 4층
등록번호 : 1995. 6. 26 제3-633호
전   화 : (02) 3489-3100
F A X : (02) 3489-3141
I S B N : 979-11-6784-369-2 93320

저자협의
인지생략

정가 70,000원

※ '삼일인포마인'은 '삼일피더블유씨솔루션'의 단행본 브랜드입니다.
※ 파본은 교환하여 드립니다.

삼일인포마인 발간책자는 정확하고 권위 있는 해설의 제공을 목적으로 하고 있습니다. 다만 그 완전성이 항상 보장되는 것은 아니고 또한 특정 사안에 대한 구체적인 의견제시가 아니므로, 적용결과에 대하여 당사가 책임지지 아니합니다. 따라서 실제 적용에 있어서는 충분히 검토하시고, 저자 또는 능력 있는 전문가와 상의하실 것을 권고합니다.